콜린스 코빌드
어법사전

Collins Cobuild English Usage (4th Edition)
Copyright © in the English text HarperCollins Publishers Ltd. (2019)
All rights reserved.

Korean Translation Copyright © 2025 by Nexus Co., Ltd.
Korean edition is published by arrangement with HarperCollins Publishers Ltd.

이 책의 한국어판 저작권은 ㈜하퍼콜린스 출판사와 독점 계약한 ㈜넥서스에 있습니다.
신 저작권법에 의해 한국 내에서 보호를 받는 저작물이므로 무단 전재와 무단 복제를 금합니다.

Collins Cobuild English Usage 한국어판
콜린스 코빌드 어법사전

편 저 HarperCollins Publishers Ltd.
편 역 김방이
펴낸이 임상진
펴낸곳 (주)넥서스

초판 1쇄 발행 2008년 8월 30일
초판 16쇄 발행 2014년 10월 30일

2판 1쇄 발행 2016년 1월 5일
2판 10쇄 발행 2024년 12월 10일

3판 1쇄 인쇄 2025년 7월 10일
3판 1쇄 발행 2025년 7월 20일

출판신고 1992년 4월 3일 제311-2002-2호
10880 경기도 파주시 지목로 5
Tel (02)330-5500 Fax (02)330-5555

ISBN 979-11-94643-64-7 13740

가격은 뒤표지에 있습니다.
잘못 만들어진 책은 구입처에서 바꾸어 드립니다.

www.nexusbook.com

Collins | COBUILD
ENGLISH USAGE

콜린스 코빌드 어법사전

HarperCollins 편저 · 김방이 편역

넥서스

한국판 머리말

우리가 영어를 배우는 가장 궁극적인 목적은 영어를 모국어로 하는 사람들과의 자유로운 의사소통을 위해서이다. 하지만 지금까지 우리의 영어 교육은 이 부분을 소홀히 하였으며, 각종 입시, 입사, TOEFL, TOEIC, TEPS 등의 시험에서 고득점을 얻기 위해 단순히 문제 패턴을 암기하는 학습을 되풀이하고 있다.

염불에는 관심이 없고 젯밥에만 관심이 있는 영어 학습법은 각종 시험에서 성적을 올리는 데는 조금 도움이 될지도 모른다. 하지만 영어를 배우는 가장 중요한 목적인 원어민과 자유로운 의사소통에는 치명적인 결점을 갖고 있다.

이제 그동안 영어 학습에 많은 비용을 투자한 데 비해 효율은 낮았던 악순환에서 벗어나기 위해, 한국어와 엉이의 언어 구조를 비교 분석함으로써, 원어민이 인식하는 영어를 알려주고자 하는 책이 있다. 영어를 제2외국어로 배우는 사람들의 관점이 아닌, 원어민의 관점에서 개발된 책이 바로 《콜린스 코빌드 어법사전(Collins Cobild English Usage)》이다.

지금까지 대부분의 영어 사전류는 언어의 이해에만 중점을 두어 발간되었다. 또한 영어 문법책 역시 문법 자체가 강한 보편성을 갖고 있다 하더라도, 결국 학습자는 그들이 사용하는 실질적인 단어 또는 구를 사용하게 되는데, 이 점이 간과되어 왔다. 그러므로 학습자는 추상적인 개념에 중점을 두는 문법 이론보다 실생활에 적용되며, 현재 보편적으로 사용되고 있는 영어 활용법을 습득하는 것이 훨씬 더 필요하다.

이 책은 원어민이 실제로 영어를 어떻게 사용하고 있는지 분석하여 얻은 연구 결과를 토대로 하여 만들어졌다. 여기에서는 문법뿐만 아니라 단어의 다양한 의미와 쓰임, 숙어, 세부적인 영어 표현을 익힐 수 있다. 따라서 영어를 제2외국어로 배우는 학습자들에게는 다른 어느 사전보다 활용도가 높은 참고 서적이라고 할 수 있다. 아직까지 우리나라에서는 영어 활용법 교재가 발간된 적이 없었다. 따라서 우리나라에서 발간되는 최초의 어법사전이라는 점에서도 이 책의 출간은 그 의의가 크다고 할 수 있다. 영어를 배우는 우리에게는 실생활에서의 영어의 쓰임을 알려주는 것으로, 다른 영어 사전보다 더 필요한 참고 서적이다.

Collins Cobuild는 영어 사전 및 학습서 출판 부문에서 세계적으로 유명한 영국 출판사이다. 이 책은 Collins Cobuild에서 발행한 《Collins Cobuild English Usage》를 국내 영어 학습자들에게 맞게 편역한 것이다. 이 책은 언어를 배우는 본질적 목적 의사소통의 관점에서 영어 어휘를 활용법(Usage), 문법(Grammar), 토픽(Topic)으로 분류하고 있으며, 제2외국어로 영어를 배우는 학습자의 입장에서 이해할 수 있도록 설명하였다. 또한 실생활에 활용할 수 있는 유용한 예문들로 학습자의 이해를 돕고 있다.

역자는 이 책이 영어를 배우는 모든 한국인에게 가장 경제적이고 효과적인 학습서라고 자신한다. 모쪼록 이 책을 통해 영어 학습의 목적인 원어민과의 자유로운 의사소통에 한 발짝 더 다가설 수 있기를 진심으로 바란다.

역자 김 방 이

Introduction

《Collins Cobuild English Usage》의 개정판을 출간하게 되어 기쁘게 생각합니다. 이 책은 중급부터 고급 수준의 학습자와 영어 교사를 위해 만들어졌습니다. 총 45억 단어에 달하는 Collins Corpus 덕분에 이번 판에서는 실제 사람들이 오늘날 영어를 어떻게 사용하는지를 보다 정확히 반영하여 업데이트하고 수정할 수 있었습니다.

'Usage'란 무엇일까요? 'Usage'는 언어의 핵심적인 세부 사항을 다룹니다. 여기에는 문법, 의미, 관용 표현, 목적이 포함됩니다. 즉, 특정한 의미를 전달하거나 특정한 역할을 하기 위해 단어들이 어떻게 배열되는지를 살펴봅니다. 이 책의 대부분의 설명은 일반적인 규칙만으로 설명되지 않는 어법을 다루기 때문에 단순한 일반화가 아닙니다.

하지만 문법과 어법 사이에 명확한 경계가 있는 것은 아닙니다. 그래서 영어에서 가장 중요한 문법 요소들도 본문의 어법 설명에 통합되어 있습니다. 또한, 광범위한 교차 참조를 통해 독자가 서로 다른 항목 간에 쉽게 이동할 수 있도록 구성되어 있습니다.

이 책은 다음의 세 주요 섹션으로 나뉘어 있습니다: Usage(어법), Grammar(문법), Topic(주제). 추가로, 'Language Change and Society(언어 변화와 사회)'라는 새로운 내용도 포함되어 있습니다.

The Usage Section

Usage 섹션에는 많은 항목이 개별 단어와 구문에 대한 짧은 설명으로 구성되어 있습니다. although와 though처럼 혼동하기 쉬운 단어 쌍이 있을 수 있고, afford처럼 can, could, be able to 같은 조동사와 함께 사용되어야 하는 단어들도 있습니다.

일부 항목은 더 긴 설명을 포함합니다. 이는 다의어(의미가 많은 단어)일 수도 있고, 또는 and, that처럼 문장의 구성 요소들 간의 문법적 관계를 표현하는 기능어(function words)일 수 있습니다.

또한 미국 영어 사용에 대한 최신 자료도 미국 코퍼스를 바탕으로 반영하여 이번 개정판에 업데이트하였습니다.

The Grammar Section

Grammar에서는 영어 활용법과 문법 요점 사항을 연관 짓기 위해 문법 분야별로 많은 표제어를 나누었다. 이 책에서 설명하는 문법보다 더 전문적인 고급 문법을 알고 싶다면 Collins Cobuild English Grammar를 참조하기 바란다.

The Topic Section

Topic 섹션은 두 개의 항목을 다루는데, 하나는 Meals(식사), Places(장소), Transport(교통수단) 같은 일반적인 주제를 다룹니다. 다른 하나는 Agreeing and Disagreeing(동의와 반대), Apologizing(사과), Thanking(감사), Warning(경고) 같은 기능적인 측면을 다루며 또한 이메일이나 편지 쓰기와 같은 영어 글쓰기 영역도 포함되어 있습니다.

Language Change and Society라는 신규 코너를 통해 지난 10년간의 영어 사용 변화를 주제로 한 광범위한 설문 조사 결과를 바탕으로 작성되었습니다.

토픽 섹션에서는 영어의 다음과 같은 필수 항목들의 형식, 규칙, 배열 방식에 대한 정보를 제공합니다. 각 항목은 알파벳 순으로 정리되어 있으며, 관련 항목들은 교차 참조되어 있어 쉽게 연결해 볼 수 있습니다.

- 약어(Abbreviations)
- 대문자 사용(Capital letters)
- 요일과 날짜(Days and dates)
- 불규칙 동사(Irregular verbs)
- 측정 단위(Measurements)
- 국적 단어(Nationality words)
- 숫자와 분수(Numbers and fractions)
- 명사의 복수형(Plural forms of nouns)
- 구두점(Punctuation)
- 철자(Spelling)
- 동사 형태(Verb forms)

The examples

이 책에서는 계속해서 업데이트되고 있는 Collins 코퍼스에서 추출한 수천 개의 실제 문장을 사용해 설명합니다. 해당 예문들은 때때로 간단히 정리되거나 축약되며, 특정한 어법에 집중할 수 있도록 구성되어 있습니다.

우리의 목표는 이 책이 영어 어법에 대한 실용적이며, 포괄적이고, 접근하기 쉬운 안내서가 되는 것입니다. 단순한 참고서 그 이상으로, 자연스럽게 학습하고 즐기며 탐색할 수 있는 형식으로 구성했습니다.

COBUILD는 독자 여러분의 피드백을 매우 중요하게 생각합니다. 책이나 사전 관련 의견이 있으신 경우, 다음 이메일로 연락 주십시오: collins.elt@harpercollins.co.uk 여러분의 의견을 반영하여 더 나은 개정판을 제작하겠습니다.

Collins COBUILD English Usage 온라인 버전

우리는 항상 언어 학습 자료를 더 효과적으로 제공하기 위해 노력하고 있습니다. www.collinsdictionary.com/usage에서는 다음과 같은 다양한 형태로 자료를 제공합니다: 흥미로운 블로그, 유용한 동영상, 어려운 영어 표현에 대한 심층 자료와 같은 온라인 자료는 영어 학습의 어려운 부분을 도와주기 위해 제작되었습니다.

Guide to the Usage

이 책의 목적은 영어 학습자들이 자신이 전달하고자 하는 의미에 맞는 올바른 단어와 문장 구조를 선택할 수 있도록 돕는 것입니다. 각 항목은 현재 총 45억 단어를 넘는 Collins 코퍼스의 최신 자료를 기반으로 작성되었습니다. 이 책은 영어가 실제로 오늘날 어떻게 사용되는지를 설명하는 신뢰할 수 있는 참고서로서, 학습자와 교사 모두에게 유용할 것입니다.

여러분이 원하는 정보를 더 쉽게 찾을 수 있노록, 이《Collins COBUILD English Usage》는 다음과 같은 세 개의 주요 섹션으로 나뉘어 있습니다: Usage(어법), Grammar(문법), Topic(주제별 설명). 디음 페이지에서는 각각의 섹션을 차례로 소개합니다. 또한, 책 뒷부분에는 색인(Index)이 있어 원하는 항목을 어디에서 찾을 수 있는지 쉽게 확인할 수 있습니다.

1. The Usage Section

Usage 편의 표제어 형식에는 여러 가지가 있으며, 이에 대한 설명은 다음과 같다.

◦ Entries for individual words

표제어는 각 단어의 활용법에 대해 설명하였습니다. 예를 들면, 단어 뒤에 어떤 전치사를 사용해야 하는지, 또한 그 뒤에 to부정사를 사용해야 하는지, -ing형을 사용해야 하는지를 설명하였습니다.

> **3** '**agree to**'
> ***agree to*** something은 제안한 일이 일어나거나 이루어지도록 허용하다, 즉 '승낙하다'라는 뜻이다.
> He ***had agreed to*** the use of force. 그는 무력을 사용하는 것을 승낙했다.

이 책은 학습자에게 문제가 되는 단어를 다루고 있습니다. 정확한 영어 사용을 위해 학습자가 사용하지 말아야 할 것과 사용해야 할 것을 명확하게 언급했습니다. 이러한 설명은 학습자가 사용하는 언어와 영어를 잘못 비교하여 사용하거나 영어의 각 단어를 잘못 비교하여 사용하는 학습자에게 도움이 됩니다. 잘못 쓰기 쉬운 단어는 다음과 같이 표기했습니다.

> **주의** homework는 불가산명사로, homeworks나 a homework라고 하지 않는다.

단어나 표현을 사용할 수 없는 경우에는 대신 사용해야 할 단어나 표현을 제시하였습니다.

> 누군가가 심한 부상을 입었을 때, 'very hurt'가 아닌 **badly hurt**나 **seriously hurt**라고 한다.
> The soldier was ***badly hurt***. 그 군인은 크게 다쳤다.
> Last year 5,000 children were ***seriously hurt*** in car accidents.
> 지난해 5,000명의 어린이들이 자동차 사고들로 심각한 부상을 입었다.

:Entries for easily confused words

서로 혼동하기 쉬운 단어는 모두 표제어 제목에 표기하였습니다. 예를 들면, 표제어가 accept – except인 경우, accept와 except 간의 차이점을 설명하였습니다.

---

accept – except

accept[əksépt, æk-]를 except[iksépt]와 혼동해서는 안 된다.

1 **'accept'**

accept는 동사로, 어떤 것을 받아들이는 것에 동의하다라는 뜻이다.
I never *accept* presents from clients. 나는 고객들로부터 선물을 전혀 받지 않았다.

2 **'except'**

except는 전치사나 접속사로, 어떤 진술이 적용되지 않는 유일한 사물이나 사람을 소개할 때 사용한다.
All the boys *except* Paul started to giggle. 폴을 제외한 모든 소년들은 낄낄 웃기 시작했다.

○ Usage 표제어 accept와 except 참조.

비슷한 뜻을 가진 두 단어는 표제어를 구별하였으나, 약간 다른 방식으로 설명하였습니다.

---

called – named

사람이나 사물의 이름을 말할 때, called나 named를 사용한다. named는 called보다 쓰임이 적으며, 일반적으로 회화에서는 사용하지 않는다.
Did you know a boy *called* Desmond? 당신은 데즈먼드라는 소년을 알고 있었습니까?
We pass through a town *called* Monmouth. 우리는 몬머스라는 도시를 지나가고 있다.
A man *named* Richardson confessed to the theft. 리처드라는 남자가 절도죄를 자백했다.

〔명사 · be동사 + called〕형식을 사용할 수 있다.
She starred in a play *called* Katerina. 그녀는 'Katerina'라는 연극에 출연했었다.
The book was *called* The Goalkeeper's Revenge. 그것은 《The Goalkeeper's Revenge》라고 하는 책이었다.

명사 바로 뒤에는 named만을 사용한다.
The victim was an 18-year-old girl *named* Marinetta Jirkowski.
희생자는 마리네타 이르코스키라는 이름의 18세 소녀였다.

2. The Grammar Section

여러분이 학습 중 참고할 수 있는 주요 문법 사항들에 대한 정보가 담겨 있습니다. 내용이 긴 항목은 각 항목의 시작 부분에 '메뉴 형식의 요약'이 있어, 필요한 정보를 쉽게 찾을 수 있도록 도와줍니다. 예를 들어 다음과 같습니다.

> **Questions**
>
> 1. 'yes/no'-questions
> 2. 'be'
> 3. 'have'
> 4. negative 'yes/no'-questions
> 5. answers to 'yes/no'-questions
> 6. 'wh'-questions
> 7. 'wh'-word as subject
> 8. 'wh'-word as object or adverb
> 9. questions in reply
> 10. indirect ways of asking questions

3. The Topic Section

이 책의 Topic(주제) 항목은 두 가지 유형의 주제를 다룹니다. 첫 번째는 '식사(Meals)', '장소(Places)', '교통(Transport)' 등과 같은 일반적인 주제를 포함합니다. 두 번째는 '동의와 반대(Agreeing and disagreeing)', '사과하기(Apologizing)', '감사 표현(Thanking)', '경고하기(Warning)' 등과 같은 영어의 기능적인 측면을 다룹니다. 이 섹션은 또한 이메일 작성이나 편지 쓰기와 같은 영어 글쓰기 영역도 포함하고 있습니다. 내용이 긴 Topic 항목은 시작 부분에 '메뉴'가 제공되어, 필요한 내용을 쉽게 찾을 수 있도록 도와줍니다.

> **Agreeing and disagreeing**
>
> 1. asking for agreement
> 2. expressing agreement
> 3. strong agreement
> 4. partial agreement
> 5. expressing ignorance or uncertainty
> 6. expressing disagreement
> 7. strong disagreement

Topic 항목에서는 형식적인 표현과 비형식적인 표현 방법도 설명되어 있습니다. 사람들은 친구나 가족과 대화할 때는 비형식적인 표현을 사용합니다. 반면, 잘 알지 못하는 사람과 이야기할 때나 회의 같은 격식 있는 상황에서는 형식적인 표현을 사용합니다.

4. Language change and society

완전히 새롭게 추가된 부분으로, 지난 10년간 영어 사용의 변화에 대해 수행한 광범위한 조사 결과를 담고 있습니다. 우리는 소셜 미디어를 통한 의사소통이 어떻게 점점 더 언어의 다양한 형태(방언, 스타일 등)와 사용 맥락 사이의 경계를 흐리게 만드는지를 살펴봅니다. 또한, 특정 사회 집단에 대한 인식 변화가 언어 사용에 어떤 영향을 미쳤는지도 탐구합니다.

5. General Points

▪Register information

때때로, 어떤 단어나 표현이 대화나 비격식적인 글쓰기에서 사용되는지, 또는 격식 있는 말하기나 글쓰기에서 주로 사용되는지에 대한 설명이 제공됩니다.

> **2 'a couple of'**
> a couple of는 '두 사람'이나 '두 개의 물건'이라는 뜻이다.
> I asked *a couple of* friends to help me. 나는 두 사람의 친구에게 도움을 부탁했다.
> We played *a couple of* games of tennis. 우리는 테니스 게임 두 경기를 했다.

어떤 단어, 표현 또는 문장 구조가 소설이나 서술형 글쓰기에서만 사용된다면, 우리는 그것이 '이야기에서만 사용된다'고 설명합니다. 예를 들어 dress는 이야기에서는 '옷을 입다'라는 뜻으로 사용되지만, 일상 대화에서는 get dressed라고 말하는 것이 자연스럽습니다. '문학적인(literary)' 단어로 분류된 표현들, 예를 들어 부사 seldom(좀처럼 ~않다)은 시적인 문장이나 감정이 담긴 연설에서 사용됩니다.

어떤 단어 또는 표현이 '현대 영어에서 사용되지 않는다'고 설명되었다면, 그것은 과거에 쓰인 책에서 발견될 수는 있지만, 오늘날 글쓰기에서는 자연스럽지 않으며, 대화에서는 절대 사용해서는 안 되는 표현입니다. 예를 들어, 현대 영국 영어에서는 bathe보다 go swimming(수영하러 가다)이라는 표현이 선호됩니다. 어떤 단어가 '구식(old-fashioned)'이라고 설명되면, 이는 오래된 책에서나 볼 수 있으며, 현재는 일부 나이 많은 사람들이 여전히 사용할 수는 있지만 점점 드물어지고 있는 표현입니다.

어떤 단어나 표현이 '표준 영어가 아니다'라고 설명되면, 이는 일부 영어 방언 사용자들이 쓸 수는 있지만, 대부분의 사람들에게는 틀린 것으로 간주되는 표현임을 의미합니다.

어떤 단어가 '중립적이다'라고 하면, 이는 누군가나 무언가가 특정한 특성을 가지고 있다는 것을 단순히 나타내기 위한 표현입니다. '긍정적 평가(approval)'를 나타내는 단어는, 당신이 묘사하고 있는 인물이나 대상에 대해 존경 또는 호감을 가지고 있다는 것을 보여줍니다. 반대로, '부정적 평가(disapproval)'를 나타내는 단어는 당신이 그 인물이나 대상에 대해 부정적으로 생각하고 있음을 보여줍니다.

American English

영국 영어와 미국 영어 사이에는 종종 사용법의 차이가 있습니다. 이러한 차이에 대한 정보는 '미국 국기 기호'를 통해 표시됩니다.

> 미국 영어에서는 1층을 first floor, 2층을 second floor라고 한다. 예를 들면, 3층짜리 건물의 가장 높은 층을 영국 영어에서는 second floor, 미국 영어에서는 third floor라고 한다.

Be Careful

'Be Careful(주의)' 항목은 영어의 특정 부분에서 사람들이 자주 실수하거나 어려움을 겪는 점을 강조합니다. 이는 종종 영어가 다른 많은 언어들과 다른 방식으로 작동하기 때문입니다. 정보(information)의 표시인 ❼를 써서 설명하였습니다.

> ❼ have a breakfast 또는 have the breakfast라고 하지 않는다.

Spoken English

해당 문단에서 설명하는 문장 구조가 구어체 영어, 즉 실제 말하기에서 자주 쓰이는 표현임을 나타냅니다.

> 회화에서 'I mean'은 우리가 말한 것을 설명 또는 정정할 때 사용한다.
> So what happens now? With your job, *I mean*.
> 자, 지금 무슨 일이 일어났나요? 특히 당신의 직장과 관련해서요.
> I don't want to go. *I mean*, I want to, but I can't.
> 나는 그곳에 가고 싶지 않았다. 내 말은 내가 가고 싶었으나, 그러나 나는 갈 수 없었다.

:Examples

《Collins Cobuild English Usage》는 수천 개의 실제 사용 예문을 제공합니다. 이 예문들은 모두 Collins 코퍼스 (Collins Corpus)에서 추출되었으며, 오늘날 실제로 사용되는 영어를 보여줍니다. 예문은 신문 기사, 책, 일상 대화, 소셜 미디어 등 다양한 출처에서 가져왔습니다. 이 코퍼스는 지속적으로 업데이트되므로, 책에 사용된 예문은 최신이며 현실적인 사용을 반영합니다.

:Cross references

어떤 단어나 표현의 사용법에 대한 추가 정보가 다른 항목에 있을 경우, 교차 참조를 통해 어느 섹션을 참고해야 하는지 안내해 줍니다.

> **2 'bare'**
> 일반적으로 bare는 형용사로, '덮개가 없는' 또는 '드러난'이라는 뜻이다.
> The grass was warm under her _bare_ feet. 그녀는 맨발 아래의 풀들을 따뜻하게 느꼈다.
> The walls were _bare_. 그 벽은 칠이 벗겨져 있었다.
> ○ Usage 표제어 bare – barely 참조.

Pronunciation Guide

British English vowel sounds
(영국 영어 모음)

ɑː	heart, start, calm
æ	act, mass, lap
aɪ	dive, cry, mind
aɪə	fire, tyre, buyer
aʊ	out, down, loud
aʊə	flour, tower, sour
e	met, lend, pen
eɪ	say, main, weight
eə	fair, care, wear
ɪ	fit, win, list
iː	feed, me, beat
ɪə	near, beard, clear
ɒ	lot, lost, spot
əʊ	note, phone, coat
ɔː	more, cord, claw
ɔɪ	boy, coin, joint
ʊ	could, stood, hood
uː	you, use, choose
ʊə	sure, pure, cure
ɜː	turn, third, word
ʌ	but, fund, must
ə	the weak vowel(약한 모음) in butter, about, forgotten

American English vowel sounds
(미국 영어 모음)

ɑ	calm, drop, fall
ɑː	draw, saw
æ	act, mass, lap
ai	drive, cry, lie
aiər	fire, tire, buyer
au	out, down, loud
auər	flour, tower, sour
e	met, lend, pen
ei	say, main, weight
eər	fair, care, wear
I	fit, win, list
i	feed, me, beat
ɪ	cheer hear clear
oʊ	note, phone, coat
ɔ	more, cord, sort
ɔi	boy, coin, joint
ʊ	could, stood, hood
u	you, use, choose
ʊər	sure, pure, cure
ɜr	turn, third, word
ʌ	but, fund, must
ə	the weak vowel(약한 모음) in about, account, cancel

Consonant sounds (자음)

b	bed	l	lip	v	van	tʃ	cheap
d	done	m	mat	w	win	θ	thin
f	fit	n	nine	x	lo<u>ch</u>	ð	then
g	good	p	pay	z	zoo	dʒ	joy
h	hat	r	run	ʃ	ship		
j	yellow	s	soon	ʒ	mea<u>s</u>ure		
k	king	t	talk	ŋ	si<u>ng</u>		

Letters (글자)

다음은 모음자이다. **a e i o u**

다음은 자음자이다. **b c d f g h j k l m n p q r s t v w x y z**

y는 shy, myth와 같이 때때로 모음으로 사용하기도 한다.

Contents

Introduction
Guide to the Usage
Pronunciation Guide

Usage section

A	21
B	68
C	98
D	138
E	157
F	182
G	201
H	211
I	228
J	240
K	242
L	245
M	261
N	282
O	299
P	319
Q	341
R	343
S	358
T	406
U	431
V	437
W	441
Y	471
Z	475

Grammar section

Adjectives	479
Adverbs and adverbials	485
Auxiliary verbs	494
Broad negatives	495
Clauses	496
Comparative and superlative adjectives	497
Comparative and superlative adverbs	501
Complements	502
Conjunctions	504
Contractions	505
Determiners	508
Ellipsis	509
Future time	511
Imperatives	513
Infinitives	514
'-ing' forms	516
Inversion	520
Irregular verbs	522
Modals	524
Modifiers	526
Nouns	527
Objects	533
The Passive	533
The Past	535
Past participles	536
Phrasal modals	537
Phrasal verbs	537
Plural forms of nouns	538
Possessive determiners	542
Prepositions	543
The Present	544
The progressive or continuous form	544
Pronouns	546
Quantity	549
Questions	554
Question tags	557
Relative clauses	557
Reporting	561
Sentences connectors	569
The Subjunctive	571

Subordinate clauses	571
'That'-clauses	576
Verb forms(formation of)	578
Verbs	580
'Wh'-words	589

Topic section

Abbreviations	593
Addressing someone	594
Advising someone	597
Age	599
Agreeing and disagreeing	602
Apologizing	605
Asking for repetition	607
Capital letters	608
Complimenting and congratulating someone	610
Criticizing someone	612
Days and dates	612
Emailing	618
Greetings and goodbye	620
Intentions	623
Introducing yourself and other people	624
Invitations	626
Language Change and Society	628
Letter writing	638
Meals	640
Measurements	642
Money	648
Names and titles	650
Nationality words	654
Numbers and fractions	657
Offers	665
Opinions	667
Permission	672
Pieces and amounts	674

Places	676
Punctuation	684
Reactions	692
Replies	697
Requests, orders, and instructions	699
Spelling	704
Structuring your ideas	714
Suggestions	719
Talkong on the phone	723
Thanking someone	725
Time	728
Transport	734
Warning someone	735

Glossary of grammatical terms

Index

A a

a – an

1 'a' and 'an'

처음으로 사람이나 사물에 대해 말하는 경우, 부정관사 **a**나 **an**을 사용한다. a와 an은 단수 가산명사 앞에서만 사용하며, 같은 사람이나 사물을 두 번째로 언급하는 경우에는 **the**를 사용한다.

She decided to buy ***a car***. 그녀는 차를 사기로 결정했다.
He parked the car in front of ***the bakery***. 그는 차를 그 빵집 앞에 주차했다.

- Usage 표제어 **Determiners** 참조.
- Usage 표제어 **the** 참조.

(a · an + 형용사 + 명사) 형식이나 (a · an + 명사 + 수식어) 형식을 사용하여 사람이나 사물을 나타낼 수 있다.

His brother was ***a sensitive child***. 그의 남동생은 예민한 아이였다.
The information was contained in ***an article on biology***. 그 정보는 생물학 기사에 나와 있었다.

명사가 전문직이나 직업을 가리키는 경우, 명사 앞에 a나 an을 생략하지 않는다. 예를 들면, '그는 건축가이다.'는 He is architect.가 아닌 He is ***an*** architect.라고 한다.

She became ***a lawyer***. 그녀는 변호사가 되었다.

2 'a' or 'an'?

자음으로 시작하는 단어 앞에는 **a**를, 모음으로 시작하는 단어 앞에는 **an**을 사용한다.

Then I saw ***a*** tall woman standing by the window. 나는 키가 큰 여성이 창문 옆에 서 있는 것을 보았다.
We live in ***an*** old house. 우리는 오래된 집에 살고 있다.

h가 묵음일 때, h로 시작하는 단어 앞에 an을 사용한다. 예를 들면, '정직한 사람'은 a honest man이 아닌 ***an honest*** man이라고 한다.

The meeting lasted ***an*** hour. 그 회의는 한 시간 동안 진행되었다.

h로 시작하여 앞에 an을 사용하는 단어는 다음과 같다.

| heir | heiress | heirloom | honest | honorary |
| honour | honorable | hour | hourly | |

u가 [juː] (you와 같이)로 발음되는 경우, u로 시작하는 단어 앞에 a를 사용한다. 예를 들면, '특이한 경우'는 an unique occasion이 아닌 ***a unique*** occasion이라고 한다.

He was ***a*** university professor. 그는 대학교수였다.
She became ***a*** union leader. 그녀는 노동조합 지도자가 되었다.

u로 시작하여 앞에 a를 사용하는 단어는 다음과 같다.

ubiquitous	unanimous	unicorn	unification	uniform
uniformed	uniformity	unifying	unilateral	unilateralist
union	unique	unisex	unit	united
universal	universe	university	uranium	urinal
urinary	urine	usable	usage	use

ability – capability – capacity

used	useful	useless	user	usual
usually	usurper	utensil	uterus	utilitarian
utility	utopian			

철자가 각각 발음되고 첫 철자의 발음이 모음으로 시작하는 약어 앞에는 **an**을 사용한다.

Before she became *an MP*, she was a social worker.
그녀는 하원 의원이 되기 전에 사회 복지사였다.

He drives *an SUV*. 그는 SUV 차를 타고 다닌다.

3 'a' meaning 'one' (one이라는 뜻의 a)

숫자와 계량 단위 앞의 **a**와 **an**은 '하나'라는 뜻으로 사용한다.

○ Topic 표제어 **Numbers and fractions**와 **Measurements** 참조.

ability – capability – capacity

ability를 capability, capacity와 혼동해서는 안 된다.

1 'ability'

어떤 일을 실제적으로 잘할 수 있다고 할 때, 자주 **ability**를 사용한다.

He had a remarkable *ability* as a musician. 그는 음악가로서 특출한 재능이 있었다.
...the *ability* to bear hardship. 고난을 견디는 능력.

2 'capability'

capability는 잠재적으로 사람이 할 수 있는 '일의 양' 또는 '능력'이라는 뜻이다.

...a job that was beyond the *capability* of one man. 한 사람의 능력으로 감당할 수 없었던 일.
...the director's ideas of the *capability* of the actor. 그 배우의 능력에 대한 감독의 견해.

3 'capacity'

어떤 일을 하는 데 필요한 '자질'을 갖고 있다고 할 때 **capacity**를 사용하며, **ability**보다 더 격식을 차린 단어이다.

...their *capacity* for hard work. 힘든 일을 하는 그들의 능력.
...his *capacity* to see the other person's point of view. 다른 사람의 관점을 이해하는 그의 능력.

a bit

○ Usage 표제어 **bit** 참조.

able – capable

어떤 일을 할 수 있다고 할 때, **able**이나 **capable**을 사용한다.

1 'able'

be *able* to something은 누군가가 지식 또는 기술이 있거나 그 일이 가능해서 할 수 있다라는 뜻이다.

He wondered if he would be *able* to climb over the fence.
그는 자신이 울타리를 넘어갈 수 있을지 의문이 생겼다.

They were *able* to use their profits for new investments.
그들은 자신들의 이익금을 새로운 투자에 이용할 수 있었다.

was/were able to something은 누군가가 실제로 어떤 일을 했다라는 뜻이다.

We *were able* to reduce costs. 우리는 비용을 절감할 수 있었다.

○ Usage 표제어 **can – could – be able to** 참조.

2 'capable'

be *capable* of doing something은 어떤 일을 하기 위해 누군가가 지식이나 기술을 가지고 있거나 그 일을 할 것 같다라는 뜻이다.

The workers are perfectly *capable* of running the organization themselves. 근로자들 스스로 조직을 완벽하게 운영할 수 있다.

특정한 감정이 있거나 특정한 행동을 할 수 있다고 할 경우, capable of를 사용한다.

He's *capable* of loyalty. 그는 충성을 할 수 있다.
I don't believe he's *capable* of murder. 나는 그가 살인을 할 능력을 가졌다고 믿지 않는다.

자동차나 기계 같은 것의 성능을 말할 때에도 capable of를 사용할 수 있다.

The car was *capable of* 110 miles per hour. 그 자동차는 한 시간에 110마일을 달릴 수 있었다.

3 'able' or 'capable'

able과 capable은 일을 잘하다, 즉 '능력이 있는'이라는 뜻이다.

He's certainly a *capable* gardener. 그는 확실히 능력 있는 정원사이다.
Naomi was a hard-working and *able* student. 나오미는 열심히 일하고 능력을 가진 학생이다.

about

1 'about'

무언가를 말하고, 쓰고, 생각하는 것을 언급하는 경우, about을 사용한다.

Manual told me *about* his new job. 매뉴얼이 그의 새 직장에 대해 나에게 말했다.
I'll have to think *about* that. 나는 그것에 대해 생각해야 할 것이다.

특정한 주제에 관한 책을 나타낼 때, about이나 on을 사용한다.

She is writing a book *about* politics. 그녀는 지금 정치학에 대한 책을 쓰고 있다.
I am reading Anthony Daniels' book *on* Guatemala. 나는 과테말라에 대한 앤서니 다니엘스의 책을 읽고 있다.

소설이나 연극의 내용을 나타낼 때도 on이 아닌 about을 사용할 수 있다.

This is a novel *about* ethics. 이것은 윤리에 대한 소설이다.
They read a story *about* growing up. 그들은 성장기에 대한 이야기를 읽었다.

2 'about to'

be *about to* do something은 어떤 일을 막 하려고 하다라는 뜻이다.

You are *about to cross* the River Jordan. 당신은 요르단 강을 막 건너려고 한다.
I was *about to go* home. 나는 집에 가려던 참이었다.

주의 위와 같은 문장에서는 -ing형을 사용하지 않는다. 예를 들면, You are about crossing River Jordan.이라고 하지 않는다.

○ about에 대한 더 많은 정보는 Usage 표제어 around – round – about 참조.

above – over

1 used for talking about position and height(위치와 높이에 대해 말하기)

above와 over는 둘 다 위치와 높이를 나타낼 때 사용한다. 어떤 사물이 다른 사물보다 더 높은 곳에 있고, 그 두 개의 사물이 수직선상에 위치할 때 사용할 수 있다.

He opened a cupboard *above* the sink. 그는 개수대 위의 찬장을 열었다.
There was a mirror *over* the fireplace. 벽난로 위에 거울이 있었다.

그러나 어떤 사물이 다른 사물보다 높은 곳에 있지만 두 사물이 수직이라기보다는 오히려 수평으로 위치하고 있다

absent

USAGE

고 생각되는 경우에는 **above**를 사용한다.
We heard a noise in the apartment _above_ ours. 우리는 우리 아파트 위층에서 나는 소음을 들었다.

over는 어떤 것이 위에 있으면서 움직이는 경우에 사용한다.
A plane flew _over_ the city. 비행기가 그 도시 상공을 날았다.

2 used for talking about measurements and quantities(치수와 양에 대해 말하기)

above와 **over**는 둘 다 치수에 사용한다. 예를 들면, 저울에서 한 눈금이 다른 눈금보다 더 높은 경우이다.
Any money earned _over_ that level is taxed. 기준 이상으로 번 모든 돈에는 세금이 부과된다.
The temperature rose to just _above_ forty degrees. 기온이 40도 이상으로 올랐다.

> 주의 사람이나 사물의 수나 양을 말하는 경우, 숫자 앞에 **above**를 사용하지 않는다. 예를 들면, '그녀는 삼십 컬레 이상의 신발을 갖고 있었다.'는 She had above thirty pairs of shoes.가 아닌 She had _over_ thirty pairs of shoes.나 She had _more than_ thirty pairs of shoes.라고 한다.
> They paid out _over_ 3 million dollars. 그들은 300만 달러 이상을 지불했다.
> He saw _more than_ 800 children, dying of starvation. 그는 굶주림으로 죽어 가는 800명 이상의 어린이들을 보았다.

3 used for talking about distance and time(거리와 시간에 대해 말하기)

거리나 기간이 언급한 것보다 더 길 때, **over**를 사용한다.
The mountain is _over_ twelve thousand feet high. 그 산은 높이가 12,000피트이다.
Our relationship lasted for _over_ a year. 우리의 관계는 1년 이상 지속되었다.

absent

1 'absent'

be _absent from_ somewhere는 어떤 사람이 회의, 예식, 장소 등과 같은 장소에 없다라는 뜻이다.
Gary O'Neil has been _absent from_ training because of a stomach virus.
게리 오닐은 위염 때문에 훈련에 참석하지 못했다.
Their children are frequently _absent from_ school. 그의 자식들은 학교에 자주 결석하고 있다.

> i 위와 같은 문장에서 absent 뒤에 at이 아닌 from을 사용한다.

누군가가 언급한 회의, 의식, 장소 등이 분명할 경우, be _absent_라고 간단히 말할 수 있다.
The Mongolian delegate to the assembly was _absent_. 몽골 대표단은 집회에 참석하지 않았다.

2 'not at' and 'not there'

absent는 상당히 격식을 차린 단어로, 회화에서는 be _not at_ somewhere나 be _not there_라고 한다.
She _wasn't at_ Molly's wedding. 그녀는 몰리의 결혼식에 참석하지 않았다.
I looked in the kitchen but Magda _wasn't there_. 나는 부엌을 쳐다보았으나, 그가 그곳에 없었다.

accept

accept는 어떤 것을 받아들이는 것에 동의하다라는 뜻이다.
Jane _accepted_ a slice of cake. 제인은 케이크 한 조각을 받았다.

1 advice and suggestions(충고와 제안)

상대방의 충고나 제안을 받아들이다라는 뜻에 accept를 사용한다.
I knew that they would _accept_ my proposal. 나는 그들이 내 제안을 받아들일 것임을 알았다.

그러나 상대방이 제안한 것에 동의한다고 할 때는 accept to do가 아닌 agree to do라고 한다.

accept – except

Agatha Christie never *agreed to go* on television. 애거사 크리스티는 텔레비전에 출연을 허락한 적이 없었다.
She *agreed to let* us use her flat while she was away.
그녀는 자신이 떠나 있는 동안 그녀의 아파트를 우리가 사용하는 것에 동의했다.

2 situations and people (상황과 사람)
accept의 또 다른 뜻으로 어렵거나 불쾌한 상황을 바꿀 수 없음을 인정하다라는 뜻이 있다.
They refused to *accept* poor working conditions. 그들은 좋지 않은 작업 환경을 받아들이는 것을 거부했다.
The astronaut *accepts* danger as being part of the job. 우주 비행사는 위험을 직업의 일부분으로 받아들인다.

accept – except

accept[əksépt, æk-]를 except[iksépt]와 혼동해서는 안 된다.

1 'accept'
accept는 동사로, 어떤 것을 받아들이는 것에 동의하다라는 뜻이다.
I never *accept* presents from clients. 나는 고객들로부터 선물을 전혀 받지 않았다.

2 'except'
except는 전치사나 접속사로, 어떤 진술이 적용되지 않는 유일한 사물이나 사람을 소개할 때 사용한다.
All the boys *except* Paul started to giggle. 폴을 제외한 모든 소년들은 낄낄 웃기 시작했다.

○ Usage 표제어 accept와 except 참조.

acceptable

어떤 것에 만족하거나 어떤 의견에 반대하지 않을 경우, acceptable을 사용한다.
To my relief he found the article *acceptable*. 내가 안심했던 것은 그가 기사에 만족했다는 것이다.
Are we saying that violence is *acceptable*? 지금 우리가 폭력을 사용해도 좋다는 말입니까?

상대방이 어떤 일을 하는 것을 기꺼이 허락할 경우에는 acceptable이 아닌 willing을 사용한다.
Ed was quite *willing* to let us help him. 에드는 우리가 그를 도울 수 있도록 기꺼이 허락했다.
Would you be *willing* to relocate to a different city? 당신은 다른 도시로 이주할 마음이 있어요?

accommodation

accommodation은 머물고, 일하고, 거주하기 위한 방, 즉 '숙박 시설'이라는 뜻이다. 영국 영어에서 accommodation은 불가산명사로, accommodations나 an accommodation이라고 하지 않는다.
There is plenty of student *accommodation* in Edinburgh. 에딘버러에 학생들을 위한 숙소가 아주 많다.
We booked our flights and *accommodation* three months before our holiday.
우리는 휴가 가기 3개월 전에 비행 편과 숙박을 예약했다.

 미국 영어에서는 때때로 accommodations라고 한다.
The hotel provides cheap *accommodations* and good food. 그 호텔은 싼 숙박비와 좋은 음식으로 유명하다.

> 주의 미국 또는 영국 영어는 'an accommodation'으로 사용하지 않는데, 'I'm looking for an accommodation near the city centre'가 아닌 'I'm looking for accommodation(영국) or accommodations(미국) near the city centre'이다.

accompany

accompany someone somewhere는 다른 사람과 함께 어떤 장소에 가다라는 뜻이다.
A parent or guardian must *accompany* their child to their appointment.
부모 또는 보호자가 그들의 자녀들의 면담 약속에 꼭 동행해야 합니다.

accord

accompany는 상당히 격식을 차린 단어로, 회화에서는 go with나 come with를 사용한다.
I *went with* my friends to see what it looked like.
나는 그것이 어떻게 생겼는지 보려고 친구들과 같이 갔다.
He wished Ellen *had come with* him.
그는 엘렌이 자신과 함께 가기를 바랐다.

그러나 go with나 come with는 수동형이 없으므로, 수동형 문장에서는 accompany를 사용해야 한다.
Children under 14 must *be accompanied by* an adult. 14세 이하 어린이들은 꼭 성인과 동행해야 한다.
She came out of the house *accompanied by* her lawyer. 그녀의 변호사와 동행해 그 집에서 나왔다.

accord

do something *of* one's *own accord*는 어떤 일을 하고 싶어서 자발적으로 하다라는 뜻이다.
She knew they would leave *of* their *own accord*.
그녀는 그들이 자발적으로 떠나려고 한다는 것을 알고 있었다.

> 주의 위와 같은 문장에는 own을 사용해야 한다. 예를 들면, '그녀는 자진해서 가버렸다.'는 ~~She had gone of her accord.~~가 아닌 She had gone of her *own* accord.라고 한다.
> 또한 do something 'on' one's own accord라고 하지 않는다.

according to

1 'according to'

어떤 정보를 사람, 책, 서류에서 얻을 때, something is the case *according to* a particular person/book/document라고 한다.
According to Dr Santos, the cause of death was drowning.
산투스 의사에 의하면 사망 원인은 익사였다고 한다.
The road was forty miles long *according to* my map.
내 지도에 따르면 그 길은 40마일 거리였다.

🛈 회화에서는 '조지에 의하면, 오늘 아침 그 길은 매우 미끄럽다고 한다.'는 According to George, the roads are very slippery this morning. 대신에 George *says* the roads are very slippery this morning.이라고 한다.
Arnold *says* they do this in Essex as well. 아놀드에 의하면, 그들은 에섹스에서도 이것을 하고 있다고 한다.
Car sales have fallen this year, the report *says*.
그 보고서에 의하면 올해의 차 판매량이 감소하고 있다고 한다.

2 'in my opinion'

자신의 의견을 강조할 때, in my opinion...이나 in our opinion...이라고 한다.
In my opinion we face a national emergency.
내 견해는 우리가 국가 비상사태에 직면해 있다는 것이다.
The temple gets crowded, and *in our opinion* it's best to visit it in the evening.
절은 많은 사람들로 붐비므로, 우리의 의견은 밤에 그곳에 가는 것이 가장 좋다는 것이다.

> 주의 according to me나 according to us라고는 말하지 않는다. 한 문장 안에 according to와 opinion을 함께 사용하지도 않는다. 예를 들면, '주교의 견해는 대중은 알 권리가 있다는 것이다.'는 ~~According to the bishop's opinion, the public has a right to know.~~가 아닌 *The bishop's opinion is that* the public has a right to know.라고 한다.
> *The psychiatrist's opinion was that* John was suffering from depression.
> 그 정신과 의사 소견에 의하면 존은 지금 우울증을 앓고 있다고 한다.
> *The general opinion is that* French wines are the best.
> 전반적인 의견은 프랑스산 포도주가 가장 좋다고 한다.

◐ 의견을 표현하는 것에 대한 더 많은 정보는 Topic 표제어 Opinions 참조.

accuse – charge

1 'accuse'

accuse someone *of* doing something wrong은 누군가가 그릇된 행동을 했다고 말하다라는 뜻이다.
He *accused* them *of* drinking beer while driving. 그는 그들이 운전 중에 맥주를 마셨다고 고발했다.
He *is accused of* killing ten young women. 그는 젊은 여성 10명을 살해한 혐의로 기소당했다.

ℹ accuse someone 'for' doing something wrong이라고 하지 않는다.

2 'charge'

the police *charge* someone *with* committing a crime은 경찰이 공식적으로 누군가가 범죄를 저지른 것을 고발하다라는 뜻이다.
He *was* arrested and *charged with* committing a variety of offences.
그는 경찰에 체포되었으며, 많은 범죄를 저지른 혐의로 기소되었다.

accustomed to

1 'accustomed to'

be *accustomed to* something은 어떤 일에 익숙해져서 더 이상 이상하게 여기지 않다라는 뜻이다. 일반적으로 accustomed to는 be, become, get, grow와 같은 동사 뒤에 온다.
It's tiring at first, but you soon *become accustomed to* it.
그 일은 처음에는 지겹지만 그러나 곧 그 일에 익숙해질 것이다.
Getting accustomed to a different culture can be a long process.
다른 문화에 적응하려면 오랜 시간의 과정을 거쳐야 한다.

ℹ be 'accustomed with' something이라고 하지 않는다.

2 'used to'

회화에서는 일반적으로 accustomed to가 아닌 used to라고 한다. used to는 보통 be나 get과 같은 동사 뒤에 온다.
After 25 years in showbusiness, She*'s used to* media attention.
그녀는 25년간의 연예 활동을 통해 매체들의 관심에 익숙해져 있다.
It's very noisy here, but you'll *get used to* it. 여기에 소음이 많이 나지만 곧 그 소리에 익숙해질 것이다.

어떤 일에 익숙하다고 할 경우, be *accustomed to doing* something이나 be *used to doing* something이라고 한다.
They are *accustomed to dealing* with difficult customers.
그들은 까다로운 고객들을 잘 접대하는 데 이골이 나 있다.
We are *used to queueing*. 우리는 줄 서는 것에 익숙하다.

> 주의 be 'accustomed to do' something이나 be 'used to do' something이라고 하지 않는다.

actual

1 'actual'

누군가가 말하는 장소, 사물, 사람이 실제이거나 진짜라는 것을 강조할 때, actual을 사용한다.
The predicted results and the *actual* results are very different. 예측한 결과와 실제 결과는 매우 다르다.
I've read the report, but what were his *actual* words? 나는 그 리포트를 읽었지만 그가 실제로 한 말은 무엇인가?

> 주의 명사 앞에서만 actual을 사용하므로, be actual이라고 하지 않는다.

actually

2 'current' and 'present'

현재 일어나고 있거나, 사용되고 있거나, 실시되는 어떤 것을 묘사할 때는 actual이 아닌 current나 present를 사용한다.

The store needs more than $100,000 to survive the *current* crisis.
그 점포는 현재의 위기에서 살아남기 위해서 10만 달러 이상의 돈이 필요하다.

Is the *present* situation really any different from many others in the past?
현재 상황은 과거의 많은 상황들과 정말로 어떤 차이가 있습니까?

actually

말하고자 하는 내용을 강조할 때, **actually**나 **really**를 사용한다.

누군가 말을 했거나 생각한 어떤 일과 대조하여 그 일의 진실에 대해 말하는 경우, **actually**를 사용한다.

All the characters in the novel *actually* existed. 이 소설 속의 모든 등장인물들은 실제로 존재했다.
Some people think that Dave is bad-tempered, but he is *actually* very kind.
일부 사람들은 데이브가 아주 고약한 성격이라고 하는데, 실제로 아주 친절한 사람이다.

아주 놀라운 일을 언급할 때에도 **actually**를 사용할 수 있다. 이때 **actually**는 놀라운 일 앞에 온다.

He *actually* began to cry. 그는 정말로 울기 시작했다.
The value of oil has *actually* been falling in the last two years. 기름 값이 지난 2년간 실질적으로 떨어져 왔다.

다른 사람이 하는 말을 명확하게 하거나 정정할 때에도 **actually**를 사용한다.

'Mr Hooper is a schoolteacher.' – 'A university lecturer, *actually*.'
"후퍼 씨는 교사입니다." – "정확히 말해서 대학 강사이지요."

> **주의** 과거나 미래보다는 현재 어떤 일이 일어나고 있다는 것을 강조할 때, **actually**가 아닌 **presently, at present, right now**를 사용한다.
> He's in a meeting *at the moment*. 그는 지금 회의에 참석하고 있다.
> ○ Usage 표제어 presently와 now 참조.

상대에게 특정한 것을 제시하거나, 상대와 다른 제시를 할 때, **Actually, I'd rather** 또는 **I'd prefer to**를 사용한다.

'Shall we go out for dinner?' – '*Actually, I'd rather* stay in tonight.'
"디너 식사를 하러 밖에 나갈까요?" – "아니요, 집에 있고 싶어요."

advice – advise

1 'advice'

advice[ədváis]는 명사로, 다른 사람에게 어떤 일을 해야 한다고 말하는 것, 즉 '충고'라는 뜻이다.

Take my *advice* — don't bother! 나의 충고를 들으세요. 그 일에 신경 쓰지 마세요.
She promised to follow his *advice*. 그녀는 그의 충고를 따르기로 약속했다.

advice는 불가산명사이므로, advices나 an advice가 아닌 a piece of advice라고 한다.

What's the best *piece of advice* you've ever been given? 당신이 받은 최고의 충고는 무엇입니까?
Could I give you one last *piece of advice*? 마지막으로 충고 한마디 더 해도 되겠습니까?

2 'advise'

advise[ədváiz, æd-]는 동사로, 상대방에게 어떤 일을 해야 한다고 말하는 것, 즉 '충고하다'라는 뜻이다.

He *advised* her to see a doctor. 그는 그녀에게 의사를 만나 보라고 충고했다.
He *advised* me not to buy it. 그는 나에게 그것을 사지 말라고 충고했다.

'I advise you to…'는 상대에게 우리가 어떤 일을 하라고 하다이다.

affect – effect

The operation will be tiring so *I advise you to get some rest*.
그 작업은 아주 피곤한 것으로 당신은 약간의 휴식을 취하기 바랍니다.

 목적어 없이는 advise를 사용하지 않는다. 예를 들면, He advised to leave as quickly as possible.이라고 하지 않는다. 충고를 받아들이는 사람을 밝히지 않을 경우, *His advice was* to leave as quickly as possible.이라고 한다.
Diego's advice was to wait until the morning. 디에고의 충고는 그날 아침까지 기다리라는 것이다.

affect – effect

1 'affect'

affect[əfékt]는 동사로, 어떤 점에서 사람이나 사물에 '변화를 주거나 영향을 미치다'라는 뜻이다.
These people are making decisions that will *affect* our lives.
이들이 내리는 결정들은 우리 삶에 영향을 미칠 것이다.
The disease *affected* Jane's lungs. 그 병은 제인의 폐를 침범했다.

2 'effect'

effect[ifékt]는 일반적으로 명사로 사용하며, 어떤 일의 결과로 발생하는 변화나 사건이라는 뜻이다.
The report shows the *effect* of noise on people in the factories.
그 보고서는 공장에서 일하는 사람들에게 끼치는 소음의 영향을 설명하고 있다.
This has the *effect* of separating students from teachers. 이것이 교사로부터 학생들을 분리시키는 결과이다.

어떤 것이 다른 것에 특정한 영향을 끼칠 때, something *has* a particular *effect on* something else라고 한다.
Improvement in water supply can *have a dramatic effect on* health.
상수도의 개선은 건강에 획기적인 영향을 미칠 수 있다.
These changes *will have a significant effect on* our business.
이러한 변경들은 우리 사업에 중요한 영향을 끼쳤다.

effect는 때때로 동사로 사용한다. effect는 성공적으로 일을 끝내다라는 뜻이며, 격식을 차린 용법이다.
The new law will give us the power to *effect* change. 새 법은 우리에게 그 변화에 힘을 부여해 줄 것이다.

afford

can afford something은 어떤 것을 살 만큼 충분한 돈이 있다라는 뜻이다.
It's too expensive — we *can't afford* it. 그것은 너무 비싸서 우리가 감당할 수 없다.
Do you think one day we'll *be able to afford* a new sofa?
우리가 언젠가는 새 소파를 살 여유가 있을 거라고 생각해요?

afford는 거의 항상 can, could, be able to와 함께 쓰므로, 'afford' something이라고 하지 않는다.

can afford to have something이나 *can afford to do* something은 어떤 것을 가질 수 있거나 할 수 있는 여유가 있다라는 뜻이다.
Imagine a situation where everybody *can afford to have* a car.
누구나 자동차를 소유할 수 있는 상황에 대해 상상해 보세요.
I *can't afford to rent* this flat. 나는 이 아파트를 임대할 여유가 없다.

'can afford having' something이나 'can afford doing' something이라고 하지 않는다.

 afford는 수동형을 사용하지 않는다. something 'can be afforded'가 아닌 someone *can afford* something이라고 한다.
We need to build houses that *people can afford*. 우리는 사람들이 감당할 수 있는 가격의 집들을 지어야 한다.

afloat

afloat

afloat는 사람이나 사물이 물속에 가라앉지 않고 '떠 있는'이라는 뜻이다.

By kicking constantly he was able to stay *afloat*. 발길질을 계속함으로써 그는 물에 떠 있을 수 있었다.
Her hooped skirt kept her *afloat* and saved her. 그녀는 자신의 테를 두른 치마로 물 위에 떠서 살아남았다.

명사 앞에 afloat를 사용하지 않는다. 예를 들면, an afloat boat라고 하지 않는다.

afraid – frightened

1 'afraid' and 'frightened'

be *afraid* of someone/something은 다른 사람이나 사물이 해를 끼칠까봐 두려워하다라는 뜻이다.

The children were so *afraid* that they ran away. 어린이들이 너무 놀라서 그곳에서 도망을 갔다.
She felt *frightened*. 그녀는 아주 두려웠다.

afraid of 또는 *frightened* of someone/something이라고도 할 수 있으며, frightened는 afraid와 같은 뜻이다.

Tom is *afraid of* the dark. 톰은 어두움을 두려워한다.
They are *frightened of* their father. 그들은 그들의 아버지를 두려워한다.

어떤 일이 해롭거나 위험해서 하지 않으려고 할 경우, be *afraid to do*나 be *frightened to do*라고 한다.

Many crime victims are *afraid to go to the police*. 많은 범죄 피해자들이 경찰에 범죄 신고하기를 두려워한다.
She was *frightened to go out* on her own. 그녀는 그녀 혼자 외출하는 것을 두려워한다.

> 주의 afraid는 be와 feel과 같은 동사 뒤에만 사용한다. 명사 앞에는 afraid를 사용하지 않는다. 예를 들면, '겁먹은 아이'는 an afraid child가 아닌 a *frightened* child라고 한다.
> He was acting like a *frightened* kid. 그는 겁먹은 아이처럼 행동했다.

2 another meaning of 'afraid' (afraid의 다른 뜻)

afraid에는 또 다른 뜻이 있다. 불쾌한 일이 일어날 것을 걱정하여 피하고 싶다고 할 때, afraid를 사용한다. 이러한 경우, 보통 (afraid + 간접화법절) 형식을 사용한다.

She was *afraid that I might be embarrassed*. 그녀는 내가 당황할까봐 걱정했다.

be *afraid of doing* something이라고 할 수도 있다. 예를 들면, '나는 길을 잃어버릴까봐 걱정했다.'는 I was afraid that I might get lost. 대신 I was *afraid of getting* lost.라고 할 수 있다.

She was *afraid of being* late for school. 그녀는 학교에 지각할까봐 걱정했다.

3 'I'm afraid…'

공손하게 유감을 표현할 때, I'm afraid…, I'm afraid so., I'm afraid not.을 사용한다. I'm afraid so.는 yes라는 뜻이고, I'm afraid not.은 no라는 뜻이다. 이 두 가지 표현은 질문에 대한 대답으로 사용된다.

I'm afraid Sue isn't at her desk at the moment. Can I take a message?
죄송하지만 수가 자리에 없습니다. 제가 메시지를 전해 드릴까요?
'I hear she's leaving. Is that right?' – '*I'm afraid so*.' "그녀가 떠날 거라는데, 맞나요?" – "그런 것 같아요."
'Can you come round this evening?' – '*I'm afraid not*.' "오늘 저녁에 우리 집에 올래?" – "아무래도 안 될 것 같아요."

after – afterwards – later

1 'after' used as a preposition (전치사로 사용하는 after)

happen *after* a particular time/event는 어떤 일이 특정한 시간이나 사건 후에 일어나다라는 뜻이다.

Dan came in just *after* midnight. 댄은 자정이 막 지난 후에 왔다.
We'll hear about everything *after* dinner. 우리는 저녁 식사 후에 모든 이야기를 들을 것이다.

after all

어떤 일을 한 후에 다른 일을 한다고 할 경우, do something *after doing* something else라고 한다.
After leaving school he worked as an accountant. 그는 학교를 마친 후, 회계사로 일했다.
After completing and signing the form, please return it to me.
그 폼을 작성하고 서명한 후 저에게 제출해 주세요.

> 어떤 사람이 특정한 나이를 넘다라고 할 경우에는 be 'after' a particular age가 아닌 be *over* a particular age라고 한다.
> She must be *over* fifty. 그녀는 50세를 넘었다.
>
> 어떤 것이 다른 것의 뒤에 있다고 할 때, after가 아닌 behind를 사용한다.
> I've parked *behind* the school. 나는 그 차를 그 학교 뒤에 주차했었다.

2 'afterwards'

after 대신에 부사로 afterwards를 사용할 수 있으며, not long afterwards, soon afterwards, and shortly afterwards로 사용한다.
She died *soon afterwards*. 그녀는 바로 뒤에 죽었다.
Shortly afterwards her marriage broke up. 바로 뒤에 그녀의 결혼은 파탄이 났다.

3 'afterward'

 미국 영어에서는 afterward를 때때로 부사로 사용한다.
I left *soon afterward*. 나는 바로 뒤에 떠났다.
Not long afterward, he made a trip from LA to San Jose. 얼마 바로 뒤에 그는 LA에서 산호세까지 여행을 했다.

4 'later'

말하고 있는 시간 뒤에 일어나는 시간이나 상황을 가리킬 때, later를 사용할 수 있다.
I'll go and see her *later*. 나는 나중에 그녀를 만나러 갈 것이다.

(a little · much · not much + later) 형식도 사용한다.
A little later, the lights went out. 잠시 후에 불이 꺼졌다.
I learned all this *much later*. 나는 이 모든 것을 훨씬 나중에 알게 되었다.

(기간을 나타내는 구 + after · afterwards · later) 형식은 어떤 일이 언제 일어나는지를 말할 때 사용할 수 있다.
I met him *five years after* his wife's death. 나는 그의 부인이 죽은 뒤 5년 후에 그를 만났다.
She wrote about it *six years afterwards*. 그녀는 6년 후에 그것에 대해 글을 썼다.
Ten minutes later he left the house. 그는 10분 후에 그 집을 떠났다.

after all

앞서 한 말을 확인하거나 지지하는 추가적인 의견을 언급할 경우, after all을 사용한다.
It had to be recognized, *after all*, that I was still a child.
어쨌든 나는 여전히 아이라는 것을 인지했어야 했다.
I thought he might know where Sue is. *After all*, she is his wife.
아마도 그는 수의 행방을 알고 있는 것 같다. 하여간 그녀는 그의 부인이기 때문이다.

이전에 생각했음에도 불구하고 어떤 일이 사실이거나 사실일 가능성이 있다고 할 때에도 after all을 사용할 수 있다.
Perhaps it isn't such a bad village *after all*. 아마도 그곳은 실제로 그렇게 나쁜 마을이 아닐 것이다.
I realised he was telling the truth *after all*. 나는 결국에 가서 그가 그 사실을 실토할 것이라 생각했다.

> 마지막 요점, 질문, 주제를 소개하려는 경우, after all이 아닌 finally나 lastly를 사용한다.
> *Finally* I want to thank you all for coming. 마지막으로 여러분이 여기에 참석해 주신 것에 감사를 드립니다.
> *Lastly* I would like to ask about your future plans. 끝으로 여러분의 미래 계획에 대해 물어보고 싶습니다.

afternoon

afternoon

afternoon은 12시나 점심 시간에 시작하여 6시경에 끝나거나, 겨울에 날이 어두워진 후까지의 하루의 일부분, 즉 '오후'라는 뜻이다.

1 the present day(오늘)

'오늘 오후'는 this afternoon이라고 한다.

I rang Pat *this afternoon*. 나는 팻에게 오늘 오후에 전화했다.
Can I take it with me *this afternoon*? 제가 그것을 오늘 오후에 가져가도 되겠습니까?

'어제 오후'는 yesterday afternoon이라고 한다.

Doctors operated on the injury *yesterday afternoon*.
의사들은 어제 오후에 부상당한 곳을 수술했다.

'내일 오후'는 tomorrow afternoon이라고 한다.

I'll be home *tomorrow afternoon*. 나는 내일 오후에 집에 있을 것이다.

2 single events in the past(과거의 개별적인 일)

특정한 날에 일어난 것을 나타낼 때, that afternoon이나 in the afternoon을 사용할 수 있다.

That afternoon I phoned Bill. 나는 그날 오후 빌에게 전화를 했다.
I left Walsall *in the afternoon* and went by bus and train to Nottingham.
나는 그날 오후 월솔을 떠나서, 버스와 기차를 갈아타고 노팅엄에 갔다.

과거의 전날 오후에 일어난 것을 언급할 때, the previous afternoon을 사용한다.

He had spoken to me *the previous afternoon*.
그는 전날 오후에 나와 이야기를 나누었다.

3 talking about the future(미래에 대해 말하기)

어떤 일이 미래의 특정한 오후에 일어날 것이라고 할 때, on을 사용한다.

The meeting will be *on Wednesday afternoon*. 그 회의는 수요일 오후에 열릴 예정이다.

미래의 어떤 날을 이미 말한 경우, in the afternoon을 사용한다.

We will arrive at Pisa early in the morning, then *in the afternoon* we will go on to Florence.
우리는 아침 일찍 피사에 도착해서 그날 오후에 플로렌스로 갈 것이다.

어떤 일이 미래의 어느 다음날 오후에 일어날 것이라고 할 때, the following afternoon을 사용한다.

I leave on Thursday, arriving in Cairo at 9.45pm, then fly on to Luxor *the following afternoon*.
나는 목요일에 떠나서 카이로에 저녁 9시 45분에 도착한 뒤 다음날 오후에 룩소르행 비행기를 타고 갈 예정이다.

4 regular events(규칙적인 일)

매일 오후에 규칙적으로 일어나는 일에는 in the afternoon이나 in the afternoons를 사용한다.

He is usually busy *in the afternoons*. 그는 보통 오후에 바쁘다.
In the afternoon he would take a nap. 그는 오후에 낮잠을 자곤 했다.

[on + 요일 + afternoons] 형식은 어떤 일이 특정 요일의 오후마다 규칙적으로 일어날 때 사용한다.

She plays tennis *on Saturday afternoons*.
그녀는 일요일 오후마다 테니스를 한다.
On Saturday afternoons she used to serve behind the counter.
그녀는 토요일 오후마다 점원으로 일하곤 했다.

격식을 차리지 않는 영국 영어에서는 afternoons를 부사로 사용하며 on이나 in을 사용하지 않는다.

She worked *afternoons* at her parents' shop.
그녀는 오후에 항상 부모님 가게에서 일했다.

afterwards

5 exact times(정확한 시간)

오후 시간을 정확하게 말할 경우, (정확한 시간 + in the afternoon) 형식을 사용한다.
We arrived at three *in the afternoon*. 우리는 오후 3시에 도착했다.

afterwards

◯ Usage 표제어 after – afterwards – later 참조.

aged

aged는 두 가지 형태로 발음한다.
◯ aged[eid3d]에 대한 정보는 Topic 표제어 Age 참조.

ago

일반적으로 어떤 일이 일어난 후 시간이 얼마나 지났는지를 말할 때, **ago**를 사용한다. 예를 들면, **something happened five years *ago***는 현재 어떤 일이 일어난 지 5년이 지났다라는 뜻이다.
We met two years *ago*. 우리는 2년 전에 만났다.
We got married about a year *ago*. 우리는 약 1년 전에 결혼했다.

> 주의 과거의 일을 말하는 경우, (단순과거시제 + ago) 형식을 사용한다. 예를 들면, '그는 4년 전에 죽었다.'는 He has died four years ago.가 아닌 He died four years ago.라고 한다.
> Seven years ago, she *gave birth to* their daughter, Nelly. 그녀는 7년 전에 딸 넬리를 출산했다.
> I *did* it just a moment ago. 나는 방금 그것을 했다.

현재의 시간을 기준으로 이전의 시간을 말할 때, **ago**를 사용한다. 이전 시간을 기준으로 그 이전의 시간은 **before**나 **previously**를 사용한다.
The centre *had been opened* some years *before*. 그 센터는 몇 년 전에 문을 열었다.
The sinking had taken place nearly two years *previously*. 침하는 거의 2년 전에 발생했다.

> 주의 '그 일이 3년 동안 계속 일어나고 있다.'는 It has been happening since three years ago.가 아닌 It has been happening *for three years*.라고 한다.
> I have lived here *for nearly twenty years*. 나는 거의 20년 동안 이곳에서 살았다.
> I have known you *for a long time*. 나는 당신과 오랫동안 알고 지내왔다.

agree

1 'agree'

I agree는 '상대의 의견에 동의하다'이다.
'That film was excellent.' – '*I agree*.' "그 영화 아주 좋았어요." – "저도 동의해요."

2 'agree with'

agree with someone about something은 어떤 일에 대해 다른 사람과 의견이 같다, 즉 '동의하다'라는 뜻이다.
My friend *agreed with* me. 내 친구는 내 의견에 동의했다.
agree with an action/a suggestion은 어떤 행동이나 제안에 찬성하다라는 뜻이다.
He *agreed with* my idea. 그는 나의 아이디어에 동의했다.

> 주의 'agree' an action/a suggestion이나 be agreed with라고 하지 않는다. 예를 들어 I am agreeing with Mark.라고 하지 않는다.

aim

USAGE

3 'agree to'

***agree to** something*은 제안한 일이 일어나거나 이루어지도록 허용하다, 즉 '승낙하다'라는 뜻이다.
He *had agreed to* the use of force. 그는 무력을 사용하는 것을 승낙했다.

그러나 상대방의 초대에 응할 때는 **agree to**가 아닌 **accept**를 사용한다.
He *accepted* our invitation to the dinner party. 그는 우리의 디너파티 초대를 수락했다.

***agree to do** something*은 상대방이 부탁한 일을 하다라는 뜻이다.
She *agreed to lend* us use her flat. 그녀는 자신의 아파트를 우리가 사용할 수 있게 허락해 주었다.
She finally *agreed to come* to the club on Wednesday. 드디어 그녀는 수요일에 클럽에 오기로 동의했다.

> 주의 'agree doing' something이라고 하지 않는다.

4 'agree on'

어떤 일에 대해 함께 결정하는 경우, **agree on**을 사용한다.
We *agreed on* a date for the wedding. 우리는 결혼 날짜 정하는 데 합의했다.

5 'agree that'

(agree + that절) 형식은 결정한 내용을 나타낼 때 사용할 수 있다.
They *agreed that* the meeting should be postponed. 그들은 그 미팅을 연기해야 한다는 데 동의했다.

수동형인 It was agreed that...을 자주 사용한다.
It *was agreed that* something had to be done. 어떤 일이 시행되어져야 한다는 것에 합의했다.

---

aim

aim은 어떤 사람이 성취하려는 것, 즉 '목표'라는 뜻이다.
My *aim* is to play for England. 내 목표는 영국의 대표 선수가 되는 것이다.
It is our *aim* to have this matter sorted quickly. 이 문제를 빨리 해결하는 것이 우리의 목표이다.

특별한 결과를 얻기 위한 목적을 나타낼 때는 **with the aim to**가 아닌 **with the aim of**를 사용한다.
They had left before dawn *with the aim of getting* a front-row seats.
그들은 제일 앞 관람석을 차지하기 위해 날이 새기 전에 출발했다.

---

alight

alight는 어떤 것이 '불타고 있는'이라는 뜻이다.
When we arrived, the building was well *alight*. 우리가 도착했을 때 그 빌딩은 불에 휩싸여 있었다.
Within seconds, the car was *alight*. 아주 짧은 시간 안에 그 차는 화염에 휩싸였다.

set** something **alight는 어떤 것에 불을 붙이다라는 뜻이다.
...paraffin that had been poured on the ground and *set alight*. 땅 위에 쏟아져서 불이 붙은 파라핀.

> 주의 명사 앞에는 alight를 사용하지 않는다. 예를 들면, '사람들이 불타고 있는 건물에서 뛰쳐나왔다.'는 People rushed out of the alight building.이 아닌 People rushed out of the *burning* building.이라고 한다.

---

alike

alike는 둘 이상의 사람이나 사물이 전혀 차이가 없어 보이다, 즉 '서로 닮은'이라는 뜻이다.
They all looked *alike* to me. 그것들은 모두 나에게 똑같아 보였다.

alive

 명사 앞에는 alike가 아닌 similar를 사용하는데, '그들은 비슷한 모자를 착용했다.'나 '그들은 똑같은 모자를 착용했다.'는 ~~They wore alike hats.~~가 아닌 They wore *similar* hats.이다.
The two companies sell *similar* products. 그 회사들은 비슷한 제품들을 팔고 있다.

alive

alive는 사람이나 동물이 '살아 있는'이라는 뜻이다.
I think his father is still *alive*. 나는 그의 아버지가 아직 살아 있다고 생각한다.
She knew the seal was *alive*. 그녀는 그 물개가 살아 있다는 것을 알았다.

 명사 앞에는 alive를 사용하지 않는다. 예를 들면, ~~I have no alive relatives.~~나 ~~There are many problems transporting alive animals.~~라고 하지 않는다. 사람에는 living을, 동물에는 live[làiv]를 사용한다.
I have no *living* relatives. 나에게는 생존한 친척이 아무도 없다.
They export *live* animals. 그들은 살아 있는 동물들을 수출한다.

all

1 used as a determiner(한정사로 사용하기)

〔all + 복수명사〕 형식은 모든 사물이나 사람을 말할 때 사용한다.
There is built-in storage space in *all bedrooms*. 모든 침실에는 붙박이장이 들어갈 공간이 있다.
All non-EU passengers should join this queue. 모든 EU 승객들은 이 줄에 서 주세요.

〔all + 불가산명사〕 형식은 일반적인 내용을 기술할 때 사용한다.
All research will be done by experts. 모든 연구들은 전문가에 의해 진행될 것이다.
All business is risky. 모든 사업은 위험 부담이 따른다.

2 used with other determiners(다른 한정사와 함께 사용하기)

그룹 안의 모든 사물이나 사람은 〔all + the · these · those · 소유격 한정사 + 복수명사〕 형식을 사용한다.
Staff are checking *all the books* to make sure they are suitable. 직원들은 모든 책의 상태가 적절한지 확인하고 있다.
All my friends came to my wedding. 나의 모든 친구들이 결혼식에 왔었다.
All of the defendants were proved guilty. 피고인들 모두는 유죄로 판명되었다.

특정한 사물 전체는 〔all + the · this · that · 소유격 한정사 + 불가산명사 · 단수 가산명사〕 형식을 사용한다.
They carried *all the luggage* into the hall. 그들은 그들 짐 모두를 그 홀로 옮겼다.
I want to thank the people for *all your help*. 나에게 도움을 준 모든 사람들에게 감사를 전하고 싶습니다.
I lost *all of my money*. 나는 내가 가진 모든 돈을 잃어버렸다.

 〔all + of + 한정사〕 형식은 영국 영어보다 미국 영어에서 더 자주 사용한다.
All of the defendants were proved guilty. 모든 피고인들은 유죄임이 입증되었다.
All of these religions are closely bound to particular cultures. 이러한 종교 모두가 특정한 문화와 밀접한 연관이 있다.
I would rather burn *all of my money* than give it to her.
내가 가진 돈 모두를 그녀에게 주느니 차라리 태우는 것이 더 낫다.
It will probably never be possible to establish the exact truth about *all of their activities*.
그들의 모든 활동에 대해 정확한 진실을 입증하는 것은 결코 이루어질 수 없을 것이다.

3 used in front of pronouns(대명사 앞에 사용하기)

〔all · all of + this · that · these · those〕 형식을 사용한다.
Oh dear, what are we going to do about *all this*? 이를 어쩌나? 이 모든 것을 어떻게 해야 하죠?
Maybe *all of that* is true, but that's not what I asked.
그것들 모두가 진실일지도 모르지만, 그러나 그것은 내가 물었던 것이 아니다.

allow – permit – let – enable

〔all of + 인칭대명사〕 형식을 사용하고, 〔all + 인칭대명사〕 형식을 사용하지 않는다.
Listen it, *all of you*. 여러분 모두 들으세요.
It would be impossible to list *all of it* in one programme. 한 프로그램에 그 모든 것을 넣는 것은 불가능할 것이다.

〔all of + 목적격 대명사〕 형식을 사용하는데, 이때 목적격 대명사 대신 주격 대명사를 사용할 수 없다.
He discussed it with *all of us*. 그는 그 문제를 우리 모두와 토의했다.
All of them were tired. 그 사람들 모두가 피곤했었다.

4 used after the subject(주어 뒤에 사용하기)

〔주어 + all〕 형식을 사용할 수 있다. 예를 들면, '우리의 친구들 모두가 왔다.'는 All our friends came. 대신 Our friends *all* came.이라고 한다.

- 조동사가 없는 경우, be동사를 사용하지 않은 문장에서는 〔all + 동사〕 형식을 사용한다.
  We *all felt* a bit guilty. 우리 모두는 죄책감이 약간 들었다.

- 동사가 be동사일 경우, 〔be동사 + all〕 형식을 사용한다.
  They *were all* asleep. 그들은 모두 잠이 들었다.

- 조동사가 있는 경우, 〔조동사 + all〕 형식을 사용한다.
  It *will all be* over soon. 그것은 모두 곧 끝나게 될 것이다.

- 조동사가 한 개 이상 있는 경우, 〔첫 번째 조동사 + all〕 형식을 사용한다.
  The drawers *had all been opened*. 그 서랍들이 모두 열려 있었다.

- 목적어가 인칭대명사인 경우, 동사의 직접목적어나 간접목적어 뒤에도 온다.
  We treat them *all* with care. 우리는 그것들 모두를 조심스럽게 다룬다.
  I admire you *all*. 나는 당신들 모두를 칭찬한다.

5 used as a pronoun(대명사로 사용하기)

대명사 all은 '모든 것' 또는 '유일한 것'이라는 뜻으로, 관계사절 앞에 자주 사용한다.
It was the result of *all* that had happened previously. 그것은 이전에 일어난 모든 것의 결과였다.
All I remember is his first name. 내가 기억하는 것이라곤 그의 첫 번째 이름뿐이다.

6 'every'

every는 all과 뜻이 비슷하다. *Every* teacher was consulted.는 *All* the teachers were consulted.(모든 교사가 상담을 받았다.)와 같은 뜻이다. 그러나 시간을 표현하는 경우, all과 every는 서로 다른 뜻으로 해석된다. all day는 하루 내내, every day는 날마다라는 뜻이다.
The airport was closed *all day* after its first serious accident.
그 공항은 처음으로 일어난 심각한 사고가 일어난 후에 하루 종일 폐쇄되었다.
She goes running *every morning*. 그녀는 매일 아침 달리기를 한다.

allow – permit – let – enable

누군가가 어떤 일을 하는 데 허락받거나 방해받지 않다라고 할 때 allow, permit, let을 사용할 수 있으며, permit는 격식을 차린 단어이다.

1 'allow' and 'permit'

〔allow · permit + 목적어 + to부정사절〕 형식을 사용한다.
He *allowed me to take* the course. 그는 내가 그 과정을 수강하는 데에 동의했다.
They do not *permit students to use* calculators in exams.
그들은 학생들이 시험 도중에 계산기의 사용을 금하고 있다.

be not allowed to do something이나 *be not permitted to do* something은 어떤 일을 하도록 허

all right

락받지 못하다라는 뜻이다.
Visitors **were not allowed to** take photographs in the museum.
방문객들은 박물관에서 사진 촬영을 할 수 없었다.
Children **are not permitted to** use the swimming pool. 어린이들은 그 수영장을 이용할 수 없다.

something **is not allowed/is not permitted**는 어떤 일을 금지하거나 허용하지 않다라는 뜻이다.
Running **is not allowed** in the school. 학교 내에서 뛰어다니는 것은 금지되어 있다.
Picnics **are not permitted** in the park. 그 공원 내에서는 피크닉을 할 수 없다.

2 'let'
(**let** + 목적어 + 원형부정사) 형식을 사용한다.
I doubt my parents will **let me** go. 나는 나의 부모님이 내가 그곳에 가는 것을 허락하지 않을 것을 안다.

수동태 구문에서는 **let**을 사용하지 않아, ~~She was let go to the party.~~이다.

3 'enable'
allow, permit, let과 **enable**을 혼동해서는 안 된다. **enable**은 어떤 일을 할 기회를 주다라는 뜻이지, 일을 하도록 허락하다라는 뜻이 아니다.
Contraception **enables** women to plan their families. 피임은 여자들에게 가족 계획을 세우게 해준다.
The new test should **enable** doctors to detect the disease early.
새로운 검사 방법은 의사에게 병을 조기에 진단할 수 있게 해줄 것이다.

all right

all right는 어떤 일이 만족스럽거나 받아들일 만하다라는 뜻이다.
Is everything **all right**, sir? 선생님, 모든 일이 만족스러우십니까?

all right은 일반적인 철자법이다. **alright**를 때때로 사용하지만, 이 철자법이 잘못됐다고 생각하는 사람이 많다.

almost – nearly

1 when you can use 'almost' or 'nearly' (almost와 nearly 사용법)

almost와 **nearly** 둘 다 '완전히 ~하지 않은', '상당히 ~하지 않은'이라는 뜻이며, 일반적으로 형용사와 명사구 앞에 온다.
Dinner is **almost ready**. 저녁 식사가 거의 준비되어 있다.
We're **nearly ready** now. 우리는 거의 준비가 되어 있다.
I spent **almost a month** in China. 나는 중국에서 거의 한 달을 보냈다.
He worked there **nearly five years**. 그는 거의 5년을 그곳에서 일을 했다.
Jenny **almost fainted**. 제니는 거의 기절할 뻔했다.
He **nearly died**. 그는 거의 죽을 뻔했다.

almost와 **nearly**는 **every morning**과 **every day** 등과 같은 시간부가어와 **there**와 **home** 등과 같은 장소 부가어 앞에서도 사용할 수 있다.
We go swimming **almost every evening**. 우리는 거의 매일 저녁에 수영을 하러 간다.
I drive to work **nearly every day**. 나는 거의 매일 차를 타고 출근한다.
We are **almost there**. 우리는 그곳에 거의 도달했다.
I think we are **nearly there**. 나는 우리가 그곳에 거의 도착했다고 생각한다.

2 when you use 'almost' (almost 사용하기)

그러나 **-ly**로 끝나는 부사 앞에서는 거의 **nearly**를 사용하지 않고 **almost**를 사용한다.
She said it **almost crossly**. 그녀는 거의 화난 상태에서 그 말을 했다.
Your boss is **almost certainly** there. 당신의 사장은 그곳에 거의 확실히 도착했다.

alone – lonely

almost like가 아닌 **nearly like**는 사용할 수 없다.
It made me feel *almost like* mother. 그 일은 나에게 엄마와 같은 마음을 갖게 했다.

never, no, none, no-one, nothing, nowhere 앞에는 **almost**를 사용한다.
He *almost never* visits. 그는 거의 (이곳을) 방문한 적이 없다.
She speaks *almost no* English. 그녀는 거의 영어를 말하지 못한다.

위 뜻에 **nearly**는 사용할 수 없다.

3 when you use 'nearly' (nearly와 사용하기)

부정적 내용의 강조를 위해 **nearly** 앞에 **not**을 사용할 수 있다.
It's *not nearly* as nice. 그것은 아주 좋지 않은 상태이다.
We *don't* do *nearly* enough to help. 우리는 그 일을 돕는 데 충분하게 해 주지 못하고 있다.

nearly 앞에는 **very, so**를 사용할 수 있다.
We were *very nearly* at the end of our journey. 우리는 우리 여행의 거의 끝마무리 단계에 이르고 있었다.
She *so nearly* won the championship. 그녀는 그 당시 그 챔피언십을 거의 달성한 지경에 있었다.

almost 앞에는 **very, so**를 사용할 수 없다.

alone – lonely

1 'alone'

alone은 다른 사람들과 함께 있지 않다, 즉 '혼자 있는'이라는 뜻이다.
I wanted to be *alone*. 나는 혼자 있고 싶었다.
Barbara spent most of her time *alone* in the flat. 바바라는 대부분의 시간을 아파트에서 혼자 지냈다.

> 주의 명사 앞에는 **alone**을 사용하지 않는다. 예를 들면, '혼자 사는 한 여성'은 an alone woman이 아닌 a woman *on her own*이라고 한다.
> These holidays are popular with people travelling *on their own*.
> 이러한 휴가들은 자신들이 계획을 세워 여행하는 사람들에게 인기가 있다.

2 'lonely'

alone을 **lonely**와 혼동해서는 안 된다. **lonely**는 이야기할 친구나 사람이 없어서 슬프다, 즉 '외로운'이라는 뜻이다. 이때 명사 앞이나 **be**나 **feel**과 같은 동사 뒤에 온다.
He was a *lonely* little boy. 그는 외로운 한 어린 소년이었다.
She must be very *lonely* here. 그녀는 여기에서 매우 외로울 것임에 틀림없다.

along

사람이나 사물이 도로나 강과 같은 길고 좁은 것을 따라 움직이는 것을 나타낼 때, **along**을 사용한다.
Tim walked *along* Ebury Street. 팀은 에버리 스트리트를 따라 걸어갔다.
He led me *along* a corridor. 그는 나를 복도를 따라 데려갔었다.
There are trees all *along* the river. 강을 따라 늘어선 나무들이 있다.

> 주의 어떤 지역의 한쪽에서 다른 쪽으로의 움직임을 묘사할 때, **along**이 아닌 **through**나 **across**를 사용한다. 예를 들면, go 'along' a desert가 아닌 go *through / across* a desert라고 한다.
> We cycled *through* the forest. 우리는 그 지역 숲을 자전거로 갔었다.
> He wandered *across* Hyde Park. 그는 하이드 파크를 여기저기 돌아다녔다.

a lot

○ Usage 표제어 lot 참조.

aloud – loudly

1 'aloud'

다른 사람들이 들을 수 있을 정도로 소리내어 말할 때, **aloud**를 사용한다.

'Where are we?' Alex wondered *aloud*. '지금 우리가 어디 있지요?' 하고 알렉스가 큰 소리로 말했다.

read aloud a piece of writing은 글의 일부분을 다른 사람들이 들을 수 있을 정도로 소리내어 읽다라는 뜻이다.
She read *aloud* to us from the newspaper. 그녀는 우리들에게 소리내어 신문을 읽어 주었다.

2 'loudly'

loudly는 '큰 소리로'라는 뜻이다.
The audience laughed *loudly*. 청중은 큰 소리로 웃었다.

already

1 referring to an action (행동 가리키기)

어떤 일이 바로 전에 일어났거나, 기대한 것보다 더 빨리 일어났다고 할 때, **already**를 사용한다. 어떤 행동을 가리킬 때, 영국 영어에서는 **already**를 완료시제와 함께 사용하며, **have**, **has**, **had** 뒤나 절의 끝에 온다.
He *had already left* when I arrived. 우리가 그곳에 도착했을 때 그는 이미 떠나고 없었다.
I've had tea *already*, thank you. 저는 이미 차를 마셨어요. 감사합니다.

 미국 영어를 쓰는 일부 사람들은 현재완료시제 대신 단순과거시제를 사용한다. 예를 들면, '나는 벌써 그를 만났다.'는 I have already met him. 대신 I *already* met him.이나 I met him *already*.라고 한다.
Thanks for the offer but I *already* ate. 감사하지만 저는 벌써 먹었습니다.
I told you *already* – he's the professor. 내가 당신에게 이미 말했듯이 그가 그 교수이다.

2 referring to a situation (상황 가리키기)

어떤 상황이 기대한 것보다 더 일찍 일어난다고 할 때에도 **already**를 사용한다.

- 조동사가 없는 경우, be동사를 제외한 동사 앞에 **already**가 온다.
  She *already* knows the answer. 그녀는 그 답을 이미 알고 있다.
  By the middle of June the Campaign *already had* more than 1000 members.
  캠페인은 6월 중순까지 회원 1,000명 이상을 이미 확보했다.

- 동사가 be동사일 경우, **already**는 be동사 뒤에 온다.
  It *was already* dark. 벌써 날이 어두워졌다.
  Tickets *are already* available online. 그 티켓들은 온라인에서 이미 판매 중이다.

- 조동사가 있는 경우, 조동사 뒤에 **already**가 온다.
  This animal species *is already considered* endangered. 이 종은 이미 멸종 상태에 이른 것으로 여겨지고 있다.

- 조동사가 한 개 이상일 경우, **already**는 첫 번째 조동사 뒤에 온다.
  The website *has already been* launched. 그 웹사이트는 이미 개설되어 있다.

- 어떤 상황이 기대한 것보다 더 일찍 일어나는 것을 강조하는 경우, **already**는 문장의 처음에 온다.
  Already the company is three quaters of the way to the target. 이미 회사는 목표량의 4분의 3을 달성했다.

alright

○ Usage 표제어 **all right** 참조.

also – too – as well

also – too – as well

40

어떤 것에 대해 더 많은 정보를 주는 경우, also, too, as well을 사용한다.

1 'also'

- also는 일반적으로 동사 앞에 사용한다. 조동사가 없는 경우, be동사를 제외한 동사 바로 앞에 also가 온다.
  I enjoyed my job, but I *was also* ambitious. 나는 내 직업을 즐겼으나, 그러나 야망도 가졌다.

- 동사가 be동사일 경우, also는 be동사 뒤에 온다.
  I *was also* an American. 나 역시 미국인이었다.
  Knowledge, which is in many ways our blessing, *is also* our curse.
  지식은 여러 면에서 축복이지만, 저주이기도 하다.

- 조동사가 있는 경우, also는 조동사 뒤에 온다.
  Various treatment options *are also described* on the website.
  그 웹사이트에 역시 여러 가지 치료 방법에 대해 묘사되어 있다.

- 조동사가 한 개 이상일 경우, also는 첫 번째 조동사 뒤에 온다.
  We'*ll also be learning* about healthy eating. 우리는 건강한 식생활에 대해 역시 배울 것이다.

- also는 때때로 문장의 처음에 오기도 한다.
  She is a good teacher. *Also*, she writes poetry. 그녀는 좋은 선생님이면서, 또 시인이다.

ℹ️ 문장의 끝에는 also가 오지 않는다.

2 'too'

일반적으로 too는 문장의 끝에 온다.
Now the problem affects middle-class children, *too*. 현재 그 문제는 중산층 아이들에게도 영향을 주고 있다.
I'll miss you, and Steve will, *too*. 나는 당신을 그리워할 것이며, 스티브도 역시 그럴 것이다.

회화에서 〔단어 · 구 + too〕 형식은 바로 전에 말한 내용을 짧게 말할 때 사용한다.
'The service was terrible so I've asked for a refund.' – 'Quite right, *too*.'
"그 서비스가 너무 형편없어서 나는 환불을 해 달라고 했어요." – "그 역시 잘한 일이에요."
'They've finished mending the road.' – 'About time, *too*!' "그들은 도로 수리를 마쳤어요." – "끝낼 시간이기도 하지요."

too는 때때로 문장의 첫 단어군 뒤에 온다.
I wondered whether I *too* would become ill. 나 역시 그 병에 걸리지 않을까 궁금했다.
Melissa, *too*, felt miserable. 멜리사 역시 참담함을 느꼈다.

too는 문장의 처음에 오지 않는다.

○ 더 자세한 정보는 Usage 표제어 too 참조.

3 'as well'

as well은 항상 문장의 끝에 온다.
Fresh coffee is definitely better for your health than boiled coffee. And it tastes nicer *as well*.
프레시 커피가 끓여 먹는 커피보다 우리 건강에 훨씬 좋고, 맛도 더 좋다.
They will have a rough year next year *as well*. 그들은 내년에도 힘든 한 해를 보내게 될 것이다.

4 negatives(부정어)

부정문에는 일반적으로 also, too, as well이 아닌 either, neither, nor를 사용한다. 예를 들면, '나는 배가 고프지 않고, 그녀 역시 배가 고프지 않다.'는 I'm not hungry and she's not hungry too.가 아닌 I'm not hungry and she's not hungry *either*.나 I'm not hungry and *neither is she*.나 I'm not hungry and *nor is she*.라고도 할 수 있다.

Edward wasn't at the ceremony, *either*. 에드워드 역시 그 의식에 참석하지 않았다.
'I don't normally drink at lunch.' – '*Neither do I*.' "저는 점심에는 보통 술을 마시지 않아요." – "저 역시 그래요."

alternate – alternative

1 'alternate'

alternate는 행위, 사건, 과정이 서로 '번갈아 일어나는'이라는 뜻이다.

...the *alternate* contraction and relaxation of muscles. 번갈아 일어나는 근육의 수축과 이완.

something happens on *alternate* days는 어떤 일이 어느 날에 일어나고 다음날에는 일어나지 않고 다다음 날에 일어나는 것으로, 격주, 격월, 격년으로 일어날 때도 사용한다.

We saw each other on *alternate* Sunday nights. 우리는 격주 일요일 밤마다 서로 만났다.
The two courses are available in *alternate* years. 두 강좌는 격년으로 수강할 수 있다.

2 'alternative'

어떤 것 대신 사용하거나, 갖거나, 할 수 있는 것을 나타낼 때, **alternative**를 사용한다.

Motorway closed. Please use an *alternative* route. 고속도로가 폐쇄되었으니, 대체 도로를 이용하세요.
There is, however, an *alternative* approach. 그러나 대체 접근 방식이 있다.

🇺🇸 미국 영어에서 alternate는 alternative의 뜻으로 때때로 사용한다.

Every effort is being made to offer customers *alternate* travel arrangements.
모든 고객들에게 대체되는 여행 계획들을 제공하는 데 최선의 노력을 하는 중이다.

alternative는 명사로도 사용하며, 무언가를 대신하여 가지거나 할 수 있는 것, 즉 '대안'이라는 뜻이다.

Food suppliers now provide organic *alternatives* to everyday foodstuffs.
식품 제조업자는 일상적인 식품을 대체할 유기농 식품을 지금 제공하고 있다.
Community service is often used as an *alternative* to prison. 사회봉사가 자주 감옥 수감의 대안으로 사용되고 있다.
There is no *alternative* to hard work. 열심히 일하는 것 외에 대안이 없다.

alternatives는 누군가가 방책에 있어서 선택할 수 있는 것이 두 가지 이상이 있다는 뜻으로도 쓰인다.

I had two *alternatives*: give up or carry on. 나는 그 일을 포기하든지 아니면 계속하든지의 방법뿐이다.

alternately – alternatively

1 'alternately'

두 가지의 행위나 과정이 서로 규칙적으로 번갈아 일어날 때, **alternately**를 사용한다.

Each piece of material is washed *alternately* in soft water and coconut oil.
각 재료는 연수와 야자유에서 번갈아 세척된다.
She became *alternately* angry and calm. 그녀는 화를 냈다 말았다를 반복했다.

2 'alternatively'

앞서 언급한 것과 다른 설명을 하거나 다른 행위의 방향을 제시할 때, **alternatively**를 사용한다.

It is on sale there now for just £9.97. *Alternatively*, you can buy it online for just £10.
그것은 지금 그곳에서 9.97파운드에 할인 중이다. 다른 방법으로는 그 앨범을 단지 10파운드에 온라인상에서 구입 가능하다.
Alternatively, you can use the keyboard shortcut Ctrl + S to save your document.
그 대안으로 그 서류를 키보드의 Ctrl + S 키로 컴퓨터에 저장할 수 있다.

although – though

1 used as conjunctions (접속사로 사용하기)

주절의 내용과 대비되는 다른 내용을 포함한 종속절을 이끌 때, although나 though를 사용한다. though는 매우 격식을 차린 영어에서는 사용하지 않는다.

I can't play the piano, *although* I took lessons for years. 나는 수년간 피아노를 배웠음에도 피아노를 칠 수 없다.
It wasn't entirely my decision, *though* I think that generally I agree with it.
일반적으로 내가 그것에 동의를 한다고 생각하지만, 그것은 전적으로 내가 내린 결정이 아니었다.

altogether

USAGE

강조하기 위해 though 앞에 even을 사용한다.
She wore a fur coat, *even though* it was a very hot day.
무척 더운 날씨였는데도 불구하고, 그녀는 모피 코트를 입고 있었다.

although 앞에는 even을 사용할 수 없다.

> **주의** 문장이 although나 though로 시작하는 경우, but이나 yet이 주절을 이끌지는 않는다. 예를 들면, '그는 지각했음에도 불구하고, 샌드위치를 사려고 걸음을 멈추었다.'는 Although he was late, but he stopped to buy a sandwich.가 아닌 Although he was late, *he stopped* to buy a sandwich.라고 한다.
>
> Although he was English, *he spoke* fluent and rapid French.
> 그는 영국인이었음에도 불구하고, 프랑스어를 유창하고 빠르게 구사했다.
> Though he hadn't stopped working all day, *he wasn't* tired.
> 그는 쉬지 않고 하루 종일 일을 했음에도 불구하고, 지치지 않았다.
>
> 또한 명사구 앞에는 although나 though를 사용하지 않는다. 예를 들면, '그는 열심히 노력했음에도 불구하고, 시험에 불합격했다.'는 Although his hard work, he failed his exam.이 아닌 *In spite of* his hard work, he failed his exam.이나 *Despite* his hard work, he failed his exam.이라고 한다.
>
> *In spite of* poor health, my father was always cheerful.
> 나의 아버지께서는 건강이 좋지 않음에도 불구하고 항상 즐거워하셨다.
> *Despite* her confidence, Cindy was uncertain what to do next.
> 신디는 남을 설득하는 자신감이 있었지만, 다음에 무엇을 해야 할지에 대한 확신은 없었다.

2 'though' used as an adverb (부사로 사용하는 though)

though는 앞서 말한 내용과 대비되는 진술을 할 때 부사로 사용하기도 한다. though는 일반적으로 문장의 첫 단어군 뒤에 오며, 회화에서는 문장의 끝에 올 수도 있다.

Fortunately *though*, this is a tale with a happy ending. 그러나 다행스럽게도, 이 이야기는 행복하게 끝이 난다.
For Newcastle, *though*, it was the climax of a hectic year. 그러나 뉴캐슬 팀에는 그 해가 최고로 바쁜 한 해였다.

회화에서 though는 문장의 마지막에 위치한다.
I can't stay. I'll have a coffee *though*. 나는 머물 수는 없지만, 커피는 마시겠다.

ℹ️ although는 부사가 아니다.

---

altogether

1 'altogether'

altogether는 '완전히'라는 뜻이다.
The noise had stopped *altogether*. 그 소음은 완전히 멈추었다.
We need an *altogether* different plan. 우리는 완전히 다른 종류의 계획이 필요하다.

○ 정도를 나타내는 단어의 분류 목록은 Adverbs and adverbials 참조.

액수가 총액을 나타낼 때에도 altogether를 사용한다.
You will get £340 a week *altogether*. 당신은 일주일에 총 340파운드를 받게 될 것이다.

2 'all together'

altogether를 all together와 혼동해서는 안 된다. 한 무리의 사람이나 사물이 함께 있거나, 어떤 일을 함께 하며 그들(그것들) 중 하나도 빠짐없다고 할 때, all together를 사용한다.
It had been so long since we were *all together* – at home, secure, sheltered.
우리가 모두 함께 모였던 그날 이후 많은 시간이 지나갔다.

---

always

something *always* happens in particular circumstances는 특정한 상황에서 어떤 일이 일어나는 것이 확실하다라는 뜻이다. something has *always* been the case는 어떤 일이 그러한 경우가 아닌 적이 절

대 없었다라는 뜻이다. **always**가 이와 같은 뜻 중 하나일 경우, 함께 사용하는 동사는 진행시제가 되지 않는다.

- 조동사가 없는 경우, 동사가 be동사가 아니면 동사 앞에 **always**가 온다.
  Talking to Harold *always cheered* her up. 해럴드와 이야기할 때마다 그녀는 항상 용기를 얻었다.
  A man *always remembers* his first love. 남자는 항상 첫사랑을 기억한다.

- 동사가 be동사일 경우, **always**는 be동사 뒤에 온다.
  She *was always* in a hurry. 그녀는 항상 서둘렀다.

- 조동사가 있는 경우, **always**는 일반적으로 조동사 뒤에 온다.
  I*'ve always been* very careful. 나는 항상 매우 신중했다.

- 조동사가 한 개 이상일 경우, **always**는 보통 첫 번째 조동사 뒤에 온다.
  The kids *have always been allowed* to read whatever they want.
  그 아이들은 그들이 읽고 싶은 것은 무엇이든 읽을 수 있게 언제나 허용되었다.

something is *always* happening은 어떤 일이 자주 그리고 반복해서 일어나서 짜증나게 하거나 놀랍다라는 뜻이다. **always**가 이러한 뜻일 경우, 진행시제의 동사와 함께 사용한다.
Why are you *always* interrupting me? 왜 너는 나의 일에 관여해 나를 짜증나게 하는가?
The bed was *always* collapsing. 그 침대는 항상 주저앉은 채로 있었다.
She's great — she's *always* laughing and smiling. 그녀는 항상 웃고 미소 짓는 사람이다.

> **주의** 비교문, 부정문, 의문문에서 '과거의 어떤 때라도'나 '미래의 어느 때라도'의 뜻은 **always**가 아닌 **ever**를 사용한다. 예를 들면, '그들 사이는 이전의 어느 때보다 더 좋았다.'는 They got on better than always before.가 아닌 They got on better than *ever* before.라고 한다.
> It was the biggest shooting star they had *ever* seen. 그것은 그들이 봤던 것 중 가장 큰 별똥별이었다.
> How will I *ever* manage to survive alone? 어떻게 나 혼자 살아남을 수 있을까?

a.m.

○ Topic 표제어 Time 참조.

among

1 'among' and 'between'

among a group of people/things는 한 무리의 사람이나 사물에 '둘러싸여'라는 뜻이다.
James wandered *among* his guests. 제임스는 손님들 사이를 돌아다녔다.
Among his baggage was a medicine chest. 그의 가방에는 구급상자가 있었다.

두 사람이나 두 개의 사물 사이는 **among**이 아닌 **between**을 사용한다.
Myra and Barbara sat in the back, the baby *between* them.
미라와 바버라가 뒤쪽에 앉아 있었고, 둘 사이에는 아기가 있었다.
The island is midway *between* São Paulo and Porto Alegre.
그 섬은 상파울루와 포르투알레그레 사이의 중간 지점에 위치해 있다.

때때로 **amongst**를 사용하는데, **among**보다 더 격식을 차린 말이다.
The old farmhouse was hidden *amongst* orchards and fields of maize.
그 오래된 농가는 과수원과 옥수수 밭 사이에 가려져 있었다.

2 dividing(구분하기)

한 그룹의 사람들 사이에서 어떤 것이 나눠지다라고 할 경우, **among**이나 **between**을 사용하며, 의미상의 차이는 전혀 없다.
He divided his money *among* his brothers and sisters.
그는 그의 돈을 형제자매에게 나누어 주었다.

amount

Different scenes from the play are divided *between* five couples.
그 연극의 서로 다른 장(場)들은 다섯 부부의 이야기로 나누어져 있다.

때때로 amongst를 사용하며, among보다 더 격식을 차린 단어이다.

I heard that flour was being distributed *amongst* the citizens.
나는 시민들에게 밀가루가 배급되고 있다는 말을 들었다.

3 differences(차이점)

차이점에 대해 언급하는 경우, among이 아닌 between을 사용한다. 예를 들면, '세 개의 의자 사이에는 어떤 차이점도 없다.'는 I couldn't see any difference among the three chairs.가 아닌 I couldn't see any difference *between* the three chairs.라고 한다.

○ Usage 표제어 between 참조.

---

amount

an *amount* of something은 어떤 것을 갖거나, 필요하거나, 얻은 정도, 즉 '양'이라는 뜻이다.

They measured the *amount* of salt lost in sweat. 그들은 땀으로 손실된 소금의 양을 쟀다.
I was horrified by the *amount* of work I had to do. 나는 해야 할 업무의 양에 충격을 받았다.

많거나 적은 양에는 a large amount나 a small amount를 사용하며, a big amount나 a little amount라고 하지 않는다.

Use only a *small amount* of water at first. 처음에는 적은 양의 물만 사용하세요.
The army gave out only *small amounts* of food. 군은 적은 양의 음식만을 나누어 주었다.

amount가 복수형일 경우, 복수동사를 사용한다. 예를 들면, '많은 돈이 낭비되었다.'는 Large amounts of money was wasted.가 아닌 Large amounts of money *were* wasted.라고 한다.

Increasing amounts of force *are* necessary. 힘을 상당히 증가시키는 것이 필요하다.
Very large amounts of money *are* required. 매우 많은 돈이 요구된다.

> 주의 an amount of things나 an amount of people이라고 하지 않는다. 예를 들어, '방에는 많은 의자가 있었다.'는 There were an amount of chairs in the room.이 아닌 There were *a number* of chairs in the room.이라고 한다. 이와 같이 number를 사용하는 경우, 복수동사를 사용한다.
>
> A *number* of offers bids *were* received. 많은 제안들이 접수되었다.

---

an

○ Usage 표제어 a – an 참조.

---

and

and를 사용하여 명사구, 형용사, 부사, 동사, 절을 연결할 수 있다.

1 used for linking noun phrases(명사구 연결하기)

두 개의 사물이나 두 사람을 말하는 경우, 두 개의 명사구 사이에 and가 온다.

I had a nice cup of tea *and* a ginger biscuit. 나는 맛있는 차 한 잔과 생강 비스킷을 먹었다.
This story is about a friendship between a boy *and* a girl. 이 이야기는 어떤 소년과 소녀의 우정에 관한 것이다.

두 개 이상의 명사구를 연결하는 경우, 마지막 명사의 앞에만 and가 온다.

They had fish, potatoes, *and* peas for dinner. 그들은 디너로 생선, 감자, 그리고 콩을 먹었다.
We need to build more roads, bridges *and* airports. 우리는 더 많은 도로, 다리, 그리고 공항을 건설할 필요가 있다.

2 used for linking adjectives(형용사 연결하기)

- 두 개의 형용사가 be, seem, feel과 같은 동사 뒤에 오는 경우, 첫 번째 형용사와 두 번째 형용사 사이에 and가 온다.
  The room was large *and* square. 그 방은 넓고 정사각형 모양이었다.
  She felt cold *and* tired. 그녀는 춥고 피곤함을 느꼈다.

- 위의 동사 뒤에 형용사가 두 개 이상일 경우, 보통 마지막 형용사 앞에만 and가 온다.
  We felt hot, tired, *and* thirsty. 우리는 덥고, 피곤하고 목이 말랐다.
  The child is outgoing, happy *and* busy. 그 아이는 외향적이며, 행복하고 그리고 활발하다.

- 명사 앞에 두 개 이상의 형용사를 사용하는 경우, 형용사 사이에 일반적으로 and를 사용하지 않는다.
  She was wearing a *beautiful pink* dress. 그녀는 아름다운 분홍색 정장을 입었다.
  We made *rapid technological* advances. 우리는 빠른 기술의 진보를 이루었다.

- 그러나 색깔을 나타내는 형용사가 두 개 이상인 경우, and를 사용해야 한다.
  I bought a *black and white* swimming suit. 나는 검은색과 하얀색이 섞인 수영복을 샀다.

- 마찬가지로, 위와 비슷하게 명사를 구분하는 두 개 이상의 형용사가 올 경우, and를 사용한다.
  This is a social *and* educational dilemma. 이것은 사회적이며 교육적인 딜레마이다.

- 서로 다르거나 반대의 성질을 가진 사물의 집단을 말할 때, 복수명사 앞에 형용사가 오는 경우에도 and를 사용한다.
  Both *large and small* firms deal with each other regularly. 크고 작은 회사 모두가 서로 정기적으로 거래를 한다.

> **주의** 서로 대조되는 형용사를 연결할 때는 and가 아닌 but을 사용한다. 예를 들면, '그는 뚱뚱하지만 민첩했다.'는 He was fat and agile.이 아닌 He was fat *but* agile.이라고 한다.
> They stayed in a small *but* comfortable hotel. 그들은 작지만 아늑한 호텔에 숙박했었다.

3 used for linking adverbs(부사 연결하기)

부사를 연결할 때, and를 사용할 수 있다.
Mary was breathing quietly *and* evenly. 메리는 조용하면서도 고르게 숨을 쉬고 있었다.
They walk up *and* down, smiling. 그들은 웃으면서 왔다 갔다 한다.

4 used for linking verbs(동사 연결하기)

동일한 사람, 사물, 그룹이 하는 행동을 동사로 연결할 때, and를 사용한다.
I was shouting *and* swearing. 나는 그에게 소리치며 욕을 하고 있었다.
They just sat *and* chatted. 그들은 그냥 앉아서 이야기를 했다.

어떤 일을 반복하거나 오랫동안 할 때, 동사 뒤에 and를 사용하여 동사를 반복할 수 있다.
They laughed *and* laughed. 그들은 웃고 또 웃었다.
Isaacs didn't give up. He tried *and* tried. 아이작은 포기하지 않고, 시도하고 또 시도했다.

회화에서 try나 wait 뒤에 to부정사절 대신 and를 사용할 수 있다. 예를 들면, '나는 신문을 사러 갈 것이다.'는 I'll try to get a newspaper. 대신 I'll try *and* get a newspaper.라고 한다. 이와 같은 문장에서는 두 가지 행동이 아닌 한 가지 행동을 나타낸다.
I'll try *and* answer the question. 나는 그 질문에 대답할 것이다.
I prefer to wait *and* see how things go. 나는 그 일들이 어떻게 진행되는지 지켜보는 게 더 낫다.

> **주의** wait나 try를 미래시제로 사용할 경우, 부정사나 명령문 형식에서만 and를 사용한다.

go and do something이나 *come and* do something은 어떤 일을 하기 위해 어떤 장소에서 다른 장소로 이동하다라는 뜻이다.
I'll *go and* see him in the morning. 나는 아침에 그를 만나러 갈 것이다.
Would you like to *come and* stay with us? 당신이 여기에 와서 우리와 같이 머무르시겠어요?

angry

5 used for linking clauses(절 연결하기)

절을 연결할 때, and를 자주 사용한다.

I came here in 1972 *and* I have lived here ever since. 나는 1972년에 이곳에 와서 줄곧 살고 있다.

회화에서 어떤 일을 하면 다른 일이 일어날 것이라고 충고나 경고를 할 때, and를 사용할 수 있다. 예를 들면, '기차로 가면 그곳에 더 빨리 도착할 것이다.'는 If you go by train, you'll get there quicker. 대신 Go by train *and* you'll get there quicker.라고 한다.

Do as you're told *and* you'll be all right. 지시받은 대로 행동하면 당신은 아무 문제가 없을 것이다.

일반적으로 and는 문장의 처음에 사용하지 않지만, 누군가가 한 말을 적거나 회화 스타일로 글을 쓸 때 사용한다.

I didn't mean to scare you. *And* I'm sorry I'm late. 당신을 놀라게 할 의도는 없었어요. 그리고 늦어서 죄송합니다.

6 leaving out repeated words(반복되는 단어 생략하기)

같은 조동사가 있는 동사구를 연결하는 경우, 조동사를 반복할 필요가 없다.

John *had* already *showered and changed*. 존은 벌써 샤워를 하고 옷도 갈아입었다.

마찬가지로 명사 앞에 같은 형용사, 전치사, 한정사로 명사를 연결할 경우, 형용사, 전치사, 한정사를 반복할 필요가 없다.

My mother and father worked hard. 내 어머니와 아버지는 열심히 일하셨다.

7 'both' for emphasis(강조에 사용하는 both)

and를 사용하여 두 단어를 연결하는 경우, 첫 번째 단어군 앞에 **both**가 와서 두 단어 모두에 적용됨을 강조한다.

They feel *both* anxiety *and* joy. 그들은 걱정과 기쁨의 두 가지 감정을 느끼고 있다.

○ Usage 표제어 both 참조.

8 negative sentences(부정문)

일반적으로 부정문에서 단어군을 연결할 때는 and가 아닌 or를 사용한다. 예를 들면, '그녀는 절대로 소설을 읽거나 듣지 않는다.'는 ~~She never reads and listens to stories.~~가 아닌 She never reads *or* listens to stories.라고 한다.

He was *not* exciting *or* good looking. 그는 재미있지도 잘생기지도 않았다.

○ Usage 표제어 or 참조.

그러나 두 행위가 동시에 일어날 가능성을 나타낼 경우, and를 사용한다. 예를 들면, I can't think *and* talk at the same time.(나는 동시에 생각하고 말할 수 없다.)이라고 한다. 두 명사구가 흔히 함께 사용되어 하나의 것으로 간주되는 경우에도 and를 사용한다. 예를 들면, I haven't got my knife and fork.(나는 나이프와 포크가 없다.)처럼 부정문에서도 나이프와 포크는 항상 and로 연결된다.

Unions haven't taken health *and* safety as seriously. 노동조합들은 가장 진지하게 고려할 건강과 안전에 대해 관심을 두지 않아 왔다.

이와 같이 두 명사구가 하나의 것으로 간주될 때, 명사구에는 일정한 형식이 있다. 예를 들면, fork and knife가 아닌 knife and fork라고 한다.

○ 위와 같은 종류의 단어의 쌍에 대한 목록은 Topic 표제어 Fixed pairs 참조.

---

angry

형용사 angry는 일반적으로 특정한 때의 기분이나 감정을 말할 때 사용한다. 누군가가 자주 화를 내는 경우, bad-tempered(심술궂은)라고 한다.

Are you *angry* with me for some reason? 당신은 무슨 이유로 제게 화를 내십니까?
She's a *bad-tempered* young lady. 그녀는 화를 잘 내는 아가씨이다.

누군가가 매우 화가 나 있는 경우, furious(격노한)라고 한다.

Senior police officers are *furious* at the blunder. 경찰 고위 간부 그 큰 실수에 몹시 화가 나 있다.

누군가가 화가 많이 나지 않은 경우, annoyed나 irritated(짜증이 난)라고 한다.
The Premier looked *annoyed* but calm. 국무총리는 짜증이 나 보였지만 평정을 유지하는 것처럼 보였다.
...a man *irritated* by the barking of his neighbour's dog. 이웃집 개가 짖어 대는 소리에 짜증이 난 남자.

일반적으로 어떤 것이 끊임없이, 계속 일어나서 누군가를 짜증이 나게 하는 경우, irritated라고 한다. 어떤 사람이 자주 짜증을 내는 경우, irritable이라고 표현할 수 있다.

anniversary – birthday

1 'anniversary'

anniversary는 전년도의 그날에 일어난 특별한 일을 기억하거나 축하하는 날, 즉 '기념일'이라는 뜻이다.
It's our wedding *anniversary* today. 오늘은 우리의 결혼기념일이다.
They celebrated the 400th *anniversary* of Shakespeare's birth. 그들은 셰익스피어 탄생 400주년을 기념했다.

2 'birthday'

생일은 anniversary가 아닌 birthday라고 한다.
On my twelfth *birthday* I received a letter from my father. 12번째 내 생일날 나는 아버지에게서 편지를 받았다.
It was 10 December, my daughter's *birthday*. 그날은 12월 10일로, 내 딸의 생일이었다.

announcement – advertisement

1 'announcement'

announcement는 어떤 것에 대한 정보를 주는 공식적인 언급, 즉 '공식 발표'라는 뜻이다.
The government made a public *announcement* about the progress of the talks.
정부 당국은 그 협상의 진전 상황에 대해 공식 발표를 했다.
The *announcement* gave details of small increases in taxes.
세금의 소폭 인상에 대한 자세한 내용이 공식 발표되었다.

2 'advertisement'

advertisement는 무언가를 사라고 권유하거나, 행사나 일자리에 대한 정보를 주는 신문이나 텔레비전의 한 항목, 즉 '광고'라는 뜻이다.
He bought the game after seeing an *advertisement* on TV. 그는 TV 광고를 보고 그 게임기를 샀다.
They placed an *advertisement* for a sales assistant. 그들은 보조 계산원을 구하는 광고를 냈다.

advertisement를 줄여서 흔히 advert(영국에서 사용)와 ad라고도 사용한다.
The *advert* is displayed at more than 400 sites. 그 광고는 약 400곳 이상에 전시 광고되어 있다.
The agency is running a 60-second TV *ad*. 그 광고 대행사는 60초짜리 TV 광고를 내보내고 있다.

another

1 used to mean 'one more' (one more의 뜻으로 사용하기)

another는 특정한 사물이나 사람이 하나 더 있다라는 뜻으로, 일반적으로 [another + 단수명사] 형식을 사용한다.
Could I have *another* cup of coffee? 커피 한 잔 더 마실 수 있나요?
He opened *another* shop last month. 그는 지난달에 가게를 하나 더 열었다.

[another + few · 숫자 + 복수명사] 형식을 사용할 수 있다.
This will take *another few* minutes. 이 일을 마치려면 몇 분이 더 걸린다.
The woman lived for *another ten* days. 그 여자는 그날부터 열흘을 더 살았다.

answer

USAGE

> **주의** 복수명사나 불가산명사 바로 앞에는 another가 아닌 more를 사용한다. 예를 들면, '더 많은 남자들이 방으로 들어왔다.'는 ~~Another men came into the room.~~이 아닌 *More* men came into the room.이라고 한다.
> We ought to have *more* police officers. 우리는 경찰관을 더 충원해야 한다.
> We need *more* information. 우리는 더 많은 정보가 필요하다.

2 used to mean 'different'(different의 뜻으로 사용하기)

another는 어떤 사물이나 사람이 이야기하고 있는 것과 다를 때 사용한다.
It all happened in *another* country. 그러한 모든 일은 다른 나라에서 일어났다.
He mentioned the work of *another* colleague, John Lyons. 그는 다른 동료인 존 라이온스의 일에 대해 언급했다.

> **주의** 위와 같은 뜻일 때, (another+복수명사·불가산명사) 형식을 사용하지 않는다. 예를 들면, '그들은 다른 나라에서 일을 더 잘 준비한다.'는 ~~They arrange things better in another countries.~~가 아닌 They arrange things better in *other* countries.라고 한다.
> *Other* people had the same idea. 다른 사람들도 똑같은 아이디어였었다.
> We bought toys, paints, books and *other* equipment. 우리는 장난감, 그림, 책, 다른 장비들을 샀다.

3 used as a pronoun(대명사로 사용하기)

another는 때때로 대명사로 사용한다.
I saw one girl whispering to *another*. 나는 한 여자 아이가 다른 여자 아이에게 속삭이는 것을 보았다.

---

answer

1 used as a verb(동사로 사용하기)

질문을 한 사람이나 그 질문에 대답할 때, *answer* a person이나 *answer* a question이라고 한다.
I didn't know how to *answer* her. 나는 그녀에게 어떻게 대답할지 몰랐다.
I tried my best to *answer* her questions. 나는 그녀의 질문에 답하려고 최선을 다했다.

ℹ️ 'answer to' someone이나 'answer to' the question이라고 하지 않는다.

2 used as a noun(명사로 사용하기)

answer는 누군가가 질문을 하여 그 질문에 대해 한 말, 즉 '대답'이라는 뜻이다.
'Is there anyone here?' I asked. There was no *answer*. "여기 누가 계십니까?"라고 내가 물었지만 아무 대답이 없었다.

an *answer to* a problem은 어떤 문제에 대한 해법이라는 뜻이다.
At first it seemed like the *answer to* all my problems. 처음에는 그것이 모든 내 문제를 해결할 수 있는 해법처럼 보였다.

ℹ️ an 'answer for' a problem이라고 말하지 않는다.

---

anxious

1 'anxious about'

be *anxious about* someone/something은 어떤 사람이나 사물을 걱정하다라는 뜻이다.
I was quite *anxious about* George. 나는 조지가 대단히 걱정스러웠다.

2 'anxious to'

be *anxious to do* something은 어떤 일을 하기를 대단히 원하다라는 뜻이다.
We are most *anxious to find out* what really happened. 우리는 실제로 무슨 일이 일어났는지 가장 알고 싶다.
He seemed *anxious to go*. 그는 매우 가고 싶은 것처럼 보였다.

ℹ️ be 'anxious for doing' something이라고 하지 않는다.

any

3 'anxious for'

be *anxious for* something은 어떤 것을 갖기를 원하거나 어떤 일이 일어나기를 원하다라는 뜻이다.

She's *anxious for* a chance to compete in the world championships.
그녀는 세계 챔피언십 경기에 참가할 기회를 갖기 열망하고 있다.

He was *anxious for* a deal, and we gave him the best we could.
그가 거래를 원해서 우리는 가장 좋은 조건을 제시했다.

4 'anxious that'

be *anxious that* something should happen은 어떤 일이 일어나기를 매우 간절히 원하다라는 뜻이다.

He is *anxious that* there should be no delay.
그는 더 이상의 지연이 일어나지 않아야 한나고 간절하게 소망하고 있다.

My parents were *anxious that* I go to college. 부모님은 내가 대학에 진학하기를 간절히 원했다.

ℹ anxious 뒤에 that절을 사용하는 경우, 일반적으로 that절에 should를 사용한다.

5 'anxious' and 'nervous'

anxious와 nervous를 혼동해서는 안 된다. nervous는 누군가가 하려고 하거나 경험하려는 일에 대해 다소 두려움을 느끼다라는 뜻이다.

I became *nervous* about crossing roads. 나는 길을 건너는 것에 대해 두려움을 느꼈다.

Both actors were exceedingly *nervous* on the day of the performance.
두 배우 모두 공연이 열린 날에 몹시 초조해했다.

---

any

1 'any'

각각의 사물, 사람, 한 그룹의 각 구성원에 대해 어떤 것이 사실이라고 할 때, **any**를 사용한다.

(**any** + 단수명사) 형식은 특정한 유형의 사람이나 사물 각각에 사용한다.

Look it up in *any large dictionary*. 큰 사전에서 그 뜻을 찾아보세요.

These are things that *any man* might do under pressure. 이것은 강요받은 상태에서 누구라도 할 수 있는 것들이다.

(**any** + 복수명사) 형식은 특정한 유형의 사물이나 사람 모두에 사용한다.

The patients know their rights like *any other consumers*. 환자도 다른 소비자처럼 그들의 권리를 알고 있다.

(**any** + 불가산명사) 형식은 어떤 것의 양에 사용한다.

Throw away *any leftovers* in the bin. 남은 것들은 쓰레기통에 버리세요.

(**any** + 단수 가산명사 · 불가산명사) 형식이 주어인 경우, 단수동사를 사용한다.

Any book that attracts children as much as this *has* to be taken seriously.
이것처럼 어린이들의 관심을 끄는 모든 책은 진지하게 생각해 보아야 한다.

While any poverty *remains*, it must have the first priority.
어떤 빈곤이라도 존재하는 한, 그것이 최우선 과제가 되어야 한다.

(**any** + 복수 가산명사) 형식이 주어인 경우, 복수동사를 사용한다.

Before any decisions *are* made, ministers are carrying out a full enquiry.
어떤 결정을 내리기 전에, 장관들은 충분한 조사를 할 것이다.

2 'any of'

(**any of** + the · these · those · 소유격 + 복수명사) 형식은 특정한 그룹에 속한 각각의 사물이나 사람을 나타낼 때 사용한다.

It was more expensive than *any of the other magazines*. 그 잡지는 다른 어떤 잡지보다도 더 비쌌다.

You can find more information at *any of our branches*. 그것에 대한 정보는 우리의 어떤 지점에서든 얻을 수 있다.

andbody

(any of + 복수명사구) 형식이 주어인 경우, 복수동사나 단수동사를 사용한다. 이때 단수동사를 사용하는 것이 더 격식을 차린 표현이다.

Find out if any of his colleagues *were* at the party. 그의 동료들 중에 누가 그 파티에 참석했는지를 알아보세요.
There is no sign that any of these limits *has* yet been reached. 이 경계선에 어떤 것도 도달한 징조가 보이지 않았다.

(any of + the · this · that · 소유격 + 단수명사) 형식은 어떤 것의 각 부분에 사용한다.

I'm not going to give you *any of the land*. 나는 그 땅의 어느 한 부분도 당신에게 주지 않을 것이다.
I feel guilty taking up *any of your precious time*.
나는 당신의 귀한 시간을 조금이라도 뺏는 것에 대해 죄책감을 느끼고 있다.

(any of + this · that · these · those · it · us · you · them) 형식도 사용할 수 있다.

Has *any of this* been helpful? 이것 중 어느 것이라도 도움이 되었습니까?
I don't believe *any of it*. 나는 그것에 대해 전혀 믿지 않는다.

위의 대명사 앞에 of가 없이 any만 사용하지 않는다. (any of + these · those · us · you · them) 형식이 주어이면 복수동사나 단수동사를 사용할 수 있다.

It didn't seem that any of us *were* ready. 그 당시 우리들 중 누구도 준비가 되지 않아 보였다.
I don't think any of them *wants* that. 나는 그들 중 어느 누구도 그것을 원한다고 생각하지 않는다.

3 used in questions and negatives(의문문과 부정문에 사용하기)

의문문과 부정문에서, 특히 have 뒤에 any를 사용한다.

Do you have *any* suggestions? 당신은 그 일에 대한 제안이 있어요?
He said he hadn't *any* feelings about his own childhood. 그는 자신의 어린 시절에 대해 어떤 감정도 없다고 말했다.

○ 위의 용법에 대해서는 Usage 표제어 some 참조.

4 used as a pronoun(대명사로 사용하기)

any를 대명사로도 사용할 수 있다.

Discuss it with your female colleagues, if you have *any*. 만약 여자 동료가 있다면, 그것을 그들과 토론해 보세요.
The meeting was different from *any* that had gone before. 그 회의는 전에 열렸던 어떤 회의와도 달랐다.

anybody

○ Usage 표제어 anyone – anybody 참조.

any more

과거에 일어난 일이 현재는 일어나지 않을 경우, something does not happen *any more*라고 한다. something is not the case *any more*라고도 하며, any more는 일반적으로 문장의 끝에 온다.

There was no noise *any more*. 더 이상의 소음은 없었다.
He can't hurt us *any more*. 그는 더 이상 우리들에게 피해를 줄 수 없다.
I don't drive much *any more*. 나는 더 이상 운전을 많이 하지 않는다.

something does not happen 'no more'라고 하지 않는다.

 미국 영어에서는 때때로 anymore로 표기한다.

The land isn't valuable *anymore*. 그 토지는 더 이상 값어치가 없다.

anyone – anybody

1 'anyone' and 'anybody'

일반 사람들이나 특정한 부류의 개개인을 언급할 때, anyone이나 anybody를 사용한다. anyone과 anybody의 의미상의 차이는 없지만 구어체 영어는 anybody를 선호한다.

anyplace

Anyone can miss a plane. 누구나 비행기를 놓칠 수 있다.
Anybody can go there. 누구나 그곳에 갈 수 있다.
If *anyone* asks where you are, I'll say you've just gone out.
누구라도 당신이 있는 곳을 물어본다면, 조금 전에 외출했다고 할 것이다.
If *anybody* calls, tell them I'll be back soon. 누가 나를 찾으면, 곧 돌아올 거라고 말해 주세요.

2 used in questions and negatives (의문문과 부정문에 사용하기)

anyone과 anybody는 일반적으로 의문문이나 부정문에 사용한다.
Was there *anyone* behind you? 당신 뒤에 누가 있었습니까?
There wasn't *anyone* in the room with her. 그녀와 같이 방에 있었던 사람은 아무도 없었다.

○ 위의 용법에 대한 더 많은 정보는 Usage 표제어 someone – somebody 참조.

3 'any one'

anyone을 any one과 혼동해서는 안 된다. 어떤 것 중에 하나만 강조할 때, **any one**을 사용한다.
There are about 35,000 properties for sale at *any one* time in Britain.
영국에서는 약 3만 5천 개의 부동산 매물이 있는 한 시기가 있다.

anyplace

○ Usage 표제어 anywhere 참조.

anything

1 'anything'

일어났거나 일어날지도 모르는 사물이나 사건, 특정한 종류의 각각의 사물이나 사건에는 **anything**을 사용한다.
He was ready for *anything*. 그는 어떤 일이라도 할 준비가 되어 있다.
'Do you like beer?' – 'I like *anything* alcoholic.' "당신은 맥주를 좋아합니까?" – "저는 술이라면 무엇이든 좋아해요."

2 used in questions and negatives (의문문과 부정문에 사용하기)

의문문과 부정문에 anything을 매우 일반적으로 사용한다.
Why do we have to show him *anything*? 왜 우리가 그에게 뭔가를 보여 줘야 합니까?
I did not say *anything*. 나는 아무 말도 하지 않았다.

○ 이 용법에 대한 더 많은 정보는 Usage 표제어 something 참조.

any time

누군가가 언제든지 어떤 일을 할 수 있다고 할 때, **any time**이나 **at any time**을 사용한다.
If you'd like to give it a try, just come *any time*. 만약 당신이 그 일을 한번 시도하고 싶다면, 언제라도 오세요.
They can leave *at any time*. 그들은 언제라도 떠날 수 있다.

any time 앞에 at을 사용하지 않는 경우, anytime으로 표기할 수 있다.
I could have left *anytime*. 나는 언제든지 떠날 수 있었다.
We'll be hearing from him *anytime* now. 우리는 어느 때라도 그의 소식을 듣게 될 것이다.

(any time + that절(보통 that은 생략함)) 형식은 무언가가 필요할 때마다 어떤 일을 할 수 있다고 할 때 사용할 수 있다.
Any time you need him, let me know. 당신이 그를 필요로 하는 어느 때라도 나에게 알려 주세요.
Any time the banks need to increase rates on loans they are passed on very quickly.
은행이 대출 이자를 올릴 필요가 있을 때마다 언제든지 금리가 재빨리 변경되어 부과된다.

부정문에서 '얼마간'이라는 뜻으로도 **any time**을 사용한다.

anyway

We mustn't waste *any time* in Athens. 우리는 아테네에서 시간을 조금도 허비해서는 안 된다.
I haven't had *any time* to learn how to use it properly. 나는 그것을 적절하게 사용할 방법을 습득할 시간이 얼마 없었다.

any time이 위와 같은 뜻일 경우, anytime으로 표기하지 않는다.

anyway

1 'anyway'

방금 전에 한 말에 다른 말을 덧붙일 경우, anyway를 사용한다. 이때 보통 덧붙인 말은 방금 생각해 낸 것이고 전에 한 말이 덜 중요하거나 관련이 적은 것처럼 들린다.

If he doesn't apologize, I'm going to resign. I'm serious. That's what I feel like doing *anyway*.
그가 사과하지 않는다면 나는 사임할 것이다. 나는 지금 심각한 상태이다. 어쨌든 그게 내가 하고 싶은 일이다.
Mary doesn't want children. Not yet, *anyway*. 메리는 자식을 갖고 싶지 않은데, 하여간 지금까지는 말이다.

대화 중 주제를 바꾸거나 또는 대화를 마치려면 anyway를 사용한다.

'I've got a terrible cold.' – 'Have you? That's a shame.' – 'Yeah. *Anyway*, are you busy next Friday?'
"나는 지독한 감기에 걸렸어요." – "그랬군요. 안타깝네요." – "그런데 오는 금요일 아주 바쁘십니까?"
'*Anyway*, I'd better go and make dinner. I'll call you again tomorrow.'
"하여간 나는 집에 가 저녁을 준비해야 해요. 내일 다시 전화 드릴게요."

2 'any way'

anyway와 any way를 혼동해서는 안 된다. any way는 대체로 '어떠한 점에 있어서도' 또는 '어떤 방법으로도'라는 뜻이 있는 어구인 in any way에 나온다.

I am not connected *in any way* with the medical profession. 나는 의료직과 아무런 연관이 없다.
If I can help her *in any way*, please ask. 어떤 식으로든 그녀를 도울 수 있는 방법이 있다면, 저에게 부탁하세요.

anywhere

1 'anywhere' and 'anyplace'

anywhere는 어떤 장소나 특정한 곳의 일부분이라는 뜻이다.

It is better to have it in the kitchen than *anywhere* else. 다른 곳보다 부엌 안에 놔두는 것이 더 좋다.
They are the oldest rock paintings *anywhere* in North America.
그것들은 북미의 어느 지역에 있는 것보다 가장 오래된 암석화이다.

🏴 미국 영어를 쓰는 일부 사람들은 anywhere 대신 anyplace를 사용한다.

We're afraid to go *anyplace* alone. 우리는 어느 곳에도 혼자서 가기는 두렵다.
Airports were more closely watched than *anyplace* else. 공항은 다른 장소보다 더 엄중히 감시되었다.

2 used in questions and negatives (의문문과 부정문에 사용하기)

의문문과 부정문에서는 anywhere를 매우 일반적으로 사용한다.

Is there a place to eat *anywhere* round here? 이곳 주변에 음식을 사 먹을 데가 있습니까?
I decided not to go *anywhere* on holiday. 나는 휴가 중 아무 데도 가지 않기로 결정했다.

○ 위의 용법에 대한 더 자세한 정보는 Usage 표제어 somewhere 참조.

apart

1 'apart'

두 사람이 서로 동석하지 않고 따로따로 떨어져 있을 때, apart를 사용한다.

They could not bear to be *apart*. 그들은 떨어져 있는 것을 견딜 수 없어 했다.

ⓘ 명사 앞에는 apart를 사용하지 않는다.

apologize

2 'apart from'

자신이 하는 말에 예외가 있음을 나타내는 경우, **apart from**을 사용한다.

Apart from Ann, the car was empty. 앤을 제외하고, 차 안에는 아무도 없었다.
She had no money, *apart from* the five pounds that Christopher had given her.
그녀는 크리스토퍼가 준 5파운드를 제외하고는 돈이 없었다.

위와 같은 뜻으로 **apart**를 사용할 때, 반드시 **from**이 뒤따라와야 하며 다른 전치사가 올 수 없다.

 미국 영어에서는 **apart from** 대신 **aside from**을 주로 사용한다.

Aside from the location, we knew little about this park. 우리는 공원이 위치한 장소 외에는 이 공원에 대해 거의 몰랐다.

apologize

1 'apologize'

apologize to someone은 다른 사람에게 미안하다고 말하다, 즉 '사과하다'라는 뜻이다.

Afterwards George *apologized to* him personally. 그 후로 조지는 그에게 개인적으로 사과를 했다.

 위와 같은 문장에서 apologize 뒤에 to가 뒤따라오며, 'apologize' someone이라고 하지 않는다.

자신이 한 일을 사과하거나 다른 사람이 한 일을 사과할 때, **apologize for**를 사용한다.

Later, Brad *apologized to* Simon for his rudeness. 후에 브래드는 사이먼에게 그의 무례한 행동에 대해 사과했다.

2 'I apologize' and 'I'm sorry'

우리가 잘못을 저질렀을 때 **I apologize**를 사용하고, **I am sorry** 또는 **sorry**를 사용한다.

OK, I went too far. I *apologize*. 미안해요, 제가 너무 나갔네요.
Sorry I'm late. 미안해요, 늦어서요.

appeal

영국 영어에서 *appeal against* a legal decision/sentence는 어떤 사람이 공식적으로 법원에 판결을 변경하거나 감형해 줄 것을 요구하다, 즉 '상소하다'라는 뜻이다.

He *appealed against* the five year sentence he had been given. 그는 자신이 받은 5년형에 대해 항소했다.

미국 영어에서는 appeal 뒤에 against를 사용하지 않는다.

Casey's lawyer said he was *appealing* the interim decision.
케이시의 변호사는 가처분 결정에 항소할 것이라고 말했다.

appear

1 'appear'

appear는 어떤 것이 볼 수 있는 위치로 움직이다, 즉 '나타나다'라는 뜻이다.

A boat *appeared* on the horizon. 배 한 척이 수평선 위에 나타났어요.

어떤 물건을 사람들이 읽거나 구입하는 것이 가능할 때에도 appear를 사용한다.

His second novel *appeared* under the title 'Getting By'. 'Getting By'라는 제목으로 그의 두 번째 소설이 출간되었다.
It was about the time that video recorders first *appeared* in the shops.
비디오 녹화기가 처음으로 가게에 출시된 것은 그때쯤이었다.

2 'appear to'

something *appears to* be the case는 어떤 것이 사실처럼 보이다라는 뜻이다. 마찬가지로 something *appears to* be a particular thing은 어떤 사물이 특정하게 보이다라는 뜻이다. appear to는 seem to보

apply

다 더 격식을 차린 표현이다.
The aircraft *appears to* have crashed near Kathmandu. 그 비행기는 카트만두 근처에 추락한 것으로 보인다.
Their offer *appears to* be the most attractive. 그들의 제안이 가장 마음에 들었다.

apply

1 request formally(공식적으로 하는 요청)

apply는 어떤 것을 하거나 가지게 허락해 달라고 서면으로 공식 요청하다, 즉 '신청하다'라는 뜻이다.
I'*ve applied* for another job. 나는 다른 직장에 지원했다.
Sally and Jack *applied* to adopt another child.
샐리와 잭은 또 다른 아이를 입양하기 위해 신청서를 제출했다.

2 another meaning of 'apply'(apply의 다른 뜻)

apply에는 또 다른 뜻이 있는데, 어떤 것을 표면에 바르거나 문지르다라는 뜻이다. 이는 격식을 차린 용법이며, 일반적으로 활자로 된 사용 설명서에서만 볼 수 있다.
Apply the cream evenly. 그 크림을 고르게 바르세요.
She *applied* a little make-up. 그녀는 엷은 화장을 했다.

ℹ️ 회화와 대부분 글에서는 apply가 아닌 put on, rub on, rub in, spread on이라고 한다.
She *put on* to soothe her sunburn. 그녀는 햇볕에 탄 피부의 쓰라림을 덜어 주기 위해 크림을 발랐다.
Rub in linseed oil to darken it. 검게 태우기 위해 아마인유를 바르세요.

appreciate

appreciate는 자신을 위해 한 일 때문에 다른 사람에게 '감사하다'라는 뜻이다.
Thanks. I really *appreciate* your help. 감사해요. 도와주셔서 대단히 고마워요.
We would much *appreciate* guidance from an expert. 우리는 전문가에게 받은 지도에 매우 감사할 것이다.

어떤 일을 해줄 것을 정중하게 부탁할 때, (I would appreciate it + if절) 형식을 사용한다. 예를 들면, '이 건에 대해 신속하게 처리해 주시면 감사하겠습니다.'는 I would appreciate it if you would deal with this matter urgently.라고 한다.

ℹ️ 위의 문장에서는 반드시 it을 사용해야 한다. 예를 들면, ~~I would appreciate if you would deal with this matter urgently.~~라고 하지 않는다.

approach

approach는 어떤 것에 더 근접하다, 즉 '다가가다'라는 뜻이다.
He *approached* the front door. 그는 현관문으로 다가갔다.
...Nancy heard footsteps *approaching*. 낸시는 다가오는 발자국 소리를 들었다.

ℹ️ approach는 to가 뒤따르지 않는다. 예를 들면, ~~He approached to the front door~~.라고 하지 않는다.

approve

1 'approve of'

approve of someone/something은 사람이나 사물을 좋게 생각하다라는 뜻이다.
His mother had not *approved of* Julie. 그의 어머니는 줄리를 좋게 생각하지 않았다.
Steve *approved of* our plan. 스티브는 우리의 계획을 찬성했다.

ℹ️ 'approve to' someone or something이라고 하지 않는다.

arise – rise

2 'approve'

approve는 어떤 권한이 있는 사람이 계획이나 아이디어에 공식적으로 동의하여 그 일이 가능하다, 즉 '승인하다'라는 뜻이다.

The White House *approved* the exercise. 백악관은 그 훈련을 승인했다.
The directors quickly *approved* the new deal. 이사들은 그 새로운 거래를 신속하게 승인했다.

ℹ️ 위와 같은 뜻일 경우 approve of라고 하지 않는다.

arise – rise

arise와 rise는 둘 다 불규칙동사이다. arise의 다른 형태로 3인칭은 arises, -ing형은 arising, 과거는 arose, 과거분사는 arisen이다. rise의 다른 형태는 3인칭은 rises, -ing형은 arising, 과거는 rose, 과거분사는 risen이다.

1 'arise'

arise는 기회, 문제, 새로운 사태가 발생하다라는 뜻으로 가장 흔히 쓰인다.

He promised to help Rufus if the occasion *arose*. 그는 만약 그러한 일이 일어나면, 루퍼스를 돕기로 약속했다.
A serious problem *has arisen*. 심각한 문제가 하나 발생했다.

2 'rise'

rise는 어떤 것이 위쪽으로 '솟아오르다'라는 뜻이다.

Several birds *rose* from the tree-tops. 새 여러 마리가 그 나무 위로 날아올랐다.

an amount rises는 '특정한 것의 양이 증가하다'이다.

Unemployment *has risen* sharply. 실업률이 급증하고 있다.
Their profits *rose* to $1.8 million. 그들의 이익금이 180만 달러로 증가했다.

◐ Usage 표제어 rise – raise 참조.

around – round – about

1 talking about movement(움직임 말하기): 'around', 'round' and 'about' as prepositions or adverbs

특정한 방향이 없는 움직임을 나타낼 때, around, round, about을 전치사 또는 부사로 사용할 수 있다.

It's so romantic up there, flying *around* in a small plane. 작은 비행기로 여기저기 날아다니는 저곳은 아주 낭만적이다.
I spent a couple of hours driving *round* Richmond. 나는 리치먼드 지역을 두 시간 동안 운전하며 돌아다녔다.
Police walk *about* patrolling the city. 경찰은 도시 내를 도보 순찰한다.

2 being present or available(존재하거나 가망성이 있음): 'around' and 'about' as adverbs

일반적으로 존재하거나 가망성이 있는 어떤 것을 말하는 경우, 부사로 round가 아닌 around나 about을 사용할 수 있다.

There is a lot of talent *around* at the moment. 이 순간에도 주위에 재능이 있는 사람이 많이 있다.
There are not that many jobs *about*. 그렇게 많은 일자리는 주변에 없다.

주의 round는 명사, 동사, 형용사로 많은 뜻이 있지만, about은 명사, 동사, 형용사로 사용할 수 없다.

3 talking about position(전치사나 부사로 사용하기): 'around' and 'round' as prepositions

round가 전치사나 부사인 경우, around와 같은 뜻이다.

arrival

She was wearing a scarf *round* her head. 그녀는 머리 주위에 스카프를 쓰고 있었다.
He had a towel wrapped *around* his head. 그는 머리 주위를 수건으로 감쌌다.
The earth moves *round* the sun. 지구는 태양 주위를 돈다.
The satellite has passed once more *around* the earth. 위성은 한때 지구 주위를 한 번 더 지나가기도 했다.

 around는 영국 영어보다 미국 영어에서 더 많이 사용한다.

4 'around' and 'round' used in phrasal verbs(구동사에 사용하기)

일부 구동사의 두 번째 단어에도 round 대신 around를 사용할 수 있고, come, turn, look or run round (around) 형식을 사용한다.

Don't wait for April to *come around* before planning your vegetable garden.
채소밭을 만드는 계획을 4월까지 기다리지 마세요.
When interview time *came around*, Purcell was nervous. 인터뷰 시간이 다가오자, 퍼셀은 불안했다.
Irving *got round* the problem in a novel way. 어빙은 새로운 방법으로 그 문제를 해결했다.
An impasse has developed and I don't know how to *get around* it.
난국이 진전되었으나 나는 타개할 방법을 찾지 못하고 있다.
He *turned round* and faced the window. 그는 몸을 돌려 그 창문 쪽으로 향했다.

 미국 영어에서는 위와 같은 경우, around만 사용한다.

5 'around' 'about' and 'round' meaning 'approximately' (approximately의 뜻)

회화에서 around와 round about은 때때로 '대략'이라는 뜻으로 사용한다.

He owns *around* 200 acres. 그는 약 200에이커의 땅을 소유하고 있다.
She's *about* 30 years old. 그녀는 30살 정도의 여자이다.
I've been here for *round about* ten years. 나는 이곳에서 거의 10년 동안 살아왔다.

arrival

arrival은 어떤 곳에 누군가가 도착할 때 사용하며, 다소 격식을 차린 용법이다.

His *arrival* was hardly noticed. 그가 도착한 것을 아는 사람은 거의 없었다.
A week after her *arrival*, we had a General School Meeting.
그녀가 도착한 지 일주일 후에 우리는 제너럴 스쿨 미팅을 가졌다.

(on + 소유격 + arrival) 형식은 어떤 곳에 도착한 후에 바로 무슨 일이 일어나다라는 뜻이다. at이 아닌 반드시 on을 써야 한다. 예를 들면, '그는 런던에 도착하자마자, 곧장 옥스퍼드 스트리트로 갔다.'는 At his arrival in London, he went straight to Oxford Street.가 아닌 On his arrival in London, he went straight to Oxford Street.라고 한다.

On his arrival in Singapore he hired a secretary and rented his first office.
그는 싱가포르에 도착하자마자 비서를 고용하고 첫 사무실을 임대했다.
The British Council will book temporary hotel accommodation *on your arrival* in London.
영국 협의회는 당신이 런던에 도착하자마자 일시적으로 사용할 호텔 방을 예약할 것이다.

소유격은 자주 생략한다. 예를 들면, on one's arrival 대신 on arrival을 사용한다.

The principal guests were greeted *on arrival* by the Lord Mayor of London.
귀빈들은 도착과 동시에 런던 시장의 환영을 받았다.
On arrival at the Station hotel in Dumfries he acknowledges a few familar faces.
그는 스테이션 덤프리스의 스테이션 호텔에 도착하자마자 일부 낯익은 얼굴을 알아본다.

arrive – reach

1 'arrive'

누군가가 여행의 막바지에서 어떤 장소에 간다라고 할 때, arrive와 reach를 사용한다.

I'll tell Professor Hogan you*'ve arrived*. 나는 당신이 도착했다고 호간 교수에게 알릴 것이다.
He *reached* Bath in the late afternoon. 그는 오후 늦게 배스에 도착했다.

누군가가 어떤 장소에 도착하다라고 할 경우, **arrive at**을 사용한다.
We _arrived at_ Victoria Station at 3 o'clock. 우리가 빅토리아 스테이션에 3시에 도착했었다.

그러나 어떤 나라나 도시에 도착하다라고 할 경우, **arrive in**을 사용한다.
He _had arrived in_ France slightly ahead of schedule. 그는 예정보다 조금 일찍 프랑스에 도착했다.
The American Ambassador to Mexico _arrived in_ Quito today. 멕시코 주재 미국 대사는 오늘 키토에 도착했다.

> 주의 'arrive to' a place라고 말하지 않는다.
>
> 집에 도착할 경우, arrive at home이나 arrive in home이 아닌 _arrive_ home이라고 한다.
> We _arrived home_ and I carried my suitcases up the stairs behind her.
> 우리가 집에 도착하자 나는 그녀 뒤에 있는 계단 위로 내 가방들을 옮겼다.
>
> (arrive + here · there · somewhere · anywhere) 형식은 arrive 뒤에 전치사를 사용하지 않는다.
> I _arrived here_ yesterday. 나는 어제 이곳에 도착했다.
> She rarely _arrive any where_ on time. 그녀는 어디든지 시간을 맞춰 나오는 일이 거의 없다.

2 'reach'

reach는 항상 직접목적어가 온다. 'reach at' a place나 'have just reached'라고 하지 않는다.
It was dark by the time I _reached_ their house. 내가 그들의 집에 도착했을 때는 날이 어두웠다.

as

1 used in time clauses(시간을 나타내는 절에 사용하기)

something happens _as_ something else happens는 어떤 일이 일어나고 있는 동안에 다른 일이 일어나다라는 뜻이다.
She cried bitterly _as_ she told her story. 그녀는 자신의 이야기를 하는 동안 통곡했다.
The play started _as_ I got there. 내가 그곳에 도착했을 때 연극이 시작되었다.

어떤 일이 일어날 때마다 무언가를 한다고 할 때에도 **as**를 사용한다.
Parts are replaced _as_ they grow old. 부품은 닳아질 때마다 교체된다.

> ℹ️ 단순히 '그때'라는 뜻으로 as를 사용하지 않는다. 예를 들면, '내가 여기서 일을 시작한 그때에 급료는 시간당 20파운드였다.'는 As I started work here, the pay was £20 an hour.가 아닌 **When** I started work here, the pay was £20 an hour.라고 한다.

○ Usage 표제어 when 참조.

2 meaning 'because'(because의 뜻)

as를 because나 since의 뜻으로 자주 사용한다.
She bought herself an iron _as_ she felt she couldn't keep borrowing Anne's.
그녀는 앤의 다리미를 계속해서 빌릴 수 없다고 생각해서 다리미를 샀다.
_As_ he had been up since 4 a.m. he was no doubt now very tired.
그는 새벽 4시부터 깨어 있었기 때문에 지금 매우 피곤한 상태인 것은 의심의 여지가 없었다.

○ Usage 표제어 because 참조.

3 used with adjectives(형용사와 함께 사용하기)

〔as + 형용사〕 형식은 사람이나 사물을 어떻게 생각하거나 묘사할 때 사용할 수 있다.
They regarded manual work _as degrading_. 그들은 육체 노동을 품위를 떨어뜨리는 일로 여겼다.
Officials described him _as brilliant_. 관리들은 그가 총명하다고 평했다.

> 주의 형용사의 비교급 뒤에는 as를 사용하지 않는다. 예를 들면, '나무들이 그 교회보다 더 높다.'는 ~~The trees are taller as the church.~~가 아닌 The trees are taller _than_ the church.라고 한다.
> She was much older _than_ me. 그녀는 나보다 훨씬 나이가 많았다.

as...as

4 used in prepositional phrases(전치사구에 사용하기)

어떤 사람이나 사물을 어떻게 생각하고, 묘사하고, 취급하고, 사용하는지를 나타낼 때에도 전치사구에 as를 사용할 수 있다.

If Pluto had been discovered today, it would never be classified *as a planet*.
만약 명왕성이 오늘날 발견되었더라면, 결코 행성으로 분류되지 않았을 것이다.
I treated business *as a game*. 나는 사업을 일종의 게임으로 생각했다.
I wanted to use him *as an agent*. 나는 그를 중개인으로 활용하기를 원했다.

어떤 사람이나 사물이 가진 역할이나 기능을 말할 때에도 전치사구에 as를 사용할 수 있다.

He worked *as a clerk*. 그는 서기로 일했다.
Bleach acts *as an antiseptic and deodorizer*. 표백제는 살균과 탈취 작용을 한다.

5 used in comparisons(비교에 사용하기)

글에서 어떤 행위를 다른 행위와 비교할 때, as를 때때로 사용한다.

He looked over his shoulder *as* Jack had done. 그는 잭이 했던 것처럼 그의 어깨 너머로 쳐다보았다.
She pushed him, *as* she had pushed her son. 그녀는 자신의 아들을 밀어내듯이 그를 밀어냈다.

like와 the way도 비슷한 뜻으로 사용한다.

○ Usage 표제어 like – as – the way 참조.

> 주의 어떤 사람이나 사물을 비교할 때는 일반적으로 명사구 앞에 as가 아닌 like를 사용한다. 예를 들면, '그녀는 새처럼 노래를 불렀다.'는 ~~She sang as a bird~~.가 아닌 She sang *like* a bird.라고 한다.
> He swam *like* a fish. 그는 물고기처럼 수영을 했다.
> I am a worker *like* him. 나는 그와 같은 노동자이다.
>
> 형용사나 부사를 사용한 비교는 (as + 형용사 · 부사 + as) 형식을 사용한다. 예를 들면, '당신은 여동생만큼 나쁘다.'는 You're just *as bad as* your sister.라고 한다.
>
> ○ 위의 용법에 대한 더 많은 정보는 Usage 표제어 as...as 참조.

---

as...as

1 in comparisons(비교)

어떤 사람이나 사물을 비교할 때, (as + 형용사 · 부사 + as) 형식을 사용할 수 있다.

I can't run *as fast as* you can. 나는 당신처럼 빨리 달리지 못한다.
The ponds were *as big as* tennis courts. 그 연못들은 테니스장만큼 컸다.

(as + 형용사 · 부사 + as) 형식의 뒤에는 (명사구 + 동사) 형식이나 명사구를 사용할 수 있다.

Francis understood the difficulties as well as *he did*. 프랜시스는 그가 그랬던 것만큼이나 어려움을 잘 이해했다.
I can't remember it as well as *you*. 나는 당신만큼 그것을 잘 기억할 수 없다.

위와 같이 (as...as + 인칭대명사) 형식을 사용하는 경우, 인칭대명사로 me나 him과 같은 목적격 대명사를 사용해야 한다. I, He와 같은 주격 대명사를 사용하는 용법은 과거에는 올바른 표현으로 간주되었지만, 현재는 매우 오래된 표현으로 들린다.

He looked about as old as *me*. 그는 나와 나이가 비슷해 보였다.
You're as old as I *am*. 당신은 나만큼 늙었다.

2 using modifiers(수식어 사용하기)

(almost · just · at least + as...as) 형식을 사용할 수 있다.

I could see *almost as well* at night *as* I could in sunlight. 나는 낮처럼 밤에도 거의 잘 볼 수 있었다.
He is *just as strong as* his brother. 그는 그의 동생같이 아주 강하다.

3 used with negatives(부정어와 함께 사용하기)

as...as 형식은 여러 종류의 부정문에도 사용할 수 있다.

They **_aren't as clever as_** they appear to be. 그들은 보이는 것만큼 영리하지는 않다.
I **_don't_** notice things **_as well as_** I used to. 나는 전만큼 사물을 잘 인식하지 못한다.
You've **_never_** been **_as late as_** this before. 당신은 전에 이 일에 이처럼 늦은 적이 전혀 없었다.

as...as 형식에서 첫 번째 as 대신 때때로 so를 사용하기도 하지만, 흔히 쓰는 표현은 아니다.
Strikers are **_not so important as_** a good defence. 공격수는 훌륭한 수비수만큼 중요하지는 않다.

4 used to describe size or extent (크기나 범위를 묘사할 때 사용하기)

어떤 사물의 크기나 범위를 비교할 때, (twice · three times · one fifth + as...as) 형식을 사용할 수 있다.
The volcano is **_twice as high as_** Everest. 그 화산은 에베레스트산보다 두 배 높다.
Water is **_eight hundred times as dense as_** air. 물은 공기보다 800배 더 밀도가 높다.

5 using just one 'as' (as 하나만 사용하기)

비교의 대상이 명백한 경우, 두 번째 as와 뒤따라오는 명사구나 절을 생략할 수 있다.
A megaphone would be **_as good_**. 확성기도 그만큼 좋을 것이다.
The fish is **_twice as big_**. 그 물고기는 두 배 더 크다.

ashamed – embarrassed

1 'ashamed'

ashamed는 자신이 한 일이 다른 사람들이 판단하기에 잘못됐거나 용납할 수 없는 것이라고 믿어 죄책감을 느끼다, 즉 '부끄러워하는'이라는 뜻이다.
He upset Dad, and he feels a bit **_ashamed_**. 그는 그의 아버지를 화나게 했고 약간의 수치심을 느꼈다.
They were **_ashamed_** to tell their people how they had been cheated.
그들은 국민이 어떻게 속임을 당했는지 고백하면서 수치심을 느꼈다.

누군가 다른 사람이나 사물에 대해 부끄러움을 느낀다라고 할 때, ashamed of를 사용한다.
He felt **_ashamed of_** the lies he told. 그는 그가 말한 거짓말에 수치심을 느꼈었다.
It's nothing to be **_ashamed of_**. 그것은 전혀 죄책감을 느낄 일이 아니다.
I was **_ashamed of_** myself for getting so angry. 나는 내가 화를 낸 것에 대해 내 자신이 부끄러웠다.

2 'embarrassed'

embarrassed는 어떤 일로 자신이 바보같아 보여서 '당황스러운'이라는 뜻이다.
He looked a bit **_embarrassed_** when he noticed his mistake. 그는 그의 잘못을 알자 당황해하는 것 같았다.
She had been too **_embarrassed_** to ask her friends. 그녀는 너무 당황스러워서 친구들에게 부탁할 수가 없었다.

누군가 어떤 일로 당황할 경우, be **_embarrassed by_**나 be **_embarrassed about_**라고 한다.
He seemed **_embarrassed by_** his brother's outburst. 그는 남동생의 갑작스러운 격분에 당황하는 것 같았다.
I felt really **_embarrassed about_** it. 나는 그 일로 정말 당혹스러움을 느꼈다.

ⓘ be 'embarrassed of' something이라고 하지 않는다.

as if

1 'as if' and 'as though'

어떤 사람이나 사물의 모습, 사람의 행동을 나타낼 때, as if나 as though로 시작하는 절을 사용할 수 있다.
Some of the clothes we found in her wardrobe look **_as though_** they were bought yesterday.
그녀의 옷장에서 발견한 옷들 일부는 어제 산 것 같이 좋은 상태였었다.
He lunged towards me **_as if_** he expected me to hit him.
그는 내가 그를 때릴 것 같다고 여기는 것처럼 나를 향해 돌진해 왔다.

as if나 as though로 시작하는 절의 동사는 was 대신 were를 사용해야 한다고 생각하는 사람들이 많다.

ask

He looked at me as if I _were_ mad. 그는 나를 미친 사람처럼 쳐다보았다.
She remembered it all as if it _were_ yesterday. 그녀는 마치 어제 일어난 것처럼 모든 일을 기억했다.

그러나 회화에서는 일반적으로 **was**를 사용한다.

The secretary spoke as though it _was_ some kind of password. 그 비서는 그것이 일종의 암호인 것처럼 말했다.
He gave his orders as if this _was_ only another training exercise.
그는 이것이 단순히 또 다른 훈련 연습인 것처럼 명령을 내렸다.

회화에서는 **was**나 **were**를 사용할 수 있지만, 격식을 차리는 글에서는 **were**를 사용해야 한다.

2 'like'

일부 사람들은 as if나 as though 대신 like를 사용한다.

He looked _like_ he felt sorry for me. 그는 나에게 미안해하는 것 같았다.
Emma put up balloons all over the house _like_ it was a six-year-old's party.
엠마는 6살 난 아이의 파티인 것처럼 온 집안에 풍선을 달았다.

위와 같은 용법은 일반적으로 잘못된 것으로 간주된다.

---

ask

1 'ask'

ask a question은 질문을 하다라는 뜻이다.
The police officer _asked_ me a lot of questions. 경찰은 나에게 많은 질문을 했다.

ℹ️ 'say' a question이라고 하지 않는다.

2 reporting questions(간접의문문)

간접의문문에도 ask를 사용할 수 있으며, (주어 + ask + 명사구 + if절·wh-절) 형식을 사용한다. (ask + 명사구 + if절) 형식의 간접의문문은 일반적으로 yes나 no로 대답할 수 있다.

She _asked_ him _if his parents spoke French_. 그녀는 그에게 그의 부모님이 프랑스어를 하는지 물었다.
Someone _asked_ me _if the work was going well_. 누군가가 나에게 일이 잘 진행되고 있는지 물었다.

(ask + 명사구 + whether절) 형식도 사용할 수 있다.

I _asked_ Professor Bailey _whether he agreed_. 나는 베일리 교수에게 동의를 하는지 물어보았다.

(ask + 명사구 + wh-절) 형식의 간접의문문에 대한 대답은 yes나 no로 하지 않는다.

I _asked_ him _what he wanted_. 나는 그가 원하는 것이 무엇인지 물었다.
He _asked_ me _where I was going_. 그는 내가 어디를 가는 중인지 물었다.

> 주의 간접의문문에 사용된 wh-절에서 주어와 동사의 위치를 바꾸지 않는다. 예를 들면, '그는 내게 기차가 언제 출발하는지 물었다.'는 He asked me when was the train leaving.이 아닌 He asked me when _the train was_ leaving.이라고 한다.

다른 사람에게 이름이나 나이를 물어보다는 **ask** someone else their name/age라고 한다.
He _asked_ me my name. 그는 내 이름을 물었다.

다른 사람의 의견을 물어보다는 **ask** someone else's opinion about something이라고 한다.
I _was asked_ my opinion about the new car. 나는 그 새 자동차에 대한 의견을 요청받았다.

질문받는 대상이 문맥상 분명한 경우, 이를 생략하기도 한다.
A young man _asked if we were students_. 한 젊은 남자가 우리에게 학생이냐고 물었다.
I _asked how they liked the film_. 나는 그들이 본 그 영화가 재미있는지 물었다.

> 주의 질문을 받은 사람이 누구인지 말할 경우, to를 사용하지 않는다. 예를 들면, '그는 내 이름을 물었다.'는 He asked to me my name.이 아닌 He _asked_ me my name.이라고 한다.

asleep

3 direct reporting(직접화법)

다른 사람이 한 말을 직접 전할 경우, **ask**를 사용할 수 있다.

'How many languages can you speak?' he _asked_.
"당신은 몇 개 언어를 구사할 수 있습니까?"라고 그가 물었다.
'Have you met him?' I _asked_. "그를 만난 적이 있습니까?"라고 내가 물었다.

4 reporting requests(요청을 전해 주기)

요청을 전해 주는 경우에도 ask를 사용한다. 어떤 물건을 받고 싶다고 할 때, **ask for**를 사용한다. 예를 들면, 누군가가 **Can I have a bunch of roses?**(장미꽃 한 다발 주실래요?)라고 할 경우, He _asked for_ a bunch of roses.(그는 장미꽃 한 다발을 달라고 했다.)라고 전한다.

We _asked for_ the bill. 우리는 계산서를 요청했다.

전화상으로 다른 사람과 말하고 싶을 경우, **someone _asks for_ that person**이라고 한다.

He rang the office and _asked for_ Cynthia. 그는 사무실에 전화를 걸어 신시아를 바꿔 달라고 부탁했다.

다른 사람에게 어떤 일을 하기를 원한다는 말을 전할 때, (ask + to부정사절 · if절) 형식을 사용한다.

He _asked_ her _to marry him_. 그는 그녀에게 청혼했다.
I _asked_ him _if he could help_. 나는 그에게 나를 도와줄 수 있는지를 물었다.

asleep

○ Usage 표제어 sleep – asleep 참조.

as long as

1 used in conditionals(조건절에 사용하기)

무언가가 사실일 경우에만 다른 것도 사실이라고 할 때, **as long as**나 **so long as**를 사용할 수 있다. 예를 들면, '16세 이하인 경우에만 활동에 참가할 수 있다.'는 _As long as_ you are under 16, you can take part in activities.라고 한다.

ℹ so long as와 as long as 뒤에 단순시제를 사용한다.

We were all right _as long as_ we _kept_ our heads down.
우리가 머리를 숙이고 있는 한 우리는 괜찮았다.

The president need not step down _so long as_ the elections are supervised.
감시 하에서 선거를 치르는 경우라면, 대통령은 사임할 필요가 없다.

2 duration(지속)

어떤 일이 오랫동안 또는 가능한 한 오랜 시간 지속될 때에도 **as long as**를 사용한다.

Any stomach-ache that persists for _as long as_ one hour should be seen by a doctor.
어떠한 복통이라도 한 시간 동안 지속되면 의사의 진찰을 받아야 한다.

But I love football and I want to keep playing _as long as_ I can.
그러나 나는 축구를 너무 좋아해서, 가능한 한 오랫동안 축구를 하고 싶다.

ℹ 위와 같은 뜻에 so long as를 사용하지 않는다.

> 주의 거리에 대해서는 as long as가 아닌 as far as를 사용한다. 예를 들면, '나는 그를 다리까지 따라갔다.'는 I followed him as long as the bridge.가 아닌 I followed him _as far as_ the bridge.라고 한다.

assignment – homework

1 'assignment'

assignment는 일반적으로 누군가에게 하라고 부여된 일, 즉 '임무'라는 뜻이다.

USAGE

assist – be present

My first major *assignment* as a reporter was to cover a large-scale riot.
나의 기자로서 첫 주요 임무는 대규모 폭동을 취재하는 것이었다.

assignment는 학생들에게 주어진 일, 즉 '과제'라는 뜻도 있다.

The course has heavy reading *assignments*.
그 강좌에는 많은 양의 독서 과제가 포함되어 있다.

When class begins, he gives us an *assignment* and we have seven minutes to work at it.
그는 강의를 시작하면 우리에게 과제를 주면서 7분 내에 끝내도록 한다.

2 'homework'

숙제를 homework라고도 한다.
He never did any *homework*. 그는 숙제를 한 적이 한 번도 없었다.

> 주의 homework는 불가산명사로, homeworks나 a homework라고 하지 않는다. '나는 숙제를 끝마쳤다.'는 I have made my homeworks.가 아닌 I have *done* my homework.라고 한다.

assist – be present

1 'assist'

assist는 누군가를 '돕다'라는 뜻으로, 이는 매우 격식을 차린 단어이다.

We may be able to *assist* with the tuition fees.
우리가 수업료를 보조해 줄 수 있을지도 모른다.

They are raising money to *assist* the victims.
그들은 그 피해자들을 돕기 위한 모금을 하고 있다.

2 'be present'

someone *is present* at an event/occasion은 사건이나 일이 일어난 장소에 누군가가 있다라는 뜻이다.

He *had been present* at the dance. 그는 댄스 파티에 참석했었다.
There is no need for me to *be present*. 내가 그곳에 참석할 필요가 없다.

as soon as

as soon as는 접속사로, 어떤 일이 일어난 뒤에 바로 다른 일이 일어날 때 사용한다.

As soon as we get the tickets we'll send them to you.
우리가 그 표를 구입하는 대로 당신에게 보낼 것이다.

> 일반적으로 as soon as 뒤에는 미래시제가 아닌 단순현재시제를 사용한다. 예를 들면, '내가 돌아가자마자 당신에게 전화를 할 것이다.'는 I will call you as soon as I will get back to my room.이 아닌 I will call you as soon as I *get* back to my room.이라고 한다.

Ask him to come in, will you, as soon as he *arrives*. 그가 도착하는 대로 들어오라고 해주세요.

과거의 일을 말하는 경우, **as soon as** 뒤에 단순과거시제를 사용한다.

As soon as she *got* out of bed the telephone stopped ringing.
그녀가 침대에서 나오자마자 전화벨이 그쳤다.

As soon as she *had gone*, he started eating the cake.
그녀가 그곳을 떠나자마자 그는 그 케이크를 먹기 시작했다.

assure – ensure – insure

1 'assure'

assure는 다른 사람이 덜 걱정하게 하려고, 어떤 일이 사실임이 확실하거나 일어날 것이 분명하다고 말하다, 즉 '장담하다'라는 뜻이다.

as though

'I can *assure* you that neither of our two goalkeepers will be leaving,' O'Leary said.
오리어리는 "장담하건대 우리 두 골키퍼 중 누구도 팀을 떠나지 않을 것이다."라고 말했다.

The government *assured* the public that there would be no increase in taxes.
정부는 세금 인상을 하지 않겠다고 장담했었다.

2 'ensure' and 'insure'

ensure는 무슨 일이 일어날 것이라고 '확신하다'라는 뜻이다.

His reputation was enough to *ensure* that he was always welcome.
그의 명성은 그가 언제나 환영을 받는다는 확신을 주기에 충분했다.

 미국 영어에서는 ensure를 보통 insure로 표기한다.
I shall try to *insure* that your stay is a pleasant one. 나는 당신이 즐겁게 머물 수 있도록 노력할 것이다.

3 'insure'

insure에는 또 다른 뜻이 있다. insure는 영국이나 미국 영어에서 자신의 소유물을 분실하게 되거나 도난당하거나 손상되는 경우에 보험 회사에 금액을 지불하다, 즉 '보험에 들다'라는 뜻이다.

Insure your baggage before you leave home.
집을 떠나기 전에 당신의 짐을 보험에 드세요.

as though

O Usage 표제어 as if 참조.

as usual

O Usage 표제어 usual – usually 참조.

as well

O Usage 표제어 also – too – as well 참조.

as well as

1 linking noun groups(명사구 연결하기)

something is true of one person/thing *as well as* another는 두 번째 사람이나 사물뿐만이 아니라 첫 번째에도 적용되는 것을 강조하다라는 뜻이다.

Adults, *as well as* children, often feel nervous before an important occasion.
어른과 어린아이를 불문하고 중요한 행사 전에 초조감을 느낀다.

2 linking adjectives(형용사 연결하기)

두 개의 형용사를 as well as로도 연결할 수 있다. 어떤 사물이 두 번째 성질뿐만 아니라 첫 번째 성질도 있다는 것을 강조할 때 사용한다.

He is disorganised *as well as* rude. 그는 계획성도 없고 예의도 바르지 못하다.

3 linking clauses(절 연결하기)

두 개의 절을 as well as로 연결할 수 있지만 두 번째 절은 -ing형으로 시작하는 비정동사절이어야 한다.

She manages the budget *as well as ordering* the equipment.
그녀는 장비를 주문할 뿐만 아니라 예산도 관리한다.

> 주의 as well as 뒤에는 정동사절을 사용하지 않는다. 예를 들면, ~~She negotiates the licences as well as she orders the equipment.~~라고 하지 않는다.

at

USAGE

at

1 place or position(장소나 위치)

어떤 것의 위치나 어떤 일이 일어나는 장소를 나타낼 때, **at**을 사용한다.
There was a staircase *at* the end of the hallway. 복도 끝에 계단이 있었다.

at을 '근처에'라는 뜻으로 자주 사용한다.
He waited me *at* the door. 그는 나를 그 문에서 기다렸다.

누군가가 식사 중이거나 글을 쓰는 중일 때, **someone sits *at* a table/desk**라고 한다.
I was sitting *at* my desk reading. 나는 책상에서 독서를 하며 앉아 있었다.

어떤 것이 존재하거나 일어나는 건물을 나타낼 경우, 보통 **at**을 사용한다.
We had dinner *at* a restaurant in Attleborough. 우리는 애틀버러의 한 식당에서 저녁을 먹었다.
He lived *at* 14 Burnback Gardens, Glasgow. 그는 글래스고의 번백 가든스 14번지에서 살았다.

영국 영어에서는 학교나 대학에 재학 중이다라고 할 경우, **someone is *at* school/*at* university**라고 한다.
He had done some acting *at* school. 그는 학교 다닐 때 연극을 좀 했다.
After a year *at* university, Benn joined the RAF. 벤은 대학을 1년 다닌 후에 영국 공군에 입대했다.

🇺🇸 미국 영어에서는 일반적으로 학교에 재학 중이다라고 할 경우, **someone is *in* school**이라고 한다.
They met *in* high school. 그들은 고등학교 때 만났다.

○ Usage 표제어 **school – university** 참조.

어떤 일이 모임, 의식, 파티에서 일어날 경우, **something happens *at* a meeting/ceremony/party**라고 한다.
The whole family were *at* the funeral. 모든 가족들이 그 장례식에 참석했다.
They met *at* a dinner party. 그들은 디너파티에서 만났다.

2 time(시간)

어떤 일이 일어난 때와 정확한 시간을 언급할 때에도 **at**을 사용한다.
At 2.30 a.m. he returned. 그는 새벽 2시 30분에 돌아왔다.
The train leaves *at* 9 a.m. 그 기차는 9시 정각에 출발한다.

정확한 시간을 알고 싶을 때, **At what time...?**이라고 물을 수 있다. 그러나 일반적으로는 **What time...?**이나 **When...?**이라고 한다.
When does the boat leave? 그 배는 몇 시에 출발합니까?
'We are having a party on the beach.' – '*What time*?' – 'At nine.'
"우리는 해변에서 파티를 열 거야." – "몇 시에?" – "9시요."

어떤 일이 새벽에, 황혼에, 저녁에 일어났거나 일어날 것이라고 할 경우, **at dawn, at dusk, at night**을 사용한다.
She had come in *at* dawn. 그녀는 새벽에 들어왔다.
It was ten o'clock *at* night. 밤 10시였다.

그러나 어떤 일이 아침에, 오후에, 저녁에 일어났거나 일어날 것이라고 할 경우, **in the morning, in the afternoon, in the evening**을 사용한다.

something happens *at* a meal time은 식사 중에 어떤 일이 일어나다라는 뜻이다.
Let's talk about it *at* dinner. 그 일을 디너 식사 중에 상의해 봅시다.

어떤 일이 크리스마스나 부활절에 일어나다라고 할 경우, **something happens *at* Christmas/*at* Easter**라고 한다.
She sends a card *at* Christmas. 그녀는 크리스마스에 카드를 보낸다.

그러나 **on Christmas**나 **on Easter**처럼 특정한 날에는 **on**을 사용한다.

They played cricket *on* Christmas Day. 그들은 크리스마스 날에 크리켓 경기를 했다.

영국 영어에서는 **at the weekend**를 사용한다.
I went home *at* the weekend. 나는 주말에 집에 갔다.

 미국 영어에서는 보통 **on the weekend**나 **over the weeknd**를 사용한다.
I had a class *on* the weekend. 나는 주말에 수업이 있었다.
The museum threw a party *over* the weekend. 그 박물관에서 지난 주말에 파티를 열었다.

at first
○ Usage 표제어 **first - firstly** 참조.

athletics - athletic

1 'athletics'
athletics는 달리기, 높이뛰기, 투창 경기 등으로 구성된 스포츠, 즉 '육상 경기'라는 뜻이다.
He has retired from active *athletics*. 그는 현역 육상 선수로 활동하다가 은퇴했다.

athletics는 불가산명사로, 주어인 경우 단수동사를 사용한다.
Athletics *was* developing rapidly. 육상 경기는 빠르게 발전하고 있었다.

 미국 영어에서는 육상 경기를 **track and field**라고 한다.
She never completed in *track and field*. 그녀는 육상 경기를 완주해 본 적이 한 번도 없었다.

2 'athletic'
athletic은 형용사로, '육상과 관련된'이라는 뜻이다.
...*athletic* trophies. 육상 트로피들.

그러나 (athletic + 사람) 형식은 누군가가 육상 경기에 참가하다라는 뜻이 아닌 '건강하고 활동적인'이라는 뜻이다.
...*athletic* young men. 건강하고 활동적인 젊은 사람들.

at last
○ Usage 표제어 **last - lastly** 참조.

attempt
○ Usage 표제어 **try - attempt** 참조.

attention

attention은 어떤 것을 보고, 듣고, 조심스럽게 생각하다, 즉 '주의를 기울이다'라는 뜻이다.
When he felt he had their *attention*, he began his lecture.
그는 그들의 주목을 끌었다고 느꼈을 때 그의 강의를 시작했다.
He switched her *attention* back to his magazine.
그는 자신의 잡지로 다시 그녀의 관심을 돌렸다.

어떤 것에 주의를 집중한다고 할 경우, **pay attention to** something이라고 한다.
Look, *pay attention to* what I'm saying. 여기를 보세요. 내가 말하는 것에 집중해 주세요.
There's far too much *attention being paid to* these hooligans.
이 훌리건들에게 너무 과다한 관심이 집중되고 있다.

🛈 'pay attention at' something이라고 하지 않는다.

aural – oral

1 'aural'

aural은 사람의 '귀와 청각에 관련된'이라는 뜻으로, [ɔ́ːrəl]이나 [áurəl]로 발음한다.
The piano exam involves an *aural* test. 그 피아노 시험은 청각 테스트가 포함된다.

2 'oral'

oral은 '말과 관련된'이라는 뜻으로, 쓰기보다는 말하기와 연관된 것을 묘사한다. oral은 [ɔ́ːrəl]로 발음한다.
...an *oral* test in German. 독일어 말하기 시험.

aural과 oral은 모두 상당히 격식을 차린 단어로, 주로 학습 방법이나 시험에 관해 말할 때 사용한다.

autumn

영국 영어에서 autumn이나 the autumn은 여름과 겨울 사이의 계절, 즉 '가을'이라는 뜻이다.
Saturday was the first day of *autumn*. 가을이 시작된 첫날은 토요일이었다.
The vote will take place in *the autumn*. 그 투표는 가을에 실행될 것이다.

매년 가을마다 무슨 일이 일어날 경우, in autumn이나 in the autumn을 사용한다.
In autumn the hard berries turn a delicate orange. 가을철에 그 딱딱한 열매는 부드러운 오렌지로 변한다.
Most births occur in spring, while birth rates are lowest *in the autumn*.
대부분의 출산은 봄철에 이루어지고, 가을은 출산율이 가장 낮은 계절이다.

 in the autumns라고 하지 않는다.

 미국 영어에서는 가을철을 the fall이라고 한다.
In *the fall* we are going to England. 우리는 가을철에 영국에 갈 계획이다.

avoid

avoid는 어떤 일이 발생하지 않도록 조치를 취하다, 즉 '피하다'라는 뜻이다.
We learned how to *avoid* a heart attack. 우리는 심장 마비 예방법에 대해 배웠다.
The bus swerved to *avoid* a collision. 그 버스는 충돌을 피하기 위해 방향을 틀었다.

avoid doing something은 어떤 일을 하지 않는다는 것을 확인하다라는 뜻이다.
Thomas turned his head, trying to *avoid breathing* in the smoke.
토마스는 연기 속에서 숨 쉬는 것을 피하기 위해 고개를 돌렸다.
You must *avoid giving* any unnecessary information. 당신은 어떤 불필요한 정보라도 주는 것을 피해야 한다.

 'avoid to do' something이라고 하지 않는다.

> 주의 어떤 사람의 행동 방식을 통제하거나 변경할 수 없는 경우, 'can't avoid' it이 아닌 *can't help* it이나 *can't help oneself*라고 한다.
> It was so funny, I *couldn't help* laughing. 그것이 너무 재미있어, 나는 터져 나오는 웃음을 참을 수 없었다.
> You know what his temper's like, he just *can't help himself*.
> 그의 성격을 잘 아시다시피, 그는 자신을 잘 컨트롤하지 못해요.
>
> *prevent* someone *from* doing은 다른 사람이 하는 것을 허용하지 않다라는 뜻이다. 이때 prevent 대신 avoid를 사용하지 않는다.
> I wanted to *prevent* him *from* speaking. 나는 그가 말하는 것을 막는 것을 원했다.

await

await는 어떤 일이 일어나기를 기대하여 그 일이 일어날 때까지 다른 조치를 취하지 않다, 즉 '기다리다'라는 뜻이다.

awake

Daisy had remained behind to *await* her return. 데이지는 뒤에 남아서 그녀가 돌아오기를 기다렸다.
We will *await* developments before deciding whether he should be allowed to continue.
우리는 그가 계속하도록 허락할 것인지를 결정하기 전에, 사태의 추이를 기다려 볼 것이다.

await는 격식을 차린 글에서 매우 흔히 사용하는 단어이지만, 회화에서는 보통 사용하지 않는다. 대신 목적어와 to부정사가 따르는 **wait for**를 주로 사용한다. 예를 들면, '나는 그녀의 회답을 기다렸다.'는 I awaited her reply. 대신 I *waited for her to reply*.라고 한다.
I *waited for Kate to return*. 나는 케이트가 돌아오기를 기다렸다.
They just *waited for me to die*. 그들은 내가 죽기만을 기다렸다.

awake

자동사 awake, wake, awaken, waken, wake up은 모두 '잠에서 깨어나다'라는 뜻이고, 타동사이면 잠을 자는 사람을 '깨우다'라는 뜻이다. awake와 wake는 불규칙동사이며 awake의 과거는 awoke, 과거분사는 awoken, wake의 과거는 woke, 과거분사는 woken이다.

1 'awake' and 'wake'

awake와 wake는 글에서 흔히 사용하는 자동사이다.
I *awoke* from a deep sleep. 나는 깊은 잠에서 깨어났다.
I sometimes *wake* at four in the morning. 나는 때때로 새벽 4시에 잠에서 깬다.

2 'wake up'

일상 회화에서는 wake up을 사용한다.
...young babies *waking up* at night and crying. 한밤중에 깨서 우는 어린아이들.
Ralph, *wake up*! 랠프, 일어나!
They went back to sleep but I *woke* them *up* again. 그들은 다시 잠들었지만 나는 그들을 다시 깨웠다.

3 'awake' used as an adjective (형용사로 사용하는 awake)

awake는 형용사로도 사용할 수 있으며, 잠을 자지 않고 '깨어 있는'이라는 뜻이다.
An hour later he was still *awake*. 한 시간 후에도 그는 깨어 있었다.
Lynn stayed *awake* for a long time. 린은 오랫동안 깨어 있었다.

명사 뒤에 awake를 때때로 사용한다.
She was the last person *awake*. 그녀는 마지막으로 깬 사람이었다.

> 주의 명사 앞에는 awake를 사용하지 않는다. very awake가 아닌 wide awake나 fully awake라고 한다.
> He was *wide awake* by the time we reached the flat. 그는 우리가 아파트에 도착한 시간에 완전히 깨어 있었다.
> She got up, still not *fully awake*. 그녀는 일어나기는 했지만, 아직도 잠에서 완전히 깨어나지 않았다.

away

자신이 있는 곳에서부터 특정한 장소까지의 거리를 말하는 경우, away를 사용한다.
Durban is over 300 kilometers *away*. 더반은 여기에서 600킬로미터 이상 떨어져 있다.
Anna was still *a long way away*. 애나는 아직도 멀리 떨어져 있었다.

거리를 나타낼 때 far를 사용하지 않는데, ~~'Durban is over 300 kilometres far.'~~라고 할 수 없다.

◐ Usage 표제어 far 참조.

B b

back

1 used with an intransitive verb(자동사와 함께 사용하기)

〔자동사 + back〕 형식은 전에 있던 곳으로 돌아간다고 할 때 사용한다.

In six weeks we've got to go *back* to West Africa. 6주 후에 우리는 서아프리카로 돌아가야 한다.
I went *back* to the kitchen. 나는 부엌으로 다시 갔다.
I'll come *back* after dinner. 나는 저녁 식사 후에 돌아올 것이다.

2 'be back'

회화에서 누군가가 돌아올 것이라고 할 경우, come back 대신 be back을 자주 사용한다.

I imagine he'll *be back* for lunch. 나는 그가 점심을 먹으러 다시 올 것이라고 생각한다.
Pete will *be back* from holiday next week. 피트는 다음 주에 휴가에서 돌아올 것이다.

> 주의 back은 return과 함께 사용하지 않는데, '그는 사무실로 돌아왔다.'는 He returned back to his office.가 아닌 He *returned* to his office.라고 한다.
> I *returned* from the, Middle East in 1956. 나는 1956년에 중동에서 돌아왔다.

3 used with a transitive verb(타동사와 함께 사용하기)

〔타동사 + 목적어 + back〕 형식은 사람이나 사물을 전에 있던 곳으로 데려오거나 보낼 때 사용한다. back은 일반적으로 직접목적어 뒤에 온다.

We brought *Dolly back*. 우리는 돌리를 다시 데려왔다.
He took *the tray back*. 그는 쟁반을 다시 갖다 놓았다.

직접목적어가 대명사일 때, back은 항상 직접목적어 뒤에 온다.

I brought *him back* to my room. 나는 그를 내 방으로 다시 데려왔다.
She put *it back* on the shelf. 그녀는 그것을 선반에 다시 놓았다.

그러나 직접목적어가 긴 명사구가거나 명사구 뒤에 관계사절이 오는 경우, back은 명사구 앞에 온다.

He recently sent *back his rented TV sets*. 그는 대여한 텔레비전 수상기를 최근에 대여 회사로 돌려보냈다.
He put *back the silk sock which had fallen out of the drawer*.
그는 서랍에서 떨어진 비단 양말을 다시 집어넣었다.
He went to the market and brought *back fresh food which he cooked at home*.
그는 시장에 갔었고 집에서 요리할 신선한 재료들을 사 집으로 돌아왔다.

4 returning to a former state(이전의 상태로 돌아가기)

사람이나 사물이 전에 있었던 상태로 되돌아간다고 할 때에도 back을 사용한다.

He went *back* to sleep. 그는 다시 잠자리에 들었다.
The factory will turn all the waste *back* into fuel. 그 공장은 모든 쓰레기를 연료로 전환할 것이다.

5 used as a noun(명사로 사용하기)

back은 명사로 쓰이기도 한다. back은 가슴과 배의 반대편에 있는 목에서 허리까지 이르는 신체의 일부분, 즉 '등'이라는 뜻이다.

We lay on *our backs* under the ash tree. 우리는 물푸레나무 아래에서 등을 대고 누웠다.
She tapped him on *the back*. 그녀는 가볍게 그의 등을 두드렸다.

the *back* of an object는 뒤를 향해 있거나 앞에서 가장 멀리 있는 면이나 부분, 즉 '뒤쪽'이라는 뜻이다.
Many relatives sat at the *back* of the room, some visibly upset.
많은 친척들은 방 뒤쪽에 앉아 있었으며, 일부는 당황한 기색이 역력했다.
There's an old piece of cheese at the *back* of the fridge. 냉장고의 안쪽에 오래된 한 조각의 치즈가 있다.

the *back* of a door는 방이나 찬장 안쪽 면이라는 뜻이다.
Hang your coat on the *back* of the door. 당신의 코트를 그 문 뒤에 걸어 두세요.

the *back* of a piece of paper는 글씨가 없는 면이나 두 번째로 보게 되는 면이라는 뜻이다.
Sign on the *back* of the prescription form. 처방전의 뒷면에 서명하세요.

🏴 영국 영어에서는 문이나 종이의 뒷면을 back side라고 하지 않는다. 그러나 미국 영어에서는 이를 흔히 사용한다.
Be sure to read the *back side* of this sheet. 이 종이의 뒷면을 반드시 읽으세요.

backwards

○ Usage 표제어 ward-wards 참조.

back yard

○ Usage 표제어 yard 참조.

bad – badly

1 'bad'

bad는 '불쾌하고', '해롭고', '바람직하지 않은'이라는 뜻이다.
I have some very *bad* news. 나는 몇 가지 아주 나쁜 소식을 갖고 있다.
Sugar is *bad* for your teeth. 설탕은 치아에 해롭다.

bad의 비교급은 worse이고, 최상급은 worst이다.
Her marks are getting *worse* and *worse*. 그녀의 점수는 점점 나빠지고 있다.
This is the *worst* day of my life. 이 일은 나에게 일어난 최악의 날이다.

2 'badly'

bad는 부사로 사용하지 않는다. 예를 들면, '보수당은 선거 결과가 좋지 않았다.'는 ~~The Conservatives did bad in the elections.~~ 가 아닌 The Conservatives did *badly* in the elections.라고 한다.
I cut myself *badly*. 나는 내가 잘못해 크게 다쳤다.
The room was so *badly* lit I couldn't see what I was doing.
그 방은 조명이 몹시 좋지 않아 내가 하고 있는 것을 볼 수가 없었다.

badly가 위와 같은 뜻일 경우, 비교급은 worse이고, 최상급은 worst이다.
We played *worse* than in our previous two matches. 우리는 지난 두 번의 시합보다 더 저조한 경기를 했다.
The south of England was the *worst* affected area. 영국 남부 지역이 가장 심하게 영향을 받은 곳이었다.

badly에는 또 다른 뜻이 있다. need/want something *badly*는 어떤 것을 절실히 필요로 하거나 원하다라는 뜻이다.
We need the money *badly*. 우리는 돈이 절실히 필요하다.
I want you so *badly*. 나는 당신을 아주 간절히 원한다.
I am *badly* in need of advice. 나는 조언이 절실히 필요하다.

badly가 위와 같은 뜻일 경우, 비교급은 worse가 아닌 more badly이다. 또한 최상급은 worst가 아닌 most badly이다.
She wanted him *more badly* than ever. 그녀는 전보다 훨씬 더 간절히 그를 원했다.

bag

Basketball is the sport that *most badly* needs new players.
새로운 선수들의 영입이 가장 시급한 스포츠는 농구이다.

bag

bag은 물건을 나를 때 사용하는 종이나 플라스틱으로 만든 용기, 즉 '봉지'라는 뜻이다.

I bought a *bag* of crisps and a drink. 나는 과자 한 봉지와 마실 물을 샀다.
They sell herbs in plastic *bags*. 그들은 허브를 플라스틱 봉지에 넣어 팔고 있다.

 a bag of something은 봉투와 봉투의 내용물을 가리키거나 또는 봉투의 내용물만을 가리킨다.

She bought a *bag* of flour. 그녀는 밀가루 한 봉지를 샀다.
He ate *a whole bag of sweets*. 그는 사탕 한 봉지를 다 먹었다.

bag에는 구입한 물품 등의 물건을 나를 때 사용하는 손잡이나 가죽 끈이 달린 용기라는 뜻도 있다.

He was carrying a red shopping *bag*. 그는 빨간색 쇼핑백을 들고 있었다.

여성이 들고 다니는 핸드백은 **bag**이라고 한다.

She opened her *bag* and took out her keys.
그녀는 핸드백을 열어 그녀의 열쇠들을 꺼냈다.

🇺🇸 미국인들은 여러 개의 짐 가방을 보통 **bags**라고 하며, 일부 영국인들도 이를 사용한다.

The porter took her *bags*. 짐꾼은 그녀의 짐 가방을 날랐다.

영국 영어에서는 큰 짐 가방을 **case**나 **suitcase**라고 한다.

The driver helped me with my *case*.
그 운전자가 나의 가방을 옮기는 데 도움을 주었다.
She was carrying a heavy *suitcase*. 그녀는 무거운 짐 가방을 끌고 갔다.

baggage

◐ Usage 표제어 **luggage – baggage** 참조.

bake

◐ Usage 표제어 **cook** 참조.

bank – bench – seat

1 'bank'

bank는 강이나 호수의 가장자리에 있는 땅, 즉 '둑'이라는 뜻이다.

There are 30 miles of new developments along both *banks* of the Thames.
템스 강 양쪽 둑을 따라 30마일에 이르는 새로운 조성지가 있다.
She left her shoes on the *bank* and dived into the lake.
그녀는 그녀의 신발을 둑에 벗어 놓은 후에 곧장 호수로 뛰어들었다.

bank는 돈을 계좌에 보관하는 장소, 즉 '은행'이라는 뜻으로도 쓰인다.

You should ask your *bank* for a loan. 당신은 거래 은행에 대출 신청을 해야 한다.

2 'bench' and 'seat'

공원이나 정원에 있는 길고 좁은 의자는 **bank**가 아닌 **bench**나 **seat**라고 한다.

Rudolf sat on the *bench* and waited.
루돌프는 벤치에 앉아서 기다렸다.

She sat on a *seat* on the promenade.
그녀는 산책길에 놓여 있는 의자에 앉았다.

banknote

○ Usage 표제어 note-bill 참조.

bar

 미국 영어에서는 술을 사서 마실 수 있는 장소를 bar라고 한다.
Leaving Rita in a *bar*, I made for the town library. 나는 리타를 술집에 놔두고 시립 도서관으로 갔다.

영국 영어에서는 bar를 pub이라고 한다.
We used to go drinking in a *pub* called the Soldier's Arms. 우리는 솔저스 암스라는 술집에 술을 마시러 가곤 했다.

○ Usage 표제어 pub 참조.

영국 영어에서는 술집의 각각의 방을 bar라고 한다. 호텔, 클럽, 극장에서 술을 사서 마실 수 있는 장소도 bar라고 한다.
...the terrace *bar* of the Continental Hotel. 컨티넨탈 호텔에 있는 테라스 바.

bare – barely

1 'bare'

형용사 bare는 어떤 것의 덮개가 없다, 즉 '드러낸'이라는 뜻이다.
The room has *bare* wooden floors. 그 방은 맨 나무 바닥이다.
Meg's feet were *bare*. 그는 맨발이었다.

2 'barely'

barely는 부사로, bare와 뜻이 완전히 다르다. barely는 어떤 일이 사실이거나 그럴 가능성이 '거의 없는'이라는 뜻이다.
He was so drunk he could *barely* stand. 그는 술이 너무 취해서 간신히 서 있었다.
His voice was *barely* audible. 그의 목소리는 거의 들리지 않았다.

> **주의** barely는 not과 함께 사용하지 않는데, '그 온도는 얼음이 얼기 직전이었다.'는 ~~The temperature was not barely above freezing.~~이 아닌 The temperature was *barely* above freezing.이라고 한다.
>
> barely는 조동사와 함께 사용할 때 그 뒤에 온다. 예를 들면, '그는 글을 겨우 읽을 수 있다.'는 ~~He barely can read.~~가 아닌 He *can barely* read.라고 한다.
> The audience *could barely* hear him. 그 청중들은 간신히 그의 말을 들을 수 있었다.

어떤 일이 일어난 후에 바로 다른 일이 일어났다고 할 때, 때때로 barely를 사용한다. 예를 들면, '우리가 식사를 시작하자마자 제인이 도착했다.'는 We had *barely* started the meal when Jane arrived.라고 한다.

ⓘ barely 뒤에 than이 아닌 when이나 before를 사용한다. 예를 들면, ~~We had barely started the meal than Jane arrived.~~라고 하지 않는다.
I had *barely* arrived before he led me to the interview room.
나는 그가 면접실로 데려가기 조금 전에 그곳에 도착했다.
They had *barely* sat down when they were told to leave.
그들은 그곳에서 떠나라는 말을 들었을 때 가까스로 그 자리에 앉을 수 있었다.

bass – base

bass와 base는 둘 다 [beis]로 발음한다.

1 'bass'

bass는 낮은음으로 노래를 부르는 남자 가수, 즉 '베이스'라는 뜻이다.

bath - bathe

...the great Russian *bass* Chaliapin. 러시아의 유명한 베이스 가수 샬리아핀.

***bass* saxophone/guitar/other instrument**는 다른 종류의 악기보다 더 낮은음을 내는 색소폰, 기타, 다른 악기라는 뜻이다.

The girl vocalist had been joined by the lead and *bass* guitars.
여자 가수는 리드 기타와 베이스 기타의 반주를 받았다.

bass는 강과 바다에서 볼 수 있는 식용 물고기로, 식용 물고기는 여러 종류가 있다.

They unloaded their catch of cod and *bass*. 그들은 자신들이 잡은 대구와 농어를 내려놓았다.

> 주의 위와 같은 뜻의 단어 bass는 [bæs]로 발음한다.

2 'base'

base는 어떤 것의 가장 낮은 부분이나 가장자리, 즉 '밑바닥'이라는 뜻이다.

...the switch on the lamp *base*. 램프 바닥에 있는 스위치.

I had back pain starting at the *base* of my spine and shooting up it.
나는 척추 아랫부분에서 쿡쿡 찌르는 듯한 허리 통증을 느꼈다.

---

bath - bathe

bath와 **bathe** 둘 다 현재분사는 **bathing**, 과거와 과거분사는 **bathed**이다. 그러나 **bath**와 관련이 있는 경우에는 **bathing**은 [bæθiŋ], **bathed**는 [bæθd]로 발음한다. **bathe**와 관련이 있는 경우, **bathing**은 [béiðiŋ], **bathed**는 [béiðd]로 발음한다.

1 'bath'

동사 **bath**는 욕조에서 어떤 사람을 씻기다, 즉 '목욕시키다'라는 뜻이다.

The nurse will show you how to *bath* the baby.
그 간호사가 그 어린아이를 욕조에서 목욕시키는 방법을 당신에게 알려줄 것이다.

목욕을 하다는 **bath oneself**라고 하지 않는다. 영국 영어에서는 **have a bath**라고 한다.

I'm going to *have a bath*. 나는 목욕을 할 것이다.

She *took a long hot bath*. 그녀는 뜨거운 물속에서 긴 시간 동안 목욕을 했다.

2 'bathe'

 미국 영어에서는 목욕을 하다라는 뜻으로 **take a bath**를 사용하거나 더 격식을 차려서 동사 **bathe**[beið]를 사용한다.

I *took a bath*, my second that day. 나는 그날의 두 번째 목욕을 했다.

After golf I went back to my apartment to *bathe* and change.
나는 골프를 친 후에 목욕을 하고 옷을 갈아입으러 아파트로 돌아왔다.

영국 영어와 미국 영어 모두 **bathe**는 상처나 부상을 물로 '씻어내다'라는 뜻이다.

He *bathed* the cuts on her feet. 그는 그녀의 발에 난 상처를 물로 씻어냈다.

위와 달리 영국에서 **bathe**는 누군가가 강, 호수, 바다에서 '수영을 하거나 놀다'라는 뜻이다.

It is dangerous to *bathe* in the sea here. 이곳의 바다에서 수영하는 것은 위험하다.

위와 같은 **bathe**의 용법은 다소 오래된 표현이다.

3 'go swimming'

현대 영어에서는 보통 **go swimming**이나 **go for a swim**을 사용하며, 미국 영어에서는 때때로 **take a swim**이라고 한다.

She's *going for a swim*. 그녀는 수영을 하러 갈 것이다.

I went down to the ocean and *took a swim*. 나는 바다로 가서 수영을 했다.

be

1 forms(형태)

be동사는 영어에서 가장 많이 사용하는 일반동사로 여러 가지 용법이 있다. be동사의 현재형은 am, are, is이며 과거형은 was, were이다. be동사는 조동사와 본동사로 사용한다.

...a problem which *is getting* worse. 점점 악화되는 문제.
It *was* about four o'clock. 4시경이었다.

○ Grammar 표제어 Auxiliary verbs 참조.

am, are, is는 보통 완전히 발음하지 않는다. 누군가가 말하는 것을 받아 적을 때, am, is는 보통 'm, 's로 표기한다.

'*I'm* sorry,' I said. 나는 "미안해."라고 말했다.
'But *it's* not possible,' Lili said.
릴리는 "그렇지만 그것은 불가능해요."라고 말했다.
'Okay,' he said. 'Your *brother's* going to take you to Grafton.'
"좋아요. 당신 남동생이 당신을 그래프턴에 데려다 줄 거예요."라고 그가 말했다.

are는 대명사 뒤에서만 're로 표기할 수 있다.
'*We're* winning,' he said. "우리는 이길 거예요."라고 그가 말했다.

회화체로 글을 쓸 때도 'm, 're, 's의 형식을 사용할 수 있다.

○ Grammar 표제어 Contractions 참조.

2 used as an auxiliary(조동사로 사용하기)

진행시제와 수동태일 경우, be동사를 조동사로 사용한다.
She *was* watching us. 그녀는 우리를 지켜보고 있었다.
Several apartment buildings *were* destroyed. 여러 아파트 건물이 파괴되었다.

회화에서는 수동태를 만들 때, get을 자주 사용한다.

○ Usage 표제어 get 참조.

3 used as a main verb(본동사로 사용하기)

사물이나 사람을 묘사하거나 그에 대한 정보를 주는 경우, be동사를 본동사로 사용한다. be동사 뒤에 보어가 올 수 있으며, 이때 보어는 형용사나 명사구이다.
We were *very happy*. 우리는 아주 행복했다.
He is now *a teenager*. 그는 지금 십대이다.

○ Grammar 표제어 Complements 참조.

4 indicating someone's job(직업 나타내기)

한 단체 안에 특별한 직업이나 지위를 나타내는 명사구가 be동사 뒤에 오는 경우, 명사구 앞에 the를 사용하지 않는다.
At one time you wanted to *be President*. 한때 당신은 대통령이 되기를 원했다.

ℹ be동사 대신 때때로 make를 사용하여 특정한 직업이나 역할에서 누군가의 성공을 나타낸다. 예를 들면, '그는 훌륭한 대통령이 될 것이다.'는 He will be a good president. 대신 He will *make* a good president.라고 한다.

5 indicating age and cost(나이와 가격 나타내기)

사람의 나이를 말할 때, (be동사 + 숫자) 형식을 사용한다.
Rose Gibson *is twenty-seven*. 로즈 깁슨은 27세입니다.

물건의 가격을 말할 때에도 be동사를 사용할 수 있다.

be

USAGE

How much *is* it? 그것은 얼마입니까?
It*'s* five pounds. 그것은 5파운드입니다.

○ 더 많은 정보는 Topic 표제어 Age와 Money 참조.

6 with prepositional phrases(전치사구와 함께 사용하기)

be동사 뒤에 여러 종류의 전치사구를 사용할 수 있다.

He was still *in a state of shock*. 그는 여전히 충격적인 상태였다.
I'm *from Dortmund* originally. 나는 원래 도르트문트 출신이다.
...people who are *under pressure*. 압력을 받고 있는 사람들.

7 with 'to'-infinitives(to부정사와 함께 사용하기)

(be동사 + to부정사) 형식을 때때로 사용한다.

The talks *are to begin* tomorrow. 회담은 내일 열릴 예정이다.
What *is to be done*? 무슨 일이 일어날 것인가?

○ 더 많은 정보는 Grammar 표제어 Infinitives 참조.

8 in questions and negative clauses(의문문과 부정문에 사용하기)

be동사를 의문문과 부정문의 본동사로 사용하는 경우, 조동사 do를 사용하지 않는다.

Are you O.K? 당신 괜찮아요?
Is she Rick's sister? 그녀가 릭의 여동생인가요?
I *was* not surprised. 나는 놀라지 않았다.
It *was* not an easy task. 그것은 쉬운 일이 아니었다.

9 in continuous tenses(진행시제에 사용하기)

일반적으로 be동사를 진행시제의 본동사로 사용하지는 않는다. 그러나 특정한 때에 누군가의 행위를 묘사할 경우, 진행시제에 be동사를 사용할 수 있다.

You*'re being* very silly. 당신은 매우 바보 같은 행동을 한다.

10 'be' and 'become'

be동사를 become과 혼동해서는 안 된다. 사람이나 사물이 특정한 성질을 갖고 있거나 특정한 상황에 있다는 것을 나타낼 때, be동사를 사용한다. 사람이나 사물의 변화를 나타낼 때는 become을 사용한다.

Before he *became* Mayor he had been a tram driver. 그는 시장이 되기 전에 전차 운전기사였다.
It was not until 1845 that Texas *became* part of the U.S.A.
1845년이 되어서야 비로소 텍사스는 미국의 일부가 되었다.

○ Usage 표제어 become 참조.

11 after 'there'(there 뒤에 사용하기)

(there + be동사) 형식은 어떤 일의 존재나 발생을 나타낸다.

Clearly *there is* a problem here. 분명히 여기에 문제가 있다.
There are very few cars on this street. 이 거리에는 차가 거의 없다.
There was nothing new in the letter. 그 편지에는 전혀 새로운 것이 없었다.

○ Usage 표제어 there 참조.

12 after 'it'(it 뒤에 사용하기)

(it + be동사) 형식은 경험 등을 묘사하거나 어떤 상황에 대해 말할 때 자주 사용한다.

It was very quiet in the hut. 오두막 안은 매우 조용했다.
It was awkward keeping my news from Ted. 테드에게 내 소식을 숨기는 게 불편했다.
It's strange you should come today. 당신이 오늘 오다니 이상하다.

○ Usage 표제어 it 참조.

be able to

13 'have been'

어떤 곳에 갔다가 현재는 돌아와 있는 경우, 영국 영어에서는 **have been**을 사용한다.

I *have been* to Santander many times. 나는 산탄데르를 여러 번 방문한 적이 있다.

○ Usage 표제어 go 참조.

be able to

○ Usage 표제어 can – could – be able to 참조.

beach – shore – coast

1 'beach'

beach는 바다나 호숫가 옆에 모래나 자갈이 있는 지역, 즉 '해변'이라는 뜻이다. 바닷가에서 편히 쉬거나 놀고 수영하는 장소를 나타내기도 한다.

He walked along the *beach*. 그는 해변을 따라 걸었다.
Children were building sandcastles on the *beach*. 아이들이 그 해변에서 모래성을 쌓고 있었다.

2 'shore'

shore는 바다, 호수, 넓은 강의 가장자리를 따라 있는 땅, 즉 '해안'이라는 뜻이다. 해안은 부드러운 모래로 덮여 있거나 바위가 매우 많을 수도 있다.

He swam towards the *shore*. 그는 그 해안으로 수영해 갔다.

3 'coast'

coast는 육지와 바다의 경계선이나 바다에 인접한 국가의 일부 지역, 즉 '해안(지역)'이라는 뜻이다.

We stayed in a small village on the west *coast* of Scotland.
우리는 사우스캐롤라이나 해안에 있는 작은 마을에 머물렀다.
There are industrial cities along the *coast*. 그곳 해안에 위치한 공업 도시들이 있다.

bear

1 'bear'

bear는 불쾌한 상황을 겪고 있는 사람들에 관해 말할 때 사용하는 동사 중의 하나이다. **bear**의 3인칭 단수는 **bears**, 과거는 **bore**, 과거분사는 **borne**이다. 아주 불쾌한 상황을 말하는 경우, 긍정문에서는 **bear**를 사용한다. 일반적으로 **bear**는 누군가가 용감하게 고통이나 고난을 받아들이거나 참는 것을 말한다.

Boys are encouraged to be tough and *bear* pain, to prove they're a man.
그 소년들은 터프하고 고통을 견뎌 내는 남자같이 되게 격려되었다.

2 'endure'

endure도 **bear**와 비슷한 뜻으로 사용한다.

Many have to *endure* pain without specialist help. 많은 사람들은 전문가의 도움 없이 고통을 참아 내야 한다.

3 'can't bear'

bear는 부정문에서 자주 사용한다. **cannot bear** something/someone은 어떤 사물이나 사람이 너무 짜증 나게 하거나 화나게 하여 어떤 식으로든 그 사물이나 사람과 관련되는 것을 원하지 않다라는 뜻이다.

I *can't bear* him! 나는 그를 용납할 수 없다!
She *couldn't bear* to talk about it. 그녀는 그 일에 대해 말하는 것을 더 이상 참을 수 없다.

4 'can't stand'

bear와 비슷한 뜻으로 **stand**를 사용한다.

bear – bare

He kept on nagging and I *couldn't stand* it any longer. 그가 계속 잔소리를 해서, 나는 더 이상 견딜 수가 없었다.
I *can't stand* people who lie. 그녀는 거짓말을 하는 사람을 용납할 수 없다고 했다.

5 'tolerate' and 'put up with'

tolerate와 put up with는 어떤 것을 좋아하지 않거나 찬성하지 않지만 받아들이다라는 뜻이다.
The school does not *tolerate* bad behaviour. 학생들의 비행을 학교에서는 용납하지 않는다.
The local people have to *put up with* a lot of tourists.
그 지역 사람들은 수많은 관광객들이 몰려드는 것을 참아야 한다.

bear – bare

두 단어는 모두 [beər]로 발음한다.

1 'bear'

bear는 명사나 동사로 사용하며, 두꺼운 털가죽과 날카로운 발톱을 가진 크고 강한 야생 동물, 즉 '곰'이라는 뜻이다.
The *bear* stood on its hind legs. 그 곰은 뒷다리로 섰다.

bear a difficult situation은 어려운 상황을 받아들이고 대처하다, 즉 '견디다'라는 뜻이다.
This disaster was more than some of them could *bear*. 이 참사는 그들이 견딜 수 있는 한도를 넘어섰다.

○ Usage 표제어 bear 참조.

2 'bare'

일반적으로 bare는 형용사로, '덮개가 없는' 또는 '드러난'이라는 뜻이다.
The grass was warm under her *bare* feet. 그녀는 맨발 아래의 풀들을 따뜻하게 느꼈다.
The walls were *bare*. 그 벽은 칠이 벗겨져 있었다.

○ Usage 표제어 bare – barely 참조.

beat

beat은 어떤 사람이나 사물을 여러 번 매우 세게 '때리다'라는 뜻이다.
His stepfather used to *beat* him. 의붓아버지는 그를 때리곤 했다.

beat의 과거는 beated가 아닌 beat이며, 과거분사는 beaten이다.
The rain *beat* against the window. 빗방울이 창문에 부딪쳤다.
His stepfather used to *beat* him. 그의 의붓아버지가 그를 구타하곤 했었다.

beat someone in a game은 시합에서 상대를 이기다라는 뜻이다.
Arsenal *beat* Oxford 5-1. 아스날이 옥스퍼드를 5 대 1로 이겼다.
She always *beats* me when we play chess. 그녀는 체스 게임을 할 적마다 나를 이긴다.

because

1 'because'

because는 어떤 일의 이유를 설명할 때 사용하며, why로 시작하는 질문에 because를 사용하여 답할 수 있다.
'Why can't you come?' – '*Because* I'm too busy.'
'당신은 왜 여기에 올 수 없습니까?' – '왜냐하면 내가 너무 바쁘니까요.'

어떤 일이 사실인 이유를 말할 때, 보통 because로 시작하는 원인절을 첨가한다.
I couldn't see Helen's expression, *because* her head was turned.
나는 헬렌의 표정을 볼 수 없었는데, 그녀가 머리를 돌렸기 때문이었다.

Because it's an area of outstanding natural beauty, you can't build on it.
그곳은 뛰어난 경관을 자랑하는 곳으로 그곳에 건물을 세울 수 없다.

 문장의 처음에 **as**나 **since**를 사용하는 경우, 두 번째에는 **that is why**와 같은 표현을 사용하지 않는데, '당신은 매우 아팠기 때문에 내가 어떻게 느끼는지 이해할 것이다.'는 As you have been very ill yourself, that is why you will understand how I feel.이 아닌 As you have been very ill yourself, *you will understand* how I feel.이라고 한다.

2 'because of'

어떤 것에 대한 이유를 말할 때, 때때로 절 대신 명사구를 사용한다. 이 경우, [because of + 명사구] 형식을 사용한다.

Many families break up *because of* a lack of money. 많은 가정이 경제난으로 해체된다.
Because of the heat, the front door was open. 더위로 인해 앞문은 열려 있었다.

become

1 'become'

become은 사물이나 사람이 특정한 것이 '되다'라는 뜻이다. you become a doctor, a teacher, or a writer는 '당신은 의사, 선생, 또는 작가가 되다'이다.

Greta wants to *become* a teacher. 그레타는 선생님이 되고 싶어 한다.
When did you first *become* interested in politics?
당신은 처음 정치에 관심을 가진 때가 언제였습니까?

become의 과거는 becomed가 아닌 became이다.
We *became* good friends at once. 우리는 곧바로 좋은 친구가 되었다.
The smell *became* stronger and stronger. 그 냄새는 점점 더 강해졌다.

become의 과거분사는 become이다.
Life *has become* a lot harder since James died. 그가 죽고 난 후 우리 생활은 아주 어려워졌다.

[become + 단수명사구] 형식일 때, 명사구는 일반적으로 한정사로 시작한다.
Portugal became *a colonial power*. 포르투갈은 식민지 강국이 되었다.
I became *an engineer*. 나는 엔지니어가 되었다.
The young man becomes *his friend*. 그 젊은 사람은 그의 친구가 되었다.

그러나 명사구가 한 단체 안의 특별한 직업이나 지위를 나타내는 경우에는 한정사를 생략할 수 있다.
In 1990 he became *Ambassador to Hungary*. 그는 1990년에 헝가리 주재 대사가 되었다.
He became *head of one of the company's largest divisions.*
그는 그 회사의 가장 큰 부서 중 한 부서의 부서장이 되었다.

다음 동사 get, grow, come, go, turn은 become의 뜻으로 자주 사용한다. 이들 단어는 [동사 + 명사구] 형식이 아닌 [동사 + 형용사] 형식을 사용한다.

2 'get'

get은 become의 뜻으로 매우 자주 사용하며, 회화에서는 보통 become보다 get을 사용한다.
It *was getting* dark. 날이 점점 어두워지고 있었다.
She began to *get* suspicious. 그녀는 의심하기 시작했다.

3 'grow'

글에서 grow는 때때로 become의 뜻으로 사용한다. 사람이나 사물이 특정한 상태나 조건으로 점차 변한다고 할 때, grow를 사용한다.
Some of her colleagues *are growing* impatient. 그녀의 동료들 중 일부는 조급해하고 있다.

before

The sun *grew* so hot that they were forced to stop working.
햇볕이 너무 뜨거워지자 그들은 하던 일을 멈춰야만 했다.

4 'come'

꿈, 소망, 예측이 실제로 일어나는 경우, come true를 사용한다.
My wish has *come true*. 내 소원이 이루어졌다.

5 'go'

어떤 사람이 신체에 갑작스러운 변화를 느끼는 경우, go를 사용한다.
I *went* numb. 나는 감각을 잃었다.
He *went* cold all over. 그는 온몸이 오싹해졌다.

어떤 사람이 눈이 멀거나 귀가 먹게 되다라고 할 경우, 보통 go를 사용한다.
She *went* blind twenty years ago. 그녀는 20년 전에 장님이 되었다.

어떤 사람이 미쳐 가거나 미친 행동을 하기 시작하다라고 할 경우, go를 사용한다.
Something *has gone wrong* with our car. 우리 차에 고장이 생겼다.
Tom *went mad* and started shouting at me. 톰은 화가 몹시 나서 나에게 소리 지르기 시작했다.

6 'go' and 'turn'

영국 영어에서는 go나 turn을 때때로 become의 뜻으로 사용한다. 어떤 사물이 다른 색깔로 변한다고 할 경우, go나 turn을 사용한다.
Her hair *was going* grey. 그녀의 머리카락은 회색으로 변하고 있었다.
The grass *had turned* brown. 잔디가 갈색으로 변했다.
When she heard the news, she *went* pale. 그 소식을 듣고 그녀는 얼굴이 창백해졌다.
He *turned* bright red with embarrassment. 그의 얼굴은 당황해 발그레하게 변했다.

 미국 영어에서는 위와 같은 경우, go 대신 turn을 사용한다.

사람의 얼굴이 갑자기 변하다라고 할 경우, go나 turn을 사용하는데, go/turn pale(안색이 창백해지다)이라고 한다.

ⓘ get pale이나 become pale이라고 하지 않는다.

---

before

1 talking about time(시간 나타내기)

happen *before* a time/an event는 어떤 일이 어느 시간이나 사건보다 더 일찍 일어나다라는 뜻이다.
We arrived just *before* two o'clock. 우리는 2시 바로 전에 도착했다.
Before the First World War, farmers used to use horses instead of tractors.
제1차 세계 대전 이전에 농부들은 트랙터 대신 말을 사용하곤 했다.

과거의 어느 시점보다 그전에 일어난 일에도 before를 사용한다. 예를 들면, 1986년에 일어난 사건을 묘사하는 경우, 1985년은 the year *before*라고 한다.
The two had met in Bonn *the weekend before*. 그 둘은 이전 주말에 본에서 만났다.
The quarrel of *the night before* seemed forgotten. 그 전날 밤의 싸움은 잊혀진 것 같았다.

마지막 연월일의 바로 전의 기간을 가리킬 때, before last를 사용한다. 예를 들면, 오늘이 9월 18일 수요일인 경우, 9월 13일 금요일을 last Friday라고 하며, 9월 6일 금요일은 the Friday *before last*라고 한다.
We met them on a camping holiday *the year before last*.
우리는 재작년 캠핑 휴가 때 그들을 만났다.
I have not slept since *the night before last*. 나는 그저께 저녁부터 잠을 자지 못했다.

begin

2 talking about position(위치 나타내기)

before는 때때로 **in front of**의 뜻으로 사용하며, 이는 격식을 차린 오래된 용법이다. 일반적으로 **in front of**를 더 많이 사용한다.

He stood *before* the door leading to the cellar. 그는 지하실로 통하는 문 앞에 서 있었다.
The German model stood *in front of* a mirror combing her hair.
독일인 모델이 거울 앞에서 자신의 머리를 매만지며 서 있었다.

특정인에게 특정한 곳의 방향과 거리를 말해 줄 때 **in front of**가 아닌 **before**를 사용한다.

The turning is about two kilometres *before* the roundabout.
그 원형 교차로 약 2킬로미터 전에서 방향을 틀어 주세요.

begin

○ Usage 표제어 start – begin – commence 참조.

behaviour

behaviour는 누군가가 행동하는 방식, 즉 '행위'라는 뜻이다.
I had been puzzled by his *behaviour*. 나는 그의 행동으로 인해 당황했다.
...the obstinate *behaviour* of a small child. 어린아이의 고집 센 행동.

 이 단어의 미국식 철자는 **behavior**이다.

behind

1 used as a preposition(전치사로 사용하기)

무언가가 어떤 것의 뒤에 있다고 할 경우, **behind**를 사용한다.
They parked the motorcycle *behind* some bushes. 그들은 관목 뒤에 오토바이를 주차했다.
Just *behind* the cottage there was a shed. 오두막집 바로 뒤에 헛간이 있었다.

> 주의 **behind** 뒤에 **of**를 사용하지 않는데, They parked the motorcycle behind of some bushes.라고 하지 않는다.
> The project is several months *behind schedule*. 그 프로젝트는 계획보다 수개월 늦어지고 있다.

2 used as an adverb(부사로 사용하기)

behind를 부사로도 사용할 수 있다.
The other police officers followed *behind*. 다른 경찰관들이 그들을 뒤따랐다.
Several customers have fallen *behind* with their payments.
여러 고객들이 그들의 지불 날짜를 지키지 못하고 있다.

believe

1 'believe'

believe는 누군가의 말을 사실로 받아들이다, 즉 '믿다'라는 뜻이다.
He knew I didn't *believe him*. 그는 내가 그를 믿지 않는다는 것을 알고 있었다.
Don't *believe a thing you read* in that paper. 그 신문에서 읽은 것들을 믿지 마세요.

believe that something is the case는 어떤 것이 사실이라고 생각하다라는 뜻이다.
I *believe* some of those lakes are over a hundred feet deep.
나는 그러한 호수 중 일부는 깊이가 100피트 이상이 될 것이라고 믿고 있다.
Police *believe* that the fire was started deliberately. 경찰은 그 화재가 고의로 저질러졌다고 믿고 있다.

belong

USAGE

 현재 일어나고 있는 어떤 일을 말할 때에는 believe에 진행시제를 사용하지 않는다. 예를 들면, '나는 당신을 믿는다.'는 I am believing you.가 아닌 I believe you.라고 한다.
I *believe* that these findings should be fairly presented to your readers.
나는 이러한 정보는 독자들에게 매우 공정하게 전해져야 한다고 믿는다.

2 'don't believe'

어떤 것이 사실이 아니라고 믿고 있다고 할 경우, I 'believe that something is not' the case. 대신 보통 I *don't believe that it is* the case.라고 한다.
I just *don't believe that Allan had anything to do with* it.
나는 앨런이 그 일과 어떠한 관련이 있을 거라고는 믿지 않는다.

3 passive forms(수동형)

believe를 수동형 문장에 사용하는 경우, *it is believed that* something is the case나 something *is believed to* be the case라고 한다. 예를 들면, '그 건물은 지어진 지 700년이 되었다고 여겨진다.'는 *It is believed that* the building is 700 years old.나 The building *is believed to* be 700 years old.라고 한다.
It is believed that two prisoners have escaped. 죄수 두 명이 도망친 것으로 믿어지고 있다.
This *is widely believed* to be the tallest tree in England. 이것이 영국에서 가장 큰 나무로 알려져 있다.

4 'believe in'

believe in God or in such things as ghost/Father Christmas는 하나님이나 유령 또는 산타 할아버지와 같은 것이 존재한다고 생각하다라는 뜻이다. *believe in* such things as miracles는 기적 같은 일이 일어난다고 생각하다라는 뜻이다.
I don't *believe in* ghosts. 나는 유령이 존재한다고 믿지 않는다.
My children still *believe* in Father Christmas. 내 아이들은 아직도 산타클로스가 있다고 믿고 있다.

believe in an idea/a policy는 어떤 생각이나 정책이 좋거나 옳으며, 원하는 결과를 얻을 거라고 생각하여 지지하다라는 뜻이다.
We *believe in* freedom of speech. 우리는 언론의 자유가 있다고 믿는다.

belong

1 indicating possession(소유 나타내기)

something *belongs to* someone는 누군가가 어떤 것을 소유하다라는 뜻이다.
Everything you see here *belongs to* me. 여기에 보이는 물건은 다 내 것이다.
You can't take the cart home because it *belongs to* Harry.
그 손수레는 해리의 것이기 때문에 당신은 그것을 가져갈 수 없다.

belong이 위와 같이 소유를 나타내는 경우, 항상 to와 함께 사용하는데, '이 가방은 내 것이다.'는 This bag belongs me.가 아닌 This bag *belongs to* me.라고 한다.

 belong은 진행시제를 사용하지 않는데, '이 돈은 내 여동생 것이다.'는 This money is belonging to my sister.가 아닌 This money *belongs to* my sister.라고 한다.
The flat *belongs to* a man called Jimmy Roland. 그 아파트는 지미 롤랜드라는 사람의 소유이다.

2 another meaning of 'belong'(belong의 다른 뜻)

사람이나 사물이 있어야 할 장소에도 belong을 사용한다. belong을 그 자체로 사용하거나 *here, over there, in the next room* 등의 부가어가 뒤에 온다.
The plates don't *belong in that cupboard*. 접시는 그 찬장에 넣을 것이 아니다.
They need to feel they *belong*. 그들은 자신들이 속해 있다는 것을 느낄 필요가 있다.

below

○ Usage 표제어 under – below – beneath 참조.

beneath

○ Usage 표제어 under – below – beneath 참조.

beside – besides

1 'beside'

어떤 것이 다른 것의 옆에 있다고 할 경우, beside를 사용한다.
Beside the shed was a huge tree. 그 오두막 옆에 큰 나무가 있었다.
I sat down *beside* my wife. 나는 아내 옆에 앉았다.

2 'besides' used as a preposition (전치사로 사용하는 besides)

besides는 '~에 더하여' 또는 '~뿐만 아니라'라는 뜻이다.
What languages do you know *besides* Arabic and English?
당신은 아랍어와 영어 외에도 어떤 언어를 압니까?
There was only one person *besides* Jacques who knew Lorraine.
로레인을 아는 자크를 제외하고 그를 아는 사람은 단 한 명뿐이었다.

3 'besides' used to link clauses (절을 연결할 때 사용하는 besides)

[besides + -ing형으로 시작하는 비정동사절] 형식에서 besides는 접속사로 사용할 수 있다. 예를 들면, '그는 BBC 방송사 직원이면서, 소설과 시를 쓴다.'는 He writes novels and poems, *besides working* for the BBC.라고 한다.

🛈 He write novels and poems besides he works for the BBC.라고 하지 않는다.

Besides being good company, he was always ready to have a go at anything.
좋은 동반자 역할 외에도, 그는 언제나 어떤 일이든지 시도해 볼 준비가 되어 있었다.

4 'besides' used as an adverb (부사로 사용하는 besides)

besides는 앞서 말한 것에 '덧붙여'라는 뜻으로도 사용한다.
He needed so much else *besides*. 게다가 그는 그 밖에 훨씬 더 많은 것을 필요로 했다.

중요하다고 생각하여 추가 의견을 내거나 이유를 제시하는 경우에도 besides를 사용할 수 있다.
I'll only be gone for five days, and *besides*, you'll have fun while I'm away.
나는 5일간만 떠나 있을 것이다. 게다가 내가 없는 동안 당신은 재미있는 일을 즐길 것이다.
The house was too big. *Besides*, we couldn't afford it. 그 집은 너무 크고, 게다가 우리가 운영할 능력이 없다.

best

best는 good과 well의 최상급이다.

○ Usage 표제어 good – well 참조.

do your best는 어떤 것을 달성할 수 있도록 최대한 '열심히 노력하다'라는 뜻이다.

better

1 used as a comparative (비교급으로 사용하기)

better는 good과 well의 비교급이다. 어떤 것이 더 좋고, 더 잘되다는 be 'more good'이나 be done 'more well'이 아닌 be *better*나 be done *better*라고 한다.

between

The results were *better* than expected. 결과는 기대한 것보다 더 좋았다.
Some people can ski *better* than others. 일부 사람들은 다른 사람들보다 스키를 더 잘 탈 수 있다.

강조를 하기 위해 better 앞에 even, far, a lot, much 등을 사용한다.
Bernard knew him *even better* than Annette did. 버나드는 아네트가 알고 있는 것보다 그에 대해 훨씬 더 많이 알고 있었다.
I decided that it would be *far better* just to wait. 나는 기다리는 것이 훨씬 더 좋겠다고 결정했다.
I always feel *much better* after a bath. 나는 목욕을 하고 나면 항상 기분이 훨씬 더 좋아진다.

2 another meaning of 'better' (better의 또 다른 뜻)

어떤 사람이 병이나 부상에서 회복하다라고 할 때에도 better를 사용한다.
Her cold was *better*. 그녀는 감기가 나았다.
The doctor thinks I'll be *better* by the weekend. 그 의사는 내가 주말까지 병에서 회복할 것이라 생각한다.

3 'had better'

had better do something은 누군가가 어떤 일을 해야 한다라는 뜻으로, 항상 (had better + 원형부정사) 형식을 사용한다.
I'*d better* introduce myself. 저를 소개하겠습니다.
We'*d better* go. 우리는 가는 것이 좋겠다.

> 주의 표준 영어에서는 위와 같은 문장에서 had를 사용해야 한다. I better introduce myself.나 I better go.라고 하지 않는다.

부정문에서는 (had better + not) 형식을 사용한다.
We'*d better not* tell him what happened. 우리는 그에게 무슨 일이 일어났는지 말하지 않는 것이 좋다.

> 주의 표준 영어에서는 'hadn't better' do something이라고 하지 않는다.

between

1 describing position (위치 묘사하기)

something is *between* two things는 어떤 것이 두 개의 사물 사이에 있다라는 뜻이다.
Janice was standing *between* the two men. 재니스는 두 남자 사이에 서 있다.
The island of Santa Catarina is roughly midway *between* São Paulo and Porto Alegre.
산타 카타리나 섬은 상파울루와 포르투알레그레 사이의 대략 중간에 위치해 있다.

> 주의 세 개 이상의 사물 사이에 위치할 때는 between이 아닌 among을 사용한다.
> ○ Usage 표제어 among 참조.

2 differences (차이점)

두 사물이나 사람 사이의 차이점을 말할 때에는 between을 사용한다.
There isn't much difference *between* the three parties. 세 당 간의 차이점은 많지 않다.
What is the difference *between* football and soccer? 풋볼과 사커의 차이는 무엇입니까?

3 choosing (선택하기)

두 사물이나 사람 사이에서 하나를 선택할 때, between을 사용한다.
It was difficult to choose *between* the two candidates.
두 후보 중 한 명을 고르는 것은 어려운 일이었다.
You can choose *between* tomato, cheese or meat sauce on your pasta.
당신이 먹을 파스타에 토마토, 치즈, 또는 고기를 택할 수 있어요.

위와 같은 표현에서 선택하는 사람이나 사물 사이에 **and**를 사용한다.
She had to choose *between* work and her family. 그녀는 일 또는 가족 중에서 하나를 택해야 했다.

beware

beware of는 어떤 사람이나 사물을 조심하라고 하다라는 뜻이다.
Beware of the dog. 그 개를 조심하세요.
I would *beware of* companies which depend on one product only.
나는 한 가지 제품에만 의존하는 회사를 조심할 것이다.

beware는 명령문이나 원형부정사에만 사용하며, **bewares, bewaring, bewared** 등과 같이 다른 형태를 취하지 않는다.

big – large – great

big, large, great는 크기를 나타내며, 모두 가산명사 앞에 사용할 수 있다. 그러나 불가산명사 앞에는 **great**만 사용한다.

1 describing objects(물체 묘사하기)

big, large, great는 물체를 묘사할 때 사용한다. **big**은 일반적으로 회화에서, **large**는 더 격식을 차린 표현에, **great**는 특히 소설에서 어느 사물의 크기로 인해 대단히 인상적이라고 할 때 사용한다.
'Where is Mark?' – 'Over there, by that *big* tree.'
"마크가 어디 있어요?" – "바로 저기요, 저 큰 나무 옆이요."
The driver swerved to avoid a *large* tree. 그 운전자는 큰 나무를 피하기 위해 진로에서 벗어났다.
A *great* tree had fallen across one corner. 큰 나무 한 그루가 한쪽 구석을 가로질러 쓰러졌다.

2 describing amounts(양 묘사하기)

양을 나타낼 때, **large**를 사용한다.
She made a very *large* amount of money. 그녀는 매우 큰돈을 벌었다.
They export *large* quantities of corn. 그들은 다량의 옥수수를 수출한다.

특정한 것의 양을 묘사할 때는 **big**을 사용하지 않는데, ~~She made a very big amount of money.~~라고 할 수 없다.

3 describing feelings(감정 묘사하기)

감정이나 반응을 나타내는 경우, 보통 **great**를 사용한다.
He has *great* hopes for the future. 그는 미래에 대해 아주 큰 희망을 갖고 있다.
It was a *great* relief when we finally got home.
드디어 우리가 집에 도착했을 때, 우리는 큰 안도감을 느꼈다.

surprise가 가산명사인 경우, **surprise** 앞에 **big**이나 **great**를 사용할 수 있다.
The announcement was a *big* surprise. 그 발표는 아주 놀라운 것이었다.
It will be no *great* surprise if Ryan wins. 라이언이 이긴다 해도 크게 놀라운 일은 아니다.

감정이나 반응을 묘사할 때, **large**를 사용하지 않는다.

4 describing problems(문제 묘사하기)

어떤 문제나 위험성을 나타낼 경우, **big**이나 **great**를 사용한다.
The *biggest* problem at the moment is unemployment. 지금 가장 큰 문제는 실업 문제이다.
Many species are in *great* danger. 많은 생물들 종이 멸종 위기에 있다.

문제나 위험한 일을 묘사할 때는 보통 **large**를 사용하지 않는다.

bill – check

5 showing importance (중요성 나타내기)

훌륭한 사람이나 유명한 장소를 나타낼 때에도 great를 사용한다.

He was one of the *greatest* engineers of this century. 그는 금세기의 가장 훌륭한 엔지니어들 중 한 명이다.
We visited the *great* cities of Europe. 우리는 유럽의 대도시들을 방문했다.

6 used with other adjectives (다른 형용사와 함께 사용하기)

회화에서 어떤 것의 크기를 강조할 때 great와 big을 함께 사용하거나, 크기를 나타내는 형용사와 함께 great나 big을 사용한다. great와 big을 함께 사용하는 경우, great는 항상 big 앞에 온다.

There was a *great big* hole in the road. 그 도로에 아주 큰 구멍이 나 있었다.

> **주의** 어떤 사람이 심한 통증을 느끼고 있다는 be in *great* pain이라고 하지만, 병을 나타낼 때는 보통 big, large, great가 아닌 bad, terrible, severe를 사용한다.
>
> He's off work with a *bad* cold. 그는 심한 감기로 퇴근 중이다.
> I started getting *terrible* headaches. 나는 심한 두통이 시작되었다.

bill – check

영국 영어에서 bill은 식당에서 지불해야 하는 음식값을 알려 주는 종이, 즉 '계산서'라는 뜻이다.

We paid our *bill* and left. 우리는 계산을 한 그곳을 떠났다.

 미국 영어에서는 계산서를 check라고 한다.

He waved to a waiter and got the *check*. 그는 웨이터에게 손을 흔들어서 계산서를 받았다.

전기나 가스 요금 등을 지불해야 하는 경우, bill이라고 한다.

If you are finding it difficult to pay your gas *bill*, please let us know quickly. 당신이 가스 요금을 내기가 어려운 경우, 우리에게 신속하게 알려 주세요.
I ran up a huge phone *bill*. 나는 전화비 폭탄을 맞았다.

 미국 영어에서 bill은 지폐라는 뜻도 있다.

billfold

○ Usage 표제어 wallet 참조.

billion

billion은 '10억'이라는 뜻이다.

The website gets almost a *billion* visits each month. 그 웹사이트는 매월 10억 명의 방문자가 있다.

> **주의** 영국에서 일부 사람들은 '1조'를 billion이라고 한다.
>
> In January 1977, there were 4 *billion* people in the world. 1977년 1월에 세계 인구는 40억이었다.

bit

1 'bit'

bit은 어떤 것의 작은 양이나 작은 부분을 의미한다.

There's a *bit* of cake left. 그곳에 케이크가 약간 남아 있다.
He found a few *bits* of wood in the garage. 그는 창고에서 약간의 장작이 있는 것을 발견했다.

2 'a bit'

a bit은 작은 범위나 정도, 즉 '조금'이라는 뜻이다.

bite

She looks *a bit* like her mother. 그녀는 그녀의 어머니와 약간 닮았다.
He was *a bit* deaf. 그는 귀가 약간 멀었다.

ℹ️ 형용사가 명사 앞에 있는 경우, a bit을 형용사와 함께 사용할 수 없다. 예를 들면, ~~He was a bit deaf man.~~이라고 하지 않는다.

○ a bit과 비슷한 방식으로 사용하는 많은 단어와 표현의 분류 목록은 Grammar 표제어 Adverbs and adverbials 참조.

3 'a bit of'

회화에서 [a bit of + a + 명사] 형식을 사용하여 덜 극단적임을 나타낸다.
Our room was *a bit of a mess* too. 우리 방도 조금 어질러져 있었다.
This question comes as *a bit of a shock* at first. 이 문제는 처음에는 약간 충격적으로 다가왔다.

4 'a bit' with negatives (부정문에 a bit 사용하기)

부정을 더욱 강조할 때, 부정문의 끝에 a bit을 사용한다.
I *don't* like this *a bit*. 나는 이것을 전혀 좋아하지 않는다.
She *hadn't* changed *a bit*. 그녀는 전혀 달라지지 않았다.

5 'for a bit'

for a bit은 '잠시'라는 뜻이다.
She was silent *for a bit*. 그녀는 잠시 말이 없었다.
Why can't we stay here *for a bit*? 왜 우리는 여기에 잠시 머물 수 없나요?

bite

bite는 사람이나 동물이 이빨을 사용하여 어떤 것을 자르다, 즉 '물다'라는 뜻이다. bite의 과거는 bited가 아닌 bit이고, 과거분사는 bitten이다.
My dog *bit* me. 내 개가 나를 물었다.
You are quite liable to get *bitten* by an eel. 그곳에서 당신은 뱀장어에 물리기 매우 쉽다.

blame – fault

1 'blame' used as a verb (동사로 사용하는 blame)

blame someone *for* something bad는 나쁜 일이 일어난 것에 대해 누군가에게 책임이 있다고 말하거나 생각하다라는 뜻이다.
Police *blamed* the bus driver for the accident. 경찰은 그 사고의 책임을 버스 운전자에게 돌렸다.
Don't *blame* me! 나를 나무라지 마세요.
Maya *blames* all her problems on her parents. 마야는 그녀가 가진 모든 문제를 그녀의 부모 탓으로 돌렸다.

2 'to blame'

be *to blame* for something bad that happened는 나쁜 일이 일어난 것에 대해 누군가에게 책임이 있다라는 뜻이다.
I knew I was partly *to blame* for the failure of the project. 나는 그 프로젝트의 실패에 일부분 책임이 있다.
The study found schools are not *to blame* for the laziness of their pupils.
그 연구는 학생들의 게으름에 대해 학교의 책임이 없다는 것을 알아냈다.

3 'fault'

어떤 일이 누군가의 잘못이라고 할 때는 blame이 아닌 fault를 사용한다.
This was all Jack's *fault*. 이것은 모두 잭의 잘못이었다.
It's not our *fault* if the machine breaks down.
만약 그 기계가 고장 난다면, 이것은 우리의 잘못이 아니다.

blind

4 'at fault'

be *at fault*는 누군가가 바람직하지 않은 결과를 가져오는 실수를 저지르다라는 뜻이다.

The other driver was *at fault*. 그 다른 운전자가 실수했다.

ℹ️ be 'in fault'라고 하지 않는다.

blind

blind는 형용사, 동사, 명사로 사용할 수 있다.

1 used as an adjective (형용사로 사용하기)

blind는 눈에 이상이 있어서 '앞을 볼 수 없는'이라는 뜻이다.

He is ninety-four years of age and he is *blind*, deaf, and bad-tempered. 그는 94세의 나이로, 눈과 귀가 멀고, 성질도 고약하다.

ℹ️ someone's eyes are blind라고 하지 않는다.

2 used as a verb (동사로 사용하기)

something *blinds* someone는 어떤 것이 누군가의 눈을 멀게 하다라는 뜻이다.

The acid went on her face and *blinded* her. 그녀의 얼굴에 산이 뿌려져서, 눈이 멀게 되었다.

something *blinds* someone to a situation은 어떤 것이 상황을 인식하지 못하도록 막다라는 뜻이다. 이는 동사 blind의 가장 흔한 용법이다.

He never let his love of his country *blind* him to his countrymen's faults. 그는 조국에 대한 애국심으로 조국 사람들의 잘못까지 눈감아 주는 일은 절대로 하지 않았다.

3 used as a noun (명사로 사용하기)

어떤 나라에 있는 모든 시각 장애인들을 가리킬 때, the blind라고 한다.

What do you think of the help that's given to *the blind*? 맹인들에게 도움을 주는 것에 대해 어떻게 생각하십니까?

blind는 햇볕을 차단하거나 사람들이 안을 들여다보지 못하도록 창문에서 끌어내리는 천이나 종이로 된 넓은 두루마리, 즉 '블라인드'라는 뜻이다.

She slammed the window shut and pulled the *blind*. 그녀는 창문을 세게 닫은 후에 블라인드를 내렸다.

 미국 영어에서는 블라인드를 때때로 shade나 window shade라고도 한다.

blow up

○ Usage 표제어 explode와 inflate 참조.

board

1 'board'

board는 버스, 기차, 비행기, 배에 '타다'라는 뜻이다.

Griffiths took a taxi to the Town station and *boarded* a train there. 그리피스는 택시를 타고 타운 역에 가서 기차를 탔다.

I *boarded* the plane for San Diego. 나는 샌디에이고행 비행기에 탑승했다.

2 'on board'

be *on board*는 버스, 기차, 비행기, 배에 타다라는 뜻이다.

The crash killed all 57 passengers *on board*. 그 추락 사고로 57명의 승객이 사망했다.

There were 13 Britons *on board* the Swiss-owned plane. 스위스 소유의 비행기에 13명의 영국인이 탑승하고 있었다.

boat – ship

> 주의 on board 뒤에는 of를 사용하지 않는다. 예를 들면, There were 13 Britons on board of the Swiss-owned plane.이라고 하지 않는다.

boat – ship

1 'boat'

boat는 몇 사람만을 나르는 물 위를 이동하는 '작은 배'라는 뜻이다.

John took me down the river in the old *boat*. 존은 나를 오래된 보트에 태우고 강을 따라 내려갔다.

a fishing *boat*. 고깃배 한 척.

2 'ship'

boat보다 큰 배를 보통 ship이라고 한다.

The *ship* was due to sail the following morning. 그 배는 다음날 아침에 출항하도록 되어 있었다.

그러나 회화에서는 단거리를 이동하는 큰 여객선을 때때로 boat라고 한다.

She was getting off at Hamburg to take the *boat* to Stockholm. 그녀는 스톡홀름행 배를 타기 위해 함부르크에 내렸다.

> 주의 여행 수단으로 배를 이용하는 경우, by the boat나 by the ship이 아닌 by boat나 by ship이라고 한다.
> We are going *by boat*. 우리는 배편으로 갈 것이다.
> They were sent home *by ship*. 그것들은 배편으로 집에 보내졌다.

bonnet – hood

영국 영어에서는 자동차의 엔진 부분을 덮는 금속 덮개를 bonnet이라고 한다.

I lifted the *bonnet* to see what the problem was. 나는 고장 원인을 알기 위해 보닛을 들어 올렸다.

 미국 영어에서는 이를 hood라고 한다.

I looked under the *hood* to watch the mechanic at work. 나는 정비사가 일하는 것을 보려고 그 보닛 아래를 들여다보았다.

boot – trunk

영국 영어에서 boot은 짐이나 다른 사물을 두는 자동차 앞이나 뒤에 있는 공간, 즉 '트렁크'라는 뜻이다.

Is the *boot* open? 차의 트렁크가 열려 있습니까?

 미국 영어에서는 위와 같은 공간을 trunk라고 한다.

We put our bags in the *trunk*. 우리는 그 백들을 트렁크에 넣었다.

border – frontier – boundary

1 'border'

border는 두 나라를 나누는 선, 즉 '국경선'이라는 뜻이다.

They crossed the *border* into Mexico. 그들은 국경선을 넘어 멕시코로 갔다.
We stayed in a village near the German-Polish *border*. 우리는 독일과 폴란드의 국경선에 있는 작은 마을에 머물렀다.

2 'frontier'

frontier는 정치 체제가 다르거나 분쟁이 있는 국가를 갈라놓고 감시하는 '국경'이라는 뜻이다.

Only three thousand soldiers were guarding the entire *frontier*. 오직 3천 명의 군인들이 온 국경을 경비하고 있다.

bore

They introduced stricter *frontier* controls. 그들은 엄격한 국경 통제를 시작했다.

한 나라의 국경이 다른 나라와 인접해 있다고 할 때, **border with**나 **frontier with**를 사용한다.

She lives in a small Dutch town a mile from the *border* with Germany.
그녀는 독일의 국경에서 1마일 떨어진 곳에 위치한 네덜란드의 한 작은 도시에 살고 있다.

Spain reopened its *frontier with* Gibraltar. 스페인은 지브롤터와의 국경을 다시 열었다.

3 'boundary'

boundary는 외곽 경계, 지역, 구역 등의 '경계선'이라는 뜻이다. 지방이나 지역의 행정 구역도 **boundary**라고 한다.

There are fences round the *boundary* of the National Park.
그 내셔널 파크의 경계는 울타리가 쳐져 있다.

> **주의** 국가 간의 경계선은 **boundary**가 아닌 **borders**를 사용한다.
> These changes will be felt beyond the *borders* of Turkey. 이러한 변화들은 터키의 국경선을 넘어서도 느껴질 것이다.

bore

1 'bore'

bore는 동사이며, 동사 **bear**의 과거형으로 쓰이기도 한다.

○ Usage 표제어 **bear** 참조.

bore는 사람이나 사물이 흥미롭지 않고 더 이상 관심을 끌지 않다, 즉 '지루하게 하다'라는 뜻이다.

Life in the countryside *bores* me. 시골 생활은 나를 싫증 나게 하고 있다.
They used to enjoy his company, but now he *bored* them.
그들은 그와 사귐을 즐겼지만, 그러나 그는 그들을 지겨워하고 있다.

2 'bored'

be *bored with* something/someone은 어떤 사물이나 사람에 대해 싫증이 나다라는 뜻이다.

Tom was *bored with* the film. 톰은 그 영화에 싫증이 났다.
Many children get *bored* during the summer holidays.
많은 어린이들이 여름휴가 기간 동안 지루하게 느끼고 있다.

3 'boring'

bored를 **boring**과 혼동해서는 안 된다. something is *boring*은 어떤 것이 지루하게 하다라는 뜻이다.

Was it a *boring* journey? 그 여행은 지루했나요?
He's a kind man, but he's a bit *boring*.
그는 친절한 사람인데, 그러나 조금 지겨워하는 성격이다.

born

[bɔːrn]으로 발음한다.

be born은 아기가 일생에 처음으로 어머니의 몸에서 나오다, 즉 '태어나다'라는 뜻이다.
My mother was forty when I *was born*. 내가 태어났을 때 어머니는 40세였다.

was/were born은 누군가가 특정한 시간이나 장소에서 태어났다라는 뜻이다.
Caro *was born* on April 10th. 카로는 4월 10일에 태어났다.
Mary *was born* in Glasgow in 1999. 메리는 1999년에 글래스고에서 태어났다.

> **주의** 특정한 시간이나 장소에서 태어났다고 할 경우에는 someone 'has been born'이라고 하지 않는다.

borrow – lend

borrow – lend

borrow는 누군가가 돌려줄 생각으로 허락을 받거나 허락 없이 다른 사람의 물건을 가져가다, 즉 '빌려 가다'라는 뜻이다.

Could I *borrow* your car? 당신의 차를 빌릴 수 있습니까?
I *borrowed* this book from the library. 나는 이 책을 도서관에서 빌렸다.

lend는 누군가에게 얼마 동안 물건을 가지거나 사용하도록 허용하다, 즉 '빌려 주다'라는 뜻이다.
I *lent* her £50. 나는 그녀에게 50파운드를 빌려 주었다.
Would you *lend* me your calculator? 당신의 계산기를 빌려 줄 수 있어요?

움직일 수 없는 물건을 빌려 가거나 빌려 주는 것에는 보통 borrow나 lend를 사용하지 않는다. 예를 들면, '다음 주에 당신의 차고를 사용해도 되나요?'는 Can I borrow you garage next week?이 아닌 Can I *use* your garage next week?이라고 한다.

You can *use* our washing machine. 당신은 우리의 세탁기를 사용할 수 있다.

마찬가지로, '그는 내게 자신의 사무실을 빌려 주었다.'는 He lent me his office.가 아닌 He *let me use* his office.라고 한다.

She brought them mugs of coffee and *let them use* her bath.
그녀는 그들에게 커피가 든 보온병을 가져다주고 자신의 욕조를 사용하게 해주었다.

both

1 used for emphasis (강조에 사용하기)

두 개의 단어군을 and로 연결하는 경우, 첫 번째 단어군 앞에 both가 와서 내용을 강조한다. 예를 들면, 두 사물이나 사람에게 각각 적용된다는 것을 강조하는 경우, 첫 번째 명사구 앞에 both가 온다.

By that time *both* Robin and Drew were overseas. 그때까지 로빈과 드루 둘 다 해외에 있었다.
Both she and the baby were completely safe. 그녀와 그 갓난아이 모두 완전히 무사했다.
They felt *both anxiety and joy*. 그들은 불안감과 즐거움을 모두 느끼고 있었다.
These changes will affect *both teachers and students*. 이러한 변화는 선생들과 학생들에게 영향을 미칠 것이다.

마찬가지로, 두 개의 형용사, 동사구, 부가어 중 첫 번째 것의 앞에 both가 온다.

Herbs are *both beautiful and useful*. 허브는 아름답고 유용하기도 하다.
These headlines *both mystified and infuriated* him. 이러한 헤드라인은 그를 당혹스럽게 하며 격분시켰다.
Young artists are winning prestigious prizes *both here and abroad*.
젊은 예술가들은 이곳과 해외 모두에서 권위 있는 상들을 수상하고 있다.

both 뒤의 단어군은 and 뒤의 단어군과 같은 형태의 품사를 사용해야 한다. 예를 들면, '나는 리처드와 조지 모두에게 말했다.'는 I both told Richard and George.가 아닌 I told *both* Richard *and* George.라고 한다.

2 used with one noun phrase (하나의 명사구에만 사용하기)

두 사람이나 사물을 가리킬 때, both는 하나의 명사구 바로 앞에서 사용할 수 있다. 예를 들면, '두 소년 모두 헝가리인이었다.'는 *Both boys* were Hungarian.이나 *Both the boys* were Hungarian.이나 *Both of the boys* were Hungarian.이라고 하며, 의미상의 차이는 없다.

> 주의 Both of boys were Hungarian.이나 The both boys were Hungarian.이라고 하지 않는다. both 뒤에는 two도 사용하지 않는다. 즉, Both the two boys were Hungarian.이라고 하지 않는다.

[both · both of + these · those · 소유격 한정사 + 명사구] 형식을 사용할 수 있다.
The answer to *both these questions* is 'yes'. 이러한 두 가지 질문에 대한 대답은 모두 '예'이다.
I've got *both their addresses*. 나는 그 두 명의 주소를 모두 갖고 있다.

그러나 인칭대명사 앞에는 both of를 사용해야 한다.

bottom

Are ***both of you*** ready? 당신들 둘 다 준비가 되었습니까?

both of 뒤에는 주격 대명사(we, they)가 아닌 목적격 대명사(us, them)를 사용한다.
Both of us went to Balliol College, Oxford. 우리 둘 다 옥스퍼드 대학의 베일리얼 칼리지에 다녔다.
Both of them arrived late. 그들 둘 다 늦게 도착했었다.

3 used after the subject(주어 뒤에 사용하기)

both는 주어 뒤에도 사용할 수 있다. 예를 들면, '내 여동생이 둘 다 여기에 왔다.'는 Both my sisters came. 대신 My sisters ***both*** came.이라고 한다.

- 조동사가 없는 경우, be동사를 제외한 동사 앞에 **both**가 온다.
  They ***both got*** into the boat. 그들 둘 다 보트에 탔다.
- 동사가 be동사일 경우, **both**는 be동사 뒤에 온다.
  They ***were both*** schoolteachers. 그들 둘 다 학교 선생님이었다.
- 조동사가 있는 경우, **both**는 조동사 뒤에 온다.
  They ***have both had*** a good sleep. 그들 둘 다 충분히 잤다.
- 조동사가 한 개 이상일 경우, **both**는 첫 번째 조동사 뒤에 온다.
  They ***shall both be put*** to death. 그들 둘 다 사형당할 것이다.
- 대명사가 직접목적어이거나 간접목적어일 경우, 인칭대명사 뒤에도 **both**가 올 수도 있다.
  He is coming to see ***us both*** next week. 그는 우리 둘을 만나려고 다음 주에 여기에 올 예정이다.

4 negative sentences(부정문)

부정문에서는 보통 **both**가 아닌 **neither of**를 사용한다. 예를 들면, '그의 학생 둘 다 그곳에 없었다.'는 Both his students were not there.가 아닌 ***Neither of*** his students was there.라고 한다.

○ Usage 표제어 neither 참조.

마찬가지로, '나는 그들 중 어느 누구도 보지 않았다.'는 I didn't see both of them.이 아닌 I didn't see ***either of*** them.이라고 한다.

○ Usage 표제어 either 참조.

5 used as a pronoun(대명사로 사용하기)

both는 대명사로 사용할 수도 있다.
Candidates should speak either Spanish or English, preferably ***both***.
지원자들은 영어 또는 스페인어 중 하나를 해야 하며 둘 다 하는 사람을 선호한다.

> 주의 두 개 이상의 사물이나 사람에는 **both**가 아닌 **all**을 사용한다.
> ○ Usage 표제어 all 참조.

bottom

1 'bottom' and 'behind'

bottom은 앉으면 바닥에 닿는 신체의 일부분, 즉 '궁둥이'라는 뜻으로, 회화와 대부분의 글에서 사용할 수 있다.
If she could change any part of her body, it would be her ***bottom***.
만약 그녀가 그녀의 몸의 일부를 변화시킬 수 있다면, 그것은 그녀의 궁둥이이다.

🇺🇸 미국 영어에서는 보통 bottom보다는 behind를 사용한다.
My ***behind*** ached from cycling all day. 나의 궁둥이가 자전거를 하루 종일 타 아프다.

격식을 차린 글에서는 bottom을 buttocks라고 한다.

He strained the muscles on his shoulders and ***buttocks***. 그의 어깨와 궁둥이의 근육들에 무리가 갔다.

2 'bum' and 'butt'

회화에서 영국 영어를 쓰는 일부 사람들은 bottom 대신 bum을, 미국 영어를 쓰는 일부 사람들은 butt을 사용한다. 이들 단어는 많은 사람들이 무례하다고 여기므로 사용하지 않는 것이 가장 좋다.

boundary

○ Usage 표제어 border 참조.

brackets

○ Usage 표제어 Punctuation 참조.

brand-make

1 'brand'

한 특정 제조업체가 생산한 형태를 그 제품의 브랜드라고 하며, 일반적으로 음식이나 오래 지속되지 않는 제품에 사용한다.

This is my favourite ***brand*** of cereal. 이것은 내가 좋아하는 시리얼 브랜드이다.
I bought one of the leading ***brands***. 나는 유명 브랜드들 것 중 하나를 샀다.

2 'make'

make는 내구성 있는 기계, 자동차 등에 사용한다.

This is a very popular ***make*** of bike. 이것은 아주 유명한 자전거 제조사 제품이다.

> 주의 brand of 또는 make of 뒤에 복수형 명사를 사용할 수 없는데, a make of vehicles가 아닌 a make of vehicle이다.
> What ***brand*** of coffee do you drink? 당신은 어떤 브랜드의 커피를 드십니까?
> What ***make*** of car do you drive? 당신은 어떤 회사의 차를 운전하십니까?

breakfast

breakfast는 잠자리에서 일어난 후에 먹는 하루의 첫 번째 식사, 즉 '아침 식사'라는 뜻이다.

They had hard-boiled eggs and toast for ***breakfast***. 그들은 아침 식사로 완숙 계란과 토스트를 먹었다.
I open the mail immediately after ***breakfast***. 나는 아침 식사 후에 바로 메일을 열어 본다.

식사 breakfast 앞에 관사 a를 사용할 수 없다.

○ Topic 표제어 Meals 참조.

breathe – breath

1 'breathe'

breathe [briːð] 는 동사로, 사람이나 동물이 폐로 공기를 들이마시고 다시 내뿜다, 즉 '호흡하다'라는 뜻이다.

It was difficult for him to ***breathe***. 그는 숨쉬기가 힘들었다.
Always ***breathe*** through your nose. 항상 코로 숨을 쉬세요.

2 'breath'

breath [breθ] 는 명사로, 폐로 공기를 들이마시고 다시 내뿜는 공기, 즉 '호흡'이라는 뜻이다.

She took a deep ***breath***, then started to explain. 그녀는 깊은 숨을 쉬더니, 그 일을 설명하기 시작했다.
I could smell the whisky on his ***breath***. 나는 그가 숨을 쉴 때 위스키 냄새를 맡을 수 있었다.

briefly

briefly
○ Grammar 표제어 Adverbs and adverbials 참조.

bring – take – fetch

1 'bring'
bring은 사람이나 사물을 어느 장소에 데리고 가거나 가지고 가다라는 뜻이다.
He would have to *bring* Judy with him. 그는 주디를 데리고 가야 할 것이다.
Please *bring* your calculator to every lesson. 수업이 있을 때마다 계산기를 지참하세요.

bring의 과거와 과거분사는 **brought**이다.
My secretary *brought* my mail to the house. 내 비서가 집으로 편지를 가져왔다.
I've *brought* you a present. 내가 너에게 선물을 가져왔다.

누군가가 있는 곳으로 물건을 가져오거나 이동하도록 요청하는 경우, **bring**을 사용한다.
Can you *bring* me some water? 물 좀 가져다 주시겠어요?

2 'take'
take는 사람이나 사물을 어느 장소로 운반하거나 몰고 가다라는 뜻이다.
It's his turn to *take* the children to school. 이제 그가 아이들을 학교에 데려다 줄 차례이다.

어떤 장소에 갈 때 사람을 데리고 가거나 사물을 가지고 가다라고 할 경우, **take**를 사용한다.
She gave me some books to *take* home. 그녀는 나에게 집에 가지고 갈 책을 몇 권 주었다.
Don't forget to *take* your umbrella. 당신의 우산을 가지고 가는 것을 잊지 마세요.

3 'fetch'
fetch는 어떤 사물이 있는 곳에 가서 그 사물을 자신이 전에 있던 곳으로 '가지고 오다'라는 뜻이다.
I don't want you to *fetch* anything for me. 나는 당신이 나를 위해 그곳에 가서 무엇이든 가져오는 것을 원하지 않는다.
I went and *fetched* another glass. 나는 가서 다른 잔을 가져왔다.

bring up – raise – educate

1 'bring up'
bring up a child는 아이가 자랄 때까지 돌봐주고 특별한 믿음과 마음가짐을 길러 주려고 노력하다라는 뜻이다.
Tony *was brought up* in working-class family. 토니는 노동자 계층의 가정에서 자랐다.
When my parents died, my grandparents *brought* me *up*.
나의 부모가 죽자, 할머니 할아버지가 나를 양육했었다.

2 'raise'
 미국 영어에서 **raise**는 bring up의 뜻으로 사용할 수 있다.
Lynne *raised* three children on her own. 린은 혼자서 세 자녀를 키웠다.
They want to get married and *raise* a family. 그들은 결혼해 아이들을 양육하기 원하고 있다.

미국에서는 be 'well raised'라고 하지 않는다.

3 'educate'
bring up이나 raise를 educate와 혼동해서는 안 된다. **educate**는 일반적으로 학교에서 아이에게 여러 과목을 '가르치다'라는 뜻이다.
Many more schools are needed to *educate* the young. 젊은이들의 교육을 위해서는 훨씬 더 많은 학교가 필요하다.
He was *educated* at an international school in Madrid. 그는 마드리드의 국제학교에서 교육을 받았다.

Britain – British – Briton

1 'Britain'

Britain 또는 Great Britain은 England, Scotland, Wales로 이루어져 있으며, United Kingdom은 England, Scotland, Wales, Northern Ireland로 이루어져 있다. British Isles는 Britain, Ireland와 그 주위에 있는 모든 섬들을 지칭한다.

2 'British'

영국 출신인 사람의 국적을 British라고 하는데, 일부 영국인들은 English, Scottish, Welsh, Northern Irish라고 부르는 것을 선호한다. 모든 영국 사람을 English라고 하는 것은 옳지 않으며 영국인들을 화나게 할 수도 있다.

Britain 출신의 모든 사람들을 the British라고 한다.

I don't think *the British* are good at hospitality. 나는 영국인들이 다른 사람을 접대하는 것에 능숙하지 않다고 생각한다.
The British have always displayed a healthy scepticism towards ideas.
영국인들은 특정한 아이디어에 대해서 항상 건전한 회의론을 나타냈다.

한 무리의 영국인들, 예를 들면 국제 회의의 영국 대표단을 가리킬 때에도 the British를 사용할 수 있다.

The British have made these negotiations more complicated.
영국 대표단이 이 협상을 좀 더 복잡하게 만들었다.
The British had come up with a bold and dangerous solution.
영국 대표단은 대담하고 위험한 해결 방안을 제안했다.

3 'Briton'

글을 쓸 때 영국인 개개인은 Briton이라고 한다.

The youth, a 17-year-old *Briton*, was searched and arrested. 17살의 한 영국인 젊은이가 수색을 당하고 체포되었다.

O 국적에 대한 더 자세한 정보는 Topic 표제어 Nationality words 참조.

broad

O Usage 표제어 wide – broad 참조.

broken

broken은 동사 break의 과거분사이다.
He *has broken* a window with a ball. 그는 공으로 창문을 깼다.

broken은 형용사로도 사용하며, 부딪치거나 떨어져 '조각나거나 부서진'이라는 뜻이다.

He sweeps away the *broken* glass under the window.
그는 창문 아래에 있는 깨진 유리 조각을 빗자루로 쓸고 있다.
...a long table covered in *broken* crockery. 깨진 도자기 조각들로 뒤덮여 있는 긴 탁자.
He glanced at the *broken* lock he was still holding in his free hand.
그는 사용하지 않는 손으로 내내 붙잡고 있던 부숴진 자물쇠를 슬쩍 쳐다보았다.

기계나 기구가 고장 나는 경우, be broken 대신 do not work나 be not working이라고 한다.

One of the lamps *didn't work*. 램프 중 한 개가 작동하지 않았다.
Chris sits beside him with sweaters on because the heater *doesn't work*.
크리스는 히터가 작동하지 않아서 스웨터를 입고 그의 옆에 앉아 있다.
The traffic lights *weren't working* properly. 교통 신호등이 제대로 작동하지 않고 있었다.

bum

O Usage 표제어 bottom 참조.

burglar

burglar

○ Usage 표제어 thief – robber – burglar 참조.

burgle – burglarize

영국 영어에서 someone is *burgled* 또는 someone's house *is burgled*는 도둑이 누군가의 집에 침입하여 물건을 훔치다라는 뜻이다.

Our flat *was burgled* while we were on holiday. 우리의 휴가 여행 중 우리 집에 도둑이 들었다.
Gail had recently *been burgled*. 게일은 최근에 도난을 당했다.

 미국 영어에서는 보통 a house *is burglarized*라고 한다.

Her home *had been burglarized*. 그녀의 집에 도둑이 들었다.

burst

burst는 무언가가 갑자기 찢어져서 공기와 다른 물질이 나오다, 즉 '터지다'라는 뜻이다. burst의 과거와 과거분사는 bursted가 아닌 burst이다.

As he braked, a tyre *burst*. 그가 브레이크를 밟았을 때, 타이어가 터졌다.

burst into tears는 갑자기 울기 시작하다라는 뜻이다.

When the news was broken to Meehan he *burst into tears*.
그 소식이 미한에게 전해졌을 때, 그는 눈물을 터트리기 시작했다.

 burst in tears라고 하지 않는다.

주의　burst를 bust와 혼동해서는 안 된다. bust는 어떤 것을 '심하게 부수거나 손상시키다'라는 뜻이다.

bus – coach

bus는 한 곳에서 다른 곳으로 도로를 통해 승객을 나르는 '큰 자동차'라는 뜻이다. 영국에서는 장거리 여행을 하는 승객을 나르는 안락한 버스를 coach라고 한다.

I'm waiting for the *bus* back to town. 나는 시내로 다시 들어가는 버스를 기다리고 있다.
The *coach* leaves Cardiff at twenty to eight. 그 장거리 버스는 카디프를 7시 40분에 출발한다.

 미국에서는 장거리용 차를 보통 bus라고 부른다.

He took *a bus* from New York to Seattle. 그는 뉴욕에서 시애틀로 가는 버스를 탔었다.

business

1 used as an uncount noun (불가산명사로 사용하기)

business는 물건이나 서비스를 사고 파는 생산과 관련된 일, 즉 '사업'이라는 뜻이다.

Are you in San Francisco for *business* or pleasure?
당신은 샌프란시스코에 사업차 오셨습니까, 아니면 관광차 오셨습니까?

주의　사업과 관련된 논의는 a business가 아닌 some business라고 한다. 예를 들면, '우리는 다뤄야 할 문제가 있다.'는 We've got a business to see to.가 아닌 We've got *some business* to see to.라고 한다.

We may do *some business* with one of the major software companies in the United States.
우리는 미국에 있는 주요 소프트웨어 회사 중 한 회사와 거래할 가능성이 있다.
We've still got *some business* to do. Do you mind just sitting?
우리는 아직도 논의해야 할 일이 있습니다. 잠시 자리에 앉아 주시겠습니까?

특정한 사업 분야+명사 + business 형식을 사용한다.
Cindy works in *the music business*. 신디는 음악 관계 사업을 한다.

My brother is in ***the restaurant business***. 내 동생은 요식업 사업을 한다.

2 used as a count noun(가산명사로 사용하기)

가산명사 **business**는 제품을 생산, 판매하고 서비스를 제공하는 '회사, 상점, 단체'라는 뜻이다.
He set up a small travel ***business***. 그는 작은 여행사를 설립했다.

but

앞서 한 말과 대조되는 것을 소개할 때, **but**을 사용한다.

1 used to link clauses(절을 연결할 때 사용하기)

일반적으로 절을 연결할 때, **but**을 사용한다.
It was a long walk ***but*** it was worth it. 먼 거리를 걸었지만 가치 있는 일이었다.
I try and see it their way, ***but*** I can't. 나는 그것을 그들의 방식으로 이해하려 하지만 그럴 수가 없다.

문장의 처음에는 보통 **but**을 사용하지 않지만, 누군가에게 대답하거나 회화체로 글을 쓸 때는 **but**을 사용할 수 있다.
'Somebody wants you on the phone.' – '***But*** nobody knows I'm here.'
"어떤 사람이 당신과 통화하기를 원해요." – "그렇지만 내가 여기에 있는 것을 아는 사람은 없어요."
I always thought that. ***But*** then I'm probably wrong. 나는 항상 저것이라고 생각했지만 아마 내가 틀릴 수도 있다.

2 used to link adjectives or adverbs(형용사나 부사를 연결할 때 사용하기)

서로 대조되는 여러 개의 형용사나 부사를 연결할 때도 **but**을 사용할 수 있다.
We stayed in a small ***but*** comfortable hotel. 우리는 작지만 편안한 호텔에 머물렀다.
Quickly ***but*** silently she darted out of the cell. 그녀는 재빠르지만 조용히 방에서 뛰쳐나갔다.

3 used to with negative words to mean 'only'(부정어와 함께 only의 뜻으로 사용하기)

[부정어 nothing · no one · nowhere · none + but] 형식에서의 **but**은 때때로 '오직'이라는 뜻으로 사용한다. 예를 들면, '우리는 오직 당근만 갖고 있을 뿐이다.'는 We have ***nothing but*** carrots.라고 한다.
John had lived ***nowhere but*** the farm. 존은 오직 농장에서만 살았다.
He cared about ***no one but*** himself. 그는 오직 자기 자신만을 돌보는 사람이다.

4 used to mean 'except'(except의 뜻으로 사용하기)

[all, every-, any-로 시작하는 단어 + but] 형식에서 **but**은 '~을 제외하고(except)'라는 뜻으로 사용한다. 예를 들면, '그는 수학 과목만 제외하고 모든 과목을 좋아했다.'는 He enjoyed everything ***but*** maths.라고 한다.
He ate everything ***but*** the beetroot. 그는 근대 뿌리를 제외하고 모든 것을 먹었다.
There was no time for anything ***but*** work. 일하는 것을 제외하고 다른 것을 할 시간이 없었다.
Could anyone ***but*** Wilhelm have done it? 빌헬름을 제외하고 그 일을 마친 사람이 있습니까?

butt

○ Usage 표제어 **bottom** 참조.

buttocks

○ Usage 표제어 **bottom** 참조.

buy

buy는 어떤 것에 돈을 지불하고 얻다, 즉 '사다'라는 뜻이다. **buy**의 과거와 과거분사는 **buyed**가 아닌 **bought**이다.

USAGE

by

I'm going to *buy* everything that I need Today. 나는 오늘 필요한 모든 것을 살 계획이다.
He *bought* a first-class ticket. 그는 일등석 표를 샀다.

buy someone a drink는 다른 사람에게 술을 사주다라는 뜻이다.
Let me *buy* you a drink. 제가 당신에게 술을 한잔 사겠습니다.

ℹ️ 'pay' someone a drink라고 하지 않는다.

---

by

1 used in passives(수동태에 사용하기)

수동태 문장에서는 대부분 by를 사용한다. something is done/caused *by* a person or thing은 사람이나 사물이 무슨 일을 하거나 어떤 것의 원인이 되다라는 뜻이다.
This view has been challenged *by* a number of workers. 많은 노동자들이 이러한 견해에 이의를 제기했다.
I was surprised *by* his anger. 나는 그의 분노에 깜짝 놀랐다.
His best friend was killed *by* a bus. 그의 가장 친한 친구가 버스에 치여 죽었다.

-ed로 끝나는 단어는 형용사처럼 사용되어 행동보다는 상태를 나타내며, by가 항상 뒤따르는 것은 아니다. -ed로 끝나는 일부 단어 뒤에는 with나 in이 온다.
The room was *filled with* pleasant furniture. 그 방은 멋진 가구로 가득 차 있었다.
The walls of her flat are *covered in* dirt. 그녀의 아파트 벽은 먼지로 덮여 있다.

2 used with time expressions(시간 표현과 사용하기)

happen *by* a particular time은 어떤 일이 특정한 시간이나 그 이전에 일어나다라는 뜻이다.
I'll be home *by* seven o'clock. 나는 7시까지 집에 올 수 있다.
By 1940 the number had grown to 185 million. 1940년까지 수가 1억 8천 5백만으로 늘어났다.

ℹ️ 위와 같은 뜻의 by는 전치사로만 사용하는데, '내가 점심 식사를 마친 후에, 우리는 다시 출발해야 했다.'는 By I had finished my lunch, we had to start off again.이 아닌 By the time I had finished my lunch, we had to start off again.이라고 한다.
By the time I went to bed, I was absolutely exhausted. 나는 잠을 자러 갈 때쯤에 완전히 녹초가 되었다.

3 used to describe position(위치를 묘사할 때 사용하기)

사람이나 사물이 옆에 있다고 할 때, by를 사용할 수 있다.
I sat *by* her bed. 나는 그녀의 침대 옆에 앉았다.
She lives in a cottage *by* the sea. 그녀는 바닷가에 있는 집에서 살고 있다.

> 주의 town이나 city의 지명에는 by가 아닌 near를 사용하는데, '내 차의 기름이 떨어졌을 때, 나는 코번트리 근처에 있었다.'는 I was by Coventry when I ran out of petrol.이 아닌 I was *near* Coventry when I ran out of petrol.이라고 한다.
> Mandela was born *near* Elliotdale. 만델라는 엘리엇데일 근처에서 태어났다.

4 saying how something is done(어떤 일이 어떻게 일어났는지 말하기)

[by + 명사] 형식은 어떤 일이 어떻게 일어났는지를 말할 때 사용할 수 있다. 일반적으로 명사 앞에는 한정사가 오지 않는다.
The money will be paid *by credit card*. 돈은 신용카드로 지불될 것이다.
He sent the form *by email*. 그는 그 폼을 이메일로 보냈다.
I always go *by bus*. 나는 항상 버스를 타고 다닌다.

그러나 어떤 일이 특정한 도구나 물건을 사용하여 행해졌다고 할 경우에는 by가 아닌 with를 자주 사용한다. 이 경우에 with 뒤에 한정사가 온다.
Clean mirrors *with a mop*. 걸레로 거울을 닦으세요.
He brushed back his hair *with his hand*. 그는 머리카락을 손으로 빗어 넘겼다.

동사 **watch, look, see** 등을 사용한 경우, 보통 **through**를 사용하며, 동사 뒤에 한정사가 온다.

[**by** + **-ing**] 형식은 어떤 일이 어떻게 이루어졌는지를 말할 때 사용할 수 있다.

Make the sauce *by boiling* the cream and stock together in a pan.
크림과 육수를 같이 냄비에 넣고 끓여 소스를 만드세요.

We saved a lot of money *by booking* our holiday online.
우리는 휴가 여행을 온라인으로 예약해 많은 돈을 절약했다.

by far
○ Usage 표제어 **very** 참조.

C c

café – coffee

1 'café'

café[kæféi | kǽfei]는 음료를 마시고 가벼운 식사를 할 수 있는 장소, 즉 '카페'라는 뜻이다. 영국의 카페에서는 주류를 팔지 않으며, café를 자주 cafe로 표기한다.

Is there an internet *café* near here? 이 근방에 인터넷 카페가 있습니까?
They've opened a *cafe* in the main square. 그들은 시내 중심부에 카페를 오픈했다.

2 'coffee'

coffee[kɔ́(:)fi]는 뜨거운 음료이다.

Would you like a cup of *coffee*? 커피 한 잔 드시겠어요?

call

1 attracting attention(주의 끌기)

call은 일반적으로 누군가의 주의를 끌려고 큰 소리로 말하다라는 뜻이다.

'Edward!' she *called*. 'Edward! Lunch is ready!' "에드워드!"라고 그녀가 큰 소리로 불렀다. "에드워드! 점심이 준비됐어요."
I could hear a voice *calling* my name. 내 이름을 크게 부르는 한 목소리를 들을 수 있었다.
'Here's your drink,' Boylan *called* to him. "여기 당신이 마실 술이 있어요."라고 보일란이 그를 큰 소리로 불렀다.

2 telephoning(전화 걸기)

call은 사람이나 장소에 전화를 걸다라는 뜻도 있다.

Call me when you get home. 집에 도착하면 저에게 전화를 해주세요.
Greta *called* the office and complained. 그레타는 사무실에 전화해서 불만을 털어놓았다.

위와 같이 call을 사용하는 경우, call 다음에 to가 따라오지 않는다. 예를 들면, '나는 그의 런던 아파트로 전화를 했다.'는 I called to him at his London flat.이 아닌 I *called* him at his London flat.이라고 한다.

3 visiting(방문하기)

call on이나 call은 누군가가 방문하거나 물건을 배달하기 위해 잠깐 들르다라는 뜻이다.

He *had called on* Stephen at his London home. 그는 스티븐의 런던 집을 방문했다.
Goodnight. Do *call* again. 안녕히 가세요. 다시 방문해 주세요.
The nurse *calls* about 7 o'clock every morning. 그 간호사는 매일 아침 7시경에 방문한다.

 미국 영어에서는 위와 같은 뜻으로 call을 사용하지 않는다.

4 naming(이름 붙이기)

call은 우리가 특정한 사람 또는 물건의 이름을 지어 주거나 또는 부르다에 사용한다.

We decided to *call* our daughter Hannah. 우리는 우리 아들의 이름을 피터로 부르기로 결정했다.
'Pleased to meet you, Mr. Anderson.' – 'Please *call* me Mike.'
'만나 뵙게 되어 반갑습니다. 앤더슨 씨.' – '그냥 마이크라고 불러 주세요.'

사람 또는 사물을 특정 것으로 지칭할 때 사용하는데, 특히 이를 부정적으로 묘사할 때 사용한다.

He *called* the report unfair. 그는 그 리포트가 공정하지 못하다고 했다.

They *called* him a traitor. 그들은 그를 배신자로 규정했었다.

called – named

사람이나 사물의 이름을 말할 때, **called**나 **named**를 사용한다. **named**는 **called**보다 쓰임이 적으며, 일반적으로 회화에서는 사용하지 않는다.

Did you know a boy *called* Desmond? 당신은 데즈먼드라는 소년을 알고 있었습니까?
We pass through a town *called* Monmouth. 우리는 몬머스라는 도시를 지나가고 있다.
A man *named* Richardson confessed to the theft. 리처드라는 남자가 절도죄를 자백했다.

〔명사 · be동사 + called〕 형식을 사용할 수 있다.
She starred in a play *called* Katerina. 그녀는 'Katerina'라는 연극에 출연했었다.
The book was *called* The Goalkeeper's Revenge. 그것은 《The Goalkeeper's Revenge》라고 하는 책이었다.

명사 바로 뒤에는 **named**만을 사용한다.
The victim was an 18-year-old girl *named* Marinetta Jirkowski.
희생자는 마리네타 이르코스키라는 이름의 18세 소녀였다.

camp bed

○ Usage 표제어 **cot – crib – camp bed** 참조.

can – could – be able to

능력, 인식, 가능성을 말할 때, **can**, **could**, **be able to**를 사용한다. 허가를 얻을 때에도 이들 단어를 사용한다. 이들 단어의 용법은 각 표제어에서 개별적으로 다루며, **can**과 **could**를 조동사라고 한다.

○ Grammar 표제어 **Modals** 참조.

can과 **could**에는 모두 원형부정사가 뒤따라온다.
I envy people who can *sing*. 나는 노래를 부를 수 있는 사람들이 부럽다.
I could *work* for twelve hours a day. 나는 하루에 12시간 동안 일할 수 있었다.

1 negative forms(부정형)

can의 부정형은 **can not**이 아닌 **cannot**이나 **can't**이며, **could**의 부정형은 **could not**이나 **couldn't**이다. **be able to**의 부정형은 **be not able to**나 **be unable to**이다.

Many elderly people *cannot* afford telephones. 많은 노인들은 전화를 살 수 있는 여유가 없다.
I *can't* swim very well. 나는 수영을 하지 못한다.
It was so dark you *could not* see anything. 너무 어두워서 아무것도 볼 수 없다.
They *couldn't* sleep. 그들은 잠을 잘 수가 없었다.
We *were not able to* give any answers. 우리는 어떤 대답도 해줄 수 없었다.
We *were unable to* afford the entrance fee. 우리는 입장료를 낼 수 없었다.

2 ability: the present(능력: 현재)

어떤 일을 하는 사람의 능력을 말할 때, **can**, **could**, **be able to**를 사용한다. 현재 가지고 있는 능력을 나타낼 때에는 **can**이나 **be able to**를 사용하며, **be able to**가 **can**보다 더 격식을 차린 표현이다.

You *can* all read and write. 너희 모두는 글을 읽거나 쓸 수 있다.
The animals are able to move around, and they *can* all down. 동물들은 돌아다닐 수도 있고 모두 내려갈 수 있다.
Lisa nodded, *unable to* speak. 리사는 말을 잇지 못한 채 고개를 끄덕였다.

현재 가지고 있는 능력을 말할 때에도 **could**를 사용하지만 특별한 뜻이 있다. **could**의 다른 뜻은 어떤 일을 할 능력은 있으나 실제로는 하지 않는다는 뜻이다.

We *could* do a great deal more in this country to educate people.
우리는 이 나라에서 사람들을 교육하는 것을 아주 많이 할 수도 있었다.

can – could – be able to

USAGE

3 ability: the past(능력: 과거)

과거에 가졌던 능력을 말할 때, **could**나 **be able to**의 과거형을 사용한다.

He *could* run faster than anyone else. 그는 어느 누구보다도 더 빨리 달릴 수 있었다.
A lot of them *couldn't* read or write. 그들 다수가 글을 읽거나 쓸 수 없었다.
I *wasn't able to* do these quizzes. 나는 이 퀴즈들을 풀 능력이 없었다.

be able to do something은 보통 어떤 일을 할 능력이 있어서 그 일을 했다라는 뜻으로, **could**에는 이런 뜻이 없다.

After treatment he *was able to* return to work. 그는 치료 후에 직장으로 복귀할 수 있었다.
The farmers *were able to* pay the new wages. 농장주들은 새로 정한 임금을 지불할 수 있었다.

could have done something은 어떤 일을 할 능력이 있으나 실제로는 하지 않았다라는 뜻이다.

You *could have given* it all to me. 당신은 내게 그것 모두를 줄 수도 있었다.
You *could have been* a little bit tidier. 당신은 좀 더 깔끔하게 할 수도 있었다.

could not have done something은 어떤 일을 할 능력이 없어서 하지 못했다라는 뜻이다.

I *couldn't have gone* with you, because I was in London at the time.
나는 그때 런던에 있었기 때문에 당신과 같이 갈 수 없었다.

used to be able to do something은 과거에는 어떤 것을 할 능력이 있었지만 현재는 그 능력이 없다라는 뜻이다.

I *used to be able to* make it happen. 나는 그 일이 일어나게 할 수 있었다.
You *used to be able to* see the house from here. 당신은 여기에서 그 집을 볼 수 있었다.

4 ability: the future(능력: 미래)

미래에 갖게 될 능력을 나타낼 때, **be able to**의 미래형을 사용한다.

I *shall be able to* answer that question tomorrow. 나는 내일 그 질문에 대한 대답을 할 수 있을 것이다.

5 ability: report structures(능력: 전달문)

전달문에서는 **could**를 자주 사용한다. 예를 들면, 어떤 남자가 I can speak Arabic.(나는 아랍어를 할 수 있다.) 이라고 한 말을 누군가에게 전할 때는 보통 He said he *could* speak Arabic.(그는 아랍어를 할 수 있다고 말했다.)이라고 한다.

She said I *could* bring it back later. 그녀는 그것을 나중에 가져와도 된다고 말했다.

6 ability: 'be able to' after other verbs(능력: 다른 동사 뒤의 be able to)

might, should 등과 같은 조동사 뒤나, **want, hope, expect**와 같은 동사 뒤에 **be able to**를 사용한다.

I *might be able to* help you. 나는 당신을 도울 수 있을지도 모른다.
You *may be able to* get extra money. 당신은 부수입을 올릴 수 있을지도 모른다.
You *should be able to* see that from here. 당신은 그것을 여기에서 볼 수 있을 것이다.
She *would not be able to* go out alone. 그녀는 혼자서 외출할 능력이 없다.
Do you really *expect to be able to* do that? 당신은 진정으로 그 일을 할 수 있는 능력을 가졌다고 생각합니까?

can이나 **could**는 다른 동사 뒤에 사용하지 않는다.

7 'being able to'

(being + able to) 형식을 사용할 수 있다.

He liked *being able to* discuss politics with Veronica. 그는 그녀와 정치에 대해 토론할 능력을 가진 것을 즐겼다.

can이나 **could**에는 -ing형이 없다.

8 awareness(인식)

(**can · could** + 감각동사 **see · hear · smell** 등) 형식은 여러 감각 중에 하나의 감각을 통해 인식하다라는 뜻이다.

can – could – be able to

I *can smell* gas. 나는 가스 냄새를 맡을 수 있다.
I *can't see* her. 나는 그녀를 볼 수 없다.
I *could see* a few stars in the sky. 나는 하늘에 떠 있는 몇 개의 별을 볼 수 있었다.

 possibility: the present and the future(가능성: 현재와 미래)

현재나 미래에 일어날 가능성을 말할 때, **can**과 **could**를 사용한다. 어떤 것이 사실이거나 사실일 가능성이 있다고 할 때는 **could**를 사용한다.

Don't eat it. It *could* be a toadstool. 그것을 먹지 마세요. 독버섯일 수도 있어요.
He was jailed in February and *could* be released next year.
그는 2월에 수감되어서 다음 해에 풀려났을 가능성이 있다.

might와 **may**는 **could**와 비슷한 형식으로 사용할 수 있다.

It *might* be a trap. 그것은 함정일 수도 있다.
Kathy's career *may* be ruined. 캐시의 경력이 망가질 수가 있다.

◐ Usage 표제어 might – may 참조.

> 주의 어떤 것이 사실이 아닐 가능성이 있다고 할 때는 **could not**이 아닌 **might not**이나 **may not**을 사용한다.
> It *might not* be possible. 그것은 가능하지 않을 수도 있다.
> It *may not* be easy. 그것은 쉽지 않을 수도 있다.

불가능한 사실을 말할 때, **cannot**이나 **could not**을 사용한다.

You *cannot* possibly know what damage you caused.
당신의 행동이 어떤 피해를 초래했는지를 아는 것은 불가능한 일이다.
It *couldn't* possibly be true. 그것이 사실일 가능성은 없다.

어떤 일이 때때로 가능할 수도 있다고 할 때, **can**을 사용한다.

Sudden changes *can* sometimes have a negative effect.
갑작스러운 변경들은 때때로 부정적인 효과를 낼 가능성이 있다.

 possibility: the past(가능성: 과거)

(**could have** + 과거분사) 형식은 과거에 어떤 일이 사실이었을 가능성이 있다라는 뜻에 사용한다.
He *could have* been in the house on his own.
그가 혼자 힘으로 그의 집에 돌아왔을 가능성도 있었다.

might have와 **may have**는 **could have**와 비슷한 형식으로 사용할 수 있다.

She *might have* found the information online. 그녀는 그것을 온라인에서 얻었을 수도 있다.
It *may have* been a dead bird. 그것은 죽은 새였을 수도 있다.

(**could have** + 과거분사) 형식은 어떤 일이 과거에 일어날 수 있었으나 실제로는 일어나지 않았다라는 뜻에도 사용한다.
It *could have* been worse. 더 악화될 수도 있었다.
He *could have* made a fortune as a lawyer. 그는 변호사로 많은 돈을 벌 수도 있었다.

> 주의 어떤 일이 사실이 아니었을 가능성이 있다고 할 때는 **could not have**가 아닌 **might not have**나 **may not have**를 사용한다.
> She *mightn't have* known what the password. 그녀는 그 암호를 알지 못했을 수도 있다.

(**could not have** + 과거분사) 형식은 어떤 일이 사실이었다는 것이 불가능하다고 할 때 사용한다.
The decision *couldn't have* been easy. 그 결정을 쉽게 내리는 것은 거의 불가능한 일이었다.
The man *couldn't have* seen us at all. 그 사람이 우리를 만나지 않았다는 것은 전혀 불가능한 일이다.

cancel

USAGE

11 permission (허락)

누군가가 어떤 일을 하도록 허락을 받다라고 할 때, **can**이나 **could**를 사용한다.

You *can* take out money at any cash machine. 모든 현금 지급기에서 돈을 인출할 수 있다.
He *could* come and use my computer. 그가 여기에 와서, 나의 컴퓨터를 사용해도 된다.

어떤 일을 허락하지 않거나 허락하지 않았다고 할 때, **cannot**과 **could not**을 사용한다.

You *can't* bring children in here. 당신은 여기에 어린이들을 데려와서는 안 된다.
Her parents said she *couldn't* go out during the week. 그녀 부모는 그녀가 주중에 외출할 수 없다고 말했다.

○ Topic 표제어 Permission 참조.

cancel

○ Usage 표제어 delay – cancel – postpone 참조.

candy

○ Usage 표제어 sweets – candy 참조.

cannot

○ Usage 표제어 can – could – be able to 참조.

capability

○ Usage 표제어 ability – capability – capacity 참조.

capacity

○ Usage 표제어 ability – capability – capacity 참조.

car

○ Usage 표제어 carriage– car 참조.

care

1 'care'

care는 어떤 일이 매우 중요하거나 흥미가 있다고 생각하여 그 일에 관심이 있다라는 뜻이다.

All he *cares* about is birds. 그의 모든 관심사는 오직 새들을 돌보는 것이다.
I'm too old to *care* what I look like. 외모에 신경 쓰기에는 나는 나이가 너무 많다.

어떤 일이 중요하지 않다라는 뜻에도 **care**를 사용한다.

She couldn't *care* less what they thought. 그녀는 그들이 생각한 것에 관심을 두지 않을 수 없었다.
Who *cares* where she is? 그녀가 어디 있는지 누가 관심을 갖겠는가?

2 'care for'

care for people/animals는 사람이나 동물을 돌보다라는 뜻이다.

The course teaches nursing students how to *care for* children.
그 코스는 간호과 학생들에게 어린이들을 돌보는 방법을 가르치고 있다.
With so many new animals to *care for*, larger premises were needed.
매우 많은 새로운 동물을 돌봐야 하기 때문에 더 넓은 부지가 필요했다.

careful – careless – carefree

3 'take care'

take care of나 take good care of는 사람이나 사물을 돌보다라는 뜻이다.
We attended classes to learn how to *take care of* our baby.
우리는 우리 갓난아이를 돌보는 방법을 가르치는 강의를 들었다.
He *takes good care of* my goats. 그는 내 염소들을 잘 돌보고 있다.

*take care about*이나 *take a good care of*라고 하지 않는다.

take care of는 어떤 일이나 상황을 처리하다라는 뜻도 있다.
There was business to be *taken care of*. 처리할 업무가 있었다.
If you'd prefer, they can *take care of* their own breakfast. 당신이 원한다면, 그들 스스로 아침 식사를 해결할 수 있다.

어떤 것을 조심하라고 말할 경우에는 take care를 사용한다.
Take care what you tell him. 그에게 조심해서 말하세요.
Take great care not to spill the mixture. 그 혼합물을 엎지르지 않도록 각별히 조심하세요.

take care와 take care of yourself는 헤어질 때 하는 인사로 쓰이기도 한다.
'Night, night, Mr Beamish,' called Chloe. '*Take care*.'
"안녕, 잘 자요, 비미시 씨."라고 클로에가 큰 소리로 말했다. "잘 가요."

careful – careless – carefree

1 'careful'

careful은 어떤 일을 상당히 주의를 집중해서 하다, 즉 '주의 깊게'라는 뜻이다.
She told me to be *careful* with the lawnmower. 그녀는 내게 잔디 깎는 기계를 조심해서 다루라고 말했다.
He had to be *careful* about what he said. 그는 자신이 한 말에 신중했어야 했다.
This law will encourage more *careful* driving. 이 법은 더 신중한 자동차 운전을 장려할 것이다.

2 'careless'

careless는 충분히 주의를 집중하지 않아서 일을 서투르게 하다, 즉 '부주의한'이라는 뜻이다. 또한 careless는 careful의 반대말이기도 하다.
I had been *careless* and let him wander off on his own.
내가 조심스럽지 못했기에 그가 혼자서 돌아다니도록 놔두었다.
They knew they had been *careless* with their health.
그들은 그들의 어린이들의 건강에 관심을 두지 않아 왔다는 것을 알고 있었다.

3 'carefree'

carefree는 근심 걱정이 없어서 인생을 즐길 수 있다, 즉 '태평한'이라는 뜻이다.
When he was younger, he was *carefree*. 그가 더 젊었을 때는 근심 걱정이 없었다.
...his normally *carefree* attitude. 평상시 그의 태평한 태도.

carriage – car

1 'carriage'

carriage는 기관차로 움직이는 차량을 가리킬 때 사용하는 여러 명사 중의 하나이다.

영국 영어에서 carriage는 승객을 나르는 기관차에 달린 '객차 한 량'을 뜻한다.
The man crossed the *carriage* to where I was sitting. 그 사람은 객차를 가로질러 내가 앉아 있는 곳으로 왔다.

2 'car'

 미국 영어에서는 carriage를 cars라고 한다.

carry – take

영국 영어에서 car는 철도 객차의 특별한 용도에 사용한다. 예를 들면, **dining car**(식당차), **restaurant car**(식당차), **sleeping car**(침대차) 등이 있다. 이들 용어는 더 이상 공식적으로는 사용하지 않지만 회화에서는 여전히 사용하고 있다.

carry – take

1 'carry' and 'take'

한 곳에서 다른 곳으로 사람이나 사물을 옮길 때, 보통 carry나 take를 사용한다.

He picked up his suitcase and *carried* it into the bedroom.
그는 여행 가방을 집어 들은 후 침실로 가져갔다.
My father *carried* us on his shoulders. 아버지는 어깨 위에 우리를 메고 갔다.
She gave me some books to *take* home. 그녀는 내게 집으로 가져갈 책을 몇 권 주었다.

2 transport (나르다)

be carrying goods는 배, 기차, 대형 트럭 등이 특정한 종류의 상품을 실어 나르다라는 뜻이다. 마찬가지로, *be carrying* passengers는 비행기, 배, 기차, 버스 등이 승객을 실어 나르다라는 뜻이다.

We passed tankers *carrying* crude oil. 우리는 원유를 실어 나르는 유조선을 지나쳐 갔다.
The aircraft was *carrying* 145 passengers and crew.
그 비행기는 145명의 승객과 승무원을 실어 나르고 있었다.

take는 carry와 비슷한 용법으로 쓸 수 있지만 어딘가로 사람이나 사물을 가져가다라는 뜻에만 사용한다. 예를 들면 '그 배는 원유를 싣고 로테르담으로 가던 중이었다.'는 ~~The ship was taking crude oil~~.이 아닌 The ship *was taking* crude oil *to Rotterdam*.이라고 한다.

This is the first of several aircraft planned to *take* British aid *to the area*.
이것은 영국의 구호물자를 그 지역에 원조할 계획인 여러 대의 비행기 중 첫 번째 비행기이다.

자동차와 같은 작은 탈것이 사람을 어디로 데려가다라는 뜻에도 take를 사용한다.
The taxi *took* him back to Victoria. 그는 택시를 타고 빅토리아로 돌아갔다.

ℹ️ a small vehicle 'carries' someone somewhere라고 하지 않는다.

case

1 'in case'

특정한 일에 대비하여 어떤 것을 갖고 있거나 무슨 일을 한다고 할 때, **in case**나 **just in case**를 사용한다.

I've got the key *in case* we want to go inside. 우리가 그 안에 들어갈 경우를 대비해서 나는 열쇠를 갖고 있다.
We tend not to go too far from the office, *just in case* we're needed.
우리가 필요한 경우에 대비해 우리는 다시 사무실로 돌아올 수 없게 만드는 폭탄 위협이 있을 것에 대비하여, 사무실에서 너무 멀리 떨어진 곳에는 가지 않으려는 경향이 있다.

> **주의** in case나 just in case 뒤에는 will이나 shall이 아닌 단순시제 또는 should를 사용한다.
>
> 어떤 결과로 다른 일이 일어날 것이라고 할 때는 in case나 just in case가 아닌 if를 사용한다. 예를 들면, '그가 부탁을 하면 나는 갈 것이다.'는 ~~I will go in case he asks me.~~가 아닌 I will go *if* he asks me.라고 한다.
> He'll qualify this year *if* he gets through his exams. 만약 그가 시험에 합격한다면 올해 자격을 얻게 될 것이다.

2 'in that case'

앞서 언급한 상황을 가리킬 때와 그 상황의 결과인 진술이나 제안을 제시할 때, **in that case**나 **in which case**를 사용한다.

'The bar is closed,' the waiter said. '*In that case*,' McFee said, 'allow me to invite you back to my flat for a drink.'
술집 웨이터가 "영업이 끝났어요."라고 말하자, "그렇다면 당신을 초대해서 내 아파트로 가서 술 한잔하고 싶어요."라고 맥피가 말했다.
I greatly enjoy these meetings unless I have to make a speech, *in which case* I'm in a state of

dreadful anxiety.
연설을 하지 않아도 된다면 나는 이러한 모임이 대단히 즐거우나, 연설을 하게 되면 나는 두려울 정도로 불안하다.

3 'in this respect'

어떤 것의 특정한 관점을 가리킬 때는 in this case가 아닌 in this respect를 사용한다. 예를 들면, '내 친구들 대부분이 직장을 잃었으나, 나는 이 점에 있어서는 아주 행운이었다.'는 ~~Most of my friends lost their jobs, but I was very lucky in this case~~.가 아닌 Most of my friends lost their jobs, but I was very lucky *in this respect*.라고 한다.

The children are not unintelligent – in fact, they seem quite normal *in this respect*.
어린아이들은 영리하다. 실제로, 이 점에 있어서 아이들은 지극히 정상인 것처럼 보인다.
But most of all, there is the value of the brand. *In this respect*, Manchester United.
그러니 무엇보다도 그 브랜드의 가치가 있다는 점에 있어서, 맨체스터 유나이티드는 특별하다,

cast

cast는 특정한 방향으로 '바라보다'라는 뜻이다.
Carmody *casts* an uneasy glance at Howard. 카모디는 하워드를 걱정스러운 눈길로 바라본다.
Out came Max, *casting* suspicious glances from side to side.
의심스러운 눈으로 좌우를 쳐다보면서 맥스가 등장했었다.

ℹ️ 동사 cast에는 여러 가지 뜻이 있다. cast의 과거와 과거분사는 casted가 아닌 cast이다.

He *cast* a quick glance at his friend. 그는 재빨리 자기 친구를 쳐다보았다.
He *cast* his mind back over the day. 그는 하루 만에 마음을 되돌렸다.
He *had cast* doubt on our traditional beliefs. 그는 우리의 전통적인 믿음에 의구심을 가졌다.
Will *had cast* his vote for the President. 윌은 그 대통령에게 표를 던졌었다.

casualty

○ Usage 표제어 victim 참조.

cause

1 used as a noun (명사로 사용하기)

the *cause of* an event는 어떤 일을 일어나게 하는 것, 즉 '원인'이라는 뜻이다.
Nobody knew the *cause of* the explosion. 폭발의 원인에 대해 아무도 알지 못했다.
He thought he had discovered the *cause of* her sadness.
그는 그가 그녀의 슬픔의 원인을 발견했다고 생각했었다.

ℹ️ cause 뒤에 for가 아닌 of를 사용한다.

명사 cause는 because of나 due to와 함께 사용하지 않는다. 예를 들면, '그 화재의 원인은 아마 버려진 담배 때문이었을 것이다.'는 ~~The cause of the fire was probably due to a dropped cigarette~~.이 아닌 The cause of the fire *was* probably a dropped cigarette.이라고 한다.

The report said the main cause of the disaster *was* the failure to secure doors properly.
그 보고서는 참사의 주된 원인이 문들을 잘 잠그지 않은 것 때문이라고 했다.
The cause of the symptoms *appears to be* inability to digest gluten.
그러한 증상의 원인은 글루텐을 소화할 수 있는 능력이 없기 때문인 것으로 보인다.

2 used as a verb (동사로 사용하기)

동사 cause는 어떤 일을 일어나게 하다라는 뜻이다.
We have a good idea what *causes* an earthquake. 우리는 지진을 일으키는 원인이 무엇인지 잘 알고 있다.
Any acute infection can *cause* headaches. 어떤 급성 감염이라도 두통을 일으키는 원인이 될 수 있다.

certain – sure

USAGE

something *causes someone to do* something은 어떤 일이 무언가를 하게 만든 원인이다라는 뜻이다.
A blow to the head *had caused him to lose* consciousness. 머리에 가해진 타격으로 그는 의식을 잃었다.
The experience *had caused her to be* distrustful of people. 그 일로 인해 그녀는 사람들을 불신하게 되었다.

🛈 something 'causes that someone does' something이라고 하지 않는다.

---

certain – sure

1 having no doubts(전혀 의심하지 않기)

certain이나 sure는 어떤 일에 대해 전혀 의심하지 않다, 즉 '확신하다'라는 뜻이다.
He felt *certain* that she would disapprove. 그는 그녀가 찬성하지 않을 것이라고 확신했다.
I'm *sure* she's right. 나는 그녀가 옳다고 확신한다.

2 definite truths(확실한 사실)

어떤 일이 틀림없이 사실이라고 할 경우, certain을 사용한다. it is *certain* that something will happen은 어떤 일이 틀림없이 일어날 것이다라는 뜻이다.
It is *certain* that he did not ask for the original of the portrait.
그가 초상화의 원본을 요청했던 것이 아니라는 것은 확실하다.
It seemed *certain* that they would succeed. 그들이 성공할 것 같아 보였다.

🛈 it is 'sure' that something is true/will happen이라고 하지 않는다.

3 'be certain to' and 'be sure to'

어떤 일이 틀림없이 사실이다라는 뜻에 사용하는 be certain that절 대신 be certain to나 be sure to를 쓰기도 한다.
I'm waiting for Cynthia. She*'s certain to be* late. 나는 신시아를 기다리고 있는데, 그녀는 틀림없이 늦을 것이다.
The growth in demand *is certain to drive up* the price. 수요가 증가함에 따라 가격이 올라갈 것은 확실하다.
These fears *are sure to go away* as the baby gets older. 이러한 공포심은 아기가 점점 자라면서 확실히 사라진다.
The telephone stopped ringing. 'It*'s sure to ring* again,' Sarah said.
전화벨 소리가 그쳤다. 사라는 "틀림없이 전화가 다시 올 거야."라고 말했다.

어떤 일이 틀림없이 일어날 수 있다라는 뜻에 (be certain that + 주어 + will be able to do) 형식 대신 can(could) be certain of나 be sure of 뒤에 동명사를 사용한다.
I chose to go private so I *could be certain of* having the best care possible.
나는 가능한 한 최고의 간호를 확실히 받기 위해 사립 병원에 가기로 했다.
You *can always be sure of* controlling one thing – the strength with which you hit the ball.
당신은 공을 치는 힘 한 가지는 항상 확실하게 통제할 수 있다.

4 emphasis(강조)

certain이나 sure 앞에 very나 extremely와 같은 단어를 사용하지 않는다. 누군가가 전혀 의심을 하지 않거나 어떤 것이 사실이라는 것을 강조할 때, absolutely와 completely와 같은 단어를 사용한다.
We are not yet *absolutely certain* that this report is true.
우리는 이 보고서가 사실이라는 것에 대해 아직 절대적으로 확신하지 않는다.
Whether it was directed at Eddie or me, I couldn't be *completely certain*.
그것이 에디에게 보낸 것인지 나에게 보낸 것인지 나는 그것에 대해 확신할 수 없었다.
Can you be *absolutely sure* that a murder has been committed?
당신은 살인이 일어났다고 절대적으로 확신할 수 있습니까?
She felt *completely sure* that she was pregnant. 그녀는 자신이 임신을 했다고 확신했다.

5 negative structures(부정적 구조)

부정문에서 certain보다 sure를 사용한다.
'Are you going to the party tonight?' – 'I'm not *sure*. Are you?'
"오늘 저녁 파티에 갑니까?" – "확실치 않아요. 당신은요?"

certainly

1 emphasizing and agreeing (강조하기와 동의하기)

자신이 말하려는 내용을 강조할 때 **certainly**를 사용하며, 특히 무언가가 사실이라는 것에 전적으로 동의하거나 확인할 때 주로 사용한다.

It *certainly* looks wonderful, doesn't it? 그것은 확실히 멋져 보여요, 그렇죠?
Ellie was *certainly* a student at the university but I'm not sure about her brother.
엘리는 확실히 그 대학의 학생이었지만, 그녀의 남동생에 관해서는 확실하지 않다.

> 주의 certainly와 surely를 혼동해서는 안 된다. 어떤 일에 동의하지 않거나 놀라움을 나타낼 때, **surely**를 사용한다.
> *Surely* you care about what happens to her. 확실히 당신은 그녀에게 일어나는 일에 관심이 있다.

 영국 영어와 미국 영어에서는 상대방의 요청이나 의견에 동의할 때, **certainly**를 사용한다.
'Do you see this as a good result?' – 'Oh, *certainly*.' "이것이 좋은 결과라고 봅니까?" – "아, 맞아요."

미국 영어에서는 위와 같은 용법으로 **surely**를 사용한다.
'Can I have a drink?' – 'Why, *surely*.' "한잔 마실 수 있습니까?" – "예, 그렇게 하세요."

2 position in sentence (문장에서의 위치)

certainly는 일반적으로 동사를 수식한다.

- 조동사가 없는 경우, be동사를 제외한 동사 앞에 **certainly**가 온다.
  It *certainly gave* some of her visitors a fright. 그것이 그녀의 방문객 일부에게 공포심을 준 것이 확실했다.

- 동사가 be동사일 경우, **certainly**는 be동사 앞이나 뒤에 사용할 수 있지만 일반적으로 be동사 뒤에 온다.
  That *certainly isn't* true. 그것은 확실히 사실이 아니다.

- 조동사가 있는 경우, **certainly**는 일반적으로 조동사 뒤에 온다.
  He decided he'*d certainly proved* his point. 그는 자신의 요점을 확실하게 증명하기로 결심했다.

- 조동사가 한 개 이상일 경우, **certainly**는 보통 첫 번째 조동사 앞이나 뒤에 올 수 있다.
  He *will certainly be able* to offer you advice. 그는 확실히 당신에게 충고를 해줄 수 있을 것이다.
  The roadway *certainly could be widened*. 그 도로는 확실히 확장될 수 있다.

- 본동사 없이 조동사를 사용하는 경우, 조동사 앞에 **certainly**가 온다.
  'I don't know whether I've succeeded or not.' – 'Oh, you *certainly have*.'
  "나는 내가 성공했는지 실패했는지 모르겠어요." – "아, 당신은 확실히 성공했어요."

- **certainly**는 문장의 앞에 오기도 한다.
  Certainly it was not the act of a sane man. 틀림없이 그 일은 제정신인 사람이 한 행동이 아니었다.

3 'almost certainly'

almost certainly는 어떤 것이 사실이라고 생각하지만 확신하지는 못한다는 뜻이다.
She will *almost certainly* be left with some brain damage. 그녀는 뇌 손상이 약간 남아 있음이 거의 확실할 것이다.

🔒 certainly의 앞에는 nearly가 오지 않는다.

◯ 그 밖의 어떤 일에 대한 확실함을 나타내는 단어의 분류 목록은 Grammar 표제어 Adverbs and adverbials 참조.

---

chair – chairperson – chairman – chairwoman

1 'chairperson' and 'chair'

회의나 조직을 맡고 있는 사람을 때때로 **chairperson**이나 **chair**라고도 하는데, 남녀 모두 지칭한다.

chance

USAGE

This is Ruth Michaels, *chairperson* of the Women Returners' Network.
이분은 여성 재향 군인 네트워크의 의장인 루스 마이클스 여사이시다.
You should address your remarks to the *chair*. 당신의 견해를 의장에게 제시해야 한다.

2 'chairman'

chairman은 회의나 토론을 책임지고 있는 사람, 즉 '의장'이라는 뜻이다.
The vicar, full of apologies, took his seat as *chairman*. 그 교구 목사는 깊이 사과를 하면서 의장 자리에 앉았다.

한 조직의 남자 책임자를 자주 chairman이라고 한다.
Sir John Hill, *chairman* of the Atomic Energy Authority, gave the opening speech.
원자력 에너지 공사의 회장인 존 힐 경이 개막 연설을 했다.

3 'chairwoman'

과거에는 성별을 불문하고 chairman을 사용했으나, 현재는 여성을 가리킬 때는 사용하지 않는다. 때때로 어떤 회의나 조직을 맡고 있는 여성을 chairwoman이라고 한다.
Margaret Downes is this year's *chairwoman* of the Irish Institute.
마거릿 다운스는 올해의 아일랜드 연구소의 의장이다.
Siobhan was a BBC radio journalist, and *chairwoman* of the Scottish Ballet.
시오반은 BBC 라디오 저널리스트이자 스코틀랜드 발레단의 회장이었다.

chance

1 'chance'

there is *a chance that it will happen/a chance of it happening*은 어떤 일이 일어날 가능성이 있다라는 뜻이다.
There is *a chance that I will have to stay longer*. 내가 그곳에 더 체류해야 할 가능성이 있다.
If we play well there is *a chance of winning 5-0*. 우리가 경기를 잘하면 5 대 0으로 이길 승산이 있다.

there is *a good chance*는 어떤 것이 일어날 가능성이 아주 높다라는 뜻이다.
There was *a good chance* that I would be discovered. 내가 그곳에서 발견될 확률이 아주 높았다.
We've got *a good chance* of winning. 우리는 이길 가능성이 아주 높다.

there is *little chance*는 어떤 것이 일어날 것 같지 않다라는 뜻이며, there is *no chance*는 어떤 일이 일어날 가능성이 전혀 없다라는 뜻이다.
There's *little chance* that the situation will improve. 그 상황이 좋아질 가능성은 거의 없다.
There's *no chance* of going home. 집으로 돌아갈 가능성은 전혀 없다.

someone has *the chance to do* it은 누군가가 특정한 때에 어떤 일을 할 수 있다라는 뜻이다.
You will be given *the chance to ask* questions. 질문을 할 수 있는 기회가 당신에게 주어질 것이다.
Visitors have *the chance to win* an iPad. 방문객들에게는 아이패드를 얻을 수 있는 기회가 주어진다.

2 'by chance'

by chance는 어떤 일이 계획 없이 우연히 일어나다라는 뜻이다.
Many years later he met her *by chance* at a dinner party.
수년이 지난 후, 그는 그녀를 어느 만찬에서 우연히 만났다.

3 'luck'

어떤 일이 좋은지 나쁜지에 대한 언급 없이 우연히 일어나는 일에 by chance를 사용하지만, 계획하지 않은 우연히 생긴 좋은 일에는 luck을 사용한다.
I couldn't believe my *luck*. 나는 내 행운을 믿을 수가 없었다.
Good *luck*! 행운을 빕니다.

charge

○ Usage 표제어 accuse – charge 참조.

cheap – cheaply

1 'cheap' as an adjective(형용사로의 cheap)

cheap은 같은 형태의 다른 물건이나 서비스에 비해 값이 덜 들다, 즉 '값이 싼'이라는 뜻이다.

...*cheap* red wine. 값이 싼 적포도주.
...*cheap* plastic buckets. 값이 싼 플라스틱 물통들.
A solid fuel cooker is *cheap* to run. 고체 연료 요리 기구는 작동 비용이 적게 든다.

2 'cheap' as an adverb(부사로의 cheap)

회화에서 cheap은 물건을 사고 팔거나 물건을 빌리는 것을 나타내는 동사와 함께 부사로도 사용할 수 있다.

I thought you got it very *cheap*. 내 생각에 당신은 그것을 아주 싼값에 구입한 것 같다.
You can hire ski boots pretty *cheap*. 당신은 스키 부츠를 아주 싼값에 빌릴 수 있다.

3 'cheaply'

물건을 사고 팔거나 물건을 빌리는 것을 나타내는 동사를 제외한 다른 동사에는 cheaply를 사용한다.

You can play golf comparatively *cheaply*. 당신은 비교적 싸게 골프를 칠 수 있다.
In fact you can travel just as *cheaply* by British Airways.
사실 당신은 영국 항공을 이용하여 똑같이 값싸게 여행을 할 수 있다.

4 'low'

임금(wage), 비용(cost), 지불액(payment) 등에는 cheap이 아닌 low를 사용한다.

If your family has a *low* income, you can apply for a student grant.
당신 가족의 수입이 적으면, 학생 보조금 신청이 가능하다.
...tasty meals at a fairly *low* cost. 꽤 저렴한 가격의 맛있는 식사.

check

○ Usage 표제어 cheque – check와 bill – check – account 참조.

checkroom

○ Usage 표제어 cloakroom – checkroom 참조.

cheerful

○ Usage 표제어 glad 참조.

cheers

1 before drinking

술을 마시기 전에 '건배' 또는 '위하여'라는 뜻으로 cheers를 자주 사용한다.

I took a chair, poured myself a small drink and said '*Cheers*!'.
나는 자리에 앉아서 작은 잔에 술을 따른 후, "건배"라고 말했다.
Cheers, Helen. Drink up. 헬렌, 건배. 마셔요.

2 thanking someone

일부 영국 사람들은 '감사합니다.' 또는 '안녕히 가세요.'라는 뜻을 나타내는 표현으로 cheers를 사용하기도 한다.

chef – chief

'Here you are.' – 'Oh, <u>cheers</u>. Thanks.' "여기 있어요." – "아, 고마워요."
'Thanks for ringing.' – 'OK, <u>cheers</u>.' – 'Bye bye.' – '<u>Cheers</u>.'
"전화해 줘서 고마워요." – "네, 고마워요." – "안녕." – "안녕히 가세요."

chef – chief

1 'chef'

chef [ʃef] 는 호텔이나 식당의 '요리사'라는 뜻이다.
Her recipe was passed on to the <u>chef</u>. 그녀의 요리법은 그 요리사에게 전수되었다.
He works as a <u>chef</u> in a large Paris hotel. 그는 파리의 큰 호텔의 주방장으로 일하고 있다.

2 'chief'

chief [tʃiːf] 는 그룹이나 단체의 '지도자'라는 뜻이다.
The police <u>chief</u> has resigned. 그 경찰청장이 사임했다.
I spoke to Jim Stretton, <u>chief</u> of UK operations. 영국 작전 본부의 소장인 짐 스트레튼과 대화했었다.

chemist – pharmacist

1 'chemist' and 'pharmacist'

영국 영어에서 chemist 또는 pharmacist는 약을 조제하고 판매하는 자격이 있는 사람, 즉 '약사'라는 뜻이다.
...the pills the <u>chemist</u> had given him. 약사가 그에게 준 알약들.
You can ask the <u>pharmacist</u> for advice on common illnesses.
당신은 약사에게 일반적인 질병 치료에 대해 문의할 수 있다.

 미국 영어에서는 chemist를 보통 pharmacist라고 한다.
The boy was eighteen, the son of the <u>pharmacist</u> at the Amity Pharmacy.
그 소년은 18세였으며 아미티 파머시의 약사의 아들이었다.

2 another meaning of 'chemist' (chemist의 다른 뜻)

영국 영어와 미국 영어 모두에서 chemist는 화학을 연구하거나 화학 연구와 관련된 일을 하는 사람, 즉 '화학자'라는 뜻이다.
...a research <u>chemist</u>. 화학 연구원.

chemist's – drugstore – pharmacy

1 'chemist's'

영국에서 chemist's나 chemist는 약, 화장품, 일부 가정용품을 살 수 있는 가게라는 뜻이다.
She bought a couple of bottles of vitamin tablets at the <u>chemist's</u>.
그녀는 약국에서 두 병의 비타민 정제를 샀다.
He bought the perfume at the <u>chemist</u> in St James's Arcade.
그는 성(聖) 제임스 아케이드에 있는 약국에서 그 향수를 샀다.

2 'drugstore'

 미국에서는 약과 화장품을 살 수 있는 가게를 drugstore라고 하며, 일부 drugstore에서는 간단한 식사나 스낵을 팔기도 한다.

3 'pharmacy'

pharmacy는 처방약을 살 수 있는 약국이나 슈퍼마켓 또는 다른 상점 내에 있는 장소를 뜻한다.
Check in the <u>pharmacy</u> section of the drugstore. 그 약국의 조제실에 문의해 보세요.

영국에서는 chemist's를 공식적으로 pharmacy라고도 한다.

chief

○ Usage 표제어 chef – chief 참조.

childish – childlike

1 'childish'

childish는 누군가의 행동이 '유치한'이라는 뜻이다.

We were shocked by Josephine's selfish and _childish_ behaviour.
우리는 페니의 이기적이고 유치한 행동에 쇼크를 받았다.
Don't be so _childish_. 너무 유치하게 굴지 마라.

2 'childlike'

어떤 사람의 목소리나 모습이 어린아이 같을 경우, childlike라고 묘사한다.

Her voice was fresh and _childlike_. 그녀의 목소리는 생기 넘치고 어린아이 같았다.
'That's amazing!' he cried with _childlike_ enthusiasm.
'그것이 아주 멋져요!' 하고 그녀는 어린아이 같은 열망으로 소리 질렀다.

chips

 영국 영어에서 chips는 기름에 튀긴 길고 얇게 썬 감자 조각들, 즉 '감자튀김'이라는 뜻이다. 미국 영어에서는 감자튀김을 fries나 french fries라고 한다.

We had fish and _chips_ for dinner. 우리는 생선과 감자튀김으로 점심을 먹었다.
They go out to a place near the Capitol for a steak and _fries_.
그들은 스테이크와 감자튀김을 먹으러 국회 의사당 근처의 장소로 나간다.

 미국 영어에서 chips나 potato chips는 딱딱하고 아삭아삭하게 튀긴 아주 얇게 썬 감자 조각을 뜻한다. 영국 영어에서는 감자튀김을 crisps라고 한다.

She ate a large bag of _potato chips_. 우리는 감자튀김 한 봉지를 먹었다.
I bought a packet of _crisps_ and a drink. 나는 감자튀김 한 통을 샀다.

choose

choose는 누군가가 여러 사람들 중에서 원하는 사람이나 사물을 결정하다, 즉 '선택하다'라는 뜻이다.

Why did he _choose_ these particular places? 그는 왜 이런 특별한 장소들을 선택했습니까?

choose의 과거는 choosed가 아닌 chose이고, 과거분사는 chosen이다.

I _chose_ a yellow dress. 나는 노란색 드레스를 골랐다.
Miles Davis _was chosen_ as the principal soloist on both works.
마일스 데이비스가 두 작품의 수석 독주자로 선정되었다.

1 'pick' and 'select'

pick와 select는 choose와 뜻이 매우 비슷하다. select는 choose나 pick보다 더 격식을 차린 표현으로 일반적으로 회화에서는 사용하지 않는다.

Next time let's _pick_ somebody who can fight. 다음번에는 싸울 수 있는 사람을 뽑자.
They _select_ books that seem to them important. 그들은 자신들에게 중요해 보이는 책을 고른다.

2 'appoint'

appoint는 누군가를 어떤 일이나 공직에 공식적으로 택하다, 즉 '임명하다'라는 뜻이다.

It made sense to _appoint_ a banker to this job. 그 직책에 은행가를 임명하는 것은 이치에 맞았다.
The Prime Minister _has appointed_ a civilian as defence minister. 총리는 한 민간인을 국방부 장관에 임명하였다.

Christian name – first name – forename – given name

3 'choose to'

choose to do something은 누군가가 어떤 것을 원하거나 옳다고 생각하여 하기를 원한다라는 뜻이다.

Some women *choose to manage* on their own. 일부 여성은 혼자 힘으로 해나가기를 원한다.
The majority of people do not *choose to be* a single parent. 대부분의 사람들은 편부모가 되고 싶어하지 않는다.
The way we *choose to bring up* children is vitally important.
우리가 아이들을 가르치길 원하는 방법은 매우 중요한 일이다.

'pick to do' something/'select to do' something이라고 하지 않는다.

Christian name – first name – forename – given name

1 'Christian name'

영국 영어에서 Christian name은 태어날 때나 세례를 받을 때 지어준 이름, 즉 '세례명'이라는 뜻이지만, 주로 first name을 사용한다.

Do all students call you by your *Christian name*? 모든 학생들이 당신을 세례명으로 부릅니까?

2 'first name'

 미국 영어에서는 Christian name을 사용하지 않고 first name(이름)을 사용한다. 기독교인이 아닌 영국 사람들도 first name을 사용한다.

At some point in the conversation Brian had begun calling Philip by his *first name*.
대화가 진행된 어느 시점부터 브라이언은 그의 이름인 필립으로 불리기 시작했다.

3 'forename'

일반적으로 공식 문서에서 성은 surname을, 이름은 first name이나 forename이라고 하며, forename은 글에서만 사용한다.

4 'given name'

 미국 영어에서는 때때로 first name이나 forename 대신 given name을 사용한다.

◐ 이름에 대한 더 많은 정보는 Topic 표제어 Addressing someone 참조.

church – mosque – synagogue

church는 기독교인들이 예배를 드리는 건물, 즉 '교회'를 말한다.

The *church* has two entrances. 그 교회에는 두 개의 입구가 있다.
She goes to St Clement's *Church*, Oxford. 그녀는 샌드위치에 있는 성 클레멘트 교회에 다니고 있다.

교회에서 하는 예배를 나타낼 때, 전치사 바로 뒤에 church를 사용한다. 예를 들어, 예배를 보러 가다는 go *to church*라고 한다.

None of the children goes *to church* regularly. 어린이들 중 누구도 정기적으로 예배를 보러 가지 않는다.
People had heard what had happened *at church*. 사람들은 예배 중에 일어난 일에 대해 들었다.
Will we see you *in church* tomorrow? 우리가 당신을 내일 예배에서 만날 수 있을까요?
I saw him *after church* one morning. 나는 어느 날 아침 예배 후에 그를 만났다.

mosque는 무슬림들의 예배 장소이고, synagogue는 유대인들의 예배 장소이다.

He goes *to the mosque* to worship. 그는 모스크에 예배를 드리러 다닌다.
We went for morning prayers *at the synagogue*. 우리는 시너고그에 아침 기도를 드리러 갔었다.
After synagogue, we had lunch together. 시너고그에서 예배를 마친 후 우리는 같이 점심을 먹었다.

cinema

◐ Usage 표제어 film 참조.

class – form – grade

1 'class'

class는 한 반에서 같이 배우는 학생 그룹, 즉 '학급'이라는 뜻이다.

If *classes* were smaller, children would learn more. 학급이 더 작아지면, 아이들은 더 많이 배울 수 있을 것이다.
I had forty students in my *class*. 우리 학급에는 40명의 학생이 있었다.

2 'form'

영국의 많은 학교와 미국의 일부 사립학교에서는 class 대신 form을 사용하기도 한다. form은 특히 숫자와 함께 사용하여 특정 학년이나 나이 그룹을 가리킨다.

I teach the fifth *form*. 나는 5학년을 가르치고 있다.
She's in *Form* 5. 그녀는 5학년이다.

3 'year'

영국 영어는 학년을 표시하기도 한다.

'Which *year* are you in?' – 'I'm in Year 5, and Krish is in *Year* 3.'
"몇 학년이니?" – "나는 5학년이고, 크리시는 3학년이에요."

4 'grade'

 미국 학교의 grade(학년)는 영국 학교의 form과 비슷하다.

A boy in the second *grade* won first prize. 5학년 남학생이 일등상을 받았다.

---

classic – classical

1 'classic' used as an adjective (형용사로 사용하는 classic)

a *classic* example은 어떤 사물이 가지고 있다고 예상되는 전형적인 실례(實例)라는 뜻이다.

This statement was a *classic* illustration of British politeness.
이 진술은 영국인의 예의 바름에 대한 전형적인 실례였다.
It is a *classic* example of the principle of 'less is more'.
그것은 '적을수록 더 낫다'라는 원리를 보여 주는 전형적인 예이다.

높은 수준의 뛰어난 작품으로 평가되는 영화나 책을 나타낼 때에도 classic을 사용한다.

This is one of the *classic* works of the Hollywood cinema. 이것은 할리우드 영화의 매우 뛰어난 작품 중 하나이다.
We discussed Brenan's *classic* analysis of Spanish history.
우리는 스페인 역사에 대한 브레넌의 뛰어난 분석을 토론했었다.

2 'classic' used as a noun (명사로 사용하는 classic)

명사 classic은 잘 알려지고 문학적 수준이 높은 책, 즉 '고전'이라는 뜻이다.

We had all the standard *classics* at home. 우리는 잘 알려진 모든 고전을 집에 갖고 있었다.

Classics는 고대 그리스와 로마의 문명, 특히 언어, 문학, 철학을 연구하는 학문, 즉 '고전학'이라는 뜻이다.
She obtained a first class degree in *Classics*. 그녀는 고전학에서 1등급을 획득했다.

3 'classical'

classical music은 모차르트, 베토벤 등의 작곡자에 의해 작곡된 곡들로, 형태가 복잡하며 많은 사람들에게 지속적인 가치가 있는 것으로 여겨지는 '고전 음악'이라는 뜻이다.

I spend a lot of time reading and listening to *classical* music.
나는 고전 음악의 악보를 읽고 고전 음악을 듣는 데 많은 시간을 보낸다.
...*classical* pianists. 고전 음악 피아노 연주자들.

고대 그리스나 로마 문명과 관련된 것을 가리킬 때에도 classical을 사용한다.

client

We studied *classical* mythology 우리는 고대 신화에 대해 공부했다.
Truffles have been savoured as a delicacy since *classical* times.
송로 버섯은 고대 그리스·로마 시대부터 진미 요리로 음미되어 왔다.

client

○ Usage 표제어 customer – client 참조.

cloakroom – checkroom

cloakroom은 특히 오락 업소에서 모자와 코트 등을 맡기는 공간, 즉 '휴대품 보관소'라는 뜻이다.
...a *cloakroom* attendant. 휴대품 보관소 직원.

 미국 영어에서는 보관소를 checkroom이라고 하며, 영국 영어에서는 격식을 차린 단어로 화장실을 cloakroom이라고도 한다.

○ Usage 표제어 toilet 참조.

 미국 영어에서 checkroom은 특히 역에서 잠시 짐을 맡기는 곳이다.

close – closed – shut

1 'close' or 'shut'

clos[klouz]는 문 같은 것을 움직여서 구멍이나 간격을 덮거나 채우다, 즉 '닫다'라는 뜻이다.
He opened the door and *closed* it behind him. 그는 문을 열고 들어온 후에 문을 닫았다.

shut은 close와 같이 문 같은 것을 닫다라는 뜻으로도 사용할 수 있으며, 두 단어에 의미상의 차이는 없다. shut의 과거와 과거분사는 shutted가 아닌 shut이다.
I *shut* the door quietly. 나는 문을 조용히 닫았다.

closed와 shut은 둘 다 형용사로 사용할 수 있다.
All the other downstairs rooms are dark and the shutters are *closed*.
아래층에 있는 다른 모든 방은 컴컴하고 셔터는 닫혀 있다.
The windows were all *shut*. 모든 창문이 닫혀 있었다.

가게나 공공 건물에서 일이나 영업을 일시적으로 중단하다라고 할 때, close나 shut을 사용할 수 있다.
Many libraries *close* on Saturdays at 1p.m.
많은 도서관이 매주 토요일 오후 1시면 문을 닫는다.
What time do the shops *shut*? 가게들은 몇 시에 영업을 마칩니까?

2 'close' or 'closed' only

closed만 명사 앞에 사용할 수 있으며, a shut window가 아닌 a *closed* window라고 한다.
He listened to her voice coming faintly through the *closed* door.
그는 닫힌 문을 통해 희미하게 들리는 그녀의 목소리를 들었다.

be closed는 도로, 국경, 공항 등이 폐쇄되다라는 뜻이다.
The border *was closed* without notice around midnight.
국경은 자정쯤 예고 없이 폐쇄되었다.

위와 같은 뜻으로는 shut을 사용하지 않는다.

> 주의 동사 close와 형용사 close[klóuz]를 혼동해서는 안 된다. something is *close* to something else는 무언가가 다른 것에 가까이 있다라는 뜻이다.
>
> ○ Usage 표제어 near – close 참조.

closet

○ Usage 표제어 cupboard 참조.

clothes – clothing – cloth

1 'clothes'

clothes[klouz, klouðz]는 셔츠, 바지, 드레스, 코트 등과 같은 사람들이 입는 '옷'을 뜻한다.
I took off all my *clothes*. 나는 옷을 모두 벗었다.

> 주의 clothes는 복수명사로만 사용하며 단수명사인 a clothe로는 사용할 수 없는데, 격식을 차린 영어에서는 의복을 a garment, a piece of clothing, an article of clothing이라고 하지만 일상적인 회화에서는 의류 일부를 가리킨다.

2 'clothing'

clothing[klóuðiŋ]은 사람들이 입는 옷을 뜻한다. clothing은 불가산명사로, clothings나 a clothing이라고 하지 않는다.

Wear protective *clothing*. 보호복을 입으세요.
Some locals offered food and *clothing* to the refugees. 일부 지역 주민들이 난민들에게 음식과 의류를 제공했다.

3 'cloth'

cloth[klɔ(:)θ]는 옷 같은 것을 만들 때 사용하는 모사와 면사와 같은 천, 즉 '옷감'이라는 뜻이다.
I cut up strips of cotton *cloth*. 나는 면사 옷감을 잘랐다.
The women were weavers of *cloth*. 그 여자들은 옷감을 만드는 직공이었다.

ℹ️ cloth를 위와 같은 뜻으로 사용하는 경우, 불가산명사이다.

a cloth는 청소할 때나 먼지를 닦을 때 사용하는 '천 조각'이라는 뜻이다. cloth의 복수형은 clothes가 아닌 cloths이다.
Clean with a soft *cloth* dipped in warm soapy water. 따뜻한 비눗물에 적신 부드러운 헝겊으로 닦으세요.
Don't leave damp *cloths* in a cupboard. 찬장에 축축한 헝겊들을 넣어 두지 마세요.

coach

○ Usage 표제어 bus – coach 참조.

coast

○ Usage 표제어 beach – shore – coast 참조.

coffee

○ Usage 표제어 café – coffee 참조.

cold

it is *freezing*은 특히 겨울에 얼음이 얼거나 서리가 내리는 아주 추운 날씨를 강조할 경우에 사용한다.
...a *freezing* January afternoon. 아주 추운 1월의 어느 날 오후.

여름에 평균 기온보다 낮은 시원한 느낌을 주면, it is *cool*이라고 한다. 일반적으로 cold는 cool보다 온도가 낮으며, 기분이 좋고 상쾌한이라는 뜻도 있고, *cool* things는 '기분 좋고 상쾌한 것들'이다.
This is the *coldest* winter I can remember. 내가 기억하기로는 이번 겨울이 가장 추운 겨울이다.
A *cool* breeze swept off the sea; it was pleasant out there. 산들바람이 바다로부터 빠르게 불어와서 바깥은 쾌적했다.

USAGE

collaborate – cooperate

116

날씨가 쌀쌀하다라고 할 경우, **it is *chilly***라고 한다.
It was decidedly pleasant out here, even on a *chilly* winter's day.
쌀쌀한 겨울 날임에도 불구하고 이곳은 정말로 상쾌했다.

collaborate – cooperate

① 'collaborate'

collaborate는 사람들이 무언가를 만들기 위해 '함께 일하다'라는 뜻이다. 예를 들면, '두 작가가 한 권의 책을 저술하기 위해 협력할 수 있다.'는 Two writers can ***collaborate*** to produce a single piece of writing. 이라고 한다.

Anthony and I *are collaborating* on a paper for the conference.
앤서니와 나는 회의 보고서를 공동으로 작성하고 있다.

The film was directed by Carl Jones, who *collaborated* with Rudy de Luca in writing it.
그 영화는 루디 드 루카와 대본을 공동 집필한 칼 존스가 감독했다.

② 'cooperate'

cooperate는 사람들이 서로 돕다, 즉 '협동하다'라는 뜻이다.

...an example of the way in which human beings can *co-operate* for the common good.
공동선을 위해 인간이 서로 협동할 수 있는 방법을 보여 준 하나의 예.

cooperate에는 자신에게 도움을 청한 사람을 돕다라는 뜻도 있다.

The editors agreed to *cooperate*. 편집자들은 협조하기로 동의했다.
I couldn't get the RAF to *cooperate*. 나는 영국 공군의 협조를 얻어낼 수 없었다.

college

college는 고등학교를 졸업한 후에 학생들이 공부하는 기관, 즉 '대학'이라는 뜻이다.

Computer Studies is one of the many courses at the local technical *college*.
컴퓨터 강좌는 지방 공대에서 제공하는 많은 강좌 중의 하나이다.

She got a diploma from the Royal *College* of Music. 그녀는 왕립 음악 대학교에서 디플로마를 취득했다.

대학의 출석을 말하는 경우, 전치사 바로 뒤에 **college**를 사용한다. 예를 들면, **someone is *at college***는 누군가가 대학에 재학 중이다라는 뜻이다.

He hardly knew Andrew *at college*. 대학에 다녔을 때 그는 앤드루를 거의 알지 못했다.
He says you need the money *for college*. 그는 당신이 대학에 다니려면 돈이 필요하다고 말한다.
What do you plan to do *after college*? 당신은 대학을 졸업한 후에 무엇을 할 계획인가?

위와 같은 경우 미국 영어에서는 보통 **at college**가 아닌 **in college**를 사용한다.

○ Usage 표제어 school – university 참조.

colour

어떤 것의 색깔을 나타낼 경우, 보통 **colour**라는 단어를 사용하지 않는다. 예를 들면, '그는 초록색 넥타이를 맸다.'는 He wore a green colour tie.가 아닌 He wore a *green* tie.라고 한다.

She had *blonde* hair and *green* eyes. 그녀는 금발 머리에 눈은 초록색이었다.
She was wearing a *bright yellow* hat. 그녀는 밝은 노란색 모자를 쓰고 있었다.

그러나 어떤 것의 색깔을 묻거나 간접적으로 색깔을 나타낼 경우, 때때로 **colour**라는 단어를 사용한다.

What colour was the bird? 그 새는 무슨 색이었습니까?
The paint was *the colour of grass*. 그 페인트는 풀 색깔이었다.

위와 같은 경우 **have**가 아닌 **be**동사를 사용한다. What colour has the bird?나 The paint has the colour of grass.라고 하지 않는다.

come

잘 사용하지 않는 특정한 색깔에도 colour라는 단어를 사용할 수 있다. 예를 들면, 청록색은 *a bluish-green colour*라고 한다.

The plastic is treated with heat until it turns *a milky white colour*. 그 플라스틱은 색깔이 하얀 우윳빛이 될 때까지 열 처리를 한다.

There was the sea, *a glittering blue-green colour*. 반짝이는 청록 색깔의 바다가 펼쳐져 있었다.

청록색을 a bluish-green in colour라고도 한다.
The leaves are rough and *grey-green in colour*. 그 잎들은 거칠고 회녹색을 띠고 있다.

접미사 -coloured를 붙여서 색깔을 나타낼 수도 있다.
He bought me a cheap *gold-coloured* bracelet. 그는 나에게 값싼 황금색 팔찌를 사 주었다.
He selected one of his most expensive *cream-coloured* suits. 그는 가장 비싼 크림 색깔의 정장 한 벌을 골랐다.

 colour와 -coloured의 미국식 철자는 color와 -colored이다.

come

1 'come'

누군가가 있는 곳으로 오는 움직임이나 사람이 있는 곳으로 가는 움직임을 말할 때 come을 사용한다.

Come and look. 와서 보세요.
Eleanor had *come* to visit her. 엘리너는 그녀를 방문하러 왔다.
You must *come* and see me about it. 당신은 그 일로 날 만나러 와야 한다.

come의 과거는 came이고, 과거분사는 come이다.

The children *came* along the beach towards me. 어린이들은 해변을 따라 내가 있는 곳으로 다가왔다.
A ship had just *come* in from Turkey. 터키에서 출항한 배가 방금 이곳에 도착했다.

2 'come' or 'go'?

누군가가 있는 곳에서 멀어져 가는 움직임을 말할 때에는 come이 아닌 go를 사용한다. 사람을 향하지 않거나 그 사람에게서 멀어져 가지 않는 움직임을 말할 때에도 go를 사용한다.

◐ 움직임에 대한 더 많은 정보는 Usage 표제어 go 참조.

ℹ here는 come과 함께, there는 go와 함께 사용한다.

Elizabeth, *come* over *here*. 엘리자베스, 이리 오세요.
I still *go there* all the time. 나는 아직도 줄곧 그곳에 간다.

어떤 상황에서 상대방에게 자신이 언급하려고 하는 어떤 곳에 같이 가자고 할 경우에는 보통 go가 아닌 come을 사용한다.

Will you *come* with me to the hospital? 저와 함께 그 병원에 가시겠습니까?
Come and meet Roger. 가서 로저를 만나 보세요.

어떤 상황에서는 상대방에게 자신이 언급하는 장소에 참석할 것인지 아니면 참석하지 않을 것인지 간접적으로 의사를 나타낼 때, come이나 go를 사용할 수 있는데, '당신은 존의 파티에 갈 계획입니까?'라고 할 때, 묻는 사람 자신이 파티에 참석하지 않을 것이라는 의도를 나타낼 때는 Are you *going* to John's party?라고 하며, 물어 보는 당사자가 그 파티에 확실하게 참석할 것이라는 의도를 나타낼 때는 Are you *coming* to John's party?라고 한다.

3 'come and'

어떤 일을 하기 위해 상대방을 방문하거나 상대방을 향해 움직일 때, come and 뒤에 다른 동사를 사용한다.

Come and see me whenever you feel depressed. 의기소침해질 때는 언제든지 나를 만나러 오세요.
She would *come and hold* his hand. 그녀는 그의 손을 잡기 위해 그에게 다가갈 것이다.

격식을 차리지 않은 미국 영어는 and를 생략해 사용한다.

come from

He has not had the courage to *come look* us in the eye.
그는 여기에 와서 우리와 눈을 마주칠 용기를 갖고 있지 않다.

4 used to mean 'become' (become의 뜻으로 사용하기)

come을 때때로 become(되다)의 뜻으로 사용한다.
One of my buttons *came* undone. 나의 옷 단추 중 하나가 떨어져 나갔다.
Remember that some dreams *come* true. 어떤 꿈은 실현된다는 것을 기억하세요.

○ Usage 표제어 become 참조.

come from

특정한 장소에서 태어나거나 그 장소가 고향이다라는 뜻을 나타낼 때, come from을 사용한다.
'Where do you *come from*?' – 'India.' "당신은 어디 출신입니까?" – "인도 출신입니다."
I *come from* Zambia. 나는 잠비아 출신이다.

🛈 위와 같은 문장에서 진행시제를 사용하지 않으므로, Where are you coming from?이나 I am coming from Zambia.라고 하지 않는다.

come with

○ Usage 표제어 accompany 참조.

comic – comical – funny

1 'comical'

사람이나 사물이 재미있거나 우스꽝스럽게 보일 때, comic이나 comical로 표현한다.
There is something slightly *comical* about him. 그는 조금 우스꽝스러운 데가 있다.

2 'comic'

재미있게 할 의도로 만들어진 것을 나타낼 때에도 comic을 사용한다. comic이 이런 뜻일 경우, 명사 앞에만 사용한다.
He is a great *comic* actor. 그는 코믹 배우이다.
The novel is both *comic* and tragic. 그 소설은 코믹하면서 비극적이다.

위와 같은 뜻의 comic은 comic opera(희극 오페라), comic strip(연재 만화), comic relief(막간 희극) 등과 같은 많은 복합어로 사용하고, 재미있게 할 의도로 만들어진 것을 나타낼 때는 보통 comical을 사용하지 않는다.

3 'funny'

funny는 '웃게 하는'이란 뜻이다.
Let me tell you a *funny* story. 너에게 재미있는 이야기를 해 줄게.
Farid was smart and good-looking, and he could be *funny* when he wanted to.
피터는 그가 원할 때마다 (우리를) 즐겁게 해 줄 수 있다.

comment – commentary

1 'comment'

comment는 어떤 것에 대해 자신의 의견을 표현하는 것, 즉 '논평'이라는 뜻이다.
People in the town started making rude *comments*. 그 도시 사람들은 무례한 비평을 하기 시작했다.
It is unnecessary for me to add any *comment*. 내가 더 이상의 논평을 덧붙이는 것은 불필요한 일이다.

comment – mention – remark

2 'commentary'

commentary는 어떤 사건이 일어나고 있는 동안 라디오나 텔레비전에서 실시간으로 그 상황을 방송하는 것, 즉 '실황 방송'이라는 뜻이다.

We gathered round the radio to listen to the **_commentary_**. 우리는 실황 방송을 들으려고 라디오 주변으로 모였다.
The programme will include live **_commentary_** on the Cheltenham Gold Cup.
그 프로그램은 첼트넘 골드 컵 경기 실황 방송이 포함될 것이다.

comment – mention – remark

1 'comment'

comment on a situation이나 make a **_comment about_** a situation은 어떤 상황에 대한 자신의 의견을 말하다라는 뜻이다.

Mr Cook has not **_commented_** on these reports. 쿡 씨는 이들 보고서에 대한 의견을 내놓지 않았다.
I was wondering whether you had any **_comments_**. 당신이 어떤 견해라도 가지고 있는지 궁금했어요.

2 'mention'

mention something은 전에 말하지 않았던 일에 대해 아주 간결하게만 말하다라는 뜻이다.

He **_mentioned_** that he might go to New York. 그는 자신이 뉴욕에 갈지도 모른다고 말했다.

3 'remark'

remark on something이나 make a **_remark_** about something은 어떤 일에 대해 생각하거나 알고 있는 것을 대충 말하다라는 뜻이다.

Visitors **_remark_** on how well the children look. 방문자들은 어린이들이 얼마나 건강하게 보이는지에 대해 말한다.
Martin made a rude **_remark_** about her t-shirt. 마틴은 그녀의 드레스에 대해 혹평했다.

common

common은 어떤 것이 많이 발견되거나 어떤 일이 자주 일어나는, 즉 '흔한'이라는 뜻이다.

His name was Hansen, a **_common_** name in Norway. 그의 이름은 한센으로 노르웨이에서 흔한 이름이다.
Today, it is **_common_** to see adults returning to study. 오늘날 성인들이 다시 공부하는 것을 보는 것은 흔한 일이다.

비교급과 최상급은 **more common, most common** 또는 **Commonest**도 사용한다.

Job sharing has become **_more common_**. 일의 분담은 점점 일반화되어 가고 있다.
The disease is **_most common_** in adults over 40. 그 병은 40세 이상의 성인에게 아주 흔하다.
Stress is one of the **_commonest_** causes of insomnia. 스트레스는 불면증을 일으키는 가장 흔한 원인 중의 하나이다.

common 뒤에는 **that**절을 사용하지 않는데, '운전자의 졸음운전은 아주 흔히 일어나는 일이다.'는 ~~It is quite common that motorists fall asleep while driving.~~이 아닌 It is quite common **_for motorists to fall asleep_** while driving.이라고 한다.

It is common **_for a child to become_** deaf after even a moderate ear infection.
보통 정도의 귀가 감염된 것만으로도 어린이들이 귀가 머는 것은 흔한 일이다.

compare

1 'compare'

compare는 사물을 관찰하여 차이점이나 유사점을 찾아내다, 즉 '비교하다'라는 뜻이다.

It's interesting to **_compare_** the two prospectuses. 그 두 개의 안내서를 비교하는 것은 흥미로운 일이다.

compare가 위와 같은 뜻일 경우, **compare** 뒤에 **with**나 **to**를 사용할 수 있다. 예를 들면, '새 안내서를 예전 것과 서로 비교하는 것은 흥미로운 일이다.'는 It's interesting to compare the new prospectus **_with_**

complain

the old one.이나 It's interesting to compare the two prospectus *to* the old one.이라고 한다.
The study *compared* Russian children with those in Britain.
그 연구는 영국 어린이와 러시아 어린이의 비교하는 것이었다.
I haven't got anything to *compare* it *to*. 나는 그것과 비교할 수 있는 그 어떤 것도 갖고 있지 않다.

2 'be compared to'

*compare*에는 또 다른 뜻이 있다. 한 사람이나 사물이 다른 사람이나 사물과 비슷하다고 할 때, **be compared to**를 사용한다.
As an essayist he *is compared* frequently *to* Paine and Hazlitt. 그는 수필가로서 페인과 해즐릿에 자주 비유된다.
A computer virus can *be compared to* a biological virus.
컴퓨터 바이러스는 생물학적인 바이러스에 비유될 수 있다.

*compare*가 위와 같은 뜻일 경우에는 뒤에 **with**가 아닌 **to**를 사용해야 한다.

complain

1 'complain about'

complain about something은 어떤 일이 잘못되거나 불만스럽다라는 뜻이다.
Mothers *complained about* the lack of play space. 어머니들은 놀이 공간이 부족한 것에 대해 불평했다.
She never *complained about* the weather. 그녀는 날씨에 대해 한 번도 불평을 한 적이 없었다.

ℹ️ complain 뒤에는 over나 on을 사용하지 않는다. 예를 들면, Mothers complained over the lack of play space.나 She never complained on the weather.라고 하지 않는다.

2 'complain of'

complain of something이라고도 하는데, 이는 누군가의 주의를 끌거나 어떤 것이 잘못되거나 불만족스럽다는 뜻이다.
Many patients *complain of* a lack of energy. 많은 환자들이 체력의 저하에 대해 불평하고 있다.

complain of a pain은 통증을 호소하다라는 뜻이다.
He *complained of* a headache. 그는 두통을 호소했다.

complement – compliment

이들 단어는 모두 동사나 명사로 사용할 수 있는데, 동사는 [ká(:)mpləmènt | kɔ́mpli-], 명사는 [ká(:)mpləmənt | kɔ́mpli-]로 발음한다.

1 'complement'

complement는 두 사물이 결합될 때 서로의 좋은 성질을 증가시키다, 즉 '보충하다'라는 뜻이다.
Nutmeg, parsley and cider all *complement* the flavour of these beans well.
육두구, 파슬리, 사과주는 모두 이들 콩의 풍미를 더 잘 보충해 준다.
Current advances in hardware development nicely *complement* British software skills.
현재 하드웨어의 발달은 영국의 소프트웨어 기술을 훌륭히 보완하고 있다.

complement는 be동사와 같은 연결동사 뒤에 오는 형용사나 명사구, 즉 '보어'이다.

2 'compliment'

compliment는 누군가가 갖고 있는 것이나 한 일에 대해 '칭찬하다'라는 뜻이다.
They *complimented* me on the way I looked each time they saw me.
그들은 나를 만날 때마다 내 외모를 칭찬해 주었다.
She is to *be complimented* for handling the situation so well.
그녀는 그 상황을 아주 잘 처리하여 칭찬을 받을 것이다.

compliment는 누군가에 대한 존경심을 나타내기 위해 행동하거나 말하는 것, 즉 '칭찬'이라는 뜻도 있다.

She took his acceptance as a great *compliment*.
그녀는 그의 수락을 큰 칭찬으로 받아들였다.

pay someone a compliment는 누군가를 칭찬하다라는 뜻이다.

He knew that he had just been *paid* a great *compliment*.
그는 자신이 대단한 칭찬을 받았다는 것을 알았다.

complete

complete는 일반적으로 형용사로 쓰인다. complete의 뜻에 따라 그 앞에 more와 very와 같은 단어를 사용할 수 있다.

1 used to mean 'as great as possible' (as great as possible의 뜻으로 사용하기)

어떤 것이 정도, 범위, 양이 가능한 한 큰(많은)이라고 할 때, 보통 complete를 사용한다.

You need a *complete* change of diet.
당신은 식단을 완전히 바꿔야 한다.

They were in *complete* agreement.
그들의 의견은 완전히 일치했다.

complete를 위와 같은 뜻으로 사용할 경우, complete 앞에는 more나 very와 같은 단어를 사용하지 않는다.

2 used to talk about contents (내용물에 대해 말하기)

어떤 것이 갖추어야 할 모든 것을 완전하게 갖추고 있다고 할 때에도 complete를 사용한다.

I have a *complete* medical kit. 나는 완비된 구급상자를 갖고 있다.
...a *complete* set of all her novels. 그녀의 소설책 전집.

두 개의 사물이 모든 것을 완전하게 갖추지 못한 경우, 둘 중 하나가 다른 것보다 더 많은 요소가 있으면 more complete를 사용한다.

For a *more complete* picture of David's progress we must depend on his own assessment.
데이비드의 발전에 대한 더 완전한 그림을 위해 우리는 그의 자체 평가에 의지해야 한다.

마찬가지로, 어떤 것이 모든 것을 갖추지는 못했지만 같은 종류의 다른 것보다 더 많은 요소가 있으면 most complete를 사용한다.

...the *most complete* skeleton so far unearthed from that period.
그 시기에서 지금까지 발굴된 것 중 가장 완전한 골격.

3 used to mean 'thorough' (thorough의 뜻으로 사용하기)

complete는 때때로 '철저한'이라는 뜻으로 사용한다. 이런 뜻일 경우에는 complete 앞에 very나 more와 같은 단어를 사용할 수 있다.

She followed her mother's *very complete* instructions on how to organize a funeral.
그녀는 장례를 준비하는 방법에 대해 어머니의 지시를 매우 철저히 따랐다.

You ought to have a *more complete* check-up if you are really thinking of going abroad.
당신이 진정으로 외국에 갈 생각이 있으면 더 철저한 검토를 해야 한다.

4 used to mean 'finished' (finished의 뜻으로 사용하기)

임무 같은 것이 끝나거나 새 건물이 완성되었다고 할 경우에도 complete를 사용한다.

It'll be two years before the process is *complete*.
그 과정이 다 끝나려면 2년이 걸릴 것이다.

...blocks of luxury flats, *complete* but half-empty.
완공되었으나 절반은 비어 있는 고급 아파트 단지들.

complete를 위와 같은 뜻으로 사용할 경우, complete 앞에는 more나 very와 같은 단어를 사용하지 않는다.

compliment

compliment
○ Usage 표제어 complement – compliment 참조.

composed
○ Usage 표제어 comprise 참조.

comprehensible – comprehensive

1 'comprehensible'
comprehensible은 어떤 것을 '이해할 수 있는'이라는 뜻이다.

The object is to make our research readable and *comprehensible*.
그 목적은 우리의 연구를 쉽게 읽고 이해할 수 있게 하는 것이다.

...language *comprehensible* only to the legal mind. 법적인 마인드를 가진 사람만이 이해할 수 있는 언어.

2 'comprehensive'
comprehensive는 어떤 것이 완전하고 중요한 것을 '모두 포함하는'이라는 뜻이다.

...a *comprehensive* list of all the items in stock. 재고품이 모두 포함되어 있는 광범위한 목록.

Linda received *comprehensive* training after joining the firm.
린다는 그 회사에 들어간 후에 종합적인 훈련을 받았다.

comprehension – understanding

1 'comprehension'
comprehension과 understanding은 둘 다 어떤 것을 이해할 수 있는 능력에 대해 말할 때 사용할 수 있다.

He noted Bond's apparent lack of *comprehension*. 그는 본드가 분명히 이해력이 부족한 것에 주목했다.

The problems of solar navigation seem beyond *comprehension*.
태양의 움직임에 대한 문제점들은 이해할 수 없는 것 같다.

A very narrow subject would have become too highly technical for general *understanding*.
일반적으로 이해하기에는 매우 한정된 주제가 너무도 전문적이었을 것이다.

2 'understanding'
have an *understanding of* something은 어떤 것에 대해 약간의 지식이 있거나, 그것이 어떻게 작동하거나 무슨 뜻이 있는지 알고 있다라는 뜻이다.

The past decade has seen huge advances in our general *understanding* of how the ear works.
귀가 어떤 원리로 작동하는가에 대한 우리의 일반적인 지식이 지난 10년 동안 장족의 발전을 해왔다.

The job requires an *understanding* of Spanish. 그 일을 하려면 스페인 어에 대한 지식이 있어야 한다.

🛈 위와 같은 뜻에 comprehension을 사용할 수 없다.

understanding에는 또 다른 뜻으로, 사람들이 서로 우호적이고 친절하며 신뢰하다라는 뜻이 있다.

What we need is greater *understanding* between management and workers.
우리가 필요로 하는 것은 노사 간의 더 깊은 신뢰감이다.

comprehensive
○ Usage 표제어 comprehensible – comprehensive 참조.

comprise

1 'comprise'

concentrate

어떤 것이 특정한 것으로 구성되어 있다고 할 때, **comprise**를 사용한다.
The village's facilities *comprised* one public toilet and two telephones.
그 마을의 시설물에는 한 개의 공중 화장실과 두 개의 공중전화가 포함되어 있다.

2 'be composed of' and 'consist of'

무언가가 어떤 요소로 이루어져 있다고 할 때 **be composed of**나 **consist of**를 사용하기도 하는데, 의미상의 차이는 없다.

The body *is composed of* many kinds of cells, such as muscle, bone, nerve, and fat.
신체는 근육, 뼈, 신경, 지방 등과 같은 여러 종류의 세포로 구성되어 있다.
The committee *consists of* scientists and engineers. 위원회는 과학자와 공학자로 구성되어 있다.

> 주의 consist of를 수동형으로 사용하지 않는데, The committee is consisted of scientists and engineers.라고 하지 않는다.

3 'constitute'

constitute는 **compose**나 **consist**와 상반된 뜻으로, 여러 부분이 모여 '전체를 구성하다'라는 뜻으로 사용한다.
constitute에는 많은 것들이 전체의 '일부를 차지하다'라는 뜻도 있다.

Volunteers *constitute* more than 95% of The Center's work force.
자원 봉사자는 The Center 노동자의 95% 이상을 차지한다.

4 'make up'

make up은 능동형이나 수동형 문장에 사용할 수 있으며, 능동형 문장에서는 **constitute**와 뜻이 같다.
Women *made up* two-fifths of the audience. 그 청중들의 5분의 2가 여성들이었다.

수동형 문장의 경우, **be made up of**는 **be composed of**와 같은 뜻이다.
All substances *are made up of* molecules. 모든 물질은 분자로 이루어져 있다.
Nearly half the Congress *is made up of* lawyers. 국회의 거의 절반은 법조인으로 구성되어 있다.

> 주의 consist, compose, make up 등은 진행시제로 사용하지 않는데, The committee is consisting of scientists and engineers.라고 하지 않는다.

---

concentrate

concentrate on something은 어떤 일보다 특히 그 일에 집중하다라는 뜻이다.
Concentrate on your driving. 운전에 집중하세요.
He believed governments should *concentrate* more *on* education.
그는 정부가 교육에 좀 더 전념해야 한다고 믿었다.

be concentrating on something은 누군가가 어떤 일에 전념하고 있다라는 뜻이다.
They *are concentrating on* saving life. 그들은 인명 구조에 전념하고 있다.
One area Dr Blanch *will be concentrating on* is tourism. 블랜치 박사가 전념하려고 하는 한 분야는 관광업이다.

ℹ️ 'be concentrated' on something이라고 하지 않는다.

concerned

1 used after a link verb (연결동사 뒤에 사용하기)

형용사 **concerned**는 일반적으로 be동사와 같은 연결동사 뒤에 사용한다. **be concerned about** something은 어떤 일에 대해 걱정하다라는 뜻이다.
He *was concerned about* the level of unemployment. 그는 실업률의 정도에 대해 걱정했다.
I*'ve been concerned about* you lately. 나는 최근에 당신에 대해 걱정을 했다.

concerto – concert

be concerned with a subject는 책, 연설, 정보 등이 어떤 주제를 다루고 있다라는 뜻이다.
This chapter *is concerned with* recent changes. 이 장은 최근의 변화에 대해 다루고 있다.

ℹ️ 'be concerned about' a subject라고 하지 않는다.

2 used after a noun(명사 뒤에 사용하기)

concerned는 명사 바로 뒤에 사용할 수 있는데, 바로 전에 언급한 상황에 관련된 사람이나 사물을 가리킨다.
We've spoken to *the lecturers concerned*. 우리는 관련이 있는 강사들과 이야기를 해 왔다.
Some of *the chemicals concerned* can cause cancer. 관련된 화학 물질 중 일부는 암의 원인이 될 수 있다.

concerned는 위와 같은 뜻으로 대명사 **all**, **everyone**, **everybody** 뒤에 자주 사용한다.
It was a perfect arrangement for *all concerned*. 그것은 관련된 모든 사람들을 위해 완벽하게 준비된 일이었다.
This was something of a relief to *everyone concerned*. 이것은 관련된 모든 사람들에게 다소 위안을 주었다.

concerto – concert

1 'concerto'

concerto [kəntʃéərtou]는 하나 이상의 독주 악기와 오케스트라용의 클래식 음악 작품, 즉 '협주곡'이라는 뜻이다.
...Beethoven's Violin *Concerto*. 베토벤의 바이올린 협주곡.

2 'concert'

음악가들이 연주하는 '음악 공연'은 concerto가 아닌 concert [ká(:)nsərt | kɔ́n-]라고 한다.
She had gone to the *concert* that evening. 그녀는 그날 저녁 음악회에 갔었다.

confidant – confident

1 'confidant'

명사 confidant [ká(:)nfidænt | kɔ́n-]는 개인적인 문제나 걱정거리를 상의할 수 있는 사람, 즉 '절친한 친구' 또는 '상담 상대'라는 뜻으로 남성에게 쓰인다. 여성일 경우에는 confidante라고 한다.
...Colonel House, a friend and *confidant* of President Woodrow Wilson.
우드로 윌슨 대통령의 친구이자 상담 상대인 하우스 대령.
She became her father's only *confidante*. 그녀는 자신의 아버지의 유일한 상담 상대가 되었다.

2 'confident'

confident [ká(:)nfidənt | kɔ́n-]는 형용사로, 어떤 일이 자신이 원하는 대로 일어날 것을 '확신하는'이라는 뜻이다.
He was *confident* that the problem with the guidance mechanism could be fixed.
그는 유도 장치기 고장난 것을 수리할 수 있을 거라고 확신했다.
I feel *confident* about the future of British music. 나는 영국 음악의 미래에 대해 확신하고 있다.

confident는 자신의 능력을 확신하는, 즉 '자신감 있는'이라는 뜻이다.
...a witty, young and *confident* lawyer. 재치 있고, 젊고, 자신감 있는 한 변호사.
His manner is more *confident* these days. 그의 태도는 요즘 더욱 자신감이 넘친다.

conform

conform은 행동하도록 요구받은 대로 행동하다, 즉 '순응하다'라는 뜻이다.
You must be prepared to *conform*. 너는 순응할 수 있도록 준비해야 한다.

어떤 것을 원하거나 요구하는 것을 말할 때에도 conform을 사용한다. comform이 이런 뜻일 경우, conform

뒤에 **to**나 **with**를 사용한다.

Such a change would not _conform to_ the present wishes of the great majority of people.
그러한 변화는 대다수 국민의 당면한 소망을 충족시킬 수 없을 것이다.

Every home should have a fire extinguisher which _conforms with_ British Standards.
모든 가정은 영국 표준에 맞는 소화기를 구비해야 한다.

conscious – consciousness – conscience – conscientious

1 'conscious'

형용사 **conscious**는 어떤 일을 인식하는, 즉 '의식하고 있는'이라는 뜻이다.

She became _conscious_ of Rudolph looking at her. 그녀는 루돌프가 자신을 바라보고 있다는 것을 의식하게 되었다.
I was _conscious_ that he had changed his tactics. 나는 그가 대처 방법을 바꾸었다는 사실을 알고 있었다.

be _conscious_는 잠을 자거나 무의식적이라기보다는 의식이 깨어 있다라는 뜻이다.

The patient was fully _conscious_ during the operation. 그 환자는 수술 중에 의식이 완전히 깨어 있었다.

2 'consciousness'

명사 **consciousness**는 사람의 마음이나 생각, 즉 '의식'이라는 뜻이다.

Doubts were starting to enter into my _consciousness_. 내 마음속에 의심이 생기기 시작하고 있었다.

lose consciousness는 의식을 잃게 되다라는 뜻이다. **regain consciousness**나 **recover consciousness**는 의식을 잃었다가 되찾다라는 뜻으로, 매우 격식을 차린 표현이다.

He fell down and _lost consciousness_. 그는 넘어져서 의식을 잃었다.
He began to _regain consciousness_ just as Kate was leaving.
케이트가 떠나려는 찰나에 그는 의식을 회복하기 시작했다.
She died in hospital without _recovering consciousness_. 그녀는 의식을 회복하지 못하고 병원에서 사망했다.

더 격식을 차리지 않은 영어에서는 **pass out**(의식을 잃다)이나 **come round**(의식을 회복하다)를 사용한다.

He felt sick and dizzy, then _passed out_. 그는 메스꺼움과 어지러움을 느낀 후에 의식을 잃었다.
When I _came round_, I was on the kitchen floor. 의식을 회복했을 때, 나는 부엌 바닥에 있었다.

3 'conscience'

명사 **conscience**는 누군가가 하는 일이 옳은지 그른지를 판단하는 정신의 일부분, 즉 '양심'이라는 뜻이다.

My _conscience_ told me to vote against the others. 내 양심은 다른 사람들에게 반대표를 던지라고 말했다.
Their _consciences_ were troubled by stories of famine and war.
그들은 기근과 전쟁에 대한 이야기를 듣고 양심의 가책을 느꼈다.

4 'conscientious'

conscientious는 형용사로 사용하면 일을 매우 조심스럽게 하다, 즉 '신중한'이라는 뜻이다.

We are generally very _conscientious_ about our work. 우리는 일반적으로 우리가 하는 일에 매우 신중하다.
She seemed a _conscientious_, serious young woman. 그녀는 신중하고 침착한 젊은 여성으로 보였다.

consider

consider는 어떤 일에 대해 '신중히 생각하다'라는 뜻이다.

He had no time to _consider_ the matter. 그는 그 일을 주의 깊게 생각할 겨를이 없었다.
The government is being asked to _consider_ a plan to change the voting system.
정부는 투표 시스템을 개선하려는 계획에 대해 숙고해 달라는 요청을 받고 있다.

be considering doing something은 미래에 어떤 일을 할 것을 고려하고 있다라는 뜻이다.

They _were considering opening_ an office on the West Side of the city.
그들은 시(市)의 웨스트사이드 지역에 사무실을 열 것을 고려 중이었다.

consist of

He *was considering taking* the bedside table downstairs.
그는 침대 옆의 탁자를 아래층으로 옮기는 것을 고려 중이었다.

🛈 'be considering to do' something이라고 하지 않는다.

consist of

◑ Usage 표제어 comprise 참조.

constant – continual – continuous

끊임없이 일어나거나 존재하는 것을 나타낼 때, constant, continual, continuous를 사용할 수 있다.

1 'constant'

어떤 일이 항상 일어나거나 절대로 사라지지 않을 경우, constant를 사용한다.
He was in *constant* pain. 그는 끊임없이 계속되는 통증을 느꼈다.
Eva's *constant* criticism. 에바의 계속되는 비판.

2 'continual' and 'continuous'

continual은 특정한 일이 특정 기간 동안 계속해 일어날 때 사용하는데, something is continual은 '특정한 일이 계속해 일어나다'이다. continual은 명사 앞에 사용하고 동사 뒤에 사용할 수 없다.

There have been *continual* demands to cut costs. 원가 절감을 위한 요구가 끊임없이 이어져 왔다.
He still smoked despite the *continual* warnings of his nurse.
그는 의사의 계속되는 경고에도 불구하고 계속해 흡연을 하고 있다.

continuous는 명사 앞이나 동사 뒤에 사용할 수 있다.
There was a *continuous* background noise. 뒤쪽에서 끊임없이 계속되는 소음이 있었다.
Breathing should be slow and *continuous*. 숨을 쉴 때 천천히 그리고 계속해서 쉬어야 한다.

3 'continual' or 'continuous'

쉬지 않고 계속 일어나는 원하지 않는 일을 나타내는 경우, continuous보다 continual을 사용하는 것이 더 좋다.
Life is a *continual* struggle. 인생이란 끊임없는 투쟁이다.
It was sad to see her the victim of *continual* pain. 그녀를 계속해서 고통의 희생자로 여기는 것은 애석한 일이었다.

constantly

◑ Graammar 표제어 Adjuncts의 frequency 참조.

constitute

◑ Usage 표제어 comprise 참조.

consult

consult는 어떤 사람에게 의견이나 충고를 구하다, 즉 '상담하다'라는 뜻이다.
If your baby is losing weight, you should *consult* your doctor promptly.
아이의 몸무게가 줄면, 곧바로 의사에게 진찰받아야 한다.
She wished to *consult* him about her future. 그녀는 자신의 장래에 대해 그에게 상담하기를 원했다.
If you are renting from a private landlord, you should *consult* a solicitor to find out your exact position.
개인에게 집을 빌리는 경우, 정확한 상황을 알도록 변호사와 상의해야 한다.

 미국 영어를 쓰는 일부 사람들은 consult 대신 consult with를 사용한다.

content

The Americans would have to *consult with* their allies about any military action in Europe.
미국은 유럽에서의 어떠한 군사 행동에 대해서도 동맹국과 상의해야 할 것이다.

They *consult with* companies to improve worker satisfaction and productivity.
그들은 직원 만족도와 생산성을 증진시키기 위해 회사들과 상담한다.

content

content는 명사, 형용사, 동사로 사용할 수 있다. 명사일 경우 [kɑ́(:)ntent | kɔ́n-]로, 형용사나 동사일 경우 [kəntént]로 발음한다.

1 used as a plural noun(복수명사로 사용하기)

복수명사 contents는 상자나 반 안에 있는 물건, 즉 '내용물'이라는 뜻이다.
She emptied out the *contents* of the bag. 그녀는 가방 안에 들어 있는 내용물 쏟아 놓았다.

> contents는 복수명사이므로 a content라고 할 수 없다.

서류에 쓰여 있는 것이나 테이프에 녹음된 것, 즉 '내용'이라는 뜻에도 복수명사 contents를 사용한다.
He knew by heart the *contents* of the note. 그는 노트의 내용을 외워서 알고 있었다.

2 used as an uncount noun(불가산명사로 사용하기)

content는 연설, 글, 웹사이트, 텔레비전 프로그램이 제공하는 '정보' 또는 표현된 '의견'이라는 뜻이다.
I was disturbed by the *content* of some of the speeches. 나는 일부 연설의 주제로 혼란스러웠다.
The website *content* includes issues of the newsletter. 그 웹사이트 정보에는 시사 통신의 이슈들이 포함되어 있다.

3 used as an adjective(형용사로 사용하기)

be *content to do* something이나 be *content with* something은 어떤 것을 기꺼이 하거나, 가지거나, 받아들이다라는 뜻이다.
A few teachers were *content to pay* the fines. 일부 교사들은 기꺼이 벌금을 물었다.
Not *content with* running one business, Sally Green has bought another one.
그녀는 사업체 하나를 운영하는 것에 만족하지 않아 다른 사업체를 인수했다.

[be동사 + content] 형식은 행복하고 만족스럽다는 뜻으로, 이러한 뜻일 때는 content를 명사 앞에 사용하지 않는다.
He says his daughter is quite *content*. 그는 자기 딸이 꽤 만족스러워한다고 말한다.
I probably feel more *content* singing than at any other time.
나는 아마 다른 어느 때보다도 노래 부를 때 더 많은 행복감을 느끼는 것 같다.

4 'contented'

contented는 명사 앞이나 동사 뒤에 사용하며, 행복하고 만족스럽다는 뜻이다.
The firm has a loyal and *contented* labour force. 그 회사는 성실하며 만족스러워하는 근로자가 있는 회사이다.
For ten years they lived like this and were perfectly *contented*.
그들은 10년 동안 이렇게 살아왔으며 더할 나위 없이 만족해 했다.

5 'content' used as a verb(동사로 사용하기)

content oneself with doing something은 어떤 일에 만족하여 다른 일을 시도하지 않다라는 뜻이다.
Most manufacturers *content themselves with* updating existing models.
대부분의 제조업자들은 현재의 모델을 최신의 것으로 여기어 만족해 한다.

continent

1 'continent'

continent는 거의 바다로 둘러싸인 육지의 매우 넓은 지역, 즉 '대륙'이라는 뜻이다. 한 대륙은 보통 여러 나라로

continual

이루어져 있다. 예를 들면, 아프리카와 아시아 등이 있다.
They travelled across the South American *continent*.
그들은 남아메리카 대륙을 가로질러 여행했다.

② 'the Continent'

the Continent는 '유럽 본토'라는 뜻인데, 특히 중앙과 남부 유럽을 일컫는다.

On *the Continent*, the tradition has been quite different.
그 전통은 유럽 대륙에서 완전히 다르게 전해져 오고 있다.

Sea traffic between the United Kingdom and *the Continent* was halted.
영국과 유럽 대륙 사이의 해상 통행이 중단되었다.

continual

○ Usage 표제어 constant – continual – continuous 참조.

continuous

○ Usage 표제어 constant – continual – continuous 참조.

contrary

① 'on the contrary'

앞서 언급한 상대방의 진술을 반박할 때, on the contrary를 사용한다.

'You'll get tired of it.' – '*On the contrary*. I shall enjoy it.'
"당신은 그것에 싫증이 날 것입니다." – "그와 반대입니다. 저는 그것을 즐길 것입니다."

방금 전에 말한 부정적인 진술을 확인하는 긍정적인 내용을 이끌 때에도 on the contrary를 사용한다.

There was nothing ugly about her dress: *on the contrary*, it had a certain elegance.
그녀의 드레스는 볼품 없는 곳이 전혀 없었다. 그와 반대로, 어떤 우아함이 있었다.

② 'on the other hand'

방금 전에 말한 상황과 대비되는 상황일 때는 on the contrary가 아닌 on the other hand라고 한다. 예를 들면, '나는 시내 중심가에 사는 것을 좋아하지는 않지만 한편으로는 사고 싶은 물건을 쉽게 살 수 있어서 편리하다.'는 I don't like living in the centre of the town. On the contrary, it's useful when you want to buy something.이 아닌 I don't like living in the centre of the town. *On the other hand*, it's useful when you want to buy something.이라고 한다.

It's certainly hard work. But, *on the other hand*, the salary is good.
그 일은 아주 힘든 일이다. 그러나 월급이 아주 좋다.

control

control은 동사나 명사로 사용할 수 있다.

① used as a verb (동사로 사용하기)

동사 control은 누군가가 나라나 단체를 운영하는 방식에 대해 중요한 모든 결정을 내리는 권력을 갖고 있다, 즉 '통치하다'라는 뜻이다.

The Australian administration at that time *controlled* the island.
그 당시에는 호주 정부가 그 섬을 통치하고 있었다.

His family *had controlled* the Times for more than a century.
그의 일가가 한 세기 이상 타임스 신문사를 운영했다.

❷ control이 동사일 때는 전치사가 뒤따르지 않는다.

convince – persuade

2 used as a noun(명사로 사용하기)

명사 control은 나라나 단체에서 가지는 권력을 나타내며, (control of(over) + 명사) 형식을 사용한다.

Mr Ronson gave up *control of* the company. 론슨 씨가 회사 운영을 포기했다.
The first aim of his government would be to establish *control over* the republic's territory.
그가 이끄는 정부의 첫 번째 목표는 공화국의 영토를 지배하는 것이 될 것이다.

3 another meaning(다른 의미)

control은 공항, 항구, 국경에서 서류나 화물이 정상적으로 되어 있는지 공식적으로 검사하는 장소이다.

I went through passport and customs *controls*. 나는 출입국 관리와 세관을 통과했다.

그러나 '조사하다' 또는 '검사하다'라는 뜻으로는 control을 동사로 사용하지 않는다. 예를 들면, '내 짐을 검사 받았나.'는 ~~My luggage was controlled.~~가 아닌 My luggage *was checked*.나 My luggage *was inspected*.라고 한다.

I had to wait while the baggage *was being checked*. 나는 짐이 검사되고 있는 동안에 그곳에서 기다려야만 했다.
The guard took his ID card and *inspected* it. 경비원이 그의 신분증을 받아서 검사했다.

convince – persuade

1 'convince'

convince는 어떤 일이 사실이라는 것을 믿게 하다, 즉 '확신시키다'라는 뜻이다.

These experiences *convinced* me of the drug's harmful effects.
이러한 경험은 그 약의 폐해를 나에게 확신시켜 주었다.
It took them a few days to *convince* me that it was possible.
그들이 나에게 그것이 가능하다는 확신을 주는 데는 며칠이 걸렸다.

2 'convince' or 'persuade'

(convince + 목적어 + to부정사) 형식은 다른 사람에게 타당한 이유를 말하면서 그 일을 결정하도록 설득하다라는 뜻이다.

Lyon did his best to *convince* me to settle in Tennessee.
라이언은 최선을 다해서 내가 테네시에 정착하도록 설득했다.
I hope you will help me *convince* my father to leave.
나는 당신이 나를 도와 아버지가 떠나시도록 설득해 주기를 바란다.

위와 같은 의미로 convince를 사용하는 것은 일반적으로 옳지 않다고 여겨지므로 persuade를 사용해야 한다.

Marsha was trying to *persuade* Posy to change her mind.
마셔는 포지의 마음을 돌리도록 설득하려고 애를 쓰고 있었다.
They had no difficulty in *persuading* him to launch a new paper.
그들이 그를 설득하여 새로운 신문을 창간하도록 하는 데는 그 어떤 어려움도 없었다.

convinced

be *convinced* of something은 어떤 일이 사실이거나 진짜라는 것을 '확신하다'라는 뜻이다.

I am *convinced* of your loyalty. 나는 당신의 충성심을 확신하고 있다.
He was *convinced* that her mother was innocent. 그는 그녀의 어머니가 결백하다고 확신했다.

convinced 앞에 very나 extremely와 같은 단어를 사용하지 않는다. 누군가가 어떤 일을 완전히 확신하는 경우, 강조하기 위해 fully나 totally와 같은 단어를 사용한다.

To be *fully convinced* that reading is important, they have to find books they like.
독서가 중요하다는 것에 완전히 확신을 가지려면 그들은 자신들이 좋아하는 책을 찾아내야 한다.
I am *totally convinced* it was an accident. 나는 그것이 우발적인 사고였다고 전적으로 확신한다.
We are *absolutely convinced* that this is the right thing to do.
우리는 이것이 옳은 일이라고 절대적으로 확신한다.

cook

Some people were *firmly convinced* that a non-human intelligence was attempting to make contact.
일부 사람들은 인간이 아닌 지적 존재가 접촉을 시도하고 있다고 강하게 확신했다.

 convinced 뒤에는 to부정사가 아닌 that절을 사용하는데, '그는 자신이 실패했음을 확신했다.'는 He is convinced to have failed.가 아닌 He is *convinced that he has* failed.라고 한다.

cook

1 'cook'

cook은 식사를 하거나 음식을 먹기 위해 음식을 준비하여 가열하다, 즉 '요리하다'라는 뜻이다. 예를 들면, 오븐이나 스튜 냄비에 넣어 열을 가하는 것을 말하고, 명사 cook은 '요리사'이다.

As dawn broke we began to *cook* our breakfast. 동이 트자 우리는 아침 식사를 만들기 시작했다.
We *cooked* the pie in the oven. 우리는 오븐에 파이를 넣고 요리했다.

ⓘ cook은 음료가 아닌 음식을 말할 때만 사용한다.

음식과 음료를 준비하는 것을 말할 때 여러 가지 동사를 사용할 수 있다.

2 'make'

make a meal/drink는 음식이나 음료를 혼합하여 새로운 것을 만들다라는 뜻으로, 어떤 것을 가열하지 않고 음식을 만드는 것을 말한다.

I *made* his breakfast. 나는 그의 아침밥을 만들어 주었다.
I *have made* you a drink. 나는 당신을 위해 음료를 만들었다.

3 'prepare'

prepare food는 음식을 씻거나 다듬어서 준비하다라는 뜻이다.

Prepare the vegetables, cut into small chunks and add to the chicken.
채소를 다듬고 작은 덩어리로 잘라 닭에 넣으세요.

prepare a meal/drink는 *make* a meal/drink와 같은 뜻으로, 상당히 격식을 차린 용법이다.
(위의 make 참조.)

Many elderly people are unable to *prepare* meals on their own.
고령의 노인들은 자신의 먹을 음식조차도 만들기 어렵다.

4 'get'

get a meal은 음식을 준비하거나 요리하다라는 뜻이다. *get* a meal *ready*라고도 한다. *get* a drink는 마실 것을 섞거나 따르다라는 뜻이다.

I'll *get* the dinner ready. 나는 식사를 준비할 것이다.
I was downstairs *getting* the drinks. 나는 음료를 준비하려고 아래층에 있었다.

5 'fix'

 미국 영어에서 *fix* a meal/drink는 *make* a meal/drink와 같은 뜻이다.(위의 make 참조.)

Sarah *fixed* some food for us. 사라는 우리가 먹을 음식을 만들어 주었다.
Morris *fixed* himself a stiff drink. 모리스는 자신이 마시려고 독한 술 한 잔을 준비했다.

그 밖에도 요리하는 방법을 가리키는 동사가 많이 있다.

6 types of cooking

bake, roast는 어떤 것을 액체에 넣지 않고 오븐에 '굽다'라는 뜻이다. 빵과 케이크를 구울 때는 bake를 사용하지만 고기를 구울 때는 roast를 사용한다. *roast* potatoes는 약간의 기름을 사용하여 오븐에서 감자를 요리하다라는 뜻이다. 불 위에 큰 고기덩어리나 날짐승 고기를 굽는다고 할 때에도 roast를 사용할 수 있다.

Dave *baked* a cake for my birthday. 데이브는 내 생일을 위해 케이크를 구웠다.
We *roasted* a chicken whole.(whole chicken) 우리는 닭을 통째로 구웠다.

 구운 고기와 감자에는 roasted가 아닌 roast를 사용한다.
We had a traditional *roast* beef dinner. 우리는 전통적인 쇠고기 구이 정찬을 했다.

grill, **toast**는 강한 불 위에서 혹은 아래서 요리하다라는 뜻이다. 고기와 야채를 구울 때는 **grill**을, 얇은 빵조각을 구울 때는 **toast**를 사용한다.

 미국 영어에서는 보통 grill보다 broil을 사용한다.
Grill the meat for 20 minutes each sides. 고기의 양면을 각각 20분 동안 불에 구우세요.
Toast the bread lightly on both sides. 빵을 양쪽 모두 살짝 구우세요.
For a healthier meal, *broil* the fish for about 12 minutes. 건강식을 위해 그 생선은 12분 정도 구우세요.

boil은 끓는 물에서 '삶다'라는 뜻이다. **poach**는 약간의 뜨거운 물에서 살짝 '데치다'라는 뜻이다. **steam**은 냄비의 뜨거운 물에서 올라오는 증기로 '찌다'라는 뜻이다.
I'd peel potatoes and put them on to *boil*. 나는 감자 껍질을 벗긴 후에 삶았다.

fry는 뜨거운 유지방이나 기름에 '튀기다'라는 뜻이다.
Fry the onions until golden brown. 양파들이 황갈색으로 될 때까지 기름에 튀기세요.

cooker – cook

1 'cooker'

cooker는 음식을 끓이거나 굽는 데 사용하는 금속 오븐과 요리용 철판, 즉 '요리 도구'라는 뜻이다.
The food was warming in a saucepan on the *cooker*. 그 음식은 조리기 위의 스튜 냄비 안에서 데워지고 있었다.

 미국 영어에서는 요리 도구를 range라고 한다.
Can you cook fried chicken on an electric *range*? 튀긴 치킨을 전자레인지에 요리할 수 있습니까?

 요리사는 cooker가 아닌 cook이라고 한다.

2 'cook' used as a noun (명사로 사용하는 cook)

cook은 직업으로 요리하는 사람, 즉 '요리사'라는 뜻이다.
Each house had a *cook* and an assistant *cook*. 각 집마다 요리사 한 명과 보조 요리사 한 명이 있었다.

형용사와 함께 **cook**을 사용하여 요리하는 사람의 능력을 나타내기도 한다. 예를 들면, **a good cook**이나 **a bad cook**이라고 한다.
Are you *a good cook*? 당신은 요리를 잘합니까?
He was *an excellent cook*. 그는 요리를 아주 잘하는 요리사이다.

cooperate

○ Usage 표제어 collaborate – cooperate 참조.

corn

미국 영어에서 corn은 일반적으로 '옥수수 낟알'이지만 영국 영어는 **sweetcorn**이다. 영국 영어에서 corn은 특정 지역에서 생산되는 보리, 밀, 옥수수 등, 즉 '곡식'을 말한다.
Serve with grilled *corn* or french fries. 구운 옥수수와 감자튀김을 서브해 주세요.
We had fish with peas and *sweetcorn*. 우리는 생선에 곁들여 콩과 옥수수를 먹었다.
We drove past fields of *corn*. 우리는 곡물들을 재배하는 지역을 운전해 갔다.

미국에서는 이를 grain이라 한다.
Grain harvests were delayed. 곡물들의 수확 시기가 연기되었다.

corner

corner

corner는 어떤 것의 두 면이나 두 가장자리가 서로 만나는 곳, 즉 '구석'이라는 뜻이다.
Put the television set in the *corner*. 그 텔레비전 수상기를 그 방 코너에 놓으세요.
Flowers were growing *in one corner* of the garden. 꽃들이 그 정원의 한쪽 코너에서 자라고 있었다.

corner는 두 거리의 가장자리가 만나는 '길모퉁이'라는 뜻도 있다.
There is a hotel *on the corner* of Brisbane Street. 브리즈번 길모퉁이에 호텔이 있다.

어떤 것이 구석에 있다고 할 경우, 일반적으로 something is *in* a corner라고 한다. 그러나 거리의 길모퉁이를 말할 때는 on을 사용한다.
We can't have police officers *on every corner*. 우리는 경찰관들을 모든 길거리에 배치할 수 없다.

cost

○ Usage 표제어 price – cost 참조.

cot – crib – camp bed

1 'cot' and 'crib'

아기가 잠을 잘 때 떨어지지 않도록 옆면을 높게 만든 '아기용 침대'를 영국 영어에서는 cot, 미국 영어에서는 crib이라고 한다.
Put your baby's *cot* beside your bed. 갓난아이 침대를 당신 침대 옆에 놓아 주세요.
I asked for a *crib* to put the baby in. 나는 아기를 넣을 수 있는 어린이 침대를 요청했다.

2 'cot' and 'camp bed'

미국 영어에서는 캠핑을 가거나 집에서 예비용 침대로 사용하는, 천과 지지대로 구성되어 접어서 가지고 다닐 수 있는 성인용 좁은 침대, 즉 '간이침대'를 cot라고 한다. 영국 영어에서는 이를 camp bed라고 한다.
His bodyguards slept on the *cots*. 그의 경호원들은 간이침대에서 잠을 잤다.
I ended up on a *camp bed* in the lounge. 나는 결국 라운지에 있는 간이침대를 쓰게 되었다.

could

○ Usage 표제어 can – could – be able to 참조.

council – counsel

1 'council'

명사 council[káunsəl] 은 소도시, 도시, 군 등의 지방 지역을 운영하는 사람들의 집단, 즉 '의회'라는 뜻이다.
...Wiltshire County *Council*. 윌트셔 지방 의회.

기관이나 단체를 운영하는 사람들의 그룹을 Council이라고 한다.
...the Arts *Council*. 예술 위원회.
...the British *Council* of Churches. 영국 교단 연합 위원회.

2 'counsel'

counsel[káunsəl] 은 일반적으로 동사로 사용하며, 다른 사람의 문제에 대해 '조언을 하다'라는 뜻이다.
Part of her work is to *counsel* families when problems arise.
그녀가 하는 일의 일부는 문제가 생겼을 때 가족들에게 조언을 해주는 것이다.

counsel은 법적 소송에 대한 조언을 하고 법정에서 어떤 사람을 대신해 변호하는 사람, 즉 '변호사'라는 뜻이다.

Singleton's *counsel* said after the trial that he would appeal.
싱글턴의 변호사는 재판이 끝난 후 항소할 것이라고 말했다.

country

1 'country'

country는 세계를 분할한 정치 지역 중의 하나, 즉 '국가'라는 뜻이다.

Indonesia is the fifth most populous *country* in the world. 인도네시아는 세계에서 다섯 번째로 인구가 많은 나라이다.
Does this system apply in other European *countries*? 이러한 시스템이 유럽의 다른 국가들에 적용이 됩니까?

2 'the country'

the country는 소도시와 도시에서 멀리 떨어져 있는 땅, 즉 '시골'이라는 뜻이다.

We live in *the country*. 우리는 시골에 살고 있다.
Many people moved away from *the country* to the towns. 많은 사람들이 시골에서 소도시로 이동을 했다.

> country가 농촌이나 시골을 뜻하는 경우, the만 사용할 수 있다. 예를 들면, '나는 파리에 살기를 좋아하지만 부모님은 시골에 살기를 더 좋아한다.'는 I like living in Paris, but my parents prefer to live in a country.가 아닌 I like living in Paris, but my parents prefer to live in *the* country.라고 한다.

3 'countryside'

시골 지역을 the countryside라고 한다.

I've always wanted to live in *the countryside*. 나는 시골 생활하기를 항상 갈망해 왔다.

countryside 앞에 형용사가 있는 경우 the를 생략해 사용한다.

We are surrounded by *beautiful countryside*. 우리 집은 아름다운 시골 환경에 둘러싸여 있다.

couple

○ Usage 표제어 pair – couple 참조.

course

course는 특정 과목에 대한 일련의 수업이나 강의, 즉 '강좌'라는 뜻으로, 일반적으로 학생들이 해야 하는 독해와 쓰기 등이 포함된다. **take a course *in* a subject**는 어떤 과목의 강좌를 수강하다라는 뜻이다.

The department also offers a *course in* Opera Studies. 그 학과에는 오페라학 강좌도 있다.
She took a *course in* Latin. 그녀는 라틴어 강좌를 듣고 있다.

🚫 take a course 'of' a subject라고 하지 않는다.

영국 영어에서는 어떤 강좌를 수강하는 사람들을 the people *on* the course라고 한다.
There were about 200 people *on* the *course*. 약 200명이 그 강좌를 수강했다.

 미국 영어에서는 위와 같은 사람들을 the people *in* the course라고 한다.
How many are there *in* the *course* as a whole? 그 강좌의 수강생은 전체 몇 명입니까?

crib

○ Usage 표제어 cot – crib – camp bed 참조.

crime

crime은 누군가가 법에 의해 처벌받을 수 있는 불법적인 행동, 즉 '범죄'라는 뜻이다. ***commit* a crime**은 범죄를 저지르다라는 뜻이다.

crisps

A *crime has been committed*. 범죄가 발생했다.
The police had no evidence of him *having committed* any actual *crime*.
경찰은 그가 실제로 범죄를 저질렀다는 어떤 증거도 전혀 없었다.
How could someone so young have *carried out* this crime?
당신같이 어린 사람이 어떻게 해서 이러한 범죄를 저질렀는가?

🛈 'do' a crime이나 'make' a crime이라고 하지 않는다.

---

crisps

○ Usage 표제어 chips 참조.

criterion

criterion은 어떤 것을 판단하거나 평가하는 '기준'이라는 뜻이다.
The most important *criterion* for entry is that applicants must design and make their own work.
가장 중요한 참가 기준은 지원자가 자신의 작품을 디자인하고 만들어야 한다는 것이다.

criterion의 복수형은 criterions가 아닌 criteria이다.
The Commission did not apply the same *criteria* to advertising.
위원회는 광고에 같은 기준을 적용하지 않았다.

> 주의 criteria는 복수형으로만 사용하며, a criteria나 this criteria라고 하지 않는다.

critic – critical

1 'critic'

명사 critic [krítik]은 책, 영화, 음악, 예술 작품에 대해 신문이나 텔레비전에 평론을 쓰고 의견을 표현하는 사람, 즉 '비평가'라는 뜻이다.
What did the New York *critics* have to say about the production?
뉴욕의 비평가들은 그 상연 작품에 대해 어떤 평가를 해야 했는가?
Most *critics* gave the play a good review. 대부분의 비평가들이 그 연극에 좋은 평가를 했다.

2 'critical'

critical은 형용사로 여러 가지 뜻이 있다.
I was planning a serious *critical* study of Shakespeare.
나는 셰익스피어에 대한 진지한 비평 연구를 계획 중이었다.

you are *critical of* someone or something은 '우리가 특정인 또는 일에 대해 부정적인 생각을 갖다'이다.
She apologized for her *critical* remarks. 그녀는 그녀의 신랄했던 말들에 대해 사과했다.
His report is highly *critical of* the judge. 그의 보고서는 그 판사에 대해 아주 비판적인 자세를 취했다.

a person is *critical* or in a *critical* condition은 '우리가 중병에 걸려 있다'이다.
Ten of the victims are said to be in a *critical condition* in hospital.
그 피해자는 지금 병원에서 위급한 상태인 것으로 알려졌다.

cry – weep

1 'cry'

cry는 동사나 명사로 사용할 수 있다. 동사 cry의 3인칭 단수는 cries, -ing형은 crying, 과거와 과거분사는 cried이다. 명사 cry의 복수형은 cries이다.

cry는 행복하지 않거나, 두려워하거나, 아파서 눈물이 나오다, 즉 '울다'라는 뜻이다.
Helen began to *cry*. 헬렌은 눈물을 흘리기 시작했다.
Feed the baby as often as it *cries*. 아기가 울 때마다 젖을 먹이세요.
If the baby *cried* at night, Nick would comfort him. 아기가 밤에 울면, 닉이 아기를 달랠 것이다.
We heard what sounded like a little girl *crying*. 우리는 어린 여자 아이가 우는 듯한 소리를 들었다.

회화에서 **have a cry**는 울다라는 뜻이다.
She felt a lot better after a good *cry*. 그녀는 실컷 울고 나자 기분이 훨씬 좋아지는 것을 느꼈다.

2 'weep'

weep은 오래된 단어로 cry와 같은 뜻이지만, 현재는 소설에서만 사용한다. weep의 과거와 과거분사는 **weeped**가 아닌 **wept**이다.
The girl *was weeping* as she kissed him goodbye.
그에게 작별 키스를 했을 때 소녀는 눈물을 흘리고 있었다.
James *wept* when he heard the news. 제임스는 그 소식을 듣자 눈물을 흘렸다.

3 another meaning of 'cry' (cry의 다른 의미)

소설에서 cry는 '소리를 지르다'라는 뜻이다.
'Come on!' he *cried*. "자, 어서!" 하고 그가 크게 외쳤다.
He *cried* out angrily, 'Get out of my house!' 그는 화가 나서 "우리 집에서 나가!" 하고 크게 소리쳤다.

cry는 누군가가 큰 소리를 지르는 것, 즉 '외침'이라는 뜻이다.
When she saw him she uttered a *cry* of surprise. 그녀가 그를 보았을 때 그녀는 놀라서 소리를 질렀다.
We heard *cries* of 'Help! Please help me!' coming from the river.
우리는 강에서 "사람 살려! 사람 살려 주세요!"라고 외치는 소리를 들었다.

cup – glass – mug

1 'cup'

cup은 홍차와 커피 등의 뜨거운 음료를 마실 때 쓰는, 일반적으로 손잡이가 달린 작고 둥근 용기라는 뜻이다. 컵을 들고 있지 않을 경우, 일반적으로 컵은 받침 접시(**saucer**) 위에 놓는다.
John put his *cup* and saucer on the coffee table. 존은 커피 테이블 위에 자신의 컵과 받침 접시를 놓았다.

cup은 요리할 때 사용하는 계량의 표준 단위로도 사용한다.
Sprinkle 2 *cups* coconut heavily over the top and sides of the cake.
코코넛 두 컵을 케이크 윗부분과 옆부분에 두껍게 뿌리세요.

2 'glass'

유리로 만들어져 있고 찬 음료에 사용하는 용기, 즉 '유리잔'은 cup이 아닌 **glass**라고 한다.
I put down my *glass* and stood up. 나는 잔을 내려놓고 일어섰다.
He poured Ellen a *glass* of wine. 그는 엘렌에게 포도주를 한 잔 따라 주었다.

3 'mug'

mug는 뜨거운 음료에 사용하는, 옆면이 반듯하고 손잡이가 달린 크고 우묵한 컵이다. 머그는 받침 접시 위에 놓지 않는다.
He spooned instant coffee into two of the *mugs*. 그는 두 개의 머그에 인스턴트 커피를 수저로 떠넣었다.

4 containers and contents

cup, glass, mug는 그 잔 또는 그 내용을 지칭할 수 있다.
I dropped the *cup* and it broke. 나는 그 컵을 떨어뜨렸고 컵이 부서졌다.
Drink eight *glasses* of water a day. 하루에 물 여덟 잔을 마시세요.

cupboard – wardrobe – closet

cupboard – wardrobe – closet

1 'cupboard'

cupboard는 일반적으로 문이 달려 있고 안에는 선반이 있는 가구, 즉 '찬장'이라는 뜻이다.

The kitchen *cupboard* is stocked with tins of soup and food.
그 부엌 찬장에는 수프와 음식 통조림이 저장되어 있다.

 미국 영어는 cupboard가 문 뒤의 붙박이 선반(built-in shelves)을 지칭한다.

She was in the kitchen, opening *cupboards*, moving boxes and cans to see what lay behind.
그녀는 부엌에서 찬장을 열고 상자와 캔을 옮겨 뒤에 무엇이 있는지 확인하고 있었다.

2 'wardrobe'

wardrobe는 일반적으로 침실에 옷을 거는 공간이 있는 긴 가구, 즉 '옷장'이라는 뜻이다.

I hung my dress up in the *wardrobe*. 나는 옷장에 옷을 걸어 두었다.

3 'closet'

 찬장이나 옷장은 때때로 독립된 가구로보다는 붙박이로 짓기도 한다. 미국 영어에서는 '붙박이 찬장이나 옷장'을 closet라고 한다.

There's an iron in the *closet*. 그 옷장에 다리미가 있다.

curb – kerb

1 'curb'

curb는 명사나 동사로 사용한다.

curb something은 어떤 것을 통제하거나 한정된 범위 안에 두다, 즉 '억제하다'라는 뜻이다.

...proposals to *curb* the powers of the Home Secretary. 내무 장관의 권한을 제한하려는 제안들.
You must *curb* your extravagant tastes. 당신은 사치스러운 취향을 억제해야 한다.

curb에는 누군가가 어떤 것에 제한을 두다라는 뜻도 있다.

This requires a *curb* on public spending. 이것은 공공 소비의 제한을 요구한다.
Another year of wage *curbs* is inevitable. 1년 더 임금을 억제하는 것이 불가피하다.

2 'kerb'

 curb는 미국식 표기이고 kerb는 영국식 표기로, 발음상의 차이는 없다. kerb는 보도와 도로 사이에 솟은 가장자리, 즉 '연석'이라는 뜻이다.

The taxi pulled into the *kerb*. 그 택시는 연석 쪽으로 멈춰 섰다.
I pulled up at the *curb*. 나는 차를 연석 옆에 세웠다.

curiosity

어떤 사람의 생활, 사건, 상황을 알아내기를 바라는 사람을 묘사하는 단어는 다음과 같다.

curious	inquisitive	interested	nosy	prying

1 'curious'

curious는 찬성이나 반대를 나타내지 않는 중립적인 단어다.

Steve was intensely *curious* about the world I came from. 스티브는 나의 출신지에 대해 상당히 궁금해 했다.

2 'interested'

interested는 일반적으로 칭찬할 때 사용하는 단어이다. 한 사람의 삶에 대해 다른 사람에 대한 관심을 나타낼 때 사용한다.
She put on a good show of looking *interested*. 그녀는 그 일에 대해 상당히 관심이 있는 모습을 보였다.

3 'nosy' and 'prying'

nosy와 prying은 부정적인 뜻을 나타낸다.

'Who is the girl you came in with?' – 'Don't be so *nosy*.'
"당신과 같이 온 여자 분은 누구세요?" – "그렇게 꼬치꼬치 캐묻지 마세요."
Computer-based records can easily be protected from *prying* eyes by simple systems of codes.
컴퓨터에 기반을 둔 기록들은 간단한 암호 체계를 통해 개인 정보를 엿보려는 눈들로부터 쉽게 보호될 수 있다.

ℹ️ prying은 보통 eyes와 함께 사용한다.

4 'inquisitive'

inquisitive는 때때로 부정적인 뜻을 나타내지만, 중립적인 말이나 칭찬하는 단어로도 사용할 수 있다.

Mr Courtney was surprised. 'A ring, you say?' He tried not to sound *inquisitive*.
코트니 씨는 놀라서 "반지라고 하셨나요?"라며 호기심이 있는 것처럼 들리지 않게 하려고 애쓰면서 말했다.
Up close, he was a man with *inquisitive* sparkling eyes and a fresh, very down-to-earth smile.
바로 곁에서 보면 그는 호기심 많은 반짝이는 눈과 생기 넘치고 매우 정직한 미소를 가진 사람이었다.

custom

○ Usage 표제어 habit – custom 참조.

customer – client

1 'customer'

customer는 특히 가게에서 물건을 사는 사람, 즉 '소비자'라는 뜻이다.
She's one of our regular *customers*. 그녀는 우리 단골손님 중의 한 사람이다.

2 'client'

client는 돈을 지불하는 대가로 전문가나 단체로부터 서비스를 받는 사람이나 회사, 즉 '고객'이라는 뜻이다.
A solicitor and his *client* were sitting at the next table. 그 변호사와 그의 고객이 한 테이블에 앉아 있었다.

D d

dare

동사 **dare**에는 두 가지 뜻이 있다.

1 used as an intransitive verb(자동사로 사용하기)

dare는 주로 '~할 용기가 있다'라는 뜻으로 일반적으로 부정문과 의문문에서만 사용한다. **someone daren't do something**은 어떤 것을 할 만한 용기가 없다라는 뜻이다.

I went to see him as often as I *dared*. 나는 내가 원할 때마다 그를 만날 용기를 갖고 있다.
It's remarkable that she *dared to* be so honest. 그녀가 정직함을 지키는 용기를 가진 것은 훌륭한 일이다.
I *daren't* ring Jeremy again. 나는 제러미에게 다시 전화를 걸 용기가 없다.

 미국 영어에서는 축약형 **daren't**가 아닌 완전한 형태로 **dare not**을 사용한다.
I *dare not* leave you here alone. 나는 보호자 없이 당신을 여기에 혼자 두지 않을 것이다.

어떤 일을 할 용기가 없었다고 할 경우, ***did not dare* do something**이나 ***didn't dare* do something**이라고 하며, 격식을 차린 글에서는 ***dared not* do something**이라고 한다.

She *did not dare* leave the path. 그녀는 그 길을 떠날 용기가 없었다.
I *didn't dare* speak or move. 나는 말하거나 움직일 용기가 없었다.
He *dared not* show that he was afraid. 나는 그가 두려워하지 않는다는 것을 보여 주지 못할 것이다.

다른 종류의 부정문에서는 (**dare** + 원형부정사) 형식이나 (**dare** + to부정사) 형식을 사용할 수 있다.

No one *dares* disturb him. 아무도 그를 방해할 용기가 없다.
No other manager *dared to* compete. 어떤 다른 매니저도 경쟁할 용기가 없었다.

yes/no의문문에서 **dare**의 원형은 조동사 없이 주어 앞에 오는데, 이때 주어 뒤에는 원형부정사가 온다.

Dare she go in? 그녀가 안으로 들어갈 용기가 있을까요?

dare는 현재시제나 과거시제 모두 원형을 사용한다. wh-의문문에서는 **dare** 앞에 **would** 등의 조동사를 사용하며, **dare** 뒤에는 to부정사나 원형부정사를 사용할 수 있다.

Who *would dare to* tell him? 누가 그에게 말을 걸 용기가 있겠는가?
What bank *would dare* offer such terms? 어느 은행이 그러한 조건들을 제안할 용기가 있겠는가?

2 used as a transitive verb(타동사로 사용하기)

dare가 타동사로 쓰일 때, 위험한 일을 하도록 부추기다라는 뜻도 있다.

I *dare* you to swim across the lake. 나는 당신에게 용기가 있다면 그 호수를 헤엄쳐 건너 보라고 하고 싶다.
She glared at Simon, *daring* him to disagree. 그녀는 피터를 쳐다보면서, 동의하지 말라고 부추겼다.

3 'I dare say'

I dare say나 I daresay는 어떤 일이 사실일 가능성이 있다고 생각함을 나타내는데, 옛날식 표현이다.

It's worth a few pounds, *I dare say*, but no more. 그것은 몇 파운드의 값어치가 있지만, 아마 그 이상은 아닐 것이다.
Well, *I daresay* you've spent all your money by now. 아마 지금쯤 당신은 가지고 있던 돈을 다 써버렸을 것이다.

🔁 I dare say는 변할 수 없는 고정된 구이다. 예를 들면, You dare say나 I dare to say라고 하지 않는다.

data

data는 다음 계산에 사용되거나 일반적으로 분석되는 사실이나 통계 형태의 정보, 즉 '자료'라는 뜻이다.

Such tasks require the worker to process a large amount of *data*. 그런 일은 업무자가 많은 양의 자료를 처리할 것을 요구한다.
This will make the *data* easier to collect. 이것은 자료를 더 쉽게 모아줄 것이다.

data는 일반적으로 불가산명사로, 단수동사와 함께 사용한다.

2010 is the latest year for which *data is* available. 2010년의 데이터가 사용 가능한 가장 최신의 것이다.
The latest *data shows* that lending fell by 10% in May. 최신 자료는 5월에 10%의 대출금 하락을 나타내고 있다.

보통 these data보다는 this data를 사용한다.

Processing *this data* only takes a moment. 이 자료를 처리하는 데는 잠깐이면 된다.

그러나 일부 사람들은 위와 같은 용법이 잘못됐다고 생각한다. data는 datum의 복수형이므로 this data가 아닌 these data로 사용하고, 복수동사를 사용해야 한다고 주장하기도 한다.

The economic data *are* inconclusive. 경제 관련 데이터는 결론에 이르지 못하고 있다.
To cope with *these data*, hospitals bought large mainframe computers. 이러한 자료를 처리하기 위해서 병원들은 대용량 컴퓨터를 구입했다.

격식을 차린 글이나 과학 서적에서는 this data보다 these data를 사용하고, 복수동사를 사용한다. 그 밖의 상황에서는 단수동사나 복수동사 중 어느 것을 사용해도 좋다.

day

1 'day'

day는 24시간 단위의 '하루'를 뜻한다.

The attack occurred six *days* ago. 그 공격은 6일 전에 일어났다.
Can you go any *day* of the week? What about Monday? 일주일 중 어느 날이라도 갈 수 있나요? 월요일은 어때요?

햇빛이 있으며 사람들이 잠자지 않고 일을 하는 시간, 즉 '낮'이라는 뜻에도 day를 사용한다. day가 이런 뜻일 경우, 가산명사나 불가산명사로 사용할 수 있다.

The *days* were dry and the nights were cold. 낮에는 건조했고, 밤에는 추웠다.
How many meetings do you have on a typical working *day*? 당신은 평상시인 출근 날에 하루에 몇 번의 회의를 합니까?
The festivities would go on all *day*. 축제는 하루 종일 계속될 것이다.

2 'today'

말을 하고 글을 쓰고 있는 현재의 하루, 즉 '오늘'을 today라고 한다.

I hope you're feeling better *today*. 나는 오늘 당신이 기분이 나아지기를 바란다.
I want to get to New York *today*. 나는 오늘 뉴욕에 도착하기를 원한다.

today는 역사상에서의 오늘날, 현재를 가리킬 때에도 사용한다.

Today we are threatened on all sides by financial and political crises. 오늘날 우리는 재정적, 정치적 위기로 사방에서 위협을 당하고 있다.

3 'the other day'

어떤 일이 아주 최근에 일어났다고 할 때, the other day를 사용한다.

We had lunch *the other day* at our favourite restaurant. 우리는 일전에 우리가 좋아하는 식당에서 점심을 먹었다.
The other day, I met one of the world's finest violinists. 나는 일전에 세계에서 가장 훌륭한 바이올리니스트 중의 한 사람을 만났다.

4 referring to a particular day (특정한 날 가리키기)

어떤 사건이 일어났거나 일어날 특정한 날을 가리키는 경우, 보통 on으로 시작하는 전치사구를 사용한다.

We didn't catch any fish *on the first day*. 첫째 날에 우리는 고기를 한 마리도 잡지 못했다.
On the day after the race you should try to rest. 그 경주가 끝난 다음 날 당신은 휴식을 취해야 합니다.

dead

that day는 '지나간 특정한 날'이라는 뜻이다.
Then I took a bath, my second *that day*. 그때 나는 그날의 두 번째 목욕을 했다.
Later *that day* Amanda drove to Leeds. 그날 늦게 에이맨더는 런던으로 차를 몰고 갔었다.

the day before나 the previous day는 '어떤 날의 전날'이라는 뜻도 있다.
The day before Kate had worn scarlet shorts for tennis. 그 전날 케이트는 테니스를 치려고 주홍색 반바지를 입었다.
My phone had been stolen *the previous day*. 그 전날 나의 휴대폰을 도난당했었다.

the next day나 the following day는 '과거의 어떤 날의 바로 다음날'이라는 뜻도 있다.
The next day the revolution broke out. 그 다음날 혁명이 일어났다.
We were due to meet Hamish *the following day*. 우리는 그 다음 날 해미시를 만나기로 예정되어 있었다.

the following day나 the day after는 '미래의 어떤 날의 다음날'이라는 뜻도 있다.
The board will meet tomorrow evening and their team will be named *the following day*.
이사회는 내일 저녁에 모이는데 그들 팀의 이름은 그 다음날 지어질 것이다.
I could come *the day after*. 나는 그 다음날 올 수 있을 것이다.

5 'every day'

어떤 일이 정기적으로 매일 일어날 때, **every day**를 사용한다.
She went running *every day* in the summer. 그녀는 여름에는 매일 달리기를 한다.
Eat at least five portions of fruit and vegetables *every day*.
적어도 당신이 매일 먹는 양을 지금보다 5배로 늘리세요.

> 주의 every day를 형용사 everyday와 혼동해서는 안 된다.
> ○ 두 단어의 차이에 대한 설명은 Usage 표제어 everyday – every day 참조.

6 'these days' and 'nowadays'

과거에 일어난 일과 대비하여 현재 일어나고 있는 일을 말할 때, **these days**를 사용한다. **nowadays**는 these days와 비슷한 방식으로 사용한다.
These days, friends tend to send messages rather than call each other.
요사이 친구들 사이에 전화하기보다 서로 인터넷으로 메시지를 교환하는 경향이 있다.
Why don't we ever see Jim *nowadays*? 요사이 우리는 왜 짐을 볼 수 없지?

7 'one day'

미래의 명확하지 않은 시간에 어떤 일이 일어날 것이라고 할 때, **one day**를 사용한다.
Maybe he'll be Prime Minister *one day*. 그는 아마 언젠가 총리가 될지도 모른다.
Don't cry, Julie, I'll come back *one day*, I promise. 울지 마, 줄리. 언젠가 돌아올게, 약속해.

소설에서 방금 전에 어떤 상황을 설명하고 그 상황에서 일어난 일련의 사건 중 첫 번째를 언급할 때, **one day**를 사용한다.
One day a man called Carl came in to pay his electricity bill.
어느 날 칼이라는 한 남자가 전기 요금을 내려고 들어왔다.

dead

1 used as an adjective (형용사로 사용하기)

일반적으로 dead는 형용사로, 사람이 더 이상 '살아 있지 않은'이라는 뜻이다. 방금 전에 죽거나 오래 전에 죽었다고 할 때에도 dead를 사용한다.
They covered the body of the *dead* woman. 그들은 죽은 여자의 시체를 덮었었다.
He was shot *dead* in a gunfight. 그는 총격전에서 총에 맞아 죽었다.

동물이나 식물이 죽어 있다라는 뜻을 나타낼 때에도 dead를 사용한다.

A *dead* sheep was lying on the road. 죽은 양 한 마리가 그 도로에 놓여 있었다.
Mary threw away the *dead* flowers. 메리는 시든 꽃을 버렸다.

> **주의** dead를 died와 혼동해서는 안 된다. died는 동사 die의 과거와 과거분사이며, 형용사로는 사용하지 않는다.
> My dad *died* last year. 나의 아버지는 작년에 돌아가셨다.

2 used as a noun(명사로 사용하기)

죽은 사람들을 the dead라고 한다.
Among *the dead* was a five-year-old girl. 죽은 사람들 중에는 다섯 살짜리 여자 아이 한 명이 있었다.

deal

1 'a great deal' and 'a good deal'

a great deal이나 a good deal은 어떤 것이 많다라는 뜻이다. a good deal보다 a great deal을 흔히 사용한다.
There was *a great deal of concern* about energy shortages. 에너지 부족에 대해 많은 우려가 있었다.
She drank *a good deal of coffee* with him in his office. 그녀는 그의 사무실에서 그와 함께 커피를 자주 마셨다.

위와 같은 표현은 불가산명사만 함께 사용한다. 예를 들면, a great deal of apples가 아닌 a great deal of money 라고 한다.

a great deal과 a good deal은 부가어로도 사용할 수 있는데, 어떤 일을 하는 데 많은 시간을 소비하다라는 뜻이다.
They talked *a great deal*. 그들은 오랫동안 이야기를 했다.

○ 비슷한 부가어의 분류 목록은 Grammar 표제어 Adverbs and adverbials 참조.

2 'deal with'

deal with는 원하는 결과를 달성하기 위해 필요한 일을 하다, 즉 '처리하다'라는 뜻이다.
They learned to *deal with* any sort of emergency. 그들은 어떤 경우의 비상사태에서도 대처하는 것을 배웠다.

deal의 과거와 과거분사는 dealed가 아닌 dealt[delt]이다.
When they *had dealt with* the fire, another crisis arose. 그들이 화재에 대처하고 있을 때, 다른 위기 상황이 발생했다.
Any queries *will be dealt with* immediately. 어떤 문의도 곧바로 처리될 것입니다.

deals with에는 책, 연설, 영화가 특정한 주제와 관련이 있다라는 뜻도 있다.
Chapter 2 *deals with* contemporary Paris. 그 책 2단원에서는 현시대의 파리에 대해 논의했다.
The film *deals with* a strange encounter between two soldiers. 그 영화는 두 병사 간의 이상한 만남을 다루고 있다.

definitely

○ Usage 표제어 surely 참조.

delay – cancel – postpone – put off

1 'delay'

delay는 어떤 일을 나중에 하다, 즉 '연기하다'라는 뜻이다.
The government *delayed* granting passports to them until a week before their departure.
정부는 그들이 떠나기 일주일 전까지 여권 발급을 연기했다.
Try and persuade them to *delay* some of the changes. 몇 가지 변동 사항을 지연시키도록 그들을 설득하세요.

be delayed는 비행기, 기차, 배, 버스 등이 정시에 출발하거나 도착하는 것이 지연되다라는 뜻이다.
The coach *was delayed* for about five hours. 장거리 버스는 약 5시간 지연되었다.

demand

The flight *has been delayed* one hour, due to weather conditions. 날씨 때문에 비행기는 한 시간 지연되었다.

2 'cancel'

사전에 계획된 행사를 연기할 때, cancel과 postpone을 사용한다. cancel은 행사를 하지 않기로 공식적으로 결정하다, 즉 '취소하다'라는 뜻이다.

The performances *were cancelled* because the leading man was ill.
그 공연은 주연 남자 배우가 아파서 취소되었다.

Over 80 flights *were cancelled* because of bad weather. 어제 악천후로 인해 80편의 비행 편이 취소되었다.

3 'postpone' and 'put off'

postpone이나 put off는 애초에 계획된 일이나 행사를 다른 날로 '연기하다'라는 뜻이다.

The crew did not know that the invasion *had been postponed*. 승무원들은 공격이 연기된 것을 알지 못했다.
This is not a decision that can *be put off* much longer. 이것은 더 오래 늦출 수 있는 결정이 아니다.
The Association *has put* the event *off* until October. 협회는 10월까지 행사를 연기했다.

demand

demand는 명사나 동사로 사용할 수 있다.

1 used as a countable noun (가산명사로 사용하기)

명사 demand는 어떤 것에 대한 '강한 요구'라는 뜻이다.

There have been *demands* for better services. 그들은 좀 더 나은 서비스를 요구하고 있다.

2 used as an uncountable noun (불가산명사로 사용하기)

demand는 사람들이 원하는 정도의 제품 양이나 서비스를 말한다.

Demand for organic food rose by 10% last year. 유기농 식품 수요가 작년에 비해 10% 늘었다.

3 used as a verb (동사로 사용하기)

동사 demand는 어떤 것을 매우 강력하게 '요구하다'라는 뜻이다.

They *are demanding* higher wages. 그들은 임금 인상을 강력하게 요구하고 있다.
I *demand* to see a doctor. 나는 병원에 가기를 강력히 요구한다.
She *had been demanding* that he visit her. 그녀는 그가 찾아와 주기를 절실히 바라고 있었다.

🛈 demand가 동사일 경우, 그 뒤에 for를 사용하지 않는다.

deny

1 'deny'

deny는 어떤 고발이나 주장이 사실이 아니라고 말하다, 즉 '부인하다'라는 뜻이다.

The accused women *denied* all the charges brought against them.
그 여성 피의자들은 자신들에게 제기된 혐의를 모두 부인했다.
He *denied* that he was involved. 그는 자기가 관여되었다는 사실을 부인했다.
Green *denied* doing anything illegal. 그린은 어떠한 불법적인 일도 하지 않았다고 부인했다.

주의 [deny + 목적어 · that절 · -ing형] 형식을 사용해야 한다. 예를 들면, '그는 그녀가 물건을 훔쳤다고 주장했으나 그녀는 그것을 부인했다.'는 He accused her of stealing, but she denied.가 아닌 He accused her of stealing, but she *denied it*.이라고 한다.

아무 혐의가 없거나 책망받지 않는 일반적인 질문에 답할 때는 deny가 아닌 no를 사용한다. 예를 들면, '나는 그에게 기차가 떠났는지 물었고, 그는 떠나지 않았다고 대답했다.'는 I asked him if the train had left, and he denied it.이 아닌 I asked him if the train had left, and he *said no*.라고 한다.

She asked if you'd been in and I *said no*. 그녀가 당신이 안에 있는지를 물어서 나는 없다고 대답했다.

2 refusing to let someone have something

His ex-wife *denied* him access to his children. 그의 전처는 그의 아이들 접견권을 거부했었다.
Don't *deny* yourself pleasure. 자신을 즐기는 일을 거부하지 마세요.

> 주의 어떤 일을 하지 않겠다고 할 경우에는 deny가 아닌 refuse to do나 refuse를 사용한다.
> Three employees were dismissed for *refusing to join* a union.
> 세 명의 직원이 노동조합 가입을 거부한 이유로 해고되었다.
> We asked them to play a game with us, but they *refused*.
> 우리는 그들에게 함께 경기를 하자고 요청했으나 그들은 거부했다.

depend

1 'depend on'

depend나 depend upon은 살아남기 위해 사람이나 사물을 필요로 하다, 즉 '의존하다'라는 뜻이다.

At college Julie had seemed to *depend on* Simon more and more.
대학 시절에 줄리는 사이먼에게 점점 더 의지했던 것 같았다.
Uruguay's economy *has depended* heavily on its banking sector.
우루과이의 경제는 그 나라 금융 부문에 크게 의존해 왔다.
The factories *depend upon* natural resources. 그 공장들은 천연자원에 의존하고 있다.

어떤 일이 사실일 경우에만 다른 일이 일어난다고 할 때에도 depend on을 사용한다.

The success of the meeting *depends* largely *on* whether the chairman is efficient.
회의의 성공 여부는 의장이 유능한가 아닌가에 주로 달려 있다.
The cooking time *depends on* the size of the potato. 조리 시간은 감자의 크기에 따라 달라진다.

> 주의 depend는 형용사로 사용하지 않는다. 예를 들면 'be depend' on이 아닌 be *dependent* on이라고 한다.
> The local economy *is dependent on* oil and gas extraction. 지역 경제는 산출되는 가스와 오일에 의존하고 있다.

2 'depending on'

어떤 것이 특정한 상황에 따라서 달라진다고 할 때, depending on을 사용한다.

There are, *depending on* the individual, a lot of different approaches.
개인에 따라 여러 가지 다른 접근 방식이 있다.
They cost £20 or £25 *depending on* the size. 그것의 가격은 사이즈에 따라 20파운드 또는 25파운드이다.

3 'it depends'

때때로 사람들은 yes나 no 대신 It depends.라고 대답하는데, 이는 일반적으로 상황에 따라 대답이 yes나 no가 될 수 있다라는 뜻이다.

'What time will you arrive?' '*It depends*. If I come by train, I'll arrive at 5 o'clock. If I come by bus, I'll be a bit later.'
"여기에 몇 시에 도착합니까?" - "상황에 따라 달라지는데 기차로 가면 5시에, 버스로 가면 그보다 조금 늦어요."

describe

동사 describe는 직접목적어나 wh-절에 사용할 수 있다.

1 used with a direct object (직접목적어와 함께 사용하기)

describe는 사람이나 사물을 '묘사하다'라는 뜻이다.

Can you *describe your son*? 당신의 아들을 묘사할 수 있나요?

describe는 직접목적어, 간접목적어와 함께 사용할 수 있으며 직접목적어가 먼저 온다.

He *described the murderer* in detail *to the police officer*.
그는 경찰관에게 그 살인범에 대해 자세히 설명해 주었다.

desert – dessert

144

She *described the feeling to me*. 그는 나에게 그 느낌에 대해 설명해 주었다.

2 used with a 'wh-'clause(wh-절과 함께 사용하기)

describe는 다양한 형태의 wh-절 앞에 사용할 수 있다.

The man *described what he had seen*. 그 남자는 자신이 보았던 것을 설명했다.
He *described how he escaped* from prison. 그는 자신이 어떻게 탈옥했는지를 설명해 주었다.

(describe + to + 간접목적어 + wh-절) 형식을 사용할 수 있다.
I can't *describe to you what it was like*. 나는 당신에게 그것이 어떻게 생겼는지 설명할 수 없다.
I *describe to him what had happened* in Patricia's house.
나는 패트리샤의 집에서 일어난 일을 그에게 자세히 설명해 주었다.

> 주의 describe를 간접목적어와 함께 사용하는 경우, 간접목적어 앞에 to가 와야 한다. 예를 들면, I can't describe you what it was like.라고 하지 않는다.

desert – dessert

1 'desert' as a noun(명사로 사용하기)

desert는 명사나 동사로 사용할 수 있으며, 각각 다르게 발음한다.

desert[dézərt]는 물, 비, 나무, 식물이 거의 없는 넓은 땅, 즉 '사막'이라는 뜻이다.
They crossed the Sahara *Desert*. 그들은 사하라 사막을 종주했었다.

2 'desert' as a verb(동사로 사용하기)

desert[dizə́:rt]는 사람이나 동물이 어떤 장소를 떠나서 '황량한' 또는 '불모의'라는 뜻이다.

Poor farmers *are deserting* their parched farm fields and coming here looking for jobs.
가난한 농부들은 말라붙은 그들의 농토를 버리고 이곳에 와서 일자리를 구하고 있다.

desert에는 한 사람이 다른 사람을 떠나서 더 이상 돕거나 부양하지 않다, 즉 '버리다'라는 뜻도 있다.
All our friends *have deserted* us. 우리의 친구들은 모두 우리를 버렸다.

3 'dessert'

dessert[dizə́:rt]는 식사 마지막에 나오는 단 음식, 즉 '후식'이라는 뜻이다.
For *dessert* there was ice cream. 후식으로 아이스크림이 나왔다.

despite

○ Usage 표제어 in spite of – despite 참조.

destroy – spoil – ruin

1 'destroy'

destroy는 어떤 것을 완전히 손상시켜서 더 이상 사용할 수 없게 하다, 즉 '파괴하다'라는 뜻이다.

Several apartment buildings *were destroyed* by the bomb. 아파트 몇 동이 그 폭탄으로 파괴되었다.
I *destroyed* the letter as soon as I had read it. 나는 그 편지를 읽자마자 없애 버렸다.

○ 그 밖의 심한 손상을 나타내는 단어에 대한 정보는 Usage 표제어 damage 참조.

2 'spoil' and 'ruin'

동사 spoil과 ruin은 사람이나 사물이 즐기려 하는 일을 '방해하거나 망치다'라는 뜻이다. 이러한 뜻에는 destroy를 사용하지 않는다.

The evening *had been spoiled* by their argument. 그날 저녁은 그들의 논쟁 때문에 분위기를 망쳤다.
The weather *had* completely *ruined* their day. 그들의 날은 날씨에 완전히 망쳤다.

detail – details

1 'detail'

detail은 어떤 것의 개개의 특징이나 요소, 즉 '세부'라는 뜻이다.

I can still remember every single *detail* of that night. 나는 그날 밤의 모든 세세한 일을 아직도 기억해 낼 수 있다.
He described it down to the smallest *detail*. 그는 그것을 사소한 일까지 상세하게 설명했다.

2 'details'

obtain *details* of something은 어떤 것에 대한 정보를 얻다라는 뜻이다.

You can get *details* of nursery schools from the local authority.
당신은 지역 당국으로부터 보육원에 대한 정보를 얻을 수 있다.
Further *details* are available online. 더 많은 정보는 온라인을 통해 얻을 수 있다.

ⓘ obtain 'detail' of something이라고 하지 않는다.

die

die는 사람, 동물, 식물이 '죽다'라는 뜻이다. die의 3인칭 단수는 **dies**, -ing형은 **dying**, 과거와 과거분사는 **died**이다.

Blake *died* in January, aged 76. 블레이크는 1월에 76세의 나이로 죽었다.
The elm trees *are* all *dying*. 그 느릅나무들이 죽어 가고 있다.

누군가가 병이나 부상으로 죽을 때는 die of나 die from을 사용한다.

An old woman *dying of* cancer was taken into hospital. 암으로 죽어 가는 한 노파가 병원으로 옮겨졌다.
Simon Martin *died from* brain injuries caused by blows to the head.
사이먼 마틴은 머리에 가해진 타격으로 인한 뇌 손상으로 죽었다.

die가 위와 같은 뜻으로 쓰이는 경우, die 뒤에 of나 from 이외의 다른 전치사를 사용하지 않는다.

Millions of children *are dying of* hunger. 수백만의 아이들이 기아로 죽어 가고 있다.

◯ Usage 표제어 dead 참조.

difference – distinction

1 'difference'

difference는 어떤 방식에 있어서 서로 같지 않음, 즉 '차이'라는 뜻이다.

Is there much *difference* between British and European law? 영국 법과 유럽 법 사이에는 큰 차이가 있습니까?
There is an essential *difference* between computers and humans.
컴퓨터와 인간 사이에는 근본적인 차이가 있다.

make a difference는 상황을 변화시키다라는 뜻이다.

The training certainly *made a difference* to staff performance. 그 훈련은 직원들의 태도를 확실하게 바꾸었다.
The story about her past *made no difference* to his feelings for her.
그녀의 과거에 대한 이야기는 그의 그녀에 대한 감정에 아무런 변화를 주지 못했다.

2 'distinction'

두 사물의 다른 점을 지적할 때는 make a difference가 아닌 make a distinction이나 draw a distinction이라고 한다.

It is important to *make a distinction* between claimants who are over retirement age and those who

different

are not.
정년이 넘은 실업 수당 청구자와 정년이 넘지 않은 실업 수당 청구자를 구분하는 것은 중요한 일이다.
He *draws a distinction* between art and culture. 그는 예술과 문화의 차이점을 구분하고 있다.

different

1 'different'

different from은 어떤 사물이 다른 사물과 어느 면에서 같지 않다라는 뜻이다.
The meeting was *different from* any that had gone before. 그 회의는 이전의 어떤 회의와도 달랐다.
Health is *different from* physical fitness. 건강은 육체적인 건강과는 차이가 있다.

영국 영어에서는 대부분 **different from** 대신 **different to**를 사용한다.
My methods are totally *different to* his. 내가 하는 방법들은 그의 것과 완전히 다르다.

 일부 사람들은 위와 같이 from을 쓰는 용법에 대해 반대한다. 회화에서는 different from이나 different to를 둘 다 사용할 수 있지만, 글에서는 different from을 사용하는 것이 더 좋다.

 미국 영어에서는 위와 같은 경우에도 **different than**을 사용하지만 영국 영어에서는 이를 잘못된 표현이라고 생각한다. **different than** 뒤에 절이 와서 비교를 나타내는 경우에는 사용할 수 있다.
I am no *different than* I was 50 years ago. 나는 50년 전과 전혀 달라지지 않았다.

2 'very different'

두 물건이 크게 차이가 나는 경우, **very different from**을 사용한다.
The firm is now *very different from* the firm of the 1980's.
그 회사는 이제 1980년대와는 매우 큰 차이를 나타내고 있다.

> **주의** much different from이라고 하지 않는다. 두 물건이 매우 흡사한 경우, not very different from이나 not much different from을 사용한다.
> I discovered that things were *not very different from* what I had seen in New York.
> 나는 뉴욕에서 보았던 것과 상황이 매우 유사하다는 것을 발견했다.
> The new model is *not much different from* the old one. 그 새 모델은 전의 것보다 큰 차이가 나지 않는다.

3 'no different'

두 가지 물건이 비슷한 경우, **no different from**을 사용한다.
The fields seemed *no different from* equivalent fields in Iowa. 그 들판은 아이오와에 있는 들판과 비슷해 보였다.

difficulty

1 'difficulty'

difficulty는 어떤 일을 쉽게 하지 못하도록 방해하는 것, 즉 '어려움'이라는 뜻이다.
There are a lot of *difficulties* that have to be overcome. 극복해야 할 많은 난관들이 있다.
The main *difficulty* is a shortage of time. 주된 어려움은 시간이 부족하다는 것이다.

2 'have difficulty'

have difficulty doing something이나 **have difficulty in doing** something은 어떤 일을 쉽게 할 수 없다라는 뜻이다.
I often *have difficulty sleeping*. 나는 종종 잠을 자는데 어려움을 겪는다
She had great *difficulty in learning* to read and write.
그녀는 글을 읽고 쓰는 것을 배우는 데 매우 큰 어려움을 겪었다.

 'have difficulty to do' something이라고 하지 않는다.

dinner – lunch

dinner – lunch

1 'dinner'

dinner는 일반적으로 하루 중 가장 잘 차려 먹는 '식사'로, 사람에 따라 이 식사는 점심이 되기도 저녁이 되기도 한다.

Tell him his *dinner*'s in the oven. 그가 먹을 저녁밥이 오븐 안에 있다고 전해 주세요.
I haven't had *dinner* yet. 난 아직 저녁을 먹지 않았어요.

2 'lunch'

저녁 식사를 dinner라고 생각하는 사람들은 점심 식사를 lunch라고 한다.

I had soup and a sandwich for *lunch*. 나는 점심으로 수프와 샌드위치를 먹었다.
I'm going out to *lunch*. 나는 점심을 먹으러 나갈 것이다.

🔒 dinner, lunch 앞에 부정관사 a를 사용하지 않는데, I haven't had a dinner yet이다.

○ Topic 표제어 **Meals** 참조.

directly – direct

1 'directly' and 'direct': giving, receiving, and communicating(주고, 받고, 소통하기)

어떤 것이 중간 과정이나 행동, 또는 다른 사람의 관여가 없다고 할 때, 흔히 **directly**를 사용한다.

We deal *directly* with our suppliers. 우리는 제품 공급자들과 직거래를 한다.
Plants get their energy *directly* from the sun. 식물은 태양으로부터 에너지를 직접 얻는다.
I shall be writing to you *directly* in the next few days. 나는 며칠 내로 당신에게 직접 편지를 쓸 것이다.

다른 사람에게 어떤 것을 직접 받을 때, **directly** 대신 **direct**를 사용할 수 있다.

Other money comes *direct* from industry. 다른 돈은 산업에서 직접 나온다.

마찬가지로 다른 사람에게 편지를 직접 쓸 때, **directly** 대신 **direct**를 사용할 수 있다.

I should have written *direct* to the manager. 나는 매니저에게 직접 편지를 써야만 했다.

2 'directly' and 'direct': movement(움직임)

움직임을 말할 때에도 **directly**를 사용한다. go *directly* to a place는 어떤 곳을 가능한 한 최단 경로로 가다라는 뜻이다.

I spent a few days in New York, then went *directly* to my apartment in Cardiff-by-the-Sea. 나는 뉴욕에서 며칠을 보낸 후 곧장 카디프바이더시에 있는 아파트로 갔다.

누군가가 직접 어느 곳으로 간다고 할 경우, go *direct* to a place라고 한다.

Why hadn't he gone *direct* to his office? 그는 왜 바로 그의 사무실로 가지 않았던가요?

> 주의 비행기, 기차, 버스로 하는 여행 도중에 다른 교통수단으로 갈아타지 않고 가는 경우에는 **directly**가 아닌 **direct**를 사용한다.
> You can't go to Manchester *direct*. You have to change trains at Birmingham. 당신은 맨체스터에 직행으로 갈 수 없으므로 버밍엄에서 기차를 갈아타야 한다.

3 'directly': looking at something(어떤 것을 쳐다보기)

사람이나 사물을 똑바로 쳐다보다라는 뜻을 나타낼 때, **directly**를 사용하고, 이 뜻에 **direct**를 사용할 수 없다.

She turned her head and looked *directly* at them. 그녀는 고개를 돌려서 그들을 똑바로 쳐다보았다.

4 'directly': position(위치)

어떤 사물이 자신의 바로 위, 아래, 반대편, 다른 것 앞에 있을 때, **directly**를 사용하고, 이 뜻에 **direct**를 사용할

disability – disabled

수 없다.
The sun was almost *directly* overhead. 태양은 거의 바로 머리 위에서 내리쬐고 있었다.
I take a seat almost *directly* opposite the governor. 나는 주지사의 거의 바로 맞은편 자리에 앉아 있다.

5 'directly': saying when something happens (어떤 일이 일어날 때를 말하기)

something happens *directly after* something else는 어떤 일이 일어난 후에 바로 다른 일이 일어나다라는 뜻이다.

Directly after the meeting, a senior cabinet minister spoke to the BBC.
그 회의 직후에, 한 고위 각료는 BBC 방송사와 회견을 했다.

영국 영어에서 어떤 일이 일어난 후에 바로 다른 일이 일어나다라고 할 때, *directly*를 접속사로 사용한다.

Directly he heard the door close, he picked up the telephone.
그는 문이 닫히는 소리를 듣자마자, 전화기를 집어 들었다.

ℹ️ 위와 같은 뜻에 direct를 사용할 수 없다.

disability – disabled

person *with a disability*는 '정신적, 육체적, 정서적 장애를 가진 사람'이다.
Those who will gain the most are *people with disabilities* and their carers.
그 일로 크게 도움을 받을 사람들은 정신적, 육체적, 정서적 장애를 가진 사람들과 그들을 돌보는 사람들이다.

형용사 disabled는 이러한 장애를 가진 사람들이 처하는 상황의 묘사에 사용한다.
...issues that *disabled people* encounter in the workplace.
장애를 가진 사람들이 직장에서 일할 때 생겨나는 이슈들.

disagree

disagree with는 어떤 사람, 말, 아이디어 등에 다른 의견을 가지다, 즉 '동의하지 않다'라는 뜻이다.
I *disagree* completely *with* John Taylor. 나는 존 테일러의 의견에 완전히 동의하지 않는다.
I *disagree with* much of what he says. 나는 그가 하는 말에 대부분 동의하지 않는다.

ℹ️ 동의하지 않는 사람, 말, 아이디어를 언급하는 경우, with 이외의 다른 전치사를 사용하지 않는다.

disagree with someone *about* something은 어떤 것에 대해 상대방과 의견이 다르다라는 뜻이다.
I *disagreed with* them *about* how we should spend the money.
나는 그들과 그 돈을 어떻게 사용할 것인가에 대해 의견이 다르다.

disagree about something은 어떤 것에 대해 두 명 이상의 의견이 다르다라는 뜻이다.
He and I *disagree about* it. 그와 나는 그것에 대해 동의하지 않는다.
Historians *disagree about* the date of his birth.
역사학자들은 그의 생년월일에 대해 의견이 일치하지 않는다.

disappear

disappear는 사람이나 사물이 볼 수 없거나 찾을 수 없는 곳으로 가거나 보내지다, 즉 '사라지다'라는 뜻이다.
I saw him *disappear* round the corner. 나는 그가 길모퉁이를 돌아서 사라지는 것을 보았다.
She *disappeared* down the corridor. 그녀는 복도 아래로 사라졌다.
Tools *disappeared* and were never found. 연장이 없어져서 다시는 찾을 수 없었다.

ℹ️ disappeared를 형용사로 사용하지 않는다. 어떤 사물이 평소에 놔두는 곳에서 사라져서 찾을 수 없을 경우, be disa+.ppeared가 아닌 have disappeared라고 한다.

He discovered that a pint of milk *had disappeared* from the pantry.
그는 식품 저장실에서 우유 1파인트가 없어진 것을 발견했다.

By the time the examiners got to work, most of the records *had disappeared*.
검사관들이 일을 시작할 즈음, 대부분의 기록이 사라져 있었다.

disc – disk

1 'disc' or 'disk': a flat circular object

영국 영어에서 **disc**는 납작하고 '둥근 모양의 물체'라는 뜻이다.

A traffic warden pointed out that I had no car tax *disc* on the windscreen.
교통 단속원이 내 차 유리창에 자동차세 납세필증이 부착되어 있지 않다고 지적했다.

 미국 영어에서는 **disc**를 **disk**라고 표기한다.

2 'compact disc'

By 2019, sales of *compact discs* had reached an all-time low. 2019년 CD의 판매량이 최저점에 도달했다.

3 'disk': computer storage

영국 영어와 미국 영어에서 **disk**는 컴퓨터에 많은 양의 정보를 저장할 때 사용하는 납작하고 둥근 판을 말한다.

You don't need a *disk* any more; you can just download the software from the internet.
우리는 디스크를 더 이상 사용하지 않는데, 인터넷에서 다운로드를 받을 수 있기 때문이나.

The image data may be stored on *disk*. 이미지 자료는 디스크에 저장될 것이다.

discover

○ Usage 표제어 **find** 참조.

discuss

discuss는 어떤 것에 대해 다른 사람과 진지하게 이야기하다, 즉 '의논하다'라는 뜻이다.

She could not *discuss* his school work with him. 그녀는 그의 학업에 대해 그와 의논할 수 없었다.
We need to *discuss* what to do. 우리가 무엇을 할지 토의할 필요가 있다.
We *discussed* whether to call the police. 우리는 그 일을 경찰에 신고할 것인가를 토의했다.

⚠ discuss 뒤에 항상 직접목적어, wh-절, whether절이 온다. 예를 들면, ~~I discussed with him.~~이나 ~~They discussed.~~라고 하지 않는다.

discussion – argument

1 'discussion'

discussion은 누군가와 진지하게 대화를 하는 것, 즉 '토론'이라는 뜻이다.

After the lecture there was a *discussion*. 강의가 끝난 후에 토론이 있었다.

어떤 주제에 대한 토론을 할 때, **discussion about**이나 **discussion on**을 사용한다.

We had long *discussions about* our future plans. 우리는 미래 계획에 대해 긴 토론을 했다.
We're having a *discussion on* nuclear power. 우리는 원자력을 주제로 토론을 하고 있다.

2 'argument'

argument는 사람들 간에 서로 동의하지 않는 일로 큰 소리로 다투는 것, 즉 '논쟁'이라는 뜻이다. 이러한 경우에는 discussion을 사용하지 않는다.

We had a terrible *argument*, and now she won't talk to me.
우리는 격한 논쟁을 했었고, 지금 나는 그녀와 말도 하지 않는다.

I said no, and we got into a big *argument* over it. 내가 거부해서 우리는 그것에 대해 큰 논쟁을 시작하게 되었다.

disease

disease

◐ Usage 표제어 illness – disease 참조.

disk

◐ Usage 표제어 disc – disk 참조.

dislike – not like

dislike는 어떤 사람이나 사물을 불쾌해하다, 즉 '싫어하다'라는 뜻이다.
From what I know of him I *dislike* him intensely. 그에 대한 나의 견해는 내가 그를 매우 싫어한다는 것이다.
She *disliked* the theatre. 그녀는 그 극장에 가는 것을 싫어했다.

회화에서 dislike 대신 부정하는 단어와 함께 like를 사용한다.
She *doesn't like* tennis. 그녀는 테니스 치는 것을 싫어한다.
I*'ve never liked* him. 나는 그를 좋아해 본 적이 없다.

dislike doing something은 어떤 일을 하는 것을 싫어하다라는 뜻이다.
Many people *dislike following* orders. 많은 사람들이 지시에 따르는 것을 싫어한다.
I *don't like working* in a team. 나는 팀으로 일하는 것을 싫어한다.
He *doesn't like to be* told what to do. 그는 다른 사람들로부터 지시받는 것을 싫어한다.

🛈 'dislike to do' something이라고 하지 않는다.

◐ 어떤 것을 싫어함을 나타내는 단어와 표현의 분류 목록은 Usage 표제어 like – dislike 참조.

dispose – get rid of

1 'dispose of'

dispose of는 무언가를 더 이상 원하거나 필요하지 않아서 버리거나 남에게 주다라는 뜻이다.
Hundreds of used computers had to be *disposed of*. 수백 대에 달하는 중고 컴퓨터가 폐기되어져야 한다.
This is the safest means of *disposing of* nuclear waste. 이것이 핵 폐기물의 가장 안전한 처리 방법이다.

🛈 dispose 뒤에 of를 사용해야 하므로, 'dispose' something이라고 하지 않는다.

2 'get rid of'

dispose는 격식을 차린 단어이고, 회화에서는 보통 get rid of를 사용한다.
Now let's *get rid of* all this stuff. 자, 여기 있는 물건을 모두 치워 버립시다.
There was a lot of rubbish to *be got rid of*. 치워야 할 쓰레기가 많이 있었다.

distance

◐ 거리를 나타내는 방법에 대한 정보는 Topic 표제어 Measurements 참조.

distinction

◐ Usage 표제어 difference 참조.

disturb – disturbed

1 'disturb'

disturb는 다른 사람이 하고 있는 일을 저지하여 그 사람을 불편하게 하다, 즉 '방해하다'라는 뜻이다.

If she's asleep, don't *disturb* her. 그녀가 자고 있다면, 방해하지 마시오.
Sorry to *disturb* you, but can I use your telephone? 방해해서 죄송합니다만, 당신의 전화를 사용해도 될까요?

2 'disturbed'

형용사 **disturbed**는 동사와는 다른 뜻을 가지고 있는데, **a disturbed person**은 특별한 치료가 필요할 정도로 정서적으로 매우 불안한 사람이다.

They help emotionally *disturbed young people*. 그들은 정서적으로 불안한 젊은이들을 돌보았다.

someone is disturbed는 '어떤 사람 걱정을 심하게 하다'이다.
He *was disturbed* by the news of the attack. 그는 그 공격 뉴스를 듣고 크게 걱정을 했었다.

---

do

영어에서 **do**는 가장 많이 사용하는 동사 중의 하나이다. **do**의 3인칭 단수는 **does**, -ing형은 **doing**, 과거는 **did**, 과거분사는 **done**이며, 조동사나 본동사로 사용할 수 있다.

1 used as an auxiliary(조동사로 사용하기)

- 조동사로서 **do**의 용법에 대한 일반적인 정보는 Grammar 표제어 Auxiliary verbs 참조.
- 의문문에서 조동사로 사용하는 **do**에 대한 정보는 Grammar 표제어 Questions와 Question tags 참조.
- 부정문에서 조동사로 사용하는 **do**에 대한 정보는 Usage 표제어 not과 Grammar 표제어 Imperatives 참조.

조동사 **do**에는 두 가지 특수한 용법이 있다.

2 used as emphasis(강조를 위해 사용하기)

평서문을 강조할 때, 조동사 **do**를 사용할 수 있다. 이 경우에 **do, does, did**를 사용한다.

I *do feel* sorry for Roger. 나는 로저에게 정말로 미안하다.
I wanted to go over to the Ramsey's. Later that day, I *did drive by*.
나는 램지의 집에 가고 싶었다. 그날 늦게, 나는 차를 몰고 갔다.

[**do** + 명령문] 형식은 어떤 일을 하게 하거나 받아들이도록 재촉할 때 사용한다.
Do have a chocolate biscuit. 초콜릿 비스킷을 어서 먹어 보세요.
Do be careful. 아주 조심하세요.

3 used to focus on an action(행위에 초점을 맞출 때 사용하기)

조동사 **do**는 사람이나 사물의 행위에 초점을 맞출 때에도 사용할 수 있으며, [what + 명사·명사구 + 조동사 do + is·was + 부정사·원형부정사] 형식을 사용한다. 예를 들면, Carolyn opened a bookshop.에서 캐롤린이 한 행동에 중점을 두면 *What Carolyn did was to open* a bookshop.이나 *What Carolyn did was open* a bookshop.이라고 한다.

What Stephen did was to interview a lot of teachers. 스티븐이 한 일은 많은 교사들을 인터뷰하는 것이었다.
What it does is draw out all the vitamins from the body. 그것이 하는 일은 신체의 모든 비타민을 제거하는 것이다.

다른 일을 하지 않고 오직 한 가지 일만 했다는 것을 강조할 경우, **what** 대신 **all**을 사용할 수 있다.
All he did was shake hands and wish me luck. 그가 한 것이라고는 악수하면서 나에게 행운을 빌어 준 일뿐이었다.
All she ever does is make jam. 그녀가 항상 하는 유일한 일이라고는 잼을 만드는 것뿐이다.

4 used as a main verb(본동사로 사용하기)

어떤 행동, 활동, 임무를 실행할 때, **do**를 본동사로 사용한다.
We *did* quite a lot of work yesterday. 우리는 어제 아주 많은 일을 했다.

[**do** + -ing] 형식은 가사와 관련된 일을 나타내며, [**do** + 일반명사] 형식은 일반적으로 하는 일을 나타낸다.
He *does all the shopping* and I *do the washing*. 그는 모든 쇼핑을 하고 나는 세탁을 한다.
Have you *done your homework* yet? 벌써 숙제를 다 했니?

doubt

The man who *did the job* had ten years' training. 그 일을 한 사람은 10년간 훈련받았다.

회화에서 do는 특정한 동사의 뜻을 대신하여 자주 사용한다. 예를 들면, do your teeth(이를 닦다), do the flowers(꽃꽂이를 하다) 등이 있다.

Do I need to *do my hair*? 내 머리를 손질해야 할 것 같습니까?
She had *done her breakfast dishes*. 그녀는 아침 식사 설거지를 했었다.

> **주의** 어떤 것을 창조하거나 건설하는 것을 말할 경우, 보통 do가 아닌 make를 사용한다.
> I like *making* cakes. 나는 케이크 만들기를 좋아한다.
> Sheila *makes* all her own clothes. 셸리아는 자신의 모든 옷을 직접 만든다.
> ○ Usage 표제어 make 참조.

5 repeating 'do' (do를 반복하기)

의문문과 부정문에서 do동사를 두 번 사용하는 경우, 첫 번째는 조동사이고 두 번째는 본동사이다. 본동사는 항상 원형부정사 형태이다.

What *did* she *do* all day when she wasn't working? 그녀는 일을 하지 않았을 때, 하루 종일 무엇을 했는가?
If this exercise hurts your back *do not do* it. 이 운동을 하다가 허리가 아프면 운동을 중단하세요.

doubt

doubt는 명사나 동사로 사용할 수 있다.

1 'doubt' used as a noun (명사로 사용하기)

doubt는 어떤 것에 대한 불확실한 감정, 즉 '의심'이라는 뜻이다.

I had moments of *doubt*. 나는 잠시 의구심이 생겼다.
The report raises *doubts* about current methods. 그 보고서는 현재 사용하는 방법에 대해 의문을 제기하고 있다.

2 'no doubt'

there is no doubt about something은 '우리가 어떤 일을 사실로 확신하다'이다.

어떤 것에 대해 확신은 없지만 그것이 사실이라고 생각할 때, 평서문에 no doubt를 사용한다.

As Jennifer has *no doubt* told you, we are leaving tomorrow.
제니퍼가 당신에게 확실하게 말한 바와 같이, 우리는 내일 떠날 예정이다.
The contract for this will *no doubt* be widely advertised. 이 건에 대한 계약은 틀림없이 널리 광고될 것이다.

there is no doubt that something is true는 어떤 것이 확실히 사실이어서 의심할 여지가 없다라는 뜻이다.
There's no doubt that it's going to be difficult. 그 일이 어려울 것임은 의심의 여지가 없다.

🛈 there is no doubt 뒤에 that절을 사용해야 하며, if절이나 whether절은 사용할 수 없다.

○ 어떤 일에 대한 확신을 나타낼 때 사용하는 단어와 표현의 분류 목록은 Grammar 표제어 Adverbs and adverbials 참조.

3 used as a verb (동사로 사용하기)

동사 doubt는 아마도 어떤 것이 사실이 아니거나 가능하지 않다라는 뜻이다.

I *doubt* whether it would work. 나는 그것이 작동할지가 의심스럽다.
I *doubt* if Alan will meet her. 나는 앨런이 그녀를 만날 것인지 의심스럽다.

어떤 것이 사실이라고 말하거나 사실인지 물어볼 때, I doubt it.이라고 대답하면 어떤 일이 사실일 것 같지 않거나 가능하지 않다는 뜻을 나타낸다.

'Do your family know you're here?' – '*I doubt it*.'
"당신 가족들은 당신이 여기에 와 있는 것을 알아요?" – "설마 그럴 리가요."

🛈 ~~I doubt so~~.라고 하지 않는다.

downwards

O Usage 표제어 **ward-wards** 참조.

dozen

1 'dozen'

a dozen things는 12개의 물건을 말한다.
We need a loaf of bread and *a dozen* eggs. 우리는 빵 한 덩어리와 한 다스의 달걀이 필요하다.
When he got there he found more than *a dozen* men having dinner.
그가 그곳에 도착했을 때, 12명 이상의 남자들이 저녁 식사를 하고 있는 것을 발견했다.

🛈 dozen 앞에는 a를 사용하며, dozen things라고 하지 않는다.

〔숫자 + dozen〕형식은 많은 수의 물건에 사용한다. 예를 들면, '48개의 물건'은 **four dozen things**라고 한다.
On the trolley were *two dozen* cups and saucers. 그 손수레에는 두 다스의 컵과 컵 받침 접시가 있었다.
They ordered *three dozen* cookies for a party. 그들은 파티에 쓸 세 다스의 쿠키를 주문했었다.

🛈 숫자 뒤에 단수형 dozen을 사용하므로 two dozens cups and saucers라고 하지 않는다. 또한 dozen 뒤에 of를 사용하지 않으므로 two dozen of cups and saucers라고 하지 않는다.

2 'dozens'

회화에서 매우 많은 수의 사물을 모호하게 말할 때, **dozens**를 사용할 수 있다. **dozens**가 명사 앞에 올 경우, **dozens** 뒤에 **of**가 온다.
She's borrowed *dozens of* books. 그녀는 수십 권의 책을 빌렸다.
There had been *dozens of* attempts at reform. 개혁을 꾀하려는 수많은 시도가 있었다.

dream

dream은 명사나 동사로 사용할 수 있다. dream의 과거는 **dreamed**[driːmd, dremt], 과거분사는 **dreamt**[dremt]이다.

 미국 영어에서는 보통 **dreamt**를 사용하지 않고 **dreamed**를 사용한다.

1 used as a noun(명사로 사용하기)

dream은 잠을 자고 있는 동안 머릿속에서 경험하는 일련의 가상의 사건, 즉 '꿈'이라는 뜻이다.
In his *dream* he was sitting in a theatre watching a play. 꿈속에서 그는 극장 좌석에 앉아서 연극을 보고 있었다.

have a dream은 꿈을 꾸다라는 뜻이다.
The other night I *had a* strange *dream.* 전날 밤에 나는 이상한 꿈을 꾸었다.
Sam *has bad dreams* every night. 샘은 날마다 악몽을 꾸었다.

🛈 dream a dream이라고 하지 않는다.

dream은 어떤 일이 일어나기를 간절히 바라지만 일어날 것 같지 않은 상황이나 사건이라는 뜻으로도 사용한다.
My *dream* is to have a house in the country. 내 꿈은 시골에 집을 한 채 갖는 것이다.
His *dream* of becoming a pilot had come true. 조종사가 되고자 했던 그의 꿈이 이루어졌다.

2 used as a verb(동사로 사용하기)

어떤 사람이 잠을 자는 동안 가상의 사건을 경험하는 경우, *dream* something happens나 *dream that* something happens를 사용한다.
I *dreamed* Marnie was in trouble. 나는 마니가 어려움에 처해 있는 꿈을 꾸었다.
Daniel *dreamed that* he was back in Minneapolis. 대니얼은 미니애폴리스로 돌아가는 꿈을 꾸었다.

dress

어떤 것에 대해 꿈을 꿀 때, dream about이나 dream of를 사용한다.
Last night I *dreamed about* you. 어젯밤 나는 네 꿈을 꾸었다.
I *dreamt of* him every night. 나는 그에 대한 꿈을 매일 꾸었다.

어떤 일이 일어나기를 원할 때, dream of having something이나 dream of doing something이라고 한다.
He *dreamed of having* a car. 그는 자동차를 한 대 갖기를 원했다.
I've always *dreamed of becoming* a writer. 나는 작가가 되고 싶은 꿈을 갖고 있다.

ℹ️ 'dream to have' something이나 'dream to do' something이라고 하지 않는다.

---

dress

1 'dress' and 'get dressed'

dress는 '옷을 입다'라는 뜻으로, 이 용법은 주로 소설에서 쓰인다.
When he had shaved and *dressed*, he went down to the kitchen. 그는 면도를 하고 옷을 입고 부엌으로 내려갔다.

회화에서 옷을 입다는 dress가 아닌 get dressed라고 한다.
Please hurry up and *get dressed*, Morris. 모리스, 서둘러 옷을 입으세요.
I *got dressed* and went downstairs. 나는 옷을 입고 아래층으로 내려갔다.

dress in a particular way는 독특한 방식으로 옷을 입다라는 뜻이다.
The organizers advised people to *dress* appropriately in warm, waterproof clothing.
그 담당자들은 참가하는 사람들에게 방수와 보온이 되는 옷을 착용하라고 조언했다.
I really must try to make him change the way he *dresses*. 나는 그가 옷 입는 방식을 바꾸도록 정말로 애써야 한다.

2 'dressed in'

특별한 일로 옷을 차려입다는 be *dressed in*이라고 한다.
He was *dressed in* a black suit. 그는 검정색 정장을 입었다.
He saw people coming towards him dancing, *dressed in* colourful clothes and feathers.
그는 화려한 색상의 옷과 깃털로 차려입은 사람들이 그를 향해 춤을 추며 오고 있는 것을 보았다.

어떤 사람의 옷이 모두 같은 색깔일 경우, be *dressed in* that color는 누군가가 그 색깔의 옷을 입고 있다라는 뜻이다.
All the girls were *dressed in* white. 모든 소녀들이 하얀색 옷을 입고 있다.

3 'dress up'

dress up은 결혼식이나 취업 면접 등에 평소보다 더 멋지게 보이기 위해 다른 옷을 입다, 즉 '잘 차려입다'라는 뜻이다.
You don't need to *dress up* for dinner. 그 식사에 정장을 하고 오실 필요가 없습니다.

be *dressed up*도 잘 차려입다라는 뜻이다.
You're all *dressed up*. Are you going somewhere? 모두 다 잘 차려입었군요. 어디 가십니까?

someone *dresses up as* someone else는 어떤 사람이 다른 사람이 일반적으로 입는 옷을 입고 있다, 즉 '가장하다'라는 뜻이다.
My daughter *dressed up as* a princess for the party. 내 딸은 그 파티에 공주로 분장을 하고 갔다.

 어떤 사람이 평상복이 아닌 다른 옷을 입고 있다고 할 때, dress up만을 사용한다. 어떤 사람이 단정하거나 매력적인 옷을 입고 있으면, dress up well이 아닌 dress well이라고 한다.
They all had enough money to *dress well* and buy each other drinks.
그들은 모두 옷을 잘 차려입고 서로에게 술을 살 만큼 충분한 돈이 있었다.
We are told by advertisers and fashion experts that we must *dress well* and use cosmetics.
광고주와 패션 전문가들은 우리가 옷을 잘 차려입고 화장품을 사용해야 한다고 말한다.

drink

drink는 동사나 명사로 사용할 수 있다.

1 used as a transitive verb(타동사로 사용하기)

drink는 입에 액체를 넣어서 삼키다, 즉 '마시다'라는 뜻이다. drink의 과거는 drinked나 drunk가 아닌 drank이다.
You should *drink* water at every meal. 당신은 식사 때마다 물을 마셔야 한다.
I *drank* some of my tea. 나는 차를 마셨다.

drink의 과거분사는 drunk이다.
He was aware that he *had drunk* too much coffee. 그는 자신이 커피를 너무 많이 마셨다는 것을 알고 있었다.

2 used as an intransitive verb(자동사로 사용하기)

drink를 목적어 없이 사용하면 일반적으로 '술을 마시다'라는 뜻이다.
You shouldn't *drink* and drive. 당신은 음주 운전을 해서는 안 된다.

drink에는 어떤 사람이 정기적으로 술을 많이 마시다라는 뜻도 있다.
Daniel has gone out *drinking* with his friends. 다니엘은 친구들과 술을 마시기 위해 외출했었다.

do not drink는 누군가가 술을 전혀 마시지 않다라는 뜻이다.
She *doesn't* smoke or *drink*. 그녀는 전혀 담배를 피우거나 술을 마시지 않는다.

3 used as a count noun(가산명사로 사용하기)

a drink는 사람이 마시는 액체의 양, 즉 '한 잔'이라는 뜻이다.
I asked her for a *drink* of water. 나는 그녀에게 물 한 잔을 달라고 부탁했다.
Lynne brought me a hot *drink*. 린은 뜨거운 음료 한 잔을 나에게 가져왔다.

have a drink는 보통 다른 사람들과 술을 마시면서 시간을 보내다라는 뜻이다.
I'm going to *have a drink* with some friends this evening.
나는 오늘 저녁에 친구들에 몇 명과 술을 마시면서 시간을 보낼 것이다.

drinks는 일반적으로 '주류'를 가리킨다.
The *drinks* were served in the sitting room. 술은 거실에서 제공되고 있었다.

4 used as an uncount noun(불가산명사로 사용하기)

drink는 '술'이라는 뜻이다.
We are trying to keep him away from *drink*. 우리는 그가 술을 가까이하지 못하도록 애쓰고 있다.

drugstore

○ Usage 표제어 chemist's – drugstore – pharmacy 참조.

during

1 'during' and 'in'

어떤 일이 어느 기간 동안 처음부터 끝까지 또는 연속적으로 일어날 때, 보통 during을 사용한다.
We often get storms *during* the winter. 우리는 겨울에 자주 폭풍우를 겪고 있다.
This music was popular *in* the 1960s. 이 음악은 1960년대에 유행했었다.

위와 같은 문장에서 during 대신 in을 사용할 수 있으며, 의미상의 차이는 거의 없다. during을 사용하면, 보통 어떤 것이 계속되거나 반복된다는 사실을 강조하는 것이 된다.

○ Usage 표제어 in 참조.

duty

어떤 행위가 일어나고 있는 도중에 다른 일이 일어나다라고 할 때에도 **during**을 사용한다.

I met a lot of celebrities *during* my years as a journalist.
나는 기자로서 일하는 동안 많은 유명 인사들을 만났었다.

During her visit, the Queen will also open the new hospital.
여왕은 방문 기간 동안 새로운 병원을 개원할 예정이다.

위와 같은 문장에서는 때때로 **in**을 사용하지만 그 뜻은 항상 **during**과 같지는 않다. 예를 들면, What did you do *during* the war?는 '당신은 전쟁이 일어나는 중에 무엇을 했습니까?'라는 뜻이며, What did you do *in* the war?는 '당신은 전쟁 중에 무슨 역할을 했습니까?'라는 뜻이다.

2 single events(한 번 일어난 일)

어떤 기간 내에 어느 시점에서 단 한 번 사건이 일어났다고 할 때, **during**과 **in**을 사용할 수 있다.

He died *during* the night. 그는 그날 밤에 죽었다.
His father had died *in* the night. 그의 아버지는 그날 밤에 죽었다.
She left Bengal *during* the late Spring of 1740. 그녀는 1740년 늦은 봄에 벵골을 떠났다.
Mr Tyrie left Hong Kong *in* June. 타이리 씨는 6월에 홍콩을 떠났다.

위와 같은 문장에서는 **in**을 더 자주 사용한다. **during**을 사용하는 경우, 보통 어떤 일이 일어난 정확한 시간을 확신하지 못한다는 것을 강조한다.

> 주의 특정한 일이 얼마 동안 지속되었는지 나타낼 때는 **during**이 아닌 **for**를 사용하는데, '나는 웨일스에 2주 동안 가 있었다.'는 ~~I went to Wales during two weeks.~~가 아닌 I went to Wales *for* two weeks.라고 한다.

duty
- Usage 표제어 obligation – duty 참조.

E e

each

1 used as a determiner(한정사로 사용하기)

[each + 단수 가산명사] 형식은 어떤 그룹 내의 모든 사람이나 사물을 나타낼 때 사용한다. 한 그룹의 구성원 개개인을 나타낼 경우, every보다 each를 사용한다.

Each applicant has five choices. 각각의 지원자는 다섯 가지를 선택할 수 있다.
They interviewed *each candidate*. 그들은 각각의 후보자들을 인터뷰했었다.
Each country is subdivided into several districts. 각 나라는 여러 지역으로 나뉘어 있다.

2 'each of'

each 대신 each of를 때때로 사용할 수 있다. 예를 들면, '군인들 각자에게 새 군복이 주어졌다.'는 Each soldier was given a new uniform. 대신 *Each of* the soldiers was given a new uniform.이라고 한다. [each of + 한정사 + 복수 가산명사] 형식으로 사용한다.

Each of these phrases has a different meaning. 이 구절 하나하나마다 다른 뜻이 있다.
They inspected *each of her appliances* with care. 그들은 그녀의 가정용 기구 하나하나를 주의 깊게 검사했다.

[each of + 복수대명사] 형식도 사용한다.

They were all just sitting there, *each of them* thinking private thoughts.
그들은 모두 각각 자신들의 생각을 하면서 그곳에 그냥 앉아 있었다.
Each of these would be a big advance in its own right. 이것들 하나하나는 그 자체로 크게 발전할 것이다.

[each of + 복수명사 · 복수대명사] 형식이 주어일 때, 단수동사를 사용한다.

Each of these cases *was* carefully locked. 이 상자들 하나하나마다 조심스럽게 자물쇠가 채워졌다.
Each of us *looks* over the passenger lists. 우리는 각자 승객의 명단을 훑어보고 있다.

> 주의 복수명사나 복수대명사 앞에 of 없이 each만 사용하지 않아, ~~Each cases was carefully locked.~~이다.

each 앞에 almost, nearly, not과 같은 단어를 사용하지 않아, '그 거리에 있는 거의 모든 집들이 매물로 나와 있다.'는 ~~Almost each house in the street is for sale.~~이 아닌 Almost *every* house in the street is for sale.이라고 한다.

They show great skills in *nearly every* aspect of school life.
그들은 학교 생활의 거의 모든 측면에서 뛰어난 능력을 보여 주고 있다.
Not every lecturer wants to do research. 모든 강사들이 연구를 하는 것은 아니다.

부정문에서는 each나 each of가 아닌 none of를 사용하는데, '그 소년들 중 아무도 축구를 즐기지 않았다.'는 ~~Each boy did not enjoy football.~~이나 ~~Each of the boys did not enjoy football.~~이 아닌 *None of* the boys enjoyed football.이라고 한다.

None of them are actually dangerous. 그들 중 아무도 실제로는 위험하지 않다.
None of these suggestions is very helpful. 이러한 제안 중 아무것도 그다지 유용하지 않다.

○ Usage 표제어 none 참조.

3 referring back to 'each'(each를 다시 가리키기)

앞에 나온 each를 포함한 표현을 다시 가리킬 경우, 일반적으로 단수대명사 he, she, him, her 등을 사용한다.

Each boy said what *he* thought had happened. 각각의 소년들은 무슨 일이 일어났다고 생각하는지를 말했다.

each other – one another

그러나 성별을 정확히 알 수 없는 **each person**이나 **each student**를 다시 가리키는 경우, 보통 **they**나 **them**을 사용한다.

Each resident has *their* own bathroom. 모든 거주자는 각자의 욕실을 갖고 있다.

each other – one another

1 uses(용법)

두 명 이상의 사람들이 똑같은 방법으로 동시에 행동이나 감정을 표현할 때, **each other**나 **one another**를 사용한다. 예를 들면, 사이먼이 루이스를 좋아하고 루이스도 사이먼을 좋아한다면, Simon and Louise like *each other/one another*.(사이먼과 루이스는 서로 좋아한다.)라고 한다. each other와 one another는 상호대명사라고 하며, 일반적으로 동사의 직접목적어나 간접목적어가 된다.

We help *each other* a lot. 우리는 서로 많이 돕는다.
They sent *one another* gifts from time to time. 그들은 가끔 서로에게 선물을 보냈다.

each other나 one another를 전치사의 목적어로도 사용할 수 있다.

Terry and Mark were jealous of *each other*. 테리와 마크는 서로를 질투했다.
They didn't dare to look at *one another*. 그들은 그 당시 감히 서로를 쳐다보지 못했다.

2 possessives(소유격)

each other와 one another에 's를 붙여 소유격을 만들 수 있다.

I hope that you all enjoy *each other's* company. 나는 당신들 모두가 함께하는 시간을 즐기기를 바란다.
Apes spend a great deal of time grooming *one another's* fur.
원숭이는 서로의 털을 가다듬어 주는 데 많은 시간을 보낸다.

3 differences(차이점)

each other와 one another 간에 의미상의 차이는 거의 없는데, one another는 격식을 차린 표현으로 잘 사용하지 않는다. 일부 사람들이 두 사람이나 사물에는 each other, 둘 이상의 사람이나 사물에는 one another를 사용하지만, 이와 같은 구별은 일반적이지 않다.

easily

○ Usage 표제어 easy – easily 참조.

east

1 'east'

the *east*는 해가 뜨는 방향, 즉 '동쪽'이라는 뜻이다.
A strong wind was blowing from the *east*. 강한 바람이 동쪽에서 불어오고 있었다.

an *east* wind는 동쪽에서 불어오는 바람, 즉 '동풍'이라는 뜻이다.
It has turned bitterly cold, with a cruel *east* wind. 극심하게 추운 동풍으로 인해 날씨가 몹시 추워졌다.

the *east* of a place는 동쪽을 향해 있는 곳이라는 뜻이다.
She lives in a small flat in the *east* of Glasgow. 그녀는 글래스고 동부에 있는 작은 아파트에 살고 있다.
The plane travelled on to the *east* of the continent. 그 비행기는 그 대륙의 동부 쪽으로 비행을 했었다.

east는 일부 국가명과 지역의 명칭에 쓰인다.
He comes from *East Timor*. 그는 이스트 티모르 출신이다.
They travelled around *East Africa*. 그들은 동부 아프리카를 여행했었다.

○ Topic 표제어 Capital letters 참조.

eastwards

2 'eastern'

그러나 어떤 나라의 동부 지역은 보통 the 'east' part가 아닌 the *eastern* part라고 한다.

Most of the parks are in the *eastern* part of the city. 대부분의 공원은 그 도시 동부에 위치하고 있다.

마찬가지로, east Europe이나 east England가 아닌 *eastern* Europe이나 *eastern* England라고 한다.

They discussed the economies of Central and *Eastern* Europe.
그들은 중부 유럽과 동유럽 지역의 경제 상태에 대해 토론했다.

He took a flight from Dijon in *eastern* France. 그는 프랑스 동부 디종에서 출발하는 비행기를 탔다.

eastwards

○ Usage 표제어 ward-wards 참조.

easy – easily

1 'easy'

easy는 노력이나 어려움 없이 어떤 일을 하거나 달성할 수 있다, 즉 '쉬운'이라는 뜻이다.

Both sides had secured *easy* victories earlier in the day. 양측 모두 그날 일찍 손쉬운 승리를 확신했다.
The task was not *easy*. 그 임무는 쉬운 것이 아니었다.

easy의 비교급은 easier이고, 최상급은 easiest이다.

This is much *easier* than it sounds. 이것은 듣기보다 훨씬 더 쉽다.
This was in many ways the *easiest* stage. 이것은 많은 면에서 가장 쉬운 단계였다.

it is easy to do something은 어떤 일을 하는 것은 쉽다는 뜻이다. 예를 들면, '낙타를 타는 것은 쉽다.'는 Riding a camel is easy. 대신 *It is easy to ride* a camel.이나 A camel *is easy to ride*.라고 한다.

It is always very easy to be cynical about politics. 정치에 대해 냉소적인 태도를 취하는 것은 언제나 매우 쉬운 일이다.
The house *is easy to keep* clean. 그 집은 청결을 유지하기 쉽다.

2 'easily'

easy는 부사가 아니지만, go easy, take it easy, easier said than done과 같은 표현에서는 부사로 사용한다. 어떤 일을 어려움 없이 쉽게 한다는 것을 나타낼 때는 부사 easily를 사용한다.

Put things in a place where you can find them quickly and *easily*.
당신이 빠르고 쉽게 찾을 수 있는 곳에 물건을 보관하세요.
Belgium *easily* beat Mexico 3-0. 벨기에는 멕시코를 3 대 0으로 쉽게 물리쳤다.

easily의 비교급은 more easily이고, 최상급은 most easily이다.

Milk is digested *more easily* when it is skimmed. 우유는 지방질을 뺄 경우, 더 쉽게 소화된다.
This is the format that is *most easily* understood by customers. 이 형식은 고객들이 제일 쉽게 이해할 수 있게 했다.

economic

○ Usage 표제어 economics 참조.

economical

○ Usage 표제어 economics 참조.

economics

1 'economics'

명사 economics는 금융, 산업, 무역의 연관 관계를 연구하는 학문, 즉 '경제학'이라는 뜻이다.

economics

USAGE

Paula has a degree in *economics*. 폴라는 경제학자이다.

economics가 위와 같은 뜻일 경우 불가산명사이며, 단수동사를 사용한다.
Economics is a science. 경제학은 과학이다.

어떤 것이 경제학과 관련이 있을 경우 명사 앞에 **economics**를 사용한다.
He has an *economics* degree. 그는 경제학 학위를 갖고 있다.
I teach in the *economics* department. 나는 그 경제학과에서 학생을 가르치고 있다.

ℹ️ 'economic' degree나 'economic' department라고 하지 않는다.

산업의 이윤 창출과 연관되어 있음을 나타낼 때, **economics**를 사용한다.
This decision will change the *economics* of the project. 이러한 결정은 그 프로젝트 경제성에 변화를 줄 것이다.

economics가 위와 같은 뜻일 경우 복수명사이며, 복수동사를 사용한다.
The *economics* of the airline industry are dramatically affected by rising energy costs.
에너지 가격의 상승으로 항공 산업의 경제성은 엄청난 영향을 받는다.

2 'economy'

명사 **economy**는 어떤 나라나 지역의 금융, 산업, 무역이 운영되는 '경제 체계'라는 뜻이다.
New England's *economy* is still largely based on manufacturing.
뉴잉글랜드 경제는 여전히 제조업에 크게 기반을 두고 있다.
Unofficial strikes were damaging the British *economy*. 비공식적인 파업이 영국 경제에 피해를 주고 있었다.

돈을 저축하기 위해서 물건을 절약하여 사용한다는 뜻에도 **economy**를 사용한다.
His seaside home was small for reasons of *economy*. 그가 소유한 해변의 집은 경제적인 이유로 크기가 작았다.

3 'economies'

make *economies*는 돈을 절약하기 위해서 불필요한 물건을 사지 않다라는 뜻이다.
It might be necessary to make a few *economies*. 약간 절약하는 것이 필요할지도 모른다.
They will *make economies* by hiring fewer part-time workers.
그들은 더 적은 수의 시간제 직원들을 고용하여 비용을 절약할 것이다.

그러나 저축한 돈은 **economies**가 아닌 **savings**라고 한다.
She spent all her *savings*. 그녀는 자신의 저축을 모두 썼다.
He opened a *savings* account. 그는 저축 계좌를 개설했다.

4 'economic'

economic은 형용사로, 금융과 무역의 조직과 연관된 일을 나타낸다. **economic**은 명사 앞에서만 사용하고 동사 뒤에는 사용하지 않는다.
The chancellor proposed radical *economic* reforms. 그 재정 장관은 급진적인 경제 개혁을 제안했었다.
What has gone wrong with the *economic* system during the last ten years?
지난 10년 동안 경제 체제에 무슨 일이 있었습니까?

이익을 내거나 손해를 보지 않는다고 할 때도 **economic**을 사용한다. **economic**이 이러한 뜻일 경우에 형용사, 명사의 앞이나 동사 뒤에 올 수 있다.
It is difficult to provide an *economic* public transport service.
경제성이 있는 공공 교통 서비스를 제공한다는 것은 어려운 일이다.
We have to keep fares high enough to make it *economic* for the service to continue.
우리가 그 서비스를 계속 운영하려면 그것이 이익을 낼 수 있게 요금을 높게 책정해야 한다.

5 'economical'

형용사 **economical**은 어떤 것을 운영하거나 사용하는 비용이 저렴하다, 즉 '경제적인'이라는 뜻이다.
We bought a small, *economical* car. 우리는 소형의 경제적인 차를 샀다.
This system was extremely *economical* because it ran on half-price electricity.
이 시스템은 절반 가격의 전기로 운영되었기 때문에 매우 경제적이었다.

economies
○ Usage 표제어 economics 참조.

economy
○ Usage 표제어 economics 참조.

educate
○ Usage 표제어 bring up – raise – educate 참조.

effect
○ Usage 표제어 affect – effect 참조.

effective – efficient

1 'effective'

effective는 의도한 결과를 낳다, 즉 '바람직한 결과를 낳는' 또는 '효과적인'이라는 뜻이다.

We need *effective* street lighting. 우리는 효과적인 거리 조명이 필요하다.
Simple antibiotics are *effective* against this virus. 단순한 항생제도 이 바이러스를 쉽게 퇴치할 수 있다.
She was very *effective* in getting people to communicate. 그녀는 사람들과의 소통에 아주 효율적으로 대처했었다.

2 'efficient'

efficient는 사람, 기계, 단체가 시간이나 에너지의 낭비 없이 일을 잘하다, 즉 '효율적인'이라는 뜻이다.

You need a highly *efficient* production manager if you want to reduce costs.
만약 원가를 절약하려면, 아주 유능한 생산직 매니저가 필요하다.
Engines and cars can be made more *efficient*. 엔진과 자동차를 더 효율적으로 개선할 수 있다.

> 주의 you are effective는 '우리가 특정한 일을 효율적으로 하다'이고, you are efficient는 '우리가 그 일을 빠르고 쉽게 하다'이다.
> Doing research at the library can be *effective*, but using the internet is often more *efficient*.
> 도서관에서 연구 조사 자료를 구하는 것은 효율적이지만, 그러나 그 일을 인터넷으로 하면 더 쉽게 빠르게 할 수 있다.

efficient
○ Usage 표제어 effective – efficient 참조.

effort

make an effort는 어떤 일을 하기 위해 열심히 노력하다라는 뜻이다.

Daintry *made one more effort* to escape. 데인트리는 탈출하기 위해 한 번 더 노력했다.
Little *effort has been made* to investigate this claim. 이 주장을 조사하는 것에는 거의 노력을 기울이지 않았다.

🚫 ~~does an effort~~라고 하지 않는다.

either

1 used as a determiner (한정사로 사용하기)

〔either + 단수 가산명사〕 형식은 어떤 사실이 두 사람이나 사물 모두에 적용될 때 사용한다.
Many children don't resemble *either parent*. 아이들이 부모를 닮지 않는 경우가 많다.

either...or

In *either case*, Robert would never succeed. 어떤 경우라도 로버트는 절대로 성공하지 못할 것이다.

2 'either of'

either 대신 either of를 사용할 수 있는데, '두 가지 대답 모두 맞다.'는 Either answer is correct. 대신 ***Either of** the answers is correct.*라고 한다.

I'm happy to eat at *either of those restaurants*. 나는 두 식당 중 어느 식당에서 식사를 해도 좋아할 것이다.
They didn't want *either of their children* to know about this.
그들은 두 아이 중에 누구도 이 일에 대해 아는 것을 원하지 않았다.

(either of + 복수대명사) 형식을 사용한다.

I don't know *either of them* very well. 나는 그들 둘 다 잘 모른다.
He was better dressed than *either of us*. 그는 우리 둘보다 더 옷을 잘 입고 있었다.

> **주의** 복수명사나 복수대명사 앞에는 of 없이 either를 사용하지 않는다.

일부 사람들은 (either of + 명사구) 형식에 복수동사를 사용한다. 예를 들면, '너희 둘 중 한 명이라도 나쁘다고 생각하지 않는다.'는 I don't think either of you is wrong. 대신 I don't think either of you *are* wrong.이라고 한다.

I'm surprised either of you *are* here. 당신들 둘 중 하나가 여기에 있다니 놀랍다.

회화에서는 위와 같은 용법을 사용하지만, 격식을 차린 글에서는 either of 뒤에 항상 단수동사를 사용해야 한다.

Either of these interpretations *is* possible. 이러한 해석들 둘 다 가능하다.

3 used in negative statements(부정문에 사용하기)

either나 either of를 부정문에 사용하면 어떤 사실이 두 사람이나 사물 모두에 똑같이 적용된다는 것을 강조한다. 예를 들면, '나는 그들 둘 중 어느 누구도 좋아하지 않는다.'는 I don't like *either of* them.이라고 한다.

She could not see *either* man. 그녀는 두 남자 중 어느 누구도 볼 수 없었다.
There was no sound from *either of* the rooms. 그 두 방 중 어느 곳에서도 아무런 소리가 들리지 않았다.
'Which one do you want?' – 'I don't want *either*.' "어느 것을 원하세요?" – "아무것도 원하지 않아요."

4 used to mean 'each'(each의 뜻으로 사용하기)

(either + side·end) 형식에서 either는 each와 같은 뜻이다. 예를 들면, There were trees on *either side* of the road.는 '그 길 양쪽 모두에 나무가 있었다.'라는 뜻이다.

There were trees on *either side* of the road. 길 양쪽에 나무가 있었다.
There are toilets at *either end* of the train. 그 기차 양 끝에 화장실이 있었다.

5 used as an adverb(부사로 사용하기)

부정문 뒤에 또 다른 내용의 부정문이 올 때, 두 번째 부정문의 끝에 either를 사용할 수 있다.

I can't play tennis and I can't play golf *either*. 나는 테니스를 칠 줄 모르고, 골프도 칠 줄 모른다.
'I haven't got that address.' – 'No, I haven't got it *either*.'
"저는 그 주소를 갖고 있지 않아요." – "그래요. 저도 그래요."

○ 그 밖에 두 개의 부정문을 연결하는 방법은 Usage 표제어 neither와 nor 참조.

either...or

1 used in affirmative statements(긍정문에 사용하기)

긍정문에서 either...or는 두 개의 대안을 언급하여 그 이외에 다른 대안이 있을 가능성이 없음을 나타낸다. either는 첫 번째 대안 앞에, or는 두 번째 대안 앞에 사용한다.

Recruits are interviewed by *either* Mrs Darby *or* Mr Bootle.
입사 지원자들은 다비 부인이나 부틀 씨 중 한 명과 면접을 한다.

elderly

He must have concluded that I was *either* stupid *or* rude. 그는 내가 바보든지 아니면 무례하다고 결론을 내렸음에 틀림없다.
I was expecting you *either* today *or* tomorrow. 나는 당신이 오늘 아니면 내일 올 것으로 생각하고 있었다.
People *either* leave *or* are promoted. 사람들은 퇴직을 하든지 아니면 승진을 한다.
Either she goes *or* I go. 그녀가 가거나 아니면 내가 간다.

2 used in negative statements(부정문에 사용하기)

부정문에서 either...or는 어떤 내용이 두 개의 것이나 성질에 모두 적용된다는 것을 강조한다. 예를 들면, '나는 파리나 로마에 가본 적이 없다.'는 I haven't been to Paris or Rome. 대신 I haven't been to *either* Paris *or* Rome.이라고 한다.

He was not the choice of *either* Dexter *or* team manager. 그는 덱스터나 팀의 감독이 선택한 사람이 아니었다.
Come on now, you're not being *either* truthful *or* fair. 잘 생각해 보세요, 당신은 솔직하지도 공정하지도 않습니다.

○ Usage 표제어 neither...nor 참조.

elderly

○ Usage 표제어 old 참조.

electric – electrical – electronic

1 'electric'

전기로 작동하는 기계나 기구를 나타낼 때, 명사 앞에 **electric**을 사용한다.

The boat runs on an *electric* motor. 그 보트는 전기 모터로 작동되고 있다.
My dentist recommends I get an *electric* toothbrush. 나의 치과 의사가 나에게 전동 칫솔을 사용하라고 권장했다.

2 'electrical'

전기를 만들거나 사용하는 기계, 장치, 시스템에 대해 더 일반적으로 말할 경우, **electrical**을 사용한다. **electrical**은 대부분 **equipment**, **appliance**, **component**와 같은 명사 앞에 사용한다.

They sell *electrical* appliances such as dishwashers and washing machines.
그들은 식기 세척기나 세탁기와 같은 전기 기구들을 팔고 있다.
We are waiting for a shipment of *electrical* equipment. 우리는 전기 제품들의 선적을 기다리고 있는 중이다.

전기나 전기 제품을 생산하는 일과 관련된 사람이나 단체를 나타낼 때, **electrical**을 사용한다.

He is an *electrical* engineer. 그는 전기 기사이다.
They work in the *electrical* engineering industry. 그들은 전기와 기계 공업 회사들에 근무하고 있다.

3 'electronic'

전기의 흐름을 제어하고 변화시키는 트랜지스터나 실리콘 칩을 활용한 장치나 전자 기구를 사용하는 과정을 나타낼 때, **electronic**을 사용한다.

Mobile phones, laptops and other *electronic* devices must be switched off.
휴대폰, 랩톱, 그리고 기타 전자 제품의 전원을 반드시 꺼야 합니다.
They use *electronic* surveillance systems. 그들은 전자 감시 시스템들을 사용하고 있다.

elevator

○ Usage 표제어 lift 참조.

else

1 used with 'someone', 'somewhere' and 'anything'
(someone, somewhere, anything과 함께 사용하기)

embarrassed

USAGE

〔someone · somewhere · anything + else〕 형식은 어떤 것인지에 대한 언급 없이 또 다른 사람, 장소, 사물을 가리킬 때 사용한다.

She had borrowed *someone else's* hat. 그녀는 다른 사람의 모자를 빌렸었다.
Let's go *somewhere else*. 다른 곳으로 갑시다.
I had *nothing else* to do. 나는 다른 할 일이 없었다.

2 used with 'wh'-words (wh-어와 함께 사용하기)

〔wh-어 + else〕 형식은 이미 언급한 것을 제외한 다른 것에 대해 물어볼 때 사용한다. 예를 들면, *What else did they do?*는 '그들은 그 밖에 무슨 일을 했습니까?'라는 뜻이다.

What else do I need to do? 내가 해야 할 다른 일이 무엇인가?
Who else was there? 그 밖에 누가 있었는가?
Why else would he be so angry? 그 밖에 어떤 이유로 그가 화가 나 있는가?
Where else could they live in such comfort? 그 밖에 어디에서 그들이 그렇게 편안하게 살 수 있겠는가?
How else was I to explain what had happened? 무슨 일이 일어났는지 달리 어떻게 설명해야 했는가?

ℹ️ which 뒤에는 else를 사용하지 않는다.

3 'or else'

접속사 or else는 or와 뜻이 비슷하다. 두 가지 가능성이 있는 일 중에 두 번째 것을 이끌 때 사용한다.

You are either a total genius *or else* you must be absolutely raving mad.
당신은 완전한 천재이거나, 아니면 완전히 미친 사람임에 틀림없다.
It's likely that someone gave her a lift, *or else* that she took a taxi.
누군가가 그녀를 태워다 주었던가, 아니면 그녀가 택시를 타고 갔던 것 같다.

특정한 일을 하지 않으면 일어나게 될 좋지 않은 결과를 언급할 때에도 or else를 사용한다.

We need to hurry *or else* we'll be late. 우리가 서두르지 않으면, 늦어질 것이다.

embarrassed

○ Usage 표제어 ashamed – embarrassed 참조.

emigration – immigration – migration

1 'emigrate', 'emigration', 'emigrant'

emigrate는 자신이 살던 나라를 떠나서 다른 나라에서 영원히 살다, 즉 '이민 가다'라는 뜻이다.

He received permission to *emigrate* to Canada. 그는 캐나다. 이민 허가를 받았다.
He *had emigrated* from Germany in the early 1920's. 그는 1920년대 초에 독일을 떠나 이민을 갔다.

사람들이 다른 나라에 거주하기 위해서 조국을 떠나는 과정을 emigration, 이민을 가는 사람을 emigrant라고 한다.

2 'immigrate', 'immigration', 'immigrant'

거주하려는 나라에 도착한 이민자를 immigrant라고 한다.

The company employs several *immigrants*. 그 회사는 여러 명의 이민자들을 고용하고 있다.

이민자가 정착할 나라에 오기까지의 과정은 immigration이라고 한다.

The government has changed its *immigration* policy. 정부는 이민 정책을 변경했다.

3 'migrate', 'migration', 'migrant'

migrate는 직장을 얻기 위해서 일시적으로 다른 도시나 다른 나라로 '이주하다'라는 뜻이다.

The only solution people can see is to *migrate*. 사람들이 생각할 수 있는 유일한 해결책은 이주하는 것이다.
Millions have *migrated* to the cities. 수백만 명이 도시로 이주했다.

employ – use

위와 같은 과정을 *migration*이라고 한다.
New jobs are encouraging *migration* from the cities of the north.
새로운 직장의 창출로 북부로부터 이주가 가속화되고 있다.

직장을 얻기 위해 일시적으로 도시나 다른 나라로 이주하는 사람을 *migrant*나 *migrant worker*라고 한다.
She was a *migrant* looking for a place to live. 그녀는 살 곳을 찾고 있는 이주자이다.
In South America alone there are three million *migrant workers*.
남아메리카만 해도 3백만 명의 임시 이주 노동자들이 있다.

employ – use

1 'employ'

*employ*는 돈을 주고 일을 시키다, 즉 '고용하다'라는 뜻이다.
The companies *employ* 7.5 million people. 그 회사들은 모두 750만 명을 고용하고 있다.
He *was employed* as a research assistant. 그는 연구 보조원으로 고용되었다.

*something is employed*는 특정한 목적으로 어떤 것을 사용하다라는 뜻으로, 특정한 방법이나 기술을 사용할 경우, a particular method/technique *is employed*라고 한다.
A number of ingenious techniques *are employed*. 많은 독창적인 기술이 사용되고 있다.
The methods *employed* are varied, depending on the material in question.
해당 재료에 따라 적용하는 방법이 달라진다.

기계, 도구, 무기를 사용할 경우에도 a machine/tool/weapon *is employed*라고 한다.
Similar technology *could be employed* in the major cities.
비슷한 기술이 대도시에서 사용될 수 있을 것이다.
What matters most is how the tools *are employed*. 가장 중요한 것은 도구를 사용하는 방법이다.

2 'use'

그러나 방법이나 도구의 사용을 나타내는 *employ*는 격식을 차린 단어이다. 보통 a method/tool *is used*라고 한다.
This method *has been* extensively *used* in the United States. 이 방법은 미국에서 광범위하게 사용되어 왔다.
These weapons *are used* in training sessions. 그 무기들은 훈련 시간에 사용된다.

enable

○ Usage 표제어 allow – permit – let – enable 참조.

end

1 'end'

*end*는 어떤 일이 '끝나다'라는 뜻이다.
The current agreement *ends* on November 24. 현재의 협정은 11월 24일에 만료된다.
He wanted to *end* their friendship. 그는 그들과의 우정을 끝내고 싶었다.

2 'end with'

end with something은 어떤 것으로 말하거나, 행하거나, 실행하는 일련의 것들을 마무리하다라는 뜻이다.
He *ended with* the question: 'When will we learn?' 그는 "우리는 언제 배울 것인가?"라는 질문으로 마무리했다.
The concert *ended with* a Bach sonata. 그 콘서트는 바흐의 소나타로 마무리되었다.

3 'end by'

end by doing something은 일련의 일들 중 마지막 것을 끝내다라는 뜻이다.

endure

I *ended by saying* that further instructions would be given to him later. 나는 후에 그에게 추가적인 지시를 내리겠다고 말하면서 얘기를 끝냈다.
The letter *ends by requesting* a deadline. 그 편지는 마감 날짜를 요구하는 것으로 마감하고 있다.

4 'end up'

회화에서 어떤 일이 일련의 일들 중 마지막에 일어난다고 할 때, **end up**을 사용한다. end up in, end up with, end up doing 등의 표현이 있는데, 격식을 차린 글에서는 사용하지 않는다.

A lot of computer hardware *ends up* in landfill sites. 아주 많은 컴퓨터 하드웨어들이 쓰레기장에 묻히고 있다.
She *ended up with* a cold. 그녀는 결국 감기에 걸렸다.
We missed our train, and we *ended up* taking a taxi. 우리는 기차를 놓쳐서 택시를 타고 그곳에 갔다.

endure

○ Usage 표제어 bear 참조.

enjoy

1 'enjoy'

enjoy는 어떤 일에 '즐거움과 만족감을 느끼다'라는 뜻이다.
I *enjoyed* the holiday enormously. 나는 휴가가 대단히 즐거웠다.

2 used with a reflexive pronoun(재귀대명사와 함께 사용하기)

enjoy oneself는 특정한 때에 즐거움과 만족을 경험하다라는 뜻이다.
I*'ve enjoyed myself* very much. 나는 아주 즐거운 시간을 보냈다.

파티나 춤과 같은 사교 모임에 참석하러 가는 사람에게 즐거운 시간을 보내라는 말로 Enjoy yourself!라고 한다.
Enjoy yourself on Wednesday. 수요일에 즐거운 시간 보내세요.

3 used with an '-ing' form(-ing형과 함께 사용하기)

enjoy doing something이나 **enjoy** being something이라고 할 수 있다.
I used to *enjoy going* for long walks. 나는 오래 산책하는 것을 즐기곤 했다.
They *enjoyed being* in a large group. 그들은 큰 그룹에 속해 있는 것을 즐겼다.

🔸 'enjoy to do' something이나 'enjoy to be' something이라고 하지 않는다.

4 used as an imperative(명령문에 사용하기)

enjoy는 일반적으로 타동사나 재귀동사로만 사용하며, I enjoyed.라고 하지 않는다. 미국 영어를 쓰는 일부 사람들은 Enjoy yourself.의 뜻으로 Enjoy!라고 한다.
Here's your pizza. *Enjoy*! 여기 피자가 있으니 맛있게 드세요.

enough

1 after adjectives and adverbs(형용사와 부사 뒤에 사용하기)

(형용사·부사 + enough) 형식은 사람이나 사물이 필요한 성질을 충분히 갖고 있다는 뜻에 사용한다.
It's *big enough*. 그것은 크기가 충분하다.
We have a *long enough* list. 우리는 충분히 긴 목록을 갖고 있다.
The student isn't trying *hard enough*. 그 학생은 충분히 열심히 노력하고 있지 않다.

(enough + for) 형식은 어떤 사람이나 사물을 받아들일 만하다고 할 때 사용한다.
That's *good enough for me*. 그것은 내게 충분하다.
The wine is not *cold enough for you*, ask for some ice to be put in it. 그 포도주가 당신이 마시기에 적당히 차갑지 않으면, 거기에 얼음 조각을 넣어 달라고 부탁하세요.

enough

USAGE

[enough + to부정사] 형식은 누군가가 어떤 일을 하는 데 필요한 성질을 충분히 갖고 있다는 뜻에 사용한다.
The children are *old enough to travel to school on their own*.
그 아이들은 혼자 힘으로 충분히 학교에 갈 수 있는 나이이다.

[enough + for + 목적격 + to부정사] 형식은 어떤 사물을 인식하거나 그것을 가지고 무언가를 하는 데 충분한 성질을 갖고 있다는 뜻에 사용한다.
It's not even *big enough for him to have a kitchen*. 그것은 심지어 그가 부엌을 가질 만큼 그렇게 충분히 크지 않다.

그러나 [for + 목적격] 형식은 생략하고, [enough + to부정사] 형식을 사용하여 위와 같은 뜻을 나타낸다. 예를 들면, '그 보트는 붙잡을 수 있을 정도로 가까운 거리에 있었다.'는 The boat was close enough for me to touch it. 대신 The boat was *close enough to touch*.라고 한다.
The bananas are *ripe enough to eat*. 그 바나나들은 충분히 먹을 만큼 익었다.
The music was just loud *enough for us to hear it*. 그 음악은 우리가 겨우 들을 수 있는 성노였었다.

주의 어떤 일이 가능하기 위해 필요로 하는 것을 말할 경우에는 [enough + that절] 형식을 사용하지 않는다.

사람이나 사물이 특정한 성질을 갖고 있다는 것을 확인하거나 강조할 때, 때때로 **enough**를 형용사 뒤에 사용한다.
It's a *common enough* dilemma. 그것은 일반적으로 일어나기 쉬운 딜레마이다.

위와 같은 형식의 문장은 첫 번째 절에 대비되는 내용을 두 번째 절에 사용한다.
She's *likeable enough*, but very ordinary. 그녀는 충분히 호감이 가지만 아주 평범한 사람이다.

2 used as a determiner(한정사로 사용하기)

[enough + 복수 가산명사] 형식은 사물이나 사람이 필요한 만큼 있다는 뜻에 사용한다.
They need to make sure there are *enough bedrooms* for the family.
그들은 그 가족을 위해 침실이 충분히 있는지를 확인할 필요가 있다.
Do we have *enough chairs*? 우리가 앉을 충분한 의자들이 있어요?

[enough + 불가산명사] 형식은 어떤 것이 필요한 만큼 있다는 뜻에 사용한다.
We had *enough room* to store all the information. 우리는 모든 정보를 저장할 수 있는 충분한 공간을 가지고 있었다.
He hasn't had *enough exercise*. 그는 충분히 운동을 하지 못하고 있다.

3 'enough of'

한정사로 시작하는 명사구 바로 앞이나 대명사 바로 앞에는 enough가 아닌 **enough of**를 사용한다.
All parents worry about whether their child is getting *enough of the right foods*.
모든 부모들은 자녀가 제대로 된 음식을 충분히 섭취하는지에 대해 걱정을 한다.
They haven't had *enough of it*. 그들은 아직까지 그것을 충분히 갖고 있지 않다.

복수명사나 복수대명사 앞에 **enough of**를 사용할 때는 복수동사를 사용한다.
Eventually enough of these shapes *were* collected. 결국 이러한 모양이 충분히 수집되었다.
There *were* enough of them to fill a large box. 그 큰 상자를 채울 만한 충분한 것들이 있었다.

[enough of + 단수명사 · 불가산명사 · 단수대명사] 형식이 주어인 경우, 단수동사를 사용한다.
Is there enough of a market for this product? 이 제품이 시장에 먹힐 근거가 있는가?
There *is* enough of it for everybody. 그것은 모든 사람에게 줄 만큼 충분하다.

4 used as a pronoun(대명사로 사용하기)

enough는 대명사로 사용할 수 있다.
I've got *enough* to worry about. 나는 걱정거리가 잔뜩 있다.
Enough has been said about this already. 이것에 대해 이미 충분히 말해 왔다.

5 'not enough'

부정문의 주어로 enough나 [enough + 명사] 형식이 아닌, **not enough**나 [**not enough** + 명사] 형식을 사

ensure

용한다. 예를 들면, '사람들이 충분히 오지 않았다.'는 ~~Enough people didn't come.~~이 아닌 *Not enough people came.*이라고 한다.

Not enough has been done to help them.
그들을 돕는 일이 충분할 정도로 시행되지 않았다.

Not enough attention is paid to young people.
젊은 사람들에게 충분한 배려를 해 주지 못하고 있다.

6 modifying adverbs(수식부사)

[부사 nearly · almost · just · hardly · quite + enough] 형식을 사용할 수 있다.

At present there is *just enough* to feed them. 현재 그들을 겨우 먹일 만큼만 있다.

There was *hardly enough* time to have lunch. 우리가 점심을 먹을 시간도 거의 없었다.

[부사 nearly · almost · just · hardly · quite + 형용사 + enough] 형식을 사용할 수도 있다.

We are all *nearly young enough* to be mistaken for students.
우리는 모두 학생으로 오인되기에 거의 충분할 만큼 젊다.

She is *just old enough* to work. 그녀는 일을 하기에 충분한 성년이다.

7 used with sentence adverbs(문장부사와 함께 사용하기)

[문장부사 interestingly · strangely + enough] 형식은 자신이 말하는 것 중에서 놀랄 만한 내용에 주의를 끌기 위해 사용할 수 있다.

Interestingly enough, there were some questions that Brian couldn't answer.
아주 흥미로운 사실은 브라이언이 대답할 수 없는 질문이 일부 있었다는 것이다.

I find myself *strangely enough* in agreement with John for a change.
참으로 이상하게도 나는 변화에 있어 존과 생각이 같다는 것을 깨닫고 있다.

ensure

○ Usage 표제어 assure – ensure – insure 참조.

equally

[equally + 형용사] 형식은 사람이나 사물이 앞서 언급한 다른 사람이나 사물만큼 어떤 성질이 많이 있다고 할 때 사용한다.

He was a superb pianist. Irene was *equally brilliant*.
그는 매우 뛰어난 피아노 연주자였다. 아이린 역시 뛰어난 연주자였다.

🔁 비교를 할 경우, as 앞에 equally를 사용하지 않는다. 예를 들면, '그는 형만큼 키가 크다.'는 ~~He is equally as tall as his brother.~~가 아닌 He is *just as tall as* his brother.라고 한다.

Spending time on a sunbed is *just as dangerous as* going out in the sun.
선베드에서 시간을 보내는 것은 햇볕에 직사광선을 받는 것과 같이 위험하다.

He was *just as shocked as* I was. 그는 나만큼 충격을 받았다.

○ Usage 표제어 as...as 참조.

equipment

equipment는 특정한 활동에 필요한 것들로 구성되어 있는 것, 즉 '기구' 또는 '장비'라는 뜻이다.

We need some new kitchen *equipment*. 우리는 약간의 주방 기구가 필요하다.

They fix tractors and other farm *equipment*. 그들은 트랙터와 각종 농기구를 수리한다.

equipment는 불가산명사이므로, equipments나 an equipment라고 하지 않는다. 기구나 장비 중 한 품목은 a piece of equipment라고 한다.

This radio is an important *piece of equipment*.
그 라디오는 중요한 핵심 장비이다.

What are the two most useful *pieces of equipment* in your kitchen?
당신의 부엌에서 필요한 가장 유용한 두 가지 기구는 무엇입니까?

error
➲ Usage 표제어 mistake 참조.

especially – specially

1 'especially'

말하는 것이 다른 것에 비해 한 가지 사물이나 상황에 더 많이 적용된다고 할 때, **especially**를 사용한다.

He was kind to his staff, *especially* those who were sick or in trouble.
그는 부하 직원들에게 친절했는데, 특히 병이 있거나 어려움을 겪는 직원들에게 더 친절했다.

Double ovens are a good idea, *especially* if you are cooking several meals at once.
더블 오븐은 좋은 아이디어로, 특히 한 번에 여러 끼니의 식사를 요리할 때 그렇다.

These changes are *especially* important to small businesses. 이러한 변화는 특히 소상공인들에게 중요하다.

I found her laugh *especially* annoying. 나는 그녀의 웃음 소리가 특히 짜증난다고 느꼈다.

especially가 주어와 관련이 있을 경우, 주어 바로 뒤에 온다.

Young babies, *especially*, are vulnerable to colds. 특히 어린 아기는 감기에 걸리기 쉽다.

2 'specially'

특정한 목적을 위해 무언가를 하거나 만들 때, **specially**를 사용한다.

They'd come down *specially*. 그들은 특별히 내려왔다.

She wore a *specially* designed costume. 그녀는 특별히 디자인된 의상을 입었다.

The school is *specially* for children whose schooling has been disrupted by illness.
그 학교는 특별히 병 때문에 학업을 중단한 아이들을 위한 곳이다.

even

1 position(위치)

말하는 내용이 놀라운 것일 때, **even**을 사용한다. 서술 중 놀라운 부분 앞에 **even**을 위치시킨다.

Even Anthony enjoyed it. 앤서니조차 그것을 즐겼다.

She liked him *even when she was quarrelling with him*. 그녀는 그와 말다툼을 하고 있을 때조차도 그를 좋아했다.

I shall give the details to no one, not *even to you*.
나는 상세한 내용을 아무에게도 말하지 않을 것이고, 너에게조차 말하지 않겠다.

그러나 **even**은 일반적으로 조동사 앞이 아닌 뒤에 온다.

You *didn't even enjoy* it very much. 당신은 그것을 그다지 즐기지도 않았다.

I *couldn't even see* the shore. 나는 그 해안조차도 볼 수 없었다.

They *may even give* you a lift in their van. 그들은 너를 밴에 태워 주기까지 할지도 모른다.

2 used with comparatives(비교급과 함께 사용하기)

(even + 비교급) 형식은 사람이나 사물이 전보다 더 많은 성질이나 상태를 가지고 있다고 강조할 때 사용한다. 예를 들면, '어제 날씨가 좋지 않았지만, 오늘 날씨는 훨씬 더 나쁘다.'는 The weather was bad yesterday, but it is *even worse* today.라고 한다.

He became *even more suspicious* of me. 그는 전보다 훨씬 더 나를 의심하게 되었다.

(even + 비교급) 형식은 사람이나 사물이 다른 사람이나 사물보다 더 많은 성질을 가지고 있다는 것을 강조할 때도 사용한다. 예를 들면, '기차는 속도가 느리지만, 버스는 기차보다 훨씬 더 느리다.'는 The train is slow, but the bus is *even slower*.라고 한다.

evening

Barbera had something **even worse** to tell me. 바버라는 나에게 해줄 훨씬 더 좋지 않은 말이 있었다.
The second task was **even more difficult**. 그 두 번째 임무는 더 힘든 것이었다.

3 'even if' and 'even though'

even if와 **even though**는 종속절을 이끄는 데 사용한다. 어떤 상황이 일어나더라도 어떤 것이 사실임을 막지 못할 때 **even if**를 사용한다.

Even if you disagree with her, she's worth listening to.
당신이 그녀에게 동의를 하지 않더라도, 그녀의 말은 들어볼 만한 가치가 있다.
I hope I can come back, **even if** it's only for a few weeks. 단지 몇 주 동안이라도, 나는 돌아갈 수 있기를 바란다.

even though는 although와 비슷한 뜻이지만, 좀 더 강조를 하는 표현이다.

He went to work **even though** he was unwell. 그는 몸이 좋지 않은데도 일하러 갔다.
I was always afraid of him, **even though** he was kind to me.
나는 그가 나에게 친절하게 대해 주는데도 그에 대한 두려움을 갖고 있었다.

> 주의 even if나 even though로 시작하는 문장에서, 주절의 앞에 yet이나 but이 오지 않는다. 예를 들면, **Even if you disagree with her, yet she's worth listening to.**가 아닌 **Even if** you disagree with her, she's worth listening to.라고 한다.
>
> 그러나 still은 주절에 사용할 수 있는데, 이는 매우 일반적인 용법이다.
> **Even though** the news is six months old, BBC staff are **still** in shock.
> 그것이 6개월 전 뉴스임에도 불구하고, BBC 직원들은 아직도 충격을 느끼고 있다.
> But **even if** they do change the system, they've **still** got an economic crisis on their hands.
> 그러나 그들이 시스템을 바꾼다고 하더라도 그들에게는 여전히 처리해야 할 경제 위기가 있다.

evening

evening은 오후(afternoon)가 끝나는 시간과 잠자리에 들기 전까지의 시간, 즉 '저녁'이라는 뜻이다.

1 the present day(오늘)

'오늘 저녁'은 this evening이라고 한다.
Come and have a drink with me **this evening**. 오늘 저녁에 나 있는 쪽으로 와서 같이 술을 마시자.
I came here **this evening** because I particularly wanted to be on my own.
나는 특별히 혼자 있고 싶어서 오늘 저녁에 여기에 왔다.

'어제 저녁'은 yesterday evening이라고 할 수도 있지만, last night을 더 많이 사용한다.
'So you saw me in King Street **yesterday evening**?' – 'Yes.'
"그래서 당신이 나를 어제 저녁 킹 스트리트에서 보았다고요?" – "예."
I met your husband **last night**. 나는 어제 저녁에 당신 남편을 만났어요.
I've been thinking about what we said **last night**. 나는 어제 저녁에 우리가 했던 말을 생각해 보았다.

'내일 저녁'은 tomorrow evening이나 tomorrow night이라고 한다.
Gerald's giving a little party **tomorrow evening**. 제럴드는 내일 저녁에 작은 파티를 열 것이다.
Will you be home in time for dinner **tomorrow night**? 당신은 내일 저녁 식사 시간에 맞춰 집에 올 수 있습니까?

2 single events in the past(과거에 일어난 단일 사건)

어떤 일이 과거의 특정한 저녁에 일어났다고 할 경우, on을 사용한다.
She telephoned Ida **on Tuesday evening**. 그녀는 이다에게 화요일 저녁에 전화를 했다.
On the evening after the party, Dick went to see Roy. 파티가 끝난 그날 저녁, 딕은 로이를 만나러 갔다.

어떤 일이 특정한 날에 일어났다는 것을 나타낼 경우, that evening이나 in the evening을 사용한다.
That evening the children asked me to watch television with them.
그날 저녁에 아이들이 나에게 텔레비전을 같이 보자고 했다.
He came back **in the evening**. 그는 그날 저녁에 돌아왔다.

eventually – finally

과거의 어떤 날을 기점으로 어떤 일이 그 전날 저녁에 일어났다고 할 경우, **the previous evening**이나 **the evening before**를 사용한다.

Douglas had spent *the previous evening* at a hotel. 더글러스는 그 전날 저녁에 한 호텔에 묵었다.
Fanny picked up the grey shawl Bet had given her *the evening before*.
패니는 벳이 그 전날 저녁에 그녀에게 준 회색 숄을 집어 들었다.

어떤 일이 과거의 어떤 날의 다음날 저녁에 일어났을 경우, **following evening**을 사용한다.

George arrived at their house *the following evening*. 조지는 다음 날 저녁에 그들의 집에 도착했다.
I told Patricia that I would take her for dinner *the following evening*.
나는 패트리샤에게 그 다음 날 저녁에 그녀에게 저녁을 사 주겠다고 말했다.

3 talking about the future(미래에 대해 말하기)

어떤 일이 미래의 특정한 날 저녁에 일어날 것이라고 할 경우, **on**을 사용한다.

The winning project will be announced *on Monday evening*. 당선된 프로젝트의 발표는 월요일 저녁에 있을 것이다.
I will write to her *on Sunday evening*. 나는 일요일 저녁 그녀에게 편지를 쓸 것이다.

미래의 어느 날에 대해서 이미 언급하고 있는 경우, **in the evening**을 사용한다.

The school sports day will be on June 22 with prizegiving *in the evening*.
운동회는 6월 22일에 열릴 예정이며, 그날 저녁에 시상식도 있을 것이다.

4 regular events(정기적인 일)

어떤 일이 매일 저녁마다 정기적으로 일어날 경우, **in the evening**이나 **in the evenings**를 사용한다.

I like to iron my clothes *in the evening* as this is one less job for the morning.
나는 아침 일을 하나 줄이기 위해 저녁에 옷을 다림질해 놓는다.
And what do you do *in the evenings*? 그리고 당신은 저녁마다 무엇을 합니까?

 미국 영어에서는 **evenings**를 부사로 사용할 수 있으며, 전치사 **in**이나 **on**을 함께 사용하지 않는다.
I like to go out *evenings* with friends. 나는 저녁마다 친구들과 외출하기를 좋아한다.

그러나 특정한 요일 저녁마다 정기적으로 일어나는 일은 (on + 요일 + evenings) 형식을 사용한다.

He plays chess *on Monday evenings*. 그는 월요일 저녁마다 체스를 한다.
We would all gather there *on Friday evenings*? 우리는 금요일 저녁마다 모두 그곳에 모이곤 했다.

 미국 영어에서는 위와 같은 경우에도 **on**을 사용하지 않는다.
Friday evenings he visited with his father. 금요일 저녁마다 그는 그의 아버지를 방문했다.

5 exact times(정확한 시간)

어떤 일이 일어난 정확한 시간을 언급한 후 그것이 저녁이라는 것을 확실히 하고 싶을 때, **in the evening**을 사용한다.

He arrived about six *in the evening*. 그는 저녁 6시쯤에 도착했다.

---

eventually – finally

특정한 일이 사실인지 모르는 경우 **eventually** 대신 **perhaps** 또는 **possibly**를 사용한다.

Perhaps he'll call later. 아마도 후에 그가 너에게 전화할 것이다.

1 'eventually' or 'finally'

어떤 일이 많이 지연되거나 많은 난관을 거친 후에 일어나는 경우, **eventually**를 사용할 수 있다.

Eventually they got to the hospital. 결국 그들은 병원에 도착했다.
I found Victoria Avenue *eventually*. 나는 결국 빅토리아 가(街)를 찾았다.
When John *finally* arrived, he said he'd lost his way. 마침내 존이 도착했을 때, 그는 길을 잃었다고 말했다.

일련의 일들의 마지막에, 그 일들의 결과로 생기는 일에 대해 말할 때, **eventually**를 사용한다.

ever

USAGE

2 'finally'

오랫동안 기다리거나 기대한 후에 어떤 일이 마침내 일어날 때, **finally**를 사용한다. 이와 같은 뜻으로 **finally**를 사용할 때, 조동사가 없는 경우에는 **finally**가 동사 앞에 온다.

The heat of the sun *finally* became too much for me. 결국 태양열은 나에게 너무 뜨거웠다.

어떤 일이 사건의 전개 과정에서 마지막으로 일어난다는 것을 나타내는 경우에도 **finally**를 사용할 수 있다.

The sky turned red, then purple, and *finally* black.
하늘은 붉은색, 그 다음에 자주색, 마지막으로 검은색으로 변했다.

연설, 강의에서 마지막 요점을 소개하거나, 마지막 질문을 하거나, 마지막 항목을 언급할 때도 **finally**를 사용할 수 있다.

Finally, Carol, are you encouraged by the direction education is taking?
캐롤, 마지막으로, 교육이 지향하는 방향에 확신하시나요?

Combine the flour and the cheese, and *finally*, add the milk.
밀가루와 치즈를 섞은 후, 마지막으로 우유를 추가하세요.

---

ever

1 'ever'

ever는 부정문, 의문문, 비교급 문장에 사용하며, '과거의 어느 때에라도' 또는 '미래의 어느 때에라도'라는 뜻이다.

Neither of us had *ever* skied. 우리 둘 중 누구도 스키를 타본 적이 없었다.
I don't think I'll *ever* be homesick here. 나는 이곳에서는 집을 그리워하지 않을 거라고 생각한다.
Have you *ever* played football? 당신은 축구를 해 본 적이 있습니까?
I'm happier than I've *ever* been. 나는 그 어느 때보다도 더 행복하다.

2 'yet'

예상했던 사건이 일어났는지를 묻거나 그 일이 아직까지 일어나지 않았다는 것을 말하는 부정문과 의문문에는 **ever**가 아닌 **yet**을 사용한다. 예를 들면, '그 택시가 아직 도착하지 않았다.'는 ~~The taxi has not arrived ever.~~가 아닌 The taxi has not arrived *yet*.이라고 한다. '택시가 벌써 도착했니?'는 ~~Has taxi arrived ever?~~가 아닌 Has the taxi arrived yet?이라고 한다.

Have you had your lunch *yet*? 벌써 점심 식사를 하셨어요?
It isn't dark *yet*. 아직 날이 어둡지 않아요.

○ Usage 표제어 yet 참조.

3 'always'

긍정문에서 어떤 일이 지금까지 사실이 아닌 적이 한 번도 없었다고 할 때는 **ever**가 아닌 **always**를 사용한다. 예를 들면, '나는 이곳에서 항상 행복하게 살아왔다.'는 ~~I have ever been happy here.~~가 아닌 I have *always* been happy here.라고 한다.

She was *always* in a hurry. 그녀는 언제나 서둘렀다.
Talking to Harold *always* cheered her up. 해럴드와 이야기하는 것은 항상 그녀의 기분을 즐겁게 했다.

○ Usage 표제어 always 참조.

4 'still'

어떤 일이 계속해서 일어나고 있는 중이라고 할 때도 **ever**가 아닌 **still**을 사용한다. 예를 들면 '우리가 로웨스토프트를 떠날 때, 여전히 비가 내리고 있었다.'는 ~~When we left Lowestoft, it was ever raining.~~이 아닌 When we left Lowestoft, it was *still* raining.이라고 한다.

Unemployment is *still* falling. 실업률이 여전히 감소하고 있다.
I was *still* a schoolboy. 나는 아직 학생이었다.

○ Usage 표제어 still 참조.

every

5 'ever since'

어떤 일이 과거의 어느 특정한 때부터 지금까지 계속 사실일 때, **ever since**를 사용한다.

'How long have you lived here?' – '*Ever since* I was married.'
"당신은 이곳에 얼마 동안 살았습니까?" – "제가 결혼했을 때부터요."
We have been devoted friends *ever since*. 우리는 지금까지 절친한 친구로 지내고 있다.

every

1 'every'

[every + 단수명사] 형식은 그룹 중의 일부가 아닌 모든 사람이나 사물을 가리킬 때 사용한다.
She spoke to *every person* at the party. 그녀는 파티에 참석한 모든 사람에게 말을 걸었다.
I agree with *every word* Peter says. 나는 피터가 하는 모든 말에 동의한다.
This new wealth can be seen in *every village*. 이 새로운 풍요로움은 모든 마을에서 볼 수 있다.

2 'every' and 'all'

every나 all은 자주 같은 뜻으로 사용할 수 있다. 예를 들면, '모든 개는 등록을 해야 한다.'는 **Every** dog should be registered.나 **All** dogs should be registered.라고 한다. every 다음에는 단수명사가 오지만, all 다음에는 복수명사가 온다.

Every child is entitled to free education. 모든 어린이는 무료 교육을 받을 자격이 있다.
All children love to build and explore. 모든 어린이는 만들고 탐험하는 것을 매우 좋아한다.

◐ Usage 표제어 all 참조.

3 'each'

every나 all 대신에 때때로 each를 사용할 수 있다. each는 한 그룹의 구성원을 개체로 생각할 때 사용한다.
Each customer has the choice of thirty colours. 각각의 손님은 30가지 색 중에서 선택할 수 있다.
Each meal will be served in a different room. 각각의 식사는 다른 방에서 제공될 것이다.

◐ Usage 표제어 each 참조.

4 referring back to 'every' (every를 다시 가리키기)

every로 시작하는 표현을 다시 가리킬 때, 일반적으로 he, she, him과 같은 단수대명사를 사용한다.
Every pregnant woman wants the best care she can get. 임신 중인 모든 여성은 최고의 보살핌을 받고 싶어 한다.

그러나 특정한 성별을 나타내지 않는 every student나 every inhabitant 등의 표현을 다시 지칭할 때, 보통 they나 them을 사용한다.
Every employee knew exactly what their job was. 모든 피고용인들은 그들의 업무를 잘 파악하고 있다.

5 used with expressions of time (시간의 표현과 함께 사용하기)

어떤 일이 일정한 간격으로 일어날 때, **every**를 사용한다.
They met *every day*. 그들은 매일 만났다.
Every Monday there is a staff meeting. 매 월요일마다 직원 회의가 열린다.

every와 all을 시간을 나타내는 표현과 함께 사용할 경우, 뜻이 달라진다. 예를 들면, every morning은 '매일 아침마다', all morning은 '아침 내내'라는 뜻이다.
He goes running three miles *every day*. 그는 매일 3마일씩 달리고 있다.
I was busy *all day*. 나는 하루 종일 바빴었다.

6 'every other'

어떤 일이 한 해 걸러 정기적으로 일어날 경우, **every other year**나 **every second year**를 사용한다.
We only save enough money to take a real vacation *every other* year.
우리는 한 해 걸러 멋진 휴가를 갈 수 있는 돈을 겨우 저축한다.

everybody

It seemed easier to shave *every second* day. 하루 걸러 면도하는 것이 더 쉬워 보였다.

everybody

○ Usage 표제어 everyone – everybody 참조.

everyday – every day

1 'everyday'

everyday는 형용사로, 어떤 일이 어느 면에서는 일상적이어서 재미있거나 특별하지 않을 때 사용한다.

...the *everyday* problems of living in the city. 이 도시에 살면서 일어나는 일상적인 문제들.
Smartphones are a part of *everyday* life for most people. 대부분의 사람들은 스마트폰의 사용이 일상화되어 있다.

2 'every day'

every day는 부가어로, 어떤 일이 날마다 규칙적으로 일어날 때 사용한다.

Shanti asked the same question *every day*. 산티는 매일 같은 질문을 했다.

everyone – everybody

1 'everyone' and 'everybody'

everyone이나 everybody는 특정한 집단의 모든 사람들을 가리킬 때 사용하며, 두 단어의 의미상의 차이는 없다.

The police had ordered *everyone* out of the office. 경찰은 모든 사람들에게 사무실에서 퇴거하라고 명령했다.
There wasn't enough room for *everybody*. 모든 사람들이 사용할 만한 충분한 공간이 없었다.

일반인을 가리킬 때에도 everyone과 everybody를 사용할 수 있다.

Everyone has the right to freedom of expression. 모든 사람들은 표현의 자유에 대한 권리가 있다.
Everybody has to die some day. 사람은 누구나 언젠가는 죽게 마련이다.

everyone이나 everybody가 주어인 경우, 단수동사를 사용한다.

Everyone *wants* to find out what is going on. 누구나 무슨 일이 일어나고 있는지 알기를 원한다.
Everybody *is* selling the same product. 누구나 같은 제품을 팔고 있다.

2 referring back (다시 가리키기)

everyone이나 everybody를 다시 가리킬 때, they, them, their를 사용한다.

Will *everyone* please carry on as best *they* can. 모두 최선을 다해 주기를 바랍니다.
Everybody had to bring *their* own paper. 모든 사람들이 자신들의 차를 가져와야 했다.

3 'every one'

everyone을 every one과 혼동해서는 안 된다. every one은 언급하고 있는 사람 개개인이나 사물 각각에 대해 사실임을 강조할 때 사용한다.

He read *every one* of my scripts. 그는 내가 쓴 원고를 빠짐없이 다 읽었다.
She thought about her friends. *Every one* had tried to help her.
그녀는 친구들에 대해 생각했는데, 그들 모두가 그녀를 도우려 했다.

exam – examination

exam이나 examination은 특정한 주제의 지식이나 능력을 보여 주기 위해 참가하는 공식적인 '시험'이라는 뜻이다. exam은 매우 흔히 사용하는 단어이고, examination은 격식을 차린 단어로 주로 문어체에서 사용한다.

I was told the *exam* was difficult. 나는 그 시험이 어렵다는 말을 들었다.
All students must take a three-hour written *examination*. 모든 학생들은 3시간짜리 필기시험을 치러야 한다.

take/sit an examination은 시험을 치르거나 보다라는 뜻이다.
Many children want to ***take*** these exams. 많은 아이들이 이 시험을 치르고 싶어한다.
After the third term we'***ll be sitting*** the exam. 3학기 후에 우리는 시험을 볼 예정이다.

🇺🇸 미국 영어에서는 일반적으로 sit 대신 take를 사용한다. 회화에서는 동사 do도 사용할 수 있다.
I ***did*** my exams last week. 나는 지난주에 나의 시험을 치렀다.

pass an examination은 시험을 쳐서 합격하다라는 뜻이다.
If you want a good job, you'll have to ***pass*** your exams. 너가 좋은 직장을 가지려면 그 시험들에 합격해야 한다.

in을 써서 exam을 잘 봤다고 또는 나쁘게 봤다고 말할 수 있다.
Dan did so well ***in*** his exams! 댄은 시험에서 정말 좋은 성적을 거두었어!

🇺🇸 미국 영어에서는 in 대신 on을 사용하기도 한다.
Belinda got a really good grade ***on*** the exam. 그녀는 시험에서 아주 좋은 성적을 받았다.

ℹ pass an exam은 항상 시험에 합격하다라는 뜻이지, 시험을 치다라는 뜻이 아니다. fail an examination은 시험을 쳐서 불합격하다라는 뜻이다.
He ***failed*** the entrance exam. 그는 입학 시험에서 떨어졌다.
I passed the written part but then ***failed*** the oral section hopelessly.
나는 필기시험에서는 합격했지만, 구두시험에서 절망적으로 불합격했다.

example

1 'example'

example은 특정한 사물의 가장 일반적인 특징을 나타내는 '예'라는 뜻이다.
It's a very fine ***example of*** traditional architecture. 그것은 전통 건축의 매우 좋은 예이다.
This is yet another ***example of*** poor management. 이것은 운영진의 미숙함을 보여 주는 다른 예이다.

give an example은 특정한 종류의 예를 들다라는 뜻이다.
Could you ***give*** me an example? 나에게 예를 하나 들어 주시겠어요?
Let me ***give*** you an example of the sort of thing that happens. 일어나고 있는 일의 한 가지 예를 들겠습니다.

ℹ 'say an example'이라고 하지 않는다.

2 'for example'

어떤 것의 예를 언급할 때, 자주 for example을 사용한다.
Switzerland, ***for example***, has four official languages. 스위스는 네 개의 공용어가 있다.
There must be some discipline in the home. ***For example***, I do not allow my daughter Zoe to play with my typewriter.
가정에는 어느 정도의 규율이 있어야 한다. 예를 들면, 나는 딸 조가 내 타자기를 갖고 놀지 못하게 한다.

ℹ 'by example'이라고 하지 않는다.

except

except는 언급하는 주된 내용이 적용되지 않는 유일한 사물, 사람, 그룹을 끼워 넣을 때 사용한다.

1 used with a noun group(명사구와 함께 사용하기)

except는 일반적으로 명사구 앞에 사용한다.
Anything, ***except water***, is likely to block a sink. 물을 제외한 무엇이든지 싱크대를 막히게 할 것 같다.
All the boys ***except Peter*** started to giggle. 피터를 제외한 모든 사내아이들이 낄낄거리기 시작했다.

〔except + 목적격 대명사·재귀대명사〕 형식을 사용한다.

excited – exciting

USAGE

There's nobody that I really trust, *except him*. 내가 진심으로 믿는 사람은 그를 제외하고는 아무도 없다.
Pedro didn't trust anyone *except himself*. 페드로는 자신 외에 아무도 믿지 않았다.

그러나 주격 대명사 앞에는 except를 사용하지 않는다. 예를 들면, **There's no one here except I.**라고 하지 않는다.

> **주의** except를 besides나 unless와 혼동해서는 안 된다. 진술하는 내용 중 제외되는 내용을 언급할 경우, except를 사용한다.
> besides는 '~에 덧붙여서' 또는 '게다가'라는 뜻이다.
> What languages do you know *besides* Arabic and English? 당신은 아랍어와 영어 외에 어떤 언어를 알고 있습니까?
> ● Usage 표제어 beside – besides 참조.
>
> unless는 어떤 일이 일어나거나 사실임을 나타내는 유일한 상황을 나타낼 때 사용한다.
> I won't speak to you *unless* you apologize. 나는 당신이 사과하지 않는 한 대화하지 않겠다.
> ● Usage 표제어 unless 참조.

2 used with a verb (동사와 함께 사용하기)

정동사 앞에는 except를 사용할 수 없지만, to부정사 앞에는 사용할 수 있다.

I never wanted anything *except to be an actor*. 나는 배우가 되는 것 외에는 원하는 것이 아무도 없다.
She seldom goes out *except to go to church*. 그녀는 교회에 갈 때를 제외하고 거의 외출하지 않는다.

(do + except + 원형부정사) 형식을 사용할 수 있다.

There was little I could *do except wait*. 나는 기다리는 것 이외에 할 수 있는 일이 거의 없었다.

3 used with a finite clause (정동사절과 함께 사용하기)

(except + when, while, where, what, that 등으로 시작되는 정동사절) 형식을 사용할 수 있다.

I knew nothing about Judith *except what her dad told me*.
나는 주디스에 대해 그녀의 아버지가 말한 것 외에는 아무것도 모른다.
I can scarcely remember what we ate, *except that it was delicious*.
나는 음식이 맛있었다는 것 외에 우리가 먹은 음식에 대해 기억나는 것이 별로 없다.

> 동사 바로 앞에 except를 사용할 수 없다. ~~I can't remember what we ate, except it was delicious.~~

4 'except for'

(except for + 명사구) 형식은 어떤 것을 제외한 모두가 사실이라는 뜻에 사용한다.

The classroom was silent, *except for the sound of typing on keyboards*.
그 교실은 분주하게 키보드에 타자를 치는 소리 외에는 조용했다.
The room was very cold and, *except for Ben*, entirely empty. 그 방은 매우 추웠고, 벤 외에는 아무도 없었다.

● Usage 표제어 accept 참조.

---

excited – exciting

1 'excited'

excited는 즐겁거나 특별한 일을 몹시 기다리는 사람의 기분을 나타낼 때 사용한다.

He was so *excited* he could hardly sleep. 그는 너무 흥분이 되어 잠을 거의 자지 못했다.
There were hundreds of *excited* children to meet us. 우리를 만나는 것으로 마음이 들뜬 수백 명의 아이들이 있었다.

be *excited about* something 또는 doing something은 어떤 일에 대해 흥분하다라는 뜻이다.

I'm very *excited about* the possibility of joining the team. 나는 팀에 합류할 수 있는 가능성에 몹시 흥분된다.
Kendra was especially *excited about seeing* him after so many years.
켄드라는 특히 수년 동안 만나지 못한 그를 만난다는 기대에 마음이 설레었다.

excited for 또는 excited to do를 사용할 수 있다.

I'm so *excited for our trip* to the States! 나는 미국 여행을 가는 데 들뜬 마음으로 큰 기대를 하고 있다.

excursion

We're *excited to announce* our winter programme line-up. 우리는 우리의 겨울 프로그램을 발표하게 되어 기쁘게 생각한다.

2 'exciting'

excited를 exciting과 혼동해서는 안 된다. exciting은 사람의 마음을 들뜨게 하는 기쁘고, 특별하거나 흔치 않은 일을 나타내는 데 사용한다.

Growing up in the heart of London was very *exciting*. 런던의 중심부에서 성장한 것은 매우 즐거운 일이었다.
It did not seem a very *exciting* idea. 그것은 별로 뛰어난 생각이 아닌 듯했다.

excursion

○ Usage 표제어 journey 참조.

excuse

excuse는 명사나 동사로 사용할 수 있다. excuse가 명사인 경우에는 [ikskjúːs], 동사인 경우에는 [ikskjúːz]로 발음한다.

1 used as a noun(명사로 사용하기)

excuse는 어떤 일이 왜 일어났는지, 일어나지 않는지, 또는 왜 일어나지 않을 것인지를 설명하기 위해 제시하는 이유, 즉 '변명'이라는 뜻이다.

They are trying to find *excuses* for their failures. 그들은 그들의 실패에 변명거리를 찾고 있는 중이다.
There is no *excuse* for this happening in a new building. 새 건물에서 이러한 일이 일어났다는 것은 변명의 여지가 없다.

make an excuse는 변명을 하다라는 뜻이다.

I *made* an excuse and left the meeting early. 나는 변명을 한 후 그 회의에서 일찍 나왔다.
You don't have to *make* any *excuses* to me. 너는 나에게 변명하지 않아도 된다.

ⓘ 'say an excuse'라고 하지 않는다.

2 used as a verb(동사로 사용하기)

be excused는 어떤 일을 하지 않아도 되는 공식적인 허락을 받다라는 뜻이다.

She *is usually excused* from her duties during the school holidays.
그녀는 일반적으로 방학 동안 자신의 일을 하지 않아도 된다.
You can apply to *be excused* payment if your earnings are low.
소득이 낮을 경우, 당신은 내야 할 돈에 대한 면제를 신청할 수 있다.

대화 도중 '죄송하지만, 지금 자리를 떠나야 되니 양해해 주십시오.'는 I must excuse myself. 또는 You must excuse me.를 사용하며, 이는 격식을 차린 정중한 표현이다.

Now I must *excuse* myself, ladies. 숙녀 여러분, 죄송합니다만 저는 이제 가야 할 것 같습니다.
You'll have to *excuse* me; I ought to be saying goodnight. 죄송합니다. 저는 가봐야겠습니다.

excuse에는 상대방이 저지른 잘못을 비난하거나 그 일에 화를 내지 않다, 즉 '용서하다'라는 뜻도 있다.

Such delays cannot *be excused*. 그러한 지연은 용서할 수 없다.
Please *excuse* my bad handwriting. 나의 나쁜 글씨체에 대해 용서해 주세요.

3 'forgive'

forgive는 excuse와 비슷한 뜻으로 사용한다. forgive는 누군가와 싸웠거나 화를 낸 일에 대해 상대를 용서해 주다라는 뜻으로, 이런 경우에는 excuse를 사용할 수 없다.

I *forgave* him everything. 나는 그가 한 모든 일에 대해 용서해 주었다.

4 'excuse me'

'Excuse me'는 우리가 하려는 행동에 대해 상대에게 정중하게 사과할 때 사용하는데, 상대가 하는 일에 끼어들

exhausted – exhausting – exhaustive

거나 그의 주의를 끌거나, 또는 사람을 제치고 앞으로 지나갈 때 사용한다.
Excuse me, but are you Mr Hess? 죄송하지만 당신이 김 씨입니까?

○ 더 많은 정보는 Topic 표제어 Apologizing 참조.

5 'apologize'

자신이 한 일에 대해 미안하다고 '사과하다'는 excuse가 아닌 apologize로 우리가 저지른 잘못은 sorry 또는 I'm sorry 또는 I apologize라고 한다.
She *apologized* for being so unkind. 그녀는 그녀의 나쁜 행위에 사과했다.
'You're late.' – '*Sorry*.' "당신 늦었어요." – "미안해요."

○ Usage 표제어 Apologize 참조.

exhausted – exhausting – exhaustive

1 'exhausted'

exhausted는 몸이 '아주 피곤한'이라는 뜻이다.
At the end of the day I felt *exhausted*. 일과가 끝날 무렵 나는 무척이나 피곤했다.
All three men were hot, dirty and *exhausted*. 세 남자들 모두가 몸이 화끈화끈하고, 지저분하며 아주 지쳐 있었다.

exhausted 앞에는 completely, absolutely, utterly 등을 사용할 수 있지만, rather, very 등은 사용하지 않는다.
'And how are you feeling?' – 'Exhausted. *Completely exhausted*.'
"그리고 기분이 어떻습니까?" – "피곤해요. 완전히 지쳤어요."
The guest speaker looked *absolutely exhausted*. 초청된 연사는 완전히 지쳐 보였다.

2 'exhausting'

exhausting은 '매우 지치게 하는'이라는 뜻이다.
It's a difficult and *exhausting* job. 그 일은 어렵고 매우 피곤하게 하는 작업이다.
Carrying bags is *exhausting*. 가방을 나르는 것은 고단한 일이다.

3 'exhaustive'

exhaustive는 연구나 기술이 '철저하고 완전한'이라는 뜻이다.
He studied the problem in *exhaustive* detail. 그는 그 문제를 철저히 상세하게 연구했다.
For a more *exhaustive* treatment you should read Margaret Boden's book.
좀 더 완전한 치료 방법을 알고 싶으면, 마거릿 보든의 책을 읽어야 한다.

exist

exist는 어떤 것이 현재 실제로 이 세상에 '존재하다'라는 뜻이다.
It is clear that a serious problem *exists*. 그것에 중대한 문제가 있다는 것이 분명하다.
They walked through my bedroom as if I didn't *exist*. 그들은 내가 침실에 없는 것처럼 걸어 들어왔다.

exist가 위와 같은 뜻일 경우, 진행시제를 사용하지 않는다. 예를 들면, Tendencies towards sadistic behaviour are existing in all human beings.라고 하지 않는다.

아주 적은 음식이나 돈으로 또는 어려운 조건에서 근근이 연명하다라고 할 때에도 exist를 사용한다.
How can we *exist* out here? 우리가 여기에서 연명해야 할까요?
The whole band *exist* on a diet of cup-a-soup and crisps.
그 악단 전원이 인스턴트 수프와 감자튀김을 주식으로 연명하고 있다.

exist가 위와 같은 뜻일 경우, 진행시제에 사용할 수 있다.
People *were existing* on a hundred grams of bread a day. 사람들은 하루에 100그램의 빵으로 연명하고 있었다.

expect

1 'expect'

expect는 어떤 일이 일어날 것이라고 믿다, 즉 '기대하다'라는 뜻이다.

I *expect* you'll be glad when I get on the bus this afternoon. 내가 오늘 오후에 버스에 타게 되면, 당신이 아주 기뻐할 것이라고 기대한다.
They *expect* that about 1,500 people will attend. 그들은 약 1500명이 그 행사에 참가할 것으로 예상한다.

expect 뒤에 때때로 that절 대신 to부정사를 사용할 수 있다. 예를 들면, '나는 존슨이 모임에 오기를 기대한다.'는 I expect Johnson will come to the meeting. 대신 I *expect Johnson to come* to the meeting.이라고 할 수 있지만, 의미는 같지 않다. 앞 문장이 단순히 믿음을 나타낸다면, 뒤 문장은 존슨이 모임에 오기를 바라며, 오지 않으면 화가 나고 실망하게 될 것임을 나타낸다.

Nobody *expected the strike to succeed*. 아무도 그 파업이 성공할 것이라고 기대하지 않았다.
The talks are expected to last two or three days. 그 회담은 2, 3일 계속될 것으로 예상된다.

어떤 일이 일어나지 않을 것으로 예상하고 있다고 할 때, 'expect something will not' happen 대신 *do not expect it will* happen이나 *do not expect it to* happen이라고 한다.

I *don't expect it will* be necessary. 나는 그것이 필요 없을 것이라고 예상한다.
I *did not expect to be* acknowledged. 내가 인정받을 것이라고 기대하지 않았다.

어떤 것이 사실임을 상당히 확신한다고 할 때, expect를 사용한다.

I *expect* they've gone. 나는 그들이 가버렸을 것이라고 확신한다.

어떤 것이 사실이 아니라는 것에 상당히 확신을 갖고 있다고 할 경우, 'expect something is not' the case 대신 *do not expect something is* the case라고 한다.

I *don't expect* you have much time for shopping. 나는 당신이 쇼핑할 시간이 거의 없을 것이라고 생각한다.

어떤 일이 사실인지 묻는 경우, 그것이 사실이라는 대답은 I expect so.라고 한다.

'Will Joe be here at Christmas?' – '*I expect so*.'
"조가 크리스마스 때 여기에 올까요?" – "그럴 거예요."

🛈 I expect it.이라고 하지 않는다.

be expecting someone/something은 누군가가 도착하거나 어떤 일이 일어날 것이라고 믿다라는 뜻이다.

They *were expecting* Wendy and the children. 그들은 웬디와 아이들을 기다리고 있었다.
Rodin *was expecting* an important letter from France. 로댕은 프랑스에서 중요한 편지가 오기를 기다리고 있었다.
We *are expecting* rain. 우리는 비가 올 것이라고 기대하고 있다.

🛈 위와 같은 뜻으로 expect를 사용하는 경우, expect 뒤에 전치사가 오지 않는다.

2 'wait for'

expect를 wait for와 혼동해서는 안 된다. wait for는 누군가가 도착하거나 어떤 일이 일어날 때까지 같은 장소에 있거나 미루다라는 뜻이다.

He sat on the bench and *waited for* his coffee. 그는 벤치에 앉아서 자신이 마실 커피를 갖다 주기를 기다렸다.
Stop *waiting for* things to happen. Make them happen. 어떤 일이 일어나기를 기다리지 말고 일어나도록 만들어라.

○ Usage 표제어 wait 참조.

3 'look forward to'

look forward to는 앞으로 일어날 일을 즐겁게 기다리다, 즉 '고대하다'라는 뜻이다.

I'll bet you're *looking forward to* your holidays. 나는 당신이 휴가를 고대하고 있다고 확신한다.
I always *looked forward to* seeing her. 나는 항상 그녀와 만날 것을 고대했다.

○ Usage 표제어 look forward to 참조.

expensive

expensive

expensive는 어떤 물건을 사는 데 돈이 많이 든다. 즉 '비싼'이라는 뜻이다.
I get very nervous because I'm using a lot of *expensive* equipment.
나는 비싼 장비를 많이 사용하고 있기 때문에 매우 불안하다.
'Vogue' was more *expensive* than the other magazines. 보그는 다른 잡지보다 더 비쌌다.

특정한 것의 가격 자체가 비쌀 경우에는 expensive가 아닌 high를 사용한다.
The price is much too *high*. 그 가격은 너무 비싸다.
This must result in consumers paying *higher* prices. 이것으로 인해 소비자가 더 비싼 값을 지불해야 할 것이 틀림없다.

experience – experiment

1 'experience'

have *experience* of something은 무언가를 본 적이 있거나 해본 적이 있거나 느껴 본 적이 있다. 즉 '경험하다'라는 뜻이다.
Do you have any teaching *experience*? 당신은 가르쳐 본 경험이 있습니까?
I've had no *experience* of running a business. 나는 사업을 해 본 경험이 없다.

experience는 자신에게 일어나거나 자신이 하는 일. 즉 '경험'이라는 뜻이다.
Moving house can be a traumatic *experience*. 이사를 하는 것은 정신적인 충격을 주는 경험이 될 수 있다.

have an experience는 어떤 것을 경험하다라는 뜻이다.
I *had* a strange experience tonight. 나는 오늘 밤에 이상한 경험을 했다.

ⓘ 'make an experience'라고 하지 않는다.

2 'experiment'

어떤 것을 발견하거나 증명하기 위해 실행하는 과학적 '실험'은 experience가 아닌 experiment이다.
Laboratory *experiments* show that Vitamin D may slow cancer growth.
실험실의 실험 결과들은 비타민 D가 암세포의 증식을 늦추고 있다 한다.
Try it out in an *experiment*. 실험으로 확인해 봐.

do an experiment는 어떤 실험을 하다라는 뜻이다.
You don't really need to *do* an experiment. 당신은 정말로 실험할 필요가 없다.
Several experiments *were conducted* at the University of Zurich.
취리히 대학에서 여러 개의 실험들이 진행되었다.

ⓘ 'make an experiment'라고 하지 않는다.

explain

explain은 어떤 것을 이해시키기 위해 자세히 '설명하다'라는 뜻이다.
The Head should be able to *explain* the school's teaching policy.
교장 선생은 학교의 교육 방침에 대해 설명할 수 있어야 한다.

explain something to someone은 상대방에게 어떤 일에 대해 설명하다라는 뜻이다.
Let me *explain to* you about Jackie. 재키에 대해 당신에게 설명해 주겠다.
We *explained* everything to the police. 우리는 그 일에 대해 경찰에게 모든 설명을 했다.

ⓘ 위와 같은 문장에서 to를 사용한다. 예를 들면, Let me explain you about Jackie.라고 하지 않는다.

(explain + that절) 형식은 다른 사람에게 어떤 일을 한 이유를 설명할 때 사용한다.
I *explained* that I was trying to write a book. 나는 책을 쓰려 하고 있다고 설명했다.

ever

explode – blow up

1 'explode'

explode는 폭탄이 큰 소리를 내면서 대단한 위력으로 '폭발하다'라는 뜻이다.

A bomb *had exploded* in the next street. 옆 거리에서 폭탄이 폭발했다.

폭탄을 터뜨리다라고 할 때도 explode를 사용할 수 있다.

They *exploded* a nuclear device. 그들은 핵폭탄 장치를 터뜨렸다.

2 'blow up'

그러나 폭탄으로 건물을 파괴하다라고 할 때는 explode가 아닌 blow up을 사용한다.

He was going to *blow* the place *up*. 그는 그곳을 폭파할 계획이었다.

F f

fabric

fabric은 면, 나일론, 양모, 비단, 그 밖의 다른 실로 짠 옷을 만드는 천, 즉 '옷감'이라는 뜻이다.
A piece of white *fabric* was thrown out of the window. 하얀 옷감 한 조각이 창밖으로 던져졌다.
They sell silks and other soft *fabrics*. 그들은 비단과 또 다른 부드러운 옷감을 판매하고 있다.

천을 짜는 공장, 즉 '방직 공장'은 fabric이 아닌 factory라고 한다.

○ Usage 표제어 factory 참조.

fact

1 'fact'

fact는 지식이나 정보의 항목이 '사실'이라는 뜻이다.
It may help you to know the full *facts* of the case. 그것은 당신이 그 사건의 모든 사실을 알 수 있도록 도와줄지도 모른다.
The report is several pages long and full of *facts* and figures.
그 보고서는 여러 페이지에 걸쳐서 많은 사실과 그림으로 구성되어 있다.

> 주의 true와 fact를 같은 문장 안에서 함께 사용하지 않는다. 예를 들면, These facts are true.라고 하지 않는다.

2 'the fact that'

전체적인 상황을 가리킬 때, the fact that으로 시작하는 절을 사용할 수 있다.
He tried to hide *the fact that he was disappointed*. 그는 그가 실망했다는 사실을 숨기려 하지 않았다.
The fact that the centre is overcrowded is the main thing that people complain about.
그 센터가 너무 혼잡하다는 사실은 주민들의 불만의 주요 쟁점이다.

🛈 위와 같은 절에서 that을 사용해야 한다. 예를 들면, The fact quick results are unlikely is no excuse for delay.라고 하지 않는다.

3 'in fact'

우리가 바로 전 말했던 사실에 대해 더 자세한 정보 제공에 in fact를 사용한다.
They've been having financial problems. *In fact*, they may have to close down.
그들은 지금 자금난을 겪고 있기 때문에, 사실상 문을 닫아야 할지도 모른다.

fair – fairly

1 'fair'

행동이나 결정이 합리적이고, 올바르고, 공정하다고 할 때, fair를 사용한다.
It wouldn't be *fair* to disturb the children's education at this stage.
이 단계에서 어린이들의 교육을 방해하는 것은 옳지 않다.
Do you feel they're paying their *fair* share? 당신은 그들이 그들 몫을 공평하게 지불한다고 느낍니까?

2 'fairly'

fair는 play fair(공정하게 경기하다)라는 표현을 제외하고 부사로 사용하지 않는다. 어떤 일이 '적절하게' 또는 '공평하게' 이루어지다라는 뜻에 부사로 fairly를 사용한다.

fall

We want it to be *fairly* distributed. 우리는 그것이 적절하게 배분되기를 바란다.
He had not explained things *fairly*. 그는 그 일에 대해 적절한 설명을 하지 않았다.

fairly에는 아주 큰 정도까지, 즉 '상당히'라는 뜻도 있다.
The information was *fairly* accurate. 그 정보는 상당히 정확했다.
I wrote the first part *fairly* quickly. 나는 그 글의 초반부를 꽤 빨리 썼다.

> **주의** 비교급 앞에는 **fairly**를 사용하지 않는다. 예를 들면, '기차가 버스보다 좀 더 빠르다.'는 ~~The train is fairly quicker than the bus.~~가 아닌 The train is *a bit* quicker than the bus.라고 한다.
> Golf's *a bit* more expensive. 골프는 좀 더 많은 비용이 든다.
> I began to understand her *a bit* better. 나는 그녀를 좀 더 이해하기 시작했다.
>
> 글에서는 **rather**나 **somewhat**을 사용한다.
> In short, the problems now look *rather* worse than they did a year ago.
> 간단히 말해서 그 문제점들은 1년 전보다 지금이 좀 더 악화된 것 같다.
> The results were *somewhat* lower than analysts' estimates. 그 결과는 분석가들의 예상보다 좀 더 낮았다.

그 밖에도 정도를 나타낼 때 사용하는 단어와 표현이 많이 있다.
○ 분류 목록은 Grammar 표제어 Adverbs and adverbials 참조.

---

fall

fall은 동사나 명사로 사용할 수 있다.

1 used as a verb (동사로 사용하기)

위에서 아래로 빠르게 떨어지거나 땅 쪽으로 떨어지는 움직임을 나타낼 때, **fall**을 동사로 사용한다.
The cup *fell* from her hand and broke. 그 컵이 그녀의 손에서 떨어져 깨졌었다.

rain or snow falls는 '비 또는 눈이 내리다'이다.
Rain was beginning to *fall*. 비가 내리기 시작했었다.

fall의 과거는 **falled**가 아닌 **fell**이며, 과거분사는 **fallen**이다.
The china *fell* from her hand and shattered. 그 도자기는 그녀의 손에서 떨어져 산산조각이 났다.
Several napkins had *fallen* to the floor. 식탁용 냅킨들이 그 바닥에 떨어져 있었다.

fall은 서 있거나 걷던 사람이 넘어져 무릎을 찧거나 땅에 누워 있게 될 때 사용한다.
She *fell* and hurt her leg. 그녀는 넘어져 그녀의 다리를 다쳤었다.

회화에서는 **fall**이 아닌 **fall down**이나 **fall over**라고 한다.
He *fell down* in the mud. 그는 진흙탕에 넘어졌다.
He *fell over* backwards and lay as if struck by lightning. 그는 벼락에 맞은 것처럼 뒤로 발라당 넘어졌다.

높은 물체가 무너지다라고 할 경우, **fall down**이나 **fall over**라고 한다.
The pile of hymn books *fell down* and scattered all over the floor.
쌓아 놓은 찬송가 책들이 무너져서 마루에 흩어졌다.
A tree *fell over* in a storm. 나무 한 그루가 폭풍으로 인해 쓰러졌다.

> **주의** **fall**은 자동사이므로, someone 'falls' something이라고 할 수 없다. 예를 들면, '그녀는 비명을 지르며 쟁반을 떨어뜨렸다.'는 ~~She screamed and fell the tray.~~가 아닌 She screamed and *dropped* the tray.라고 한다.
> He bumped into a chair and *dropped* his cigar. 그는 의자에 부딪혀서 시가를 떨어뜨렸다.
> Careful! Don't *drop* it! 조심해요! 그것을 떨어뜨리지 마세요!
>
> 마찬가지로, someone 'falls' a person이라고 하지 않는다. 예를 들면, '그는 나이 든 여자와 부딪쳐서 그녀를 넘어지게 했다.'는 ~~He bumped into the old lady and fell her.~~가 아닌 He bumped into the old lady and *knocked* her *down*.이나 He bumped into the old lady and *knocked* her *over*.라고 한다.
> I nearly *knocked down* a person at the bus stop. 나는 버스 정류장에서 어떤 사람을 거의 넘어뜨릴 뻔했다.
> I got *knocked over* by a car when I was six. 내가 6살 때 차에 부딪혀서 넘어졌다.

familiar

184

USAGE

2 used as a noun(명사로 사용하기)

fall은 명사로 사용할 수도 있다. **have a *fall*** 은 균형을 잃고 땅바닥에 떨어져 다치다라는 뜻이다.

He *had* a bad *fall* and was taken to hospital. 그는 넘어져 심하게 다쳐 병원에 입원해야 했었다.

🇺🇸 미국 영어에서 fall은 여름과 겨울 사이의 계절, 즉 '가을'이라는 뜻이다.

In the *fall*, In the fall, I love going to Vermont. 나는 가을철에 버몬트에 가는 것을 아주 좋아한다.

영국 영어에서는 가을을 autumn이라고 한다.

○ Usage 표제어 autumn 참조.

familiar

1 'familiar'

familiar는 우리가 전에 보고, 듣고, 경험했기 때문에 알아보다, 즉 '친숙한'이라는 뜻이다.

There was something *familiar* about him. 그에게는 어딘가 친숙한 데가 있었다.

Gradually I began to recognize *familiar* faces. 나는 점점 낯익은 얼굴들을 알아보기 시작했다.

2 'familiar to'

be *familiar to*는 어떤 것을 잘 알다라는 뜻이다.

My name was now *familiar to* millions of people. 내 이름은 이제 수백만 명의 사람들에게 친숙한 이름이 되었다.

This problem will be *familiar to* many parents. 이 문제는 많은 학부모들이 익숙하게 받아질 것으로 생각한다.

3 'familiar with'

어떤 것을 잘 알거나 이해하는 경우, be *familiar with*를 사용한다.

I am of course *familiar with* your work. 나는 물론 당신의 작품을 잘 이해한다.

These are statements which I am sure you are *familiar with*.
이것들은 당신이 잘 이해할 거라고 확신하는 진술들일 것이다.

○ Usage 표제어 aware – familiar 참조.

far

1 distance(거리)

거리에 대해 물어볼 때, how far를 사용한다.

How far is it to Charles City? 여기에서 찰스 시티까지의 거리가 얼마나 됩니까?

He asks us *how far* we have come. 그는 우리에게 어느 정도 왔는지 물어본다.

그러나 거리를 나타낼 때는 far를 사용할 수 없다. 예를 들면, something is 10 kilometres 'far' from a place가 아닌 something is 10 kilometres *from* a place나 something is 10 kilometres *away from* a place라고 한다.

The hotel is just fifty miles *from* the ocean. 그 호텔은 바다로부터 불과 50마일의 거리에 위치해 있다.

I was about five miles *away from* some hills. 나는 언덕이 있는 곳으로부터 약 5마일 정도 떨어져 있었다.

far를 의문문과 부정문에 사용하면, '먼 거리'라는 뜻이다. 예를 들면, it is *not far* to a place는 어떤 장소가 누군가가 있는 곳으로부터 멀지 않다라는 뜻이다.

Do tell us more about it, Lee. Is it *far*? 리, 그것에 대해 좀 더 말해 주세요. 그곳이 멀리 떨어져 있나요?

It *isn't far* now. 이제 거의 다 왔어요.

I *don't* live *far* from here. 나는 여기서 멀지 않은 곳에 살고 있다.

긍정문에서 먼 거리는 far away나 a long way away를 사용하며, far 자체만으로는 사용할 수 없다.

He is *far away* in Australia. 그는 호주에서 먼 곳에 있다.

That's up in the Cairngorms, which is quite *a long way away*. 그곳은 꽤 멀리 있는 케언곰스의 중심지에 있다.

○ Usage 표제어 away 참조.

현대 영어에서 far는 명사 앞에 사용하지 않아, '멀리 떨어져 있는 언덕'은 **far hills**라고 하지 않는다. 대신 **distant**나 **faraway** 또는 **far-off**를 사용한다.
The bedroom has views of the *distant* mountains. 그 침실에서는 멀리 떨어진 곳에 있는 산들의 경치를 볼 수 있다.
I heard the *faraway* sound of a waterfall. 나는 멀리서 들리는 폭포 소리를 들었다.
She dreamed of travelling to *far-off* places. 그녀는 오지 중의 오지를 여행하고 싶은 꿈이 있다.

2 degree or extent(정도나 범위)

far를 의문문과 부정문에 사용할 경우, 일이 일어나는 '정도'나 '범위'를 나타낸다.
How *far* have you got in developing this? 이것을 어느 정도까지 개발했습니까?
Prices will not come down very *far*. 가격이 매우 큰 폭으로 떨어지지 않을 것이다.
None of us would trust them very *far*. 우리들 중에 그들을 깊이 신뢰할 사람은 한 명도 없을 것이다.

3 used as an intensifier(강조어로 사용하기)

[far + 비교급] 형식은 어떤 것이 다른 것보다 품질이 더 좋다고 할 때 사용한다. 예를 들면, **one thing is *far bigger* than another**는 한 물건이 다른 물건보다 아주 크다라는 뜻이다.
It is a *far better* picture than the other one. 이 그림은 다른 그림보다 품질이 훨씬 더 좋다.
This situation was *far more dangerous* than Woodward realized.
이 상황은 우드워드가 인식했던 것보다 훨씬 더 위험했다.

[far more + 명사] 형식은 훨씬 더 많다고 할 때 사용한다.
He had to process *far more* information than before. 그는 전보다 훨씬 더 많은 양의 정보를 처리해야 했다.
They spent *far more time* arguing about it than they did actually getting the job done.
그들은 실제적으로 일을 실행하기보다 훨씬 더 많은 시간을 논쟁으로 소비했었다.

too 앞에 far를 사용할 수도 있다. 예를 들면, **something is *far too big***은 어떤 것이 필요 이상으로 크다라는 뜻이다.
I was *far too polite*. 나는 너무 지나치게 공손했다.
It is *far too early* to judge. 판단을 내리기에 너무 이르다.

too much나 **too many** 앞에 far를 사용할 수 있다. 예를 들면, **there is *far too much* of something**은 어떤 것이 필요 이상으로 훨씬 많다는 뜻이다.
Teachers are being given *far too much* paperwork to do.
교사들에게 필요 이상으로 서류 작업들이 주어지고 있다.
Every middle-class child gets *far too many* toys. 모든 중산층 아이들은 필요 이상으로 많은 장난감을 갖고 있다.

격식을 차리지 않은 영어는 far 대신 **way**를 사용한다.
It's *way too early* to say who will win. 누가 이길 것이라고 말하기에 너무 이른 시간이다.
You talk *way too much*. 너는 말을 너무 많이 한다.
I communicate *way better* with music than with words. 난 대화보다 음악으로 소통하는 것이 훨씬 좋다.

fault

○ Usage 표제어 blame – fault 참조.

favourite

favourite는 특정한 형태의 사람이나 사물을 '가장 좋아하는'이라는 뜻이다.
What is your *favourite* television programme? 당신은 어떤 텔레비전 프로그램을 가장 좋아하십니까?
Her *favourite* writer is Hans Christian Andersen. 그녀가 가장 좋아하는 작가는 한스 크리스천 안데르센이다.

feel

favourite는 일반적으로 most와 함께 사용하지 않아, '이것은 내가 가장 좋아하는 책이다.'는 ~~This is my most favorite book.~~이 아닌 This is my *favourite* book.이라고 한다.

 favourite의 미국식 철자는 favorite이다.

feel

feel은 일반동사로 여러 가지 뜻이 있으며, feel의 과거와 과거분사는 feeled가 아닌 felt이다.

1 awareness(인식)

someone *can feel* something은 어떤 사람이 촉감을 통하거나 신체에서 어떤 것을 느끼다라는 뜻이다.

I *can feel* the heat of the sun on my face. 나는 얼굴에 태양의 열기를 느낀다.
I wonder if insects *can feel* pain. 나는 곤충들도 아픔을 느끼고 있는지 궁금하다.

위와 같은 문장에서는 보통 can을 사용하는데, '나는 발에 통증을 느낀다.'는 ~~I feel a pain in my foot.~~이 아닌 I *can feel* a pain in my foot.이라고 한다. 또한 ~~I am feeling a pain in my foot.~~과 같이 진행시제를 사용하지 않는다.

과거에 어떤 것을 느꼈다고 할 때, felt나 could feel을 사용한다.
They *felt* the wind on their damp faces. 그들은 축축하게 젖은 얼굴에 바람이 불어와 닿는 것을 느꼈다.
Though several layers of clothes I *could feel* his muscles.
그가 옷을 여러 벌 겹쳐 입었음에도 불구하고 나는 그의 근육을 느낄 수 있었다.

그러나 갑자기 어떤 것을 느꼈다고 할 때는 felt를 사용해야 한다.
He *felt* a sting on his elbow. 그는 팔꿈치에 찌르는 듯한 아픔을 느꼈다.

[felt · could feel + -ing] 형식은 어떤 감각이나 증상이 얼마 동안 지속되는 것을 느낄 때 사용할 수 있다.
He *could feel* the sweat *pouring* down his face. 그는 얼굴에 땀이 계속 들이붓는 것 같은 느낌이 들었다.

[felt + 원형부정사] 형식은 어떤 한 가지 행위를 인식하다라는 뜻이다.
She *felt* the boat *move*. 그녀는 보트의 움직임을 느꼈었다.

2 touching(만지기)

무슨 물체인지 알아보기 위해 의도적으로 만져 보다라는 뜻에 feel을 사용한다.
The doctor *felt* her pulse. 그 의사는 그녀의 맥박을 체크했었다.

3 impressions(인상)

어떤 물건을 잡거나 만졌을 때 느끼는 그 물건에 대한 인상을 feel이라고 한다.
The blanket *felt* soft. 그 담요는 부드럽게 느껴졌었다.
How does it *feel*? Warm or cold? 그것은 어떻게 느껴지나요? 따뜻한가요, 차갑나요?
It looks and *feels* like a normal fabric. 그것은 보통 옷감처럼 보이며 그렇게 느껴진다.

위와 같은 뜻에는 진행시제를 사용하지 않아, ~~His folk was feeling heavy.~~라고 하지 않는다.

4 emotions and sensations(감정과 감각)

[feel + 형용사] 형식은 어떤 감정이나 감각을 경험하고 있거나 경험했다고 할 때 사용한다. 이 경우에는 단순현재시제나 진행시제로 사용한다.

I *feel* lonely. 나는 외로움을 느낀다.
I'*m feeling* terrible. 나는 기분이 나쁜 상태이다.
She *felt* happy. 그녀는 행복함을 느꼈다.
I *was feeling* hungry. 나는 배고픔을 느끼고 있었다.

[feel + 명사구] 형식은 어떤 감정이나 감각을 경험하다라는 뜻이며, 단순시제를 사용한다.
She *felt* a sudden desire to scream. 그녀는 갑자기 비명을 지르고 싶은 충동을 느꼈다.

female – feminine

> **주의** 어떤 감정이나 감각을 경험하다라고 할 때, **feel**을 사용하는 경우에는 재귀대명사를 사용하지 않는다. 예를 들면, '나는 마음이 편하지 않았다.'는 ~~I felt myself uncomfortable.~~이 아닌 I *felt* uncomfortable.이라고 한다.

5 'feel like'

feel like something은 특정한 사람이나 사물이 갖고 있는 성질이나 품질, 감정을 자신도 가지고 있다, 즉 '~같이 되다', '~같은 느낌이 들다'라는 뜻이다.

If you want to *feel like* a star, travel like a star. 만약 당신이 스타처럼 느끼고 싶다면, 스타처럼 여행을 하세요.
I *feel like* a mouse being chased by a cat. 나는 고양이에게 쫓기는 쥐와 같은 느낌을 가졌었다.

feel like doing something은 어떤 일을 하기를 원하다라는 뜻이다.

Whenever I *felt like talking*, they were ready to listen.
내가 누구하고 이야기하고 싶을 때마다 그들은 내 이야기를 기꺼이 들어주었다.
Are there days when you *don't feel like writing*? 당신은 글을 쓰고 싶지 않을 때가 있습니까?

위와 같은 문장에서 (feel like + -ing) 형식 대신에 (feel like + 명사구) 형식을 사용할 수 있다. 예를 들면, '나는 산책하고 싶다.'는 I feel like going for a walk. 대신 I *feel like* a walk.라고 한다.

I *feel like* a cup of coffee. 나는 커피를 마시고 싶다.

🚫 '~~feel like to do~~' something이라고 하지 않는다.

---

female – feminine

1 'female'

female은 아이를 낳을 수 있는 성(性)과 관련된, 즉 '여성의, 암컷의'라는 뜻이다. 사람이나 동물을 나타낼 때, **female**은 형용사로 사용할 수 있다.

There has been a rise in the number of *female* employees. 여성 근로자들의 숫자가 계속 증가해 왔다.
A *female* toad may lay 20,000 eggs each season. 암컷 두꺼비는 계절마다 20,000개의 알을 낳는다고 한다.

female이 명사일 경우, 동물에게만 사용할 수 있다.

The male fertilized the *female*'s eggs. 수컷은 암컷의 난자에 수정시켰다.
He saw a family of lions – a big male, a beautiful *female*, and two cubs.
그는 큰 숫사자 한 마리, 아름다운 암사자 한 마리, 그리고 두 마리의 새끼들로 이루어진 사자 가족을 우연히 만났다.

그러나 미국 영어에서는 젊은이들이 젊은 여성을 말할 때, **woman**이나 **girl**의 사용을 피하기 위해 **female**을 때때로 사용한다.

The condition affects both males and *females*. 그러한 조건은 여성과 남성 모두에게 영향을 끼치고 있다.
He asked if a white *female* of a certain age had checked into the hotel.
그는 그 호텔에 특정 나이의 백인 여자들이 투숙해 있는지 물었었다.

2 'feminine'

feminine은 남성보다 여성의 전형적인 면, 즉 '여성적인'이라는 뜻이다.

The bedroom has a light, *feminine* look. 그 침실은 밝고, 여성스러운 모습을 갖고 있다.
She is a calm, reasonable and deeply *feminine* woman.
그녀는 성격이 침착하고, 합리적이며 매우 여성스러운 여자이다.

동물에는 **feminine**을 사용하지 않는다.

---

fetch

○ Usage 표제어 bring – take – fetch 참조.

few – a few

few – a few

1 used in front nouns(명사 앞에 사용하기)

few와 a few는 모두 명사 앞에서 사용하지만 뜻은 같지 않다. a few는 적은 수의 사람이나 물건이 있다는 긍정적인 뜻을, few는 특정한 종류의 사람이나 물건의 수가 아주 적게 있다는 부정적인 뜻을 강조할 때 사용한다. 예를 들면, '나는 적지만 여러 명의 친구들이 있다.'는 I have *a few* friends.이고, '나는 친구들이 거의 없다.'는 I have *few* friends.라고 한다.

I'm having a dinner party for *a few* close friends. 나는 절친들과 디너파티를 하고 있는 중이다.
Here are *a few* ideas that might help you. 여기에 당신에게 도움이 될 만한 여러 아이디어들이 있다.
There were *few* resources available. 그곳에 사용 가능한 자원이 거의 없었다.

2 used as pronouns(대명사로 사용하기)

few와 a few를 대명사로 사용할 수 있다.

Doctors work an average of 90 hours a week, while *a few* work up to 120 hours.
의사들은 일주일에 90시간을 평균으로 일하는데, 작은 숫자이지만 일부는 120시간까지 일하기도 한다.
Many are invited but *few* are chosen. 많은 사람이 초대받았지만 선발된 사람은 거의 없다.

3 'not many'

회화에서는 few보다 not many를 사용한다. 예를 들면, I have few friends. 대신 I *haven't got many* friends.나 I *don't have many* friends.라고 한다.

They *haven't got many* books. 그들은 많은 책을 갖고 있지 않다.
I *don't have many* visitors. 나를 방문하는 사람은 거의 없다.

> 주의 물건의 양이 적을 때, 불가산명사에 few나 a few가 아닌 little이나 a little을 사용하는데, '차에 우유를 조금 더 넣으시겠어요?'는 Would you like a few more milk in your tea?가 아닌 Would you like *a little* more milk in your tea?라고 한다.

fewer

○ Usage 표제어 less 참조.

film

film은 극장에서 상영하는 움직이는 영상으로 이루어진 것으로, 특히 관객에게 보여 줄 목적으로 지은 건물에서 상영되는 '영화'를 뜻한다.

The *film* is based on a true story. 그 영화는 실화를 바탕으로 만들어졌다.
Do you want to watch a *film* tonight? 오늘 저녁에 영화 한 편을 보시겠어요?

film은 때때로 picture라고 하며, 미국에서는 film을 movie라고 한다.

His last book was made into a *movie*. 그가 출간한 마지막 책은 영화로 제작되었다.

 영국 사람들은 영화를 보러 가다를 go to the *cinema/pictures* 미국 사람들은 go to the *movies*라고 한다.

 영국에서는 영화관을 cinema라고 하고, 미국에서는 일반적으로 movie theater나 movie house라고 한다.

Everyone has gone to the *cinema*. 모든 사람들이 영화를 보러 갔다.
Some friends and I were driving home from the *movies*.
몇 명의 친구들과 나는 영화를 보고 나서 차를 몰고 집으로 가고 있었다.

finally

○ Usage 표제어 eventually – finally 참조.

find

1 result of a search(탐색의 결과)

find는 누군가가 어떤 물건을 찾을 때 그 물건을 보거나 어디에 있는지 안다라는 뜻이다.

The mill will not be easy to *find*. 그 제분소는 발견하기가 쉽지 않을 것이다.

find의 과거와 과거분사는 **founded**가 아닌 **found**이다.

I eventually *found* what I was looking for. 내가 찾고 있던 것을 결국 찾아냈다.
Have you *found* your keys yet? 당신의 열쇠 꾸러미를 찾았습니까?

ℹ️ find가 위와 같은 뜻일 경우, find 뒤에 out을 사용하지 않는다.

2 'discover'

find 대신 때때로 **discover**를 사용하며, 다소 격식을 차린 단어이다.

The bodies of the family *were discovered* by police officers on Tuesday.
그 가족의 시체는 화요일에 경찰관들에 의해 발견되었다.

cannot find something은 물건을 찾을 수 없다라는 뜻이다.

I think I'm lost – I *can't find* the bridge. 나는 그 다리를 찾을 수 없어서 길을 잃었다고 생각한다.

그러나 'cannot discover' something이라고 하지 않는다.

3 noticing something(사물 인식하기)

사람이 어딘가에 있는 물건을 발견할 경우, **find**나 **discover**를 사용할 수 있다.

Look what I*'ve found*! 내가 무엇을 발견했는지 보세요!
A bomb could well *be discovered* and that would ruin everything.
폭탄은 충분히 발견될 수 있고 그렇게 되면 모든 일을 망치게 될 것이다.

come across는 **find**나 **discover**와 비슷한 뜻이다.

They *came across* the bones of an animal. 그들은 동물의 뼈들을 발견했다.

4 obtaining information(정보 얻기)

find, **find out**, **discover**는 어떤 일이 사실임을 알다라는 뜻이다.

Researchers *found* that there was little difference between the two groups.
연구원들은 두 그룹 사이에 큰 차이가 없다는 것을 발견했었다.
It was such a relief to *find out* that the boy was normal. 그 소년이 정상이라는 것을 알게 되어 위안이 되었다.
He *has* since *discovered* that his statement was wrong. 그는 자신의 진술이 틀렸다는 것을 이후에 알게 되었다.

when, **before**, **as soon as**로 시작하는 절에서는 **find out** 뒤에 나오는 목적어는 생략이 가능하지만, **find**나 **discover** 뒤에서는 목적어를 생략할 수 없다.

When Dad *finds out*, he'll be really angry. 아빠가 알면 정말 화를 낼 것이다.
You want it to end before anyone *finds out*. 누군가 알기 전에 당신은 그 일을 매듭짓기를 원한다.
As soon as I *found out*, I jumped into the car. 나는 그 사실을 알게 되자마자 자동차 안으로 뛰어들었다.

find out이나 **discover**는 얻기 어려운 정보를 성공적으로 얻다라는 뜻이다.

Have you *found out* who killed my husband? 제 남편을 죽인 범인을 알아냈습니까?
Police *discovered* that he was hiding out in London. 경찰은 그가 런던에 있다는 것을 발견했었다.

find out는 쉽게 정보를 얻다라는 뜻도 있다.

I *found out* the train times. 나는 그 기차 시간표를 얻었다.

ℹ️ 위의 뜻으로 ~~discover~~라고 하지 않는다.

fine – finely

5 another meaning of 'find' (find의 다른 뜻)

find는 어떤 일을 하는 데 어렵거나 쉽다라는 뜻으로, (find + it + 형용사) 형식을 사용할 수 있다. 예를 들면, 어떤 일을 하는 것이 어렵다고 할 때, *find it difficult to do* something이라고 한다.

I *find it difficult to talk* to the other parents.
나는 다른 학부모들과 대화를 한다는 것 역시 어려운 일이라는 것을 알았다.

'Was the exam hard?' – 'No, I *found* it quite *easy*.' "시험이 어려웠어요?" – "아니오, 아주 쉬웠어요."

ℹ️ 위와 같은 문장에서는 it을 사용해야 한다. 예를 들면, '그녀는 내가 심각하다는 것을 믿기 어려워했다.'는 ~~She found impossible to believe that I meant it.~~이 아닌 She found *it* impossible to believe that I meant it.이라고 한다.

[find+명사구 형용사, 또는 두 명사구 형식]은 우리의 의견 표현에 사용한다.
I *found his behaviour extremely rude*. 나는 그의 행동이 과도하게 무례한 것을 발견했다.
I'm sure you'll *find him a good worker*. 나는 당신이 그가 능력 있는 판매원이란 것을 알게 될 것으로 확신한다.

fine – finely

fine은 일반적으로 형용사이지만, 회화에서는 부사로도 사용할 수 있다. find은 다음과 같이 세 가지 뜻이 있다.

1 used to mean 'very good' (very good의 뜻으로 사용하기)

어떤 일이 매우 좋거나 인상적인 경우, fine을 사용할 수 있다.
Paul Scofield gave a *fine* performance. 폴 스코필드는 멋진 공연을 했다.
From the top there is a *fine* view. 꼭대기에 가면 전망이 좋다.

위와 같이 fine을 사용할 때, fine 앞에 very나 extremely 등의 단어를 사용할 수 있다.
He's intelligent and he'd do a *very fine* job. 그는 총명해 그 일을 아주 잘 수행할 것이다.
This is an *unusually fine* piece of work. 이것은 특별히 아름다운 작품이다.

위와 같은 뜻으로 fine을 부사로 사용할 수 없지만, 부사 finely를 과거분사 앞에 사용할 수 있다.
This is a *finely* crafted story. 이것은 정교하게 만들어진 이야기이다.

2 used to mean 'satisfactory' (satisfactory의 뜻으로 사용하기)

fine은 어떤 일이 '만족스럽거나 받아들일 수 있는'이라는 뜻으로도 사용할 수 있다.
'Do you want more milk?' – 'No, that's *fine*.'
"밀크를 더 드릴까요?" – "아니오, 그것으로 만족합니다."

fine은 '건강 상태가 좋은'이라는 뜻이다.
'How are you?' – '*Fine*, thanks.' "어떻게 지내세요?" – "잘 지내요. 감사해요."

fine이 '만족할 만한'이라는 뜻일 경우, fine 앞에 very가 아닌 just를 사용할 수 있다.
Everything is *just fine*. 모든 것이 아주 만족스럽다.
'Is she settling down nicely in England?' – 'Oh, she's *just fine*.'
"그녀는 영국 생활에 잘 적응하고 있습니까?" – "아, 그녀는 아주 잘 지내고 있어요."

회화에서 fine을 '만족스럽게' 또는 '잘'이라는 뜻의 부사로 사용할 수 있다.
We got on *fine*. 우리는 잘 지냈다.
I was doing *fine*. 나는 잘 지내고 있었다.

ℹ️ 위와 같은 문장에서 finely를 사용하지 않으므로 ~~We got on finely~~.라고 하지 않는다.

3 used to mean 'small' or 'narrow' (small이나 narrow의 뜻으로 사용하기)

어떤 것이 매우 작거나 좁은 부분으로 구성되어 있다고 할 경우에도 fine을 사용할 수 있다.
She has long, *fine* hair. 그녀는 길고 가느다란 머릿결을 가졌다.

finish

위와 같이 fine을 사용할 때, fine 앞에 very와 같은 단어를 사용할 수 있다.
These pins are **very fine** and won't split the wood.   이 핀들은 매우 가늘어서 나무를 쪼갤 수가 없을 것이다.

위와 같은 뜻에 부사 finely를 사용할 수 있다.
Put the mixture in the bowl and add a cup of **finely** chopped onions.
혼합물을 그릇에 담고 한 컵의 잘게 썬 고기들을 넣으세요.

finish

finish는 하고 있는 일을 마칠 때, 그 일의 끝에 '도달하다'라는 뜻이다.
The concert **finished** at midnight.   그 콘서트는 자정에 끝났었다.
Aron't you ever going to **finish** the ironing?   당신은 다리미질을 끝내지 않을 건가요?
When he **had finished**, he closed the file.   그는 일을 마치자 파일을 닫았다.

finish doing something은 하고 있는 일을 마치다라는 뜻이다.
Jonathan **finished studying** three years ago.
조나단은 3년 전에 대학을 졸업했다.
I've **finished reading** your book.   나는 너의 책을 다 읽었다.

🛈 'finish to do' something이라고 하지 않는다.

first – firstly

1 'first' used as an adjective (형용사로 사용하는 first)

first thing/event/person은 다른 모든 것 앞에 오는 특정한 종류의 첫 번째 사물, 사건, 사람을 뜻한다.
She lost 16 pounds in the **first** month of her diet.   그녀는 다이어트를 시작한 첫달에 16파운드를 감량했다.
Yuri Gagarin was the **first** man in space.   유리 가가린은 우주에 간 최초의 사람이다.

사람이나 사물, 사건이 제일 처음이라는 것을 강조할 때, first 앞에 very가 온다.
The **very first** thing I do when I get home is have a cup of tea.
내가 집에 도착해 가장 제일 먼저 한 일은 홍차 한 잔을 한 것이다.

2 'first' used as an adverb (부사로 사용하는 first)

어떤 사건이 다른 사건보다 먼저 일어났다면, **something happens first**를 사용한다.
Rani spoke **first**.   래니가 제일 먼저 발언했다.
When people get their newspaper, which page do they read **first**?
사람들은 신문을 읽을 때, 어느 면을 제일 먼저 읽습니까?

🛈 something happens 'firstly'라고 하지 않아, Rani spoke firstly라고 하지 않는다.

3 'first' and 'firstly' used as sentence adverbials (문장부사로 사용하기)

first나 firstly는 토의의 첫 번째 안건, 일련의 질문이나 설명 중의 첫 번째 질문이나 설명, 목록에 적힌 항목 중 첫 번째 것 등을 소개할 때 사용한다.
First, mix the eggs and flour.   첫째로, 달걀들과 밀가루를 서로 섞어 주세요.
There are two reasons why I'm angry. **Firstly** you're late, and secondly, you've forgotten your homework.   내가 화를 내는 이유가 두 가지인데, 첫째 네가 지각을 했고, 둘째 너는 숙제를 해 오지 않았기 때문이다.

첫 번째를 강조하고자 할 때, **first of all**이라고 한다.
I have made a commitment, **first of all** to myself, and secondly to my family.
나는 무엇보다도 내 자신에 대한 책임을 다짐했고 가족에 대한 책임도 다짐했다.
First of all, I'd like to thank you all for coming.   무엇보다도 먼저 당신들이 여기에 와 주셔서 대단히 감사합니다.

🛈 firstly of all이라고 하지 않는다.

first floor

4 'at first'

어떤 일이 시작될 때의 감정이나 행동을 나중에 나타나는 감정이나 행동과 비교할 때, **at first**를 사용한다.

At first I was reluctant. 나는 처음에는 마음이 내키지 않았다.

At first I thought that the shop was empty, then from behind one of the counters a man appeared. 나는 처음에 그 가게가 비어 있는 것으로 생각했으나, 그러나 그곳에 있는 계산대들 한 곳에서 어떤 남자가 나타났다.

ℹ 위와 같은 문장에서 firstly를 사용하지 않는다.

first floor

○ Usage 표제어 ground floor 참조.

first name

○ Usage 표제어 Christian name – first name – forename – given name 참조.

fit – suit

1 'fit'

fit은 옷이 너무 크거나 작지 않고, '몸에 잘 맞는'이라는 뜻이다.

That dress *fits* you perfectly. 너에게 그 드레스가 완벽하게 어울린다.

He was wearing pyjamas which did not *fit* him. 그는 자신에게 맞지 않는 파자마를 입고 있었다.

 fit이 위와 같은 뜻일 때, **fit**의 과거는 **fitted**이다. 그러나 미국 영어에서는 **fit**을 과거로 사용한다.

The boots *fitted* Rudolph perfectly. 그 장화는 루돌프에게 완벽하게 어울렸다.

The pants *fit* him well and looked like men's slacks. 그 바지는 그에게 잘 맞았는데 남성의 헐거운 바지 같았다.

2 'suit'

옷이 누군가를 매력적으로 보이게 할 경우, **fit**이 아닌 **suit**를 사용한다.

I love you in that dress, it really *suits* you. 나는 당신이 그 옷을 입을 때 마음에 든다. 그 옷은 당신에게 잘 어울린다.

flat – apartment

1 'flat'

영국 영어에서 **flat**은 보통 큰 건물의 한 층에 있는 주거용 방, 즉 '아파트'라는 뜻이다. 사람들은 아파트를 임대하거나 소유할 수도 있다.

She lived in a tiny furnished *flat* near Sloane Square. 그녀는 슬론 스퀘어 근처에서 가구까지 설치된 작은 아파트에 거주했다.

2 'apartment'

 미국 영어에서는 아파트를 **apartment**라고 한다. 사람들이 아파트를 소유할 때, 때때로 **condominium**이라 하며 회화에서는 **condo**라고 한다.

It is a six-storey building with 20 luxury two- and three-bedroom *apartments*. 그 건물은 2~3개의 침실이 있는 20개의 고급 아파트가 있는 6층짜리 빌딩이다.

3 'block of flats'

영국 영어에서는 여러 개의 아파트로 구성된 큰 빌딩을 a *block of flats*라고 한다.

The building was pulled down to make way for a *block of flats*. 그 빌딩은 새로운 아파트 건물을 지으려고 철거되었다.

floor – ground

4 'apartment block' and 'apartment building'

 미국 영어에서는 이를 apartment house, apartment building, apartment block이라고 한다.

He lives on the ninth story an *apartment block* on Charlesgate East.
그는 찰스게이트 이스트의 아파트 9층에 살고 있다.

Several *apartment buildings* were destroyed in the fire. 여러 채의 아파트 건물이 화재로 붕괴되었다.

floor – ground

1 'floor'

floor는 걸어 다닐 수 있는 방의 평평한 부분, 즉 '바닥'이라는 뜻이다.
The book fell to the *floor*. 그 책이 바닥에 떨어졌다.

a *floor* of a building은 건물의 한 층에 있는 모든 방들을 뜻한다.
I went up the stairs to the third *floor*. 나는 계단을 통해 삼층에 올라갔다.

be *on* a particular floor는 어떤 것이 특정 층에 있다라는 뜻이다.
My office is *on the second floor*. 내 사무실은 2층에 있다.

- be 'in' a particular floor라고 하지 않는다.
- Usage 표제어 ground floor – first floor 참조.

2 'ground'

일반적으로 '땅의 표면'은 floor가 아닌 ground라고 한다.
He set down his bundle carefully on the *ground*. 그는 자신의 보따리를 조심스럽게 땅 위에 내려놓았다.
The *ground* all round was very wet and marshy. 그 땅은 사방이 습기가 아주 많고 질척거렸다.

그러나 숲 표면은 때때로 forest floor, 해저는 sea floor나 ocean floor라고 한다.
The *forest floor* is not rich in vegetation. 그 숲 표면은 식생이 풍부하지 않다.
Some species are mainly found on the *ocean floor*. 일부 종(種)들은 해저에서 발견된다.

foot

1 part of the body (신체의 일부분)

foot은 다리의 끝에 있는 신체의 부분, 즉 '발'이라는 뜻이다. foot은 발가락을 포함한다.
He kept on running despite the pain in his *foot*. 그는 발의 통증에도 불구하고 계속해서 달렸다.

foot이 위와 같은 뜻일 경우, foot의 복수형은 feet이다.
She's got very small *feet*. 그녀는 아주 작은 발을 가지고 있다.

go somewhere *on foot*은 교통수단을 이용하는 대신에 걸어서 가다라는 뜻이다.
The city should be explored *on foot*. 그 도시는 걸어서 돌아다녀야 한다.

2 measurements (치수)

길이를 재는 단위인 1 foot은 12 inches나 30.48 centimetres와 동일하다. foot이 단위를 나타낼 때, foot의 복수형은 feet이다.
We were only a few *feet* away from the edge of the cliff.
우리들은 그 절벽의 벼랑 끝에서 불과 몇 피트 정도만 떨어져 있었다.
The plane flew at 65,000 *feet*. 그 비행기는 6만 5천 피트 상공을 날았다.

그러나 high, tall, long과 같은 단어 앞에서 foot은 그 자체로 복수형이 된다.
She's five *foot* eight inches tall. 그녀의 키는 5피트 8인치이다.

USAGE

football

194

🔹 다른 명사 앞의 foot은 항상 복수로 사용하는데, 간격이 20피트가 떨어져 있을 경우, ~~twenty feet gap~~이 아닌 twenty *foot* gap이라고 한다.

The prison was enclosed by a forty *foot* wall. 그 교도소는 40피트 길이의 벽으로 둘러싸여 있다.

football

1 'football'

 영국에서 football은 축구라는 뜻이다. 미국에서는 축구를 soccer라고 한다.

We met a group of Italian *football* fans. 그들은 이탈리아 축구 팬들을 만났다.

There was a lot of pressure on the US *soccer* team. 미국의 축구팀에게 많은 압박이 주어지고 있다.

2 'American football'

미국에서 football은 타원형의 공을 가지고 던지거나 달리며 두 팀 간에 대전하는 경기, 즉 '미식축구'이다. 영국에서는 이를 American football이라고 한다.

This year's national college *football* championship was won by Princeton.
올해의 대학 미식축구 선수권 대회에서 프린스턴 대학 팀이 우승을 차지했다.

In youth he was a minor *American football* star. 그는 젊었을 때, 미식축구 마이너리그 스타였다.

3 'match'

 축구 시합을 영국에서는 match, 미국에서는 game이라고 한다.

We watched the *match* between Arsenal and Manchester United. 우리는 아스날과 맨유의 경기를 관람했다.

Are you going to watch the football *game* Monday night? 당신은 월요일 저녁 축구 경기를 볼 계획입니까?

for

누군가가 어떤 것을 갖게 할 의도가 있거나 이익을 얻도록 할 때, for를 사용한다.

He left a note *for* her on the table. 그는 테이블 위에 그녀에게 메모를 남겼다.

She held out the flowers and said, 'They're *for* you.' 그녀는 꽃을 내밀면서 "이 꽃은 당신에게 주는 거예요."라고 말했다.

I am doing everything I can *for* you. 나는 당신에게 해줄 수 있는 모든 것을 하고 있다.

[for + 명사구 · · -ing] 형식은 어떤 물체가 사용되는 방법을 언급할 때 사용한다.

Some planes are *for internal use*, others *for international flights*.
일부 비행기들은 국내용이고, 다른 비행기들은 국제선이다.

The mug had been used *for mixing* flour and water. 그 머그는 밀가루와 물을 섞는 데 사용했다.

[for + 명사구] 형식은 어떤 일을 한 이유를 나타낼 때 사용한다.

We stopped *for lunch* by the roadside. 우리는 점심을 먹으려고 길가에 차를 세웠다.

I went to the store *for a newspaper*. 나는 그 가게에 신문을 사러 갔다.

> **주의** 어떤 일을 하는 이유나 목적을 나타낼 때, [for+-ing] 형식이 아닌 to부정사나 in order to를 사용한다. 예를 들면, '그는 일자리를 얻기 위해서 그 도시에 갔다.'는 ~~He went to the city for finding work.~~가 아닌 He went to the city *to find* work.나 He went to the city *in order to find* work.라고 한다.
>
> People would stroll down the path *to admire* the garden. 사람들이 정원을 감상하기 위해 그 길을 따라 걸어 다닐 것이다.
>
> He had to hurry *in order to reach* the next place on his schedule.
> 그는 스케줄에 따라 다음 장소에 도착하기 위해 서둘러야만 했다.

1 duration(지속)

어떤 일이 얼마 동안 지속되는지를 말할 경우, for를 사용한다.

I'm staying with Bob *for* a few days. 나는 밥과 며칠 동안 함께 머물 계획이다.

어떤 일이 얼마 동안 실제로 지속되어 왔는지를 말할 경우, for를 사용한다.

I have known you *for* a long time. 나는 당신을 오랫동안 알아 왔다.

He has been missing *for* three weeks. 그는 3주 동안이나 실종 상태에 있다.

forename

> **주의** 어떤 일이 과거 어느 시점에 시작되어 지금까지 지속될 때, [완료시제 + for] 형식을 사용해야 하는데, '나는 5년 동안 이곳에서 살아 왔다.'는 I am living here for five years.가 아닌 I *have lived* here for five years.라고 한다.

2 'since'

for를 since와 혼동해서는 안 된다. 어떤 일이 과거의 특정한 시간부터 지금까지 지속되었는지를 말할 때, **since**를 사용한다.

Exam results have improved rapidly *since* 1999. 시험 결과는 1999년 이래로 급속도로 좋아지고 있다.
We had been travelling *since* dawn. 우리는 새벽부터 여행을 했다.
I've known her *since* she was twelve. 나는 그녀와 12살 때부터 알고 지내왔다.

○ Usage 표제어 since 참조.

3 used to mean 'because' (because의 뜻으로 사용하기)

소설에서 for는 때때로 because의 뜻으로 사용한다.

This is where he spent a good deal of his free time, *for* he had nowhere else to go.
그는 달리 갈 곳이 없어서 많은 여가 시간을 이곳에서 보냈다.

○ Usage 표제어 because 참조.

forename

○ Usage 표제어 first name – Christian name – forename – given name 참조.

forget

1 'forget'

forget은 어떤 것에 대해 생각을 하지 않다, 즉 '잊다'라는 뜻이다. 동사 **forget**의 과거는 **forgetted**가 아닌 **forgot**이고, 과거분사는 **forgotten**이다.

Alan, having *forgotten* his fear, became more confident. 앨런은 두려움을 잊고 자신감을 갖게 되었다.
Tim *forgot about* his problems for a few hours. 팀은 몇 시간 동안 그의 고민거리들을 잊었다.

have forgotten something은 자신이 알고 있던 어떤 일에 대해 더 이상 기억할 수 없다라는 뜻이다.
I *have forgotten* where it is. 나는 그것을 어디에 두었는지를 잊어 버렸다.
...a teacher whose name I *have forgotten*. 내가 이름을 잊어 버린 선생님.

자신이 어딘가를 갈 때 열쇠나 우산 같은 것을 가져가야 하는 것을 기억하지 못했을 때, **forget**을 사용한다.
Sorry to disturb you – I *forgot* my key. 방해해서 미안해요. – 열쇠를 갖고 가는 것을 깜박했어요.

> **주의** 어떤 물건을 어딘가에 두고 그곳을 떠나다라고 할 때는 동사 **forget**을 사용할 수 없다. 대신 동사 **leave**를 사용한다.
> I *left* my bag on the bus. 나는 가방을 버스에 놓고 내렸다.

2 'forget to'

forget to do something은 자신이 하려고 했던 일을 적시에 기억하지 못해서 실행하지 못하다라는 뜻이다.
She *forgot to close* the window and a cat got in. 그녀는 창문을 닫는 것을 잊어, 그곳으로 고양이가 들어왔다.
Don't *forget to call* Dad. 아버지에게 전화하는 것을 잊지 말아라.

🛈 'forget doing' something이라고 하지 않아, 'She forgot locking her door.'라고 하지 않는다.

form

○ Usage 표제어 class – form – grade – year 참조.

fortnight

영국 영어에서 '2주일'은 fortnight라고 한다.
I went to Rothesay for a *fortnight*. 나는 2주일 동안 로스시에 갔다.
He borrowed it a *fortnight* ago. 그는 그것을 2주 전에 빌렸다.

 미국 영어에서는 보통 fortnight를 사용하지 않는다.

forward – forwards

○ Usage 표제어 ward – wards 참조.

free – freely

1 no controls(제어할 수 없음)

제어하거나 제약하지 않는 행동을 나타낼 때, 형용사 free를 사용한다.
We believe in *free* speech. 우리는 언론의 자유를 인정하고 있다.
The elections were *free* and fair. 그 선거는 자유롭고 공정했다.

'자유롭게'라는 뜻의 부사는 free가 아닌 freely를 사용한다.
We are all friends here and I can talk *freely*. 이곳 사람들 모두가 친구여서 나는 자유롭게 이야기할 수 있다.

2 no payment(지불하지 않음)

something is *free*는 어떤 것을 돈을 지불하지 않고 소유하거나 사용할 수 있다라는 뜻이다.
The coffee was *free*. 커피는 무료였다.
Many children are entitled to *free* school meals. 많은 어린이들이 학교 무료 급식을 받을 권리가 있다.

'무료로'라는 뜻의 부사는 freely가 아닌 free이다. 예를 들면, '연금을 받는 사람들은 버스를 무료로 이용할 수 있다.'는 Pensioners can travel freely on the buses.가 아닌 Pensioners can travel *free* on the buses.라고 한다.
Children can get into the museum *free*. 어린이들은 그 박물관에 무료로 입장할 수 있다.

3 releasing(자유롭게 하기)

something is cut/pulled *free*는 어떤 것을 자르거나 끌어당겨서 더 이상 얽매어 있지 않다라는 뜻이다.
She tugged to get it *free*. 그녀는 그것을 빼내려고 세게 끌어당겼다.
I shook my jacket *free* and hurried off. 나는 윗옷을 벗어던지고 급히 나갔다.

🄘 something is cut/pulled 'freely'라고 하지 않는다.

4 availability(유효성)

free time은 바쁘지 않은 시간이다.
They spend most of their *free time* reading. 그들은 대부분의 자유 시간을 독서로 보낸다.
Are you *free* on Tuesday? 월요일에 시간이 있습니까?

friend

1 'friend'

friend는 잘 아는 사이로, 함께 시간을 보내고 싶은 사람 즉 '친구'라는 뜻이다. 친근함의 정도에 따라 good friend, great friend, close friend라고 한다.
He's a *good friend* of mine. 그는 내 좋은 친구 중의 한 명이다.
A *close friend* told me about it. 친한 친구가 그 일에 대해 내게 말했다.

오랫동안 알고 지낸 친구를 old friend라고 한다.
I went back to my hometown and visited some *old friends*. 나는 고향에 가서 나의 오랜 친구들을 방문했다.

2 'be friends with'

be *friendly* with someone은 어떤 사람이 자신의 친구이다라는 뜻이다.
You used to be great *friends with* him, didn't you? 당신은 그와 아주 친한 친구였지요, 그렇지 않았나요?
I also became *friends with* Melanie. 나 역시 멜라니와 친구가 되었다.

friendly

friendly는 어떤 사람이 '친절하고 상냥한'이라는 뜻이다.
The staff are very *friendly* and helpful. 그 스태프들은 아주 친절하고 많은 도움을 주었다.

be *friendly to* someone이나 be *friendly with* someone은 어떤 사람에게 친절하고 상냥하게 하다라는 뜻이다.
The women had been *friendly to* Lyn. 그 여자들은 린에게 친절히 대해 주었다.
I have noticed that your father is not *friendly towards* me as he used to be.
나는 당신 아버지가 예전처럼 나에게 친절하지 않다는 것을 알아차렸다.

be *friendly with* someone은 서로 좋아해서 함께 시간을 보내는 것을 즐기다라는 뜻이다.
I became *friendly with* some of my neighbours. 나는 나의 이웃들과 친한 사이가 되었다.

friendly는 부사가 아니다. 예를 들면, '그는 친절하게 행동했다.'는 He behaved friendly.가 아닌 He behaved *in a friendly way*.라고 한다.
We talk to them *in a friendly way*. 우리는 그들과 친절하게 이야기한다.
She looked up at Boris, smiling at him *in such a friendly way*.
그녀는 보리스에게 친절함이 가득 담긴 웃음을 지으면서 쳐다보았다.

> 주의 friendly를 sympathetic과 혼동해서는 안 된다. 자신에게 문제가 있어서 다른 사람이 동정적인 태도를 나타낼 때 sympathetic을 사용하는데, 이는 그 사람이 자신을 아껴서 도와주고 싶다는 뜻을 나타낸다.
> When I told him how I felt, he was very *sympathetic*. 내가 그에게 나의 감정을 말하자 그는 아주 동정적이었다.

fries

 Usage 표제어 chips 참조.

frighten – frightened

1 'frighten'

frighten은 무언가가 '공포를 느끼게 하다'라는 뜻이다.
Rats and mice don't *frighten* me. 쥐와 생쥐는 나를 놀라게 하지 않는다.

frighten은 거의 항상 타동사로 사용하기 때문에, someone 'frightens'라고 하지 않는다. 일어났거나 일어날지도 모르는 어떤 것 때문에 두려워하다는 be frightened라고 한다.
Miriam *was* too *frightened* to tell her family what had happened.
미리암은 너무 두려워서 자신에게 일어난 일을 가족에게 말할 수가 없었다.
He told the audience not to *be frightened*. 그는 청중들에게 두려워할 필요가 없다고 말했다.

 Usage 표제어 afraid – frightened 참조.

2 'frightening'

frightened를 frightening과 혼동해서는 안 된다. frightening은 '두려움을 느끼게 하는'이라는 뜻이다.

It was a very *frightening* experience. 그것은 매우 두려운 경험이었다.
It is *frightening* to think what damage could be done. 어떤 피해가 일어날 수 있는지 생각하는 것은 끔찍한 일이다.

from

1 source or origin(원천이나 기원)

어떤 것의 원천이나 기원, 출발점이 무엇인지 나타낼 때, **from**을 사용한다.
Smoke was rising *from* the fire. 그 불에서 연기가 솟아올랐다.
Get the leaflet *from* a post office. 우체국에서 그 전단지를 가져오시오.
The houses were built *from* local stone. 그 집들은 지역의 돌들로 건설되었다.

편지나 메시지를 어떤 사람이 보냈다는 the letter/message is *from* someone이라고 한다.
He got an email *from* Linda. 그는 린다로부터 이메일을 받았다.

come from은 특정한 곳에서 태어났거나 그곳이 고향이다라는 뜻이다.
I *come from* Scotland. 나는 스코틀랜드 출신이야.

> 주의 책, 연극, 음악 작품을 쓰는 사람을 나타낼 경우에는 from이 아닌 **by**를 사용하는데, '입센의 연극을 본 적이 있습니까?'는 Have you seen any plays from Ibsen?이 아닌 Have you seen any plays *by* Ibsen?이라고 한다.
> We listened to some pieces *by* Mozart. 우리는 모차르트 음악을 들었다.

○ Usage 표제어 **come from** 참조.

2 distance(거리)

한 곳에서 다른 곳까지의 거리 표시에 사용한다.
How far is the hotel *from* here? 여기에서 그 호텔까지의 거리는 얼마입니까?

3 time(시간)

something happens *from* a particular time은 어떤 일이 특정한 시기부터 일어나기 시작하다라는 뜻이다.
Breakfast is available *from* 6 a.m. 아침 식사는 6시부터 가능합니다.
We had no rain *from* March to October. 3월부터 10월까지 비가 오지 않았다.

> 주의 과거 특정한 때에 시작된 어떤 사실이 현재까지도 지속되고 있다고 할 경우에는 from이 아닌 **since**를 사용하는데, '나는 여기서 1984년부터 지금까지 살고 있다.'는 I have lived here from 1984.가 아닌 I have lived here *since* 1984.라고 한다.
> He has been vice-chairman *since* 1998. 그는 1998년부터 부의장직을 수행하고 있다.

○ Usage 표제어 **since** 참조.

front

1 'front'

front는 도로로 향하거나 건물의 정문이 있는 부분, 즉 '정면'이라는 뜻이다.
There is a large garden at the *front* of the house. 그 집 앞에 아주 큰 정원이 있다.
I knocked on the *front* door. 나는 그 집 정문을 노크했다.

2 'in front of'

어떤 사람이나 사물이 건물의 정면과 도로 사이에 있을 경우, **in front of**를 사용한다.
A crowd had assembled *in front of* the courthouse. 군중들이 법원 앞에 모여들었다.
People were waiting *in front of* the art gallery. 사람들이 그 갤러리 앞에 모여 기다리고 있었다.

🚫 front 앞에 the를 쓰지 않아, People were waiting in front of the art gallery.라고 하지 않는다.

frontier

3 'opposite'

자신과 건물의 정면 사이에 도로가 있을 경우에는 in front of가 아닌 opposite을 사용한다.

The hotel is *opposite* a railway station. 그 호텔은 기차역 건너편에 있다.
Opposite is St Paul's Church. 길 건너편에 성 바울 교회가 있다.
There was a banner on the building *opposite*. 건너편 빌딩에 현수막이 걸려 있었다.

 미국 영어에서는 보통 opposite 대신 across from을 사용한다.

Stinson has rented a home *across from* his parents. 스틴슨은 자신의 부모가 사는 집 건너편에 집을 빌렸다.

frontier

○ Usage 표제어 border – frontier – boundary 참조.

fruit

fruit는 불가산명사로, 오렌지, 바나나, 포도, 사과 등의 모든 '과일'을 가리킨다.

You should eat plenty of fresh *fruit* and vegetables. 우리는 신선한 과일과 채소를 다량 섭취해야 한다.
They import *fruit* from Australia. 그들은 호주에서 과일을 수입하고 있다.

fruit는 오렌지, 바나나 등과 같은 과일 한 종류를 가리키지만, 잘 사용하지 않는 표현이고, 대화에서는 a piece of fruit으로 표현한다.

Introduce your children to melon, banana, pears, apples and other *fruits* of all kinds. 여러분의 아이들에게 멜론, 바나나, 배, 사과, 그리고 기타 모든 과일들을 가르쳐 주세요.
Try to eat five *pieces of fruit* a day. 매일 과일 다섯 조각을 드시기 바랍니다.

여러 개의 오렌지, 바나나 등을 가리킬 때, fruit의 복수형 대신 불가산명사 fruit를 사용한다. 예를 들면, '나는 약간의 과일을 사러 시장에 갈 것이다.'는 I'm going to the market to buy some fruits.가 아닌 I'm going to the market to buy some *fruit*.라고 한다.

There was a bowl with some *fruit* in it. 그 그릇에 과일 몇 개가 있었다.
They gave me *fruit*, cake and wine. 그들은 내게 과일 몇 개와 케이크와 포도주를 주었다.

fun – funny

1 'fun'

fun은 '유쾌하고, 즐거우며 심각하지 않은'이라는 뜻이다.
It's *fun* working for him. 그를 위해 일하는 것은 즐거운 일이다.

fun은 자기 자신 스스로 즐기는 '즐거움'이라는 뜻도 있다.
We had great *fun* at the party. 우리는 그 파티를 크게 즐겼다.
She wanted a bit more *fun* out of life. 그녀는 인생에서 좀 더 즐거운 일이 일어나길 원했다.

fun은 불가산명사로, funs나 a great fun이라고 하지 않는다. 큰 즐거움은 great fun 또는 a lot of fun을 사용한다.
The game was *great fun*. 그 게임은 아주 재미있었다.

대화에서 fun을 형용사로 사용하는데, 글에서는 사용하지 않는다.
It was a *fun* evening. 아주 재미있는 저녁이었다.
She's a really *fun* person to be around. 그녀는 주위에 있는 재미있는 사람이다.

2 'funny'

something is funny는 '우리를 웃게 만드는 일이다'이다.
She told *funny* stories. 그녀는 우리에게 재미있는 이야기들을 해 주었다.

furniture

Wayne could be very *funny* when he wanted to.
그는 그가 원하기만 하면 아주 재미있는 행동을 한다.

funny는 어떤 것이 '이상하고, 놀랍거나 당혹스러운'이라는 뜻이다
The *funny* thing is, we went to Arthur's house just yesterday.
놀라운 것은 우리가 바로 어제 아서의 집에 갔다는 것이다.
Have you noticed anything *funny* about this plane?
당신은 이 비행기에 대해 뭔가 재미있는 것을 알아차렸습니까?

그 밖에도 '이상한' 또는 '놀라운'이라는 뜻으로 사용할 수 있는 단어가 있다.

어떤 일이 재미있어서 누군가를 미소를 짓게 하거나 웃게 한다는 뜻에도 **funny**를 사용한다.
He told *funny* stories. 그는 재미있는 이야기를 해주었다.
It did look *funny* upside down. 그것을 거꾸로 해놓으니 정말 재미있어 보였다.

furniture

furniture는 방에 있는 탁자와 의자 등의 크고 이동할 수 있는 물체, 즉 '가구'라는 뜻이다.
She was always rearranging the *furniture*. 그녀는 그 가구를 항상 재배치했다.
All the *furniture* is made of wood. 모든 가구들이 목재로 만들어져 있다.

furniture는 불가산명사로, **furnitures**라고 하지 않고, **a piece of furniture**라고 한다.
Each *piece of furniture* matched the style of the house.
모든 가구 각각이 그 집이 풍기는 분위기와 조화를 이루고 있었다.

further

○ Usage 표제어 **farther – further** 참조.

G g

gain – earn

1 'gain'

gain은 능력이나 성질 등을 점진적으로 더 '얻다'라는 뜻이다.

After a nervous start, the speaker began to *gain* confidence.
불안하게 시작한 후에 그 강연자는 자신감을 점점 더 얻기 시작했다.

This gives you a chance to *gain* experience. 이 일은 당신에게 경험을 얻을 수 있는 기회를 제공한다.

2 'earn'

일을 해서 돈을 벌다라고 할 때는 gain이 아닌 earn을 사용한다.

She *earns* $200 a week. 그녀는 일주일에 200달러를 번다.

🚫 She gains $200 a week.라 하지 않는다.

garbage

◎ Usage 표제어 rubbish 참조.

gas – petrol

1 'gas'

gas는 쉽게 점화되며 요리나 난방에 사용하는 공기와 같은 물질, 즉 '가스'라는 뜻이다.

Coal is usually cheaper than *gas*. 석탄은 일반적으로 가스보다 가격이 더 싸다.

🇺🇸 미국 영어에서는 자동차에 연료로 사용되는 액체를 gas라고 하며, 때때로 gasoline이라고도 한다.

I'm sorry I'm late. I had to stop for *gas*. 늦어서 죄송해요. 자동차에 주유를 하러 들러야 했거든요.

2 'petrol'

영국 영어에서는 가솔린(휘발유)을 petrol이라고 한다.

Petrol only costs 30p per gallon there. 그곳에서는 휘발유 값이 1갤런당 30파운드에 불과하다.

generally – mainly

1 'generally'

generally는 '일반적으로', '대부분', '대체적으로'라는 뜻이다.

Paperback books are *generally* cheapest. 일반적으로 종이 커버 책들은 값이 가장 저렴하다.

His account was *generally* accurate. 그의 설명은 대체적으로 정확했다.

2 'mainly'

어떤 것의 대부분에 대해 혹은 어떤 그룹의 대부분의 사람이나 사물에 대해 무언가가 사실이라고 하는 경우에는 generally가 아닌 mainly를 사용한다.

The spacious main bedroom is *mainly* blue. 넓은 주 침실의 대부분은 파란색으로 되어 있다.

The people in the audience were *mainly* from Senegal or Mali.
그곳에 모인 청중들은 주로 세네갈이나 말리 사람들이었다.

get

get

 get은 여러 가지 뜻이 있는 일반동사이며, get의 과거는 getted가 아닌 got이다. 영국 영어와 격식을 차리는 미국 영어에서는 과거분사로 got을 사용한다. 그러나 미국 영어에서는 대부분 과거분사로 gotten을 사용한다.

○ Usage 표제어 gotten 참조.

1 used to mean 'become'(become의 뜻으로 사용하기)

get은 become(되다)의 뜻으로 매우 자주 사용한다.

The sun shone and I *got* very hot. 태양이 내리쬐어 나는 아주 더웠다.
I *was getting* quite hungry. 나는 매우 배가 고팠다.

○ Usage 표제어 become 참조.

2 used to form passives(수동태를 만들 때 사용하기)

회화에서 수동태를 만들 때, be동사 대신 get을 자주 사용한다.

My husband *got* fired from his job. 나의 남편은 직장에서 해고당했다.
Our car *gets* cleaned about once every two months. 우리는 약 두 달에 한 번씩 세차를 한다.

격식을 차린 영어에서 수동태를 만들 때는 get을 사용하지 않는다.

3 used to describe movement(움직임을 묘사할 때 사용하기)

어려움을 수반하는 움직임을 나타낼 때, go 대신 get을 사용한다.

They had to *get* across the field without being seen.
그들은 그 들판을 숨어서 지나가야 했다.
I don't imagine we can *get* over that wall.
나는 우리가 저 벽을 넘어갈 수 있다고 생각하지 않는다.

〔get + in · into · on · out〕 형식은 차량에서 승하차하거나 건물의 출입을 나타낼 때에도 사용한다.

I *got into* my car and drove into town. 나는 나의 차를 타고 시내로 운전해 갔다.
I *got out* of there as fast as possible. 나는 그곳에서 가능한 한 빨리 빠져나왔다.

○ Usage 표제어 go into – get into – get on, go out – get out – get off 참조.

4 'get to'

get to는 어떤 장소에 '도착하다'라는 뜻이다.

When we *got to* the top of the hill we had a rest. 우리가 그곳 정상에 도착한 후 휴식을 취했다.

〔get to + 동사〕 형식은 누군가가 특정한 태도를 점차 몸에 익히거나, 어떤 것을 인식해 가거나, 다른 사람이나 사물을 서서히 알아가다라고 할 때에도 사용한다.

I *got to* hate the sound of his voice. 나는 그의 목소리를 점점 싫어하게 되었다.
I *got to* know the town really well. 나는 그 도시를 점점 더 잘 알게 되었다.

○ Usage 표제어 get to – grow to 참조.

5 transitive uses of 'get'(타동사로 사용하기)

get은 어떤 것을 얻거나 받다라는 뜻이다.

He's trying to *get* a new job. 그는 새 일자리를 얻으려 노력하고 있다.
I *got* the bike for Christmas. 나는 크리스마스에 자전거를 선물로 받았다.

6 'have got'

got을 have got이라는 표현에도 사용한다.

○ Usage 표제어 have got 참조.

get to – grow to

(get to · grow to + 동사) 형식은 누군가가 특정한 태도를 점차 몸에 익히다라는 뜻에 사용한다. grow to는 get to보다 더 격식을 차린 표현이다.

I *got to* like the idea after a while.   나는 후에 점점 그 아이디어 모두가 마음에 들게 되었다.
I *grew to* dislike working for the cinema.   나는 영화 산업에 종사하는 것에 대해 점점 싫증이 났다.

어떤 일을 점차 인식해 가거나, 다른 사람이나 사물을 서서히 알아가다라는 뜻에도 get to를 사용한다.

I *got to* realize it more as I grew older.   나는 나이가 들면서 그것에 대해 더욱 분명히 깨닫게 되었다.
You'll enjoy college when you *get to* know a few people.
대학에서 사람들과 사귀게 되면 대학 생활에 즐거움을 가질 것이다.

get to do something은 어떤 일을 할 기회가 있어서 그 일을 하게 되다라는 뜻이다.

They *get to* stay in nice hotels.   그들은 훌륭한 호텔에서 숙박하고 있다.
We don't *get to* see each other very often.   우리는 자주 서로 만나지 못하고 있다.

get up

○ Usage 표제어 rise – raise 참조.

give

1 form and word order(형식과 어순)

give는 여러 가지 뜻이 있는 일반동사이다. give의 과거는 gived가 아닌 gave이며, 과거분사는 given이다.

give는 일반적으로 간접목적어를 취한다. give가 간접목적어와 직접목적어를 둘 다 취할 경우, 간접목적어가 앞에 오기도 하고 직접목적어가 앞에 오기도 한다.

2 physical actions(육체적인 행동)

give가 육체적인 행동을 나타낼 경우, (give + 간접목적어 + 직접목적어) 형식을 사용한다. 예를 들면, '그는 공을 찼다.'는 **He gave a kick to the ball.**이 아닌 He *gave the ball a kick*.이라고 한다.

He *gave the door a push*.   그는 문을 힘을 주어 밀었다.
Judy *gave Bal's hand a squeeze*.   주디는 발의 손을 꽉 쥐었다.

3 expressions and gestures(표현과 몸짓)

give가 표현이나 몸짓을 나타낼 경우에도 (give + 간접목적어 + 직접목적어) 형식을 사용한다.

He *gave her a kind smile*.   그는 그녀에게 다정한 미소를 지었다.
As he passed me, he *gave me a wink*.   그가 지나가면서 나에게 윙크를 했다.

4 effects(영향)

give가 사람이나 사물에 의해 생긴 영향을 나타낼 경우에도 (give + 간접목적어 + 직접목적어) 형식을 사용한다.

I thought I'd *give you a surprise*.   나는 당신을 놀라게 했다고 생각했다.
That noise *gives me a headache*.   그 소음은 내 머리를 아프게 한다.

5 things(사물)

누군가에게 어떤 것을 주고, 그 사람이 그것을 받았을 때, give를 사용한다. give가 이런 뜻일 경우, 간접목적어는 직접목적어 앞에 올 수도 있고 뒤에 올 수도 있다. 직접목적어가 간접목적어 앞에 오는 경우에는 간접목적어 앞에 to를 사용한다.

She *gave Minnie* the keys.   그녀는 미니에게 열쇠를 주었다.
He *gave* the letter *to the teacher*.   그는 그 선생에게 그 편지를 주었다.

그러나 직접목적어가 대명사이고 간접목적어가 대명사가 아닌 경우에는 직접목적어가 먼저 와야 한다. 예를 들면,

given name

'그는 그것을 아버지에게 주었다.'는 He gave his father it.이 아닌 He *gave it to his father*.라고 한다.
He poured some whisky and *gave it to Atkinson*. 그는 위스키를 잔에 약간 따라서 애트킨슨에게 주었다.

6 information(정보)

누군가에게 정보를 주거나 충고, 경고, 명령을 할 때, **give**를 사용한다. **give**가 이런 뜻일 경우, 간접목적어는 직접목적어의 앞에 올 수도 있고 있고 뒤에 올 수도 있다.

Her secretary *gave the caller* the message. 그녀의 비서는 전화를 건 사람에게 메시지를 주었다.
Dad *gave* a final warning *to them* not to look at the sun. 아빠는 그들에게 태양을 쳐다보지 말라고 마지막 경고를 했다.
The captain *gave* an order *to his team*. 그 팀 주장은 팀원들에게 명령했었다.

given name

○ Usage 표제어 Christian name – first name – forename – given name 참조.

glad – happy – cheerful

1 'glad'

glad는 어떤 일에 대해 '기쁘다'라는 뜻이다.
I'm so *glad* that you passed the exam. 네가 시험에 합격해 나는 아주 기쁘다.
She seemed *glad* of the chance to get rid of the responsibility.
그녀는 의무감에서 벗어날 기회를 얻게 되어 기뻐 보였다.

2 'happy'

glad는 명사 앞에 사용하지 않는다. 또한 어떤 사람의 인생에서 특정한 기간의 정신 상태를 나타낼 때에도 사용하지 않는다. 누군가가 만족하며 인생을 즐긴다고 할 경우에는 **glad**가 아닌 **happy**를 사용한다.

She was *happy* that his sister was coming. 피터는 그의 여동생이 온다는 것을 듣고 기뻤었다.
She always seemed such a *happy* woman. 그녀는 언제나 행복한 여성인 것 같았다.

ⓘ She always seemed such a glad woman.이라 하지 않는다.

3 'cheerful'

cheerful은 미소를 짓고 많이 웃어서 '즐거워 보이는'이라는 뜻이다.
She had remained *cheerful* and energetic throughout the trip. 그녀는 여행 내내 쾌활하고 활기차게 지냈다.

glasses

glasses는 사물을 더 잘 보이도록 테에 끼워 착용하는 2개의 렌즈, 즉 '안경'이라는 뜻이다.
He took off his *glasses*. 그는 안경을 벗었다.
Who is that girl with red hair and *glasses*? 빨간 머리에 안경을 쓴 그 여자 아이는 누구인가요?

glasses는 복수명사로, a glasses가 아닌 **a pair of glasses**라고 한다.
Li has a new *pair of glasses*. 리는 새로운 안경을 하나 가지고 있다.

glasses가 주어인 경우, 복수동사를 사용한다. **a pair of glasses**가 주어이면 단수동사를 사용한다.
My glasses *are* misted up. 내 안경에 김이 서려 있다.
A pair of glasses *costs* a lot of money. 안경 가격이 아주 비싸다.

go

go의 과거는 **went**이고, 과거분사는 **gone**이다.
I *went* to Paris to visit friends. 나는 스톡홀름에 친구들을 만나러 갔었다.

go

Dad *has gone* to work already. 아버지는 이미 직장에 출근하셨다.

1 describing movement(움직임을 묘사하기)

어떤 곳에서 다른 곳으로 가거나, 어느 장소를 지나가거나 관통하는 움직임을 나타낼 때, **go**를 사용한다.

○ Usage 표제어 **come** 참조.

2 leaving(떠나기)

사람이나 사물이 어떤 장소를 떠난다라고 할 경우, 때때로 **go**를 사용한다.

'I must *go*.' she said. "저는 가야 합니다."라고 그녀가 말했다.
Our train *went* at 2.25. 우리 기차는 2시 25분에 떠났다.

○ Usage 표제어 **leave** 참조.

3 'have gone' and 'have been'

have gone somewhere는 어떤 곳을 방문하거나 그곳에서 살고 있다라는 뜻이다.

He *has gone* to Argentina. 그는 아르헨티나로 가버렸다.
She'*d gone* to Tokyo to start a new job. 그녀는 새 직장을 얻어 도쿄에 가 있다.

 미국 영어에서는 어떤 곳을 방문했다가 다시 돌아온다고 할 때, **have gone**을 사용한다. 반면에 영국 영어에서는 **have been**을 사용한다.

I'*ve* never *gone* to Italy. 나는 이탈리아에 가본 적이 없다.
I'*ve been* to his house many times. 나는 그의 집에 여러 번 갔다 왔다.

4 talking about activities(활동을 말하기)

활동을 나타낼 때, (go + -ing) 형식을 사용할 수 있다.

Let's *go shopping*! 쇼핑하러 갑시다.
They *go running* together once a week. 그들은 일주일에 한 번 같이 달리기 운동을 한다.

(go for + 명사구) 형식도 활동을 나타낼 때 사용할 수 있다.

Would you like to *go for a swim*? 저와 같이 수영을 하러 가시겠어요?
We're *going for a bike ride*. 우리는 자전거를 타러 갈 것입니다.
They *went for a walk*. 그들은 하이킹을 하러 갔다.

> 활동을 나타낼 때, (go to + 원형부정사) 형식을 사용하지 않아, They went to fish below the falls.나 He went to hike.라고 하지 않는다.

5 'go and'

go and do something은 무언가를 하기 위해 어떤 곳에서 다른 곳으로 움직이다라는 뜻이다.

I'll *go and* see him in the morning. 나는 아침에 가서 그를 만날 것이다.
I *went and* fetched a glass from the kitchen. 나는 부엌에 가서 유리잔을 가져왔었다.

6 'be going to'

미래를 나타낼 때 **be going to**를 사용하는데, 어떤 일이 일어나거나 일어나도록 의도하다라는 뜻이다.

She told him she *was going to* leave her job. 그녀는 직장을 그만둘 계획이라고 그에게 말했다.
I'*m not going to* let anyone hurt you. 나는 누구에게도 당신에게 상처 주지 못하게 할 것이다.

○ Usage 표제어 **Future time** 참조.

7 used to mean 'become'(become의 뜻으로 사용하기)

go는 때때로 **become**(되다)의 뜻으로 사용한다.

The water *had gone* cold. 그 물이 식었다.
I'*m going* bald. 나는 대머리가 되어 간다.

go into – get into – get on

○ Usage 표제어 become 참조.

go into – get into – get on

1 'go into'

건물이나 방에 들어갈 때, 일반적으로 go into나 go in을 사용한다.

One day I *went into* the church.   어느 날, 나는 그 교회로 들어갔다.
She took him into a small room, switching on the light as she *went in*.
그녀는 그를 조그만 방으로 데리고 들어가면서 전등을 켰다.

2 'enter'

격식을 차린 영어는 '건물 또는 방에 들어가다'에 enter를 사용한다.

Nervously he *entered* the classroom.   그는 교실에 초조함을 느끼며 들어갔다.

3 'get into'

자동차에 탈 때는 get into나 get in을 사용한다.

I saw him *get into* a taxi.   나는 그가 택시 안으로 들어가는 것을 보았다.
He unlocked the van, *got in* and drove away.   그는 밴의 자물쇠를 열고 들어가서 차를 몰고 떠났다.

엘리베이터, 작은 배, 작은 비행기에 탈 때도 get into를 사용한다.

4 'get on' and 'board'

버스, 기차, 큰 비행기, 큰 배를 탈 때, get on이나 board를 사용한다.

The bus stopped and several more people *got on*.
버스가 멈추고 몇 명의 사람들이 더 올라탔다.
Rina *boarded* a train for Kyoto.   리나는 교토행 기차에 탑승했다.

> 주의   차량에 타다라고 할 경우, go into 또는 enter를 사용할 수 없다.

5 entering with difficulty (어렵게 들어가기)

건물이나 방에 어렵게 들어갈 때, get into나 get in을 사용한다.

Someone had *got into* his office and stolen some papers.
어떤 사람이 그의 사무실에 침입해 서류들을 훔쳐 갔다.
It cost $10 to *get in*.   입장하는 데 10달러가 들었다.

good – well

1 'good'

good은 어떤 것이 즐겁거나, 받아들일 수 있거나, 만족스럽다라는 뜻이다. good의 비교급은 gooder가 아닌 better이고, 최상급은 best이다.

Your French is probably *better* than mine.
당신은 아마도 나보다 프랑스어를 더 잘할 것이다.
This is the *best* cake I've ever eaten.   이 케이크는 내가 먹어 본 것 중 최고다.

2 'well'

good은 부사가 아니다. 어떤 것을 높은 수준이나 상당한 정도까지 할 때는 good이 아닌 well을 사용한다.

She speaks French *well*.   그녀는 프랑스어를 잘한다.
I don't know him very *well*.   나는 이분을 잘 모릅니다.

○ Usage 표제어 well 참조.

well의 비교급은 more well이 아닌 better이고, 최상급은 best이다.
I changed seats so I could see *better*. 나는 좀 더 잘 보기 위해 좌석을 바꾸었다.
Use the method that works *best* for you. 그 일을 하는 데 당신에게 가장 좋은 방법을 사용하세요.

○ Usage 표제어 better 참조.

go on

구동사 go on은 뒤에 -ing가 오는지 to부정사가 오는지에 따라 그 뜻이 달라진다. *go on doing* something 은 어떤 일을 계속해서 하다라는 뜻이다.

But I just *went on eating* as if I hadn't heard a thing.
그래서 나는 그들이 말을 하나도 듣고 있지 않은 것처럼 계속 먹기만 했다.
I'*ll go on trying* to persuade him. 나는 그를 설득하기 위해 계속 노력할 것이다.

go on to do something은 어떤 일을 한 후에 다른 일을 하다라는 뜻이다.
She *went on to talk* about her plans for the future.
그녀는 그녀의 미래 계획에 대해 계속해 이야기했다.
He later *went on to* form a successful computer company. 그는 나중에 성공적으로 컴퓨터 회사를 설립했다.

go out – get out – get off

1 'go out'

go out (of)은 건물이나 방에서 밖으로 '나가다'라는 뜻이다.
He threw down his napkin and *went out* of the room.
그는 자기의 냅킨을 집어던진 후에 그 방에서 나가 버렸다.
I *went out* into the garden. 나는 밖으로 나와서 정원으로 갔다.

2 'get out'

get out (of)은 차에서 '내리다'라는 뜻이다.
We *got out* of the taxi at the station. 우리는 그 역에 택시에서 내렸다.
I *got out* and examined the right rear wheel. 나는 차에서 내려서 차의 오른쪽 뒷바퀴를 검사했다.

엘리베이터, 비행기, 작은 보트에서 내릴 경우에도 get out을 사용한다.

3 'get off'

get off는 버스나 기차에서 '내리다'라는 뜻이다.
When the train stopped, he *got off*. 기차가 정차한 후에 그는 기차에서 내렸다.
Get off at the next stop. 다음 정차장에서 내리세요.

비행기에서 내릴 경우에도 get off를 사용한다.

> 주의 차량에서 내리다라고 할 경우, go out이라고 말하지 않는다.

4 leaving with difficulty(어렵게 떠나기)

어렵게 건물이나 방에서 나오는 경우, get out (of)을 사용한다.
I managed to *get out* through a window. 나는 그곳에서 창문으로 빠져나왔다.

gotten

 미국 영어에서 gotten은 일반적으로 get의 과거분사로 사용한다. gotten은 어떤 것을 얻거나, 받아들이거나, 되거나, 존재하게 하다라는 뜻에 사용한다.

go with

He had *gotten* his boots out of the closet. 그는 자신의 장화를 신발장에서 꺼냈다.
He'd *gotten* some tear gas in his eyes. 약간의 최루 가스가 그의 눈에 들어갔다.
She had *gotten* very successful since he last saw her.
그가 그녀를 마지막으로 본 후부터 그녀는 아주 큰 성공을 해 왔다.
I had gone to work and *gotten* quite a lot done.
나는 직장에 가서 아주 많은 일을 했다.

gotten은 구동사와 구에도 사용한다.

He must have *gotten up* at dawn. 그는 새벽에 일어났음에 틀림없다.
We should have *gotten rid of* him. 우리는 그를 없애야 했다.

> 주의 possess(가지다)의 뜻으로 have gotten을 사용하지 않아, I have gotten a headache.나 He has gotten two sisters.라고 하지 않는다.
> 영국 영어에서 get의 과거분사는 gotten이 아닌 got이다.

go with

○ Usage 표제어 accompany 참조.

grade

○ Usage 표제어 class – form – grade 참조.

great

○ Usage 표제어 big – large – great 참조.

greatly

○ Grammar 표제어 Adverbs and adverbials 참조.

grill

○ Usage 표제어 cook 참조.

ground floor – first floor

영국 영어에서는 바닥과 같은 높이의 층, 즉 1층을 ground floor라고 하고 2층을 first floor, 3층을 second floor 라고 한다.

미국 영어에서는 1층을 first floor, 2층을 second floor라고 한다. 예를 들면, 3층짜리 건물의 가장 높은 층을 영국 영어에서는 second floor, 미국 영어에서는 third floor라고 한다.

grow

1 'grow'

grow는 어린아이나 동물이 몸집이 커지고 키가 자라다, 즉 '성장하다'라는 뜻이다. grow의 과거는 growed가 아닌 grew이며, 과거분사는 grown이다.

The doctor will check that the baby is *growing* normally.
그 의사는 그 어린이가 정상적으로 자라고 있는지 체크할 것이다.
The plant *grew* to a height of over 1 metre. 그 식물은 키가 1미터 이상 자랐다.
Has he *grown* any taller? 그의 키가 좀 더 컸나요?

2 'grow up'

grow up은 어린아이에서 어른으로 점차 '성장하다'라는 뜻이다. 사람들은 자신이 성장했던 장소나 시기에 대해 자주 말한다.

He *grew up* in Cambridge. 그는 케임브리지에서 성장했다.
They *grew up* in the early days of television. 그들은 텔레비전이 처음 나왔던 시절에 성장했다.

> 주의 grow up과 bring up은 다른데, bring up은 타동사로, 누군가가 아이를 돌보고 아이가 사회생활에 적응할 수 있도록 도와주는 과정을 나타낸다.
> We both felt the town was the perfect place to *bring up* a family.
> 우리 둘 다 그 도시가 한 가족을 양육하기에 완벽한 장소라고 느꼈다.
> 부모가 자식을 양육하다는 grow up이 아닌 bring up이라고 한다.

○ Usage 표제어 bring up – raise – educate 참조.

3 used to mean 'become' (become의 뜻으로 사용하기)

grow는 become(되다)의 뜻으로도 사용한다.
He's *growing* old. 그는 늙어 가고 있다.
The sky *grew* dark. 그곳 하늘이 점점 어두워졌다.

○ Usage 표제어 become 참조.

4 'grow to'

grow to는 누군가가 특정한 태도를 점진적으로 몸에 익히다라는 뜻이다.
After a while, I *grew to* hate those smiling faces. 나는 후에 그들의 웃는 표정을 혐오하게 되었다.

○ Usage 표제어 get to – grow to 참조.

---

guess

1 'guess'

guess는 어떤 일이 아마 사실일 것이라고 '추측하다'라는 뜻이다.
By this time they'*d guessed* that something was gravely wrong.
이때까지 그들은 무언가가 심각하게 잘못됐다고 추측했다.

맞는 것인지는 모르는 상태지만 어떤 문제나 질문에 대한 정확한 답을 찾았을 때, 대답을 하다라는 뜻에도 guess를 사용한다.
I *guessed* what was going to happen at the end of the film.
나는 그 영화가 어떻게 끝날 것인가에 대해 궁금했다.

2 'I guess'

회화에서 I guess는 어떤 일이 사실이거나 사실인 것처럼 보일 때 사용한다.
I *guess* he got stuck in traffic. 내가 추측하기에 그는 교통 체증에 갇혀 있을 것이다.
'What's that?' – 'Some sort of blackbird, *I guess*.' "저것은 무엇인가?" – "제 생각에는 검은지빠귀의 일종인 것 같아요."

회화에서 때때로 상대의 물음에 대한 긍정적인 대답에도 I guess so.라고 하며, I guess it.이라고 하지 않는다.
'Can you find some information for me?' – '*I guess so*.'
"나를 위해 약간의 정보를 찾아 줄 수 있어요?" – "그렇게 생각해요."
'Does that answer your question?' – 'Yeah, *I guess so*.'
"그것이 당신의 질문에 대한 대답입니까?" – "예, 그렇다고 생각해요."

I guess not.은 부정적인 서술에 대해 동의를 표하거나 부정적인 질문에 동의하여 대답할 때 사용한다.
'So no one actually saw this shark.' – 'No, *I guess not*.'
"그래서 이 상어를 실제로 본 사람은 아무도 없어요." – "예, 당신의 말에 동의해요."

gymnasium

gymnasium

gymnasium은 철봉, 매트, 줄 등과 같은 운동 기구가 설치된 운동할 수 있는 건물이나 큰 방, 즉 '체육관'이라는 뜻이다. 회화에서는 주로 gymnasium을 gym이라고 한다.

I go to the *gym* twice a week. 나는 그 체육관에 일주일에 두 번 간다.

> 주의 gymnasium은 영국이나 미국의 중등학교를 뜻하지 않는다. 일반적으로 영국의 중등학교는 secondary school이라고 한다. 미국에서 중등학교는 high school이라고 한다.

○ Usage 표제어 high school 참조.

H h

habit – custom

1 'habit'
habit는 개인이 자주 또는 규칙적으로 특정한 이유 없이 일반적으로 하는 행동, 즉 '습관'이라는 뜻이다.

He had a nervous *habit* of biting his nails. 그는 손톱을 물어뜯고 초조해하는 습관이 있었다.
Try to get out of the *habit* of adding unnecessary salt in cooking.
음식을 만들 때 불필요하게 소금의 양을 추가하는 버릇은 고치도록 하세요.

2 'custom'
custom은 특정한 상황이나 특정 기간 동안 사회에서 사람들이 하는 행동, 즉 '관습'이라는 뜻이다.

It is the *custom* to take chocolates or fruit when visiting a patient in hospital.
입원한 환자에게 병문안 갈 때 초콜릿이나 과일을 갖고 가는 게 관습이다.
My wife likes all the old English *customs*. 내 아내는 영국의 모든 오래된 관습을 좋아한다.

hair

hair는 가산명사나 불가산명사로 사용한다.

1 used as a count noun(가산명사로 사용하기)
머리와 몸에서 자라고 있는 각각의 털을 hair라고 하며, 여러 가닥의 머리털이나 신체의 털은 hairs라고 한다.

These tiny needles are far thinner than a human *hair*. 이 작은 바늘들은 인간의 머리카락보다 훨씬 더 가늘다.
There were black *hairs* on the back of his hands. 그의 손등에 검은 털들이 나 있었다.

2 used as an uncount noun(불가산명사로 사용하기)
그러나 '머리카락 전체'는 hairs가 아닌 hair라고 한다.

I washed my hands and combed my *hair*. 나는 손을 씻고 머리를 빗었다.
Brigitte was a young woman with long blonde *hair*. 브리짓은 긴 금발 머리의 한 젊은 여성이다.

half – half of

1 used in front of noun groups(명사구 앞에 사용하기)
half나 half of는 합치면 전체의 양이 되거나 하나의 사물이 되는 두 개의 동일한 부분 중 하나, 즉 '절반'이라는 뜻이다.

[half · half of + 한정사 + 명사구] 형식을 사용하며, 일반적으로 half를 더 많이 사용한다.

He had finished about *half his drink*. 그는 술을 절반쯤 마셨다.
She is allowed to keep *half of her tips*. 그녀는 자신의 팁의 절반을 갖도록 허락받았다.
She'd known me *half her life*. 그녀는 반평생 동안 나를 알고 지냈다.
For *half of his adult life* he has lived in Tokyo. 그는 성인 시절의 반을 도쿄에서 살아왔다.

표준 영어에서는 the half of라고 하지 않는다.

metre, kilogram, hour 등의 단위 앞에는 half of가 아닌 half를 사용한다.

They were nearly *half a mile* away. 그들은 거의 반 마일 정도 떨어져 있었다.
The fault was fixed in *half an hour*. 그 결함은 30분 만에 고쳐졌다.

hand

They had been friends for about *half a century*. 그들은 약 50년 동안 친구로 지내 왔다.

〔half of + 대명사〕 형식을 사용하고, 〔half + 대명사〕 형식은 사용할 수 없다.

The waitress brought the drink she had ordered, and Ellen drank *half of it* immediately. 웨이트리스는 그녀가 주문한 술을 가져왔고 엘렌은 곧바로 그 술의 반을 마셨다.

More than *half of them* have gone back to their home towns. 그들 중 절반 이상이 고향으로 돌아갔다.

🛈 〔half of + 목적격 대명사(them, us)〕 형식을 사용하고, 주격 대명사(they, we)를 사용할 수 없다.

Half of them have had no education at all. 그들 중 절반은 교육을 전혀 받지 못했다.

If production goes down by half, *half of us* lose our jobs. 만약 생산량이 반으로 줄어들면 우리 중 절반이 직장을 잃게 된다.

〔half · half of + 단수명사 · 단수대명사〕 형식이 주어이면 단수동사를 사용한다.

Half her property *belongs* to him. 그녀의 재산 중 절반은 그의 것이다.

Half of it *was* destroyed in a fire. 그것의 절반이 화재로 파괴되었다.

〔half · half of + 복수명사 · 복수대명사〕 형식이 주어이면 복수동사를 사용한다.

Half my friends *have* jobs and wives and children. 내 친구들 중 절반은 직업과 아내와 아이들이 있다.

Half of them *were* still married. 그들 중 절반은 여전히 결혼을 한 상태였다.

2 used as a pronoun(대명사로 사용하기)

half는 대명사로 사용할 수 있다.

Roughly *half* are French and roughly *half* are from North America. 대략 절반은 프랑스인이고 절반은 북아메리카 출신이다.

Half of the money is for you, *half* is for me. 그 돈의 반은 당신 것이고 반은 내 것이다.

3 used as a noun(명사로 사용하기)

어떤 것의 특정한 부분을 말할 때, half를 명사로 사용할 수도 있다.

The house was built in *the first half* of the eighteenth century. 그 집은 18세기 전반부에 건설되었다.

Philip rented an apartment in *the top half* of a two-storey house. 필립은 2층짜리 집의 2층의 반인 아파트를 빌렸다.

hand

hand는 팔 끝에 있는 신체의 일부분, 즉 '손'이라는 뜻으로 다섯 손가락을 포함한다.

일반적으로 특정한 사람의 손을 가리킬 때는 the hand가 아닌 his hand나 her hand라고 하며, 자신의 손은 my hand라고 한다.

The young man held a letter in *his hand*. 그 젊은 남자는 손에 편지를 들고 있었다.

Louise stood shading her eyes with *her hand*. 루이스는 손으로 눈을 가린 채 서 있었다.

I raised *my hand*. 나는 손을 들었다.

The guards put *their hands* on his shoulders and led him quickly away. 경비원들은 그들의 손들을 그의 어깨에 대면서 그를 빠르게 데리고 나갔다.

그러나 다른 사람의 손에 어떤 행위를 할 때는 보통 the hand를 사용한다.

I grabbed Rick by *the hand*. 나는 릭의 손을 붙잡았다.

Father took his wife by *the hand*. 신부(神父)가 그의 아내의 손을 잡았다.

happen

1 'happen'

happen은 계획하지 않은 일이 '일어나다'라는 뜻이다.

Then a strange thing *happened*. 그러고 나서 이상한 일이 일어났다.

There'll be an investigation into what *happened* and why.
어떤 일이 일어났고, 왜 그 일이 일어났는지에 대한 조사가 있을 것이다.

happen은 수동형이 없으므로, be happened라고 하지 않는다.

2 'take place', 'occur'

happen은 보통 something, thing, what, this 등과 같이 모호한 단어 뒤에 사용한다. 뜻이 더 정확한 단어 뒤에는 보통 take place나 occur를 사용한다.

The incident *had taken place* many years ago. 그 사건은 수년 전에 일어났다.
Mrs Brogan was in the house when the explosion *occurred*. 폭발이 일어났을 때, 브로건 부인은 그 집 안에 있었다.

계획된 일이 일어날 때는 happen이 아닌 take place를 사용한다.
The first meeting of the committee *took place* on 9 January. 위원회의 첫 회의는 1월 9일에 열렸다.
The election *took place* in June. 선거는 6월에 치러졌다.

3 'happen to'

happen to는 어떤 일이 일어나서 사람이나 사물에 영향을 미치다라는 뜻이다.
I wonder what's *happened to* Jeremy? 나는 제레미에게 무슨 일이 일어났는지 궁금하다.
If anything *happens to* the car, you'll have to pay for it.
만약 자동차에 무슨 일이 생긴다면, 당신이 그 비용을 부담해야 할 것이다.

🛈 위와 같은 문장에서 happen 뒤에 to 이외의 다른 전치사는 사용할 수 없다.

(happen + to부정사) 형식은 어떤 일이 우연히 일어나거나 사실일 때 사용한다. 예를 들면, '그가 이야기를 나누고 싶어했던 두 사람은 우연히도 같은 거리에 살고 있었다.'는 The two people he wanted to speak to lived in the same street. 대신 The two people he wanted to speak to *happened to* live in the same street.라고 한다.

I just *happened to be* in the wrong place at the wrong time. 나는 우연히 잘못된 시간에 잘못된 장소에 있었다.
If you *happen to see* Jane, ask her to call me. 당신이 제인을 우연히 만나거든, 나에게 전화해 달라고 전해 주세요.

(there + happen to + be동사) 형식도 자주 사용한다. 예를 들면, '다음 거리에 마침 우체국이 있었다.'는 A post office happened to be in the next street. 대신 *There happened to be* a post office in the next street.라고 한다.

There happened to be a policeman on the corner, so I asked him the way.
마침 모퉁이에 경찰관이 있는 것을 보고 나는 그에게 길을 물었다.

🛈 위와 같은 문장에서 there를 사용한다. 예를 들면, Happened to be a post office in the next street.라고 하지 않는다.

hard – hardly

1 'hard'

hard는 비슷한 뜻을 지닌 형용사 또는 부사로 사용된다.
Coping with three babies is very *hard* work. 아기 셋을 돌보는 것은 매우 힘든 일이다.
Many old people have worked *hard* all their lives. 많은 노인들이 일생 동안 열심히 일했다.

2 'hardly'

부사 hardly는 hard와 전혀 다른 뜻을 가지고 있다. 어떤 일이 거의 사실이 아닐 때, hardly를 사용한다.
I *hardly* knew him. 나는 그를 거의 몰랐다.
Nick *hardly* slept because he was so worried. 닉은 걱정 때문에 거의 잠을 자지 못했다.

hardly는 조동사 뒤에 온다. 예를 들면, '나는 거의 볼 수 없다.'는 I hardly can see.가 아닌 I can *hardly* see.라고 한다.

have

Two years before, the wall *had hardly* existed. 2년 전에 그 벽은 거의 존재하지 않았다.
She *can hardly* wait to begin. 그녀는 시작되기를 도저히 기다릴 수가 없다.
We *could hardly* move. 우리는 거의 움직일 수 없었다.

> 주의 hardly와 not을 함께 사용하지 않는다. 예를 들면, I did not hardly know him.이 아닌 I *hardly* knew him.이라고 한다.

hardly는 때때로 긴 구문에서 어떤 일이 일어난 직후 또 다른 일이 바로 일어났다고 할 때 사용한다.

The local police had *hardly* finished their examination when the detectives arrived. 지역 경찰이 현장 조사를 마치자마자 바로 형사들이 도착했다.

🔲 위와 같은 구조에서 than이 아닌 when을 사용한다. 예를 들면, The local police had hardly finished their search than detectives arrived.라고 하지 않는다.

소설에서 때때로 (hardly + had · be동사 + 주어) 형식을 사용하며, 문장의 처음에 온다.
Hardly had he uttered the words when he began laughing. 그 말을 입 밖에 내자마자 그는 웃기 시작했다.

3 'hardly ever'

어떤 일이 거의 일어나지 않다라는 뜻에 **hardly ever**를 사용한다.
I *hardly ever* spoke to them. 나는 그들과 거의 말을 하지 않았다.
Tim *hardly ever* met her friends. 팀은 그녀의 친구들을 거의 만나지 않았었다.

○ 빈도를 나타내는 단어와 표현의 분류 목록은 Grammar 표제어 Adverbs and adverbials 참조.

have

have는 영어에서 가장 일반적으로 사용하는 동사 중 하나로 매우 다양한 방식으로 사용된다. have의 3인칭 단수는 has, -ing형은 having, 과거와 과거분사는 had이다.

1 used as an auxiliary(조동사로 사용하기)

have는 완료시제에서 조동사로 자주 사용한다.
They *have* just bought a new car. 그들은 방금 새 차를 구입했다.
She *has* never been to Rome. 그녀는 로마에 가본 적이 없다.
Having been warned beforehand, I knew how to react. 나는 사전에 경고를 받았기 때문에, 대처하는 법을 알고 있었다.

○ Grammar 표제어 Auxiliary verbs 참조.

have, has, had 뒤에 대명사나 명사가 올 경우, 보통 축약하여 발음한다. 누군가의 말을 받아 적을 때는 대명사 뒤의 have, has, had는 've, 's, 'd로 표기한다. 명사 뒤의 has는 's로도 표기할 수 있다.
I've changed my mind. 나는 마음을 바꿨다.
She's become a teacher. 그녀는 교사가 되었다.
I do wish *you'd* met Guy. 네가 가이를 만났더라면 좋을 텐데.
Ralph's told you often enough. 랠프는 충분히 자주 당신에게 말했다.

○ Grammar 표제어 Contractions 참조.

2 'have to'

have to는 어떤 일을 해야 한다고 할 때 자주 사용한다.
I *have to* speak to your father. 나는 당신 아버지와 이야기를 해야 한다.
He *had to* sit down because he felt dizzy. 그는 어지러워서 자리에 앉아야만 했다.

○ Usage 표제어 must 참조.

3 actions and activities(행동과 활동)

(have + 명사구) 형식은 누군가가 어떤 행동을 하거나 어떤 활동에 참여할 때 사용한다.
Did you *have* a look at the shop when you were there? 당신은 그곳에 있을 때 가게를 한번 살펴보았습니까?

have

215

I'm going to *have* a bath. 나는 목욕을 하려고 한다.

○ Usage 표제어 **have – take** 참조.

4 causing something to be done(어떤 일을 하게 하기)

have는 누군가가 어떤 일을 끝마치도록 할 때도 사용한다. **have**가 이러한 뜻일 경우, (have + 명사구 + 과거분사) 형식을 사용한다.

We*'ve* just *had the house decorated*. 우리는 방금 그 집의 장식을 끝마쳤다.
They *had him killed*. 그들은 그를 살해했다.

5 possession(소유)

소유를 나타낼 때, **have**를 자주 사용한다.

He *had* a small hotel. 그는 작은 호텔을 소유하고 있었다.
You *have* beautiful eyes. 당신은 아름다운 눈을 갖고 있다.
Do you *have* any brothers or sisters? 당신은 남동생 또는 여동생이 있습니까?

영국 영어의 구어체에서 소유를 나타낼 때, **have** 대신 **have got**을 사용한다.

She*'s got* two sisters. 그녀는 여동생이 두 명 있다.
Have you *got* any brochures on Holland, please? 네덜란드에 대한 소책자를 갖고 계십니까?

○ Usage 표제어 **have got** 참조.

6 using a simple tense(단순시제 사용하기)

특히 **have**를 진행시제로 사용할 수 없는 경우는 다음과 같다.

- 소유에 대해 말하는 경우, 진행시제를 사용하지 않는다. 예를 들면, '나는 옛날 동전들을 수집하고 있다.'는 ~~I am having a collection of old coins.~~가 아닌 I *have* a collection of old coins.나 I*'ve got* a collection of old coins.라고 한다. 마찬가지로, 사람과의 관계에 대해 말하는 경우, 진행시제를 사용하지 않는다. ~~I am having three sisters.~~나 ~~I am having a lot of friends.~~라고 하지 않는다.
  We *haven't got* a car. 우리는 자동차를 갖고 있지 않다.
  They *have* one daughter. 그들은 딸이 한 명 있다.
  I*'ve got* loads of friends. 나는 친구가 많다.

- 사람이나 사물이 특정한 모습을 하고 있을 때, 진행시제를 사용하지 않는다. 예를 들면, ~~He is having a beard.~~ 라고 하지 않는다.
  He *has* nice eyes. 그는 아름다운 눈을 갖고 있다.
  He *had* beautiful manners. 그는 멋진 매너를 갖고 있었다.
  The door*'s got* a lock on it. 그 문은 자물쇠가 달려 있다.

- 사람이 아프거나 병에 걸렸다고 할 때, 진행시제를 사용하지 않는다. 예를 들면, ~~She is having a bad cold.~~라고 하지 않는다.
  He *had* a headache. 그는 두통이 있었다.
  Sam*'s got* measles. 샘은 홍역에 걸렸다.

- 어떤 일을 하는 데 얼마나 시간이 있는지를 말할 때, 진행시제를 사용하지 않는다. 예를 들면, ~~He is having plenty of time to get to the airport.~~라고 하지 않는다.
  I *haven't got* time to go to the library. 나는 도서관에 갈 시간이 없다.
  He *had* only a short time to live. 그가 살 수 있는 시간은 매우 짧았다.
  I hope I*'ll have* time to finish it. 나는 그것을 마칠 시간을 갖고 싶다.

7 using a continuous tense(진행시제 사용하기)

have를 진행시제로 사용하는 몇 가지 경우가 있다.

- 어떤 활동이 일어나고 있을 때 진행시제를 사용한다. 예를 들면, '그는 지금 목욕하고 있다.'는 He has a bath at

have – take

the moment.가 아닌 He *is having* a bath at the moment.라고 한다.
The children *are having* a party. 어린이들이 파티를 하고 있다.
I *was having* a chat with an old friend. 나는 오랜 친구와 잡담을 하고 있었다.

- 미래의 특정 시점에 어떤 행동이 일어날 것이라고 할 때, 진행시제를 사용한다. 예를 들면, '나는 내일 바버라와 점심을 같이 먹을 것이다.'는 I *am having* lunch with Barbara tomorrow.라고 한다.
We*'re having* a party tonight. 우리는 오늘 밤에 파티를 할 것이다.
She*'s having* a baby next month. 그녀는 다음 달에 아이를 출산할 예정이다.

- 계속되거나 되풀이되는 행동, 사건, 경험을 말할 때에도 진행시제를 사용한다. 예를 들면, '나는 운전 교습을 받고 있다.'는 I *am having* driving lessons.라고 한다.
I *was* already *having* problems. 나는 이미 문제점이 있었다.
Neither of us *was having* any luck. 우리 중 누구도 운이 없었다.
You*'re having* a very busy time. 당신은 매우 바쁜 시간을 보내고 있다.

have – take

〔have · take + 목적어(명사)〕형식은 어떤 행동을 실행하거나 어떤 활동에 참여하고 있다는 것을 나타낼 때 사용한다. 일부 명사에 동사 have나 take를 사용해도 의미상의 차이는 없다. 예를 들면, '이것을 보세요.'는 *Have* a look at this.나 *Take* a look at this.라고 한다. 마찬가지로, '우리는 8월에 휴가 계획이 있다.'는 We *have* our holidays in August.나 We *take* our holidays in August.라고 한다.

 영국 영어와 미국 영어는 용법에 있어서 종종 차이가 있다. 예를 들면, 영국 영어에서는 보통 He *had* a bath.라고 하지만, 미국 영어에서는 He *took* a bath.라고 한다.
I'am going to *have* a bath. 나는 목욕을 할 것이다.
I *took* a bath, my second that day. 나는 그날의 두 번째 목욕을 했다.

 걷기와 수영과 같은 활동에 대해 말하는 경우, 미국 영어에서는 자주 take를 사용한다. 예를 들면, He *took* a walk.나 She *took* a swim.이라고 한다. 영국 영어에서는 때때로 have를 사용하지만 He *went for* a walk.나 She *went for* a swim.이라고 하는 것이 더 일반적이다.
Brody decided to *take* a walk. 브로디는 산책을 하기로 결정했다.
I went down to the ocean and *took* a swim. 나는 바다로 나가 수영했다.
After dinner we *went for* a walk. 저녁 식사 후에 우리는 산책하러 갔다.
She's *having* a nap. 그녀는 지금 낮잠을 자고 있다.

have got

1 form and basic uses(형태와 기본 용법)

have got은 구어체에서 have와 같은 뜻으로 사용한다.
I *have got* two cats and a dog. 나는 고양이 두 마리와 개 한 마리를 갖고 있다.
You *have got* a problem. 당신은 문제점이 하나 있다.

have got, has got, had got은 보통 축약하여 발음한다. 누군가의 말을 받아 적을 때, 've got, 's got, 'd got로 쓴다.
I*'ve got* her address. 나는 그녀의 주소를 갖고 있다.
He*'s got* a beard now. 그는 지금 턱수염을 기르고 있다.
They*'d got* a special grant from the Institute. 그들은 연구소에서 특별 보조금을 받았다.

 have got은 격식을 차린 문어체 영어에서는 사용하지 않는다. 미국 영어에서도 have got은 잘 사용하지 않는다.

have got은 '행동'의 뜻에 사용할 수 없고, '소유'의 뜻에만 사용 가능한데, 예를 들면, I*'ve got* a new car.라고는 하지만, I've got a bath every morning.이라고는 하지 않는다.

have got은 과거 또는 미래 시제에 사용할 수 없고, 현재 시제에만 사용한다.

have got

Will you *have* time to eat before you go? 당신이 떠나기 전에 식사할 시간이 있으십니까?
I *had* a cold and couldn't decide whether to go to work. 나는 감기에 걸려 직장에 가지 못했다.

2 possession(소유)

소유, 관계, 성질, 모습을 말할 때, 일반적으로 have got을 사용한다.

I*'ve got* a very small house. 나는 아주 작은 집을 갖고 있다.
She*'s got* two sisters. 그녀는 여동생이 두 명 있다.
He*'s got* a lovely smile. 그는 아름다운 미소를 갖고 있다.
It's a nice town. It*'s got* very nice shops. 그곳은 멋진 도시이다. 그곳에는 매우 멋진 가게들이 있다.

3 illness(병)

질병에 대해 말할 때, have got을 자주 사용한다.

Sam*'s got* measles. 샘은 홍역에 걸렸다.
I*'ve got* an awful headache. 나는 심한 두통이 있다.

4 availability(이용 가능성)

어떤 것의 이용 가능 여부를 말할 때, have got을 사용한다.

Come in and have a chat when you*'ve got* time. 시간이 있을 때 들어가서 대화하자.
I think we*'ve got* an enormous amount to offer. 나는 우리가 제공할 아주 많은 양을 갖고 있다고 생각한다.

5 future events(미래의 일)

〔have got + 명사구〕형식은 자신과 관련 있는 미래에 일어날 일을 언급할 때 사용할 수 있다.

I*'ve got* a date. 나는 데이트할 예정이다.
I*'ve got* an appointment at the dentist's. 나는 치과에 예약이 있다.

〔have got + 명사구 + -ing〕형식은 사전에 준비해 둔 것이거나 자신에게 영향을 미칠 일을 언급할 때 사용할 수 있다.

I*'ve got* two directors flying out first class. 나는 이사 두 사람이 일등석으로 비행기 여행을 할 수 있도록 해두었다.
I*'ve got* some more people coming. 여기에 오기로 되어 있는 사람이 더 있다.

〔have got + 명사구 + to부정사〕형식은 반드시 해야 할 어떤 일을 말할 때 사용한다.

I*'ve got* some work to do. 나는 해야 할 몇 가지 일이 있다.
She*'s got* the house to clean. 그녀는 청소해야 할 집이 있다.

6 negatives(부정문)

부정문을 만들 때 have와 got 사이에 not을 넣으며, 거의 항상 not을 줄여 n't로 표기한다.

He *hasn't got* a moustache. 그는 콧수염이 없다.
I *haven't got* much money. 나는 많은 돈을 갖고 있지 않다.

 미국 영어에서는 보통 위와 같이 사용하지 않고, do not have를 사용한다. 보통 not은 줄여서 n't로 표기한다.

I *don't have* a boyfriend. 나는 남자 친구가 없다.
I'm bored. I *don't have* anything to do. 나는 지루하다. 할 일이 전혀 없다.

7 questions(의문문)

의문문에서 주어는 have와 got 사이에 온다.

Have you *got* enough money for a taxi? 당신은 택시를 탈 돈이 있습니까?
I'd like a drink. What *have* you *got*? 술을 마시고 싶습니다. 어떤 술을 갖고 있습니까?

 미국 영어에서는 보통 위와 같은 형태를 사용하지 않고, 조동사 do 뒤에 주어와 have를 넣어 사용한다. 일부 영국 영어를 쓰는 사람들도 do와 have를 사용한다.

Do you *have* her address? 그녀의 주소를 갖고 있습니까?
What kind of cakes *do* you *have*? 당신은 어떤 종류의 케이크들을 갖고 있습니까?

have got to

have got to
○ Usage 표제어 must 참조.

have to
○ Usage 표제어 must 참조.

he – she – they

1 'he'

he, him, his, himself는 때때로 부정대명사나 person, child, student 등과 같은 단어를 다시 가리킬 때 사용한다.

If anybody complained about this, *he* was told that things would soon get back to normal.
누군가가 이것에 대해 불평하면, 그 사람은 그 상황이 곧 정상으로 돌아갈 것이라는 말을 들었다.
It won't hurt a child to have *his* meals at a different time.
식사를 다른 시간에 해도 아이의 건강을 해치지는 않을 것이다.

언급된 사람이 남성이라는 것을 암시하기 때문에, 위의 용법에 반대하는 사람이 많다.

2 'he or she'

때때로 he or she, him or her, his or her, himself or herself를 사용할 수 있다.

A parent may feel that *he or she* has nothing to give a child.
한 부모는 그 또는 그녀의 자식에게 줄 것이 없다는 느낌을 가질지도 모른다.
Anyone can call *himself or herself* a psychologist, even if untrained and unqualified.
훈련을 받지 않고 자격증이 없을지라도, 누구나 자신을 심리학자라고 부를 수 있다.

특히 같은 문장 안에 위와 같은 표현이 두 개 이상 쓰일 때, 이상하고 부자연스럽다고 생각해서 사용하지 않는 사람들이 많다.

글에서는 he or she를 s/he로 쓰기도 한다.

3 'they'

회화에서 대부분의 사람들은 they, them, their를 사용한다.

Everyone thinks *they* know what the problems of living with a teenager are.
모든 사람들이 틴에이저와 같이 생활할 때 생겨나는 문제점들을 알고 있다고 생각한다.
Often when we touch someone we are demonstrating our love for *them*.
종종 우리는 누군가를 만질 때 그 사람에 대한 사랑을 표현한다.
Don't hope to change anyone or *their* attitudes.
어떤 사람이나 그의 태도를 바꾸기를 바라지 마세요.

예전에는 위의 용법이 잘못된 것으로 간주되었으나 구어체뿐만 아니라 글에서도 점점 일반적으로 사용되고 있다. 이 책에는 보통 they, them, their를 사용한다.

위와 같은 용법을 모두 사용하지 않는 경우도 자주 있으며, 때로는 이를 복수형을 사용할 수도 있다. 예를 들면, '모든 학생은 자신의 방을 갖고 있다.'는 Every student has his own room. 대신 *All* the students have *their* own rooms.라고 한다. 또 다른 예로, '방 안에 들어가는 사람들은 구두를 벗어야 한다.'는 Anyone who goes inside must take off his shoes. 대신 *People* who go inside must take off *their* shoes.라고 한다.

Andy has invited us to *their* party.
앤디는 그들의 파티에 우리를 초대했다.
I called Chris and reminded *them* to bring *their* passport.
나는 크리스에게 전화해 그들의 여권을 가져오라고 상기시켜 주었다.

headache

have a *headache*는 두통이 있다라는 뜻이다.
I told Derek I had *a headache*. 나는 데릭에게 두통이 있다고 말했다.

headache는 가산명사로, ~~has headache~~라고 하지 않는다.

headline

○ Usage 표제어 title - headline 참조.

heap – stack – pile

1 'heap'
heap은 보통 정리되지 않고 산더미같이 쌓인 사물이라는 뜻이다.
The building collapsed into a *heap* of rubble. 그 빌딩이 무너져 그곳은 잡석 더미가 되었다.

2 'stack'
stack은 평평한 사물이 겹겹이 쌓여 있는 잘 정리된 사물 더미라는 뜻이다.
...a neat *stack* of dishes. 깔끔하게 쌓여진 접시들.
Eric came out of his room with a *stack* of books in his hands. 에릭은 한 아름의 책을 안고 그의 방에서 나왔다.

3 'pile'
pile은 잘 정리되어 있거나, 또는 정리되어 있지 않은 사물 더미라는 뜻이다.
...a neat *pile* of clothes. 단정하게 쌓여진 옷들.
He reached over to a *pile* of newspapers and magazines. 그는 한 무더기의 신문과 잡지들 더미에 손을 뻗었다.

hear

1 'hear' in the present (현재 들리는 소리에 사용하는 hear)
hear는 어떤 소리가 귀에 들려 알아차리다라는 뜻이다.
I *can hear* a car. 자동차 소리가 들린다.

ⓘ 위와 같은 문장에 보통 can을 사용한다. 예를 들면, '라디오 소리가 들린다.'는 ~~I hear a radio~~.가 아닌 I *can hear* a radio.라고 한다. 또한 진행시제도 쓰지 않으므로, ~~I am hearing a radio~~.라고 하지 않는다.

hear의 과거와 과거분사는 heard[həːrd]이며, 과거에 어떤 소리를 들었다고 할 때는 heard나 could hear를 사용한다.
She *heard* no further sounds. 그녀는 더 이상 소리를 듣지 못했다.
I *could hear* music in the distance. 나는 멀리서 나는 음악 소리를 들을 수 있었다.

2 'hear' in the past (과거에 들었던 소리에 사용하는 hear)
그러나 갑자기 어떤 소리를 들었다고 할 경우, heard를 사용해야 한다.
I *heard* a shout. 나는 고함 소리를 들었다.

(heard · could hear + 목적어 + -ing) 형식은 누군가가 어떤 일이 계속해서 일어나고 있다는 것을 들었을 때 사용할 수 있다.
He *heard* Alan *shouting* and *laughing*. 그는 앨런이 큰 소리로 떠들면서 웃고 있는 것을 들었다.
I *could hear* him *crying*. 나는 그가 울고 있는 소리를 들었다.

(heard + 목적어 + 원형부정사) 형식은 과거 어느 때에 일어난 일이나 행위의 전 과정을 들었다는 것을 나타낸다.
I *heard* him *dash* into the bathroom. 나는 그가 화장실로 급히 들어가는 소리를 들었다.

help

I *heard* Amy *cry out* in fright. 나는 에이미가 놀라서 울부짖는 소리를 들었다.

> 주의 능동형 문장에서 hear를 사용할 때는 to부정사를 사용하지 않는다. 예를 들면, ~~I heard him to open the door.~~라고 하지 않는다.

help

1 'help' as a transitive verb (타동사로 사용하는 help)

help는 어떤 일을 쉽게 할 수 있도록 누군가를 돕다라는 뜻이다. help가 이러한 뜻일 경우, [help + 목적어 + to부정사 · 원형부정사] 형식을 사용할 수 있다. 예를 들면, '나는 그가 책상을 옮기는 일을 도와주었다.'는 I *helped him to move* the desk.나 I *helped him move* the desk.라고 하며, 의미상의 차이는 없다.

We must try to *help students to have* confidence in their ability.
우리는 학생들이 자신의 능력에 대한 자신감을 갖도록 도와주려고 노력해야 한다.
Something went wrong with his machine so I *helped him fix* it.
그의 기계가 고장이 나서 나는 그가 그것을 고치는 것을 도와주었다.

2 'help' as an intransitive verb (자동사로 사용하는 help)

[help + to부정사 · 원형부정사] 형식을 사용할 수 있다. someone *helps do/to do* something은 어떤 사람이 어떤 일을 할 수 있도록 돕다라는 뜻이다.

My mum used to *help cook* the meals for the children.
내 어머니께서는 아이들을 위해 요리하는 것을 도와주곤 하셨다.
The taxi driver *helped to carry* the bags into the hotel.
그 택시 기사가 짐들을 호텔로 옮기는 데 도움을 주었다.

something *helps do/to do* something은 어떤 사물이 다른 어떤 일이 더 쉽게 이뤄질 수 있도록 도와주다라는 뜻이다.

The money *helped pay* the rent. 그 돈으로 나는 집세를 냈다.
This *helped to improve* the competitiveness of American exports.
이것은 미국 수출품의 경쟁력을 높이는 데 도움이 되었다.

> 주의 [help + -ing] 형식을 사용할 수 없다. 예를 들면, '나는 그가 책상을 옮기는 것을 도왔다.'는 ~~I helped him moving the desk.~~나 ~~I helped moving the desk.~~라고 하지 않는다.

3 'cannot help'

cannot help doing something은 어떤 일을 하지 않을 수 없다라는 뜻이다.

I *couldn't help teasing* him a little. 나는 그를 좀 놀리지 않을 수 없었다.

> 주의 [cannot help +to부정사] 형식을 사용하지 않는다. 예를 들면, ~~I couldn't help to tease him a little.~~이라고 하지 않는다.

her

her는 동사나 전치사의 목적어가 될 수 있다. 이미 언급했거나 신원이 밝혀진 여자, 소녀, 동물의 암컷을 가리킬 때 her를 사용한다.

They gave *her* the job. 그들은 그녀에게 그 일자리를 주었다.
I knew your mother. I was at school with *her*.
나는 너희 어머니를 알고 있었다. 나는 그녀와 학교를 같이 다녔다.

> 주의 한 문장에서 주어와 같은 사람을 가리키는 경우, 간접목적어로 her가 아닌 재귀대명사 herself를 사용한다.
> Rose bought *herself* a sandwich for lunch. 로즈는 점심 식사로 샌드위치를 샀다.

○ Grammar 표제어 Pronouns 참조.

here

1 'here'

현재 자신이 있는 장소를 가리킬 때, **here**를 사용한다.

I'm glad you'll still be *here* next year. 당신이 내년에도 여전히 이곳에 있을 거라니 기쁩니다.
We're allowed to come *here* at any time. 우리는 언제든지 여기에 올 수 있도록 허락받았다.

> 주의 here 앞에 전치사 to를 사용할 수 없다. 예를 들면, We're allowed to come to here at any time.이라고 하지 않는다.

2 'here is' and 'here are'

주의를 환기시키거나 어떤 것을 소개할 때, 문장의 처음에 **here is**와 **here are**를 사용할 수 있다. 표준 영어에서 단수명사구 앞에는 **here is**, 복수명사구 앞에는 **here are**를 사용한다.

Here's your coffee. 여기 당신이 마실 커피가 있어요.
Here are the addresses to which you should apply. 당신이 신청해야 할 주소가 여기에 있다.

high – tall

1 'high'

바닥에서 꼭대기까지 평균치보다 더 먼 범위의 사물들을 묘사할 때, **high**를 사용한다. 예를 들면, a high hill(높은 언덕)이나 a high fence(높은 울타리) 등이 있다.

...the *high* mountains of northern Japan. 일본 북부의 높은 산들.
...the *high* walls of the prison. 교도소의 높은 담장들.

2 'tall'

보통보다 더 높으며 너비보다 높이가 더 높은 사물을 묘사할 때, **tall**을 사용한다. 예를 들면, a tall tree(높은 나무)나 a tall chimney(높은 굴뚝) 등이 있다.

Insects buzzed in the *tall* grass. 곤충들은 긴 풀 속에서 살기 좋아한다.
We saw several birds, including a *tall* heron standing on one leg.
우리는 한쪽 다리로 서 있는 키가 큰 왜가리를 보았다.

사람을 묘사할 경우, 항상 **tall**을 사용한다.

Andreas was a *tall* handsome man. 안드레아스는 키가 크고 잘생긴 남자이다.
She was a young woman, fairly *tall* and slim. 그녀는 꽤 키가 크고 날씬한 젊은 여자였다.

🛈 갓난아기를 묘사할 경우에는 tall이 아닌 long을 사용한다.
Baby Megan McDonald was 22 inches *long* when she was born.
갓난아기 메건 맥도널드는 태어났을 때, 신장이 22인치였다.

3 another meaning of 'high' (high의 다른 의미)

high는 지표면에서 멀리 떨어진 곳에, 즉 '높은 곳에 있는'이라는 뜻도 있다. 예를 들면, a high window(높은 곳에 있는 창)나 a high shelf(높은 곳에 있는 선반) 등이 있다.

It was a large room with a *high* ceiling. 그 방은 천장이 높은 큰 방이었다.

high school

 미국에서 **high school**은 18세까지의 학생들을 위한 학교이다. 영국에서 이런 종류의 학교를 지칭하는 일반적인 용어는 **secondary school**이다.

him

him은 동사나 전치사의 목적어가 될 수 있다. 이미 언급했거나 신원이 밝혀진 남자, 소년, 동물의 수컷을 가리킬

hire – rent – let

222

때, him을 사용한다.
He asked if you'd ring *him* when you got in. 그는 당신이 들어오면 그에게 전화를 할 것인지를 물었다.
There's no need for *him* to worry. 그는 걱정할 필요가 전혀 없다.

> 주의 한 문장에서 주어와 같은 사람을 가리킬 때, 간접목적어로 him이 아닌 재귀대명사 himself를 사용한다.
> He poured *himself* a drink. 그는 자신의 잔에 술을 따랐다.

hire – rent – let

1 'hire' and 'rent'

 짧은 기간 동안 무언가를 사용하기 위해 금액을 지불할 때, hire나 rent를 사용한다. 영국 영어에서는 hire를 사용하며, 미국 영어에서는 rent를 사용한다.

We *hired* a car from a local car agency and drove across the island.
우리는 지역 자동차 대여소에서 차를 빌려서 그 섬을 횡단했다.
He *rented* a car for the weekend. 그는 주말에 사용하기 위해 자동차를 빌렸다.

오랜 기간 동안 무언가를 사용하기 위해 정기적으로 돈을 지불할 때, 보통 hire가 아닌 rent를 사용한다.
A month's deposit may be required before you can *rent* the house.
집을 빌리기 전에 한 달치의 보증금이 필요할 수도 있다.

2 'hire out'

누군가로부터 어떤 것을 빌릴 때, hire out을 사용한다.
Companies *hiring out* boats do well in the summer months.
그 보트 대여 회사는 여름철이 성수기이다.

3 'rent out'

누군가로부터 오랜 기간 동안 어떤 것을 빌릴 때, rent out을 사용한다.
They had to *rent out* the upstairs room. 그들은 위층의 방을 임대해야만 했다.

4 'let' and 'let out'

누군가로부터 건물이나 땅을 빌릴 때, let이나 let out을 사용한다. let의 과거와 과거분사는 letted가 아닌 let이다.
The cottage *was let* to an actress from London. 그 오두막집은 런던에서 온 여배우에게 임대되었다.
I couldn't sell the London flat, so I *let* it *out*. 나는 런던의 아파트를 팔지 못해서 세를 주었다.

 위와 같은 용법을 미국 영어보다 영국 영어에서 더 흔히 사용한다. 미국 영어에서는 일반적으로 rent나 rent out을 사용한다.

The house was *rented* to a farmer. 그 집은 농부에게 임대되었다.
He repaired the boat and *rented* it *out* for $150. 그는 그 보트를 고쳐서 150달러에 빌려 주었다.

holiday – vacation

1 'holiday'

영국 영어에서는 직장이나 학교를 떠나서 시간을 보내는 것이 허락되는 기간, 즉 '휴가'나 '방학'을 holiday 또는 holidays라고 한다.
The school had undergone repairs during the *holiday*. 학교 건물을 방학 동안에 수리했다.
One day after the Christmas *holidays* I rang her up. 크리스마스 휴가 후 어느 날, 나는 그녀에게 전화를 했다.

집을 떠나서 즐기는 기간을 holiday라고 한다.
He thought that Vita needed a *holiday*. 그는 비타가 휴가가 필요하다고 생각했다.
I went to Marrakesh for a *holiday*. 나는 마라케시에 휴가차 갔다.

home

해마다 이와 같이 오랜 기간을 보내는 경우, **holidays**라고 한다.

Where are you going for your *holidays*? 당신은 어디로 휴가를 갈 예정입니까?

i holiday나 holidays 앞에 일반적으로 한정사나 소유격을 사용한다. 예를 들면, ~~I went to Marrakesh for holidays.~~라고 하지 않는다.

직장이나 학교를 떠나서 시간을 보내고 있거나 집을 떠나 즐거운 시간을 보내고 있다고 할 때, **on holiday**를 사용한다.

Remember to turn off the gas when you go *on holiday*.
휴가를 갈 때는 가스 밸브를 잠그고 가는 것을 잊지 마세요.

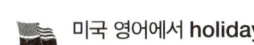 미국 영어에서 holiday는 중요한 사건을 기념하기 위해 사람들이 일을 하지 않는 하루를 말한다. 영국 영어에서는 이와 같은 날을 **bank holiday**라고 한다.

 미국인들이 the holidays라고 하는 경우, 크리스마스와 새해를 포함하는 연말이라는 뜻이다. 때때로 추수 감사절(11월 말)도 the holidays에 포함된다.

Now that *the holidays* are over, we should take down our Christmas tree.
이제 휴가 기간이 끝났기 때문에 우리의 크리스마스 트리를 해체해야 한다.

2 'vacation'

 미국 영어에서 **vacation**은 직장이나 학교를 떠나서 보내는 오랜 기간이나 집을 떠나서 즐기는 기간을 나타낸다.

Harold used to take a *vacation* at that time. 해럴드는 그 당시 휴가를 가곤 했다.

영국의 종합 대학이나 단과 대학에서 수업을 공식적으로 중단하는 몇 주를 vacation이라고 한다.

home

home은 자신이 살고 있으며 소속감을 느끼는 곳이다. 일반적으로 home은 자신이 살고 있는 집을 가리키지만, 자신이 살고 있는 도시, 지역, 국가를 가리킬 때도 사용할 수 있다.

His father often worked away from *home*. 그의 아버지는 자주 집을 떠나 일을 했었다.
Dublin will always be *home* to me. 더블린은 나에게 항상 고향 같은 곳이 될 것이다.

특정한 사람의 집을 가리킬 때는 the home이 아닌 **his home, her home, home**이라고 한다.

Victoria is selling *her home* in Ireland. 빅토리아는 아일랜드에 있는 자신의 집을 팔려고 한다.
Their children have left *home*. 그들의 자식들은 집을 떠났다.

> **주의** home 바로 앞에 to를 사용하지 않는다. 예를 들면, '우리는 집으로 갔다.'는 ~~We went to home.~~이 아닌 We went *home*.이라고 한다.
>
> Come *home* with me. 나와 함께 집에 가요.
> The policeman escorted her *home*. 그 경찰관은 그녀를 집으로 바래다 주었다.

 밖에 나가지 않고 집에 머무른다는 영국 영어에서는 **stay at home**, 미국 영어에서는 **stay home**이라고 한다.

Oh, we'll just have to *stay at home* for the weekend.
오, 우리는 주말에 집에 머물러야 할 것 같아요.

What was Cindy supposed to do? *Stay home* all day and dust the house?
신디가 해야 할 일이 무엇이었나요? 온종일 집에 있으면서 먼지를 터는 것이었나요?

homework – housework

1 'homework'

homework는 학생들에게 집에서 하도록 주어진 일, 즉 '숙제'라는 뜻이다. 숙제를 하다는 ~~make homework~~가 아닌 **do homework**라고 한다.

Have you done your English *homework*? 너의 영어 숙제를 마쳤니?

hood

2 'housework'

housework는 집에서 하는 청소나 세탁 등의 일, 즉 '집안일'이라는 뜻이다.
She relied on him to do most of the *housework*. 그녀는 대부분의 집안일을 그에게 의지했다.

> 주의 | homework와 housework는 모두 불가산명사이므로, a homework나 houseworks라고 하지 않는다.

hood

◯ Usage 표제어 bonnet – hood 참조.

hope

hope는 동사나 명사로 사용한다.

1 'basic meaning'

hope는 특정한 일이 사실이 되거나 실제로 일어나길 '바라다'라는 뜻이다.
She *hoped* she would have a career in the music industry.
그녀는 음악 부분에서 직업 경험을 쌓기를 원했다.
I sat down, *hoping* to remain unnoticed. 나는 눈에 띄지 않기를 바라면서 그곳에 앉아 있었다.

2 'I hope'

상대방이 즐거운 시간을 보내기를 바랄 때, I hope를 자주 사용한다. hope 뒤에는 미래시제나 단순현재시제를 사용할 수 있다. 예를 들면, '당신이 그 영화를 즐겁게 보기를 바란다.'는 *I hope you'll enjoy* the film.이나 *I hope you enjoy* the film.이라고 한다.

I hope you'll enjoy your stay in Roehampton.
나는 당신이 로햄프턴에 체류하면서 즐거운 시간을 갖기를 바랍니다.
I hope you get well very soon. 나는 당신이 곧 회복되기를 바랍니다.

> ℹ *hope someone is going to do* something은 상대방이 원하지 않은 일을 하도록 부탁하거나 상기시킬 때 사용한다.
> *I hope you're going to clean up* this mess. 나는 당신이 이 쓰레기들을 치울 것을 바라고 있다.
> Next time I come *I hope you're going to be* a lot more entertaining.
> 다음에 내가 오면 당신이 훨씬 더 재미있는 사람이 되기를 바란다.

3 'I hope so'

어떤 것을 사실이라고 말하거나 어떤 일이 사실인지 물어볼 경우, 그에 대한 대답으로 사실이면 좋을 것 같다는 바람을 나타낼 때 I hope so.라고 한다.
'I will see you in the church.' – '*I hope so*.' "저는 당신을 교회에서 뵙겠습니다." – "그렇게 되기를 바랍니다."
'You'll be home at six?' – '*I hope so*.' "집에 6시에 있을 거죠?" – "그렇게 되기를 바랍니다."

> ℹ I hope it.이라고 하지 않는다.

4 'I hope not'

마찬가지로 어떤 것이 사실이 아니었으면 좋겠다는 바람을 나타낼 때, I hope not.을 사용한다.
'You haven't lost the ticket, have you?' - '*I hope not*.' "표를 잃어버리지 않으셨나요?" – "그렇지 않기를 바랍니다."

> ℹ I don't hope so.라고 하지 않는다.

hospital

hospital은 의사와 간호사가 아픈 사람들을 돌보는 곳, 즉 '병원'이라는 뜻이다.

house

영국 영어에서 어떤 병원인지 언급하지 않고 누군가가 병원에 입원 중이라고 할 때는 in hospital을 사용한다.

I used to visit him *in hospital*. 나는 입원 중인 그를 방문하곤 했다.
She had to go *into hospital* for an operation. 그녀는 수술을 위해 병원에 입원해야만 했었다.

 미국 영어에서는 입원 중이라고 할 때는 in hospital이 아닌 in the hospital이라고 한다.

She broke a bone in her back and spent some time *in the hospital*.
그녀는 등뼈가 부러져 병원에 얼마 동안 입원했다.

미국 영어나 영국 영어 모두 어떤 일이 특정한 병원에서 일어났다고 할 때, 보통 at the hospital을 사용한다.

I was working *at the hospital*. 나는 그 병원에서 일하고 있었다.

house

house는 자신이 살고, 소유하거나 세 내어 빌린 건물, 즉 '집'이라는 뜻이다.

She has moved to a smaller *house*. 그녀는 (지금보다) 더 작은 집으로 이사 갔다.

'나는 집에 가려고 한다.'는 보통 I am going to my house.가 아닌 I am going *home*.이라고 한다. 또한, '그녀는 집에 있었다.'는 She was in her house.가 아닌 She was at *home*.이라고 한다.

Brody arrived *home* a little before five. 브로디는 5시 조금 전에 집에 도착했다.
I'll finish the work at *home*. 나는 집에서 그 일을 끝마칠 것이다.

◐ Usage 표제어 home 참조.

housework

◐ Usage 표제어 homework – housework 참조.

how

1 ways of doing things(어떤 일을 하는 방법)

의문문과 설명문에서 어떤 것을 하는 방법을 말할 때, how를 사용한다.

How do you spell his name? 그의 이름 철자를 어떻게 읽습니까?
Tell me *how* to get there. 그곳에 가는 방법을 나에게 말해 주세요.
This is *how* I make a vegetable curry. 이것이 내가 채소 카레를 만드는 방법이다.

> 주의 '…한 방법대로'라는 뜻에 how 대신 like, as, the, way를 사용한다. 예를 들면, He walks to work every day, how his father did.라고 하지 않는다.
> ◐ Usage 표제어 like – as – the way 참조.

2 asking about someone's health(상대방의 건강 상태 물어보기)

[how + be동사] 형식은 건강 상태를 물어볼 때 사용한다.

How are you? 건강하십니까?
How is she? All right? 그녀의 건강은 어떻습니까? 괜찮지요?

> 주의 사람의 성격이나 모습을 물어볼 때, how를 사용하지 않는다. 예를 들면, '당신의 상사는 어떤 사람입니까?'는 How is your boss?가 아닌 *What* is your boss *like*?라고 한다.
> '*What*'s his mother *like*?' '그의 어머니는 어떤 모습 또는 성격을 가진 분이세요?'

3 asking about impressions(인상에 대해 물어보기)

[how + be동사] 형식은 어떤 일에 대한 인상을 물어볼 때 사용한다.

How was your trip? 여행은 어땠습니까?
How was the smoked trout? 훈제 송어는 어땠습니까?

however

USAGE

> **주의** 어떤 사물이나 장소에 대해 묘사할 때는 how가 아닌 what...like?를 사용한다. 예를 들면, How is Birmingham?은 상대방에게 버밍엄이 어떤 곳인지 물어보는 것이 아닌 그곳에서 살거나 일하는 것을 즐기는지를 물어보는 것이다. *What* is Birmingham *like*?는 버밍엄에 대한 물리적인 모습을 나타낸다.
>
> *What* is Fiji *like*? 피지는 어떤 곳인가요?
>
> '당신은 버밍엄에 대해 어떻게 생각하십니까?'는 How do you think of Birmingham?이 아닌 *What do you think of* Birmingham?이라고 한다.
>
> *What do you think of* his writing style? 그의 글 쓰는 스타일에 대해 당신은 어떻게 생각하십니까?
>
> *What did you think of* Holland? 당신은 네덜란드에 대해 어떻게 생각했습니까?

4 commenting on a quality (품질 평가하기)

방금 전에 말한 내용에 대한 의견을 말할 때, how 다음에 형용사만 온다.

'She has a flat there as well.' – '*How* nice!' "그녀는 그곳에도 아파트를 갖고 있어요." – "굉장하군요."

'To my surprise, I found her waiting for me at the station.' – '*How* kind!'
"놀랍게도 그녀가 역에서 나를 기다리고 있었어요." – "정말 친절하네요."

○ 방금 전에 말한 내용에 대해 의견을 말하는 다른 방법은 Topic 표제어 Reactions 참조.

however

이미 말한 내용과 대조되는 의견을 추가할 때, however를 사용한다.

Some of the food crops failed. *However*, the cotton did quite well.
일부 식량 작물은 흉작이었지만 목화는 아주 풍작이었다.

Losing at games doesn't matter to some women. Most men, *however*, can't stand it.
게임에 지는 것은 일부 여성들에게는 상관이 없지만 대부분의 남자들은 패배를 참을 수 없어 한다.

however는 어떤 일을 어떻게 하든지 별다른 차이가 없을 때 사용한다.

You can do it *however* you want. 당신이 원하는 방법대로 그것을 할 수 있다.

However we add that up, it does not make a dozen. 우리가 아무리 그것을 더해도 한 다스가 되지 않는다.

However we prepare for retirement, there are undeniably risks.
아무리 우리가 은퇴를 잘 준비하더라도 은퇴에는 항상 리스크가 따르게 된다.

however를 접속사로 사용할 수 없는데, 'John always cooks dinner, however I usually wash up afterwards'로 할 수 없고 however 대신 but 또는 although를 사용하고 새로운 절로 시작해, 'John always cooks dinner, although I usually wash up afterwards'로 사용한다.

how much

어떤 물건의 가격을 물어볼 때, how much를 사용한다. 예를 들면, '저 티셔츠는 얼마입니까?'는 *How much is that T-shirt?*라고 한다.

I like that dress – *how much* is it? 저 드레스가 마음에 드는데, 얼마입니까?

ⓘ How much is the price of that T-shirt?라고 하지 않는다.

어떤 물건의 가격을 물어볼 때, [how much + be동사] 형태를 사용한다. 금액을 물어볼 경우에는 이 형태를 쓰지 않는다. 예를 들면, '그의 수입은 얼마입니까?'는 How much is his income?이 아닌 What is his income?, What does he earn?, How much does he earn?이라고 한다.

마찬가지로, '바깥의 온도는 몇 도입니까?'는 How much is the temperature outside?가 아닌 *What is the temperature outside?*라고 한다. 또한, '도쿄의 인구는 얼마나 됩니까?'는 How much is the population of Tokyo?가 아닌 *What* is the population of Tokyo?라고 한다.

What is the basic rate of income tax? 소득세의 기본 세율은 얼마입니까?

What is the lowest temperature it's possible to reach? 도달 가능한 최저 온도는 몇 도입니까?

hundred

hundred

a hundred나 one hundred는 숫자 '100'이라는 뜻으로, there are *a hundred* things/*one hundred* things라고 할 수 있다.

She must have had *a hundred* pairs of shoes at least. 그녀는 적어도 백 켤레의 구두를 가졌음이 틀림없다.
The group claimed the support of over *one hundred* MPs. 그 단체는 100명 이상의 국회의원의 후원을 요구했다.

 there are 'hundred' things라고 하지 않는다.

hundred 앞에 다른 숫자가 와도 hundred 끝에 -s를 붙이지 않는다.

There are more than *two hundred* languages spoken in Nigeria.
나이지리아에서는 200개 이상의 언어가 사용되고 있다.

 100 이상의 숫자를 읽을 때, 영국 영어에서는 hundred 다음에 and를 사용한다. 그러나 미국 영어에서는 때때로 and를 생략한다. 예를 들어, 370의 경우 영국 영어에서는 three hundred and seventy로 읽지만, 미국 영어에서는 three hundred seventy로 읽는다.

He got *nine hundred and eighty-three* votes. 그는 983표를 얻었다.
Eduardo won *a hundred fifty* dollars. 에두아르도는 150파운드를 상금으로 받았다.

hurt

hurt는 동사나 형용사로 사용한다.

1 used as a verb(동사로 사용하기)

hurt는 우연히 '다치게 하다'라는 뜻이다. hurt의 과거와 과거분사는 hurted가 아닌 hurt이다.

A young boy who had fallen down and *hurt* himself. 소년 한 명이 넘어져 부상을 당했다.
How did you *hurt* your finger? 어쩌다가 손가락을 다치셨어요?

a part of your body *hurts*는 신체의 일부분에 통증을 느끼다라는 뜻이다.

My leg was beginning to *hurt*. 다리가 아프기 시작했다.

미국 영어에서 someone *hurts*라고 말할 수 있다.

When that anesthetic wears off, you're going to *hurt* a bit. 마취에서 깨어나면 당신은 약간 아플 것이다.

영국 영어를 쓰는 일부 사람들도 위와 같이 hurt를 사용하나 일반적이지는 않다.

2 used as an adjective(형용사로 사용하기)

다친 사람을 묘사할 때, 형용사 hurt를 사용한다.

He was *hurt* in a serious accident. 그는 심각한 사고로 부상을 입었다.
Luckily no-one was *hurt* but both vehicles were badly damaged.
다행하게도 아무도 부상을 당하지 않았지만 두 차는 완전히 부서졌다.

누군가 심한 부상을 입었을 때, 'very hurt'가 아닌 badly hurt나 seriously hurt라고 한다.

The soldier was *badly hurt*. 그 군인은 크게 다쳤다.
Last year 5,000 children were *seriously hurt* in car accidents.
지난해 5,000명의 어린이들이 자동차 사고들로 심각한 부상을 입었다.

일반적으로 명사 앞에는 hurt가 아닌 injured를 사용한다. 예를 들면, '부상당한 병사'는 a hurt soldier가 아닌 an injured soldier라고 한다.

hyphen

○ Topic 표제어 Punctuation과 Spelling 참조.

I i

I

I는 말을 하거나 글을 쓰는 사람 자신을 가리키며, 주어로 사용한다. I는 항상 대문자로 쓴다.
I will be leaving soon. 나는 이곳을 곧 떠날 것이다.
I like your dress. 나는 당신의 드레스가 마음에 든다.

주어의 일부로 I를 사용할 수 있다. 예를 들면, '내 친구와 나는 시실리에 갈 계획이다.'는 ~~I and my friend are going to Sicily.~~가 아닌 **My friend and *I*** are going to Sicily.라고 한다.
My mother and *I* stood beside the road and waited. 어머니와 나는 길가에 서서 기다렸다.
My brothers and *I* go to the same school. 나의 남동생과 나는 같은 학교에 다녔었다.

ⓘ is 뒤에는 I를 사용하지 않아 'It's I'가 아닌 'It's me'이다.

◯ Usage 표제어 me 참조.

if

1 possible situations(가능한 상황)

가능한 상황을 말하는 조건절을 이끌 때, **if**를 사용한다.
If you get tired, have a rest. 당신이 피곤하면 휴식을 취하세요.
If the machine stops working, call this number. 만약 기계가 고장 나면, 이 번호로 전화하세요.

미래에 일어날지도 모르는 상황일 때, **if**를 사용한다. 이때 조건절에는 미래시제가 아닌 단순현재시제를 사용한다.
If all *goes* well, we will arrive by lunchtime. 만약 모든 일이 잘 진행된다면, 우리는 점심 전에 그곳에 도착할 것이다.
If you *make* a mistake, you will have to start again. 만약 실수를 하면, 당신은 그 일을 다시 시작해야 합니다.

누군가가 어떤 일을 하도록 제안할 때, 때때로 조건절에 **if**를 사용한다. 일반적으로 조건절에는 단순현재시제를 사용한다.
If you *turn* to page 15, you will see a list of questions. 당신이 15페이지를 펴 보면 그곳에 질문들의 항목이 있다.

과거에 일어났던 상황을 나타낼 때, **if**를 사용하기도 한다.
They ate outside *if* it *was* sunny. 날씨가 좋았더라면 그들은 밖에서 먹었을 것이다.
If we *had* enough money, we used to go to the cinema.
만약 우리에게 돈이 있었다면, 우리는 자주 극장에 갔을 것이다.

과거에 일어날 가능성은 있었으나 실제로 일어나지 않은 일에도 **if**를 사용한다. 이때 조건절에는 단순과거시제가 아닌 과거완료시제를 사용한다.
If he *had realized* truth, he would have run away. 만약 그가 그 사실을 알았다면 도망갔을 것이다.
If she *had not married*, she would probably have become something special in her field.
만약 그녀가 결혼을 하지 않았다면 아마 자신의 분야에서 특별한 사람이 되었을지도 모를 것이다.

2 unlikely situations(일어나지 않을 상황)

존재하지 않는 상황이나 일어날 가능성이 없는 사건을 말할 때에도 조건절에 **if**를 사용한다. 이때 조건절에는 현재시제가 아닌 단순과거시제를 사용한다.
They would find it difficult to get a job *if* they *left* the farm.
그들이 농장을 떠난다면 직업을 구하기 어렵다는 것을 알게 될 것이다.
If she *wanted* to, she could be a dancer. 그녀가 원했더라면, 그녀는 무용수가 되었을 것이다.

229

ill – sick

조건절의 주어가 I, he, she, it, there나 단수명사인 경우, 동사는 was 대신 were를 사용해도 옳은 것으로 간주한다.

If a problem *were* to arise, she would be able to resolve it.
만약 문제가 제기된다면, 그녀는 그것을 해결할 수 있을 것이다.

Employees would be more productive if better resources *were* provided.
만약 좋은 재료들이 공급된다면 피고용인들의 생산성도 높아질 것이다.

그러나 If I were you를 제외하고, 회화에서는 보통 was를 사용한다.

If I *was* an architect, I'd re-design this house. 만약 내가 건축가라면 이 집을 다시 설계할 것이다.
We would prefer it if the test *was* a bit easier. 만약 그 시험이 조금 쉬웠다면, 우리는 그것을 선호할 것이다.

회화에서는 was나 were를 모두 사용할 수 있으나, 격식을 갖춘 글에서는 were를 사용해야 한다.

3 in reported questions (간접의문에 사용하기)

if는 간접의문에도 사용된다.

I asked her *if* I could help her. 나는 그녀에게 도와줘도 될지 물었다.
I wonder *if* you understand what I mean. 나는 내가 말하는 뜻을 이해했는지 궁금하다.

○ Usage 표제어 Reporting 참조.

ill – sick

1 'ill' and 'sick'

병에 걸렸거나 건강에 이상이 생겼다고 할 때, ill과 sick을 사용한다.

Manjit is *ill* and can't come to school. 만지트는 몸이 아파 학교에 결석했다.
Your uncle is very *sick*. 당신의 삼촌은 매우 아프다.

영국 영어를 쓰는 대부분의 사람들은 부사 없이는 명사 앞에 ill을 사용하지 않고, '몸이 많이 아픈 여자'는 **an ill woman**이 아닌 a seriously, chronically 또는 terminally를 함께 사용한다.

This ward is for *terminally* ill patients. 이 병동은 말기 병 환자를 위한 것이다.

 미국 영어는 sick을 사용한다.
She was at home looking after her *sick* baby. 그녀는 그녀의 병든 아이를 간병하기 위해 집에 머물렀다.

> **주의** 건강 상태가 더 나빠진다라고 할 경우에는 iller나 more ill이 아닌 worse를 사용한다.
> The next day I felt *worse*. 그 다음 날 나는 더 나빠졌다.

2 'be sick'

be sick은 위(胃)에서 나온 음식을 토해 내다라는 뜻이다.

Cristina ate so much that she was *sick*. 크리스티나는 너무 많이 먹어 음식을 토했다.

○ Usage 표제어 sick 참조.

> **주의** 몸에 부상을 입거나 다치다라고 할 경우에는 ill이나 sick이 아닌 injured나 hurt를 사용한다.
> Two people were *injured* and taken to hospital after the car crash.
> 그 차 충돌 사고로 두 사람이 부상당했고 둘은 병원으로 실려 갔다.
> ○ Usage 표제어 hurt 참조.

illness – disease

1 'illness'

have an *illness*는 건강에 이상이 생겨서 정상적으로 일하거나 살아갈 수 없다라는 뜻이다. 병은 신체의 여러 부위에 영향을 줄 수 있다. 또한 병이 오랜 시간이나 짧은 시간 동안 지속되고 끼치는 영향이 심각하거나 심각하지 않

imagine

USAGE

을 수도 있다.
The doctor thought that Bae's *illness* was caused by stress.
그 의사는 그가 과도한 스트레스로 그 병이 발생했다고 생각한다.

illness 앞에 **long**, **short**, **serious**, **mild** 등의 형용사를 사용할 수 있다.
He died at the age of 66 after a *long illness*. 그는 오랜 투병 생활 끝에 66세로 죽었다.

2 'disease'

disease는 박테리아나 감염으로 인해 생긴 특정한 종류의 '병'이라는 뜻이며, 자주 다른 사람으로부터 전염될 수 있다.
I have a rare eye *disease*. 나는 희귀한 눈 질환이 있다.
Children should be immunised against dangerous *diseases*.
어린아이들은 위험한 질병에 대한 예방 주사를 맞아야 한다.

동물과 식물이 걸리는 병에도 **disease**를 사용한다.
Scrapie is a *disease* that affects sheep. 이것은 가축들에게 영향을 미치는 병이다.
The trees were killed by Dutch Elm *disease*. 그 나무들은 네덜란드 느릅나무 병으로 고사했다.

imagine

imagine은 어떤 상황을 생각하고 마음속에 그 상황에 대한 그림을 그리거나 공상을 하다, 즉 '상상하다'라는 뜻이다.
It is difficult to *imagine* such a huge building. 그와 같은 거대한 빌딩은 상상하기 어렵다.
Try to *imagine* you're on a beautiful beach. 당신이 아름다운 해변에 있다고 상상해 보세요.

(imagine + -ing) 형식을 사용한다.
It is hard to *imagine* anyone *being* so cruel. 누구도 그러한 잔인한 행동을 상상하기 어려운 일이다.
She could not *imagine living* with Daniel. 그녀는 다니엘과 같이 사는 것을 상상할 수 없었다.

ℹ️ (imagine + to부정사) 형식을 사용하지 않는다. 예를 들면, ~~She could not imagine to live with Daniel.~~이라고 하지 않는다.

imagine에는 어떤 일이 사실일 것 같다고 생각하다라는 뜻도 있다.
I *imagine* it would be difficult to make money from a business like that.
그와 같은 사업으로 돈을 번다는 것은 아주 어렵다고 나는 상상한다.
I *imagine* that he finds his work very satisfying. 나는 그가 자신의 일에 아주 만족하리라고 생각한다.

상대방이 어떤 일이 사실인지 물어보는 경우, '내가 생각하기에 그것은 사실일 것 같다.'는 I imagine so.나 I would imagine so.라고 대답한다.
'Could he get through that window?' – '*I imagine so*.'
"그가 그 창문을 통과해 나올 수 있을까요?" – "그렇게 할 수 있을 겁니다."
'Was that why she left?' – '*I would imagine so*.'
"그녀가 그곳을 떠난 이유예요?" – "그런 것 같아요."

ℹ️ 위와 같은 뜻에 ~~I imagine it.~~을 사용하지 않는다.

'imagine something is not' true 대신 **don't imagine something is** true라고 한다.
I *don't imagine we'll have* a problem, anyway. 어쨌든 우리에게 문제가 생길 것이라고 생각하지 않는다.

immediately

immediately는 일반적으로 부사로 사용하며, 어떤 일이 지체 없이 일어나다라는 뜻이다.
We have to leave *immediately*. 우리는 곧바로 이곳을 떠나야 한다.
Rishi read the letter, and *immediately* started to cry. 리시는 그 편지를 읽자마자 곧바로 울음을 터뜨렸다.

어떤 일이 끝나자마자 곧바로 다른 일이 일어나다라는 뜻에 **immediately after**를 사용한다.

immigrant

He had to see a client *immediately after* lunch. 그는 점심 식사 후에 바로 고객을 만나야 했다.
She left for the airport *immediately after* I spoke to her.
내가 그녀와 통화한 후 그녀는 곧바로 공항으로 떠났다.

어떤 것이 다른 사물 위에 매우 가까이 있다라는 뜻에 **immediately above**를 사용한다. 비슷한 방식으로 **under, opposite, behind** 등의 전치사와 함께 **immediately**를 사용할 수 있다.

There is a window *immediately above* the door. 그곳 출입구 바로 위 2층에 창문이 있었다.
This man had seated himself *immediately behind* me. 이 사람은 바로 내 뒷자리에 앉아 있었다.

immigrant

○ Usage 표제어 emigration – immigration – migration 참조.

immigration

○ Usage 표제어 emigration – immigration – migration 참조.

important

important는 형용사로, 어떤 것이 매우 중요하거나 가치가 있거나 필요하다라는 뜻에 사용한다.

This is the most *important* part of the job. 이것이 그 일의 가장 중요한 부분이다.
It is *important* to study for your exams. 시험을 위해 공부하는 일은 중요한 것이다.

> **주의** 액수나 양이 매우 크다고 말할 때, important가 아닌 **considerable**이나 **substantial**을 사용한다. 예를 들면, '아주 많은 액수의 돈'은 an important sum of money라고 하지 않는다.
>
> He was paid a *substantial* sum of money for the information. 그는 그 정보 제공으로 상당한 액수의 돈을 받았다.
> A *considerable* amount of rain had fallen. 상당한 양의 비가 내렸다.

in

1 used for saying where something is (사물의 위치를 말할 때 사용하기)

사람이나 사물이 어디에 있는지 혹은 어떤 일이 어디서 일어나는지를 말할 때, 전치사 in을 사용한다.

Colin was *in* the bath. 콜린은 욕실에 있었다.
I wanted to play *in* the garden. 나는 정원에서 놀고 싶었다.
In New York we saw the Statue of Liberty. 뉴욕에서 우리는 자유의 여신상을 구경했다.

때때로 in은 최상급과 함께 사용한다. 예를 들면, **the tallest building *in* Tokyo**는 '도쿄에서 가장 높은 건물'이라는 뜻이다.

The Ueno Zoo is the oldest zoo *in* Japan. 우에노 동물원은 일본에서 가장 오래된 동물원이다.
His company is one of the biggest *in* the world. 그의 회사는 세계에서 가장 큰 회사 중 하나이다.

2 used for saying where something goes (어떤 것이 어디로 가는지 말할 때 사용하기)

어떤 장소로 들어가거나 무언가를 용기에 넣을 때, 부사로 in을 사용한다.

There was a knock at the door. 'Come *in*,' he shouted.
하워드의 집 현관에서 노크 소리가 나자, 그는 "들어오세요."라고 소리쳤다.
She opened her bag and put her phone *in*.
그녀는 가방을 열고 자신의 전화기를 그 안에 넣었다.

때때로 전치사 in은 into와 같은 뜻으로 사용한다.
She threw both letters *in* the bin. 그녀는 두 장의 편지를 모두 쓰레기통으로 버렸다.

○ Usage 표제어 into 참조.

in case

USAGE

3 used with expressions of time (시간의 표현과 함께 사용하기)

시간의 표현과 함께 어떤 일이 얼마나 걸리는지 말할 때, 주로 **in**을 사용한다.
He learned to drive *in six months*. 그는 6개월 안에 운전하는 방법을 배웠다.
The food was all eaten *in a few minutes*. 그 음식들은 몇 분 만에 모두 먹어 치웠다.

미래에 어떤 일이 일어나기 전까지 시간이 얼마나 걸릴 것인지 말할 때에도 **in**을 사용한다.
In another few minutes it will be dark. 몇 분 더 지나면 어두워질 것이다.

어떤 일이 특정한 연도, 월, 계절에 일어날 때, **in**을 사용한다.
In 1872, Chicago was burned to the ground. 1872년에 시카고는 화재로 잿더미가 되었다.
Her birthday is *in April*. 그녀의 생일은 4월에 있다.
We plan to go camping *in the summer*. 우리는 봄에 캠핑을 갈 예정이다.

어떤 일이 아침, 오후, 저녁마다 정기적으로 일어날 때, **in**을 **the**와 함께 사용한다.
I often go swimming *in the morning*. 나는 자주 아침에 수영을 간다.
Dad used to sit there *in the evening* and listen to the radio. 아빠는 저녁마다 그곳에 앉아서 라디오를 듣곤 했었다.

○ Usage 표제어 **morning, afternoon, evening** 참조.

그러나 어떤 일이 밤마다 정기적으로 일어난다라고 할 때는 **in**을 사용하지 않는다. 대신 **the** 없이 **at**을 사용한다.
There were no lights in the street *at night*. 밤거리에 불빛이 없었다.

○ Usage 표제어 **night** 참조.

> 주의 어떤 일이 특정한 날이나 요일에 일어난 경우에는 **in**이 아닌 **on**을 사용한다.
> *On Tuesday* they went shopping. 그들은 화요일에 쇼핑을 갔었다.
> Caro was born on *April 10th*. 카로는 4월 10일에 태어났다.
>
> 미국 영어에서는 때때로 요일 앞에 **on**을 생략한다.
> I'm going to a party *Wednesday*. 나는 수요일에 파티에 갈 것이다.
> *Friday* we had promised that we would have dinner at his house.
> 우리는 그의 집에서 저녁 식사를 하기로 금요일에 약속했다.

 어떤 일이 얼마 동안 지속되거나 계속될 때, **in**이 아닌 **for**를 사용한다.
I have known you *for a long time*. 나는 오랫동안 당신과 알고 지내 왔다.
I worked for the same company *for ten years*. 나는 같은 회사에서 10년 동안 일했다.

○ Usage 표제어 **for** 참조.

4 meaning 'wearing' (wearing의 뜻으로 사용하기)

누군가가 무언가를 착용하고 있을 때, 때때로 **in**을 사용하기도 한다.
The bar was full of men *in* baseball caps. 그 술집은 야구 모자를 쓴 남자들로 꽉 차 있었다.

○ Usage 표제어 **wear** 참조.

> 주의 외국어 구사 능력을 말하는 경우에는 **in**을 사용하지 않는다. 예를 들면, '그녀는 러시아어를 한다.'는 ~~She speaks in Russian.~~
> 이 아닌 She speaks Russian.이라고 한다.
> ○ Usage 표제어 **speak – talk** 참조.

in case

○ Usage 표제어 **case** 참조.

indicate – show

USAGE

1 talking about objects(물건에 대해 말하기)

indicate는 일반적으로 show와 같은 뜻이 있다. 증거나 연구 결과를 말하는 경우, 비슷한 뜻으로 indicate와 show를 때때로 사용할 수 있다.

Evidence *indicates* that the experiments were unsuccessful. 증거는 실험이 성공하지 못했음을 보여 주고 있다.
Evidence *shows* that doctors are working harder. 증거는 의사들이 열심히 일하고 있다는 것을 보여 준다.

2 used with a person as subject(주어가 사람인 경우에 사용하기)

show는 상대방이 어떤 사물을 볼 수 있고 조사할 수 있도록 보여 주거나 가져다주다라는 뜻이다. show가 이러한 뜻인 경우, 항상 간접목적어가 뒤따라온다. 간접목적어가 직접목적어 뒤에 오면 간접목적어 앞에 to를 사용한다.

I *showed Ayeisha* what I had written. 내가 썼던 글을 아이샤에게 보여 주었다.
Show your drawing *to the teacher*. 네가 그린 저 그림을 선생님께 보여 드려라.

indoors – indoor

1 'indoors'

indoors는 부사로 사용한다. go *indoors*는 건물 안으로 들어가다라는 뜻이다.

It started to rain, so we went *indoors*. 비가 와서 우리는 실내로 들어갔다.

어떤 일이 건물 안에서 일어나다라는 뜻에 indoors를 사용한다.

The children were playing *indoors*. 그 어린이들이 실내에서 놀고 있는 중이었다.

2 'indoor'

indoor는 명사 앞에 사용하는 형용사이다. 건물 안에 존재하는 사물이나 그곳에서 일어나는 활동을 나타낼 때 indoor를 사용한다.

The hotel has an *indoor* swimming pool. 그 호텔은 실내 수영장을 갖고 있다.
We'll think of some *indoor* games to play if it's wet. 우리는 비가 올 경우를 대비해 실내 게임들을 고려해 볼 것이다.

industrious – industrial

1 'industrious'

industrious는 '부지런한'이라는 뜻이다.

He was *industrious* and always trying to improve himself. 그는 부지런했고 항상 자신을 계발하려고 노력했었다.
The people were *industrious* and very thrifty. 그 사람들은 부지런하고 매우 검소했다.

2 'industrial'

공장에서 물건을 만드는 데 관련된 일과 공정을 언급할 때는 industrious가 아닌 industrial을 사용한다.

They have increased their *industrial* production in recent years.
그들은 최근 몇 년 동안 산업 생산량을 증가시켜 왔다.
The company is located in an *industrial* zone to the east of the city.
그 회사는 그 시의 동부 공업 단지 지역에 위치하고 있다.

information – news

1 'information'

information은 획득하거나 받은 사실로 구성된 '정보'라는 뜻이다.

You can get more *information* about our products on our website.
우리의 제품들에 대한 더 많은 정보들은 저희 회사 웹사이트에서 얻을 수 있습니다.

information은 불가산명사이므로, an information이나 informations가 아닌 piece of information을 사용한다.

in front of

I found out an interesting *piece of information*. 나는 아주 흥미 있는 정보 하나를 발견했다.

give someone information은 누군가에게 어떤 정보를 주다라는 뜻이다.
She *gave* me some useful information. 그녀는 유용한 정보를 나에게 주었다.

'tell' people information이라고 하지 않는다.

어떤 일에 대한 정보를 언급할 때, information *about/on* something이라고 한다.
We don't have any information *about* him. 우리는 그에 대한 정보를 갖고 있지 않다.
I'm looking for information *on* the history of the town.
나는 그 도시의 역사에 대한 정보를 찾고 있는 중이다.

2 'news'

신문, 텔레비전, 라디오에서 최근에 일어난 일을 말할 때는 information이 아닌 news를 사용한다.
Our town was in the *news* when it was visited by the Pope.
우리 도시는 교황의 방문으로 뉴스거리의 화제가 되었다.
The story was on the *news* this evening. 그 이야기는 오늘 저녁에 뉴스가 되었다.

○ Usage 표제어 news 참조.

in front of

○ Usage 표제어 front 참조.

injured

○ Usage 표제어 hurt 참조.

inside

1 used as a preposition (전치사로 사용하기)

사람이나 사물이 건물이나 차 안에 있는 경우, 전치사 inside를 사용한다.
They heard loud music coming from *inside* the building.
그들은 건물 내에서 큰 음악 소리를 들었다.
Jaya wondered what was *inside* the box. 자야는 그 박스 안에 무엇이 있는지 궁금했다.

🛈 위의 뜻에 'inside of'를 사용하지 않는다.

2 used as an adverb (부사로 사용하기)

inside는 부사로도 사용한다.
Marta opened the door and invited him *inside*. 마르타는 문을 열고 그에게 들어오라고 했다.
He gave me a package with something soft *inside*.
그는 안에 부드러운 것이 들어 있는 패키지 상자를 나에게 주었다.

insist

insist on doing something은 어떤 일을 할 것을 확고히 말하고 실제로 그 일을 하다라는 뜻이다.
He *insisted on paying* for the meal. 그는 식사 비용을 자기가 내겠다고 우겼다.
Akito always *insists on sitting* in the front seat of the car.
아키토는 항상 자동차 앞좌석에 앉는 것을 고집하고 있다.

🛈 'insist to do' something이라고 하지 않는다.

in spite of – despite

1 'in spite of'

어떤 일이 일어나지 못하도록 막거나 사실일 수밖에 없는 놀라운 상황을 말할 경우, **in spite of**를 사용한다. 이때 철자는 **inspite of**가 아닌 **in spite of**라고 표기한다.

The morning air was still clear and fresh, *in spite of* all the traffic and the crowd.
많은 교통량과 군중이 있음에도 불구하고, 아침 공기는 여전히 깨끗하고 상쾌했다.

In spite of poor health, my father was always cheerful.
건강 상태가 건강 상태가 좋지 않음에도 불구하고, 나의 아버지는 항상 기운이 넘쳤다.

> **주의** 어떤 상황에서도 영향을 받지 않을 것이라고 말할 때는 **in spite of**가 아닌 **regardless of**나 **whatever**를 사용한다. 예를 들면, '능력에 상관없이 누구라도 참여할 수 있다.'는 ~~Everyone can take part, in spite of their ability.~~가 아닌 Everyone can take part *regardless of* their ability.나 Everyone can take part *whatever* their ability.라고 한다.
>
> If she is determined to do something, she will do it *regardless of* what her parents say.
> 그녀가 어떤 일을 하기로 결정하면, 그녀의 부모가 어떤 말을 하더라도 듣지 않았다.
> The gardens look beautiful *whatever* the time of year. 그 정원들은 계절에 관계없이 아름답다.
>
> **in spite of**를 접속사로 사용하지 않는다. 예를 들면, '우리가 항의했음에도 불구하고, 그들은 그를 데리고 가버렸다.'는 ~~In spite of we protested, they took him away.~~가 아닌 *Although* we protested, they took him away.라고 한다.
> Maria kept her coat on, *although* it was warm in the room.
> 방이 따뜻했음에도 불구하고 마리아는 그녀의 코트를 계속 입고 있었다.

2 'despite'

despite는 **in spite of**와 같은 뜻이며, **despite** 뒤에 **of**를 사용하지 않는다.

Despite the differences in their ages they were close friends.
그들은 나이 차가 있음에도 불구하고 친한 친구였다.

The school is going to be closed *despite* protests from local people.
그 학교는 지역 주민들의 항의에도 불구하고 폐쇄될 것이다.

instead – instead of

1 'instead'

instead는 부사로, 방금 전에 언급한 일이 아닌 다른 일을 하는 경우에 사용한다.

Judy did not answer. *Instead* she looked out of the taxi window.
주디는 대답을 하지 않았다. 대신 그녀는 택시의 창밖을 바라보았다.

I felt like crying, but I managed to smile *instead*. 나는 울고 싶은 마음이었지만 대신 웃음 짓는 데 성공했다.

2 'instead of'

instead of는 전치사로, 어떤 것을 행하거나 사용하거나 사실인 일과 대조하여, 행해지지 않았거나 사용되지 않았거나 사실이 아닌 일을 소개할 때 사용한다.

Why not use your bike to get to work *instead of* your car?
직장에 출근할 때 차 대신 자전거로 하시는 것이 어떻습니까?

You can have rice *instead of* potatoes. 감자 대신 쌀을 드실 수 있습니다.

do something *instead of doing* something else는 어떤 일을 하는 대신에 다른 일을 하다라는 뜻이다.

You could always go camping *instead of staying* in a hotel.
당신은 호텔에 체류하는 대신 언제라도 캠핑을 갈 수 있습니다.

Why don't you help, *instead of standing* there and watching?
거기 서서 보고만 있는 것 대신 나를 도와주는 것이 어떻습니까?

⚠ do something '~~instead to do~~' something else라고 하지 않는다.

insure

insure
○ Usage 표제어 assure – ensure – insure 참조.

intention

1 'intention to' and 'intention of'

어떤 일을 하려는 의도를 나타낼 때, intention to do나 intention of doing을 사용할 수 있다.

He declared his *intention to apply* for the job. 그는 그 직에 지원할 의도가 있다고 말했었다.
They announced their *intention of starting* a new business. 그들은 새로운 사업을 하겠다는 의도를 나타냈었다.

누군가가 어떤 것을 하려는 의도가 있다고 할 때, *it is* someone's *intention to do* something이라고 한다.
It had been her intention to go for a walk. 그녀는 걷기 운동을 하겠다는 의도를 가졌었다.
It was not my intention to offend anyone. 나는 남에게 피해를 끼칠 의도가 전혀 없었다.

🚫 'it is someone's intention of doing' something이라고 하지 않는다.

2 'with the intention'

누군가가 또 다른 일을 하려고 어떤 일을 계획해서 할 때, do something *with the intention of doing* something else라고 할 수 있다.

He had come *with the intention of talking* to Paco. 그는 그곳에 파코와 대화할 의도로 왔었다.

🚫 do something 'with the intention to do' something else라고 하지 않는다.

3 'no intention'

have no intention of doing something은 어떤 일을 할 의도가 전혀 없다라는 뜻이다.
She *had no intention of telling* him what really happened.
그녀는 그에게 어떤 일이 있었는지에 대해 말할 의도가 전혀 없었다.

🚫 'has no intention to do' something이라고 하지 않는다.

interested – interesting

1 'interested'

사람이나 사물에 대해 더 많이 알고 싶은 경우, be *interested in* something/someone이라고 한다.

I am very *interested in* politics. 나는 정치에 매우 관심이 있다.
Kanako seemed genuinely *interested in* him and his work.
카나코는 그와 그의 직업에 대해 진심으로 관심이 있는 것처럼 보였다.

🚫 interested 뒤에 in 이외의 다른 전치사를 사용하지 않는다.

어떤 일을 하고 싶은 경우, be *interested in doing* something이라고 한다.
I was *interested in visiting* different parts of the world. 나는 세계의 여러 곳을 가 보는 것에 관심이 있다.
I'm only *interested in finding out* what the facts are. 나는 단지 사실이 무엇인지를 알아내고 싶을 뿐이다.

🚫 be 'interested to do' something이라고 하지 않는다.

2 'interesting'

interested를 interesting과 혼동해서는 안 된다. 어떤 사람이나 사물이 더 많이 알고 싶게 하는 성질이나 특징이 있는 경우, be *interesting*이라고 한다.

I've met some very *interesting* people. 나는 매우 흥미로운 사람들을 만났다.
There are some *interesting* old buildings in the village. 그 마을에 흥미를 끄는 오래된 건물들이 있다.

into

> **주의** 많은 돈을 받는 일을 말할 때는 **interesting**을 사용하지 않는다. 예를 들면, 누군가가 많은 봉급을 받는 경우, 그 사람의 직업은 **interesting**이 아닌 **well-paid**라고 한다.
> People with university degrees usually end up with **well-paid** jobs.
> 대학의 학위를 가진 사람은 일반적으로 보수를 많이 받는 직업에 종사하게 된다.
> Looking after children is not usually very **well paid**.
> 어린아이를 돌보는 일은 보수를 많이 받는 직업이 아니다.

into

전치사 **into**는 움직임과 관련하여 사용한다. 사람이나 사물이 어디로 가는지, 사물이 어디에 놓여 있는지를 말할 때, **into**를 사용한다.
I went *into* the church. 나는 교회 안으로 들어갔다.
He poured tea *into* the cup. 그는 컵에 차를 부었다.

그러나 **here**와 **there** 앞에는 **into**가 아닌 **in**을 사용한다.
Come *in* here. 여기로 들어오세요.
Put your bags *in* there. 그곳에 당신의 가방들을 넣어 두세요.

put, throw, drop, fall 등의 동사 뒤에는 뜻이 같은 **into**나 **in**을 사용한다.
Chen *put* the letter *into* his pocket. 첸은 자신의 주머니에 그 편지를 넣었다.
He put the key *in* his pocket. 그는 열쇠를 자신의 호주머니에 집어넣었다.
He fell *into* a pond. 그는 연못에 빠졌다.
One of the boys fell *in* the river. 소년 중 한 명이 강에 빠졌다.

invite

invite는 다른 사람을 파티나 식사에 오라고 부탁하다, 즉 '초대하다'라는 뜻이다.
The Lee *invited* me to dinner. 이씨네는 나를 저녁식사에 초대했다.
He *invited* her to dinner. 그는 그녀를 만찬에 초대했다.

🛈 위와 같은 문장에서는 반드시 **to**를 사용해야 한다. ~~I invited her my party.~~라고 하지 않는다.
My new neighbors *invited* me for lunch on Sunday. 나의 이웃들이 나를 일요일 점심에 초대를 했었다.

다른 사람이 즐길 것이라고 생각하여 어떤 일을 부탁하는 경우, *invite* someone *to do* something이라고 한다.
He *invited* Axel *to come* to the concert with him. 그는 액셀에게 그 음악회에 그와 같이 가자고 초대했었다.
I *invited* my friends *to stay* one weekend. 나는 나의 친구들에게 주말에 집에 머물 수 있도록 초대했었다.

🛈 '~~invite someone for doing~~' something이라고 하지 않는다.

involved

1 used after a link verb(연결동사 뒤에 사용하기)

연결동사 **be**나 **get** 뒤에 형용사 **involved**를 사용한다. **be *involved in*** an activity는 어떤 활동에 참가하고 있다라는 뜻이다.
He doesn't think sportsmen should get *involved in* politics.
그는 스포츠맨들이 정치에 참여하는 것을 반대하고 있었다.
Many different companies are *involved in* producing these aircraft.
많은 회사들이 이 비행기들 생산에 참여하고 있다.

2 used after a noun(명사 뒤에 사용하기)

involved는 명사 바로 뒤에 사용한다. ***involved*** in something은 어떤 일에 영향을 받거나 참여하는 사람들이라는 뜻이다.

irritated

It is difficult to make a decision when there are so many people *involved*.
특정한 일에 관련된 사람이 많으면, 어떤 결정을 내리는 것이 아주 어렵다.
The play was a great success and we'd like to thank everyone *involved*.
그 연극은 아주 큰 성공을 했고, 우리는 그 일에 관련된 사람들에게 감사를 표하고 싶다.

논의되고 있는 일의 중요한 점을 언급할 때도 명사 바로 뒤에 **involved**를 사용한다.
There is quite a lot of work *involved*. 매우 많은 일이 연관되어 있다.
She had no real understanding of the problems *involved*.
그녀는 관련된 문제들에 대해 전혀 제대로 이해하지 못하고 있었다.

irritated

○ Usage 표제어 nervous - anxious - irritated - annoyed 참조.

it

1 used to refer to things(사물을 가리킬 때 사용하기)

방금 전에 언급한 사물, 동물, 그 밖의 것을 가리킬 때, **it**을 사용한다.
He brought a tray with drinks on *it*. 그는 유리컵 여러 개가 올려져 있는 쟁반을 가져왔다.
The horse was so tired *it* could hardly walk. 그 말은 너무 지쳐서 걷지도 못할 정도였다.
The noise went on for hours, then *it* suddenly stopped. 그 소음은 오랫동안 계속되다가, 갑자기 멈췄다.

> **주의** 주어 뒤에 관계사절이 따르면 본동사 앞에 **it**을 사용하지 않는다. 예를 들면, '내가 일하는 도시는 런던 부근에 있다.'는 ~~The town where I work, it is near London.~~이 아닌 The town where I work *is* near London.이라고 한다.

2 used to refer to situations(상황을 가리킬 때 사용하기)

어떤 상황, 사실, 경험을 가리킬 때에도 **it**을 사용한다.
I like *it* here. 나는 이곳이 좋다.
She was frightened, but tried not to show *it*.
그녀는 두려웠으나 두려움을 드러내지 않으려고 애썼다.

> **주의** [like + -ing · to부정사] 형식에서 -ing나 to부정사 앞에 **it**을 사용하지 않는다. 예를 들면, '나는 공원에서 걷는 것을 좋아한다.'는 ~~I like it, walking in the park.~~가 아닌 I like walking in the park.라고 한다. 마찬가지로, '나는 직접 빵을 구워 먹는 것을 좋아한다.'는 ~~I prefer it, to make my own bread.~~가 아닌 I prefer to make my own bread.라고 한다.

3 used with link verbs(연결동사와 함께 사용하기)

it은 **be**동사 등의 연결동사의 주어로도 자주 사용하며, 이때 **it**은 일반적으로 방금 전에 언급한 것을 가리킨다.
[**it** + **be**동사] 형식은 시간, 날짜, 요일을 나타낼 때에도 사용한다.
It's seven o'clock. 7시이다.
It's Sunday morning. 일요일 아침이다.

[**it** + 연결동사] 형식은 날씨나 명암을 나타낼 때에도 사용한다.
It was a windy afternoon. 바람이 부는 오후였다.
It's getting dark. 점점 어두워지고 있다.

4 used to describe an experience(경험을 묘사할 때 사용하기)

[**it** + 연결동사 + 형용사 + -ing · to부정사] 형식은 경험을 나타낼 때 사용한다. 예를 들면, '호숫가를 걷는 것은 기분이 좋았다.'는 Walking by the lake was nice. 대신 *It was* nice walking by the lake.라고 한다.
It's nice *hearing your voice again*. 당신의 목소리를 다시 들으니 좋습니다.
It was sad *to see her the victim of continual pain*.
계속되는 통증으로 고통받고 있는 그녀를 보는 것은 슬픈 일이었다.

[it + 연결동사 + 형용사 + 장소부가어 here · on the beach 등] 형식은 특정한 장소에서의 경험을 나타낼 때 사용한다.

It is very quiet and pleasant *here*. 여기는 매우 조용하고 쾌적한 곳이다.
It was warm *in the restaurant*. 그 식당 안은 따뜻했다.

5 used to comment on a situation (어떤 상황에 대한 의견을 말할 때 사용하기)

[it + 연결동사 + 형용사 · 명사구 + that절] 형식은 전체적인 상황에 대한 의견을 말할 때 사용한다.

It is lucky *that I am going abroad*. 내가 해외로 가는 것은 행운이다.
It's a pity *you can't stay longer*. 당신이 여기에 더 머물지 않아 안타깝다.

형용사 뒤에 때때로 that절 대신 wh-절을 사용한다.

It's funny *how people change*. 사람들이 어떻게 변하는지는 새미있다.
It's amazing *what you can discover in the library*. 우리가 도서관에서 발견하는 것에 대해 놀랄 것이다.

> **주의** 어떤 것이 존재한다고 할 때, [it + 연결동사 + 명사구] 형식이 아닌 [there + 연결동사 + 명사구] 형식을 사용한다. 예를 들면, '오늘 밤 이 도로는 교통량이 많다.'는 ~~It's a lot of traffic on this road tonight.~~이 아닌 ***There's*** a lot of traffic on this road tonight.이라고 한다.
>
> ***There's*** a lecturer in the Law Faculty called Hodgson. 법학부에 호지슨이라고 불리는 강사가 있다.
> ***There was*** no space for me to park my car. 그곳에 나의 차를 주차할 공간이 없었다.
>
> ○ Usage 표제어 there 참조.

its – it's

1 'its'

its는 소유격 한정사로, 어떤 것이 사물, 장소, 동물, 어린아이에게 소속되거나 관련이 있음을 나타낼 때 사용한다.

The chair fell over on *its* side. 의자가 옆으로 넘어져 누워 있었다.
A bird was building *its* nest. 새 한 마리가 둥지를 만들고 있던 중이었다.
The baby dropped *its* toy and started to cry. 그 어린아이는 들고 있던 장난감을 떨어뜨리고 울기 시작했다.

2 'it's'

it's는 it is나 it has를 축약한 형태이다.

It's just like riding a bike – you never forget. 그것은 자전거를 타는 것과 같아서 당신은 절대 잊어버리지 않을 것이다.
It's been very nice talking to you. 당신과 이야기를 나눠서 매우 즐거웠습니다.

USAGE

J j

jam
○ Usage 표제어 marmalade – jam – jelly 참조.

job
○ Usage 표제어 work 참조.

joke

joke는 사람들을 웃기기 위해 말하거나 행동하는 것, 즉 '농담'이라는 뜻으로, 크게 세 가지로 쓰인다.

make / crack a joke는 재치 있는 말을 하다라는 뜻이다.
She would *make* jokes about her appearance. 그녀는 그녀의 모습에 대해 조크를 했다.
We stayed up for hours, laughing and *cracking* jokes.
우리는 그곳에 오랫동안 머무르면서 웃고 떠들면서 조크를 했다.

joke는 이전에 듣거나 읽거나 만들어 낸 것이며, 사람을 즐겁게 해주기 위해 반복하는 재치 있거나 재미있는 말이라는 뜻이다. joke가 이런 뜻일 경우, **tell** a joke는 농담을 하다라는 뜻이다.
Tell Uncle Henry that joke you *told* us. 당신이 우리에게 해준 농담을 헨리 아저씨에게 해주세요.

joke는 다른 사람을 바보로 만드는 행동을 하다, 즉 '놀리다' 또는 '조롱하다'라는 뜻이다. joke가 이런 뜻일 경우, **play** a joke **on** someone은 다른 사람을 놀리다라는 뜻이다.
They're *playing* a joke *on* you. 그들은 당신을 놀리고 있다.

> 주의 'say a joke'나 'does a joke'라고 하지 않는다.

journal

journal은 특정한 관심을 가진 사람들을 위한 잡지, 즉 '전문지'라는 뜻이다. 많은 잡지사들은 Journal을 잡지 이름의 일부로 사용하고 있다.
...the British Medical *Journal*. 영국의 의학 전문지.
All our results are published in scientific *journals*. 우리가 얻은 모든 결과는 과학 학술지에 게재될 것이다.

journal은 일기의 오래된 표현이기도 하며, 문어적인 단어이다.
My doctor told me to keep a *journal* of everything I ate.
나의 주치의는 내가 먹는 것 모두를 기록해 두라고 말했다.

> 주의 신문은 journal이라고 하지 않는다.

journey – trip – voyage – excursion

1 'journey'

journey는 땅, 공중, 바다를 지나서 어떤 곳에서 다른 곳으로 여행하는 과정, 즉 '여정(旅程)'이라는 뜻이다.
There is a direct train from London Paddington to Penzance. The *journey* takes around five hours.
런던에서 리버풀까지 직행 기차가 있는데, 그 여행에 5시간이 소요된다.

just

This service will save thousands of long-distance lorry *journeys* on Britain's roads. 이러한 서비스는 영국 도로의 수많은 장거리 트럭들의 경제적 운행에 도움을 줄 것이다.

2 'trip'

*trip*은 어떤 곳에서 다른 곳으로 이동하여 짧은 기간 동안 체류하다가 출발한 곳으로 되돌아오는 여행이라는 뜻이다.

Lucy is away on a business *trip* to Milan. 루시는 지금 사업차 밀라노에 가 있다.
They went on a day *trip* to the seaside. 그들은 바닷가로 하룻동안 놀러 갔다.

3 'voyage'

*voyage*는 배나 우주선을 타고 어떤 곳에서 다른 곳으로 가는 '오랜 여행'이라는 뜻이다.

The ship's *voyage* is over. 그 배의 항해는 끝났다.
...the *voyage* to the moon in 1972. 1972년의 달 여행.

4 'excursion'

*excursion*은 관광객으로 구경을 하거나 특정한 일을 하기 위한 '짧은 여행'이라는 뜻이다.

The tourist office organizes *excursions* to the palace of Knossos.
그 여행사는 크노소스 궁전 유람을 준비하고 있다.

5 verbs used with 'journey', 'trip', 'voyage' and 'excursion'
('journey', 'trip', 'voyage' and 'excursion'과 같이 사용하는 동사)

- You make or go on a journey.
He *made* the long journey to India. 그는 인도로 장기간 여행을 갔다.

- You take or go on a trip.
We *took* a bus trip to Manchester. 우리는 런던으로 가는 버스 여행을 했다.

- You make a voyage.
The ship *made* the 4,000-kilometre voyage across the Atlantic.
그 배는 대서양을 가로지르는 4000킬로미터를 항해했다.

- You go on an excursion.
Students *went on* an excursion to the Natural History Museum. 그는 그 박물관으로 나들이를 갔다.

just

어떤 일이 매우 짧은 시간 전에 일어났다고 할 때, just를 사용한다. 영국 영어에서는 일반적으로 just를 현재완료시제와 함께 사용한다. 예를 들면, '나는 방금 도착했다.'는 I've just arrived.라고 한다.

I've just bought a new house. 나는 방금 새집을 샀다.

 미국 영어에서는 일반적으로 단순과거시제를 사용한다. I've just arrived. 대신 I *just* arrived.라고 한다.

His wife *just* died. 그의 부인이 조금 전에 죽었다.
I *just* broke the pink bowl. 나는 분홍색 사발을 방금 깨뜨렸다.

영국 영어를 쓰는 일부 사람들도 단순과거시제를 사용하지만, 영국에서는 보통 위와 같은 표현을 잘못된 것으로 생각한다.

 '완전하지 않게'라는 뜻을 나타낼 때는 partly와 같은 부사와 함께 just를 사용하지 않는다. 예를 들면, '그 일은 일부분만 완성되었다.'는 The job is just partly done.이 아닌 The job is *only partly* done.이라고 한다.

He was *only partially* successful. 그는 부분적으로만 성공했다.
The bus was *only half* full. 그 버스는 (정원의) 반만 차 있었다.

just now

○ Usage 표제어 now 참조.

USAGE

K k

keep

1 used as a transitive verb(타동사로 사용하기)

keep은 사람이나 사물을 특정한 상태나 장소에 있게 하다라는 뜻이다. keep의 과거와 과거분사는 keeped가 아닌 kept이다.

Where do you *keep* your keys? 당신은 열쇠들을 어디에 둡니까?
The doctors *kept* her in hospital for another week. 그 의사들은 그녀를 일주일 더 입원하게 했다.
The fire *kept* them warm. 그 불로 그들은 따뜻함을 유지했었다.
I managed to *keep* afloat for nearly two hours, when help finally arrived.
나는 두 시간 정도 물 위에 떠 있다가 구조대원의 도움을 받을 수 있었다.

2 used as an intransitive verb(자동사로 사용하기)

keep은 특정한 상태에 있다, 즉 '유지하다'라는 뜻이다.

They've got to hunt for food to *keep* alive. 그것들은 살아남기 위해 먹잇감을 사냥해야 한다.

표지판에서 *Keep Out*은 어떤 곳에 가지 말라고 경고하는 뜻이다.

3 used with an '-ing' form(-ing형과 함께 사용하기)

(keep + -ing) 형식은 두 가지 용법으로 사용할 수 있다.

어떤 일을 여러 번 되풀이할 때, (keep + -ing) 형식을 사용할 수 있다.
The phone *keeps ringing*. 전화가 계속 울리고 있다.
My mother *keeps asking* questions. 내 어머니는 계속 질문을 한다.

어떤 일이 계속 일어나면서 끝이 나지 않을 때에도 (keep + -ing) 형식을 사용할 수 있다.
I turned back after a while, but he *kept walking*. 잠시 후, 나는 돌아섰지만 그는 계속 걷고 있었다.
The bonfire is still burning. I think it'll *keep going* all night.
모닥불이 여전히 타고 있다. 나는 모닥불이 밤새도록 탈 것이라고 생각한다.

강조를 하기 위해서 keep 대신 keep on을 사용할 수 있다.
Did he give up or *keep on trying*? 그는 포기했는가 아니면 계속 시도했는가?

> 주의 'keep to do'라고 말하지 않는다.

kerb

○ Usage 표제어 curb – kerb 참조.

kind

사람이나 사물의 종류를 나타낼 때, kind를 가산명사로 사용한다. all이나 many와 같은 단어 뒤에는 kind가 아닌 kinds를 사용한다.

It will give you an opportunity to meet all *kinds* of people.
그것은 당신에게 온갖 부류의 사람들을 만날 수 있는 기회를 줄 것이다.
The trees were filled with birds of all *kinds*. 나무들에는 온갖 종류의 새들로 가득했다.

(kinds of + 단수명사 · 복수명사) 형식을 사용할 수 있다. 예를 들면, '나는 대부분의 종류의 자동차를 좋아한다.' 는 I like most kinds of *cars*.나 I like most kinds of *car*.라고 한다. 그러나 단수명사를 사용하는 것이

더 격식을 차린 표현이다.
People have been working hard to produce the kinds of *courses* that we need.
사람들은 우리가 필요한 모든 종류의 과정을 만들기 위해 열심히 일해 왔다.
There will be two kinds of *certificate*. 두 가지 종류의 자격증이 있을 것이다.

[kind of + 단수명사] 형식을 사용한다.
I'm not the kind of *person* to get married. 나는 결혼할 부류의 사람이 아니다.
She makes the same kind of *point* in another essay. 그녀는 또 다른 글에서 같은 종류의 주장을 하고 있다.

회화에서는 kind와 함께 these와 those를 자주 사용한다. 예를 들면, '나는 이러한 종류의 영화를 좋아하지 않는다.'는 I don't like these kind of films. 또는 I don't like those kind of films.라고 한다. 그러나 이 용법이 잘못되었다고 생각하는 사람이 많으므로 쓰지 않는 것이 가장 좋다. 대신에 I don't like *this kind of film*.이나 I don't like *that kind of film*.이라고 해야 한다.

There are problems with *this kind of explanation*. 이러한 종류의 설명은 문제가 있다.
How will we answer *that kind of question*? 우리가 그러한 질문에 어떤 대답을 해야 할까요?

또한 '나는 이러한 종류의 영화를 좋아하지 않는다.'는 I don't like films *of this kind*.라고 한다.
What's the best way of interpreting data *of this kind*? 이러한 종류의 자료들을 해석할 방법은 무엇입니까?

회화에서는 자주 like this, like that, like these를 사용한다.
I hope we see many more enterprises *like this*. 나는 이러한 종류의 기업을 더 많이 보기를 바란다.
I'd read a few books *like that*. 나는 그런 종류의 책을 몇 권 읽었다.
Companies *like these* represent an important part of our economy.
이러한 회사들은 우리 경제에 아주 중요한 부문이란 것을 보여 주고 있다.

◎ Usage 표제어 sort 참조.

일부 사람들은 모호하거나 불확실하게 어떤 것을 묘사할 때, kind of를 사용한다.

◎ Usage 표제어 sort of – kind of 참조.

know

1 awareness of facts(사실의 인식)

know는 어떤 것이 사실이라는 것을 '알고 있다'라는 뜻이다. know의 과거는 knowed가 아닌 knew이며, 과거분사는 known이다.
I *knew* that she had recently graduated from law school. 나는 그녀가 최근에 법대를 졸업했다는 것을 알고 있었다.
I *should have known* that something was seriously wrong. 나는 무엇인가가 매우 잘못되었음을 알아야 했다.

주의 know에는 진행시제를 사용하지 않는다. 예를 들면, '나는 이것이 사실이라는 것을 알고 있다.'는 I am knowing that this is true.가 아닌 I *know* that this is true.라고 한다.

2 'I know'

영국 영어에서 자신이 이미 알고 있는 사실을 다른 사람이 말하는 경우, I know it.이 아닌 I know.라고 한다.
'That's not their fault, Peter.' – 'Yes, *I know*.' "그것은 그들의 잘못이 아니야, 피터." – "네, 저도 알아요."
'This pizza is great' – '*I know*.' "이 피자는 맛이 아주 좋아요." – "저도 알아요."

🇺🇸 미국 영어는 위 상황에서 I know it을 사용하는데, 때때로 우리가 화가 남을 표현할 때도 사용한다.
'The speed limit here is 35.' – 'Yeah, I *know it*.' "이곳 속도 제한이 35예요." – "예, 알고 있어요."

3 'let...know'

let someone *know* something은 누군가가 어떤 정보를 받으면 상대방에게 알려 주다라는 뜻이다.
I'll find out about the car and *let* you *know* what's happened.
내가 그 차에 대해 알아보고 정보를 얻게 되면 무슨 일이 있었는지 당신에게 알려 줄 것이다.

know

Let me *know* if she calls. 그녀에게 전화가 오면 저에게 알려 주세요.

4 acquaintance and familiarity(면식과 친숙함)

사람, 장소, 사물을 잘 알고 있거나 친숙할 때, **know**를 사용한다.

Do you *know* David? 당신은 데이비드를 아나요?
He *knew* London well. 그는 런던에 대해 잘 알고 있었다.
Do you *know* the poem 'Kubla Khan'? 당신은 'Kubla Khan'이라는 시를 알고 있나요?

5 'get to know'

사람이나 장소를 서서히 잘 알게 될 경우, *get to know* someone/somewhere라고 한다.

I *got to know* some of the staff quite well. 나는 일부 직원들과 매우 잘 알게 되었다.
I really wanted to *get to know* America. 나는 정말로 미국이라는 나라에 대해 알게 되기를 원했다.

> 주의 '알게 되다'의 뜻으로 get to 없이 know를 사용하지 않는다.

6 'know how to'

know how to do something은 누군가가 어떤 일을 하는 데 필요한 지식이 있다라는 뜻이다.

No one *knew how to* repair it. 아무도 그것을 고치는 방법을 몰랐다.
Do you *know how to* drive? 당신은 운전하는 방법을 아십니까?

🛈 'know to' do something이라고 하지 않는다.

L l

lack

lack은 명사나 동사로 사용한다.

1 used as a noun(명사로 사용하기)

lack of는 어떤 것이 충분하지 않거나 전혀 존재하지 않음을 나타낸다.
I hated the *lack of* privacy in the dormitory. 나는 기숙사에서는 사생활이 없는 것이 싫었다.

2 used as a verb(동사로 사용하기)

lack a quality는 사람이나 사물이 특징이 없다라는 뜻이다.
Often new mothers *lack* confidence in their ability to look after their newborn baby properly. 산모들은 신생아를 잘 돌볼 수 있을 것이란 그들의 능력에 대한 자신감이 결여되어 있다.
Our little car *lacked* the power to pass other cars. 우리의 소형차는 다른 차들을 추월할 파워가 부족하다.

❗ something 'lacks of a quality'라고 하지 않고, 수동형으로 사용할 수 없다. 'Resources are lacked in this school.' 이 아닌 'This school lacks resources.'이다.

lady

◐ Usage 표제어 woman – lady 참조.

landscape

◐ Usage 표제어 scene – sight – view – landscape – scenery 참조.

large

◐ Usage 표제어 big – large – great 참조.

last – lastly

last는 형용사나 부사로 사용한다.

1 'last' used as an adjective(형용사로 사용하는 last)

last thing/event/person은 다른 모든 것들의 끝에 오는 사물, 사건, 사람을 뜻한다.
He missed the *last* bus. 그는 막차를 놓쳤다.
They met for the *last* time just before the war. 그들은 전쟁이 일어나기 바로 전에 마지막으로 만났다.
He was the *last* person to see Rebecca alive. 그가 레베카가 살아 있을 때 만났던 마지막 사람이다.

어떤 사람이나 사물이 그 부류의 마지막임을 강조하는 경우, last 앞에 very가 온다.
Those were his *very last* words. 그것들은 바로 그의 마지막 발언이었다.
I decided at the *very last* minute to go. 나는 마지막 순간에 가기로 결심했다.

latest는 때때로 위와 비슷한 방식으로 사용한다.

2 'last' used as an adverb(부사로 사용하는 last)

last는 어떤 일이 특정한 사건 이후로 일어나지 않았다라는 뜻이다.

last – lastly

They *last* saw their homeland nine years ago. 그들은 9년 전에 조국을 마지막으로 보았다.
It's a long time since we met *last*. 우리가 마지막으로 만난 이후로 오랜 시간이 흘렀다.

last는 연속되는 비슷한 일의 제일 '마지막 것'이라는 뜻으로도 쓰인다. 이러한 경우에 last는 문장의 끝에 온다.
He added the milk *last*. 그는 마지막으로 우유를 추가했다.
Mr Ross was meant to have gone first, but in fact went *last*. 로스 씨는 먼저 가려고 했지만, 실제로는 마지막에 갔다.

3 'lastly'

연속되는 일의 '마지막으로'라는 뜻에 **lastly**를 사용하며 절의 처음에 사용할 수 있다.
They wash their hands, arms and faces, and *lastly*, they wash their feet.
그들은 손, 팔, 얼굴을 씻고 마지막으로 발을 씻는다.

그러나 **last**와 **lastly**를 항상 같은 용법으로 사용하지는 않는다. 형용사 **last**는 연속되는 비슷한 일의 제일 마지막 것을 말할 때, 부사 **lastly**는 비슷하지 않은 일을 말할 때 사용한다. 예를 들면, George rang his aunt *last*.는 '조지는 여러 명에게 전화를 한 후, 마지막으로 숙모에게 전화했다.'는 뜻이며, *Lastly* George rang his aunt.는 '조지는 여러 가지 일을 한 후, 마지막으로 숙모에게 전화했다.'는 뜻이다.

lastly가 훨씬 더 흔히 사용된다. 토론에서 마지막 결론을 발표하거나, 마지막 질문을 하거나, 마지막 지시를 내리거나, 목록에서 마지막 항목을 언급할 때 **lastly**를 사용한다.
Lastly, I would like to thank Mr. Mark Collins for his advice, assistance and patience.
마지막으로 스미스 씨가 저에게 준 충고, 도움 그리고 인내에 감사를 드립니다.
Lastly I would like to ask about your future plans. 마지막으로 당신의 미래 계획에 대해 물어보고 싶다.

4 'at last'

오랫동안 기다렸거나 기대하던 일이 마침내 이루어진다고 할 때, **at last**나 **at long last**를 사용한다. 이 표현은 보통 문장의 처음이나 끝에 온다.
The journey had taken a long time, but they had arrived *at last*.
그 여행은 아주 많은 시간이 걸렸으나, 그들은 드디어 그곳에 도착했다.
At long last I've found a girl who really loves me. 오랜 기다림 끝에 나를 진정으로 사랑해 주는 여자를 만났다.

5 'last' with time expressions (시간 표현과 함께 사용하는 last)

어떤 일이 언제 일어났는지 말할 때, **week**이나 **month** 앞에 **last**를 사용한다. 예를 들면, 지금은 8월이고 어떤 일이 7월에 일어났을 경우, last month를 사용한다.
He opened up another shop *last month*. 그는 지난달에 가게를 하나 더 열었다.
The group held its first meeting *last week*. 그 단체는 지난주에 첫 회의를 열었다.

ⓘ the last month나 the last week이라고 하지 않는다.

last는 위와 비슷한 방식으로 축제, 계절, 달, 요일 등의 이름 앞에 사용할 수 있다.
Last Christmas we received more than a hundred cards. 지난 크리스마스에 우리는 1백여 장의 카드를 받았다.
She died *last summer*. 그녀는 지난 여름에 사망했다.
I bought these shoes *last Saturday*. 나는 이 구두를 지난 토요일에 샀다.

'어제 아침'이나 '어제 오후'는 last morning, last afternoon이 아닌 **yesterday morning, yesterday afternoon**이라고 한다.
It's not so warm this morning as it was *yesterday morning*. 오늘 아침은 어제 아침만큼 따뜻하지 않았다.
Yesterday afternoon I had lunch with Cameron. 어제 오후 나는 카메론과 점심을 먹었다.

ⓘ 어제 저녁은 ~~last evening~~이 아닌 **yesterday evening**이나 **last night**이라고 한다.
Yesterday evening another British soldier was killed. 어제 저녁에 또 다른 영국 군인이 사망했다.
I've been thinking about what we said *last night*. 나는 어제 저녁에 우리가 한 말에 대해 생각해 왔다.

6 'previous' and 'before'

과거의 어느 시점에 일어났던 일보다 이전의 기간을 나타낼 때는 last가 아닌 **previous**나 **before**를 사용한다.

예를 들면, 1983년에 일어난 일에 대해 이야기하고 있는데 1982년에 일어난 어떤 일을 언급하고자 할 경우, **the previous year**나 **the year before**를 사용한다.

We had had an argument *the previous night*. 우리는 그 전날 저녁에 언쟁을 했다.
He had done some work on the farmhouse *the previous summer*.
그는 그 농장에서 그 전년 여름에 일을 했다.
The two women had met in Bonn *the weekend before*. 그 두 여성은 그전 주말에 본에서 만났다.

7 'before last'

가장 최근에 일어난 것보다 그 이전의 기간을 가리킬 때, **before last**를 사용한다. 예를 들면, **the year before last**는 재작년이라는 뜻이다.

We went camping *the summer before last*. 우리는 재작년에 캠핑을 갔었다.
I have not slept since *the night boforo lact*. 나는 그저께 밤부터 잠을 못 잤다.

8 'the last'

현재부터 과거의 어느 시점까지의 기간에도 **the last**를 사용한다. 예를 들면, 오늘이 7월 16일이고 7월 2일부터 현재까지의 기간을 나타낼 때 **the**를 사용하여 **the last fortnight**(지난 2주일간)이라고 한다. 어떤 일이 이 기간 동안에 일어났다라고 할 때, **in the last fortnight**이나 **during the last fortnight**이라고 한다.

He had asked himself that question at least a thousand times *in the last eight days*.
그는 그 자신에게 그러한 질문을 지난 8일 동안 수천 번을 했었다.
All this has happened *during the last few years*. 이 모든 일이 지난 몇 년 동안에 일어났다.

ℹ️ 이러한 예문에서 단어의 순서는 the hundred last days나 the few last years로 사용할 수 없다.

late – lately

1 'late'

late는 형용사와 부사로 사용한다. **be *late* for somethng**은 정해진 시간이 지난 이후에 도착하다라는 뜻이다.
I was ten minutes *late* for my appointment. 나는 약속 시간에 10분 늦게 도착했다.

누군가가 늦게 도착하다라고 할 경우, **arrive late**라고 한다.
Etta arrived *late*. 에타는 늦게 도착했다.

ℹ️ 'arrive lately'라고 하지 않는다.

2 'lately'

부사 **lately**는 어떤 일이 짧은 시간 전부터 지금까지 일어나고 있음을 나타낸다.
As you know, I've *lately* become interested in psychology. 알다시피 나는 최근 심리학에 흥미를 느끼고 있다.
Have you talked to Marianne *lately*? 당신은 최근에 마리안느와 이야기해 본 적이 있어요?

later

○ Usage 표제어 after – afterwards – later 참조.

latter – former

the latter(후자)는 이미 언급한 두 개의 것 중 두 번째 것을 가리킬 때에만 사용할 수 있다.

Given the choice between working for someone else and being on call day and night for the family business, she'd prefer *the latter*.
다른 사람의 회사에서 일하는 것과 밤낮 구분없이 일하는 가사 중에 하나를 선택할 기회가 주어진다면 그녀는 후자를 선호할 것이다.

이미 언급한 두 개의 것 중 첫 번째 것을 가리킬 때, **the former**(전자)를 사용한다.
These two firms are in direct competition, with *the former* trying to cut costs and increase profits.
이 두 회사는 직접적으로 경쟁을 하는 회사로, 전자는 원가 절감과 이익 증진을 위해 노력 중이다.

lay – lie

The company has three branches, in Birmingham, Plymouth, and Greenock. *The last* of these will close next year.
그 회사는 버밍엄, 리버풀, 맨체스터에 3개의 지사가 있는데, 마지막 것은 내년에 문을 닫을 것이다.

우리가 특정한 물건을 처음 지칭할 때 the former 또는 the latter를 사용할 수 없고, the first 또는 the second를 사용한다.

There will be two matches next week. *The first* will be in Brighton, and *the second* in London.
다음 주에 두 개의 경기가 열리는데, 첫 번째는 브라이튼에서 두 번째는 런던에서 열릴 것이다.

---

lay – lie

1 'lay'

lay는 타동사로, 동사 lie의 과거형으로도 쓰인다. lay는 어떤 장소에 사물을 조심스럽게 놓다라는 뜻이다.
Lay a sheet of newspaper on the floor. 그 바닥에 신문지 한 장을 놓아라.

lay의 3인칭 단수는 lays, -ing형은 laying, 과거와 과거분사는 laid이다.
Michael *laid* the box on the table gently. 마이클은 상자를 조심히 테이블 위에 놓았다.
'I couldn't get a taxi,' she said, *laying* her hand on Nick's sleeve.
그녀는 닉의 소매에 손을 올려놓으면서, "택시를 잡을 수 없었어요."라고 말했다.

2 'lie'

자동사 lie에는 두 가지 뜻이 있다. lie의 뜻 중 한 가지로 '가로놓여 있다' 또는 '눕다'라는 뜻이 있다.
She would *lie* on the floor, listening to music. 그녀는 마루에 누워서 음악을 들었다.

자동사 lie의 3인칭 단수는 lies, -ing형은 lying, 과거는 lay, 과거분사는 lain이다. 과거분사 lain은 거의 사용하지 않는다.
The baby was *lying* on the table. 그 아기는 탁자 위에 누워 있었다.
I *lay* in bed listening to the rain. 나는 침대에 누워서 빗소리를 듣고 있었다.

lie에는 사실이 아닌 것을 알면서 말하거나 글로 쓰다, 즉 '거짓말하다'라는 뜻도 있다. lie의 3인칭 단수는 lies, -ing형은 lying, 과거와 과거분사는 lied이다.
Why did he *lie* to me? 왜 그가 나에게 거짓말을 했는가?
Robert was sure that Thomas *was lying*. 로버트는 토마스가 거짓말을 하고 있다고 확신했다.
He *had lied* about where he had been that night. 그는 그날 저녁 어디에 있었는지에 대해 거짓말을 했었다.

---

learn

1 knowledge and skills (지식과 기술)

learn은 공부나 훈련 등을 통해 지식이나 기술을 습득하다, 즉 '배우다'라는 뜻이다.

 learn의 과거와 과거분사는 learned와 learnt를 둘 다 사용할 수 있지만, 미국 영어에서는 learnt를 거의 사용하지 않는다.

We first *learned* to cross-country ski at les Rousses. 우리는 처음에 크로스컨트리 스키를 레 루스에서 배웠다.
He *had* never *learnt* to read and write. 그는 읽고 쓰는 것을 한 번도 배운 적이 없었다.

2 'teach'

다른 사람에게 지식이나 기술을 가르치고 습득시키는 행위는 learn이 아닌 teach를 사용한다.
Mother *taught* me how to read. 어머니는 나에게 읽는 법을 가르쳐 주었다.

○ Usage 표제어 teach 참조.

3 learning from experience (경험을 통해 배우기)

경험을 통해 어떤 것을 더 잘하게 되거나 현명해지게 될 때, learn을 사용할 수 있다.

Industry and commerce *have learned* a lot in the last few years. 산업과 상업은 지난 몇 년간 많은 발전을 해왔다.

learn something *from* an experience는 경험을 통해 어떤 일을 알게 되다라는 뜻이다.
They *had learned* a lot *from* their earlier mistakes. 그들은 이전의 잘못들에서 많은 것들을 배웠다.

🛈 위와 같은 문장에서 from 이외의 다른 전치사를 사용하지 않는다.

4 information(정보)

어떤 정보를 얻을 때, (learn + of + 명사구) 형식이나 (learn + that절) 형식을 사용한다.
He *had learned of his father's death in Australia*. 그는 호주에서 자신의 아버지의 사망 소식을 알게 됐다.
She *learned that her mother had been a nurse with the US Red Cross*.
그녀는 자신의 어머니가 미국 적십자사 간호사로 일했던 것을 알게 되었다.

lend

○ Usage 표제어 borrow – lend 참조.

less

1 used in front of nouns(명사 앞에 사용하기)

less는 불가산명사 앞에 사용하며, 어떤 것의 양이 다른 것보다 적거나 이전보다 더 적음을 나타낸다.
A shower uses *less* water than a bath. 샤워를 하는 것은 목욕을 하는 것보다 물을 더 적게 사용한다.
His work gets *less* attention than it deserves. 그의 작업은 마땅히 주목을 받아야 하지만 덜 주목받는다.

less는 때때로 복수명사 앞에 사용한다.
This proposal will mean *less* jobs. 이 기획안은 직업 창출의 축소를 의미할 것이다.
Less people are going to university than usual. 대학에 가는 사람들이 평상시보다 더 줄어들고 있다.

복수명사 앞에 less가 아닌 fewer를 사용해야 한다고 주장하는 사람들도 있다.
There are *fewer* trees here. 이곳에 나무가 더 적다.
The new technology allows products to be made with *fewer* components than before.
새로운 기술은 전보다 더 적은 부품을 사용하여 제품을 만들 수 있게 해준다.

그러나 회화에서 fewer는 격식을 차린 단어이다. less나 fewer 대신 not as many나 not so many를 복수명사 앞에 사용한다. 이러한 표현은 회화와 글에서 모두 허용된다.
There are *not as many* cottages as there were. 그곳에 이전만큼 오두막이 많지 않다.
There are*n't so many* trees there. 그곳에는 나무가 그렇게 많지 않다.

🛈 not as many와 not so many 뒤에 than이 아닌 as를 사용한다.

2 'less than' and 'fewer than'

(less than + 명사구) 형식은 어떤 것의 양이나 크기가 특정 수준이나 기준보다 아래에 있다고 할 때 사용한다.
It's hard to find a house in Beverly Hills for *less than* a million dollars.
베버리 힐스에서 백만 달러 이하의 주택을 구하는 것은 어려운 일이다.
I travelled *less than* 3000 miles. 내가 여행한 거리는 3,000마일이 되지 않았다.

사람이나 사물의 수를 가리킬 때, 명사구 앞에 때때로 less than을 사용한다.
The whole of Switzerland has *less than* six million inhabitants. 스위스의 전체 거주민은 6백만 명 이하이다.
The country's standing army consisted of *less than* a hundred soldiers.
그 나라의 상비군을 구성하는 병력은 100명 미만이었다.

위와 같은 경우, less than이 아닌 fewer than을 사용해야 한다고 주장하는 사람들도 있다.
He had never been in a class with *fewer than* forty children.
그는 40명 미만의 학생이 있는 반에서 수업을 해본 적이 한 번도 없었다.
In 1900 there were *fewer than* one thousand university teachers. 1900년에는 대학 교원 수가 1,000명 미만이었다.

let

250

회화에서는 less than을 사용하지만, 격식을 차린 글에서는 fewer than을 사용해야 한다. fewer than은 다음에 오는 명사구가 사람이나 사물의 수를 가리킬 때만 사용할 수 있다. 양이나 크기를 가리키는 명사구에는 fewer than을 사용하지 않는데, ~~I travelled fewer than 3000 miles.~~가 아닌 I travelled less than 3000 miles.이다.

3 'less' used in front of adjectives (형용사 앞에 사용하는 less)

(less + 형용사) 형식은 사람이나 사물이 갖고 있는 성질이 전에 비해 더 떨어지거나 다른 사람이나 사물이 갖고 있는 것에 비해 더 적다고 할 때 사용할 수 있다.

After I spoke to her, I felt *less* worried. 나는 그녀와 대화 후 죄의식을 덜 느꼈다.
Most of the other plays were *less* successful. 공연되었던 대부분의 다른 연극들은 덜 성공적이었다.

> 주의 형용사의 비교급 앞에 less를 사용하지 않는다. 예를 들면, '오늘 날씨는 어제보다 덜 춥다.'는 ~~It is less colder than it was yesterday.~~가 아닌 It is *less cold* than it was yesterday.라고 한다.

4 'not as...as'

회화에서는 일반적으로 형용사 앞에 less를 사용하지 않는다. 예를 들면, '어제만큼 춥지 않다.'는 ~~It is less cold than it was yesterday.~~가 아닌 It is *not as cold as* it was yesterday.라고 한다.

The region *is not as pretty as* the Dordogne. 그 지역은 월너트 코티지만큼 아름답지는 않았다.

not so는 때때로 사용하지만 일반적인 표현은 아니다.

The officers here are *not so young as* the lieutenants. 이곳의 장교들은 중위들만큼 젊지 않다.

> ℹ️ not as와 not so 뒤에 than이 아닌 as를 사용한다.

---

let

let은 다른 사람에게 '어떤 일을 하도록 허락하다'라는 뜻으로, (let + 목적어 + 원형부정사) 형식을 사용한다.

The farmer *lets* me *live* in a caravan behind his barn. 그 농부는 내가 헛간 뒤의 이동 주택에서 거주하도록 해주고 있다.
Her parents never *let* her *have* ice cream. 그녀 부모는 그녀가 아이스크림을 먹지 못하게 한다.
They sit back and *let* everyone else *do* the work. 그들은 뒤에 앉아서 모든 사람들이 그 일을 하도록 했다.

> ℹ️ let 뒤에 to부정사나 -ing형을 사용하지 않는다. 예를 들면, '그는 내가 그의 전화를 사용할 수 있게 해준다.'는 ~~He lets me to use his telephone.~~이나 ~~He lets me using his telephone.~~이라고 하지 않는다.

let의 과거와 과거분사는 ~~letted~~가 아닌 let이다.

He *let* Jack lead the way. 그는 잭이 앞장서도록 했다.
She *had let* him borrow her pen. 그녀는 그에게 펜을 빌려 주었다.

> 주의 동사 let은 수동형이 없다. 예를 들면, ~~He was let go.~~나 ~~He was let to go.~~라고 하지 않는다. 수동형에서는 allow나 permit과 같은 다른 동사를 사용한다.
>
> He *had been allowed to* enter Italy as a political refugee. 그는 이탈리아에 정치 난민으로 입국이 허용되었었다.
> Laurent *was* only *permitted to* leave his room at mealtimes. 로랑은 식사 시간에만 그의 방을 나갈 수 있었다.

1 'let...know'

let someone *know* something은 다른 사람에게 어떤 일에 대해 알려 주다라는 뜻이다.

I'll find out about the car and *let* you *know* what happened.
나는 그 차를 조사해서 무슨 일이 일어났는지 당신에게 알려 주겠다.
If the pain gets worse, *let* your doctor *know* immediately.
만약 통증이 점점 심해지면 당신의 주치의에게 바로 알리세요.

2 'let me'

다른 사람에게 어떤 일을 해주겠다고 제의하는 경우, let me를 자주 사용한다.

let's – let us

Let me show you. 제가 당신에게 보여 드리겠습니다.
Let me help you carry your bags. 당신의 가방들을 제가 날라다 드릴게요.

○ Usage 표제어 Offers 참조.

let's – let us

1 making a suggestion(제안하기)

말하는 사람과 상대방 모두가 어떤 일을 하자고 제안할 때, **let's**를 사용한다. **let's**는 **let us**를 축약한 형태이며, **let's** 뒤에는 **to**부정사가 아닌 원형부정사가 온다.

Let's go outside. 밖으로 나갑시다.
Let's decide what we want. 우리가 원하는 것으로 결정합시다.

let us는 격식을 차리는 영어에서만 제안의 의미로 사용한다.
Let us postpone the matter. 그 문제를 연기합시다.

말하는 사람과 상대방 모두가 어떤 일을 하지 말자고 제안할 때, **let's not**을 사용한다.
Let's not talk about that. 그것에 대해 이야기하지 맙시다.
Let's not waste time. 시간을 허비하지 맙시다.

2 'let us'

자신과 다른 사람을 대표하여 상대방에게 요청하는 경우, **let us**를 사용한다. 이때 **let us**를 **let's**로 축약하지 않는다.

They wouldn't ***let us*** leave. 그들은 우리가 떠나는 것을 허락하지 않았다.
His mum ***let us*** stay there for free. 그의 어머니가 우리를 그곳에 공짜로 머물게 했다.
Let us know what progress has been made. 어떤 진전이 이루어졌는지 우리에게 알려 주세요.

lettuce

○ Usage 표제어 salad – lettuce 참조.

library – bookshop

1 'library'

library는 사람들이 보거나 빌릴 수 있는 책을 보관하는 건물, 즉 '도서관'이라는 뜻이다. 또한 **library**에는 책의 개인 수집품이나 책이 보관된 큰 집의 방, 즉 '서재'라는 뜻도 있다.

You can borrow the book from your local ***library***. 우리는 그 책을 지역 도서관에서 빌려 볼 수 있다.
I once stayed in one of his houses and saw his ***library***. 나는 한때 그의 집들 중 한 곳에 머물면서 그의 서재를 보았다.

2 'bookshop'

책을 파는 상점은 **library**라고 하지 않는다. 서점을 영국에서는 **bookshop**, 미국에서는 **bookstore**라고 한다.
I went into the ***bookshop*** to buy a present for my son. 나는 그 서점에 아들을 위한 선물을 사려고 들어갔다.
My wife's sister Laura works in a ***bookstore***. 내 처제인 로라는 서점에서 일한다.

lie

○ Usage 표제어 lay – lie 참조.

lift – elevator

1 'lift'

like

USAGE

영국 영어에서 **lift**는 높은 건물 내에서 위아래로 움직이며 사람들을 한 층에서 다른 층으로 나르는 장치, 즉 '승강기'라는 뜻이다.

I took the *lift* to the eighth floor. 나는 승강기를 타고 8층에 갔다.

lift는 다른 사람을 자신의 차에 태워 어떤 장소에서 다른 장소로 '데려다 주다'라는 뜻이다.

She offered me a *lift* home. 그녀는 나를 집에 태워다 주겠다고 제의했다.

2 'elevator'

미국 영어에서는 승강기를 **elevator**라고 한다.

The *elevator* descended to the lobby. 승강기가 로비로 내려왔다.

---

like

1 'like'

like someone/something은 어떤 사람이나 사물에 즐거움이나 매력을 느끼다라는 뜻이다.

She's a nice girl, I *like* her. 나는 그녀가 멋있는 여자라서 좋아한다.
Very few of the women *liked* the idea. 그 여성들 중에서 그 아이디어를 좋아하는 사람은 극히 적었다.

> 주의 like는 진행시제로 사용할 수 없다. 예를 들면, '나는 땅콩을 좋아한다.'는 I am liking peanuts.가 아닌 I *like* peanuts.라고 한다.

어떤 활동을 즐긴다고 할 때, (like + -ing) 형식을 사용할 수 있다.

I *like reading*. 나는 책 읽는 것을 좋아한다.
I just don't *like being* in crowds. 나는 군중 속에 있는 것을 좋아하지 않는다.

어떤 사람이나 사물을 얼마나 좋아하는지 또는 어떤 활동을 얼마나 즐기는지 강조할 때, **very much**를 사용한다.

I *like* him *very much*. 나는 그를 매우 좋아한다.
I *like* driving *very much*. 나는 운전하는 것을 매우 좋아한다.

> 주의 like 뒤가 아닌 목적어 뒤에 very much를 사용한다. 예를 들면, I like very much driving.이라고 하지 않는다.

누군가가 어떤 것을 좋아하는지 물어보는 경우, 긍정적인 대답은 Yes, *I do*.라고 하며, Yes, I like.라고 하지는 않는다.

'Do you like walking?' – 'Yes *I do*, I love it.' "당신은 걷는 것을 좋아합니까?" – "예, 정말 좋아합니다."

> 주의 when이나 if로 시작하는 절 바로 앞에는 like가 아닌 like it을 사용한다. 예를 들면, '나는 집에 일찍 갈 수 있는 때를 좋아한다.'는 I like when I can go home early.가 아닌 I *like it* when I can go home early.라고 한다.
> The guests don't *like it* when they can't use the pool. 손님들은 수영장을 이용할 수 없을 때를 좋아하지 않는다.
> I'd *like it* if we were friends again. 나는 당신들과 다시 친구가 되고 싶습니다.

2 'would like'

어떤 것을 권할 때, Would you like...?를 사용한다.

Would you like some coffee? 커피 드시겠습니까?

🚫 Do you like some coffee?라고 하지 않는다.

상대방에게 어떤 일을 하도록 권할 때, (Would you like + to부정사) 형식을 사용한다.

Would you like to meet him? 그를 만나 볼래요?

🚫 Would you like... 뒤에 -ing형을 사용하지 않는다. 예를 들면, Would you like meeting him?이라고 하지 않는다.

○ Topic 표제어 Invitations 참조.

가게나 카페에서 주문할 때, I'd like...를 사용한다.

like – as – the way

I'd like some apples, please. 사과 좀 주세요.
○ Topic 표제어 Requests, orders, and instructions 참조.

매우 정중하게 상대방에게 어떤 일을 하도록 말할 때, *I'd like you to...*를 사용한다.
I'd like you to tell them where I am. 당신이 그들에게 내가 있는 곳을 말해 주기를 부탁드립니다.
○ Topic 표제어 Requests, orders, and instructions 참조.

like – as – the way

1 used as conjuctions(접속사로 사용하기)

행동이나 모습을 다른 사람과 비교할 때, 접속사로 *like*, *as*, *the way*를 사용할 수 있다. 접속사 다음의 절에 오는 동사는 보통 *do*를 사용한다. 예를 들면, '그는 자신의 아버지가 했던 것처럼 매일 식장에 걸어 다녔다.'는 He walked to work every day, *like* his father had done.이나 He walked to work every day, *as* his father had done.이나 He walked to work every day, *the way* his father had done.이라고 한다.

I never behave *like* she does. 나는 그녀와 같은 행동을 하지 않는다.
They were people who spoke and thought *as* he did. 그들은 그 남자처럼 말하고 생각하는 사람들이었다.
Start lending things, *the way* people did in the war. 전쟁 중에 사람들이 그랬듯이 물건 대여를 시작하세요.

예전에 학습자들은 *as*를 사용하는 것만이 옳다고 배웠으나 현재 이 용법은 다소 격식을 차리거나 문어적인 표현처럼 여겨진다. 회화에서는 보통 *like*나 *the way*를 사용한다.

2 used as prepositons(전치사로 사용하기)

*like*와 *as*는 전치사로 사용할 수 있지만 일반적으로 의미는 같지 않다. 예를 들면, *do something like* a particular kind of person은 실제로는 그렇지 않지만 특정 종류의 사람이 하는 방식으로 어떤 일을 하다라는 뜻이다.
We worked *like* slaves. 우리는 노예처럼 일했다.

do something as a particular kind of person은 누군가가 바로 그 특정한 종류의 사람으로서 어떤 일을 하다라는 뜻이다.
Over the summer she worked *as* a waitress. 여름 동안 그녀는 웨이트리스로 일했다.
I can only speak *as* a married man without children. 나는 어린아이가 없는 유부남의 입장에서만 말할 수 있다.

likely

1 used as an adjective(형용사로 사용하기)

*likely*는 일반적으로 형용사로 쓰인다. 예를 들면, *be likely to happen*는 어떤 일이 일어날 것 같다라는 뜻이다.
These services are *likely to* be available to us all before long.
이러한 서비스가 머지않아 우리 모두에게 가능할 것 같다.

it is likely that something will happen은 어떤 일이 일어날 가능성이 많은 것 같다라는 뜻이다.
It is likely that his symptoms will disappear of their own accord. 그의 증상은 저절로 사라질 것으로 보인다.
If this is your first baby, it's far more *likely that* you'll get to the hospital too early.
만약 이번이 당신의 첫 출산이라면, 매우 일찍 병원을 찾아갈 것 같다.

2 used as an adverb(부사로 사용하기)

회화에서 *likely*는 (most · more than · very + 부사 likely) 형식이나 *more likely than not*과 같은 구의 일부로 사용할 수 있지만, *likely* 단독으로는 부사로 사용하지 않는다.
Profits will *most likely* have risen by about $25 million.
그 회사의 이익금은 약 2천5백만 달러에 달할 것이다.
More than likely, the cause of her illness is stress. 그녀의 병은 스트레스 때문이라고 보인다.

listen to

More likely than not they would kill him if they found out who he really was.
그들이 그의 진짜 신원을 알아낸다면 그를 죽일 가능성이 더 크다.

listen to

listen to는 어떤 소리나 다른 사람이 하는 말에 주의를 기울이다라는 뜻이다.
I do my ironing while *listening to* the radio. 나는 라디오를 들으면서 다리미질을 한다.
Listen carefully *to* what he says. 그가 하는 말을 주의 깊게 들으세요.
They wouldn't *listen to* me. 그들은 내 말을 들으려 하지 않았다.

> **주의** listen은 타동사가 아니므로, 'listen a sound'나 'listen a person'이라고 하지 않는다.

음악 연주를 듣다라는 표현에는 일반적으로 listen to가 아닌 hear라고 한다.
That was the first time I ever *heard* Jimi Hendrix. 그때가 내가 지미 핸드릭스의 연주를 처음 들었던 때였다.

○ Usage 표제어 hear 참조.

ℹ️ listen to와 hear를 구분하기 바란다. you hear something은 '우리가 어떤 소리를 인식하다', you listen to something은 '우리가 음악 또는 상대방의 말을 의도적으로 듣다'이다.

little – a little

1 'little' used as an adjective(형용사로 사용하는 little)

little은 일반적으로 형용사로, 사물의 크기를 말할 때 사용한다.
He took a *little* black book from his pocket. 그는 주머니에서 작은 검은색 책을 꺼냈다.

○ Usage 표제어 small – little 참조.

2 'a little' used as an adverb(부사로 사용하는 a little)

a little은 일반적으로 부사로 사용한다. (동사 + a little) 형식이나 (a little + 형용사 · 부사) 형식은 적은 범위나 정도를 나타낸다.
They get paid for it. Not much. Just *a little*. 그들은 그 일에 대한 보수를 받는데, 액수가 많지 않고 매우 적다.
The local football team is doing *a little* better. 지역 축구팀은 좀 더 나아지고 있다.
The celebrations began *a little* earlier than expected. 축하 행사는 예정보다 조금 일찍 시작되었다.

ℹ️ (a little + 형용사 + 명사) 형식을 사용할 수 없는데, ~~It was a little better result.~~가 아닌 It was a slightly or somewhat better result.이다.

○ 정도를 나타낼 때 사용하는 여러 단어와 표현의 분류 목록은 Adverbs and adverbials 참조.

3 used in front of nouns(명사 앞에 사용하기)

어떤 것의 양을 나타낼 때, 명사 앞에 little과 a littele을 사용한다. 이때 little과 a little의 의미는 다르다.
a little은 단순하게 어떤 것의 양이 적다는 것을 가리키며, little은 어떤 것이 조금밖에 없다는 것을 강조한다. 예를 들면, I have *a little* money.는 '나는 돈이 약간 있다.'는 뜻이며, I have *little* money.는 '나는 돈이 거의 없다.'는 뜻이다.
I had made *a little* progress. 나는 약간의 진전을 보였다.
It is clear that *little* progress was made. 진전이 거의 없었다는 것은 명백한 사실이다.

4 used as pronouns(대명사로 사용하기)

little과 a little은 대명사로도 사용하며, 용법은 비슷하다.
Beat in the eggs, *a little* at a time. 한 번에 조금씩 달걀을 휘저으세요.
Little has changed. 변화가 거의 없었다.

live

5 'not much'

회화에서는 little 대신 not much를 사용한다. 예를 들면, '나는 가진 돈이 거의 없다.'는 I have little money. 보다 I **haven't got much** money.나 I **don't have much** money.라고 한다.
I **haven't got much** appetite. 나는 입맛이 별로 없다.
We probably **don't have much** time. 아마 우리는 시간이 거의 없을 것이다.

> 적은 수의 사람이나 사물을 말하는 경우, 가산명사 앞에 a little이나 little이 아닌 a few나 few를 사용한다. 예를 들면, '그녀는 닭을 몇 마리 갖고 있다.'는 She has a little hens.가 아닌 She has *a few* hens.라고 한다. 마찬가지로, '그의 강의에 참석한 사람은 거의 없었다.'는 Little people attended his lectures.가 아닌 *Few* people attended his lectures.나 *Not many* people attended his lectures.라고 한다.
>
> ○ Usage 표제어 few – a few 참조.

live

live는 특정한 장소에 있는 집에 '거주하다'라는 뜻이다.
I have some friends who *live* in Nairobi. 나는 나이로비에 살고 있는 친구들이 몇 명 있다.
I *live* in a flat just down the road from you. 나는 당신이 사는 곳의 길 바로 아래에 있는 아파트에 살고 있다.

live가 위와 같은 뜻일 경우, 진행시제로 사용할 수 없다. 그러나 얼마 전 이사를 했거나 일정 기간 동안 임시로 거주하는 경우에만 진행시제를 사용한다.
Her husband had been released from prison and *was* now *living* at the house.
그녀의 남편은 감옥에서 출소하여 당시에 그 집에서 살고 있었다.
Remember that you *are living* in someone else's home. 당신은 남의 집에서 살고 있다는 사실을 기억하세요.
We have to leave Ziatur, the town where we *have been living*. 우리가 살아 왔던 도시인 지아투르를 떠나야 한다.

어떤 곳에 거주해 온 기간을 말할 때, 완료시제나 완료진행시제와 함께 전치사 for나 since를 사용한다. 예를 들면, I have been living here *for* four years.나 I have been living here *since* 1988. 또는 I have lived here *since* 1988.라고 한다. I am living here for four years.나 I am living here since 1988.라고 하지 않는다.
He has been living in France now *for* almost two years. 그는 이제 프랑스에 산 지 거의 2년이 되었다.
She has lived there *since* she was six. 그녀는 6살 때부터 그곳에서 살았다.

○ Usage 표제어 for와 since 참조.

long

1 used to talk about length(길이를 말할 때 사용하기)

어떤 것의 길이를 나타낼 때, long을 사용한다.
The pool is ninety feet *long* by twenty feet wide. 그 수영장은 길이가 90피트, 폭이 12피트이다.
How *long* is that side of the triangle? 삼각형의 그 변의 길이는 얼마나 됩니까?

2 talking about distance(거리 말하기)

한 곳에서 다른 곳까지의 먼 거리를 말할 때, a long way를 사용한다. 예를 들면, '여기에서 버밍엄까지는 먼 거리이다.'는 It's *a long way* from here to Birmingham.이라고 한다.
I'm *a long way* from London. 나는 런던에서 먼 거리에 있다.

> It's long from here to Birmingham.이나 I'm long from London.이라고 하지 않는다. 부정문에서는 far를 사용한다. 예를 들면, '여기에서 버밍엄까지는 멀지 않다.'는 It is *not far* from here to Birmingham.이라고 한다.
> We rented a villa *not far* from the beach. 우리는 해변에서 멀지 않은 곳에 있는 별장을 세냈다.

의문문에도 far를 사용한다. 예를 들면, '여기서 버밍엄까지는 거리가 얼마입니까?'는 How *far* is it from here to Birmingham?이라고 한다.

look

How *far* is Tokyo from here? 여기서 도쿄까지는 거리가 얼마입니까?

ℹ️ 부정문과 의문문에 long을 사용하지 않는다.

이동한 거리의 범위를 말할 때는 as long as가 아닌 as far as를 사용한다. 예를 들면, '우리는 교회까지 걸어갔다.'는 We walked *as far as* the church.라고 한다.

We went with Harold *as far as* Bologna. 우리는 볼로냐까지 해럴드와 함께 갔다.

3 used to talk about time (시간을 말할 때 사용하기)

부정문이나 의문문에서 long을 부사로 사용하면, '오래'라는 뜻이다.

Wilkins hasn't been with us *long*. 윌킨스는 우리와 오래 있지 않았다.
Are you staying *long*? 당신은 오래 머무를 겁니까?

(too + long) 형식이나 (long + enough) 형식에서 long은 '오랜 시간 동안'의 뜻으로도 사용할 수 있다.

He's been here *too long*. 그는 여기에 너무 오래 있었다.
You've been here *long enough* to know what we're like.
당신은 우리가 어떤 사람들인지 알기에 충분히 오래 여기에 있었다.

그러나 긍정문에서 '오랜 시간'은 long이 아닌 a long time을 사용한다.

We may be here *a long time*. 우리는 여기에 오랫동안 있을지도 모른다.
It may seem *a long time* to wait. 오래 기다리는 것 같아 보일 것이다.

긍정문에서 long의 비교급 longer와 최상급 longest도 오랜 시간이라는 뜻으로 사용한다.

Reform in Europe always takes *longer* than expected. 유럽의 개혁은 언제나 예상했던 것보다 더 오래 걸린다.
The study found that people who walk a lot live *longest*. 연구에 의하면 자주 걷는 사람은 수명이 아주 길다고 한다.

○ 그 밖에 어떤 것이 얼마나 지속되는지를 나타내는 단어와 표현들의 분류 목록은 Grammar 표제어 Adverbs and adverbials 참조.

4 'no longer'

과거에 일어났던 일이 지금은 일어나지 않는 경우, no longer나 any longer를 사용한다.

The factory *no longer* builds cars. 그 공장은 더 이상 차를 생산하지 않는다.
I noticed that he wasn't sitting by the door *any longer*. 나는 그가 더 이상 문 옆에 앉아 있지 않다는 것을 알아차렸다.

look

1 'look at'

어떤 것을 향해 시선을 돌릴 때, look at를 사용한다.

Lang *looked at* his watch. 랭은 시계를 쳐다보았다.
She *looked at* the people around her. 그녀는 주위 사람들을 쳐다보았다.

look이 이런 뜻일 경우, at이 뒤따른다. 예를 들면, ~~Lang looked his watch.~~라고 하지 않는다.

> 주의 look를 see나 watch와 혼동해서는 안 된다.
> ○ Usage 표제어 see – look at – watch 참조.

다른 사람이나 사물을 보고 느끼는 특정한 감정을 표현할 때, (look + 부사 + at) 형식을 사용한다. 예를 들면, '그녀는 슬픈 표정으로 남편을 바라보았다.'는 ~~She looked sad at her husband.~~가 아닌 She looked *sadly* at her husband.라고 한다.

Jack looked *uncertainly* at Ralph. 잭은 자신 없이 랠프를 쳐다보았다.
When he saw me, he looked *adoringly* at me! 그는 나를 볼 때, 흠모의 눈길로 바라보았다.

2 'look and see'

어떤 사건의 사실 여부를 눈으로 직접 보고 확인하는 경우, see나 look and see를 사용한다.

Have a look at your wife's face to *see* if she's blushing. 당신 부인이 얼굴을 붉히는지 한번 보세요.
Now let's *look and see* whether that's true or not. 이제 그것이 사실인지 아닌지 눈으로 직접 보고 확인합시다.

❷ 위와 같은 경우에는 look을 사용하지 않는다.

어떤 사건의 사실 여부를 눈이 아닌 다른 방법으로 확인할 경우, **see**를 사용할 수 있다. 예를 들면, **I'll *see* if George is in his office.**는 조지가 사무실에 있는지 전화해서 확인하겠다라는 뜻이다.
I'll just *see* if he's at home. 나는 그가 집에 있는지 알아보겠다.
I'll *see* if I can borrow a car for the weekend. 나는 주말에 차를 빌릴 수 있는지 알아볼 것이다.

③ used to mean 'seem' (seem의 뜻으로 사용하기)

look은 seem이나 appear의 뜻으로도 사용하며, 이 경우에는 look 뒤에 부사가 아닌 형용사를 사용하기도 한다. 예를 들면, '그녀는 슬퍼 보였다.'는 ~~She looked sadly.~~ 가 아닌 She looked *sad*.라고 한다.
You look *very pale*. 당신은 매우 창백해 보인다.
The place looked *a bit dirty*. 그곳은 좀 지저분했었다.

> 주의 어떤 것의 외형을 말하는 경우, seem의 뜻으로 look만을 사용한다.

look after – look for

① 'look after'

look after는 사람을 돌보거나 사물을 잘 간수하다라는 뜻이다.
She will *look after* the children during their holidays. 그녀는 그들의 휴가 동안 아이들을 돌볼 것이다.
You can borrow my laptop as long as you *look after* it. 당신이 간수만 잘한다면 나의 컴퓨터를 빌려 갈 수 있다.

② 'look for'

look for는 사람이나 사물이 어디에 있는지 '찾다'라는 뜻이다.
Were you *looking for* me? 저를 찾고 있었습니까?
He *looked for* his shoes under the bed. 그는 침대 밑에서 신발을 찾고 있었다.

look forward to

① used with a noun (명사와 함께 사용하기)

be looking forward to something은 즐겁거나 설레는 마음으로 어떤 일을 기다리다라는 뜻이다.
I'm really *looking forward to* his visit. 나는 그의 방문을 학수고대하고 있다.
Is there any particular thing you *are looking forward to* next year? 내년에 기대하는 특별한 일이라도 있으십니까?

> 주의 to가 없이 위와 같은 표현을 사용하지 않는다. 예를 들면, ~~I am looking forward have the party.~~라고 하지 않는다. 또한 forward 뒤에 s를 붙여 forwards로는 사용하지 않는다.

② used with an '-ing' form (-ing형과 함께 사용하기)

(look forward to + -ing형) 형식을 사용할 수 있다.
I was so much *looking forward to talking* to you. 나는 당신과 이야기하기를 학수고대하고 있었다.
I *look forward to seeing* you in Washington. 나는 워싱턴에서 당신을 만나기를 기대합니다.

> 주의 look forward to 뒤에 부정사를 사용하지 않는다. 예를 들면, ~~He's looing forward to go home.~~이라고 하지 않는다.

I look forward to...와 I'm looking forward to...는 차이가 있는데, **I look forward to...**가 더 격식을 차린 표현이다.
I look forward to receiving your report this afternoon. 나는 당신의 보고서를 오늘 오후에 받기를 기대하고 있다.

loose – lose

I'm really looking forward to seeing you, Carol.
캐럴, 나는 너와의 만남을 진정한 마음으로 기대하고 있다.

loose – lose

1 'loose'

형용사 loose[luːs]는 꽉 조여져 있지 않거나 고정되어 있지 않다, 즉 '느슨한'이라는 뜻이다.
The doorknob is *loose*. 그 문의 손잡이는 느슨하다.
Mary wore *loose* clothes. 메리는 헐렁한 옷을 입고 있었다.

2 'lose'

동사 lose[luːz]는 어떤 물건을 더 이상 갖고 있지 않거나 어디 있는지 찾을 수 없다, 즉 '잃다'라는 뜻이다.
I do not want to *lose* my job. 나는 직장을 잃고 싶지 않다.
If you *lose* your credit card, let the company know immediately.
만약 신용 카드를 잃어버리면, 바로 그 즉시 카드 회사에 알리세요.

lose의 3인칭 단수는 loses, -ing형은 losing, 과거와 과거분사는 lost이다.
They were willing to risk *losing* their jobs. 그들은 직장을 잃을 위험을 기꺼이 떠안으려고 했다.
He *had lost* his passport somewhere. 그는 어디에선가 여권을 분실했다.

lorry – truck

1 'lorry'

영국 영어에서 lorry는 도로로 짐을 싣고 갈 수 있는 큰 차량, 즉 '트럭'이다.
The *lorries* were carrying 42 tonnes of sand. 그 트럭들은 42톤의 모래를 나르던 중이었다.

2 'truck'

 미국 영어에서는 lorry를 truck이라고 한다. 영국 영어에서는 덮개가 없는 작은 화물차를 때때로 truck이라고 한다.
A blue *truck* drives up and delivers some boxes. 파란색 트럭이 들어와서 상자 몇 개를 배달한다.

영국 영어에서는 철도로 다니는 덮개 없는 차량(무개화차)을 truck이라고도 한다.

lose

○ Usage 표제어 loose – lose 참조.

lot

1 'a lot of' and 'lots of'

사람이나 사물의 많은 수나 사물의 많은 양을 말할 때, 명사 앞에 a lot of나 lots of를 사용한다. 예를 들면, a lot of money, lots of money라고 하며, lots of는 회화에서만 사용한다.
We have quite *a lot of* newspapers. 우리는 꽤 신문지를 갖고 있다.
There's *a lot of* research to be done. 해야 할 연구가 많이 있다.

회화에서는 lots of를 사용한다.
Lots of people thought it was funny. 많은 사람들이 이것을 재미있다고 생각했다.
You've got *lots of* time. 당신은 시간이 많이 있다.

(a lot of · lots of + 복수명사) 형식이 주어이면 복수동사를 사용한다.
A lot of people *come* to our classes. 많은 사람들이 우리의 수업을 듣기 위해 온다.

loudly

Lots of people *think* writing is based on ideas, but it's much more than that.
많은 사람들이 글쓰기를 특정한 아이디어들에 기반을 둔다고 생각하나, 그러나 그것에는 그 이상의 것이 포함되어 있다.

(a lot of · lots of + 불가산명사) 형식이 주어이면 단수동사를 사용한다.

A lot of money *is* spent on marketing.
많은 돈이 마케팅에 사용되고 있다.

There *is* lots of money to be made in advertising.
광고로 많은 돈을 벌어들인다.

2 'a lot' and 'lots'

어떤 것의 많은 양이나 합계를 나타낼 때, a lot을 사용한다.

I'd learnt *a lot*. 나는 많은 것을 배웠다.
I feel that we have *a lot* to offer. 나는 우리가 세상살 많은 것이 있다고 느낀다.

'아주 상당한 정도로' 또는 '자주'라는 뜻으로 부사 a lot을 사용한다.

You like Ralph *a lot*, don't you? 당신은 랠프를 많이 좋아하지요, 그렇지요?
They talk *a lot* about equality. 그들은 평등에 대해서 자주 이야기한다.

(a lot + 비교급) 형식도 사용한다. 예를 들면, 두 가지 사물의 기간의 차이를 강조할 때, 하나의 사물이 다른 것보다 훨씬 더 오래되다라는 뜻으로 one thing is *a lot older* than the other라고 한다.

The weather's *a lot warmer* there.
그곳의 날씨가 훨씬 더 따뜻하다.

I've known people who were in *a lot more serious* trouble than you.
나는 당신보다 훨씬 더 심각한 어려움에 처했던 사람들을 알고 있다.

(a lot · lots + more) 형식도 두 가지 것의 양이나 합계에 큰 차이가 있음을 강조할 때에 사용하며, lots는 회화에서만 사용한다.

She earns *a lot more* money than he does.
그녀는 그보다 훨씬 더 많은 돈을 벌고 있다.

She meets *lots more* people than I do.
그녀는 나보다 훨씬 더 많은 사람들을 만난다.

loudly

○ Usage 표제어 aloud – loudly 참조.

love

사람이나 장소에 대한 강한 애정의 감정을 표현할 때, 동사 love를 사용한다.

She *loved* her husband deeply. 그녀는 남편을 깊이 사랑했다.
He *had loved* his aunt very much. 그는 고모를 매우 좋아했다.
He *loved* his country above all else. 그는 다른 어떤 것보다도 조국을 사랑했다.

누군가가 어떤 것으로 인해 즐거움을 느끼거나, 다른 사람과 어울리는 것을 즐긴다고 할 때는 보통 love가 아닌 like를 사용한다.

I *like* reading. 나는 책을 읽는 것을 좋아한다.
We *liked* him very much. 우리는 그를 매우 많이 좋아했다.

회화에서 사물이나 활동을 매우 좋아한다는 것을 강조할 때에도 like 대신 love를 사용한다.

I *love* your dress. 나는 너의 드레스가 매우 마음에 든다.
I *love* reading his plays. 나는 그의 희곡을 읽는 것을 매우 좋아한다.

love는 진행 시제로 사용하지 않지만 격식을 차리지 않은 표현으로 사용할 수 있다.

I*'m loving* your new hairdo! 나는 너의 드레스를 아주 좋아한다.

lucky – happy

lucky – happy

1 'lucky'

누군가에게 좋은 일이 일어나거나 항상 행운이 있는 것처럼 보이는 경우, **lucky**를 사용한다.

You're a *lucky* girl to have so many friends. 너는 수많은 친구들을 가져 운이 좋은 여자아이다.
The *lucky* winners were given £5000 each. 행운의 당첨자들 각각에게 5천 파운드가 상금으로 주어졌다.

2 'happy'

누군가가 즐겁고 만족하다라고 할 때는 **lucky**가 아닌 **happy**를 사용한다.

Sarah's such a *happy* person – she's always laughing. 사라는 행복한 소녀로 항상 웃음을 짓고 있다.
Barbara felt tremendously *happy* when she heard the news. 바버라는 그 소식을 듣고 굉장히 행복했다.

luggage – baggage

영국 영어에서 luggage와 baggage 모두 여행할 때 갖고 다니는 가방으로 안의 내용물도 함께 가리킨다. baggage보다 luggage를 더 흔히 사용한다.

Leave your *luggage* in the hotel. 짐을 호텔에 놓고 오세요.

 미국 영어에서 **luggage**는 비어 있는 가방이나 여행 가방, **baggage**는 내용물이 들어 있는 가방이나 여행 가방을 가리킨다.

There has been a decline in sales of hand-sized *luggage*. 손에 맞는 크기의 가방의 판매량 감소가 계속되고 있다.
The passengers went through immigration control and collected their *baggage*.
승객들은 입국 심사를 통과하여 가방을 찾았다.

luggage와 baggage는 불가산명사이므로, ~~luggages~~나 ~~a baggage~~라고 하지 않는다.

lunch

○ Usage 표제어 dinner – lunch 참조.

M m

machinery

'일반적인 기계'를 machinery라고 한다.

The company makes tractors and other farm *machinery*. 그 회사는 트랙터와 기타 농기계를 생산한다.
If you are taking this medication, you should not drive a car or operate *machinery*.
만약 이 약을 드시는 경우 자동차를 운전하거나, 기계를 작동하지 마세요.

machinery는 불가산명사이므로, ~~machineries~~나 ~~a machinery~~라고 하지 않는다. 그러나 **a piece of machinery**이라고는 할 수 있다.

He was called out to do some work on a *piece of machinery* that had broken down.
그는 고장 난 기계 하나를 고쳐 주고자 출동했다.

mad

1 'mad'

바보 같은 행동이나 엉뚱한 제안을 묘사할 때, 흔히 mad를 사용한다.

Camping in winter was a *mad* idea. 겨울에 캠핑하는 것은 어리석은 일이다.
You would be *mad* to refuse such a great offer. 그와 같은 좋은 제안을 거절하는 것은 정말 어리석은 일이다.

회화에서 mad는 때때로 '화가 난'이라는 뜻으로 사용한다. **be *mad* at someone**은 어떤 사람에게 화가 나 있다라는 뜻이다.

When she told him she wouldn't go, he got *mad*. 그녀가 그들에게 그곳에 가지 않겠다고 하자 그들이 크게 화를 냈다.
My parents were *mad at* me for waking them up so early.
내가 부모님을 너무 일찍 깨워서 그들은 나에게 화가 난 듯하다.

2 'mad about'

mad about은 일어난 일에 대해 '화가 나 있는'이라는 뜻이다.

He's reallly *mad about* being lied to. 그는 거짓말을 듣는 것을 정말 싫어한다.

mad about은 '어떤 활동을 아주 많이 즐기고 좋아하는'이라는 뜻이다.

Her daughter is *mad about* dancing. 그녀의 딸은 춤추는 걸 정말 좋아한다.
The whole family is *mad about* football. 모든 가족들이 축구에 완전 매료되어 있다.

3 mental illness

someone has a mental illness는 '어떤 사람이 정신 질환을 갖고 있다'로 과거에는 '미쳤다'로 **they are mad**로 표현했으나 그들을 비하하는 의미로 생각해 사용하지 않고 지금은 **someone has a mental health condition**이라고 표현한다.

She spent time in hospital when she had a *mental health condition*.
그녀가 정신병을 앓았을 때 입원해 치료를 받았었다.
The drug is used to treat patients with *mental health conditions*.
이 약은 정신 질환을 앓고 있는 환자들을 위해 사용되고 있다.

made from – made of – made out of

made는 동사 make의 과거와 과거분사이다.

magazine – shop

○ Usage 표제어 make 참조.

재료를 사용하여 사물을 만들 때 완성된 사물이 사용된 원재료와 완전히 달라진 형태를 나타내는 경우, **made from**, **made out of**, **made of**를 사용한다.

They sailed on a raft *made from* bamboo. 그들은 대나무로 만든 뗏목을 타고 항해했다.
The plates were *made out of* solid gold. 그 접시들은 금으로 만들어졌다.
Her dress was *made of* a light, floaty material. 그녀 드레스는 가벼운 소재의 재료로 만들어졌다.

독특하거나 놀라운 방법으로 제품이 만들어진 경우, 보통 **made out of**를 사용한다.

She was wearing a hat *made out of* plastic bags. 그녀는 부엌 수건으로 만든 모자를 쓰고 있었다.

건축물의 부품이나 재료를 말하는 경우에는 **made from**이 아닌 **made of**나 **made out of**를 사용한다.

My cabin was *made of* logs. 나의 오두막은 통나무로 만들어진 것이었다.

magazine – shop

1 'magazine'

magazine은 기사, 사진, 광고가 있는 주간 또는 월간 출판물, 즉 '잡지'라는 뜻이다.

Her face is on the cover of a dozen or more *magazines*. 그녀의 얼굴이 12개 이상의 잡지 표지에 실려 있다.
Tanya read a *magazine* while she waited. 탄야는 그곳에서 기다리는 동안 잡지를 읽었다.

2 'shop'

물건을 파는 건물이나 건물의 일부분을 말할 때, **magazine**이 아닌 **shop**을 사용한다.

There is a row of *shops* on the High Street. 하이 스트리트에 여러 개의 건강식품 가게들이 줄지어 있다.

mail

○ Usage 표제어 post – mail 참조.

majority

1 'majority'

***the majority** of people/things in a group*은 한 그룹의 사람이나 사물이 절반 이상이라는 뜻이다.

The majority of students in the class will go on to study at college.
이 반에 있는 학생들 거의 다가 대학에 진학할 것이다.
In *the majority* of cases, the illness can be treated successfully.
그 병에 걸린 대부분의 사람들은 성공적인 치료를 할 수 있다.

뒤에 **of**를 사용하지 않는 **the majority**가 주어면, 단수동사나 복수동사를 사용할 수 있다.

The majority *is* still undecided about which way to vote.
대부분의 사람들은 어떻게 투표할지를 아직도 정하지 않고 있다.
The majority *were* in favour of the proposal. 대부분의 사람들이 그 제안에 찬성했다.

그러나 (**the majority of** + 복수명사·복수대명사) 형식이 주어인 경우, 복수동사를 사용한다.

The majority of cars on the road *have* only one person in them.
도로에 운행하는 대부분의 차들에 1인만이 타고 있었다.

2 'most of'

사물의 양이나 일부분은 **the majority**가 아닌 **most of**를 사용한다. 예를 들면, '그 숲의 절반 이상이 벌채되었다.'는 The majority of the forest has been cut down.이 아닌 *Most of* the forest has been cut down.이라고 한다.

Most of the wood was rotten. 대부분의 목재는 썩어 있었다.

make

Katya did *most of* the work. 카티아가 그 일의 대부분을 했다.

○ Usage 표제어 most 참조.

make

make는 여러 가지 방식으로 흔히 쓰이는 동사로, make의 과거와 과거분사는 made이다.

1 performing an action (행동하기)

어떤 행동을 한다고 말할 때, 흔히 make를 사용한다. 예를 들면, 어떤 것을 제안하다는 *make* a suggestion이라고 하며, 약속을 하다는 *make* a promise라고 할 수 있다.

I think that I *made* the wrong decision. 나는 잘못된 결정을 했다고 생각한다.
He *made* the shortest speech I have ever heard. 그는 내가 들었던 연설 중에 가장 짧게 했다.

위와 같은 형식으로 흔히 사용하는 명사들은 다음과 같다.

arrangement	choice	comment	decision	effort	
enquiry	journey	mistake	noise	plan	point
promise	remark	sound	speech	suggestion	tour
trip	visit				

특정한 행동이 아니고 일반적인 행동을 가리킬 때는 make가 아닌 do를 사용한다. 예를 들면, 무슨 행동을 해야 할지 알지 못하는 경우, someone does not know what to 'make'가 아닌 someone does not know what to *do*라고 한다.

What are you going to *do* at the weekend? 당신은 이번 주말에 무엇을 할 예정입니까?
You've *done* a lot to help us. 당신은 우리를 돕는 데 많은 일을 해왔다.

2 making an object or substance (사물이나 물질 만들기)

make an object/a substance는 사물이나 물질을 만들거나 생산하다라는 뜻이다.

Sheila *makes* all her own clothes. 쉘라는 자신의 옷을 모두 만들어 입는다.
They *make* furniture out of recycled plastic. 그들은 재생 플라스틱으로 가구를 만들고 있다.

make a meal/drink는 식사나 음료를 만들다라는 뜻이다.

I *made* his breakfast. 나는 그의 아침 식사를 만들었다.

○ Usage 표제어 cook 참조.

어떤 것을 만들거나 생산하는 것을 나타내기 위해 make를 사용하는 경우, make는 간접목적어를 취할 수 있다. *make* someone something이나 *make* something *for* someone이라고 한다.

I'll *make* you a drink. 나는 당신이 마실 것을 만들 것이다.
She *made* a copy *for* her colleage. 그녀는 동료에게 복사본을 보냈다.

3 making someone do something (어떤 일을 하도록 강요하기)

다른 사람이 어떤 일을 하도록 강요하는 경우, *make someone do* something이라고 한다.

You've got to *make him listen*. 당신은 그가 귀기울이게 해야 한다.
Mom *made him clean up* the plate. 엄마는 그에게 접시를 깨끗이 닦도록 시켰다.

🛈 위와 같은 능동태 문장에서 make 다음에 to부정사를 사용하지 않는다. 예를 들면, You've got to make him to listen.이라고 하지 않는다.

그러나 수동태 문장에서는 to부정사를 사용한다.

They *were made to pay* for the damage. 그들은 피해에 대한 배상을 해야 했다.
One old woman *was made to wait* more than an hour. 어느 나이 든 여자는 한 시간 이상 기다려야 했다.

make up

4 used to mean 'be' (be동사의 뜻으로 사용하기)

특정한 직업이나 역할에서 아주 성공하다라는 뜻으로 be동사 대신 make를 때때로 사용한다. 예를 들면, '그는 훌륭한 수상이 될 것이다.'는 He will be a good prime minister. 대신 He will *make* a good prime minister.라고 한다.

You'll *make* a great teacher. 당신은 훌륭한 교사가 될 것이다.
They *made* a good team. 그들은 훌륭한 팀을 만들었다.

○ Usage 표제어 brand – make 참조.

make up

○ Usage 표제어 comprise 참조.

male – masculine

1 'male'

형용사 male은 '아이를 낳을 수 없는 성(性)과 관련된'이라는 뜻으로, 사람이나 동물에 대해 말할 때 사용한다.

A *male* nurse came to take my temperature. 남자 간호사가 나의 체온을 쟀다.
Male dogs tend to be more aggressive. 수캐는 암캐보다 더 공격적이다.

명사 male은 동물에만 사용하고 사람에게는 사용할 수 없다.

The *males* establish a breeding territory. 수컷은 번식을 위해 자신만의 영역을 확보한다.

과학 용어로 '남성과 소년'에 male을 사용할 수 있다.

The condition affects both *males* and females. 그러한 조건은 남성 여성 모두에게 영향을 준다.
I looked in through the window and saw only *males*. 내가 그 창문으로 안을 들여다보니 남자들만 있었다.
The police are looking for a tall white *male* in his mid-twenties.
경찰은 20대 중반의 키가 크고 백인인 남성을 찾고 있다.

2 'masculine'

masculine은 여성보다는 '남성에게 전형적인'이라는 뜻이다.

He was tall, strong, and very *masculine*. 그는 키가 크고, 강하고, 아주 남성적인 모습이었다.
They painted the room in dark, *masculine* colours. 그들은 그 방을 검고 남성적인 색깔로 칠했다.

🛈 동물을 말할 때는 masculine을 사용하지 않는다.

man

1 'man'

man은 '성인 남자'라는 뜻으로, man의 복수형은 mans가 아닌 men이다.

Larry was a handsome *man* in his late fifties. 래리는 50대 후반의 잘생긴 남자였다.
Two *men* got on the bus. 두 남자가 버스에 탔다.

'일반인'을 가리킬 때에도 man을 사용한다. 예를 들면, '인간이 환경을 파괴하고 있다.'는 Human beings are destroying the environment. 대신 *Man* is destroying the environment.라고 한다. man이 이런 뜻일 경우, 앞에 the를 사용하지 않는다.

Man is always searching for new knowledge. 남자들은 항상 새로운 지식을 추구하고 있다.
Massage is one of the oldest forms of treatment known to *man*.
마사지는 인간에게 알려진 가장 오래된 치료법 중의 하나이다.

개개인으로서의 '모든 인간'을 가리킬 때에는 men을 사용할 수 있다.

All *men* are born equal. 모든 인간은 평등하게 태어났다.
Darwin concluded that *men* were descended from apes. 다윈은 인간이 원숭이의 후손이라는 결론을 내렸다.

2 'mankind'

mankind는 한 집단으로서의 모든 인간, 즉 '인류'라는 뜻이다.
His only desire is to help *mankind*. 그의 오직 한 가지 바람은 인간을 돕는 것이다.

남성이 여성보다 더 중요하다는 것을 암시한다는 이유로, 남녀로 이루어진 인간, 인류를 man, men, mankind로 표현하는 데 반대하는 사람들도 있었는데, people 또는 humankind로 사용한다.
All *people* are born equal. 인간은 모두 평등하다.

manage – arrange

1 'manage'

manage to do something은 일을 성공적으로 수행하다라는 뜻이다.
Manuel *managed to finish* the work on time. 마누엘은 그 일을 제시간에 끝내는 데 성공했다.
How did you *manage to do* that? 당신은 어떻게 그 일을 해냈습니까?

ℹ️ manage 뒤에 -ing형이 아닌 to부정사를 사용한다.

2 'arrange'

manage 뒤에 that절을 사용하지 않는다. 예를 들면, 어떤 일을 준비하다는 manage that something is done이 아닌 arrange for something to be done이라고 한다.
He *had arranged for* me *to be met at the airport*. 그는 나를 공항에서 만날 수 있도록 주선해 주었다.

또한 manage that someone does something이 아닌 *arrange for* someone *to do* something이라고도 한다.
I *had arranged for* a photographer *to take* pictures of the team.
나는 사진사가 우리 팀의 사진을 찍도록 준비해 두었다.

mankind

○ Usage 표제어 man 참조.

manufacture – factory

1 'manufacture'

manufacture는 기계를 사용하여 제품을 만드는 것, 즉 '제조'라는 뜻이며, 불가산명사이다.
The chemical is used in the *manufacture* of plastics. 플라스틱 제조에 화학 약품이 사용되고 있다.

2 'factory'

기계를 사용하여 물건을 만드는 건물, 즉 '공장'은 manufacture가 아닌 factory라고 한다.
She works at the chocolate *factory*. 그녀는 초콜릿 공장에서 일하고 있다.

many

1 'many' used in front of a plural noun(복수명사 앞에 사용하는 many)

[many + 복수명사] 형식은 많은 사람이나 사물을 말할 때 사용한다.
Many young people worry about their weight. 많은 젊은이들이 그들의 몸무게에 대해 걱정을 하고 있다.
Her music is popular in *many* countries. 그녀 음악은 여러 나라에서 유명하다.

긍정문에서 many 대신 a lot of를 사용한다.
A lot of people agree with this view. 많은 사람들이 이러한 관점에 동의하고 있다.

marmalade – jam – jelly

○ Usage 표제어 lot 참조.

의문문과 부정문에서 a lot of보다 many를 사용한다.
Do *many* people in your country speak English? 당신의 나라에서 많은 사람들이 영어로 소통할 수 있습니까?
There are not *many* books in the library. 그 도서관에 책들이 많지 않다.

2 'many of'

(many of + 복수대명사 · the · these · those · 소유격으로 시작하는 복수명사구) 형식은 특정한 그룹에 속하는 많은 사람이나 사물을 말할 때 사용한다.

Many of them were forced to leave their homes. 많은 사람들이 강제로 그들의 집에서 나갈 것을 강요당하고 있다.
Many of the plants had been killed by cold weather. 많은 식물들이 추운 날씨 때문에 동해를 입어 죽었다.
Many of his books are still available. 그가 집필한 많은 책은 여전히 구입 가능하다.

3 'many' used as a pronoun (대명사로 사용하는 many)

큰 집단의 사람이나 사물을 가리킬 때, many를 대명사로도 사용한다. 이는 상당히 격식을 차린 용법이다.

Many have asked themselves whether this was the right thing to do.
많은 사람들이 그들이 행하고 있는 일이 정당한 것인지에 대한 의문을 제시하고 있다.

> 주의 사물의 양을 말할 때는 many나 many of 대신 much나 much of를 사용한다.
> ○ Usage 표제어 much 참조.

4 'many more'

두 그룹의 사람이나 사물 간의 규모의 차이를 강조할 때, many more를 사용할 수 있다.

I have *many more* friends here than I did in my home town.
나는 고향에 있는 친구보다 여기에 더 많은 친구를 사귀었다.
We have had *many more* problems recently than before. 우리는 지금 전보다 더 많은 문제점들을 갖고 있다.

marmalade – jam – jelly

1 'marmalade'

marmalade는 오렌지, 레몬, 라임, 그레이프프루트로 만든 단 음식으로, 영국 사람들은 빵이나 토스트 위에 발라서 아침 식사의 일부로 먹는다.

I love toast with orange *marmalade*. 나는 토스트에 오렌지 마멀레이드를 발라 먹는 것을 좋아한다.

2 'jam' and 'jelly'

 영어에서 marmalade는 오렌지, 레몬, 라임, 그레이프프루트로 만든 음식만을 가리킨다. 예를 들면, 블랙베리, 딸기, 살구 등의 다른 과일로 만든 유사 음식을 가리킬 때는 사용하지 않는다. 이와 같은 음식은 영국 영어에서는 jam, 미국 영어에서는 jam이나 jelly라고 부른다.

I bought a jar of raspberry *jam*. 나는 나무딸기 잼 한 병을 샀다.
She made us *jelly* sandwiches. 그녀는 우리에게 젤리 샌드위치를 만들어 주었다.

marriage – wedding

1 'marriage'

marriage는 결혼한 상태 또는 남편과 아내의 관계를 뜻한다.

I wasn't interested in *marriage* or children. 나는 결혼이나 아이를 갖는 것에 관심이 없었다.
They have a very happy *marriage*. 그들은 행복한 결혼 생활을 해왔다.

결혼하는 행동을 가리킬 때에도 marriage를 사용할 수 있다.

Her family did not approve of her *marriage* to David. 그녀 가족은 그녀가 데이비드와 결혼하는 것에 반대했다.

2 'wedding'

그러나 두 사람이 결혼하는 의식을 가리킬 때는, 보통 marriage가 아닌 wedding을 사용한다.

He was not invited to the *wedding*. 그는 그 결혼식에 초대받지 못했다.

married – marry

1 'married to'

be *married to* someone은 상대방이 자신의 남편 또는 아내라는 뜻이다.

Her daughter was *married to* a Frenchman. 그녀의 사위는 프랑스인이었다.

2 'marry'

marry someone은 특별한 의식을 통해 상대방이 자신의 남편 또는 아내가 되어 '결혼하다'라는 뜻이다.

I wanted to *marry* him. 나는 그와 결혼하기를 원했다.

ℹ️ 'marry to' someone이라고 하지 않는데, I wanted to marry him.으로 사용할 수 없다.

3 'get married'

일반적으로 목적어 없이 marry를 사용하지 않는다. 예를 들면, a person marries나 two people marry가 아니다. 목적어 없이 사용할 경우, they *get married*라고 한다.

Lisa and Kunal are *getting married* next month. 리사와 쿠날은 다음 달에 결혼할 계획이다.
My parents want me to *get married* and settle down. 나의 부모님은 내가 결혼해 정착하기를 원하고 있다.

소설에서 때때로 marry를 목적어 없이도 사용하는데, 이는 오래된 용법이다.

Jane swore that she would never *marry*. 제인은 절대로 결혼하지 않겠다고 맹세했다.

masculine

◐ Usage 표제어 male – masculine 참조.

match

어떤 사물이 다른 사물과 색깔이나 디자인이 같아서 잘 어울리다라고 할 때, match를 사용한다.

The lampshades *matched* the curtains. 그 전등갓은 커튼과 잘 어울렸다.
He sometimes wore socks which did not *match*. 그는 자주 그에게 맞지 않는 양말을 신었다.

ℹ️ match to라고 하지 않아, The cushions match to the carpet.으로 사용할 수 없다.

mathematics – maths – math

mathematics는 숫자, 양, 도형 등에 관한 학습, 즉 '수학'이라는 뜻이다. 학교에서 수학을 과목으로 배울 때, 일반적으로 영국 영어에서는 maths, 미국 영어에서는 math라고 한다.

I enjoyed *maths* and that was my best subject. 나는 수학이 재미있었고 내가 가장 잘하는 과목이었다.
Julio teaches *math* at a middle school. 훌리오는 중학교에서 수학을 가르치고 있다.

학교에서 배우는 과목이 아닌 학문으로서의 수학을 얘기할 때는 maths나 math가 아닌 mathematics라고 한다.

According to the laws of *mathematics*, this is not possible. 수학의 법칙에 의하면 그것은 불가능하다.

mathematics, maths, math는 모두 불가산명사이므로, 단수동사를 사용한다. 예를 들면, '내가 가장 좋아하는 과목은 수학이다.'는 Maths are my best subject.가 아닌 Maths *is* my best subject.이라고 한다.

matter

matter

1 talking about a problem (문제를 말할 때 사용하기)

(what · something · anything · nothing + the matter) 형식은 어떤 문제나 어려움을 말할 때 사용한다. 형용사 wrong과 같은 뜻으로 the matter를 사용한다. 예를 들면, '무슨 문제가 있습니까?'는 Is something wrong? 대신 Is something the matter?라고 한다.

What's *the matter*? 무슨 문제가 있습니까?
There's something *the matter* with your eyes. 당신 눈에 무슨 문제가 있다.

ℹ️ 그 밖의 문장에서 위와 같은 뜻으로 the matter를 사용하지 않는다. 예를 들면, '문제는 우리는 그녀가 어디 있는지 모른다는 것이다.'는 The matter is that we don't know where she is.라고 하지 않는다. the matter 대신 the problem이나 the trouble을 사용해 The problem 또는 The trouble is that we don't know where she is로 사용한다.

The problem is that she can't cook. 그녀가 요리할 수 없다는 것이 문제이다.
The trouble is there isn't enough money. 문제는 우리가 충분한 돈을 갖고 있지 않다는 것이다.

2 'It doesn't matter'

상대방이 사과할 때, '괜찮아요.'라는 대답으로 It doesn't matter.라고 하며, **No matter.**라고 하지 않는다.

'I've only got dried milk.' – '*It doesn't matter*.' "나는 분유만 있어요." – "괜찮아요."

○ 사과에 응답하는 그 밖의 방법은 Topic 표제어 Apologizing 참조.

3 'no matter'

모든 상황에서 어떤 일이 일어나거나 어떤 일이 사실이라는 것을 나타낼 때, **no matter what**이나 **no matter how** 등으로 **no matter**를 사용한다.

He does what he wants, *no matter what* I say.
그는 내가 무슨 말을 해도 듣지 않고, 그가 원하는 일만 한다.
Call me when you get home, *no matter how* late it is.
당신이 집에 도착하면 아무리 늦더라도 저에게 전화해 주세요.

주된 진술의 내용을 놀라운 것으로 보이게 하는 어떤 것을 말할 때는 no matter가 아닌 in spite of를 사용한다. 예를 들면, '비가 오는 날씨에도 불구하고 우리는 경기를 계속 진행했다.'는 **No matter the rain, we carried on with the game.**이 아닌 *In spite of* the rain, we carried on with the game.이라고 한다.

In spite of he ill health, my father was always cheerful.
좋지 않은 건강 상태에도 불구하고 아버지께서는 항상 쾌활하셨다.

○ Usage 표제어 in spite of – despite 참조.

4 used as a countable noun (가산명사로 사용하기)

matter는 어떤 사람이 대처해야 하는 상황, 즉 '문제'라는 뜻이다.

I wanted to talk to you about a personal *matter*. 나는 당신에게 나의 개인적인 문제를 상의하고 싶다.
This is a *matter* for the police. 이 일은 경찰이 해결해야 할 사안이다.

방금 전에 이야기한 상황을 가리킬 때, 복수형 matters를 사용한다.

There is only one applicant for the job, which makes *matters* easier.
그 일자리에 단 한 명의 지원자만 있어서 일이 수월해졌다.
His attitude did not help *matters*. 그의 태도는 문제 해결에 도움이 되지 않는다.

matters가 위와 같은 뜻일 경우, matters 앞에 the를 붙이지 않는다.

may

○ Usage 표제어 might – may 참조.

me

1 'me'

me는 동사나 전치사의 목적어로 사용하며, '자기 자신'을 가리킨다.
Sara told *me* about her new job. 사라는 그녀의 새 직장에 대해 나에게 말해 주었다.
He looked at *me* curiously. 그는 나를 이상한 눈초리로 바라보았다.

> **주의** 표준 영어에서 I가 주어일 때, 문장의 간접목적어로 me를 사용할 수 없다. 예를 들면, '나는 술 한잔했다.'는 I got me a drink. 가 아닌 I got *myself* a drink.라고 한다.
> I poured *myself* a cup of tea. 나는 커피 한 잔을 컵에 부었다.
> I had set *myself* a time limit of two hours. 나는 스스로 2시간이라는 시간 제한을 두었다.
>
> 회화에서 me를 주어로 사용하기도 한다.
> *Me and my dad* argue a lot. 나와 나의 아버지는 많이 다툰다.
> *Me and Marcus* are leaving. 나와 마커스는 그곳을 떠날 것이다.
> 표준 영어에서, 문장의 주어의 일부분으로 me를 사용하지 않는다. 예를 들면, '내 친구와 나는 떠날 것이다'는 Me and my friend are leaving.이 아닌 *My friend and I* are leaving.이라고 한다.
> *My sister and I* were very disappointed with the service. 나와 나의 여동생은 그들의 서비스에 아주 실망했다.
> *Brad and I* got engaged last year. 브래드와 나는 작년에 약혼했다.

2 'it's me'

Who is it?(누구십니까?)이라고 질문을 받을 때, It's me.나 Me.라고 대답한다.
'Who is it?' – '*It's me*, Frank Rogers.' "누구세요?" – "저요. 프랭크 로저스입니다."

mean

mean은 일반적으로 동사로 쓰이며, mean의 과거와 과거분사는 meaned가 아닌 meant[ment]이다. mean은 단어나 표현의 뜻을 말할 때 사용한다. 예를 들면, What does "promissory" *mean*?('promissory'는 무슨 뜻입니까?)이라고 한다.
What does 'imperialism' *mean*? '제국주의'는 무슨 뜻입니까?
'Pandemonium' *means* 'the place of all devils'. '복마전'은 '모든 악마가 사는 곳'이라는 뜻이다.

ℹ️ 위와 같은 의문문에 조동사 does를 사용한다. 예를 들면, What means "promissory?"라고 하지 않는다.

(mean + -ing) 형식은 어떤 태도나 행동이 함축하고 있는 의미를 말할 때 사용한다.
Healthy living *means being* physically, spiritually and mentally healthy.
건강한 삶은 육체적, 영적, 정신적으로 건강한 상태를 유지하는 것을 의미한다.
I've got to do the right thing, even if it *means taking* a risk.
나는 그들이 실수를 저지르더라도 옳은 일을 실행했으면 한다.

어떤 사람이 가리키거나 의도한 것을 나타낼 때에도 mean을 사용한다.
That friend of Sami's was there. Do you know the one I *mean*?
새미의 그 친구가 그곳에 있었는데 내가 말하는 그 사람을 알고 있습니까?
I thought you *meant* that you wanted some more to eat.
나는 당신이 좀 더 먹기를 원한다는 뜻이라고 생각했다.

> **주의** 의견이나 믿음을 말할 때는 mean이 아닌 think나 believe를 사용한다. 예를 들면, '대부분의 감독은 그가 사임해야 한다는 의견을 갖고 있다.'는 Most of the directors mean he should resign.이 아닌 Most of the directors *think* he should resign.이라고 한다.
> I *think* a child has as much right to respect as an adult.
> 나는 어린이도 어른들과 똑같이 존중받아야 할 권리를 갖고 있다 생각한다.
> Most scientists *believe* that climate change is caused by human activity.
> 대부분의 과학자들이 기후 변화가 인간의 활동과 연관되어 있다고 믿고 있다.

meaning – intention – opinion

회화에서 'I mean'은 우리가 말한 것을 설명 또는 정정할 때 사용한다.

So what happens now? With your job, *I mean*.
자, 지금 무슨 일이 일어났나요? 특히 당신의 직장과 관련해서요.
I don't want to go. *I mean*, I want to, but I can't.
나는 그곳에 가고 싶지 않았다. 내 말은 내가 가고 싶었으나, 그러나 나는 갈 수 없었다.

meaning – intention – opinion

1 'meaning'

meaning은 단어, 표현, 몸짓 등이 나타내는 일이나 생각, 즉 '의미'라는 뜻이다.
The word 'guide' is used with various *meanings*. 'guide'라는 단어는 다양한 뜻으로 사용한다.
This gesture has the same *meaning* throughout Italy. 이 몸짓은 이탈리아 전역에서 같은 뜻으로 사용하고 있다.

meaning of what someone says는 어떤 사람이 표현하려 하는 것이라는 뜻이다.
The *meaning* of the remark was clear. 그 말이 의도하는 바는 명백했다.

2 'intention'

누군가가 의도하는 것을 가리킬 때는 meaning이 아닌 intention을 사용한다. 예를 들면, '그의 의도는 밤이 되기 전에 그 국경에 도달하는 것이었다.'는 His meaning was to reach the border before nightfall.이 아닌 His *intention* was to reach the border before nightfall.이라고 한다.
Their *intention* is to finish the work by Friday. 그들은 그 일을 금요일까지 마치려는 의도를 가졌다.

3 'opinion'

특정한 일에 대해 생각하는 것을 나타낼 때는 meaning이 아닌 opinion을 사용한다. 예를 들면, '나는 그가 사임을 해야 한다고 생각하는데, 당신은 어떤 의견을 갖고 있습니까?'는 I think he should resign. What's your meaning?이 아닌 I think he should resign. What's your *opinion*?이라고 한다.
My *opinion* is that this is the wrong thing to do. 내 의견은 이 일을 하는 것은 잘못된 일이라고 생각한다.

media

media는 명사이며, 또 다른 명사인 medium의 복수형이다.

1 'the media'

텔레비전, 라디오, 신문 등의 언론을 가리킬 때, the media라고 한다.
She refused to talk to *the media*. 그녀는 언론과의 소통을 거부했었다.

보통 the media에 복수동사를 사용하는 것이 옳다고 생각하지만, 일부 사람들은 단수동사를 사용한다.
The media *are* very powerful in influencing opinions. 미디어는 강력하게 여론에 영향을 미치고 있다.
The media *was* full of stories about the singer and her husband.
신문 방송은 그 가수와 가수 남편에 대한 이야기로 도배되고 있다.

회화에서는 media의 단수형이나 복수형을 모두 사용하지만, 격식을 차린 글에서는 복수형을 사용해야 한다.

2 'medium'

medium은 생각을 표현하거나 의사를 표현하는 방법, 즉 '매체'라는 뜻이다. medium의 복수형은 mediums나 media이다.
She is an artist who uses various *mediums* including photography and sculpture.
그녀는 사진과 조각 작품을 통한 다양한 매체를 사용하는 예술인이다.
They advertise through a range of different *media* – radio, billboards, and the internet.
그들은 라디오, 광고 게시판, 다이렉트 메일 등 다른 여러 가지를 통해 광고하고 있다.

meet

meet

meet는 일반적으로 동사이며, meet의 과거와 과거분사는 meeted가 아닌 met이다. meet은 어떤 장소에서 누군가를 우연히 만나 이야기하다라는 뜻이다.

I *met* a Swedish girl on the train. 나는 기차에서 스웨덴 소녀를 만났다.
I *have* never *met* his wife before. 나는 전에 그의 부인을 만난 적이 없다.

의도적인 만남을 가리킬 때, meet 또는 meet with 또는 meet up with를 사용한다.

This is an opportunity for parents to *meet* their child's teachers.
이 일은 학부모가 자녀의 선생님들을 만날 수 있는 좋은 기회이다.
She's *meeting up with* some of her friends on Saturday to go shopping.
그녀는 그녀의 친구들과 만나 토요일 쇼핑을 가기로 했다.

 meet with는 특히 미국 영어에서 흔히 사용한다.
We can *meet with* the professor Monday night. 우리는 월요일 저녁에 그 교수를 만날 수 있다.

memory

○ Usage 표제어 souvenir – memory 참조.

mention

○ Usage 표제어 comment – mention – remark 참조.

might – may

might와 may는 주로 가능성을 말할 때 사용하며, 요청을 하거나, 허락을 부탁하거나, 제안을 할 때 사용한다. might와 may를 같은 뜻으로 사용할 때 may는 might보다 더 격식을 차린 단어이며, 이때 might와 may는 조동사이다.

○ Grammar 표제어 Modals 참조.

회화에서는 부정형 mightn't를 자주 사용하며, mayn't는 잘 사용하지 않는다. 사람들은 보통 may not을 사용한다.

He *mightn't* have time to see you. 그가 당신을 만날 시간을 가졌는지 모른다.
It *may not* be as hard as you think. 그것은 당신이 생각하는 것처럼 그렇게 어려운 것이 아닐지도 모른다.

1 possibility: the present and the future(가능성: 현재와 미래)

어떤 일이 사실이거나 미래에 일어날 가능성이 있다고 할 때, might나 may를 사용한다.

I *might* see you at the party. 나는 그 파티에서 당신을 만날지도 모른다.
This *may* be why she enjoys her work. 이것이 그녀가 그녀의 일을 즐기는 이유일지 모른다.

같은 용법으로 could를 사용할 수 있지만 긍정문에서만 사용한다.

Don't eat it. It *could* be poisonous. 그것을 먹지 마세요. 유독할 수도 있어요.

○ Usage 표제어 can – could – be able to 참조.

어떤 일이 사실일 가능성이 상당히 높다고 할 때, might well이나 may well을 사용한다.

You *might well* be right. 당신이 옳을 가능성이 높다.
I think that *may well* be the last time we see him.
나는 그것이 우리가 그를 만난 마지막 시간이었을 가능성이 크다고 생각한다.

어떤 일이 사실이 아닐 가능성이 있다고 할 때, might not이나 may not을 사용한다.

He *might not* like spicy food. 그가 자극성 있는 음식을 좋아하지 않을지도 모른다.
That *may not* be the reason she left. 그것이 그녀가 그곳을 떠난 이유가 아닐지도 모른다.

might – may

USAGE

> 주의 어떤 일이 불가능하다고 할 때, **might not**이나 **may not** 대신 **could not, cannot, can't**를 사용한다.
> She _could not_ have known what happened unless she was there.
> 그녀가 그곳에 있지 않았다면 그곳에서 무슨 일이 일어났는지 알 수 없었을 것이다.
> He _cannot_ be younger than me. 그는 나보다 더 어릴 수 없다.
> You _can't_ talk to the dead. 당신은 죽은 사람과 이야기할 수 없다.

어떤 일이 가능성이 있는지 물어볼 때, **may**를 사용하지 않는다. 예를 들면, '그가 옳을 수도 있어요?'는 ~~May he be right?~~가 아닌 _Might_ he be right?나 보통 _Could_ he be right?라고 한다.
Might we have got the date wrong? 우리가 그 날짜를 착각하고 있을지 모른다.
Could this be true? 이것이 사실일 수 있는가?

마찬가지로 '무슨 일이 일어날까?'는 ~~What may happen?~~이 아닌 보통 What _is likely to_ happen?이라고 한다.
What _are likely to_ be the effects of these changes? 이러한 변화의 영향으로 어떤 현상이 일어날 수 있는가?

2 possibility: the past (가능성: 과거)

[might have + 과거분사] 형식이나 [may have + 과거분사] 형식은 과거에 어떤 일이 일어났을 가능성은 있으나 실제로 일어났는지, 또는 일어나지 않았는지는 알 수 없다고 할 때 사용한다.
Jorge didn't play well. He _might_ have been feeling tired.
조지는 그 경기에서 잘하지 못했는데, 그가 피곤했을 가능성이 크다.
I _may have_ been a little unfair to you. 나는 지금까지 당신에게 불공정하게 대했는지도 모른다.

[could have + 과거분사] 형식도 위와 비슷하게 사용한다.
It _could have_ been one of the staff that stole the money. 그 직원들 한 명이 그 돈을 훔쳐 갔을 가능성이 크다.

[might have + 과거분사] 또는 [could have + 과거분사] 형식은 어떤 일이 과거에 일어나지 않았지만 일어날 가능성은 있었다는 뜻으로, 이러한 뜻에 [may have + 과거분사] 형식을 사용하지 않는다. 예를 들면, '만약 그가 발목을 다치지 않았더라면 경주에서 우승했을 수도 있었다.'는 ~~If he hadn't hurt his ankle, he may have won the race.~~가 아닌 If he hadn't hurt his ankle, he _might have_ won the race.라고 한다.
A lot of men died who _might have_ been saved. 구조될 수도 있었던 많은 사람이 목숨을 잃었다.

[might not have + 과거분사] 또는 [may not have + 과거분사] 형식은 어떤 일이 과거에 일어나지 않았거나 사실이 아니었을 가능성이 있다고 할 때 사용한다.
They _might not have_ got your message. 그들이 당신의 메시지를 받지 못했을 가능성이 있다.
Her parents _may not have_ realized what she was doing.
그 부모는 그녀가 하고 있는 일을 감지하지 못했을 가능성이 있다.

> 주의 어떤 일이 과거에 일어났거나 사실이었다는 것은 불가능한 일이라고 할 때는 **might not have**나 **may not have**가 아닌 **could not have**나 영국 영어에서는 **can not have**를 사용한다.
> They _could not have_ guessed what was going to happen.
> 그들은 어떤 일이 일어날지 추측하지 못했을 수도 있을 가능성이 있다.
> The measurement _can't have_ been wrong. 그 측정에 잘못이 있었다는 것은 불가능한 일이다.

3 requests and permission (요청과 허락)

격식을 차려서 어떤 일을 요청하고 부탁하거나 허락할 때, **might**와 **may**를 사용한다.
Might I ask a question? 질문을 하나 해도 됩니까?
You _may_ leave the table. 식탁에서 일어나셔도 됩니다.

- 더 많은 정보는 Topic 표제어 Requests, orders, and instructions 참조.
- 더 많은 정보는 Topic 표제어 Permission 참조.

4 suggestions (제안)

정중한 제안에도 **might**를 사용한다.

You *might* like to read this and see what you think. 당신이 이것을 읽고 당신의 생각을 말해 줄 수 있을지도 모른다.
I think it *might* be better to switch off your phone. 당신의 전화기 전원을 끄는 것이 좋을 것 같아요.

○ 제안하는 방법에 대한 더 많은 정보는 Topic 표제어 Suggestions 참조.

migrate – migration – migrant

○ Usage 표제어 emigration – immigration – migration 참조.

million

a million이나 one million은 '백만'이라는 뜻이다.
Profits for 2020 were over $100 *million*. 2020년의 수익은 1억 달러였다.

ℹ million 앞에 다른 숫자를 넣을 때, million에 -s를 붙이지 않는다. 예를 들면, '5백만 명의 사람들'은 five millions people이 아닌 five million people이라고 한다.
Over five *million* people visit the country every year. 매년 500만의 방문객이 그 나라를 방문하고 있다.

mind

mind는 명사나 동사로 사용한다.

1 used as a noun(명사로 사용하기)

mind는 생각할 수 있는 능력, 즉 '마음', '정신', '지능'이라는 뜻이다.
Psychology is the study of the human *mind*. 심리학은 인간의 마음을 연구하는 학문이다.
I did a crossword puzzle to occupy my *mind*. 나는 나의 마음을 집중하기 위해 크로스워드 게임을 했다.

2 'make up one's mind'

어떤 일을 하기로 결심할 때, *make up one's mind* to do something이라고 한다.
I couldn't *make up my mind* whether to stay or go. 나는 머물지 가야 할지에 대해 결정을 내리지 못하고 있다.
She *made up her mind* to look for a new job. 그녀는 새로운 직장을 찾기로 결심했다.

ℹ 위의 표현 뒤에 -ing형이 아닌 to부정사를 사용해야 한다.

3 used as a verb(동사로 사용하기)

어떤 일을 하는 것에 반대하지 않는 경우, *don't mind doing* something이라고 한다.
I *don't mind walking*. 나는 걷는 것을 싫어하지 않는다.

ℹ 'do not mind to do' something이라고 하지 않는다.

I don't mind는 '어떤 상황이나 제안에 반대하지 않는다'는 것이다.
It was raining, but *we didn't mind*. 비가 오고 있었지만 우리는 아랑곳하지 않았다.
'Would you rather go out or stay in?' – '*I don't mind*.'
"외출하시겠어요, 아니면 집에 계시겠어요?" – "어떻게 해도 상관없어요."

ℹ 위 뜻에 I don't mind it.을 사용할 수 없다.

아주 예의 바른 표현으로 Would you mind -ing 형식을 사용한다.
Would you mind turning your music down a little? 음악 소리를 조금 낮추어 주시면 감사하겠습니다.
He asked us if we *would mind waiting* outside. 그는 정중하게 우리보고 밖에서 기다려 달라고 요청했다.

mistake

1 'mistake' and 'error'

mistake는 단어를 잘못 쓰는 등의 누군가가 저지르는 옳지 않거나 불행한 일, 즉 '실수'라는 뜻이다. *make a*

moment

USAGE

mistake는 잘못을 저지르다라는 뜻이다.
He *made* a terrible *mistake*. 그는 중대한 잘못을 저질렀다.
We *made* the *mistake* of leaving our bedroom window open. 우리는 침실 창문을 열어 놓는 실수를 했다.
ℹ️ 'do' a mistake라고 하지 않는다.

격식을 차린 표현은 error로 someone makes an error는 '누가 에러를 저지르다'이다.
The letter contained several spelling *errors*. 그 편지에는 여러 개의 철자가 틀린 단어들이 있었다.
He *made* a serious *error* in sending the man to prison. 그는 그 사람을 감옥으로 보내는 심각한 잘못을 저질렀다.

someone does something by mistake or in error는 '어떤 사람이 실수로 특정한 일을 했었다'이다.
I went into the wrong room *by mistake*. 나는 그때 실수로 엉뚱한 방에 들어갔었다.
She was given another student's report *in error*. 그녀는 실수로 다른 학생의 성적표가 그녀에게 주어졌다.

2 'fault'

기계나 구조물에 고장 난 것을 가리킬 때는 mistake가 아닌 fault를 사용한다.
The machine has developed a *fault*. 기계가 고장이 났다.
I tried to call him on the phone, but there was some sort of *fault* on the line.
나는 그에게 전화를 여러 번 했으나, 그러나 전화선에 약간의 문제점이 있는 것 같았다.

moment

1 'moment'

moment는 매우 짧은 시간, 즉 '순간'이라는 뜻이다.
She hesitated for only a *moment*. 그녀는 아주 잠깐 주저했다.
A few *moments* later he heard footsteps. 잠시 후 그는 발자국 소리를 들었다.

2 'the moment'

어떤 일이 다른 일과 동시에 또는 그 직후에 일어나거나 행해질 때, the moment를 접속사로 사용한다.
The moment I heard the news, I rushed over to her house.
나는 그 뉴스를 듣는 순간 그녀 집으로 그녀를 만나러 뛰어갔다.
The moment he *arrives*, ask him to come and see me.
그가 도착하는 순간 그에게 (나에게) 와서 나를 만나라고 말해 주세요.

3 'at the moment'

at the moment는 '지금'이란 뜻이다.
I'm very busy *at the moment*. 나는 지금 아주 바쁜 상태에 있다.

4 'in a moment'

in a moment는 '곧'이란 뜻이다.
Wait there – I'll be back *in a moment*. 여기서 기다리세요. 제가 여기로 곧 돌아올 것입니다.

money

money는 사물을 살 때 사용하는 '동전'이나 '지폐'이다. money는 불가산명사이므로, moneys나 a money라고 하지 않는다.
I spent all my *money* on clothes. 내가 가진 모든 돈을 옷들을 사는 데 다 써버렸다.
They don't have much *money*. 그들은 돈이 거의 남아 있지 않았다.

money가 주어인 경우, 단수동사를 사용한다.
My money *has* all gone. 나는 돈을 다 써 버렸다.
Money *isn't* the most important thing. 돈은 우리 인생에 가장 중요한 것이 아니다.

more

1 talking about a greater number or amount(더 많은 수나 양에 대해 말하기)

더 많은 수의 사람이나 사물 또는 어떤 것의 더 많은 양을 나타낼 때, more나 more of를 사용한다.

〔more + 한정사·소유격이 없는 명사〕 형식을 사용한다.

There are *more people* going to university than ever before.
요즈음은 전보다 더 많은 사람들이 대학에 진학하고 있다.
They are offered *more food* than they need. 그들은 필요한 양보다 더 많은 음식을 제공받는다.

〔more of + 대명사〕 또는 〔more of + 한정사·소유격 + 명사〕 형식을 사용한다.

There are *more of them* looking for work now. 그들 중 직장을 구하고 있는 사람들이 많다.
I've read *more of his novels* than anybody else's. 나는 다른 어떤 사람보다 그의 소설을 더 많이 읽어 왔다.

2 talking about an additional number or amount(추가하는 숫자나 양을 말하기)

사람이나 사물의 숫자를 추가하거나 어떤 것의 양을 추가할 때에도 more나 more of를 사용한다.

More police officers will be brought in. 더 많은 경찰관이 오게 될 것이다.
We need *more information*. 우리는 더 많은 정보가 필요하다.
More of the land is needed to grow crops. 농작물을 키우기 위해 더 많은 땅이 필요하다.
I ate some *more of her cookies*. 나는 그녀의 과자를 조금 더 먹었다.

3 used with modifiers(수식어와 함께 사용하기)

〔수식어 some·any·a lot + more·more of〕 형식을 사용한다.

We need to buy *some more* milk. 우리는 밀크를 조금 더 살 필요가 있다.
I don't want to take up *any more of* your time. 나는 당신의 시간을 더 이상 빼앗는 것을 원하지 않는다.
She plans to invite *a lot more* people. 그녀는 더 많은 사람들을 초대할 계획이다.

다음 단어와 표현은 〔수식어 + more·more of + 복수명사〕 형식에 사용한다.

any	far	lots	many
no	several	some	a few
a good many	a great many	a lot	

다음 단어와 표현은 〔수식어 + more·more of + 불가산명사·단수대명사〕 형식에 사용한다.

any	far	lots	much
no	rather	some	a bit
a good deal	a great deal	a little	a lot

ℹ️ 〔수식어 + more·more of + 불가산명사·단수대명사〕 형식에 many, several, a few, a good many, a great many를 사용하지 않아, I need ~~a few~~, ~~a bit~~ or ~~a little~~ more money.라고 하지 않는다.

4 'more than'

한 그룹의 사람이나 사물이 특정한 숫자보다 더 많을 경우, 그 숫자 앞에 more than을 사용한다.

Police arrested *more than 70* people. 경찰은 70명 이상을 체포했다.
He had been awake for *more than forty-eight* hours. 그는 48시간 동안 이상 깨어 있었다.

〔more than + 숫자 + 복수명사〕 형식이 주어인 경우, 복수동사를 사용한다.

More than 100 people *were* injured. 100명 이상의 사람이 부상당했었다.
More than a thousand cars *pass* over this bridge every day.
매일 천 대 이상의 자동차가 이 다리를 통과하고 있다.

morning

276

5 used in comparatives (비교급에 사용하기)

비교급을 만들 때, (more + 형용사·부사) 형식을 사용하는 경우가 있다.

My children are *more important* than my job. 나의 자식들이 나의 직장보다 더 소중하다.
Next time, I will choose *more carefully*. 다음에는 더욱 신중히 선택할 것이다.

○ Grammar 표제어 Comparative and superlative adjectives와 Comparative and superlative adverbs 참조.

---

morning

morning은 일어날 때 또는 동이 터서 정오나 점심시간까지의 시간인 하루의 일부분이다.

○ Topic 표제어 Time 참조.

1 the present day (오늘)

'오늘 아침'은 this morning이라고 한다.

His plane left *this morning*. 그가 탄 비행기는 오늘 아침에 떠났다.
'When did the letter come?' - '*This morning*.' "그 편지가 언제 왔어요?" - "오늘 아침이요."

'어제 아침'은 yesterday morning이라고 한다.

They held a meeting *yesterday morning*. 그들은 어제 아침 회의를 했었다.

'내일 아침'은 tomorrow morning이나 in the morning이라고 한다.

I've got to go to work *tomorrow morning*. 나는 내일 아침에 일하러 가야 한다.
Phone him *in the morning*. 내일 아침에 그에게 전화하세요.

2 single events in the past (과거에 일어난 일)

과거의 특정한 어느 날 아침에 어떤 일이 일어났다고 하는 경우, (on + 특정한 날 아침) 형식을 사용한다.

We left after breakfast *on Sunday morning*. 우리는 일요일 아침 식사 후에 떠났다.
On the morning of the exam, she felt sick. 그 시험 날 아침 그녀는 몸이 아팠다.

특정한 날에 일어난 일을 묘사하는 경우, that morning이나 in the morning이라고 할 수 있다.

I was late because *that morning* I had missed my train. 내가 늦은 건 그날 아침 내가 탈 기차를 놓쳤기 때문이다.
There had already been a meeting *in the morning*. 그날 아침 회의가 이미 끝나 버렸다.

과거 어떤 날에서 그 전날의 아침 동안 일어난 일에 대해 언급하고자 할 때, the previous morning을 사용한다.

I remembered what she had told me *the previous morning*.
나는 그 전날 아침 그녀가 나에게 한 말을 기억하고 있었다.

'그 다음날 아침'은 the next morning, in the morning, next morning, the following morning이라고 한다.

The next morning I got up early and ate my breakfast. 그 다음 날 아침에 나는 일찍 일어나서 아침밥을 먹었다.
In the morning Bernard wanted to go out for fresh milk.
그 다음 날 아침에 버나드는 신선한 우유를 사러 나가기를 원했다.
Next morning we drove over to Grandma's. 다음 날 아침 우리는 차를 몰고 할머니 집에 갔었다.
The ship was due to sail *the following morning*. 그 배는 그 다음 날 아침에 출항할 예정이었다.

소설에서 특정한 날이 아닌 과거의 어느 날 아침에 어떤 일이 일어났다고 하는 경우, it happened one morning이라고 한다.

One morning, I was walking to school when I met Dan. 어느 날 아침 내가 학교에 가는 중에 던을 만났다.
He woke up *one morning* and found she was gone. 어느 날 그가 잠에서 깨어나 보니 그녀가 사라져 버렸다.

3 talking about the future (미래에 대해 말하기)

어떤 일이 미래의 특정한 날 아침에 일어날 것이라고 하는 경우, (on + 특정한 날 아침) 형식을 사용한다.

They're coming to see me *on Friday morning*. 그들은 금요일 아침에 나를 만나러 올 것이다.

He will probably feel very nervous *on the morning of the wedding*.
그는 아마도 결혼식 날 아침 긴장된 감정을 느낄 것이다.

어떤 일이 아침에 일어날 것이다라는 뜻으로 이미 미래의 어떤 날에 대해서 이야기하고 있는 중이라면, **something will happen** *in the morning*이라고 한다.
Our plane leaves at 4 pm on Saturday, so we will have time to pack our bags *in the morning*.
우리 비행기가 오후 4시에 출발하므로 우리는 우리의 짐들을 그날 아침에 꾸릴 것이다.

미래의 일을 말하다가 무언가가 다음날 아침에 일어날 것이라고 할 때, **the following morning**을 사용한다.
I will finish the report on Tuesday evening and send out copies *the following morning*.
나는 화요일 저녁에 보고서를 마무리하고 다음 날 아침에 복사본을 보낼 것이다.

4 regular events(규칙적인 일)

어떤 일이 매일 아침마다 규칙적으로 일어날 때, **in the morning**이나 **in the mornings**를 사용한다.
Chris usually went swimming *in the morning*. 크리스는 아침마다 수영하러 갔다.
The museums is only open *in the mornings*. 그 박물관들은 아침에만 개관할지도 모른다.

어떤 일이 일주일에 한 번 특정한 요일의 아침에 일어날 때 [on + 요일 + mornings] 형식을 사용한다.
The post office is closed *on Wednesday mornings*. 그 우체국은 토요일 아침에 업무를 보지 않는다.
They did their grocery shopping *on Saturday mornings*. 그들은 야채 쇼핑을 토요일 아침마다 했다.

🇺🇸 미국 영어에서는 위와 같은 경우, **mornings**를 전치사 없이 부사로 사용할 수 있다.
Mornings, she went for a walk if the weather was fine. 아침마다 날씨가 좋으면 그녀는 걷기 운동을 했다.

5 exact times(정확한 시간)

정확한 시간을 언급하고, 그 시간이 자정부터 정오 사이의 시간일 때, **in the morning**을 붙인다.
They sometimes had meetings at seven *in the morning*. 그들은 자주 아침 7시에 회의를 한다.
We didn't get to bed until four *in the morning*. 우리는 그날 아침 4시까지 잠을 자지 못했다.

most

1 used to mean 'the majority' or 'the largest part'
(the majority나 the largest part의 뜻에 사용하기)

어떤 그룹의 사물이나 사람들의 대부분 또는 가장 큰 부분을 나타낼 때, **most**나 **most of**를 사용한다.

[most + 복수명사] 형식을 사용한다.
Most people agree that stealing is wrong. 대부분의 사람들은 훔치는 행위를 잘못된 일이라고 동의한다.
In *most schools*, sports are compulsory. 대부분의 학교에서 운동은 필수 과목이다.

[most of + 대명사 · 한정사 · 소유격 + 명사] 형식을 사용한다.
Most of them enjoy music. 그들 대부분은 음악을 즐기고 있다.
He used to spend *most of his time* in the library. 그는 대부분의 시간을 도서관에서 보내곤 했다.

🚫 most가 위와 같은 뜻인 경우, [한정사 + most] 형식을 사용하지 않아, 'the most part' of something이라고도 하지 않는다. 예를 들면, '그녀는 포도주의 대부분을 마셨다.'는 ~~She had drunk the most part of the wine.~~이 아닌 She had drunk *most of* the wine.이라고 한다.

2 used to form superlatives(최상급을 만들 때 사용하기)

최상급을 만들 때, [most + 형용사 · 부사] 형식을 사용한다.
The head is the *most sensitive* part of the body. 머리는 가장 예민한 신체 부위이다.
These are foods the body can digest *most easily*.
이러한 식품들은 우리가 몸에서 가장 쉽게 소화시킬 수 있는 것이다.

⭕ Grammar 표제어 Comparative and superlative adjectives와 Comparative and superlative adverbs 참조.

movie

movie
○ Usage 표제어 film 참조.

much

1 'very much'

어떤 것이 상당히 사실이라고 할 때, very much를 사용한다.

I enjoyed it *very much*. 나는 그것을 아주 많이 즐겼다.

very much를 타동사와 함께 사용할 경우, 일반적으로 목적어 뒤에 오며 동사 바로 뒤에 very much를 사용하지 않는다. 예를 들면, '나는 그 파티를 매우 즐겼다.'는 I enjoyed very much the party.가 아닌 I *enjoyed the party very much*.라고 한다.

> 주의 긍정문에서는 very 없이 much만을 사용하지 않는다. 예를 들면, '나는 그것을 아주 많이 즐겼다.'는 I enjoyed it much.가 아닌 I enjoyed it *very much*.라고 한다. 다른 예로, '우리는 당신에게 선물을 매우 주고 싶다.'는 We'd much like to give you a present.가 아닌 We'd *very much* like to give you a present.라고 한다.
>
> 부정문에서는 very 없이 much를 사용할 수 있다.
> I didn't like him *much*. 나는 그를 별로 좋아하지 않았다.
> The situation isn't likely to change *much*. 상황이 별로 변할 것 같지 않다.

2 'much' meaning 'often'

부정문과 의문문에서 '자주'라는 뜻으로도 much를 사용한다.

She doesn't talk about them *much*. 그녀는 그들에 대해서 자주 말하지 않는다.
Does he come here *much*? 그가 여기에 자주 방문합니까?

> 주의 긍정문에서는 '자주'라는 뜻으로 much가 아닌 often을 사용한다. 예를 들면, '그는 여기에 자주 온다.'는 He comes here much.가 아닌 He *often* comes here.라고 한다.

정도를 나타낼 때 사용하는 단어와 표현이 많이 있다.

○ 분류 목록은 Grammar 표제어 Adverbs and adverbials 참조.

3 used with comparatives (비교급과 함께 사용하기)

(much · very much + 비교급 형용사 · 비교급 부사) 형식으로도 사용한다. 예를 들면, 두 사물의 크기의 차이를 강조하는 경우, one thing is *much bigger/very much bigger* than the other라고 한다. 이는 어떤 것이 다른 것보다 훨씬 더 크거나 아주 훨씬 더 크다라는 뜻이다.

She was *much older* than me. 그녀는 나보다 훨씬 더 나이가 많았다.
Now I can work *much more quickly*. 이제 훨씬 더 빨리 완수할 수 있다.

(much more · very much more + 명사) 형식은 두 사물의 양의 차이를 강조할 때 사용한다.

She needs *much more time* to finish the job. 그녀가 그 일을 마치는 데 많은 시간이 필요하다.
We had *much more fun* than we expected. 우리는 기대했던 것보다 훨씬 더 많은 재미를 느꼈었다.

4 'much too'

(much too + 형용사) 형식은 어떤 일을 할 수 없거나 이루지 못한 이유가 필요 이상으로 많은 어떤 성질을 가졌다고 말할 때 사용한다.

The bedroom were *much too cold*. 그 방은 너무 추웠다.
The price is *much too high* for me. 그 가격은 나에게 너무 비싸다.

> 위와 같은 문장에서 (too much + 형용사) 형식은 사용하지 않는다. 예를 들면, The rooms were too much cold.라고 하지 않는다.

much

5 used as a determiner(한정사로 사용하기)

〔much + 불가산명사〕 형식은 어떤 것의 많은 양을 말할 때, 일반적으로 부정문, 의문문이나 too, so, as 뒤에서 사용한다.

I don't think there is *much risk* involved. 나는 그것이 많은 위험 요소를 갖고 있다고 생각하지 않는다.
Is this going to make *much difference*? 이것이 아주 큰 차이를 나타낼까요?
It gave the President *too much power*. 그것은 대통령에게 너무 많은 권력을 주었다.
My only ambition is to make *as much money* as possible.
나의 단 한 가지 야망은 가능한 한 많은 돈을 버는 것이다.

긍정문에서 much 대신 a lot of를 사용한다.
There is *a lot of risk* involved in what he's doing. 그가 하는 일에 아주 많은 위험 요소가 도사리고 있다.

○ Usage 표제어 lot 참조.

글에서 추상 명사 앞에 much를 사용한다.
Much emphasis has been placed on equality of opportunity in education.
교육에 균등한 기회를 제공하는 것에 크게 중점이 주어지고 있다.

6 'much of'

〔much of + 대명사 it · this · that〕 형식을 사용하며, much of 대신에 much를 사용하지는 않는다.
We saw a film but I don't remember *much of it*.
우리는 그 영화를 보았지만 그러나 그 내용이 거의 생각나지 않는다.
Much of this is already possible. 이것의 많은 부분이 이미 가능하다.

〔much of + 한정사 · 소유격으로 시작하는 명사구〕 형식으로도 사용한다.
Much of the food was vegetarian. 그 음식들 대부분이 채식주의자를 위한 것이었다.
Carla spends *much of her time* helping other people.
칼라는 그녀의 많은 시간을 다른 사람들을 돕는 일에 쓰고 있다.

긍정문에서 a lot of를 사용한다.
She spends *a lot of her free time* reading. 그녀는 자유 시간 거의를 독서로 보내고 있다.

○ Usage 표제어 lot 참조.

7 used as a pronoun(대명사로 사용하기)

어떤 것의 많은 양을 가리킬 때, 대명사로 much를 사용할 수 있다.
There wasn't *much* to do. 할 일이 많지 않았다.
Much has been learned about how the brain works. 두뇌가 어떻게 작동되는지에 대해 많은 지식이 쌓여 있다.

🔳 긍정문에서 목적격 대명사로 보통 much가 아닌 a lot을 사용한다. 예를 들면, '그는 나비에 대해 많이 알고 있다.'는 He knows much about butterflies. 대신, He knows *a lot* about butterflies.라고 한다.
She talks *a lot* about music. 그녀는 음악에 대해 많이 알고 있다.
I've learned a *lot* from him. 나는 그에게서 많은 것을 배웠다.

○ Usage 표제어 lot 참조.

8 'how much'

가격을 물어볼 때, how much를 사용한다.
I like that dress – *how much* is it? 저 드레스가 마음에 드는데, 얼마입니까?

○ Usage 표제어 how much 참조.

> 주의 많은 수의 사람들이나 사물을 말할 때, much나 much of가 아닌 many나 many of를 사용한다.
> ○ Usage 표제어 many 참조.

must

USAGE

must

must는 조동사로, 보통 어떤 것이 필요하거나 사실이라는 것을 믿는다고 할 때 사용한다.

○ Grammar 표제어 Modals 참조.

1 'must', 'have to', 'have got to', 'need to'

have to, have got to, need to는 때때로 must와 같은 뜻으로 사용한다.

🏳 have got to는 격식 있는 영국 영어나 미국 영어에서 사용하지 않는다.

must의 부정형은 must not이나 mustn't이며, have to와 have got to의 부정형은 don't have to와 haven't got to이다. need to의 부정형은 need not, needn't, don't need to이다. 그러나 이들 부정형이 모두 같은 뜻을 가지고 있는 것은 아니며, 이에 대한 설명은 아래 negative necessity에 있다.

2 necessity in the present(현재의 필요성)

must, have to, have got to, need to는 모두 어떤 일이 이루어져야 한다고 할 때 사용한다.

I _must_ go now. 나는 곧바로 나가야 한다.
You _have to_ find a solution. 당신은 어떤 해결책을 찾아야 한다.
We've _got to_ get up early tomorrow. 우리는 내일 아침 일찍 일어나야 한다.
A few things _need to_ be done before we can leave. 우리가 여기를 떠나기 전 몇 가지 일들을 해 놓을 필요가 있다.

must 뒤에는 to부정사가 아닌 원형부정사를 사용한다.

어떤 일이, 예를 들어 자기 일의 일부여서 규칙적으로 해야 한다고 말하는 경우, must가 아닌 have to를 사용해야 한다.

She _has to_ do all the cooking and cleaning. 그녀는 모든 요리와 청소를 해야만 한다.
We always _have to_ write to our grandparents to thank them for our birthday gifts.
우리는 할머니가 생일 선물을 보내 준 것에 항상 감사하다는 편지를 보내야 한다.

특정한 때에 어떤 일을 해야 한다고 말하는 경우, have got to를 사용하나, 미국 영어는 have to이다.

I've _got to_ go and see the headmaster. 나는 그곳에 가서 교장 선생을 만나야 한다.
We _have to_ take all these boxes upstairs. 우리는 이 모든 박스들을 이층으로 옮겨야 한다.

격식을 차린 영어에서 규칙이나 법에 따라 어떤 일을 해야 한다고 말하는 경우, must를 사용한다.

You _must_ submit your application by the end of this month. 당신의 신청서를 이달 말까지 꼭 제출해 주세요.

3 necessity in the past(과거의 필요성)

어떤 일이 과거에 필요했다고 말하는 경우, must가 아닌 had to를 사용한다.

She couldn't stay because she _had to_ go to work. 그녀는 더 체류할 수 없었는데, 왜냐면 바로 일을 하러 가야 했다.
We _had to_ sit in silence. 우리는 침묵 속에 앉아 있어야 했다.

4 necessity in the future(미래의 필요성)

어떤 일이 미래에 필요할 것이라고 말하는 경우, will have to를 사용한다.

He'_ll have to_ go to hospital. 그는 병원으로 가야 한다.
We _will have to_ finish this tomorrow. 우리는 이 일을 내일까지 마쳐야 한다.

5 negative necessity(부정의 필요성)

어떤 일을 하지 않는 것이 중요하다고 말할 때, must not이나 mustn't를 사용한다.

You _must not_ be late. 당신은 지각해서는 안 된다.
We _mustn't_ forget the tickets. 당신은 그 표들을 잊지 말고 가져와야 한다.

어떤 일을 할 필요가 없다고 말하는 경우, don't have to, haven't got to, needn't, don't need to를 사용한다.

You ***don't have to*** eat everything on your plate. 당신 접시에 있는 모든 음식을 당신이 다 먹어야 할 필요가 없다.
I ***haven't got to*** work tomorrow, so I can sleep late. 나는 내일 일을 갈 필요가 없어 늦잠을 잘 수 있을 것이다.
You ***don't need to*** explain. 당신은 그것에 대해 설명할 필요가 없다.

> 주의 어떤 일을 할 필요가 없다고 말할 때, must not, mustn't, have not to를 사용하지 않는다.

과거를 말하고, 과거의 특정한 때에 어떤 일을 해야 할 필요가 없었다고 말하는 경우, didn't have to나 didn't need to를 사용한다.

Fortunately, she ***didn't have to*** choose. 다행스럽게도 그녀는 선택해야 할 필요가 없었다.
I ***didn't need to*** say anything at all. 나는 전혀 아무 말도 할 필요가 없었다.

○ Usage 표제어 need 참조.

6 strong belief(강한 믿음)

특정한 사실이나 상황 때문에 어떤 일이 사실이라는 강한 믿음을 갖고 있다고 할 때, must를 사용한다.

There ***must*** be some mistake. 어떤 실수가 있음에 틀림없다.
Oh, you ***must*** be Sylvia's husband. 오, 당신은 실비아의 남편임에 틀림없군요.

위와 같은 방식으로 have to, have got to를 사용할 수 있으나, 주어가 you인 경우에는 사용할 수 없다.

There ***has to*** be some kind of way out. 해결할 방법이 있음에 틀림없다.
Money ***has got to*** be the reason. 돈이 그 원인임에 틀림없다.

(must + be + -ing) 형식은 어떤 일이 일어나고 있다고 믿고 있다고 할 때 사용한다.

He isn't in his office. He ***must be working*** at home. 그는 사무실에 없다. 그는 집에서 일하고 있을 것이다.
You ***must be getting*** tired. 당신은 피곤함을 느끼고 있는 것이 확실하다.

> 주의 어떤 일이 일어나고 있음을 믿고 있다고 할 때 (must + be + -ing) 형식을 사용하고, (must + 동사원형) 형식을 사용하지 않는다. 예를 들면, '그는 현재 사무실에 없다. 집에서 일하고 있는 중임에 틀림없다.'는 ~~He isn't in his office. He must work at home.~~이 아닌 He isn't in his office. He ***must be working*** at home.이라고 한다.

어떤 것이 사실이 아니라고 믿고 있다고 말하는 경우에는 must not이나 have not to가 아닌 cannot이나 can't를 사용한다.

The two statements ***cannot*** both be correct. 두 진술이 모두 옳을 수는 없다.
You ***can't*** have forgotten me. 당신이 나를 잊었을 리가 없다.

○ Usage 표제어 can – could – be able to 참조.

N n

named

○ Usage 표제어 called – named 참조.

nation

nation은 사회적, 정치적 구조를 가진 '나라'라는 뜻이다.

These policies require cooperation between the world's industrialized *nations*.
이러한 정책들은 세계의 공업화된 나라들 사이에서 협동을 필요로 한다.

어떤 나라의 국민을 가리킬 때에도 nation을 사용할 수 있다.

The President asked the *nation* to be patient. 대통령은 국민들에게 인내를 요구했다.

🛈 nation은 독립된 국가를 형성하지는 않았지만 같은 언어나 역사를 공유하는 사람들을 나타낼 때도 사용한다.

We studied the traditions and culture of the Great Sioux *Nation*. 수 족의 전통과 문화에 대해 우리는 연구했다.

그러나 단순히 장소를 가리킬 때는 nation이 아닌 country를 사용한다. 예를 들면, '당신은 어느 나라에서 왔습니까?'는 ~~What nation do you come from?~~이 아닌 What *country* do you come from?이라고 한다.

There are over a hundred edible species growing in this *country*. 이 나라에는 식용 식물이 100가지 이상 있다.

Have you any plans to leave the *country* in the next few days?
당신은 앞으로 며칠 사이에 이 나라를 떠날 계획을 갖고 있습니까?

nationality

nationality는 누군가가 법적으로 어느 나라에 속해 있는지를 나타내는 '국적'이라는 뜻이다. 예를 들면, 어떤 사람이 벨기에 국적을 가지고 있다고 할 때는 someone has Belgian *nationality*라고 한다.

He's got British *nationality*. 그는 영국 국적의 사람이다.

They have the right to claim Hungarian *nationality*. 그들은 헝가리 국적이라고 주장할 수 있는 권리가 있다.

🛈 사물의 원산지를 나타낼 때는 nationality를 사용하지 않는다. 예를 들면, '어떤 것이 스웨덴산이다.'는 ~~Something has Swedish nationality.~~가 아닌 Something *comes from* Sweden.이나 Something *was made in* Sweden.이라고 한다.

The best vanilla *comes from* Mexico. 가장 최고의 바닐라는 멕시코산이다.

All of the trucks that Ford sold in Europe were *made in* Britain.
유럽에서 파는 모든 포드 트럭들은 영국에서 만들어진 것이다.

nature

1 'nature'

살아 있는 모든 생물과 자연적인 과정을 나타낼 때, nature를 사용한다.

I am interested in science and learning about *nature's* secrets.
나는 과학에 취미를 갖고 자연의 신비한 비밀에 대해 배우고 싶다.

We must consider the ecological balance of *nature*. 우리는 자연의 생태학적인 균형을 항상 고려해야 한다.

nature가 위와 같은 뜻일 경우, nature 앞에 the를 사용하지 않는다.

2 'the country'

도회지에서 멀리 떨어져 있는 땅을 나타낼 때는 nature가 아닌 the country나 the countryside를 사용한다.
We live in *the country*. 우리는 시골에 살고 있다.
We missed *the English countryside*. 우리는 영국 시골의 생활을 그리워하고 있다.

near – close

1 talking about short distances

near, near to, close to는 어떤 사물이 다른 장소나 사물에서 가까운 곳에 위치함을 나타낸다. close가 이런 뜻일 경우, [klous]로 발음한다.
I live now in Reinfeld, which is *near* Lübeck. 나는 지금 뤼베크에서 가까운 레인필드에 살고 있다.
I stood very *near to* them. 나는 그들에게서 아주 가까운 곳에 서 있었다.
They owned a sheep station *close to* the sea. 그들은 바다에서 가까운 곳에 양을 키우는 목장을 가지고 있었다.

near와 close가 위와 같은 뜻일 경우, (near·close + 명사) 형식이 아닌 (nearby + 명사) 형식을 사용한다.
He was taken to a *nearby* hospital. 그는 가까운 병원으로 보내졌다.
He took the bag and tossed it into some *nearby* bushes. 그는 가방을 집어 들어서 가까운 덤불 속으로 던져 버렸다.

그러나 명사 바로 앞에는 최상급 nearest를 사용할 수 있다.
They hurried to the *nearest* exit. 그들은 가장 가까운 출구를 향해 급하게 갔다.

2 meaning 'almost'

(near + 명사) 형식은 어떤 것이 특정한 것과 거의 같다고 할 때 사용할 수 있다.
The country is in a state of *near chaos*. 그 나라는 거의 혼란에 가까운 상태에 있다.
We drove to the station in *near silence*. 우리는 침묵 속에서 역으로 운전해 갔다.

(near + 형용사 + 명사) 형식은 어떤 것이 형용사가 묘사한 성질을 거의 가지고 있다고 할 때 사용할 수 있다.
It was a *near fatal accident*. 그것은 거의 치명적인 사고였었다.
The Government faces a *near impossible dilemma*. 정부는 거의 해결 불가능한 딜레마에 처해 있다.

(near·near to·close to + 명사) 형식은 사람이나 사물이 거의 특정한 상태에 있다고 할 때에도 사용할 수 있다.
Her father was angry, her mother was *near tears*.
그녀의 아버지는 화가 나 있었고, 어머니는 눈물을 흘리기 직전이었다.
When she saw him again, he was *near to death*.
그녀가 그를 다시 만났을 때 그는 거의 죽음 직전이었다.
She was *close to tears*. 그녀는 눈물을 흘리기 직전이었다.

3 talking about friends and relatives (친구 또 친척에 대해 말하기)

친한 친구는 near friend가 아닌 *close* friend라고 한다.
His father was a *close* friend of Peter Thorneycroft. 그의 아버지는 피터 토니크로프트의 친한 친구였다.

가까운 친척은 *close* relative라고 한다.
She had no very *close* relatives. 그녀에게는 아주 가까운 친척이 없었다.

가까운 친척을 near relative라고도 하지만, 자주 사용하지는 않는다.

> 주의 형용사 close를 동사 close[klouz]와 혼동해서는 안 된다. 동사 close는 구멍이나 틈을 메우기 위해 어떤 것을 움직이다, 즉 '닫다'라는 뜻이다.
> ○ Usage 표제어 close – closed – shut 참조.

nearly

○ Usage 표제어 almost – nearly 참조.

necessary

USAGE

necessary

1 used with an infinitive(부정사와 함께 사용하기)

it is necessary to do a particular thing은 특정한 일을 할 필요가 있다라는 뜻이다.
It is necessary to act fast. 빠른 움직임이 필요하다.
It is necessary to examine the patient carefully. 그 환자를 조심스럽게 진단해야 할 필요가 있다.

2 used with 'for'(for와 함께 사용하기)

it is necessary for someone to do something은 누군가가 어떤 일을 하는 것이 필요하다라는 뜻이다.
It was necessary *for me* to keep active and not think about Sally.
나는 분주하게 움직이며 샐리에 대해 생각하지 않는 것이 필요했다.
It is necessary *for management and staff* to work together positively.
운영진과 직원들 간에 긍정적으로 협동해 일하는 것이 필요하다.

- 위와 같은 문장에서 necessary를 사용할 경우, 주어로 가주어 it을 사용해야 한다. 예를 들면, '그녀는 여러 곳에 전화를 걸어야만 했다.'는 ~~She was necessary to make several calls.~~가 아닌 *It was necessary for her* to make several calls.라고 한다. 그러나 회화에서는 일반적으로 *She had to* make several calls.라고 한다.

○ Usage 표제어 must 참조.

one thing is necessary for another는 첫 번째 일이 일어날 경우에만 두 번째 일이 일어날 수 있다라는 뜻이다.
Total rest is *necessary for* the muscle to repair itself. 손상된 근육의 자체 회복을 위해 완전한 휴식이 필수적이다.

need

need는 동사나 명사로 사용할 수 있다.

need의 부정형은 need not과 do not need이다. 이를 축약하여 needn't와 don't need로도 사용한다. 그러나 need의 모든 뜻에 이러한 형태를 사용할 수는 없다. need의 용법은 다음과 같다.

1 used as a transitive verb(타동사로 사용하기)

need는 어떤 것이 '필요하다'라는 뜻이다.
These animals *need* food throughout the winter. 이런 동물들은 겨울 내내 먹을 식량이 필요하다.
He desperately *needed* money. 그는 돈이 절실하게 필요했다.

need가 위와 같은 뜻일 경우, 부정형은 do not need이다.
You *do not need* special tools for this job. 이 일을 하기 위해 특수한 연장이 필요하지 않다.
I don't *need* any help, thank you. 나는 더 이상의 도움이 필요하지 않아요, 고마워요.
I *didn't need* further encouragment. 나는 더 이상의 격려가 필요하지 않았다.

> 주의 need는 진행형을 사용하지 않는다. 예를 들면, '우리는 우유가 약간 필요하다.'는 ~~We are needing some milk.~~가 아닌 We *need* some milk.라고 한다.

2 used as an intransitive verb or modal(자동사나 조동사로 사용하기)

need to do는 어떤 일을 하는 것이 필요하다라는 뜻이다.
To pass examinations you *need to work* effectively. 시험에 합격하려면 공부를 효과적으로 해야 할 필요가 있다.
For an answer to these problems we *need to look* elsewhere.
이 문제들에 대한 답을 얻기 위해서 우리는 다른 곳을 찾을 필요가 있다.

- 위와 같은 문장에서 to를 사용해야 한다. 예를 들면, ~~To pass examinations you need work effectively.~~라고 하지 않는다.

3 questions and negatives

neither

부정문과 의문문에서는 need to나 need를 모두 사용할 수 있다. 예를 들면, '그는 갈 필요가 없다.'는 He doesn't need to go.나 He needn't go.라고 한다. He doesn't need go.나 He needn't to go.라고 하지 않는다.

You **_don't need to shout_**. 당신은 크게 소리를 지를 필요가 없다.
You **_needn't talk_** about it unless you feel like it. 당신이 말하고 싶지 않으면, 그것에 대해 말할 필요가 없다.
Do you need to go? 당신은 그곳에 가야 할 필요가 있는가?
Need I remind you that you owe the company money?
당신이 우리 회사에 빚을 지고 있다는 사실을 내가 상기시켜 줄 필요가 있을까요?

4 'must not'

doesn't need to나 need not은 어떤 일을 할 필요가 없다라는 뜻이다. 어떤 일을 하지 말아야 한다고 하는 경우에는 need가 아닌 must not이니 mustn't를 사용한다.

You **_must not_** accept it. 당신은 그것을 받아들여서는 안 된다.
We **_mustn't_** forget the tickets. 우리는 그 표들을 잊어서는 안 된다.

◯ Usage 표제어 must 참조.

5 talking about the past(과거에 대해 말하기)

과거의 특정한 때에 어떤 일을 할 필요가 없었을 경우 didn't need to나 didn't have to를 사용하며, needn't라고 하지 않는다.

I **_didn't need to_** say anything at all. 나는 어떤 말도 할 필요가 없었다.
Fortunately, she **_didn't have to_** choose. 다행스럽게도 그녀는 선택할 필요가 없었다.

그러나 전달절에서는 needn't를 사용할 수 있다.

They knew they **_needn't_** worry about me. 그들은 나에 대해서는 걱정할 필요가 없다는 것을 알고 있었다.

needn't have는 어떤 일을 했지만 그럴 필요가 없었다라는 뜻이다.

I was wondering whether you were getting properly fed and looked after, but I **_needn't have_** worried, need I?
나는 네가 잘 먹고 보살핌을 받는지 걱정했는데 그럴 필요가 없었어, 그렇지?

6 'need' with '-ing' forms(need + -ing)

(need + -ing) 형식은 어떤 일을 할 필요가 있다고 할 때 사용한다. 예를 들면, '취사 도구를 씻을 필요가 있다.'는 The cooker needs to be cleaned.보다 The cooker **_needs cleaning_**.이라고 한다.

The scheme **_needs improving_**. 그 계획은 발전시켜야 한다.
We made a list of things that **_needed doing_**. 우리는 해야 할 필요가 있는 일들에 대한 리스트를 만들었다.

---

neither

1 'neither' and 'neither of'

두 사람이나 두 사물에 대해 부정적인 진술을 할 때, neither나 neither of를 사용한다. (neither + 단수 가산명사) 형식, (neither of + 복수대명사) 형식, (neither of + the · these · those · 소유격 + 복수명사) 형식을 사용한다. 예를 들면, '두 아이 중 어떤 아이도 다치지 않았다.'는 **_Neither child_** was hurt.나 **_Neither of the children_** was hurt.라고 하며, 의미상의 차이는 없다.

Neither man spoke or moved. 두 남자 중 어느 누구도 말을 하거나 움직이지 않았다.
Neither of them spoke for several moments. 잠깐 그들 중 누구도 말을 하지 않았다.

> 주의 복수명사 앞에 of 없이 neither만 사용하지는 않는다. 예를 들면, Neither the children was hurt.라고 하지 않는다. 또한 neither 뒤에 not을 사용하지도 않는다. 예를 들면, Neither of the children wasn't hurt.라고 하지 않는다.

때때로 neither of와 명사구 뒤에 복수동사를 사용한다. 예를 들면, Neither of the children **_were_** hurt.라

neither...nor

고 한다.
Neither of them *are* students. 그들 중 누구도 학생이 아니었다.
Neither of them *were* listening. 그들 중 누구도 듣지 않았다.

회화에서는 위의 용법을 허용하지만, 격식을 차린 글에서는 **neither of** 뒤에 항상 단수동사를 사용해야 한다.

2 'neither' in replies (대답에 사용하는 neither)

부정문을 만들 때, 그 내용이 다른 사람이나 어떤 일에도 적용된다는 것을 나타내기 위해 **neither**를 사용할 수 있다. (neither + 조동사·be동사 + 주어) 형식을 사용한다.
'I didn't invite them.' – '*Neither did I.*' "저는 그들을 초대하지 않았어요." – "저도 그랬어요."
If your printer does not work, *neither will your fax or copier*.
만약 우리의 프린터가 고장 나면 팩스나 복사를 할 수 없을 것이다.
Douglas can't do it, and *nor can Gavin*. 더글러스가 그 일을 할 수 없고, 게이빈도 할 수 없다.

neither...nor

글이나 격식을 차린 말에서 두 사람, 사물, 성질, 행위에 대해 부정적인 진술을 하기 위해 **neither**와 **nor**를 사용하여 같은 형태의 두 단어나 표현을 서로 연결한다. 첫 번째 단어나 표현 앞에는 **neither**가, 두 번째 단어나 표현 앞에는 **nor**가 온다. 예를 들면, '대통령이나 부통령 둘 다 오지 않았다.'는 The President did not come and the Vice-President did not come. 대신 *Neither* the President *nor* the Vice-President came. 이라고 한다.
Neither he nor Melanie owe me any explanation. 그와 멜라니 둘 다 내게 어떤 변명도 할 필요가 없다.
He *neither drinks nor smokes*. 그는 술을 마시거나 담배를 피우지 않는다.

> **주의** neither 뒤에 or를 사용하지 않는다. 예를 들면, He neither drinks or smokes.라고 하지 않는다.

neither는 항상 **nor**와 연결된 문장의 첫 번째 단어나 표현 바로 앞에 오며, 그보다 더 앞에는 오지 않는다. 예를 들면, '그녀는 고기와 생선 둘 다 먹지 않았다.'는 She neither ate meat nor fish.가 아닌 She ate *neither meat nor fish*.라고 한다.

회화에서는 일반적으로 **neither**나 **nor**를 사용하지 않는다. 예를 들면, '대통령은 오지 않았고, 부대통령 역시 오지 않았다.'는 Neither the President nor the Vice-President came. 대신 The President didn't come and *neither did* the Vice-President.라고 한다.
Margaret didn't talk about her mother and *neither did* Rosa.
마거릿은 자신의 어머니에 대해 말하지 않았고, 로사 역시 그랬다.
I won't give up, and *neither will* my colleagues. 나는 포기하지 않을 것이며, 내 동료들도 그럴 것이다.

neither...nor 대신 일반적으로 **don't...or**를 사용하기도 한다. 예를 들면, '그녀는 고기나 생선을 먹지 않았다.'는 She ate neither meat nor fish. 대신 She *didn't* eat meat *or* fish.라고 하며, '그녀는 담배를 피우거나 술을 마시지 않는다.'는 She neither smokes nor drinks. 대신 She *doesn't* smoke *or* drink.라고 한다.
Karin's from abroad and *hasn't any relatives or friends* here.
카린은 외국에서 와서 이곳에 친척이나 친구가 없다.
You *can't run or climb* in shoes like that. 당신은 그런 신발을 신고서는 달리거나 올라갈 수 없다.

nervous – anxious – irritated – annoyed

1 'nervous'

nervous는 미래에 어떤 것을 하거나 경험하게 될 일을 다소 '두려워하는'이라는 뜻이다.
My daughter is *nervous* about starting school.
나의 딸은 처음으로 학교에 가는 것에 대해 두려워하고 있다.

2 'anxious'

다른 사람에게 일어나는 일을 걱정하는 경우에는 **nervous**가 아닌 **anxious**를 사용한다.
It's time to be going home – your mother will be *anxious*. 집에 갈 시간이다. 너희 어머니가 걱정하실 것이다.
I had to deal with calls from *anxious* relatives. 나는 걱정하는 친척들의 전화를 받아야 했다.

○ Usage 표제어 anxious 참조.

3 'irritated' and 'annoyed'

어떤 일이 계속되는 것을 막을 수 없어 짜증이 나는 경우에는 **nervous**가 아닌 **irritated** 또는 **annoyed**를 사용한다.
Perhaps they were *irritated* by the sound of crying. 그들은 아마 계속되는 울부짖는 소리에 짜증이 났을 것이다.
I was *annoyed* by his questions. 나는 그의 질문들에 짜증이 났었다.

never

1 uses(용법)

어떤 일이 과거, 현재, 미래의 어느 때에도 일어나지 않을 경우, **never**를 사용한다.
She *never* asked him to lend her any money. 그녀는 그에게 돈을 빌려 달라고 한 적이 한 번도 없었다.
I will *never* give up. 나는 절대 포기하지 않을 것이다.

> 주의 never 앞에 do동사를 사용하지 않는다. 예를 들면, '그는 나에게 절대 편지를 쓰지 않는다.'는 He does never write to me.가 아닌 He *never writes* to me.라고 한다.
> He *never complains*. 그는 절대 불평하지 않는다.
> He *never speaks* to you, does he? 그는 당신에게 전혀 말하지 않죠, 그렇죠?

보통 never와 다른 부정어를 함께 사용하지 않는다. 예를 들면, '나는 그곳에 가본 적이 없다.'나 '그들은 아무 말도 하지 않았다.'는 I haven't never been there.나 They never said nothing.이 아닌 I have never been there.나 They never said anything.이라고 한다.
It was an experience I will *never* forget. 그것은 내가 결코 잊을 수 없는 경험이었다.
I've *never* seen *anything* like it. 나는 그런 것을 본 적이 전혀 없다.

주어가 nothing, no one 등과 같은 부정어일 경우에는 never가 아닌 ever를 사용한다. 예를 들면, '아무 일도 일어나지 않을 것이다.'는 Nothing will never happen.이 아닌 Nothing will *ever* happen.이라고 한다.
Nothing ever changes. 아무것도 변하지 않는다.
No one will *ever* know. 아무도 모를 것이다.

2 position in clause(절 안에서의 위치)

조동사를 사용하지 않는 경우, **never**는 be동사를 제외한 모든 동사의 앞에 온다.
He *never allowed* himself to lose control. 그는 자신이 자제력을 잃는 것을 결코 용납하지 않았다.
They *never take* risks. 그들은 결코 위험을 무릅쓰지 않는다.

- 일반적으로 [be동사 + never] 형식을 사용한다.
  The road alongside the river *was never* quiet. 강을 따라 난 길은 한 번도 조용한 적이 없었다.

- 조동사를 사용하는 경우, **never**는 첫 번째 조동사 바로 뒤에 온다.
  I *have never known* a year quite like this. 나는 이번과 같은 한 해를 경험한 적이 없다.
  My husband says he *will never retire*. 내 남편은 결코 은퇴하지 않을 것이라고 말한다.

- 조동사를 한 개 이상 사용하는 경우, **never**는 첫 번째 조동사 바로 뒤에 온다.
  He said he *had never been arrested*. 그는 한 번도 체포되어 본 적이 없다고 말했었다.
  The answers to such questions *would never be known* with certainty. 그런 문제들에 대한 답은 결코 확실히 알려지지 않을 것이다.

news

USAGE

- 동사구에서 본동사를 생략하고 조동사 하나만 사용한 문장의 경우, **never**는 조동사 앞에 온다.
  I do not want to marry you. I *never* did. I *never* will.
  나는 당신과 결혼하기를 원치 않는다. 과거에도 원했던 적이 없고 미래에도 절대 그러지 않을 것이다.

- 소설에서 내용을 강조할 때, 때때로 (never + 조동사 + 주어) 형식을 사용한다.
  Never had Dixon been so glad to see Margaret. 딕슨이 마거릿을 보고 그렇게 반가워하는 모습을 본 적이 한 번도 없었다.
  Never had two hours gone so slowly. 두 시간이 그렇게 느리게 갔던 적이 없었다.

3 'never' with an imperative(명령문과 함께 사용하는 never)

명령문에 **never**를 사용하면 **do not**의 뜻으로, 절대로 어떤 일을 해서는 안 된다는 것을 강조한다.
Never attempt to do this without a safety net. 안전그물을 설치하지 않고 이 일을 실행하지 마세요.
Never use your credit card as personal identification. 당신의 신용 카드를 개인 증명서로 절대 사용하지 마세요.

news

news는 최근 사건이나 변화한 상황을 누군가에게 알려 주는 정보, 즉 '소식'이라는 뜻이다.
I've got some good *news* for you. 나는 당신에게 알려 줄 좋은 소식을 갖고 있다.
Maureen was at home when she heard *news* of the Paddington disaster.
모린은 패딩턴 참사에 대한 소식을 들었을 때 집에 있었다.

텔레비전, 라디오, 신문에서 최근의 사건을 묘사하는 것을 가리킬 때에도 **news**라고 한다.
They continued to broadcast up-to-date *news* and pictures of these events.
그들은 이러한 사건들에 대한 최신 뉴스와 영상을 계속 방송했다.

news는 복수명사처럼 보이지만 실제로는 불가산명사이며, 주어일 경우 단수동사를 사용한다.
The news *is* likely to be bad. 그 뉴스는 아주 나쁘게 받아들여질 것이다.
I was still lying helpless in bed when the news *was* brought to me.
그 소식을 들었을 때, 나는 여전히 침대에서 무기력하게 누워 있었다.

'이 소식'이라고 할 때, **these news**가 아닌 **this news**라고 한다.
I had been waiting at home for *this news*. 나는 집에서 이 소식을 기다리고 있었다.

a news라고 하지 않으며, **some news**, **a bit of news**, **a piece of news**라고 한다.
I've got *some good news* for you. 나는 당신에게 알려 줄 좋은 소식을 갖고 있다.
I've had *a bit of bad news*. 나는 약간의 나쁜 소식을 알고 있다.
A respectful silence greeted *this piece of news*. 존경을 표하는 침묵 속에서 이 소식을 들었다.

a news item이나 **an item of news**는 텔레비전이나 신문에 난 기사라는 뜻이다.
This was *a small news item* in the Times last Friday. 이것은 지난 주 금요일 타임스 신문에 난 작은 기사이다.
An item of news in the Sunday paper caught my attention. 일요일 신문에 난 한 기사가 나의 관심을 끌었다.

next

어떤 일이 일어날 거라고 말할 때, 보통 **next**를 사용한다. **next**는 사물의 물리적인 위치나 어떤 목록이나 연속물에서 차지하는 위치를 나타낼 때에도 사용할 수 있다.

1 talking about the future(미래 말하기)

(next + week · month · year 등) 형식은 어떤 일이 일어날 거라고 말할 때 사용한다. 예를 들면, 오늘이 수요일이고 어떤 일이 다음 주 월요일에 일어나는 경우, **next week**을 사용한다.
I'm getting married *next month*. 나는 다음 달에 결혼할 예정이다.
I don't know where I will be *next year*. 나는 내년에 어디에 있을지 모른다.

ⓘ next 앞에 **the**나 전치사를 사용하지 않는다. 예를 들면, **the next week**나 **in the next week**라고 하지 않는다.

주말, 계절, 달, 요일 앞에 **the**나 전치사 없이 **next**만 사용할 수도 있다.

next

USAGE

You must come and see us *next weekend*. 당신은 다음 주에 여기에 와서 우리를 만나야 한다.
He'll be seventy-five *next April*. 그는 다음 4월에 75세가 된다.
Let's have lunch together *next Wednesday*. 다음 수요일에 점심 식사를 같이 합시다.

어떤 일이 내일 일어날 것이라고 할 때, next day가 아닌 tomorrow를 사용한다. 마찬가지로 어떤 일이 내일 아침, 내일 오후, 내일 저녁, 내일 밤에 일어날 것이라고 할 때, next morning, next afternoon, next evening, next night이 아닌 tomorrow morning, tomorrow afternoon, tomorrow evening, tomorrow night을 사용한다.

Can we meet *tomorrow* at five? 우리 내일 5시에 만날 수 있습니까?
I'm going down there *tomorrow morning*. 나는 내일 아침에 그곳에 갈 예정이다.

같은 주에 있는 요일을 가리킬 때는 보통 [next + 요일] 형식이 아닌 [on + 요일] 형식을 사용한다. 예를 들면, 오늘이 월요일이고 4일 후 다른 사람에게 전화하려는 경우, I will ring you next Friday.가 아닌 I will ring you on Friday.라고 하며, 이는 '나는 당신에게 금요일에 전화할 것이다.'라는 뜻이다.

He's going camping *on Friday*. 그는 금요일에 캠핑을 하러 갈 예정이다.

같은 주에 있는 요일을 분명히 하고자 할 경우, [this + 요일] 형식을 사용한다.
The film opens *this Thursday* at various ABC Cinemas in London.
이 영화는 이번 목요일 런던의 여러 ABC 영화관에서 개봉한다.

마찬가지로, '이번 주말'이라는 뜻으로 this weekend를 사용할 수 있다.
I might be able to go skiing *this weekend*. 나는 이번 주말에 스키를 타러 갈 수 있을 것으로 생각한다.

현재로부터 미래의 시간을 나타낼 때, the next를 사용한다. 예를 들면, 오늘이 7월 2일이고 어떤 일이 7월 2일과 7월 23일 사이에 일어날 것이라고 할 때, in the next three weeks나 during the next three weeks를 사용한다.

Mr MacGregor will make the announcement *in the next two weeks*.
맥그리거 씨가 2주 이내에 특정한 사실을 공표할 것이다.
Plans will be finalized *during the next few months*. 계획들은 앞으로 몇 달에 걸쳐 현실화될 것이다.

2 talking about the past(과거에 대해 말하기)

과거의 어느 다음날은 the next day나 the following day라고 한다.
I emailed them *the next day* and made a complaint. 나는 그 다음 날 그들에게 항의 이메일을 보냈다.
The following day I went to speak at a conference in Scotland.
다음 날 나는 스코틀랜드에서 열린 회의에 연설하러 갔다.

소설에서 next day는 특히 문장의 처음에 사용한다.
Next day we all got up rather early. 다음 날 우리 모두는 조금 일찍 일어났다.

과거 어느 날의 다음날 아침은 [next · the next · the following + morning] 형식을 사용할 수 있다.
Next morning he began to work but felt uninspired. 다음 날 아침 그는 일을 시작했으나 신이 나지는 않았다.
The next morning, as I left for the office, a letter arrived for me.
다음 날 아침 내가 사무실로 출근하려 할 때 나에게 편지가 한 통이 도착했다.
The following morning he checked out of the hotel and took the express to Paris.
다음 날 아침 그는 호텔에서 나와 파리행 특급 열차를 탔다.

그러나 과거 어느 날의 다음날 오후, 저녁, 요일은 보통 [the following + afternoon · evening · 요일] 형식만을 사용한다.
I arrived at the village *the following afternoon*. 나는 다음 날 오후에 마을에 도착했다.
He was supposed to start *the following Friday*. 그는 다음 금요일에 출발하기로 되어 있었다.

3 talking about physical position(물리적인 위치 말하기)

사람이나 사물이 다른 사람이나 사물 옆에 있다고 할 때, next to를 사용한다.
She went and sat *next to* him. 그녀는 가서 그의 옆에 앉았다.

night

There was a lamp *next to* the bed. 침대 옆에 램프가 있었다.

the next room은 벽으로 분리되어 있는 방, 즉 '옆방'이라는 뜻이다.
I can hear my husband talking in *the next room*. 나는 남편이 옆방에서 말하는 소리를 들을 수 있다.

마찬가지로, 극장이나 버스에서 **the next seat**는 자신이 앉아 있는 자리의 바로 '옆 자리'라는 뜻이다.
The girl *in the next seat* was looking at him with interest.
그는 옆 좌석에 앉은 여자 아이가 그에게 관심을 가지고 그를 살피는 것을 알게 되었다.

next는 desk, bed, compartment 등과 같은 명사와 같이 사용할 수 있다.

> 주의 그러나 특정한 것이 같은 종류의 다른 것보다 더 가까이 있다고 할 때는 next가 아닌 **the nearest**를 사용한다. 예를 들면, '그들은 그를 가장 가까이 있는 병원에 데려갔다.'는 They took him to the next hospital.이 아닌 They took him to ***the nearest hospital***.이라고 한다.
> *The nearest town* is Brompton. 가장 가까이 있는 마을은 브롬턴이다.
> *The nearest beach* is 15 minutes' walk away. 가장 가까운 해변은 걸어서 15분 거리에 있다.

4 talking about a list or series(목록이나 시리즈 말하기)

목록이나 시리즈에서 말한 바로 다음의 것이라는 뜻에 **next**를 사용한다.
Let's go on to the *next* item of business. 자, 다음의 사업 아이템으로 넘어갑시다.

영국 영어에서 **the *next* thing *but one***은 다음 것의 바로 뒤에 오는 것이라는 뜻이다.
The *next* entry *but one* is another recipe. 다음 항목의 바로 뒤에 오는 항목은 또 다른 요리법이다.

night

1 'night', 'at night'

night은 하루 24시간 중 어두운 시간, 즉 '밤'이라는 뜻이다. 어떤 일이 밤마다 규칙적으로 일어나는 경우, **at night**을 사용한다.
The doors were kept closed *at night*. 그 문들은 밤에는 잠긴다.
I used to lie awake *at night*, listening to the rain. 나는 밤마다 잠이 깬 채 누워 비가 오는 소리를 듣곤 했다.

일반적으로 **night**은 '하룻밤'을, **the night**은 '특정한 날의 밤'을 가리킨다.
He went to a hotel and spent *the night* there. 그는 하룻밤을 지내기 위해 그 호텔에 갔다.
I got a phone call in the middle of *the night*. 나는 한밤중에 전화 한 통을 받았다.

2 the previous night(어젯밤)

어떤 일이 어젯밤에 일어났을 경우, **in the night, during the night, last night**을 사용한다.
I didn't hear Sheila *in the night*. 나는 어젯밤에 쉴라의 소리를 듣지 못했다.
I had the strangest dream *last night*. 나는 지난밤에 아주 이상한 꿈을 꾸었다.

어젯밤에 일어난 상황도 **last night**을 사용할 수 있다.
I didn't manage to sleep much *last night*. 나는 어젯밤에 잠을 제대로 자지 못했다.

> 어떤 일이 전날 저녁에 일어났다고 할 때에도 last night을 사용한다.
> I met your husband *last night*. 나는 어제 저녁에 당신의 남편을 만났다.

과거 어떤 날의 전날 밤은 **in the night, during the night, the previous night**을 사용한다.
His father had died *in the night*. 그의 아버지는 그 전날 밤에 돌아가셨다.
This was the hotel where they had stayed *the previous night*. 이 호텔은 그들이 그 전날 밤 머물렀던 곳이다.

3 exact times(정확한 시간)

정확한 시간을 언급하여 밤이라는 것을 분명히 나타낼 때, **at night**을 사용한다.

no

This took place at eleven o'clock *at night* on our second day of travel.
이 일은 우리 여행의 둘째 날 밤 11시에 발생했다.

그러나 자정을 넘긴 시간이고 새벽 시간에는 in the morning을 사용한다.
It was five o'clock *in the morning*. 오전 5시였다.

no

1 used as a reply(대답으로 사용하기)

no는 부정적인 대답에 사용할 수 있다.
'Is he down there already?' – '*No*, he's not there.' "그가 그곳에 벌써 도착했어요?" – "아니요, 그는 도착하지 않았어요."
'Did you come alone?' '*No*. John's here with me.' "당신은 혼자 오셨어요?" "아니요, 존과 같이 왔어요."

ℹ️ 부정적인 질문에 대한 부정적인 대답에는 no를 사용한다. 예를 들면, 스페인 사람에게 You aren't Italian, are you?(당신은 이탈리아 사람이 아니죠, 그렇죠?)라고 할 경우, 이탈리아 사람이 아니면 Yes가 아닌 No라고 대답한다.
'You don't like pasta, do you?' – '*No*'. "당신은 파스타를 좋아하지 않지요?" – "좋아하지 않아요."
'It won't take you more than ten minutes, will it?' – '*No*.'
"당신이 그것을 하는 데 10분 이상 걸리지는 않겠죠, 그렇지요?" – "그렇게 안 걸려요."

2 'not any'

(no + 명사) 형식에서 no는 '하나도 없는'이라는 뜻의 부정한정사로 쓰인다. 예를 들면, '그녀는 친구가 하나도 없다.'는 She doesn't have any friends. 대신 She has *no friends*.라고 한다.
I have *no complaints*. 나는 그 일에 대해 아무 불평이 없다.
My children are hungry. We have *no food*. 우리 아이들은 배가 고프고, 우리는 먹을 식량이 없다.

3 used with comparatives(비교급과 함께 사용하기)

형용사 비교급 앞에 not 대신 no를 사용한다. 예를 들면, '그녀는 여동생보다 키가 더 크지 않다.'는 ~~She isn't taller than her sister.~~ 대신 She is *no taller* than her sister.라고 한다.
The woman was *no older* than Kate. 그 여자는 케이트보다 나이가 많지 않았다.
We collected shells that were *no bigger* than a fingernail. 우리는 작은 손톱보다 크지 않은 조개들을 수집했다.

그러나 명사 앞에는 no와 비교급을 사용하지 않는다. 예를 들면, a no older woman이나 a no bigger shell이라고 하지 않는다.

4 used with 'different'(different와 함께 사용하기)

different 앞에는 not 대신 no를 사용한다.
The local people say Kilkenny is *no different* from other towns.
지역 주민들은 킬케니는 다른 도시와 전혀 차이가 없다고 말하고 있다.

5 'not allowed'(허용되지 않음)

어떤 일을 허락하지 않는다는 것을 알릴 때, 게시문에 no를 자주 사용한다. no 뒤에는 -ing형이나 명사가 온다.
No smoking. 금연.
No entry. 출입 금지.
No vehicles beyond this point. 차량은 이 지점을 넘어올 수 없음.

nobody

○ Usage 표제어 no one 참조.

noise

○ Usage 표제어 sound – noise 참조.

none

none

1 'none of'

〔none of + 복수명사〕형식은 특정한 그룹에서 각각의 사물이나 사람에 대해 부정적으로 진술할 때 사용한다.
None of these suggestions are very helpful. 이러한 제안 중 아무것도 그다지 유용하지 않다.
None of the others looked at her. 다른 사람들은 그녀를 쳐다보지 않았다.

〔none of + 불가산명사〕형식은 어떤 것의 모든 부분에 대해 부정적으로 진술할 때 사용한다.
None of the furniture was out of place. 어떤 가구도 제자리에 있지 않은 것이 없었다.

〔none of + 단수대명사·복수대명사〕형식을 사용할 수도 있다.
None of this seems to have affected him. 이것 중 어느 부분도 그에게 영향을 주지 못할 것 같다.
We had *none of these* at home. 우리 집에는 이런 것이 하나도 없었다.

〔none of + 목적격 대명사(us, them 등)〕형식을 사용하며, 이때 주격 대명사(we, they)는 사용하지 않는다.
None of us had written our reports. 우리 중 누구도 그 보고서를 작성하지 않았다.
None of them had learned anything about the teaching of reading.
그들 중 누구도 읽기 지도 교습법에 대해 배운 적이 없었다.

〔none of + 복수명사·복수대명사〕형식이 주어인 경우 복수동사나 단수동사를 사용하는데, 단수동사를 사용하는 것이 더 격식을 차린 표현이다.
None of his books *have* been published in England.
그의 책 중 어느 것도 영국에서 출간되지 않았다.
None of them *are* real. 그것들 중 어느 것도 진짜가 아니다.

불가산명사나 단수대명사 앞에 **none of**를 사용할 때, 뒤에 오는 동사는 단수동사이다.
None of the wheat *was* ruined. 밀 농사는 어느 것도 황폐화되지 않았다.
Yet none of this *has* seriously affected business.
그러나 이것 중에는 어느 것도 사업에 심각한 영향을 주지 않았다.

2 used as a pronoun (대명사로 사용하기)

none은 대명사로도 사용할 수 있다.
There were *none* left. 아무것도 남지 않았다.
He asked for some documentary proof. I told him that I had *none*.
그는 증빙 서류를 요청했다. 나는 그에게 아무것도 갖고 있지 않다고 말했다.

> 주의 none of나 none 뒤에는 일반적으로 다른 부정어를 사용하지 않는다. 예를 들면, '준비된 사람은 아무도 없었다.'는 ~~None of them weren't ready.~~가 아닌 None of them *were* ready.라고 한다. 마찬가지로, 이미 문장 안에 부정어가 있을 때, 목적어로 none of나 none을 사용하지 않는다. 예를 들면, '나는 그것들 중 어느 것도 원하지 않았다.'는 ~~I didn't want none of them.~~이 아닌 I didn't want *any* of them.이라고 한다.

 none이나 none of는 셋 이상의 사물이나 사람의 그룹에, neither나 neither of는 두 개의 사물이나 두 사람에 사용한다.

○ Usage 표제어 neither 참조.

no one

no one이나 nobody는 한 사람도 없거나 특정한 그룹에서 한 명의 구성원도 없는 것을 나타낸다. 이들 두 단어의 의미상의 차이는 없다. 영국 영어에서는 no-one이라고도 쓰며, nobody는 항상 한 단어로 표기한다. no one과 nobody는 단수동사를 사용한다.

Everyone wants to be a hero, but *no one* wants to die.
누구나 영웅이 되고 싶어하지만 아무도 죽는 것을 원하지 않는다.
Nobody *knows* where he is. 그가 지금 어디 있는지 아무도 모른다.

nor

> **주의** no one이나 nobody 뒤에는 일반적으로 다른 부정어를 사용하지 않는다. 예를 들면, '아무도 오지 않았다.'는 ~~No one didn't come.~~이 아닌 No one came.이라고 한다. 마찬가지로 이미 문장 안에 부정어가 있을 때, 목적어로 no one이나 nobody를 사용하지 않는다. 예를 들면, '우리는 아무도 만나지 못했다.'는 ~~We didn't see no one.~~이 아닌 We didn't see *anyone*.이나 We didn't see *anybody*.라고 한다.
> You mustn't tell *anyone*. 아무에게도 말해서는 안 된다.
> He didn't trust *anybody*. 그는 아무도 믿지 않았다.

ℹ no one이나 nobody 뒤에 of를 사용하지 않는다. 예를 들면, '그 어린이들 중 누구도 프랑스어를 할 수 없었다.'는 ~~No one of the children could speak French.~~가 아닌 *None of* the children could speak French.라고 한다.

None of the women will talk to me.
그 여자들 중 아무도 나와 이야기를 하지 않을 것이다.

It was something *none of* us could possibly have guessed.
그것은 아마 우리들 중 누구도 예측하지 못했던 일이었을 것이다.

◐ Usage 표제어 none 참조.

nor

1 'neither...nor'

두 사람이나 사물에 대해 부정적으로 진술할 때, neither...nor를 사용할 수 있다.

Neither Margaret *nor* John *was* there. 마거릿이나 존 둘 다 그곳에 없었다.
He spoke *neither* English *nor* French. 그는 영어나 프랑스어를 둘 다 구사하지 못했다.

◐ Usage 표제어 neither...nor 참조.

2 used for linking clauses(절을 연결할 때 사용하기)

부정적인 절을 연결할 때에도 nor를 사용한다. 두 번째 절의 처음에 nor가 오며, nor 뒤의 어순은 [조동사·be동사 + 주어 + 본동사] 형식을 따른다.

The officer didn't believe me, *nor did the girls* when I told them.
그 경찰관은 내 말을 믿지 않았고, 여자아이들도 내 말을 믿지 않았다.

We cannot give personal replies, *nor can we guarantee* to answer letters.
우리는 개별적 회신을 줄 수 없었고, 그 편지에 대한 회답도 해 줄 수 없었다.

3 'nor' in replies(대답에 사용하는 nor)

nor는 부정적인 진술에 대한 대답에 사용할 수 있다. 방금 전에 말한 것이 다른 사람이나 사물에도 적용된다는 것을 나타낼 때, nor를 사용한다.

'I don't like him.' – '*Nor* do I.' "저는 그를 좋아하지 않아요." – "저 역시 그래요."
'I can't stand much more of this.' – '*Nor* can I.'
"저는 이 일을 더 이상 참을 수 없어요." – "저 역시 그래요."

north – northern

1 'north'

north는 해가 뜨는 곳을 향해 서 있을 때 사람의 왼쪽에 있는 방향, 즉 '북쪽'이라는 뜻이다.

The land to the *north* and east was very flat.
그 지역 동쪽과 북쪽은 평평했다.

There is a possibility of colder weather and winds from the *north*.
날씨가 더 추워지고 북쪽에서 바람이 몰려올 가능성이 있다.

a *north* wind는 북풍이라는 뜻이다.

The *north* wind was blowing straight into her face.
북풍이 그녀 얼굴 정면으로 불어오고 있었다.

northwards

the *north* of a place는 북쪽으로 향해 있는 지역이라는 뜻이다.
Violence started in the *north* of the country. 폭동이 그 나라의 북부 지역에서 시작되었다.
The best asparagus comes from the Calvados region in the *north* of France.
최고 품질의 아스파라거스는 프랑스 북부의 칼바도스 지역에서 생산된다.

north는 국가, 주, 지역의 명칭에 사용한다.
They have hopes for business in *North Korea*. 그들은 북한에서 사업하기를 바란다.
They crossed the mountains of *North Carolina*. 그들은 노스캐롤라이나 산들을 종주했었다.
We are worried about possible ecological damage in *North America.*
우리는 북아메리카의 생태계 파괴에 대해 우려를 하고 있다.

2 'northern'

그러나 국가나 지역의 북부 지역은 'north' part가 아닌 *northern* part라고 한다.
Hausa is a language spoken in the *northern* regions of West Africa.
이 언어는 서아프리카 북부 지역에서 통용되는 언어이다.
We travelled to the *northern* tip of Caithness. 우리는 케이스네스의 북단을 여행했었다.

마찬가지로, 북부 유럽이나 북부 영국은 north Europe이나 north England가 아닌 *northern* Europe이나 *northern* England라고 한다.
We flew over *northern* Canada. 우리는 캐나다의 북부 상공을 비행했다.

northwards

○ Usage 표제어 ward – wards 참조.

not

not은 부정문을 만들 때 동사와 함께 사용한다.

1 position and form of 'not' (not의 위치와 형태)

not은 첫 번째 조동사 뒤에 온다.
They *are not seen* as major problems. 그것들은 중대한 문제로 여겨지지 않는다.
They *might not even notice*. 그들은 눈치조차 채지 못할지도 모른다.
Adrina realised that she *had not been listening* to him. 아드리나는 자신이 그의 말을 듣지 않았다는 것을 깨달았다.

다른 조동사가 없을 경우 do를 조동사로 사용하며, not 뒤에는 동사원형을 사용한다.
The girl *did not answer*. 그 여자 아이는 대답하지 않았다.
He *does not speak* English very well. 그는 영어를 아주 잘하지는 못 한다.

회화에서 (be·have·do·조동사 + not) 형식을 사용할 때는 보통 not을 완전히 발음하지 않는다. 다른 사람이 한 말을 적을 때는 일반적으로 not을 n't로 표기한다. n't를 동사 뒤에 붙일 경우 동사의 형태가 변형되기도 한다.

○ 위에 대한 설명은 Grammar 표제어 Contractions 참조.

대부분의 동사는 조동사 없이 not을 사용하지 않는다. 예를 들면, '나는 그것을 좋아하지 않았다.'는 I not liked it.이나 I liked not it.이 아닌 I didn't like it.이라고 한다.

위와 같은 용법에는 두 가지 예외가 있다. not은 be동사와 함께 사용하는 경우, be동사 뒤에는 not이 온다.
I*'m not* sure about this. 나는 이것에 대해 확신이 없다.
The program *was not* a success. 그 프로그램은 성공하지 못했다.

not을 본동사 have와 함께 사용하는 경우 때때로 조동사 없이 사용하기도 하는데, hasn't, haven't, hadn't의 축약형으로만 사용한다.
You *haven't* any choice. 당신은 어떤 선택권도 없다.
The sky *hadn't* a cloud in it. 하늘에는 구름 한 점도 없었다.

그러나 **doesn't have**, **don't have**, **didn't have**를 더 자주 사용한다.
This question ***doesn't have*** a proper answer. 이 문제에는 적절한 답이 없다.
We ***don't have*** any direct control of the rents. 우리는 집세를 직접적으로 통제할 방법이 없다.
I ***didn't have*** a cheque book. 나는 수표장이 없었다.

> 주의 **not**을 사용하여 부정의 뜻을 나타낼 때, 보통 **nothing**, **never**, **none**과 같은 다른 부정어는 사용하지 않는다. 예를 들면, '나는 그것에 대해 아무것도 모른다.'는 ~~I don't know nothing about it.~~이 아닌 I don't know ***anything*** about it.이라고 한다.

2 'not really'

not 뒤에 **really**를 사용하면 더 정중하고 부드럽게 부정적인 진술을 하는 표현이 된다.
It ***doesn't really*** matter. 그것은 별로 문제가 되지 않는다.
I ***don't really*** want to be part of it. 나는 정말로 그것의 일부가 되기를 원하지 않는다.

상대의 질문에 대한 대답으로도 **Not really.**를 사용할 수 있다.

○ Topic 표제어 Replies 참조.

3 'not very'

not을 형용사와 함께 사용하여 부정적인 진술을 하는 경우, (**not** + **very** + 형용사) 형식을 사용하여 진술을 부드럽게 할 수 있다.
I'm ***not very interested*** in the subject. 나는 그 과목에 별다른 흥미를 느끼지 않는다.
That's ***not a very good*** arrangement. 저것은 그다지 잘 정리되어 있지 않다.

> 주의 어떤 것이 별로 좋지 않다고 할 때, something is ***not very good***이라고 한다. 이 표현을 제외하고는 **very good**의 뜻이 있는 단어 앞에는 **not**을 사용하지 않는다. 예를 들면, something is '~~not excellent~~'나 something is '~~not marvellous~~'라고 하지 않는다.

4 used with 'to'-infinitives (to부정사와 함께 사용하기)

(**not** + to부정사) 형식을 사용할 수 있다.
The Prime Minister has asked his ministers ***not to discuss*** the issue publicly any more.
수상은 장관들에게 그 문제를 더 이상 공개적으로 토론하지 말라고 요구했다.
I decided ***not to go in***. 나는 그곳에 들어가지 않기로 결정했다.

5 'not' in contrasts (대조에 사용하는 not)

사실인 것과 사실이 아닌 것을 대조하기 위해서 두 단어나 표현을 **not**으로 연결할 수 있다.
So they went by plane, ***not*** by car. 그래서 그들은 자동차가 아닌 비행기로 그곳에 갔다.
He is now an adult, ***not*** a child. 그는 지금 아이가 아닌 어른이다.

마찬가지로 단어나 표현의 순서를 바꿔서 대조적인 표현을 만들 수 있다. 첫 번째 단어나 표현 앞에는 **not**을, 두 번째에는 **but**을 사용한다.
This story is not about the past, ***but*** about the future. 이 이야기는 과거에 대한 것이 아닌 미래에 대한 것이다.
He was caught, not by the police, ***but*** by a man who recognised him.
그는 경찰이 아닌 그를 알아본 사람에 의해 체포되었다.

6 used with sentence adverbials (부가어와 함께 사용하기)

어떤 진술에 대해 부정적인 의견을 말할 때, **surprisingly**, **unexpectedly**, **unusually** 등의 문장부사를 **not**과 함께 사용할 수 있다.
Laura, ***not surprisingly***, disliked discussing the subject.
놀랄 일도 아니지만, 로라는 그 주제에 대해 논의하는 것을 싫어했다.
The great man had died, ***not unexpectedly*** and very quietly, in the night.
위대한 사람이 그날 저녁에 예상대로 아주 평온하게 숨을 거두었다.

USAGE

note – bill

7 'not all'

(not + all·every-) 형식은 문장의 주어로 사용한다. 예를 들면, '모든 뱀이 독을 갖고 있는 것은 아니다.'는 Some snakes are not poisonous. 대신 ***Not all*** snakes are poisonous.라고 한다.

Not all the houses have central heating. 모든 집이 중앙 난방이 되는 것은 아니다.
Not everyone agrees with me. 모두가 내 의견에 동의하는 것은 아니다.

8 'not only'

두 단어나 단어군을 연결할 때, (not only...but(also)) 형식을 자주 사용한다.

○ Usage 표제어 not only 참조.

9 'not' in short replies(짧은 대답에서 not)

짧은 대답에 I hope not, Probably not, Certainly not을 사용한다.

'Will it happen again?' – '*I hope not*.'
"그런 일이 다시 일어날까요?" – "그러지 않기를 바라요."
'I hope she won't die.' – 'Die? *Certainly not*!'
"나는 그녀가 죽지 않기를 빌어요." – "죽는다고요? 절대 그런 일 없어요."

note – bill

1 'note'

영국 영어는 지폐를 'note'라고 한다.

He handed me a ten pound *note*. 그는 나에게 10파운드짜리 지폐를 주었다.

2 'bill'

미국 영어는 지폐를 'bill'이라고 한다.

He took out a five dollar *bill*. 그는 지갑에서 5달러짜리 지폐를 꺼냈다.

nothing

1 'nothing'

nothing은 '하나도 없는 것' 또는 '어떤 것의 일부분도 아닌 것'이라는 뜻이다. nothing이 주어인 경우, 단수동사를 사용한다.

Nothing *is* happening. 그곳에 아무 일도 일어나지 않고 있다.
Nothing *has* been discussed. 그 회의에서 아무것도 논의되지 않았다.

> **주의** nothing 뒤에는 보통 not 등의 다른 부정어를 사용하지 않는다. 예를 들면, Nothing didn't happen.이 아닌 Nothing happened.라고 한다. 마찬가지로, '나는 아무 소리도 듣지 못했다.'는 I couldn't hear nothing.이 아닌 I couldn't hear anything.이라고 한다.
>
> I did not say *anything*. 나는 아무 말도 하지 않았다.
> He never seemed to do *anything* at all. 그는 전혀 아무것도 하지 않은 듯했다.

2 'nothing but'

(nothing but + 명사구·원형부정사) 형식은 '오직'이라는 뜻을 나타낸다. 예를 들면, '냉장고 안에 오직 치즈 한 조각만이 있었다.'는 In the fridge there was only a piece of cheese. 대신 In the fridge there was ***nothing but*** a piece of cheese.라고 한다.

For a few months I thought and talked of ***nothing but*** Jeremy.
나는 몇 달 동안 제러미에 대해서만 생각하고 이야기했다.
He did ***nothing but*** complain. 그는 그저 불평만 할 뿐이었다.

not only

1 used with 'but' or 'but also'(but이나 but also와 함께 사용하기)

사물, 행위, 상황을 가리키는 두 단어나 단어군을 연결할 때, **not only**를 사용한다. (**not only** + 첫 번째 단어·단어군 + **but**(**also**) + 두 번째 단어·단어군) 형식을 사용한다. 보통 **but also** 뒤의 단어나 단어군이 **not only** 뒤의 단어나 단어군보다 더 놀랍거나, 보다 더 많은 정보를 주거나, 더 중요한 내용을 나타낸다.

The government radio *not only* reported the demonstration, *but* announced it in advance.
정부 라디오 방송은 시위가 일어난 것을 방송하기도 했지만, 일어날 것을 예측하여 발표하기도 했다.

We asked *not only* what the children had learnt *but also* how they had learnt it.
우리는 어린이들이 무엇을 배워 왔는가에 대한 것뿐만 아니라, 어떤 방법으로 그것을 배워 왔는가에 대해 물었다.

2 used with a pronoun(대명사와 함께 사용하기)

동사로 시작하는 단어군을 연결할 때, **but**이나 **but also**를 생략하고 대신 인칭대명사를 사용한다. 예를 들면, '마거릿은 그 파티에 왔을 뿐만 아니라 숙모도 데려왔다.'는 Margaret not only came to the party but brought her aunt as well. 대신 Margaret not only came to the party, *she* brought her aunt as well.이라고 한다.

Her interest in your work has *not only* continued, *it* has increased.
당신의 일에 대한 그녀의 관심은 계속되고 있을 뿐만 아니라 더 커져가고 있다.

3 putting 'not only' first(not only를 문장의 처음에 사용하기)

not only가 문장의 처음에 와서 내용을 강조할 수 있는데, 이때 (**not only** + 조동사·be동사 + 주어 + 본동사) 형식을 사용한다.

Not only did they send home large amounts, but they also saved money.
그들은 상당한 돈을 집에 보냈을 뿐만 아니라 저축까지 했다.

Not only do they rarely go on school outings, they rarely, if ever, leave Brooklyn.
그들은 학교 소풍을 거의 가지 않을 뿐만 아니라, 좀처럼 브루클린을 떠나지 않았다.

주어가 다른 두 절을 **not only...but also**로 연결하는 경우, **not only**는 문장의 처음에 와야 한다.

Not only were *the local people* old, but *the women* still dressed in long black dresses.
지역 주민들은 모두 나이가 많았을 뿐만 아니라, 여자들은 여전히 긴 검정색 드레스를 입고 있었다.

Not only were *many of the roads* closed, *many bridges* had also been blown up.
그곳의 많은 도로가 폐쇄되었고 많은 교량들 역시 폭파되었다.

now

1 'now'

now는 현재의 상황을 이전의 상황과 대조할 때 사용한다.

She gradually built up energy and is *now* back to normal.
그녀는 점점 에너지를 충전해서 지금은 정상적인 상태로 돌아왔다.

He knew *now* that he could rely completely on Paul. 그는 이제 폴에게 전적으로 의존할 수 있다는 사실을 알았다.

Now he felt safe. 이제 그는 안전하다고 느꼈다.

2 'right now' and 'just now'

상황이 미래에 변할 수도 있지만 현재 어떤 상황이 존재한다고 할 때, 회화에서는 **right now**나 **just now**를 사용한다.

The new car market is in chaos *right now*. 새 자동차 시장은 지금 혼돈 상태이다.

I'm awfully busy *just now*. 나는 지금 매우 바쁘다.

어떤 일이 지금 일어나고 있다는 것을 강조할 때에도 **right now**를 사용한다.

The crisis is occurring *right now*. 바로 지금 위기가 발생하고 있다.

어떤 일이 방금 전에 일어났다고 할 때, **just now**를 사용한다.

nowhere

Did you feel the ship move *just now*? 당신은 방금 전에 배가 움직이는 것을 느꼈습니까?
I told you a lie *just now*. 나는 방금 전에 당신에게 거짓말을 했다.

어떤 일이 지연되지 않고 지금 곧바로 일어나게 될 것이라고 할 때, **now**나 **right now**를 사용한다.

He wants you to come and see him *now*, in his room. 그는 당신이 지금 곧바로 자신의 방에 와서 만나기를 원한다.
I guess we'd better do it *right now*. 나는 우리가 그것을 지금 곧바로 하는 것이 좋다고 생각한다.

 격식을 차린 글에서는 right now나 just now를 사용하지 않는다.

nowhere

어떤 일이 일어나거나 일어날 수 있는 장소가 없다고 할 때, **nowhere**를 사용한다.

There's *nowhere* for either of us to go. 우리 둘 다 아무 데도 갈 곳이 없다.
There was *nowhere* to hide. 숨을 곳이 아무 데도 없었다.

때때로 nowhere를 강조하기 위해 문장의 처음에 사용하는 경우, (nowhere + be동사·조동사 + 주어) 형식을 사용한다.

Nowhere is this idea more evident than in the report's conclusions.
이 리포트의 결론보다 이 아이디어를 증명해 줄 곳이 아무 데도 없다.
Nowhere have I seen this written down. 이것이 글로 쓰인 것을 나는 어느 곳에서도 본 적이 없다.

> **주의** 보통 nowhere는 다른 부정어를 함께 사용하지 않는다. 예를 들면, '나는 그녀를 어디에서도 찾을 수 없었다.'는 I couldn't find her nowhere.가 아닌 I couldn't find her *anywhere*.라고 한다.
> I changed my mind and decided not to go *anywhere*. 나는 마음을 바꿔서 어디에도 가지 않기로 결심했다.

number

1 'a number of'

a number of는 사물이나 사람이 '많은'이라는 뜻으로, 주어일 경우 복수동사를 사용한다.

A number of key issues *remain* unresolved. 많은 주요 쟁점이 아직 해결되지 않은 상태로 남아 있다.
An increasing number of women *are* taking up self-defence. 점점 더 많은 여자가 자기 방어를 하고 있다.

2 'the number of'

the number of는 특정한 종류의 사람이나 사물의 실제 수를 나타낼 때 사용하며, 주어인 경우 단수동사를 사용한다.

In the last 30 years, *the number of* electricity consumers *has* risen by 50 per cent.
지난 30년간 전기를 사용하는 사람들의 수가 50퍼센트 증가했다.

a number of나 the number of에 large나 small과 같은 형용사를 사용할 수 있다.

His private papers included *a large number of* unpaid bills.
그의 개인 문서에는 많은 양의 미지급된 청구서들이 있었다.
The problem affects a relatively *small number of* people.
그 문제는 비교적 적은 숫자의 사람들에게 영향을 끼칠 것이다.

그러나 위와 같은 문장에서 **big**이나 **little**은 사용하지 않는다.

object

object는 명사와 동사로 사용한다. 명사일 경우에는 [á(:)bdʒekt, -dʒikt | ɔ́b-], 동사일 경우에는 [əbdʒékt]로 발음한다.

1 used as a noun(명사로 사용하기)

object는 고정된 모양이며 살아 있지 않은 것, 즉 '물체'라는 뜻이다.

I looked at the strange, black *object* he was carrying.
나는 그가 나르고 있던 초라하고 검은 물체를 쳐다보았다.

The icon is an *object* of great beauty. 그 성상(聖像)은 대단히 아름다운 물체이다.

object는 이루려고 하는 '목표' 또는 '목적'이라는 뜻도 있다.

My *object* was to publish a new book on Shakespeare. 나의 목표는 셰익스피어에 대한 새로운 책을 출간하는 것이었다.

The *object*, of course, is to persuade people to remain at their jobs.
그 목적은 당연히 사람들이 자신의 직장에 남도록 설득하는 것이다.

2 used as a verb(동사로 사용하기)

object to something은 어떤 일을 찬성하지 않는다는 뜻이다.

Residents can *object to* these developments if they wish.
지역 주민들은 그들이 원하면 이 개발들을 반대할 수 있다.

Many people *objected to* the film. 많은 사람들이 그 영화를 좋아하지 않는다.

object to doing something은 상대가 부탁한 일을 거절하다라는 뜻이다.

I *object to paying* for services that should be free.
나는 무료로 제공되어야 할 서비스들에 돈을 내는 것을 반대한다.

This group did not *object to returning*. 이 단체는 돌아가라는 지시를 거부하지 않았다.

🔸 object to 뒤에 부정사가 아닌 -ing형을 사용한다.

가리키는 것이 명확한 경우에는 to 없이 object를 사용한다.

The men *objected* and the women supported their protest. 남자들은 항의를 반대했고 여자들은 지지했다.

Other workers will still have the right to *object*. 다른 노동자들도 여전히 반대할 권리를 갖고 있을 것이다.

[object + that절] 형식은 어떤 것에 찬성하거나 동의하지 않는 이유를 설명할 때 사용할 수 있다. 예를 들면, '그들은 내가 추가 업무를 하기를 원했지만, 이미 해야 할 일이 너무 많아서 거절했다.'는 They wanted me to do some extra work, but I *objected that* I had too much to do already.라고 하며, 이는 상당히 격식을 차린 용법이다.

The others quite rightly *object that he is holding back the work*.
다른 사람들은 그가 그 일을 하기를 주저하고 있다고 아주 분명하게 반대한다.

obligation – duty

1 'obligation' and 'duty'

obligation to do와 duty to do는 어떤 일을 해야 할 책임이 있다라는 뜻이다. 이와 같이 obligation과 duty를 사용하는 경우에 두 단어는 뜻이 같다.

When teachers assign homework, students usually feel an *obligation to do* it.
선생님들이 학생들에게 숙제를 내 주면 학생들은 그것을 해야 한다는 의무감을 갖는다.

obtain

USAGE

Perhaps it was his *duty to tell* the police of what he had seen.
그가 목격했던 일을 경찰에 말하는 것은 그의 의무였을지도 모른다.

2 'duties'

duties는 직업의 일부로 하는 일, 즉 '직무'라는 뜻이다.

She has been given a reasonable time to learn her *duties*. 그녀에게 업무를 배우기에 적당한 시간이 주어졌다.
They also have to carry out many administrative *duties*. 그들은 많은 행정 업무도 수행해야 한다.

ℹ️ 직무는 obligations라고 하지 않는다.

---

obtain

1 'obtain'

obtain은 원하거나 필요한 것을 '얻다'라는 뜻이다.

I made another attempt to *obtain* employment. 나는 직장을 구하려는 다른 시도를 했었다.
He *had obtained* the papers during his visits to Berlin. 그는 베를린을 방문하는 동안에 그 서류를 손에 넣었었다.

2 'get'

obtain은 격식을 차린 단어로, 일반적으로 회화에서는 사용하지 않고 대신 **get**을 사용한다.

I *got* a job at the sawmill. 나는 제재소에 일자리를 얻었다.
He had been having trouble *getting* a hotel room. 그는 호텔 방을 잡는 데 어려움을 겪고 있었다.

글에서 **obtain**은 수동형으로 자주 사용한다.

All the above items *can be obtained* from most supermarkets. 위의 모든 물품들은 슈퍼마켓에서 구할 수 있다.
You need to know where this kind of information *can be obtained*.
당신은 이러한 정보를 어디서 얻을 수 있는지 알아 둘 필요가 있다.

ℹ️ 수동형 문장에서는 보통 get이 아닌 obtain을 사용한다. 예를 들면, '지도는 여행 안내소에서 얻을 수 있다.'는 ~~Maps can be got from the Tourist Office.~~가 아닌 Maps *can be obtained* from the Tourist Office.라고 하며, 회화에서는 *You can* get maps from the Tourist Office.라고 한다.

---

occasion – opportunity – chance

1 'occasion'

occasion은 '특정한 일 또는 상황이 일어난 때'라는 뜻이다.

I remember the *occasion* vividly. 나는 그때를 생생하게 기억한다.
There are *occasions* when you must refuse. 당신이 거절해야 할 때가 있기 마련이다.

on a particular occasion은 특정한 때라는 뜻이다.

I think it would be better if I went alone *on this occasion*. 이번에 나 혼자 간다면 더 좋을 거라고 생각한다.
I met him only *on one occasion*. 나는 그를 딱 한 번 만났다.

occasion은 중요한 '행사', '의식', '축하 행사'라는 뜻도 있다.

It was a wonderful end to an unforgettable *occasion*. 그것은 잊지 못할 행사에 알맞은 마무리였다.
They have the date fixed for the big *occasion*. 그들은 큰 행사를 거행할 날짜를 정했다.

2 'opportunity' and 'chance'

어떤 일을 하기에 가능한 상황을 가리킬 때는 occasion이 아닌 opportunity나 chance를 사용한다.

I am very grateful to have had the *opportunity* of working with Paul. 나는 폴과 함께 일하게 되어서 대단히 기쁘다.
She put the phone down before I had a *chance* to reply. 그녀는 내가 대답하기도 전에 전화를 끊었다.

◯ Usage 표제어 **chance** 참조.

occur

occur는 어떤 사건이 '일어나다'라는 뜻이다.
The accident *occurred* at 8:40 a.m. 그 사고는 오전 8시 40분에 일어났다.
Mistakes are bound to *occur*. 실수는 반드시 일어난다.

그러나 계획하지 않은 일에 대해 말할 때는 occur만 사용하는데, 이는 상당히 격식을 차린 표현이다. 회화에서는 보통 happen을 사용한다.
You might have noticed what *happened* on Tuesday. 당신은 화요일에 무슨 일이 일어났는지 알아차렸는지도 모른다.
A curious thing *has happened*. 이상한 일이 일어났다.

◐ Usage 표제어 happen 참조.

ℹ️ 계획한 일이 일어나다라고 할 때는 occur나 happen이 아닌 take place라고 한다.
The first meeting of this committee *took place* on 9 January.
이 위원회의 첫 회의는 1월 9일에 열렸다.
These lessons *took place* twice a week.
이러한 강의는 일주일에 두 번씩 열렸다.

어떤 일에 영향을 받는다고 할 때는 occur to가 아닌 happen to를 사용한다. 예를 들면, '나는 제인에게 무슨 일이 일어났는지 궁금하다.'는 I wonder what's occurred to Jane.이 아닌 I wonder what's *happened to* Jane.이라고 한다.
She no longer cared what *happened to* him. 그녀는 그에게 무슨 일이 있었는지 더 이상 신경을 쓰지 않았다.
It couldn't *have happened to* a nicer man. 그러한 일은 더 착한 사람에게는 일어날 수 없었다.

of

1 possession and other relationships (소유와 다른 관계)

소유를 나타낼 때, of를 사용한다. of는 사람이나 사물 사이의 다른 관계를 나타낼 때에도 사용한다.
It was the home *of a sociology professor*. 그것은 사회학 교수의 집이었다.
She was the sister *of the Duke of Urbino*. 그녀는 우르비노 공작의 여동생이었다.
At the top *of the hill* Hilary Jackson paused for breath.
언덕 꼭대기에서 힐러리 잭슨은 잠시 한숨을 돌렸다.

[of + 소유격 대명사 (mine · his · theirs 등)] 형식은 특정한 사람과 관련된 한 무리의 사람들이나 사물들 중 한 명을 나타낼 때 사용한다. 예를 들면, '그는 내 친구 중 한 명이다.'는 He is one of my friends. 대신, He is a friend *of mine*.이라고 한다.
He's *a very good friend of ours*. 그는 우리 친구들 중에서 매우 좋은 친구이다.
I talked to *a colleague of yours* recently. 나는 최근에 당신 동료들 중 한 명과 이야기를 했다.

[of + 소유격] 형식을 사용한다.
He's *a friend of my mother's*. 그는 내 어머니의 친구 중 한 명이다.
She was *a great friend of Lorna Cook's*. 그녀는 로나 쿡의 훌륭한 친구 중 한 명이었다.

🏁 특히 미국 영어에서는 때때로 소유격에 's(아포스트로피 에스)를 생략한다.
He's *a close friend of the President*. 그는 대통령의 친한 친구이다.

> 주의 [of + 목적격 대명사 (me, him, them)] 형식이 아닌 [소유격 한정사 (my, his, their) + 명사] 형식을 사용한다. 예를 들면, '나의 여동생'은 the sister of me 대신 my sister라고 한다.
> *My* sister visited us last week. 나의 여동생이 지난 주 우리를 방문했다.
> He had *his* hands in *his* pockets. 그는 호주머니에 손을 넣었다.
> Consider the future of *our* society. 우리 사회의 미래를 고려해 보세요.

◐ Grammar 표제어 Possessive determiners 참조.

짧은 명사구 앞에는 of 대신 's(아포스트로피 에스)나 '(아포스트로피)만 사용한다. 예를 들면, the car of my

offer – give – invite

friend 대신, **my friend's car**라고 한다.
I can hear **Raoul's** voice. 나는 랠프의 목소리를 들을 수 있다.
This is **Mr Duffield's** sister. 이분은 더필드 씨의 여동생이다.
We watched **the President's** speech. 우리는 그 당시 대통령의 연설을 시청했다.
The notice is in all **our colleagues'** offices. 이 공지 사항은 우리 동료들의 사무실에 게시되어 있다.

○ Usage 표제어 **'s**(아포스트로피 에스) 참조.

2 descriptions(묘사)

어떤 것을 묘사할 때 형용사와 정도부사를 사용하는 대신 [of + 명사구] 형식을 사용한다. 예를 들면, '어떤 일이 매우 흥미롭다.'는 something is very interesting 대신 something is **of great interest**라고 하며, 이는 다소 격식을 차린 용법이다.

It will be **of great interest** to you. 그것은 당신에게 큰 흥미를 일으킬 것이다.
The result is **of little importance**. 그 결과는 아주 사소한 것이다.

어떤 행동에 대해 의견을 말하는 경우, [형용사 + of + 대명사] 형식을 사용한다. of 뒤의 대명사는 그 행동을 한 사람을 가리킨다. 예를 들면, '당신이 한 행동은 바보 같은 짓이었다.'는 That was **stupid of you**.라고 한다.
It was **brave of them**. 그들이 한 행동은 용감했다.
I'm sorry, that was **silly of me**. 미안해요, 내가 어리석은 짓을 했어요.

3 works of art(예술 작품들)

책의 저자나 노래의 작곡자의 이름을 밝힐 때는 **of**가 아닌 **by**를 사용한다.
Have you read the latest book **by** Hilda Offen? 당신은 힐다 오펜의 최신작을 읽었습니까?
We'll hear some pieces **by** Mozart. 우리는 모차르트의 곡들 일부를 감상할 것이다.

마찬가지로 그림을 그린 화가를 밝힐 때는 **by**를, 그림의 주제가 되는 특정한 사람을 나타낼 때는 **of**를 사용한다.
We saw the famous painting **by** Rubens, The Straw Hat.
우리는 루벤스가 그린 유명한 작품, 'The Straw Hat.'를 보았다.
The museum owns a 16th century painting **of** Henry VIII. 그 미술관은 헨리 8세를 그린 16세기 그림을 소유하고 있다.

4 places(장소)

국가, 주, 도의 수도를 나타낼 때, **of**를 사용한다.
We went to Ulaanbaatar, the capital **of** Mongolia. 우리는 몽골의 수도인 울란 바토르에 갔었다.

그러나 특정한 나라나 지역에 위치하고 있는 도시나 마을을 나타낼 때는 **of**가 아닌 **in**을 사용한다.
He lives in a small town **in** Southern Ecuador. 그는 남부 에콰도르에 있는 오래된 스페인의 식민지 도시에 살고 있다.
My favourite town **in** Shropshire is Ludlow. 슈롭셔에서 내가 가장 좋아하는 도시는 러들로이다.

최상급 뒤에도 **of**가 아닌 **in**을 사용한다. 예를 들면, '도쿄에서 가장 높은 빌딩'은 ~~the tallest building of Tokyo~~가 아닌 **the tallest building in Tokyo**라고 한다.
These are the biggest lizards **in** the world. 이들은 세계에서 가장 큰 도마뱀들이다.
He started the motor and drove **off** immediately. 그는 차의 시동을 걸고 바로 떠났다.

offer – give – invite

1 'offer'

offer는 어떤 사물을 갖거나 사용할 의사가 있는지 물어볼 때 사용한다.
He **offered** me a chocolate. I shook my head. 그는 내게 초콜릿을 권했고, 나는 고개를 저었다.

2 'give'

상대가 받을 거라고 생각하여 사물을 건네다라고 할 때는 **offer**가 아닌 **give**를 사용한다.
She **gave** Minnie the keys. 그녀는 그 열쇠들을 미니에게 주었다.

often

He *gave* me a red jewellery box. 그는 나에게 빨간 보석 상자를 주었다.

3 'offer to'

offer to do something은 어떤 일을 기꺼이 할 의사가 있다는 뜻이다.

He *offered to take* her home in a taxi. 그는 택시로 그녀를 집까지 기꺼이 바래다줄 의향이 있었다.

I *offered to answer* any questions they might have.
나는 그들이 궁금해하는 어떤 질문에도 기꺼이 대답할 의향이 있었다.

4 'invite'

상대방이 원하는 일이라고 생각하여 권할 때는 **offer**가 아닌 **invite**를 사용한다.

I *was invited* to attend future meetings. 나는 앞으로 있을 회의에 참석하도록 초대받았다.

She *invited* me to come for dinner. 그녀는 그를 식사에 초대했다.

often

often은 어떤 일이 '자주' 일어날 때 사용한다.

1 position in clause(문장 속에서 often의 위치)

- 조동사가 없는 경우, **be**동사가 없으면 **often**은 동사 앞에 오고, **be**동사가 있으면 **often**은 **be**동사 뒤에 온다.
  We *often get* very cold winters here. 우리는 자주 이곳에서 매우 추운 겨울을 보낸다.
  They *were often* hungry. 그들은 자주 배가 고팠다.

- 조동사가 있는 경우, **often**은 조동사 뒤에 온다.
  She *has often written* about human rights. 그녀는 인권에 대해 자주 말해 왔다.

- 한 개 이상의 조동사가 있는 경우, **often**은 첫 번째 조동사 뒤에 온다.
  The facts *had often been distorted*. 그 사실은 자주 왜곡되었다.

- 문장이 상당히 짧은 경우, **often**은 문장의 끝에 온다.
  He's in London *often*. 그는 런던에 자주 체류한다.

- 글에서 긴 문장의 처음에는 **often**이 오기도 한다.
  Often in the evening the little girl would be clutching at my knees while I held the baby.
  저녁에 내가 아기를 안고 있는 동안 어린 소녀는 자주 내 무릎을 움켜쥐곤 했다.

> **주의** 짧은 시간 내에 어떤 일이 여러 번 일어나는 것을 말할 때는 **often**을 사용하지 않는다. 예를 들면, '나는 어제 그녀에게 여러 번 전화를 했다.'는 I often phoned her yesterday.가 아닌 I phoned her *several times* yesterday.나 I *kept phoning* her yesterday.라고 한다.
>
> That fear was expressed *several times* last week. 그 공포감은 지난주에 몇 차례 표출되었다.
> Rather than correct her, I *kept trying* to change the subject.
> 나는 그녀의 잘못을 고쳐 주기보다 오히려 계속해서 그 주제를 바꾸려 했다.
>
> ● 빈도를 나타낼 때 사용하는 단어의 분류 목록은 Grammar 표제어 Adverbs and adverbials 참조.

2 other used of 'often'(often의 다른 용법)

어떤 일이 일어나거나 일어났던 횟수를 물어볼 때, **how often**을 사용한다.

How often do you need to weigh the baby? 얼마나 자주 아기의 몸무게를 재야 합니까?
How often have you done this programme? 당신은 프로그램을 얼마나 자주 시행했습니까?

많은 사람들이 어떤 일을 한 번만 하거나, 여러 사람들에 대해 어떤 것이 사실이라고 할 때에도 **often**을 사용할 수 있다.

People *often* asked me why I didn't ride more during the trip.
사람들은 내가 여행할 때 차를 타고 다니지 않는 이유를 자주 물었다.
Older people *often* catch this disease. 노인들이 자주 이 병에 걸린다.

old

USAGE

old

1 'old'

사람이나 사물의 나이를 말할 때 old를 가장 흔히 사용한다. 예를 들면, **someone is forty years *old***는 누군가의 나이가 40세이다라는 뜻이다.

The Law required witnesses to ***be*** at least ***fourteen years old***.
법률 규정에 의하면 증인이 될 수 있는 자격은 적어도 14세 이상이어야 한다.
They found bits of bone which ***are three million years old***. 그들은 3백만 년이 된 뼛조각들을 발견했다.

old는 사람을 묘사하는 데도 사용할 수 있다. 예를 들면, '40세의 남자'는 **a forty-years-old man**이 아닌 **a forty-year-old man**이라고 한다.

She married ***a sixty-year-old man***. 그녀는 60세의 남자와 결혼했다.
Sue lives with ***her five-year-old son*** John in the West Country.
수는 다섯 살 난 아들 존과 웨스트컨트리에 살고 있다.

'40세의 남자'는 **a man of forty**라고도 하며, **a man of forty years old**라고는 하지 않는다.

Mary is ***a tall, strong woman of thirty***. 메리는 키가 크고 힘이 센 30세의 여성이다.
Actually, he doesn't look bad for ***a man of 62***. 사실 그는 62세 남자임에도 늙어 보이지 않는다.

○ 그 밖의 나이를 표현하는 방법은 Topic 표제어 Age 참조.

2 asking about age(나이 물어보기)

사람이나 사물의 나이를 물어보는 경우, **how old**를 사용한다.

'***How old*** are you?' – 'I'll be eight next year.' "몇 살이니?" – "내년에 여덟 살 돼요."
'***How old*** is the Taj Mahal?' – 'It was built about 1640, I think.'
"타지마할은 언제 건립되었습니까?" – "약 1640년에 지어졌을 겁니다."

3 another meaning of 'old'(old의 다른 뜻)

나이가 많은 사람을 묘사할 때에도 old를 사용한다.

She was a very ***old*** lady. 그녀는 작은 노부인이었다.
He was very thin and he looked really ***old***. 그는 야위고 정말로 늙어 보였다.

4 'elderly'

old의 위와 같은 용법은 때때로 무례하게 들리기도 하여 더 정중한 표현인 **elderly**를 사용한다.

I look after my ***elderly*** mother. 나는 연세가 드신 모친을 돌보고 있다.
Like many ***elderly*** people, Mrs Carstairs could remember voices better than she did faces.
카스테어즈 부인은 많은 노인들처럼 사람들의 얼굴보다 그들의 음성을 더 잘 기억할 수 있었다.

노인들을 자주 **the elderly**로 표현한다.

This is one of the many organizations which help ***the elderly***. 이곳은 노인들을 돕는 기관들 중의 하나이다.

🛈 위와 같이 aged를 사용하는 경우 [eidʒəd]라고 발음한다. 일반적으로는 [eidʒid]라고 발음하는데, children aged five(다섯 살 난 아이들)가 그 예이다.

5 old friends(오랜 친구)

old friend는 오랫동안 사귄 친구, **old enemy**는 오래전부터의 원수, 즉 '숙적'이라는 뜻이다. 이 경우에 꼭 나이 든 사람을 지칭하지는 않는다.

Some of us took the opportunity to visit ***old*** friends. 우리들 일부는 오랜 친구들을 방문할 기회가 주어졌다.

6 'old' used to describe objects(사물을 묘사할 때 사용하는 old)

an ***old*** building/object는 오래전에 지은 건물이나 만들어진 사물이라는 뜻이다.

The museum is a massive ***old*** building. 그 박물관은 아주 오래된 건물이다.

The drawers were full of *old* clothes. 그 서랍들은 오래된 옷들로 꽉 차 있었다.

7 'former'

old는 때때로 '전(前)'이라는 뜻으로 사용하는데, **your old teacher**는 오래전 우리를 가르쳤던 선생님이다.

Jane went back to her *old* boyfriend. 제인은 오래전 남자 친구에게 다시 돌아갔었다.
I still like to visit my *old* school. 나는 아직도 예전 학교를 방문하길 좋아한다.

on

1 used to say where something is (사물의 장소·위치를 말할 때 사용하기)

on은 일반적으로 전치사로 사용한다. 사람이나 사물을 지탱하는 물체나 표면을 언급해서 위치를 나타낼 때, **on**을 사용한다.

When I came back, she was just sitting *on* the stairs. 내가 돌아왔을 때 그녀는 계단 위에 그냥 앉아 있었다.
There was a photograph of a beautiful girl *on* Daintry's desk.
데인트리의 책상 위에 아름다운 여자 아이 사진이 있었다.

사람이나 사물의 위치를 나타내는 방법으로 **on**을 사용한다. 예를 들면, 일하거나 사는 농장, 건축 부지, 주택 단지 등의 토지를 언급할 때 **on**을 사용한다.

He briefly worked *on* a building site in Seoul. 그는 서울의 건설 현장에서 잠시 동안 일을 했었다.

어떤 것이 존재하거나 발생한 섬을 언급할 때에도 **on**을 사용한다.

She lives *on* a Caribbean island. 그녀는 카리브해 섬에 살고 있다.

○ 사물의 위치를 나타낼 때 보통 **in**이나 **at**을 사용한다. Usage 표제어 **in**과 **at** 참조.

2 used to say where something goes (사물의 방향을 말할 때 사용하기)

사람이나 사물이 어디에 떨어지거나 놓였는지를 나타낼 때, **on**을 사용한다.

He fell *on* the floor. 그는 바닥에 넘어졌다.
I put a hand *on* his shoulder. 나는 그의 어깨에 손을 얹었다.

onto는 **on**과 비슷한 방식으로 사용한다.

○ Usage 표제어 **onto** 참조.

버스, 기차, 배를 타다라고 할 때, **get on**을 사용한다.

George *got on* the bus with us. 조지는 우리와 같이 버스를 탔다.

○ 더 많은 정보는 Usage 표제어 **go into – get into – get on** 참조.

3 used to talk about time (시간을 말할 때 사용하기)

something happens *on* a particular day/date는 어떤 일이 특정한 날이나 요일에 일어나다라는 뜻이다.

She came to see the play *on* the following Friday. 그녀는 그 다음 주 금요일에 그 연극을 보러 오려고 했었다.
Caro was born *on* April 10th. 카로는 4월 10일에 태어났다.

○ 더 많은 정보는 Topic 표제어 **Days and dates** 참조.

어떤 일이 일어난 후에 바로 다른 일이 일어나다라고 할 때, **on**을 사용할 수 있다. 예를 들면, **something happens *on* someone's arrival**은 누군가가 도착한 후에 바로 어떤 일이 일어나다라는 뜻이다.

'It's so unfair,' Clarissa said *on* her return. "그것은 매우 불공평해요."라고 클라리사가 돌아오자마자 말했다.

4 used as an adverb (부사로 사용하기)

on은 때때로 부사로 사용하기도 한다. 일반적으로 어떤 일이 계속 일어나거나 이루어지다라고 할 때, **on**을 사용한다.

She walked *on*, silently thinking. 그녀는 조용히 생각하면서 걸어갔었다.
I flew *on* to California. 나는 비행기를 타고 캘리포니아로 갔다.

once

once

1 used to mean 'only one time'(only one time의 뜻으로 사용하기)

something happens *once*는 어떤 일이 단 한 번 일어난다라는 뜻이다.
I've been out with him *once*, that's all. 나는 그를 단 한 번 만난 것뿐이다.
I have never forgotten her, though I saw her only *once*.
나는 그녀를 딱 한 번 보았음에도 불구하고 결코 잊을 수 없었다.

*once*가 위와 같은 뜻일 경우, *once*는 일반적으로 절의 끝에 온다.

2 used to talk about the past(과거를 말할 때 사용하기)

어떤 일이 과거의 불특정한 시기에 일어났다고 할 때에도 *once*를 사용한다.
I *once* investigated this story and I don't think it's true.
나는 이전에 이 이야기를 조사했는데 내 생각에 사실이 아니라고 본다.
'*Once* I saw a shooting star here,' Jeffrey says.
"나는 이전에 이곳에서 유성을 보았어."라고 제프리가 말한다.

*once*가 위와 같은 뜻일 경우, 일반적으로 동사의 앞이나 절의 앞에 온다.

어떤 일이 과거에는 사실이었지만 더 이상 사실이 아니라고 할 때에도 *once*를 사용한다.
These walls were *once* brightly coloured. 이 벽들은 한때 밝은 색으로 칠해져 있었다.
She was a teacher *once*. 그녀는 한때 선생이었다.

*once*가 위와 같은 뜻일 경우, be동사나 조동사의 뒤, 또는 절의 끝에 온다.

> 미래의 일을 나타낼 때는 *once*를 사용하지 않는다. 먼 미래의 일에 대해서는 **one day**, 아주 가까운 미래의 일에 대해서는 **sometime**을 사용한다.
> *One day*, you'll be very glad we stopped you. 당신은 언젠가 우리가 당신을 막은 것을 매우 고마워할 것이다.
> I'll call you *sometime*. 나는 머지않아 당신에게 전화를 할 것입니다.

3 'at once'

어떤 일을 즉시 하다라는 뜻을 나타낼 때, **at once**를 사용한다.
She stopped playing *at once*. 그녀는 노는 것을 즉시 멈추었다.
I knew *at once* that something was wrong. 나는 뭔가가 잘못되었다는 것을 즉시 알았다.

one

1 used instead of a noun group(명사구 대신 사용하기)

말하는 내용이 명확한 경우, **a**로 시작하는 명사구 대신 **one**을 사용할 수 있다. 예를 들면, '당신이 술 한잔 마시고 싶으면 제가 살게요.'는 If you want a drink, I'll get you a drink. 대신 If you want a drink, I'll get you *one*.이라고 한다.

Although she wasn't a rich customer, she looked and acted like *one*.
그녀는 비록 부자 고객이 아니었지만 부자 고객처럼 보였고 그렇게 행동을 했다.
The cupboards were empty except for *one* at the top of the bookshelves.
그 책장의 제일 높은 곳에 있는 찬장을 제외하고 다른 찬장은 비어 있었다.

> 🛈 위와 같은 문장에서 **one**의 복수형은 **ones**가 아닌 **some**을 사용한다. 예를 들면, '당신이 포도를 좋아하면 제가 조금 갖다 줄게요.'는 If you like grapes, I'll get you ones.가 아닌 If you like grapes, I'll get you *some*.이라고 한다.
> The shelves contained Daisy's books, mostly novels but *some* on occult or mystical subjects.
> 그 책장들은 데이지의 책들로 차 있었는데 초자연적이고 신비한 주제의 일부 책을 제외하고는 거의 소설이었다.
> We need more glasses. There are *some*, but we need more.
> 우리는 더 많은 유리잔들이 필요한데, 여러 개 갖고 있지만, 더 많이 필요하다.

one – you – we – they

2 used instead of a noun (명사 대신 사용하기)

형용사 뒤에 명사가 올 때, 가산명사 대신 **one(s)**을 사용할 수 있다. 예를 들면, '나는 이 차를 오랫동안 타서 새 차 구입을 고려 중이다.'는 I've had this car a long time, and I'm thinking of getting a new car. 대신 I've had this car a long time, and I'm thinking of getting *a new one*.이라고 한다.

I got this trumpet for thirty pounds. It's quite *a good one*. 나는 이 트럼펫을 30파운드에 샀는데 상당히 좋다.
This idea has become *a very influential one*. 이 아이디어는 대단한 영향력을 미치게 되었다.
We made money from buying old houses and building *new ones*.
우리는 오래된 집을 사서 새로운 집을 짓는 것으로 돈을 벌었다.

관계사절이나 전치사구 앞의 가산명사 대신 **one(s)**을 사용할 수 있다.
Of all the subjects, science was *the one I loved best*. 모든 과목 중 과학은 내가 가장 좋아하는 과목이다.
Could I see that map again – *the one with lines across it*? 지도를 다시 봐도 되나요? 그 위에 줄이 쳐 있는 거요.

a를 제외한 한정사 바로 뒤에 명사가 오는 경우, 단수 가산명사 대신 **one**을 사용할 수 있다. 예를 들면, '이 마스크들은 내가 아프리카에 있을 때 샀다. 저 마스크는 케냐에서 산 것이다.'는 I bought these masks when I was in Africa. That mask came from Kenya. 대신 I bought these masks when I was in Africa. *That one* came from Kenya.라고 한다.
We need to buy a new car. *This one's* too small. 우리는 새 차를 사야 한다. 이 차는 너무 작다.
He took the glasses and wrapped *each one* carefully. 그는 유리잔 각각을 조심스럽게 포장을 했다.
She had a bowl of soup, then went back for *another one*. 그녀는 수프 한 그릇을 다 먹은 후 다른 접시를 가지러 갔다.

> (the one + of + 사람 이름) 형식을 사용하지 않아, '이것은 나의 머그잔이고 저것은 제인의 것이다.'는 ~~This is my mug. That's the one of Jane.~~이 아닌 This is my mug. That's *Jane's*.라고 한다.
> He has a Scottish accent like *Brian's*. 그는 브라이언과 마찬가지로 스코틀랜드 억양을 가지고 있다.

one – you – we – they

1 'one'

one은 때때로 일반적으로 어떤 일을 하거나 해야 한다를 나타내는 비인칭대명사로 사용된다. 이것은 상당히 격식을 차린 용법이다.

One doesn't talk about politics at parties. 파티에서는 정치 문제를 이야기해서는 안 된다.

one의 위와 같은 용법에 호응하는 소유격 한정사와 재귀대명사는 **one's**와 **oneself**이다.
Naturally, one wanted only the best for *one's* children. 우리는 당연히 우리의 자녀들에게 최고의 것을 주기를 원했다.
We all understood the fear of making a fool of *oneself*.
우리 모두는 자신을 바보로 만드는 것에 대한 두려움에 대해 알고 있다.

대부분의 영국 영어와 미국 영어에서는 위와 같은 뜻으로는 대체로 **one**을 사용하지 않는다. 일반적으로 어떤 일을 하거나 해야 한다고 말하는 다른 방법이 있다.

2 'you'

you는 상당히 보편적으로 쓰이는데, 특히 회화에서 흔히 사용한다. 이 책에서는 일반적으로 **you**를 사용한다.
There are things that have to be done and *you* do them and *you* never talk about them.
해야 할 일들이 있어서 그 일들을 하면 뒷말을 하지 않는다.
Ignoring *your* neighbours is rude. 우리의 이웃을 무시하는 것은 무례한 일이다.

3 'we'

자신을 포함한 여러 사람들이 어떤 일을 한다고 할 때, **we**를 사용할 수 있다.
We say things in the heat of an argument that *we* don't really mean.
우리는 열띤 토론 중에 진정으로 의도하지 않는 말을 하기도 한다.
There are things *we* can all do to make *ourselves* and our children happier.
우리는 자신과 아이들을 위해 우리가 해야 하는 일들이 있다.

one another

4 'they'

일반인이나 정체를 모르는 불특정한 다수를 가리킬 때, **they**를 때때로 사용한다.

They found the body in the river. 그들은 그 강에서 그 시체를 발견했다.

속담을 언급하거나 반복되는 소문을 말하는 경우, **they**를 사용하기도 한다.

They say that the camera never lies – but it doesn't always show the full picture.
카메라는 거짓말을 하지 않는다고 하지만 모든 상황을 항상 보여 주는 것은 아니다.

He made a fortune, *they* say. 돌아다니는 소문에 의하면 그는 돈을 많이 벌었다고 한다.

5 'people'

people 또한 상당히 보편적으로 사용한다.

People shouldn't leave jobs unfinished. 일을 끝내지 않고 그만두어서는 안 된다.

I don't think *people* should make promises they don't mean to keep.
나는 지키지 못할 약속을 하지 말아야 한다고 생각한다.

6 the passive(수동형)

위와 같은 단어와 능동형 동사 대신 수동형 동사를 사용할 수도 있다. 이 용법은 격식을 차린 글에서 상당히 보편적으로 사용한다.

If there is increasing pain, medical advice *should be taken*.
만약 통증이 심해지면 의학적인 조치를 취해야 한다.

Bookings *must be made* by the end of December. 예약은 12월 말까지 해야 한다.

one another

○ Usage 표제어 each other – one another 참조.

only

only는 형용사나 부사로 사용한다.

1 used as an adjective(형용사로 사용하기)

〔only + 명사·one〕형식은 한 사람이나 하나의 사물, 그룹에는 해당되고 그 외의 사람, 사물, 그룹에는 해당되지 않을 때 사용한다. only 앞에는 the나 소유격이 온다.

Grace was *the only survivor*. 그레이스 혼자만 살아남았다.

I was *the only one* listening. 그 말을 듣는 사람은 나 혼자였다.

'Have you a spare one?' – 'No, it's *my only copy* unfortunately.'
"여분이 하나 더 있나요?" – "아뇨, 유감스럽게도 단 하나밖에 없는 사본입니다."

only가 위와 같은 뜻일 경우, 바로 뒤에 명사나 one이 와야 한다. 예를 들면, '그는 유일하게 탈출한 사람이었다.'는 He was the only to escape.라고 하지 않는다. 명사를 분명하게 나타내기를 원하지 않을 경우, **person**이나 **thing**을 사용한다. 예를 들면, He was *the only person* to escape.라고 한다.

He was *the only person* authorized to issue documents of that sort.
그는 그러한 종류의 서류를 발행할 권한이 있는 유일한 사람이었다.

It was *the only thing* they could do. 그것은 그들이 할 수 있는 유일한 일이었다.

i 또 다른 형용사나 숫자를 사용하는 경우, only는 그 앞에 온다.

The only English city he enjoyed working in was Manchester.
그가 즐겨 일했던 유일한 영국 도시는 맨체스터뿐이었다.

So I probably have *the only three copies* of the album in existence.
그래서 나는 아마 현존하는 앨범 세 장만 갖고 있을 것이다.

only 앞에는 보통 an을 사용하지 않지만 예외적인 경우도 있다. **someone is *an only child***는 누군가가 형제자매가 없다라는 뜻이다.

As *an only child* she is accustomed to adult company.
무남독녀인 그녀는 어른들과 어울리는 것에 익숙하다.

2 used as an adverb(부사로 사용하기)

어떤 하나의 일만 이루어지거나 일어나거나 특정한 상황과 관련이 있는 반면에, 그 밖에 나머지 일들은 이루어지지 않거나, 일어나지 않거나, 특정한 상황과 관련이 있지 않다고 할 때 부사로 **only**를 사용한다.

- **only**가 절의 주어만을 한정하는 경우, 주어 앞에 온다.
  Only his close friends knew how much he idolized his daughters.
  그의 친한 친구들만이 그가 얼마나 딸들을 아꼈는지 알고 있었다.
  We believe that *only a completely different approach* will be effective.
  우리는 완전히 다른 접근 방법만이 효과적일 것이라는 것을 믿는다.

- **be**동사가 있는 경우, **be**동사 뒤에 **only**가 온다.
  There *is only* one train that goes from Denmark to Sweden by night.
  밤에 덴마크에서 스웨덴으로 가는 기차는 단 한 편뿐이다.

- **be**동사가 없고 **only**가 주어를 한정하지 않는 경우, **only**는 한정하는 것과 관계없이 동사 앞이나 첫 번째 조동사 바로 뒤에 온다. 예를 들면, '나는 주말에만 남동생을 만난다.'는 I see my brother only at weekends. 대신 I *only* see my brother at weekends.라고 한다.
  Drivers *only* find serious traffic jams *in the city centre*.
  운전자들은 도심에서만 극심한 교통 혼잡을 겪는 것을 발견했다.
  We could *only* choose *two of them*. 우리는 그들 중에 둘만 선택할 수 있었다.
  New technology will *only* be introduced *by mutual agreement* with the unions.
  새로운 기술은 노동조합들과 상호 협정에 의해서만 도입될 것이다.

3 used for emphasis

그러나 뜻을 분명히 하거나 강조하는 경우, [**only** + 단어·단어군·절] 형식을 사용한다.
He played *only instrumental music*. 그는 악기를 사용하는 음악만 연주했다.
You may borrow *only one item* at a time. 당신은 한 번에 한 품목만 빌려 갈 수 있다.
We film *only when something interesting is found*.
우리는 흥미로운 것을 발견할 때에만 촬영을 한다.

[강조하려는 단어·단어군 + **only**] 형식을 사용하여 내용을 더 강조할 수 있다.
We insisted on being interviewed by *women journalists only*. 우리는 여기자들과만 인터뷰할 것을 고집했다.
This strategy was used *once only*. 이 전략은 단 한 번만 사용되었다.

글과 격식을 차린 연설에서 **only**를 문장의 처음에 사용할 경우, [**only** + 강조하려는 단어·단어군·절 + 조동사·**be**동사 + 주절의 주어] 형식을 사용한다.
Only here was it safe to prepare and handle hot drinks.
오직 이곳만이 뜨거운 음료를 준비하고 다루기에 안전했다.
Only then did Ginny realize that she still hadn't phoned her mother.
지니는 그때서야 어머니에게 아직 전화를 하지 않았다는 것을 깨달았다.

위와 같은 방법 외에도 [it is only · it was only + 강조하려는 단어] 형식을 사용하여 내용을 강조하고, 나머지는 **that**절에 온다.
It was only much later that I realized what had happened.
한참 후에 나는 그곳에 무슨 일이 일어났는가에 대해 인식을 했다.
It was only when he started to take photographs that he was stopped.
그가 사진을 찍기 시작하자마자 관리원들이 그의 촬영을 막았다.

4 'not only'

not only...but(also)를 사용하여 단어(군)를 연결할 수 있다.

○ Usage 표제어 **not only** 참조.

onto

onto

사람이나 사물이 넘어지는 위치나 놓여 있는 장소를 나타낼 때, 일반적으로 전치사 **onto**를 사용한다.

He fell down *onto* the floor. 그는 그 바닥으로 넘어졌다.
Place the bread *onto* a large piece of clean white cloth. 깨끗하고 크고 흰 천 조각 위에 빵을 놓으세요.

많은 동사 뒤에 **onto**와 **on**을 같은 뜻으로 사용할 수 있다.

I fell with a crash *onto* a sandy bank. 나는 모래 언덕 위로 요란한 소리를 내며 넘어졌다.
He fell *on* the floor with a thud. 그는 마룻바닥에 쿵 하고 넘어졌다.
She poured some shampoo *onto* my hair. 그녀는 약간의 샴푸를 나의 머리에 부었다.
Carlo poured ketchup *on* the beans. 카를로는 케첩을 그 콩 위에 부었다.

그러나 **climb**이나 **lift**와 같은 뜻의 동사 뒤에는 **on**보다 **onto**를 사용해야 한다.

She climbed up *onto* his lap. 그녀는 그의 무릎 위로 올라갔다.
The little boy was hoisted *onto* a piano stool. 그 어린 소년은 피아노 의자 위로 들어 올려졌다.

hold *onto* something은 떨어지지 않기 위해 어떤 것을 붙잡거나 매달려 있다는 뜻이다. **hold**와 같은 의미를 갖는 동사 뒤에 **onto**는 전치사로, **on**은 부사로 사용한다.

She had to hold *onto* the edge of the table. 그녀는 탁자의 가장자리를 붙잡아야만 했다.
I couldn't put up my umbrella and hold *on* at the same time. 나는 동시에 우산을 펴거나 붙잡고 있을 수 없었다.
We were both hanging *onto* the side of the boat. 우리 둘 다 보트의 측면을 붙잡고 있었다.
He had to hang *on* to avoid being washed overboard. 그는 쓸려 가는 것을 막기 위해 붙잡아야만 했다.

 때때로 **onto**를 두 단어로 분리하여 **on to**로 사용한다.
She sank *on to* a chair. 그녀는 의자에 풀썩 주저앉았다.

open

open은 동사와 형용사로 사용한다.

1 used as a verb(동사로 사용하기)

open은 더 이상 구멍이나 틈을 덮지 않도록 문 같은 것을 움직이다, 즉 '열다'라는 뜻이다.

She *opened* the door with her key. 그녀는 자신의 열쇠로 문을 열었다.
He *opened* the window and looked out. 그는 창문을 열고 밖을 내다보았다.

> 주의 주어가 사람인 경우, (open + 목적어) 형식을 사용해야 한다. 예를 들면, '나는 가서 문을 열었다.'는 I went to the door and opened.가 아닌 I went to the door and *opened it*.이라고 한다.
> I went to the front door, *opened it* and looked out. 나는 배의 앞문으로 가서 문을 열고 밖을 내다보았다.

2 used as an adjective(형용사로 사용하기)

문이나 창문이 덮여 있어야 할 구멍이나 틈을 덮지 않은 경우, **be *open***이라고 한다.

The door was *open*. 그 문은 열려 있었다.
He was sitting by the *open* window of the office. 그는 사무실의 열려 있는 창문 옆에 앉아 있었다.

> 주의 문이나 창문이 열려 있는 상태는 be opened가 아닌 be *open*이라고 한다. opened는 동사 open의 과거와 과거분사이다. 문이나 창문을 여는 행동을 묘사하는 경우에만 opened를 사용한다.
> The front door *was opened*, then slammed shut. 앞문이 열린 뒤 쾅 하면서 닫혔다.

3 used after other verbs(다른 동사 뒤에 사용하기)

open은 be동사뿐만 아니라 다른 동사 뒤에 사용할 수 있다.

The doors of the ninth-floor rooms *stood open*. 9층의 방문들이 열려 있었다.

opinion

push 등의 움직임을 나타내는 동사 뒤에도 open을 사용할 수 있다.

Buller *pushed* the door fully *open*. 불러는 문이 활짝 열리도록 밀었다.
He noticed the way in which the drawer *slid open*. 그는 서랍을 부드럽게 여는 방법을 알아냈다.

i open은 위와 같이 위치나 움직임을 나타내는 동사 뒤에 사용하는 단어 중 하나이다. 그 밖의 형용사로 closed, shut, free, loose, straight, upright 등이 있고 경우에 따라 형용사나 부사로도 사용한다.

> **주의** 전기 기구를 말할 때는 형용사나 동사로 open을 사용하지 않는다. 예를 들면, 스위치를 누르거나 손잡이를 돌려서 전기 기구를 작동시키는 경우에는 open이 아닌 put on, switch on, turn on이라고 한다.
> Do you mind if I *put* the light *on*? 전등을 켜도 되겠습니까?
> I went across and *switched on* the TV. 나는 가로질러 가서 텔레비전을 켰다.
> I *turned on* the radio as I did every morning. 나는 매일 아침마다 항상 라디오를 켰다.

opinion

opinion은 어떤 것에 대해 생각하는 것, 즉 '의견'이라는 뜻이다.

We would like to have your *opinion*. 우리는 당신의 의견을 듣고 싶습니다.
The students were eager to express their *opinions*. 그 학생들은 자신의 의견을 표현하고 싶어했다.

자신의 의견을 표현할 때, in my opinion..., in Sarah's opinion..., in the opinion of the voters... 등의 표현을 사용한다.

In my opinion, there are four key problems that have to be addressed.
내 생각에는 건의해야 할 네 가지 주요 문제점이 있다.
In Lee's opinion, the protests were 'unnecessary'. 이의 의견은 그러한 항의들은 불필요하다는 것이다.
In the opinion of the Court of Appeal the sentence was too lenient.
항소 법원의 의견은 형량이 너무 관대하다는 것이었다.

○ Usage 표제어 according to 참조.

격식을 차린 연설이나 글에서는 It is my opinion that...이나 It is our opinion that...을 사용한다.

It is my opinion that high school students should have the vote.
고등학생에게도 투표권을 주어야 한다는 것이 내 의견이다.

i To my opinion....이나 According to my opinion....이라고 하지 않는다.

○ Usage 표제어 point of view – view – opinion 참조.

opposite

opposite은 전치사, 명사, 형용사로 사용한다.

1 used as a preposition(전치사로 사용하기)

opposite은 건물이나 방이 도로나 복도에 의해 서로 분리되다, 즉 '반대편에 있는'이라는 뜻이다.

The hotel is *opposite* a railway station. 그 호텔은 기차역 반대편에 있다.
The bathroom was located *opposite* my room. 욕실은 내 방 건너편에 있었다.

두 사람이 서로 마주 보고 있다는 뜻에도 opposite를 사용한다.

Lynn was sitting *opposite* him. 린은 그의 반대편에 앉아 있었다.
He drank off half his beer, still staring the Englishman *opposite* him.
그는 맥주 절반을 마시면서 여전히 건너편에 있는 영국인을 쳐다보고 있었다.

> 🚩 미국 영어에서는 위의 두 경우와 같은 상황을 말할 때, 일반적으로 opposite보다 across from을 사용한다.
> Stinson has rented a home *across from* his parents. 스틴슨은 그의 부모님 집의 건너편에 세를 들었다.
> He took a seat on one side of the table, and Judy sat *across from* him.
> 그는 탁자 한쪽에 앉았고 주디는 건너편에 앉았다.

or

2 used as a noun(명사로 사용하기)

두 사물이나 사람이 어떤 면에서 완전히 다른 경우, **one is *the opposite of* the other**라고 한다.

The opposite of right is wrong. 옳은 것의 반대는 옳지 않다는 것이다.
He was *the exact opposite of* Herbert, of course.
그는 물론 허버트와 아주 정반대였다.

대조하는 것이 분명한 경우, **of**를 생략하고 **the opposite**을 사용한다.

Well, whatever he says you can bet he's thinking *the opposite*.
자, 그가 무엇을 말하든지 그가 반대로 생각하고 있다고 당신은 장담할 수 있다.
They believe the statement because *the opposite* is unimaginable.
그들이 그 진술을 믿는 이유는 그것에 반대되는 상황은 상상할 수도 없기 때문이다.

> 주의 opposite을 사용하여 사람이나 사물의 차이점을 나타내지 않아, **A person is opposite another**로 사용할 수 없다.

3 used as an adjective(형용사로 사용하기)

opposite은 명사 앞이나 뒤에 오는 형용사로, 위치에 따라 뜻이 달라진다.

〔**opposite** + 명사〕형식은 사물의 두 면 중 한쪽 면을 나타낼 때 사용한다.

I was moved to a room on the *opposite* side of the corridor. 나는 복도의 반대편에 있는 방으로 옮겨졌다.
On the *opposite* side of the room a telephone rang. 그 방의 반대편 방에서 전화벨이 울렸다.

〔**opposite** + 명사〕형식은 어떤 것이 다른 것과 어느 면에서 완전히 다르다라고 할 때에도 사용한다.

Holmes took the *opposite* point of view. 홈스는 반대 견해를 취했다.
Too much pressure would produce overheating, whereas too little would produce the *opposite* result.
너무 많은 압력을 받으면, 지나치게 흥분해 아주 작은 일도 반대의 결과를 가져올 것이다.

〔명사 + **opposite**〕형식은 다른 사람이나 사물이 자신이 있는 길, 복도, 방, 탁자 등의 건너편에 있다고 할 때 사용한다.

The elderly woman *opposite* glanced up at the window.
건너편의 나이 든 여자가 창문을 올려다 보았다.
In one of the smart new houses *opposite*, a party was in progress.
건너편에 있는 멋진 새집들 중 한 곳에서 파티가 열리고 있었다.

▶ 길 건너편에 있는 집은 the opposite house가 아닌 the house on *the opposite* side of street나 the house *opposite*이라고 한다.

4 'opposed'

opposite을 **opposed**와 혼동해서는 안 된다. **be *opposed to* something**은 어떤 일을 동의하지 않거나 반대하다라는 뜻이다.

I am *opposed to* capital punishment. 나는 사형 제도를 반대한다.

or

1 basic uses(기본 용법)

두 개 이상의 대안이나 가능성을 언급하는 경우, **or**를 사용한다. 명사, 명사구, 형용사, 부가어, 동사, 절을 연결할 때도 **or**를 사용한다.

Would you like some coffee *or* tea, Dr Floyd?
플로이드 박사님, 커피나 차 중 무엇을 드시겠습니까?
It is better to delay planting if the ground is very wet *or* frosty.
땅이 습기가 매우 많거나 서리가 있으면 나무 심기를 늦추는 것이 좋다.
Do you want to go to the beach *or* spend time at home?
당신은 해변에 가고 싶습니까? 아니면 집에 계시겠습니까?

oral

2 used with negative words(부정어와 함께 사용하기)

부정어 뒤에는 and 대신 or를 사용한다. 예를 들면, '나는 커피나 차를 마시는 것을 좋아하지 않는다.'는 ~~I do not like coffee and tea.~~가 아닌 I do not like coffee *or* tea.라고 한다.

The situation is just *not* fair on the children *or* their parents.
아이들에게나 부모들에게나 공정하지 않은 상황이다.

It is not poisonous and will *not* harm any animals or birds.
그것에는 독성이 없어서 동물이나 새에게도 나쁜 영향을 주지 않는다.

The house is not large *or* glamorous. 그 집은 크거나 또는 웅장하지 않다.

3 verb agreement(동사 일치)

or를 사용하여 둘 이상의 명사를 연결하는 경우에 복수 가산명사이면 복수동사를, 단수 가산명사나 불가산명사이면 단수동사를 사용한다.

Even minor changes or developments *were* reported in the press.
아주 작은 변화들 또는 발전들이 언론에 알려졌다.

If your son or daughter *is* taking drugs, it is no use being angry.
당신의 자녀가 마약을 복용하고 있는 경우 화를 내봐야 아무 소용이 없다.

4 'either…or'

두 개의 대안을 언급하고 다른 대안은 없다고 할 때 either…or를 사용한다. 첫 번째 대안 앞에는 either, 두 번째 대안 앞에는 or가 온다.

Replace it with a broadband access device, *either* rented or costing around $500.
광역대 접근 기구를 대체해야 하는데 이를 빌리든지 아니면 500달러에 구입하기 바랍니다.

○ Usage 표제어 either…or 참조.

> 주의 neither 뒤에는 or가 아닌 nor를 사용한다.
> He speaks *neither* English *nor* German. 그는 영어도 독일어도 하지 못한다.
> ○ Usage 표제어 neither…nor 참조.

5 linking more than two items(두 개 이상의 항목 연결하기)

두 개 이상의 항목을 연결하는 경우, 일반적으로 마지막 것 앞에만 or가 오며 각각의 다른 항목 뒤에는 콤마가 온다. or 앞에 있는 콤마는 생략하기도 한다.

Flights leave from Heathrow, Manchester, Gatwick, *or* Glasgow.
히스로, 맨체스터, 개트윅, 글래스고로부터 출발하는 비행 편들.

Students are asked to take another course in English, science *or* mathematics.
학생들은 영어, 과학, 또는 수학 같은 다른 과목들도 수강하도록 요구되고 있다.

6 beginning a sentence with 'or'(or로 문장을 시작하기)

or는 일반적으로 문장의 처음에 오지 않지만 다른 사람이 말하거나 생각한 것을 전하는 경우에는 문장의 처음에 오기도 한다.

I may go home and have a steak. *Or* I may have some spaghetti.
집에 가서 스테이크를 먹는 것이 좋을까, 아니면 스파게티를 먹는 것이 좋을까?

7 used for correcting(내용을 고치는 데 사용하기)

잘못 말했던 내용을 고치거나, 바로 전에 말했던 것보다 더 적절한 단어나 표현이 생각나서 말을 바꾸려고 할 때, or를 사용할 수 있다.

We were considered by the others to be mad, *or* at least very strange.
타인들이 우리를 미쳤다고 생각하거나 아니면 최소한 이상하다고 생각하고 있을 것이다.

oral

○ Usage 표제어 aural – oral 참조.

ordinary

ordinary
◐ Usage 표제어 usual – usually 참조.

or else
◐ Usage 표제어 else 참조.

other

1 'the other'
두 사람이나 두 개의 사물 중 먼저 하나를 가리키고 두 번째 사람이나 사물을 가리킬 때, **the other**나 **the other one**을 사용한다.

They had two little daughters, one a baby, _the other_ a girl of twelve.
그들에게는 두 명의 어린 딸이 있었는데 한 명은 갓난아이였고 다른 아이는 열두 살 난 소녀였다.

He blew out one of his candles and moved _the other one_. 그는 촛불 중 하나는 끄고 다른 하나는 옮겨 두었다.

2 'the others'
여러 사람이나 사물 중 이미 가리킨 사람이나 사물을 제외한 나머지를 가리킬 때, **the others**를 사용한다.

Jack and _the others_ paid no attention. 잭이나 다른 사람들은 아무런 관심을 갖지 않았다.

First, concentrate only on the important tasks, then move on to _the others_.
먼저 중요한 업무에만 집중한 후에 나머지 업무로 넘어가세요.

3 'others'
특정한 유형의 일부 사람들이나 사물들을 가리킬 때, 같은 유형의 다른 사람들이나 사물들에는 **others**를 사용한다.

Some players are better than _others_ in varied weather conditions.
일부 선수들은 변화하는 기후 조건에 다른 선수들보다 더 잘 적응한다.

The couple had one biological child and adopted three _others_.
그 부부는 한 명의 친자식과 세 명의 입양한 자식들이 있다.

ℹ️ 위와 같은 문장에서 the others를 사용하지 않는다. 예를 들면, ~~Some writers are greater than the others.~~ 라고 하지 않는다.

4 'another'
특정한 유형의 사람이나 사물을 가리킬 때, 같은 유형의 또 한 명의 사람이나 하나의 사물에는 **another**나 **another one**을 사용한다.

I saw one girl whispering to _another_. 나는 한 여자 아이가 또 다른 여자 아이에게 속삭이는 것을 보았다.

There was something wrong with the car he had hired and he had to hire _another one_.
그가 빌렸던 차에 문제가 생겨서 그는 다른 차를 빌려야 했다.

◐ Usage 표제어 another 참조.

5 used in front of nouns(명사 앞에 사용하기)
(the other · other · another + 가산명사) 형식을 사용한다.

The other girls followed, thinking there may be some news for them too.
그들에 대한 새로운 뉴스가 있을 것으로 생각해 다른 여자아이들도 그곳으로 따라 들어갔다.

The roof was covered with straw and _other materials_. 그 지붕은 짚과 다른 재료로 덮어 있었다.

He opened _another shop_ last month. 그는 지난달에 또 다른 가게를 열었다.

ought to
◐ Usage 표제어 should – ought to 참조.

out

out

1 'out of'

go *out of* a place는 어떤 장소에서 나가다, get *out of* something은 탈것 등에서 내리다라는 의미로, 더 이상 그곳에 있지 않다라는 뜻이다.

She rushed *out of* the house. 그녀는 집에서 뛰쳐나갔다.
He got *out of* the car. 그는 자동차에서 내렸다.
She's just got *out of* bed. 그녀는 바로 침대에서 일어났다.

대화에서 of를 생략해 사용한다.
'Come on, get *out* the car,' she said. "자, 차에서 내리세요." 하고 그녀가 말했다.

- 표준 영어에서는 위와 같은 문장에 of를 사용해야 한다. 예를 들면, He got out the car.라고 하지 않는다.
- go out과 get out에 대한 더 많은 정보는 Usage 표제어 go out 참조.

일반적으로 out 뒤에 전치사 from을 사용하지 않는다. 그러나 behind나 under와 같은 전치사 앞에서는 from을 사용한다.
He came *out from behind* the table. 그는 탁자 뒤에서 나왔다.

2 'out' used as an adverb (부사로 사용하는 out)

어떤 장소를 떠나다라고 할 때, out을 부사로 사용할 수 있다.
I ran *out* and slammed the door. 나는 달려 나가면서 그 문을 쾅 닫았다.
Why don't we go *out* into the garden? 우리 정원으로 나가는 게 어때요?

be *out*은 누군가가 집에 없다라는 뜻이다.
He came when I was *out*. 내가 외출했을 때 그가 왔었다.

outdoors – outdoor

1 'outdoors'

부사 outdoors는 어떤 일이 실내에서 일어나지 않다, 즉 '야외에서'라는 뜻이다.
He spent a good deal of his time *outdoors*. 그는 많은 시간을 밖에서 보냈다.
School classes were held *outdoors*. 학교 수업은 야외에서 진행되었다.

어떤 사람이 건물 밖으로 나가다는 보통 go outdoors가 아닌 go outside라고 한다.

- Usage 표제어 outside 참조.

2 'outdoor'

outdoor는 형용사로, 실내보다 야외에 있는 사물이나 야외에서 일어나는 행동을 묘사할 때 사용한다.
There is also an *outdoor* play area. 그곳에 야외 놀이 공간이 있다.
If you enjoy *outdoor* activities, this is the trip for you.
만약 당신이 야외 활동을 좋아한다면 이 여행은 당신에게 적합하다.

outside

outside는 전치사나 부사로 사용한다.

1 used as a preposition (전치사로 사용하기)

사람이나 사물이 건물 내부가 아닌 건물과 가까운 곳에 있을 때, outside를 사용한다.
I parked *outside* the hotel. 나는 호텔 주변에 주차했다.
There are queues for jobs *outside* the main offices. 그 본점 사무실 앞에 구직자들이 줄을 서 있다.

over

USAGE

ℹ 표준 영어에서 someone is 'outside of' a building이라고 하지 않는다.

2 used as an adverb(부사로 사용하기)

사람이나 사물이 밖에 있다는 someone/something is *outside*라고 하며, 밖에서 어떤 일이 일어나다는 something is happening *outside*라고 한다.

The shouting *outside* grew louder. 밖에서 외치는 소리가 점점 더 커졌다.
Please could you come and fetch me in 20 mins, I'll be waiting *outside*.
20분 후에 와서 태워다 주세요. 밖에서 기다릴게요.

go *outside*는 건물 밖에 있으며 건물과 가까운 곳에 있다라는 뜻이다.

When they went *outside*, a light snow was falling. 그들이 밖에 나가자 가볍게 눈발이 날리고 있었다.
Go *outside* and play for a bit. 밖에 나가서 잠깐 놀아라.

건물에서 조금 멀리 떨어진 곳에 가려고 나오는 경우에는 go outside가 아닌 go out을 사용한다.

When it got dark he went *out*. 그는 어둠이 깔리자 밖으로 외출했었다.
I have to go *out*, I'll be back late tonight. 나는 외출해야 하고, 오늘밤 늦게 돌아올 것이다.

어떤 사람이 현관이나 복도처럼 방에 가까이 있는 경우에도 outside를 사용한다.

I'd better wait *outside* in the corridor. 나는 복도에서 기다리는 것이 좋을 것 같아요.

3 another meaning of 'outside'(outside의 다른 뜻)

사람이나 사물이 국외에 있다고 할 때, outside는 가깝다는 뜻이 아니다. be *outside* a country는 어떤 나라 근처에 있거나 그곳으로부터 멀리 떨어져 있을 수도 있다라는 뜻이다.

You'll know this if you have lived *outside* Britain.
만약 당신이 영국에서 멀리 떨어진 곳에서 살았더라면 이것을 알고 있었을 것이다.

---

over

over는 여러 가지 방법으로 사용하는 전치사이다.

1 position(위치)

one thing is *over* another thing은 어떤 사물이 다른 사물 바로 위에 있다라는 뜻이다.

I had reached the little bridge *over* the stream. 나는 시냇물 위에 있는 작은 다리에 도착했다.
His name is on the monument *over* the west door. 그의 이름이 서쪽 문 위에 있는 기념물에 새겨져 있다.

2 movement(움직임)

go *over* something은 어떤 것을 가로질러서 건너편으로 가다라는 뜻이다.

Sayeed climbed *over* the fence. 사이드는 그 울타리를 넘어갔었다.
The sea was rough on the way back *over* the Channel. 영국 해협을 건너 돌아오는 길에 바다가 거칠었다.

3 age(나이)

someone is *over* a particular age는 어떤 사람의 나이가 특정한 나이보다 더 많다는 뜻이다.

She was well *over* fifty. 그녀는 50살이 넘었다.

4 time(시간)

something happens *over* a period of time은 어떤 일이 어느 기간 동안에 일어나다라는 뜻이다.

He'd had flu *over* Christmas. 그는 크리스마스 동안 감기에 걸렸다.
There have been many changes *over* the last few years. 지난 몇 년 동안 많은 변화가 있었다.

do something *over* a meal은 식사를 하면서 어떤 일을 하다라는 뜻이다.

It's often easier to discuss difficult ideas *over* lunch.
점심 식사 중에 어려운 아이디어를 토의하는 것이 더 쉬운 경우가 자주 있다.

◐ Usage 표제어 above – over 참조.

overseas

overseas는 부사나 형용사로 사용한다.

1 used as an adverb(부사로 사용하기)

overseas는 한 나라와 바다를 사이에 두고 갈라져 있는 외국으로 가다, 즉 '해외로'라는 뜻이다.

Roughly 4 million Americans travel *overseas* each year. 해마다 약 4백만 명의 미국인이 해외로 여행을 간다.

2 used as an adjective(형용사로 사용하기)

[overseas + 명사] 형식은 바다를 사이에 두고 있는 다른 나라와의 관련된 일을 묘사할 때 사용한다. overseas는 foreign과 비슷한 뜻이지만 격식을 차린 표현으로, 특히 무역, 재정, 여행에 사용한다.

We organize major programmes of *overseas* aid.
우리는 해외 원조에 대한 주요 프로그램들을 기획했었다.

I met him on a recent *overseas* visit. 나는 최근 외국 방문에서 그를 만났었다.

i [be동사+overseas] 형식에서는 위의 뜻으로 overseas를 사용하지 않는다. someone *is overseas*는 어떤 사람이 외국인이라는 뜻이 아닌 외국을 방문하고 있다라는 뜻이다.

own

1 used after a possessive(소유격 뒤에 사용하기)

어떤 것이 특정한 사람이나 사물에 속하거나 관련이 있다는 것을 강조할 경우, 소유격 뒤에 own을 사용한다.

These people have total confidence in *their own* ability. 이 사람들은 자신의 능력에 큰 신뢰감을 갖고 있다.

Now *the nuclear industry's own* experts support these claims.
이제 핵 산업 전문가들도 이러한 주장을 지지하고 있다.

2 'own' with a number(숫자와 함께 own 사용하기)

own을 숫자와 사용할 경우, [own + 숫자] 형식을 사용한다. 예를 들면, '그녀는 같은 충고를 자신의 세 아이들에게 해주었다.'는 ~~She had given the same advice to her three own children.~~이 아닌 She had given the same advice to her *own three* children.이라고 한다.

She was younger than my *own two* daughters. 그녀는 내 두 딸들보다 나이가 어리다.

3 'of your own'

an own이 아닌 my own이나 of my own을 사용한다. 예를 들면, '내 소유의 집을 갖고 있다.'는 ~~I've got an own place.~~가 아닌 I've got *my own* place.나 I've got a place *of my own*.이라고 한다.

By this time Laura had got *her own* apartment. 이때쯤에 로라는 자신의 아파트를 소유했었다.

She says we cannot have *our own* key to the apartment.
그녀는 우리만의 아파트 열쇠를 가질 수 없다고 말한다.

That is a dry, clear, sparkling lemonade with little flavor *of its own*.
그것은 자체의 풍미가 약간 있고, 달지 않으며, 맑고 탄산이 있는 레모네이드다.

4 emphasizing 'own'(own을 강조하기)

very own을 사용하여 강조를 할 수 있다.

We heard the prison's *very own* pop group. 우리는 감옥 자체에서 구성된 팝 그룹의 음악을 들었다.

Accountants have a language of their *very own*. 회계사들은 그들 나름의 언어를 갖고 있다.

5 'own' without a noun(명사를 사용하지 않는 own)

말하는 대상이 명확한 경우, own 뒤의 명사를 생략할 수 있다. 그러나 이때 own 앞에는 항상 소유격이 와야 한다.

These people's ideas were the same as *their own*.
이 사람들의 아이디어는 그들의 것과 똑같았었다.

I was given no clothes other than *my own* to wear. 나는 내 옷 외에는 입을 옷을 받지 못했다.

own

6 'on your own'

be *on one's own* 은 혼자 있다라는 뜻이다.

She lived *on her own*.   그녀는 혼자 살았다.

do something *on one's own* 은 다른 사람의 도움 없이 어떤 것을 혼자서 하다라는 뜻이다.

We can't solve this problem *on our own*.   우리 자신의 힘으로 이 문제를 해결할 수 없다.

P p

package
○ Usage 표제어 parcel – package – packet 참조.

packet
○ Usage 표제어 parcel – package – packet 참조.

pair – couple

1 'a pair of'

a pair of는 구두처럼 함께 사용하는 동일한 크기의 모양을 가진 두 개의 사물, 즉 '한 쌍'이라는 뜻이다.

Someone has dropped *a pair of* gloves. 어떤 사람이 장갑 한 켤레를 떨어뜨렸다.
He bought *a pair of* hiking boots. 그는 등산화 한 켤레를 샀다.

a pair of가 위와 같이 쓰이는 경우, 단수동사나 복수동사를 사용할 수 있다.

He wore a pair of shoes that *were* given to him by his mother.
그는 그의 어머니가 사 준 한 켤레의 구두를 신고 있었다.
A pair of shoes *was* stolen from the changing rooms last night.
어제 저녁 한 켤레의 구두가 탈의실에서 도난 당했다.

바지, 안경, 가위처럼 동일한 크기와 모양을 가진 두 개의 주요 부분으로 구성된 물건을 가리킬 때에도 **a pair of**를 사용한다.

She put on *a new pair of* glasses. 그녀는 새 안경을 썼다.
Do you have *a pair of* scissors I could use? 당신은 나에게 빌려 줄 가위를 갖고 있나요?

a pair of가 위와 같은 뜻일 경우, 단수동사를 사용한다.

Who *does* this pair of jeans belong to? 이 진바지는 누구의 것인가요?
A good pair of binoculars *is* essential for watching birds.
새들을 관찰하려면 성능이 좋은 망원경이 필수적이다.

2 'a couple of'

a couple of는 '두 사람'이나 '두 개의 물건'이라는 뜻이다.

I asked *a couple of* friends to help me. 나는 두 사람의 친구에게 도움을 부탁했다.
We played *a couple of* games of tennis. 우리는 테니스 게임 두 경기를 했다.

a couple of는 복수동사와 함께 사용한다.

A couple of guys *were* standing by the car. 그 차 옆에 두 명의 남자들이 서 있었다.
There *were* a couple of apples left in the bowl. 그 그릇에 사과 두 개가 담겨 있었다.

격식을 차린 글에서는 **a coulpe of**를 사용하지 않는다.

3 referring to two people as a 'couple' (두 사람을 couple이라고 지칭하기)

두 사람이 부부 혹은 남자친구나 여자친구 등과 같은 긴밀한 관계인 경우, **couple**(한 쌍)이라고 한다.

In Venice we met a South African *couple*. 우리는 베니스에서 남아공인 부부를 만났다.
Married *couples* will get tax benefits. 결혼한 커플들은 세금 혜택을 받을 것이다.

pants – shorts

couple이 주어인 경우, 일반적으로 복수동사를 사용한다.
Behind me a couple _were_ pushing a pram. 내 뒤에 있는 부부가 유모차를 밀고 있었다.

pants – shorts

영국 영어에서 **pants**는 성인 남녀나 어린이들이 속옷으로 입는 의류, 즉 '팬티'라는 뜻이다. **pants**는 다리를 넣을 수 있는 두 개의 구멍과 허리와 엉덩이를 지탱해 주는 탄력성이 있는 둥근 모양으로 이루어져 있다. 때때로 남자 팬티는 **underpants**, 여자 팬티는 **panties**나 **knickers**라고 한다.

 미국 영어에서 남자 팬티는 **shorts**나 **underpants**라고 하며, 여자 팬티는 일반적으로 **panties**라고 한다.

미국 영어에서 **pants**는 남자나 여자의 바지라는 뜻이다.
He wore brown corduroy _pants_ and a white cotton shirt. 그는 갈색 코르덴 양복 바지와 흰색 면 셔츠를 입었다.

영국 영어와 미국 영어 모두 무릎과 허벅지 일부가 드러나는 짧은 바지를 **shorts**라고 한다.
I usually wear _shorts_ and a T-shirt when I play tennis.
나는 테니스 할 때 반바지에 티셔츠 차림으로 운동한다.

pants와 **shorts**는 모두 복수명사이다. **pants**나 **shorts**를 주어로 사용할 경우, 복수동사를 사용한다.
These pants _have_ a pretty lace trim. 그 바지에는 아름다운 레이스 트림이 있다.
His grey shorts _were_ far too big. 그의 회색 반바지는 너무 크다.

> 한 벌의 팬티나 반바지는 ~~a pants~~나 ~~a shorts~~가 아닌 a pair of pants나 a pair of shorts라고 한다.
> It doesn't take long to choose _a pair of pants_. 팬티 한 벌을 고르는 데 많은 시간이 걸리지 않는다.
> He is wearing _a pair of shorts_ and a T-shirt. 그는 반바지 한 벌에 얇은 티셔츠를 입고 있다.

a pair of shorts나 a pair of pants가 주어일 경우, 일반적으로 단수동사를 사용한다.
Why _is_ this pair of pants on the floor? 왜 이 바지가 바닥에 떨어져 있나요?

paper

paper는 글을 쓰거나 사물을 포장하는 재료, 즉 '종이'라는 뜻이다.
Bring a pencil and some _paper_. 연필 한 자루와 종이 몇 장을 가져오세요.

정보가 적혀 있는 여러 장의 종이는 **papers**라고 한다.
This filing cabinet is where we keep important _papers_. 이 파일 캐비닛에 중요한 서류들을 보관하고 있다.

종이 한 장은 **paper**가 아닌 **a sheet of paper**라고 하며, 그 크기가 작으면 **a piece of paper**라고 한다.
He wrote his name at the top of a blank _sheet of paper_. 그는 빈 종이의 맨 위에 이름을 적었다.
The floor was covered in little _pieces of paper_. 그 바닥은 적은 종잇조각들로 커버되어 있었다.

신문은 주로 **a paper**라고 한다.
Dad was reading the _paper_. 아버지는 신문을 읽고 있던 중이었다.
His picture was in the _papers_. 그의 사진이 신문들에 실렸었다.

parcel – package – packet

1 'parcel' and 'package'

parcel이나 **package**는 어떤 곳으로 옮겨지거나 우편으로 보낼 수 있는 것을 포장한 물체, 즉 '소포'라는 뜻이다. 두 단어 간에 의미상의 차이는 거의 없으며, **parcel**은 **package**보다 더 규칙적인 모양을 갖고 있다.
International charities sent _parcels_ of food and clothes to the refugees.
국제 자선 단체에서 난민들에게 음식과 옷이 담긴 꾸러미를 보냈다.
I am taking this _package_ to the post office. 나는 이 소포를 우체국에 가져갈 것이다.

pardon

 미국 영어에서는 **parcel**보다 **package**를 더 자주 사용한다.

2 'packet'

packet은 적은 양의 내용물을 담아 판매하는 작은 용기로, 얇은 판지로 만든 작은 상자나 종이, 플라스틱 재질로 만든 '가방'이나 '봉투'라는 뜻이다.

There was an empty cereal *packet* on the table. 그 탁자 위에 빈 시리얼 종이 곽이 있었다.
Cook the pasta according to the instructions on the *packet*. 그 곽 용기에 쓰인 대로 파스타를 요리하세요.

 미국 영어에서는 보통 **packets**을 **packages**나 **packs**라고 한다.

a packet of나 **a package of**는 용기와 내용물 또는 내용물 자체만을 가리킬 때 사용할 수 있다.
The shelf was stacked with *packages of* rice and dried peas. 그 선반에는 쌀과 콩이 든 자루들이 쌓여 있었다.
He ate a whole *a packet of* biscuits. 그는 한 패킷의 비스킷을 모두 먹었다.

pardon

pardon은 어떤 사람의 행동이나 태도를 '용서해 주다'라는 뜻이며, 이는 오래된 영어 표현이다.
'You're sitting in my seat.' – 'Oh, *I beg your pardon*.' "당신이 내 자리에 앉았군요." – "오, 죄송합니다."
'죄송합니다.'라고 사과할 때는 **I beg your pardon.**이라고 한다.

 미국 영어를 쓰는 일부 사람들은 **Pardon me.**라고 한다.
'*Pardon me*!' said a man who had bumped into her. 그녀에게 부딪힌 남자가 "죄송합니다."라고 말했다.

영국 영어에서 '**pardon**'은 상대의 말을 듣지 못했거나 이해하지 못할 때 사용한다.
'His name is Hardeep.' – '*Pardon*?' – 'I said, his name is Hardeep.'
"그의 이름은 하딥이에요." – "무어라고요?" – "그의 이름이 하딥이라고요."

○ Topic 표제어 Apologizing 참조.

parking – car park

 주차장을 가리킬 때, **parking**이라는 단어를 사용하지 않는다. 영국 영어에서는 주차장을 **car park**, 미국 영어에서는 **parking lot**이라고 한다.
We parked in the *car park* next to the theatre. 우리는 극장 옆의 주차장에 주차했다.
The high school *parking lot* was filled with police cars. 그 고등학교 주차장은 경찰차들로 가득 차 있었다.

 여러 층의 주차 공간을 가진 빌딩을 미국에서는 **parking garage**, 영국에서는 **multi-storey car park**라고 한다.

자동차를 주차하는 행위나 주차된 상태를 가리킬 때만 **parking**을 사용한다.
Parking in the city centre is very difficult. 시내 중심부에 주차하는 것은 아주 어려운 일이다.
He put a 'No *Parking*' sign on the gates. 그는 그의 집 문 앞에 '노 파킹' 표지를 달아 놓았다.

part

part는 명사나 동사로 사용할 수 있다.

1 'part of'

〔**part of · a part of** + 단수 가산명사 · 불가산명사〕 형식은 어떤 것을 구성하는 조각들이나 요소들 중 하나임을 나타낸다.
I've told her *part of* the story, but not all of it. 내가 그녀에게 그 이야기의 전부가 아닌 일부만 말한 것이다.
Using the internet is *a part of* everyday life for most people.
인터넷을 사용하는 것이 대부분의 사람들의 일상생활의 일부가 되었다.

party

2 'some of' and 'many of'

복수명사구 앞에는 part of나 a part of가 아닌 some of를 사용한다. 예를 들면, '일부 군인들은 총을 갖고 있지 않다.'는 ~~Part of the soldiers have no rifles.~~가 아닌 **Some of** the soldiers have no rifles.라고 한다.

Some of the players looked very tired. 선수들 중 일부가 아주 피곤해 보였다.
Some of us have finished. 우리 중 일부는 그 일을 마쳤다.

마찬가지로, '많은 집들은 평평한 지붕을 갖고 있다.'는 ~~A large part of the houses have flat roofs.~~가 아닌 **Many of** the houses have flat roofs.라고 한다.

Many of the old people remember the war.
나이 든 사람들 중 많은 사람들이 전쟁을 기억하고 있다.

○ Usage 표제어 some과 many 참조.

---

party

party는 사람들이 먹고, 마시고, 춤추고, 이야기하거나, 게임을 하면서 즐기는 사교적인 행사라는 뜻이다. 어떤 사람이 파티를 여는 경우, *have/give/throw* a party라고 한다. 이때 **throw**는 격식을 차리지 않는 단어이다.

We *are having* a party on the beach.
우리는 해변에서 파티를 열 것이다.
They *gave* a party to celebrate their daughter's graduation.
그들은 그들의 딸 졸업을 축하하는 파티를 열었다.
We *threw* her a huge birthday party. 우리는 그녀를 위한 성대한 생일 파티를 열었다.

🛈 'make'를 사용하지 않아, ~~We are making a party.~~라고 하지 않는다.

---

pass

동사 pass는 여러 가지 뜻으로 사용한다.

1 movement(움직임)

pass는 사람이나 사물을 지나쳐 가다라는 뜻이다.

We *passed* the New Hotel. 우리는 뉴호텔을 지나갔다.
They stood aside to let him *pass*. 그들은 그가 지나갈 수 있도록 옆으로 비켜섰다.

pass something to someone은 어떤 사물을 손으로 집어서 누군가에게 건네주다라는 뜻이다.

She *passed* me her glass. 그녀는 나에게 컵을 건네주었다.
I *passed* the picture to Lia so she could see it.
나는 리아가 볼 수 있게 사진을 그녀에게 주었다.

2 time(시간)

pass time in a particular way는 특정한 방법으로 시간을 보내다라는 뜻이다.

They *passed* the time until dinner talking and playing cards.
그들은 디너 토킹과 카드놀이 전까지 시간을 보냈다.

○ Usage 표제어 spend – pass 참조.

3 tests and exams(시험)

pass a test/an exam은 시험에 합격하다라는 뜻이다.

I *passed* my driving test on my first attempt.
나는 처음 시도해 운전면허 시험에 합격했다.
If you *pass*, you can go to college. 시험에 합격하면 대학에 갈 수 있다.

○ Usage 표제어 exam – examination 참조.

> **주의** 결과에 대한 언급 없이 시험을 치르다라고 할 때는 **pass**가 아닌 **take** 또는 **sat**를 사용한다.
> She's *not yet taken* her driving test. 그녀는 아직 운전면허 시험을 치른 적이 없다.
> Caroline *sat* her final law exams in June. 캐롤라인은 6월에 최종 법학 시험을 치렀다.

past

past는 명사나 형용사로 사용할 수 있으며, 현재 이전의 기간을 가리킨다.

He never discussed his *past*. 그는 자신의 과거에 대해 논의한 적이 한 번도 없었다.
I've spent most of the *past* eight years looking after children.
나는 지난 8년간 대부분의 시간을 아이를 돌보는 데 썼다.

1 telling the time(시간 말하기)

영국 영어에서는 특정한 시간 이후에 몇 분이 지났는지 나타낼 때, **past**를 사용한다.

It's ten *past* eleven. 11시 10분이다.
I slept until quarter *past* eight. 나는 8시 15분까지 잠을 잤다.

 미국 영어에서는 보통 **after**를 사용한다.

It's ten *after* eleven. 11시 10분이다.
I arrived back in my room around a quarter *after* twelve. 나는 12시 15분 경에 다시 내 방에 도착했다.

○ 그 밖의 시간을 말하는 방법은 Topic 표제어 **Time** 참조.

2 going near something(어떤 것에 가까이 가기)

어떤 사람이 특정한 방향으로 가고 있을 때 어떤 것의 근처를 지나가고 있음을 나타내는 경우, **past**를 전치사나 부사로도 사용한다.

He walked *past* the school. 그는 그 학교를 지나 걸어갔다.
People ran *past* laughing. 사람들이 웃으면서 뛰어 지나갔다.

3 'passed'

pass의 과거나 과거분사는 **past**가 아닌 **passed**이다.

As she *passed* the library door, the telephone began to ring.
그녀가 그 도서관 문을 지났을 때, 전화벨이 울리기 시작했다.
A new law *was passed* by Parliament. 의회에서 새 법안이 통과되었다.

pay

돈에 대해 언급할 때, **pay**를 동사나 명사로 사용할 수 있다. **pay**의 과거와 과거분사는 **payed**가 아닌 **paid**이다.

pay for something은 어떤 것을 실행하거나 제공해 준 사람에게 그 대가로 돈을 지불하다라는 뜻이다.

You should be *paid for* the work you do. 당신은 당신이 하는 일에 대해 돈을 받아야 한다.
Roberto *paid for* the tickets. 로베르토가 티켓 값을 지불했다.

ℹ️ 위와 같은 문장에서 pay 뒤에 for를 사용해야 하는데, ~~Roberto paid the tickets.~~이다.

다른 사람이 마신 술값을 대신 내주다라고 할 때는 '**pay**' someone a drink가 아닌 **buy someone a drink**라고 한다.

The boss *bought* us all a drink to celebrate. 사장님이 우리 모두에게 축하주를 사 주었다.
Come on, I'll *buy* you lunch. 자, 제가 당신에게 점심 식사를 대접하겠습니다.

다른 사람이 먹은 음식 값을 대신 내주다라고 할 경우에는 '**pay**' someone a meal이 아닌 **buy someone a meal**이나 **treat someone to a meal**이라고 한다.

you take someone out for a meal은 '우리가 어떤 사람에게 식사를 대접하다'이다.

My aunt *took me out for* dinner on my birthday. 나의 이모가 나의 생일에 저녁 식사를 대접해 주었다.

people – person

people – person

1 'people'

people은 복수명사이며, 복수동사를 사용한다. people은 일반적으로 특정한 그룹의 남녀를 가리킬 때 가장 많이 사용한다.

The *people* at my work mostly wear suits. 나의 직장에서 일하는 사람들 대부분이 정장을 입는다.
Two hundred *people* were killed in the fire. 200명이 그 화재로 사망했었다.

특정한 나라, 부족, 인종의 모든 남녀, 어린이를 가리킬 때, people을 흔히 사용한다.

The British *people* elect a new government every four or five years.
영국 국민은 매 4 내지 5년에 선거를 통해 새 정부를 선출한다.

2 'peoples'

여러 나라, 부족, 인종의 모든 남녀, 어린이를 가리킬 때, people의 복수형인 peoples를 주로 사용한다.

They all belong to the ancient group of Indo-European *peoples*.
그들은 모두 고대 인도유럽 민족들 그룹에 속해 있다.

3 another use of 'people' (people의 다른 용법)

일반적인 사람이라는 뜻으로 people을 사용할 수 있다.

I don't think *people* should make promises they don't mean to keep.
나는 사람들이 지키지 못할 약속은 하지 말아야 한다고 생각한다.
She always tried to help *people*. 그녀는 항상 다른 사람들을 도우려고 한다.

 일반적인 사람을 나타내는 방법이 여러 가지가 있다.

○ Usage 표제어 one – you – we – they 참조.

4 'person'

person은 가산명사로, 개별적인 남자, 여자, 어린이, 즉 '개인'이라는 뜻이다.

There was far too much meat for one *person*. 한 사람이 먹기에는 고기가 너무 많았다.
Chen is a good *person* to ask if you have a computer problem.
컴퓨터에 문제가 생기면 첸에게 상담하는 것이 가장 적합한 방법이다.

person의 일반적인 복수형은 people이며, 격식을 차린 영어에서는 때때로 persons를 사용하기도 한다.

No unauthorized *persons* may enter the building. 허가받지 않은 사람은 이 빌딩에 출입할 수 없다.

percentage – per cent

percentage는 전체를 동등하게 100개의 부분으로 나눌 때 전체에서 어떤 것이 차지하는 비율을 퍼센트라고 한다. 〔숫자 + per cent · %〕 형식을 사용한다. 예를 들면, 1,000명이 사는 한 마을에 어린이가 250명이라면 전체 인구에서 아이들이 차지하는 비율은 25 per cent(25%)이다.

What is the *percentage* of nitrogen in air? 공기 중에 질소가 몇 퍼센트 있는가?
He won 28.3 *per cent* of the vote. 그는 28.3퍼센트의 득표를 얻었다.

미국 영어에서는 때때로 percent라고 한 단어로 붙여서 표기한다.

Remember that 90 *percent* of most food is water. 거의 모든 음식의 90퍼센트가 수분임을 기억하세요.

전체 비율과 비교해 대략 얼마나 많은지 또는 적은지를 나타낼 때에도 퍼센트를 사용한다. 예를 들면, a large percentage나 a small percentage는 어떤 것의 전체의 많은 퍼센트 또는 적은 퍼센트를 차지하고 있다는 뜻이다.

The illness affects only *a tiny percentage* of babies. 그 병은 아주 적은 퍼센트의 유아들에게 영향을 미친다.

〔percentage + 복수명사〕 형식이 주어인 경우, 복수동사를 사용한다.

permission

A large percentage of the students *do* not speak English at home.
그 학생들의 대부분이 그들의 집에서 영어를 사용하지 않고 있다.

[percentage + 단수명사] 형식이 주어인 경우, 단수동사를 사용한다.
Only a small percentage of the money *is* given to charity. 아주 적은 비율의 돈이 자선 단체에 기부되었다.
A high percentage of their income *was* spent on rent.
그들 수입의 높은 비율을 그들은 집세를 내는 데 사용하고 있다.

permission

permission은 다른 사람이 어떤 일을 하도록 승인하는 것, 즉 '허락'이라는 뜻이다.
My parents gave me *permission* to go. 나의 부모님들은 나에게 가도 좋다고 허락을 했다.
You can't do it without *permission*. 당신은 허락 없이 그 일을 할 수 없다.

permission은 불가산명사로, permissions나 a permission이라고 하지 않는다. 어떤 일을 하겠다고 상대방에게 요청하여 그 일을 하도록 허락받다라는 뜻에 get이나 obtain을 사용한다.
She *got* permission to leave early. 그녀는 조퇴를 허락받았다.
The school has *obtained* permission to build a new science block.
학교는 새 과학관 동의 건축을 허락받았다.

🔲 'take' permission' to do something이라고 하지 않는다.

어떤 일을 하도록 허락받다라고 할 때 have나 have got을 사용한다.
Students don't *have* permission to leave the school grounds at lunchtime.
학생들은 점심 시간에 허락을 받지 않고 학교 밖으로 나갈 수 없다.
You can only copy these documents if you'*ve got* permission. 허가를 받지 않고 이 서류를 복사할 수 없다.

permit

○ Usage 표제어 allow – permit – let – enable 참조.

person

○ Usage 표제어 people – person 참조.

persuade

○ Usage 표제어 convince – persuade 참조.

petrol

○ Usage 표제어 gas – petrol 참조.

parmacist

○ Usage 표제어 chemist – pharmacist 참조.

pharmacy

○ Usage 표제어 chemist's – drugstore – pharmacy 참조.

phone

phone someone은 누군가의 전화번호를 눌러 전화로 말하다, 즉 '전화걸다'라는 뜻이다.
I need to *phone* my mother. 나는 나의 어머니에게 전화해야 한다.
Luis *phoned* us to say he had arrived. 루이스는 우리에게 그가 도착했다고 전화했다.

pick

phone a place는 어떤 장소에 전화를 걸다라는 뜻이다.
He *phoned* work to tell them he was ill. 그는 직장에 전화해서 자신이 아프다고 말했다.
I'll *phone* the cinema and find out what time the film starts.
나는 영화관에 전화해 몇 시에 그 영화가 상영되는지를 물어볼 것이다.

🛈 phone 뒤에 to를 사용하지 않는다.

---

pick

○ Usage 표제어 choose 참조.

---

pile

○ Usage 표제어 heap – stack – pile 참조.

---

place

place는 일반적으로 명사로 사용한다.

1 used in descriptions(묘사에 사용하기)

건물, 방, 도시, 지역을 묘사하는 경우, 형용사 뒤에 place를 사용할 수 있다. 예를 들면, '리치먼드는 좋은 곳이다.'는 Richmond is nice. 대신 Richmond is a nice *place*.라고 한다.
I love this village – it's a beautiful *place*. 나는 이 마을을 좋아하는데, 그곳은 아름다운 장소이다.
Their new house is a really comfortable *place*. 새집은 그들이 살기에 아주 편안한 집이다.

2 saying where something is(어떤 것이 어디에 있는지 말하기)

[the place + where절] 형식은 어떤 것이 어디에 있는지를 나타낼 때 사용한다. 예를 들면, '이곳은 내가 자동차를 주차한 곳이다.'는 This is *the place where* I parked my car.라고 한다.
He reached *the place where* I was standing. 그는 내가 서 있던 곳에 도착했다.
This is *the place where* we leave our school bags. 이곳은 우리의 학교 책가방을 놓아두는 곳이다.

> 주의 [place + where + to부정사절] 형식이 아닌 [place + to부정사절] 형식을 사용한다. 예를 들면, '나는 자동차를 주차할 곳을 찾고 있는 중이다.'는 I'm looking for a place where to park my car.가 아닌 I'm looking for *a place to park* my car. 또는 I'm looking for *a place where I can park* my car.나 I'm looking for *somewhere to park* my car.라고 한다.
> *He was looking for a place to hide.* 나는 숨을 곳을 찾고 있었다.
> Is there *a place where you can go* swimming? 수영할 수 있는 곳이 있나요?
> We had to find *somewhere to live*. 우리는 우리가 살 곳을 찾아야 했었다.

3 'anywhere'

영국 영어에서 의문문이나 부정문에는 보통 any place가 아닌 anywhere를 사용한다. 예를 들면, '그녀는 여동생 없이는 혼자 아무 곳도 가지 않는다.'는 She never goes to any place without her sister.가 아닌 She never goes *anywhere* without her sister.라고 한다.
I decided not to go *anywhere* in the summer holidays. 나는 여름 휴가에 아무 데도 가지 않기로 결정했다.
Is there a spare seat *anywhere*? 여기 어딘가에 빈자리가 있습니까?

 미국 영어에서는 때때로 anywhere 대신 to 없이 anyplace를 사용한다.
He doesn't stay *anyplace* for very long. 그는 어떤 곳에서나 그다지 오래 머무르지 않는다.

4 'there'

방금 전에 언급한 장소를 다시 가리킬 때는 that place가 아닌 there를 사용한다. 예를 들면, '나는 들판으로 차를 몰고 가 그곳에 세워 두었다.'는 I drove my car into a field and left it in that place.가 아닌 I drove my car into a field and left it *there*.라고 한다.

I moved to London and soon found a job ***there***. 나는 런던으로 이사 갔고 곧바로 직장을 얻었다.
I must get home. Bill's ***there*** on his own. 나는 집에 가야 한다. 빌이 거기에 혼자 있다.

5 'room'

열려 있거나 비어 있는 공간을 가리킬 때는 불가산명사로 place가 아닌 room이나 space를 사용해야 한다. 무언가로 둘러싸인 실내 공간을 가리키는 경우, room을 더 많이 사용한다.

There's not enough ***room*** in the car for all of us. 우리들 모두가 그 차에 타기에 자리가 부족했었다.
We need plenty of ***space*** for the children to play. 우리는 어린이들이 놀 공간이 필요하다.

play

1 children's games(어린이들이 게임)

play는 어린이들이 장난감을 갖고 놀거나 게임을 하면서 즐거운 시간을 보내다라는 뜻이다.

The kids went off to ***play*** in the park. 아이들이 공원 가서 놀려고 밖으로 나갔다.

2 sports and games(운동과 게임)

정기적으로 어떤 운동이나 게임을 하다라는 뜻에 play를 사용한다.

Ray and I ***play*** tennis at least three times a week. 레이와 나는 일주일에 적어도 세 번 이상 테니스를 한다.
Do you ***play*** chess? 당신은 체스를 합니까?

특정한 때에 열린 게임, 경기, 시합에 직접 참가하다라고 할 때, play in을 사용한다.

He hopes to ***play*** in England's match against France next week.
그는 다음 주 영국과 프랑스 경기에 선수로 참가하기를 희망한다.

3 recordings

play에는 음향 기계에 테이프, 레코드, CD를 넣어 틀다라는 뜻도 있다.

She ***played*** me a recording of the interview. 그녀는 그 인터뷰 녹음을 나에게 들려주었다.
She ***plays*** her music too loudly. 그녀는 그녀의 음악을 너무 크게 틀었다.

그러나 영화나 텔레비전 프로그램을 보여 주다라고 할 때는 play가 아닌 show를 사용한다.

The teacher ***showed*** us a film about tigers. 그 선생님은 우리에게 호랑이에 대한 영화를 보여 주었다.
Many news programmes ***showed*** the clip. 많은 뉴스 프로그램들이 그 장면을 보여 주었다.

4 musical instruments(악기)

악기로 음악을 연주하다라는 뜻에도 play를 사용한다.

There is a piano in the hall, but nobody ever ***plays*** it. 그 피아노는 그 홀에 있지만, 누구도 그것을 사용한 적이 없다.

어떤 사람이 특정한 악기를 연주할 능력을 갖고 있다고 하는 경우, 악기 앞에 the를 사용한다. 예를 들면 '그녀는 피아노를 연주한다.'는 She ***plays the piano***.라고 하고, '그는 플루트를 연주한다.'는 He ***plays the flute***.라고 한다.

Uncle Rudi ***played the cello***. 루디 아저씨는 첼로를 연주했다.

그러나 록과 재즈 연주자들은 보통 the를 생략하여 사용한다. She ***plays piano***. (그녀는 피아노를 연주한다.) 또는 He ***plays guitar***. (그는 기타를 연주한다.)라고 한다.

He wanted to learn to ***play guitar***. 그는 기타 연주를 배우기를 원했다.

point

1 'point'

point는 자신의 생각, 의견, 사실을 표현하는 말이라는 뜻이다.

That's a very good ***point***. 그것은 아주 좋은 의견이다.

point of view – view – opinion

I want to make a quick *point* about safety. 나는 안전에 대한 간단한 문제점을 말하겠다.

point에는 어떤 것의 한 측면이나 세부 사항, 어떤 사람의 성격 중 한 면이라는 뜻도 있다.
The two books have some interesting *points* in common. 두 책은 공통적으로 몇 가지 재미있는 점이 있다.
One of his best *points* is his confidence. 그가 가진 가장 큰 장점은 (그가 가진) 자신감이다.

2 'the point'

the point는 어떤 상황에서 가장 중요한 사실, 즉 '요점'이라는 뜻이다.
The point is that everyone is welcome to join. 주요 요점은 누구나 동참을 환영한다는 것이다.
I'll come straight to *the point*. You didn't get the job. 직설적으로 말씀드리면 당신은 탈락했습니다.

the point of doing something은 어떤 일을 하는 이유라는 뜻이다.
What was *the point of asking* him when you knew he'd say no?
그가 거절할 것을 알고 있으면서 그에게 부탁하려는 당신의 의도는 무엇입니까?
I don't see *the point of learning* all this boring stuff. 이런 지루한 내용을 다 배울 이유가 보이지 않아요.

3 'no point'

there is no point in doing something은 어떤 일이 목적이 전혀 없거나 아무 성과도 없다는 뜻이다.
There's no point in talking to you if you won't listen.
당신이 내 말을 듣지 않는다면 당신과 이야기해 봐야 아무 소용이 없다.
There was not much point in thinking about it. 그것에 대해 생각해 봐도 별 성과가 없었다.

'there is no point to do' something이라고 하지 않는다. 'it is no point in doing' something이라고도 하지 않는다.

4 'full stop'

 문장의 끝에 오는 구두점(.)을 point라고 하지 않는다. 구두점을 영국 영어에서는 full stop, 미국 영어에서는 period라고 한다.

○ Topic 표제어 Punctuation과 Numbers and fractions 참조.

---

point of view – view – opinion

1 'point of view'

a particular *point of view*는 특정한 관점이라는 뜻이며, 어떤 상황의 한 측면을 고려할 때 사용한다.
From a practical *point of view* it is quite irrelevant. 실질적인 측면에서 볼 때, 그것은 매우 연관성이 없다.
The movie was very successful from a commercial *point of view*.
그 영화는 상업적 측면에서 아주 성공적이었다.

a person's *point of view*는 어떤 것에 대한 누군가의 일반적인 관점이나 영향을 미치거나 그와 관계 있는 것을 느끼는 방식이라는 뜻이다.
We understand your *point of view*. 우리는 당신의 관점을 이해한다.
I tried to see things from Frank's *point of view*. 나는 프랭크가 보는 관점에서 사태를 보려 했다.

2 'view' and 'opinion'

특정한 일에 대한 의견이나 믿음을 지칭할 때는 point of view가 아닌 view나 opinion을 사용한다.
Leo's *view* is that there is not enough evidence. 레오 씨의 견해로는 그것을 증명할 충분한 증거가 부족하다는 것이다.
If you want my honest *opinion*, I don't think it will work.
나의 솔직한 의견을 말하라고 한다면, 그 일이 잘되지 않을 것이라 생각한다.

view는 주로 복수명사인 views로 사용한다.
We are happy to listen to your *views*. 우리는 당신의 의견들을 듣는 것을 대단히 기쁘게 생각한다.
He was sent to jail for his political *views*. 그는 자신의 정치적 신념 때문에 교도소에 수감되었다.

police

someone's opinions/views *on* or *about* a particular matter는 어떤 특정한 일에 대해 갖는 의견이나 견해라는 뜻이다.

He always asked for her opinions *on* his work.
그는 항상 자신의 일에 대해 그녀의 의견을 물었다.

I have strong views *about* education. 나는 교육에 대해 단호한 견해를 갖고 있다.

말하는 내용에 in my opinion이나 in his view 등을 추가할 수 있다. 이는 말하는 사람의 생각을 표하거나 그것이 사실이 아닐 수도 있다라는 뜻에 사용한다.

He's not doing a very good job *in my opinion*.
나는 그가 그 일을 잘하고 있지 않다고 생각한다.

These changes, *in his view*, would be very damaging.
그는 그러한 변화들은 피해만 주게 되리라고 생각한다.

police

the police는 사람들이 법을 준수하도록 책임을 진 공식 조직, 즉 '경찰'이라는 뜻이다. 이들은 사람과 재산을 보호하며 범죄자를 체포한다.

He called *the police* to report a robbery. 그는 경찰에 전화해 강도 사고를 신고했다.

Contact *the police* if you see anything suspicious. 의심스러운 일이 생기면 바로 경찰에 신고하세요.

police는 복수명사로 주어일 경우, 복수동사를 사용한다.

The police *were* called to the scene of the crime. 경찰이 범죄 현장에 소집되었다.

경찰관 한 명을 police라고 하지 않는다. 경찰관 한 명은 a police officer, a policeman, a policewoman이라고 한다.

A *police officer* stood outside the building. 경찰관 한 명이 그 건물 밖에 서 있었다.

politics – policy – political

1 'politics'

명사 politics는 두 가지 뜻으로 사용한다. 일반적으로 국가나 사회에서 권력을 획득하고 유지하고 사용하는 방법을 나타낼 때, politics를 사용한다.

She is interested in a career in *politics*. 그녀는 정치계에서 경력을 쌓는 것에 관심이 있다.
Her parents never discussed *politics*. 그녀의 부모는 정치에 대해 토론을 한 적이 전혀 없다.

'정치'라는 뜻의 politics가 주어인 경우, 단수동사나 복수동사를 사용할 수 있다. 그러나 대부분은 단수동사를 사용한다.

Politics is sometimes about compromise. 정치란 자주 타협의 산물이다.
American *politics are* very interesting. 미국의 정치는 아주 흥미롭다.

국가를 운영하고 권력을 사용하는 방법에 대한 정치적 견해로 politics를 사용하는데, 주어이면 복수형 동사를 사용한다.

I think his *politics* are quite conservative. 나는 그의 정치적 견해는 보수주의자라고 생각한다.

politics는 나라를 다스리는 방법과 권력을 획득하여 사용하는 방법에 대한 학문, 즉 '정치학'이라는 뜻도 있다. 이러한 뜻의 politics가 주어인 경우, 단수동사를 사용한다.

Politics is often studied together with Economics. 정치학은 자주 경제학과 같이 공부되고 있다.

2 'policy'

politic은 명사가 아니다. 그러므로 정부나 정당이 합의한 행동이나 계획 과정, 즉 '정책'을 가리키는 경우, 명사 policy를 사용한다.

There is no change in our *policy*. 우리의 정책에는 아무 변화가 없다.
He criticized the government's education *policy*. 그는 정부의 교육 정책을 비판했었다.

position – post – job

③ 'political'

형용사 political은 '정치와 관련된'이라는 뜻이다. 이러한 뜻에는 politic을 사용하지 않는다.

The government is facing a *political* crisis. 그 정부는 정치적인 위기를 맞고 있다.
Do you belong to a *political* party? 당신은 정당에 가입했습니까?

position – post – job

① 'position' and 'post'

어떤 사람이 정규직을 갖고 있을 경우, 격식을 차린 영어에서는 position이나 post라고 한다. 구인 광고를 할 때, 자주 position이나 post로 쓰며, 지원자는 보통 이들 단어 중 하나를 사용한다.

We are looking for someone to fill a senior management *position*.
우리는 지금 최고 경영 직에 일할 사람을 찾고 있다.
I am writing to apply for the *post* of clerical assistant.
나는 업무 보조원으로 구직하기 위해 이 편지를 쓰고 있습니다.

② 'job'

회화에서는 위와 같은 의미로 position이나 post가 아닌 job을 사용한다.

He's afraid of losing his *job*. 그는 직장을 잃는 것을 두려워한다.
She's got a really interesting *job*. 그녀는 아주 흥미를 끄는 직업에 종사하고 있다.

possibility – opportunity

① 'possibility'

there is a *possibility* of something은 어떤 일이 일어나거나 사실일 가능성이 있다라는 뜻이다.

There was just a *possibility* that they had taken the wrong road. 그들이 잘못된 길을 갔을 가능성도 있었다.
We must accept the *possibility* that we might be wrong. 우리는 틀릴 가능성이 있다는 사실을 받아들여야 한다.

there is *no possibility* of something은 어떤 일이 일어나거나 사실일 가능성이 전혀 없다라는 뜻이다.

There was now *no possibility* of success. 현재로서는 성공할 가능성이 전혀 없었다.
There is *no possibility* that he did that accidentally. 그가 그 일을 실수로 했을 가능성이 전혀 없었다.

someone is talking/thinking about the *possibility of doing* something은 누군가가 어떤 일을 할지 하지 않을지를 고려하고 있다라는 뜻이다.

He talked about the *possibility of getting* married. 그는 결혼할 가능성에 대해 말했었다.

ℹ️ someone talks/thinks about the 'possibility to do'라고 하지 않는다.

② 'opportunity'

어떤 일을 할 수 있는 여건이 조성되어 있는 상황에는 possibility to do가 아닌 **opportunity to do**나 **opportunity of doing**을 사용한다.

You will have *the opportunity to* study several different subjects in your first year.
첫 번째 해에 당신은 여러 가지 다른 과목들을 공부할 기회가 제공될 것이다.
Sadly, I never had *the opportunity of* meeting him. 슬프게도 나는 그를 만나 볼 기회를 갖지 못했다.

possible – possibly

① 'possible'

possible은 형용사로, 어떤 일을 할 수 있거나 달성할 수 있다, 즉 '가능한'이라는 뜻이다.

It is *possible* for us to measure the amount of rain. 우리는 강수량을 측정할 수 있다.
Some improvement may be *possible*. 내년에는 약간의 개선이 이루어질지도 모른다.

possible을 사용하여 as soon as possible과 as much as possible 등의 표현을 자주 쓴다. do something *as soon as possible*은 될 수 있는 한 빨리 어떤 일을 하다라는 뜻이다.
I like to know *as much as possible* about my patients. 나는 환자들에 대해 될 수 있는 한 많은 것을 알고 싶다.
He sat *as far* away from the others *as possible*. 그는 가능한 한 다른 사람들과 멀리 떨어져 앉았다.

🔒 do something 'as soon as possibly'/'as much as possibly'라고 하지 않는다.

아마도 어떤 것이 사실이거나 옳을 것이라고 할 때에도 possible을 사용한다.
It is *possible* that he made a mistake. 그가 실수했을 가능성이 있다.
That's one *possible* answer. 그것은 가능성 있는 하나의 대답이다.

2 'possibly'

부사 possibly는 어떤 일에 대해 확신할 수 없거나, 즉 '아마노'라는 뜻이다.
Television is *possibly* to blame for this. 아마도 텔레비전이 이 일에 책임이 있을 것이다.
She is always cheerful, which is *possibly* why people like her.
그녀는 항상 활기에 차 있어 그것이 사람들이 그녀를 좋아하는 이유일 수 있다.

◐ 어떤 일에 대해 확신 여부를 나타낼 때 사용하는 단어의 분류 목록은 Grammar 표제어 Adverbs and adverbials 참조.

매우 정중하게 어떤 일을 해달라고 부탁할 때에도 possibly를 사용한다. 예를 들면, '저를 시내까지 태워 주시겠어요?'는 *Could you possibly* give me a lift to town?이라고 한다.
Could you possibly meet me there tomorrow at ten? 내일 10시에 그곳에서 당신을 만날 수 있을까요?

◐ 요청에 대한 더 많은 정보는 Topic 표제어 Requests, orders, and instructions 참조.

post – mail

1 'post' and 'mail'

 편지와 소포를 모아서 배달하는 우체국 업무를 영국 영어에서는 일반적으로 post, 미국 영어에서는 mail이라고 한다. 때때로 영국 영어에서도 mail을 사용하는데, 예를 들면, Royal Mail(영국 우정공사)의 명칭과 같은 경우이다.
Winners will be notified by *post*. 우승자들은 우편으로 통보될 것입니다.
Your reply must have been lost in the *mail*. 당신의 회신은 우편 배달 중에 분실되었음이 틀림없다.

 특정한 때에 배달된 편지나 소포를 영국 영어에서는 post, 미국 영어에서는 mail이라고 한다. 일부 영국 사람들도 mail이라고 한다.
Has the *post* arrived yet? 우편물이 아직 도착하지 않았나요?
I would never open someone else's *mail*. 나는 다른 사람의 편지를 열어 본 적이 전혀 없다.

 편지나 소포를 보내다라는 뜻으로 영국 영어에서는 post나 parcel, 미국 영어에서는 mail을 사용한다. 미국과 영국에서 mail은 email을 뜻하기도 한다.
I switched on my laptop to check my *mail*. 나는 나의 랩톱 컴퓨터를 켜고 나의 이메일을 체크했다.
Did you get that *mail* I sent you this morning? 내가 당신에게 보낸 이메일을 받아 보았습니까?

미국과 영국에서 post는 웹사이트에 올린 글 또 메시지를 지칭할 때 사용한다.
I read his latest *post* on his blog. 나는 그의 블로그에 올린 그의 최신 글을 읽었다.

2 'postage'

 편지나 소포를 보낼 때 지불하는 돈의 액수를 가리킬 때는 post나 mail을 사용하지 않는다. 영국 영어와 미국 영어에서는 postage라고 한다.
Send £2.99 extra for *postage* and packing. 우편료와 포장 비용으로 2.99파운드의 추가 비용을 보내세요.

3 'post' and 'mail' as verbs

 영국 영어는 **you posting a letter or parcel**, 미국 영어는 **you mail it**이다.

postpone

The letter had already **_been posted_**. 그 편지는 우편으로 이미 보내졌다.
She **_mailed_** the picture to a friend. 그녀는 그 사진을 친구에게 우편으로 보냈다.

미국과 영국에서 **someone mails something to**는 '이메일로 보낸다'는 의미로 사용한다.

I'll **_mail_** it to you as an attachment. 나는 그것을 이메일의 첨부 서류로 보낼 것이다.
He **_mailed_** to cancel the meeting. 그는 그 회의를 취소하는 이메일을 보냈다.

미국과 영국에서 **someone posts on or posts something on the internet or on a website**는 '우리가 인터넷 매체에 메시지, 코멘트, 또는 아이템을 게재한다'는 뜻이다.

She regularly **_posts on_** a music blog.
그녀는 정기적으로 음악 블로그에 특정한 정보를 게재한다.
I **_posted the photo on_** my Facebook page.
나는 그 사진을 나의 페이스북 페이지에 올렸다.

postpone

◉ Usage 표제어 delay – cancel – postpone – put off 참조.

power – strength

1 'power'

power는 어떤 사람이 다른 사람들의 활동을 제어할 수 있는 능력이라는 뜻이다.

People in positions of **_power_**, such as teachers, must act responsibly.
권한을 가진 사람들, 예로서 선생님들은 그 직에 걸맞는 책임 있는 행동을 해야 한다.
He believes the President has too much **_power_**.
그는 대통령에게 너무나 많은 권력을 주었다고 생각하고 있다.

2 'strength'

육체적인 에너지나 무거운 사물을 옮길 수 있는 능력(힘)을 가리킬 때는 **power**가 아닌 **strength**를 사용한다.

It took me some time to recover my **_strength_** after the illness.
내가 병을 앓은 후 체력을 회복하는 데는 시간이 좀 걸렸다.
This sport requires a lot of physical **_strength_**. 이 스포츠는 아주 많은 체력을 요구하고 있다.

practice – practise

영국 영어에서 **practice**는 명사이며, **practise**는 동사이다.

1 used as an uncountable noun (불가산명사로 사용하기)

practice는 자신의 능력을 향상시키기 위해 규칙적으로 무언가를 하는 것, 즉 '연습'이라는 뜻이다.

Your skiing will get better with **_practice_**. 당신의 스키 실력은 연습을 통해 나아질 것이다.
He has to do a lot of music **_practice_**. 그는 아주 많은 음악 연습을 해야만 한다.

2 used as a countable noun (가산명사로 사용하기)

practice는 습관처럼 규칙적으로 하는 일이라는 뜻이다.

Our usual **_practice_** is to keep a written record of all meetings.
우리가 지키는 규칙은 모든 우리 회의들에 대한 모든 기록을 해 두는 것이다.
The ancient **_practice_** of yoga is still popular today. 옛 요가 운동이 오늘날에도 유행하고 있다.

3 used as a verb (동사로 사용하기)

동사 **practise**는 어떤 일을 규칙적으로 하거나 참가하다라는 뜻이다.

I **_had been practising_** the piece for months. 나는 몇 달 동안 그 곡을 연습해 왔다.
His family **_practised_** traditional Judaism. 그의 가족은 전통적 유대주의를 실행했다.

prefer

 미국 영어에서는 동사로 practise 대신 명사와 같은 철자인 practice를 사용한다.
I *practiced* throwing and catching the ball every day. 나는 공 던지기와 받기 연습을 매일 하고 있다.

prefer

prefer one person/thing *to* another는 첫 번째 언급한 사람이나 사물을 더 좋아하다라는 뜻이다.
I *prefer* art to sports. 나는 스포츠보다 예술을 더 좋아한다.
She *preferred* cooking at home to eating in restaurants.
그녀는 식당에서 외식하기보다 집에서 요리하기를 선호한다.

ℹ️ 위와 같은 문장에서 to 이외의 다른 전치사를 사용하지 않는다. prefer는 흔히 일반 회화에서 다소 격식을 차린 표현이므로, like...better와 would rather 등이 구어 표현을 더 빈번하게 사용한다. 예를 들면, '나는 테니스보다 축구를 더 좋아한다.'는 I prefer football to tennis. 대신 *I like* football *better* than tennis.라고 한다. '나는 사과를 먹는 것을 더 좋아한다.'는 I'd prefer an apple. 대신 *I'd rather* have an apple.이라고 한다. '나는 걷는 것을 더 좋아한다.'는 I'd prefer to walk. 대신 *I'd rather* walk.라고 한다.

present

〔형용사 present + 명사〕 형식은 과거나 미래의 일보다 현재의 일을 나타낼 때 사용한다.
When did you start working in your *present* job? 당신은 언제부터 지금 직장에서 일을 하고 있습니까?
The *present* system has many failings. 현재 제도는 많은 단점이 있다.

형용사 present는 명사 앞에서 어떤 사람이 과거나 미래보다는 현재의 직업, 역할, 직함을 갖고 있다는 뜻으로도 사용한다.
The *present* chairperson is a woman. 현 의장은 여성이다.
Who is the *present* team captain? 누가 현재 그 팀의 주장인가요?

〔be동사 + present〕 형식일 때에는 뜻이 달라진다. someone *is present at* an event는 어떤 사람이 행사에 참석하다라는 뜻이다.
Several reporters were *present at* the event. 여러 명의 기자들이 그 행사에 참석했다.
He was not *present at* the birth of his child. 그는 그의 아이 출산 시 산모 옆에 있지 않았다.

ℹ️ 위와 같은 문장에서 at 이외의 다른 전치사를 사용하지 않는다.

언급하는 행사가 명확한 경우 누군가가 참석하다라는 뜻으로 someone *is present*라고 한다.
The Prime Minister and his wife *were present*. 국무총리와 그의 부인이 그 행사에 참석하지 않았다.

위와 같은 뜻으로 〔명사 + present〕 형식도 사용할 수 있다.
There was a photographer *present*. 한 명의 사진가가 참석했다.
He should not have said that with so many children *present*.
수많은 어린이들이 있는 곳에서 그는 그런 말을 하지 않았어야 했다.

previous

○ Usage 표제어 last – lastly 참조.

price – cost

1 'price' and 'cost'

price와 cost는 어떤 사물을 살 때 지불해야 하는 돈의 액수, 즉 '가격'이라는 뜻이다.
The *price* of oil doubled in a few months. 수개월 사이 유류 가격이 두 배로 뛰었다.
They are worried about the rising *cost* of food. 그들은 식품 가격의 상승에 대해 걱정을 하고 있다.

ℹ️ 위와 같은 문장에서 price나 cost 뒤에 of 이외의 다른 전치사를 사용하지 않는다.

price – prize

어떤 것을 하거나 만들 때 필요한 액수를 가리킬 경우에도 cost를 사용할 수 있다.
The *cost* of raising a child is very high. 어린아이의 양육에 드는 비용이 치솟고 있다.
The building was recently restored at a *cost* of £500,000.
그 건물은 최근에 50만 파운드의 비용을 들여 복원되었다.

위와 같은 뜻으로는 price를 사용하지 않는다.

2 'costs'

사업 등의 일을 운영할 때 필요한 총 액수를 가리킬 때, 복수명사 costs를 사용한다.
We need to cut our *costs* in order to make a profit. 우리는 이익을 내기 위해 경비를 절감해야 했다.
Stores have had to raise their prices to cover increased *costs*.
증가된 운영 비용을 보상하기 위해 상품 가격을 더 인상해야 했다.

3 'cost' used as a verb (cost를 동사로 사용하기)

어떤 사물에 지불하는 돈의 액수에 대해 말할 때, cost를 동사로 사용한다.
The dress *costs $200*. 그 옷값은 200달러이다.
How much do these new phones *cost*? 이 새 전화기의 가격은 얼마인가요?

동사 cost는 두 개의 목적어를 사용하여 특정한 상황에서 어떤 것에 얼마의 돈을 지불했는지를 나타낸다. cost의 과거와 과거분사는 costed가 아닌 cost이다.
A two-day stay there *cost me $125*. 나는 그곳에 이틀 머물렀는데, 125달러를 지불했다.
How much did that haircut *cost you*? 그 머리를 자르는 데 얼마 들었어요?

🛈 위와 같은 문장에서 cost 뒤에 to를 사용하지 않는다.

price – prize

1 'price'

price [prais]는 어떤 것을 사는 데 지불해야 하는 '가격'이라는 뜻이다.
The *price* of a cup of coffee is almost five dollars. 커피 한 잔의 가격이 거의 5달러에 달한다.
The *price* is shown on the label. 가격이 라벨에 적혀 있다.

○ Usage 표제어 price – cost 참조.

2 'prize'

prize [praiz]는 경기나 게임에 이기거나 좋은 일을 한 사람에게 준 것, 즉 '상(賞)'이라는 뜻이다.
He won a *prize* in painting competition. 그는 그림 그리기 대회에서 상을 받았다.
She was awarded the Nobel *Prize* for Peace. 그녀는 노벨 평화상을 수상했다.

principal – principle

1 'principal'

principal은 형용사나 명사로 사용할 수 있다. 형용사 principal은 한 무리에서 가장 중요한 사물이나 사람이다, 즉 '주요한'이라는 뜻이다.
His *principal* interest in life was money. 그의 인생에서 주 관심사는 돈이었다.
The *principal* character in the film was played by John Hurt. 그 영화의 주연은 존 허트였다.

명사 principal은 학교나 전문대학에서 책임을 지고 있는 사람, 즉 초·중등학교 '교장'이나 전문대학의 '학장'이라는 뜻이다.
The teacher sent me to the *principal's* office. 그 선생님은 나를 교장실로 불러 가게 했다.
Lodge was *Principal* of Birmingham University. 롯지는 버밍엄 대학의 총장이었다.

2 'principle'

principle은 항상 명사로 사용하며, 행동해야 하는 일반 규칙, 즉 '도덕 기준', '원칙'이라는 뜻이다.

She did not eat meat because it was against her *principles*.
그녀는 고기를 먹지 않았는데, 그것이 그녀의 신념에 상반되었기 때문이다.

We follow the *principle* that everyone should be treated equally.
우리는 모든 사람들이 평등하다는 원칙을 따라야 한다.

prison

1 used as a countable noun(가산명사로 사용하기)

prison은 공식적으로 범죄자나 다른 사람을 가둬 두고 도망가지 못하게 하는 건물, 즉 '교도소'라는 뜻이다.

The *prison* housed almost 500 inmates. 그 감옥은 500여 명의 수감자들을 수용했었다.
The castle was used as a *prison* at one time. 그 성은 한때 교도소로 사용되었다.

2 used as an uncountable noun(불가산명사로 사용하기)

어느 교도소인지에 대한 언급 없이 어떤 사람이 교도소에 있다고 하는 경우, **someone is *in prison***이라고 한다.

They were threatened with *prison* if they did not pay.
그들은 그들이 그 돈을 지불하지 않으면 감옥에 보내겠다는 위협을 받았다.

It can be hard to find work after coming out of *prison*. 감옥에서 나온 전과자가 직장을 얻는 것은 어려운 일이다.

마찬가지로, 어떤 사람이 감옥에 수감되다는 **someone is sent *to prison***이라고 하고, 석방되다는 **someone is released *from prison***이라고 한다.

🛈 특정한 교도소를 가리키지 않는 경우, prison 앞에 the를 사용하지 않는다.

prize

◐ Usage 표제어 price – prize 참조.

probably

어떤 진술이 정말 사실인 것 같다고 할 때, **probably**를 사용한다.

- 조동사와 본동사로 이루어진 동사구를 사용할 때, probably는 조동사 뒤에 온다. 예를 들면, '그는 아마 곧 올 것이다.'는 He probably will come soon.이 아닌 He **will probably come** soon.이라고 한다.

  He's *probably left* by now. 그는 지금쯤 떠났을 것이다.
  Chaucer *was probably born* here. 초서는 아마도 여기에서 태어났을 것이다.

- 한 개 이상의 조동사를 사용한 경우, probably는 첫 번째 조동사 뒤에 온다.

  Next year I *shall probably be looking* for a job. 나는 아마 내년에 직장을 구해야 할 것이다.
  They've *probably been asked* to leave. 그들은 아마도 그곳을 떠나라고 요구되었을지도 모른다.

- 조동사가 없을 때, be동사를 제외한 동사 앞에 probably가 온다.

  He *probably misses* the children. 그는 아마도 아이들을 그리워하고 있을 것이다.
  She *probably feels* sorry for you. 그녀는 아마도 당신에 대해 미안하게 느꼈을지도 모른다.

- 동사가 be동사일 경우, probably는 동사 뒤에 온다.

  You're *probably* right. 당신이 옳을지도 모른다.
  He *is probably* the person you're looking for. 그는 당신이 찾고 있는 사람일 가능성이 있다.

- 부정문에서 won't나 can't 등과 같은 축약형을 사용하는 경우, probably는 축약형 앞에 온다.

  They *probably won't help*. 그들은 아마 도와주지 않을 것이다.

problem

They *probably don't want* us to have it. 그들은 아마도 우리가 그것을 갖는 것을 원하지 않을 것이다.

- **probably**는 절 앞에서도 사용할 수 있다.

    Probably it was just my imagination. 그것은 단지 나의 상상이었을지도 모른다.

    Hundreds of people were killed, and *probably* thousands more injured. 수백 명의 사람들이 죽었고, 아마도 수천 명이 부상당했을 것이다.

- probably를 문장 뒤에 사용하지 않는다.

- 어떤 일에 얼마나 확신하는지를 나타낼 때 사용하는 단어의 분류 목록은 Grammar 표제어 Adverbs and adverbials 참조.

problem

명사 problem은 일반적으로 두 가지 뜻이 있다.

1 an unsatisfactory situation(불만족스러운 상황)

problem은 처리해야 할 불만족스러운 상황, 즉 '문제'라는 뜻이다.

They discussed the *problem* of bullying in schools. 그들은 학교 내 괴롭힘에 대해 토론했다.

have a problem은 누군가에게 문제가 있다라는 뜻이다.

We *have a problem* with our car. 우리 차에 문제가 생겼다.

They are *having* financial *problems* at the moment. 그들은 지금 재정적인 문제들을 갖고 있다.

have problems doing something은 누군가가 어떤 것을 하는 데 어려움을 겪고 있다라는 뜻이다.

Many people are *having problems paying* their rent. 많은 사람들이 임대료를 내는 데 어려움을 겪고 있다.

The company *has problems finding* suitably qualified staff. 그 회사는 적절한 자격을 가진 직원을 확보하는 데 어려움을 겪고 있다.

- 'has problems to do' something이라고 하지 않는다.

2 'reason'

어떤 상황이 일어난 이유를 설명할 때는 problem why가 아닌 reason why를 사용한다. 예를 들면, '그가 여기에 오지 못한 이유는 아프기 때문이다.'는 The problem why he couldn't come is that he is ill.이 아닌 The *reason* why he couldn't come is that he is ill.이라고 한다.

The *reason* why the project failed is lack of money. 그 프로젝트가 실패한 이유는 자금의 부족 때문이었다.

- Usage 표제어 reason 참조.

produce – product

1 'produce' used as a verb(동사로 사용하는 produce)

produce는 일반적으로 동사로 사용하며, [prədjúːs]로 발음한다. ***produce* a result/an effect**는 어떤 결과나 효과가 일어나게 하는 원인이 되다라는 뜻이다.

His comments *produced* an angry response. 그의 논평은 성난 반응을 불러일으켰다.

The talks failed to *produce* an agreement. 그 회담은 합의를 이끌어 내는 데 실패했다.

***produce* goods/food**는 많은 양의 제품이나 식품을 만들거나 재배하다라는 뜻이다.

The factory *produces* goods for export. 그 공장은 국산 가전제품을 생산하고 있다.

They use all the available land to *produce* crops. 그들은 사용 가능한 모든 땅에 작물을 생산하고 있다.

2 'produce' used as a noun(명사로 사용하는 produce)

명사 **produce**[próudjuːs, práː- | prɔ́djuːs, -dʒuːs]는 대규모로 재배하는 '식품'이라는 뜻이다.

She has a market stall selling organic *produce*. 그녀는 유기농 식품들을 파는 시장 노점을 갖고 있다.

3 'product'

products는 대량으로 제조하여 판매하는 '제품'이라는 뜻이다.

Manufacturers spend huge sums of money advertising their *products*.
제조업자들은 제품을 광고하는 데 아주 많은 돈을 쓴다.

professor – teacher

1 'professor'

영국 대학에서 **professor**는 '학과의 최고 선임 교수'라는 뜻이다.

Professor Cole is giving a lecture today. 콜 교수가 오늘 강의를 할 예정이다.
He was *Professor* of English at Strathclyde University. 그는 스트라스클라이드 대학의 영문학과 선임 교수였다.

 미국과 캐나다 대학의 **professor**는 영국과 달리 반드시 학과의 최고 선임 교수가 아닌 정교수라는 뜻이다.

He's a physics *professor* at Harvard. 그는 하버드 대학 물리학 교수이다.
My *professor* allowed me to retake the test. 교수님이 나에게 재시험을 보라고 허용해 주셨다.

2 'teacher'

초·중·고등학교 교사나 이와 비슷한 교육 기관의 교사는 **professor**가 아닌 **teacher**라고 한다.

I'm a qualified French *teacher*. 나는 자격을 갖추어 불어 교사이다.
The *teacher* set us some homework. 그 선생님이 우리에게 숙제를 주었다.

programme – program

programme은 특별한 목적을 위해 개발된 '계획'이라는 뜻이다.

The company has begun a major new research *programme*.
그 회사는 새로운 주요 연구 프로그램을 진행하기 시작했다.

 미국 영어에서는 **programme**을 **program**이라고 표기한다.

There has been a lot of criticism of the new nuclear power *program*.
새로운 핵 발전 프로그램에 대한 비평이 많이 제기되어 왔다.

텔레비전이나 라디오에 방영되는 연극, 토론, 쇼 등을 **programme**이라고 한다. 미국 영어에서는 이 단어를 **program**으로 표기한다.

I watched a *programme* on education. 나는 교육에 대한 프로그램을 시청했다.
This is mom's favorite TV *program*. 이 텔레비전 프로그램은 엄마가 가장 좋아하는 것이다.

computer program은 컴퓨터의 특정 작동을 수행하기 위해 사용하는 지시 체계를 말한다. 이 경우에는 미국과 영국 모두 **program**으로 표기한다.

It's important to have an anti-virus *program* on your computer.
컴퓨터에 바이러스 백신 프로그램을 설치하는 것이 중요하다.
There must be a bug in the *program*. 그 프로그램에 버그가 있는 것이 틀림없다.

progress

progress는 어떤 것이 점진적으로 나아지거나 어떤 목표를 달성하는 데 더 가까워지거나 완성해 가는 과정, 즉 '발전'이라는 뜻이다.

Many things are now possible due to technological *progress*.
기술적인 발전의 발전으로 말미암아 지금 많은 일들이 실현 가능해지고 있다.
His doctors are very pleased with his *progress*. 그의 의사들은 그의 병의 회복에 아주 기뻐하고 있다.

progress는 불가산명사이므로 **progresses**나 **a progress**라고 하지 않는다. **make progress**는 '진행하다' 또는 '진보하다'라는 뜻이다.

proper

USAGE

She *is making good progress* with her studies.
그녀는 학교 공부에 상당한 진전을 보이고 있다.

We haven't solved the problem yet, but we *are making progress*.
우리는 그 문제를 아직 해결하지 못했지만, 그러나 그 해결에 진전을 하는 중이다.

🚫 do progress라고 하지 않는다.

---

proper

형용사 **proper**는 여러 가지 뜻으로 사용한다.

1 used to mean 'real' (real의 뜻으로 사용하기)

(proper + 명사) 형식은 앞에서 언급한 명사가 실제 사람이나 사물임을 나타낼 때 사용한다.

It's important to have a *proper* breakfast in the morning, not just a cup of tea.
아침 식사를 커피 한 잔으로 때우지 말고 적절한 식사를 하는 것이 아주 중요하다.

He's never had a *proper* job. 그는 직업다운 직업을 가져 본 적이 전혀 없다.

2 used to mean 'correct' (correct의 뜻으로 사용하기)

(proper + 명사) 형식은 어떤 것이 정확하거나 적합하다고 할 때에도 사용한다.

Everything was in its *proper* place. 모든 것이 제자리에 있었다.
The *proper* word is 'lying', not 'laying'. 적절한 단어는 'laying'이 아닌 'lying'이다.

🚫 소유를 나타낼 때 proper가 아닌 own을 사용한다. 'I've got my proper car.'가 아닌 'I've got my own car.'이다.

---

protest

protest는 동사나 명사로 사용할 수 있지만 품사에 따라 발음이 달라진다.

1 used as a verb (동사로 사용하기)

동사 **protest**[prətést]는 누군가가 어떤 일에 대해 공개적으로 '반대하다'라는 뜻이다. **protest about**이나 **protest against**의 표현을 사용할 수 있다.

Women's groups *protested about* the way women were portrayed in commercials.
여성 단체들은 여성들이 상업적으로 취급되는 것에 대해 항의했다.

Students marched in the streets to *protest against* the arrests.
학생들은 그 체포들에 항의해 거리를 행진했다.

🇺🇸 미국 영어를 쓰는 일부 사람들은 **protest**를 타동사로 사용하는데, 어떤 일에 대해 항의하다라는 뜻이다.

Environmental campaigners *protested* the decision.
환경 보존론자들은 그러한 결정에 항의를 했다.

영국 영어에서는 **protest**를 위와 같이 사용하지 않는다.

protest를 전달동사로도 사용할 수 있다. 이 경우 **protest**는 어떤 사람이 사실과 반대되는 것을 말하거나 제시하는 경우, 그것이 사실이라고 '주장하다'라는 뜻이다.

They *protested* that they had nothing to do with the incident.
그들은 그들이 그 사건에 대해 해야 할 일이 전혀 없다고 항의했다.

'You're wrong,' I *protested*. 나는 "당신은 틀렸어."라고 주장했다.

2 used as a noun (명사로 사용하기)

명사 **protest**[próutest]는 공개적으로 어떤 일에 반대를 나타내는 행동, 즉 '항의'라는 뜻이다.

They joined in the *protests* against the government's proposals.
그들은 정부의 제안에 반대하는 항의 집회에 참가했다.

We wrote a letter of *protest* to the newspaper. 우리는 항의 서한을 신문사로 보냈다.

prove – test

1 'prove'

prove는 어떤 일이 틀림없이 사실이거나 정확하다는 것을 보여 주는 증거를 제공하다, 즉 '증명하다'라는 뜻이다.

He was able to *prove* that he was an American. 그는 자신이 미국인이었음을 증명할 수 있었다.
Tests *proved* that the bullet was not fired from a police weapon.
실험들의 결과 그 총알은 경찰들이 사용하는 총에서 발사된 것이 아니었다.

2 'test'

사람이나 사물이 얼마나 좋은지 혹은 나쁜지를 실제적인 방법으로 확인하는 경우에는 **prove**가 아닌 **test**를 사용한다.

I will *test* you on your knowledge of French. 나는 당신의 프랑스어에 대한 지식을 시험할 것이다.
A number of new techniques *were tested*. 많은 신기술이 실험되었다.

provide

1 'provide with'

provide는 누군가가 필요로 하거나 원하는 것을 주거나 갖게 해주다, 즉 '제공하다'라는 뜻이다. 어떤 사람에게 원하는 것을 제공해 주다라고 할 경우, **provide** someone **with** something이라고 한다.

They *provided* him with money to buy new clothes. 그들은 그에게 새옷을 살 수 있도록 현금을 제공했다.
We can *provide* you with information that may help you to find a job.
우리는 당신에게 당신이 직장을 찾는 데 도움을 줄 정보를 제공해 줄 수 있습니다.

ⓘ 위와 같은 문장에서 with를 사용해야 한다. 'provide someone' something이라고 하지 않는다.

2 'provide for'

provide something *for* someone은 누군가에게 어떤 것을 제공하다라는 뜻이다.

The animals *provide* food *for* their young. 그 동물은 자신의 새끼에게 먹이를 준다.
The hospital *provides* care for thousands of sick children.
그 병원은 수많은 아픈 어린이들에게 돌봄을 제공하고 있다.

ⓘ 위와 같은 문장에서 for 이외의 다른 전치사를 사용하지 않는다.

provide for someone은 어떤 사람에게 필요한 돈, 음식, 옷 등을 정기적으로 주다라는 뜻이다.

Parents are expected to *provide for* their children. 부모는 자식을 부양해야 할 의무가 있다.
If he dies, will the family be *provided for*? 만약 그가 사망한다면 그의 가족들은 어떻게 부양됩니까?

위와 같은 문장에서는 for를 사용해야 한다. 그러므로 'provide' someone이라고 하지 않는다.

pub – bar

1 'pub'

영국에서 **pub**이나 **public house**는 친구를 만나거나 술을 마시는 건물, 즉 '술집'이라는 뜻이다. 일반적으로는 **pub**을 사용하며, **public house**는 격식을 차린 연설과 글에서만 사용한다.

John was in the *pub* last night and he bought me a drink.
존은 지난 저녁 그 술집에서 나에게 술을 사 주었다.
The Green Man is often seen as a name or sign on *public houses*.
'그린 맨'은 술집의 이름 또는 사인으로 자주 사용되고 있다.

2 'bar'

 미국 영어에서는 위와 같이 술을 마시면서 사교를 할 수 있는 곳을 보통 **bar**라고 한다.

After work they went to a *bar* downtown. 일을 마친 후 그들은 시내에 있는 바에 갔다.

public house

영국 영어는 자주 **bar**를 사용하는데, 큰 빌딩의 일부로 주류를 제공하는 장소로 **hotel bar, cocktail bar** 등으로 사용한다.

I'll meet you in the hotel *bar* in 20 minutes. 나는 당신을 그 호텔 바에서 20분 후에 만나겠습니다.

○ Usage 표제어 **bar** 참조.

public house

○ Usage 표제어 **pub – bar** 참조.

pupil

○ Usage 표제어 **student** 참조.

purse

purse는 영국 영어로 돈을 넣는 아주 작은 지갑으로, 특히 여자들이 사용하는 것이다.

I always have my phone, *purse*, and keys in my handbag.
나는 핸드백에 항상 전화기, 동전 지갑, 그리고 열쇠를 넣고 다닌다.

 미국 영어는 이를 **change purse, coin purse, pocketbook** 또는 **wallet**이라고 부른다.

Eva searched her *change purse* and found fifty cents. 에바는 그녀의 동전 지갑에서 50센트 동전을 찾았다.

영국 영어 **wallet**는 '돈 지갑'을 지칭한다.

Dad opened his *wallet* and gave me a ten pound note.
아빠는 그의 지갑을 열어 나에게 10파운드 지폐를 한 장 주었다.

 미국 영어는 여자 핸드백을 **purse**라고 한다.

She reached in her *purse* for her diary. 그녀는 핸드백에서 그녀의 일기장을 꺼냈다.

put off

○ Usage 표제어 **delay – cancel – postpone – put off** 참조.

put up with

○ Usage 표제어 **bear** 참조.

Q q

quality

만들어지거나 생산된 물건의 품질이 좋고 나쁨을 나타낼 때, **quality**를 사용할 수 있다.
The *quality* of the photograph was poor. 그 사진의 품질은 좋지 않았다.
Over the years they have received many awards for the high *quality* of their products.
수년 동안 그들은 고품질의 제품으로 많은 상을 받아 왔다.

be of good quality는 품질이 좋다는 뜻이고, **be of poor quality**는 품질이 나쁘다는 뜻이다.
The treatment and care provided were also *of poor quality*. 제공받은 치료와 간호도 질이 낮았다.
Television ensures that films *of high quality* are exhibited to large audiences.
텔레비전은 많은 시청자가 고품질의 영화를 볼 수 있게 해준다.

〔**good quality · high quality**+명사〕형식도 사용할 수 있다.
I've got some *good quality* paper. 나는 고품질 종이를 약간 갖고 있다.
Teaching is backed up by the *highest quality* research. 교육은 높은 수준의 연구에 의해 뒷받침되고 있다.

어떤 것이 높은 수준임을 가리킬 때, 〔**quality**+명사〕형식도 사용할 수 있다.
They publish *quality* fiction. 그들은 소설을 출판하고 있다.
The employers don't want *quality* work any more. 고용주들은 더 이상 높은 수준의 업무를 원하지 않는다.

quiet – quite

1 'quiet'

quiet는 형용사로, 아주 작은 소리를 내다, 즉 '조용한'이라는 뜻이다.
Bal said in a *quiet* voice, 'I have resigned.' 발은 조용한 목소리로 "직장을 그만두었어요."라고 말했다.
The airlines have invested a lot of money in new, *quieter* aircraft.
비행기 회사들은 새롭고 소음이 더 적은 비행기 개발에 많은 돈을 투자하고 있다.

quiet는 소음이 거의 없다, 즉 '고요한' 또는 '한적한'이라는 뜻이다.
It was very *quiet* there; you could just hear the wind moving in the trees.
그곳은 아주 고요해서 나무에 스치는 바람 소리도 들을 수 있었다.

2 'quite'

quiet[kwáiət]를 quite[kwait]와 혼동해서는 안 된다. 어떤 것이 대체로 사실임을 나타낼 때, **quite**를 사용한다.

quite

1 used in front an adjective, adverb and noun(형용사, 부사, 명사 앞에 사용하기)

〔**quite**+형용사 · 부사〕형식은 어떤 것이 대체로 사실이지만, 아주 완전한 사실은 아니라고 할 때 사용한다.
He was *quite* young. 그는 꽤 젊었다.
The end of the story can be told *quite* quickly. 그 이야기의 결말은 상당히 빠르게 전달될 수 있다.

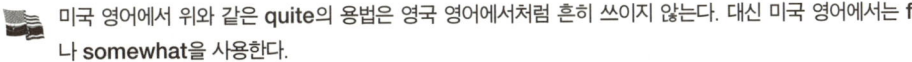
미국 영어에서 위와 같은 quite의 용법은 영국 영어에서처럼 흔히 쓰이지 않는다. 대신 미국 영어에서는 **fairly** 나 **somewhat**을 사용한다.
This is a *fairly* typical example. 이것은 상당히 전형적인 예다.

quite

USAGE

(quite a + 형용사 + 명사) 형식도 사용할 수 있다. 예를 들면, '그날은 상당히 추운 날씨였다.'는 It was quite cold. 대신 It was *quite a cold day.*라고 한다.

It's *quite a good job*. 그것은 상당히 좋은 직업이다.
She was *quite a talented girl*. 그녀는 상당히 재능이 뛰어난 여자 아이였다.

🔳 위와 같은 문장에서 quite는 a 앞에 온다. 예를 들면, It was a quite cold day.라고 하지 않는다.

> **주의** 형용사와 부사의 비교급 앞에는 quite가 아닌 a bit, a little, slightly를 사용한다. 예를 들면, '기차는 버스보다 좀 더 빠르다.'는 The train is quite quicker than the bus.가 아닌 The train is *a bit* quicker than the bus.라고 한다.
>
> I ought to do something *a bit more ambitious*. 나는 좀 더 야심찬 일을 해야 한다
> He arrived at their bungalow *a little earlier* than he expected.
> 그는 생각했던 것보다 조금 더 일찍 그들의 방갈로에 도착했다.
> The risk of epidemics may be *slightly higher* in crowded urban areas.
> 전염병의 위험은 혼잡한 도시 지역이 조금 더 높을지도 모른다.

○ 정도나 범위를 나타내는 여러 단어나 표현의 분류 목록은 Grammar 표제어 Adverbs and adverbials 참조.

2 used for emphasis(강조에 사용하기)

quite는 또 다른 뜻으로도 사용할 수 있다. 형용사, 부사, 동사 앞에 quite를 사용하여, 어떤 일이 완전히 사실이거나 매우 사실임을 강조한다.

You're *quite* right. 네가 틀림없이 옳다.
I saw the driver *quite* clearly. 나는 그 차의 운전자를 아주 분명히 보았다.
I *quite* understand. 나는 확실하게 이해한다.

○ 동사를 강조하는 부사의 목록은 Grammar 표제어 Adverbs and adverbials 참조.

R r

raise

○ Usage 표제어 rise – raise 참조.

rather

1 used as adverb of degree(정도부사로 사용하기)

rather는 적은 정도, 즉 '조금'이라는 뜻이다.
It's a *rather* sad story. 그것은 조금 슬픈 이야기이다.

like가 전치사인 경우 다소 '~같은', '~처럼'의 뜻으로, (rather + like) 형식을 사용할 수 있다.
This animal looks and behaves *rather like* a squirrel.
이 동물은 모습이나 행동이 다소 다람쥐 같다.
She imagined a life *rather like* that of the Kennedys.
그녀는 인생이 케네디가의 것과 비슷하다고 상상했다.

🛈 회화에서 rather보다 a bit을 사용한다.
I'm a bit confused. 나는 조금 혼란함을 느꼈다.
It tastes a bit like a tomato. 그것은 약간 토마토 맛이었다.

rather는 실질적인 의미 없이 뒤에 따르는 단어나 표현을 부드럽게 만들 때 사용하기도 한다. 예를 들면, 부탁을 거절할 때 I'm busy.(나는 바쁘다.)보다 I'm *rather* busy.(나는 조금 바쁘다.)라고 하면 더 정중한 표현이 된다.
I'm *rather* puzzled by this question. 나는 이 질문을 받고 약간 당황했다.
He did it *rather* badly. 그는 그 일을 다소 엉망으로 했다.

 위와 같은 뜻으로는 rather를 미국 영어보다 영국 영어에서 더 많이 사용한다.

2 'would rather'

would rather do something은 어떤 일을 하고 싶다라는 뜻이다.
I'll order tea. Or perhaps you *would rather have* coffee.
나는 홍차를 주문할 겁니다. 당신은 커피를 마시는 게 나을 것 같은데 어떻습니까?
'What was all that about?' – 'I'm sorry, I'*d rather not say*.'
"그것은 무엇에 대한 것이었나요?" – "죄송하지만, 말하지 않는 것이 좋겠어요."

🛈 위와 같은 문장에서 (would rather + 원형부정사) 형식을 사용한다.

(would rather + 절) 형식은 어떤 일이 일어나거나 이루어지기를 원할 때에도 사용할 수 있다. 이때 절의 시제는 단순과거시제를 사용한다.
Would you *rather* she *came* to see me?
당신은 그녀가 나를 만나러 오기를 원합니까?
'May I go on?' – 'I'*d rather* you *didn't*.'
"계속해도 되겠습니까?" – "그러지 않는 것이 좋을 것 같습니다."

3 'rather than'

rather than은 같은 형태의 단어나 표현을 연결하는 접속사처럼 사용한다. 사실인 것과 사실이 아닌 것과 비교할 때, rather than을 사용한다.
I have used familiar English names *rather than* scientific Latin ones.
나는 과학적인 라틴어 이름보다 친근한 영어 이름을 사용해 왔다.

reach

It made him frightened *rather than* angry. 그 일은 그를 화나게 했다기보다 놀라게 했다.

4 correcting a mistake(말을 정정하기)

말을 정정하거나 앞서 한 말보다 더 적절한 말이 생각나는 경우에도 **rather**를 사용할 수 있다.

There'd been a message, or *rather* a series of messages, on Dalziel's answering machine.
달지엘의 응답기에는 일련의 메시지들이라기보다, 하나의 메시지가 녹음되어 있었다.

He explained what the Crux is, or *rather*, what it was. 그는 남십자성이 무엇인지, 아니 무엇이었는지 설명했다.

reach

○ Usage 표제어 arrive – reach 참조.

read

1 reading to yourself(자기 자신이 읽기)

read[riːd]는 어떤 글을 보고 이해하다, 즉 '읽다'라는 뜻이다.

Why don't you *read* your letter? 당신 편지를 읽어 보는 게 어때?

read의 과거와 과거분사는 readed가 아닌 read[red]이다.

I *read* through the whole paper. 나는 신문에 나온 모든 내용을 읽었다.
Have you *read* that article I gave you? 제가 당신에게 준 기사를 읽어 보았습니까?

2 reading to someone else(다른 사람에게 읽어 주기)

read something to someone은 책 같은 것을 다른 사람이 들을 수 있게 소리 내어 읽어 주다라는 뜻이다. read가 이런 뜻일 경우, 두 개의 목적어를 사용한다. 간접목적어가 대명사인 경우, 일반적으로 간접목적어가 직접목적어 앞에 온다.

I'm going to read *him* some of my poems. 나의 시 몇 편을 그에게 읽어 줄 것이다.
I *read* her the two pages dealing with plants. 나는 그녀에게 식물에 대한 것 두 페이지를 읽어 주었다.

간접목적어가 대명사가 아닌 경우에는 일반적으로 직접목적어 뒤에 간접목적어가 온다. 이와 같은 경우, 간접목적어 앞에 전치사 **to**를 사용한다.

Read books *to your baby* – this helps to develop language and listening skills.
당신 아이에게 책을 읽어 주세요. 이것이 언어와 청취력 발전에 도움이 됩니다.

직접목적어가 대명사인 경우에도 직접목적어 뒤에 간접목적어가 온다.

You will have to read it *to him*. 당신은 그것을 그에게 읽어 주어야 할 것이다.

🛈 직접목적어를 생략할 수도 있다.

I'll go up and *read to Sam* for five minutes. 나는 올라가서 샘에게 5분 동안 책을 읽어 줄 것이다.

ready

1 used after a verb(동사 뒤에 사용하기)

someone is *ready*는 어떤 일을 할 준비가 되어 있다라는 뜻이다.

Are you *ready* now? I'll take you back home. 지금 준비됐나요? 내가 당신 집으로 데려다 줄게요.
We were getting *ready* for bed. 우리는 잠을 잘 준비를 하고 있었다.

something is *ready*는 어떤 것이 준비되어 사용할 수 있다라는 뜻이다.

Lunch is *ready*. 점심이 준비되어 있다.
Go and get the boat *ready*. 가서 그 보트를 탈 수 있도록 준비하세요.

🛈 위의 뜻으로 쓰일 경우, 명사 앞에 ready를 사용할 수 없다.

realize

2 used in front of a noun(명사 앞에 사용하기)

〔ready + 명사〕 형식은 어떤 것이 준비되어 있어 매우 빠르고 쉽게 사용할 수 있을 때 사용한다.
Many supermarket *ready* meals contain high levels of salt.
많은 슈퍼마켓에서 소금 함량이 높은 즉석식품들이 많이 준비되어 있다.
I have no *ready* explanation for this fact. 나는 이러한 사실을 설명할 준비가 되어 있지 않다.

ready money는 수표가 아닌, 바로 사용할 수 있는 지폐나 동전, 즉 '현금'이라는 뜻이다.
He had £3000 in *ready* cash. 그는 현금 3천 파운드를 가졌었다.

realize

◯ Usage 표제어 understand 참조.

really

회화에서 말하는 것을 강조할 때, really를 사용한다. really는 강조하려는 동사, 형용사, 부사 앞에 온다.
I *really* enjoyed that. 나는 그것을 정말로 즐겼다.
It was *really* good. 그것은 정말로 좋았다.
He did it *really* carefully. 그는 그 일을 정말로 신중히 했다.

조동사 앞이나 뒤에 really가 온다. 예를 들면, '그는 정말로 오고 있다.'는 He *really is* coming.이나 He *is really* coming.이라고 하며 의미상의 차이는 없다.
We *really are* expecting it to be a best-seller. 우리는 그것이 베스트셀러가 되기를 진심으로 기대하고 있다.
It *would really* be too much trouble. 정말 너무 큰 문제가 될 것이다.

회화에서 really는 '상대가 한 말이 아주 놀랍다'란 뜻에 사용한다.
'I think he likes you.' – '*Really*? He hardly spoke to me all day.'
"내 생각에 그가 당신을 좋아하고 있어요." – "놀랍군요. 그가 온종일 나에게 한마디도 하지 않았어요."

> 주의 격식을 차린 글에서는 really가 아닌 very나 extremely를 사용한다.

reason

the *reason for* something은 어떤 일이 왜 일어나고 존재하고 행해졌는지를 설명하는 사실이나 상황이라는 뜻이다.
I asked the *reason for* the decision. 나는 그런 결정을 내린 이유를 물었다.
The *reason for* this relationship is clear. 이 관계에 대한 이유는 명백하다.

ℹ️ 위와 같은 문장에서 reason 뒤에 for 이외의 다른 전치사를 사용하지 않는다.

a person's *reason for doing* something은 누군가가 어떤 일을 하는 이유라는 뜻이다.
One of the *reasons for coming* to England is to make money. 영국에 오는 이유 중 하나는 돈을 벌기 위해서이다.

the *reason why* something happens/is done은 어떤 일이 일어나거나 행해진 이유라는 뜻이다.
There are several *reasons why we can't do that*. 우리가 그 일을 할 수 없는 여러 가지 이유가 있다.

그러나 어떤 일이 행해진 실질적인 이유를 설명하는 경우에는, 〔the reason + why〕 형식이 아닌 〔the reason + that절〕 형식을 사용한다.
The *reason that they liked the restaurant* was its relaxed atmosphere.
그들이 그 식당을 좋아하는 이유는 그 식당의 느긋한 분위기 때문이었다.
The *reason I'm calling you* is that I know Larry talked with you earlier.
내가 전화를 건 이유는 래리가 사전에 당신과 일찍이 얘기했다는 것을 알고 있기 때문이다.

ℹ️ 위와 같은 문장에서 두 번째 절 역시 that절이다. 이때 that절 대신 because로 시작하는 절을 사용하는 사람들도 있다.

receipt – recipe

The reason they are not like other boys is _**because**_ they have been brought up differently.
그들이 다른 소년들과 다른 이유는 다른 환경에서 자라 왔기 때문이다.

because의 위와 같은 용법은 구어체에서 아주 흔히 사용한다. 그러나 일부 사람들은 잘못된 것으로 여기므로 사용하지 않는 것이 좋다.

receipt – recipe

1 'receipt'

receipt[risíːt]는 돈이나 제품을 받았다는 것을 확인하는 종이, 즉 '영수증'이라는 뜻이다.
We've got _**receipts**_ for each thing we've bought. 우리가 구입한 각 물건에 대한 영수증을 받았다.

2 'recipe'

음식의 조리법을 설명하는 지침을 가리킬 때, receipt가 아닌 recipe[résəpi]를 사용한다.
This is an old Polish _**recipe**_ for beetroot soup. 이것은 근대 뿌리로 만든 옛날 폴란드 수프 조리법이다.

receive

**receive** something은 누군가가 주거나 보낸 물건을 받다라는 뜻으로, get과 비슷한 용법으로 사용한다. 격식을 차린 글에는 **receive**를, 회화에서는 **get**을 사용한다. 예를 들면, 업무용 편지에서 '나는 존스 씨에게 편지를 받았다.'는 I _**received**_ a letter from Mr Jones.라고 하지만, 회화에서는 I _**got**_ a letter from Mr Jones.라고 한다.

The police _**received**_ a call from the house at 4.50 a.m. 경찰은 새벽 4시 50분에 그 집에서 걸려 온 전화를 받았다.
I _**got**_ a call from my father. 나는 아버지에게서 걸려 온 전화를 받았다.

임금, 봉급, 연금을 받는다고 할 때, **receive**나 **get**을 사용할 수 있다.
His mother _**received**_ no pension or compensation. 그의 어머니는 연금이나 보상금을 받지 못했다.
He _**was getting**_ a very low salary. 그는 아주 적은 봉급을 받고 있었다.

도움이나 충고를 받는다고 할 때에도 **receive**나 **get**을 사용할 수 있다.
She is said to _**have received**_ help from friends. 그녀는 친구들에게 도움을 받아 왔다고 말했다.
**Get** advice from your local health department. 지역 보건소에서 진찰을 받으세요.

recognize – realize

1 'recognize'

**recognize** someone/something은 사람이나 물건을 전에 본 적이 있거나 설명을 들어서 알고 있다, 즉 '알아보다'라는 뜻이다.
She didn't _**recognize**_ me at first. 그녀는 처음에 나를 알아보지 못했다.
Doctors are trained to _**recognize**_ the symptoms of depression.
의사들은 우울증의 증상에 대해 훈련을 받았다.

**recognize** something은 어떤 것이 문제가 있다는 것을 받아들이다, 즉 '인식하다'라는 뜻이다.
Government are beginning to _**recognize**_ the problem. 정부는 그 문제를 인식하기 시작한다.
We _**recognize**_ this as a genuine need. 우리는 이것이 진정으로 필요하다고 인식한다.

2 'realize'

사실을 알게 되다는 **recognize**가 아닌 **realize**라고 한다.
I _**realized**_ Martha was right. 나는 마르다가 옳은 것을 알게 되었다.
She _**realized**_ that she was going to be late. 그녀는 그녀가 늦을 것이란 것을 알게 되었다.

recommend

recommend

recommend는 사람이나 물건을 칭찬하며 다른 사람들에게 이용하거나 사라고 권하다, 즉 '추천하다'라는 뜻이다.

I asked my friends to *recommend* a doctor who is good with children.
나는 친구들에게 어린이를 잘 진찰하는 의사를 추천해 달라고 부탁했다.

We strongly *recommend* the publications listed on the back page of this leaflets.
우리는 이 전단지의 뒷면에 있는 출판물을 강력하게 추천한다.

사람이나 사물을 특정한 직업이나 목적에 추천할 때, **recommend** someone/something *for* a job/purpose라고 한다.

Nell was *recommended* for a job as a cleaner. 넬은 환경미화원 자리에 추천되었다.

I *recommend* running for strengthening your leg muscles.
나는 당신의 다리 근육의 강화를 위해 언덕으로 달리는 것을 추천합니다.

recommend a particular action은 어떤 특정한 행동을 권하다라는 뜻이다.

They *recommended* a merger of the two biggest supermarket groups.
그들은 가장 큰 두 개의 슈퍼마켓 그룹의 합병을 권했다.

The doctor may *recommend* limiting the amount of fat in your diet.
그 의사는 당신이 먹는 음식의 지방의 양을 제한할 것을 권할지도 모른다.

누군가가 어떤 일을 하거나 해야만 한다고 권할 경우, **recommend that someone does** something이나 **recommend that someone should do** something이라고 한다.

Waugh was examined by a doctor who *recommended that he see* an orthopaedic surgeon.
그를 진찰한 의사가 그에게 정형외과 의사를 만나 볼 것을 권했었다.

It is strongly *recommended that you should attend* this course if possible.
당신이 가능하다면 이 코스를 이수하기를 강력히 권합니다.

recommend someone to do something은 누군가에게 어떤 일을 하도록 권장하다라는 뜻이다.

Although they have eight children, they do not *recommend other couples to have* families of this size. 그들은 8명의 아이가 있지만 다른 부부에게 이 정도의 대가족을 갖는 것을 권하지는 않는다.

> 일부 사람들은 위와 같은 어법이 잘못됐다고 여기므로, Although they have eight children, they do not *recommend that other couples should have* families of this size.라고 한다.

> **주의** 'recommend someone' a particular action이라고 하지 않는다. 예를 들면, '나는 당신에게 파리 방문을 추천한다.'는 I recommend you a visit to Paris.가 아닌 I *recommend a visit* to Paris.나 I *recommend visiting* Paris.나 I *recommend that you visit* Paris.라고 한다.

recover

recover는 병이나 부상에서 회복하여 '건강을 되찾다'라는 뜻이다.

It was weeks before he fully *recovered*. 그는 몇 주 전에 완전히 회복했다.

recover는 매우 격식을 차린 단어로, 회화에서는 보통 **get better**를 사용한다.

He soon *got better* after a few days in bed. 그는 병상에 며칠 누워 있다가 곧 상태가 좋아졌다.

병에서 회복하다는 **recover from** an illness라고 할 수 있다.

How long do people take to *recover from* an infection? 이러한 감염에서 회복하려면 얼마나 오래 걸립니까?

> 'get better from' an illness라고 하지 않는다.

regret – be sorry

1 sadness and disappointment (슬픔과 실망)

relation – relative – relationship

일어난 일이나 한 일에 대해 슬픔이나 실망을 느낄 때, regret과 be sorry를 사용한다. regret이 be sorry보다 더 격식을 차린 표현이다.

regret something과 *be sorry about* something은 어떤 일에 대해 후회하거나 유감을 느끼고 있다라는 뜻이다.

I immediately *regretted* my decision. 곧바로 내가 한 결정을 후회했다.
Astrid was *sorry about* leaving abruptly. 아스트리드는 갑자기 그곳을 떠나게 되어 유감스러워했다.

어떤 일이 일어난 것에 대해 후회하거나 유감스럽다고 할 경우, *regret / be sorry* that something has happened라고 한다.

Pisarev *regretted* that no real changes had occurred. 피사레프는 실질적인 변화가 일어나지 않은 것이 유감스러웠다.
He *was sorry* he had agreed to stay. 그는 자신이 남기로 했던 것에 유감스러워했다.

어떤 일을 한 것에 대해 후회하다는 *regret doing* something이라고 한다.

None of the women I spoke to *regretted making* this change.
내가 이야기한 여자들 중 누구도 이러한 변화를 이뤄낸 것을 후회하지 않았다.

🚫 'be sorry doing' something이라고 하지 않는다.

2 apologizing (사과하기)

어떤 일에 대해 사과하는 경우, be sorry about을 사용한다.

I'm sorry about the mess – I'll clean up. 그곳을 지저분하게 해서 미안해요. 내가 깨끗이 치우겠어요.
She *was very sorry about* all the trouble she'd caused.
그녀는 자신이 일으킨 모든 문제에 대해 매우 깊이 사과했다.

🚫 be 'sorry for' something이라고 하지 않는다.

회화에서는 사과할 때, regret을 사용하지 않는다. regret은 공식적인 편지와 성명에서만 사용한다.

London Transport *regrets* any inconvenience caused by these delays.
런던 교통국은 이러한 연착으로 인한 불편에 사과의 말씀을 드립니다.

◉ 그 밖의 사과 표현에 대한 정보는 Topic 표제어 Apologizing 참조.

3 giving bad news (좋지 않은 소식 전하기)

상대방에게 좋지 않은 소식을 전할 때, *I'm sorry to* tell you...를 사용한다. 격식을 차린 편지에서는 I *regret to* tell you...를 사용한다.

I'm very sorry to tell you this, but she's dead. 그녀가 사망했다는 소식을 알리게 되어 유감입니다.
I *regret to* inform you that your application has not been successful.
당신의 신청서가 거절되었음을 알리게 되어 유감입니다.

---

relation – relative – relationship

relation, relative, relationship은 사람들 사이의 관계를 가리킬 때 사용한다.

1 'relation' and 'relative'

relation과 relative는 가족 구성원, 즉 '친척'이라는 뜻이다.

I said that I was a *relation* of her first husband. 나는 그녀의 첫 번째 남편과 친척 관계라고 말했다.
I'm going to visit some *relatives*. 나는 그녀의 친척들 몇몇을 방문하려고 한다.

relations는 사람 간 또는 단체 간의 접촉과 상대방을 대하는 태도라는 뜻이다.

Relations between the two men had not improved. 그 두 남자 간의 관계가 개선되지 않았다.
Britain has close *relations* with the US. 영국은 미국과 친밀한 관계를 갖고 있다.

2 'relationship'

두 사람이나 단체 간의 관계를 나타내는 경우, relationship도 relations와 비슷한 방식으로 사용할 수 있다.

relax

The old *relationship* between the friends was quickly re-established. 오랜 친구 사이의 관계가 빨리 회복되었다.
The French President has shown that he is keen to have a close *relationship* with Britain.
프랑스 대통령은 영국과 긴밀한 관계를 갖는 것에 큰 관심을 가지고 있다고 말했다.

relationship은 특히 두 사람 간의 성적 감정이나 로맨틱한 감정을 포함하는 친밀한 관계라는 뜻으로도 사용한다.

When the *relationship* ended two months ago, he was very upset.
두 달 전에 그 관계가 끝났을 때 그는 아주 화가 났었다.

relax

relax는 차분하고, 걱정을 덜하고, 긴장이 풀린 상태로 있다, 즉 '편히 쉬다'라는 뜻이다.

Make the room dark, get into bed, close your eyes, and *relax*. 방을 어둡게 하고 침대로 가서 눈을 감고 쉬세요.
Some people can't even *relax* when they are at home. 일부 사람들은 집에 있어도 편히 쉬지 못하는 경우가 있다.

🛈 relax는 재귀동사가 아니므로, relax oneself라고 하지 않는다.

relieve – relief

1 'relieve'

relieve[rilíːv]는 동사로, 불편한 감정이나 상황을 줄이게 ㅏ 없애다, 즉 '완화하다'라는 뜻이다.

Anxiety may *be relieved* by talking to a friend. 친구와 이야기하면 불안한 감정이 해소될 것이다.
The passengers in the plane swallow to *relieve* the pressure on their eardrums.
비행기 승객들은 실내 기압의 변화로 고막이 울리는 것을 줄이려고 침을 삼킨다.

someone/something *relieves* you *of* unpleasant feeling/difficulty는 어떤 사람이나 일이 누군가를
안 좋은 기분이나 어려운 상황에서 벗어나게 해주다라는 뜻이다.

The news *relieved* him *of* some of his embarrassment. 그 소식은 그가 약간은 당황하지 않도록 해주었다.

you are relieved는 '우리가 좋지 않은 일에서 벗어나 기쁘다'이다.

I *was relieved* when Hannah finally arrived. 나는 그녀가 그곳에 드디어 도착해 안심했다.
He *was relieved to find* he'd suffered no more than a few scratches.
그는 그녀가 몇 군데 긁힌 데를 제외하고 큰 부상을 입지 않은 것에 안심이 되었다.

2 'relief'

relief[rilíːf]는 명사로, 불쾌한 일이 멈추었거나 일어나지 않아서 기분이 좋음, 즉 '안도'라는 뜻이다.

I breathed a sigh of *relief*. 나는 안도의 한숨을 쉬었다.
To my *relief*, he found the suggestion acceptable. 다행스럽게도 그가 그 제안을 받아들였다.

relief는 매우 가난하거나 배고픈 사람들에게 주는 돈, 음식, 옷, 즉 '구호품'이라는 뜻도 있다.

We are providing *relief* to vulnerable refugees, especially those who are sick.
우리는 취약한 난민들, 특히 병든 난민들에게 구호물자를 제공하고 있다.

remain – stay

remain과 stay는 동일한 의미로 자주 사용하며, remain이 stay보다 더 격식을 차린 표현이다. remain이나
stay는 특정한 상태를 계속 유지하다라는 뜻이다.

Oliver *remained* silent. 올리버는 침묵했다.
I *stayed* awake all night. 나는 밤새 깨어 있었다.

remain/stay in a place는 어떤 장소를 떠나지 않고 그곳에 있다라는 뜻이다.

I was allowed to *remain* at home. 나는 집에 있도록 허락을 받았다.
Fewer women these days *stay* at home to look after their children.
요즘에는 소수의 여자들만이 집에서 아이들을 돌보고 있다.

remark

어떤 것이 여전히 존재하는 경우에는 stay가 아닌 remain을 사용할 수 있다.
Even today parts of the old wall *remain*. 오늘날까지 그 오래된 성벽의 부분들의 잔재가 남아 있다.
The wider problem *remains*. 더 큰 문제가 아직 남아 있다.

stay in a town/hotel/house는 도시, 호텔, 집에 잠시 머무르다라는 뜻이다.
How long can you *stay* in Brussels? 당신은 브뤼셀에서 얼마나 머물 수 있습니까?
She *was staying* in the same hotel as I was. 그녀는 내가 머물렀던 호텔에 묵고 있었다.

🚫 위와 같은 뜻에 remain을 사용하지 않는다.

remark

○ Usage 표제어 comment – mention – remark 참조.

remember – remind

1 'remember'

remember는 마음속에 여전히 과거의 사람들이나 일에 대한 인상이 남아 있어서 생각이 나다, 즉 '기억하다'라는 뜻이다.
I *remember* the look on Gary's face as he walked out the door.
나는 방을 걸어 나가는 게리의 표정을 기억하고 있다.
He *remembered* the man well. 그는 그 남자를 잘 기억했다.

🚫 일반적으로 remember에 진행시제를 사용하지 않는다. 예를 들면, ~~I am remembering the look on Gary's face as he walked out the door.~~라고 하지 않는다.

remember 뒤에 -ing형이나 to부정사를 사용할 수 있지만, 의미는 서로 다르다. 과거에 한 일에 대한 인상이 남아 있는 경우, *remember doing* something이라고 한다.
I *remember asking* one of my sons about this. 나는 이것에 대해 아들 중 한 명에게 물어본 기억이 난다.

하려고 했던 일을 기억하는 경우, *remember to do* something이라고 한다.
He *remembered to turn* the gas off. 그는 가스 불을 꺼야 한다는 것을 기억했다.

2 'remind'

상대방이 하려고 작정한 일에 대해 상대방에게 언급하는 경우, remember가 아닌 remind를 사용한다.

○ Usage 표제어 remind 참조.

remind

remind someone *of* fact/event는 이미 알고 있는 사실이나 일을 상기시키다라는 뜻이다.
She *reminded* him *of* two appointments. 그녀는 그에게 두 건의 약속이 있다는 것을 상기시켜 주었다.
You do not need to *remind* people *of* their mistakes. 당신은 사람들에게 그들의 실수를 일깨워 줄 필요가 없다.

remind someone *that* something is the case는 어떤 것이 사실임을 일깨워 주다라는 뜻이다.
I *reminded* him *that* we had a wedding to go to on Saturday.
나는 그에게 우리가 토요일에 결혼식에 참석해야 한다고 알려 주었다.

remind someone *to do* something은 누군가에게 어떤 일을 하라고 다시 한 번 일러 주거나, 누군가가 하려고 했던 것이었다고 말해 주다라는 뜻이다.
She *reminded* me *to wear* the visitor's badge at all times.
그녀는 나에게 항상 방문자 명찰을 다는 것을 상기시켜 주었다.
Remind me *to speak* to you about Davis. 당신에게 데이비스에 관해 말하는 것을 나에게 상기시켜 주세요.

🚫 remind someone 'of doing' something이라고 하지 않는다.

someone/something **reminds** you **of** another person/thing은 어떤 사람이나 사물이 자신에게 다른 사람이나 사물을 떠올리게 하다라는 뜻이다.

Your son *reminds* me *of* you at his age. 당신 아들을 보면 그 나이 때의 당신이 생각난다.

ℹ️ 위와 같은 문장에서 of를 사용한다.

remove – move

1 'remove'

remove는 어떤 것을 '치우다'라는 뜻이다.

The waiter came over to *remove* the plates. 그 웨이터가 컵을 치우려고 그곳에 들어왔다.
He *removed* his hand from the man's collar. 그는 그 남자의 멱살을 잡았던 손을 내려놓았다.

2 'move'

자신의 소유물을 가지고 다른 집에 살기 위해 가는 경우, remove가 아닌 move라고 한다.

Send me your new address if you *move*. 만약 당신이 이사하면 새 주소를 나에게 보내 주세요.
Last year my parents *moved* from Marseille to Paris. 작년에 나의 부모님은 마르세유에서 파리로 이주했다.

영국 영어에서는 move house라고도 한다.

We have just *moved house* and are planning to paint some of the rooms.
우리는 이사를 했고, 방들 중 일부를 페인트칠할 계획이다.

rent

○ Usage 표제어 hire – rent – let 참조.

request

request는 명사나 동사로 사용한다.

1 used as a noun(명사로 사용하기)

어떤 일을 해주거나 제공해 주기를 요청하는 경우, make a *request*라고 한다.

My friend made me a polite *request*. 친구는 나에게 정중하게 요청했다.
The Minister had granted the *request*. 장관은 그 요청을 들어주었다.

어떤 것을 요청하는 경우, make a *request for* something이라고 한다.

He agreed to my *request for* psychiatric help. 그는 정신과 치료를 받아야 한다는 내 요청을 받아들였다.

2 used as a verb(동사로 사용하기)

request something은 어떤 것을 요청하다라는 뜻이다.

The President *requested* an emergency meeting of the United Nations.
대통령은 UN에 긴급 회의를 요청했다.
The pilot *had requested* permission to land immediately at the airport.
그 조종사는 그 공항에 바로 착륙하게 허락해 달라고 요청했다.

ℹ️ request가 동사인 경우, 뒤에 for를 사용하지 않아, ~~The President requested for an emergency meeting.~~이라고 하지 않는다.

회화에서는 request 대신 ask for를 사용한다.

I'm not afraid to *ask for help* and support when I need it.
나는 내가 필요할 때 도움 또는 지지를 부탁하는 것을 두려워하지 않는다.

○ Usage 표제어 ask 참조.

require

require

require something은 어떤 것이 필요하거나, 어떤 것을 갖고 싶다라는 뜻이다.
Is there anything you *require*? 필요한 것이 있습니까?
We cannot guarantee that any particular item will be available when you *require* it.
우리는 당신이 필요한 때에 그 품목을 확실하게 제공할 수 있다는 보장을 할 수 없다.

require는 격식을 차린 단어이므로, 회화에서는 require를 사용하지 않고, need나 want를 사용한다.
I won't *need* that book any more. 나는 저 책이 더 이상 필요 없을 것이다.
All they *want* is a holiday. 그들이 원하는 것은 휴가이다.

something *is required*는 어떤 일을 하기 위해서는 다른 것이 필요하다라는 뜻이다.
Parliamentary approval would *be required* for any scheme. 어떤 계획이든지 의회의 승인이 필요하다.
An increase in funds might well *be required*. 기금의 증액이 필요할지도 모른다.

be required to do something은 규칙이나 법 때문에 어떤 일을 해야 한다는 뜻이다.
All the boys *were required to* study religion. 모든 소년에게 종교 과목은 필수였다.

research

research는 어떤 것을 연구하거나 어떤 것에 대한 사실을 발견하고자 하는 일, 즉 '연구'라는 뜻이다. does, conducts, or carries out research는 연구를 하다라는 뜻이다.
I had come to India to *do* some *research* into Anglo-Indian literature.
나는 앵글로 인디언 문학에 대해 연구하기 위해 인도에 갔다.

어떤 사람이 하고 있는 연구는 one's research(es)라고 한다. 일반적으로 research는 my, his, Gordon's 등과 같은 소유격 뒤에서만 사용한다.
Soon after, Faraday began *his researches* into electricity. 얼마 후 패러데이는 전기에 대한 연구를 시작했다.

영미를 제외한 국가에서 research는 가산명사로 사용한다.
Can you send me a link to *a research* on this? 이에 대한 연구와 연관된 링크를 저에게 보내 주시겠어요?

responsible

1 'responsible for'

be *responsible for doing* something은 어떤 일을 해야 할 책임과 의무가 있다라는 뜻이다.
The children were *responsible for cleaning* their own rooms. 어린이들은 자신의 방을 청소할 책임이 있었다.

ℹ️ be 'responsible to do' something이라고 하지 않는다.

안 좋은 일이 일어난 것에 대해 책임이 있다고 할 때는 be *responsible for* something이라고 할 수 있다.
They were charged with being *responsible for* the death of two policemen.
그들은 두 명의 경관을 살해한 혐의로 기소되었다.

ℹ️ 위와 같은 문장에서 responsible 뒤에는 for 이외의 다른 전치사를 사용하지 않는다.

2 used after a noun (명사 뒤에 사용하기)

명사 뒤에 responsible을 사용할 수 있다. the person *responsible*은 어떤 일에 대한 책임이 있는 사람이라는 뜻이다.
I hope they police find the man *responsible*. 나는 경찰이 그 사건에 책임 있는 사람을 찾기 바란다.
The company *responsible* refused to say what happened.
책임을 져야 할 회사는 무슨 일이 있었는지 말하기를 거부했다.

3 used in front of a noun (명사 앞에 사용하기)

그러나 명사 앞에 responsible을 사용하면 완전히 다른 뜻이 된다. a *responsible* person은 다른 사람의 관리 없이도 적절하고 분별 있게 행동하기 때문에 믿을 수 있는 사람이라는 뜻이다.

Responsible adults wouldn't leave poisons lying around for their children to play with.
책임 있는 성인들이라면 독약을 그들의 아이들이 놀고 있는 곳에 두지 않을 것이다.

responsible behavior는 분별 있고 올바른 행동이라는 뜻이다.

I thought it was a very ***responsible*** decision. 나는 그것이 매우 옳은 결정이라고 생각했다.

rest

[the rest of + 불가산명사] 형식이 주어이면, 단수동사를 사용한다.

The rest of the ***food was*** delicious. 나머지 음식은 맛있었다.

[the rest of + 복수명사] 형식이 주어이면, 복수동사를 사용한다.

The rest of the ***boys were*** delighted. 그 나머지 소년들은 기뻐했다.

result – effect

1 'result'

result는 먼저 발생한 일 때문에 벌어진 사건이나 상황, 즉 '결과'라는 뜻이다.

The ***result*** of this announcement was that the share price of the company rose by 10 per cent.
이러한 발표로 인해 그 회사 주식 가격이 10퍼센트 상승했었다.

I nearly missed the flight as a ***result*** of getting stuck in traffic.
교통 체증 때문에 그 결과 그 비행기를 놓칠 뻔했었다.

I cut my own hair – often with disastrous ***results***. 나는 스스로 머리를 깎는데, 자주 황당한 결과를 얻는다.

2 'effect'

어떤 것이 사물이나 사람을 변화시키는 경우, result가 아닌 effect를 사용한다.

Diet has a significant ***effect*** on your health. 우리의 식사 식단은 우리의 건강에 상당한 영향을 미친다.

return

1 going back(돌아오기)

return to a place는 어떤 곳에 갔다가 돌아오다라는 뜻이다.

I ***returned*** to my hotel. 나는 호텔로 돌아왔다.
Mr Platt ***returned*** from Canada in 1995. 플랫 씨는 1995년에 캐나다에서 돌아왔다.

i 'return back' to a place라고 하지 않는다.

return은 상당히 격식을 차린 단어로, 회화에서는 보통 **go back**, **come back**, **get back**을 사용한다.

I ***went back*** to the kitchen and poured my coffee. 나는 부엌으로 돌아가서 커피를 따랐다.
I have just ***come back*** from a trip to Seattle. 나는 시애틀 여행에서 바로 전에 돌아와 있었다.
I've got to ***get back*** to London. 나는 런던으로 돌아가야 한다.

return은 명사로도 사용한다. 누군가가 어떤 장소로 돌아오는 경우, 그 사람의 도착을 someone's ***return***이라고 한다.

The book was published only after his ***return*** to Russia in 1917.
그 책은 1917년 그가 러시아로 돌아간 후에야 출간되었다.

어떤 곳에서 돌아오자마자 바로 다른 일이 일어날 때, on으로 시작하는 전치사구를 사용한다. 예를 들면, '그는 런던에 돌아오자마자 외무부에서 근무할 것을 제의받았다.'는 **On his return** to London, he was offered a post at the Foreign Office.라고 한다.

On her return she wrote the last paragraph of her autobiography.
그녀는 돌아오자마자 자서전의 마지막 부분을 썼다.

ride

2 giving or putting something back (어떤 것을 돌려주거나 다시 갖다 놓기)

return something은 가져갔거나 빌려 간 것을 돌려주거나 다시 갖다 놓다라는 뜻이다.

He borrowed my best suit and didn't ***return*** it. 그는 내 가장 좋은 슈트를 빌려 가서 돌려주지 않았다.
We ***returned*** the books to the shelf. 우리는 책들을 선반에 다시 갖다 놓았다.

- return something back이라고 하지 않는다.

3 'bring back'

과거에 사용한 관행이나 방법을 다시 사용하는 경우, ***return***이 아닌 ***bring back***이나 ***reintroduce***라고 한다.

He thought they should ***bring back*** hanging as a punishment for murderers.
그는 살인자들에게 교수형 집행을 다시 도입해야 한다고 생각했다.
They ***reintroduced*** a scheme to provide housing for refugees.
그들은 난민들에게 피난처를 제공하기 위한 계획을 재도입했다.

○ Usage 표제어 critic – critical – critique 참조.

ride

1 'ride'

ride는 동물, 자전거, 오토바이 등을 '타고 가다'라는 뜻이다.

Every morning he used to ***ride*** his mare across the fields. 그는 매일 아침 암말을 타고 들판을 가로질러 가곤 했다.
I learned how to ***ride*** a bike when I was seven. 나는 7살에 자전거 타는 것을 배웠다.

ride의 과거는 ***rided***가 아닌 ***rode***이며, 과거분사는 ***ridden***이다.

He usually ***rode*** to work on a motorbike. 그는 대개 오토바이를 타고 일을 하러 다닌다.
He was the best horse I ***have*** ever ***ridden***. 그 말은 내가 타본 말 중에서 가장 뛰어났다.

2 'ride on'

동물, 자전거, 오토바이 등을 타다라고 할 경우, ride on이라고도 할 수 있다.

He ***rode*** around the campus ***on*** a bicycle. 그는 자전거를 타고 캠퍼스를 누볐다.

3 'drive'

차, 트럭, 기차를 운전하다라고 할 경우에는 ride가 아닌 drive를 사용한다.

It was her turn to ***drive*** the car. 그녀가 운전할 차례였다.
Dennis has never learned to ***drive***. 데니스는 운전을 배운 적이 전혀 없다.

그러나 자신이 승객으로 타고 있는 경우에는 drive가 아닌 ride in을 사용한다.

We ***rode*** back ***in*** a taxi. 우리는 택시를 타고 돌아왔다.
He prefers travelling on the tube to ***riding in*** a limousine. 그는 리무진보다 지하철을 타고 다니는 것을 좋아한다.

ring

1 'ring'

ring someone은 전화를 걸어서 상대방과 말하다, 즉 '전화하다'라는 뜻이다. ring의 과거는 ***ringed***나 ***rung***이 아닌 ***rang***이다.

I ***rang*** Aunt Jane this evening. 나는 오늘 저녁에 제인 아주머니에게 전화를 했다.

ring의 과거분사는 ***rung***이다.

Have you ***rung*** Dad yet? 아빠에게 아직 전화하지 않았니?

ring a place는 어떤 장소에 전화를 하다라는 뜻이다.

You must ***ring*** the hospital. 당신은 병원에 전화해야 한다.

회화에서는 **ring** 대신 **ring up**을 자주 사용하는데, 의미상의 차이는 없다.
Give me a ring if you're in the area. 만약 당신이 그곳에 오면 저에게 전화해 주세요.

🛈 ring to나 ring up to를 사용하지 않는다.

2 'call'

미국 영어에서는 **ring** 대신 **call**을 사용하며, 일부 영국인도 이와 같이 사용하여, **you give someone a call**로 사용한다.

He promised to *call* me soon. 그는 내게 곧 전화를 하겠다고 약속했다.
OK, I'll *give you a call* when I know the details. 좋습니다, 내가 자세한 것을 알면 당신에게 전화하겠습니다.

○ Usage 표제어 **call** 참조.

rise – raise

rise와 raise는 일반적으로 동사로 사용한다.

1 'rise'

자동사 **rise**는 어떤 것이 위쪽으로 움직이다, 즉 '오르다'라는 뜻이다.
Thick columns of smoke *rise* from the chimneys. 그곳 굴뚝들로부터 짙은 연기 기둥이 피어오르고 있다.

rise의 3인칭 단수는 **rises**, -ing형은 **rising**, 과거는 **rose**, 과거분사는 **risen**이다.
The birds *rose* screaming around them. 새들이 그들 주위에서 날카롭게 지저귀며 날아올랐다.
The sun *had risen* behind them. 태양은 그들 뒤에서 솟아올랐다.

rise는 '양이 증가하다'라는 의미로도 사용할 수 있다.
Commission rates are expected to *rise*. 수수료가 인상될 것으로 예상된다.
Prices *rose* by more than 10% per annum. 물가가 연간 10퍼센트 이상 올랐다.

rise는 앉아 있다가 일어나는 것을 나타내기도 한다. 이와 같은 용법은 주로 소설에서 사용한다.
Dr Willoughby *rose* to greet him. 윌러비 의사는 일어서서 그를 환대했다.

일어서다라고 할 때, 회화에서는 보통 **rise** 대신 **stand up**을 사용한다.
I put down my glass and *stood up*. 나는 컵을 내려놓고 일어섰다.

잠에서 깨어나다라고 할 때에도 **rise**를 사용할 수 있다. **rise**의 이러한 용법은 주로 소설에서 어떤 등장인물이 잠에서 깨어난 시간을 나타낼 때 사용한다.
They *had risen* at dawn. 그들은 새벽에 일어났다.

회화에서 잠에서 깨어나다라고 할 때는 일반적으로 **rise**가 아닌 **get up**을 사용한다.
Mike decided it was time to *get up*. 마이크는 일어날 시간이 되었다고 결정했다.

🛈 get up out of bed라고 하지 않는다.

2 'raise'

타동사 **raise**는 어떤 것을 더 높은 장소로 옮겨 놓다라는 뜻이다.
He *raised* the cup to his lips. 그는 그 컵을 그의 입술까지 들어 올렸다.
She *raised* her eyebrows in surprise. 그녀는 놀라서 눈썹을 치켜세웠다.

3 used as nouns (명사로 사용하기)

rise와 raise는 명사로도 사용한다. **rise**는 액수나 양의 '증가'를 뜻한다.
The price *rises* are expected to continue. 물가 상승은 계속될 것으로 예상된다.
There has been a *rise* in crime. 그곳에 범죄 건수가 증가하고 있다.

영국 영어에서 **rise**는 '임금이나 봉급의 인상'이라는 뜻으로도 사용한다.

risk

He asked his boss for a *pay rise*. 그는 사장에게 봉급 인상을 요구하러 갔다.

 미국 영어에서는 임금이나 봉급의 인상을 **raise**라고 한다.
She got a 5% *raise*. 그녀는 5%의 봉급 인상을 받았다.

risk

risk는 명사나 동사로 사용한다.

1 used as a noun(명사로 사용하기)

risk는 좋지 않은 일이 일어날 가능성, 즉 '위험'이라는 뜻이다.
There is very little *risk* of infection. 그것은 전염될 위험은 거의 없다.
The law allows police to stop people if they believe there is a serious *risk* of violence.
법은 경찰이 심각한 폭력 사태가 있다고 판단하는 경우 이를 제지할 권한을 허용해 주고 있다.

2 used as a verb(동사로 사용하기)

risk doing something은 결과적으로 다른 일을 발생시킬 수 있는 일을 하다라는 뜻이다.
He *risked breaking* his leg when he jumped. 그는 그 점프를 할 때 그의 다리가 부러질 위험을 감수했다.

risk doing something에는 위험 부담을 안고 어떤 일을 하다라는 뜻도 있다.
If you have an expensive rug, don't *risk washing* it yourself.
비싼 양탄자를 갖고 있는 경우, 자신이 세탁하다가 생길 수 있는 위험을 무릅쓰지 마라.

*'risk to do' something*이라고 하지 않는다.

rob – steal

1 'rob'

동사 rob은 소설이나 신문 기사에서 자주 사용한다.

누군가가 당신의 물건을 돌려줄 의도가 없이 가져간 경우, **someone *robs you of* something**이라고 한다.
Pirates boarded the vessels and *robbed the crew of* money and valuables.
해적들이 배 위에 올라와서 선원들의 돈과 귀중품을 약탈했다.
The two men *were robbed of* more than £700. 두 사람은 700파운드가 넘는 돈을 도난당했다.

물건을 도난당했을 경우, **be robbed**라고 한다.
He *was robbed* on his way home. 그는 집에 돌아오는 도중 강도를 당했다.

누군가가 한 건물에서 여러 가지 물건을 훔친 경우, **someone *robs* the building**이라고 한다.
He told the police he *robbed* the bank to buy a car. 그는 경찰에게 차를 사기 위해 은행 강도 짓을 했다고 말했다.

2 'steal'

동사의 목적어가 사람이면 rob을 사용하지만, 목적어가 도둑맞은 물건이면 steal을 사용한다.
His first offence was *stealing* a car. 그의 첫 번째 범행은 차를 훔치는 것이었다.

○ Usage 표제어 **steal** 참조.

robber

○ Usage 표제어 **thief – robber – burglar** 참조.

role – roll

role과 roll 모두 [roul]로 발음한다.

rotary

1 'role'

role은 상황이나 사회에서의 '지위'와 '역할'이라는 뜻이다.
What is the _role_ of the University in modern society? 현대 사회에서 대학이 해야 할 역할은 무엇입니까?
He had played a major _role_ in the formation of the United Nations.
그는 UN을 설립하는 데 결정적인 역할을 했다.

role은 배우나 가수가 영화, 연극, 오페라, 뮤지컬 등에서 연기하는 등장인물 중의 한 사람, 즉 '배역'이라는 뜻도 있다.
She played the leading _role_ in The Winter's Tale. 그녀는 The Winter's Tale에서 주연을 맡았다.

2 'roll'

roll은 아주 작은 '빵 한 덩어리'라는 뜻이다.
The soup is served with a _roll_ and butter. 그 수프는 빵 한 덩어리와 버터가 같이 서빙된다.

roll은 긴 옷감이나 종이 같은 것을 여러 번 감아 놓은 뭉치라는 뜻도 있다.
I bought a _roll_ of wallpaper. 나는 벽지 한 두루마리를 샀다.

rotary

○ Usage 표제어 roundabout 참조.

round

○ Usage 표제어 around – round – about 참조.

roundabout

영국 영어에서 **roundabout**은 여러 길이 합쳐지는 '로터리'라는 뜻이다. 원하는 도로까지 원형 도로를 돌아서 운전할 수 있다.
Take the second exit at the _roundabout_ onto the A140.
그곳 로터리로 진입해 두 번째 출구에서 A140 도로로 진입하세요.

 미국 영어에서는 **roundabout**을 **traffic circle**이나 **rotary**라고 한다.
The _traffic circle_ has successfully slowed down vehicle traffic.
그 교차로로 인해 교통량이 성공적으로 줄어들었다고 말했다.

영국 영어에서 **roundabout**이나 **merry-go-round**는 수평으로 회전하는 큰 기계 장치로, 아이들이 탈 수 있도록 플라스틱이나 나무로 만든 차량이나 동물이 있는 것, 즉 '회전목마'라는 뜻이다.
Children were playing happily on the _roundabout_, slide and swings.
그 어린이들이 회전목마, 미끄럼틀, 그리고 그네들에서 즐겁게 놀고 있던 중이었다.

rubbish

영국 영어에서는 남은 음식물이나 필요 없는 물건, 즉 '쓰레기'를 **rubbish**라고 한다.
Illegal dumping of household _rubbish_ was very common.
불법적으로 가정 쓰레기를 버리는 일이 아주 일상적으로 일어나고 있다.

 미국 영어에서 음식물 쓰레기는 **garbage**라고 하고, 그 밖의 다른 쓰레기는 **trash**라고 한다.
There were rotting piles of _garbage_ everywhere. 썩어 가는 쓰레기 더미들이 여기저기 쌓여 있었다.
They dumped their _trash_ on the street. 그들은 길거리에 쓰레기를 마구 버렸다.

S s

's

1 used to form possessives(소유격을 만들 때 사용하기)

사람이나 동물을 나타내는 명사가 단수형일 때, **'s**(아포스트로피 에스)를 붙여서 소유격을 만든다.
I heard *Elena's* voice. 나는 엘레나의 목소리를 들었다.
They asked the *boy's* name. 그들은 그 소년의 이름을 물었다.
Everyone admired the *princess's* dress. 모든 사람들이 공주의 드레스를 칭찬했다.
She patted the *horse's* nose. 그녀는 그 말의 코를 쓰다듬어 주었다.

복수명사가 **s**로 끝나면 **'**(아포스트로피)만 붙인다.
I try to remember my *friends'* birthdays. 나는 나의 친구들 생일들을 기억하려고 노력했다.
He borrowed his *parents'* car. 그는 그의 부모 차를 빌렸다.

복수명사가 **s**로 끝나지 않으면 **'s**를 붙여서 소유격을 만든다.
She campaigned for *women's* rights. 그녀는 여성의 권리에 대한 캠페인을 벌였다.
The *children's* toys go in this box. 그 아이들의 장난감은 이 박스에 넣는다.

사람의 이름이 **s**로 끝나는 경우, 보통 **'s**를 붙여서 소유격을 만든다.
We went to *Carlos's* house. 우리는 카를로스의 집에 갔다.
I'm in *Mrs Jones's* class. 나는 존스 부인 반에 들어가 있다.

격식을 차린 글에서는 사람의 이름이 **s**로 끝나더라도 **'**(아포스트로피)만 붙인다.
This is a statue of *Prince Charles'* grandfather King George VI.
이것은 찰스 왕자의 할아버지인 조지 6세의 동상이다.

사물의 소유격에는 보통 **'s**를 사용하지 않는다. 예를 들면, '건물의 정면'은 ~~the building's front~~가 아닌 the front *of the building*이라고 하며, '내 자전거에 달려 있는 벨'은 ~~my bicycle's bell~~이 아닌 the bell *on my bicycle*이라고 한다.
We live at the bottom *of the hill*. 우리는 그 언덕의 아래쪽에 살고 있다.
She'll be back at the end *of August*. 그녀는 8월의 마지막 날에 돌아올 것이다.

2 pronouns(대명사)

다음 대명사에 **'s**를 붙일 수 있다.

| another | anybody | anyone | everybody | everyone | nobody |
| no one | one | other | somebody | someone | |

Sometimes it helps to talk about *one's* problems. 자주 우리들의 문제를 말하다 보면 그 해결에 도움을 준다.
One of the boys was riding on the back of the *other's* bike.
그 소년들 중 한 명이 다른 소년의 자전거 뒤에 타고 있는 중이었다.

그 밖의 대명사의 소유격은 소유격 한정사라고 한다.

◎ 더 자세한 내용은 Grammar 표제어 Possessive determiners 참조.

3 other uses of possessives(소유격의 다른 용법)

영국 영어에서 어떤 사람이 사는 집을 가리킬 때, 사람의 이름 뒤에 **'s**를 붙인다. 예를 들면, '기네스의 집에서 그를 만났다.'는 I met him at *Gwyneth's*.라고 한다.

She was invited to a party at *Ravi's*. 그녀는 라비의 집에서 열리는 파티에 초대되었다.

영국 영어에서는 가게를 가리킬 때, **'s**를 붙이기도 한다. 예를 들면, **dentist's**(치과), **butcher's**(정육점), **hairdresser's**(미용실) 등이 있다.

There's a *hairdresser's* on the corner of the street. 그 거리 코너에 미용실이 있다.
I went to the *doctor's* because I kept getting headaches. 나는 계속해 두통이 생겼기 때문에 병원에 갔다.

[**be**동사 + **'s**로 끝나는 짧은 명사구] 형식은 어떤 것이 누구에게 속하는지를 나타낸다. 예를 들면, **Whose is this coat?**(이 코트는 누구 것입니까?)라는 물음에 **It's my mother's.**(그것은 저희 어머니 것입니다.)라고 대답할 수 있다.

One of the cars *was his wife's*. 자동차 중 한 대는 그의 부인의 것이었다.
Why are you wearing that ring? It*'s Tara's*. 왜 그 링을 끼고 있지요? 그것은 타라 것인데요.

🛈 격식을 차린 글에서는 위와 같은 구조를 사용하지 않고, **belong to**를 사용한다. 수식하는 어구가 있는 경우에도 **belong to**를 사용한다. 예를 들면, '그것은 이웃집에 사는 남자의 것이다.'는 ~~It is the man next door's.~~가 아닌 It *belongs to* the man next door.라고 한다.
The painting *belongs to* someone I knew at university. 그 그림은 내가 대학 때 알던 사람의 것이다.

4 other uses of 's('s의 다른 용법)

's(아포스트로피 에스)에는 소유격 용법 이외에 세 가지의 다른 용법이 있다.

- 주어가 대명사인 경우, 특히 대명사 뒤에서 동사 **is**를 축약하여 사용할 수 있다.

  He's a novelist. 그는 소설가이다.
  It's fantastic. 그것은 환상적이다.
  There's nothing to worry about. 거기에 걱정할 일이 전혀 없다.

- **has**가 조동사일 때, 축약하여 사용할 수 있다.

  He's got a problem. 그에게 문제가 하나 있다.
  She's gone home. 그녀는 집에 가버렸다.

- **let us**를 축약하여 사용할 수 있다.

  Let's not argue. 우리 논쟁하지 맙시다.

◯ 위의 용법에 관한 더 많은 정보는 Usage 표제어 **let's - let us** 참조.

---

safe – secure

1 'safe'

safe[seif]는 형용사로 두 가지 뜻이 있다.

someone is *safe* 는 '우리가 안전한 상태에 있다'이다.

We're *safe* now. They've gone. 그들이 가서 우리는 안전한 상태에 있다.
Thank goodness the children are *safe*. 어린이들이 무사하다니, 하느님 감사합니다.

🛈 형용사 **safe**는 명사 앞에 사용할 수 없어, ~~the safe children~~으로 사용할 수 없다.

you are *safe from* someone or something은 '특정한 사람 또는 사물에 의해 우리가 해를 당하지 않는다'이다.

They want to keep their families *safe from* crime.
그들은 그들의 가족들이 범죄로부터 피해 받지 않기를 원하고 있다.
She realised with relief that she was *safe from* him now.
그녀는 그녀가 지금 그로부터 피해를 받지 않는 안전한 상태인 것을 알고 안도했다.

something is *safe* 는 '어떤 것이 위험 또는 위해를 끼치지 않는 안전한 것이다'이다.

Is the water *safe* to drink? 그 물은 우리가 마시기에 안전합니까?

salad – lettuce

You should always keep your passport in a *safe* place.
당신은 항상 당신의 여권을 안전한 장소에 보관해야 한다.

2 'secure'

something that is *secure* 는 '아무도 그곳에 허락 없이 들어가거나, 훔치거나, 또는 범죄를 저지를 수 없다'이다.
The hotel has 24-hour *secure* parking. 그 호텔은 24시간 안전 주차를 보장하고 있다.
A *secure* password should contain a mixture of numbers, symbols, and letters.
안전한 암호는 숫자들, 심벌들, 그리고 문자들을 필히 포함해야 한다.

secure 는 우리의 자신감에 대한 감정, 특히 특정한 상태가 미래에도 계속되어야 한다는 것을 말할 때 사용한다.
To enjoy life you have to be financially *secure*. 인생을 즐기기 위해 경제적으로 탄탄해야만 가능하다.
The new job offered him a more *secure* future. 새로운 그 직장은 그에게 좀 더 안전한 미래를 보장해 주는 것이다.

salad – lettuce

1 'salad'

salad는 생야채를 넣어 섞은 것, 즉 '샐러드'라는 뜻이다. 샐러드만 먹거나 다른 음식과 함께 샐러드를 먹을 수도 있다.
For lunch she had a *salad* of tomato, onion and cucumber. 점심으로 그녀는 토마토, 양파, 오이 샐러드를 먹었다.
I made some potato *salad* for the picnic. 나는 피크닉을 위해 감자 샐러드를 만들었다.

2 'lettuce'

샐러드는 보통 **lettuce**(상추)[létəs | -is]라는 야채의 큰 녹색 잎을 포함한다. 그러나 이 야채를 **salad**라고 하지 않는다.
Tear the *lettuce* into bite-sized pieces and mix it with the dressing.
상추를 한 입에 먹을 수 있는 크기로 찢으세요. 그리고 드레싱과 섞으세요.

salary – wages

노동에 대해 정기적으로 지급받는 돈을 **salary**나 **wages**라고 한다.

1 'salary'

salary는 1년간 지급받는 돈의 총액, 즉 '연봉'을 말하며, 주로 교사 등의 전문직에 종사하는 사람들이 받는다.
She earns a high *salary* as an accountant. 그녀는 회계사로 높은 연봉을 받는다.
My *salary* is paid into my bank account at the end of the month. 나의 봉급은 월말에 나의 은행 계좌로 입금된다.

2 'wages'

노동에 대해 매주 받는 돈을 **wages**라고 한다.
On Friday afternoon the men are paid their *wages*. 금요일 오후 그들에게 임금이 지불되었다.
He was working shifts at the factory and earning good *wages*.
그는 교대제로 공장에서 일하며 좋은 수입을 얻고 있다.

3 'wage'

일반적으로 버는 돈의 액수, 즉 '임금'을 **wage**라고 한다.
It is hard to bring up children on a low *wage*. 적은 임금으로 아이들을 양육해야 하는 것은 어려운 일이다.
The government introduced a legal minimum *wage*. 정부는 법정 최저 임금 제도를 시행했다.

someone's hourly, weekly, or monthly wage란 '시간당, 주당, 또는 월당 임금'이다.
Her *hourly wage* had gone up from £5.10 to £5.70. 그녀의 시간당 임금이 15달러에서 20달러로 올랐다.
The suit cost £40, more than twice the average *weekly wage* at that time.
소송 비용은 40파운드였는데, 이는 당시 주당 평균 임금의 두 배가 넘었다.

sale

1 'sale'

the *sale* of something은 물건을 파는 행동이나 물건이 팔리는 경우라는 뜻이다.

They introduced stricter controls on the *sale* of weapons. 그들은 무기 판매에 대한 엄격한 규제를 시행했다.
Our agency can help you with the *sale* of your house. 우리 회사에서 당신의 집을 파는 데 도움을 드리겠습니다.

*sale*은 상점에서 물건을 정가보다 할인된 가격으로 파는 행사라는 뜻이다.

The shoe shop is having a *sale*. 그 구두 가게에서 세일을 하고 있다.
I got this jacket for only £25 in the *sale*. 나는 이 재킷을 세일에서 25파운드에 샀다.

2 'for sale'

for sale이나 up for sale은 어떤 물건을 주인이 '팔려고 내놓은'이라는 뜻이다.

I asked whether the car was *for sale*. 나는 그 자동차를 팔 것인지 물었다.
Their house is *up for sale*. 그들의 집은 매물로 나와 있다.

3 'on sale'

on sale은 상품을 '살 수 있는'이라는 뜻이다.

There were no English newspapers *on sale*. 그곳에서 파는 영자 신문은 없었다.
Their new album is now *on sale*. 그들의 새 앨범이 지금 판매 중이다.

 미국 영어에서 buy something *on sale*은 세일 행사 등에서 어떤 것을 할인된 가격으로 사다라는 뜻이다.

On sale. Slacks marked down from $39.95 to $20.00. 할인 중. 헐렁한 바지들을 39달러 95센트에서 20달러로 할인 판매함.
I usually buy whichever brand of toothpaste is *on sale*. 나는 대개 어떤 상표의 치약이라도 세일에서 사고 있다.

salute – greet

1 'salute'

salute는 군인 등이 어떤 사람에게 인사나 존경의 표시로 오른손을 올리다, 즉 '경례하다'라는 뜻이다.

The men *saluted* the General. 그 사람들이 그 장군에게 경례했다.

2 'greet'

현대 영어에서 동사 salute는 위와 같이 '경례하다'의 뜻으로만 사용한다. 사람을 만나서 친근함이나 반가움을 표현하는 경우에는 salute가 아닌 greet를 사용한다.

He *greeted* his mother with a hug. 그는 어머니를 포옹으로 맞이했다.
He hurried to *greet* his guests. 그는 손님을 맞이하기 위해 급히 서둘렀다.

same – similar

same은 거의 항상 the와 함께 사용한다.

1 'the same'

two/more things are *the same*은 두 개 이상의 사물이 똑같다라는 뜻이다.

All the streets look *the same* in the fog. 모든 거리들이 똑같이 안개에 싸여 있다.
In essence, all computers are *the same*. 본질적으로 모든 컴퓨터는 똑같다.

2 'the same as'

one thing is *the same as* another thing은 어떤 물건이 다른 물건과 똑같다라는 뜻이다.

He was not *the same as* the other children. 그는 다른 어린이들과 똑같지 않았다.

savings

The next day was *the same as* the one before. 그 다음 날도 그 전날과 똑같았다.

ℹ️ 위와 같은 문장에서 the same 뒤에 as 이외에 다른 전치사를 사용하지 않는다.

[the same + 명사 + as] 형식을 사용할 수 있다. 예를 들면, '그녀는 여동생과 같은 사무실에서 일을 하고 있다.'는 She works in *the same office as* her sister.라고 한다.

Her shirt was *the same colour as* her eyes. 그녀 셔츠는 그녀의 눈 색깔과 똑같다.
I'm in *the same type of job as* you. 나는 당신과 똑같은 위치에 있다.

행동을 비교할 때에도 the same as를 사용한다. 예를 들면, '그녀는 여동생이 했던 것과 똑같은 행동을 했다.'는 She did *the same as* her sister did. 또는 She did *the same as* her sister.라고 한다.

He did exactly *the same as* John did. 그는 존과 똑같은 행동을 했다.
They've got to earn a living, *the same as* anybody else. 그들은 다른 사람들과 똑같이 생활비를 벌어야 한다.

3 adverbs used with 'the same'

아래의 부사는 the same 앞에 사용할 수 있다.

exactly	almost	virtually	nearly	practically

The next time I saw him he looked *exactly the same*. 다음번에 그를 만났을 때, 그는 그전과 완전히 똑같았다.
Their policies are *practically the same as* those of the previous government.
그들의 정책은 그전 정부의 정책들과 실질적으로 똑같았다.

4 'similar'

similar는 어떤 사람이나 사물이 가지고 있는 특징 중의 일부를 다른 사람이나 사물도 가지고 있다, 즉 '비슷한'이라는 뜻이다.

The two men were remarkably *similar*. 그 두 사람은 매우 비슷했다.
Our ideas are basically very *similar*. 우리들의 아이디어는 기본적으로 아주 비슷하다.

one thing is *similar to* another thing은 어떤 것이 다른 것과 비슷하다라는 뜻이다.

It is *similar to* her last book. 그것은 그녀의 최근 책과 비슷하다.
My dress is *similar* to that, only longer. 나의 드레스는 그것과 똑같고, 더 길 뿐이다.

어떤 사람이나 사물을 방금 전에 말한 다른 사람이나 사물과 비교하는 경우, 명사 앞에 **similar**를 사용한다.

Many of today's adults have had a *similar* experience. 현대의 많은 성인들이 비슷한 경험을 해왔다.
Put them in a jar, bowl, or other *similar* container. 그것들을 단지, 그릇, 또 비슷한 용기에 담아 놓으세요.

5 modifiers used with 'similar' (similar와 함께 사용하는 수식어)

similar 앞에 사용하는 부사는 아래와 같다.

broadly	rather	roughly	surprisingly	quite
remarkably	strikingly	very		

[수식어 rather · very + similar] 형식을 사용할 수 있다.

Their proposal were *rather similar*. 그들의 제안은 매우 비슷했다.
My problems are *very similar to* yours. 나의 문제는 당신의 문제와 매우 비슷하다.

savings

 Usage 표제어 economics 참조.

say

1 'say'

say

say는 목소리를 사용하여 '말을 하다'라는 뜻이다. say의 과거와 과거분사는 sayed가 아닌 said[sed]이다.

어떤 사람이 한 말을 직접 인용하는 경우, say를 사용한다.
'I've never felt so relaxed,' she *said*. "나는 이렇게 편안함을 느껴 본 적이 없어."라고 그녀가 말했다.
'The problem,' he *said*, 'is that Mr Sanchez is very upset.'
문제는 산체스 씨가 몹시 화가 나 있다는 것이라고 그가 말했다.

글에서 어떤 사람의 말을 인용하는 경우, say 대신 사용할 수 있는 동사가 많이 있다.

○ Grammar 표제어 Reporting 참조.

그러나 회화에서는 항상 say를 사용하며, 누구의 말을 인용하는지 먼저 언급한다.
He *said* to me, 'What shall we do?' 그는 나에게 우리가 해야 할 일이 무엇이냐고 물었다.

〔주어 + said + it〕형식에서 it은 어떤 것에 대해 한 말 전체를 대신 가리킨다. 예를 들면, "제인은 '지금 갈 거야.'라고 매우 조용히 말했다."는 Jane said, "I'm going now." She *said it* very quietly.라고 한다.
You could have *said it* a bit more politely. 당신은 좀 더 친절하게 말을 할 수 있었다.
I just *said it* for something to say. 나는 어떤 말을 하기 위해 그 말을 했다.

그러나 실제로 한 말보다 내용 전체를 가리키는 경우에는 it이 아닌 so를 사용한다. 예를 들면, '나는 그의 생각에 동의하지 않아서, 그에게 동의할 수 없다고 말했다.'는 ~~I didn't agree with him and I said it.~~이 아닌 I didn't agree with him and I *said so*.라고 한다.
If you wanted more to eat, why didn't you *say so* earlier?
당신이 그 당시 더 먹고 싶었다면, 왜 그 말을 미리 하지 않았어요?
I know she liked it because she *said so*. 나는 그녀가 그렇게 말했기 때문에 그것을 좋아하는 것을 알고 있다.

〔say + that절〕형식은 어떤 사람이 한 말을 그대로 전하지 않고 내용만 전달할 때 사용한다.
She *said* she hadn't slept very well. 그녀는 잠을 잘 자지 못했다고 말했다.
They *said* that smoking wasn't permitted anywhere in the building.
그들은 건물 내 어느 곳에서도 담배를 피울 수 없다고 말했다.

> 주의 〔say + 간접목적어〕형식을 사용하지 않는다. 예를 들면, '그 여자는 내게 칼스로프 씨가 며칠 전에 떠났다고 말했다.'는 ~~The woman said me that Mr Calthrop had left some days before.~~가 아닌 The woman *said* that Mr Calthrop had left some days before.나 The woman *told me* that Mr Calthrop had left some days before.라고 한다.

2 'tell'

말하는 사람과 듣는 사람 모두를 언급하는 경우, 보통 say보다 tell을 사용한다. tell의 과거와 과거분사는 told이다. 예를 들면, '나는 그에게 그의 어머니가 도착했다고 말했다.'는 I said to him that his mother had arrived. 대신 I told him that his mother had arrived.라고 한다.
'I have no intention of resigning,' he *told* the press. "나는 사임할 의도가 전혀 없다."고 그는 기자들에게 말했다.
She *told* me to sit down. 그녀는 나에게 자리에 앉으라고 말했다.

tell a story/lie/joke는 이야기, 거짓말, 농담을 하다라는 뜻이다.
You*'re telling* lies now. 당신은 지금 거짓말을 하고 있다.
Dad *told* jokes and stories. 아빠는 농담을 하면서 이야기를 했다.

> make/crack a joke라고도 하지만 뜻은 같지 않다.

'say' a story/lie/joke라고 하지 않는다.

3 'ask'

질문을 하다는 'say' a question이 아닌 *ask* a question이라고 한다.
Luka *asked* me a lot of questions about my job. 루카는 나에게 나의 유년 시절에 대해 많은 질문을 했다.
I *asked* what time it was. 나는 몇 시인지를 물었다.

4 'give'

scarce – scarcely

명령을 내리거나 지시를 하다는 'say' an order/instruction이 아닌 **give** an order/instruction이라고 한다.

Who **gave** the order for the men to shoot? 총을 발사하라고 명령한 사람이 누구인가?
She **had given** clear instructions about what to do while she was away.
그녀는 그녀가 없는 동안 해야 할 일에 대해 명확한 지침을 내렸었다.

5 'call'

어떤 사람을 특정한 방식으로 묘사할 때, [say + that절] 형식을 사용한다. 예를 들면, '그는 내가 거짓말쟁이라고 말했다.'는 He said that I was a liar.이지만, 더 간단한 방법은 call을 사용하여 He **called** me a liar.라고 하는 것이다.

She **calls** me lazy and selfish. 그녀는 내가 게으르고 이기적이라고 항상 말한다.

6 'talk about'

토론하고 있는 내용을 말할 때는 say가 아닌 talk about을 사용한다. 예를 들면, '그는 잉카 문명의 관습에 대해 이야기했다.'는 ~~He said about the customs of the Incas.~~가 아닌 He **talked about** the customs of the Incas.라고 한다.

Lucy **talked about** her childhood and her family. 루시는 그녀의 어린 시절과 그녀의 가족에 대해 말을 했었다.

---

scarce – scarcely

1 'scarce'

형용사 **scarce**는 어떤 것이 아주 조금밖에 없다, 즉 '부족한'이라는 뜻이다.

Good quality land is **scarce**. 양질의 토지가 부족하다.
The desert is a place where water is **scarce**. 사막이란 물이 부족한 곳이다.

2 'rare'

어떤 것이 흔하지 않아서 흥미롭다고 할 때는 scarce가 아닌 rare를 사용한다.

This flower is so **rare** that few botanists have ever seen it. 이 꽃은 너무 희귀하여 식물학자도 본 사람이 거의 없다.
Deepak's hobby is collecting **rare** books. 디팍의 취미는 진귀한 책을 수집하는 것이다.

3 'scarcely'

부사 **scarcely**는 형용사 scarce와는 전혀 다른 뜻이다. scarcely는 '거의', '간신히'라는 뜻으로, 상당히 격식을 차린 단어이다.

The smell was so bad I could **scarcely** bear it. 그 냄새가 아주 지독해 나는 견딜 수 없었다.
The woman was **scarcely** able to walk. 그 여성은 거의 걸을 능력이 없었다.

> **주의** scarcely는 부정적인 뜻이 있으므로, 한 문장에서 not과 함께 사용하지 않는다. 예를 들면, '나는 생계를 거의 꾸릴 수 없다.'는 ~~I am not scarcely able to earn a living.~~이 아닌 I am **scarcely** able to earn a living.이라고 한다.

동사구를 사용한 문장에서 scarcely는 조동사 뒤에 온다. 예를 들면, '나는 겨우 몸을 가눌 수 있었다.'는 ~~I scarcely could stand.~~가 아닌 I **could scarcely** stand.라고 한다.

I **can scarcely** remember what we ate. 나는 우리가 무엇을 먹었는지에 대해 거의 기억할 수 없다.
He **could scarcely** be blamed for his reaction. 그가 보인 그의 반응에 대해 그가 비난받아야 할 이유가 거의 없다.

좀 더 긴 문장 구조에서 어떤 일이 일어난 뒤에 바로 또 다른 일이 일어났다고 할 때, 때때로 **scarcely**를 사용한다.

We had **scarcely** arrived when it was time to leave again.
우리는 그곳에 도착하자마자 바로 그곳을 떠날 시간이 되어 떠났었다.

위와 같은 문장에는 than이 아닌 when을 사용한다. 예를 들면, ~~The noise had scarcely died away than someone started to laugh again.~~이라고 하지 않는다.

소설에서 때때로 **scarcely**는 문장의 처음에 오는데, 이때 [scarcely + had·be동사 + 주어] 형식을 사용한다.

Scarcely had the car drawn to a halt when armed police surrounded it.
차가 멈추자마자 무장한 경찰들이 그 차를 에워쌌다.
Scarcely were the words spoken when he began to regret them.
그는 그의 말을 하자마자 바로 한 말에 대해 후회하기 시작했다.

○ Grammar 표제어 Broad negatives 참조.

scene – sight – view – landscape – scenery

1 'scene'

명사 scene에는 여러 가지 뜻이 있다.

scene은 연극, 영화, 소설의 한 부분, 즉 '장면'이라는 뜻이나.
Do you know the balcony *scene* from 'Romeo and Juliet'?
당신은 '로미오와 줄리엣'에서의 발코니 장면을 알고 있습니까?
It was like some *scene* from a Victorian novel. 그것은 빅토리아 시대를 다룬 소설에 나오는 것 같은 장면이었다.

the *scene* of an accident/a crime은 사고나 범죄 현장이라는 뜻이다.
They were only a few miles from the *scene* of the crime. 그들은 범죄 현장으로부터 불과 몇 마일 떨어진 곳에 있었다.

특정한 시간에 어떤 장소에서 일어나고 있는 일에 대한 인상을 나타낼 때, a *scene* of a particular kind를 사용한다.
I entered the room to be greeted by a *scene* of domestic tranquillity.
내가 그 방에 들어가자, 고요한 집 안 풍경이 나를 반겼다.
The sun rose over a *scene* of terrible destruction. 완전히 파괴된 광경 위로 달이 솟아올랐다.

2 'sight'

sight는 특정한 물건이나 사람의 모습에 대한 인상을 나타낸다.
A volcano erupting is a spectacular *sight*. 화산 폭발은 장관의 모습을 보여 주고 있다.
With his ragged clothes and thin face, he was a pitiful *sight*.
넝마 같은 옷을 입고, 야윈 얼굴의 그의 몰골은 형편없었다.

볼거리를 제공하는 특정한 장소에서 볼거리에 **sights**를 사용한다.
Did you have time to see the *sights* while you were in Moscow?
당신은 모스크바에 있을 때, 그곳을 관광할 기회를 가졌습니까?
A guide offered to show us the *sights*.
그 여행 가이드가 우리에게 관광 장소로 인도해 주었다.

사람이 보는 것을 가리킬 때 흔히 사용하는 명사는 다음과 같다.

3 'view'

view는 창문이나 높은 곳에서 보는 것을 나타낸다.
The window of her flat looked out on to a superb *view* of London.
그녀의 아파트 창문을 통해 런던의 멋진 경치를 내려다볼 수 있었다.
From the top of the hill is a fine *view*. 언덕의 맨 위로 올라가면 전망이 좋다.

4 'landscape'

landscape는 어떤 지역을 여행하면서 보는 것을 나타내며, 그 지역이 아름답든지 그렇지 않은지와 관계없이 사용할 수 있다.
The *landscape* around here is very flat. 이 지역의 경관은 평평하다.
The train passed through the industrial *landscape* of eastern Massachusetts.
그 열차가 동부 매사추세츠 지역의 공업 경관 지역을 통과해 갔다.

5 'scenery'

school - university

scenery는 전원의 아름다운 경치를 나타낸다.
We had time to admire the *scenery*. 우리는 시골 경치를 감상하는 시간을 가졌다.
I think Scotland has the most beautiful *scenery* in the world.
나는 스코틀랜드 경관이 세계에서 가장 아름답다고 생각한다.

ℹ scenery는 불가산명사이므로, a scenery나 sceneries라고 하지 않는다.

school - university

1 used as countable nouns (가산명사로 사용하기)

영국 영어와 미국 영어에서 school은 초·중·고등학교, university는 대학교를 가리킨다.
The village had a church and a *school*. 그 마을에 교회와 학교가 있었다.
Heidelberg is a very old *university*. 옥스퍼드는 아주 오래된 대학이다.

2 used as uncountable nouns (불가산명사로 사용하기)

 미국 영어에서 school이 초·중·고등학교와 대학 모두를 가리킬 때, 앞에 a나 the를 사용하지 않는다. 어떤 사람이 초·중·고등학교나 대학에 다니고 있다고 할 때는 someone is *in school*이라고 한다.
All the children were *in school*. 모든 어린이들이 재학 중이었다.
She is doing well *in school*. 그녀는 학교에서 좋은 성적을 올리고 있다.

 미국 영어에서 Where did you go to school?이라고 하면, 이는 당신은 어느 대학을 졸업했습니까?(What college or university did you study in?)라는 뜻이다.
영국 영어에서 school은 초·중·고등학교를 가리킨다. 어떤 사람이 초·중·고등학교에 다니고 있다는 someone is *at school*이라고 하며, 어떤 사람이 대학에 다니고 있다는 someone is *at university* 또는 at uni이다.
I was *at school* with Joty, but I haven't seen her since I was 16.
나는 그녀와 같이 학교를 다녔으나, 내가 16살이었던 그때부터 지금까지 만나지 못했었다.
She is studying medicine *at university*. 그녀는 의대에서 공부하고 있다.
Most first years *at uni* live in student halls. 대부분의 일 년 차 대학들은 학생 기숙사에서 생활한다.

○ Usage 표제어 student 참조.

scissors

scissors는 2개의 날카로운 날이 붙어 있는 작은 도구, 즉 '가위'라는 뜻이다. 종이, 천, 머리카락 등의 물건을 자를 때 가위를 사용한다.

scissors는 복수명사이므로, a scissors가 아닌 some scissors나 a pair of scissors라고 한다.
I need *some scissors* to get this label off. 나는 이 라벨을 제거할 가위가 필요하다.
She took *a pair of scissors* and cut his hair. 그녀는 가위를 가지고 와서는 그의 머리카락을 잘랐다.

search

search는 동사나 명사로 사용한다.

1 used as a verb (동사로 사용하기)

search a place/person은 무언가를 찾기 위해 어떤 장소나 사람을 철저히 조사하다, 즉 '수색하다'라는 뜻이다.
Police *searched* the building and found weapons. 경찰은 그 빌딩을 수색했고 그곳에서 무기들을 찾아냈다.
He stood with his arms outstretched while the guard *searched* him.
그 경비원이 그의 몸을 수색하는 동안 그는 두 팔을 벌리고 서 있었다.

ℹ 물건을 찾는다는 search가 아닌 search for이다. 그러나 일반적으로 look for를 사용한다.

He's *looking for* his keys. 그는 자신의 열쇠를 찾고 있다.

2 used as a noun(명사로 사용하기)

search는 어떤 것을 주의 깊게 살펴 무언가를 발견하려는 시도, 즉 '수색'이라는 뜻이다.

I found the keys after a long *search*. 나는 오랜 수색 끝에 열쇠를 찾았다.
The *search* for survivors of the earthquake continues. 그 지진 생존자들을 찾기 위한 수색이 계속되고 있다.

see

동사 see에는 여러 가지 뜻이 있다. see의 과거는 seed가 아닌 saw이며, 과거분사는 seen이다.

1 using your eyes(사람의 눈으로 보기)

see에는 사람의 눈을 통해 어떤 것을 인식하다라는 뜻이다.

I can *see* a light in her window. 나는 그녀의 창에서 불빛을 볼 수 있다.

ℹ️ 위와 같은 문장에서 보통 can을 사용한다. 예를 들면, '나는 바다를 보고 있다.'는 I see the sea.가 아닌 I *can see* the sea.라고 한다. 또한 I am seeing the sea.와 같이 진행시제를 사용하지 않는다.

someone *could see* something은 과거에 사람의 눈을 통해 어떤 것을 인식했다라는 뜻이다.
He *could see* Wilson's face in the mirror. 그는 거울에 비친 윌슨의 얼굴을 보았다.

someone *saw* something은 어떤 사람이 과거에 어떤 것을 알아차렸다라는 뜻이다.
We suddenly *saw* a vessel through a gap in the fog. 우리는 문득 안개 사이로 배가 있는 것을 알아차렸다.

2 meeting someone(어떤 사람을 만나기)

see는 '방문하다' 또는 약속하여 '만나다'라는 뜻으로도 자주 사용한다.
You should see a doctor. *see* a doctor. 당신은 의사에게 진찰을 받아야 한다.

두 사람이 사랑해서 규칙적으로 서로 만나는 경우, they *are seeing* each other라고 한다. see가 이 뜻일 경우, 일반적으로 진행시제를 사용한다.
How long have Sam and Ayeisha *been seeing* each other? 샘과 아이샤가 사귄 것은 언제부터인가요?

3 understanding(이해)

see는 '이해하다'라는 뜻으로 매우 자주 사용한다.
I don't *see* why she was so angry. 나는 그가 왜 그렇게 화가 났는지 알 수가 없다.
The situation could be complicated, if you *see* what I mean.
당신이 내 말이 무엇을 의미하는지 알겠지만, 그 상황은 아주 복잡할 수 있어요.

어떤 것을 이해했다라고 할 때, 흔히 I see.라고 한다.
'He doesn't have any children.' – '*I see*.' "그는 자식이 없어요." – "아, 그렇군요."

see가 '이해하다'라는 뜻일 경우, can이나 could와 같이 사용할 수도 있다.
I *can see* why Mr Smith is worried. 나는 스미스 씨가 왜 걱정을 하는지 이해할 수 있다.
I *could see* his point. 나는 그가 말하는 요점을 이해할 수 있었다.

ℹ️ see가 '이해하다'라는 뜻인 경우, 진행시제로 사용하지 않는다. 예를 들면, '나는 당신의 말뜻을 이해한다.'는 I am seeing what you mean.이 아닌 I *see* what you mean.이라고 한다.

see – look at – watch

1 'see'

see는 눈을 통해 어떤 것을 인식하거나 알아차리다라는 뜻이다.
We *saw* the black smoke rising over the barbed wire. 우리는 철조망 너머로 피어오르는 검은 연기를 보았다.

seem

I waved, but nobody *saw* me. 나는 손을 흔들었으나, 아무도 나를 보지 못했다.

○ Usage 표제어 see 참조.

2 'look at'

look at은 어떤 것을 향해 눈을 돌리다라는 뜻이다.

He *looked at* the food on his plate. 그는 자신의 접시에 있는 음식을 보았다.
People *looked at* her in astonishment. 사람들은 놀라서 그녀를 바라보았다.

○ Usage 표제어 look 참조.

3 'watch'

watch는 일어나고 있거나 일어날 일에 관심이 있어서 주의를 기울여 보다라는 뜻이다.

We *watched* the sun setting. 우리는 해가 지는 것을 쳐다보았다.
They just stood and *watched* while she carried all the bags inside. 그들은 그냥 서서 그녀가 모든 가방들을 안으로 나르는 것을 보고 있었다.

4 entertainment and sport(연예와 스포츠)

연예나 스포츠를 보는 경우, see나 watch를 사용한다. *see* a play/film은 연극이나 영화를 관람하다라는 뜻이다.

I *saw* that movie when I was a child. 나는 그 영화를 어릴 때 보았다.
We *saw* him in 'Hamlet'. 우리는 그를 연극 햄릿에서 보았다.

연극이나 영화를 보다라고 할 때는 look at이나 watch를 사용하지 않는다.

텔레비전을 보다라고 할 때, watch를 사용한다. 그러나 특정한 텔레비전 프로그램을 시청하다라고 할 때는 watch나 see를 사용한다.

He spends several hours *watching* television. 그는 텔레비전을 보는 데 몇 시간을 보낸다.
He *watched* a rugby match on television. 그는 럭비 경기를 텔레비전으로 보았다.
I *saw* his speech on the news. 나는 그의 연설을 뉴스에서 보았다.

마찬가지로 축구 등의 스포츠 경기를 보다라고 할 때는 watch를 사용하지만, 특정한 경기를 보다라고 할 때는 watch나 see를 사용한다.

More people *are watching* cricket than ever before. 전보다 더 많은 사람들이 크리켓을 보고 있다.
Did you *watch* the match against Romania, Garry? 게리, 루마니아와의 시합을 보았나요?
Millions of people *saw* the World Cup Final. 수백만 명의 사람들이 월드컵 결승전을 시청했다.

---

seem

사람이나 사물이 특정한 인상을 줄 때, seem을 사용한다.

1 used with adjectives(형용사와 함께 사용하기)

보통 seem 뒤에 형용사가 온다. 어떤 사람이 행복한 것 같다고 할 때는 someone *seems* happy나 someone *seems to be* happy라고 하며, 두 문장에서 의미상의 차이는 없다.

Even minor problems *seem* important. 사소한 문제라도 중요하게 보인다.
You *seem to be* very interested. 당신은 매우 관심이 있어 보인다.

그러나 등급을 매길 수 없는 형용사와 같이 쓰는 경우에는 (seem + to be + 형용사) 형식을 사용한다. 예를 들면, '그는 혼자 있는 것 같았다.'는 He seemed alone.이 아닌 He *seemed to be* alone.이라고 한다.

She *seemed to be* asleep. 그녀는 잠들어 있는 것처럼 보였다.

(seem + 형용사 + 전치사 to + 사람) 형식은 어떤 사람이나 사물이 누군가에게 특정한 인상을 주었다고 할 때 사용한다.

He always *seemed old to me*. 나에게는 그가 항상 늙어 보였다.

This idea *seems* ridiculous to most people. 이러한 아이디어는 많은 사람들이 어리석게 볼 것이다.

2 used with noun phrases(명사구와 함께 사용하기)

형용사 대신 (seem · seem to be + 명사구) 형식을 사용하기도 한다. 예를 들면, '그녀는 친절해 보였다.'는 She seemed nice. 대신 She *seemed a nice person*. 또는 She *seemed to be a nice person*. 이라고 한다. 회화에서는 흔히 She *seemed like a nice person*.이라고 한다.

It *seemed a long time* before the food came. 음식이 오기까지 오랜 시간이 걸린 것 같았다.
She *seems to be a very good boss*. 그녀는 매우 좋은 사장님 같아 보인다.
It *seemed like a good idea*. 그것은 좋은 아이디어 같았다.

⚠ seem 뒤에 as를 사용하지 않는다. 예를 들면, It seemed as a good idea.라고 하지 않는다.

명사구에 한정사만 있고 형용사가 없는 경우, **seem to be**를 사용한다. 예를 들면, '그가 그 차의 주인인 것 같았다.'는 He seemed the owner of the car.가 아닌 He *seemed to be the owner* of the car.라고 한다.

At first the seal *seemed to be a rock*. 처음 그 물개는 바위같이 보였다.
What *seems to be the trouble*? 무엇이 문제인 것 같습니까?

3 used with verbs(동사와 함께 사용하기)

seem 뒤에 to be 대신 다른 부정사를 사용할 수도 있다. 예를 들면, '그는 도움이 필요한 것처럼 보였다.'는 He *seemed to need* help.라고 한다. It *seemed that he needed* help.나 It *seemed as though he needed* help.라고도 할 수 있다.

The experiments *seem to prove* that sugar is not very good for you.
그 실험은 설탕이 우리 몸에 그다지 좋지 않다는 것을 증명해 주는 것 같다.
It *seemed* to me *that she was* right. 나에게는 그녀가 옳은 것같이 보였다.
It *seemed as though the war had ended*. 그 당시 전쟁이 끝난 것같이 보였다.

seldom

seldom은 격식을 차리거나 문어적인 단어이다. 어떤 일이 아주 가끔 일어난다고 할 때, **seldom**을 사용한다.

1 position in clause(문장에서의 위치)

- 조동사가 없는 경우, be동사를 제외한 동사 앞에는 보통 **seldom**이 온다.
  He *seldom laughed*. 그는 거의 웃지 않는다.
  It *seldom rains* there. 그곳은 비가 거의 내리지 않는다.

- **seldom**은 be동사 뒤에 온다.
  She *was seldom* late for work. 그녀는 직장에 늦은 적이 거의 없었다.

- 조동사가 여러 개 있는 경우, **seldom**은 첫 번째 조동사 뒤에 온다.
  These birds *are seldom seen*. 이러한 새들은 거의 볼 수 없다.
  They *can seldom agree* on anything. 그들은 무슨 일이나 거의 동의하지 않는다.

- **seldom**은 때때로 문장의 처음에 와서 (seldom + 조동사 + 주어 + 본동사) 형식이 된다.
  Seldom did he ask me questions about our finances. 그는 우리의 재정 상태에 대해 거의 물어보지 않는다.
  Seldom can there have been such a happy meeting. 그런 행복한 만남은 좀처럼 있을 수 없었다.

2 'hardly ever'

회화에서는 일반적으로 seldom 대신 **hardly ever**를 사용한다.

It *hardly* ever rains there. 그곳에 비가 거의 내리지 않는다.
I've *hardly* ever been asked anything like that. 나는 그와 같은 질문을 거의 받아 본 적이 없다.

◐ 빈도를 나타내는 단어와 표현의 분류 목록은 Grammar 표제어 Adverbs and adverbials 참조.

select

select

○ Usage 표제어 choose 참조.

send – sent

send와 sent는 같은 동사의 다른 형태로, 발음이 비슷하기 때문에 혼동하기 쉽다. send[send]는 동사원형이다. send는 어떤 것을 다른 사람에게 우편과 같은 것을 통해 '보내다'라는 뜻이다.

They *send* me a card every year for my birthday. 그들은 나에게 생일마다 카드를 보내 주고 있다.
I always re-read my emails before I *send* them. 나는 나의 이메일을 보내기 전 항상 다시 읽어 본다.

sent[sent]는 send의 과거와 과거분사이다.

I *sent* you a text – didn't you get it? 내가 당신에게 글을 보냈는데, 그것을 받아 보았어요?
He *had sent* some flowers to Elena. 그는 그녀에게 꽃들을 보냈었다.

sensible – sensitive

1 'sensible'

sensible person은 감정보다 이성을 바탕으로 하여 현명한 결정과 판단을 내리는 사람이라는 뜻이다.
She was a *sensible* girl and did not panic. 그녀는 현명한 소녀여서 당황하지 않았다.

2 'sensitive'

sensitive에는 두 가지 뜻이 있다.

sensitive person은 다른 사람의 말이나 행동에 쉽게 화를 내거나 못마땅해하는 사람이라는 뜻이다.
He is quite *sensitive* about his weight. 그는 그의 몸무게에 아주 민감하게 생각한다.
A *sensitive* child can get very upset by people arguing. 과민 반응을 보이는 아이들은 사람들의 다툼에 아주 쉽게 분노한다.

그러나 be *sensitive* to something은 어떤 문제나 감정을 이해하고 관심을 보이다라는 뜻이다.

We're trying to make people more *sensitive* to the difficulties faced by working mothers. 우리는 직장에 다니는 어머니들의 고충에 일반인들이 좀 더 관심을 갖게 하기 위해 노력하고 있다.
His experiences helped him become less selfish and more *sensitive*. 그의 다양한 경험들이 그가 좀 더 이기적이지 않고 이해심을 많이 갖게 만들었다.

shadow – shade

1 'shadow'

shadow는 빛과 표면 사이에 어떤 것이 있을 때 표면에 만들어지는 검은 형체, 즉 '그림자'라는 뜻이다.
An oak tree cast its *shadow* over the garden. 참나무 한 그루가 그 정원 위에 그림자를 드리우고 있었다.

어떤 것이 빛을 차단해서 장소가 어두워 그늘이 진 경우, in shadow라고 한다.
The whole canyon is *in shadow*. 계곡 전체가 그늘져 있다.

2 'shade'

햇볕이 미치지 않아서 어둡고 시원한 '그늘'을 the shade라고 한다.
They sat in *the shade* and read. 그들은 그늘에 앉아서 책을 읽었다.
I moved my chair into *the shade*. 나는 의자를 그늘로 옮겼다.

shall – will

1 'shall' and 'will'

shall – will

미래에 대해 말하거나 질문을 할 때, **shall**과 **will**을 사용한다.

다른 사람의 말을 받아 적을 때, **shall**이나 **will**의 축약형 **-'ll**을 대명사 뒤에 쓴다.
He'll come back. 그는 돌아올 것이다.
They'll spoil our picnic. 그들은 우리의 소풍을 망칠 것이다.

 shall과 **will**의 부정형은 **shall not**과 **will not**으로, 회화에서는 **shan't**[ʃænt | ʃɑːnt]나 **won't**[wount]로 줄여 말한다. **shan't**는 다소 오래된 표현으로 미국 영어에서는 거의 사용하지 않는다.
I *shan't* ever do it again. 나는 그것을 다시는 하지 않을 것이다.
You *won't* need a coat. 당신은 코트를 입을 필요가 없다.

will은 모든 대명사나 명사구를 주어로 사용하지만, **shall**은 I나 we만 주어로 사용한다. 그러나 오늘날 대부분의 사람들은 **shall**보다 **will**을 사용하는 경향이 있다.
But I hope some day I *will* meet you. 그러나 나는 언젠가 당신을 만나기를 희망한다.
We *will* be able to help. 우리는 도울 수 있을 것이다.
I *shall* be out of the office on Monday. 나는 월요일에 그 사무실을 비울 것이다.

will보다 **shall**을 사용하는 특별한 경우는 다음과 같다.

2 suggestions(제안)

다른 사람에게 어떤 일을 같이 할 것을 제안할 때, **Shall we...?**를 사용한다.
Shall we go and see a film? 우리 영화 보러 갈까요?

위와 같은 뜻을 나타낼 때, **Let's...shall we?**도 사용할 수 있다.
Let's have a cup of tea, *shall we*? 우리 커피 한 잔 하실까요?

3 asking for advice(충고 요청하기)

상대방에게 제안하거나 충고를 요청할 경우, **shall I**나 **shall we**를 사용한다.
What *shall I* give them for dinner? 제가 그들에게 저녁 식사로 어떤 음식을 주는 게 좋을까요?
Where *shall we* meet? 우리 어디서 만날까요?

4 offering(제의)

어떤 일을 제의하는 경우, **Shall I...?**를 사용한다.
Shall I shut the door? 문을 닫을까요?

다음은 **will**의 몇 가지 특별한 용법이다.

5 requests(부탁)

어떤 것을 부탁할 때, **will you**를 사용한다.
Will you take these upstairs for me, please? 이것들을 위층으로 옮겨 주시겠어요?
Don't tell anyone, *will you*? 이 말을 아무에게도 하지 마세요, 그렇게 해 줄래요?

○ Topic 표제어 Requests, orders, and instructions 참조.

6 invitations(초대)

초대를 할 때에도 **will you**나 부정형 **won't you**를 사용한다. 이때 **won't you**를 사용하면 매우 공손한 표현이 된다.
Will you stay to lunch? 점심 식사 하고 가실래요?
Won't you sit down, Inspector? 검사관님, 자리에 앉으시겠습니까?

○ Topic 표제어 Invitations 참조.

7 ability(능력)

어떤 일을 할 수 있을 거라고 말할 때, 때때로 **will**을 사용한다.

shave

This ***will get rid of*** your headache. 이 일은 당신의 걱정거리를 해소해 주는 것이다.
The car ***won't start***. 그 차는 시동이 걸리지 않을 것이다.

> 주의 보통 when, before, as soon as 등으로 시작하는 절에 shall이나 will을 사용하지 않는다. 예를 들면, '나는 집에 도착하자 마자 전화를 할 것이다.'는 I'll call as soon as I shall get home.이 아닌 I'll call as soon as I ***get*** home.이라고 한다.

shave

shave는 면도기로 얼굴에 난 털을 깎다, 즉 '면도하다'라는 뜻이다.
He ***shaved*** and dressed, and went downstairs. 그는 면도를 한 후 옷을 입고 아래층 부엌으로 내려갔다.

shave는 재귀동사가 아니므로, 일반적으로 **shave oneself**라고 하지 않는다. 회화에서는 보통 shave보다 have a shave를 사용한다.
I can't remember when I last ***had a shave***. 내가 언제 마지막으로 면도를 했는지 기억나지 않는다.

shave를 행동 타동사로 사용하여 '특정 부위를 면도하다'로 사용한다.
Marta had a shower and ***shaved her legs***. 마르다는 샤워를 한 후 그녀의 다리털을 제거했다.
He was starting to go bald, so he decided to ***shave his head***.
그는 점점 대머리가 되어 가자 그의 머리 전체를 삭발했다.

sheep – lamb

1 'sheep'

sheep은 농장에서 기르는 두꺼운 털을 가진 동물로 '양'이라는 뜻이다. sheep의 복수형은 sheeps가 아닌 sheep이다.
The farmer has six hundred ***sheep***. 그 농부는 600마리의 양을 기르고 있다.
A flock of ***sheep*** was grazing on the hill. 양 떼가 그 동산에서 풀을 뜯고 있던 중이었다.

2 'lamb'

새끼 양이나 양고기를 lamb이라고 한다. 다 자란 양의 고기를 mutton이라고도 하지만 지금은 잘 사용하지 않는다.
The field was full of little ***lambs***. 그 들판은 어린 양들로 가득했었다.
For dinner, we had ***lamb*** and potatoes. 디너로 우리는 양고기와 감자를 먹었다.

 양고기 lamb은 불가산 명사이다.

ship

○ Usage 표제어 **boat – ship** 참조.

shop – store

영국 영어에서는 상품을 파는 건물이나 건물의 일부를 보통 shop이라고 한다.
Are there any ***shops*** near here? 이 근방 가까운 곳에 가게들이 있어요?

미국 영어에서는 이를 store라고 하는데, 예외로 한 가지 종류의 상품만 파는 아주 작은 가게는 shop이라고 한다. 영국 영어에서는 매우 큰 가게를 store라고 하기도 한다.
Mom has gone to the ***store***. 엄마는 물건을 사러 가게에 갔다.
I got it from a little ***antiques shop*** in Princeton. 나는 프린스턴에 있는 조그만 골동품 가게에서 그것을 샀다.
They've opened a new DIY ***store*** on the outskirts of town. 그들은 새로운 대형 DIY 상점을 그 도시 외곽에 열었다.

영국 영어와 미국 영어에서, 서로 다른 종류의 상품을 판매하는 독립된 상품별 매장을 가지고 있는 큰 상점을 **department store**(백화점)라고 한다.

She works in the furnishings department of a large *department store*.
그녀는 대형 백화점의 가구 판매점에서 일하고 있다.

1 'shop' used as a verb (동사로 사용하는 shop)

shop을 동사로 사용하면, 가게에 가서 물건을 사다라는 뜻이다.
I usually *shop* on Saturdays. 나는 보통 토요일마다 쇼핑을 한다.

2 'shopping'

가게에서 물건을 사다는 보통 shop보다 go shopping이라고 한다.
They *went shopping* after lunch. 그들은 점심 식사 후에 쇼핑을 했다.

shopping은 가게나 백화점에서 물건을 사는 행동을 말한다.
I don't like *shopping*. 나는 쇼핑을 좋아하지 않는다.

또한, shopping은 가게나 백화점에서 방금 전에 산 물건을 말한다.
She put her *shopping* away in the kitchen. 그녀는 사온 물건을 부엌에 놔두었다.

음식과 같이 주기적으로 필요한 물건을 사러 가게에 가다라고 할 때, do the shopping이나 do one's shopping을 사용한다.
Who's going to *do the shopping*? 누가 생필품을 사러 갈 거죠?
She went to the next town to *do her shopping*. 그녀는 생필품을 사러 옆 도시에 갔다.

shopping은 불가산명사이므로, ~~a shopping~~이나 ~~shoppings~~라고 하지 않는다.

shore

○ Usage 표제어 beach – shore – coast 참조.

short – shortly – briefly

1 'short'

형용사 short는 보통 어떤 일이 길지 않은 시간 동안 지속되다, 즉 '짧은'이라는 뜻이다.
Let's take a *short* break. 자, 잠깐 동안의 휴식 시간을 가집시다.
She made a *short* speech. 그녀는 짧은 연설을 했다.

2 'shortly'

shortly를 부사로 사용하면 '곧'이라는 뜻으로, 이는 오래된 표현이다.
They should be returning *shortly*. 그들은 곧 돌아올 것이다.

어떤 일 바로 뒤에 다른 일이 일어났다고 할 때, shortly를 사용하기도 한다.
She died *shortly* afterwards. 그녀는 그 후에 바로 죽었다.
Very *shortly* after I started my job, I got promoted. 나는 나의 직장 일을 시작한 지 얼마 되지 않아 승진되었다.

3 'briefly'

어떤 일이 짧은 시간 동안 일어나거나 지속될 때는 shortly가 아닌 briefly를 사용한다. 예를 들면, '그녀는 그들에게 어떤 일이 일어났는지를 짧게 말했다.'는 ~~She told them shortly what had happened.~~가 아닌 She told them *briefly* what had happened.라고 한다.
She told them *briefly* what had happened. 그녀는 그들에게 무슨 일이 일어났는지 짧게 말했다.

shorts

○ Usage 표제어 pants – shorts 참조.

should – ought to

should – ought to

1 expectation(예상)

어떤 일이 일어날 것을 예상할 때, **should, ought to**를 사용한다.

We **should** be there by dinner time. 우리는 그곳에 저녁 식사 시간까지 갈 것이다.
It **ought to** get easier with practice. 그것을 연습하면 쉬워질 것이다.

어떤 일이 이미 일어났다고 예상하고 있다고 할 때, **should have, ought to have**를 사용한다.

You **should have** heard by now that I'm O.K. 당신은 내가 잘 있다는 소식을 지금쯤 들었을 것이다.
It's ten o'clock, so they **ought to have** reached the station.
지금 10시이므로 그들은 지금쯤 그 역에 도달해 있을 것이다.

(should + have + 과거분사) 형식은 과거에 어떤 일이 일어날 것을 예상했으나, 실제로는 일어나지 않았을 때 사용한다.

Two bags which **should have** gone to Rome were loaded aboard a flight to New York.
로마로 가야 했던 두 개의 가방이 뉴욕으로 가는 비행기에 실려 가버렸다.
The project **ought to have** finished by now. 그 프로젝트는 지금쯤 끝이 났어야 한다.

위와 같은 뜻에 [have + 과거분사] 형식을 사용한다. 예를 들면, ~~The project ought to finish by now.~~라고 하지 않는다.

2 moral rightness(도덕적인 올바름)

어떤 일이 도덕적으로 올바르다라고 할 때, **should, ought to**를 사용한다.

Crimes **should** be punished. 범죄는 처벌하는 게 올바르다.
I **ought to** call the police. 내가 경찰에 신고하는 것이 올바르다.

3 giving advice(충고하기)

어떤 사람에게 충고할 경우, **you should, you ought to**를 사용한다.

I think **you should** go see your doctor. 내 생각에 당신은 병원에 가 보는 것이 좋을 거 같아요.
I think **you ought to** try a different approach. 나는 당신이 다른 접근 방법을 시도해 봐야 한다고 생각한다.

4 negative forms(부정적인 형태)

부정 형식은 **should not and ought not to**를 사용한다.

This **should not** be allowed to continue. 이런 일들은 계속 일어나도록 해서는 안 된다.
They **ought not to** have said anything. 그들은 그 일에 대해 아무 말도 하지 말아야 한다.

not은 축약해 사용한다.

You **shouldn't** dress like that, Andrew. 당신은 그러한 식으로 옷을 입어서는 안 된다.
They **oughtn't to** mention it. 그들은 그 일에 대해 거론해서는 안 된다.

 미국 영어는 **ought to**에서 **to**를 생략해 사용한다.
You **oughtn't** answer the door without your shirt on. 당신은 셔츠를 입지 않고 문을 열면 안 된다.

shout

1 'shout'

shout는 최대한 크게 소리 지르다, 즉 '외치다'라는 뜻이다.

I can hear you – there's no need to **shout**. 내가 당신의 소리를 들을 수 있으니 나에게 큰 소리로 말할 필요가 없다.
'Stop it!' he **shouted**. "그만두세요!"라고 그가 큰 소리로 외쳤다.

2 'shout to'

shout to someone은 멀리 떨어져 있는 사람을 큰 소리로 부르다라는 뜻이다.

show

'What are you doing down there?' he ***shouted to*** Robin.
"거기서 무엇을 하고 있습니까?"라고 그는 로빈에게 큰 소리로 외쳤다.

People waved and ***shouted to*** us as our train passed.
우리가 탄 기차가 지나가자 사람들이 손을 흔들고 소리를 질렀다.

3 'shout at'

화가 나서 가까이 있는 사람에게 큰 소리로 외치다라고 할 경우에는 **shout to**가 아닌 **shout at**을 사용한다.

Jefferson ***shouted at*** him, 'Get in! Get in!' 제퍼슨은 그에게 "들어와, 들어와."라고 외쳤다.

She ***shouted at*** us for spoiling her lovely evening. 그녀는 자신의 아름다운 밤을 망쳤다고 우리에게 소리를 질렀다.

shout to나 shout at과 함께 **to**부정사를 사용할 수 있다. ***shout to*** someone ***to do*** something이나 ***shout at*** someone ***to do*** something은 누군가에게 어떤 일을 하라고 소리를 지르다라는 뜻이다.

A neighbour ***shouted to*** us from a window to stop the noise.
이웃이 우리에게 창문에서 소음을 내지 말라고 소리쳤다.

She ***shouted at*** him ***to go away***. 그녀는 그에게 떠나라고 소리쳤다.

show

○ Usage 표제어 indicate – show 참조.

shut

○ Usage 표제어 close – closed – shut 참조.

sick

1 'sick'

sick은 병에 걸리거나 건강에 이상이 있다, 즉 '아픈'이라는 뜻이다.

She was at home looking after her ***sick*** baby. 그녀는 병에 걸린 어린아이를 돌보기 위해 집에 있었다.

He still looked ***sick***. 그는 여전히 아파 보였다.

○ Usage 표제어 ill – sick 참조.

2 'be sick'

영국 영어에서 be sick은 음식을 위(胃)에서 입으로 토하다라는 뜻이다.

I think I'm going to ***be sick***. 나는 토할 것 같다.

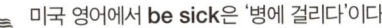 미국 영어에서 be sick은 '병에 걸리다'이다.

I ***was sick*** last week and couldn't go to work. 나는 어제 아팠기 때문에 일터에 가지 못했다.

ⓘ George is being sick.은 '조지는 먹은 음식을 토하고 있다.'이며, George is sick.은 '조지가 몸이 아프다.'라는 뜻이다. 그러나 George was sick.은 '조지는 먹은 음식을 토했다.'와 '조지는 아팠다.'의 두 가지 뜻을 모두 나타낸다.

3 'vomit' and 'throw up'

vomit는 be sick과 같은 뜻으로, 상당히 격식을 차린 말이다. 회화에서 일부 사람들은 **be sick** 대신 **throw up**이라고 한다.

She had a pain in her stomach and began to ***vomit***. 그녀는 위에 심한 통증을 느끼면서 구토를 시작했다.

I think I'm going to ***throw up***. 나는 토할 것 같다.

4 'feel sick'

feel sick은 토할 것 같다라는 뜻이다.

Being on a boat always makes me ***feel sick***. 나는 배에 승선을 하면 항상 멀미가 난다.

sight

 미국 영어는 **feel sick to the stomach** 또는 **nauseated**를 사용한다.
Reading on long car journeys makes me *sick to the stomach*. 장시간 여행을 하면서 책을 읽었더니 멀미가 난다.

sight
- Usage 표제어 scene – sight – view – landscape – scenery 참조.

similar
- Usage 표제어 same – similar 참조.

since

1 'since'
과거의 특정한 시점부터 지금까지의 시간을 나타낼 때, **since**를 사용한다.
Exam results have improved rapidly *since* 2010. 시험 결과가 2010년부터 급속히 나아졌다.
I've been wearing glasses *since* I was three. 나는 세 살 때부터 안경을 썼다.

위와 같은 문장에서 since와 함께 완료시제를 사용한다. ~~It is on my desk since 1959.~~이나 ~~I am wearing glasses since I was three.~~라고 하지 않는다.

since가 어떤 일이 일어난 후 얼마의 시간이 지났음을 의미할 경우에는 단순시제를 사용한다. 예를 들면, '나는 그를 5년 전에 마지막으로 보았다.'는 **I last saw him five years ago.** 대신 **It's five years *since* I last saw him.**이라고 한다.
It's three months *since* you were here last. 당신이 여기에 마지막으로 왔다 간 후 3개월의 시간이 지났다.
It's years *since* I heard that song. 그 노래를 들은 지 몇 년이 지났다.

2 'for'
그러나 어떤 일이 얼마나 오랫동안 사실이었는지를 말하는 경우에는 **since**가 아닌 **for**를 사용한다.
We've been married *for* seven years. 우리는 7년 동안 결혼 생활을 유지해 왔다.
I've known Adeel *for* ages. 내가 아딜을 알고 지낸 지가 오래됐다.

- Usage 표제어 for 참조.

3 'during' and 'over'
어떤 것이 계속해서 얼마 동안 일어나고 있는지를 말하는 경우, **during**이나 **over**를 사용한다.
A lot of rain has fallen *during* the past two days. 지난 이틀 동안 아주 많은 양의 비가 내렸다.
Things have become noticeably worse *over* the past two or three months.
지난 2, 3개월 사이에 상황이 눈에 띄게 악화되었다.

- Usage 표제어 during과 over 참조.

4 'from...to'
어떤 것이 언제 시작하고 끝났는지를 말하는 경우, **from**과 **to**를 사용한다.
Mr Ito was headmaster *from* 2008 *to* 2017. 이토 씨는 2008년부터 2017년까지 교감을 했었다.

to 대신에 **till**이나 **until**을 사용할 수 있다.
The noise continued *from* nine in the morning *till* 5 p.m. 그 소음은 아침 9시부터 오후 5시까지 계속되었다.

since와 to는 함께 사용하지 않는다. 예를 들면, ~~...private secretary to the Queen since 1972 to 1977.~~이라고 하지 않는다.

5 used to mean 'because' (because의 뜻으로 사용하기)
since는 because의 뜻으로도 사용한다.

377

sit

Aircraft noise is a problem here *since* we're close to Heathrow Airport.
우리는 히스로 공항에 인접해 있기 때문에, 비행기의 소음은 우리에게 문제이다.

○ Usage 표제어 **because** 참조.

sit

1 describing a movement (움직임 묘사하기)

sit이나 sit down은 사람의 엉덩이가 어떤 것에 걸칠 때까지 몸을 낮추다, 즉 '앉다'라는 뜻이다. sit의 과거와 과거분사는 **sitted**가 아닌 **sat**이다.

앉을 자리를 명시할 때, sit down보다 보통 sit을 사용한다.
A woman came and *sat next to her*. 어떤 여자가 와서 그녀 옆에 앉았다.
Sit on this chair, please. 이 의자에 앉으세요.

앉을 자리를 명시하지 않을 경우, sit down을 사용한다.
She *sat down* and poured herself a cup of tea. 그녀는 앉아서 자신이 마실 차를 따랐다.

2 saying where someone is (사람이 어디에 있는지 말하기)

be sitting somewhere는 어떤 곳에 걸터앉다라는 뜻이다. 표준 영어에서는 **'be sat'** somewhere라고 하지 않는다.
They *are sitting* at their desks. 그들은 책상 앞에 앉아 있다.
She *was sitting* on the edge of the bed. 그녀는 침대의 가장자리에 앉아 있었다.

size

○ size에 대한 더 많은 정보는 Topic 표제어 **Measurements** 참조.

skilful – skilled

1 'skilful'

skilful은 어떤 일을 아주 잘하다, 즉 '능숙한'이라는 뜻이다.
They are a great team with a lot of *skilful* players. 그들은 유능한 선수가 많은 훌륭한 팀이다.
As an artist, he was very *skilful* with a pencil. 화가로서 그는 연필을 아주 능숙하게 사용해 그림을 그린다.

 미국 영어에서는 skilful을 skillful로 표기한다.

2 'skilled'

사람을 나타내는 명사 앞에 skilled가 오면, 특정한 일에 숙련되어 그 일을 아주 능숙하게 처리하는 사람을 나타낸다.
It takes four years to train a *skilled* engineer. 숙련 기술자를 양성하는 데 4년의 훈련 기간이 필요하다.
We need more *skilled* workers in this country. 우리나라는 더 많은 숙련 기술자들이 필요하다.

일을 나타내는 명사 앞에 skilled가 오면, 숙련된 기술자만이 할 수 있는 일을 나타낸다.
He was only interested in highly-paid, *skilled* work. 그는 고임금의 숙련된 기술을 요하는 직업에만 관심이 있다.
Weaving was a highly *skilled* job, requiring a five-year apprenticeship.
베 짜기는 고도의 기술을 요하는 일로 5년의 견습 기간이 요구된다.

sleep – asleep

1 'sleep'

sleep은 명사나 동사로 사용한다. sleep의 과거와 과거분사는 **sleeped**가 아닌 **slept**이다.

sleep은 눈을 감은 채 의식이 없는 자연적인 휴식 상태, 즉 '잠'이라는 뜻이다.

sleep – asleep

I haven't been getting enough *sleep* recently. 나는 요사이 잠을 충분히 자지 못했다.

sleep은 수면 상태에 있다, 즉 '잠을 자다'라는 뜻이다.

He was so exited he could hardly *sleep*. 그는 너무 흥분해서 거의 잠을 잘 수 없었다.
I *had not slept* or eaten for three days. 나는 3일 동안 자거나 먹지 못했다.

2 'asleep'

어떤 사람이 잠이 들어 있다고 할 때, 일반적으로 동사 sleep이 아닌 (be동사 + asleep) 형식을 사용한다. 예를 들면, '고든은 잠을 자고 있다.'는 ~~Gordon sleeps.~~나 ~~Gordon is sleeping.~~이 아닌 Gordon *is asleep*.이라고 한다.

She *was asleep* in the guest room when we walked in.
우리가 들어갔을 때, 그녀는 객실에서 잠을 자고 있었다.
I thought someone had been in the house while I *was sleeping*.
내 생각에 내가 잠을 자는 동안 어떤 사람이 우리 집에 왔었던 것 같다.

어떤 사람이 얼마 동안 잠을 잤는지를 말할 때 또는 규칙적인 수면 행동을 말할 때와 같이, 복합문에 sleep을 사용한다.

She *slept* till ten in the morning. 그녀는 아침 10시까지 잠을 잤다.
Where does the baby *sleep*? 그 아이는 어디에서 잠을 자는가요?

> **주의** asleep은 동사 뒤에만 사용하고 명사 앞에는 사용하지 않는다. 예를 들면, '잠이 든 아이'는 an asleep child가 아닌 a sleeping child라고 한다.
> I glanced down at the *sleeping* figure. 나는 잠을 자고 있는 사람을 쳐다보았다.
> She was carrying a *sleeping* baby. 그녀는 잠자고 있는 어린아이를 안고 있었다.

asleep 앞에는 very나 completely가 아닌 sound, fast, deeply 등을 수식어로 사용한다.
The baby is still *sound asleep*. 그 갓난아이는 깊이 잠들어 있다.
You were *fast asleep* when I left. 내가 떠났을 때 당신은 깊은 잠에 빠져 있었다.

3 'go to sleep'

go to sleep은 잠을 자러 가다라는 뜻이다.
Both the children *had gone to sleep*. 두 아이들 모두 잠을 자러 갔다.
Now *go to sleep* and stop worrying about it. 이제 가서 자고 그 일에 대해 걱정하지 마라.

4 'fall asleep'

fall asleep은 갑자기 또는 뜻밖에 잠이 들다라는 뜻이다.
The moment my head touched the pillow I *fell asleep*. 나는 베개를 베자마자 잠이 들었다.
Marco *fell asleep* watching TV. 마르코는 티브이를 보다가 잠들었다.

5 'get to sleep'

get to sleep은 어렵게 잠이 들다라는 뜻으로, 시끄러운 장소에 있거나 어떤 일이 걱정되어 잠이 잘 안 올 때 사용할 수 있다.

Could you turn that radio down – I'm trying to *get to sleep*.
라디오 소리를 줄여 주세요. 나는 잠을 자고 싶어요.
I couldn't *get to sleep* until six in the morning. 나는 새벽 6시까지 잠을 자지 못했다.

6 'go back to sleep'

go back to sleep은 잠에서 깨었다가 다시 잠을 자다라는 뜻이다.
She turned over, hugged her pillow, and *went back to sleep*.
그녀는 몸을 뒤틀어 베개를 껴안더니, 다시 잠이 들었다.
Go back to sleep, it's only five a.m. 지금 새벽 4시이니 다시 잠을 주무세요.

small – little

7 'send someone to sleep'
send someone **to sleep**은 무언가가 어떤 사람을 잠들게 하다라는 뜻이다.

I brought him a hot drink, hoping it would *send* him *to sleep*.
나는 그에게 따뜻한 음료를 가져다주면서, 그것을 먹고 그가 잠이 들기를 바랬다.

I tried to read the books but they *sent* me *to sleep*.
나는 책들을 읽으려 했으나, 그것이 나를 잠을 자게 만들었다.

small – little

사람이나 물건이 작다고 할 때, **small**과 **little**을 사용한다. 두 단어의 용법에는 몇 가지 중요한 차이가 있다.

1 position in clause (절 안에서의 위치)

(small + 명사) 형식이나 (be동사 + small) 형식을 사용한다.

They escaped in *small boats*. 그들은 작은 보트로 탈출했다.
She *is small* for her age. 그녀는 나이에 비해 체구가 작다.

(little + 명사) 형식을 사용하고, (be동사 + little) 형식은 사용하지 않는다. 예를 들면, *a little* town(소도시)이라고 하지만, ~~The town is little.~~이라고는 하지 않는다.

She bought a *little table* with a glass top.
그녀는 유리판 덮개가 있는 작은 탁자를 샀다.
I picked up a *little piece* of rock. 나는 작은 돌멩이 하나를 골라 들었다.

2 used with grading adverbs (정도부사와 함께 사용하기)

(정도부사 quite · rather + small) 형식을 사용한다.

Quite small changes in climate can have enormous effects.
아주 미세한 기후 변화라도 엄청난 영향력을 행사한다.
She cut me a *rather small* piece of cake.
그녀는 나에게 조금 작은 크기의 케이크를 잘라 주었다.

little 앞에는 위와 같은 정도부사를 사용하지 않는다.

(very · too + small) 형식을 사용할 수 있다.

The trees are full of *very small* birds. 나무는 아주 작은 새들로 가득하다.
They are living in houses which are *too small*. 그들은 너무 작은 집들에서 살고 있다.

little이 형용사일 때, little 앞에 very나 too를 사용하지 않는다. 예를 들면, ~~I have a very little car.~~나 ~~Our house is very little.~~이라고 하지 않는다.

3 comparatives and superlatives (비교급과 최상급)

small의 비교급은 **smaller**, 최상급은 **smallest**이다.

His apartment is *smaller* than his other place.
그의 아파트는 그가 가진 다른 장소보다 더 작은 것이다.
She rented the *smallest* car she could. 그녀는 가능한 한 가장 작은 차를 빌렸다.

little의 비교급은 **littler**, 최상급은 **littlest**이지만, 잘 사용하지 않고 대부분 회화에서만 사용한다.

The *littler* kids had been sent to bed. 더 작은 아이들은 잠을 자려 가야 했었다.
You used to be the *littlest* boy in the school. 너는 학교에서 가장 작은 소년이었다.

4 used with other adjectives (다른 형용사와 함께 사용하기)

little 앞에 다른 형용사를 사용할 수도 있다.

They gave me a *funny little* hat. 그들은 나에게 흥미로운 작은 모자를 주었다.
She was a *pretty little* girl. 그녀는 예쁜 작은 소녀였다.

ℹ️ 일반적으로 small 앞에는 다른 형용사를 사용하지 않는다.

smell

smell

smell은 명사나 동사로 사용한다. smell의 과거와 과거분사는 smelled이고, 영국 영어에서는 smell의 과거와 과거분사를 smelt로 사용하기도 한다.

1 used as a noun(명사로 사용하기)

명사 smell은 코를 통해 인식하는 어떤 것의 성질, 즉 '냄새'라는 뜻이다.

I love the *smell* of fresh bread. 나는 갓 구워 낸 빵 냄새를 좋아한다.
What's that *smell*? 그것은 무슨 냄새입니까?

2 used as an intransitive verb(자동사로 사용하기)

smell을 자동사로 쓰면 좋지 않은 냄새를 인식하다라는 뜻이다.

The fridge is beginning to *smell*. 그 냉장고에서 썩은 냄새가 나기 시작하고 있다.
His feet *smell*. 그의 발에서 고린내가 난다.

smell of a particular thing은 어떤 장소나 사물에서 특정한 것의 냄새가 나다라는 뜻이다.

The house *smelled of* flowers. 그 방에서 꽃향기가 났다.
Her breath *smelt of* coffee. 그녀 입에서 커피 향 냄새가 났었다.

🛈 위와 같은 뜻일 때는 smell of를 사용하며, ~~The room smelled cigars.~~라고 하지 않는다.

smell like another place/thing은 어떤 장소나 사물의 냄새가 다른 장소나 사물의 냄새와 비슷하다라는 뜻이다.

The house *smelt like* a hospital ward. 그 집에서 병원 병동에서 나는 냄새가 났었다.
I love this shampoo – it *smells like* lemons. 나는 이 샴푸를 좋아하는데 그것에서 레몬 향기가 나기 때문이다.

(smell + 형용사) 형식은 어떤 것에서 좋거나 나쁜 냄새가 나다라고 할 때 사용할 수 있다.

What is it? It *smells delicious*. 그게 뭔가요? 맛있는 냄새가 나는데요.
The room *smelled damp*. 그 방에서 축축한 냄새가 났다.

🛈 smell 뒤에 부사를 사용하지 않는다. 예를 들면, ~~It smells deliciously.~~라고 하지 않는다.

3 used as a transitive verb(타동사로 사용하기)

can smell something은 코를 통해 어떤 것의 냄새를 인식할 수 있다라는 뜻이다.

I *can smell* the aroma from the frying trout in the kitchen. 부엌에서 송어를 튀기는 고소한 냄새가 난다.
Can you *smell* the ocean? 당신은 바다에서 나는 냄새를 느낍니까?

🛈 위와 같은 문장에서 보통 can이나 could를 사용한다. 예를 들면 '가스 냄새가 난다.'는 ~~I smell gas.~~가 아닌 I can smell gas.라고 한다. 또한 smell은 진행시제를 쓸 수 없으므로, ~~I am smelling gas.~~라고 하지 않는다.

so

so는 여러 가지 뜻으로 사용한다.

1 referring back(다시 가리키기)

(do동사 + so) 형식은 방금 전에 했던 행동을 다시 가리킬 때 사용한다. 예를 들면, '그는 길을 건너갔다. 그러면서 콧노래를 불렀다.'는 He crossed the street. As he crossed the street, he hummed a tune. 대신 He crossed the street. As he *did so*, he hummed a tune.이라고 한다.

He went to close the door, falling over as he *did so*. 그는 문을 닫으러 갔다가 그것에 걸려 넘어졌다.
A signal which should have turned red failed to *do so*. 신호등은 빨간색으로 바뀌었어야 했지만 그러지 못했다.

(if조건절 + so) 형식을 사용하는데, If you are hungry, we can eat. 대신 Are you hungry? If so, we can eat.로 사용할 수 있다.

Do you enjoy romantic films? *If so*, you should watch the film on ITV tonight.
낭만적인 영화를 좋아하십니까? 만약 그렇다면 ITV에서 오늘 저녁에 방영하는 영화를 보시오.
Have you finished? *If so*, put your pen down.   하던 일을 마쳤으면, 펜을 내려놓으시길 바랍니다.

특히 상대방의 말에 대답을 하는 경우, 전달동사 뒤에 **so**를 자주 사용한다. 예를 들면, 'Is Alice at home?'(앨리스는 집에 있습니까?)'이라는 물음에 'I think so.(그런 것 같아요.)'라고 대답한다.

'Are you all right?' – 'I *think so*.'   "괜찮습니까?" – "그런 것 같습니다."
'Will he be angry?' – 'I *don't think so*.'
"그가 화를 낼까요?" – "그렇지 않은 것 같습니다."
'Is it for sale?' – 'I *believe so*.'   "그것을 팔 것입니까?" – "그럴 거예요."

so와 함께 흔히 사용하는 전달동사로는 **believe**, **expect**, **hope**, **say**, **suppose**, **tell**, **think**가 있다.

so는 I'm afraid 뒤에서도 위와 같은 방식으로 사용한다.

'Do you think you could lose?' – '*I'm afraid so*.'   "당신이 질 수도 있다고 생각합니까?" – "그런 것 같습니다."

어떤 사람이나 사물에 대한 내용이 다른 사람이나 사물에도 해당된다고 할 때, **so**를 사용한다. (so + be동사 · have 동사 · 조동사 + 절의 주어) 형태를 사용한다.

His shoes are brightly polished; *so is his briefcase*.   그의 구두는 반짝반짝 광이 나 있고 서류 가방도 마찬가지이다.
Yasmin laughed, and *so did I*.   야스민이 웃었고 나 역시 그렇게 웃었다.
'You look upset.' – '*So would you* if you'd done as badly as I have.'
"당신은 아주 화가 난 것 같아요." – "내가 한 엉터리 같은 일을 당신이 했다면 당신도 화가 날 거예요."

2 used for emphasis(강조에 사용하기)

so를 사용하여 형용사를 강조할 수 있다. 예를 들면, '오늘은 몹시 춥다.'는 It's **so cold** today.라고 한다.
I was *so busy*.   나는 아주 바빴다.
These games are *so boring*.   이 게임은 아주 지루하다.

그러나 (형용사 + 명사) 형식에서는 **so**가 아닌 **such**를 사용하여 (such + (a/an) + 형용사 + 명사) 형식을 사용한다. 예를 들면, '오늘은 아주 추운 날이다.'는 It's **such a cold day** today.라고 한다.

She was *so nice*.   그녀는 매우 친절했다.
She was *such a nice girl*.   그녀는 아주 친절한 여자 아이였다.
The children seemed *so happy*.   그 아이들은 매우 행복해 보였다.
She seemed *such a happy woman*.   그녀는 아주 행복한 여자인 것 같았다.

○ Usage 표제어 **such** 참조.

(한정사 the · this · that · these · those · 소유격 + 부사 + 형용사 + 명사) 형식에는 **so**나 **such**를 사용하지 않는다. 예를 들어, '우리는 아주 오래된 이 도시를 처음 방문했다.'는 ~~It was our first visit to this so old town.~~이 아닌 It was our first visit to **this very old town**.이라고 한다.

He had recovered from his very *serious illness*.   그는 아주 큰 중병에서 회복을 했다.
I hope that *these very unfortunate people* will not be forgotten.
나는 몹시 불운한 이 사람들을 잊지 않길 바란다.

부사를 강조할 때에도 **so**를 사용한다.

I sleep *so well*.   나는 아주 깊이 잠을 잔다.
Time seems to have passed *so quickly*.   시간이 아주 빨리 간 것 같다.

3 'so...that' used to mention a result(결과를 언급할 때 사용하는 so...that)

(so + 형용사 + that절) 형식은 사람이나 사물이 어떤 성질을 대단히 많이 가지고 있어서 어떤 일이 일어나다라고 할 때 사용한다.

The crowd was *so* large *that it overflowed the auditorium*.   관중이 너무 많아서 그 강당에 넘쳐 날 정도였다.
We were *so* angry *we asked to see the manager*.   우리는 너무 화가 나서 지배인을 만날 것을 요구했다.

두 번째 절에 so를 사용하지 않는다. 예를 들면, ~~We were so angry so we asked to see the manager.~~라고 하

so – very – too

지 않는다.

[so + 부사 + that절] 형식도 위와 비슷한 방식으로 사용한다.
He dressed *so* quickly *that he put his boots on the wrong feet*. 그는 너무 급하게 옷을 입느라 장화를 바꿔 신었다.
She had fallen down *so* often *that she was covered in mud*.
그녀는 너무 자주 넘어져서 온몸이 진흙으로 덮여 있을 정도였다.

[so + 형용사] 형식 대신 [such + (a/an) + (형용사) + 명사 + that절] 형식을 사용한다. 예를 들면, '그 집은 너무 커서 우리는 그것을 팔기로 결정했다.'는 The house was so big that we decided to sell it. 대신 It was *such a big house* that we decided to sell it.이라고 한다.
The change was *so gradual* that nobody noticed it. 변화는 아주 차츰차츰 일어나서 아무도 눈치를 채지 못했다.
This can be *such a gradual process* that you are not aware of it.
이 일은 아주 점진적으로 진행되어서 당신은 그것을 알아차리지 못할 수도 있다.

방금 전에 말했던 상황의 결과를 소개할 때는 so, and so, so that을 사용한다.
He speaks very little English, *so* I talked to him through an interpreter.
그가 영어를 거의 하지 못해서 나는 통역을 통해 이야기했다.
There was no answer *and so I* asked again. 내 제안에 대한 대답이 없어서 나는 다시 제안을 했다.
My suitcase had been damaged, *so that* the lid would not close.
나의 여행 가방이 부서져 그것의 덮개를 닫을 수 없었다.

4 'so that' in purpose clauses (목적절에 사용하는 so that)

특정한 목적을 위하여 어떤 일을 한다라고 할 때에도 so that을 사용한다.
He has to earn money *so that* he can pay his rent. 그는 돈을 벌기 때문에 그의 집세를 낼 수 있었다.

---

so – very – too

형용사나 부사, 또는 much나 many와 같은 단어의 뜻을 강조할 때, so, very, too를 사용한다. 그러나 그 용법은 각각 다르다.

1 'very'

very는 다른 뜻 없이 단순 강조에 사용한다.
The room was *very* small. 그 방은 아주 작았다.
We finished *very* quickly. 우리는 아주 빠르게 끝마쳤다.

2 'so'

so는 말하는 사람의 즐거움, 놀라움, 실망과 같은 감정적인 반응을 나타낸다.
John makes me *so* angry! 존은 나를 몹시 화나게 한다.
Oh thank you *so* much! 오, 정말 고맙습니다.

so는 that으로 시작하는 결과절 앞에서도 사용한다.
The traffic was moving *so* slowly that he arrived three hours late.
교통 체증으로 차들이 천천히 움직여야 해서, 그는 세 시간 늦게 그곳에 도착했다.

○ Usage 표제어 so 참조.

3 'too'

과도하거나 바람직하지 않은 양 때문에 특정한 결과가 생기지 않거나 생길 수 없다는 것을 나타낼 때, too를 사용한다.
The soup is *too salty*. 그 수프가 너무 짜다.
She wears *too* much make-up. 그녀는 가끔 화장을 너무 진하게 한다.

to 부정사 또는 for를 사용해 특정한 결과가 생겨날 수 없다는 뜻에 사용한다.
He was *too* late to save her. 그가 그녀를 구하기에는 너무 늦었다.

The water was *too* cold for swimming. 그 물은 수영하기에 너무 차가웠다.

O Usage 표제어 **too** 참조.

soccer

O Usage 표제어 **football** 참조.

social – sociable

1 'social'

형용사 **social**은 명사 앞에 사용하며, 일반적으로 '사회와 관련된'이라는 뜻이다.

We collect statistics on crime and other *social* problems.
우리는 범죄와 기타 사회 문제들에 대한 통계 자료를 수집하고 있다.
They discussed the government's *social* and economic policy.
그들은 정부의 사회와 경제 관련 정책에 대해 토론했다.

사람들이 서로 만나 즐기는 여가 활동과 관련된 것을 나타낼 때에도 **social**을 사용할 수 있다.

We've met at *social* and business functions. 우리는 사교와 사업 관련 모임에서 만나 왔다.
Social networking sites such as Facebook and Twitter became incredibly popular.
사회 네트워킹 사이트 페이스북과 트위터가 믿을 수 없을 정도로 인기가 폭발하고 있다.

2 'sociable'

우호적이며 다른 사람과 잘 대화하는 사교적인 사람을 묘사할 때는 **social**이 아닌 **sociable**을 사용한다.

Kaito was an outgoing, *sociable* man. 카이토는 외향적이며 사교적인 사람이었다.

특정한 때에 하는 행동을 묘사할 때에도 **sociable**을 사용한다. **sociable**은 많은 사람과 허물없이 어울리다라는 뜻이다.

She's very *sociable* and has lots of friends. 그녀는 아주 사교적이어서 많은 친구들이 있다.

society

1 used as an uncountable noun(불가산명사로 사용하기)

하나의 거대하게 조직된 사람들의 집단, 즉 '사회'를 **society**라고 한다.

Women must have equal status in *society*. 여성은 사회에서 동등한 지위를 누려야 한다.
The whole structure of *society* is changing. 사회 구조 전체가 변화되고 있다.

society가 위와 같은 뜻일 경우, **society** 앞에 **a**나 **the**를 사용하지 않는다.

2 used as a countable noun(가산명사로 사용하기)

특정한 나라의 사람들을 하나의 조직된 집단으로 나타낼 때, **society**라고 한다.

We live in a multicultural *society*. 우리는 다문화 사회에 살고 있다.
Industrial *societies* became increasingly complex. 산업 사회의 점점 더 복잡해졌다.

society는 같은 관심이나 목적을 갖고 있는 사람들의 '단체'라는 뜻으로도 사용한다.

The gardens are owned by the Royal Horticultural *Society*. 그 정원들은 왕립 원예회에 소속된 것들이다.
He was a member of the National *Society* of Film Critics. 그는 전미 영화 비평가 협회의 회원이다.

some

1 used as a determiner(한정사로 사용하기)

[**some** + 복수명사] 형식은 사람이나 사물이 무엇인지, 그 수가 얼마인지를 밝히지 않을 때 사용한다.

some

USAGE

Some children were playing in the yard. 몇몇 아이들이 마당에서 놀고 있었다.
I have *some important things* to tell them. 나는 그들에게 할 몇 가지 중요한 말이 있다.

(some + 불가산명사) 형식은 양을 구체적으로 밝히지 않고 대략적으로 말할 때에도 사용할 수 있다.
She had a piece of pie and *some coffee*. 그녀는 파이 한 조각과 약간의 커피를 마셨다.
I have *some information* that might help. 나는 그 일에 도움을 줄 약간의 정보를 갖고 있다.

(some + 복수명사) 형식이 주어이면, 복수동사를 사용한다.
Some cars *were* damaged. 자동차들 일부가 부서졌다.
Here *are* some suggestions. 여기 몇 가지 제안이 있다.

(some + 불가산명사) 형식이 주어이면, 단수동사를 사용한다.
Some action *is* necessary. 어떤 행동이 필요하다.
There*'s* some cheese in the fridge. 냉장고에 치즈가 좀 있다.

부정문에서 some 아닌 any를 사용한다.
I hadn't had *any* breakfast. 나는 돈이 한 푼도 없다.
It won't do *any* good. 그것은 그 일에 아무 도움도 주지 않는다.

2 used as a quantifier (수량사로 사용하기)

(some of + the · these · those · 소유격 + 복수명사구) 형식은 특정한 집단에 속하는 사람이나 사물의 숫자를 말할 때 사용한다.
Some of the smaller companies have gone out of business. 작은 회사들 중 일부는 파산 상태가 되었다.
Some of these people have young children. 사람들 중 일부는 어린 자녀가 있다.
We read *some of Edgar Allen Poe's stories*. 우리는 에드거 앨런 포의 소설 중 일부를 읽었다.

마찬가지로 (some of + the · this · that · 소유격 + 단수명사구) 형식은 어떤 것의 일부를 말할 때 사용한다.
We did *some of the journey* by bus. 우리는 그 여행의 일부를 버스로 했다.
He had lost *some of his money*. 그의 돈 중에서 일부를 잃었다.

(some of + 복수대명사 · 단수대명사) 형식을 사용할 수 있다.
Some of these are mine. 이러한 것들의 일부는 나의 것이다.
Some of it is very beautiful. 그것의 일부는 아주 아름답다.

some of 뒤에 we나 they가 아닌 us나 them을 사용한다.
Some of us found it difficult. 내 생각에 우리들 중 일부는 그것을 어렵다고 생각한다.
Some of them went for a walk. 그들 중 일부는 걷기 운동을 했다.

3 used as a pronoun (대명사로 사용하기)

some 자체를 복수대명사나 단수대명사로 사용한다.
Some activities are very dangerous and *some* are not so dangerous.
일부 활동은 아주 위험하고 다른 일부는 그렇게 위험하지 않다.
'You'll need some graph paper.' – 'Yeah, I've got *some* at home.'
"당신은 그래프 용지가 필요할 거예요." – "네, 집에 좀 있어요."

4 used in questions (의문문에 사용하기)

의문문에서 some이나 any를 목적어의 일부로 사용할 수 있다. 어떤 것이 사실인지 확인하기 위해 물어보는 경우, some을 사용한다. 예를 들어, 어떤 사람이 질문하기 원한다고 생각할 때, **Do you have *some* questions?** 나 **You have *some* questions?**라고 할 수 있다. 그러나 다른 사람이 질문이 있는지 없는지 모르는 경우에는 **Do you have *any* questions?**라고 한다.
Sorry – have I missed out *some* questions?
죄송합니다만, 제가 몇 가지 질문들을 빠뜨렸습니까?
Were you in *any* danger? 당신은 뭔가 위험에 처했습니까?

someone – somebody

5 duration(지속)

〔some + time · hours · months 등〕 형식은 어떤 일이 상당히 오랫동안 지속됨을 나타낸다.
You will be unable to drive for *some time* after the operation. 당신은 수술 후에 상당 기간 운전을 할 수 없을 것이다.
I did not meet her again for *some years*. 나는 수년 동안 그녀를 다시 만나지 않았다.

아주 짧은 기간을 나타내는 경우, some을 사용하지 않는다. 이때는 a short time이라고 하거나, hours나 months 앞에 a few를 사용한다.
Her mother died only *a short time* later. 그녀의 어머니는 짧은 시간이 지난 후 죽었다.
You'll be feeling better in *a few days*. 당신의 몸 상태는 며칠 후가 되면 회복될 것이다.

someone – somebody

1 used in statements(평서문에 사용하기)

지칭하는 사람에 대한 언급 없이 누군가를 가리킬 때 someone이나 somebody를 사용하며, 의미상의 차이는 없다.
Carlos sent *someone* to see me. 카를로스는 나를 만나게 하려고 누군가를 보냈다.
There was an accident and *somebody* got hurt. 그곳에 사고가 나서 누군가 다쳤다.

> 주의 일반적으로 부정문에서는 목적어의 일부로 someone과 somebody를 사용하지 않는다. 예를 들면, '나는 노팅엄에 사는 사람은 아무도 모른다.'는 I don't know someone who lives in Nottingham.이 아닌 I don't know *anyone* who lives in Nottingham.이라고 한다.
> There wasn't *anyone* there. 그곳에는 아무도 없었다.
> There wasn't much room for *anybody* else. 다른 누구에게도 충분한 공간이 없었다.

2 used in questions(의문문에 사용하기)

의문문에서 someone, somebody, anyone, anybody를 목적어의 일부로 사용할 수 있다. 어떤 사람에게 사실 여부를 묻는 경우, someone이나 somebody를 사용한다. 예를 들면, 상대방이 내가 공원에서 누군가를 만났다고 생각할 경우, Did you meet *someone* in the park?라고 하고, 내가 공원에서 어떤 사람을 만났는지를 알 수 없는 경우, Did you meet *anyone* in the park?라고 한다.
Marit, did you have *someone* in your room last night? 매리트, 어젯밤에 네 방에 누군가 있었지?
Was there *anyone* you knew at the party? 당신은 그 파티에서 아는 사람이 있었습니까?

> 주의 [someone · somebody + of + 복수명사] 형식이 아닌 [one + of + 복수명사] 형식을 사용한다. 예를 들면 '내 친구들 중 한 명은 조각가이다.'는 Someone of my friends is a sculptor.가 아닌 *One of* my friends is a sculptor.라고 한다.
> *One of his classmates* won a national poetry competition. 그의 반 친구 중 한 명이 전국 시 콩쿠르에서 우승했다.
> 'Where have you been?' *one of them* asked. "어디를 갔다 오셨어요?"라고 그들 중 한 명이 물었다.

3 'some people'

someone과 somebody의 복수형은 some people이다.
Some people tried to escape through a window. 일부 사람들은 창문을 통해 탈출하려고 했다.
This behaviour may be annoying to *some people*. 이러한 행동은 일부 사람들을 화나게 할지도 모른다.

someplace

○ Usage 표제어 somewhere 참조.

something

1 used in statements(평서문에 사용하기)

어떤 것에 대한 정확한 언급을 하지 않고 물건, 상황 등을 가리킬 때, something을 사용한다.
I saw *something* in the shadows. 나는 그곳 그늘에서 어떤 것을 보았다.

sometimes – sometime

There's *something* strange about her. 그녀에겐 이상한 점이 있다.

> 주의 일반적으로 부정문에서는 목적어의 일부로 something이 아닌 anything을 사용한다. 예를 들면, '우리는 아무것도 먹지 못했다.'는 We haven't had something to eat.이 아닌 We haven't had *anything* to eat.이라고 한다.
> I did not say *anything*. 나는 아무것도 말하지 않았다.
> He never seemed to do *anything* at all. 그는 전혀 아무것도 하지 않은 것처럼 보였다.

2 used in questions (의문문에 사용하기)

의문문에서 목적어의 일부로 something과 anything을 사용하는데, 사실 여부를 확인하기 위해 물어볼 때는 something을 사용한다. 예를 들면, 만일 상대방이 내가 찬장에서 무언가를 찾았다고 생각한다면 'Did you find *something* in the cupboard?(당신은 찬장에서 무언가를 찾았지요?)'라고 말하고, 만일 상대방이 내가 찬장에서 무언가를 찾았는지를 모를 경우에는 'Did you find *anything* in the cupboard?(당신은 찬장에서 무엇이라도 찾았나요?)'라고 한다.

Has *something* happened? 어떤 일이 일어났습니까?
Did you buy *anything*? 당신은 무엇이라도 샀습니까?

sometimes – sometime

1 'sometimes'

어떤 일이 항상 일어나지 않고 때때로 일어난다고 할 때, sometimes를 사용한다.

The bus was *sometimes* completely full. 그 버스는 때때로 만원이었다.
Sometimes I wish I was back in Africa. 때때로 나는 아프리카로 돌아가고 싶다.

○ 그 밖에 어떤 일의 빈도를 나타내는 단어와 표현의 분류 목록은 Grammar 표제어 Adverbs and adverbials 참조.

2 'sometime'

sometimes를 sometime과 혼동해서는 안 된다. sometime은 불분명하거나 아직 정해지지 않은 과거나 미래의 '어떤 시간에'라는 뜻이다.

Can I come and see you *sometime*? 언젠가 당신을 만나러 가도 될까요?

sometime을 자주 some time으로 표기한다.

He died *some time* last year. 그는 작년 어느 날 죽었다.

somewhat

○ Usage 표제어 fair – fairly 참조.

somewhere

어디를 가리키는지를 정확히 언급하지 않고 어떤 장소를 말할 때, somewhere를 사용한다.

They live *somewhere* near Brighton. 그들은 브라이튼 근처 어딘가에 살고 있다.
I'm not going home yet. I have to go *somewhere* else first.
나는 아직 집에 가지 않을 것이다. 먼저 가야 할 다른 곳이 있다.

> 일반적으로 부정문에서는 목적어의 일부로 somewhere를 사용하지 않는다. 예를 들면, '나는 어디에서도 내 모자를 찾을 수가 없다.'는 I can't find my hat somewhere.가 아닌 I can't find my hat *anywhere*.라고 한다.
> I decided not to go *anywhere* at the weekend. 나는 주말에 아무 곳에도 가지 않기로 했다.
> I haven't got *anywhere* to live. 나는 살 곳이 아무 데도 없다.

의문문에서 somewhere나 anywhere를 사용한다. 상대방의 긍정적인 대답을 기대할 때는 보통 somewhere를 사용하고, 상대방의 대답이 긍정일지 부정일지 모를 때는 somewhere나 anywhere를 사용한다.

Are you taking a trip *somewhere*? 당신은 어딘가로 여행을 할 계획입니까?

Is there a spare seat *anywhere*? 어딘가에 빈자리가 있나요?

 미국 영어를 쓰는 일부 사람들은 **somewhere** 대신 **someplace**라고 한다.
She had seen it *someplace* before. 그녀는 전에 그것을 어디에선가 보았다.
Why don't you boys sit *someplace* else? 얘들아, 너희들 어디 다른 데 앉는 게 어때?

someplace를 때때로 **some place**로 표기한다.
Why don't we go *some place* where it's quieter? 좀 더 조용한 장소로 가는 게 어떻습니까?

soon

1 talking about the future(미래에 대해 말하기)

지금으로부터 짧은 시간 내에 어떤 일이 일어날 것이라고 할 때, **soon**을 사용한다.
The Dinner will be ready *soon*. 디너가 곧 준비될 것이다.
He may very *soon* be leaving the team. 우리는 곧 팀을 떠날지도 모른다.

2 talking about the past(과거에 대해 말하기)

과거에, 어떤 일이 일어난 뒤에 바로 다른 일이 일어났다고 할 때, **soon**을 사용한다.
The mistake was very *soon* corrected. 그 실수는 곧바로 해결되었다.
The situation *soon* changed. 그 상황은 곧바로 변했다.

3 position in sentence(문장 내에서의 위치)

soon은 주로 문장의 처음이나 끝에 온다.
Soon unemployment will start rising. 실업률이 곧 올라가기 시작할 것이다.
I will see you *soon*. 나는 당신을 곧 만날 것이다.

동사구를 사용한 문장에서는 첫 번째 조동사 뒤에 **soon**이 오기도 한다. 예를 들면, '우리는 곧 집에 도착할 것이다.'는 ~~We soon will be home.~~이 아닌 We *will soon* be home.이라고 한다.
It *will soon be* Christmas. 크리스마스가 곧 다가올 것이다.
The show *was soon being watched* by more than 16 million viewers.
그 쇼는 곧 천육백만 명의 관람객을 달성했다.

조동사가 없는 경우, **be**동사를 제외하고는 동사 앞에 **soon**이 온다.
I *soon forgot* about our conversation. 나는 곧 우리의 대화에 대해 잊어버렸다.
I *soon discovered* that this was only partly true.
나는 이것이 일부분만 사실이라는 것을 곧 발견했다.

be동사가 있는 경우, **be**동사 뒤에 **soon**이 온다.
She *was soon* asleep. 그녀는 곧 잠이 들었다.

4 'how soon'

어떤 일이 일어나기까지 소요될 시간을 물어볼 경우, **how soon**을 사용한다.
How soon do I have to make a decision? 언제까지 결정해야 합니까?
How soon are you returning to Paris? 당신은 언제까지 파리로 돌아올 예정입니까?

5 'as soon as'

어떤 일이 일어나자마자 곧바로 다른 일이 일어난다라고 할 때, **as soon as**를 사용한다.
As soon as she got out of bed, the telephone stopped ringing.
그녀가 잠자리에서 일어나자마자, 전화벨 소리가 그쳤다.
As soon as we get the tickets, we'll send them to you.
표를 구하자마자, 우리는 그것들을 당신에게 보낼 것이다.

sorry

sorry

어떤 일에 대해 사과할 때, **Sorry.**나 **I'm sorry.**라고 한다.

'You're giving me a headache with all that noise.' – '*Sorry*.'
"당신은 그 소음으로 내 머리를 아프게 하고 있어요." – "미안합니다."
I'm sorry I'm so late. 늦어서 죄송합니다.

🛈 sorry는 동사가 아니라 형용사이므로, ~~I sorry~~.라고 하지 않는다.

◎ 사과에 대한 더 많은 정보는 Topic 표제어 Apologizing과 Usage 표제어 regret – be sorry 참조.

sort

사람이나 사물의 종류를 나타낼 때, **sort**를 명사로 사용한다. sort는 가산명사이며, **all**과 **several** 같은 단어 뒤에는 sort가 아닌 **sorts**를 사용한다.

There are all *sorts* of reasons why this is true. 이것이 사실이라는 여러 가지 이유가 있다.
They sell several *sorts* of potatoes. 그들은 여러 종류의 감자들을 팔고 있다.

(**sorts of** + 복수명사·단수명사) 형식을 사용한다. 예를 들면, '그들은 온갖 종류의 신발을 팔고 있다.'는 They sell most sorts of *shoes*.나 They sell most sorts of *shoe*.라고 하는데, 단수명사가 더 격식을 차린 표현이다.

There were five different sorts of *biscuits*. 다섯 종류의 비스킷이 있었다.
They attract two main sorts of *investor*. 그들은 두 종류의 주 투자자들의 주목을 끌었다.

(**sort of** + 단수명사) 형식을 사용한다.

I know you're interested in this sort of *thing*. 나는 당신이 이런 종류의 일에 관심이 있다는 것을 알고 있다.
'What sort of *car* did she get?' – 'A sports car.' "그녀는 어떤 종류의 차를 샀습니까?" – "스포츠카입니다."

회화에서 자주 **these**와 **those**를 sort와 함께 사용한다. 예를 들면, '나는 그런 종류의 직업을 좋아하지 않는다.'는 I don't like these sort of jobs. 또는 I don't like those sort of jobs.라고 한다. 그러나 이 용법은 일반적으로 잘못된 것으로 여겨지므로 사용하지 않는 것이 좋다. 대신 I don't like **this sort of job**.이나 I don't like **that sort of job**.이라고 한다.

They never fly in *this sort of weather*. 그들은 이러한 날씨에는 절대로 비행하지 않는다.
I've had *that sort of experience* before. 나는 그러한 경험을 전에 했었다.

위와 같은 뜻으로 I don't like jobs *of this sort*.(나는 이러한 종류의 직업을 좋아하지 않는다.)라고도 한다.
A device *of this sort* costs a lot of money. 이러한 종류의 기구는 상당한 돈이 든다.

회화에서는 자주 **like this, like that, like these**를 사용한다.

I want to know what evidence people are using when they make statements *like this*.
나는 사람들이 이런 진술을 할 때 어떤 증거를 사용하는지 알고 싶다.
I don't know why people say things *like that*. 나는 사람들이 왜 그렇게 이야기하는지 알 수 없다.
Cafés *like these* are found in every town in Britain. 이러한 카페들은 영국 어느 도시에서나 발견할 수 있다.

sort of – kind of

회화에서 (**sort of · kind of** + 명사) 형식은 특정한 사물의 특징 중 일부를 갖고 있다는 것을 나타낼 때 사용한다.

It's a *sort of* dictionary of dictionaries. 이것은 사전들 중에 하나의 사전 종류이다.
I'm a *kind of* anarchist, I suppose. 나는 일종의 무정부주의자인 것 같다.

일부 사람들은 (**sort of** + 형용사·동사 등) 형식도 사용하며, sort of와 kind of는 **a little** 또는 **in some way**란 뜻이다.

I felt *kind of* sorry for him. 나는 그에게 좀 미안한 느낌이 들었다.
I've *sort of* heard of him, but I don't know who he is. 나는 그에 대해 좀 듣기는 했지만, 그가 누구인지 모른다.

sound

1 'sound'

〔sound + 형용사구〕 형식은 자신이 듣는 것을 묘사할 경우에 사용한다.

The helicopter *sounded worryingly close*. 그 헬리콥터 소리는 걱정을 할 정도로 가까운 곳에서 들렸다.
The piano *sounds really beautiful*. 그 피아노는 아름다운 소리를 낸다.

〔sound + 형용사구〕 형식은 어떤 사람이 말할 때 주는 인상을 묘사할 때 사용할 수도 있다.

José *sounded a little disappointed*. 호세는 조금 낙담한 것같이 말했다.
I don't know where she comes from, but she *sounds foreign*.
나는 그녀가 어느 나라 사람인지 모르지만, 그러나 외국인같이 발음을 한다.

〔sound + 형용사구〕 형식은 바로 전에 들었거나 읽은 것이 주는 인상을 묘사할 때 사용한다.

'They have a little house in the mountains.' - 'That *sounds nice*.'
"그들은 그 산들 속에 작은 집을 갖고 있어요." - "좋은 거 같아요."
The instructions *sound a bit complicated*. 그 지시서는 좀 복잡하게 들린다.

ℹ️ 진행시제를 사용하지 않는다. 예를 들면, ~~That is sounding nice.~~라고 하지 않는다. 또한 sound 뒤에 부사가 아닌 형용사가 따라온다. 즉, ~~That sounds nicely.~~라고 하지 않는다.

2 'sound like'

〔sound like + 명사구〕 형식은 어떤 소리가 다른 소리와 비슷하다고 할 때 사용한다.

The bird's call *sounds like a whistle*. 그 새의 지저귐은 휘파람 소리 같다.
Her footsteps *sounded like pistol shots*. 그녀의 발자국 소리는 권총을 발사하는 소리 같았다.

〔sound like + 명사구〕 형식은 어떤 사람이 말하는 방식이 다른 사람이 말하는 방식과 비슷하다고 할 때에도 사용한다.

He *sounded like a little boy being silly*. 그가 말하는 것은 바보짓 하는 어린아이 소리처럼 들렸다.
Stop telling me what to do – you *sound* just *like my mother*.
나에게 이래라저래라 말하지 마세요. 당신은 꼭 나의 어머니 같이 말하고 있어요.

〔sound like + 명사구〕 형식은 어떤 것이 내는 소리 때문에 그것이 무엇인지 인식할 수 있다고 말할 때도 사용한다.

They were playing a symphony that *sounded like Mozart*.
그들은 모차르트의 곡처럼 들리는 교향곡을 연주하고 있었다.
Someone left a message – it *sounded like your husband*.
어떤 사람이 메시지를 남겼는데 당신의 남편같이 생각되네요.

〔sound like + 명사구〕 형식은 어떤 사람이 바로 전에 묘사했던 것에 대한 의견을 나타낼 때에도 사용한다.

That *sounds like a good idea*. 그거 좋은 생각인 것 같다.
It *sounds like something we should seriously consider*. 그 말은 우리가 심각하게 고려해야 할 일같이 들린다.

sound – noise

1 used as countable nouns(가산명사로 사용하기)

sound는 들을 수 있는 '소리'라는 뜻이며, **noise**는 듣기에 불쾌하거나 예상치 못한 소리, 즉 '소음'이라는 뜻이다. 기계의 소음이나 사람과 동물의 소음을 가리킬 때도 sound를 사용한다.

A sudden *noise* made Brody jump. 갑작스러운 소음이 브로디를 팔짝 뛰게 했다.
The birds were making screeching *noises*. 그 새들이 날카로운 소음을 내고 있던 중이었다.

2 used as uncountable nouns(불가산명사로 사용하기)

sound와 noise는 불가산명사이다. sound는 공기, 물 등을 통과하는 진동의 결과로 들리는 소리를 나타내는 일반적인 용어이다.

The aircraft could go faster than the speed of *sound*. 비행기들은 소리의 속도보다 더 빠르게 날 수 있다.

south

USAGE

ℹ sound를 위와 같은 뜻으로 사용하는 경우, the sound라고 하지 않는다.

sound 앞에 much나 a lot of를 사용하지 않는다. 예를 들면, '시끄러운 소리가 많이 났다.'는 ~~There was a lot of sound.~~가 아닌 There was a lot of noise.라고 한다.

Is that the wind making *all that noise*? 바람이 그 모든 소음을 일으키고 있습니까?
Try not to make *so much noise*. 소음을 많이 내지 않도록 하세요.

south

1 'south'

the *south* [sauθ]는 태양이 떠오르는 방향을 쳐다볼 때 자신의 오른쪽에 있는 방향, 즉 '남쪽'이라는 뜻이다.

From the hilltop you can see the city to the *south*. 그 언덕 꼭대기에서 남쪽으로 우리는 그 도시를 볼 수 있다.
To the *south*, an hour's drive away, was the coast. 남쪽으로 자동차로 한 시간 정도의 거리에 그 해변이 있었다.

a *south* wind는 '남쪽에서 불어오는 바람'이라는 뜻이다.

A warm *south* wind was blowing. 따뜻한 남풍이 불어오고 있던 중이었다.

the *south* of a place는 남쪽에 있는 지역, 즉 '남부 지방'이라는 뜻이다.

Antibes is in the *south* of France. 앙티브는 프랑스 남부에 위치하고 있다.

국가, 주, 지역의 이름에 South를 사용한다.

I am from the Republic of *South Korea*. 나는 대한민국 국적이다.
She is a senator from *South Carolina*. 그녀는 남캐롤라이나의 상원의원이다.

2 'southern'

그러나 국가나 지역의 남부 지역은 south part가 아닌 *southern* [sʌ́ðərn] part라고 한다.

The island is near the *southern* tip of South America. 그 섬은 남아메리카의 최남단 지역 근처에 있다.
The *southern* part of England is more heavily populated. 영국 남반부에 인구가 더 많이 집중되어 있다.

마찬가지로, south England나 south Europe이 아닌 *southern* England나 *southern* Europe이라고 한다.

Granada is one of the great cities of *southern* Spain. 그라나다는 스페인 남부 지역의 큰 도시들 중 하나이다.

southwards - southward

○ Usage 표제어 ward - wards 참조.

souvenir - memory

1 'souvenir'

souvenir [sùːvəníər]는 휴가, 장소, 행사를 기억하기 위해 사거나 보관하는 물건, 즉 '기념품'이라는 뜻이다.

He kept a spoon as a *souvenir* of his journey. 그는 여행 기념품으로 스푼을 보관했다.
They bought some *souvenirs* from the shop at the airport. 그들은 공항에서 약간의 기념품을 샀다.

2 'memory'

기억하는 것을 말할 때는 souvenir가 아닌 memory를 사용한다.

One of my earliest *memories* is my first day at school.
나의 가장 어렸을 적의 기억 중 하나는 내가 처음 학교에 간 날이었다.
She had no *memory* of what had happened. 그녀는 무슨 일이 있었는지에 대한 기억이 전혀 없다.

memory는 '기억력'을 말한다.

He's got a really good *memory* for names. 당신은 이름을 외우는 뛰어난 기억력이 있다.
Meeting him as a child really stands out in my *memory*. 어렸을 적 그를 만난 것이 나의 기억에 뚜렷하게 남아 있다.

speak – say – tell

1 'speak'

speak는 목소리를 사용하여 말을 만들다, 즉 '말하다'라는 뜻이다. speak의 과거는 speaked가 아닌 spoke이고, 과거분사는 spoken이다.

They *spoke* very enthusiastically about their trip. 그들은 여행에 관해 매우 열광적으로 이야기했다.
I've *spoken* to Raja and he agrees with me. 나는 라자와 이야기했고 그는 나의 의견에 동의했다.

2 'say'

어떤 사람이 한 말을 전해 줄 때는 speak가 아닌 say를 사용한다. 예를 들면, '그는 의사가 도착했다고 말했다.'는 He spoke that the doctor had arrived.가 아닌 He *said* that the doctor had arrived.라고 한다.

I *said* that I would like to teach English. 나는 영어를 가르치고 싶다고 말했다.
He *said* it was an accident. 그는 그 일이 사고였다고 말했다.

3 'tell'

듣는 사람의 말을 언급하는 경우에, tell을 사용한다.

He *told* me that he was a farmer. 그는 나에게 자신이 농부였다고 말했다.
I *told* her what the doctor had said. 나는 그녀에게 의사가 말했던 내용을 전해 주었다.

◯ Usage 표제어 say와 tell 참조.

4 'talk'

◯ Usage 표제어 speak – talk 참조.

---

speak – talk

speak와 talk는 뜻이 매우 비슷하지만, 용법에는 몇 가지 차이점이 있다.

1 'speaking' and 'talking'

someone *is speaking*은 어떤 사람이 자신의 목소리로 말을 하고 있다라는 뜻이다.

Please be quiet when I *am speaking*. 내가 말하고 있을 때 조용히 해 주세요.
He *was speaking* so quickly I found it hard to understand.
그는 너무 빨리 말을 해서 나는 그의 말을 알아들을 수가 없었다.

그러나 두 명 이상이 대화하는 경우에는 보통 they 'are speaking'이 아닌 they *are talking*이라고 한다.

I think she was listening to us while we *were talking*.
나는 그녀가 우리들의 대화를 듣고 있었다고 생각한다.
They sat in the kitchen drinking and *talking*.
그들은 부엌에 앉아서 마시면서 이야기를 하고 있었다.

2 used with 'to' and 'with' (to, with와 함께 사용하기)

speak to나 talk to는 어떤 사람과 대화하다라는 뜻이다.

I saw you *speaking to* him just now. 나는 당신이 방금 그와 이야기를 하고 있는 것을 보았다.
I enjoyed *talking to* Anne. 나는 앤과 말하는 것을 즐겼다.

📖 미국 영어를 쓰는 일부 사람들은 speak with나 talk with를 사용한다.

When he *spoke with* his friends, he told them what had happened.
그는 친구들과 이야기할 때, 무슨 일이 있었는지 말했다.
I *talked with* his mother many times. 나는 그의 어머니와 수차례 이야기했다.

전화 통화를 할 때 어떤 사람과 통화하기를 원한다는 말은, talk to가 아닌 speak to를 사용한다.

Hello. Could I *speak to* Sue, please? 안녕하세요. 수와 통화할 수 있을까요?

spend – pass

USAGE

3 used with 'about' (about과 함께 사용하기)

speak about은 강연에서 한 무리의 사람들에게 어떤 것을 설명하다, 즉 '강연하다'라는 뜻이다.

I *spoke about* my experiences at University. 나는 대학에서 내 경험에 대해 강연을 했다.
She *spoke* for twenty minutes *about* the political situation. 그녀는 그곳의 정치적 상황에 대해 20분간 강연했다.

회화에서 the thing someone *is talking about*은 어떤 사람이 토의하고 있는 주제라는 뜻이다.

You know the book I*'m talking about*. 너는 내가 말하고 있는 책을 알고 있다.
I think he *was talking about* behaviour in the classroom.
나는 그가 교실 내의 행동에 대해 말하고 있다고 생각했다.

what someone *is talking about*은 어떤 사람이 말하고 있는 것을 일반적으로 가리킬 때 사용한다.

I saw you at the concert.' – '*What are* you *talking about*? I wasn't there!'
"나는 당신을 그 콘서트에서 보았어요." – "무슨 말씀이세요? 저는 그곳에 간 적이 없어요."

두 사람 이상이 토론하는 they 'are speaking about' it이 아닌 they *are talking about* it이라고 한다.

The men *were talking about* some medical problem. 그 사람들은 의학 문제에 대해 토의를 하고 있었다.
Everybody *will be talking about* it at school tomorrow. 내일 학교에서는 모두가 그것에 대해 이야기하고 있을 것이다.

4 languages (언어)

someone *speaks/can speak* a foreign language는 누군가가 외국어를 말하거나 말할 수 있다라는 뜻이다.

They *spoke* fluent English. 그들은 유창하게 영어를 구사했다.
How many languages *can* you *speak*? 당신은 몇 개의 언어를 구사할 수 있습니까?

'talks' a foreign language라고 하지 않는다.

> 주의 외국어를 말하는 능력에 대해 이야기하는 경우, in이나 진행시제를 사용하지 않는다. 예를 들면, '그녀는 네덜란드어를 말할 수 있다.'는, ~~She speaks in Dutch.~~나 ~~She is speaking Dutch.~~라고 하지 않는다. 그러나 어떤 사람들이 말하는 것을 듣는 경우, Those people *are speaking in* Dutch.나 Those people *are talking in* Dutch.라고 한다.
> She heard them *talking in* French. 그녀는 그들이 프랑스어로 말하는 것을 들었다.
> They *are speaking in* Arabic. 그들은 아랍어로 말하고 있다.

spend – pass

1 'spend'

spend a period of time doing something은 어떤 일을 하는 데 시간을 소비하다라는 뜻이다.

We *spent the evening* talking about art. 우리는 예술 대해 이야기하면서 그날 저녁 시간을 보냈다.
I was planning to *spend all day* writing. 나는 하루 종일 글을 쓰기로 작정했다.

ⓘ spend a period of time 'in doing', 'on doing', 'to do' something이라고 하지 않는다.

spend에는 어떤 장소에서 시간을 보내다라는 뜻도 있다.

He *spent most of his time* in the library. 그는 대부분의 시간을 도서관에서 보냈다.
We found a hotel where we could *spend the night*. 우리는 그날 밤을 보낼 호텔을 찾았다.

어떤 사람이 다른 사람과 같이 시간을 보내다라는 뜻으로 spend나 pass를 쓸 수 있는데, 이는 다소 오래된 표현이다.

I *spent an evening* with Davis. 나는 어느 날 저녁을 데이비스와 같이 보냈다.

2 'pass'

do something *to pass the time*은 어떤 일을 기다리는 도중에 다른 일에 전념하여 시간을 보내다라는 뜻이다.

He had brought a book along *to pass the time*. 그는 시간을 때우려고 책을 한 권 가져왔다.
To pass the time they played games. 그들은 시간을 때우려고 게임들을 했다.

3 'have'

어떤 일을 하면서 즐거운 시간을 갖는 경우, **'pass'/'spend' a good time**이 아닌 **have a good time**이라고 한다.

The kids are *having a good time* on the beach. 그 아이들은 해변에서 즐거운 시간을 보내고 있다.
We *had a wonderful time* visiting our friends. 우리는 친구들을 방문하며 아주 즐거운 시간을 가졌다.

spite

○ Usage 표제어 **in spite of – despite** 참조.

spoil

○ Usage 표제어 **destory – spoil – ruin** 참조.

spring

spring은 겨울과 여름 사이의 계절, 즉 '봄'이라는 뜻이다.

어떤 일이 매년 봄에 일어난다고 할 경우, **something happens *in spring / in the spring***이라고 한다.

In spring birds nest here. 봄에는 새들이 여기에 둥지를 튼다.
Their garden is full of flowers *in the spring*. 그들의 정원은 봄이면 온갖 종류의 꽃들로 가득 찬다.

 something happens 'in the springs'라고 하지 않는다.

stack

○ Usage 표제어 **heap – stack – pile** 참조.

staff

어떤 단체에서 일하는 사람들을 **staff**라고 한다.

She was invited to join the *staff* of the BBC. 그녀는 BBC에서 직원으로 일하자는 제안을 받았다.
The police questioned all the hospital *staff*. 경찰은 나를 비롯한 모든 병원 직원들을 심문했다.

staff 뒤에 복수동사나 단수동사를 사용할 수 있지만, 복수동사를 더 일반적으로 쓴다.

The staff *are* very helpful. 직원들은 많은 도움을 주고 있다.
The teaching staff *is* well-qualified and experienced. 교사진은 자질이 뛰어나고 노련하다.

 미국 영어는 **staff**에 단수형 동사를 사용한다.
The hotel staff *was* friendly. 그 호텔 직원들은 친절했다.
Our staff *gets* bigger every year. 우리 직원들은 매년 더 많아지고 있다.

> 주의 어떤 단체에서 일하는 직원 한 명은 **a staff**가 아닌 **a member of staff**라고 한다.
> There are two students to every *member of staff*. 모든 직원들에게 두 명의 학생이 배정되어 있다.
> All *members of staff* are expected to attend meetings. 그 회사 직원들은 모두 회의들에 참석하도록 되어 있다.

stand

일반적으로 **stand**는 동사이며, 과거와 과거분사는 **standed**가 아닌 **stood**이다.

1 saying where someone is (어떤 사람이 어디 있는지를 말하기)

stand는 몸을 똑바로 세우고 다리를 곧게 펴서 발로 몸무게를 지탱하다, 즉 '서다'라는 뜻이다. 표준 영어에서는 '**be stood**' somewhere라고 하지 않는다.

start – begin

Why is he *standing* in the middle of the road? 왜 그가 그 길 가운데 서 있는가?
She *was standing* at the bus stop. 그녀는 버스 정류장에 서 있었다.

2 saying where someone goes(어떤 사람이 어디로 가는지 말하기)

어떤 사람이 다른 장소로 이동하여 그곳에 서 있다고 할 때에도 **stand**를 사용한다.

They *stood* to one side so that she could pass. 그들은 그녀가 지나갈 수 있도록 한쪽에 서 있었다.
Come and *stand* next to me. 와서 내 옆에 서세요.

3 'stand up'

앉아 있던 사람이 자리에서 일어나다라고 할 때에도 때때로 **stand**를 사용한다.

Everyone *stood* and applauded. 모든 사람들이 일어서서 박수갈채를 보냈다.

그러나 일반적으로 앉아 있는 사람이 일어나다라고 할 때는 **stand up**을 사용한다.

The children are supposed to *stand up* when the teacher comes into the room.
선생님이 교실로 들어오면 모든 어린이들은 일어서게 되어 있다.
I put down my glass and *stood up*. 나는 잔을 내려놓고 일어섰다.

start – begin

1 used with noun groups(명사구와 함께 사용하기)

start, begin은 어떤 일을 특정한 시기부터 하다, 즉 '시작하다'라는 뜻이다.

My father *started* work when he was fourteen. 나의 아버지는 14살 때부터 일을 시작했다.
We'll *begin* the meeting as soon as he arrives. 우리는 그가 도착하자마자 회의를 시작할 것이다.

begin의 과거는 **beginned**나 **begun**이 아닌 **began**이며, 과거분사는 **begun**이다.

The teacher *opened* the book and began the lesson. 그 선생님은 책을 펴더니 수업을 시작했었다.
The company *has begun* a programme of rationalization. 그 회사는 합리화 프로그램을 시작했다.

2 used with other verbs(다른 동사와 함께 사용하기)

(start · begin + to부정사 · -ing) 형식을 사용한다.

Ralph *started to run*. 랠프는 달리기 시작했다.
He *started laughing*. 그는 웃기 시작했다.
I *was beginning to feel* better. 나는 회복되는 것을 느끼기 시작했다.
We *began talking* about our experiences. 우리는 우리의 경험담을 이야기하기 시작했다.

ℹ️ starting과 beginning 뒤에는 -ing형이 아닌 to부정사를 사용한다. 예를 들면, '기분이 나아져서 더 먹기 시작하고 있다.'는 Now that I feel better I'm beginning eating more.가 아닌 Now that I feel better, I'm beginning to eat more.라고 한다.

3 used as intransitive verbs(자동사로 사용하기)

어떤 일이 특정한 시간부터 일어나다라고 할 때, **start, begin, commence**는 자동사로 사용한다.

His meeting *starts* at 7. 그의 회의는 7시에 시작한다.
My career as a journalist was about to *begin*. 나는 기자라는 직업으로 막 첫발을 내딛으려 하고 있었다.

4 special uses of 'start'(start의 특별한 용법)

start에는 몇 가지 특별한 뜻이 있다. 이러한 뜻에는 **begin**이나 **commence**를 사용하지 않는다.

어떤 기계나 엔진을 시동하여 움직이게 한다고 할 때도 **start**를 사용한다.

She *started* her car and drove off. 그녀는 자동차의 시동을 걸고 몰고 갔다.
He couldn't get his engine *started*. 그는 자동차 엔진의 시동을 걸 수 없었다.

어떤 사람이 사업을 시작하거나 단체를 설립한다고 할 때 **start**를 사용한다.

He borrowed money to *start* a restaurant. 그는 돈을 빌려 식당을 개업했다.
Now is a good time to *start* your own business. 지금은 당신이 자영업을 하기에 아주 좋은 때이다.

stationary – stationery

stationary와 stationery는 뜻은 완전히 다르지만, 똑같이 [stéiʃənèri | -ʃənəri]라고 발음한다.

1 'stationary'

형용사 stationary는 차가 움직이지 않고 '정지해 있는'이라는 뜻이다.

There was a *stationary* car in the middle of the street. 차 한 대가 그 거리 가운데 정차해 있다.
Only use the handbrake when your vehicle is *stationary*. 차가 정지해 있을 때는 핸드 브레이크만 사용해라.

2 'stationery'

명사 stationery는 종이, 봉투, 펜 등 글 쓰는 데 사용하는 기구들, 즉 '문방구'라는 뜻이다.

They sell books and *stationery*. 그들은 책과 사무용품을 판다.
Get some envelopes from the office *stationery* cupboard. 회사 선반에서 몇 장의 봉투를 가져오세요.

statistics – statistical

1 'statistics'

statistics는 정보를 분석하여 얻은 숫자로 나타낸 사실, 즉 '통계 자료'라는 뜻이다.

According to official *statistics*, 39 million Americans had no health insurance. 당국의 통계에 의하면 3천 9백만 명의 미국인이 건강 보험에 가입하지 않고 있다 한다.
The government will publish new unemployment *statistics* this week. 정부는 새로운 실업자 수에 대한 통계를 이번 주에 발표할 것이다.

statistics가 '통계'라는 뜻일 때는 복수명사이며 복수동사를 사용한다.

The statistics *are* taken from United Nations sources. 그 자료는 UN의 소스에서 제공된 것이다.
Statistics *don't* necessarily prove anything. 통계는 반드시 무엇이든 증명하는 것은 아니다.

statistics는 통계를 다루는 수학의 분야, 즉 '통계학'이라는 뜻으로도 사용한다.

She is a Professor of *Statistics*. 그녀는 통계학과 교수이다.

statistics가 '통계학'이라는 뜻일 때는 불가산명사이며, 단수동사를 사용한다.

Statistics *has* never been taught here before. 통계학은 이전에 이곳에서 가르친 적이 전혀 없었다.

2 'statistical'

'통계와 관련된', '통계학적인'이라는 뜻일 때는 statistic이 아닌 형용사 statistical을 사용한다.

Statistical techniques are used to analyse the data. 통계학적인 기법은 그 자료들을 분석하기 위해 정기적으로 사용된다.
The report contains a great deal of *statistical* information. 그 보고서는 상당량의 통계학적인 정보를 담고 있다.

stay

○ Usage 표제어 remain – stay 참조.

steal

steal은 물건을 돌려줄 의사 없이 허락받지 않고 가져가다, 즉 '훔치다'라는 뜻이다.

He tried to *steal* a car from the car park. 그는 자동차 주차장에서 차를 훔치려 했다.
She was accused of *stealing* a necklace. 그녀는 목걸이를 훔친 혐의를 받았다.

steal의 과거는 stealed가 아닌 stole이고, 과거분사는 stolen이다.

still

Armed raiders *stole* millions of dollars. 무장 괴한들이 수백만 달러를 훔쳤다.
My phone *was stolen* from my bag. 나의 핸드백에서 전화기를 도난당했다.

> **주의** 어떤 것을 도난당했을 경우, **steal**이나 **take**를 사용한다. 그러나 동사의 목적어가 사람인 경우에는 **rob**을 사용한다.
> I *had stolen my father's money*. 나는 아버지의 돈을 훔쳤다.
> I know who *took my watch*. 나는 나의 시계를 누가 가져갔는지 알고 있다.
> They *robbed him* and took his laptop. 그들은 나를 약탈해 나의 노트북을 훔쳐 갔다.
> The gang were accused of *robbing a bank*. 그 갱들은 은행 강도로 지목되었다.

◯ Usage 표제어 **rob - steal** 참조.

still

still은 어떤 상황이 계속되는 것을 나타낼 때 사용하는 가장 흔한 단어이다.

1 position in sentence(문장 안에서의 위치)

- 일반적으로 동사구를 사용한 문장의 경우, 첫 번째 조동사 뒤에 **still**이 온다. 예를 들면, '그는 여전히 기다리고 있었다.'는 He still was waiting.이 아닌 **He was still waiting.**이라고 한다.
  He *could still* get into serious trouble. 그는 여전히 심각한 곤경에 빠질 가능성이 있었다.
  I*'ve still* got $10 left. 나에게 아직도 10달러가 남아 있다.

- 조동사가 없는 경우, **be**동사를 제외한 동사 앞에 **still**이 온다.
  She *still lives* in London. 그녀는 아직 런던에 살고 있다.
  I *still need* more money. 나는 아직 더 많은 돈이 필요하다.

- **be**동사가 있는 경우, 그 뒤에 **still**이 온다.
  She *was still* beautiful. 그녀는 여전히 아름다웠다.
  There *is still* a chance the plan could collapse. 그 계획이 실패할 가능성이 아직도 있다.

- 회화에서 **still**은 때때로 문장의 끝에 오기도 한다.
  We have a lot to do *still*. 우리는 아직도 할 일이 많다.

  그러나 **still**이 위와 같은 뜻일 때, 문장의 처음에 사용해서는 안 되어, Still we have a lot to do.라고 하지 않는다.

2 used with 'even if'(even if와 함께 사용하기)

even if나 **even though**로 시작하는 문장에 **still**을 자주 사용한다.
But *even if* they do change the system, they've still got an economic crisis on their hands. 그러나 그들이 그 제도를 변경하더라도, 여전히 해결해야 할 과제로 경제 위기가 남아 있다.

◯ 위의 용법에 대한 더 많은 정보는 Usage 표제어 **even** 참조.

3 used in negative clauses(부정절에 사용하기)

부정절에서 내용을 강조하기 위해 **still**을 사용할 수 있다. 이때 **still**은 첫 번째 조동사 앞에 온다.
I *still don't* understand. 나는 아직도 이해 못한다.
I *still* didn't know her name. 나는 아직 그의 성을 알지 못한다.

그러나 어떤 일이 현재까지 일어나지 않았다고 할 때는 부정문에서 **still**이 아닌 **yet**을 사용한다. **yet**은 **not**의 뒤나 절의 끝에 온다.
I haven't *yet* met his wife. 나는 아직 그의 아내를 만나지 못했다.
It isn't dark *yet*. 그곳은 아직 어둡지 않다.

◯ Usage 표제어 **yet** 참조.

sting – bite

1 'sting'

보통 sting은 동사로 사용하며, sting의 과거와 과거분사는 stang이나 stinged가 아닌 stung이다. sting은 벌, 말벌, 전갈 등과 같은 생물체가 피부를 찔러서 몸 안으로 독을 찔러 넣다, 즉 '쏘다'라는 뜻이다.

Bees do not normally *sting* without being provoked. 일반적으로 벌은 자극하지 않으면 쏘지 않는다.
Felipe had been *stung* by a wasp. 펠리페는 말벌에게 쏘였다.

2 'bite'

모기나 개미가 물다라고 할 때는 sting이 아닌 bite를 사용한다. bite의 과거와 과거분사는 bit와 bitten이다.

A mosquito landed on my arm and *bit* me. 모기 한 마리가 나의 팔에 앉더니 물었다.
An ant *had bitten* her on the foot. 개미가 그녀의 다리를 물었다.

bite는 뱀이 물다라는 뜻으로도 쓰인다.

In Britain you are very unlikely to get *bitten* by a snake. 영국에서는 뱀에 물릴 확률이 거의 없다.

stop

어떤 일을 더 이상 하지 않을 때, 일반적으로 동사 stop을 사용한다. stop 뒤에는 -ing형이나 to부정사를 사용하는데, 서로 뜻이 다르다.

1 'stop doing'

stop doing something은 어떤 일을 특정한 시간 이후에 더 이상 하지 않다라는 뜻이다.

We all *stopped talking*. 우리 모두 하던 얘기를 멈추었다.
He couldn't *stop crying*. 그는 울음을 그칠 수가 없었다.

2 'stop to do'

stop to do something은 다른 일을 하기 위해 하고 있는 일을 중단하다라는 뜻이다. 예를 들어, She stopped to admire the view.라고 하면, 그녀가 걸음을 멈춘 후 다시 걷기 시작하기 전에 경치를 보고 감탄했다라는 뜻이다.

The man recognized him and *stopped to speak* to him. 그 남자가 그를 알아보고 말을 걸기 위해 걸음을 멈추었다.
I *stopped to tie* my shoelace. 나는 구두끈을 매려고 가던 길을 멈추었다.

3 'stop somebody doing something'

stop someone doing something이나 *stop someone from doing* something은 누군가가 어떤 일을 하는 것을 막다라는 뜻이다.

They tried to *stop me coming*. 그들은 내가 오는 것을 막으려고 했다.
How do you *stop a tap dripping*? 수도꼭지에서 물이 떨어지는 것을 어떻게 막습니까?
Nothing was going to *stop Elena from being a writer*. 어떤 것도 엘레나가 작가가 되는 것을 막을 수 없었을 것이다.

something 'stops someone to do' something이라고 하지 않는다.

store

○ Usage 표제어 shop – store 참조.

storey – floor

1 'storey'

건물의 각 층들을 storeys나 floors라고 하며, 건물의 층수를 말할 경우에는 보통 storeys를 사용한다. 예를 들면, '새 병원은 5층이다.'는 The new hospital is *five storeys* high.라고 하며, '나는 6층짜리 건물에서 일한

strange - unusual

다.'는 **I work in a *six-storey* building.**이라고 한다.
They live in a house with ***four storeys***. 그들은 4층짜리 주택에 살고 있다.
The school is a ***single-storey*** building. 그 학교는 단층 건물이다.

 미국 영어에서는 **storey**를 **story**라고 표기하며, **story**의 복수형은 **stories**이다.
The hospital is a ***six-story*** building. 그 병원은 6층짜리 건물이다.
The hotel towers are each 30 ***stories*** high. 그 고층 호텔들 각각은 30층 높이이다.

2 'floor'

어떤 건물의 특정한 층을 나타낼 경우에는 보통 **storey**가 아닌 **floor**를 사용한다.
My office is on the second ***floor***. 나의 사무실은 2층에 있다.
She rents a ground ***floor*** apartment. 그녀는 아파트 1층을 세냈다.

strange - unusual

1 'strange'

strange는 당황케 하거나 불안케 할만큼 어떤 것이 친숙하지 않거나 예기치 않다, 즉 '이상한'이라는 뜻이다.
The ***strange*** thing was that she didn't remember anything about the evening.
이상한 일은 그녀가 그날 저녁의 일에 대해 전혀 기억하지 못한다는 것이었다.
It was ***strange*** to hear her voice again. 그녀의 목소리를 다시 들으니 이상했다.

2 'unusual'

어떤 것이 일반적이지 않다고 하는 경우에는 **strange**가 아닌 **unusual**을 사용한다.
He had an ***unusual*** name. 그는 독특한 이름을 가졌다.
It is ***unusual*** for such a small hotel to have a restaurant. 그런 조그만 호텔에 식당이 있는 것은 이례적인 일이다.

stranger

stranger는 전에 만난 적이 한 번도 없는 사람, 즉 '낯선 사람'이라는 뜻이다.
A ***stranger*** appeared. 낯선 사람이 나타났다.
Antonio was a ***stranger*** to all of us. 안토니오는 우리 모두에게 낯선 사람이었다.

> 주의 외국인은 **stranger**가 아닌 **foreigner**라고 하는데, 이는 다소 정중하지 않은 표현이다. 대신 someone ***from abroad***나 someone ***from overseas***로 사용하는 것이 좋다.
> We have some ***visitors from abroad*** coming this week. 우리는 이번 주 외국에서 오는 방문객들이 있다.
> Most universities have many postgraduate ***students from overseas***.
> 대부분의 대학들은 해외에서 온 대학원생들이 많다.

street - road - lane

1 'street'

street는 일반적으로 집이나 다른 건물이 늘어서 있는 도시나 큰 마을의 길, 즉 '거리'라는 뜻이다.
The two men walked slowly down the ***street***. 두 남자가 거리를 따라 천천히 걸었다.
They went into the café across the ***street***. 그들은 거리 건너편의 카페로 들어갔다.

2 'road'

road는 '도시 내 또는 도시와 도시 간에 포장된 도로'를 지칭하는데, **street**와 같은 의미로 사용하고, 시골의 포장된 도로에도 사용한다.
The ***road*** to the airport was blocked. 그 공항으로 가는 도로가 폐쇄되었다.
They drove up a steep, twisting ***mountain road***. 그들은 경사가 급하고 구불구불한 산길을 운전해 갔다.

3 'lane'

a lane은 '시골에 있는 좁은 도로'를 지칭한다.
There's a cottage at the end of the *lane*. 그 좁은 도로의 끝에 작은 집 한 채가 있다.
He rode his horse down a muddy *lane*. 그는 그의 말을 타고 질척거리는 좁은 길로 갔다.

a lane은 '아주 큰 길의 차선'을 지칭한다.
She accelerated into the fast *lane*. 그녀는 빠른 차선으로 가속해 들어갔다.
Are taxis allowed to use the bus *lane*? 이곳에서 택시들이 버스 레인을 사용할 수 있습니까?

strongly

사람의 감정이나 태도에 대해 말할 경우, strongly를 사용하는데, 어떤 것에 아주 강력하게 찬성하다라는 뜻이다.
I feel very *strongly* that we have a duty to help. 나는 우리가 도울 의무가 있다고 강하게 느끼고 있다.
Supporters of Green parties are usually *strongly* against nuclear power.
녹색당의 지지자들은 원자력 발전에 강한 반대 의사를 표명한다.

strongly advise someone to do something은 어떤 사람에게 이롭도록 강력하게 충고하다라는 뜻이다.
I *strongly advise* you to get someone to help you.
나는 당신에게 다른 사람의 도움을 받으라고 강력하게 충고합니다.
I would *strongly recommend* a Vitamin B supplement.
당신에게 비타민 B를 보조 식품으로 드시길 강력 추천합니다.

> **주의** 사람이 사물을 손에 쥐는 방법을 묘사할 때는 strongly가 아닌 tightly나 firmly를 사용한다.
> He gripped the railing *tightly* in his right hand. 그는 그의 오른손으로 그 난간을 꽉 쥐었다.
> He held her arm *firmly*. 그는 그녀의 팔을 꽉 잡았다.
>
> 어떤 일을 열심히 하다라고 할 경우에는 strongly가 아닌 hard를 사용한다.
> He had worked *hard* all his life. 그는 평생을 열심히 일했다.

student

1 'student'

영국 영어에서 student는 대학이나 전문 대학에서 공부하는 학생이라는 뜻이다.
The doctor was accompanied by a medical *student*. 그 의사는 의대생과 동행하고 있었다.
They met when they were *students* at Edinburgh University. 그들은 그들이 에든버러 대학 학생 때 만났다.

🇺🇸 미국 영어에서는 초·중·고등학교와 대학에 다니는 모든 학생을 student라고 한다.
She teaches math to high school *students*. 그녀는 고등학교에서 수학을 가르친다.
Not enough secondary school *students* are learning a foreign language.
중등학교에서 외국어를 배우는 학생들이 많지 않다.

2 'schoolchildren'

영국 영어에서는 초·중·고등학교 학생을 일반적으로 schoolchildren, schoolboys, schoolgirls라고 한다.
Each year the museum is visited by thousands of *schoolchildren*.
해마다 그 박물관에 수천 명의 학생들이 방문한다.
A group of *schoolgirls* were walking along the road. 여학생들 한 무리가 그 길을 따라 걷고 있던 중이었다.

3 'pupils'

영국에서는 특정한 학교에 다니는 학생들을 공식적으로 pupils라고 한다.
The school has more than 1300 *pupils*. 그 학교는 1300명 이상의 학생이 있다.
Some *pupils'* behaviour was causing concern. 일부 학생들의 행동이 우려를 낳고 있었다.

subway – underground – metro

subway – underground – metro

1 'subway'

subway는 번잡한 도로 밑의 보행자용 길, 즉 '지하도'라는 뜻이다.

You feel worried if you walk through a *subway*. 당신은 지하도를 걸어가면 두려움을 느낀다.

🇺🇸 일부 미국 도시에서 the subway는 '지하철'로 일부 도시는 the metro이다.

I don't ride the *subway* late at night. 나는 늦은 밤에 지하철을 타지 않는다.
You can take the *metro* to the Smithsonian museums. 우리는 지하철로 스미스소니언 박물관들에 갈 수 있다.

2 'underground'

영국에서는 런던과 글래스고의 지하철을 subway가 아닌 Underground라고 한다. 런던의 지하철은 tube라고도 한다.

He crossed London by *Underground*. 그는 지하철로 런던을 지나갔다.
You can take *the tube* to Green Park and then walk. 당신은 지하철을 타고 그린 파크까지 가서 도보로 갈 수 있다.

such

1 referring back (다시 가리키기)

such a thing/person은 방금 전에 설명하거나 언급하거나 경험한 것과 비슷한 사물, 사람이라는 뜻이다.

We could not believe *such a thing*. 우리는 그런 것을 믿을 수가 없었다.

ℹ️ 현재 눈앞에 존재하고 있는 것이나 자신이 있는 장소를 말할 경우에는 such가 아닌 like를 사용한다. 예를 들면, '나는 그런 시계를 갖고 싶다.'는 ~~I'd like such a watch.~~가 아닌 I'd like a watch like that.이라고 한다. 마찬가지로, '이런 도시에서는 할 일이 별로 많지 않다.'는 ~~There's not much to do in such a town.~~이 아닌 There's not much to do in a town like this.라고 한다.

We have chairs *like these* at home. 우리는 이런 의자들을 집에 갖고 있다.
It's hard living alone in a place *like this*. 이런 곳에 혼자 사는 것은 어려운 일이다.

2 'such as'

어떤 것의 예를 들 경우, 두 개의 명사구 사이에 **such as**를 사용한다.

They played games *such as* bingo. 그들은 빙고 같은 게임을 했었다.
Mammals *such as* dogs and elephants give birth to live young.
개 또는 코끼리 같은 포유류는 살아 있는 새끼들을 출산한다.

때때로 〔such + 첫 번째 명사구 + as + 두 번째 명사구〕 형식을 사용한다.

We talked about *such* subjects *as* the weather. 우리는 날씨와 같은 주제에 대해 이야기했다.
She spent a lot of time buying *such* things as clothes and linen.
그녀는 옷과 린넨 등의 물건들을 사는 데 많은 시간을 소비한다.

3 'such' used for emphasis (such를 강조에 사용하기)

명사구에서 형용사를 강조할 때, 때때로 **such**를 사용한다. 예를 들면, '그는 아주 친절한 사람이다.'는 He's a nice man. 대신 He's *such a nice man*.이라고 한다.

She seemed *such a happy woman*. 그녀는 아주 행복한 여자처럼 보였다.
It was *such hard work*. 그 일은 힘든 것이었다.

ℹ️ 명사구가 단수 형태일 경우, a를 사용한다. 예를 들면, ~~She was such nice girl.~~이나 ~~She was a such nice girl.~~이라고 하지 않는다.

뜻을 더욱 강조하기 위해 such 대신 **ever such**를 쓰는 사람들도 있다.

I think that's *ever such a nice photo*. 나는 그것이 아주 멋있는 사진이라고 생각한다.

ℹ️ 글에서는 ever such를 사용하지 않는다.

방금 전에 묘사하거나 말한 사물이나 사람을 가리키며, 그 사물이나 사람이 갖고 있는 성질을 강조할 때도 such를 사용한다. 예를 들면, '나는 그녀를 그렇게 따분한 곳에서 만나게 되어 놀랐다.'는 It was a very dull place. I was surprised to see her there. 대신 I was surprised to see her in *such a dull place*.라고 한다.
I was impressed to meet *such a famous actress*. 나는 그렇게 유명한 여배우를 만나게 되어서 감명을 받았다.
You really shouldn't tell *such obvious lies*. 당신은 정말 그렇게 뻔한 거짓말을 해서는 안 된다.

4 'such...that': mentioning a result(such...that: 결과 말하기)

〔such + (a/an) + (형용사) + 명사 + that절〕 형식은 사람이나 사물이 어떤 성질을 대단히 많이 가지고 있어서 어떤 일이 일어나다라고 말하는 경우에 사용한다.
This can be *such a gradual process that* you are not aware of it happening.
이것은 아주 천천히 진행되어서, 당신은 그것이 일어나고 있는 것을 의식하지 못할 수도 있다.
Sometimes the children are *such hard work that* she's relieved when the day is over.
그녀 아이들이 열심히 공부했기 때문에 그녀는 날마다 하루가 끝나면 안도감을 느꼈다.

suggest

suggest는 어떤 것을 계획이나 아이디어로 고려해 보라고 '제안하다'라는 뜻이다.
Your doctor will probably *suggest* time off work. 의사가 아마도 당신에게 일을 조금 줄이라고 말할 것이다.
We have to *suggest* a list of possible topics for next term's seminars.
우리는 다음 학기 세미나의 가능한 주제 목록을 제출해야 한다.

ℹ️ 보통 suggest는 사람을 가리키는 명사나 대명사가 바로 뒤에 오지 않는다. 일반적으로 그 사람을 가리키는 명사나 대명사 앞에는 전치사 to를 사용해야 한다. ~~suggest someone something~~이 아닌 *suggest* something *to* someone이라고 해야 한다.
Laura first *suggested this idea to me*. 로라가 처음으로 이러한 아이디어를 나에게 제안했다.

suggest가 '권하다'라는 뜻일 때에만 *suggest* someone *to do* something이라고 하고, 어떤 일을 할 것을 '제안하다'라고 할 때는 *suggest that* someone *does* something이라고 한다.
I *suggest that he writes her a letter*. 나는 그에게 그녀에게 편지를 쓰라고 제안했다.
I'm not *suggesting we leave her here*. 나는 우리가 그녀를 여기에 두는 것을 제안한 것이 아니다.

위와 같은 문장에서 that절에는 단순시제를 사용하지만 원형부정사를 사용할 수도 있는데, 이는 격식을 차린 용법이다.
He *suggested she talk* to a psychologist. 그는 그녀에게 심리 전문가와 상담하라고 제안했다.

때때로 조동사 might와 should를 사용할 수 있는데, 이는 격식을 차린 용법이다.
He *suggested we might go* there straight after dinner. 그는 우리가 디너 후 곧바로 그곳으로 가자고 제안했다.
His wife *suggested that he should start* a school. 그의 처가 그가 학교에 들어가야 한다고 제시했었다.

> **주의** suggest를 advise와 혼동해서는 안 된다. suggest는 다른 사람에게 어떤 것을 계획이나 아이디어로 고려해 보라고 '제안하다'라는 뜻이고, advise는 어떤 사람에게 무엇을 해야 한다고 말하다, 즉 '충고하다'라는 뜻이다.
> I *advised him to leave* as soon as possible. 나는 그에게 가능한 한 빨리 떠나라고 충고했다.
> ○ Usage 표제어 advise와 Topic 표제어 Advising someone과 Suggestions 참조.

suitcase

○ Usage 표제어 bag 참조.

summer

summer는 봄과 가을 사이의 계절, 즉 '여름'이라는 뜻이다.
어떤 일이 매년 여름마다 일어나다는 something happens *in summer / in the summer*라고 한다.

supper

The room is stifling hot *in summer* and freezing in winter.
그 방은 여름에는 숨이 막힐 정도로 무덥고 겨울에는 얼음장같이 춥다.
The town is full of tourists *in the summer*. 그 도시는 여름에 관광객들로 인산인해를 이룬다.

ℹ something happens 'in the summers'라고 하지 않는다.

supper

일부 사람들은 저녁 식사를 **supper**라고 한다. 다른 일부 사람들은 밤에 잠자리에 들기 직전에 먹는 적은 음식을 가리킬 때, **supper**를 사용하기도 한다.
Jane invited us to have *supper* at her house. 제인은 그녀 집에서의 저녁 식사에 우리를 초대했다.
She usually has a piece of fruit for *supper*. 그녀는 늘 저녁 식사로 과일 조각을 먹는다.

○ 더 많은 정보는 Topic 표제어 Meals 참조.

support

support는 어떤 사람이 추구하는 목표에 동의하고 그 사람이 성공하도록 돕다, 즉 '지지하다'라는 뜻이다.
Parents *support* the headteacher and approve of what she is trying to do.
학부모는 교감을 지지하고 그녀가 하려는 일을 적극 지지하고 있다.
Most voters did not *support* the war. 대부분의 유권자들은 전쟁을 지지하지 않았었다.

support에는 어떤 스포츠 팀이 승리하기를 바라다, 즉 '응원하다'라는 뜻도 있다.
He *has supported* Arsenal all his life. 그는 평생 아스널을 지지해 왔다.

support에는 어떤 사람에게 필요한 돈이나 물건을 주다, 즉 '부양하다'라는 뜻도 있다.
He has a wife and three children to *support*. 그는 부양할 부인과 세 명의 아이가 있다.

> 주의 **support**는 다음 경우에 사용하지 않는다.
> 어떤 사람이 고통이나 불쾌한 상황을 받아들이다라고 말할 때는 **support**가 아닌 bear, put up with, tolerate을 사용한다.
> It was painful of course but I *bore* it. 그것은 물론 고통스러웠지만 나는 견뎌 냈다.
> You have to *put up with* these inconveniences. 당신은 이러한 불편을 참아야 한다.
>
> 어떤 사람이 찬성하지 않는 일을 허용하다라고 말할 때는 **support**가 아닌 put up with나 tolerate를 사용한다. 그 일을 허용하지 않는 경우, **won't stand for** it이라고 한다.
> I've *put up with* his bad behaviour for too long. 나는 그의 건방진 행동을 너무 오래 참아 왔다.
> We will not *tolerate* bullying in this school. 우리는 이 학교에서 왕따 또는 괴롭히기를 허용하지 않을 것이다.
> I *won't stand for* any more of your disobedience. 나는 당신의 불복종에 대해 더 이상 참지 않을 것이다.
>
> 어떤 것을 아주 싫어하는 경우에는 'can't support'가 아닌 can't bear나 can't stand를 사용한다.
> I *can't bear* this music. 나는 이 음악을 아주 싫어한다.
> She *can't stand* being kept waiting. 그녀는 기다리게 하는 행위를 몹시 싫어한다.
>
> ○ Usage 표제어 bear 참조.

suppose

1 'suppose'

suppose는 어떤 것이 아마 사실일 거라고 생각하다, 즉 '추측하다'라는 뜻이다.
I *suppose* it was difficult. 나는 그 일이 어렵다고 추측했다.
I *suppose* he left fairly recently. 나는 그가 아주 최근에 떠났다고 추측한다.

2 'don't suppose'

어떤 일이 사실이라고 생각하지 않는다고 할 경우, *suppose* something is *not* the case 대신 *don't suppose that it is* the case라고 한다.

I *don't suppose* anyone cares much whether he stays or goes.
그가 이곳에 머무르든지 아니면 가든지 누구 하나도 관심을 두지 않는다고 생각한다.
I *don't suppose* you've ever seen anything like this before!
나는 당신이 이런 일을 전에 전혀 보지 못했다고 추측한다.

3 'I suppose so'

어떤 것이 사실이라고 말하거나 사실인지 물어볼 경우, 그것에 대한 확신이 없거나 열성이 없는 상태에서 긍정적인 동의를 할 때는 I suppose so.라고 한다.
'It was good, wasn't it?' – '*I suppose so*.' "그것이 좋았지요, 그렇지요?" – "그럴 겁니다."
'Shall we go?' – 'I *suppose so*.' "우리 갈까요?" – "그렇게 합시다."

ℹ️ I suppose it.이라고 하지 않는다.

4 'I suppose not'

마찬가지로 부정적인 말에 동의하는 경우, I suppose not.이라고 한다.
'It doesn't often happen.' – 'No, *I suppose not*.' "그 일은 자주 일어나지 않아요." – "그래요, 자주 일어나지 않지요."
You don't want this, do you?' – '*I suppose not*.' "당신은 이것을 원하지 않지요, 그렇지요?" – "원하지 않아요."

5 'suppose' used as a conjunction (접속사로 사용하는 suppose)

앞으로 일어날 가능성 있는 상황이나 행동을 고려하여 그것이 어떤 영향을 미칠지 생각하게 될 때, 접속사로 **suppose**를 사용한다.
Suppose somebody finds out about it. 다른 사람이 그 사실을 알아냈다고 가정하자.
Suppose you had a million dollars, what would you do? 당신에게 백만 달러가 생기면 당신은 무슨 일을 합니까?

supposing도 suppose와 비슷한 방법으로 사용한다.
Supposing something should go wrong, what would you do then?
만약 일이 잘못된다면, 당신은 어떻게 할 건가요?
Supposing he's right, it could be very serious. 만약 그가 옳은 것이라면, 아주 심각한 문제가 될 수 있다.

6 'be supposed to'

be supposed to be done은 규칙, 지시, 관습 때문에 어떤 일을 해야 한다는 뜻이다.
You *are supposed to* report it to the police as soon as possible.
당신은 이 일을 가능한 한 빨리 경찰에 알려야 할 것이다.
I'*m not supposed to* talk to you about this. 나는 이 일에 대해 당신에게 이야기하지 않을 것이다.

be supposed to be true는 사람들이 일반적으로 어떤 일을 사실이라고 생각하다라는 뜻이다.
The house *was supposed to* be haunted by a ghost. 그 집은 유령이 나타나는 곳이라고 여겨졌다.
She *was supposed to* be very good actor. 그녀는 아주 훌륭한 배우로 생각되었다.

ℹ️ something 'is suppose to' be done/be true라고 하지 않는다.

sure

○ Usage 표제어 certain – sure 참조.

surely – definitely – certainly – naturally

1 'surely'

앞서 말한 내용을 강조하거나 이미 일어난 일에 반대하는 것을 강조할 경우, **surely**를 사용한다.
'I can have it ready for next week.' – '*Surely* you can get it done sooner than that.'
"나는 그 일을 다음 주까지 마칠 수 있어요." – "당신은 틀림없이 그 기간 전에 마칠 수 있을 거예요."
Their lawyers claim that they have not broken the rules, but *surely* this is not good practice.
그들의 변호사들은 그들이 규정을 어기지 않았다고 우리에게 주장했지만, 확실히 이것은 좋은 관행이 아니다.

surgery

2 'definitely' and 'certainly'

단순히 서술문을 강조할 때는 **surely**가 아닌 **definitely**를 사용한다.

They were *definitely* not for sale. 그것들은 틀림없이 파는 물건이 아니었다.
The call *definitely* came from your phone. 전화는 분명히 당신에게서 왔다.

영국 영어에서 상대방의 말에 동의하거나 사실 여부를 확인할 경우에는 **surely**가 아닌 **certainly**를 사용하기도 한다.

Ellie was *certainly* a student at the university but I'm not sure about her brother.
엘리는 그 대학의 학생임에 틀림이 없었으나 나는 그녀의 남동생에 대해서는 잘 알지 못한다.
'You like him, don't you?' – 'I *certainly* do.' "당신은 그를 좋아하지요, 그렇지요?" – "예, 좋아합니다."

미국 영어에서는 상대방의 요청과 진술에 동의할 때, **surely**나 **certainly**를 사용한다.

'It is still a difficult world for women.' – 'Oh, *certainly*.'
"아직도 여자들이 살아가기에 힘든 세상입니다." – "아, 맞습니다."
Surely, yes, I agree entirely with that. 네, 맞습니다. 나는 그 의견에 전적으로 동의해요.

어떤 일이 미래에 일어날 것이라는 것을 강조할 때는 **surely**가 아닌 **definitely**나 **certainly**를 사용한다.

The conference will *definitely* be postponed. 그 회의는 틀림없이 연기될 것이다.
If nothing is done, there will *certainly* be problems. 만약 아무 일도 하지 않는다면, 틀림없이 문제들이 생길 것이다.

3 'naturally'

특정한 상황에서 어떤 사람이 예상한 대로 행동하고 있다는 것을 강조할 때는 **surely**가 아닌 **naturally**를 사용한다.

His sister was crying, so *naturally* Sam was upset. 그의 누이가 울고 있어 당연히 샘은 화가 났다.
Naturally, some of the information will be irrelevant. 당연히 일부 정보는 무의미할 것이다.

surgery

1 used as an uncount noun(불가산명사로 사용하기)

영국 영어와 미국 영어에서 **surgery**는 외과 의사가 병들거나 손상된 부분을 다룰 수 있도록 사람의 몸을 절개해서 하는 치료, 즉 '수술'이라는 뜻이다.

He underwent *surgery* to repair a torn knee ligament. 그는 닳은 무릎 인대를 고치기 위해 수술을 받았다.
She may have to have more *surgery* on her wrist. 그녀는 그녀의 팔 수술을 더 받아야 할지 모른다.

2 used as a count noun(가산명사로 사용하기)

영국 영어에서 **surgery**는 의사나 치과의에게 상담과 간단한 치료를 받으러 가는 건물이나 방, 즉 '의원', '진료실'이라는 뜻이다.

He has had five knee *surgeries*. 그는 다섯 번의 무릎 수술을 받아야 한다.
She was told she would have to have another *surgery*.
의사가 말하길 그녀는 또 다른 수술을 받아야 할 수도 있다고 했다.
I called the *surgery* to make an appointment. 나는 의사와의 예약을 위해 그 의원에 전화했다.

 미국 영어에서는 진료실을 **office**라고 한다.

Dr Patel's *office* was just across the street. 의사 파텔의 진료실은 바로 길 건너편에 있었다.

surprise

surprise는 동사나 명사로 사용한다.

1 used as a verb(동사로 사용하기)

surprise는 기대하지 못해서 '깜짝 놀라다'라는 뜻이다.

What you say *surprises* me. 당신의 말은 나를 놀라게 한다.

sweetcorn

Her decision to resign *had surprised* everybody. 그녀의 갑작스러운 사임 결정은 모두를 놀라게 했다.

surprise는 진행형으로 사용하지 않는다. 예를 들면, What you say is surprising me.라고 하지 않는다.

2 used as a noun(명사로 사용하기)

surprise는 명사로도 사용하며, '놀람'이라는 뜻이다.

The ruling came as a *surprise* to everyone. 그 판결은 모두에게 의외였다.

It was a great *surprise* to find out I had won.
내가 우승했다는 것을 알았는데, 그것은 대단히 놀랄 만한 일이었다.

소설에서 때때로 to my surprise나 to her surprise 등의 표현을 사용하는데, 이는 어떤 사람이 일어난 일에 놀라다라는 뜻이다.

To her surprise he said no. 그녀를 놀라게 한 것은 그가 'no'라고 대답한 것이었다.

위와 같은 표현에서 to 이외에 다른 전치사를 사용하지 않는다.

3 'surprised'

surprised는 형용사이며, be *surprised to see* something이나 be *surprised to hear* something은 기대하지 않은 일을 보거나 듣고 놀라다라는 뜻이다.

I was *surprised to see* her return so soon. 나는 그녀가 그렇게 빨리 돌아오는 것을 보고 놀랐다.

You won't be *surprised to learn* that I disagreed with this.
당신은 내가 이 일에 동의하지 않는다는 것을 알면 놀라지 않을 것이다.

be 'surprised at seeing'/'surprised at hearing' something이나 be 'surprise to' see/hear something이라고 하지 않는다.

sweetcorn

○ Usage 표제어 corn 참조.

sweets – candy

1 'sweets'

영국 영어에서는 캔디나 초콜릿 같은 작고 단 음식을 sweets라고 한다.

She did not allow her children to eat too many *sweets*. 그녀는 아이들에게 단것을 너무 많이 먹지 못하게 했다.

2 'candy'

 미국 영어에서는 sweets를 candy라고 하며, 불가산명사로 사용한다.

You eat too much *candy*. It's bad for your teeth. 당신은 사탕을 너무 많이 먹는다. 그것은 당신의 치아에 좋지 않다.

T t

take

take는 영어에서 매우 흔히 사용하는 동사 중의 하나로, 용법이 다양하다. **take**의 3인칭 단수는 **takes**, -ing형은 **taking**, 과거는 **took**, 과거분사는 **taken**이다.

1 actions and activities(행동과 활동)

〔**take** + 행동을 나타내는 명사〕 형식은 어떤 행동을 한다고 할 때 사용한다.
She **took** a shower. 그녀는 샤워를 했다.
He liked **taking** long walks in the country. 그는 시골길을 긴 시간 동안 걷는 것을 좋아했다.

○ 위의 용법에 대한 더 많은 정보는 **Usage** 표제어 **have – take** 참조.

2 moving things(물건 옮기기)

어떤 사물을 다른 곳으로 옮기다라고 할 때, **take**를 사용한다.
Don't forget to **take** your umbrella. 우산 갖고 가는 것을 잊지 마세요.
He has to **take** the boxes to the office every morning. 그는 매일 아침 사무실에 상자들을 갖고 가야 한다.

○ 위의 용법에 대한 더 많은 정보는 **Usage** 표제어 **carry – take** 참조.

> 주의 **take**를 **bring**이나 **fetch**와 혼동해서는 안 된다.
> ○ 몇 가지 차이점에 대한 설명은 **Usage** 표제어 **bring – take – fetch** 참조.

3 exams and tests(시험)

시험이나 테스트를 마치는 경우에도 **take**를 사용할 수 있다.
She**'s not yet taken** her driving test. 그녀는 아직 운전면허 시험을 치르지 않았다.
She **took** her degree last year. 그녀는 작년에 학위를 받았다.

4 time(시간)

어떤 일을 하는 데 어느 정도의 시간이 걸린다고 할 때, **take**를 사용한다.
How long will it **take**? 그것을 하는 데 얼마나 걸립니까?
It may **take** them several weeks to get back. 그들이 돌아오는 데 몇 주가 걸릴지도 모른다.

take place

어떤 일이 일어나다라고 할 때, **take place**를 사용한다.
The wedding **took place** on the stage of the Sydney Opera House.
그 결혼식은 시드니 오페라 하우스의 무대에서 거행되었다.
Elections will **take place** in November. 선거는 11월에 치러질 것이다.

happen과 **occur**는 비슷한 뜻이지만, 계획하지 않은 일을 말할 때만 사용할 수 있다. **take place**는 계획한 일이나 계획하지 않은 일에 모두 사용할 수 있다.
The talks **will take place** in Vienna. 그 회담은 비엔나에서 개최될 것이다.
The accident **took place** on Saturday morning. 그 사고는 토요일 아침에 일어났다.

take place는 자동사이므로, something 'was taken place'라고 하지 않는다. 즉 수동형이 없다.

talk

talk는 동사나 명사로 사용할 수 있다.

1 used as a verb(동사로 사용하기)

talk는 '말을 하다'라는 뜻이다.

Nancy's throat was so sore that she could not *talk*. 낸시는 목이 너무 아파서 말을 할 수 없었다.

누군가가 한 말을 전할 때는 talk가 아닌 say를 사용한다. 예를 들면, '그는 택시가 도착했다고 말했다.'는 He talked that the taxi had arrived.가 아닌 He *said* that the taxi had arrived.라고 한다.

I *said* that I would like to teach English. 나는 영어를 가르치고 싶다고 말했다.

누군가가 한 말을 전할 때, 목적어로 듣는 사람을 언급할 경우에는 tell을 사용한다.

He *told* me that Sheldon would be over to see me in a few days.
그는 나에게 셸던이 며칠 후 나를 만나러 올 거라고 말했다.

○ Usage 표제어 say와 tell 참조.

talk를 speak와 혼동해서는 안 된다.

○ 두 단어의 차이점에 대한 설명은 Usage 표제어 speak – talk 참조.

2 used as a countable noun(가산 명사로 사용하기)

give a *talk*는 청중에게 일정한 시간 동안 말하다, 즉 '강연을 하다'라는 뜻이다.

Colin Blakemore came here and *gave* a *talk* a couple of years ago.
콜린 블레이크모어는 2년 전에 이곳에 와서 강연을 했다.

3 used as an uncountable noun(불가산 명사로 사용하기)

you talk about something은 '우리가 어떤 것에 대해 말하다'이다.

There was a lot of *talk about* me getting married. 내가 결혼한다는 소문이 많이 나 있다.

4 used as a plural noun(복수형 명사로 사용하기)

talks는 '국가 또는 단체 간에 열리는 회담'이다.

Government officials *held talks* with union leaders yesterday.
정부 공무원들이 어제 노조 간부들과 협상 회담을 열었다.

tall

○ Usage 표제어 high – tall 참조.

tea

1 the drink(음료)

tea는 차나무 잎사귀를 말린 잎에 끓인 물을 부어 만든 음료, 즉 '홍차'라는 뜻이다. 영국에서는 일반적으로 홍차에 우유를 넣어서 마신다.

She poured herself another cup of *tea*. 그녀는 홍차 한 잔을 더 마시려고 차를 잔에 따랐다.
She went into the kitchen to make a fresh pot of *tea*. 그녀는 새로운 홍차 한 주전자를 만들려고 부엌으로 갔다.

2 meals(식사)

영국의 일부 사람들은 오후에 먹는 가벼운 식사를 가리킬 때, tea를 사용한다. 이 식사는 일반적으로 샌드위치와 케이크, 홍차로 구성되어 있으며, 때때로 afternoon tea라고 한다. 일부 영국 사람들은 초저녁에 먹는 저녁 식사를 가리킬 때, tea를 사용한다.

I'll make sandwiches *for tea*. 나는 가벼운 식사로 샌드위치를 만들 것이다.

teach

At five o'clock he comes home for his *tea*. 오후 5시에 그는 집에 와서 초저녁 식사를 한다.
○ 위의 용법에 대한 더 많은 정보는 Topic 표제어 Meals 참조.

teach

1 teaching a subject(과목을 가르치기)

teach는 사람들이 과목을 알거나 이해할 수 있도록 설명하다, 즉 '가르치다'라는 뜻이다. **teach**의 과거와 과거분사는 **teached**가 아닌 **taught**이다.

I *taught* history for many years. 나는 수년 동안 역사를 가르쳤다.
English *will be taught* in primary schools. 영어는 초등학교에서 배우게 될 것이다.

teach가 위와 같은 뜻일 때, 간접목적어가 자주 따라온다. (**teach** + 간접목적어 + 직접목적어) 형식이나 (**teach** + 직접목적어 + **to** + 간접목적어) 형식을 사용한다.

That's the man that taught *us Geography* at school. 학교에서 우리에게 지리를 가르치신 분이 그분이다.
I found a job teaching *English to a group of adults* in Paris.
나는 파리에서 성인들에게 영어를 가르치는 일자리를 얻었다.

2 teaching a skill(기술을 가르치기)

teach someone ***to do*** something은 누군가에게 어떤 일을 하는 방법을 알려 주다라는 뜻이다.
He *taught* me *to play* the piano. 그가 나에게 피아노를 가르친 선생이었다.
His dad had *taught* him *to drive*. 그의 아버지는 그에게 운전하는 방법을 가르쳤다.

위와 같이 **teach**를 **to**부정사와 함께 사용하면 직접목적어를 사용해야 한다. 예를 들면, Boylan had taught to drive.라고 하지 않는다.

위와 같은 뜻에 **to**부정사 대신에 **-ing**형을 사용하기도 한다. 예를 들면, '나는 그들에게 스키 타는 법을 가르쳤다.'는 I taught them to ski. 대신 I taught them *skiing*.이나 I taught them *how to ski*.라고 한다.
She taught them *singing*. 그녀는 그들에게 노래 부르는 방법을 가르쳤다.
My mother taught me *how to cook*. 어머니는 나에게 요리하는 방법을 가르쳐 주셨다.

tell

tell은 여러 가지 용법으로 흔히 사용하는 동사이다. **tell**의 과거와 과거분사는 **telled**가 아닌 **told**이다.

1 information(정보)

tell은 누군가에게 어떤 정보를 주다, 즉 '알리다'라는 뜻이다. **tell**은 일반적으로 **that**절이나 **wh**-절을 사용하여 정보를 준다.
Tell Dad *the electrician has come*. 아빠에게 전기 기술자가 도착했다고 전해 주세요.
I told her *what the doctor had said*. 나는 그녀에게 의사가 한 말을 전해 주었다.

tell의 직접목적어가 정보를 알려 주는 명사구인 경우, (**tell** + 간접목적어 + 직접목적어) 형식을 사용한다. 직접목적어가 대명사가 아닌 경우에는 간접목적어가 앞에 온다.
She told *him the news*. 그녀는 그에게 그 소식을 알려 주었다.
I never told *her a thing*. 나는 그녀에게 아무것도 알려 주지 않았다.

tell의 직접목적어가 대명사일 때, (**tell** + 직접목적어 + **to** + 간접목적어) 형식을 사용한다.
I've never told *this to anyone else* in my whole life. 나는 이 일을 평생 아무에게도 말하지 않았다.

2 stories, jokes, lies(이야기, 농담, 거짓말)

tell a story/joke는 이야기하거나 농담을 하다라는 뜻이다.
She *told* me the story of her life. 그녀는 나에게 자신의 신상에 관한 이야기를 해주었다.
He's extremely funny when he *tells a joke*. 그는 조크를 할 때마다 정말로 재미있게 말한다.

temperature

농담을 하다라고 할 때, 동사 **make**나 **crack**을 사용할 수도 있다.
- 더 많은 정보는 Usage 표제어 **joke** 참조.

***tell* a lie**는 거짓말을 하다라는 뜻이다.
We ***told*** a lot of lies. 우리는 거짓말을 많이 했다.

***tell* the truth**는 사실을 말하다라는 뜻이다.
We knew that he was ***telling the truth***. 우리는 그가 진실을 말하고 있다는 것을 알고 있었다.
I wondered why I ***hadn't told*** Mary ***the truth***. 나는 왜 내가 메리에게 사실을 말하지 않았을까 의아했다.

이야기, 농담, 거짓말을 하다라고 할 때, **tell**의 간접목적어는 직접목적어 앞이나 뒤에 올 수 있다.
His friend ***told me this story***. 그의 친구가 이 이야기를 나에게 말해 주었다.
Many hours had passed when Karen finished ***telling her story to Kitty***.
카렌이 키티에게 그녀의 이야기를 마쳤을 때는 시간이 많이 지나 있었다.

3 orders(명령)

***tell* someone *to do* something**은 누군가에게 어떤 일을 하라고 명령하거나 지시하다라는 뜻이다. **tell**이 이런 뜻일 경우, [**tell** + 목적어 + **to**부정사] 형식을 사용한다.
Tell Martha to come to my office. 마사에게 나의 사무실로 오라고 말하세요.
They ***told us to put on*** our seat-belts. 그들은 우리에게 안전벨트를 매라고 말했다.

> 주의 목적어 없이는 위와 같이 **tell**을 사용하지 않는다. 예를 들면, ~~They told to put on our seat belts.~~라고 하지 않는다.

4 recognizing the truth(사실 인식하기)

someone *can tell* what is happening/what is true는 무슨 일이 일어나고 있는지 또는 무엇이 사실인지를 정확하게 판단할 수 있다라는 뜻이다.
I ***can usually tell*** when someone's lying to me. 나는 누가 거짓말을 할 때 대개 그것을 알 수 있다.
I ***couldn't tell*** what they were thinking. 나는 그들이 무슨 생각을 하고 있는지 알 수 없었다.

- **tell**이 위와 같은 뜻일 때, 보통 **can**, **could**, **be able to**를 함께 사용한다.

5 'inform'

inform과 **tell**은 같은 뜻으로 **you inform someone of something**은 '우리가 어떤 사람에게 어떤 것을 알려 주다'이다.
The public is ***informed*** of the financial benefits that are available.
대중은 이용 가능한 재정적 혜택에 대해 정보를 받게 된다.
It was his duty to ***inform*** the king that his country was in danger.
국왕에게 그 나라가 위기에 처해 있다는 것을 알리는 것이 그의 의무였다.

temperature
- Topic 표제어 **Measurements** 참조.

terrible – terribly

1 'terrible'

형용사 **terrible**은 두 가지 용법으로 사용한다. 회화에서 어떤 것이 기분을 매우 나쁘게 하거나 그것의 질이 아주 좋지 않다고 할 때, **terrible**을 사용한다.
I know this has been a ***terrible*** shock to you. 나는 이 일이 당신에게 엄청난 충격을 준 것을 알고 있다.
His eyesight was ***terrible***. 그의 시력은 형편없이 나빴다.

글이나 회화에서 어떤 일이 매우 충격적이거나 비참하다고 할 때, **terrible**을 사용한다.

test

That was a *terrible* air crash last week. 지난주에 일어난 비행기 추락 사고는 매우 비참했다.

2 'terribly'

어떤 일이 얼마나 충격적이거나 비참한지를 강조할 때, 때때로 부사 **terribly**를 사용한다.

My son has suffered *terribly*. He has lost his best friend.
나의 아들은 몹시 충격을 받았는데, 그의 가장 친한 친구가 죽었기 때문이다.
The wound bled *terribly*. 그 상처에서 피가 철철 흘러나왔다.

그러나 **terribly**는 사람의 감정이나 사물의 성질의 정도가 크다는 것을 강조할 때 훨씬 더 자주 사용한다.
I'm *terribly* sorry. 대단히 죄송합니다.
We all miss him *terribly* and are desperate for him to come home.
우리 모두는 그를 몹시 그리워하며, 그가 집에 돌아오기를 손꼽아 기다린다.
It's a *terribly* dull place. 그곳은 굉장히 따분한 곳이다.

격식을 차린 글에서는 위와 같이 **terribly**를 사용하지 않는다.

test

test는 어떤 과목을 얼마나 아는지 보여 주기 위해 답하는 일련의 질문, 즉 '시험'이라는 뜻이다. ***take/do*** a test는 시험을 치르다라는 뜻이다.

All candidates will be required to *take* an English language *test*.
모든 지원자는 영어 시험을 치르는 게 필수일 것이다.
We *did* another *test*. 우리는 또 다른 시험을 보았다.

test는 어떤 일을 얼마나 잘 할 수 있는지 보여 주기 위해 하는 일련의 행동이라는 뜻도 있다. 이와 같은 뜻으로도 **take a test**를 사용한다.

She*'s* not yet *taken* her driving *test*. 그녀는 아직 운전면허 시험을 치르지 않았다.

🛈 'make' a test라고 하지 않는다.

pass a test는 시험에 합격하다라는 뜻이다.
I *passed* my driving test in Holland. 나는 네덜란드에서 운전면허 시험에 합격했다.

> 주의 **pass** a test는 시험에 합격하다라는 뜻이고, ***take/do*** a test는 시험을 치르다라는 뜻이다.

fail a test는 시험에 불합격하다라는 뜻이다.
I think I've *failed* the test. 나는 시험에 불합격한 거 같아요.

than

1 'than' used with comparatives (비교급과 함께 사용하는 than)

than은 주로 비교급 형용사와 부사 뒤에 오며, (than + 명사구·절·부가어) 형식을 사용한다.
I am happier *than I have ever been*. 나는 이전보다 더 행복하다.
They had to work harder *than expected*. 그들은 예상했던 것보다 더 열심히 일해야 했다.

than 뒤에 인칭대명사를 단독으로 사용하는 경우, 목적격 대명사(**me, him** 등)를 사용해야 한다.
My brother is younger than *me*. 내 남자 형제는 나보다 더 어리다.
Lamin was shorter than *her*. 라민은 그녀보다 키가 더 작았다.

그러나 **than** 뒤의 대명사가 절의 주어인 경우, 주격 대명사를 사용한다.
They knew my past much better than *she did*.
그들은 내 과거를 그녀보다 훨씬 더 잘 알고 있었다.
He's taller than *I am*. 그는 나보다 키가 더 크다.

thank

2 'than ever'

(비교급 + than + ever · ever before) 형식을 사용할 수도 있다. 예를 들면, **something is bigger *than ever*/bigger *than ever before*** 는 어떤 것이 항상 컸지만 현재처럼 큰 적이 없었다는 것을 강조한다.

Bill worked harder *than ever*. 빌은 어느 때보다 더 열심히 일했다.

He was now managing a bigger team *than ever before*. 그는 이제 어느 때보다 더 큰 팀을 운영하고 있다.

> 주의 not as나 not so를 사용하여 비교할 때는 than을 사용하지 않는다. 예를 들면, '그는 누나만큼 키가 크지 않다.'는 He is not as tall than his sister.가 아닌 He is not as tall *as* his sister.라고 한다.
> - Usage 표제어 as...as 참조.
> - Grammar 표제어 Comparative and superlative adjectives와 Comparative and superlative adverbs 참조.

3 'more than'

어떤 그룹의 사람이나 사물의 숫자가 특정한 숫자보다 더 많다고 할 때, **more than**을 사용한다.

We live in a city of *more than* a million people. 우리는 백만 명 이상의 도시에서 살고 있다.

There are *more than* two hundred and fifty species of shark. 250종 이상의 상어가 있다.

- 위의 용법에 대한 더 많은 정보는 Usage 표제어 more 참조.

(more than + 형용사) 형식을 사용하여 내용을 강조할 수도 있다. 예를 들면, '당신이 올 수 있다면, 나는 매우 기쁠 것이다.'는 If you can come, I shall be very pleased. 대신 If you can come, I shall be *more than* pleased.라고 할 수 있다. 이는 상당히 격식을 갖춘 표현이다.

I am *more than satisfied* with my achievements in Australia. 호주에서 내가 이룬 성과에 나는 아주 만족한다.

You would be *more than welcome*. 당신은 대환영을 받을 것입니다.

4 'rather than'

사실인 것을 사실이 아닌 것과 비교할 때, **rather than**을 사용한다.

The company's offices are in London *rather than* in Nottingham. 그 회사들의 사무실은 노팅엄보다는 런던에 있었다.

She was angry *rather than* afraid. 그녀는 걱정을 하기보다 화가 나 있었다.

- 더 많은 정보는 Usage 표제어 rather 참조.

thank

1 'thank you'

thank는 주로 Thank you나 Thanks와 같은 표현에 사용한다.

Thank you very much! The flowers are so pretty! 고맙습니다. 그 꽃들이 아주 아름답습니다.

Thanks a lot, Suzie. You've been great. 수지, 내게 잘해 줘서 아주 고마워요.

- 'Thanks you.'나 'Thanks you a lot.'이라고 하지 않는다.
- 위의 용법에 대한 설명은 Topic 표제어 Thanking someone 참조.

2 'thank' used as a verb(동사로 사용하는 thank)

thank는 동사로도 사용하며, 누군가에게 감사를 표하다라는 뜻이다.

She smiled at him, *thanked* him, and drove off. 그녀는 그를 향해 웃으며 감사를 표한 후, 차를 몰고 떠났다.

thank someone *for* something은 어떤 일에 대해 누군가에게 감사하다라는 뜻이다.

I *thanked* Jenny *for* her time, patience and sense of humour.
나는 제니에게 그녀가 시간을 내준 것과 인내심과 유머 감각에 대해 감사했다.

He *thanked* me *for* what I had done. 그는 내가 한 일에 대해 감사를 표했다.

thank someone *for doing* something은 어떤 일을 한 것에 대해 누군가에게 감사하다라는 뜻이다.

that

He thanked the audience ***for coming***. 그는 청중들이 그곳에 와 준 것에 대해 감사를 표했다.
He ***thanked*** me ***for bringing*** the sandwiches. 그는 내가 샌드위치를 가져온 것에 대해 감사를 표했다.

🛈 thank someone 'to do' something이라고 하지 않는다.

that

that은 다음과 같은 세 가지 주요 용법이 있다.

1 used to refer back (앞에 나온 말을 다시 지칭하기)

이미 언급했거나 알고 있는 것을 가리킬 때, 여러 가지 방법으로 **that**을 사용한다. 이 경우에는 항상 **that**[ðæt]으로 발음한다.

I was so proud of ***that*** car! 나는 저 차를 가진 것을 자랑스럽게 생각한다.
How about natural gas? Is ***that*** an alternative? 천연가스는 어떻습니까? 그것이 하나의 대안이 될 수 있겠습니까?

◯ Usage 표제어 that – those 참조.

2 used in 'that'-clauses (that절에 사용하기)

that절의 시작에 **that**을 사용하며, 이 경우에는 보통 [ðət]으로 발음한다.
He said ***that he was sorry***. 그는 미안했다고 말했다.
Mrs Kaul announced ***that the lecture would now begin***. 카울 씨는 이제 강의가 곧 시작될 것이라고 알렸다.

◯ Grammar 표제어 'That'-clauses와 Reporting 참조.

3 used in relative clauses (관계사절에 사용하기)

또한 **that**은 한정적 용법의 관계사절을 시작할 때 관계대명사로도 사용하며, 이 경우에는 보통 [ðət]으로 발음한다.
I reached the gate ***that*** opened onto the lake. 나는 호수 쪽으로 열린 문에 도달했다.

◯ Grammar 표제어 Relative clauses 참조.

that – those

사람, 사물, 사건, 기간을 가리킬 때, 다양한 방법으로 **that**과 **those**를 사용한다. 둘 다 한정사나 대명사의 역할을 할 수 있으며, **those**는 **that**의 복수형이다.

1 referring back (다시 지칭하기)

이미 언급했거나 알고 있는 사람, 사물, 사건을 다시 가리킬 때, **that**이나 **those**를 사용한다.
I knew ***that*** meeting would be difficult. 나는 그 회의가 어려울 것임을 알았다.
'Did you see him?' – 'No.' – '***That***'s a pity.' "그를 만났나요?" – "아니요." – "안타깝네요."
Not all crimes are committed for ***those*** reasons. 모든 범죄가 그러한 이유로 일어나지는 않는다.
There are still a few problems with the software, but we're working hard to remove ***those***.
그 소프트웨어에 아직도 여러 문제점들이 있지만, 그러나 우리는 이를 제거하려고 열심히 노력하고 있다.

2 things you can see (볼 수 있는 사물)

가까이 있지는 않지만 볼 수 있는 사람이나 사물을 가리킬 때에도 **that**이나 **those**를 사용할 수 있다.
Look at ***that*** bird! 저기 있는 새를 보세요!
Don't be afraid of ***those*** people. 저 사람들을 두려워하지 마세요.

3 'that' used to refer to a person (사람을 가리킬 때 사용하는 that)

그러나 사람을 가리킬 때는 일반적으로 대명사 **that**을 사용하지 않고, 누구인지 밝히거나 물어볼 때만 사용한다.
'Who's the woman in the red dress?' – '***That***'s my wife.'
"빨간색 드레스를 입은 여자는 누구입니까?" – "저 여자는 제 아내입니다."
'Who's ***that***?' "저 사람은 누구입니까?"

○ 전화할 때 사용하는 that의 용법에 대한 정보는 Topic 표제어 Talking on the phone 참조.

4 saying when something happened(어떤 일이 일어난 때 말하기)

(**that** + **day** · **morning** · **afternoon**) 형식은 같은 날에 그 밖의 다른 일이 일어났다는 것을 나타낼 때 사용할 수 있다.

There were no classes *that day*. 그날은 수업이 없었다.
Paula had been shopping *that morning*. 파울라는 그날 아침 쇼핑을 하고 있었다.

(**that** + **week** · **month** · **year**) 형식은 어떤 일이 같은 주, 달, 해에 일어났다는 것을 나타낼 때 사용할 수 있다.

There was a lot of extra work to do *that week*. 그 주에는 해야 할 추가 업무가 많았다.
Later *that month* they attended another party. 그달 하순에 그들은 또 다른 파티에 참석했다.

5 'this' and 'these'

this와 these를 that과 those와 비슷한 용법으로 사용한다.

○ 두 단어의 차이점에 대한 설명은 Usage 표제어 this – that 참조.

---

the

1 basic uses(기본 용법)

정관사 **the**는 이미 언급했거나 듣는 사람 또는 읽는 사람이 알고 있는 사람이나 사물을 가리킬 때 사용하며, 명사구 앞에 온다.

A man and a woman were walking on *the beach*. *The man* wore shorts, a T-shirt, and sandals. *The woman* wore a bright dress. 한 남녀가 힘들게 모래 언덕을 오르고 있었다. 남자는 반바지와 티셔츠에 샌들을 신었고, 여자는 밝은색 드레스를 입고 있었다.

말하는 사람이 누구인지 사물이 무엇인지 나타낼 때, the 뒤에 전치사구나 관계사절 등의 수식어를 추가한다.

I've no idea about *the geography of Scotland*. 나는 스코틀랜드의 지리에 대해서 아는 게 전혀 없다.
That is a different man to *the man that I knew*. 저 사람은 내가 알고 있던 사람과는 다르다.

(**the** + 단수명사) 형식은 단 하나만 있는 사물을 가리킬 때 사용한다.

They all sat in *the sun*. 그들 모두 햇볕이 드는 곳에 앉아 있었다.
The sky was a brilliant blue. 하늘은 눈부시게 푸르렀다.

2 types of thing or person(사물이나 사람의 유형)

(**the** + 단수 가산명사) 형식은 특정한 유형의 모든 사물에 대해 일반적인 진술을 할 때 사용한다.

The smartphone allows us to be permanently connected to our workplace. 스마트폰이 우리를 항상 직장과 연결할 수 있게 해 주고 있다.
My father's favorite flower is *the rose*. 우리 아버지는 장미꽃을 가장 좋아하신다.

🛈 복수명사를 사용하여 위와 비슷한 진술을 할 수 있다. 이 경우에는 the를 사용하지 않는다.

Smartphones are both a blessing and a curse. 스마트폰은 우리에게 축복이자 저주이다.
Roses need to be watered frequently. 장미는 자주 물을 주어야 할 필요가 있다.

🛈 마찬가지로, 일반적인 뜻으로 사용하는 경우에는 불가산명사에 the를 사용하지 않는다. 예를 들면, '오염은 심각한 문제이다.'는 The pollution is a serious problem.이 아닌 *Pollution* is a serious problem.이라고 한다.

We continue to fight *crime*. 우리는 범죄와 싸워야 한다.
People are afraid to talk about *disease* and *death*. 사람들은 병과 죽음에 대해 말하길 두려워한다.

(**the** + **rich** · **poor** · **young** · **old** · **unemployed** 등) 형식은 특정한 유형의 모든 사람들을 가리킬 때 사용할 수 있다.

Only *the rich* could afford his firm's products. 부자들만이 그의 회사 제품을 살 수 있었다.
They were discussing the problem of *the unemployed*. 그들은 실업자들에 대한 문제를 토의하고 있었다.

their

USAGE

ℹ️ 위와 같은 단어를 사용하는 경우, 뒤에 -s나 -es를 붙이지 않는다. 예를 들면, the unemployeds라고 하지 않는다.

3 nationalities(국적)

(**the** + 국적을 나타내는 형용사) 형식은 특정한 나라에 사는 사람들이나 그 나라 출신인 사람들의 무리를 가리킬 때 사용한다.

They depend on the support of *the French*. 그들은 프랑스 국민들의 지지에 의존하고 있다.

○ Topic 표제어 Nationality words 참조.

4 systems and services(시스템과 서비스)

(**the** + 단수 가산명사) 형식은 시스템이나 서비스를 가리킬 때 사용한다.

I don't like speaking on *the phone*. 나는 전화로 말하는 것을 좋아하지 않는다.
How long does it take on *the train*? 기차를 타고 가면 시간이 얼마나 걸립니까?

5 institutions(기관)

전치사와 **church, college, home, hospital, prison, school, university** 등의 단어 사이에는 보통 **the**를 사용하지 않는다.

Will we see you *in church* tomorrow? 우리 내일 교회에서 만날 수 있을까요?
I was *at school* with her. 나는 학교에서 그녀와 같이 있었다.

○ 위의 각 단어에 대한 Usage 표제어 참조.

6 meals(식사)

일반적으로 식사 명칭 앞에는 **the**를 사용하지 않는다.

I open the mail immediately after *breakfast*. 나는 아침 식사 후 바로 메일을 열어 본다.
I haven't had *dinner* yet. 나는 아직 저녁 식사를 하지 못했다.

○ Topic 표제어 Meals 참조.

7 used instead of a possessive(소유격 대신 사용하기)

특히 신체 부위에 가해지는 행위를 나타낼 때, 소유격 한정사 대신 **the**를 사용한다.

She touched him on *the hand*. 그녀는 그녀의 손으로 그를 터치했다.
He took her by *the arm* and began pulling her away. 그는 그녀의 손을 잡고 그녀를 끌고 가기 시작했다.

○ Grammar 표제어 Possessive determiners 참조.

8 used with superlatives and comparatives(최상급과 비교급에 사용하기)

보통 **the**는 최상급 형용사 앞에 사용한다.

We saw *the smallest* church in England. 우리는 영국에서 가장 작은 교회를 보았다.

일반적으로 최상급 부사 앞에는 **the**를 사용하지 않는다.

They use the language they know *best*. 그들은 가장 잘 아는 언어를 사용한다.

일반적으로 비교급 형용사나 부사 앞에는 **the**를 사용하지 않는다.

The model will probably be *smaller*. 그 모델은 아마 더 작을 것이다.
I wish we could get it done *quicker*. 나는 우리가 그것을 더 빨리 끝낼 수 있기를 바란다.

그러나 위의 용법에는 몇 가지 예외가 있다.

○ 더 많은 정보는 Grammar 표제어 Comparative and superlative adjectives와 Comparative and superlative adverbs 참조.

their

○ Usage 표제어 there 참조.

them

1 used to refer to a plural noun(복수명사를 가리킬 때 사용하기)

them은 동사나 전치사의 목적어로 사용할 수 있다. 앞서 언급했거나 이미 알고 있는 사람들이나 사물들을 가리킬 때, **them**을 사용한다.

Those children are now getting ready for school; some of *them* are only four years old. 그 어린이들은 학교에 갈 준비를 하고 있는데, 그들 중 일부는 4살에 불과하다.
She gathered the last few apples and put *them* into a bag. 그녀는 마지막으로 남은 사과 몇 개를 모아서 자루에 넣었다.

> 주의 주어와 같은 사람을 문장의 목적어로 하는 경우, **them**이 아닌 **themselves**를 사용한다.
> Your children should be old enough now to dress *themselves*.
> 여러분들의 어린이들은 지금 옷을 스스로 입을 나이에 도달했다고 본다.

2 used to mean 'him or her'(him or her의 뜻으로 사용하기)

성별이 불분명한 사람을 가리킬 때, **him or her** 대신 **them**을 사용할 수 있다. 그러나 이를 잘못된 표현으로 생각하는 사람도 있다.

If anyone calls, tell *them* I'm out. 누군가 나에게 전화하거든, 나갔다고 전해 주세요.

↺ Usage 표제어 he – she – they 참조.

there

there는 두 가지 주요 용법이 있다. **be**동사와 같은 동사 앞에 사용하거나, 장소부사로 **there**를 사용한다.

1 used in front of 'be'(be동사 앞에 사용하기)

(**there + be**동사) 형식은 어떤 것이 존재하거나 일어나거나 특정한 장소에 있다는 것을 나타낼 때 사용한다. **there**를 이와 같이 사용하는 경우 보통 [ðər]나 [ðeər]로 발음하며, 천천히 또는 주의 깊게 말할 때에는 [ðər]로 발음한다.

There must *be* a reason. 이유가 있음에 틀림없다.
There was a new cushion on one of the sofas. 소파들 중 한 개에 새 쿠션이 있었다.

(**there + be**동사) 형태에서 **there** 뒤에 단수명사구가 오면 단수동사, 복수명사구가 오면 복수동사를 사용한다.

There is a fire on the fourth floor. 그 건물 4층에 불이 났다.
There are several problems with this method. 이 방법의 실행에 여러 가지 문제점들이 있어요.

회화에서 일부 사람들은 복수명사구 앞에 **there's**를 사용한다. 예를 들면, '안개가 끼면, 충돌 사고가 더 많이 일어난다.'는 If it's foggy, ***there's*** more ***collisions***.라고 하는데, 이러한 용법은 일반적으로 잘못된 표현으로 간주된다.

> 주의 전치사 **since**를 사용하여 어떤 일이 일어난 후 얼마의 시간이 지났는지 나타낼 때, **there is**이나 **there are**가 아닌 **it is**를 사용한다. 예를 들면, '그녀가 런던에 도착한 지 4일이 되었다.' 또는 '그녀는 4일 전에 런던에 도착했다.'는 ~~There are four days since she arrived in London.~~이 아닌 ***It's*** four days since she arrived in London.이나 She arrived in London four days ***ago***.라고 한다.
> ***It's*** three months since you were here last. 당신이 여기를 마지막으로 다녀간 지 3개월이 지났다.
> Her husband died four years *ago*. 그녀의 남편은 4년 전에 죽었다.

2 used as an adverb(부사로 사용하기)

그 밖의 주요한 용법으로, 앞서 언급한 장소를 가리킬 때 **there**를 사용한다. 이 경우, **there**는 [ðeer]로 발음한다.

I must get home. Bill's *there* on his own. 나는 집에 가야 해. 빌이 거기에 혼자 있거든.
Come into the kitchen. I spend most of my time *there* now.
부엌으로 들어오세요. 나는 요즘 대부분의 시간을 거기서 보내요.

these

USAGE

> **주의** there 앞에는 전치사 to를 사용하지 않는다. 예를 들면, '나는 그곳에 가기를 좋아한다.'는 I like going to there.가 아닌 I like going *there*.라고 한다.
>
> My family live in India. I still go *there* often. 우리 가족은 인도에 살고 있다. 나는 아직도 그곳에 자주 간다.
>
> 종속절을 이끌 때는 there가 아닌 where를 사용한다. 예를 들면, '나는 여동생이 기다리는 공원으로 돌아갔다.'는 I went back to the park, there my sister was waiting.이 아닌 I went back to the park, *where* my sister was waiting.이라고 한다.
>
> The accident took place in Oxford, *where* he and his wife lived.
> 그 사고는 그와 그 부인이 살았던 옥스퍼드에서 일어났었다.

3 'their'

발음이 같은 there와 their를 혼동해서는 안 된다. their는 어떤 것이 특정한 사람, 동물, 사물에 속하거나 관련되어 있을 때 사용한다.

I looked at *their* faces. 나는 그들의 얼굴을 보았다.
What would they do when they lost *their* jobs? 만약 그들이 직장을 잃는다면 무엇을 할 것인가?

these

○ Usage 표제어 this – these 참조.

they

they는 주어로 사용할 수 있다. 앞서 언급했거나 이미 알고 있는 사람들이나 사물들을 가리킬 때 사용한다.

All universities have chancellors. *They* are always rather senior people.
모든 대학에는 총장이 있다. 그들은 항상 나이가 좀 많은 사람들이다.

The women hadn't expected a visitor and *they* were already in their pyjamas.
그 여자들은 방문자가 올 것이라는 예상을 하지 못해서, 못해, 이미 파자마를 입고 있었다.

🔲 주어 뒤에 관계대명사절이 뒤따를 때, 주절의 동사 앞에 they를 사용하지 않는다. 예를 들면, '옆집에 사는 사람들은 돼지를 키운다.'는 The people who live next door, they keep pigs.가 아닌 The people who live next door keep pigs.라고 한다.

Two children who were rescued by their father from a fire are in a critical condition.
불 속에서 그들의 아버지에 의해 구조되는 두 아이는 위중한 상태이다.

The girls who had been following him suddenly stopped. 그를 뒤따라온 두 여자아이들이 갑자기 걸음을 멈췄다.

일반적인 사람들이나 실제로 알려져 있지 않은 한 무리의 사람들을 가리킬 때, they를 사용하기도 한다.

They say that a former nurse makes the worst patient. 사람들은 왕년의 간호사가 가장 까다로운 환자가 된다고 말한다.
Mercury is the stuff *they* put in thermometers. 수은은 온도계에 넣는 물질이다.

○ Usage 표제어 one – you – we – they 참조.

성별이 불분명한 개인을 가리킬 때에도 he or she 대신 they를 사용할 수 있다.

I was going to stay with a friend, but *they* were ill. 나는 한 친구와 같이 지낼 계획이었는데, 그 친구는 몸이 아팠다.

○ Usage 표제어 he – she – they 참조.

> **주의** 여러 개의 사물이 존재하거나 특정한 장소에 있다고 할 때는 they are가 아닌 there are를 사용한다. 예를 들면, '냉장고에 와인이 두 병 있다.'는 They are two bottles of wine in the fridge.가 아닌 *There are* two bottles of wine in the fridge.라고 한다.
>
> *There are* always plenty of jobs to be done. 항상 해야 할 일이 많다.
>
> ○ Usage 표제어 there 참조.

thief – robber – burglar

남의 물건을 훔치거나 빼앗는 사람, 즉 '도둑'은 thief라고 한다. 은행이나 가게 등에서 물건을 훔치려고 폭력이나 위협을 가하는 '강도'는 **robber**라고 한다.
They caught the armed *robber* who raided a supermarket. 그들은 주류 판매 면허점을 덮친 무장 강도를 잡았다.

burglar는 집이나 건물 등에 침입하여 물건을 훔치는 '좀도둑'이라는 뜻이다.
The average *burglar* spends just 2 minutes inside your house. 웬만한 도둑은 집을 터는 데 2분밖에 안 걸린다.

think

동사 think는 여러 가지 방법으로 사용한다. think의 과거와 과거분사는 **thinked**가 아닌 **thought**이다.

1 used with a 'that'-clause(that절과 함께 사용하기)

〔think + that절〕 형식은 어떤 일에 대한 의견이나 결정을 언급할 때 사용할 수 있다.
I *think you should go*. 내 생각에 당신이 가야 할 것 같다.
I *thought I'd wait*. 나는 기다리기로 했다.

think가 위와 같은 뜻일 때는 진행시제를 사용하지 않는다. 예를 들면, ~~I am thinking you should go.~~라고 하지 않지만, 그러나 회화에서 우리의 의견이나 결정을 변경할 가능성이 있을 때 이를 강조하기 위해 사용할 수 있다.
I have too many books. I'*m thinking* I might sell some of them.
나는 너무 많은 책을 갖고 있어 그중 일부를 팔려고 고려 중이다.

어떤 일이 사실이 아니라고 생각한다는 **someone thinks something is not the case** 대신 **someone doesn't think** something *is* the case라고 한다.
I *don't think* this will work. 나는 이것이 잘 되리라고 생각하지 않는다.
I *don't think* there is any doubt about that. 나는 그것에 의심할 점이 전혀 없다고 생각한다.

2 'I think so'

누군가가 어떤 일이 사실인지 묻는 경우, '그렇게 생각한다'라는 대답은 ~~I think it.~~이 아닌 **I think so.**라고 한다.
'Do you think my mother will be all right?' – '*I think so*.'
"저희 어머니의 상태가 좋아질 것 같습니까?" – "그렇게 생각합니다."

'그렇게 생각하지 않는다'라는 대답은 **I don't think so.**라고 한다. **I think not.**이라고도 할 수 있지만, 이는 다소 격식을 차린 말이다.
'I have another friend, Barbara Robson. Do you know her?' – '*I don't think so*.'
"나는 바버라 랍슨이라는 또 다른 친구가 있어요. 그녀를 아세요?" – "모르는 것 같아요."
'Are you going to be sick?' – '*I don't think so*.' "당신이 병에 걸린 것 같습니까?" – "그렇진 않을 거예요."

3 using a continuous tense(진행시제에 사용하기)

someone is thinking은 누군가가 어떤 일을 고려 중이다라는 뜻이다. think가 이런 뜻일 때는 진행시제를 사용한다.
I'll fix us both a sandwich while I'*m thinking*. 생각하는 동안, 나는 우리 둘이 먹을 샌드위치를 만들 것이다.
You *have been thinking*, haven't you? 그 일을 생각해 봤지요, 그렇지 않나요?

누군가가 마음속으로 특정한 시간에 생각하고 있는 것을 나타낼 때에도 진행시제를 사용한다.
That's what I *was thinking*. 그것이 내가 생각하고 있었던 것이다.
It's very difficult to determine what the other people *are thinking*.
다른 사람들이 무엇을 생각하고 있는지 알아내는 것은 아주 어렵다.

다른 사물이나 사람에 대해 생각하고 있다고 할 때, **be thinking about**나 **be thinking of**를 사용할 수 있다.
I spent hours *thinking about* the email. 나는 여러 시간 그 이메일에 대해 고려해 보았다.
She *was thinking of* her husband. 그녀는 남편을 생각하고 있었다.

be thinking of doing something은 어떤 일을 할 것을 고려 중이다라는 뜻이다.
I *was thinking of leaving* home. 나는 집을 떠날 것을 고려 중이었다.

ℹ️ 'be thinking to do' something이라고 하지 않는다.

this – that

USAGE

this – that

this와 that은 한정사나 대명사로 사용한다. this와 that의 복수형은 these와 those이다.

○ Usage 표제어 this – these와 that – those 참조.

이 표제어에서는, 이들 단어를 사용하는 용법의 유사점과 차이점을 다룬다.

1 referring back(다시 가리키기)

이미 언급한 사람, 사물, 일 등을 다시 가리킬 때, **this**, **these**, **that**, **those**를 사용한다. 일반적으로 **that**과 **those**보다는 **this**와 **these**를 더 많이 사용한다.

New machines are of course more expensive and *this* is something one has to consider.
새 기계들은 당연히 더 비싸서 우리는 이 점을 고려해야 한다.

So, for all *these* reasons, my advice is to be very, very careful.
그래서 이러한 모든 이유로, 내 충고는 매우 조심하라는 것이다.

앞에 나온 명사를 다시 가리킬 때, (that · those + 명사) 형식을 사용한다.

I know that what I say to a *person* is seldom what *that person* hears.
내가 어떤 사람에게 말한 것이 그 사람이 듣는 것과 안타깝게도 다르다는 것을 나는 알고 있다.

Students suggest *books* for the library, and normally we're quite happy to get *those books*.
학생들이 도서관에 소장할 책을 추천하면, 우리는 보통 그 책을 갖춰 놓는 것에 꽤 만족한다.

누군가가 앞서 한 진술을 다시 가리킬 때는 보통 **this**가 아닌 **that**을 사용한다.

'She was terribly afraid of offending anyone.' – '*That*'s right.'
"그녀는 누군가의 감정을 상하게 할까 봐 몹시 두려워했어요." – "그건 맞아요."

'*That*'s a good point,' he said in response to my question.
나의 질문에 대해 그는 "그것은 아주 좋은 지적입니다."라고 응답을 했다.

2 present and past(현재와 과거)

사건이나 상황을 나타낼 때, **this**나 **that**을 사용할 수 있다.

계속 존재하는 상황이나 일어나는 일을 가리킬 때, **this**를 사용한다.

'My God,' I said, '*This* is awful.' 나는 "맙소사, 이건 끔찍해."라고 말했다.

This whole business has gone on too long. 이 모든 일이 너무 오래 지속되었다.

최근에 일어난 사건이나 상황을 가리킬 때, **that**을 사용한다.

I knew *that* meeting would be difficult. 나는 그 회의가 어려울 거란 걸 알았다.

That was a terrible air crash last week. 그것은 지난주에 일어난 끔찍한 비행기 추락 사고였다.

3 closeness(근접)

자신과 매우 가까이 있는 사람이나 사물을 나타낼 때, **this**나 **these**를 사용한다. 예를 들면, 자신의 손에 사물을 들고 있거나 자기 앞의 책상이나 탁자 위에 있는 그 사물을 가리킬 때, **this**를 사용한다.

What is *this*?' she said, picking up the parcel on my desk.
그 경찰관은 내 책상 위의 소포를 집어 들면서 "이것은 뭡니까?"라고 물었다.

This coffee tastes like tea. 이 커피 맛은 홍차 같다.

Wait a minute. I just have to sort *these* books out. 잠깐 기다리세요. 저는 바로 이 책들을 정리해야 해요.

보거나 들을 수 있지만 손을 내밀어서 닿을 수 없을 만큼 떨어져 있는 사람이나 사물을 가리킬 때, **that**이나 **those**를 사용한다.

Look at *that* bird! 저기 있는 새를 보아라!

Can you move *those* books off there? 저 책들을 저곳으로 옮겨 주시겠습니까?

두 개의 사물을 비교할 때 말하는 사람과 가까운 것은 **this**, 멀리 떨어져 있는 것은 **that**을 사용할 수 있다.

This one's nice but I don't like *that* one much. 이것은 좋은데 저것은 별로 마음에 들지 않는다.

this – these

this – these

사람, 사물, 상황, 사건, 시간을 가리킬 때, 여러 가지 방법으로 **this**와 **these**를 사용한다. 이들 단어는 한정사나 대명사로 사용할 수 있으며, **this**의 복수형은 **these**이다.

1 referring back(다시 가리키기)

앞서 언급한 사람, 사물, 일을 다시 가리킬 때, **this**나 **these**를 사용한다.

He's from the Institute of English Language in Bangkok. *This* institute has been set up to serve language teachers in the area.
그는 방콕의 영어 교육원 출신이다. 이 학원은 그 지역의 영어 교사들을 돕기 위해 설립되었다.

Tax increases may be needed next year to do *this*. 이것을 시행하기 위해 내년에 세금 인상이 필요할지도 모른다.

These particular students are extremely bright. 이런 특별한 학생들은 아주 총명하다.

앞서 언급한 사람을 가리킬 때는 대명사로 **this**가 아닌 **he**나 **she**를 사용한다.

He was known to all as Eddie. 그는 모두에게 에디로 알려져 있었다.

'Bye,' Mary said as *she* drove away. 메리는 자동차로 그곳을 떠나면서 "또 봐요." 하고 말했다.

회화에서 사람이나 사물을 처음으로 언급하는 경우, 많은 사람들이 **this**와 **these**를 한정사로 사용한다.

Then *this* guy came to the door of the class and he said, 'Mary, you're wanted out here in the hall.'
그러고 나서 이 남자는 교실 문까지 와서, "메리, 당신을 만나고 싶어하는 사람이 여기 홀로 왔어요."라고 말했다.

At school we had to wear *these* awful white cotton hats.
학교에서 우리는 이런 형편없는 하얀 면 모자를 써야만 했었다.

2 closeness(근접)

자신과 매우 가까이에 있는 사람이나 사물을 가리킬 때, **this**나 **these**를 사용할 수 있다. 예를 들면, 자신이 책을 들고 있는 경우, 그 책을 *this* book이라고 한다.

The colonel handed him the bag. '*This* is for you,' he said.
대령은 그에게 가방을 건네주며 "이것은 당신 것이오."라고 말했다.

Let's get *these* dirty clothes in the washing machine. 자, 이 더러운 옷들을 세탁기에 넣어 세탁합시다.

어떤 사람을 가리킬 때는 보통 **this**를 대명사로 사용하지 않는다. 그러나 누군가의 신원을 밝히거나 물어볼 때는 **this**를 인칭대명사로 사용한다. 예를 들면, 누군가를 소개하는 경우 **this**를 사용하며, 한 사람 이상을 소개하는 경우에도 **these**가 아닌 **this**를 사용한다.

This is Bernadette, Mr Wilson. 윌슨 씨, 이분은 버나뎃입니다.

This is my brother Andrew and his wife Claire. 이쪽은 제 남동생 앤드류와, 그의 아내 클레어입니다.

전화를 하는 경우, 자신이 누구인지를 밝힐 때에도 **this**를 사용한다.

'Sally? *This* is Martin Brody.' "셀리? 나 마틴 브로디야."

3 present situations(현재의 상황)

현재 존재하는 상황이나 일어나고 있는 일을 가리킬 때, **this**를 사용한다.

You know a lot about *this* situation. 당신은 이 상황에 대해서 많은 것을 알고 있다.

4 'this' and 'these' in time expressions(시간 표현에 사용하는 this와 these)

시간의 표현에 **this**를 사용하는 방법은 다음과 같다.

오늘 아침은 **this morning**, 오늘 오후는 **this afternoon**, 오늘 저녁은 **this evening**이라고 한다.

I was here *this afternoon*. Have you forgotten? 나는 오늘 오후에 여기에 있었어요. 잊어버렸어요?

그러나 '오늘'은 **this day**가 아닌 **today**라고 한다.

I had a letter *today* from my solicitor. 나는 변호사가 보낸 편지 한 장을 오늘 받았다.

'오늘 저녁'은 **this night**이 아닌 **tonight**이며, '어제 저녁'은 **last night**이라고 한다.

We left our bedroom window open *last night*. 우리는 지난밤에 침실 창문을 열어 놓았다.

USAGE

those

I think I'll go to bed early *tonight*. 나는 오늘 밤 일찍 잠을 잘 생각이다.

이번 주는 this week, 이번 달은 this month, 올해는 this year라고 한다.
They're talking about going on strike *this week*. 그들은 이번 주에 파업을 시작하는 것에 대해 이야기하고 있다.

다가오는 주말, 요일, 달, 계절을 가리킬 때, this와 함께 사용한다.
Come down there with me *this weekend*. 이번 주말에 그곳에 나와 같이 가자.
Let's fix a time. *This Sunday*. Four o'clock. 시간을 정합시다. 이번 주 일요일 4시로 합시다.

그러나 이전의 주말, 요일, 달, 계절을 가리킬 때에도 this와 함께 사용한다.
This summer they spent £15 million on emergency shelters for the homeless. 지난 여름 그들은 집이 없는 사람들의 숙소 제공에 1천 5백만 파운드를 소비했다.

these days는 '요즘'이라는 뜻으로, 부가어나 일반 명사구로도 사용할 수 있다.
The prices *these days* are absolutely astronomical. 요즘 물가는 아주 천문학적이다.

5 'that' and 'those'

that과 those는 this와 these와 비슷한 용법으로 사용한다.

○ 두 단어의 차이점에 대한 설명은 Usage 표제어 this – that 참조.

those

○ Usage 표제어 that – those 참조.

though

○ Usage 표제어 although – though 참조.

thousand

a thousand나 one thousand는 숫자 '1,000'이라는 뜻이다. 어떤 것이 천 개가 있다는 **there are a thousand** things/**one thousand** things라고 한다.

We'll give you *a thousand* dollars for the story. 우리는 당신에게 그 소설의 대가로 천 달러를 줄 것이다.
There was a ship about *one thousand* yards off shore. 해안에서 약 천 야드 떨어져 있는 곳에 배가 있었다.

there are 'thousand' things라고 하지 않는다.

thousand 앞에 다른 숫자가 오는 경우, thousand를 변형시키지 않는다. 예를 들면, **five thousands**가 아닌 **five thousand**라고 한다.
I'll pay you seven *thousand* dollars. 나는 당신에게 7천 달러를 지불할 것이다.
We have five *thousand* acres. 우리는 5천 에이커의 땅을 소유하고 있다.

till

○ Usage 표제어 until – till 참조.

time

○ 이 표제어는 time이라는 단어의 용법을 다룬다. 시간을 말하는 것에 대한 정보나, 시간에 대해 말할 때 사용하는 전치사와 부사에 대한 정보는 Topic 표제어 Time 참조.

1 'time'

time은 시간, 날, 년 등으로 기간을 잰 것이라는 뜻이다.
It seemed like a long period of *time*. 그 시간은 아주 오랜 시간 같이 느껴졌다.

time

USAGE

More *time* passed. 더 많은 시간이 지나갔다.

시간이 얼마나 걸리는지 또는 지속되는지를 나타내는 경우에는 보통 time을 사용하지 않는다. 예를 들면, '그 과정은 2년이 걸렸다.'는 ~~The course took two years' time.~~이 아닌 The course took *two years*.라고 한다. 또한 '각각의 노래가 10분 동안 지속된다.'는 ~~Each song lasts ten minutes' time.~~이 아닌 Each song lasts *ten minutes*.라고 한다.

The whole process probably takes *twenty-five years*. 그 모든 과정은 아마 25년이 걸릴 것이다.
The Mount Vernon tour lasts *4 hours*. 버논 산 관광은 4시간 동안 지속된다.

그러나 어떤 일이 일어나기 전까지 걸리는 시간이 얼마인지 나타내는 경우에는 time을 사용할 수 있다. 예를 들면, '우리는 2년 후에 결혼할 예정이다.'는 We are getting married *in two years' time*.이라고 한다.

The exchange ends officially *in a month's time*. 그 교역은 한 달 후에 공식적으로 끝난다.
In a few days' time, she may change her mind. 며칠이 지나면 그녀가 마음을 바꿀지도 모른다.

보통 time은 불가산명사이므로, a time이라고 하지 않는다. 예를 들면, '나는 쇼핑 갈 시간이 없다.'는 ~~I haven't got a time to go shopping.~~이 아닌 I haven't got *time* to go shopping.이라고 한다.

I didn't know if we'd have *time* for tea. 나는 우리가 차를 마실 시간이 있을지 몰랐다.

2 'a...time'

그러나 어떤 것이 얼마나 걸리거나 지속되는지를 나타내는 경우는, [a + 형용사 + time] 형식을 사용할 수 있다. 예를 들면, 어떤 것을 하는 데 오랜 시간이 걸린다는 take *a long time*, 짧은 시간이 걸린다는 take *a short time*이라고 한다.

The proposal would take quite *a long time* to discuss in detail.
그 제안을 세세하게 토의하려면, 아주 오랜 시간이 걸릴 것이다.
After *a short time* one of them said 'It's all right, we're all friends here.'
잠시 후에 그들 중 한 명이 "괜찮아, 여기에 있는 우리 모두 친구들이야."라고 말했다.

다음 표현처럼 전치사 for를 사용하거나 생략할 수도 있다.

He's going to have to wait *a very long time*. 그는 아주 오랫동안 기다려야 할 것이다.
They worked together *for a short time*. 그들은 잠시 동안 같이 일했다.
You've only been in the firm *quite a short time*. 당신은 아주 짧은 기간 동안 그 회사에 근무했다.

someone *is having a good time*은 즐거운 시간을 보내고 있다라는 뜻이다.

Downstairs, Eva *was having a wonderful time*. 에바는 아래층에서 즐거운 시간을 보내고 있었다.
Did you *have a good time* up in Edinburgh? 당신은 에든버러에서 즐거운 시간을 보냈습니까?

ℹ️ 위와 같은 문장에서는 a를 사용해야 한다. 예를 들면, ~~Eva was having wonderful time.~~이라고 하지 않는다.

3 used to mean 'occasion' (occasion의 뜻으로 사용하기)

[the · that + time + 한정어] 형식은 어떤 일이 일어났거나 일어날 때를 가리킬 때 사용한다.

By *the time the waiter brought their coffee*, she was almost asleep.
웨이터가 커피를 가져왔을 때 그녀는 거의 잠이 들어 있었다.
Do you remember *that time when Adrian phoned up*? 당신은 애드리안이 전화했던 때를 기억합니까?

time이 위와 같은 뜻일 때 [the + first · last + time] 형식을 사용할 수 있다.

It was *the first time* she spoke. 그것은 그녀가 처음으로 말문을 연 때였다.
When was *the last time* I saw you? 내가 당신을 마지막으로 본 때가 언제였습니까?

the first time과 the next time 등의 표현을 자주 부가어로 사용한다.

The next time he would offer to pay. 다음번에는 그가 지불하겠다고 할 것이다.
The second time I hired a specialist firm. 나는 두 번째로 전문 회사를 고용했다.

the가 없는 next time도 부가어이다.

You'll see a difference *next time*. 당신은 다음번에는 차이점을 이해할 것이다.
Next time you will do everything right. 당신은 다음번에는 모든 일을 제대로 할 것이다.

title – headline

4 'on time'

어떤 일이 정시에 일어난다고 할 때, **on time**을 사용한다.

He turned up *on time* for his shift. 그는 교대 근무 시 항상 정시에 나타났다.
Their planes usually arrive *on time*. 그들 비행기들은 항상 정시에 도착한다.

5 'in time'

on time을 **in time**과 혼동해서는 안 된다. **in time**은 특정한 행사에 늦지 않다는 뜻에 사용한다.

We're just *in time*. 우리는 막 때맞춰 왔다.
He returned to his hotel *in time* for a late supper. 그는 야식을 먹으러 제시간에 호텔로 돌아왔다.

일이나 업무 등을 끝내야 하는 시간이나 그 시간 전에 끝낸다라고 할 때, **in time**을 사용한다.

I can't do it *in time*. 나는 그것을 제때에 할 수 없다.

in time에는 또 다른 뜻이 있다. 어떤 일이 많은 시간이 지난 후에 결국 일어난다고 할 때도 **in time**을 사용한다.

In time the costs will decrease. 시간이 흐르면 가격이 하락할 것이다.
In time I came to see how important this was.
결국 나는 이것이 얼마나 중요한지를 깨닫게 되었다.

title – headline

1 'title'

title은 책, 연극, 그림, 곡의 '제목'이라는 뜻이다.

He wrote a book with the *title* 'The Castle.' 그는 'The Castle'이라는 제목의 책을 썼다.
'Walk under Ladders' is the *title* of her new play. 'Walk under Ladders'는 그녀가 쓴 새로운 희곡의 제목이다.

2 'headline'

신문 기사 위에 큰 글자로 인쇄된 글은 **title**이 아닌 **headline**이라고 한다.

All the *headlines* are about the Ridley affair. 모든 신문의 헤드라인이 리들리의 추문에 관한 것이다.

to

to는 전치사로서 여러 가지 용법으로 사용한다. 보통 [tə]로 발음하나, 모음으로 시작하는 단어 앞에서는 [tu]로, 문장의 끝에 오면 [tu:]로 발음한다.

1 destination(도착지)

어떤 사람이 가는 장소를 언급하는 경우, **to**를 사용한다.

I'm going with her *to Australia*. 나는 그녀와 같이 호주로 갈 예정이다.
The children have gone *to school*. 아이들은 학교에 갔다.
I made my way back *to my seat*. 나는 내 자리로 돌아갔다.

here나 **there** 앞에는 **to**를 사용하지 않는다. 예를 들면, '우리는 매년 그곳에 간다.'는 **We go to there every year.**가 아닌 **We go *there* every year.**라고 한다.

Before I came *here*, there were a few offers from other clubs.
내가 여기에 오기 전에 다른 클럽에서 제의가 몇 번 있었다.
His mother was from New Orleans and he went *there* every summer.
그의 어머니가 뉴올리언스 출신이어서 그는 매년 여름에 그곳에 갔다.

home 앞에도 **to**를 사용하지 않는다.

I want to go *home*. 나는 집에 가고 싶다.
I'll pick the parcels up on my way *home*.
나는 집에 가는 도중에 소포들을 찾을 것이다.

2 direction(방향)

도착하려고 하는 장소를 나타낼 때, **to**를 사용할 수 있다.

We're sailing *to Europe*. 우리는 유럽으로 항해할 예정이다.
We used to go through Yugoslavia on our way *to Greece*.
우리는 그리스로 가는 도중에 유고슬라비아를 지나가곤 했다.

그러나 사람이나 사물이 움직이는 일반적인 방향을 나타낼 때는 **to**가 아닌 **towards**를 사용한다. 예를 들면, '그 보트는 해변 쪽으로 떠내려가고 있었다.'는 ~~The boat was drifting to the shore.~~가 아닌 **The boat was drifting *towards* the shore.**라고 한다.

He saw his mother running *towards him*. 그는 어머니가 자신을 향해 달려오는 것을 보았다.
We started to walk back *towards Heathrow*. 우리는 히드로 쪽으로 되돌아 걷기 시작했다.

towards 대신 **toward**를 때때로 사용하기도 한다.

They walked along the pathway *toward the house*. 그들은 그 집을 향해 난 샛길을 따라 걸었다.

어떤 것을 향해 쳐다본다고 할 때, **towards**나 **toward**를 사용한다.

She glanced *towards the mirror*. 그녀는 거울 쪽을 힐끗 보았다.
He stood looking *toward the back of the restaurant*. 그는 식당의 뒤쪽을 바라보고 서 있었다.

3 position(위치)

어떤 것의 위치를 나타낼 때, **to**를 사용할 수 있다. 예를 들면, **something is *to* one's left**는 어떤 것이 왼쪽에 더 가까이 위치해 있다라는 뜻이다.

My father was in the middle, with me *to his left* carrying the umbrella.
아버지는 가운데에 계셨고, 나는 우산을 들고 아버지의 왼쪽에 있었다.
To the west lies Gloucester. 서쪽에 글로스터가 위치해 있다.

어떤 것이 어디에 매여 있거나 붙어 있거나, 또는 무언가에 닿아 있다는 것을 나타낼 때에도 **to**를 사용할 수 있다.

I locked my bike *to a fence*. 나는 자전거를 그 울타리에 매달았다.
He clutched the parcel *to his chest*. 그는 꾸러미를 가슴에 껴안았다.

4 time(시간)

to가 시간을 나타내는 경우, **until**(~까지)과 비슷한 뜻을 나타낸다.

Breakfast was from 9 *to 10*. 아침 식사는 9시부터 10시까지였다.
Only ten shopping days *to Christmas*. 크리스마스까지 쇼핑할 수 있는 날은 열흘뿐이다.

5 indirect objects(간접목적어)

[직접목적어 + **to** + 간접목적어] 형식을 사용한다.

He showed the letter *to Barbara*. 그는 그 편지를 바버라에게 보여 주었다.

○ Grammar 표제어 **Verbs**의 ditransitive verbs 참조.

6 used in infinitives(부정사절에 사용하기)

to가 이끄는 특정한 종류의 절을 **to**부정사절이라고 한다.

He was doing this *to make me more relaxed*. 나를 더 편안하게 해주기 위해 그는 이것을 하고 있었다.
She began *to cry*. 그녀는 울기 시작했다.

> 주의 모두 [tu:]로 발음하는 **too**나 **two**를 **to**와 혼동해서는 안 된다. 앞서 한 말이 다른 사람이나 사물에도 적용된다는 것을 나타낼 때, **too**를 사용한다.
> I'm on your side. Mike is *too*. 나는 당신 편이다. 마이크도 당신 편이다.

어떤 것의 양이나 정도가 바람직하거나 받아들일 수 있는 것 이상이라는 것을 나타낼 때에도 **too**를 사용한다.

Eggs shouldn't be kept in the fridge, it's *too* cold. 달걀을 냉장고에 보관해서는 안 된다. 그곳은 온도가 너무 낮다.

today

○ Usage 표제어 **too** 참조.

two는 '숫자 2'라는 뜻이다.
The *two* boys glanced at each other. 두 소년은 서로 흘끗 쳐다보았다.

today

today는 말을 하거나 글을 쓰고 있는 날, 즉 '오늘'이라는 뜻이다.
How are you feeling *today*? 오늘 기분이 어떻습니까?
Today is Thursday. 오늘은 목요일이다.

오늘 아침, 오늘 오후, 오늘 저녁이라고 할 때는 **today**가 아닌 **this**를 사용한다.
His plane left *this morning*. 그가 탄 비행기는 오늘 아침 떠났다.
Can I take it with me *this afternoon*? 내가 그것을 오늘 오후에 가져갈 수 있습니까?
Come and have dinner with me *this evening*. 오늘 저녁에 와서 나하고 저녁 식사 합시다.

toilet

1 'toilet'

toilet은 배관과 연결되어 있고 신체에서 노폐물을 배설할 때 사용하는 큰 수세식 변기라는 뜻이다.

영국 영어에서는 화장실을 **toilet** 또는 **bathroom**이라고 한다. 이러한 화장실이 집 안에 있으면 **lavatory**, **loo**, **cloakroom**, **WC**라고도 한다. **lavatory**와 **WC**는 다소 오래된 단어이며, **loo**는 회화에서만 사용한다.
Annette ran and locked herself in the *toilet*. 아네트는 달려가 화장실에 들어가서 문을 잠갔다.
Can I use your *loo*? 당신의 화장실을 사용할 수 있습니까?

 미국 영어에서는 화장실을 **bathroom**, **washroom**이나 **john**이라고도 하며, **john**은 회화에서만 사용한다.
She had gone in to use the *bathroom*. 그녀는 화장실을 사용하려고 안으로 들어갔다.

2 'public toilets'

영국 영어에서는 공공장소의 화장실을 **public toilets**, 그것의 사인으로 **Toilets**, **WC**, **the ladies**, **the ladies' toilets**, **the gents**, **the men's toilets**, 그리고 **Lavatory**도 사용한다.
Where are the nearest *public toilets*? 이 근방에 공중 화장실이 있습니까?
No Smoking in *Lavatory*. 화장실 내 금연.
Excuse me, I'm looking for *the ladies*; I can only see *the gents*' on this floor.
미안하지만 나는 지금 여자 화장실을 찾고 있어요. 이 층에는 남자 화장실만 있네요.

 미국 영어에서는 공공장소의 화장실을 **rest room**, **bathroom**, **washroom**이라고 한다. 여성 전용은 **the ladies' room**, 남성 전용은 **the men's room**이라고 한다.
He walked into the men's *rest room* and looked at himself in the mirror.
그는 남자 화장실로 걸어 들어가서 거울에 자신을 비춰 보았다.
I'm just gonna pop to the *bathroom* before we leave. 나는 여기를 떠나기 전 화장실에 들르려고 한다.

tolerate

○ Usage 표제어 **bear** 참조.

too

too는 부사나 정도부사로 사용할 수 있다.

1 used as an adverb (부사로 사용하기)

앞서 한 말이 다른 사람이나 다른 것에 적용된다는 것을 나타낼 때, 부사로 **too**를 사용한다.

too

Of course, you're a teacher *too*, aren't you? 물론 당신 역시 선생님이지요, 그렇지요?
Hey, where are you from? Brooklyn? Me *too*! 이봐요, 어디서 왔어요? 브루클린? 저도 그래요.

○ Usage 표제어 also – too – as well 참조.

2 used as a grading adverb(정도부사로 사용하기)
양이나 질의 정도가 원하거나 받아들일 수 있는 것 이상이라는 뜻을 나타낼 때, 형용사나 부사 앞에 **too**를 사용한다.
By then he was far *too tall* for his little bed. 그때까지 그는 키가 너무 커 그의 작은 침대에 맞지 않았다.
I realized my mistake *too late*. 나는 잘못을 너무 늦게 깨우쳤다.

too 앞에는 **very**가 아닌 **much**나 **far**를 사용한다. 예를 들면, '그 모자는 그녀에게 너무 작았다.'는 The hat was very too small for her.가 아닌 The hat was *much* too small for her. 또는 The hat was *far* too small for her.라고 한다.
That may seem *much too expensive*. 그것은 너무 비싼 것으로 보일지 모른다.

too 앞에 **rather**, **slightly**, **a bit**을 사용할 수 있다.
The dress was *rather too small* for her. 그 드레스는 그녀에게 상당히 작았다.
His hair had grown *slightly too long* over his ears. 그의 머리카락이 그의 귀들을 덮을 정도로 조금 길게 자랐었다.
I'm afraid the price may just be *a bit too high*. 그것의 가격이 조금 너무 비싼 것 같아 조금 걱정이 된다.

🚫 too 앞에 fairly, quite, pretty를 사용하지 않는다.

일반적으로 (too + 형용사 + 명사) 형식을 사용하지 않는다. 예를 들면, '이 장화들은 너무 크다.'는 These are too big boots.가 아닌 These boots *are too big*.이라고 한다.

그러나 격식을 차리거나 문어체에서는 때때로 (too + 형용사 + a · an + 명사) 형식을 사용한다. 예를 들면, '이것은 여기에서 다루어지기에는 너무 복잡한 문제이다.'는 This is a too complex problem to be dealt with here.가 아닌 This is *too complex a problem* to be dealt with here.라고 한다.
That's *too easy an answer*. 그것은 너무 쉬운 대답이다.
Somehow, Francis seems *too nice a man* for the job. 아무튼 프란시스는 그 일을 하기에 아주 적격인 듯하다.

3 used as an intensifier(강조어로 사용하기)
일부 사람들은 누군가가 한 일에 대해 감사를 표할 때, kind 등의 단어 앞에 **too**를 사용한다.
You're *too kind*. 당신은 아주 친절하십니다.

그러나 형용사나 부사를 강조하기 위해서는 보통 too가 아닌 **very**를 사용한다. 예를 들면, '나는 새 자동차에 매우 만족한다.'는 I am too pleased with my new car.가 아닌 I am *very* pleased with my new car.라고 한다.
She was upset and *very angry*. 그녀는 흥분했고 매우 화가 나 있었다.
Think *very carefully*. 매우 주의 깊게 생각해 보세요.

○ Usage 표제어 very 참조.

4 'too much' and 'too many'
(**too much** + 불가산명사) 형식은 어떤 것이 필요하거나 원하는 양보다 더 많이 있다고 할 때 사용할 수 있다.
They said I was earning *too much money*. 그들은 내가 돈을 너무 많이 벌고 있다고 말했다.

(**too little** + 불가산명사) 형식은 어떤 것이 필요하거나 원하는 양보다 너무 적다고 할 때 사용할 수 있다.
There would be *too little moisture* for plants to get started again.
식물들이 다시 자라기에는 수분이 너무 적을 것이다.

(**too many** + 가산명사) 형식은 사람이나 사물의 수가 필요하거나 원하는 것보다 더 많다고 할 때 사용할 수 있다.
I was making *too many mistakes*. 나는 너무나 많은 잘못을 저지르고 있었다.

(**too few** + 가산명사) 형식은 사람이나 사물의 수가 필요하거나 원하는 것보다 더 적다고 할 때 사용할 수 있다.

toward – towards

Too few people nowadays are interested in literature. 요즘에는 문학에 관심을 가진 사람들이 너무 적다.

(much too much · far too much + 불가산명사) 형식은 어떤 것이 필요하거나 원하는 양보다 훨씬 더 많이 있다고 할 때 사용할 수 있다.

This would leave *much too much power* in the hands of the judges. 이러한 조치는 과도하게 많은 권력을 판사들에게 주게 될 것이다.

These people are getting *far too much attention*. 이 사람들은 너무나 많은 주목을 받고 있다.

(far too many + 가산명사) 형식은 사람이나 사물의 수가 필요하거나 원하는 것보다 훨씬 더 많다는 뜻으로 사용할 수 있다. 이때 much too many를 사용하지 않는다.

The children have *far too many toys*. 그 아이들은 너무나 많은 장난감을 갖고 있다.

> 주의 명사가 뒤따르지 않는 형용사 앞에는 too much나 much too much를 사용하지 않는다. 예를 들면, '축구를 하기에는 너무 덥다.'는 It's too much hot to play football. 이 아닌 It's *too hot* to play football. 이나 It's *much too hot* to play football. 이라고 한다.

toward – towards

○ Usage 표제어 to의 direction 참조.

traffic

도로를 따라 움직이는 모든 차량을 가리킬 때, **traffic**을 사용한다.

In many areas rush-hour *traffic* lasted until 11am. 출근 시간의 교통 혼잡은 많은 지역에서 오전 11시까지 지속되었다.

traffic은 불가산명사로, traffics나 a traffic이라고 하지 않는다.

traffic circle

○ Usage 표제어 roundabout 참조.

transport – transportation

1 'transport'

영국 영어에서는 교통수단을 일반적으로 **transport**라고 한다.

It's easier to travel if you have your own *transport*. 자신의 교통수단이 있다면 여행을 하는 것이 더 용이하다.

You can get to the museum by public *transport*. 새로운 박물관은 대중 교통수단으로 접근할 수 있다.

transport는 불가산명사로, 한 대의 차량을 a transport라고 하지 않는다.

영국 영어에서는 한 곳에서 다른 곳으로 사물이나 승객을 실어 나르는 움직임, 즉 '수송'을 가리킬 때, **transport**를 사용한다.

The goods were ready for *transport* and distribution. 그 물품은 수송과 배급을 할 준비가 되어 있었다.

High *transport* costs make foreign goods too expensive. 높은 운송 비용이 수입 물품 가격을 너무 비싸게 만들고 있다.

2 'transportation'

 미국 영어에서는 교통수단과 수송이라는 두 가지 뜻에 모두 **transportation**을 사용한다.

Do you two children have *transportation* home? 너희 두 어린이들은 집에 갈 교통수단이 있니?

Long-distance *transportation* will increase the price of the product. 장거리 수송은 그 제품의 가격을 올리게 할 것이다.

trash

○ Usage 표제어 rubbish 참조.

travel

 travel은 동사나 명사로 사용할 수 있다. 영국 영어에서 travel의 3인칭 단수는 **travels**, -ing형은 **travelling**, 과거와 과거분사는 **travelled**이다. 미국 영어에서 travel의 3인칭 단수는 **travels**, -ing형은 **traveling**, 과거와 과거분사는 **traveled**이다.

1 used as a verb(동사로 사용하기)

travel to a place는 어떤 장소로 이동하다라는 뜻이다.
I *travelled* to work by train. 나는 기차를 타고 직장에 갔다.

travel은 여러 장소로 여행을 가다라는 뜻으로, 특히 외국 여행 시 사용한다.
They brought news from faraway places in which they *travelled*.
그들은 자신들이 여행한 머나먼 곳의 소식을 가져왔다.
You have to have a passport to *travel* abroad. 당신은 외국 여행을 가려면 여권을 소지해야 한다.

2 used as a noun(명사로 사용하기)

travel을 명사로 사용하면 여행을 하는 행동을 뜻한다. travel이 이런 뜻일 경우, 불가산명사이다.
They arrived after four days of hard *travel*. 그들은 4일간의 고된 여행을 마친 후에 도착했다.
Air *travel* is so cheap these days. 요사이 항공 여행의 비용이 아주 싸다.
We used to dream about space *travel*. 우리는 우주여행을 꿈꾸곤 했다.

3 'travels'

누군가가 여러 곳을 여행하거나, 특히 자신이 사는 곳에서 멀리 떨어진 여러 곳을 여행한 경우에는 복수형을 사용하여 **travels**라고 할 수 있다.
Marsha told us all about her *travels*. 마샤는 자기가 다닌 여행들에 대해 우리에게 전부 이야기해 주었다.
It is a collection of rare plants and trees collected during lengthy *travels* in the Far East.
이것은 극동 지역을 오랫동안 여행하던 중에 수집한 희귀 식물들과 나무들이다.

ℹ 'a travel'이라고 하지 않으며 a journey, a trip, a voyage라고 한다.

○ Usage 표제어 **journey – trip – voyage – excursion** 참조.

trip

○ Usage 표제어 **journey – trip – voyage – excursion** 참조.

trouble

1 used as an uncount noun(불가산명사로 사용하기)

trouble은 대부분의 경우 불가산명사로 사용하며, 어떤 일을 다루는 데 겪는 '어려움'이라는 뜻이다.
The weather was causing more *trouble* than the enemy.
그곳의 날씨가 적보다 더 큰 어려움을 우리에게 주고 있었다.
This would save everyone a lot of *trouble*. 이것이 누구에게나 많은 어려움을 덜어 줄 것이다.

have trouble doing something은 누군가가 어떤 일을 하는 데 어려움을 겪고 있다라는 뜻이다.
Did you *have any trouble finding* your way here? 이곳을 찾아오는 데 어떤 어려움은 없었습니까?

ℹ 'have trouble to do' something이라고 하지 않는다.

2 'troubles'

troubles는 일상생활에서 부딪치는 '문제'라는 뜻이다.
It helps me forget my *troubles* and relax. 그것은 내가 시름을 잊고 편안해지는 데 도움을 준다.

ℹ 단 하나의 문제를 보통 a trouble이라고 하지 않는다.

trousers

3 'the trouble'

어떤 것의 특정한 일부가 문제를 일으키고 있는 경우, 그 문제의 일부를 **the trouble**이라고 한다.

It's getting a bit expensive now, that's *the trouble*. 그것이 현재 조금 비싸져서 문제이다.
The trouble is there's a shortage of prime property. 문제점은 고급 부동산이 부족하다는 것이다.

trousers

trousers는 허리 아래쪽의 신체와 각각의 다리를 분리하여 감싸는 천 조각, 즉 '바지'라는 뜻이다. **trousers**는 복수명사이고, 복수동사를 사용한다.

His trousers *were* covered in mud. 그의 바지는 진흙투성이었다.

a trousers가 아닌 **some trousers**나 **a pair of trousers**라고 한다.

It's time I bought myself *some new trousers*. 내가 입을 새 바지를 몇 벌 사야 할 때이다.
Claud was dressed in *a pair of black trousers*. 클라우드는 검정색 바지를 입고 있었다.

a pair of trousers가 주어인 경우에는 일반적으로 단수동사를 사용한다.

There *was* a pair of trousers in his carrier-bag. 그의 쇼핑백 안에 바지 한 벌이 있었다.

trouser를 다른 명사 앞에 자주 사용한다.

The waiter took a handkerchief from his *trouser pocket*.
그 웨이터는 바지 주머니에서 손수건을 꺼냈다.
Hamo was rolling up his *trouser leg*. 하모는 바짓가랑이를 걷어올리고 있었다.

 미국 영어에서는 **trousers**를 주로 전문적인 내용에 사용한다. 바지라는 뜻의 단어는 **pants**나 **slacks**를 더 흔하게 사용한다.

truck

○ Usage 표제어 **lorry – truck** 참조.

true – come true

1 'true'

a *true* story/statement는 지어내거나 상상하지 않은 사실에 기초한 이야기나 말이라는 뜻이다.

The story about the murder is *true*. 그 살인에 대한 이야기는 사실이다.
Unfortunately it was *true* about Sylvie. 불행하게도 실비에 관한 것은 사실이었다.

2 'come true'

어떤 꿈, 기원, 예측이 실제로 일어난다라고 할 때 **come true**를 사용한다.

Remember that some dreams *come true*. 어떤 꿈들은 실현된다는 것을 기억해라.
The worst of the predictions might *come true*. 예상하는 최악의 상황이 사실이 될지도 모른다.

ℹ become true라고 하지 않는다.

trunk

○ Usage 표제어 **boot – trunk** 참조.

try – attempt

try와 attempt는 동사나 명사로 사용할 수 있다. try의 3인칭 단수는 **tries**, -ing형은 **trying**, 과거와 과거분사는 **tried**이다.

type

1 'try' used as a verb (동사로 사용하는 try)

try to do something은 어떤 일을 하기 위해 노력하다라는 뜻이다.
My sister *tried to cheer me up*. 여동생은 나를 격려하려고 애썼다.
He *was trying* his best *to understand*. 그는 최선을 다해 이해하려 하고 있었다.

try and do something이라고도 하며, **try to do** something과 의미상의 차이는 없다.
Try and see how many of these questions you can answer.
당신이 대답할 수 있는 질문이 얼마나 되는지 알아보도록 하시오.
Please *try and help* me to cope with this. 제발 이것에 대처하게 저를 도와주세요.
We must *try and understand*. 우리는 이해하도록 노력해야 한다.

ℹ️ try의 동사원형(명령형이나 부정사로 사용하거나 조동사의 뒤에 있는 경우처럼) 뒤에만 and를 사용할 수 있다. 예를 들면, '나는 그녀를 도우려고 노력하고 있었다.'는 I was trying and help her.나 I was trying and helping her. 가 아닌 I *was trying to help* her.라고 한다.

try doing something은 어떤 것이 얼마나 유익하거나 효과가 있는지 또는 즐거운 것인지 알기 위해 어떤 일을 시도해 보다라는 뜻이다.
He *tried changing* the subject. 그는 주제를 바꿔 보았다.
Have you ever *tried painting*, Humbert? 햄버트, 페인트칠을 해본 적이 있어요?

2 'attempt' used as a verb (동사로 사용하는 attempt)

attempt to do something은 어떤 일을 시도해 보다라는 뜻이다. **attempt**는 **try**보다 더 격식을 차린 단어이다.
Some of the crowd *attempted to break* through the police lines.
일부 군중은 경찰의 비상 경계선을 돌파하려고 시도했다.
Rescue workers *attempted to cut* him from the crashed vehicle.
구조 대원들이 그를 부서진 자동차에서 빼내려고 시도했다.

ℹ️ 'attempt and do' something이나 'attempt doing' something이라고 하지 않는다.

3 'try' and 'attempt' used as nouns (명사로 사용하는 try와 attempt)

누군가가 어떤 일을 시도하는 것을 **try**나 **attempt**로 나타낼 수 있다. **try**는 일반적으로 회화에서만 사용하며, 글에서는 보통 **attempt**를 사용한다.
After a few *tries* they gave up. 그들은 몇 번 시도해 본 후 포기했다.
The young birds manage to fly several kilometers at their first *attempt*.
어린 새들은 처음 시도하는 비행에서 수 킬로미터를 날아갈 수 있다.

어떤 일을 시도하다라고 할 때 ***have a try at*** something이나 ***give*** something ***a try***를 사용한다.
You*'ve had a good try at* it. 당신은 그것을 잘 시도했다.
'I'll go and see him in the morning.' – 'Yes, *give* it *a try*.'
"저는 아침에 그를 만나러 갈 것입니다." – "예, 한번 시도해 보세요."

또한, ***make an attempt to do*** something이라고 할 수도 있다.
He *made an attempt to call* Courtney; she wasn't in. 그는 코트니에게 전화를 했지만, 그녀는 없었다.
Two recent reports *made an attempt to assess* the success rate of the project.
최근의 보고서 두 개가 그 프로젝트의 성공률을 평가하려는 시도를 했다.

type

명사 **type**은 사람이나 사물의 '종류'라는 뜻으로, 가산명사이다. **all**과 **many** 뒤에는 **type**이 아닌 **types**를 사용한다.
There were hundreds of ships of every size and *type*. 그곳에 각종 크기와 형태의 수백 척의 배들이 있었다.
We work in hospitals of *all types*. 우리는 모든 종류의 병원에서 일하고 있다.
Elderly people need *many types* of public service. 노인들은 여러 가지 형태의 공공 서비스를 필요로 한다.

type

USAGE

(**types of** + 복수명사·단수명사) 형식을 사용할 수 있다. 예를 들면, '그는 대부분의 야채류를 먹는다.'는 **He eats most types of *vegetables*.**나 **He eats most types of *vegetable*.**이라고 하는데, 단수명사를 사용하는 것이 더 격식을 차린 표현이다.

How many types of *people* live in these households? 이 가구들에는 얼마나 많은 유형의 사람들이 살고 있습니까?
This only happens with certain types of *school*. 이러한 일은 특정한 종류의 학교에서만 일어난다.

(숫자 + **types of** + 단수명사) 형식을 사용한다.

There are three types of *muscle* in the body. 신체에는 세 가지 형태의 근육이 있다.
They run two types of *playgroup*. 그들은 두 가지 형태의 보육원을 운영하고 있다.

(**type of** + 단수명사) 형식을 사용한다.

He was an unusual type of *actor*. 그는 특이한 유형의 배우였다.
This type of *problem* is common in families. 이러한 유형의 문제는 많은 가족에게 흔히 일어난다.

회화에서는 **these type**과 **those type**을 흔히 사용한다. 예를 들면, **These type of books are boring.**이나 **Those type of books are boring.**이라고 하는데, 이 용법은 일반적으로 잘못된 것으로 생각되므로 사용하지 않는 것이 좋다. 그 대신 **This type of book** is boring.이나 **That type of book** is boring.이라고 해야 한다.

This type of person has very little happiness. 이러한 유형의 사람들은 행복을 거의 느끼지 못한다.
I could not be happy in *that type of household*. 나는 그런 유형의 가정에서 행복할 수가 없었다.

U u

under – below – beneath

1 'under'

under는 거의 항상 전치사로 사용한다. 어떤 물건이 다른 물체의 아래에 있다고 할 때, under를 사용한다. 예를 들면, 마루에 있는 물체가 탁자나 의자 아래에 있다고 할 때, under를 사용한다.

There's a cupboard *under* the stairs. 그 계단 아래에 찬장이 있다.
A path runs *under* the trees. 우거진 수풀 밑으로 샛길이 나 있다.

2 'underneath'

underneath는 under와 비슷한 뜻으로 전치사나 부사로 사용할 수 있다.

We sat at a table *underneath* some olive trees. 우리는 올리브나무들 아래에 있는 테이블에 앉았다.
Let's pull up the carpet and see what's *underneath*. 카펫을 걷어내고 그 아래에 무엇이 있는지 보자.

3 'below'

below는 일반적으로 부사로 사용한다. 어떤 사물이 다른 사물보다 훨씬 더 낮은 위치에 있다고 할 때, below를 사용한다. 예를 들면, 산 정상 아래에 계곡이 있을 경우에 below를 사용한다.

There's a tunnel 100 metres *below* the surface. 지면에서 100미터 아래에 터널이 있다.
They stood at the top of the mountain and looked at the valley *below*.
그들은 그 산의 정상에 올라서서 아래의 계곡을 내려다보았다.

4 'beneath'

beneath는 전치사나 부사로 사용할 수 있다. beneath는 under나 below와 뜻이 비슷하며 다소 격식을 차린 단어이다.

He could feel the soft ground *beneath* his feet. 그는 발 아래 부드러운 땅의 감촉을 느꼈다.
He stared out of the window at the courtyard *beneath*. 그는 그 창문으로 밖 아래에 펼쳐진 전원을 바라보았다.

understand – realize

1 'understand'

understand는 다른 사람이 말하는 것을 '이해하다'라는 뜻이다.

His lecture was confusing; no one could *understand* the terminology.
그의 강의는 혼란스러웠다. 그가 사용하는 전문 용어를 아무도 이해할 수가 없었다.
Her accent was hard to *understand*. 그녀의 악센트는 알아듣기 힘들었다.

어떤 것이 사실임을 알고 있다고 할 때도 understand를 사용한다.

I *understand* he's been married before. 나는 그가 전에 결혼했다는 것을 알고 있었다.
There was no definite evidence, I *understand*. 그 사건에 대한 확실한 증거가 전혀 없었다는 것을 나는 알고 있다.

2 'realize'

어떤 것을 인식하게 되다라고 할 때는 understand가 아닌 realize를 사용한다. 예를 들면, '그는 일을 멈출 때까지 시간이 얼마나 늦었는지를 알아차리지 못했다.'는 ~~Until he stopped working he hadn't understood how late it was.~~가 아닌 Until he stopped working he *hadn't realized* how late it was.라고 한다.

As soon as I saw him, I *realized* that I'd seen him before. 나는 그를 보자마자 전에 본 적이 있다는 사실을 깨달았다.

understanding

understanding

○ Usage 표제어 comprehension – understanding 참조.

university

○ Usage 표제어 school – university 참조.

unless

특정한 상황에서만 어떤 일이 일어나거나 사실일 수 있을 때만, 보통 unless를 사용한다. 예를 들면, '회사에서 내 경비를 지급하지 않는 한 나는 프랑스에 가지 않을 것이다.'는 I will go to France only if the firm pays my expenses. 대신 I will *not* go to France *unless* the firm pays my expenses.라고 한다.

We cannot understand disease *unless* we *understand* the person who has the disease.
우리는 누가 그 병에 걸렸는지 모르면, 그 병에 대해 이해할 수 없다.

🄸 종속절에서는 단순현재시제를 사용한다. 예를 들면, I will not go to France unless the firm will pay my expenses.라고 하지 않는다.

unless를 사용하여 과거의 상황을 나타낼 때, unless 뒤에 단순과거시제를 사용한다.
She wouldn't go with him *unless* I *came* too. 나 역시 오지 않았다면 그녀는 그와 함께 가지 않았을 것이다.

어떤 일이 일어나지 않거나 사실이 아닌 유일한 상황을 나타낼 때에도 unless를 사용한다. 예를 들면, '그만두라는 말을 듣지 않는 한 우리는 계속 가구를 판매할 것이다.'는 If we are not told to stop, we will carry on selling the furniture. 대신 We will carry on selling the furniture *unless* we are told to stop.이라고 한다.

The mail will go by air *unless* it is quicker by other means.
다른 운송 방법이 더 빠르지 않는 한 그 우편물은 항공편으로 보내질 것이다.

We might as well stop *unless* you've got something else you want to talk about.
당신이 이에 대해 말할 것이 없으면 이 일을 멈추는 것이 좋다.

> 주의 특정한 상황이 존재하지 않는다면 어떤 것이 일어나거나 사실이라고 할 때, unless가 아닌 if를 사용한다. 예를 들면, 감기에 걸린 경우, '내가 감기에 걸리지 않았다면, 그 파티에 갔을 것이다.'는 I would go to the party unless I had this cold.가 아닌 I would go to the party *if I didn't have* this cold.라고 한다.
> She'd be pretty *if she didn't wear* so much make-up. 그녀는 그렇게 진하게 화장하지 않으면 예쁠 것이다.

until – till

until과 till은 전치사나 접속사로 사용하며 의미상의 차이는 없다. till은 일반적으로 회화에서 사용하며, 격식을 차린 글에는 사용하지 않는다.

1 used as prepositions (전치사로 사용하기)

어떤 일을 특정한 시간까지 한다고 할 때, until과 till을 사용한다.

He continued to teach *until* his death in 1980. 그는 그가 죽은 1980년까지 가르치는 것을 계속했다.
I said I'd work *till* 4 p.m. 나는 오후 4시까지 일하겠다고 말했다.

언급한 시간까지 어떤 일을 멈추지 않고 계속하는 것을 강조할 때, up until, up till, up to를 사용할 수 있다.

Up until 1950 coal provided over 90% of our energy needs.
석탄은 1950년대까지 우리 에너지원의 90퍼센트 이상을 공급했다.

Etta had not *up till* then taken a very active part in the discussion.
에타는 그때까지 토의에 매우 적극적으로 참여하지 않았다.

Up to now they've had very little money. 그들은 지금까지 아주 적은 돈을 가지고 있었다.

어떤 일이 특정한 기간 이전에 일어나지 않을 때, until이나 till을 사용한다.

Details will not be available *until* January. 1월까지는 자세한 내용을 알 수 없을 것이다.
We didn't get back *till* two. 우리는 2시까지 돌아오지 못했다.

2 used with 'after' (after와 함께 사용하기)

after로 시작하는 구와 함께 **until**이나 **till**을 사용할 수 있다.

He decided to wait *until after Christmas* to propose to Gertrude.
그는 거트루드에게 프러포즈하는 것을 크리스마스 후까지 늦추기로 결심했다.

We didn't get home *till after midnight*.
우리는 자정이 지나서야 집에 도착하지 못했다.

> 주의 어떤 일이 특정한 기간 이전에 일어날 것이라고 할 때, **until**이나 **till**이 아닌 **by**를 사용한다. 예를 들면, '그 일을 4시까지 마칠 것이다.'는 ~~The work will be finished until four o'clock.~~이 아닌 The work will be finished *by* four o'clock.이라고 한다
>
> *By* 8.05 the groups were ready. 8시 5분까지 그 그룹은 준비를 마쳤다.
> Total sales reached 1 million *by* 1980. 이들 총 매출은 1980년까지 100만에 달했다.

3 used with 'from' (from과 함께 사용하기)

〔from + until · till〕 형식은 어떤 일의 시작과 종료를 말할 때 사용한다.

The ticket office will be open *from* 10.00am *until* 1.00pm.
매표소는 오전 10시부터 오후 1시까지 열 것이다.

They seem to be working *from* dawn *till* dusk.
그들은 새벽부터 해질녘까지 일하고 있는 것 같다.

 위와 같은 문장에서 **until**이나 **till** 대신 **to**를 사용할 수 있다. 미국 영어를 쓰는 사람들 중 일부는 **through**를 사용하기도 한다.

Open daily 10.00-17.00 *from* 23rd March *to* 3rd November.
3월 23일부터 11월 3일까지 매일 아침 10시부터 저녁 5시까지 문을 연다.

I was in college *from* 1999 *through* 2003.
나는 1999년부터 2003년까지 대학에 다녔다.

> 주의 시간을 말할 때는 **until**이나 **till**, 위치를 말할 때는 **as far as**를 사용한다. 예를 들면, '그녀는 우체국까지 걸어갔다.'는 She walked *as far as* the post office.라고 한다.
>
> They have gone *as far as* the Cantabrian mountains. 그들은 칸타브리안 산맥까지 갔다.

4 used as conjunctions (접속사로 사용하기)

명사구 대신 **until**이나 **till** 뒤에 종속절을 사용할 수 있다.

Stay here with me *until* help comes.
도와주러 올 때까지 이곳에서 나와 같이 있어 주세요.

They concentrate on one language *till* they go to university.
그들은 대학에 진학할 때까지 한 언어를 집중적으로 공부한다.

ⓘ 종속절에서는 미래시제 대신 단순현재시제를 사용한다. 예를 들면, ~~Stay here with me until help will come.~~이라고 하지 않는다.

종속절에서 현재완료시제로도 사용할 수 있다. 예를 들면, '당신이 아침 식사를 마칠 때까지, 나는 여기서 기다릴 것이다.'는 ~~I'll wait here until you will have had your breakfast.~~가 아닌 I'll wait here until you *have had* your breakfast.라고 한다.

과거의 일에는 **until**이나 **till** 뒤에 단순과거시제나 과거완료시제를 사용한다.

The plan remained secret until it *was exposed* by the press.
그 계획은 언론에 발표되기 전까지 비밀에 부쳐졌다.

He continued watching *until* I *had driven off* in my car.
그는 내가 자동차를 몰고 완전히 떠날 때까지 계속 지켜보고 있었다.

up

up

1 'up'

up은 전치사로 사람이나 사물이 더 높은 위치나 장소로 이동할 때 사용한다.

I carried my suitcase *up* the stairs behind her.
나는 내 여행 가방을 그녀 뒤에 있는 계단위로 옮겼다.

The heat goes straight *up* the chimney. 그 연기는 곧바로 그 굴뚝으로 올라간다.

up은 부사로 사용해 사람 또는 사물이 더 높은 곳으로 가는 움직임을 묘사한다.

The coffee was sent *up* from the kitchen below.
아래층의 부엌에서 위층으로 커피를 보냈다.

Bill put *up* his hand. 빌은 손을 위로 올렸다.

사람이나 물건이 높은 곳에 위치하고 있을 때에도 up을 사용한다.

He was *up* in his bedroom. 그는 위층에 있는 자신의 침실에 있었다.
They live in a house *up* in the hills. 그들은 언덕 위에 있는 안락한 집들에서 살고 있다.

2 'up to'

누군가가 더 높은 장소로 올라갈 때, up to를 사용할 수 있다.

I went *up to* the top floor. 나는 꼭대기 층으로 올라갔다.

누군가가 출발한 곳보다 더 북쪽으로 이동하다라는 뜻에도 up to를 사용한다.

I thought of going *up to* Yorkshire. 나는 요크셔까지 갈 생각이었다.
Why did you come *up to* Edinburgh? 왜 에든버러까지 오셨습니까?

영국 영어에서는 특별한 이유 없이도 to 대신 up to를 사용하기도 한다.

The other day I went *up to* the supermarket. 어느 날 나는 슈퍼마켓에 갔다.
We all went *up to* the pub. 우리는 모두 술집에 갔다.

---

us

us는 주로 동사나 전치사의 목적어로 사용할 수 있다. 자신과 한 사람 이상의 다른 사람들을 가리킬 때, us를 사용한다.

Why didn't you tell *us*? 왜 우리에게 말해 주지 않았어요?
There wasn't room for *us* all. 우리 모두를 수용할 공간이 없었다.

> 표준 영어에서는 we가 주어이면 us를 목적어로 사용하지 않고, 재귀대명사 ourselves를 사용한다. 예를 들면, '우리는 우리가 마실 음료수를 조금 샀다.'는 We bought us some drinks.가 아닌 We bought *ourselves* some drinks.라고 한다.
> After the meeting we introduced *ourselves*. 우리는 회의 후에 참석자 각각 자기소개를 했다.

---

used to

1 main meaning

used to [juːs tuː, juːs tə]는 어떤 일이 과거에 규칙적으로 일어났음을 나타낸다. 마찬가지로, 어떤 일이 과거에 사실이었다는 뜻에 used to를 사용한다.

She *used to* go swimming every day. 그녀는 매일 수영을 가곤 했다.
I *used to* be afraid of you. 나는 당신을 두려워하곤 했다.

2 'used to' in negative structures (부정문에서 사용하는 used to)

어떤 일이 과거에 일어나지 않았거나 사실이 아니었다고 할 때, didn't use to를 사용한다.

The house *didn't use to* be so clean. 그 집은 그렇게 깨끗한 적이 없었다.

usual – usually

> 주의 많은 사람들이 didn't use to 대신 didn't used to를 사용한다. 그러나 일부 사람들은 이 용법이 잘못되었다고 생각한다.
> They ***didn't used to*** mind what we did. 그들은 우리가 한 일에 대해 신경 쓰지 않았다.

과거에 어떤 일이 일어났거나 사실이었던 적이 한 번도 없었다고 할 때, **never used to**를 사용할 수도 있다.
Where I lived before, we ***never used to*** have posters on the walls.
내가 전에 살던 곳에서 우리는 벽에 포스터를 붙인 적이 없었다.
Snooker and darts ***never used to*** be televised sports.
스누커와 다트는 텔레비전에 한 번도 방영된 적이 없는 스포츠였다.

위와 같은 뜻에 **used not to**를 사용할 수도 있는데, 이는 상당히 격식을 차린 용법이다.
It ***used not to*** be taxable, but now it will be subject to tax.
전에는 그것에 세금을 부과하지 않았으나 이제는 과세 대상이 될 것이다.

ℹ️ 표준 영어에서는 usedn't to라고 하지 않는다.

3 'used to' in questions(의문문에 사용하는 used to)

yes/no의문문에 used to를 쓰는 경우, (did + 주어 + use to) 형식을 사용한다.
Did you use to do that, when you were a kid? 당신이 어린아이였을 때, 그 일을 하곤 했습니까?

> 주의 많은 사람들은 의문문에 use to 대신 used to를 사용한다. 그러나 일부 사람들은 이 용법이 잘못되었다고 생각한다.
> ***Did you used to*** play with your train? 당신은 기차를 가지고 놀곤 했습니까?

wh-의문문에서도 used to를 사용할 수 있다. wh-의문사가 주어이거나 주어의 일부인 경우, 조동사 없이 (wh-의문사 + used to) 형식을 사용한다.
What used to annoy you most about him? 그가 당신을 가장 짜증나게 한 일은 무엇인가요?

wh-의문사가 목적어이거나 목적어의 일부인 경우, (wh-의문사 + do + 주어) 형식을 사용한다.
What did you use to do on Sundays? 당신은 일요일마다 무슨 일을 하곤 했습니까?

4 familiarity(친숙함)

used to에는 또 다른 뜻으로, 어떤 것에 익숙해져 그것을 받아들이다라는 뜻이 있다.
It doesn't frighten them. They're ***used to it***. 그것은 그들을 놀라게 하지 않는다. 그들은 그것에 익숙해져 있다.
I'***m used to getting up*** early. 나는 일찍 일어나는 데 익숙하다.
It's very noisy here, but you'll ***get used to it***. 여기는 아주 소음이 많이 나 그러나 곧 익숙해질 것이다.

> 주의 위와 같은 뜻으로 항상 [be동사 + used to + 명사·-ing] 형식을 사용한다. used to가 과거의 규칙적인 일을 가리키는 경우, 뒤에는 항상 be동사가 아닌 부정사가 따라온다.
>
> ○ Usage 표제어 accustomed to 참조.

usual – usually

1 'usual'

특정한 상황에서 매우 자주 일어나거나 자주 사용한다고 할 때, **usual**을 사용한다.
They are not taking the ***usual*** amount of excercise. 그들은 평소의 운동량만큼 하고 있지 않다.
He sat in his ***usual*** chair. 그는 평상시에 앉는 의자에 앉았다.

usual 뒤에는 a가 아닌 the나 소유격이 온다.

it is ***usual for*** a person/an animal ***to do*** something은 사물이나 동물이 무언가를 하는 것은 일상적이 다라는 뜻이다.
It is ***usual for*** staff ***to meet*** regularly. 직원들이 정기적으로 만나는 것은 일상적인 일이다.

usual – usually

It was quite *usual for* the ponies *to wander* short distances.
조랑말들이 짧은 거리를 다니는 것은 상당히 일상적인 일이다.

ⓘ it is 'usual that' a person/an animal 'does' something이라고 하지 않는다.

2 'ordinary'

어떤 것이 평범하다고 할 때는 usual이 아닌 **ordinary**를 사용한다. 예를 들면, '나는 초콜릿 비스킷은 없고, 일반적인 비스킷만 갖고 있다.'는 I haven't got any chocolate biscuits, only usual ones.가 아닌 I haven't got any chocolate biscuits, only *ordinary* ones.라고 한다.

These children should be educated in an *ordinary* school. 이 어린이들은 일반 학교에서 교육을 받아야 한다.
It was furnished with *ordinary* office furniture. 그곳은 일반 사무용 가구가 갖춰져 있었다.

3 'usually'

특정한 상황에서 어떤 일이 매우 자주 일어난다고 할 경우, 부사 **usually**를 사용한다.

She *usually* found it easy to go to sleep at night. 그녀는 보통 밤에 쉽게 잠이 든다는 것을 알게 되었다.
We *usually* eat in the kitchen. 우리는 대개 부엌에서 식사한다.

4 'as usual'

어떤 일이 특정한 때 일어나거나 특정한 상황에서 자주 일어나는 경우, **as usual**을 사용한다.

Nino sounded a little drunk, *as usual*. 니노는 평소처럼 조금 취한 목소리였다.
She wore, *as usual*, her black dress. 그녀는 평소처럼 검은 드레스를 입고 있었다.

ⓘ as usually라고 하지 않는다.

V v

vacation

○ Usage 표제어 holiday – vacation 참조.

very

1 basic use(기본적인 용법)

형용사나 부사를 강조할 때, **very**를 사용한다.

She is a *very tall* woman. 그녀는 매우 키가 큰 여자이다.
That's *very nice* of you. 정말 친절하시군요.
Think *very carefully*. 아주 주의 깊게 생각해 보세요.

2 used with '-ed' words(-ed로 끝나는 단어와 함께 사용하기)

-ed로 끝나는 감정형용사나 상태형용사를 강조할 때, **very**를 사용할 수 있다. 예를 들면, '나는 매우 지루했다.'는 I was *very bored*.라고 하고, '그녀는 매우 놀랐다.'는 She was *very frightened*.라고 한다.

He seemed *very interested* in everything. 그는 모든 것에 대단히 흥미를 느끼는 것 같았다.
Joe must have been *very worried* about her. 조는 그녀를 몹시 걱정했음에 틀림없다.

그러나 수동태에서 **-ed**로 끝나는 단어를 강조할 때는 **very**를 사용하지 않는다. 예를 들면, '그는 아주 호감을 받았다.'는 ~~He was very liked.~~가 아닌 He was *well liked*.라고 한다. 마찬가지로, '그녀는 칭찬을 많이 받았다.'는 ~~She was very admired.~~가 아닌 She was *much admired*., She was *very much admired*., She was *greatly admired*.라고 한다.

I was *greatly influenced* by his work. 나는 그의 작품에 아주 크게 영향을 받았다.
He is *very much resented* by his colleagues. 그는 그의 동료들에 때문에 크게 분개했다.

잠에서 완전히 깨어나 있다는 be *very awake*가 아닌 be *wide awake*나 be *fully awake*를 사용한다.
He was *wide awake* by the time we reached my flat. 우리가 내 아파트에 도착했을 때, 그는 완전히 깨어 있었다.
He was not *fully awake*. 그는 잠에서 완전히 깬 상태가 아니었다.

아주 깊은 잠을 자다는 be '*very asleep*'이 아닌 be *sound asleep/fast asleep/deeply asleep*을 사용한다.

Chris is still *sound asleep* in the other bed. 크리스는 다른 침대에서 여전히 깊이 잠들어 있다.
Charlotte had been *fast asleep* when he left her. 샬롯은 그가 떠나자 바로 잠들었다.

두 개의 물건이 완전하게 떨어져 있다는 be '*very apart*'가 아닌 be *far apart*라고 한다.
His two hands were *far apart*. 그의 두 손은 완전히 떨어져 있었다.

극단적인 성질을 나타내는 형용사에는 **very**를 사용하지 않는다. 예를 들면, *very enormous*라고 하지 않는다. 이러한 형용사는 다음과 같다.

absurd	awful	brilliant	delighted	enormous
essential	excellent	furious	huge	massive
perfect	splendid	terrible	wonderful	

3 comparatives and superlatives(비교급과 최상급)

비교급에는 **very**가 아닌 **much**나 **far**를 사용한다. 예를 들면, '톰은 나보다 훨씬 더 빨랐다.'는 ~~Tom was very~~

very much

quicker than I was.가 아닌 Tom was *much quicker* than I was.나 Tom was *far quicker* than I was.라고 한다.

It was *much colder* than before. 전보다 날씨가 훨씬 더 추웠다.
It is *far better* picture than the other one. 그것은 다른 것보다 훨씬 더 좋은 사진이다.

best, **worst**나 **-est**로 끝나는 최상급 앞에 **very**를 사용할 수 있다.
It's one of Shaw's *very best* plays. 그것은 쇼우의 가장 뛰어난 연극 중의 하나이다.
We must deal with the *very worst* crimes. 우리는 가장 악질적인 범죄들에 대처해야 한다.
They use the *very latest* technology. 그들은 가장 최신의 기술을 사용하고 있다.

그러나 **the most**로 시작하는 최상급에는 **very**가 아닌 **much**, **by far**, **far and away** 등을 사용한다.
He is *much the most likely* winner. 그는 가장 유력한 우승 후보이다.
The last exam was *by far the most difficult*. 마지막 시험은 단언컨대 가장 어려웠다.
This is *far and away the most important* point. 이것이 단연코 가장 중요한 점이다.

4 used with 'first', 'next' and 'last' (first, next, last와 함께 사용하기)

처음, 다음, 마지막을 강조할 때, **first**, **next**, **last** 앞에 **very**를 사용할 수 있다.
Last week, I was their *very first* guest. 지난주에 나는 그들의 제일 첫 손님이었다.
We left the *very next* day. 우리는 바로 다음 날 그곳을 떠났다.
Those were his *very last* words. 그것이 그의 유언이었다.

> **주의** 사람이나 사물이 유난히 어떤 성질을 많이 갖고 있어서 어떤 상황이 발생하다라고 할 때는 **very**가 아닌 **so**를 사용한다. 예를 들면, '그의 모습이 너무 우스꽝스럽게 보였기 때문에, 우리는 웃을 수밖에 없었다.'는 He looked very funny that we couldn't help laughing.이 아닌 He looked *so* funny that we couldn't help laughing.이라고 한다.
> We were *so* angry we asked to see the manager. 우리는 그 일에 너무 화가 나 지배인을 만나자고 요구했다.
> He had shouted *so* hard that his throat was sore. 그는 너무 힘껏 소리를 질러서 그의 목이 아팠다.
>
> ○ Usage 표제어 **so** 참조.

5 prepositions (전치사)

ahead of나 **behind**와 같은 전치사 앞에는 **very**가 아닌 **well**이나 **far**를 사용한다.
Figures are *well above* average. 작년보다 특정 결과물의 숫자가 훨씬 많다.
David was following not *far behind* us. 데이비드는 우리 뒤 멀지 않은 곳에서 따라오고 있었다.

6 prepositional phrases (전치사구)

전치사구 앞에는 **very**가 아닌 **very much**나 **greatly**를 사용한다. 예를 들면, '그는 케이트와 깊은 사랑에 빠졌다.'는 He was very in love with Kate.가 아닌 He was *very much* in love with Kate.라고 한다.
The findings were *very much in line with* previous research. 그 조사 결과는 이전의 연구와 매우 같은 맥락이었다.
I was *greatly in awe of* Jane at first. 나는 처음에 제인을 매우 두려워했다.

very much

○ Usage 표제어 **much** 참조.

vest

영국 영어에서 **vest**는 보온을 위해 셔츠나 블라우스, 정장 등의 옷 안에 입는 상의, 즉 '속옷'이라는 뜻이다.
He wore a woollen *vest* under his shirt. 그는 셔츠 안에 모직 속옷을 입었다.

 미국 영어에서는 이러한 종류의 옷을 **undershirt**라고 한다.
When it's cold I always wear an *undershirt*. 날씨가 추워지면 나는 항상 속옷을 입는다.

 미국 영어에서 **vest**는 단추가 달리고 소매가 없는 남성용 의류로서, 셔츠 위 재킷 안에 입는 옷, '조끼'를 말한다다. 영국 영어에서는 이를 **waist-coat**라고 한다.
Under his jacket he wore a navy blue *vest* with black buttons.
그는 그의 상의 내에 검은색 단추가 달린 짙은 감색 조끼를 입었다.
The men wore evening suits and *waistcoats*. 그 남자는 반짝이로 수놓은 인디언 조끼를 입고 있었다.

영국 또는 미국 영어에서 'a vest'는 '특수 목적을 위해 우리 몸의 상체에 입는 조끼'이다.
The police officers had to wear bulletproof *vests*. 경찰관들은 그 당시 방탄조끼를 착용해야 했다.
Cyclists should always wear a helmet and a reflective *vest*.
자전거를 타는 사람은 헬멧과 빛 반사 조끼를 착용해야 한다.

victim – casualty

1 'victim'

범죄, 자연재해, 심각한 병으로 고통받고 있는 사람을 **victim**이라고 한다.
They offered financial aid for flood *victims*. 우리는 수해 피해자들에 대한 재정적 도움을 제공했다.
We have been the *victims* of a terrible crime. 우리는 끔찍한 범죄 사건의 피해자들이다.

2 'casualty'

전쟁이나 사고로 부상을 당하거나 죽은 사람, 즉 '사상자'는 **victim**이 아닌 **casualty**라고 한다.
There were heavy *casualties* on both sides. 양쪽 모두 아주 많은 사상자가 났다.
The *casualties* were taken to the nearest hospital. 사상자들은 가장 가까운 병원으로 후송되었다.

visit

1 used as a verb (동사로 사용하기)

visit a place는 어떤 장소에 흥미가 있어서 보러 가다, 즉 '방문하다'라는 뜻이다.
He had arranged to *visit* a number of museums in Paris. 그는 파리에 있는 많은 박물관을 방문할 계획을 세웠다.
She'll *visit* four cities on her trip. 그녀는 여행 중 네 개의 도시를 방문할 것이다.

visit someone은 다른 사람의 집에 그 사람을 만나러 가거나 잠깐 머물다라는 뜻이다.
She *visited* some of her relatives for a few days. 그녀는 자신의 친척들을 며칠 동안 방문했다.
When my dad was in hospital, I *visited* him every day. 나의 아버지가 입원해 있을 때 나는 매일 병원에 갔다.

치료를 받거나 조언을 듣기 위해 의사나 변호사를 찾아가다라는 뜻에도 **visit**를 사용할 수 있다.
He persuaded me to *visit* a doctor. 그는 나에게 병원에 가보라고 설득했다.
You might need to *visit* a solicitor before thinking seriously about divorce.
당신은 심각하게 이혼을 고려하기 전에 변호사를 만나는 것이 좋을 것이다.

 미국 영어를 쓰는 일부 사람들은 visit 대신 visit with를 사용한다.
She wanted to *visit with* her family for a few weeks. 그녀는 자신의 가족을 몇 주간 방문하고 싶어했다.

 그러나 미국 영어에서 visit with는 '누군가와 이야기하다'라는 뜻이다.
You and I could *visit with* each other undisturbed. 당신과 나는 방해받지 않고 이야기할 수 있었다.

2 used as a noun (명사로 사용하기)

visit는 명사로도 사용한다. ***make*** a visit는 '어떤 장소를 방문하다'라는 뜻이고, ***pay*** a visit는 '누군가를 방문하다'라는 뜻이다.
He *made* a *visit* to the prison that day. 그는 그날 감옥을 방문했다.
It was after nine o'clock, too late to *pay* a *visit* to Sally. 9시가 지나서 샐리를 방문하기에는 너무 늦은 시간이었다.

🚫 'do' a visit라고 사용하지 않는다.

voyage

voyage
- Usage 표제어 journey – trip – voyage – excursion 참조.

W w

wages
○ Usage 표제어 salary – wages 참조.

waistcoat
○ Usage 표제어 vest 참조.

wait

1 'wait'

wait는 어떤 일이 일어나거나 누군가가 도착할 때까지 같은 장소에 머물거나 다른 일을 하지 않다, 즉 '기다리다'라는 뜻이다.

Please *wait* here until he is ready to see you. 여기에서 그가 당신을 만날 준비를 하는 동안 기다리세요.
She *had been waiting* to buy some stamps. 그녀는 우표를 사기 위해 기다리고 있었다.

2 'wait for'

wait for는 사물이나 사람을 기다리다라는 뜻이다.

I'm staying here and I'*ll wait for* her call. 나는 여기 있으면서 그녀의 전화를 기다릴 것이다.
If he's late, I'll *wait for* him. 그가 늦는다면, 나는 그를 기다릴 것이다.

wait for a person/thing *to do* something은 어떤 일을 하기 위해서 사람이나 사물을 기다리다라는 뜻이다.

She *waited for* me *to say something*. 그녀는 내가 무언가를 말하기를 기다렸다.
I *waited for* Dad *to come home*. 나는 아빠가 집에 오기를 기다렸다.

> 주의 wait는 타동사가 아니므로, 사람이나 사물을 기다린다고 할 때에는 wait가 아닌 wait for를 써야 한다.
> ○ Usage 표제어 await 참조.

wake – waken
○ Usage 표제어 awake 참조.

wallet

wallet은 특히 남자가 지폐와 신용 카드 등의 작은 사물을 보관하는 가죽이나 플라스틱으로 만든 작고 납작한 용기, 즉 '지갑'이라는 뜻이다.

 미국 영어에서 때때로 남자 지갑은 **billfold**, 여자 지갑은 **pocketbook**이고, 돈을 넣는 조그만 지갑은 **coin purse** 또는 **change purse**이다. 영국 영어는 여자들의 조그만 지갑을 **purse**라고 한다.

○ Usage 표제어 purse 참조.

want

1 basic use(기본 용법)

want는 어떤 것에 대한 필요를 느끼거나 갖기를 '원하다'라는 뜻이다.

want

Do you *want* a cup of coffee? 커피 한 잔 마시고 싶으세요?
All they *want* is some sleep. 그들이 원하는 것은 지금 약간의 잠을 자는 것이다.

ℹ️ 일반적으로 want는 진행시제를 사용하지 않는다. 예를 들면, ~~All they are wanting is a holiday.~~라고 하지 않는데, 회화에서는 자주 사용한다.

I think someone is *wanting* to speak to you. 내 생각에 어떤 사람이 지금 당신과 말하고 싶어 한다.
They were all *wanting* to be on the team. 그들 모두가 그 팀에 남아 있고 싶어 했다.

want는 현재, 과거, 미래 완료 진행 시제에 사용할 수 있다.
John *had been wanting* to resign for months. 존은 그 당시 수개월 동안 사직하기를 원해 오고 있던 중이었다.
These new phones are getting very popular – soon everyone *will be wanting* one. 이러한 스마트폰이 아주 큰 인기를 끌고 있는데, 곧 누구나 이 전화기를 갖길 원하게 될 것이다.

2 used with a 'to'-infinitive (to부정사와 함께 사용하기)

want to do something은 어떤 일을 하기를 원하다라는 뜻이다.
They *wanted to go* shopping. 그들은 쇼핑하러 가고 싶었다.
I *want to ask* a favour of you, Anna. 안나, 당신에게 부탁이 있어요.

ℹ️ 'want to not do' something 또는 'want not to do' something이 아닌 *don't want to do* something이라고 한다.
I *don't want to discuss* this. 나는 이것에 대해 토론하고 싶지 않다.
He *didn't want to come*. 그는 오고 싶어하지 않았다.

don't want 뒤에 to부정사절 대신에 때때로 to만 사용할 수 있다. 예를 들면, '나는 초청받았으나 가고 싶지 않았다.'는 I was invited to go, but I didn't want to go. 대신 I was invited to go, but *I didn't want to*.라고 한다. 그러나 ~~I was invited to go, but I didn't want it.~~이라고 하지 않는다.
I could do it faster, but I just *don't want to*. 나는 그것을 빨리 할 수 있으나, 단지 그렇게 하고 싶지가 않다.
He should not be forced to eat it if he *doesn't want to*. 만약 그가 원하지 않는다면 그것을 먹으라고 강요하지 말아야 한다.

want someone *to do* something은 누군가가 어떤 일을 하기를 원하다라는 뜻이다.
I *want* him *to learn* to read. 나는 그가 글을 읽는 법을 배우기를 원한다.
The little girl *wanted* me *to come* and play with her. 그 어린 여자 아이는 내가 가서 놀아 주기를 원했다.

want 뒤에는 that절을 사용하지 않는다. 예를 들면, ~~I want that he should learn to read.~~라고 하지 않는다.

3 requests (요청)

상대방에게 요청할 때, want를 사용하면 일반적으로 정중한 표현이 되지 않는다. 예를 들면, 가게에 가서 '성냥 한 갑을 주세요.'라고 할 때는 I want a box of matches, please.보다 Could I have a box of matches, please? 또는 A box of matches, please.라고 하는 것이 더 낫다.

◯ Topic 표제어 Requests, orders, and instructions 참조.

4 another meaning of 'want' (want의 다른 뜻)

want에는 또 다른 뜻이 있다. something *wants doing*은 어떤 것이 행해질 필요가 있다라는 뜻이다.
We've got a few jobs that *want doing* in the garden. 우리는 정원에서 해야 할 일이 여러 가지 있다.
The windows *wanted cleaning*. 그 창문들을 청소할 필요가 있다.

ℹ️ 위와 같은 문장에서 to부정사를 사용하지 않는다. 예를 들면, ~~We've got a couple of jobs that want to be done in the garden.~~이라고 하지 않는다.

5 'be about to'

어떤 일을 막 하려고 할 때는 want to가 아닌 be about to를 사용한다. 예를 들면, '내가 코트를 입고 막 나가려던 바로 그때 전화벨이 울렸다.'는 I had put on my coat, and was just wanting to leave when

-ward – -wards

~~the telephone rang.~~이 아닌 I had put on my coat, and *was* just *about to* leave when the telephone rang.이라고 한다.

Her father *is about to* retire soon. 그녀의 아버지는 곧 은퇴하려고 하신다.

I can't talk now, because I'*m just about to* go to work. 지금은 말할 수 없어요. 막 출근하려고 하거든요.

-ward – -wards

1 '-wards' in adverbs

-wards는 방향을 나타내는 부사의 접미사로 사용하는데, **you move or look backwards**는 '우리가 우리의 뒤쪽으로 움직이거나 또는 보다'이다.

Ryan walked *forwards* a couple of steps. 라이언은 앞쪽으로 서너 걸음을 걸어나갔다.

I looked out the window and could see *eastwards* as far as the distant horizon.
나는 그 창문을 통해 동쪽 방향으로 멀리 떨어져 있는 지평선 너머까지 볼 수 있었다.

She stretched *upwards* to the cupboard above the sink.
그녀는 싱크대 위에 있는 찬장을 향해 위쪽으로 몸을 뻗었다.

-wards로 끝나는 단어들은 아래와 같다.

backwards	forwards	northwards	southwards
downwards	homewards	onwards	upwards
eastwards	inwards	outwards	westwards

명사 + **wards** 형식을 사용해 방향을 나타낼 수 있는데, **you look skywards**는 '우리가 하늘 쪽을 향해 쳐다보다'이고, **you move seawards**는 '우리가 바다 쪽을 향해 움직이다'이다.

2 '-ward' in adverbs

 미국 영어와 일부 영국 영어는 -wards 대신 -ward를 방향을 나타내는 부사로 사용하는데, **He looked upwards** 대신 **He looked upward**를 사용한다.

I began to climb *upward* over the steepest ground.
나는 급경사 지역을 넘어 위쪽으로 올라가기 시작했다.

They marched *westward*. 그들은 서쪽 방향으로 행군해 갔다.

3 '-ward' in adjectives

영미 영어는 -ward를 방향을 나타내는 형용사로 사용하는데, **a backward glance, a homeward journey** 등으로 사용한다.

There were plans for the *eastward* expansion of London.
런던을 동쪽 지역으로의 확장할 계획이 있었다.

His announcement was followed by silence and *downward* glances.
그의 발표로 인해 그곳은 침묵과 실망스러운 분위기가 뒤따라 조성되었다.

She arrived in London and started preparing for her *onward* journey to Paris.
그녀는 런던에 도착한 후, 바로 파리 여행 계획을 준비하기 시작했다.

▣ afterwards와 afterward는 '형용사'가 아닌 '부사'이다. afterward는 미국에서 주로 사용한다.

They got married not long *afterwards*. 그들은 곧이어 결혼을 실행했다.

I left soon *afterward*. 나는 그곳을 곧바로 떠났다.

○ Usage 표제어 **after – afterwards – later** 참조.

▣ towards와 toward는 '부사, 형용사'가 아닌 '전치사'이다.

He saw his mother running *towards* him. 그는 그의 어머니가 그를 향해 달려오는 것을 보았다.

She glanced *toward the door*. 그녀는 그 문 쪽을 흘끗 쳐다보았다.

○ Usage 표제어 **to** 참조.

wardrobe

wardrobe

◐ Usage 표제어 cupboard – wardrobe – closet 참조.

wash

1 used as a transitive verb(타동사로 사용하기)

wash는 물과 비누나 세제로 어떤 것을 깨끗이 '씻다'라는 뜻이다.
He got a job *washing* dishes in a pizza parlour. 그는 피자 가게에서 접시 닦는 일을 구했다.
She *washes* and irons his clothes. 그녀는 그의 옷을 세탁하고 다림질한다.

신체 부위를 씻다라는 뜻으로 wash를 사용한다.
First *wash* your hands. 먼저 손을 씻으세요.
She combed her hair and *washed* her face. 그녀는 머리를 빗고 세수를 했다.

2 used without an object(목적어 없이 사용하기)

wash는 특히 손과 얼굴의 신체 부위를 씻다라는 뜻이며, 주로 소설에서 사용한다.
She rose early and *washed*. 그녀는 일찍 일어나서 몸을 씻었다.
He went upstairs to *have a wash*. 그는 씻기 위해 2층으로 갔다.

3 'wash up'

 미국 영어에서 wash up은 특히 손과 얼굴의 신체 부위를 씻다라는 뜻이다.
I'll just go *wash up* before dinner. 나는 저녁을 먹기 전 몸을 씻으려 한다.

영국 영어에서 wash up은 이런 뜻이 아니라, 요리하거나 식사할 때 사용하는 냄비, 접시, 컵, 나이프와 포크, 숟가락 등을 설거지하다라는 뜻이다.
I cooked, so you can *wash up*. 내가 요리할 테니 설거지는 당신이 하세요.

washroom

◐ Usage 표제어 toilet 참조.

way

1 'way'

특정한 결과를 얻기 위해서 수행하는 방법을 가리킬 때, way를 사용한다. 어떤 일을 하는 방법을 *a way of doing* something이나 *a way to do* something이라고 하며, 의미상의 차이는 없다.
This is the most effective *way of helping* the unemployed. 이것은 실업자들을 돕는 가장 효과적인 방법이다.
What is the best *way to help* a child with reading problems?
독해에 문제가 있는 한 14세 아이를 돕는 가장 좋은 방법은 무엇입니까?

🛈 [소유격+way+of+-ing] 형식에서 [of+-ing] 대신 to부정사를 사용하지 않는다.
I have to fit in with *her way of doing* things. 나는 당신이 일하는 방식에 기꺼이 맞춰 주어야 한다.
They are part of *the author's way of telling* his story. 그것들은 작가가 자신의 이야기를 전개하는 방식의 일부이다.

2 'means'

어떤 일을 달성하는 수단을 나타낼 때, [way of + 명사] 형식이 아닌 [means of + 명사] 형식을 사용한다. 예를 들면, 교통수단의 하나로서 동물이나 차량을 가리킬 때, a way of transport가 아닌 *a means* of transport라고 한다.
The essential *means of transport* for the islanders was the donkey.
그 섬에 사는 사람들의 주요 교통수단은 당나귀였다.
Drums can be used as a *means of communication*. 의사소통 수단으로서 북을 사용할 수 있다.

we

3 used for describing manner(매너 묘사에 사용하기)

in a particular *way*는 '특정한 방식으로'라는 뜻이다.
The play was performed *in a very interesting way*. 그 연극은 아주 재미있는 방법으로 연출되었다.
She smiled *in a friendly way*. 그녀는 친근하게 웃었다.

방법의 부가어가 (**this** · **that** + **way**) 형식인 경우, 일반적으로 **this**나 **that** 앞의 **in**을 생략한다.
Let's do it *this way*. 우리 그것을 이런 식으로 합시다.
It's easier to do it *that way*. 그것은 그런 식으로 하면 쉬울 것이다.

(**the** · 소유격 + **way**) 형식에서도 **in**을 생략한다.
We don't look at things *the same way*. 우리는 사물을 같은 방식으로 보지 않는다.
I'm going to handle this *my way*. 나는 이 일을 내 방식대로 처리할 것이다.

4 used with relative clauses(관계사절과 함께 사용하기)

(**the way**+ 한정적 용법의 관계사절) 형식을 사용하는 경우, 한정적 용법의 관계사절은 **that**절(**that**은 생략 가능)이나 **in which**로 시작하는 절을 사용할 수 있다. 예를 들면, '그녀가 이야기한 방식'은 *the way* she told the story, *the way that* she told the story, *the way in which* she told the story라고 할 수 있으며, 의미상의 차이는 없다.
It's *the way* they used to do it. 그것은 그들이 그 일을 이전에 했던 방식이다.
I was shocked by *the way in which* they treated their animals.
나는 그들이 동물을 마구 대하는 것을 보고 쇼크를 먹었다.

we

주어 **we**는 자신과 한 명 이상의 다른 사람들을 가리킬 때 사용한다.
We could hear the birds singing. 우리는 새들이 지저귀는 것을 들을 수 있었다.
We both sat down. 우리 둘은 자리에 앉았다.

자신이 글을 쓰거나 말하는 대상에 포함될 때, **we**를 사용할 수 있다.
If you like, *we* might have dinner together. 당신이 좋아한다면, 우리는 함께 저녁 식사를 할 텐데요.

ℹ you and we나 we and you라고 사용하지 않는다. 예를 들면, '우리는 존을 만나러 가야 합니다.'는 ~~You and we must go and see John~~. 대신 *We* must go and see John.이라고 한다.
We need to stop polluting the planet. 우리는 지구 오염을 방지할 필요가 있다.
Nowadays *we* like to think of ourselves as rational and scientific.
오늘날 우리는 우리 자신들이 합리적이고 과학적인 사고를 하고 있다고 생각한다.

wear

1 'wear'

wear는 옷, 신발, 모자, 장갑, 보석, 화장품, 안경 등을 몸에 '착용하다'라는 뜻이다. **wear**의 과거는 **weared**가 아닌 **wore**이며, 과거분사는 **worn**이다.
She was small and *wore* glasses. 그녀는 몸집이 작고 안경을 착용했다.
I've *worn* this dress so many times. 나는 이 드레스를 정말 오래 입었다.

2 'dressed in'

be *dressed in*은 특정한 옷을 입다라는 뜻이다.
All the men were *dressed in* grey suits. 그곳의 모든 남자들이 회색 정장을 입고 있었다.

그러나 옷을 제외한 모자, 신발, 보석, 화장품, 안경에는 be 'dressed in'을 사용하지 않는다.

◎ Usage 표제어 **dress** 참조.

weather – whether

3 'in'

옷, 신발, 모자, 장갑을 착용하고 있다고 언급할 때, **in**을 사용한다. **in**은 일반적으로 명사구 바로 뒤에 온다.

With her was a small girl *in a blue T-shirt*. 그녀와 함께 파란색 티셔츠를 입은 작은 소녀가 있었다.
The bar was full of men *in baseball caps*. 그 술집은 야구 모자를 쓴 남자들로 꽉 찼다.

부가어의 일부로 **in**을 사용할 수 있다.

I saw you walking along *in your old jeans*. 나는 연한 파란색 정장을 입고 길을 걷고 있는 당신을 보았다.
She stood at the top of the stairs *in her pyjamas*. 그녀는 그 계단 제일 위에 파자마를 입고 서 있었다.

🚫 어떤 옷을 입고 있을 때, 보통 [be동사 + in] 형식을 사용하지 않는다. 예를 들면, '메리는 빨간색 드레스를 입고 있었다.'는 Mary was in a red dress.가 아닌 Mary *was wearing* a red dress.라고 한다.

그러나 [be동사 + in + 소유격 한정사(his, my 등)] 형식을 사용할 수 있다.

I *was in my dark suit and my university tie*. 나는 어두운 색 정장과 내 대학 넥타이를 했다.
Hilary was *in her nightdress and dressing gown*. 힐러리는 잠옷과 실내복을 입고 있었다.

누군가가 그 옷만 입고 있다고 할 때, 때때로 **in**을 사용한다. 예를 들면, '조지는 팬티만 입고 있었다.'는 George was *in* his underpants. 또는 George was wearing only his underpants.라고 한다.

He was standing in the hall in *his swimming shorts*. 그는 수영복을 입고 복도에 서 있었다.
She opened the door in *her dressing gown*. 그녀는 드레싱가운을 입은 채 문을 열어 주었다.

weather – whether

1 'weather'

weather는 비가 오는지 구름이 끼었는지 햇볕이 나는지 더운지 추운지를 나타내는 '날씨'라는 뜻이다.

The *weather* was good for the time of year. 날씨가 계절에 알맞다.
The trip was cancelled because of bad *weather* conditions. 그 여행은 좋지 않은 날씨 때문에 취소되었다.

weather는 불가산명사이므로, 앞에 **a**를 쓰지 않는다. 예를 들면, '우리는 며칠간 날씨가 좋지 않을 거라고 예상한다.'는 We can expect a bad weather in the next few days.가 아닌 We can expect *bad weather* in the next few days.라고 한다.

They completed the climb despite *appalling weather*. 그들은 악천후에도 불구하고 등반에 성공했다.
The wedding took place in *perfect May weather*. 그 결혼식은 완벽한 5월 날씨 속에서 거행되었다.

'날씨가 아주 좋다.'는 It's lovely weather.가 아닌 The weather *is lovely*.라고 한다.

The weather *was awful*. It hardly ever stopped raining. 날씨는 아주 좋지 않았다. 비가 거의 그치지 않고 계속 내렸다.

2 'whether'

weather를 **whether**와 혼동해서는 안 된다. **whether**는 두 개 이상의 대안을 말할 때 사용한다. 예를 들면, '나는 외출해야 할지 집에 있어야 할지 모르겠다.'는 I don't know *whether* to go out or stay at home.이라고 한다.

I don't know *whether* to go out or stay at home. 나는 외출해야 할지 집에 있어야 할지 모르겠다.
She asked *whether* I wanted more coffee. 그녀는 나에게 커피를 더 마시겠냐고 물었다.

○ Usage 표제어 whether 참조.

wedding

○ Usage 표제어 marriage – wedding 참조.

week

week는 7일의 기간, 즉 '일주일'이라는 뜻이다. 일주일의 시작을 일요일로 보기도 하고 월요일로 보기도 한다.

weekday

She will be back next *week*. 그녀는 다음 주에 돌아올 것이다.
It will take several *weeks* to repair the damage. 그 피해를 복구하는 데 수주일이 소요될 것이다.

in the week이나 during the week은 주말이 아닌 '주 중'이라는 뜻이다.
In the week, we get up at seven. 우리는 주 중에 7시에 일어난다.
I never have time to cook *during the week*. 나는 주중에 음식을 만들 시간이 없다.

○ Usage 표제어 last, next, this 참조. Topic 표제어 Days and dates 참조.

weekday

weekday는 일주일 중에 주말인 토요일과 일요일을 제외한 날, 즉 '평일'이라는 뜻이다.
She spent every *weekday* at meetings. 그녀는 주 중에 매일을 회의 참석으로 보냈다.
You don't need to reserve a table if you come on a *weekday*.
당신이 주중에 오는 경우 예약을 할 필요가 없습니다.

토요일은 때때로 평일로 여겨지기도 한다.

something happens **on weekdays**는 어떤 일이 주 중에 일어난다라는 뜻이다.
I visited them *on weekdays* for lunch. 나는 점심 식사를 하러 주 중에 그들을 방문했다.
We have to get up early *on weekdays*. 우리는 주중에 일찍 일어나야 한다.

 미국 영어에서는 on을 때때로 생략하기도 한다.
Weekdays after six, I'd go fetch him for dinner.
나는 주 중 6시 이후에 저녁 식사를 같이 하기 위해 그를 데리러 가곤 했다.

weekend

1 'weekend'

weekend는 연달아 있는 토요일과 일요일로, 금요일 저녁까지 포함시키기도 한다. 유럽, 북아메리카, 호주의 사람들은 대부분 주말에 직장이나 학교에 가지 않는다.
I spent the *weekend* at home. 나는 집에서 주말을 보냈다.
Did you have a good *weekend*? 당신은 주말을 즐겁게 보냈습니까?

2 regular events(규칙적인 일)

영국 영어에서 at weekends는 '주말마다 규칙적으로'라는 뜻이다.
The beach gets very crowded *at weekends*. 그 해변은 주말마다 아주 혼잡해진다.

 미국 영어와 호주 영어에서는 보통 on weekends라고 한다.
He often studies evenings and *weekends*. 그는 자주 주중 밤 늦게와 주말까지 공부를 한다.
On weekends I usually sleep late. 주말마다 나는 잠을 아주 늦게 잔다.

3 single events(단일 사건)

during a particular weekend는 '특정한 주말 동안에'라는 뜻이다.
Will you be visiting relatives *during the holiday weekend*?
당신은 주말 휴일에 친척들을 방문할 것입니까?

평일을 기준으로 the weekend나 this weekend는 지난 주말이나 다음 주말을 가리킨다. the weekend 앞에는 at, during, over를 사용할 수 있으며, this weekend 앞에는 다른 전치사를 사용하지 않는다.
Her new film came out *at the weekend*. 그녀의 새 영화가 주말에 개봉했었다.
I'll call you *over the weekend*. 제가 주말에 전화 드릴게요.
My birthday was t*his weekend*. 나의 생일이 이번 주였다.
We might be able to go skiing *this weekend*. 우리는 이번 주말에 스키를 타러 갈 수 있을지도 모르겠다.

weep

weep
○ Usage 표제어 cry – weep 참조.

welcome

welcome은 동사, 명사, 형용사로 쓰이며, 인사말이 될 수도 있다.

1 used as a verb(동사로 사용하기)

동사 welcome은 누군가를 '환대하다'라는 뜻이다.
He went to the door to *welcome* his visitor. 그는 방문객을 환대하기 위해 문 쪽으로 갔다.

2 used as a noun(명사로 사용하기)

어떤 장소에서 환영받는 방식을 묘사할 때, welcome을 명사로 사용한다. 예를 들면, **someone is given a warm welcome**은 따뜻한 환영을 받다라는 뜻이다.
He was given *a warm welcome* by the President himself.
대통령이 직접 나서서 그를 따뜻하게 맞이해 주었다.
We always receive *a wonderful welcome* from the hotel staff.
우리는 호텔 직원들로부터 항상 굉장한 환영을 받는다.

3 'you're welcome'

상대의 감사함 표시에 대한 대꾸로 사용한다.
'Thanks for the coffee.' – '*You're welcome*.' "커피 (주셔서) 감사합니다." – "천만에요."
someone is welcome to do something or **is welcome to something**은 '어떤 사람이 어떤 일을 하거나 또 그 일을 갖는 것을 우리는 좋게 생각한다'이다.
She *is welcome to stay* with us while she finds a place to live.
그녀가 살 곳을 찾는 동안 우리와 여기에 머무르는 것을 환영합니다.
We don't have a bath, only a shower, but you're *welcome to it*.
우리에게는 목욕탕 시설이 없고, 샤워만 할 수 있는데, 당신이 그것을 사용하는 것을 권장합니다.

형용사 welcome에는 어떤 것을 얻게 되거나 어떤 일이 일어나서 기쁘다라는 뜻도 있다.
If he wants my job, he*'s welcome to it*! 만약 그가 나의 일을 원한다면, 정말로 환영이야.

4 used as a greeting(인사로 사용하기)

현재 있는 곳에 도착한 사람을 환영하는 인사로 welcome을 사용하는데, 이는 다소 격식을 차린 말이다.
Welcome to Peking. 베이징에 오신 것을 환영합니다.
Welcome home, Marsha. 마르샤, 집에 온 것을 환영합니다.

well

1 used before a statement(진술 전에 사용하기)

어떤 말을 할 때 아무 뜻 없이 사용하는 '음...' 또는 '저...' 등과 같은 뜻으로 well을 사용한다. 그러나 때때로 말하려는 것을 주저하거나 불확실한 내용을 말하려고 할 때에도 사용할 수 있다.
'Is that right?' – '*Well*, I think so.' "저것이 맞습니까?" – "음, 그렇게 생각합니다."

자신이 앞서 한 말을 고치는 경우에도 well을 사용한다.
We walked along in silence; *well*, not really silence, because she was humming.
우리는 침묵 속에서 걸었다. 아니, 그녀의 흥얼거림 때문에 실제로 침묵은 아니었다.
It took me years, *well* months at least, to realize that he'd lied to me.
그가 나에게 거짓말했던 것을 알아차리는 데 수년, 아니 적어도 몇 달이 걸렸다.

2 used as an adverb(부사로 사용하기)

높은 수준이나 대단한 정도로 어떤 일을 하는 것을 나타낼 때, **well**을 사용한다.
He handled it *well*. 그는 그것을 잘 다루었다.
The strategy has worked very *well* in the past. 그 전략은 여태까지 아주 잘 되었다.

수동형 문장에 사용한 과거분사를 강조할 때, **well**을 사용한다.
You seem to be *well liked* at work. 당신은 직장에서 크게 환영받을 것 같다.

[well + 과거분사] 형식에 명사 앞에 중복 형용사 사이에 '-(hyphen)'을 사용한다.
She was seen having dinner with a *well-known* actor. 그녀는 지금 유명한 배우와 식사 중이다.
This is a very *well-established* custom. 이 일은 아주 잘 정착된 관습이다.

이러한 중복 형용사가 동사 바로 뒤에 위치하면 '-'을 사용하지 않는다.
The author is *well known* in his native country of Scotland. 그 작가는 그의 고향인 스코틀랜드에서 잘 알려져 있다.
Their routine of a morning walk was *well established*. 그들의 아침 걷기 일과는 아주 잘 정착된 행사였다.

[well + 전치사 ahead of · behind 등] 형식도 사용한다.
The candidate is *well ahead of* his rivals in the opinion polls.
그 후보자는 그의 라이벌들에 비해 여론 조사들에서 많이 앞서가고 있다.
The border now lay *well behind* them. 현재 그 경계선은 그들이 있는 곳보다 훨씬 뒤쪽에 있다.

부사 **well**의 비교급은 **better**, 최상급은 **best**이다.
People are *better* housed than ever before. 사람들은 전보다 나은 곳에 살고 있다.
What works *best* is a balanced, sensible diet. 균형 있고 적절한 음식 섭취가 가장 효과적이다.

3 used as an adjective(형용사로 사용하기)

well은 형용사로도 사용하며, 어떤 사람이 병이 없고 '건강한'이라는 뜻이다.
She looked *well*. 그녀는 건강해 보였다.
'How are you?' – 'I'm very *well*, thank you.' "어떻게 지내십니까?" – "고맙습니다. 저는 아주 건강합니다."

 영국 영어를 쓰는 대부분의 사람들은 명사 앞에 **well**을 사용하지 않는다. 예를 들면, **He's a well man.**이 아닌 **He's well.**이라고 한다. 그러나 미국이나 스코틀랜드에서는 때때로 명사 앞에 사용하기도 한다.

형용사 **well**의 비교급은 없지만, 아픈 사람의 건강이 좋아지다라고 말할 때, **better**를 사용할 수 있다.
He seems *better* today. 그는 오늘 상태가 호전된 것 같아 보인다.
He is much *better* now. He's fine. 그는 지금 훨씬 더 좋아졌다. 그는 좋은 상태이다.

병이나 부상에서 완전히 회복하다라고 할 때, **better**를 흔히 사용한다.
I hope you'll be *better* soon. 나는 당신이 빨리 낫기를 바란다.
Her cold was *better*. 그녀는 감기가 나았다.

4 'as well'

어떤 것에 대해 더 많은 정보를 주는 경우, **as well**을 사용한다.
Fresh fruit is healthier than tinned fruit. And it tastes nicer *as well*.
신선한 과일은 통조림 된 과일보다 더 건강식이며 거기다 맛까지 더 좋다.
The woman laughed, and Jayah giggled *as well*. 그 여자가 웃었고, 그 역시 낄낄거렸다.

○ Usage 표제어 also – too – as well 참조.

were

1 used to talk about the past(과거를 말할 때 사용하기)

were는 **be**동사의 과거시제의 복수형이며, 2인칭 동사이다.

west

They *were* only fifty miles from the coast. 그들은 해안에서 겨우 50마일 떨어진 곳에 있었다.
You *were* only twelve at the time. 그때 너는 단지 열두 살이었다.

2 used in conditional clauses (조건절에 사용하기)

조건절에 were를 사용하여, 존재하지 않는 상황이나 일어날 가능성이 거의 없는 상황을 나타낸다. 주어가 I, he, she, it, there나 단수명사일 때, was 대신 were를 사용하는 것이 올바르게 여겨진다.

If I *were* in his circumstances, I would do the same. 만약 내가 그의 처지에 있다면, 나도 그의 생각대로 했을 것이다.
If the law *were changed, it would not benefit women*.
그 법이 변하더라도 그것이 여성들에게 혜택을 주는 것은 아니다.

그러나 회화에서는 **If I *were* you**라는 표현을 제외하고는 보통 **was**를 사용한다.

If I *was* an architect, I'd re-design this house. 만약 내가 건축가라면 이 집을 다시 설계할 텐데.
If the business *was* properly run, this wouldn't happen. 만약 사업이 잘 운영된다면 이러한 일이 일어나지 않을 것이다.

회화에서는 was나 were를 모두 사용할 수 있으나, 격식을 차린 글에는 were를 사용해야 한다.

> **주의** were[wə(:)r]를 where[hweər]와 혼동해서는 안 된다. 장소나 위치를 진술하거나 질문할 때, where를 사용한다.
> *Where* is the nearest train station? 여기서 가장 가까운 기차역은 어디입니까?
> ○ Usage 표제어 where 참조.

---

west

1 'west'

west는 해가 지는 것을 보려고 쳐다보는 방향, 즉 '서쪽'이라는 뜻이다.

The village is fifty miles to the *west* of Oxford. 그 마을은 옥스포드 서쪽으로 50마일 떨어져 있다.
We watched the sun set behind the hills in the *west*. 우리는 서쪽에 있는 동산들 뒤로 해가 지는 것을 바라보았다.

west wind는 서쪽에서 불어오는 바람이라는 뜻이다.

A warm *west* wind was blowing. 따뜻한 서풍이 불어오고 있었다.

the *west* of place는 서쪽 방향에 있는 지역이라는 뜻이다.

They live in a remote rural area in the *west* of Ireland. 그들은 아일랜드 서부의 오지 농촌 지역에 살고 있다.

주(州)나 지역의 이름에 **West**를 사용한다.

He was a coal miner from *West Virginia*. 그는 웨스트버지니아 출신 광부였다.
Benin is a country in *West Africa*. 베냉은 서아프리카에 있는 나라이다.

2 'western'

일반적으로 서부 지역은 west part가 아닌 **western** part라고 한다.

There will be rain in northern and *western* parts of the United Kingdom.
영국 북서부 지역에 비가 내릴 것으로 예상한다.

마찬가지로, west Europe이나 west France가 아닌 **western** Europe이나 **western** France라고 한다.

They were studying the history of *western* Europe. 그들은 서유럽의 역사에 대해 공부하고 있다.
She was born in *western* Australia. 그녀는 서나이지리아에서 출생했다.

미국, 캐나다, 서부 유럽 국가, 다른 공업 선진국들과 관련된 사람이나 사물을 묘사할 때, **Western**을 사용할 수 있다.

The US and other *Western* governments criticized the move.
그러한 움직임을 미국과 서구 여러 나라에서 비판을 하고 있다.
He discussed the problems of *Western* society. 그는 서구 사회의 결점들에 대해 토의했다.

westwards – westward
○ Usage 표제어 -ward – -wards 참조.

what

1 asking for information(정보 물어보기)

어떤 것에 대한 정보를 물어보는 경우, **what**을 대명사나 한정사로 사용할 수 있다. **what**을 대명사로 사용하는 경우에는 주어, 목적어, 동사의 보어와 전치사의 목적어로 쓰일 수 있다.

What happened to the crew? 승무원들에게 무슨 일이 일어났습니까?
What is your name? 당신의 이름은 무엇입니까?

what이 전치사의 목적어인 경우 그 전치사는 문장의 마지막에 위치한다.

What did she say then? 그 다음에 그녀는 뭐라고 말했습니까?
What did he die of? 그는 무슨 원인으로 죽었습니까?

🛈 what이 동사의 목적어인 경우, 조동사, 주어, 본동사가 따라온다. 또한 what이 전치사의 목적어인 경우, 전치사는 일반적으로 의문문의 끝에 온다.

2 used as a determiner(한정사로 사용하기)

what을 한정사로 사용하는 경우, 일반적으로 동사의 목적어의 일부가 된다.

What books can I read on the subject? 그 주제에 대해 제가 무슨 책을 읽을 수 있습니까?
What car did you hire? 당신은 어떤 차를 빌렸습니까?

> 주의 제한된 사람이나 어떤 것 중에서 무엇을 선택할지를 묻는 질문에는 의문사로 what이 아닌 which를 사용한다. 예를 들면, '어느 손가락을 다쳤어요?'는 ~~What finger have you hurt?~~가 아닌 *Which* finger have you hurt?라고 한다.
> When you start up your computer, *which application* do you go to first?
> 당신이 컴퓨터를 켜면 어떤 앱에 제일 먼저 들어갑니까?
> *Which department* do you want? 당신은 어떤 부서를 원합니까?

시간을 물어보는 경우, [what + time] 형식을 사용한다.

What time is it? 몇 시입니까?
What time does their flight get in? 그 비행기는 그곳에 몇 시에 도착합니까?

3 used in reported clauses(간접화법절에 사용하기)

간접화법절에 what을 주로 사용한다.

I asked her *what had happened*. 나는 그녀에게 무슨 일이 있었는지 물어보았다.
I find it difficult to understand *what people are saying*.
나는 사람들이 무슨 말을 하고 있는지 이해하기 어렵다는 것을 안다.

○ Grammar 표제어 Reporting 참조.

4 'what...for'

사물의 사용 목적을 상대방에게 물어볼 때, what과 for를 사용한다. 이때 what은 의문문의 시작에 오며, for는 의문문의 끝에 온다. 예를 들면, '이 손잡이는 어떤 용도입니까?'는 *What* is this handle *for*?라고 한다.

What are those lights *for*? 그 전등의 용도는 무엇입니까?

어떤 일을 한 이유를 물어보는 경우, what...for 형식을 사용한다. 예를 들면, '당신이 쳐다보는 이유가 무엇입니까?'는 *What* are you looking at me *for*?라고 한다.

What are you asking him *for*? 그에게 물어보려는 이유는 무엇입니까?

5 'what if'

특정 어려움이 발생하여 어떤 일을 해야 할지 물어보는 경우, **what if**를 사용한다. 예를 들면, '버스가 오지 않으

what

면 어떻게 할까요?'는 ***What if** the bus doesn't come?*이라고 한다.
***What if** it's really bad weather?* 날씨가 아주 나쁘면 어떻게 할까요?
***What if** this doesn't work out?* 이 일이 잘 해결되지 않는다면 어떻게 할까요?

6 'what about'

[what about + 명사구] 형식은 누군가에게 무엇을 상기시키거나 어떤 일에 대해 주의를 환기시킬 때 사용한다.
***What about** the other names on the list?* 그 목록의 다른 이름들을 어떻게 할까요?
***What about** your breakfast?* 당신의 아침 식사는 어떻게 할까요?

ⓘ what about으로 시작하는 질문은 상대방의 대답을 기대하기보다 무언가를 하기를 권할 때 사용한다.
***What about** this bag – aren't you taking it?* 이 가방을 어떻게 하시겠어요, 가져가실 거지요?

7 used in relative clauses (관계사절에 사용하기)

명사관계사절이라는 특수한 종류의 관계사절의 시작에 때때로 what을 사용한다. 이러한 형식의 명사관계사절은 명사구의 기능을 하며, 주어, 목적어, 보어, 전치사의 목적어로 쓰일 수 있다. 명사관계사절에서 what은 the thing which나 the things which라는 뜻이다.
***What he said** was perfectly true.* 그가 했던 말은 완전히 사실이었다.
*They did not like **what he wrote**.* 그들은 그가 쓴 글을 좋아하지 않았다.
*I am **what is known as a light sleeper**.* 나는 선잠 자는 사람으로 알려져 있다.
*That is a very good account of **what happened**.*
저것은 무슨 일이 일어났는지에 대해 매우 잘 설명해 주고 있다.

[명사관계사절 what절 + is · was] 형식은 언급하고자 하는 것에 관심을 집중할 때 자주 사용한다.
***What I need** is a lawyer.* 내가 필요한 것은 변호사이다.
***What impressed me most** was their sincerity.* 나를 가장 감동시킨 것은 그들의 성실성이었다.

[what + 주어 + do] 형식도 위와 비슷한 뜻이다. 이런 문장 뒤에는 [be동사 + to부정사·원형부정사] 형식을 사용한다. 예를 들면, '나는 곧바로 조지에게 편지를 썼다.'는 *I wrote to George immediately.* 대신 ***What I did** was to write to George immediately.*라고 한다.
***What Stephen did** was to interview a lot of old people.*
스티븐이 한 일은 많은 노인들을 면담하는 것이었다.
***What you need to do** is to choose five companies to invest in.*
당신이 해야 할 일은 투자할 다섯 개의 회사를 선별하는 것이다.

> 주의 한정적 용법의 관계사절이나 계속적 용법의 관계사절에는 what을 사용하지 않는다. 예를 들면, **The man what you met is my brother.**(당신이 만난 그 사람은 내 남동생이다.)나 **The book what you lent me is very good.**(당신이 나에게 빌려 준 책은 매우 좋은 책이다.)이라고 하지 않는다. 이러한 문장에서는 who, which, that과 같은 관계대명사를 쓰거나 전혀 쓰지 않는다.

○ Grammar 표제어 Relative clauses 참조.

8 used to mean 'whatever' (whatever의 뜻으로 사용하기)

what은 whatever와 같은 뜻이며, 둘 다 대명사와 한정사로 사용할 수 있다.
*Do **what** you like.* 당신이 좋아하는 것은 무엇이든지 해라.
*They shared **what food** they had.* 그들은 그들이 가졌던 음식 모두를 서로 나누었다.

○ Usage 표제어 whatever 참조.

9 used in exclamations (감탄문에 사용하기)

what은 감탄문에 자주 사용한다.
***What** a marvellous idea!* 멋진 생각이야!
***What** nonsense!* 바보 같은 이야기네요.

○ Topic 표제어 Reactions 참조.

whatever

whatever는 대명사, 한정사, 부사로 사용할 수 있다.

1 used as a pronoun or determiner(대명사나 한정사로 사용하기)

특정한 종류의 것이나 모든 것을 가리킬 때, 대명사나 한정사로 whatever를 사용한다.

I read *whatever* I could find about the course. 나는 그 코스와 연관된 것은 무엇이든 읽었다.
She was doing *whatever* she could to stay alive. 그녀는 살아남기 위해 할 수 있는 모든 일을 하고 있었다.
You can buy *whatever* ingredients you need from the market.
당신이 필요한 어떤 내용물이라도 당신은 시장에서 구입할 수 있다.

일어날 수 있는 모든 상황에서 어떤 것이 사실이라고 할 때에도 whatever를 사용할 수 있다.

Whatever happens, I'll be back by five. 나는 무슨 일이 있어도 5시에는 돌아올 것이다.
Whatever type of garden you have, you can have fun growing your own vegetables.
당신이 어떤 종류의 정원을 갖고 있더라도 그곳에서 채소를 기르는 재미를 맛볼 수 있다.

2 used as an adverb(부사로 사용하기)

특정한 종류의 것이 전혀 없다는 것을 강조할 때, **nothing** 뒤 또는 **no**로 시작하는 명사구 뒤에 whatever를 사용한다.

He knew *nothing whatever* about it. 그는 그것에 대해 전혀 알지 못했다.
There is *no scientific evidence whatever* to support such a view.
그러한 견해를 뒷받침할 어떠한 과학적인 증거도 없다.

3 used in questions(의문문에 사용하기)

의문문에 what ever를 사용하여 놀라움을 표현한다.

What ever does it mean? 도대체 그것이 무슨 의미인가?
Whatever do you want to go up there for? 당신이 거기에 가고 싶어하는 이유가 도대체 무엇인가?

what ever를 때때로 whatever로 표기한다.

Whatever is the matter? 도대체 그것이 무슨 문제가 된다는 것인가?

그러나 많은 사람들이 whatever가 잘못되었다고 여기므로 what ever로 쓰는 것이 더 낫다.

4 used as an informal response(격식을 차리지 않은 대답)

격식을 차리지 않은 대답으로 whatever를 사용한다.

'Shall we get a pizza tonight?' – '*Whatever*. I don't mind.' "저녁에 피자 먹읍시다." – "무얼 먹든지 상관없어요."
'You really should try to be more organized with your schoolwork.' – 'Yeah, *whatever*.'
"너는 학교 공부를 좀 더 조직적으로 실행할 필요가 정말로 있다고 생각하니?" – "하여간 그래요."

when

1 used in questions(의문문에 사용하기)

어떤 일이 일어났거나, 일어날 시기를 물어볼 때, when을 사용한다.

When did you arrive? 당신은 언제 도착했습니까?
'They're getting married.' – '*When*?' – 'Next month.' "그들이 결혼해요." – "언제요?" – "다음 달이에요."

2 used in time clauses(시간절에 사용하기)

어떤 일이 특정한 시기에 일어났거나, 일어나거나, 일어날 것이라고 할 때, 시간절에 when을 사용한다.

He left school *when he was eleven*. 그는 11살에 학교를 그만두었다.
When I have free time, I always spend it fishing. 나는 여유가 있을 때 항상 낚시를 하면서 보낸다.

when절의 내용이 미래에 관한 것일 경우에는 미래시제가 아닌 단순현재시제를 사용한다.

whenever

When you *get* to the hotel, go to reception and give your name.
당신이 그 호텔에 도착하면 리셉션에 가서 당신의 이름을 말하세요.
I'll come when I *finish* work.　내가 일을 마치면 여기에 오겠다.

3 'when', 'as', and 'while'

어떤 사건이 발생한 그 당시에 일어나고 있었던 일을 나타낼 경우, 주절에서는 일어나고 있던 일에 대한 설명을 먼저 시작하고, **when**으로 시작하는 종속절에서는 일어난 사건을 언급한다.

I was just going out *when there was a knock at the door*.
문에서 노크하는 소리가 들렸을 때, 나는 밖으로 막 나가는 중이었다.
We were at our desks working *when we heard the explosion*.
우리가 직장에서 일을 하고 있을 때 우리는 폭발 소리를 들었다.

어떤 사건이 발생했을 때 일어나고 있었던 일을 나타낼 때에도 **as**나 **while**을 사용할 수 있다. 그러나 **when**절과 달리, 주절에서는 일어난 사건을 설명하고, **as**나 **while**로 시작하는 종속절에서는 일어나고 있는 일을 언급한다.

As I was out walking one day, I saw a very unusual bird.
내가 어느 날 산책을 하던 중 아주 특이한 새 한 마리를 보았다.
While I was standing at the bus stop, Raul came by.　내가 버스 정류장에 서 있던 중에 라울이 다가왔다.

두 개의 사건이 동시에 일어나고 있다고 하는 경우, 보통 **while**로 시작하는 절을 사용한다.

What were you thinking about *while he was talking to you*?
그가 당신과 이야기하는 동안 당신은 무슨 생각을 하고 있었나요?
I don't like music playing *while I am working*.　나는 일을 하던 중에 음악 소리를 듣는 것을 싫어한다.

4 used with 'why' (why와 함께 사용하기)

when은 시간과 관련되지 않은 특별한 용법이 있다. (**why**로 시작하는 의문문 + **when**절) 형식은 누군가 한 말에 놀라움이나 동의하지 않음을 표현할 때 사용한다. **when**절은 놀라움이나 동의하지 않음에 대한 이유를 나타낸다.

Why should I help him *when he refused to help me*?　그가 나를 돕는 것을 거절했는데 왜 내가 그를 도와야 합니까?
Why worry her *when there's nothing she can do about it*?
그녀가 그 일에 대해 할 수 있는 것이 아무것도 없는데, 왜 그녀를 걱정하죠?

---

whenever

1 used in time clauses (시간절에 사용하기)

어떤 일이 일어나거나 사실인 경우에 다른 일이 항상 일어나거나 사실이라는 것을 말할 때, 시간절에 **whenever**를 사용한다.

Whenever she lost a game, she used to cry.　그녀는 게임에 질 때마다 눈물을 짓곤 했었다.
She always called at the vicarage *whenever she was in the area*.
그녀는 그 지역에 올 때마다 항상 목사관을 방문했다.

미래를 나타낼 경우, **whenever**절에는 미래시제가 아닌 단순현재시제를 사용한다.

Come and see me whenever you *feel* depressed.　당신이 우울할 때 언제라도 나를 보러 와라.

every time과 **each time**도 **whenever**와 비슷한 용법으로 사용할 수 있다.

Every time I want to catch that bus it's late.　내가 그 버스에 타려고 할 때마다 그 버스가 늦게 온다.
He frowned *each time she spoke*.　그는 그녀가 말할 때마다 눈살을 찌푸렸다.

2 used with 'possible' (possible과 함께 사용하기)

시간절 대신, (**whenever** + **possible**) 형식을 사용할 수 있다. 예를 들면, '그녀는 그를 만날 수 있을 때마다 만났다.'는 ~~She met him whenever it was possible for her to meet him.~~이 아니라 간단하게 She met him *whenever possible*.이라고 한다.

I avoided conflict *whenever possible*.　나는 가능한 한 대립을 피했다.
It is better to tell the truth *whenever possible*.　가능한 한 진실을 말하는 것은 좋은 일이다.

where

1 used in questions(의문문에 사용하기)

장소나 위치에 대해 질문할 때, **where**를 사용한다.

Where's Jane? 제인은 어디에 있습니까?
Where does she live? 그녀는 어디에 살고 있습니까?

사람이나 사물이 오고 있거나 가고 있는 장소를 물어볼 때에도 **where**를 사용한다.

Where does all this anger come from? 이 모든 분노는 어디에서 오나요?
Where are you going? 당신은 어디에 가고 있는 중입니까?

2 used in place clauses(장소절에 사용하기)

사람이나 사물이 있는 위치나 장소를 나타내는 경우, 장소절에 **where**를 사용한다.

He said he was happy *where he was*. 그는 자신이 있던 곳에서 행복했다고 말했다.
He dropped the ball and left it *where it lay*. 그는 공을 떨어뜨려 그것이 멈추는 곳에 그대로 놓아두었다.

장소절은 일반적으로 주절 뒤에 오지만, 소설에서는 주절 앞에 오기도 한다.

Where the house had once stood, there was an empty space. 그 집이 서 있었던 그곳은 공터가 되어 있었다.
Where the sun touched the water it shone like gold. 햇빛이 그 물 위에 반사되자 그곳이 금빛으로 빛났다.

3 used in reported clauses(간접화법절에 사용하기)

간접화법절에 **where**를 자주 사용한다.

I think I know *where we are*. 나는 우리가 어디에 있는지 알 것 같다.
I asked someone *where the nearest hotel was*. 나는 어떤 사람에게 가장 가까운 호텔이 어디냐고 물었다.

○ Grammar 표제어 Reporting 참조.

4 used in relative clauses(관계사절에 사용하기)

계속적 용법의 관계사절에 **where**를 자주 사용한다.

He comes from Canterbury, *where the famous cathedral is*. 그는 유명한 성당이 있는 캔터베리에서 왔다.
She went into the art room, *where the brushes and paint had been set out*.
그녀는 그것들을 붓과 물감이 구비되어 있는 그 화실로 가지고 갔다.

(place · room · street + **where**로 시작하는 한정적 용법의 관계사절) 형식을 사용할 수 있다.
Will you show me *the place where you work*? 그들이 일하는 곳을 저에게 보여 주시겠어요?
The room where I did my homework was too noisy. 내가 숙제를 했던 그 방은 아주 시끄러웠다.

(situation · stage + **where**로 시작하는 한정적 용법의 관계사절) 형식을 사용할 수 있다.
We have *a situation where people feel afraid of going out*. 우리는 사람들이 외출하기를 꺼리는 상황에 처해 있다.
I've reached *the point where I'm about ready to retire*. 나는 은퇴를 준비해야 할 시점에 지금 도달해 있다.

○ Grammar 표제어 Relative clauses 참조.

5 used with 'possible' and 'necessary'(possible, necessary와 함께 사용하기)

(**where** + 형용사 possible · necessary) 형식은 '언제' 또는 '언제라도'와 같은 뜻이다.
Where possible, friends will be put in the same class. 가능한 한 친구들은 같은 반에 들어가게 할 것이다.
Help must be given *where necessary*. 필요한 곳에 도움을 주어야 한다.

wherever

1 used in place clauses(장소절에 사용하기)

어떤 장소에서든지 어떤 일이 발생하거나 사실인 경우, 장소절에 **wherever**를 사용한다.

whether

These plants grow *wherever there is enough light*. 이 식물들은 빛이 충분하면 어느 곳에서도 잘 자란다.
Wherever I looked, I saw broken glass. 내가 어느 곳을 보아도 깨진 유리 조각들만 보였다.

어떠한 사실이 어떤 장소와 관련되어 있는지는 중요하지 않다고 할 때에도 **wherever**를 사용할 수 있다.
Wherever it is, I can't find it. 그곳이 어디이든 간에 나는 그것을 찾을 수 없다.

2 used with 'possible' (possible과 함께 사용하기)

〔**wherever** + 형용사 **possible · practicable**〕형식은 '언제' 또는 '언제라도'와 같은 뜻이다.
Experts agree that, *wherever possible*, children should enjoy learning.
모든 전문가들은 가능한 한 어린이들이 배우는 것을 즐기게 해야 한다고 했다.

3 used in questions (의문문에 사용하기)

의문문에서 놀라움을 표현할 때, **where ever**를 사용할 수 있다. **where ever**를 때때로 **wherever**로 붙여 쓴다.
Wherever did you get that idea? 그런 아이디어는 도대체 어디에서 얻었는가?
Wherever have you been? 도대체 당신은 어디 갔다 왔는가?

그러나 많은 사람들이 **wherever**가 잘못된 것으로 여기므로, 분리하여 **where ever**로 쓰는 것이 더 낫다.
Where ever did you get that hat? 그 모자는 어디서 샀어요?

---

whether

피전달절과 조건절에 **whether**를 사용한다.

1 used in reported clauses (피전달절에 사용하기)

피전달절에 〔동사 **know · ask · wonder** + **whether**절〕형식을 사용할 수 있다. 이는 두 개 이상의 대안을 제시할 때 사용하며, 첫 번째 대안은 **whether** 뒤에, 두 번째 대안은 **or** 뒤에 온다.
I don't know *whether he's in or out*. 나는 그가 안에 있는지 외출했는지 모른다.
I was asked *whether I wanted to stay at a hotel or at his home*.
나는 호텔에 머물지 그의 집에 머물지를 질문받았다.

서로 상반되는 두 가지 대안을 말할 때, 한 가지 대안은 생략해도 된다. 예를 들면, '나는 그가 있는지 없는지를 알 수 없다.'는 I don't know whether he's in or out. 대신에 간단하게 I don't know *whether he's in*.이라고 말할 수 있다.
Lucy wondered *whether Rita had been happy*. 루시는 리타가 행복했는지 불행했는지 궁금했다.
I asked Professor Fred Bailey *whether he agreed*.
나는 프레드 베일리 교수에게 그가 동의하는지 안 하는지 물어보았다.

2 'whether...or not'

or not을 사용하여 두 번째 대안을 나타낼 수도 있다. **or not**을 문장 끝에 두거나, **whether** 바로 뒤에 둘 수도 있다.
I didn't know *whether* to believe him *or not*. 나는 그를 믿어야 할지 말아야 할지 몰랐다.
She didn't ask *whether or not* we wanted to come.
그녀는 우리가 그곳에 오고 싶은지에 대해 묻지 않았다.

3 'if'

whether 대신에 **if**를 쓰기도 하는데, 특히 두 번째 대안을 생략하는 문장 구조에 사용한다.
I asked her *if I could help her*. 내가 그녀를 도울 수 있는지 물었다.
I rang up to see *if I could get seats*. 나는 좌석을 구할 수 있는지 알아보려고 전화했다.

4 reporting uncertainty (불확실성 전달하기)

〔**whether** + **to**부정사〕형식은 특정한 행동을 할 것인지에 대해 확신하지 못하거나 또는 그 상황을 대처하는 방법에 대해 확신하지 못할 때 사용한다.

I've been wondering ***whether to look for another job***.
나는 다른 직장을 잡아야 할지에 대해 고민해 왔다.
He didn't know ***whether to feel glad or sorry that she was leaving***.
그는 그녀가 그곳을 떠나는 것에 대해 기뻐해야 할지 슬퍼해야 할지 몰랐다.

5 used in conditional clauses(조건절에 사용하기)

어떤 상황에서도 사실이라는 것을 나타낼 때, **whether...or not**절을 사용한다.
He's going to buy a house ***whether he gets married or not***. 그는 결혼을 하든지 하지 않든지 간에 집을 살 것이다.

6 'weather'

whether를 같은 발음의 **weather**와 혼동해서는 안 된다. 비가 오거나 바람이 불거나 덥거나 춥거나 하는 날씨에 **weather**를 사용한다.
The wet ***weather*** lasted all weekend. 주말에 비가 계속 내렸다.

○ Usage 표제어 weather – whether 참조.

---

which

which는 한정사나 대명사로 사용할 수 있다.

1 asking for information(정보 묻기)

제한된 수의 사물이나 사람 중 하나에 대한 정보를 물어보는 경우, **which**를 사용한다. **which**로 시작하는 명사구나 대명사 **which**는 주어, 목적어, 보어로 사용하거나, 전치사의 목적어로도 쓰일 수 있다.
Which type of oil is best? 어떤 타입의 기름이 가장 좋습니까?
Which is her room? 어느 것이 그녀의 방입니까?

ⓘ 명사구가 동사나 전치사의 목적어인 경우, 목적어 뒤에 조동사가 오고 그 뒤에는 주어와 본동사가 온다. 명사구가 전치사의 목적어인 경우에도 전치사는 보통 그 절의 끝에 온다.
Which hotel did you want? 당신은 어느 호텔을 원했습니까?
Which station did you come from? 당신은 어느 역에서 왔습니까?

2 used in reported clauses(피전달절에 사용하기)

피전달절에 **which**를 자주 사용한다.
Do you know ***which country he played for***? 그가 어느 나라 팀 선수로 경기했는지 알고 있습니까?
I don't know ***which to believe***. 나는 어느 것을 믿어야 할지 모르겠다.

○ Grammar 표제어 Reporting 참조.

3 used in relative clauses(관계사절에 사용하기)

which는 한정적 용법의 관계사절과 계속적 용법의 관계사절에서 모두 관계대명사로 사용할 수 있으며, 항상 사람이 아닌 사물을 가리킨다.
We heard about the awful conditions ***which exist in some prisons***.
우리는 지난주에 일부 감옥들의 끔찍한 상태에 대해 들었다.
I'm teaching at the local college, ***which is just over the road***.
나는 길 건너에 있는 지역 대학에서 가르치고 있다.

관계사절에서 **family, committee, group** 등의 집합명사 뒤에 **which**나 **who**를 사용할 수 있다. **which** 뒤에는 단수동사를 사용하고, **who** 뒤에는 일반적으로 복수동사를 사용한다.
He is on the committee ***which makes*** decisions about planning.
그는 기획을 결정하는 위원회에서 일하고 있다.
They are a separate ethnic group ***who have*** their own language.
그들은 자신의 고유 언어를 가진 독립된 인종 집단이다.

while

> **주의** which가 계속적 용법의 관계사절의 주어인 경우에는 뒤에 다른 대명사를 사용하지 않는다. 예를 들면, '그는 완전히 망가져 버린 그림을 유심히 쳐다보았다.'는 He stared at the painting, which it was completely ruined.가 아닌 He stared at the painting, *which* was completely ruined.라고 한다.
>
> ○ Grammar 표제어 Relative clauses 참조.

while

1 used in time clauses (시간절에 사용하기)

while은 두 가지 일이 동시에 일어날 때 사용한다.
He stayed with me *while he was looking for a new house*. 그가 새집을 찾는 기간 동안 그는 우리 집에 머물렀다.
While I was out she was trying to reach me on the phone.
내가 외출해 있을 때 그녀는 나와 전화 연락을 시도했다.

2 'while' in concessive clauses (양보절에 사용하는 while)

while은 시간과 관련 없는 특별한 용법이 있다. 누군가가 말하는 것과 대조되는 절을 이끌 때, while을 사용한다.
Miguel loved sports *while Julio preferred to read a book*.
미구엘은 스포츠를 좋아하는데 훌리오는 책 읽는 것을 선호했다.
While I have some sympathy for these fellows, I think they went too far.
이 사람들에 대한 동정심을 갖고 있지만, 그들은 도가 지나쳤다고 생각한다.

3 'a while'

a while은 '잠시'라는 뜻이다.
After *a while*, my eyes got used to the darkness. 잠시 후에 내 눈은 어둠에 적응했다.
Let's just sit down for *a while*. 자, 여기에 잠깐 앉으세요.

who – whom

who와 whom은 대명사로 사용한다.

1 asking for information (정보 묻기)

어떤 사람이 누구인지 물어보는 경우, who를 사용한다. who는 주어, 목적어, 보어, 전치사의 목적어로 사용할 수 있다.
Who invited you? 누가 당신을 초대했습니까?
Who are you? 당신은 누구십니까?

☑ who가 동사나 전치사의 목적어인 경우, [who + 조동사 + 주어 + 본동사] 형식을 사용한다. 또한 who가 전치사의 목적어인 경우, 전치사는 절의 끝에 온다.
Who are you going to invite? 당신은 누구를 초대하려고 합니까?
Who did you dance with? 당신은 누구와 춤을 추었습니까?

who 대신 whom을 사용하면 격식을 차린 표현이 된다. 이때 whom은 동사나 전치사의 목적어로만 사용할 수 있다.
Whom shall we call? 우리는 누구에게 전화해야 할까요?
By *whom* are they elected? 그들은 누구에 의해 선출되었습니까?

☑ whom이 전치사의 목적어인 경우, 전치사는 whom 앞에 온다.

2 used in reported clauses (간접화법절에 사용하기)

간접화법절에 who를 자주 사용한다.
She didn't know *who I was*. 그녀는 내가 누구인지 알지 못했다.

whoever

We have to find out *who did this*. 우리는 누가 이 일을 했는지 밝혀내야 한다.

○ Grammar 표제어 Reporting 참조.

3 used in relative clauses(관계사절에 사용하기)

who와 whom 모두 한정적 용법의 관계사절이나 계속적 용법의 관계사절에 사용할 수 있다.

He's the man *who I saw last night*. 그는 내가 지난밤에 본 바로 그 남자이다.
Joe, *who was always early*, was there already. 항상 일찍 왔던 조는 거기에 이미 와 있었다.
The writer was Philip Pullman, *for whom I have great respec*t.
그것의 저자는 필립 풀만으로 내가 아주 존경하는 사람이다.

관계사절에서 **family**, **committee**, **group** 등의 집합명사 뒤에는 **who**나 **which**를 사용할 수 있다. **who** 뒤에는 일반적으로 복수동사를, **which** 뒤에는 단수동사를 사용한다.

It is important to have a family *who love* you. 당신을 사랑하는 가족을 갖는 것은 중요한 일이다.
He is a member of a group *which does* a lot of charitable work.
그는 자선 사업을 활발하게 하는 단체의 회원이다.

> 주의 who가 계속적 용법의 관계사절의 주어인 경우에는 그 뒤에 대명사를 사용하지 않는다. 예를 들면, '그는 크게 충격을 받은 어머니에게 말했다.'는 ~~He told his mother, who she was very shocked.~~가 아닌 He told his mother, *who* was very shocked.라고 한다.

whoever

1 used in statements(평서문에 사용하기)

묘사하는 상황에 관련된 사람을 가리킬 때, **whoever**를 사용한다.

You can have *whoever you like* to visit you.
좋아하는 사람이 누구든지 간에 당신은 당신을 방문하는 사람들이 생길 수 있다.
Whoever is the last to leave should lock the door.
누구든 마지막으로 이 건물을 떠나는 사람은 문을 잠가야 한다.

누구인지 모르는 사람을 가리킬 때에도 **whoever**를 사용한다.

Whoever answered the telephone was a very charming woman.
전화를 받은 사람이 누구인지 모르지만 아주 매력적인 여자였다.

그 사람이 누구인지가 상황에 아무 영향을 미치지 않을 때에도 **whoever**를 사용한다.

Whoever you vote for, prices will go on rising. 누구에게 투표를 하더라도 물가는 계속 상승할 것이다.

2 used in questions(의문문에 사용하기)

의문문에서 **whoever**를 사용하면 놀라움을 나타낸다.

Whoever could that be at this time of night? 이 늦은 밤중에 도대체 누구일까요?

whole

1 'the whole of' and 'whole'

the whole of는 어떤 것의 전부라는 뜻이다.

We were there for *the whole of July*. 우리는 그곳에 7월 내내 있었다.
I felt pain throughout *the whole of my body*. 나의 온몸에 통증을 느꼈다.

(**the whole of** + 명사구) 형식 대신에 간단하게 (**the whole** + 명사구) 형식을 사용할 수 있다. 예를 들면, '그 집 전체에 불이 났다.'는 The whole of the house was on fire. 대신, **of the**를 생략하여 The whole *house* was on fire.라고 한다.

I spent *the whole day* in the library. 나는 그 도서관에 온종일 있었다.

whom

USAGE

They're the best team in *the whole world*. 그들은 전 세계에서 최고의 팀이다.

〔this · that · 소유격 + whole〕 형식을 사용할 수 있다.

I just want to say how sorry I am about *this whole business*.
나는 이 일 전부가 잘못된 것에 대해 얼마나 미안한지 말하고 싶다.

I've never told this to anyone else in *my whole life*. 나는 평생 이 말을 절대 아무에게도 하지 않았다.

특정한 종류의 모든 것임을 강조할 때, *a whole*을 사용할 수 있다.

We worked on the project for *a whole year*. 우리는 그 프로젝트를 일 년 내내 계속했다.

I drank *a whole pot* of coffee, and I still felt tired. 나는 한 주전자의 커피를 다 마셨지만 여전히 피곤함을 느꼈다.

복수명사 앞에도 위와 같이 **whole**을 사용할 수 있다.

There were *whole speeches* I did not understand. 내가 완전히 이해하지 못했던 연설의 내용이 있었다.

ℹ️ 복수명사 앞의 whole은 all과는 다른 뜻이다. 예를 들면, *All* the buildings have been destroyed.는 '모든 빌딩이 부서졌다.'는 뜻이고, *Whole* buildings have been destroyed.는 '몇몇 빌딩이 완전히 부서졌다.'는 뜻이다.

2 'as a whole'

〔명사 + as a whole〕 형식은 한 대상에 대한 모든 것을 말하며, 그것을 하나의 단위로 간주하고 있다는 것을 강조할 때 사용한다.

Is this true just of some classes, or of the school *as a whole*?
그 일이 일부 교실에서만 있는 일인가 아니면 학교 전체에서 생겨난 일인가?

In the country *as a whole*, she reckons, average house prices will jump by 19%.
그녀는 전국적으로 평균 집값이 19퍼센트까지 뛰어오를 것으로 추정한다.

3 'on the whole'

일반적으로는 자신의 말이 사실이지만, 모든 경우에 사실인 것은 아니라고 할 때, 서술문에 **on the whole**을 사용한다.

I didn't enjoy the food because *on the whole* I don't really like fish.
나는 그 음식을 즐기지 못했는데, 왜냐면 나는 생선 음식을 아주 싫어하기 때문이다.

On the whole it's not a good idea to ask him questions.
대체로 그에게 질문을 하는 것은 좋은 생각이 아니라고 본다.

whom

○ Usage 표제어 who – whom 참조.

whose

1 used in relative clauses (관계사절에 사용하기)

사물이나 사람이 다른 것에 소속되거나 관련되는지를 보여 줄 때, 관계사절의 처음에 **whose**[hʊs, huːz]를 포함하는 명사구를 사용한다. **whose**는 한정적 용법의 관계사절과 계속적 용법의 관계사절에 사용한다.

whose를 포함하는 명사구는 주어나 동사의 목적어, 또는 전치사의 목적어로 쓰일 수 있다.

It is a story *whose purpose* is to entertain. 이것은 사람들을 즐겁게 하기 위해 만든 이야기이다.

This was one of the students *whose work* I had seen. 이것은 내가 보았던 그 학생들 중 한 명의 작품이다.

whose가 전치사의 목적어인 경우, 전치사는 문장의 처음이나 끝에 온다.

You should consider the people *in whose home* you are staying.
당신이 머물고 있는 집에 사는 다른 사람들의 입장도 고려해야 한다.

It was an article *whose subject* I have never heard of. 그 들의 주제는 내가 지금까지 전혀 들어 보지 못한 것이었다.

2 used in questions (의문문에 사용하기)

어떤 것이 누구에게 속하거나 관련되는지 물어보는 경우, 의문문에 한정사나 대명사로 **whose**를 사용할 수 있다.

Whose fault is it? 그것은 누구의 잘못입니까?
Whose is this? 이것은 누구의 것입니까?

3 used in reported clauses(피전달절에 사용하기)

whose는 피전달절에도 사용한다.
It would be interesting to know *whose idea it was*. 그것이 누구 생각이었는지 아는 것은 흥미 있는 일이다.
Do you know *whose fault it is*? 당신은 그것이 누구의 잘못인지 알고 있습니까?

○ Grammar 표제어 Reporting 참조.

> who is와 who has는 때때로 [huːz]로 발음한다. 누군가가 한 말을 적을 때, who is나 who has를 who's로 쓰며 whose로 쓰지 않는다.
> 'Edward drove me here.' – '*Who's* Edward?' "에드워드가 저를 여기에 태워다 주었어요." – "에드워드가 누구지요?"
> *Who's* left these boots here? 누가 여기에 부츠를 놓아두었지?

why

1 used in questions(의문문에 사용하기)

이유를 물어보는 경우, **why**를 사용한다.
'I had to say no.' – '*Why*?' "나는 아니라고 대답해야 했어." – "왜?"
Why did you do it, Martin? 마틴, 왜 그런 짓을 했습니까?

2 used when no answer is expected(대답을 기대하지 않는 경우에 사용하기)

대답을 기대하지 않는 의문문에 때때로 **why**를 사용한다. **Why don't**로 질문하면 제안을 나타낸다.
Why don't we all go? 우리 모두 가는 게 어떻습니까?
Why don't you write to her yourself? 당신이 직접 그녀에게 편지 쓰는 게 어떻습니까?

Why should로 질문하면, 어떤 일을 할 이유가 없다는 것을 강조한다.
Why would he be angry with you? 그가 당신에게 화낼 이유가 없지 않습니까?
'Will you say sorry?' – 'No, *why should* I?' "당신이 사과할래요?" – "아뇨, 제가 왜 그래야 합니까?"

Why shouldn't로 질문하면, 어떤 일을 못할 이유가 없다는 것을 강조한다.
Why shouldn't he go to college? 그가 대학에 가지 말아야 할 이유라도 있습니까?

(**why** + 원형부정사) 형식은 어떤 행동이 무의미하다는 것을 나타낸다.
Why tell the police? It wouldn't do any good. 경찰에 신고를 왜 합니까? 아무런 도움이 안 될 겁니다.

3 used in reported clauses(피전달절에 사용하기)

피전달절에 자주 **why**를 사용한다.
He wondered *why she had come*. 그는 그녀가 왜 왔었는지 궁금했다.
You never really told me *why you don't like him*. 당신은 나에게 왜 그를 싫어하는지 한 번도 확실하게 말해 주지 않았다.

의미가 명백한 경우, 피전달절 대신에 **why**를 사용할 수 있다. 예를 들면, '나는 그녀가 왜 그를 좋아하지 않는지 모르겠다.'는 She doesn't like him. I don't know why she doesn't like him. 대신, She doesn't like him. I don't know *why*.라고 할 수 있다.
They refuse to come – I don't know *why*. 그들이 여기 오기를 거부했는데, 나는 그 이유를 모르겠다.
He's certainly cheerful, though I can't think *why*. 그는 확실히 기분이 들떠 있는데 나는 그 이유를 모르겠다.

4 used in relative clauses(관계사절에 사용하기)

reason 뒤에 오는 한정적 용법의 관계사절에 **why**를 사용한다.
That is one reason *why they were such a successful team*.
그것은 들이 그와 같은 성공적인 팀을 이룬 하나의 이유이다.

wide – broad

wide – broad

한쪽에서 다른 쪽까지 폭이 넓다고 할 때, **wide**나 **broad**를 사용한다. a street/river is *wide*/*broad*는 길거리나 강이 넓다라는 뜻이다. 회화에서는 **wide**를 더 많이 사용한다.

They live on a *wide*, tree-lined street. 그들은 가로수가 있는 넓은 거리에 살고 있다.
The road passed through a ***broad expanse*** of flooded fields.
그 도로는 홍수로 뒤덮인 광활한 지역을 통과해 설치되었다.

사물의 폭(幅)을 나타낼 때는 보통 **broad**보다는 **wide**를 사용한다.

The river was so *wide* I couldn't jump over it.
그 하천은 너무 넓어 나는 그것을 점프해 넘을 수 없었다.
In the centre of the room was a *wide* bed.
그 방의 중앙에 폭이 넓은 침대가 있었다.
The men came out through a *wide* doorway.
남자들은 넓은 출입구를 통해 나왔다.

사람의 신체적 특징을 묘사할 때는 보통 **wide**가 아닌 **broad**를 사용한다.

He was tall, with *broad* shoulders. 그는 키가 크고 우람한 어깨를 가졌다.
She gave me a *broad* smile. 그녀는 나에게 환한 웃음을 지어 주었다.

widow – widower

1 'widow'

남편이 죽고 다시 결혼하지 않은 여자, 즉 '미망인'을 **widow**라고 한다.

I had been a *widow* for five years. 나는 미망인이 된 지 5년이 되었다.

죽은 남자의 미망인을 his widow라고 한다.

His property had been left to *his widow*. 그의 예금과 재산은 그의 미망인에게 남겨졌다.
He visited the *widow of* an old school friend. 그는 학교 친구였던 그 미망인을 방문했다.

2 'widower'

부인이 죽고 다시 결혼하지 않은 남자, 즉 '홀아비'를 **widower**라고 한다.

He's a *widower* in his late forties. 그는 40대 후반의 홀아비이다.

부인이 죽었을 때, 그 여자의 남편을 her widower라고 한다.

Ten years later *her widower* remarried.
그녀가 죽은 지 10년 후에 홀아비인 그가 재혼을 했다.
The ceremony was attended by the *widower of* the Pulitzer Prize-winning author Carol Shields.
그 행사에 퓰리처 수상 작품 작가였던 고 캐롤 쉴즈의 남편이 참석했다.

will

- Usage 표제어 shall – will 참조.

win – defeat – beat

1 'win'

win은 전쟁, 싸움, 놀이, 경쟁에서 상대를 물리치고 '이기다'라는 뜻이다. **win**의 과거와 과거분사는 **winned**가 아닌 **won**[wʌn]이다.

The Party *won* a convincing victory at the polls. 그 당은 투표에서 압도적으로 승리했다.
We *won* the game easily. 우리는 그 게임을 쉽게 이겼다.

wind

2 'defeat' and 'beat'

적(敵)이나 상대를 패배시키다라는 뜻에는 win을 사용하지 않는다. 전쟁이나 전투에서 한쪽이 다른 쪽을 이기다라고 할 때는 defeat를 사용한다.

The French *defeated* the English troops. 프랑스군이 영국군을 격파했다.

놀이나 경쟁에서 한 사람이나 한편이 다른 사람이나 다른 편을 이기다라고 할 때, defeat나 beat를 사용한다.

He *defeated* his rival in the semi-finals and went on to win the tournament.
그는 그의 라이벌을 준결승전에서 이기고 결승전에 진출했다.
She *beat* him at chess. 그녀는 체스 게임에서 그를 이겼다.

wind

wind는 명사나 동사로 사용할 수 있다.

1 used as a noun(명사로 사용하기)

wind[wind, waind]는 이동하는 공기의 흐름, 즉 '바람'이라는 뜻이다.
An icy *wind* brought clouds of snow. 차디찬 바람이 많은 눈구름을 몰고 왔다.
Leaves were being blown along by the *wind*. 낙엽들이 바람에 휘날리고 있었다.

2 used as a verb(동사로 사용하기)

동사 wind[waind]는 명사와 완전히 다른 뜻이다. 동사 wind는 길이나 강이 어떤 방향으로 '구부러지다'라는 뜻이다.

The river *winds* through some 160 miles of tranquil countryside.
그 강은 한적한 농촌 지역을 160마일 관통하여 구불구불 흐른다.

동사 wind의 과거와 과거분사는 wound이며, [waund]로 발음한다.
The road *wound* through the desolate salt ranges.
그 도로는 황량한 소금 산맥을 지나 구불구불하게 나 있었다.

동사 wind[waind]는 어떤 것을 다른 물체의 물체의 주위에 '감다'라는 뜻도 있다. 예를 들면, **wind** a wire round a stick은 막대기 주위를 철사로 여러 번 감다라는 뜻이다.

She started to *wind* the bandages around her arm. 그녀는 팔에 붕대를 감기 시작했다.
He had a long scarf *wound* about his neck. 그는 긴 스카프를 목에 둘렀다.

손목시계나 시계를 작동시키기 위해 시계태엽을 여러 번 감다라고 할 때도 wind를 사용한다.
I still hadn't *wound* my watch so I didn't know the time. 나는 시계 태엽을 감지 않아 그때가 몇 시인지 몰랐다.

3 'wound'

wound[wu:nd]가 명사 또는 동사인 경우, 그 뜻은 완전히 달라진다. 명사 wound는 특히 무기로 인한 '부상 또는 상처'이다.

They treated a soldier with a leg *wound*. 그들은 다리 부상을 입은 군인을 치료했다.

someone wounds you는 '어떤 사람이 우리에게 부상을 입히다'이다.
Her father was badly *wounded* in the war. 그의 아버지는 전쟁 중에 심각한 부상을 당했다.

winter

winter는 가을과 봄 사이의 계절인 '겨울'이라는 뜻이며, 날씨가 추운 계절이다.

A lot of plants and wild animals died during the harsh *winter*.
많은 식물들과 야생 동물들이 혹독한 겨울 날씨 때문에 죽었다.
It was a dark *winter's* night. 그날은 캄캄한 겨울밤이었다.

USAGE

wish

어떤 일이 매년 겨울마다 일어나는 경우, **in winter**나 **in the winter**를 사용한다.
In winter, the Tower closes an hour earlier. 그 타워는 겨울에 한 시간 일찍 문을 닫는다.
In the winter, the path can be icy. 그 길은 겨울에는 얼음으로 뒤덮일 수 있다.

🚫 in the winters라고 하지 않는다.

---

wish

wish는 명사나 동사로 사용할 수 있다.

1 used as a noun (명사로 사용하기)

wish는 얻거나 달성하기 어려운 일에 대한 '갈망'이나 '소망'이라는 뜻으로 자주 사용한다.
She told me of her *wish* to have a baby. 그녀는 자신의 아이를 갖고 싶다고 나에게 말했다.
They are motivated by a *wish* for more freedom. 그들은 민주주의에 대한 염원이 발동되었다.

2 used as a verb (동사로 사용하기)

wish가 동사인 경우, 보통 뒤에 that절이 온다. 이때 wish는 어떤 일이 일어날 것 같지 않거나 불가능하지만 사실이기를 바라다라는 뜻이다.
I *wish* I lived nearer London. 나는 런던에서 더 가까이 살기를 바란다.
They never have enough resources and they *wish* that they had more.
그들은 지금까지 충분한 자원이 전혀 없어서 더 많은 자원을 갖기를 바란다.

🚫 that절에는 현재시제가 아닌 과거시제를 사용한다. 예를 들면, '나는 친구가 많았으면 좋을 텐데.'는 I wish I have more friends.가 아닌 I wish that I *had* more friends.라고 한다, 마찬가지로, '나는 내 자동차를 팔면 좋을 텐데.'는 I wish I have sold my car.가 아닌 I wish I *had sold* my car.라고 한다.
I wish I *could* help you, but I can't. 나는 당신을 돕고 싶지만, 그러나 도울 수 없다.
I envy you. I wish I *was going* away too. 나는 당신이 부럽다. 나도 떠나 버렸으면 좋겠다.

과거의 일을 나타낼 때 사용하는 that절의 시제는 현재의 일을 기원할 때와 같은 시제인 과거시제를 사용한다. 예를 들면, '그녀는 토스카나에 살기를 바랐다.'는 She wished she *lived* in Tuscany.나 She wishes she *lived* in Tuscany.라고 한다.
The woman wished she *could* help them. 그 여자는 그들을 돕기를 원했다.
He wished he *had phoned* for a taxi. 그는 그가 전화로 택시를 부르기를 바랐다.

wish that절의 주어가 I, he 등의 단수대명사나 단수명사구인 경우에는 was나 were를 사용할 수 있다. were는 특히 영국 영어에서 다소 격식을 차린 용법이다.
Sometimes, I wish I *was* back in Africa. 나는 때때로 아프리카에 돌아갔으면 하고 바란다.
My sister occasionally wished that she *were* a boy. 나의 여동생은 가끔 남자였으면 하고 바랐다.

that절에 could를 사용할 수도 있다.
I wish I *could* paint. 나는 그림을 그릴 수 있으면 좋겠다.
He wished he *could* believe her. 그는 그녀를 믿을 수 있기를 바랐다.

또한 that절에 would를 사용할 수도 있다. wish that something *would* happen은 어떤 일이 일어나기를 바라는데 아직 일어나지 않아서 화가 나거나 걱정이 되거나 낙담하다라는 뜻이다.
I wish he *would* hurry up! 그가 서둘렀으면 좋을 텐데.
I wish she *would* explain it to me. 그녀가 나에게 그것을 설명해 주었으면 좋을 텐데.

wish someone *would* do something은 어떤 일을 하기를 원했는데 아직 하지 않아서 화가 나거나 낙담하다라는 뜻이다.
I wish you *would* try to understand. 당신은 이해하려고 노력했으면 좋을 텐데.
I wish you *would* find out the facts before you start accusing people.
나는 당신이 다른 사람을 비난하기 전에 그러한 사실을 파악해야 한다고 염원했다.

with

> **주의** 미래의 바람을 단순하게 표현하는 경우에는 wish that절이 아닌 hope that절을 사용한다. 예를 들면, '당신이 핀란드에서 좋은 시간을 보내기를 바란다.'는 I wish you'll have a nice time in Finland.가 아닌 I hope you'll have a nice time in Finland.나 I hope you have a nice time in Finland.라고 한다.
> I *hope I'll see* you before you go. 당신이 떠나기 전에 만나고 싶다.
> I *hope you enjoy* the play. 나는 당신이 그 연극을 좋아하기를 바란다.

그러나 wish가 두 개의 목적어를 사용하는 타동사이면 때때로 미래의 바람을 나타낼 수 있다.
May I *wish you luck* in writing your book. 당신이 쓰고 있는 책의 성공을 기원한다.
He *wished the newly wed couple every possible happiness*.
그는 새로 결혼한 커플이 가능한 한 모든 행복을 누리기를 소망했다.

with

1 basic uses(기본 용법)

어떤 사람이나 사물이 다른 사람이나 사물과 한 장소에 같이 있다고 할 때, **with**를 사용한다.
I stayed *with her* until she fell asleep.
나는 그녀가 잠이 들 때까지 그녀와 같이 있었다.
The dictionaries go on that shelf *with the other reference books*.
그 사전들은 다른 참고 서적들과 같이 그 선반에 놓으세요.

do something **with** a tool/an object는 도구나 사물을 사용하여 어떤 일을 하다라는 뜻이다.
Clean the floor *with a mop*. 그 바닥을 걸레로 깨끗이 닦으세요.
He pushed back his hair *with his hand*. 그는 손으로 머리를 뒤로 빗어 넘겼다.

2 used to mention an opponent(상대방을 언급할 때 사용하기)

fight나 **quarrel**과 같은 동사 뒤에 **with**를 사용한다. 예를 들면, '두 사람이 싸우고 있다'는 **one person is fighting with the other**라고 한다.
He was always fighting *with his brother*. 그는 항상 남동생과 싸우고 있었다.
Judy was quarreling *with Brian*. 주디는 브라이언과 다투고 있었다.

마찬가지로, **fight**나 **quarrel**과 같은 명사 뒤에 **with**를 사용할 수 있다.
I had a disagreement *with my friend*. 나는 그린버그의 의견에 동의하지 않았다.
She won a legal battle *with her employer*. 그녀는 그녀의 고용주와의 법정 싸움에서 이겼다.

3 used in descriptions(묘사에 사용하기)

사람이나 사물이 갖고 있는 모습이나 물리적 특징을 나타낼 때, 그 명사구 바로 뒤에 **with**를 사용한다.
He was an old man *with a beard*. 그는 턱수염을 기른 노인이다.
They lived in a house *with white walls and a red roof*.
그들은 급경사의 계단과 어두운 복도가 있는 오래된 집에 살았다.

ℹ️ 사람이나 사물의 신원이나 정체를 나타낼 때, **with**를 사용한다. 예를 들면, '빨간 머리카락에 키가 큰 남자'는 the tall man *with* red hair라고 한다.
Who's that girl *with the gold earrings*? 반짝이고 응시하는 듯한 눈을 가진 그 남자는 누구인가요?
Our house is the one *with the blue shutters*. 우리 집은 파란색 덧문이 있는 집이다.

사람이 입고 있는 것을 언급할 때는 보통 **with**가 아닌 **in**을 사용한다.
I noticed a smart woman *in a green dress*. 나는 검은색 옷을 입은 스마트한 여성을 주목했다.
The office was full of men *in suits*. 그 사무실은 정장을 입은 남자들로 가득 찼다.

◐ Usage 표제어 **wear** 참조.

woman – lady

woman – lady

1 used as a noun(명사로 사용하기)

일반적으로 성인 여성을 woman [wúmən]이라고 한다.
His mother was a tall, dark-haired *woman*. 그의 어머니는 키가 크고 검은 눈동자를 가진 여자였다.

woman의 복수형은 womans나 womens가 아닌 women [wímin]이다.
There were men and *women* working in the fields. 들판에는 일하는 남자들과 여자들이 있었다.

여자를 공손히 부를 때 lady를 사용할 수 있는데, 특히 말하는 장소에 그 여자가 있을 경우에 사용한다.
We had a visit from an American *lady*. 우리는 미국 여성분의 방문을 받았다.
There is a *lady* here who wants to speak to you. 여기 당신과 이야기하고 싶어하는 여성이 있다.

ℹ️ 나이가 많은 여자는 old woman보다 old lady나 elderly lady라고 부르는 것이 좋다.
I helped an *old lady* to carry her shopping. 나는 쇼핑을 하는 노부인을 도와주었다.
She is an *elderly lady* living on her own. 그곳에 혼자 사는 나이 지긋한 여성들이 많다.

여러 여자를 부를 때나 연설에서 '숙녀 여러분'이라고 말할 때는 women 대신 ladies라고 부른다.
Ladies, could I have your attention, please? 숙녀 여러분, 제 말에 주의를 기울여 주시겠어요?
Good evening, *ladies* and gentlemen. 신사 숙녀 여러분, 안녕하십니까?

2 used as a modifiers(수식어로 사용하기)

때때로 woman과 lady를 다른 명사 앞의 수식어로 사용한다.
She said that she would prefer to see a *woman doctor*. 그녀는 여의사를 만나 진료하겠다고 말했다.

복수명사 앞에는 woman이 아닌 women을 사용한다.
Women drivers can get cheaper car insurance. 여성 운전자들은 자동차 보험에서 보험료 우대를 받는다.

> 주의 여자 의사들이나 교사들을 lady doctors, lady teachers보다 doctors, teachers로 부르기를 선호하지만, 성별을 나타낼 필요가 있을 경우에는 women doctors와 women teachers와 같이 사용한다.

○ Usage 표제어 female – feminine 참조.

wonder

1 basic use(기본 용법)

어떤 일에 대해 생각하고, 그 일이 무엇인지 추측하거나 더 이해하려고 할 때, 일반적으로 동사 wonder를 사용한다.
I have been *wondering* about her strange behaviour.
나는 그녀의 이상한 행동에 대해 궁금했다.

2 used with 'wh'-clauses(wh-절과 함께 사용하기)

(wonder + wh-절) 형식을 자주 사용한다.
I *wonder what she'll look like*. 나는 그녀가 어떻게 생겼을지 궁금하다.
I *wonder which hotel it was*. 나는 그것이 어느 호텔이었는지 궁금하다.

3 used with 'if' and 'whether'(if, whether와 함께 사용하기)

(wonder + if절·whether절) 형식도 사용한다. 예를 들면, you *wonder if* something is the case는 어떤 사실에 대해 생각하고 사실인지 아닌지 판단하려고 노력하다라는 뜻이다.
He *wondered if she remembered him*.
그는 그녀가 그를 기억할지 궁금해 했다.
He was beginning to *wonder whether it had really happened*.
그는 그 일이 정말로 일어났는지에 대해 궁금해하기 시작했다.

467 **wood**

ℹ 위와 같은 문장에는 that절을 사용하지 않는다. 예를 들면, He wondered that Dominic was going to give him a signal.이라고 하지 않는다.

wonder는 때때로 초대하는 말에서 **if**와 함께 사용한다.

○ Topic 표제어 **Invitations** 참조.

wood

1 used as an uncount noun(불가산명사로 사용하기)

wood는 나무줄기와 나뭇가지로 이루어진 가구 등의 사물을 만들 때 사용하는 물질, 즉 '나무'라는 뜻이다.
He made a shelf out of a piece of *wood*. 그는 나뭇조각들로 그 선반을 만들었다.
The *wood* of the window frames was all rotten. 그 창문의 나무들이 모두 썩어 있었다.

ℹ 나무 한 조각을 a wood라고 하지 않는다.

2 'wooden'

나무로 만들어진 것을 가리킬 때, 일반적으로 명사 앞에 **wood**가 아닌 **wooden**을 사용한다.
She kept their toys in a *wooden* box. 그녀는 그들의 장난감들을 나무 상자에 넣어 두었다.
They were all sitting at a long *wooden* table. 그들 모두 긴 나무 탁자에 앉아 있었다.

work

work는 동사나 명사로 사용할 수 있다.

1 used as a verb(동사로 사용하기)

work는 돈을 받고 '일하다'라는 뜻이다.
You need to save money for when you stop *working*. 일을 할 수 없을 때를 대비해 저축해야 할 필요가 있다.
I *work* in a hotel. 나는 호텔에서 일한다.

직업이 무엇인지 말할 때, **work as**를 사용할 수 있다.
Pam *works as* a careers officer. 팸은 직업 상담사로 일한다.

ℹ 동사 work는 단순시제와 진행시제에서의 뜻이 다르다. 임시 직업을 말할 때는 -ing형과 함께 진행시제를 사용하지만, 영구적인 일을 말할 때는 단순시제를 사용한다. 예를 들면, I'm working in London.은 상황이 일시적이고 곧 다른 곳으로 옮긴다는 뜻을 내포한다. I work in London.은 런던에서 영구적으로 일한다는 뜻을 내포한다.
He *was working* as a truck driver to pay the bills. 그는 각종 청구서들을 결제하기 위해 트럭 기사로 일을 했었다.

2 used as a noun(명사로 사용하기)

work는 돈을 받고 일하는 직업이라는 뜻이다.
There are many people who can't find *work*. 그곳에 직장을 구할 수 없는 많은 사람들이 있다.
The website has information on many different types of *work.*
그 웹사이트에 여러 가지 직업들에 대한 다양한 정보들이 있다.

직업이 있다는 **be *in work***라고 한다.
Fewer and fewer people are *in work*. 직업이 있는 사람들이 점점 줄어들고 있다.

직업이 없다는 **be *out of work***라고 한다.
Her father had been *out of work* for six months. 그녀의 아버지는 6개월 동안 실업자로 살아 왔다.

직장을 말할 때에도 **work**를 사용하는데, 이러한 뜻일 경우 **work** 앞에 한정사를 사용하지 않는다.
He too drives to *work* by car. 그 역시 자동차로 출근한다.
I can't leave *work* till five. 나는 5시 이전에는 퇴근할 수 없다.

worse

worse

worse는 bad와 badly의 비교급이다.

○ Usage 표제어 bad – badly 참조.

worst

worst는 bad와 badly의 최상급이다.

○ Usage 표제어 bad – badly 참조.

worth

worth는 전치사나 명사로 사용할 수 있다.

1 used as a preposition(전치사로 사용하기)

be *worth* an amount of money는 어떤 것을 팔았을 때, 그 액수의 돈을 받을 가치가 있다라는 뜻이다.

His yacht is *worth* $1.7 million. 그의 요트는 170만 달러의 값어치가 있다.
They own a two-bedroom house *worth* £350,000. 그들은 35만 파운드 상당의 침실 2개짜리 집을 소유하고 있다.

ℹ worth는 동사가 아니므로, His yacht worths $1.7 million.이라고 하지 않는다.

2 used as a noun(명사로 사용하기)

〔숫자 + pounds, dollars 등의 화폐 단위 + worth〕 형식은 어떤 물건을 팔면 받을 수 있는 돈의 액수를 나타낸다.

I can't believe we're arguing over fifty pence *worth* of chocolate.
우리가 지금 50펜스짜리 초콜릿에 대해 논쟁하고 있다는 것은 황당한 일이다.
Twelve million pounds *worth* of gold and jewels were stolen.
1200만 파운드 값어치가 있는 금과 보석들을 도난당했다.

소유한 사물에 대한 가치를 말할 때는 worth가 아닌 value를 사용한다. 예를 들면, '그의 집의 가치가 많이 올랐다.'는 The worth of his house has greatly increased.가 아닌 The *value* of his house has greatly increased.라고 한다.

What will happen to the *value* of my property? 나의 부동산 가치에 무슨 일이 일어날까요?
The *value* of the land is now over £1 million. 해당 토지의 가치는 현재 100만 파운드가 넘는다.

would

1 form and pronunciation(형태와 발음)

would는 조동사이며, 용법이 다양하다.

대명사 뒤에 would가 올 때 보통 완전히 발음하지 않는다. 누군가가 하는 말을 받아 적을 때, 대명사 뒤의 would는 'd로 쓴다. would의 부정형은 would not으로, 보통 not은 완전히 발음하지 않는다. 누군가가 하는 말을 받아 적을 때, would not은 보통 wouldn't라고 쓰는데, He would not do that이 아닌 He wouldn't do that이다.

2 talking about the past(과거에 대해 말하기)

과거에는 규칙적으로 일어났으나 더 이상 일어나지 않는 일을 나타낼 때, would를 사용할 수 있다.

We *would* normally spend the winter in Miami. 우리는 보통 마이애미에서 겨울을 보내곤 했다.
She *would* often hear him singing. 그녀는 그가 노래하는 것을 자주 듣곤 했다.

ℹ 위와 유사한 방식으로 used to를 사용한다.

She *used to* visit them every Sunday. 그녀는 매주 일요일마다 그들을 방문했다.

would

In the afternoons, I *used to* hide and read. 오후가 되면 나는 숨어서 책을 읽곤 했다.

어떤 상태나 상황이 과거에는 존재했으나 더 이상 존재하지 않는다고 할 때, **used to**를 사용한다. 그러나 이러한 뜻에 **would**를 사용할 수 없다.

I *used to* be quite overweight. 나는 과거에 과체중이었지만 지금은 아니다.

(**would have** + 과거분사) 형식은 과거에 어떤 일이 일어날 가능성이 있었지만 실제로는 일어나지 않았음을 나타낸다.

It *would have* been unfair if we had won. 우리가 이겼더라면 그것은 불공평했을 것이다.
I *would have* said yes, but Julie talked us into staying at home.
나는 그렇다고 대답하고 싶었지만, 그러나 줄리는 우리가 집에 있도록 설득했다.

과거에 일어났던 일을 나타낼 때 **would not**을 사용하면, 과거에 어떤 일을 하기를 꺼려했거나 거절했다는 특별한 뜻을 나타낸다.

They just *would not* believe what we told them. 그들은 우리가 말한 것을 믿으려고 하지 않았다.
I asked him to come with me, but he *wouldn't*. 나는 그에게 나와 같이 가자고 했으나 그가 거절했다.

어떤 사람의 미래에 대한 생각을 나타낼 때, 소설에서 **would**를 때때로 사용한다.

He thought to himself how wonderful it *would* taste. 그는 그것을 먹으면 얼마나 맛있을지 혼자서 생각했다.
Would he ever be successful? 그가 그 일에 성공을 할까요?

3 used in conditional sentences(조건문에 사용하기)

존재하지 않는 상황을 나타낼 때, 조건문에 **would**를 사용한다. 이때 주절에는 **would**, 조건절에는 단순과거시제, 과거진행시제, **could**를 사용한다.

If I *had* enough money, I *would* buy the car. 만약 내가 돈이 충분히 있다면 그 자동차를 샀을 것이다.
If he *was coming*, he *would* call. 만약 그가 오고 있다면 나에게 전화를 할 것이다.
I *would* work if I could. 나는 가능한 한 일을 하고 싶어요.

> 주의 위와 같은 문장에서는 조건절에 **would**를 사용하지 않는다. 예를 들면, If I would have enough money, I would buy the car.라고 하지 않는다.

과거에 일어날 수도 있었지만 실질적으로는 일어나지 않은 사건을 언급하는 경우, 조건문에 **would have**를 사용한다. 주절에는 (**would have** + 과거분사) 형식을, 조건절에는 과거완료시제를 사용한다.

If he *had realized*, he would have told someone.
만약 그가 그 사실을 알았다면, 그것을 다른 사람에게 말했을 것이다.
If she *had not been wearing her seat belt*, she *would have* been killed.
만약 그녀가 시트 벨트를 착용하지 않았다면, 그녀는 죽었을 것이다.

4 used in reported clauses(피전달절에 사용하기)

would는 피전달절에도 사용한다.

He asked if I *would* answer some questions. 그는 나에게 몇 가지 질문에 대답할 수 있냐고 물었다.
He made me promise that I *would* never break the law. 그는 내가 법을 절대 어기지 않겠다는 약속을 하게 했다.
I felt confident that everything *would* be all right. 나는 모든 것이 괜찮을 거라고 확신했다.

○ Grammar 표제어 Reporting 참조.

5 requests, orders, and instructions(요청, 명령, 지시)

요청할 때, **would**를 사용할 수 있다.

Would you do me a favour? 제 부탁을 들어주시겠어요?
Would someone carry this? 누가 이것을 옮겨 주시겠어요?

명령이나 지시를 할 때에도 **would**를 사용할 수 있다.

Pour me a cup of coffee, *would* you? 커피 한 잔을 부어 주세요, 그렇게 해 주실 수 있죠?

write

Would you sit down, please? 여러분들 앉아 주실 수 있지요?

○ Topic 표제어 Requests, orders, and instructions 참조.

6 offers and invitations(제공과 초대)

어떤 것을 제공하거나 누군가를 초대할 경우, **Would you...?**라고 한다.

Would you like a drink? 음료수 한잔 드시겠어요?
Would anyone care for some ice cream? 누가 아이스크림을 드시겠어요?

○ Topic 표제어 Offers와 Invitations 참조.

---

write

1 'write' and 'write down'

write나 write down은 펜이나 연필을 사용하여 표면에 글, 편지, 숫자 등을 '쓰다'라는 뜻이다. write의 과거형은 wrote이고, 과거분사는 written이다.

I *wrote* down what the boy said. 나는 소년이 말한 것을 받아 적었다.
Her name *was written* on the back of the photograph. 그녀의 이름은 사진 뒤에 쓰여 있다.

2 writing a letter(편지 쓰기)

write는 정보나 사건을 종이에 적어서 다른 사람에게 보내다, 즉 '편지를 쓰다'라는 뜻도 있다. write가 이러한 뜻일 경우, 두 개의 목적어를 취한다. 이때 간접목적어가 대명사이면 직접목적어 앞에 온다.

We wrote *them* a little note to say thanks. 우리는 그들에게 감사함을 표하는 짧은 글을 보냈다.
I wrote *him* a very nice letter. 나는 그에게 아주 멋진 편지를 썼다.

간접목적어가 대명사가 아닌 경우에는 직접목적어 뒤에 오며, 간접목적어 앞에 **to**를 사용한다.

I wrote a letter *to my sister* asking her to come up to my house.
나는 여동생에게 집으로 오라고 요청하는 편지를 썼다.
She wrote a note *to the teacher*. 그녀는 짧은 글을 그 선생님에게 썼다.

직접목적어를 생략하기도 한다. **write to** someone은 어떤 사람에게 편지를 쓰다라는 뜻이다.

She *wrote to* me last summer. 그녀는 지난 여름 나에게 편지를 썼다.
I *wrote to* the manager and complained. 나는 그 매니저에게 글을 써 불만을 표시했다.

 미국 영어에서는 자주 **to**를 생략한다.

If there is anything you want, *write* me. 만약 원하는 게 있으면 저에게 편지하세요.
She *wrote* me that she was feeling much better. 그녀는 나에게 몸 상태가 훨씬 좋아졌다고 말했었다.

쓰고 있는 편지의 주제를 소개할 때, 편지의 서두에 **I am writing...**이라고 쓴다.

Dear Sir, *I am writing* to enquire about job opportunities in your organization.
안녕하십니까? 저는 귀사에서 일을 할 기회가 있는지에 대해 문의하기 위해 이 편지를 보냅니다.

🚫 'I write...'라고 쓰지 않아, 'I write to enquire about job opportunities.'라고 하지 않는다.

yard

명사 **yard**는 크게 두 가지로 쓰인다.

1 **measurement**(측정)

yard는 영국 도량형에서 길이를 측정하는 단위이다. 1야드는 36인치이며, 약 91.4센티미터다.
Jack was standing about ten *yards* away. 잭은 그곳에서 10야드 정도 떨어져 서 있었다.

 영국에서는 yard보다 metre가 더 흔히 사용되고 있다.

○ Topic 표제어 **Measurements** 참조.

2 **area behind a house**(집 뒤의 뜰)

영국 영어와 미국 영어 모두 **yard**나 **back yard**는 집에 부속된 땅, 즉 '뒤뜰'이라는 뜻이다. 영국 영어에서 **yard**는 단단한 지면과 주위에 벽이 있는 집 뒤의 작은 지역을 가리키며, 상당히 넓은 지역은 **garden**이나 **back garden**이라고 한다. 미국 영어에서 **yard**는 잔디가 자라고 있는 집 옆에 있는 상당히 넓은 지역을 가리킨다.

year

year는 1월 1일부터 12월 31일, 즉 '365일이나 366일'을 뜻한다.
We had an election last *year*. 우리는 작년에 선거를 했다.
The school has been empty for ten *years*. 그 학교는 10년 동안 비어 있다.

사람이나 사물의 나이를 나타내는 경우, **year**를 사용할 수 있다.
She is now *seventy-four years old*. 그녀는 현재 74세이다.
My house is *about 300 years old*. 나의 집은 300년이 된 집이다.

나이에 **year**를 사용하는 경우, **year** 뒤에는 **old**가 온다. 예를 들면, ~~She is now seventy four years.~~라고 하지 않는다.

○ Topic 표제어 **Age**와 Usage 표제어 **old** 참조.

yes

누군가의 말에 동의하거나, 어떤 것이 사실이라고 말하거나, 어떤 것을 받아들일 때, **yes**를 사용한다.
'We need to talk.' – '*Yes*, you're right.' "우리 대화가 필요해?" – "그래, 네 말이 맞아."
'Is that true?' – '*Yes*.' "저것은 사실입니까?" – "예."
'Tea?' – '*Yes*, thanks.' "차 드시겠어요?" – "예, 고맙습니다."

> 주의 부정적인 내용의 질문에 대해 긍정의 대답을 하는 경우, **yes**라고 해야 한다. 예를 들면, **Aren't you going out this evening?**(당신은 오늘 밤에 외출하지 않을 겁니까?)이라는 질문에 대한 긍정의 대답은 **Yes, I am.**으로, '아니요, 저는 외출할 것입니다.'라는 뜻이며, ~~No, I am.~~이라고 하지 않는다. 마찬가지로, **Haven't you met John?**(당신은 존을 만난 적이 없지요?)의 긍정의 대답은 **Yes, I have.**로, '아니요, 저는 그를 만난 적이 있습니다.'라는 뜻이다.
> 'Haven't you got any clothes with you?' – '*Yes*, in that suitcase.'
> "당신은 입을 옷들을 가지고 오셨어요?" – "아니요, 내 가방에 갖고 있습니다."
> 'Didn't you buy him a present?' – '*Yes*, I did.' "당신은 그에게 줄 선물을 사지 않았어요?" – "예, 나는 샀어요."

yesterday

> 마찬가지로, 부정적인 내용에 동의하지 않는 경우, **yes**라고 한다. 예를 들면, **He doesn't want to come.**(그는 여기에 오는 것을 원하지 않습니다.)의 부정적인 대답은 **Yes, he does.**(아니요, 그는 여기에 오는 것을 원합니다.)이다.
> 'That isn't true.' – 'Oh *yes*, it is.' "그것은 사실이 아닙니다." – "아니요, 그것은 사실입니다."

yesterday

yesterday는 오늘의 전날, 즉 '어제'라는 뜻이다.

It was hot *yesterday*. 어제는 더웠다.
We spent *yesterday* in Glasgow. 우리는 어제 글래스고에서 시간을 보냈다.

'어제 아침'은 yesterday morning, '어제 오후'는 yesterday afternoon이라고 한다.

Yesterday morning I went for a run. 나는 어제 아침 달리기 운동을 했다.
Heavy rain fell here *yesterday afternoon*. 어제 오후에 이곳에 폭우가 내렸다.

'어제 저녁'을 yesterday evening이라고 할 수 있지만, 일반적으로는 last night을 더 많이 사용한다.

I met your sister *last night*. 나는 어제 저녁에 당신 여동생을 만났다.
I've been thinking about what we said *last night*. 나는 어제 저녁에 우리가 한 말을 생각해 보았다.

last night을 '어젯밤'이라고 할 수 있다.

We left our bedroom window open *last night*. 우리는 어젯밤에 침실 창문을 열어 두었다.

 yesterday night이라고 하지 않는다.

yet

1 used in negative sentences (부정문에 사용하기)

부정문에서 어떤 일이 현재까지 일어나지 않고 있을 때, yet을 사용한다. 회화에서 yet은 일반적으로 문장의 끝에 온다.

It isn't dark *yet*. 아직 어둡지 않다.
I haven't decided *yet*. 나는 아직 결정을 하지 않았다.

글에서는 not 뒤에 바로 yet이 온다.

Computer technology has *not yet* reached its peak. 컴퓨터 기술은 아직 정점에 도달하지 못하고 있다.
They have *not yet* set a date for the election. 그들은 아직 선거일 날짜를 정하지 않았다.

2 'have yet to'

어떤 일이 일어나는 것을 기대하지 않는다고 할 경우, have not yet happened 대신 have yet to happen이라고 한다.

I *have yet to meet* a man I can trust. 나는 신뢰할 수 있는 남자를 아직 만나지 못했다.
Whether it will be a success *has yet to be seen*. 그것이 성공할 것인지의 여부는 아직 알 수 없다.

3 used in questions (의문문에 사용하기)

의문문에서 어떤 일이 일어났는지 물어볼 때, yet을 자주 사용한다. yet은 문장의 끝에 온다.

Have you done that *yet*? 벌써 그것을 했나요?
Have you had your lunch *yet*? 벌써 점심을 드셨어요?

🇺🇸 미국 영어에서는 위와 같은 의문문에서 단순과거시제를 사용한다. 예를 들면, **Did** you **have** your lunch **yet?**이라고 한다.

4 'already'

yet과 already를 혼동해서는 안 된다. 어떤 일이 예상했던 것보다 더 빨리 일어나서 놀라움을 나타낼 때, 의문문의 끝에 already를 사용한다.

Is he down there *already*? 그가 그곳에 벌써 와 있나요?
You mean you've been there *already*? 당신이 벌써 그곳에 가 있다는 말입니까?

○ Usage 표제어 already 참조.

5 'still'

어떤 일이 계속 일어나고 있을 때는 yet이 아닌 still을 사용한다. 예를 들면, '나는 아직까지 내 짐을 기다리고 있다.'는 I am yet waiting for my luggage.가 아닌 I am *still* waiting for my luggage.라고 한다.
He *still* doesn't understand. 그는 여전히 이해하지 못하고 있다.
Brian's toe is *still* badly swollen. 브라이언의 발가락은 아직도 심하게 부어 있다.

○ Usage 표제어 still 참조.

6 'just yet'

어떤 일을 바로 할 마음이 없다고 할 때, just yet을 사용한다.
It is too risky to announce an increase in our charges *just yet*. 우리가 수수료를 인상하겠다는 소식을 당장 알리는 것은 위험하다.
I'm not ready to retire *just yet*. 나는 아직 은퇴를 준비하지 않고 있다.

you

말을 하거나 글을 쓰는 대상을 가리킬 때, you를 사용한다. you는 주어나 목적어, 혹은 전치사의 목적어로 사용한다.
Have *you* got any money? 당신은 돈을 갖고 있습니까?
I have nothing to give *you*. 나는 당신에게 줄 것이 아무것도 없다.
I want to come with *you*. 나는 당신과 함께 가고 싶다.

우리가 한 사람 이상의 사람들을 지칭할 경우, you two, you all, both of you, or you guys 등을 사용하며, 목적어 또는 전치사의 목적어로 사용할 수 있다.
As *you all* know, this is a challenge. 당신들 모두 알고 있듯이 이 일은 도전을 요하는 일이다.
You guys have helped me so much! 여기 여러분들이 저를 너무 많이 도와주고 있습니다.
I'd like to invite *both of you* for dinner on Saturday. 나는 당신 두 분을 디너에 초대하고 싶습니다.
I need to talk to *you two*. 나는 당신 둘 다와 대화할 필요가 있다.

You two와 you guys는 두 사람 또는 그 이상의 사람들을 지칭할 때 사용할 수 있다.
Don't stay up late, *you two*. 너희 둘 너무 늦게까지 그곳에 머물지 마라.
Hey! *You guys*! Come over here! 헤이, 너희들, 여기로 와 봐!

특정한 사람이나 그룹보다 일반적인 사람을 가리킬 때, you를 사용할 수 있다. 특히 이 책의 예문에서는 '일반적인 사람'이라는 뜻으로 you를 자주 사용하였다.

○ Usage 표제어 one – you – we – they 참조.

your – you're

1 your

어떤 것이 말하고 있는 대상에게 속해 있거나 그 대상과 관련이 있을 때, your([jər, jɔː]나 [juər, juə])를 사용한다.
Can I borrow *your* pen? 당신 펜을 빌릴 수 있어요?
Where's *your* father? 당신의 아버지는 어디 계십니까?

2 you're

you are를 때때로 [jɔː]라고도 발음한다. 누군가가 말한 것을 듣고 받아 적는 경우에는 your가 아닌 you're라고

yourself – yourselves

써야 한다.
You're quite right. 네가 틀림없이 옳다.
You're not an expert. 당신은 전문가가 아니다.

yourself – yourselves

you가 한 문장의 주어이며 주어와 동일한 사람을 지칭할 경우, 동사나 전치사의 목적어로 **yourself**를 사용한다.
Are you feeding *yourself* properly? 당신은 적당량의 음식을 섭취하고 있습니까?
You're making a fool of *yourself*. 당신은 자신을 바보로 만들고 있다.

yourself의 복수형은 **yourselves**이며, 동사나 전치사의 목적어로 사용한다.
I hope you both behaved *yourselves*. 너희 둘 다 얌전히 있기를 바란다.
Are you looking after *yourselves*? 당신들은 자신들 관리를 잘하고 있습니까?

yourself와 **yourselves**는 명령문에서도 종종 사용한다.
Control *yourself*. 자신을 통제하세요.
Please help *yourselves* to another drink. 한 잔 더 가져다 드세요.

문장의 주어를 강조하기 위해서 **yourself**와 **yourselves**를 사용할 수 있다.
You don't even know it *yourself*. 네 자신도 그것을 알지 못한다.
You must sort this out *yourselves*. 우리들은 우리 자신들이 이것을 해결해야 한다.

do something *yourself*는 남의 도움 없이 어떤 일을 혼자 하다라는 뜻이다.
Did you write this *yourself*? 당신은 이것을 당신 자신이 썼습니까?

you가 일반 사람들을 가리키는 경우 **yourselves**가 아닌 **yourself**를 사용해야 한다.
If you find *yourself* in debt you must start dealing with it immediately.
만약 당신이 빚을 진 상태에 진입한다면 곧바로 그 문제 해결에 뛰어들어야 한다.

Z z

z
문자 z를 영국 영어에서는 zed [zed]라고 하며, 미국 영어에서는 zee [ziː]라고 한다.

zero

 zero는 숫자 '0'으로, 미국 영어에서는 회화와 글에서 모두 zero를 사용한다.

Visibility dropped to *zero*. 그곳의 가시거리가 코앞을 볼 수 없을 정도로 떨어졌다.

Participants rated the products on a scale of *zero* to five.
참가자들은 그 제품들에 대해 0에서 5까지 평점을 매겼다.

영국 영어에서는 회화에서 숫자 0을 보통 **nought**나 **oh**라고 한다.

How good was the hotel, on a scale of *nought* to ten?
그 호텔의 평점은 0에서 10 숫자 사이에 어느 숫자였습니까?

You arrive at Palma at *oh* two thirty-five. 여러분은 2시 35분에 팔마에 도착합니다.

미국 영어는 회화와 글에서 모두 zero를 사용한다.

The group is for infants between *zero* and three. 이 그룹은 0세에서 세 살 사이의 영유아를 위한 것이다.

◯ Topic 표제어 **Numbers and fractions**의 zero 참조.

GRAMMAR SECTION

Adjectives

Adjectives

- **1** form
- **2** qualitative adjectives
- **3** comparatives and superlatives
- **4** classifying adjectives
- **5** colour adjectives
- **6** emphasizing adjectives
- **7** postdeterminers
- **8** compound adjectives
- **9** position of adjectives
- **10** coordination of adjectives
- **11** order of adjectives
- **12** adjectives with prepositions and other structures

형용사는 사람이나 사물을 묘사하거나 그것에 대해 정보를 줄 때 사용하는 품사이다.

1 form(형태)

형용사의 형태는 변하지 않는다. 그러므로 수식하려는 명사의 단수와 복수, 남성과 여성 등의 구분 없이 동일한 형태의 형용사를 사용한다.

We were looking for a *good* place to camp.
우리는 야영하기에 좋은 장소를 찾고 있었다.
Good places to fish were hard to find.
낚시를 하기에 좋은 장소를 발견하기 어려웠다.

2 qualitative adjectives(성질을 나타내는 형용사)

성질을 나타내는 형용사는 사람이나 사물이 가진 특정한 성질을 나타내는 형용사이다. 예를 들면, **sad, pretty, happy, wise** 등이 있다.

...a *sad* story. 슬픈 이야기.
...a *small* child. 작은 아이.

성질을 나타내는 형용사는 등급을 매길 수 있는 형용사**(gradable adjectives)**라 하며, 묘사되는 사람이나 사물의 특정한 성질이 많거나 적다는 뜻이다. 이에 해당하는 형용사는 **very, rather** 등과 같은 등급을 매기는 부사를 사용하여, 사람이나 사물이 갖는 어떤 성질의 양을 나타낼 수 있다.

○ Grammar 표제어 **Adverbs and adverbials** 참조.

...an *extremely narrow* road. 극심하게 좁은 도로.
...a *very pretty* girl. 매우 아름다운 한 소녀.
...a *rather clumsy* person. 다소 서투른 한 사람.

3 comparatives and superlatives(비교급과 최상급)

형용사의 등급을 매기는 또 다른 방법은 비교급과 최상급인 **-er, -est**와 **more, most**를 사용하는 것이다. 비교급은 어떤 것이 다른 것에 비해 더 많은 성질이 있거나, 예전에 가졌던 것보다 더 많은 성질을 가지고 있을 때 사용한다. 최상급은 어떤 것이 같은 종류의 것들 중에서, 혹은 특정한 그룹이나 장소에서 다른 어떤 것보다 더 많은 성질을 가질 때 사용한다.

○ Grammar 표제어 **Comparative and superlative adjectives** 참조.

4 classifying adjectives(분류해 주는 형용사)

분류해 주는 형용사는 어떤 것이 특정한 형태임을 나타내는 형용사이다. 예를 들어, 'financial help'에서 **financial**은 도움의 한 유형을 가리키는 형용사로, 도움의 여러 가지 분야들 중 '금전적인 분야'로 분류하는 역할을 하며, 등급을 매길 수 없는 형용사하고도 한다.

...my *daily* shower. 내가 매일 하는 샤워.
...*Victorian* houses. 빅토리아 시대풍의 집들.
...*civil* engineering. 토목 공학.

Adjectives

5 colour adjectives(색깔을 나타내는 형용사)

색깔을 나타내는 형용사는 사물의 색깔을 나타낼 때 사용한다.

...a small *blue* car. 작고 파란 자동차.
Her eyes are *green*. 그녀의 눈동자는 초록색이다.

색깔을 더욱 정확하게 표현하기 위해서 색깔을 나타내는 형용사 앞에 **light, pale, dark, bright** 등과 같은 단어가 온다.

...*light brown* hair. 연한 갈색 머리카락.
...a *bright green* suit. 밝은 초록빛 정장.
...a *dark blue* dress. 짙은 파란색 드레스.

색깔을 나타내는 형용사를 명사로 사용할 수도 있다. 이 경우에는 일반적으로 한정사가 없는 단수형으로 사용한다.

I like *blue*. 나는 파란색을 좋아한다.
Christina always wore *red*. 크리스티나는 항상 빨간색 옷을 입었다.
Yellow is my favorite colour. 노란색은 내가 가장 좋아하는 색이다.

어떤 색의 명암을 나타낼 때, 색깔을 나타내는 단어는 복수형이나 한정사가 있는 단수형으로 사용한다.

They blended in well with the *greens* of the landscape. 그것들은 주위 경관의 초록색과 조화를 잘 이루었다.
The shadows had turned *a deep blue*. 그늘은 짙은 파란색으로 변했다.

6 emphasizing adjectives(강조형용사)

어떤 것의 묘사나 정도를 강조할 때, 명사 앞에 강조형용사를 사용한다.

He made me feel like a *complete* idiot. 그는 나를 완전히 멍청이처럼 느끼게 만들었다.
Some of it was *absolute* rubbish. 그것의 일부는 완전히 쓰레기였다.
World Cup tickets are *dead* expensive you know. 알다시피 월드컵 관람권은 엄청 비싸다.
The redundancy of skilled workers is a *terrible* waste. 숙련된 노동자들을 해고하는 것은 엄청난 낭비다.
It was the *supreme* arrogance of the killer that dismayed him.
그를 당황하게 한 것은 바로 그 살인자의 오만함이었다.

다음 형용사는 강조형용사이다.

absolute	awful	complete	dead	entire
mere	outright	perfect	positive	pure
real	sheer	simple	supreme	terrible
total	true	utter		

7 postdeterminers(후 한정사)

우리가 지칭하는 것이 어떤 것인지를 구체적으로 정확하게 나타낼 때 사용하는 형용사로, 형용사 뒤에 위치하는 한정사(**postdeterminers**)로, 이러한 형용사는 한정사 뒤 또는 앞에 온다.

...the *following* brief description. 다음에 오는 간략한 묘사.
He wore his *usual* old white coat. 그는 평상시 입던 낡은 흰색 코트를 입었다.

상술형용사는 숫자 앞에 사용할 수 있다.

What has gone wrong during the *last* ten years? 지난 10년 동안 무엇이 잘못되어 왔습니까?

다음 형용사는 위와 같은 방법으로 사용한다.

additional	certain	chief	entire	existing
first	following	further	last	main
next	only	opposite	other	particular
past	present	previous	principal	remaining
same	specific	usual	whole	

많은 형용사가 **-ed** 또는 **-ing**로 끝이 난다.

Adjectives

8 compound adjectives(복합형용사)

복합형용사는 두 개 이상의 단어로 구성된 형용사로, 일반적으로 형용사들 사이에 하이픈(-)을 사용한다. 복합형용사는 등급을 매길 수 있는 형용사, 등급을 매길 수 없는 형용사, 색깔을 나타내는 형용사 등에 사용한다.

He was giving a very *light-hearted* talk. 그는 매우 즐겁게 이야기하고 있었다.
Olivia was driving a long, *low-slung, bottle-green* car.
올리비아는 긴 암녹색 자동차를 운전하고 있었다.
...a *good-looking* girl. 아름다운 소녀.
...a *part-time* job. 비정규직.

9 position of adjectives(형용사의 위치)

대부분의 형용사는 수식하려는 명사 앞에 위치하여, 그 명사에 대한 더 많은 정보를 제공하는 역할을 한다.

She bought a loaf of *white* bread. 그녀는 흰 빵 한 덩어리를 샀다.
There was no *clear* evidences. 어떤 확실한 증거도 없었다.

> **주의** 일반적으로 명사나 one이 뒤따르는 경우를 제외하고, 한정사 뒤에 형용사만 단독으로 사용할 수 없다. 예를 들면, '그는 나에게 그것들을 모두 보여 주었지만, 나는 가장 큰 것을 택했다.'는 He showed me all of them, but I preferred the large.가 아닌 He showed me all of them, but I preferred the large one.이라고 한다.
> - Usage 표제어 one 참조.
> - the rich와 같이 한 무리의 사람들을 가리킬 때, (the + 형용사) 형식의 용법에 대한 정보는 Usage 표제어 the 참조.

대부분의 형용사는 be, become, get, seem, feel과 같은 연결동사 뒤에서 문장의 보어로 사용할 수 있다.

The room was *large* and *square*. 그 방은 크고 사각형이었다.
I felt *angry*. 나는 화가 났다.
Nobody seemed *amused*. 아무도 즐거워 보이지 않았다.
He was so exhausted that he could hardly keep *awake*. 그는 몹시 지쳐서 거의 잠을 참을 수가 없었다.

일부 형용사는 명사 앞에 사용할 수 없고, 연결동사를 사용한 문장의 보어로만 사용하여 특정한 뜻을 나타낸다. 예를 들면, '그녀는 혼자였다.'는 She was an alone girl.이 아닌 She was alone.이라고 한다. 연결동사 뒤에서 보어로만 사용하는 형용사는 다음과 같다.

afraid	alike	alive	alone	ashamed
asleep	awake	glad	ill	ready
sorry	sure	well		

연결동사의 보어로만 사용하는 형용사가 많이 있다.

보어로 사용되는 형용사 중 일부는 명사 앞에 쓸 수 없으므로, 동일한 뜻의 다른 형용사를 사용해야 한다. 예를 들면, '놀란 어린이'는 the frightened child라고 한다.

10 coordination of adjectives(형용사 간의 대등관계)

두 개 형용사가 연결동사의 보어로 사용될 때, 형용사 사이에 접속사(보통 and)를 사용한다. 형용사가 세 개 이상일 경우, 각 형용사 사이에 콤마를 사용하고, 마지막 형용사 앞에만 and를 사용한다.

The day was *hot and dusty*. 그날은 덥고 먼지가 많았다.
The house was *old, damp and smelly*. 그 집은 낡고 습하며 악취가 났다.

명사 앞에 형용사가 두 개 이상일 경우, 일반적으로 형용사들을 and로 분리하지 않는다. 예를 들어, '키가 작고, 뚱뚱한 노인'은 a short, fat and old man이 아닌 a short, fat, old man이라고 한다.

- 형용사 연결 방법에 대한 더 많은 정보는 Usage 표제어 and 참조.

11 order of adjectives(형용사의 순서)

명사 앞에 형용사가 두 개 이상일 경우, 일반적인 순서는 다음과 같다.

Adjectives

성질을 나타내는 형용사 〉	색깔을 나타내는 형용사 〉	분류해 주는 형용사
(qualitative adjectives)	(colour adjectives)	(classifying adjectives)

...a *little white wooden* house. 작고 하얀 목재로 지어진 집.
...*rapid technological* advance. 급속한 기술 발전.
...a *large circular* pool of water. 물로 채워진 큰 원형 수영장.
...a necklace of *blue Venetian* beads. 파란색 베니스풍의 구슬로 만들어진 목걸이.

그러나 circular와 rectangular와 같이 모양이나 성질을 나타내는 형용사는 색깔을 나타내는 형용사 앞에 자주 온다.

...the *rectangular grey* stones. 직사각형의 회색 돌들.
...the *circular yellow* patch on the lawn. 잔디밭에 있는 둥글고 노란 헝겊 조각.

● **order of qualitative adjectives**(성질을 나타내는 형용사의 순서)

성질을 나타내는 형용사의 순서는 다음과 같다.

의견(opinions) 〉 크기(size) 〉 성질(quality) 〉 연령(age) 〉 모양(shape)

We're going to have a nice big garden with two apple trees.
우리는 사과나무 두 그루가 있는 멋지고 큰 정원을 갖게 될 것이다.
The cat had *beautiful thick* fur. 그 고양이는 아름답고 두꺼운 털을 가지고 있었다.
...*big, shiny* beetles. 크고 빛나는 딱정벌레들.
He had *long curly* red hair. 그는 긴 빨간색 곱슬머리를 가졌다.
She put on her *dirty old* fur coat. 그녀는 더럽고 낡은 가죽 코트를 입었다.

ℹ️ a nice big garden이나 a lovely big garden이라고 할 때, 정원이 다른 이유 때문에 좋다는 것이 아니라 커서 좋다는 뜻이다.

● **order of classifying adjectives**(분류해 주는 형용사의 순서)

명사 앞에 분류해 주는 형용사의 일반적인 순서는 다음과 같다.

연령(age) 〉 모양(shape) 〉 국적(nationality) 〉 재료(material)

...a *medieval French* village. 중세 시대의 프랑스 마을.
...a *rectangular plastic* box. 직사각형 플라스틱 상자.
...an *Italian silk* jacket. 이탈리아산 비단으로 만든 재킷.

기타 다른 유형의 등급을 매길 수 없는 형용사는 일반적으로 국적을 나타내는 형용사 뒤에 온다.

...the *Chinese artistic* tradition. 중국의 예술 전통.
...the *American political* system. 미국의 정치 제도.

● **position of comparatives and superlatives**(비교급과 최상급의 위치)

비교급과 최상급은 일반적으로 명사구 안에 있는 모든 형용사의 앞에 온다.

Some of the *better English* actors have gone to live in Hollywood.
잘나가는 영국의 배우들 중 일부가 할리우드에 거주하려고 떠났다.
These are the *highest monthly* figures on record. 이것들은 기록상 가장 높은 월별 수치이다.

● **noun modifiers**(명사수식어)

명사수식어는 명사 앞에 위치하여 다른 명사를 수식하는 명사이다. 형용사와 명사수식어가 함께 쓰일 경우의 어순은 [형용사 + 명사수식어 + 명사] 이다.

He works in the *French film* industry. 그는 프랑스 영화계에서 일한다.
He receives a *large weekly cash* payment. 그는 주급을 많이 받는다.

● **adjectives after a noun**(명사 뒤의 형용사)

형용사는 일반적으로 명사 뒤에 오지 않지만, 다음의 경우는 예외이다.

Adjectives

형용사 뒤에 전치사구나 **to**부정사절이 오면, 형용사는 명사 뒤에 올 수 있다.
...a warning to people *eager for a quick cure*.
빠른 치유를 간절히 바라는 사람들에게 주는 경고.
...the sort of weapons *likely to be deployed against it*.
그것에 대항하여 배치되기 쉬운 무기의 종류.

형용사 **alive**와 **awake**는 최상급, 부사 뒤 또는 (**first · last · only · every · any** + 명사) 뒤에 온다.
Is Phil Morgan the only man *alive* who knows all the words to that song?
그 노래의 모든 가사를 알고 있는 유일한 생존자가 필 모건입니까?
She sat at the window, until she was the last person *awake*.
그녀가 마지막으로 깨어 있는 사람이 될 때까지 창문 옆에 앉아 있었다.

일부 격식을 차린 형용사는 명사 뒤에서만 사용한다.

| designate | elect | emeritus | extraordinaire | incarnate |
| manqué | par excellence | | | |

...British Rail's *chairman designate*, Mr Robert Reid.
영국 철도 공사의 회장으로 내정된 로버트 레이드 씨.
She was now the *president elect*.
그녀는 이제 대통령 당선자가 되었다.
Doctors, lawyers and engineers are *professionals par excellence*.
의사, 변호사, 공학자는 뛰어난 전문직이다.

- **adjectives before or after a noun**(명사 앞이나 뒤에 오는 형용사)

일부 형용사는 명사 앞 또는 뒤에 위치함에 따라 그 의미가 달라진다. 예를 들면, **the concerned mother**는 '걱정을 하는 어머니'라는 뜻이고, **the mother concerned**는 단순히 '앞에서 언급했던 어머니'라는 뜻이다.
...the approval of interested and *concerned* parents. 관심이 있고 염려스러운 부모의 동의.
The idea needs to come from the individuals *concerned*. 그 아이디어는 언급한 개인에게서 나와야 한다.

위치에 따라 그 의미가 달라지는 형용사는 다음과 같다.

| concerned | involved | present | proper | responsible |

크기를 나타내는 일부 형용사는 숫자나 한정사로 구성된 명사구나 측정 단위를 나타내는 명사 뒤에 위치할 수 있다. 이와 같은 형식으로 사용하는 형용사는 다음과 같다.

| deep | high | long | square |
| tall | thick | wide | |

He was about *six feet tall*. 그는 키가 약 6피트였다.
The island is only *29 miles long*. 그 섬의 길이는 29마일에 불과했다.

위와 같은 형용사 중 일부는 **knee**(무릎), **ankle**(발목), **waist**(허리)와 같은 명사 뒤에 사용할 수도 있다.
The grass was *knee high*. 그 잔디는 무릎 정도의 높이였다.
The track ahead was *ankle deep* in mud. 전방의 길은 진흙이 발목까지 왔다.

○ Topic 표제어 **Measurements** 참조.

old도 위와 비슷한 방식으로 명사구 뒤에 사용한다.

○ Topic 표제어 **Age** 참조.

12 adjectives with prepositions and other structures
(전치사 및 기타 구조와 함께 사용하는 형용사)

일부 형용사는 특정한 전치사, **to**부정사, **that**절 형식이 뒤따른다. 이는 형용사 자체만으로는 나타내려고 하는 뜻

Adjectives

이 불분명하거나 불완전하기 때문이다. 예를 들면, 누군가가 어떤 것을 좋아한다고 할 경우, 단순히 someone is 'fond'가 아닌 someone is *fond of* something이라고 해야 한다.

They are very *fond of* each other.
그들은 서로 몹시 좋아한다.
The sky is *filled with* clouds.
하늘은 구름으로 가득 차 있다.

다음 형용사들은 연결동사 바로 뒤에 형용사를 사용할 때 전치사를 동반해야 한다.

accustomed to	adapted to	allergic to	attributable to
attuned to	averse to	conducive to	devoted to
impervious to	injurious to	integral to	prone to
proportional to	proportionate to	reconciled to	resigned to
resistant to	subject to	subservient to	susceptible to
unaccustomed to			

He seemed to be becoming *accustomed to* my presence.
그는 나의 존재에 익숙해져 가는 것 같았다.
For all her experience, she was still *prone to* nerves.
모든 경험에도 불구하고 그녀는 신경과민에 빠지는 경향이 있었다.

aware of	bereft of	capable of	characteristic of
desirous of	devoid of	fond of	heedless of
illustrative of	incapable of	indicative of	mindful of
reminiscent of	representative of		

Smokers are well *aware of* the dangers to their own health.
흡연자들은 자신의 건강에 끼치는 위험에 대해 잘 안다.
We must be *mindful of* the consequences of selfishness.
우리는 이기심의 결과에 주의해야 한다.

unhampered by	descended from	inherent in	lacking in
rooted in	steeped in	swathed in	contingent on
conversant with	filled with	fraught with	riddled with
tinged with			

We recognize the dangers *inherent in* an outbreak of war.
우리는 전쟁 발발로 인한 내재된 위험을 인식해야 한다.
Her homecoming was *tinged with* sadness.
그녀의 귀향은 슬픔으로 휩싸였다.

일부 형용사의 경우, 두 개의 전치사 중에서 하나를 선택하여 사용할 수 있다. 다음 형용사들은 일반적으로 또는 항상 연결동사 바로 뒤에 사용하며, 제시된 전치사 중 하나를 선택해서 사용한다.

burdened by / with	dependent on / upon	immune from / to
inclined to / towards	incumbent on / upon	intent on / upon
parallel to / with	reliant on / upon	stricken by / with

We are in no way *immune from* this danger.
우리는 이러한 위험을 피할 방법이 없다.
He was curiously *immune to* teasing.
그는 이상하게도 놀리는 것에 영향을 받지 않았다.

◐ to부정사절이나 that절이 뒤따르는 형용사 목록은 Grammar 표제어 'That'-clauses 참조.

Adverbs and adverbials

Adverbs and adverbials

1. adverbs and adverbials
2. manner
3. viewpoint adverbs
4. opinion
5. place
6. time
7. frequency
8. duration
9. degree
10. extent
11. emphasis
12. focus
13. probability
14. position: manner, place, time
15. putting the adverbial first
16. position: frequency, probability
17. position: degree, extent
18. position: emphasizing
19. position: focusing

1 adverbs and adverbials(부가어와 부사)

부가어와 부사를 구분해서 사용하는 것이 중요하다.

부가어는 어떤 일이 언제, 어떻게, 어디에서, 어떤 상황에서 일어나는지에 대한 정보를 줄 때 사용하는 단어나 구로, 문장에서 기능적인 역할을 한다.

반면에 부사는 부가어로 사용할 수도 있는 한 단어이다.

사실상 부가어는 흔히 부사로 사용하지만 부사구나 전치사구로도 사용할 수 있고, 일부 명사구도 부가어로 사용할 수 있다.

부가어의 주요 형태는 방법, 관점, 의견, 장소, 시간, 빈도, 기간, 정도, 범위, 강조, 초점, 가능성을 나타낸다. 다음은 각각의 부가어 형태에 대한 설명과 문장에서 부가어의 위치에 대한 자세한 내용이다.

○ 절을 연결할 때 사용하는 **moreover, however, at the same time** 등과 같은 부가어에 대한 더 많은 정보는 Grammar 표제어 Sentence connectors 참조.

2 manner(양태·방법)

양태·방법을 나타내는 부가어는 어떤 일이 일어나거나 행해진 방법을 나타낼 때 사용하며, 부사, 부사구, 전치사구 등이 있다.

They looked *anxiously* at each other. 그들은 걱정스럽게 서로를 쳐다보았다.
He did not play *well enough* to win. 그는 승리할 만큼 경기를 잘하지 못했다.
She listened *with great patience* as he told his story.
그녀는 그가 이야기를 하는 동안 엄청난 인내심을 가지고 들어주었다.

양태·방법을 나타내는 부가어는 일반적으로 양태·방법부사로, 대부분의 경우 형용사에 **-ly**를 붙여서 만든다. 예를 들면, **quitely, badly**는 형용사 **quite**와 **bad**에 **-ly**를 붙인 것이다.

I didn't play *badly*. 나는 경기를 못하지는 않았다.
He reported *accurately* what they had said. 그는 그들이 말한 내용을 정확히 전했다.

양태·방법부사 중 일부는 형용사와 같은 형태이며 비슷한 뜻을 갖고 있다. 가장 일반적으로 쓰는 양태·방법부사들은 다음과 같다.

direct	fast	hard	late
loud	quick	right	slow
solo	straight	tight	wrong

I've always been interested in *fast* cars. 나는 빠른 속도를 내는 자동차에 항상 관심을 가져왔다.
The driver was driving too *fast*. 그 운전자는 너무 빨리 차를 몰고 있었다.

Adverbs and adverbials

형용사 **good**의 양태·방법부사는 **well**이다.
He is a *good* dancer. 그는 훌륭한 댄서이다.
He dances *well*. 그는 춤을 잘 춘다.

ℹ well은 사람의 건강 상태를 묘사하는 형용사로도 쓰인다.
'How are you?' – 'I am very *well*, thank you.' "건강이 어떻습니까?" – "저는 매우 건강해요. 고마워요."

3 viewpoint adverbs(관점을 나타내는 부사)

-ly로 끝나는 부사라고 해서 모두 양태·방법부사는 아니다. 특히 어떤 것을 분류할 때 사용하는 형용사에서 파생된 -ly부사는 말하는 것에 대한 관점을 명확하게 해줄 때 사용한다. 예를 들면, 어떤 것이 정치 분야나 정치적인 관점에서 중요하다고 할 때, **politically important**라고 한다. 다음 목록은 가장 일반적으로 사용하는 부사이다.

biologically	commercially	economically	emotionally
financially	geographically	intellectually	logically
morally	outwardly	politically	psychologically
racially	scientifically	socially	statistically
technically	visually		

It would have been *politically* damaging for him to retreat. 물러나는 것은 그에게 정치적인 타격을 줄 수도 있었다.
We had a very bad year last year *financially*. 우리는 재정적으로 작년 한 해를 매우 힘들게 보냈다.

위와 같은 관점을 나타내는 부사에 **speaking**을 붙여 관용적으로 사용하는 경우가 많다. 예를 들면, **technically speaking**은 '기술적인 관점에서'라는 뜻이다.
He's not a doctor, *technically speaking*. 기술적인 관점에서 그는 의사가 아니다.
There are some signs of recovery, *economically speaking*, in the latest figures.
경제적 관점에서 말하면, 최근의 수치에서 경제가 반등하는 징조가 있다.

4 opinion(의견)

그 밖의 **-ly**부사는 반응, 의견, 사실, 사건을 나타내는 부가어로, 이를 '문장부사'라고도 한다.
Surprisingly, most of my help came from the technicians.
놀랍게도, 내가 받은 도움의 대부분은 기술자들이 제공한 것이었다.
Luckily, I had seen the play before so I knew what it was about.
다행스럽게도, 나는 전에 그 연극을 봐서 무슨 내용인지 알고 있었다.

◯ 위와 같은 부사의 목록은 Topic 표제어 Opinions 참조.

> **주의** 일부 **-ly**부사에는 형용사에서 기원한 것처럼 보여도, 그 뜻이 완전히 다른 경우가 있다. 예를 들면, 부사 **hardly**와 형용사 **hard**는 완전히 다른 뜻이다.
> This has been a long *hard* day. 오늘은 길고 힘든 하루였다.
> Her bedroom was so small she could *hardly* move in it. 그녀의 침실은 너무 좁아서 거의 움직일 수가 없었다.
>
> ◯ 더 많은 정보는 Usage 표제어 awful – awfully, bare – barely, hard – hardly, late – lately, scarce – scarcely, short – shortly, brief – briefly, terrible – terribly 참조.

5 place(장소)

장소를 나타내는 부가어는 어떤 일이 일어나는 장소나 목적지를 나타낼 때 사용하며, 일반적으로 부사(구)나 전치사구이다.
A plane flew *overhead*. 비행기가 머리 위로 날아갔다.
The children were playing *in the park*. 그 어린이들은 공원에서 놀고 있었다.
No birds or animals came *near the body*. 어떤 새나 동물도 그 사체 가까이에 가지 않았다.

◯ 장소를 나타내는 부가어에 대한 정보는 Topic 표제어 Places 참조.

6 time(시간)

시간을 나타내는 부가어는 어떤 일이 일어난 때를 말할 때 사용한다.

Adverbs and adverbials

She will be here *soon*. 그녀는 곧 여기에 올 것이다.
He was born *on 3 April 1925*. 그는 1925년 4월 3일에 태어났다.
Come and see me *next week*. 다음 주에 저를 만나러 오세요.

○ 시간을 나타내는 부가어에 대한 정보는 Topic 표제어 Days and dates와 Time, Usage 표제어 각 단어 참조.

7 frequency(빈도)

빈도를 나타내는 부가어는 어떤 일이 얼마나 자주 일어나는지를 말할 때 사용한다.

다음은 빈도를 나타내는 부가어로, 어떤 일이 가장 드물게 일어나는 부가어부터 가장 자주 일어나는 부가어의 순서로 나열하였다.

- **never**

  That was a mistake. We'll *never* do it again. 그것은 실수였다. 우리는 그런 실수를 결코 다시는 하지 않을 것이다.

- **rarely, seldom, hardly ever, not much, infrequently**

  I very *rarely* wear a raincoat because I spend most of my time in a car.
  나는 대부분의 시간을 차 안에서 보내기 때문에 우비를 거의 입지 않는다.
  We ate chips every night, but *hardly ever* had fish.
  우리는 매일 저녁에 감자튀김을 먹었지만, 생선은 거의 먹어 본 적이 없었다.
  The bridge is used *infrequently*. 그 다리는 거의 사용되지 않는다.

- **occasionally, periodically, intermittently, sporadically, from time to time, now and then, once in a while, every so often**

  He still misbehaves *occasionally*. 그는 아직도 가끔씩 버릇없이 군다.
  Meetings are held *periodically* to monitor progress on the case.
  회의는 그 문제의 과정을 감시하고자 정기적으로 열린다.
  Her daughters visited him *from time to time* when he was ill.
  그녀의 딸들은 그가 아팠을 때 이따금씩 그에게 문병을 갔다.
  I go back to Yorkshire every *now and then*. 나는 가끔씩 요크셔로 돌아간다.
  Once in a while she phoned him. 그녀는 종종 그에게 전화를 했다.

- **sometimes**

  You must have noticed how tired he *sometimes* looks.
  당신은 가끔 그가 얼마나 피곤해 보였는지 눈치챘어야 했다.

- **often, frequently, regularly, a lot**

  They *often* spent Christmas in Brighton. 그들은 종종 브라이튼에서 크리스마스를 보냈다.
  Iron and folic acid supplements are *frequently* given to pregnant women.
  임산부에게는 철분과 엽산 보충제가 자주 제공된다.
  He also writes *regularly* for 'International Management' magazine.
  그 역시 정기적으로 'International Management'지에 기고한다.

- **usually, generally, normally**

  They ate, as they *usually* did, in the kitchen. 그들은 평상시처럼 부엌에서 음식을 먹었다.
  It is *generally* true that the darker the fruit the higher its iron content.
  과일의 색깔이 검을수록 철분 함량이 더 높다는 것은 일반적으로 사실이다.
  Normally, the transportation system in Paris carries 950,000 passengers a day.
  평상시에는 파리의 교통망을 통해 하루에 95만 명의 승객을 수송한다.

- **nearly always**

  They *nearly always* ate outside. 그들은 대체로 외식을 했다.

- **always, all the time, constantly, continually**

  She's *always* late for everything. 그녀는 항상 모든 것에서 늦다.
  He was looking at me *all the time*. 그는 시종일관 나를 쳐다보고 있었다.
  She cried almost *continually*. 그녀는 거의 계속해서 울었다.

Adverbs and adverbials

ℹ️ regularly와 periodically는 상당히 일정한 간격으로 일어나는 일을 나타내며, intermittently와 sporadically는 불규칙적인 간격으로 일어나는 일을 나타낸다.

8 duration(기간)

기간을 나타내는 부가어는 어떤 것이 얼마나 걸리는지 혹은 얼마나 지속되는지를 말할 때 사용한다. 다음은 기간을 나타내는 부가어로 사용하는 부사로, 최소 기간에서 최대 기간의 순서로 배열하였다.

- **briefly**

  He paused *briefly*, then continued his speech. 그는 연설을 잠깐 멈췄다가 계속해 갔다.

- **temporarily**

  The peace agreement has at least *temporarily* halted the civil war.
  평화협정은 적어도 일시적으로는 내란을 정지시켰다.

- **long**

  Repairs to the cable did not take too *long*. 케이블을 수선하는 데 그렇게 오래 걸리지는 않았다.

- **indefinitely**

  I couldn't stay there *indefinitely*. 나는 그곳에 무기한으로 머물러 있을 수가 없었다.

- **always, permanently, forever**

  We will *always* remember his generous hospitality. 우리는 그의 관대한 호의를 항상 기억할 것이다.
  The only way to lose weight *permanently* is to completely change your attitudes towards food.
  몸무게를 영구히 줄이는 유일한 방법은 음식에 대한 당신의 자세를 완전히 변화시키는 것이다.
  I think that we will live together *forever*. 내 생각에 우리는 영원히 함께 살 것 같다.

ℹ️ long은 일반적으로 의문문과 부정문에서만 사용한다.

  Have you known her *long*? 그녀를 안 지 오래되었습니까?
  I can't stay there *long*. 나는 그곳에 오래 머물 수가 없다.

9 degree(정도)

정도를 나타내는 부가어는 어떤 상태나 행동의 정도 또는 강도를 나타낼 때 사용한다. 다음의 정도를 나타내는 부가어는 동사와 함께 사용한다. 매우 낮은 정도에서 매우 높은 정도의 순서로 배열하였다.

- **little**

  On their way back to Marseille, they spoke very *little*. 그들은 마르세유로 돌아가는 도중에 거의 말을 하지 않았다.

- **a bit, a little, slightly**

  This girl was *a bit* strange. 이 소녀는 조금 낯설었다.
  He complained *a little* of a nagging pain between his shoulder blades.
  그는 어깨뼈 사이의 계속되는 경미한 통증을 호소했다.
  Each person learns in a *slightly* different way. 각각의 사람들은 약간 다른 방식으로 배운다.

- **rather, fairly, quite, somewhat, sufficiently, adequately, moderately, pretty**

  I'm afraid it's *rather* a long story. 유감이지만 이야기가 다소 길다.
  Both ships are *fairly* new. 두 척의 배는 상당히 새 것이다.
  A recent public opinion survey has come up with *somewhat* surprising results.
  최근 실시한 여론 조사에서 다소 놀라운 결과가 나왔다.
  I speak the language *adequately*. 나는 그 언어를 적당히 구사한다.
  Thomson plays the part of a *moderately* successful actor. 톰슨은 적당히 성공적인 배우의 역할을 맡았다.
  I had a *pretty* good idea what she was going to do. 나는 그녀가 무엇을 하려고 했는지 짐작하고 있었다.

- **significantly, noticeably**

  The number of MPs now supporting him had increased *significantly*.
  그를 지지하는 국회의원의 수가 상당히 증가했다.
  Standards of living were deteriorating rather *noticeably*. 생활 수준이 다소 현저히 악화되고 있었다.

Adverbs and adverbials

- very much, a lot, a great deal, really, heavily, greatly, strongly, considerably, extensively, badly, dearly, deeply, hard, soundly, well

  I like you *a lot*. 나는 당신을 많이 좋아한다.
  He depended *a great deal* on his wife for support. 그는 생활비를 아내에게 상당히 의존했다.
  They were *really* nice people. 그들은 정말로 친절한 사람들이었다.
  He is *strongly* influenced by Spanish painters such as Goya and El Greco.
  그는 고야와 엘 그레코와 같은 스페인 화가들에게 강한 영향을 받았다.
  Our meetings and conversations left me *deeply* depressed. 우리가 참여한 모임과 대화는 나를 매우 우울하게 했다.
  It was snowing *hard* by then. 그때까지 눈이 세차게 내리고 있었다.
  Wash your hands *well* with soap. 손을 비누로 잘 씻으세요.

- remarkably, enormously, intensely, profoundly, immensely, tremendously, hugely, severely, radically, drastically

  For his age, he was in *remarkably* good shape. 그는 나이에 비해 상당히 좋은 몸매를 가지고 있었다.
  The fast-food business is *intensely* competitive. 패스트푸드 산업은 대단히 경쟁적이다.
  Ten countries in Africa were *severely* affected by the drought. 아프리카 10개국이 가뭄으로 큰 피해를 입었다.
  ...two large groups of people with *radically* different beliefs and cultures.
  철저하게 다른 종교와 문화를 가진 큰 두 집단의 사람들.
  As a result, services have been *drastically* reduced. 그 결과, 서비스는 크게 감소했다.

ℹ 완전함을 나타내거나 동사를 강조할 때에도 quite를 사용한다.

○ Usage 표제어 quite 참조.

10 extent(범위)

범위를 나타내는 부가어는 어떤 일이 일어나거나, 사실이 되는 범위를 나타낼 때 사용한다. 다음의 범위를 나타내는 부가어는 동사와 함께 사용한다. 가장 낮은 범위에서 가장 큰 범위의 순서로 배열하였다.

- partly, partially

  It's *partly* my fault. 그것은 부분적으로 내 잘못이다.
  Lisa is deaf in one ear and *partially* blind. 리사는 한 쪽 귀가 멀었고, 눈이 부분적으로 보이지 않는다.

- largely

  His appeals have been *largely* ignored. 그의 간청은 대부분 무시되었다.

- almost, nearly, practically, virtually

  The beach was *nearly* empty. 그 해변은 거의 비었다.
  He'd known the old man *practically* all his life. 그는 실제적으로 그 노인을 평생 알아 왔다.
  It would have been *virtually* impossible to research all the information.
  모든 정보를 조사하는 것은 실질적으로 불가능할 수도 있었다.

- completely, entirely, totally, quite, fully, perfectly, altogether, utterly

  This is an *entirely* new approach. 이것은 완전히 새로운 접근 방법이다.
  The fire *totally* destroyed the top floor. 화재로 꼭대기 층이 파괴되었다.
  They are *perfectly* safe to eat. 그것들은 먹는 데 아무런 해가 없다.
  When Artie stopped calling *altogether*, Julie found a new man.
  아티가 외치는 것을 멈췄을 때, 줄리는 한 낯선 남자를 발견했다.
  The new laws coming in are *utterly* ridiculous. 새 법안들은 완전히 터무니없다.

11 emphasis(강조)

강조를 나타내는 부가어는 동사에 의해 묘사되는 행위를 강조할 때 사용하며, 항상 부사이다. 강조부사는 다음과 같다.

| absolutely | certainly | just | positively |
| quite | really | simply | totally |

Adverbs and adverbials

I *quite* agree. 나는 전적으로 동의한다.
I *simply* adore this flat. 나는 이 아파트가 무척 마음에 든다.

일부 강조부사는 형용사를 강조할 때 사용한다.

12 focus(초점)

초점을 나타내는 부가어는 어떤 상황과 관련된 핵심 주제를 나타낼 때 사용하며, 항상 부사이다. 이러한 초점부사는 다음과 같다.

chiefly	especially	mainly	mostly
notably	particularly	predominantly	primarily
principally	specially	specifically	

I'm *particularly* interested in classical music. 나는 특히 클래식 음악에 관심이 있다.
We want *especially* to thank the numerous friends who encouraged us.
우리는 특히 용기를 북돋워 준 많은 친구에게 감사를 표하고 싶다.

일부 초점부사는 말하는 것과 관련된 것 중의 오직 한 가지를 강조할 때 사용한다. 이러한 초점부사는 다음과 같다.

alone	exclusively	just	only
purely	simply	solely	

This is *solely* a matter of money. 이것은 단지 돈에 관한 문제다.
It's a large canvas covered with *just* one colour.
그것은 단지 한 색깔로 칠해진 큰 캔버스이다.

추가 정보에 초점을 맞출 때, 범위를 나타내는 부사인 **largely, partly, entirely**를 사용할 수 있다.
The house was cheap *partly* because it was falling down.
그 집은 부분적으로 상태가 좋지 않아 붕괴의 위험이 있다는 이유로 값이 쌌다.

usually와 **often** 등과 같은 빈도부사도 위와 같이 추가 정보에 초점을 맞출 때 사용한다.
They often fought each other, *usually* as a result of arguments over money.
그들은 돈에 대해 논쟁을 벌인 결과 서로 자주 다투었다.

13 probability(가능성)

가능성을 나타내는 부가어는 어떤 일에 대해 얼마나 확신하는지를 나타낼 때 사용한다. 다음의 부사와 부사구는 가능성이나 확신을 나타내며, 확신이 가장 낮은 것에서 가장 높은 것의 순서로 배열하였다.

- conceivably

  The mission could *conceivably* be accomplished within a week.
  생각하건대 그 임무를 이번 주 내에 수행할 수 있을 것이다.

- possibly

  Excercise will not only lower blood pressure but *possibly* protect against heart attacks.
  운동은 혈압을 낮출 뿐만 아니라 어쩌면 심장 마비도 예방할 것이다.

- perhaps, maybe

  Millson regarded her thoughtfully. *Perhaps* she was right. 밀슨은 그녀를 사려 깊게 대했다. 그녀가 옳았을지도 모른다.
  Maybe she is in love. 아마도 그녀는 사랑에 빠진 것 같다.

- hopefully

  Hopefully, you won't have any problems after reading this.
  아마도 이것을 읽고 나면 당신에게 아무 문제도 생기지 않을 것이다.

- probably

  Van Gogh is *probably* the best-known painter in the world. 반 고흐는 아마 세계에서 가장 잘 알려진 화가일 것이다.

- **presumably**
  He had gone to the reception desk, *presumably* to check out.
  추측컨대, 그는 체크아웃 하러 호텔 프런트로 갔을 것이다.

- **almost certainly**
  The bombs are *almost certainly* part of a much bigger conspiracy.
  폭탄들은 훨씬 더 큰 음모의 일부분임이 거의 확실하다.

- **no doubt, doubtless**
  She's a very sweet woman, as you *no doubt* know by now.
  그녀는 매우 사랑스러운 여자인데, 지금쯤 당신은 그녀가 그렇다는 것을 틀림없이 알고 있을 것이다.
  He will *doubtless* try and persuade his colleagues to change their minds.
  그가 동료들의 마음을 돌리려고 노력하며 설득하려는 것은 의심의 여지가 없을 것이다.

- **definitely**
  I'm *definitely* going to get in touch with these people. 나는 확실히 이 사람들과 연락할 것이다.

14 position: manner, place, time (위치: 양태·방법, 장소, 시간)

양태·방법, 장소, 시간을 나타내는 부가어는 일반적으로 본동사 뒤에 오며, 동사 뒤에 목적어가 있을 경우에는 목적어 뒤에 온다.

She *sang* beautifully. 그녀는 노래를 멋지게 불렀다.
Thomas made his decision *immediately*. 토머스는 곧바로 결정했다.

하나의 절에 한 개 이상의 부가어를 사용할 경우, 일반적인 어순은 (양태·방법 + 장소 + 시간)이다.
They were sitting *quite happily in the car*. 그들은 차 안에서 아주 행복하게 앉아 있었다.
She spoke *very well at the village hall last night*. 그녀는 어젯밤 마을 회관에서 매우 능숙하게 연설을 했다.

동사의 목적어가 길 경우, 부가어는 목적어 앞에 오기도 한다.
He could imagine *all too easily* the consequences of being found by the owners.
그는 주인들에 의해 아주 쉽게 발각되는 결과를 상상할 수 있었다.
Later I discovered *in a shop in Monmouth* a weekly magazine about horse-riding.
그 후에 나는 몬머스의 한 가게에서 승마에 관한 주간지를 발견했다.

(양태·방법부사 + 본동사) 형식도 사용할 수도 있다.
He *carefully* wrapped each component in several layers of foam rubber.
그는 각각의 부품을 여러 겹의 기포 고무로 조심스럽게 포장했다.
Dixon *swiftly* decided to back down. 딕슨은 재빨리 철회하기로 결정했다.
Thousands of people *silently* marched through the streets of London.
수천 명의 사람들이 런던 시내에서 침묵시위를 했다.

동사가 문장의 끝에 있는 경우, 양태·방법부사는 동사 앞에 오지 않고 동사 바로 뒤에 온다. 예를 들면, '그녀는 조심스럽게 귀를 기울였다.'는 ~~She carefully listened.~~가 아닌 She listened *carefully*.라고 한다. 그러나 소설이나 격식을 차린 연설에서 Smith gladly obliged.와 같이 부사가 주어의 태도를 묘사하는 경우, 동사 앞에 올 수 있다.
I *gladly* gave in. 나는 기꺼이 포기했다.
His uncle *readily* agreed. 그의 삼촌은 선뜻 동의했다.

동사구가 한 개 이상의 조동사를 포함하고 있을 경우, 특히 조동사가 서법조동사(can, could, may 등)이면, 양태·방법부사는 본동사의 앞이나 첫 번째 조동사 뒤에 온다.
I felt that the historical background had been *very carefully* researched.
나는 역사적인 배경이 매우 신중히 조사되었다는 것을 느꼈다.
She had *carefully* measured out his dose of medicine. 그녀는 그가 복용할 약의 양을 조심스럽게 재어 나누었다.
Still, Brody thought, one death would probably be *quickly* forgotten.
아직도 브로디는 한 사람의 죽음은 빨리 잊혀질 것이라고 생각했다.
Arrangements can *quickly* be made to reimburse you. 당신에게 보상해 줄 절차가 빨리 진행될 수 있다.

Adverbs and adverbials

ℹ️ 양태·방법부사는 문장에 동사의 목적어가 있을 경우에는 목적어 뒤에, 목적어가 없을 경우에는 동사 뒤에 온다.
Teddy did everything *perfectly*. 테디는 모든 일을 완벽하게 했다.
You played *well*. 너는 경기를 잘했다.

동사가 수동태일 경우, 양태·방법부사는 동사 앞이나 조동사 뒤에 올 수 있다.
I was very *well* brought up. 나는 아주 잘 양육되었다.
Standing behind the trees, Bond was *well* hidden. 그 나무들 뒤에 서 있는 본드는 잘 위장되어 있었다.

대부분의 양태·방법부사 중 -ly로 끝나지 않는 단어들, 예를 들어 **hard**와 **loud**는 동사 뒤 또는 목적어 뒤에서만 사용한다.
You work *too hard*. 당신은 너무 열심히 일한다.

그러나 **fast**는 예외적으로 진행시제에서 현재분사인 본동사 앞에서도 사용한다.
We are *fast* becoming a nation of screen addicts. 우리는 영화에 중독된 나라로 급변하고 있는 중이다.

부가어가 전치사구인 경우, 동사의 앞이나 뒤가 아닌 문장의 끝에 온다. 예를 들면, '그는 그녀를 이상한 눈빛으로 바라보았다.'는 **He in a strange way looked at her.**가 아닌 He looked at her *in a strange way*.라고 한다.
The horse's teeth become worn down *in an unusual way*. 그 말의 이들이 특이한 형태로 닳아져 있다는 것이다.
He had been *taught* in the proper manner. 그는 적절한 방법으로 교육되었다.
It just fell out *by accident*. 그것은 우연히 넘어졌다.

15 putting the adjunct first (부가어를 문장의 처음에 위치하기)

소설이나 서술적인 이야기에서 양태·방법을 나타내는 부가어는 때때로 문장의 처음에 오기도 한다. 이는 부가어를 더 강조하기 위해서이다.
Gently I took hold of Mary's wrists to ease her arms away. 나는 메리의 팔을 풀려고 부드럽게 그녀의 손목을 잡았다.
Slowly people began to desert the campaign. 사람들은 서서히 선거 운동을 포기하기 시작했다.
With a sigh, he rose and walked away. 한숨을 쉬면서 그는 일어나서 걸어나갔다.

마찬가지로, 어떤 사건의 경위를 설명할 때 시간이나 기간을 나타내는 부가어는 주로 문장의 처음에 사용한다.
At eight o'clock I went down for my breakfast. 8시 정각에 나는 아침밥을 먹으러 내려갔다.
In 1995 he retired. 그는 1995년에 은퇴했다.
For years I'd had to hide what I was thinking. 나는 생각하고 있었던 것을 몇 년 동안 감춰야만 했다.

어떤 장면을 묘사하거나, 어떤 이야기를 하거나, 어떤 장소에 일어난 일과 다른 장소에 일어난 일을 대조하는 경우, 장소를 나타내는 부가어를 문장의 처음에 사용한다.
In the kitchen there was a message for him from his son. 부엌에는 아들이 그에게 보낸 메시지가 있었다.
In Paris there was a massive wave of student riots. 파리에서 학생들의 대규모 폭동이 있었다.

ℹ️ 부가어가 문장의 처음에 오면, 품사가 도치되는 경우가 있다. 이때는 [부가어 + 동사 + 주어] 형식을 사용한다.
At the very top of the steps was a large monument. 계단의 가장 높은 곳에 큰 기념물이 있었다.
She rang the bell for Sylvia. *In* came a girl she had not seen before.
그녀가 실비아를 부르기 위해 벨을 울리자, 전에 보지 못했던 한 여자 아이가 들어왔다.

주어가 대명사이면, 품사의 자리바꿈을 하지 않는다.
Off they ran. 그들은 도망가 버렸다.

> **주의** (부가어 + 대명사 + be동사) 형식은 사용할 수 없다. 예를 들면, '그것은 계단의 제일 높은 곳에 있었다.'는 **At the top of the steps it was.**가 아닌 **It was at the top of the steps.**라고 한다. 그러나 부정적인 뜻의 부가어가 문장의 처음에 오는 경우, 주어가 대명사라도 도치를 한다.
> *Never* have so few been commanded by so many.
> 아주 적은 숫자의 사람들이 아주 많은 숫자에 의해 지배된 적은 없었다.
> *On no account* must they be let in. 어떠한 경우라도 그들을 들여보내서는 안 된다.
>
> ◆ Grammar 표제어 Inversion 참조.

Adverbs and adverbials

의견을 나타내는 부가어는 문장부사로, 일반적으로 문장의 처음에 온다.
○ Topic 표제어 Opinions 참조.

16 position: frequency, probability(위치: 빈도, 가능성)

빈도나 가능성을 나타내는 부가어는 조동사가 있을 경우에 첫 번째 조동사 뒤에 오고, 본동사가 있을 경우에는 본동사 앞에 온다. 이러한 부가어는 일반적으로 부사이다.

Landlords have *usually* been able to evade land reform. 토지 소유주들은 일반적으로 토지 개혁을 피해 올 수 있었다.
I have *often* wondered what that means. 나는 그것이 어떤 의미인지 자주 궁금해 한다.
They can *probably* afford another one. 그들은 아마 다른 것을 감당할 수 있는 능력이 있을 것이다.
This *sometimes* led to trouble. 이것은 때때로 문제를 불러일으켰다.

빈도나 가능성을 나타내는 부가어는 문장의 처음에 올 수도 있다.

Sometimes people expect you to do more than is reasonable.
사람들은 때때로 당신이 합리적인 것 이상을 하기를 기대한다.
Presumably they were invited. 추측하건대, 그들은 초대되었을 것이다.

빈도나 가능성을 나타내는 부가어는 문장에 조동사가 없을 때, 연결동사인 be동사 뒤에 위치한다.

They are *usually* right. 그들은 대개 옳다.
He was *definitely* scared. 그는 분명히 겁을 먹었다.

🔸 가능성을 나타내는 부사는 don't와 won't와 같은 부정적인 뜻의 축약형 앞에 위치한다.

They *definitely don't* want their children breaking the rules.
그들은 절대로 자신의 자식들이 그 규칙들을 어기는 것을 원하지 않는다.
He *probably doesn't* really want them at all. 그는 아마도 전혀 그것들을 원하지 않을 것이다.
It *probably won't* be that bad. 그것이 아마 그렇게 나쁘지는 않을 것이다.

maybe와 perhaps는 일반적으로 문장의 처음에 위치한다.

Maybe I ought to go back there. 아마도 나는 그곳으로 돌아가야 할 것 같다.
Perhaps they just wanted to warn us off. 아마도 그들은 우리에게 그저 떨어지라고 경고하기를 원했던 것 같다.

17 position: degree, extent(위치: 정도, 범위)

정도와 범위를 나타내는 일부 부사는 일반적으로 본동사의 앞에 온다. 문장에 조동사가 있을 경우, 첫 번째 조동사 뒤나 본동사 앞에 위치하는데, 이러한 부사는 다음과 같다.

| almost | largely | nearly | rather | really |
| quite | virtually | | | |

He *almost* crashed into a lorry. 그는 트럭에 거의 부딪힐 뻔했다.
She *really* enjoyed the party. 그녀는 정말로 그 파티를 즐겼다.
So far we have *largely* been looking at the new societies from the inside.
지금까지 우리는 대부분 내부에서 새로운 사회를 바라보고 있었다.
This finding has been *largely* ignored. 이러한 발견은 대부분 묵살되었다.

정도와 범위를 나타내는 다른 부사는 본동사 앞이나 뒤(목적어가 있을 경우) 또는 목적어 뒤에 온다. 이러한 부사는 다음과 같다.

badly	completely	greatly	heavily
little	seriously	severely	strongly
totally			

Mr Brooke *strongly* criticized the Bank of England. 브룩 씨는 영국 은행을 강력하게 비판했다.
I disagree *completely* with John Taylor. 나는 존 테일러와 완전히 의견이 다르다.
That argument doesn't convince me *totally*. 그 논쟁은 나에게 전적으로 확신을 주지 않는다.

정도를 나타내는 일부 부가어는 거의 대부분 동사 뒤, 또는 동사의 목적어 뒤에 오며, 일반적으로 부사이다. 이러한

Auxiliary verbs

부사와 부사구는 다음과 같다.

a bit	a great deal	a little	a lot
hard	hugely	immensely	moderately
remarkably	terribly	tremendously	

The audience enjoyed it *hugely*. 청중들은 그것을 대단히 즐겼다.
I missed you *terribly*. 나는 당신을 몹시 그리워했다.
Annual budgets varied *tremendously*. 1년 예산은 엄청나게 변했다.

18 position: emphasizing(위치: 강조하기)

강조를 나타내는 부가어는 일반적으로 주어, 조동사, be동사 뒤에 오며, 항상 부사이다.
I *absolutely* agree. 나는 전적으로 동의한다.
I would *just* hate to have a daughter like her. 나는 그녀와 같은 딸이 있다면 정말 싫을 것이다.
That kind of money is *simply* not available. 그런 종류의 돈은 사용 불가능하다.

> 부가어는 don't와 won't와 같은 부정적인 뜻의 축약형 앞에 온다.
> It *just* can't be done. 그것은 정말 이루어질 수 없다.
> That *simply* isn't true. 그것은 전혀 사실이 아니다.

19 position: focusing(위치: 초점)

초점을 나타내는 부가어는 일반적으로 첫 번째 조동사 뒤, 본동사 앞 또는 초점을 맞추려는 단어의 앞에 오며, 항상 부사이다.
Up to now, the law has *mainly* had a negative role in this area.
지금까지, 그 법은 주로 이 지역에서 부정적인 역할을 했다.
We told him what he *chiefly* wanted to know. 우리는 그가 가장 알고 싶어 했던 것에 대해 알려 주었다.
I survive *mainly* by pleasing others. 나는 주로 다른 사람들을 칭찬해 주며 살아간다.

동사가 be동사이며 조동사가 없는 경우, 초점부사는 be동사 뒤에 온다.
Economic development *is primarily* a question of getting more work done.
경제 발전은 더 많은 일을 어떻게 할 것인가에 대한 질문에 중점을 둔다.

초점부사 alone과 only는 절에서 위와 다른 위치에 올 수 있다.

○ Usage 표제어 alone - lonely와 only 참조.

> **주의** 부가어는 일반적으로 동사와 목적어 사이에 위치하지 않는다. 예를 들면, '나는 영어를 매우 좋아한다.'는 I like very much English.가 아닌 I like English very much.라고 한다.

Auxiliary verbs

1 forms and uses(형태와 용법)

조동사는 동사구를 만들기 위해 본동사와 함께 사용하는 동사이다. 조동사 be와 have는 시제를 구성할 때 사용한다. 또한 조동사 be는 수동태 문장에 사용하고, 조동사 do는 대체적으로 일반동사의 의문문과 부정문에서 사용한다.
I *am* feeling reckless tonight. 나는 오늘 밤 무모함을 느끼고 있다.
They *have been* looking for you. 그들은 당신을 찾고 있다.
Thirteen people *were* killed. 열세 명이 사망했다.
Did you see him? 당신은 그를 보았습니까?
I *do* not remember her. 나는 그녀를 기억하지 못한다.

○ Grammar 표제어 Verb forms, Questions 참조.
○ 행동을 강조하거나 초점을 맞출 때 사용하는 not, do의 용법은 Usage 표제어 not, do 참조.

Broad negatives

다음의 규칙에 따라 조동사가 온다. **have**는 완료시제에, **be**는 진행시제와 수동태에 사용한다.
Twenty-eight flights *have been* cancelled. 28개의 비행편이 취소되었다.
Three broad strategies *are being* adopted. 세 가지 큰 방향의 전략이 채택되고 있다.

> 주의 조동사 **do**는 다른 조동사와 결합하여 사용하지 않는다.

위에서 [조동사 + 본동사] 형식을 사용했을 경우, 조동사는 종종 본동사 없이 사용한다.
I didn't want to go but a friend of mine *did*.
나는 가고 싶지 않았으나 친구 중 한 명은 가고 싶어 했다.
'Have you been there before?' – 'Yes, I *have*.'
"전에 거기에 가본 적이 있나요?" – "예, 있어요."

○ Grammar 표제어 Ellipsis와 Topic 표제어 Replies 참조.

조동사 **be, have, do**는 인칭, 시제, 분사의 종류에 따라 다음의 표와 같은 형태를 취한다.

		be	have	do
Simple present (단순현재)	I	am	have	do
	you, we, they, 복수명사구	are		
	he, she, it, 단수명사구	is	has	does
Simple past (단순과거)	I, he, she, it, 단수명사구	was	had	did
	you, we, they, 복수명사구	were		
Participles (분사)	present participle (현재분사)	being	having	doing
	past participle (과거분사)	been	had	done

2 modals(조동사)

can, should, might, may 등의 서법조동사도 조동사에 속하며, 다른 조동사 **be, have** 앞에 올 수 있다.
The law *will* be changed. 그 법은 변경될 것이다.
She *must* have been dozing. 그녀는 틀림없이 졸고 있었다.

○ 더 많은 정보는 Grammar 표제어 Modals 참조.

3 contractions(축약)

○ 조동사의 축약형에 대한 정보는 Grammar 표제어 Contractions 참조.

Broad negatives

1 broad negatives(준부정어)

준부정어는 평서문을 부정적인 뜻으로 만들 때 사용하는 단어군 중의 하나이다.
We were *scarcely* able to move. 우리는 거의 움직일 수가 없었다.
Fathers and sons very *seldom* now go together to football matches.
요즘은 부자가 함께 축구 경기를 관람하러 가는 경우가 아주 드물다.

준부정어는 다음과 같다.

| barely | hardly | rarely | scarcely | seldom |

문장 안에서 준부정어의 위치는 **never**와 유사하다.

○ Usage 표제어 never 참조.

Clauses

2 with 'any' words(any-로 시작하는 단어와 함께 사용하기)

어떤 것이 거의 없다고 말할 경우, (준부정어 + any, any-로 시작하는 단어) 형식을 사용할 수 있다.
There is *rarely any* difficulty in finding enough food. 충분한 음식물을 찾아내는 데 아무런 어려움도 없는 상태이다.
Hardly anybody came. 거의 아무도 오지 않았다.

3 almost

준부정어 대신, (almost + no, never 등의 부정어) 형식을 사용할 수 있다. 예를 들면, '남은 음식이 거의 없었다.'라고 할 때, There was hardly any food left.는 There was almost no food left.와 같은 의미이다.
They've *almost no* money for anything. 그들은 어떤 것도 살 수 없을 정도로 돈이 거의 없었다.
Sam *almost never* begins conversations. 샘은 대화를 거의 하려 하지 않는다.

4 tag questions(부가의문문)

준부정어를 포함한 평서문의 부가의문문을 만들 경우, 평서문 끝의 부가절은 부정문을 부가의문문으로 만들 때와 마찬가지로 긍정의 형태가 된다.
She's hardly the right person for the job, *is she*? 그녀는 거의 그 일에 적합한 사람이 아니지요, 그렇지요?
You rarely see that sort of thing these days, *do you*? 당신은 요사이 그러한 일을 보지 못했지요, 그렇지요?

○ 일부 준부정어의 뜻과 사용에 대한 더 많은 정보는 Usage 표제어 bare – barely, hard – hardly, scarce – scarcely, seldom 참조.

Clauses

절은 동사가 포함된 단어군으로, 절이 하나인 문장을 단문이라고 한다.
I waited. 나는 기다렸다.
She married a young engineer. 그녀는 젊은 공학자와 결혼했다.

1 main clauses(주절)

중문은 두 개 이상의 주절로 구성된 문장으로, 두 문장은 똑같은 비중을 차지하며 각각 독립된 행동과 상황을 나타낸다. 중문에서의 절은 and, but, or 등과 같은 등위접속사로 연결한다.
He met Jane at the station *and* they went shopping. 그는 제인을 역에서 만나 쇼핑을 갔다.
I wanted to go *but* I felt too ill. 나는 가고 싶었으나 몸이 너무 아팠다.
You can come now *or* you can meet us there later. 당신은 지금 오거나 아니면 그곳에서 나중에 우리를 만날 수 있다.

i 첫 번째 절과 두 번째 절의 주어가 같을 경우, 두 번째 절의 주어는 생략할 수 있다.
I wrote to him but received no reply. 나는 그에게 편지를 썼으나 회답을 받지 못했다.

2 subordinate clauses(종속절)

복문은 최소 한 개의 주절과 한 개의 종속절로 구성된 문장이다. 종속절은 주절에 추가 정보를 제공하는 역할을 하는 절로, because, if, whereas that, wh-어와 같은 접속사로 시작한다. 종속절은 주절의 앞, 뒤, 중간에 모두 올 수 있다.
When he stopped, no one said anything. 그가 멈추었을 때, 그 누구도 아무 말도 하지 않았다.
They were going by car *because it was more comfortable*.
그들은 차로 가던 중이었는데, 그것이 더 편안했기 때문이었다.
I said *that I should like to come*. 나는 가고 싶다고 말했다.
My brother, *who lives in New York*, is visiting us next week.
뉴욕에 살고 있는 내 남동생이 다음 주에 우리를 방문할 것이다.

○ Grammar 표제어 Subordinate clauses와 Relative clauses 참조.
○ 전달동사 뒤에 사용하는 that절과 wh-절에 대한 더 많은 정보는 Grammar 표제어 Reporting 참조.

3 finite clauses(정동사절)

정동사절은 항상 어떤 일이 일어난 시간을 나타내며, 시제가 있다.

Comparative and superlative adjectives

I *went* there last year. 나는 작년에 거기에 갔다.
Did you see him? 당신은 그를 보았습니까?

4 non-finite clauses(비정동사절)

비정동사절은 분사나 부정사로 시작한 종속절로, 어떤 일이 일어난 시각을 나타내지 않으며 시제가 없다.

Quite often *while talking to you* they'd stand on one foot.
당신에게 말하는 동안 매우 자주 그들은 한 발로 서 있곤 했다.
He walked about *feeling very important indeed*. 그는 정말 매우 중요하다고 느끼면서 걸었다.
I wanted *to talk to her*. 나는 그녀와 이야기하길 원했다.

◯ Grammar 표제어 '-ing' forms, Past participles 참조.

Comparative and superlative adjectives

1 comparative adjectives	10 compound adjectives
2 superlative adjectives	11 using comparatives
3 forming comparative and superlative adjectives	12 comparlatives with 'than'
	13 linked comparatives
4 two syllables	14 using superlatives
5 three or more syllables	15 indicating group or place
6 irregular forms	16 'of all'
7 'little'	17 with ordinal numbers
8 'ill'	18 comparision with 'less' and 'least'
9 colour adjectives	

1 comparative adjectives(비교급 형용사)

비교급 형용사는 어떤 것이 다른 것과 같은 성질을 더 많이 가지고 있거나, 또는 전에 갖고 있던 것에 비해 더 많은 경우에 사용한다. 비교급 형용사는 **smaller**처럼 **-er**을 추가하거나 **more interesting**처럼 형용사 앞에 **more**를 넣어 만든다.

...the battle for *safer* and *healthier* working environments. 더 안전하고 위생적인 작업 환경을 위한 투쟁.
Current diesel engines are *more efficient* than petrol engines. 현재의 디젤 엔진은 휘발유 엔진보다 더 효율적이다.

2 superlative adjectives(최상급 형용사)

최상급 형용사는 어떤 것이 같은 종류 중에서 가장 뛰어난 성질을 갖고 있거나, 또는 특정한 그룹이나 장소에 있는 다른 어떤 것보다 더 많은 것을 갖고 있다고 할 경우에 사용한다. 최상급 형용사는 **smallest**처럼 **-est**를 추가하거나 **most interesting**처럼 형용사 앞에 **most**를 넣어 만들며, 일반적으로 형용사 앞에 **the**가 온다.

The cathedral is the *oldest* building in the city. 그 성당은 도시에서 가장 오래된 건물이다.
A house is the *most suitable* type of accommodation for a family. 집은 가족에게 가장 적합한 주거 형태이다.

> 주의 회화에서 두 개의 사물을 비교할 때, 사람들은 비교급보다 최상급을 자주 사용한다. 예를 들면, 기차 편과 버스 편을 비교할 때, '기차가 더 빠르다.'는 The train is quicker.라고 하기보다 The train is quickest.라고 표현한다. 그러나 격식을 차린 글에서는 이와 같은 최상급을 사용해서는 안 된다.

3 forming comparative and superlative adjectives(비교급과 최상급 형용사 만들기)

비교급과 최상급을 만들 때, 형용사에 **-er**과 **-est**를 붙일지 **more**와 **most**를 붙일지는 형용사의 음절 수에 따라 다르다.

1음절로 끝나는 형용사는 보통 끝에 **-er, -est**를 붙인다.

tall → taller → tallest   quick → quicker → quickest

Comparative and superlative adjectives

형용사의 끝이 단모음과 단자음으로 끝날 경우, 자음을 하나 더 붙인다.(단, 자음이 w인 경우는 제외한다.)
big → bigger → biggest fat → fatter → fattest

형용사가 e로 끝나면 e를 없앤다.
rare → rarer → rarest wide → wider → widest

일반적으로 dry의 비교급은 drier이며, 최상급은 driest이다. 그러나 y로 끝나는 다른 1음절 형용사(shy, sly, spry)는 y를 i로 변형하지 않고 -er과 -est를 붙인다.

4 two syllables (2음절)

y로 끝나는 2음절 형용사는 y를 i로 바꾸고, -er과 -est를 붙인다. 이러한 단어에는 angry, dirty, silly 등이 있다.
dirty → dirtier → dirtiest
happy → happier → happiest
easy → easier → easiest

다른 2음절 형용사는 보통 more와 most를 붙여 비교급과 최상급을 만들지만, clever와 quiet는 -er과 -est를 붙여서 비교급과 최상급을 만든다.

몇몇 2음절 형용사는 이 두 가지 형태의 비교급과 최상급을 모두 사용한다.
I can think of many *pleasanter* subjects. 나는 더 많은 즐거운 과목을 생각할 수 있다.
It was *more pleasant* here than in the lecture room. 그 강의실보다 이곳에서 더 즐거웠다.
Exposure to sunlight is one of the *commonest* causes of cancer.
햇볕에 노출하는 것은 암을 일으키는 가장 일반적인 원인 중의 하나이다.
...five hundred of the *most common* words. 가장 흔히 사용하는 단어 중 5백 개.

위의 두 가지 형태의 비교급과 최상급을 모두 사용할 수 있는 형용사는 다음과 같다.

angry	busy	clever	common
cruel	gentle	handsome	hungry
likely	mature	narrow	obscure
pleasant	polite	quiet	remote
shallow	simple	stupid	subtle

bitter의 최상급은 most bitter나 bitterest이며, tender의 최상급은 most tender나 tenderest이다.

5 three or more syllables (3음절 이상)

3음절 이상의 형용사는 비교급과 최상급에 보통 more와 most를 쓴다.
dangerous → more dangerous → most dangerous
ridiculous → more ridiculous → most ridiculous

그러나 un-으로 시작하는 3음절 형용사인 경우, 위의 방식을 적용하지 않는다. 예를 들면, unhappy, unlucky 등은 more, most나 -er, -est를 사용하여 비교급과 최상급을 만든다.
He felt crosser and *unhappier* than ever. 그는 어느 때보다 더 화를 내며 불행하다고 느꼈다.
He may be *more unhappy* seeing you occasionally. 그는 당신을 가끔 만나서 더 불행할지도 모른다.

6 irregular forms (불규칙형)

비교급과 최상급이 불규칙적으로 변화하는 형용사도 있다.
bad → worse → worst
far → farther / further → farthest / furthest
good → better → best
old → older / elder → oldest / eldest

○ far와 old의 형태에 대한 더 많은 정보는 Usage 표제어 farther – further, elder – eldest, older – oldest 참조.

Comparative and superlative adjectives

7 'little'
표준 영어에서는 little의 비교급이나 최상급이 없으므로, 비교할 때에는 **smaller**와 **smallest**를 사용한다.

8 'ill'
ill은 비교급이나 최상급이 없다. 그러므로 비교급을 사용하고자 할 경우, **worse**를 사용한다.
Each day Kunta felt a little *worse*. 쿤타는 날마다 조금씩 더 악화되는 것을 느꼈다.

9 colour adjectives(색깔을 나타내는 형용사)
일반적으로 등급을 매길 수 있는 형용사에만 비교급과 최상급이 있지만, 기본 색깔을 나타내는 일부 형용사도 비교급이나 최상급이 있다.
His face was *redder* than usual. 그의 얼굴은 평소보다 더 붉었다.
...some of the *greenest* scenery in America. 미국에서 가장 푸른 몇몇 경치.

10 compound adjectives(복합형용사)
복합형용사의 비교급과 최상급은 일반적으로 형용사 앞에 **more**나 **most**를 사용한다.
nerve-racking → more nerve-racking → most nerve-racking

일부 복합형용사는 한 단어의 비교급과 최상급처럼 첫 번째 오는 형용사나 부사를 비교급과 최상급으로 만든다. 이러한 복합형용사는 **more**와 **most**를 붙이기보다는 오히려 첫 단어만 비교급과 최상급으로 만든다.

good-looking → better-looking → best-looking
well-known → better-known → best-known

첫 번째 단어에만 비교급이나 최상급이 있는 복합형용사는 다음과 같다.

good-looking	high-paid	long-lasting	long-standing
low-paid	short-lived	well-behaved	well-dressed
well-known	well-off		

11 using comparatives(비교급 사용하기)
비교급은 명사 앞에 오거나 연결동사 뒤에 보어로 사용할 수 있다.
Their demands for a *bigger* defence budget were refused. 더 많은 국방 예산에 대한 그들의 요구는 거절되었다.
To the *brighter, more advanced* child, they will be challenging.
더 총명하고 진도를 앞서 가는 아이들에게 그것들은 도전이 될 것이다.
Be *more careful* next time. 다음 번에는 더욱 조심하세요.
His breath became *quieter*. 그의 숨소리는 더 조용해졌다.

비교급은 명사구에 있는 모든 형용사 앞에 위치한다.
Some of *better* English actors have gone to live in Hollywood.
더 나은 영국 배우 중 일부는 할리우드에서 살기 위해 떠났다.

12 comparatives with 'than'(than과 함께 사용하는 비교급)
[비교급 + than + 명사구·절] 형식은 비교의 대상이나 비교의 내용을 구체적으로 나타낼 때 사용한다.
My brother is younger *than me*. 남동생은 나보다 어리다.
I was a better writer *than he was*. 나는 그보다 더 나은 작가였다.
I would have done a better job *than he did*. 나는 그가 했던 것보다 더 훌륭히 임무를 완수했을 것이다.

13 linked comparatives(연결 비교급)
[**the** + 비교급... **the** + 비교급] 형식은 어떤 것의 질이나 양이, 다른 것의 질이나 양과 서로 연관되어 있다는 것을 나타낼 때 사용한다.
The larger the organization, *the less* scope there is for decision.
조직이 커지면 커질수록, 결정하는 범위는 점점 줄어든다.

Comparative and superlative adjectives

The earlier you detected a problem, ***the easier*** it is to cure.
문제를 더 일찍 발견하면 발견할수록, 해결하기가 더 쉬워진다.

ℹ 위와 같은 문장 구조에 비교급 형용사나 부사, more, less, fewer 등을 사용할 수도 있다.

14 using superlatives(최상급 사용하기)

최상급은 명사 앞이나 연결동사 뒤의 보어로 사용할 수 있다.
He was the ***cleverest*** man I ever knew. 그는 내가 아는 사람 중에서 가장 영리한 사람이었다.
Now we come to the ***most important*** thing. 지금 우리는 가장 중요한 일에 직면해 있다.
He was the ***youngest***. 그는 가장 나이가 어렸다.

최상급은 명사구에 있는 모든 형용사 앞에 위치한다.
These are the ***highest*** monthly figures on record. 이것들은 기록상 월별로 가장 높은 수치이다.

일반적으로 최상급 앞에 **the**가 온다. 그러나 비교가 어떤 사물의 그룹과 연관되지 않을 때에는 연결동사 뒤의 **the**를 생략한다. 또한 회화나 격식을 차리지 않는 글에서 사물의 그룹과 비교할 때에도 때때로 **the**를 생략한다.
Beef is ***nicest*** slightly underdone. 소고기는 살짝 구웠을 때가 가장 맛있다.
Wool and cotton blankets are generally ***cheapest***. 일반적으로 양털과 면 담요가 가장 저렴하다.

> **주의** 뒤에 비교하려는 사물의 그룹을 나타내는 문장 구조가 오는 최상급의 경우, **the**를 생략할 수 없다. 예를 들면 '아만다는 우리 중에서 가장 나이가 어렸다.'는 Amanda was youngest of our group.가 아닌 Amanda was *the* youngest of our group.이라고 한다. 그리고 최상급 앞의 **the** 대신 소유격을 사용할 수 있다.
> ...***the school's*** most famous headmaster. 그 학교에서 가장 유명한 교장 선생님.
> ...***my*** newest assistant. 나의 가장 새로운 조수.

15 indicating group or place(그룹이나 장소 나타내기)

비교하는 것이 명확한 경우, (**the** + 최상급) 형식을 사용할 수 있다. 그러나 관련된 그룹이나 장소를 나타낼 필요가 있는 경우, 다음과 같은 방법을 사용한다.

- **of**로 시작하는 부분을 나타내는 전치사구 또는 **in**으로 시작하는 장소를 나타내는 전치사구
  Henry was the biggest ***of them***. 헨리는 그들 중에서 몸집이 가장 컸다.
  These cakes are probably the best ***in the world***. 이 케이크들은 아마도 세계에서 최고일 것이다.

- 관계사절
  The visiting room was the worst ***I had seen***. 그 손님방은 내가 본 것 중에서 최악이었다.
  That's the most convincing answer ***that you've given me***. 그것은 당신이 나에게 주었던 가장 확실한 대답이다.

- **-ible**이나 **-able**로 끝나는 형용사
  ...the longest ***possible*** gap. 길이가 가장 길 가능성이 있는 틈.
  ...the most beautiful scenery ***imaginable***. 상상할 수 있는 가장 아름다운 경치.

16 'of all'

(**the** + 최상급 + **of all**) 형식은 어떤 것이 그와 같은 종류의 것이나, 그 그룹에 있는 다른 어떤 것보다 더 많은 성질이 있다는 것을 강조할 때 사용한다.
The third requirement is the most important ***of all***. 세 번째 요구 조건이 그중에서 가장 중요하다.
It's unlikely that we have discovered the oldest fossils ***of all***.
우리는 그중에서 가장 오래된 화석을 아직 발견하지 못한 것 같다.

17 with ordinal numbers(서수와 함께 사용하기)

(**second** 등의 서수 + 최상급) 형식은 어떤 것이 그와 같은 종류의 것이나 그 그룹 안에 있는 거의 모든 다른 것보다 더 많은 성질이 있다는 것을 말할 때 사용한다. 예를 들면, '세계에서 두 번째로 높은 산'은 **a mountain is the second highest mountain in the world.**라고 한다. 이는 가장 높은 산을 제외한 어떤 산보다 더 높다는 뜻이다.

Comparative and superlative adverbs

At one time, he owned the *second biggest* company in the United States.
전에 그는 미국에서 두 번째로 큰 공업 회사를 소유했었다.
Lyon is France's *third largest* city. 리옹은 프랑스에서 세 번째로 큰 도시이다.

18 comparison with 'less' and 'least'(less, least를 이용한 비교)

(less + 형용사) 형식은 어떤 사물이 예전에 가졌던 만큼 또는 다른 사물만큼 많은 성질을 갖고 있지 않다는 것을 나타낼 때 사용한다.

◯ Usage 표제어 less 참조.

The cliffs here were *less high*. 이곳에 있는 절벽들은 덜 높았다.
As the days went by, Sita became *less anxious*. 날이 갈수록 시타는 덜 걱정스러웠다.

(least + 형용사) 형식은 어떤 사물이 다른 어떤 사물보다도 더 적은 성질을 가지고 있거나, 특정한 그룹이나 장소에 있는 다른 어떤 것보다 성질이 너 석다는 것을 나타낼 때 사용한다.

Mr Wilson is probably the *least popular* teacher in this school.
윌슨은 아마도 이 학교에서 가장 인기가 없는 선생님일 것이다.

Comparative and superlative adverbs

비교급과 최상급 부사는 어떤 일이 과거에 일어났거나 이루어졌던 방법과, 현재 일어나거나 이루어지는 방법을 비교할 때 사용한다. 또한 한 사람이나 사물의 행위를 그 밖의 사람이나 사물의 행위와 비교할 때도 사용한다.

1 forming comparative and superlative adverbs(비교급과 최상급 부사 만들기)

비교급 부사는 (more + 부사) 형식을 사용한다.

He began to speak *more quickly*. 그는 더 빨리 말하기 시작했다.
The people needed business skills so that they could manage themselves *more effectively*.
사람들은 스스로를 더 효율적으로 관리하기 위해 사업 기술이 필요했다.

최상급 부사는 (most + 부사) 형식을 사용한다.

You are likely to have bills which can *most easily* be paid by post.
당신은 가장 쉽게 우편으로 지불할 수 있는 청구서를 받게 될 것이다.
The country *most severely* affected was Holland. 가장 심하게 영향을 받은 나라는 네덜란드였다.

2 single-word forms(한 단어 형태)

매우 일상적으로 쓰는 어떤 부사들은 한 단어로 된 비교급과 최상급을 가지며, **more**와 **most**를 사용하지 않는다. 예를 들어, **well**의 비교급은 **better**, 최상급은 **best**이다.

Over the year, I got to know him *better*. 나는 오랜 시간에 걸쳐 그를 더 잘 알게 되었다.
Why don't you go back to doing what you do *best*? 당신이 가장 잘하는 것으로 돌아가서 하는 게 어때요?

부사 **badly**의 비교급은 **worse**, 최상급은 **worst**이다.

Most students performed *worse* in the second exam. 대부분의 학생들이 두 번째 시험에서 좋은 성적을 내지 못했다.
Those in the poorest groups are *worst* hit. 가장 가난한 집단인 그들이 가장 큰 타격을 받고 있다.

그러나 **badly**의 비교급 **more badly**와 최상급 **most badly**에는 특별한 뜻이 있다.

◯ Usage 표제어 bad – badly 참조.

형용사와 부사가 같은 형태일 경우, 같은 비교급과 최상급 형태를 취한다. 다음은 부사로 사용하든지 형용사로 사용하든지 비교급과 최상급이 같다.

close	deep	early	far
fast	hard	long	loud
low	near	quick	slow
straight	tight	wide	

Complements

They worked *harder,* they were more honest.
그들은 더 열심히 일했고 더 정직했다.
George sang *loudest.* 가장 크게 노래를 부른 사람이 조지였다.

부사로 사용하는 late의 비교급은 later, 최상급은 latest이며, soon의 비교급은 sooner, 최상급은 soonest이다.

3 'the' with superlatives (최상급과 함께 사용하는 the)

한 단어로 구성된 최상급 부사에 the를 사용할 수 있지만, 현대 영어에서는 잘 사용하지 않는 편이다.
The old people work *the hardest.* 노인들이 가장 열심히 일한다.
Sports in general are about who can run *the fastest.*
일반적으로 스포츠는 누가 가장 빨리 달릴 수 있느냐에 대한 것이다.

Complements

보어(complement)는 be와 같은 연결동사 뒤에 오는 형용사나 명사구이며, 문장의 주어에 대해 더 많은 정보를 제공해 주는 역할을 한다.
The children seemed *frightened.* 그 아이들은 깜짝 놀란 듯했다.
He is *a geologist.* 그는 지질학자이다.

○ 절의 목적어를 묘사하는 보어는 본 표제어 5의 object complements 참조.

1 adjectives as complement (보어로서의 형용사)

형용사나 형용사구를 보어로 사용하는 연결동사는 다음과 같다.

appear	be	become	come
feel	find	get	go
grow	keep	look	pass
prove	remain	seem	smell
sound	stay	taste	turn

We were *very happy.* 우리는 매우 행복했다.
The other child looked *a bit neglected.*
다른 아이는 다소 보살핌을 받지 못하는 것처럼 보였다.
Their hall was *larger than his whole flat.*
그들의 홀이 그의 전체 아파트보다 더 컸다.
She looked *worried.* 그녀는 걱정하는 듯했다.
It smells *nice.* 그것에서는 좋은 냄새가 난다.

> 주의 연결동사 뒤에 보어로 부사를 사용하지 않는다. 예를 들면, '우리는 매우 행복했다.'는 We felt very happily.가 아닌 We felt very happy.라고 한다.

연결동사 come, go, turn은 일부 형용사를 보어로 사용할 수 있다.

○ 이것과 get, grow의 용법에 대한 더 많은 정보는 Usage 표제어 become 참조.

2 noun groups as complements (보어로서의 명사구)

명사구를 보어로 사용하는 연결동사는 다음과 같다.

be	become	comprise	constitute
feel	form	look	make
prove	remain	represent	seem
sound			

He always seemed *a controlled sort of man.* 그는 항상 자신을 자제하는 성격을 가진 사람같이 보였다.

Complements

He'll make *a good president*. 그는 좋은 대통령이 될 것이다.
I feel *a bit of a fraud*. 나는 약간의 속임수를 느낀다.

🛈 사람의 직업을 나타내는 명사 앞에는 a나 an을 사용해야 한다. 예를 들면, ~~She's journalist.~~가 아닌 She's a journalist.라고 한다.

3 pronouns as complements (보어로서의 대명사)

어떤 것의 정체를 나타내거나 어떤 일을 묘사할 때, 때때로 대명사를 보어로 사용한다.

It's *me* again. 또 나야.
This one is *yours*. 이것은 당신 것이다.
You're *someone who does what she wants*. 당신은 그녀가 원하는 것을 해주는 사람이다.

4 other verbs with complements (보어와 함께 사용하는 다른 동사)

행동과 과정을 가리키는 일부 동사들 뒤에 보어가 올 수 있다. 예를 들면, '그는 부상을 당하지 않고 무사히 돌아왔다.'는 **He returned. He had not been harmed.** 대신, 보어를 사용하여 **He returned unharmed.**라고 한다. 이와 같이 보어를 사용하는 동사는 다음과 같다.

arrive	be born	die	emerge
escape	grow up	hang	lie
return	sit	stand	stare
survive	watch		

George *stood motionless* for at least a minute.
조지는 움직이지 않고 적어도 일 분 동안 서 있었다.
I used to *lie awake* watching the rain seep through the roof.
나는 잠이 깬 채 누워서 지붕에서 비가 스며드는 것을 바라보곤 했다.
He *died young*. 그는 젊은 나이에 죽었다.

부정적인 뜻을 지닌 형용사들, 특히 **unannounced, unhurt, untouched** 등과 같이 접두어 **un-**이 붙은 단어들이 보어로 사용된다.

She often arrived *unannounced* at our front door.
그녀는 알리지도 않고 자주 우리 집 문 앞에 나타난다.
The man's car was hit by rifle fire but he escaped *unhurt*.
그 남자의 자동차는 소총 사격을 받았으나, 그는 다치지 않고 빠져나왔다.

5 object complements (목적격 보어)

일부 타동사는 특정한 뜻으로 쓰일 때 목적어 뒤에 보어가 온다. 이처럼 주어가 아닌 목적어를 부가 설명하는 보어를 목적격 보어라고 한다. 형용사를 목적격 보어로 사용하는 타동사는 다음과 같다.

believe	call	certify	colour
consider	count	declare	eat
find	hold	judge	keep
label	leave	make	presume
pronounce	prove	rate	reckon
render	serve	term	think

Willie's jokes *made* her *uneasy*. 윌리의 농담이 그녀를 불안하게 했다.
He had *proved* them all *wrong*. 그는 그들이 모두 잘못되었다는 것을 증명했다.
The journal 'Nature' *called* this book *dangerous*.
'Nature'라는 잡지에서 이 책이 위험하다고 묘사했다.
They *held* him *responsible* for the brutal treatment they had endured.
그들 자신들이 견뎌 냈던 잔인한 대우에 대해 그가 책임이 있다고 생각했다.

일부 동사는 매우 제한적인 범위에서만 목적격 보어를 사용한다.

Conjunctions

to drive someone crazy / mad	to rub something dry / smooth
to burn someone alive	to scare someone stiff / silly
to get someone drunk / pregnant	to send someone mad
to keep someone awake	to shoot someone dead
to knock someone unconscious	to set someone free
to open something wide	to squash something flat
to paint something red, blue, etc	to sweep something clean
to pat something dry	to turn something white, black, etc
to pick something clean	to wipe something clean / dry
to plane something flat / smooth	

She *painted* her eyelids *deep blue*. 그녀는 자신의 눈꺼풀에 짙은 파란색으로 칠했다.
Feelings of insecurity *kept* him *awake* at night. 불안한 감정이 엄습하여 그는 밤에 계속 깨어 있었다.
He *wiped* the bottle *dry* with a dishcloth. 그는 행주로 그 병을 닦았다.

다음 타동사는 명사구를 목적격 보어로 사용한다.

appoint	believe	brand	bring up
call	consider	crown	declare
designate	elect	find	hold
judge	label	make	nominate
presume	proclaim	prove	reckon
term	think		

They *brought* him up *a Christian*. 그들은 그를 기독교인으로 키웠다.
They consider him an *embarrassment*. 그들은 그를 골칫거리로 생각한다.
His supporters *elected* him president in June. 그의 지지자들이 지난 6월에 그를 대통령에 선출했다.
In 1910 Asquith *made* him *a junior minister*. 애스퀴스는 1910년에 그를 하급 장관으로 임명했다.

다음 타동사는 명칭을 목적격 보어로 사용한다.

call	christen	dub	name
nickname			

Everyone *called* her *Molly*. 모두가 그녀를 몰리라고 불렀다.

Conjunctions

접속사(conjunction)는 두 개의 절이나 구, 혹은 단어를 연결하는 품사로, 등위접속사와 종속접속사로 나누어진다.

1 coordinating conjunctions(등위접속사)

등위접속사는 두 개의 주절이나 두 개의 형용사와 같이 문법적인 유형이 같은 절, 구, 단어를 연결한다. 등위접속사는 다음과 같다

and	but	nor	or
then	yet		

Anna had to go into town *and* she wanted to go to Bride Street.
애너는 시내로 가야 했고 브라이드가로 가기를 원했다.
I asked if I could borrow her bicycle *but* she refused.
나는 그녀의 자전거를 빌릴 수 있냐고 물었지만 그녀는 거절했다.
Her manner was hurried *yet* polite. 그녀의 태도는 서두르고 있었지만, 예의를 차렸다.

nor, then, yet은 and 뒤에, nor, then은 but 뒤에 사용할 수 있다.
Eric moaned something *and then* lay still. 에릭은 어떤 것을 불평한 후에 가만히 있었다.

Contractions

It is a simple game *and yet* interesting enough to be played with skill.
그것은 간단한 게임이지만 기술이 있어야 할 만큼 재미있었다.
Institutions of learning are not taxed *but nor* are they much respected.
교육 기관은 세금을 내지 않을 뿐만 아니라, 많은 존경을 받지도 못 한다.

주어가 같은 절을 등위접속사로 연결할 때, 일반적으로 두 번째 절에서는 주어를 반복하지 않는다.
She was born in Budapest *and* raised in Manhattan. 그녀는 부다페스트에서 태어나서 맨해튼에서 자랐다.
He didn't yell *or* scream. 그는 고함을 지르거나 소리를 지르지 않았다.
When she saw Morris she went pale, *then* blushed. 그녀는 모리스를 보자 얼굴이 창백해졌다가 다시 붉어졌다.

○ 더 많은 자세한 정보는 Usage 표제어의 and, but, nor, or 참조.

2 subordinating conjunctions(종속접속사)

종속접속사는 종속절을 이끈다. 이 경우 종속절은 두 문장 사이에 올 필요가 없고, 문장의 첫 번째 절을 이끈다.
He only kept thinking about it *because* there was nothing else to think about.
그는 다른 것에 대해 생각할 것이 아무것도 없었기 때문에, 오직 그 일만 계속해서 생각했다.
When the jar was full, he turned the water off. 병이 가득 차자, 그는 물을 잠갔다.
Although she was eighteen, her mother didn't like her to stay out late.
그녀가 18살임에도 불구하고 그녀의 어머니는 그녀가 늦게까지 밖에 있는 것을 좋아하지 않았다.

매우 자주 사용하는 종속접속사는 다음과 같다.

although	as	because	if
though	unless	whereas	when
whenever	while		

○ 종속접속사와 여러 가지 형태의 종속절을 이끌 때 사용하는 접속사 정보는 Grammar 표제어 Subordinate clauses 참조.

Contractions

1 basic forms(기본형)

축약(contraction)는 주어와 조동사, 또는 조동사와 not을 결합하여 한 단어로 만드는 것이다.
I'm getting desperate. 나는 절박해지고 있다.
She *wouldn't* believe me. 그녀는 나를 믿지 않을 것이다.

어떤 사람이 말한 내용을 글로 적거나, 예를 들어 친구에게 보내는 편지와 같이 회화체로 글을 쓰는 경우에도 축약어를 사용한다.

be동사는 본동사나 조동사로 사용되는 경우 축약형을 사용한다. 그러나 have동사가 본동사로 사용되는 경우에는 일반적으로 축약형을 사용하지 않는다.

다음의 표는 인칭대명사와 be, have, will, shall, would를 결합한 축약어이다.

be – 단순현재		
I am	I'm	[aim]
you are	you're	[jər], [juər]
he is	he's	[*h*iz], [hiːz]
she is	she's	[ʃi(ː)z]
it is	it's	[its]
we are	we're	[wiər]
they are	they're	[ðeər]

's는 사람의 이름, 단수명사, wh-어에도 붙여 쓸 수 있다.
there's, here's, that's 형태도 있다.

Contractions

have − 단순현재		
I have	I've	[aiv]
you have	you've	[ju(:)v]
he has	he's	[hi:z], [hi:z]
she has	she's	[ʃi(:)z]
it has	it's	[its]
we have	we've	[wi(:)v]
they have	they've	[ðeiv]

's는 사람의 이름, 단수명사, wh-어에도 붙여 쓸 수 있다.
there's, there've(잘 사용하지 않음), that's 형태도 있다.

have − 단순과거		
I had	I'd	[aid]
you had	you'd	[ju(:)d]
he had	he'd	[hid], [hi:d]
she had	she'd	[ʃi(:)d]
it had	it'd	[itəd]
we had	we'd	[wi(:)d]
they had	they'd	[ðeid]

there'd, who'd 형태도 있다.

will / shall		
I shall/will	I'll	[ail]
you will	you'll	[ju(:)l]
he will	he'll	[hil], [hi:l]
she will	she'll	[ʃi(:)l]
it will	it'll	[itəl]
we will	we'll	[wi(:)l]
they will	they'll	[ðeil]

'll은 사람의 이름과 명사에도 붙일 수 있다.(구어체에서)
there'll, who'll, what'll, that'll 형태도 있다.

would		
I would	I'd	[aid]
you would	you'd	[ju(:)d]
he would	he'd	[hid], [hi:d]
she would	she'd	[ʃi(:)d]
it would	it'd	[itəd]
we would	we'd	[wi(:)d]
they would	they'd	[ðeid]

there'd, who'd, that'd 형태도 있다.

> **주의** 축약어가 문장의 끝에 위치하면 축약하여 사용할 수 없다. 예를 들면, '나는 하겠다고 말했다.'는 I said I'd.가 아닌 I said I would.라고 해야 한다.

2 negative contractions(부정 축약어)

다음의 표는 보조동사 be, do, have, 조동사, 준조동사와 not을 함께 결합한 축약어이다.

Contractions

be		
are not	aren't	[ɑːrnt]
is not	isn't	[íznt]
was not	wasn't	[wʌznt, wɑ(ː)z- ǀ wɔ́z-]
were not	weren't	[wəːrnt]
do		
do not	don't	[dount]
does not	doesn't	[dʌznt]
did not	didn't	[dídnt]
have		
have	haven't	[hǽvnt]
has	hasn't	[hǽznt]
modals(조동사)		
cannot	can't	[kænt ǀ kɑːnt]
could not	couldn't	[kúdənt]
might not	mightn't	[máitnt]
must not	mustn't	[mʌ́snt]
ought not	oughtn't	[ɔ́ːtnt]
shall not	shan't	[ʃænt ǀ ʃɑːnt]
should not	shouldn't	[ʃúdnt]
will not	won't	[wount]
would not	wouldn't	[wúdnt]
semi-modals(준조동사)		
dare not	daren't	[deərnt]
need not	needn't	[níːdnt]

주의 표준 영어에서는 **am not**의 축약형이 없지만 회화와 격식을 차리지 않는 글에서는 **I'm not**을 사용한다. 그러나 의문문과 의문부가절에서는 **aren't I?**를 사용한다.

Aren't I brave? 제가 용감하지 않습니까?
I'm right, *aren't I*? 내가 옳아요, 그렇지 않아요?

회화에서는 때때로 **ain't**를 사용한다. 그러나 이는 잘못된 표현이라고 생각하는 사람이 많다.
I certainly *ain't* going to retire. 나는 확실히 은퇴하지 않을 것이다.

표준 영어에서는 (대명사 + 조동사 축약어·**have** 축약어 + **not**) 형식보다는 (대명사 + 조동사, **have**의 부정 축약어) 형식을 선호하여 사용한다. 예를 들면, I'll not, I'd not, I've not보다 I won't, I wouldn't, I haven't를 더 많이 사용한다. 그러나 **be**동사의 경우에는 두 가지 모두 사용한다. 예를 들면, **you're not**과 **he's not**은 **you aren't**와 **he isn't** 만큼이나 일반적으로 사용한다.

You aren't responsible. 당신은 책임이 없다.
You're not responsible. 당신은 책임이 없다.

3 modals and 'have'(조동사와 have)

조동사 **have**는 could, might, must, should, would 뒤에 올 때 대체적으로 완전히 발음되지 않는다. 그러나 글에서 대화를 전할 때, could've, might've, must've, should've, would've의 축약어를 자주 사용한다.

I *must've* fallen asleep. 아마 내가 잠이 들었음에 틀림없다.
You *should've* come to see us. 당신은 우리를 만나러 왔어야 했다.

Determiners

Determiners

한정사(determiner)는 명사 앞에 와서 가리키는 것이 특정한 것 또는 특별한 형태의 어떤 것임을 나타낼 때 사용한다. 한정사는 한정한정사와 일반한정사로 나누어진다.

1 definite determiners(한정한정사)

한정한정사는 말하는 사람이 가리키는 사람이나 사물을 상대방이 아는 경우에 사용한다. 이러한 한정한정사는 다음과 같다.

- 정관사 : the
  The man began to run towards *the* boy.
  그 남자는 그 소년을 향해 달려가기 시작했다.

- 지시사 : this, that, these, those
  How much is it for *that* big box? 저 큰 상자는 얼마입니까?
  Young people don't like *these* operas.
  젊은 사람들은 이런 오페라를 좋아하지 않는다.

- 소유격 한정사 : my, your, his, her, its, our, their
  I waited a long time to park *my* car. 내 차를 주차하려고 오랜 시간을 기다렸다.
  Her face was very red. 그녀의 얼굴은 아주 붉었다.

○ Grammar 표제어 Possessive determiners 참조.

2 indefinite determiners(비한정한정사)

비한정한정사는 어떤 사람이나 사물을 처음 말하거나, 또는 그 사람이나 사물이 정확하게 누구인지 혹은 무엇인지 말하지 않고 일반적으로 가리킬 때 사용한다. 이러한 일반한정사는 다음과 같다.

a	a few	a little	all
an	another	any	both
each	either	enough	every
few	fewer	less	little
many	more	most	much
neither	no	other	several
some			

There was *a* man in the lift. 그 엘리베이터 안에 한 남자가 있었다.
You can stop at *any* time you like. 당신은 언제든지 원하는 때에 중단할 수 있다.
There were *several* reasons for this. 이것에 대한 여러 가지 이유가 있었다.

○ Grammar 표제어 Quantity 참조.

3 related pronouns(관련된 대명사)

한정사로 사용하는 대부분의 단어들은 대명사로도 사용한다.

This is a very complex issue. 이것은 아주 복잡적인 문제이다.
Have you got *any* that I could borrow? 내가 빌릴 수 있는 어떤 것이라도 있나요?
There is *enough* for all of us. 우리 모두에게 돌아갈 만큼 충분하다.

그러나 the, a, an, every, no, other 등과 소유한정사는 대명사로 사용할 수 없다. 이 경우에는 a나 an 대신 one을, every 대신 each를, no 대신 none을, other 대신 others를 대명사로 사용한다.

Have you got *one*? 당신이 한 개를 갖고 있습니까?
Each has a separate box and number. 각각에는 분리된 상자와 숫자가 있다.
There are *none* left. 아무것도 남아 있지 않다.
Some stretches of road are more dangerous than *others*. 어떤 도로 구간은 다른 구간보다 더 위험하다.

Ellipsis

Ellipsis

> 1. used in place of a verb group
> 2. 'be'
> 3. 'have' used as a main verb
> 4. 'have' used as an auxiliary
> 5. 'to-'infinitive clauses
> 6. 'dare' and 'need'
> 7. 'would rather'
> 8. 'had better'
> 9. in conversation
> 10. in coordinate clauses

1 used in place of a verb group (동사구 대신 사용하기)

문장 속의 단어 중 생략해도 의미가 분명한 경우, 그 단어를 생략할 수 있다. 대부분의 경우에는 동사구 전체를 대신하는 조동사를 쓰거나, (동사구 + 목적어)를 대신하는 조동사를 쓴다. 예를 들면, '존은 그것을 좋아하지 않겠지만, 레이첼은 좋아할 것이다.'는 John won't like it but Rachel will like it. 대신 John won't like it but Rachel will.이라고 한다.

They would stop it if they *could*. 그들이 그것을 중단할 수 있다면 그렇게 할 텐데.
I never went to Stratford, although I probably *should have*.
나는 스트래트퍼드에 갔어야 했는데, 그곳에 한 번도 간 적이 없었다.
This topic should have attracted more attention from philosophers than it *has*.
이 토픽은 철학자들로부터 그것이 주의를 끌어왔던 것보다 훨씬 더 많은 주의를 끌었어야만 했던 주제이다.

위의 예문에서 완전한 절을 사용하면 부자연스러우므로 일부 단어를 생략하는 것이 더 좋다.

첫 번째 절에서 조동사 do를 사용했거나 연결동사 be를 제외한 동사가 일반동사의 단순현재시제나 단순과거시제일 때, 두 번째 절에서 do, does, did 등을 대신 사용한다.

Do farmers still deserve a ministry all to themselves? I think they *do*.
농부들에게는 아직도 자신들을 위한 정부 부서가 필요할까? 내 생각에 그들은 그럴 것이다.
I think we want it more than they *do*. 나는 그들이 원하는 것보다 우리가 더 많이 원한다고 생각한다.
He went shopping yesterday; at least, I think he *did*. 그는 어제 쇼핑을 갔다. 적어도 나는 그가 그랬다고 생각한다.

2 'be'

그러나 연결동사 be를 대신할 때, 조동사 do를 사용하지 않고 be 형태를 사용한다. 첫 번째 절에서 be동사를 조동사로 사용하면, 두 번째 절의 조동사는 do가 아닌 be동사를 사용해야 한다.

'I think you're right.' – 'I'm sure I *am*.' "제 생각에 당신이 옳아요." – "제가 옳다고 확신해요."
'He was driving too fast.' – 'Yes, I know he *was*.'
"그는 너무 빠르게 운전하고 있었어요." – "예, 나는 그가 그랬다는 것을 알아요."

두 번째 절에서 동사구에 조동사가 포함될 경우, 일반적으로 (조동사 + be동사) 형식을 사용한다.

'He thought that the condition was quite serious.' – 'Well, it *might be*.'
"그는 그 상태가 아주 심각하다고 생각했어요." – "글쎄요, 그럴 수도 있지요."

연결동사 be를 제외한 다른 연결동사 seem, look, sound 등은 연결동사 be와 대비하기 위해 두 번째 절에서 (조동사 + be동사) 형식을 사용한다.

'It *looks* like tea to me.' – 'Yes, it *could be*.' "내가 보기에 그것은 홍차 같다." – "예, 그럴 수도 있어요."

수동형 문장에서 be동사는 항상 조동사 뒤에 오는 것은 아니지만, 자주 조동사 뒤에 온다.

He argued that if tissues *could be* marketed, then anything *could be*.
그는 직물을 시장에 팔 수 있다면 무엇이든 판매할 수 있다고 주장했다.

3 'have' used as a main verb (본동사로 사용하는 have)

첫 번째 절에서 소유를 나타내는 have를 본동사로 사용하면, 두 번째 절의 본동사는 have나 do를 사용한다.

 미국 영어에서는 보통 do를 사용한다.

Ellipsis

She probably has a temperature – she certainly looks as if she *has*.
그녀는 아마도 열이 있는 것 같다. – 그녀는 확실히 열이 있는 것처럼 보인다.
The Earth has a greater diameter than the Moon *does*. 지구의 지름이 달의 지름보다 더 크다.

🔁 두 번째 예문에서 than 뒤의 동사를 생략하여, The Earth has a greater diameter than the Moon.이라고 할 수도 있다.

4 'have' used as an auxiliary(조동사로 사용하는 have)

첫 번째 절에서 사용한 현재완료시제를 두 번째 절에서 다시 되풀이하여 사용할 때, 조동사 **have**만 사용하고 본동사는 생략한다.

'Have you visited Rome? I *have*.' "로마에 가본 적이 있어요? 저는 가봤어요."

완료수동태를 나타내기 위해 첫 번째 절에서 조동사 **have**를 사용할 때, 두 번째 절에서는 보통 **been**을 추가하지 않는다. 예를 들면, '당신은 인터뷰를 안 했나요? — 저는 했는데요.'는 Have you been interviewed yet?— I have.라고 한다.

그러나 **have**가 조동사 뒤에 오는 경우에는 **been**을 생략할 수 없다.

I'm sure it was repeated in the media. It *must have been*.
나는 그것이 언론에서 반복되었다고 확신한다. 그랬음이 틀림없다.
They were not working as hard as they *should have been*.
그들은 그들이 해야만 하는 일들을 그렇게 열심히 하지 않고 있다.

5 'to'-infinitive clauses(to부정사절)

행위나 상태가 이미 언급된 경우에는, 동사 뒤에 to부정사절 대신에 **to**만 사용할 수 있다.

Don't tell me if you don't want *to*. 당신이 원하지 않으면 나에게 말하지 마라.
At last he agreed to do what I asked him *to*. 드디어 그는 내가 그에게 요구한 것을 하겠다고 동의했다.

6 'dare' and 'need'

부정문에서 **dare**와 **need** 뒤에 동사를 생략할 수 있다.

'I don't mind telling you what I know.' – 'You *needn't*. I'm not asking you to.'
"제가 아는 것을 당신에게 말해 줄게요." – "그럴 필요는 없어요. 그걸 요구하는 것이 아니에요."
'You must tell her the truth.' – 'But, Neill, I *daren't*.'
"당신은 그 사실을 그녀에게 말해야 해요." – "하지만 닐, 저는 감히 그럴 수 없어요."

 미국 영어에서는 축약어 **daren't**를 사용하지 않고, **don't dare**를 사용한다.
I hear her screaming and I *don't dare* open the door. 나는 그녀가 비명을 지르는 소리를 듣고는 감히 문을 열 수 없다.

7 'would rather'

마찬가지로 부정문이나 if절에서 **would rather**를 사용하면, **would rather** 뒤의 동사를 생략할 수 있다.

It's just that I'*d rather not*. 단지 내가 하지 않는 게 낫다는 것이다.
We could go to your place, if you'*d rather*. 당신이 원한다면, 우리는 당신의 집을 방문할 수도 있습니다.

8 'had better'

had better 뒤의 동사는 긍정문일 때 자주 생략하여 사용한다.
'I can't tell you.' – 'You'*d better*.' "저는 당신에게 말할 수 없어요." – "그러는 게 좋겠어요."

그러나 일반적으로 **be**동사는 생략하지 않는다.
'He'll be out of town by nightfall.' – 'He'*d better be*.'
"해가 지기 전까지 그는 그 도시에서 벗어날 거야." – "그러는 게 좋겠네요."

9 in conversation(회화에서)

회화에서는 대답과 질문에 자주 생략을 한다.

○ Topic 표제어 Agreeing and disagreeing, Reactions, Replies와 Grammar 표제어 Questions 참조.

Future time

10 in coordinate clauses(등위절에서)
두 개의 등위절 중에 두 번째 절을 자주 생략한다. 예를 들면, **and**나 **or** 뒤에 따르는 절을 생략한다.

○ Usage 표제어 **and** 참조.

Future time

1 talking about future(미래에 대해 말하기)
미래의 일을 나타내는 방법은 여러 가지가 있다. 미래에 대한 예측에는 **will**이나 **shall**을 사용하지만, **shall**은 그다지 자주 사용하지 않는다.

○ Usage 표제어 **shall – will** 참조.

The weather tomorrow _**will be**_ warm and sunny. 내일 날씨는 따뜻하고 화창할 것이다.
I'm sure you _**will enjoy**_ your visit to the zoo. 나는 당신이 동물원에 가는 것을 즐거워할 거라고 확신한다.
He's been really good company. I _**shall miss**_ him when he leaves.
그는 아주 좋은 친구로 지내 오는데, 나는 그가 떠나면 그를 그리워할 것이다.

어떤 일의 귀결로 자연스럽게 발생할 다른 일을 가리킬 경우, 미래진행시제를 사용한다.

You_**'ll be starting**_ school soon, I suppose.
당신은 학교 생활을 곧 시작할 것이라고 나는 짐작하고 있다.
Once the war is over, they_**'ll be cutting down**_ on staff.
일단 전쟁이 끝나면, 그들은 직원을 감원할 것이다.

어떤 일이 일어날 것임을 확신하는 경우, 회화에서 **be bound to**를 사용할 수 있다.

Marion_**'s bound to be**_ back soon. 매리언이 곧 돌아올 것은 확실하다.
The parade_**'s bound to be cancelled**_ now. 퍼레이드는 지금쯤 취소되었을 거라고 확신한다.

때때로 **be sure to**와 **be certain to**를 사용하기도 한다.

She_**'s sure to find out**_ sooner or later. 그녀는 조만간 알게 될 것이라고 확신한다.
He_**'s certain to be**_ elected. 그는 선출될 것이라고 확신한다.

곧 일어날 것 같은 일을 나타낼 때, **be going to**를 사용한다.

It_**'s going to rain**_. 비가 내릴 것이다.
I_**'m going to be**_ late. 나는 늦을 것이다.

매우 빨리 일어날 것 같은 일을 나타낼 때, **be about to**를 사용한다.

Another 385 people _**are about to lose**_ their jobs. 추가로 385명이 그들의 직장을 곧 잃게 될 것이다.
She seemed to sense that something terrible _**was about to happen**_.
그녀는 무서운 일이 막 일어날 거라고 느끼는 것 같았다.
I _**was just about to serve**_ dinner when there was a knock on the door.
내가 식사 대접을 막 하려고 할 때, 문에서 노크 소리가 들렸다.

아주 가까운 미래에 일어날 일을 가리킬 때, (**be on the point of + -ing**) 형식을 사용할 수도 있다.

She _**was on the point of bursting**_ into tears. 그녀는 막 울음을 터트리려고 했다.
You may remember that I _**was on the point of asking**_ you something else when we were interrupted by Doctor Smithers.
당신이 기억할지 모르겠지만 스미더스 박사가 끼어들었을 때, 나는 당신에게 다른 질문을 막 하려고 했어요.

2 intentions and plans(의도나 계획)
앞으로 어떤 일을 할 자신의 의도를 나타낼 때는 **will**이나 **be going to**를 사용하고, 다른 사람의 의도를 나타낼 때에는 **be going to**를 사용한다.

I_**'ll call**_ you tonight. 나는 오늘 밤에 당신에게 전화할 것이다.
I_**'m going to stay**_ at home. 나는 집에 머무를 것이다.
They_**'re going to have**_ a party. 그들은 파티를 열 예정이다.

Future time

> **주의** be going to는 동사 go와 함께 사용하지 않는다. 예를 들면, '나는 다음 주에 휴가를 갈 예정이다.'는 I'm going to go away next week.보다는 I'm going away next week.이라고 한다.

◯ 의도를 표현하는 방법에 대한 정보는 Topic 표제어 Intentions 참조.

미래에 하기로 결정한 계획이나 준비를 나타낼 때, 현재진행시제를 사용할 수도 있다.
I'*m meeting* Bill next week. 나는 다음 주에 빌을 만날 예정이다.
They'*re getting married* in June. 그들은 6월에 결혼할 것이다.

때때로 미래진행시제를 사용하기도 한다.
I'*ll be seeing* them when I've finished with you. 나는 당신과 일을 마치고 그들과 만나게 될 것이다.

글이나 격식을 차린 연설에서 미래의 특정한 시간에 일어나도록 의도된 사건을 나타낼 때, **be due to**를 사용한다.
He *is due to start* as a courier shortly. 그는 곧 특사로서 일을 시작하게 될 예정이다.
The centre'*s due to be completed* in 1996. 센터는 1996년에 완공될 예정이다.

곧 일어날 예정이거나 시간표나 스케줄에 따라 정기적으로 일어나는 일을 나타낼 때는, 단순현재시제를 사용한다.
My flight *leaves* in half an hour. 내가 탈 비행기는 30분 후에 출발한다.
Our next lesson *is* on Thursday. 우리의 다음 강의는 목요일에 있을 것이다.

글이나 방송에서 (be동사 + to부정사절) 형식은 어떤 일이 곧 일어날 예정임을 나타낸다.
A national centre to promote the efficient use of energy *is to be set up*.
효율적인 에너지 사용을 증진하기 위한 국립 센터가 설립될 예정이다.
The Prime Minister *is to visit* Hungary and Czechoslovakia in the autumn.
총리는 가을에 헝가리와 체코슬로바키아를 방문할 예정이다.

3 using the future perfect (미래완료 사용)

미래의 특정한 시간 이전에 일어날 일을 나타낼 때, 미래완료시제를 사용한다.
By the time we arrive, the party will already *have started*.
우리가 도착할 무렵이면 파티는 이미 시작되었을 것이다.
By 2002, he *will have worked* for twelve years. 2002년까지 그는 12년간 근무하는 것이 될 것이다.

4 verb forms in subordinate clauses (종속절의 현재시제)

일부 종속절에서는 미래의 일을 나타낼 때 현재시제를 사용한다. 예를 들면, 조건절과 시간절에서 미래에 대해 말할 때는 일반적으로 단순현재시제나 현재완료시제를 사용한다.
If he *comes*, I'll let you know. 그가 오면, 내가 너에게 알려 줄 것이다.
Please start *when you are ready*. 당신이 준비되면 시작하세요.
We won't start *until everyone arrives*. 우리는 모든 사람들이 도착할 때까지는 출발하지 않을 것이다.
I'll let you know *when I have arranged everything*. 내가 모든 것을 준비하면 당신에게 알려 줄 것이다.

in case가 이끄는 원인절에서도 미래시제 대신에 현재시제를 사용한다.
It would be better if you could arrive back here a day early, *just in case there are some last minute changes*. 마지막으로 변동된 것이 있을 것에 대비하여, 당신이 여기에 하루 일찍 돌아온다면 더 좋을 것 같다.

◯ 종속절에 사용하는 시제에 대한 더 많은 정보는 Usage 표제어 if와 Grammar 표제어 Subordinate clauses 참조.

한정적 용법의 관계사절에서 주절의 시제가 미래를 명확히 가리킬 경우, 관계사절에는 미래시제 will이 아닌 단순현재시제를 사용한다.
Any decision *that you make* will need her approval. 당신이 어떤 결정을 하든 간에 그녀의 동의가 필요할 것이다.
Give my love to any friends *you meet*. 당신이 만나는 어떤 친구에게라도 제 안부를 전해 주세요.
The next job *I do* is not going to be so time-consuming. 내가 다음 할 일은 시간을 많이 소요하는 것이 아니다.

그러나 미래에 일어날 일이라는 것을 확실하게 강조할 필요가 있거나, 관계사절에서 가리키는 일이 나중에 일어날 일이라고 할 때, 관계사절에 **will**을 사용한다.

Thousands of dollars can be spent on something *that will be worn for only a few minutes*.
단 몇 분 동안에 없어질 것에 수천 달러의 돈을 소비할 수도 있다.
The only people *who will be questioned* are those who have knowledge that is dangerous to our cause. 질문을 받아야 할 유일한 사람들은 우리의 대의명분에 위험한 지식을 가진 사람들이다.
They go to a good school so that they will meet people *who will be useful to them later on*.
나중에 도움을 줄 수 있는 사람들을 만나게 하기 위해 그들은 자식들을 좋은 학교에 보낸다.

어떤 일의 발생 시점이 전달하거나 인지하는 시점과 거의 동일할 때, 미래 사건을 가리키는 간접의문문과 이와 비슷한 형식의 절에 현재시제를 사용한다.

I'll telephone you. If I say it's Hugh, you'll know *who it is*.
나는 당신에게 전화를 할 것이다. '휴'라고 하면 당신은 누구인지 알게 될 것이다.

그러나 미래의 일이 어떤 말을 전해 준 후에 일어날 예정인 경우, 간접의문문에 **will**을 사용한다.

I'll tell you *what I will do*. 나는 무엇을 하게 될지 당신에게 말할 것이다.

(**hope + that**절) 형식에서 **that**절의 시제는 미래의 일이라도 단순현재시제를 자주 사용한다.

I hope you *enjoy* your holiday. 나는 당신이 휴가를 즐기기를 바랍니다.

○ 또 다른 **that**절의 시제에 대한 정보는 Grammar 표제어 Reporting 참조.

Imperatives

누군가에게 어떤 일을 시키거나 하지 말라고 할 때, 명령문을 사용한다. 명령문에는 일반적으로 주어가 없다.

1 form(형태)

동사의 명령형은 동사원형과 같다.

Come here. 여기로 오세요.
Take two tablets every four hours. 약은 두 알씩 4시간마다 드세요.

부정명령문은 (**don't** + 동사원형) 형식인데, 격식을 차린 영어에서는 (**do + not** + 동사원형) 형식을 사용한다.

Don't touch that wire! 저 전선을 만지지 마세요.
Don't be afraid of them. 그들을 두려워하지 마세요.
Do not forget to leave the key on the desk. 책상 위에 열쇠를 놓아두는 것을 잊지 마세요.

2 emphasis and politeness(강조와 정중함)

명령문은 일반적으로 문장의 처음에 오지만, 강조를 하기 위해서는 (**always · never** + 동사원형) 형식을 사용한다.

Always check that you have enough money first.
항상 충분한 돈이 있는지를 먼저 확인하세요.
Never believe what he tells you. 그가 당신에게 하는 말을 절대 믿지 마세요.

강조하기 위해 **do**를 사용할 수도 있다.

Do be careful! 조심해라!

더 정중한 표현을 위해 명령문의 처음이나 끝에 **please**를 사용할 수 있다.

Please don't do that. 그렇게 하지 말아요.
Follow me, *please*. 저를 따라 오세요.

때때로 명령문 뒤에 의문부가절을 추가하여 요청, 성급함, 분노를 표현할 때 사용한다.

Post the letter for me, *will you*? 저 대신에 편지를 보내주세요, 그렇게 해주실래요?
Hurry up, *can't you*? 서둘러요, 그렇게 해주실래요?

○ Topic 표제어 Requests, orders, and instructions 참조.

어떤 사람을 가리키거나, 강조하거나, 분노를 나타낼 때, 주어 **you**를 때때로 사용한다.

You get in the car this minute! 너 지금 바로 차에 타!

Infinitives

> 주의 명령문은 종종 상대방에게 무례하거나 퉁명스럽게 들릴 수 있으므로 주의한다.
>
> ○ 명령문의 대체 용법에 대한 상세한 정보는 Topic 표제어 Advising someone, invitations, Requests, orders, and instructions, Suggestions, Warning someone 참조.

3 conditional use(조건절처럼 쓰이는 명령문)

(명령문 + and, or로 시작하는 절) 형식은 때때로 if you...로 시작하는 조건절의 형식과 유사한 뜻을 가지고 있다. 예를 들면, '저 조각을 빼버리면, 모든 것이 무너질 것이다.'는 Take that piece away, and the whole lot falls down.(= If you take that piece away, the whole lot falls down.)이라고 하며, '이 자리에서 사라지지 않으면, 경찰을 부르겠다.'는 Go away or I'll call the police.(= If you don't go away, I'll call the police.)라고 한다.

Say that again, *and* I'll hit you. 그 말을 다시 했다가는 당신을 때려 줄 것이다.
Hurry up, or you'll be late for school. 서둘러라, 그렇지 않으면 학교에 늦을 것이다.

Infinitives

1 infinitives with and without 'to'(to부정사와 원형부정사)

부정사에는 두 종류가 있다. 한 종류는 (to + 동사원형) 형태인 to부정사이다.

I wanted *to escape* from here. 나는 이곳에서 탈출하기를 원했다.
I asked Don *to go* with me. 나는 돈에게 함께 가자고 요청했다.

또 다른 종류는 to가 없는 부정사로, 원형부정사라고도 한다. 원형부정사는 동사원형과 형태가 같다. 이 표제어에서는 원형부정사의 용법을 설명해 놓았다.

They helped me *get* settled here. 그들은 내가 이곳에 정착하는 데 도움을 주었다.

2 used after other verbs(다른 동사 뒤에 사용하기)

원형부정사는 어떤 사람이 보거나, 듣거나, 알아차리는 완료된 행위를 나타낼 때 사용한다.

She heard him *fall* down the stairs. 그녀는 그가 계단에서 떨어지는 소리를 들었다.
The teachers here just don't want to let anybody *speak*.
여기 있는 선생님들은 누구든 말하는 것을 허락하지 않았다.

(동사 + 목적어 + 원형부정사) 형식을 사용하는 동사는 다음과 같다.

feel	hear	listen to	notice
see	watch		

I *felt her touch* my hand. 나는 그녀가 내 손을 만지는 것을 느꼈다.
Chandler did not *notice him enter*. 챈들러는 그가 들어오는 것을 알아차리지 못했다.

위와 같은 동사들은 목적어 뒤에 원형부정사 대신 -ing형을 사용할 수도 있다.

○ Grammar 표제어 '-ing' forms 참조.

3 'have', 'let', and 'make'

(have · let · make + 목적어 + 원형부정사) 형식은 누군가에게 어떤 일을 하도록 시키거나 강요할 때 사용한다.

Have the children *work in pairs*. 그 아이들이 짝을 지어 일하게 하세요.
Don't let Tim *go* by himself! 팀 혼자 가도록 하지 마세요.
They made me *write* all the details down again. 그들은 나에게 모든 상세한 내용을 다시 쓰게 했다.

4 'know'

 영국 영어에서는 부정문, 단순과거절, 완료절에 (know + 목적어 + 원형부정사) 형식을 사용하지만, 미국 영어에서는 원형부정사 대신 to부정사를 사용한다.

Infinitives

I never knew him go *jogging* before breakfast.
나는 그가 아침 식사 전에 조깅을 하는 것을 전혀 몰랐다.
Have you ever known him *buy* someone a coffee?
그가 우리에게 커피를 사 준 적이 있었니?
I've never known him *to be* unkind.
나는 그가 불친절한 행동을 한 것을 본 적이 전혀 없다.

5 'help'

(help + 목적어 + 원형부정사) 형식을 사용할 수도 있다. 이때 도움을 받는 사람을 나타낼 필요가 없는 경우에는 목적어를 생략할 수 있다.

John *helped the old lady carry* the bags upstairs.
존은 연세가 드신 할머니의 가방을 위층으로 옮기는 것을 도와주었다.
We stayed and *helped clear up*. 우리는 그곳에 있으면서 청소하는 것을 도와주었다.

(help + 목적어 + to부정사) 형식을 사용할 수도 있다.

○ Usage 표제어 help 참조.

> 주의 수동태에서 위에서 언급한 동사를 사용할 때, 동사 뒤에는 원형부정사가 아닌 to부정사를 사용한다.
> I resent *being made to feel* guilty. 나는 죄책감을 느끼도록 강요당한 것에 화가 난다.
> These if people *are helped to liberate* themselves. 이 사람들이 자신들을 자유롭게 하는 데 도움이 되고 있다.

6 used after modals (조동사 뒤에 사용하기)

ought를 제외한 모든 조동사 뒤에는 원형부정사를 사용한다.

I must *go*. 나는 가야 한다.
Can you *see* him? 당신은 그를 볼 수 있습니까?

○ Grammar 표제어 Modals 참조.

(had better · would rather + 원형부정사) 형식을 사용한다.

I had better *go*. 나는 가는 게 좋겠다.
Would you rather *do* it yourself? 당신이 스스로 하는 것이 나을 것 같지 않나요?

(dare · need + 원형부정사) 형식을 때때로 사용한다.

I daren't *leave* before six. 나는 6시 이전에는 떠날 용기가 나지 않는다.
Need you *pay* him right now? 당신이 지금 당장 그에게 돈을 지불할 필요가 있나요?

○ Usage 표제어 dare와 need 참조.

7 other uses (다른 용법)

(Why + 원형부정사) 형식은 자신이 생각하기에 어떤 행위가 바보 같거나 쓸데없다는 것을 나타낼 때 사용한다.

Why *wait* until then? 왜 그때까지 기다립니까?

(Why not + 원형부정사) 형식은 누군가에게 어떤 일을 제안할 때 사용한다.

Why not *come* with us? 우리와 함께 가는 게 어때?

(be동사 + 원형부정사) 형식은 사람이나 사물이 하거나 해야 할 일을 말할 때 사용한다. 이때 주어는 all이나 what으로 시작하는 절을 사용해야 한다.

All he did was *open* the door. 그가 한 일이라고는 문을 연 것뿐이었다.
What it does is *cool* the engine. 그것이 하는 것은 엔진을 냉각시키는 것이다.

> 주의 전치사 뒤에는 원형부정사가 아닌 -ing형을 사용할 수 있다.
> ○ Grammar 표제어 '-ing' forms 참조.

'-ing' forms

1. form
2. continuous tenses
3. after verbs
4. choice of '-ing' form and 'to'-infinitive
5. after the object of a verb
6. '-ing' forms after conjunctions
7. separate '-ing' clauses
8. active meaning
9. passive meaning
10. after a noun
11. used like nouns
12. other uses

1 form(형태)

-ing형을 현재분사(present participle)라고도 하며, (동사원형 + -ing) 형식을 사용한다. 예를 들면, **asking, eating, passing** 등이 있다. 또한 **dying, making, putting**처럼 때때로 철자가 바뀌기도 한다.

- -ing형의 변화를 보여 주는 표는 Grammar 표제어 Verbs 참조.
- It was difficult saying goodbye.와 같은 문장에서 사용하는 -ing형의 용법은 Usage 표제어 it 참조.

2 continuous tenses(진행시제)

-ing형은 흔히 동사의 진행시제의 일부분으로 쓰인다.

He *was sleeping* in the other room. 그는 다른 방에서 잠을 자고 있었다.
Cathy *has been looking* at the results. 캐시는 그 결과들을 보고 있었다.

3 after verbs(동사 뒤에 사용하기)

어떤 행동과 관련되어 있는 누군가의 행동 양식이나 어떤 일을 할 때 그 일에 대해 보이는 태도를 말할 때, 동사 뒤에 -ing로 시작하는 절이 목적어로 온다. ing절을 목적어로 취하는 동사는 다음과 같다.

admit	adore	avoid	chance
commence	consider	delay	deny
describe	detest	dislike	dread
enjoy	escape	fancy	finish
imagine	involve	keep	mind
miss	postpone	practise	recall
resent	resist	risk	stop
suggest			

He wisely *avoided mentioning the incident to his boss*.
그는 사장에게 그 사건에 대해 언급하는 것을 지혜롭게 피했다.
They *enjoy working together*.
그들은 함께 일하는 것을 즐긴다.
You must *keep trying*.
당신은 계속 노력해야 한다.

🚩 (need · require · want + -ing) 형식에는 수동의 뜻이 있다. 예를 들면, **something *needs* doing**은 '어떤 일이 행해져야 한다(it needs to be done)'는 뜻이다. 미국 영어에서는 수동태로 to부정사를 사용하므로, 위와 같은 구조는 일반적이지 않다.

It *needs dusting*. 먼지를 털어낼 필요가 있다.
The beans *want picking*. 콩은 수확되어야 한다.
The room *needs to be cleaned*. 그 방은 청소가 필요하다.

deserve와 **merit**는 때때로 위와 같은 방식으로 사용하기도 한다.

'-ing' forms

4 choice of '-ing' form and 'to'-infinitive(-ing형과 to부정사의 선택)

일부 동사는 뒤에 -ing절이나 to부정사절 중에 어느 것을 사용하더라도 의미상의 차이는 없다.
It *started raining* soon after we set off. 우리가 출발한 직후에 비가 내리기 시작했다.
Then it *started to rain*. 그 후에 비가 내리기 시작했다.

-ing절이나 to부정사절을 사용해도 의미가 같은 동사는 다음과 같다.

begin	bother	cease	continue
deserve	hate	intend	like
love	omit	prefer	start

go on, regret, remember, try 등은 -ing나 to부정사를 사용함에 따라 뜻이 달라진다.

○ Usage 표제어 go on, regret – be sorry, remember – remind, try – attempt 참조.

5 after the object of a verb(동사의 목적어 뒤에 사용하기)

일부 동사, 특히 지각동사는 목적어 다음에 -ing절이 오며, 목적어가 가리키는 사람이나 사물이 어떤 일을 하고 있다는 뜻을 나타낸다.
I *saw him looking at me*. 나는 그가 나를 쳐다보고 있는 것을 보았다.
He *was caught stealing*. 그는 훔치다가 걸렸다.

(목적어 + -ing절) 형식에 사용하는 동사는 다음과 같다.

bring	catch	feel	find
have	hear	keep	leave
listen to	notice	observe	photograph
picture	prevent	save	see
send	set	show	spot
watch			

위의 동사들 중 일부는 (목적어 + 원형부정사) 형식을 사용할 수도 있다.

○ Grammar 표제어 Infinitives 참조.

6 '-ing' forms after conjunctions(접속사 뒤의 -ing형)

종속접속사 뒤에 주어나 조동사가 없는 -ing절을 사용할 수 있다. 이러한 형식은 종속절과 주절의 주어가 같거나, 종속절의 주어가 특정한 주어가 아닐 때에만 사용한다.
I didn't read the book *before going to see the film*. 나는 그 영화를 보기 전에 책을 읽지 않았다.
When buying a new car, it is best to seek expert advice. 새 자동차를 살 때, 전문가의 조언을 구하는 것이 가장 좋다.

○ Grammar 표제어 Subordinate clauses 참조.

7 separate '-ing' clauses(분사 구문)

어떤 사람이 두 가지 행동을 동시에 하는 것을 묘사하는 경우, (-ing절 + 주절) 형식을 사용한다. 주어가 누구인지 명확한 경우, (주절 + -ing절) 형식을 사용할 수도 있다.
Walking down Newbury Street, they spotted the same man again.
그들은 뉴버리 스트리트를 걸어가던 중에 똑같은 사람을 다시 발견했다.
He looked at me, *suddenly realising that he was talking to a stranger*.
그가 나를 쳐다보더니, 낯선 사람과 이야기하고 있다는 것을 갑자기 깨달았다.

누군가가 어떤 일을 한 후에 곧바로 다른 일을 하는 경우, 첫 번째 일을 -ing절에, 두 번째 일을 주절에서 묘사해야 한다.
Leaping out of bed, he ran downstairs and answered the phone.
그는 침대에서 뛰쳐나온 후 급하게 아래층으로 내려가 전화를 받았다.

'-ing' forms

> **주의** -ing절의 주어와 주절의 주어가 다른 경우, -ing절을 주절 앞에 사용해서는 안 된다. 예를 들면, **Driving home later that night, the streets were deserted.**(그날 밤 늦게 집으로 차를 몰고 갈 때, 그 거리는 텅 비어 있었다.)라고 하면 그 거리가 운전하고 있는 중이라는 뜻을 암시하게 된다.

8 active meaning(능동적인 뜻)

-ing절은 능동적인 의미를 가지고 있다.

'You could play me a tune,' said Simon, *sitting* down.
"저에게 한 곡 연주해 주세요."라고 사이먼이 자리에 앉으면서 말했다.
Glancing at my clock, I saw that it was midnight. 나는 시계를 흘깃 본 후, 자정인 것을 알았다.

특히 글에서 **having**으로 시작하는 절을 사용한다. 예를 들면, '이미 식사를 마친 존은 일찍 떠났다.'는 **John, who had already eaten, left early.** 대신 **John, having already eaten, left early.**라고 한다.
Ash, *having forgotten* his fear, had become bored and restless. 애시는 공포감을 잊자 지루하고 불안해 했다.
Having beaten Rangers the previous week, Aberdeen were entitled to be confident about their ability to cope with Celtic.
지난주에 레인저스 팀을 이긴 후, 애버딘은 셀틱 팀과 겨룰 수 있는 능력에 대해 자신감을 가질 자격이 있었다.

9 passive meaning(수동적인 뜻)

[having been + 과거분사] 형식은 수동적인 의미를 나타낸다.
Having been born and brought up in Spain, she presumed that she was of Spanish nationality.
그녀는 그녀가 스페인에서 나고 자랐기 때문에 그녀가 스페인 국적을 갖고 있다고 추정했다.

문장에서 [주어 + -ing형] 형식은 주절에서 말한 사실과 관련이 있거나 그 이유를 언급할 때 사용한다.
Bats are surprisingly long-lived creatures, *some having a life-expectancy of around 20 years*.
박쥐는 놀라울 정도로 오래 사는 생물체이며, 일부 박쥐들의 수명은 약 20년이다.
Ashton being dead, the whole affair must now be laid before Colonel Browne.
애슈턴이 죽었기 때문에 이제 모든 일은 브라운 대령 앞에 놓인 것이 틀림없다.
The subject having been opened, he had to go on with it. 그 주제가 공개되어서 그는 계속 진행해야 했다.

-ing절의 주어가 주절의 주어와 밀접한 관련이 있거나, -ing형이 **being**이나 **having**일 때, 위와 같은 형식을 사용한다. 때때로 절의 처음에 **with**가 온다.
The old man stood up *with tears running down his face*. 그 노인은 눈물을 흘리면서 일어섰다.

주절의 주어와 -ing절의 주어가 밀접한 관련이 없거나, 또는 -ing형이 **being**이나 **having**이 아닌 경우, 절의 처음에 항상 **with**를 사용해야 한다.
With the weather conditions improving, they had plenty of chances to take the boat out.
그곳의 날씨 조건들이 좋아지자, 그들은 그들의 보트를 타고 나갈 충분한 기회를 가졌다.
Our correspondent said it resembled a frontline city, *with helicopters patrolling overhead*.
우리 특파원은 헬리콥터들이 머리 위에서 순찰하는 가운데 그곳이 최전선의 도시와 닮았다고 말했다.

10 after a noun(명사 뒤에 사용하기)

[명사 · **those** · 부정대명사 + -ing절] 형식은 어떤 사람의 직업이나 하고 있는 동작을 말하여 그 사람의 정체를 밝히거나 묘사할 때 사용한다.
She is now a British citizen *working for the Medical Research Council*.
그녀는 현재 영국 시민으로 의학 연구 위원회에서 일하고 있다.
It is a rare sight that greets those *crossing Malawi's southwest border*.
그것은 말라위 남서부 국경을 건너는 그들을 환영하는 아주 드문 광경이었다.
Anyone *following this advice* could find himself in trouble.
이 충고를 따르는 누구라도 자신이 어려움에 처해 있다는 것을 알 수 있었다.

11 used like nouns(명사처럼 사용하기)

-ing형이 명사처럼 사용될 때, 때때로 동명사(**gerund**)나 동사적 명사(**verbal noun**)라고 한다. 이때 -ing형은 절의 주어, 목적어, 보어로 사용할 수 있다.

'-ing' forms

Does slow *talking* point to slow mental development?
말을 천천히 하는 것은 정신적인 발달이 늦다는 것을 나타냅니까?
Most of the men surveyed regarded *shopping* as boring.
조사 대상의 대부분의 남자들은 쇼핑을 여자들의 일로 생각했다.
His hobby was *collecting* old coins. 그의 취미는 오래된 동전을 수집하는 것이었다.

to를 비롯한 전치사 뒤에 -ing형을 사용할 수 있다.

They get pleasure *from taking* it home and *showing* it to their parents.
그들은 그것을 집에 가져가서 부모에게 보여 준다는 것에 마음이 즐거웠다.

-ing형 앞에 한정사를 사용하지 않을 때, -ing형은 직접목적어를 사용할 수 있다. 그러나 한정사를 사용할 경우에는 목적어 앞에 of를 넣어야만 한다.

I somehow didn't get round to *taking the examination*. 나는 웬일인지 그 시험을 치를 수 없었다.
This interview was recorded during *the making of Karel Reisz's film*.
카렐 라이츠의 영화 제작 기간 동안 이 인터뷰가 녹음되었다.

일이나 취미와 같은 일반적인 형태의 행위를 언급할 경우, (동사의 목적어 + -ing) 형식의 복합명사를 사용한다.

He regarded *film-making* as the most glamorous job on earth.
그는 영화 제작을 세상에서 가장 화려한 직업이라고 여겼다.
As a child, his interests were drawing and *stamp collecting*.
어린아이로서 그의 관심사는 그림 그리기와 우표 수집이었다.

🛈 이때 목적어에 복수명사가 아닌 단수명사를 사용함에 주의한다. 예를 들면, '우표 수집'은 stamps collecting이 아닌 stamp collecting이다. -ing형을 소유격과 함께 사용할 수 있는데, 이는 다소 격식을 차린 표현이다.

Your being in the English department means that you must have chosen English as your main subject. 당신이 영어과에 있는 것으로 보아 영어를 주과목으로 택했음에 틀림없다.
'I think *my mother's being* American had considerable advantage,' says Lady Astor's son.
에스터 여사의 아들은 "내 생각에 우리 엄마는 미국인이라 상당한 이점이 있었던 것 같아."라고 말한다.

비슷한 방식으로 (대명사·명사 + -ing) 형식을 사용할 수 있으며, 이는 덜 격식을 차린 표현이다.

What do you think about *him being* elected again?
당신은 그가 재선할 가능성에 대해 어떻게 생각하십니까?

단어의 끝이 -ing인 명사들 중 특히 여가 활동을 가리키는 것은, 동사와 관련되어 있지 않지만 다른 명사로부터 형성되거나 관련된 동사보다 훨씬 일상적인 뜻을 나타낸다.

| ballooning | caravanning | hang-gliding | pot-holing |
| power-boating | skateboarding | skydiving | tobogganing |

Camping and *caravanning* are increasingly cost-attractive.
캠핑이나 카라반 여행은 비용면에서 더 효율적이다.
Skateboarding has come back into fashion.
스케이트보드가 다시 크게 유행했다.

12 other uses (그 밖의 용법)

다음 -ing 단어는 종속접속사로 사용할 수 있다.

| assuming | considering | presuming | providing |
| supposing | | | |

The payments would gradually increase to £1,298, *assuming* interest rates stayed the same.
이율이 그대로 지속된다고 가정하면 지불 금액은 1,298파운드까지 점진적으로 증가할 것이다.
Supposing you won, what would you do with the money?
당신이 이겼다면, 그 돈을 어떻게 사용할 것입니까?

-ing 단어 중 일부는 전치사나 복합전치사로 사용할 수 있다. 이와 같은 -ing 단어들은 다음과 같다.

Inversion

according to	barring	concerning	considering
depending on	excepting	excluding	following
including	owing to	regarding	

The property tax would be set *according to* the capital value of the home.
재산세는 그 집의 자산 평가에 따라 정해질 것이다.

There seems no reason why, *barring* accidents, Carson should not surpass the late Doug Smith's total. 사고를 제외하고 카슨이 고(故) 더그 스미스의 총액을 능가하지 말아야 할 이유는 없을 것 같다.

We had already ended the party just after midnight, *following* complaints from neighbours.
우리는 이웃 주민들의 항의를 받은 후, 자정 직후에 파티를 마쳤다.

Inversion

도치(inversion)는 동사구의 일부 혹은 모두를, 주어 앞으로 이동시켜서 문장 내의 단어의 순서를 바꾸는 것을 의미한다. 이때 [조동사 + 주어 + 본동사] 형식을 사용한다. 조동사가 사용되지 않을 경우, 동사가 be동사가 아니면 do 형태의 동사를 사용한다.

1 in questions (의문문에서)

의문문에서는 일반적으로 도치를 사용한다.

Are you ready? 당신은 준비되었습니까?
Can John swim? 존은 수영을 할 수 있습니까?
Did he go to the fair? 그는 박람회에 갔습니까?
Why *did you* fire him? 당신은 왜 그를 해고했습니까?
How many *are there*? 그곳에는 얼마나 많이 있습니까?

말한 내용을 상대방이 확인해 주기를 기대하고 있거나, 이미 말한 내용에 대해 놀라움, 관심, 의심, 분노 같은 반응을 표현하기를 바랄 때에는 도치를 하지 않는다.

You've been having trouble? 걱정거리가 있나요?
She's not going to do it? 그녀가 그것을 하지 않는다고?
'She's gone home.' – '*She's* gone back to Montrose?'
"그녀는 집에 가버렸어요." – "그녀가 몬트로스로 돌아갔다고?"

> 주의 wh-의문문은 wh-어가 주어가 아니면 도치를 해야 한다. 예를 들면, '그녀는 무슨 생각을 했습니까?'는 What she thought? 가 아닌 **What did she think?**라고 해야 한다. 그러나 wh-어가 주어일 경우에는 도치를 하지 않는다. 예를 들어, **Who was there?**(누가 그곳에 갔나요?)가 있다. 또한 간접의문문에서는 도치를 사용하지 않는다. 즉 '그녀는 내가 무엇을 하고 있냐고 물었다.'는 She asked what was I doing.이 아닌 She asked what I was doing.이라고 한다.
>
> ○ Grammar 표제어 Reporting 참조.

2 after place adverbials (장소를 나타내는 부가어 뒤에 사용하기)

장소나 장면 묘사에서 장소를 나타내는 부가어가 문장의 처음에 올 경우, 도치를 한다. 이런 구조는 주로 글에서 나타난다.

On the ceiling *hung dustpans and brushes*. 쓰레받기들과 솔들이 천장에 매달려 있었다.
Beyond them *lay the fields*. 그것들 너머로 들판이 펼쳐져 있었다.
Behind the desk *was a middle-aged woman*. 중년의 한 여자가 그 책상 뒤에 있었다.

ℹ 위와 같은 경우, 본동사는 주어 앞에 온다.

주의를 환기시킬 때, **here**와 **there** 뒤에서 도치를 한다.

Here*'s the money,* go and buy yourself a watch.
여기 돈이 있으니 가서 당신 시계를 사세요.
Here *comes the cloud of smoke*. 여기 자욱한 연기가 있다.
There*'s another one!* 저기에 또 하나가 있어요.

Inversion

> 주의 주어가 인칭대명사일 때는 도치를 하지 않는다.
> Here *he comes*. 여기 그가 온다.
> There *she is*. 그녀가 저기에 있다.

3 after negative adjuncts (부정을 나타내는 부가어 뒤에 사용하기)

준부정부사 혹은 그 밖의 부정을 나타내는 부가어가 강조를 위해 절의 처음에 올 때, 도치를 한다. 이런 문장 구조는 격식을 차린 말과 글에서 사용한다.

Never *have I* experienced such pain. 나는 그러한 통증을 겪어 본 적이 한 번도 없었다.
Seldom *have enterprise and personal responsibility* been more needed.
기업과 개인의 책임이 더 많이 요구된 적은 거의 없었다.
Rarely *has so much time* been wasted by so many people.
그렇게 많은 시간이 그렇게 많은 사람들에 의해 낭비된 적이 거의 없었다.

> ⓘ 격식을 차린 말이나 글에서 (only + 부가어) 형식이 절의 처음에 오는 도치도 가능하다.
> Only then *would I* ponder the contradictions inherent in my own personality.
> 그런 다음에야 비로소 나는 내 자신의 성격에 내재하는 모순에 대해 깊이 생각할 것이다.

○ Usage 표제어 only 참조.

4 after 'neither' and 'nor' (neither와 nor 뒤에 사용하기)

앞서 나온 부정적인 서술 내용이 뒤에 다른 사람이나 그룹에도 똑같이 적용될 경우, neither와 nor 뒤에서 도치를 한다.

'I can't remember.' – 'Neither *can I*.' "기억할 수 없어요." – "저도 그래요."
Research assistants don't know how to do it, and nor *do qualified tutors*.
연구 보조원들은 그것을 어떻게 하는 것인지 모르고, 자격이 있는 가정교사도 모른다.

5 after 'so' (so 뒤에 사용하기)

앞서 나온 긍정적인 서술 내용이 뒤에 다른 사람이나 그룹에도 똑같이 적용될 경우, so 뒤에서 도치를 한다.

'I've been to Australia twice.' – 'So *have I*.'
"나는 호주에 두 번 갔다 왔어요." – "저도 그래요."
'I hate it when people are late.' – 'So *do I*.'
"저는 사람들이 지각하는 것을 싫어해요." – "저도 마찬가지예요."
'Skating's just a matter of practice.' – 'Yes, well, so *is skiing*.'
"스케이팅은 연습에 달렸어요." – "예, 그래요. 스키도 마찬가지예요."
Jeff went to jail. So *did his son*. 제프는 감옥에 갔고, 그의 아들도 감옥에 갔다.

> ⓘ 누군가가 무엇을 해야 한다고 강조하거나 놀라움을 표현할 때, so 뒤에서는 도치를 하지 않는다.
> 'It's on the table behind you.' – 'So *it is*.' "그것은 당신 뒤에 있는 탁자 위에 있어요." – "그렇군요."
> 'I feel very guilty about it.' – 'So *you should*.' "저는 그것에 대해 매우 죄책감을 느끼고 있어요." – "당신은 그래야 해요."

6 other uses (그 밖의 용법)

접속사로 시작하지 않는 조건절에서 도치를 하면, 이는 격식을 차린 표현이다.

Had the two teams drawn, victory would have gone to Todd.
그 두 팀이 비겼다면, 승리는 토드에게 돌아갔을 것이다.

as 뒤의 비교급에서도 도치를 할 수 있다.

The piece was well and confidently played, as *was Peter Maxwell Davies' 'Revelation and Fall'*.
피터 맥스웰 데이비스의 'Revelation and Fall'처럼 그 곡은 훌륭하고 자신있게 연주되었다.
Their father, George Churchill, also made jewellery, as *did their grandfather*.
그의 할아버지가 했던 것처럼 아버지 조지 처칠도 보석 세공을 했다.

인용문 뒤에서 자주 도치를 한다.

○ Grammar 표제어 Reporting 참조.

Irregular verbs

Irregular verbs

불규칙동사(irregular verb)는 과거·과거분사가 -ed의 규칙적인 형태로 변화하지 않는 동사이다. 일부 불규칙동사의 경우 과거형은 규칙적으로 변하지만, 과거분사가 두 개인 동사의 경우, 그 중 한 개는 불규칙적으로 변한다. 더 일반적인 형태는 다음 표에서 첫 번째 과거분사이다.

base form(기본형)	past form(과거형)	past participle(과거분사)
mow	mowed	mowed, mown
prove	proved	proved, proven
sew	sewed	sewed, sewn
show	showed	showed, shown
sow	sowed	sowed, sown
swell	swelled	swelled, swollen

일부 불규칙동사는 두 개의 과거형과 두 개의 과거분사를 가지고 있는데, 다음 표에서 제시된 첫 번째 형태가 더 자주 사용된다. 이 중 일부는 규칙적으로 변화하지 않고 모두 불규칙적으로 변화한다.

base form(기본형)	past form(과거형)	past participle(과거분사)
bid	bid, bade	bid, bidden
burn	burned, burnt	burned, burnt
bust	busted, bust	busted, bust
dream	dreamed, dreamt	dreamed, dreamt
dwell	dwelled, dwelt	dwelled, dwelt
hang	hanged, hung	hanged, hung
kneel	kneeled, knelt	kneeled, knelt
lean	leaned, leant	leaned, leant
leap	leaped, leapt	leaped, leapt
lie	lied, lay	lied, lain

base form(기본형)	past form(과거형)	past participle(과거분사)
light	lit, lighted	lit, lighted
smell	smelled, smelt	smelled, smelt
speed	sped, speeded	sped, speeded
spell	spelled, spelt	spelled, spelt
spill	spilled, spilt	spilled, spilt
spoil	spoiled, spoilt	spoiled, spoilt
weave	wove, weaved	woven, weaved
wet	wetted, wet	wetted, wet
wind	wound, winded	wound, winded

 미국 영어에서는 burnt, leant, learnt, smelt, spelt, spilt, spoilt 등의 형태는 사용하지 않는다. burnt와 spilt는 때때로 형용사로 사용하며, 일부 동사는 형태에 따라 의미가 달라지기도 한다. 예를 들면, 동사 hang의 과거와 과거분사는 대부분 '매달다, 걸다'의 뜻으로 hung을 사용한다. 그러나 '목매달아 처형하다'는 뜻으로 쓰일 때는 hanged를 사용한다.

O Usage 표제어 lay – lie, speed – speed up, wind 참조.

Irregular verbs

다음의 표는 불규칙적으로 변하는 과거와 과거분사이다.

base form (기본형)	past form (과거)	past participle (과거분사)	base form (기본형)	past form (과거)	past participle (과거분사)
arise	arose	arisen	go	went	gone
awake	awoke	awoken	grind	ground	ground
be	was / were	been	grow	grew	grown
bear	bore	born	have	had	had
beat	beat	beaten	hear	heard	heard
become	became	become	hide	hid	hidden
begin	began	begun	hit	hit	hit
bend	bent	bent	hold	held	held
bet	bet	bet	hurt	hurt	hurt
bind	bound	bound	keep	kept	kept
bite	bit	bitten	know	knew	known
bleed	bled	bled	lay	laid	laid
blow	blew	blown	lead	led	led
break	broke	broken	leave	left	left
breed	bred	bred	lend	lent	lent
bring	brought	brought	let	let	let
build	built	built	lose	lost	lost
burst	burst	burst	make	made	made
buy	bought	bought	mean	meant	meant
cast	cast	cast	meet	met	met
catch	caught	caught	pay	paid	paid
choose	chose	chosen	plead	pled	pled
cling	clung	clung	put	put	put
come	came	come	quit	quit	quit
cost	cost	cost	read	read [red]	read [red]
creep	crept	crept	rend	rent	rent
cut	cut	cut	ride	rode	ridden
deal	dealt	dealt	ring	rang	rung
dig	dug	dug	rise	rose	risen
draw	drew	drawn	run	ran	run

Modals

base form (기본형)	past form (과거)	past participle (과거분사)	base form (기본형)	past form (과거)	past participle (과거분사)
drink	drank	drunken	saw	sawed	sawn
drive	drove	driven	say	said	said
eat	ate	eaten	see	saw	seen
fall	fell	fallen	seek	sought	sought
feed	fed	fed	sell	sold	sold
feel	felt	felt	send	sent	sent
fight	fought	fought	set	set	set
find	found	found	shake	shook	shaken
flee	fled	fled	shed	shed	shed
fling	flung	flung	shine	shone	shone
fly	flew	flown	shoe	shod	shod
forbear	forbore	forborne	shoot	shot	shot
forbid	forbade	forbidden	shrink	shrank	shrunk
forget	forgot	forgotten	shut	shut	shut
forgive	forgave	forgiven	sing	sang	sung
forsake	forsook	forsaken	sink	sank	sunk
forswear	forswore	forsworn	sit	sat	sat
freeze	froze	frozen	slay	slew	slain
get	got	got	sleep	slept	slept
give	gave	given	slide	slid	slid
sling	slung	slung	swing	swung	swung
slink	slunk	slunk	take	took	taken
speak	spoke	spoken	teach	taught	taught
spend	spent	spent	tear	tore	torn
spin	spun	spun	tell	told	told
spread	spread	spread	think	thought	thought
spring	sprang	sprung	throw	threw	thrown
stand	stood	stood	thrust	thrust	thrust
steal	stole	stolen	tread	trod	trodden
stick	stuck	stuck	understand	understood	understood
sting	stung	stung	wake	woke	woken
strew	strewed	strewn	wear	wore	worn
stride	strode	stridden	weep	wept	wept
strive	strove	striven	win	won	won
swear	swore	sworn	wring	wrung	wrung
sweep	swept	swept	write	wrote	written
swim	swam	swum			

 미국 영어에서는 get의 과거분사로 got 대신 gotten을 자주 사용한다.

○ Usage 표제어 gotten 참조.

Modals

1 word order and form (어순과 형태)

서법조동사는 조동사의 일종으로, 어떤 일의 가능성, 필요성을 나타내거나 상대방에게 요청, 제의, 제안을 할 때 사용한다. 또한 더 재치 있게 말하거나 정중하게 말하기 위해 사용할 수도 있다. 서법조동사는 다음과 같다.

Modals

can	could	dare	may
might	must	need	shall
should	will	would	

서법조동사는 항상 동사구의 처음에 온다. 모든 서법조동사는 동사원형(원형부정사)이 뒤따른다.
I *must leave* fairly soon. 나는 곧바로 떠나야 한다.
Things *might have been* so different. 상황은 아주 달랐을지도 모른다.
People *may be watching*. 사람들이 주시하고 있을지도 모른다.

○ Grammar 표제어 Ellipsis 참조.

서법조동사 dare와 need는 본동사로도 사용한다. He doesn't dare climb the tree.(그는 그 나무에 올라갈 용기가 없다.)에서 dare는 본동사이지만, He dare not climb the tree.(그는 나무에 올라갈 용기가 없다.)에서 dare는 서법조동사이다.

○ Usage 표제어 dare와 need 참조.

조동사는 한 가지 형태로만 사용하므로, 3인칭 단수현재시제의 -s형이나 -ing형, -ed형이 없다.
There's nothing *I can* do about it. 내가 그것에 대해 할 수 있는 일은 아무것도 없다.
I'm sure *he can* do it. 나는 그가 그 일을 해낼 수 있을 거라고 확신합니다.

2 Short forms (축약형)

shall, will, would는 일반적으로 완전하게 발음하지 않는다. 누군가가 한 말을 받아 적거나 회화체로 적을 때, 대명사 뒤에 shall과 will 대신 'll을, would 대신 'd를 붙인다.

○ Grammar 표제어 Contractions 참조.

I'll see you tomorrow. 내일 뵙겠습니다.
Patricia said *she'd* love to stay. 패트리샤는 그곳에 머물고 싶다고 말했다.

명사 뒤에도 will 대신 'll을 붙일 수 있다.
My *car'll* be outside. 내 자동차가 밖에 있을 것이다.

> 주의 shall, will, would가 문장의 끝에 오면 축약하지 않는다.
> Paul said he'd come, and I hope he *will*. 폴은 오겠다고 말했고, 나는 그가 오기를 바란다.

의문문에서도 shall, will, would를 완전한 형태로 사용한다.
Shall I open the door for you? 문을 열어 드릴까요?
Will you hurry up! 서둘러 주세요!
Would you like an apple? 사과를 드시겠어요?

조동사 had의 축약형은 'd이다.
I'd heard it many times. 나는 그 말을 여러 번 들은 적이 있었다.

have가 could, might, must, should, would 뒤에 오면 축약하여 사용하기도 한다. 대화를 전달하는 글에서 could've, might've, must've, should've, would've로 자주 사용한다.
I *must've* fallen asleep. 나는 잠이 들었음에 틀림없다.
You *should've* come to see us. 당신은 우리를 만나러 왔어야 했다.

not을 조동사와 함께 사용하는 경우, 완전히 발음하지 않고 n't로 줄여서 발음한다.

○ Grammar 표제어 Contractions 참조.
○ ought to와 had better와 같이 한 단어 이상으로 이루어진 조동사에 대한 정보는 Grammar 표제어 Phrasal modals 참조.
○ 조동사 용법에 대한 더 많은 정보는 각 단어에 대한 Usage 표제어 참조. Topic 표제어 Advising someone, Invitations, Offers, Opinions, Permission, Suggestions 참조.
○ 미래를 나타내는 will과 과거를 나타내는 would의 용법에 대한 정보는 Grammar 표제어 Future time과 The Past 참조.

Modifiers

Modifiers

수식어(modifier)는 명사 앞에서, 명사의 뜻을 더 명확하게 하거나 명사가 가리키는 사물에 대한 정보를 추가로 제공하는 한 단어나 단어군이다. 수식어는 다음과 같다.

- 형용사

  This is the *main* bedroom. 이곳은 메인 침실이다.
  After the crossroads look out for the *large white* building.
  사거리를 지난 후에 큰 하얀 빌딩을 찾으세요.

○ Grammar 표제어 Adjectives 참조.

- 명사

  ...the *music* industry. 음악 산업.
  ...*tennis* lessons. 테니스 레슨.

- 장소명

  ...a *London* hotel. 런던의 한 호텔.
  ...*Arctic* explorers. 북극 탐험가들.

○ Topic 표제어 Places 참조.

- 장소부사와 방향부사

  ...the *downstairs* television room. 아래층에 위치한 텔레비전을 보는 방.
  The *overhead* light went on. 머리 위에 있는 전등이 켜졌다.

○ Topic 표제어 Places 참조.

- 시간

  Castle was usually able to catch the *six thirty-five* train from London.
  캐슬은 평소에는 런던에서 오는 6시 35분 기차를 탈 수 있었다.
  Every morning he would set off right after the *eight o'clock* news.
  그는 매일 아침 8시 뉴스가 끝나자마자 출발하곤 했다.

○ Topic 표제어 Time 참조.

Noun modifiers

명사수식어(noun modifier)는 다른 명사 앞에 위치하여, 어떤 사람이나 사물에 대한 더 구체적인 정보를 제공하는 명사이다. 명사수식어는 거의 단수형이다.

...the *car* door. 자동차 문.
...a *football* player. 한 축구 선수.
...a *surprise* announcement. 기습 발표.

일부 복수명사를 수식어로 사용할 때, 복수형을 그대로 사용한다.

○ Grammar 표제어 Nouns 참조.

영어에서는 명사수식어를 매우 흔히 사용한다. 명사수식어는 두 명사의 다양한 관계를 나타내며, 그 용법은 다음과 같다.

- 사물의 원료나 재료 : **cotton socks**(면 양말)
- 특정한 장소에서 만들어지는 것 : **a glass factory**(유리 공장)
- 사람이 하는 일 : **a football player**(축구 선수)
- 사물이 있는 장소 : **my bedroom curtains**(내 침실의 커튼), **Brighton Technical College**(브라이튼 실업 전문 학교)
- 사건이 일어나는 시간 : **the morning mist**(아침 안개), **her childhood experiences**(그녀의 어린 시절 경험들)
- 사물의 본질이나 크기 : **a surprise attack**(기습 공격), **a pocket chess-set**(포켓용 체스 세트)

여러 개의 명사수식어를 함께 사용할 수 있다.

Nouns

...***car body repair*** kits. 자동차 차체 수리 공구 세트.
...a ***family dinner*** party. 가족 디너파티.
...a ***Careers Information*** Officer. 직업 정보 담당자.

〔형용사 + 명사수식어〕 형식을 사용할 수 있다.
...a ***long*** car journey. 긴 자동차 여행.
...a ***new red*** silk handkerchief. 새 붉은색 비단 손수건.
...***complex*** business deals. 복잡한 사업 거래.

Nouns

1. countable nouns
2. uncountable nouns
3. variable nouns
4. mass nouns
5. singular nouns
6. plural nouns
7. collective nouns
8. proper nouns
9. compound nouns
10. abstract and concrete nouns
11. nouns followed by prepositions

명사(**noun**)는 사람이나 사물의 이름을 나타내는 품사이다. 명사는 가산명사, 불가산명사, 가변명사, 물질명사, 단수명사, 복수명사, 집합명사, 고유명사 등 크게 8가지 유형으로 나뉜다.

1 countable nouns(가산명사)

가산명사는 사람이나 사물을 숫자로 셀 수 있는 명사를 말한다. 가산명사에는 단수형과 복수형의 두 가지 형태가 있다. 가산명사의 복수형은 단어의 끝이 보통 **-s**로 끝난다.

⊙ 복수형을 만드는 법에 대한 상세한 정보는 Grammar 표제어 **Plural forms of nouns** 참조.

가산명사의 단수형 앞에는 **a, another, every, the** 등의 한정사가 온다.
They left ***the house*** to go for ***a walk*** after tea.
그들은 차를 마신 후에 산책을 하기 위해 집을 나섰다.

주어가 단수명사이면, 단수동사를 사용한다.
My son ***likes*** playing football. 내 아들은 축구 하는 것을 좋아한다.
The address on the letter ***was*** wrong. 편지의 주소는 잘못되어 있었다.

가산명사의 복수형은 한정사 없이 사용할 수도 있고, 한정사와 함께 사용할 수도 있다. 그러나 일반적으로 한 종류의 사물을 가리킬 때는 한정사를 사용하지 않는다. 특정한 사물의 그룹을 가리킬 경우에는 **the**나 **my** 등과 같은 한정사를 사용한다. 사물의 수를 나타낼 때는 **many**나 **several** 등과 같은 한정사를 사용한다.
Does the hotel have large ***rooms***?
그 호텔에는 큰 방이 있습니까?
The rooms at Watermouth are all like this.
워터마우스의 방들은 모두 이것과 같다.
The house had ***many rooms*** and a terrace with a view of Etna.
그 집에는 많은 방과 에트나 산의 전망을 볼 수 있는 테라스가 있다.

주어가 복수명사이면, 복수동사를 사용한다.
These cakes ***are*** delicious. 이 케이크들은 맛있다.

가산명사 앞에 숫자를 쓸 수 있다.
...***one*** table. 테이블 한 개.
...***two*** cats. 고양이 두 마리.
...***three hundred*** pounds. 300파운드.

Nouns

2 uncountable nouns(불가산명사)

불가산명사는 각각의 물체나 사건보다는 물질, 성질, 감정, 행동의 종류 등을 가리키는 명사를 말한다. 불가산명사는 단수형으로만 사용한다.

I needed *help* with my *homework*. 나는 숙제를 하는데 도움이 필요했다.
The children had great *fun* playing with the puppets. 그 아이들은 꼭두각시 인형을 가지고 아주 재미있게 놀았다.

> 주의 영어에서는 불가산명사이지만, 다른 언어에서는 가산명사나 복수명사가 되는 명사가 있다.

advice	baggage	equipment	furniture
homework	information	knowledge	luggage
machinery	money	news	traffic

불가산명사 앞에 부정관사 a나 an을 사용하지 않는다. 그러나 지명되었거나 알려져 있는 사물을 가리킬 때는 정관사 the나 소유격 한정사를 사용한다.

I liked *the music*, but the words were boring. 나는 그 음악이 마음에 들었지만 가사는 따분했다.
Eva clambered over the side of the boat into *the water*. 에바는 보트 옆으로 기어올랐다가 물속으로 빠졌다.
She admired *his intelligence*. 그녀는 그의 영리함에 감탄했다.

주어가 불가산명사인 경우, 단수동사를 사용한다.
Electricity *is* dangerous. 전기는 위험하다.
Food *was* expensive in those days. 그 당시에는 음식이 비쌌다.

불가산명사는 숫자 뒤에 사용하지 않는다. 그러나 **a piece of** 같은 구나 **some**과 같은 단어를 사용해 불가산명사의 양을 나타낼 수 있다.

○ Grammar 표제어 Quantity 참조.

I want *some privacy*. 나는 약간의 프라이버시를 원한다.
I took *the two pieces of paper* from my pocket. 나는 호주머니에서 두 장의 종이를 꺼냈다.

> 주의 -ics 또는 -s로 끝나는 불가산명사의 경우, 복수명사처럼 보여도 복수동사가 아닌 단수동사를 사용해야 한다.
> *Mathematics* is too difficult for me. 수학은 나에게는 너무 어렵다.
> *Measles* is in most case a harmless illness. 홍역은 대부분의 경우 무해한 질병이다.

-ics나 -s로 끝나는 불가산명사는 다음과 같다.

● 교과목과 활동

acoustics	aerobics	aerodynamics	aeronautics
athletics	classics	economics	electronics
ethics	genetics	gymnastics	linguistics
logistics	mathematics	mechanics	obstetrics
physics	politics	statistics	thermodynamics

● 게임

billiards	bowls	cards	checkers
darts	draughts	skittles	tiddlywinks

● 병명(病名)

diabetes	measles	mumps	rabies
rickets			

Nouns

3 variable nouns(가변명사)

가변명사는 가산명사와 불가산명사의 성격을 둘 다 가지고 있는 명사이다. 어떤 것의 한 가지 이상의 보기를 들 때, 예를 들어 **an injustice**나 **injustices**와 같이 쓸 수 있다. 또한 한 부류의 개체를 지칭할 때, 예를 들어 **a cake**나 **cakes**와 같이 쓸 수 있다. 이런 경우에는 가산명사처럼 쓰지만, 좀 더 일반적으로 어떤 것을 지칭할 때는 불가산명사로 쓴다.

He has been in *prison* for ten years. 그는 10년 동안 감옥에 수감되어 있었다.
Staff were called in from *a prison* nearby to help stop the violence.
폭동 진압을 돕기 위해 가까운 교도소에서 직원들을 불러들였다.
...the problems of British *prisons*. 영국 교도소들의 문제점.
They ate all their chicken and nearly all the stewed *apple*.
그들은 닭을 모두 먹고 사과 스튜도 거의 다 먹었다.
She brought in a tray on which were toast, butter, *an apple*, and some jam.
그녀는 토스트, 버터, 사과 한 개 그리고 약간의 잼을 쟁반에 가져왔다.
There was a bowl of red *apples* on the window sill. 창문턱에 빨간 사과들이 담긴 그릇이 있었다.

4 mass nouns(물질명사)

물질명사는 물질을 가리킬 때 불가산명사와 같은 역할을 한다. 또한 어떤 물질의 형태나 특정 제품을 나타낼 때는 가산명사처럼 사용하기도 한다. 예를 들면, **Use detergent.**(세제를 사용하세요.)가 있다. 물질명사가 물질의 종류나 브랜드를 가리킬 때는 가산명사와 같이 사용한다. 예를 들면, **Use a strong detergent.**(강력한 세제를 사용하세요.)와 **More detergents are now available.**(이제 구입할 수 있는 더 많은 브랜드의 세제들이 나와 있다.)과 같은 경우이다.

I pass a shop where *perfume* is sold. 나는 향수를 파는 가게를 지나다닌다.
I found *an* interesting new *perfume* last week.
지난주에 나는 관심을 끄는 새로운 종류의 향수를 발견했다.
Department stores are finding that French *perfumes* are selling slowly.
백화점들은 프랑스산 향수들이 잘 팔리지 않고 있다는 사실을 깨닫고 있다.
The roast chicken is filled with *cheese* and spinach.
그 통닭은 치즈와 시금치로 속이 채워져 있다.
I was looking for *a cheese* which was soft and creamy.
나는 부드러우면서 크림과 같은 종류의 치즈를 찾고 있었다.
There are plenty of delicious *cheeses* made in the area.
그 지역에서 만들어지는 맛있는 많은 종류의 치즈들이 있다.

5 singular nouns(단수명사)

특정한 의미를 지니며, 단수로만 사용하는 명사들이 있다. 단수명사는 항상 한정사와 같이 사용한다. 단수명사가 주어인 경우, 단수동사를 사용한다.

The sun was shining. 태양이 빛나고 있었다.
He's always thinking about *the past* and worrying about *the future*.
그는 항상 과거에 대해 생각하고 미래에 대해 걱정을 한다.
There was *a note* of satisfaction in his voice.
그의 목소리는 만족한 어조였다.

6 plural nouns(복수명사)

특정한 의미를 지니며, 복수로만 사용하는 명사들이 있다. 예를 들면, '상품'은 **a good**이 아닌 **goods**라고 한다. 복수명사가 주어일 경우, 복수동사를 사용한다.

Take care of your *clothes*. 당신의 옷을 잘 간수하세요.
The weather *conditions* were the same. 날씨의 상황은 같았다.

> **주의** 위의 명사들 앞에는 일반적으로 숫자를 사용하지 않는다. 예를 들면, **two clothes**나 **two goods**라고 하지 않는다.

똑같은 두 부분이 연결되어 하나가 되는 물건을 가리키는 일부 복수명사는 다음과 같다.

Nouns

- 착용물

glasses	jeans	knickers	panties
pants	pyjamas	shorts	tights
trousers			

- 사람들이 사용하는 도구

binoculars	pincers	pliers	scales
scissors	shears	tweezers	

위 명사들 중 하나의 사물을 가리키는 경우, 위의 명사 앞에 **some**을 사용한다.
I wish I'd brought *some scissors*. 가위를 가져올 걸 그랬다.

하나의 사물을 가리키는 경우에는 **a pair of**, 둘 이상의 사물을 나타낼 경우에는 **two pairs of, three pairs of** 등으로 사용할 수 있다.
I went out to buy *a pair of scissors*. 나는 가위 하나를 사기 위해 가게에 갔었다.
Liza had given me *three pairs of jeans*. 리자는 세 벌의 청바지를 나에게 주었다.

위와 같은 복수명사가 다른 명사 앞에서 수식어로 사용될 때, 단어 끝의 -s나 -es를 없앤다.
...my *trouser* pocket. 내 바지 주머니.
...*pyjama* trousers. 파자마 바지.

그러나 다음 복수명사는 다른 명사 앞에서도 복수형 그대로 사용한다.

arms	binoculars	clothes	glasses
jeans	sunglasses		

...a *glasses* case. 안경 케이스.
...*clothes* pegs. 빨래집게.

7 collective nouns (집합명사)

집합명사는 사람이나 사물의 그룹을 가리키는 명사로, 다음의 예가 이에 해당한다.

army	audience	committee	company
crew	enemy	family	flock
gang	government	group	herd
navy	press	public	staff
team			

 집합명사의 단수형은 그룹을 하나로 보느냐 또는 여러 개로 보느냐에 따라서 단수동사나 복수동사를 사용할 수 있다. 영국 영어에서는 복수동사를 좀 더 일반적으로 사용하며, 미국 영어에서는 대부분 단수동사를 선호한다.
Our *family isn't* poor any more. 우리 가족은 더 이상 가난하지 않다.
My *family are* perfectly normal. 내 가족은 완벽하게 정상적이다.

앞에 나온 집합명사를 뒤에서 다시 가리킬 때, 앞에서 단수동사를 사용했으면 단수대명사나 단수한정사를, 복수동사를 사용했으면 복수대명사나 복수한정사를 사용한다.

The government *has* said *it* would wish to do this only if there was no alternative.
정부는 다른 대안이 전혀 없는 경우에만 이러한 방법을 사용하겠다고 말했다.
The government *have* made up *their* minds that *they*'re going to win. 정부는 이기겠다고 결심했다.

그러나 단수동사를 사용한 집합명사라도 단수명사를 사용한 절과 분리되어 있는 다른 절에서 다시 가리킬 때, 복수대명사나 한정사를 사용하기도 한다.

The team *was* not always successful but *their* rate of success far exceeded expectations.
그 팀은 항상 성공을 거두지는 못했지만, 그들의 성공률은 예상치를 훨씬 초과했다.

Nouns

His family ***was*** waiting in the next room, but ***they*** had not yet heard the news.
그의 가족이 옆방에서 기다리고 있었지만, 그들은 아직 소식을 듣지 못했다.

 영국 영어에서는 스포츠팀이나 단체의 이름을 집합명사처럼 사용하여 단수명사나 복수명사 모두 가능하지만, 미국 영어에서는 단수명사로 사용하는 것이 일반적이다.

Liverpool is leading 1-0. 리버풀 팀이 1 대 0으로 앞서고 있다.
Liverpool are attacking again. 리버풀 팀이 다시 공격하고 있다.
Sears is struggling to attract shoppers. 시어즈는 쇼핑객을 끌어들이기 위해 안간힘을 쓰고 있다.

> **주의** 단수형 집합명사가 주어인 경우 복수동사를 사용할 수 있지만, 그렇다고 해서 복수 가산명사와 같은 역할을 하지는 않는다. 또한 단수형 집합명사 바로 앞에는 숫자를 사용할 수 없다. 예를 들면, '세 명의 승무원이 죽었다.'는 Three crew were killed.가 아닌 Three of the crew were killed. 또는 Three members of the crew were killed.라고 한다.

대부분의 집합명사가 한 그룹 이상을 나타낼 때, 복수형으로 사용한다. 그러나 **press**(신문들 또는 신문 기자들)와 **public**(한 나라의 일반 대중)은 복수형이 없다.

8 proper nouns(고유명사)

사람, 장소, 기구, 기관, 배, 잡지, 책, 연극, 그림 등에서 유일무이한 것들의 이름을 고유명사라고 한다. 고유명사는 첫 철자를 대문자로 쓰고, 때때로 한정사와 함께 사용하지만 일반적으로 복수형은 없다.

○ Topic 표제어 **Names and titles**와 **Places** 참조.

...Mozart. 모차르트.
...Romeo and Juliet. 로미오와 줄리엣.
...the President of the United States. 미국 대통령.
...the United Nations. 유엔.
...the Seine. 센 강.

9 compound nouns(복합명사)

복합명사는 두 개 이상의 명사를 연결해서 사용하는 명사이다. 복합명사는 각 단어를 분리해서 쓰거나, 단어 사이를 하이픈으로 연결하거나, 첫 두 명사 사이를 하이픈(-)으로 연결하기도 한다.

His luggage came towards him on the ***conveyor belt***.
그의 짐이 컨베이어 벨트를 타고 그를 향해 나왔다.
There are many ***cross-references*** to help you find what you want.
당신이 원하는 것을 찾을 수 있도록 도움을 주는 전후 참조가 많이 있다.
It can be cleaned with a spot of ***washing-up liquid***. 그것은 소량의 세제 용액을 사용하여 깨끗하게 할 수 있다.

복합명사는 그 밖에도 여러 가지 방법으로 사용한다. 자세한 내용은 **Cobuild** 사전을 참조하기 바란다.

○ **-ing**로 끝나는 복합명사에 대한 정보는 Grammar 표제어 '**-ing' forms** 참조.
○ 복합명사의 복수형에 대한 정보는 Grammar 표제어 **Plural forms of nouns** 참조.

10 abstract and concrete nouns(추상명사와 구상명사)

추상명사는 눈으로 볼 수 없거나 손으로 만질 수 없는 것, 즉 성질, 생각, 경험을 가리키는 명사를 말한다.

...a boy or girl with ***intelligence***. 총명함을 가진 소년 혹은 소녀.
We found Alan weeping with ***relief*** and ***joy***. 우리는 앨런이 안도와 환희의 눈물을 흘리고 있는 것을 보았다.
I try to avoid ***conflict***. 나는 의견 대립을 피하려고 한다.

추상명사는 종종 가변명사로 사용할 수 있다. 어떤 사물의 구체적인 예를 들 때에는 가산명사와 같은 역할을 하고, 그렇지 않은 경우에는 불가산명사와 같은 역할을 한다.

○ 본 표제어 **3 variable nouns** 참조.

The island had been successful in previous ***conflicts***. 그 섬은 이전의 분쟁들에서 성공을 거두어 왔다.

구상명사는 눈으로 보거나 손으로 만질 수 있는 명사를 말한다. 사물, 동물, 사람 등을 가리키는 구상명사는 일반적으로 가산명사이다.

Nouns

...a broad road lined with tall *trees*. 높은 나무가 늘어선 넓은 길.

furniture, equiqment 등과 같은 집합적 사물을 가리키는 일부 명사는 불가산명사이다.

○ 본 표제어 **2** uncountable nouns 참조.

물질명사는 일반적으로 불가산명사이다.
There is not enough *water*. 물이 충분하지 않다.

그러나 어떤 물질의 특정한 종류나 상표를 가리키는 경우에는 가산명사와 같은 역할을 한다.

○ 본 표제어 **4** mass nouns 참조.

11 nouns followed by prepositions(전치사가 뒤따르는 명사)

[추상명사 + 전치사구] 형식은 명사와 관련되어 있는 것이 무엇인지를 나타낼 때 사용한다. 특정한 명사 뒤에 사용하는 전치사는 표현이 정해져 있어서 선택의 여지가 없다.

I demanded *access to* a telephone. 나는 전화를 걸 수 있게 해달라고 요구했다.
...his *authority over* them. 그들에 대한 그의 권위.
...the *solution to* our energy problem. 우리의 에너지 문제에 대한 해결책.

- [명사 + to로 시작하는 전치사구] 형식을 사용하는 명사는 다음과 같다.

access	addiction	adherence	affront
allegiance	allergy	allusion	alternative
answer	antidote	approach	aversion
contribution	damage	devotion	disloyalty
exception	fidelity	immunity	incitement
introduction	preface	prelude	recourse
reference	relevance	reply	resistance
return	sequel	solution	susceptibility
threat	vulnerability	witness	

- [명사 + for로 시작하는 전치사구] 형식을 사용하는 명사는 다음과 같다.

admiration	appetite	aptitude	bid
craving	credit	cure	demand
desire	disdain	dislike	disregard
disrespect	hunger	love	need
provision	quest	recipe	regard
remedy	respect	responsibility	room
substitute	sympathy	synonym	taste
thirst			

- [명사 + on, upon으로 시작하는 전치사구] 형식을 사용하는 명사는 다음과 같다.

assault	attack	ban	comment
concentration	constraint	crackdown	curb
dependence	effect	embargo	hold
insistence	reflection	reliance	restriction
stance	tax		

- [명사 + with로 시작하는 전치사구] 형식을 사용하는 명사는 다음과 같다.

| affinity | collusion | dealings | dissatisfaction |
| familiarity | identification | intersection | sympathy |

Objects

- (명사 + with, between으로 시작하는 전치사구) 형식을 사용하는 명사는 다음과 같다.

collision	connection	contrast	correspondence
encounter	intimacy	link	parity
quarrel	relationship		

- (명사 + 특정한 전치사) 형식을 사용하는 명사들의 예는 다음과 같다.

authority over	control over	departure from	escape from
excerpt from	foray into	freedom from	grudge against
insurance against	quotation from	reaction against	relapse into
safeguard against			

위에서 살펴본 바와 같이 비슷한 뜻을 가진 명사는 동일한 전치사를 사용한다. 예를 들면, **appetite, craving, desire, hunger, thirst** 등은 전치사 **for**를 사용하고, **acceleration, decline, fall, drop, rise** 등은 전치사 **in**을 사용한다.

Objects

1 direct objects(직접목적어)

목적어(**object**)는 명사나 명사구로, 사람이나 사물이 행위에 연관되어 있지만 그 행위를 직접 수행하지는 않는다. 목적어는 동사 뒤에 위치하며, 때때로 직접목적어라고도 한다.

He closed *the door*. 그는 문을 닫았다.
It was dark by the time they reached *their house*. 그들이 집에 도착했을 무렵에는 어두워져 있었다.
Some of the women noticed *me*. 그 여자들 중의 몇 사람은 나를 알아봤다.

2 indirect objects(간접목적어)

일부 동사는 두 개의 목적어를 취한다. 예를 들면, **I gave John the book.**(나는 존에게 그 책을 주었다.)에서 **the book**은 직접목적어이고, **John**은 간접목적어이다. 간접목적어는 대개 어떤 행동으로 이익을 얻거나, 그 결과로 어떤 사물을 받는 사람을 가리킨다. 간접목적어의 위치는 (주어(S) + 동사(V) + 간접목적어(IO) + 직접목적어(DO)) 형식이나, (주어(S) + 동사(V) + 직접목적어(DO) + 전치사 + 간접목적어(IO)) 형식과 같다.

Dad gave *me* a car. 아버지께서 나에게 자동차를 주셨다.
He handed his room key to *the receptionist*. 그는 방 열쇠를 접수원에게 건넸다.

○ 더 많은 정보는 Grammar 표제어 Verbs 참조.

3 prepositional objects(전치사의 목적어)

전치사도 목적어를 취한다. 전치사 뒤의 명사구를 전치사의 목적어라고 한다.

I climbed up *the tree*. 나는 그 나무를 기어올랐다.
Miss Burns looked calmly at *Marianne*. 번스 양은 메리앤을 조용히 바라보았다.
Woodward finished the second page and passed it to *the editor*.
우드워드는 두 번째 페이지를 완료한 후 편집자에게 넘겼다.

○ Grammar 표제어 Prepositions 참조.

The Passive

1 form and usage(형태와 용법)

수동태(**passive**)는 행동에 의해 영향을 받는 사람이나 사물이 주어인 동사구를 말한다. 예를 들면, **He was helped by his brother.**(그는 남동생의 도움을 받았다.)에서 **was helped**가 수동태 동사구이다. 능동태는 주어가 어떤 행동을 하는 주체인 사람이나 사물을 가리킬 때 사용하는데, **His brother helped him.**(남동생이 그를 도왔다.)에서 **helped**가 능동태 동사이다.

The Passive

수동태는 어떤 행위를 하는 사람이나 사물보다 그 행위에 의해 영향을 받는 사람이나 사물에 더 관심을 가지거나, 누가 그 행위를 했는지를 알지 못할 때 사용한다. 수동태를 사용할 때, **He was helped.**(그는 도움을 받았다.)와 같이 행위자를 언급하지 않아도 된다.

수동태 동사구는 (**be**동사 + 과거분사) 형식을 사용한다. 예를 들면, **eat**를 수동태 과거형으로 사용하는 경우, **be**동사의 과거형(**was, were**)과 **eat**의 과거분사(**eaten**)를 결합하여 사용한다. **to**부정사의 수동태 **to be eaten**이나, **-ing**형 수동태 **being eaten** 등의 형태도 있다.

○ 더 자세한 정보는 Grammar 표제어 Verb forms 참조.

목적어를 갖는 대부분의 타동사는 수동태로 사용할 수 있다.
The room *has been cleaned*. 방이 깨끗이 청소되었다.
Some very interesting work *is being done* on this. 이것에 대해 매우 흥미로운 어떤 작업이 진행되고 있다.
The name of the winner *will be announced* tomorrow. 우승자의 이름이 내일 발표될 것이다.

> **주의** 다음 타동사는 수동태로 사용할 수 없거나 거의 사용하지 않는다.
>
> | elude | escape | flee | get | have |
> |---|---|---|---|---|
> | let | like | race | resemble | suit |

자동사와 전치사로 구성된 구동사들도 수동태로 사용할 수 있다.
In some households, the man *was referred to* as the master.
어떤 가정에서는 남자를 주인이라고 불렀다.
Can these people *be relied on* to keep quiet?
이 사람들이 그 일에 대해 입을 다물고 있을지 믿을 만한가요?

🛈 동사 뒤에 바로 전치사가 따라오지만, 전치사 뒤에 명사구가 오지 않는 것은 그 명사구를 수동태 문장의 주어로 사용하고 있기 때문이다.

2 'by' and 'with'

수동태 문장에서 어떤 행위를 한 사람이나 사물을 나타낼 때, 전치사 **by**를 사용한다.
He had been poisoned *by his girlfriend*. 그는 여자 친구에 의해 독살되었다.
He was brought up *by an aunt*. 그는 고모에 의해 양육되었다.

수동태 문장에서 어떤 행위를 할 때 사용한 사물을 나타낼 때, 전치사 **with**를 사용한다.
A circle was drawn in the dirt *with a stick*. 막대기로 땅에 동그라미를 그렸다.
Moisture must be drawn out first *with salt*. 우선 소금으로 그곳의 습기를 제거해야 한다.

3 the object complements(목적격 보어)

일부 동사는 목적어 뒤에 보어를 취한다. 이때 보어는 목적어를 묘사하는 형용사나 명사구이다.

○ Grammar 표제어 Complements 참조.

수동태 문장에서 목적격 보어는 동사구 바로 뒤에 위치한다.
In August he *was elected Vice President of the Senate*.
8월에 그는 상원의 부의장으로 선출되었다.
These days, if a person talks about ghosts, he *is considered ignorant or mad*.
오늘날 어떤 사람이 유령에 대해 말한다면, 그는 무지하거나 미친 사람으로 여겨진다.

4 'get'

회화에서 수동태를 만들 때, **be** 대신 **get**을 때때로 사용한다.
Our car *gets cleaned* about once every two months. 우리는 차를 약 두 달에 한 번씩 청소한다.
My husband *got fined* in Germany for crossing the road.
내 남편은 도로 무단 횡단으로 독일에서 벌금을 물었다.

The Past

5 in report structures(전달문에서)

○ 수동태에서의 전달동사의 용법에 대한 정보는 Grammar 표제어 Reporting 참조.

The Past

1 talking about the past(과거에 대해 말하기)

단순과거시제는 과거의 일을 가리킬 때 사용한다.
She *opened* the door. 그녀는 문을 열었다.
One other factor *influenced* him. 다른 한 요소가 그에게 영향을 끼쳤다.

어떤 일이 정확하게 언제 일어났는지, 얼마 동안 일어났는지, 규칙적으로 일어났는지를 나타내기 위해서는, 시간을 니디내는 딘어와 표현을 추가해야 한다.
The Prime Minister *flew* to New York *yesterday*. 그 수상은 어제 뉴욕으로 비행기를 타고 갔다.
He *thought for a few minutes*. 그는 잠시 동안 생각을 했다.
They *went* for picnics *most weekends*. 그들은 주말에는 대부분 소풍을 갔다.

한 사건이 일어나기 전에 어떤 일이 계속 진행되고 있었거나, 그 사건이 일어난 후에도 지속적으로 그 일이 발생했을 때, 과거진행시제를 사용한다.
We *were driving* towards the racetrack when a policeman stepped in front of our car to ask for identification.
한 경찰관이 신분증 제시를 요구하기 위해 우리의 차 앞을 막아설 때까지 우리는 경마장을 향해 운전하고 있었다.
While they *were approaching* the convent, a couple of girls ran out of the gate.
그들이 수녀원에 다가가고 있는데 두 명의 여자 아이들이 문밖으로 달려 나왔다.

과거에 존재했었던 어떤 일의 일시적인 상황을 말할 때에도 과거진행시제를 사용한다.
Our team *were losing* 2–1 at the time. 우리 팀은 그때 2 대 1로 지고 있었다.
We *were staying* with friends in Italy. 우리는 이탈리아에서 친구들과 함께 머물고 있었다.

2 regular events(규칙적인 일)

과거에 정기적으로 일어난 일을 나타낼 때, 단순과거 대신 [would · used to + 동사원형] 형식을 사용할 수 있다.
We *would* normally *spend* the winter in Miami. 우리는 보통 마이애미에서 겨울을 보내곤 했다.
She *used to get* quite cross with Lally. 그녀는 랠리에게 몹시 화를 내곤 했다.

used to는 지금은 더 이상 일어나지 않는 상황을 나타낼 때도 사용한다.
People *used to believe* that the earth was flat. 사람들은 과거에 지구가 평평하다고 믿었다.

지금은 더 이상 일어나지 않는 상황에는 **would**를 사용하지 않는다.

3 perfect tenses(완료시제)

과거 어느 때 일어난 일이 현재까지 영향을 미치고 있을 경우, 현재완료시제를 사용한다.
I'm afraid I*'ve forgotten* my book, so I don't know. 내 책을 잊고 온 것 같다. 그래서 잘 모르겠다.
Have you *heard* from Jill recently? How is she? 최근에 질에게서 소식이 있었어요? 그녀는 어떻게 지내요?

또한 과거의 어느 때 시작되어 지금까지 계속 진행되는 상황을 말할 때, 현재완료시제를 사용한다.
I *have known* him for years. 나는 그를 수년간 알고 지냈다.
He *has been* here since six o'clock. 그는 6시부터 여기에 와 있다.

최근의 한 사건이 얼마간 계속 발생했음을 강조할 경우, 현재완료 진행시제를 사용한다.
She*'s been crying*. 그녀는 지금도 울고 있다.
I*'ve been working* hard all day. 나는 온종일 열심히 일을 해오고 있다.

과거 어느 시점을 기준으로 그 이전에 어떤 일이 일어나서 과거 그 시점까지 영향을 끼칠 때, 과거완료시제를 사용한다.

Past participles

I apologized because I *had left* my wallet at home. 나는 집에 지갑을 놓고 와서 사과를 했다.
The fence between the two properties *had been removed*. 두 소유지 사이에 울타리가 제거되었다.

과거 이전의 시점에 시작하여 과거에도 여전히 지속되는 경우, 과거완료 진행시제를 사용한다.

I was about twenty. I *had been studying* French for a couple of years.
내가 스무 살 정도였을 때, 나는 2년 동안 프랑스어를 배우고 있었다.
He *had been working* there for ten years when the trouble started.
그가 그곳에서 10년간 일을 하던 중에 그 문제가 시작되었다.

4 future in the past(과거에서의 미래)

과거의 특정한 때에 미래의 일을 나타낼 때, would, was/were going to, 과거진행시제를 사용한다.

He thought to himself how wonderful it *would taste*.
그는 그것이 얼마나 맛이 있을지 혼자 생각했다.
Her daughter *was going to do* the cooking. 그녀의 딸이 요리를 할 예정이었다.
Mike *was taking* his test the week after. 마이크는 그 다음 주에 시험을 치를 예정이었다.

Past participles

1 basic uses(기본 용법)

완료시제, 수동태, 경우에 따라서 형용사를 만들 때, 동사의 과거분사를 사용한다. 과거분사를 형용사로 사용하는 경우, -ed형용사라고 한다.

Advances have *continued*, though actual productivity has *fallen*.
실제 생산성은 떨어졌지만 진보는 계속되고 있다.
Jobs are still being *lost*. 실직이 여전히 계속되고 있다.
We cannot refuse to teach children the *required* subjects.
우리는 아이들에게 필수 과목들을 가르치는 것을 거부할 수 없다.

○ Grammar 표제어 Verb forms 참조.

과거분사는 불규칙동사를 제외하고 동사의 과거형과 같다.

○ Grammar 표제어 Irregular verbs 참조.

2 introducing a clause(절 소개하기)

문장에서 과거분사로 시작하는 비정동사절은 수동적인 의미를 가지고 있다. 예를 들면, '그녀는 그들의 배신에 슬퍼서 사임했다.'는 She was saddened by their betrayal and resigned. 대신 Saddened by their betrayal, she resigned.라고 한다. 주절은 과거분사로 시작하는 비정동사절에서 설명한 상황에 따라 생겨난 결과, 또는 그 상황에 이어 일어나는 연관된 사건을 가리킬 수 있다.

Stunned by the sudden assault, the enemy were overwhelmed.
갑작스러운 기습에 놀라, 적들은 어찌할 바를 몰랐다.
Arrested as a spy and sentenced to death, he spent three months in prison.
그는 스파이로 체포되어 사형 선고를 받고 감옥에서 3개월의 시간을 보냈다.

위와 같은 구문은 특히 감정을 나타내는 과거분사와 함께 사용하는데, 이러한 구문 대신 (having been · after having been · after being + 과거분사) 형식을 사용하기도 한다.

Having been left fatherless in early childhood he was brought up by his uncle.
그는 어린 시절에 아버지께서 안 계셔서 삼촌의 손에서 자랐다.
After being left for an hour in the waiting room, we were led to the consultant's office.
우리는 한 시간 동안 대기실에서 기다리다가 상담실로 안내되었다.

주절과 종속절의 주어가 같을 때, 주어나 조동사 없이 종속접속사로 시작되는 절에 과거분사를 사용할 수 있다.

Dogs, *when threatened*, make themselves smaller and whimper like puppies.
개들은 위협을 느낄 때 몸을 움츠리고 강아지처럼 낑낑거린다.
Although now recognised as an important habitat for birds, the area of Dorset heathland has

been cut in half since 1962.
지금은 새들의 중요한 서식지로 인정받고 있지만, 히스가 무성한 도셋 황야 지역은 1962년 이래 반으로 줄어들었다.

3 after nouns(명사 뒤에 사용하기)

[사람을 나타내는 명사·부정대명사·those + 과거분사] 형식을 사용하여, 수식받는 사람이 누구인지 이 사람에게 어떤 일이 일어났는지를 묘사할 수 있다.

...a successful method of bringing up children *rejected by their natural parents*.
친부모로부터 버림 받은 어린이들을 성공적으로 양육하는 방법.

Many of those *questioned in the poll* agreed with the party's policy on defence.
여론 조사에서 질문을 받은 많은 사람들이 그 정당의 국방 정책에 동의했다.

It doesn't have to be someone *appointed by the government*. 정부에 의해 임명된 사람이 아니어도 된다.

Phrasal modals

구조동사(phrasal modal)는 다른 동사와 함께 단일 동사구를 이루며, 조동사가 하는 역할과 동일한 방식으로 동사의 의미에 영향을 끼치는 구이다.

일부 구조동사는 be나 have로 시작한다. 예를 들면, be able to, be bound to, be going to, have got to, have to가 있다. 이러한 구에서 첫 번째 단어인 be와 have는 동사 be와 have가 변하는 것처럼 주어와 시제에 따라 형태가 변화한다. 예를 들면, I am bound to fall asleep., She is bound to fall asleep., We have to leave tonight., They had to leave last night. 등과 같은 식이다. 하지만 다른 구조동사는 이와 같은 방식으로 변하지 않는다. 예를 들면, I would rather go by bus.나 He would rather go by bus. 등과 같다. 구조동사는 다음과 같다.

be able to	had best	had better	be bound to
be going to	have got to	have to	be liable to
be meant to	ought to	would rather	would just as soon
would sooner	be supposed to	be sure to	be unable to
used to	would do well to		

It *was supposed to* last for a year and actually lasted eight.
그것은 일 년간 지속되기로 예정되었으나, 실제로는 8년간 지속되었다.

She *is able to* sit up in a wheelchair. 그녀는 휠체어에서 똑바로 앉을 수 있다.

He *used to* shout at people. 그는 사람들에게 소리를 지르곤 했다.

Phrasal verbs

1 phrasal verbs(구동사)

구동사(phrasal verb)는 [동사 + 부사], [동사 + 전치사], [동사 + 부사 + 전치사] 형식으로 하나의 뜻을 나타낸다. 구동사에 사용하는 부사나 전치사를 문법 용어로 불변화사(particle)라고도 한다. 구동사는 동사의 원래의 뜻을 확장하거나 새로운 뜻을 만들어낸다.

The pain gradually *wore off*. 고통은 서서히 사라졌다.
I had to *look after* the kids. 나는 아이들을 돌봐야만 했다.
They *broke out of* prison. 그들은 감옥에서 탈출했다.
Kevin tried to *talk* her *out of* it. 케빈은 그녀를 설득하여 그 일을 못하게 하려 했다.

2 position of objects(목적어의 위치)

- 구동사가 [타동사 + 부사] 형식으로 이루어진 경우, 동사의 목적어는 부사의 앞이나 뒤에 온다.
  Don't give *the story* away, silly! 바보같이 그 이야기를 말하지 마세요!
  I wouldn't want to give away *any secrets*. 나는 어떤 비밀도 누설하고 싶지 않다.

- 그러나 동사의 목적어가 대명사일 경우, 대명사는 부사 앞에 온다.
  He cleaned *it* up. 그는 그것을 깨끗이 청소했다.

Plural forms of nouns

I answered *him* back and took my chances. 나는 그에게 말대꾸를 하면서 결연히 맞서 보았다.

- 구동사가 〔타동사 + 전치사〕 형식으로 이루어진 경우, 〔타동사 + 목적어 + 전치사 + 전치사의 목적어〕 형식을 사용한다.

    They agreed to let *him* into *their little secret*. 그들은 자신들의 사소한 비밀을 그에게 알려 주기로 동의했다.
    The farmer threatened to set *his dogs* on *them*. 농부는 개들이 그들을 공격하게 하겠다고 위협했다.

- 동사와 전치사가 결합한 구동사가 하나의 타동사 역할을 하는 경우, 〔동사 + 전치사 + 목적어〕 형식을 사용한다.

    I love looking after *the children*. 나는 아이들을 돌보는 것을 좋아한다.
    Elaine wouldn't let him provide for *her*. 일레인은 그가 그녀를 부양하는 것을 허락하지 않을 것이다.
    ...friends who stuck by *me* during the difficult times. 내가 어려움에 처했을 때 곁에 있어 준 친구들.

- 구동사가 〔타동사 + 부사 + 전치사〕 형식으로 이루어진 경우, 동사의 목적어는 일반적으로 부사 앞에 온다.

    Multinational companies can play *individual markets* off against each other.
    다국적 기업들은 개별 시장들을 서로 경쟁시켜 어부지리를 얻을 수 있다.
    I'll take *you* up on that generous invitation. 저는 당신의 관대한 그 초대에 수락하겠습니다.

- 〔동사 + 부사 + 전치사〕가 하나의 타동사 역할을 하는 경우, 목적어는 전치사 뒤에 온다.

    They had to put up with *their son's bad behaviour*. 그들은 아들의 나쁜 행실을 참아내야만 했다.
    He was looking forward to *life after retirement*. 그는 은퇴 후의 삶을 고대하고 있었다.
    Look out for *the symptoms of flu*. 독감 증상을 조심하세요.

3 passives (수동태)

〔동사 + 전치사·부사〕 형식의 타동사구를 수동태로 만들 때, 함께 쓰인 전치사와 부사는 동사와 함께 그대로 남겨둔다.

She died a year later, and I *was taken in* by her only relative.
그녀는 일 년 후에 죽고, 나는 그녀의 하나뿐인 친척에게 보내졌다.
I *was dropped off* in front of my house. 나는 집 앞에 내려졌다.
The factory *was closed down* last year. 그 공장은 지난해에 문을 닫았다.

Plural forms of nouns

가산명사의 복수형을 만드는 기본적인 방법은 다음 표와 같다.

		단수형	복수형
규칙적인 변화			-s를 첨가([-s] 또는 [-z])
		hat	hats
		tree	trees
			-s를 첨가([-iz])
-se로 끝나는 명사		rose	roses
-ze로 끝나는 명사		prize	prizes
-ce로 끝나는 명사		service	services
-ge로 끝나는 명사		age	ages
			-es를 첨가([-iz])
-sh로 끝나는 명사		bush	bushes
-ch로 끝나는 명사		speech	speeches
-ss로 끝나는 명사		glass	glasses
-x로 끝나는 명사		box	boxes
-s로 끝나는 명사		bus	buses
			-y를 -ies로 변형

Plural forms of nouns

자음 + -y로 끝나는 명사	country lady	countries ladies
모음 + -y로 끝나는 명사	boy valley	-s를 첨가([-z]) boys valleys

장모음과 [θ]로 끝나는 명사의 복수형은 [-ðz]로 발음한다. 예를 들면, **path**의 복수형 **paths**는 [pæðz | paːðz]로, **mouth**의 복수형 **mouths**는 [mauðz]로 발음한다. **house**[haus]의 복수형 **houses**는 [háuziz]로 발음한다.

- -ch로 끝나는 명사의 발음이 [k]이면, 복수형은 -es가 아닌 -s를 붙인다. 예를 들면, stomach[stʌ́mək]의 복수형은 stomachs이다.

stomach → stomachs	monarch → monarchs

1 nouns with no change in form (형태가 변하지 않는 명사)

일부 명사는 단수형과 복수형이 같다.
...a *sheep* 양 한 마리.
...nine *sheep* 양 아홉 마리.

위와 같은 명사 중 대다수는 동물이나 어류에 속한다

bison	cod	deer	fish
goldfish	greenfly	grouse	halibut
moose	mullet	reindeer	salmon
sheep	shellfish	trout	whitebait

- 동물을 가리키는 명사의 복수형이 -s로 끝나더라도, 사냥을 하는 관점에서 동물을 가리키면 일반적으로 -s가 없는 복수형을 사용한다.

Zebra are a more difficult prey.
얼룩말은 더 다루기 힘든 먹잇감이다.

마찬가지로, 함께 자라는 매우 많은 양의 나무나 식물을 가리킬 때, -s가 없는 복수형을 사용할 수 있다. 그러나 이 경우에는 복수형이 아닌 불가산명사처럼 사용한다.

...the rows of *willow* and *cypress* which lined the creek.
시내를 따라 일렬로 늘어선 버드나무와 사이프러스 나무의 열.

다음 명사들도 단수형과 복수형이 같다.

aircraft	crossroads	dice	gallows
grapefruit	hovercraft	insignia	mews
offspring	series	spacecraft	species

2 nouns ending in '-f' or '-fe' (-f나 -fe로 끝나는 명사)

-f나 -fe를 -ves로 바꿔서 복수형을 만드는 명사들이 있다.

calf → calves	elf → elves	half → halves	knife → knives
leaf → leaves	life → lives	loaf → loaves	scarf → scarves
sheaf → sheaves	shelf → shelves	thief → thieves	turf → turves
wharf → wharves	wife → wives	wolf → wolves	

hoof의 복수형은 **hoofs**나 **hooves**이다.

Plural forms of nouns

3 nouns ending in '-o' (-o로 끝나는 명사)

-o로 끝나는 명사의 복수형을 만들 때, **-s**를 붙인다.

photo → photos
radio → radios

그러나 다음의 **-o**로 끝나는 명사들은 복수형을 만들 때는 **-es**를 붙인다.

domino	echo	embargo	hero
negro	potato	tomato	veto

다음의 **-o**로 끝나는 명사들은 복수형을 만들 때, **-s**나 **-es**를 모두 사용할 수 있다.

buffalo	cargo	flamingo	fresco
ghetto	innuendo	mango	manifesto
memento	mosquito	motto	salvo
stiletto	tornado	torpedo	volcano

4 irregular plurals (불규칙 복수형)

특수한 복수형을 취하는 명사는 다음과 같다.

child → children	foot → feet	goose → geese	louse → lice
man → men	mouse → mice	ox → oxen	tooth → teeth
woman → women			

▶ women [wímin]의 첫 번째 음절은 woman [wúmən]의 첫 번째 음절과 다르게 발음한다.

-man, **-woman**, **-child**로 끝나는 대부분의 명사는 사람을 가리키며, 복수형이 **-men**, **-women**, **-children** 형태가 된다.

Englishwoman → Englishwomen
grandchild → grandchildren
postman → postmen

그러나 German, human, Norman, Roman의 복수형은 Germans, humans, Normans, Romans이다.

5 plurals of compound nouns (복합명사의 복수형)

대부분 복합명사의 복수형은 마지막 단어 끝에 **-s**를 붙인다.

down-and-out → down-and-outs
swimming pool → swimming pools
tape recorder → tape recorders

그러나 **-er**로 끝나는 명사와 **on**이나 **by**와 같은 부사로 이루어진 복합명사의 경우, 그것이 사람을 가리키면 그 복수형은 첫 번째 단어 끝에 **-s**를 붙인다.

passer-by → passers-by
hanger-on → hangers-on

셋 이상의 단어로 이루어진 복합명사의 복수형은 첫 번째 단어가 자신이 말하는 사람이나 사물인 경우, 첫 번째 단어 끝에 **-s**를 붙인다.

Plural forms of nouns

brother-in-law	→	brothers-in-law
bird of prey	→	birds of prey

6 plurals of foreign words (외래어의 복수형)

특히 라틴어와 같이 다른 언어에서 차용한 영단어의 경우, 그 언어의 규칙에 따라 복수형을 만드는 단어들이 있다. 대부분의 단어들은 전문 용어이거나 격식을 차린 말이며, 일부는 비전문적이거나 격식을 차리지 않는 문장에서 규칙형인 -s나 -es로 끝나는 복수형을 사용할 수도 있다. 이러한 단어는 사전을 통해 확인할 필요가 있다.

- **-us**로 끝나는 명사는 **-us**를 **-i**로 바꾼다.

nucleus	→	nuclei
radius	→	radii
stimulus	→	stimuli

- 그러나 **-us**로 끝나는 또 다른 명사는 다른 복수형을 갖는다.

corpus	→	corpora
genus	→	genera

- **-um**으로 끝나는 명사는 흔히 **-um**을 **-a**로 바꾼다.

aquarium	→	aquaria
memorandum	→	memoranda

- **-a**로 끝나는 명사는 단어의 끝에 **-e**를 붙인다.

larva	→	larvae
vertebra	→	vertebrae

- **-is**로 끝나는 명사는 **-is**를 **-es**로 바꾼다.

analysis	→	analyses
crisis	→	crises
hypothesis	→	hypotheses

- **-ix, -ex**로 끝나는 명사는 단어의 끝을 **-ices**로 바꾼다.

appendix	→	appendices
index	→	idices
matrix	→	matrices

- 그리스어에서 기원한 **-on**으로 끝나는 명사는 **-on**을 **-a**로 바꾼다.

criterion	→	criteria
phenomenon	→	phenomena

- 프랑스어에서 기원한 다음의 단어는 단수형과 복수형이 같다. 단수형일 경우에는 끝의 **-s**를 발음하지 않고, 복수형일 경우에만 [-z]로 발음한다.

Possessive determiners

bourgeois	chassis corps patois
précis	rendezvous

Possessive determiners

1 possessive determiners(소유격 한정사)

소유격 한정사는 어떤 것을 소유하고 있는 사람이나 사물을 나타낸다. 소유격 한정사는 다음과 같다.

	단수형	복수형
1인칭(first person)	my	our
2인칭(second person)	your	
3인칭(third person)	his her its	their

소유격 한정사는 언급하고 있는 사물을 소유하고 있는 사람과 사물에 따라 표현이 달라진다. 예를 들어, 한 여자가 펜을 가지고 있을 경우 **her pen**이라고 하지만, 남자의 것이라면 **his pen**이라고 한다.

Come round to _my house_ this evening. 오늘 저녁 저의 집에 와 주세요.
Sir Thomas More built _his house_ there. 토머스 모어 경은 그곳에 자신의 집을 지었다.
I stayed at _her house_ last week. 나는 지난주 그녀의 집에서 지냈다.
Sometimes I would sleep in _their house_ all night.
때때로 나는 그들의 집에서 밤새껏 잠을 자곤 했다.

소유격 한정사 뒤의 명사가 단수형인지 복수형인지, 사람인지 사물인지에 상관없이 같은 소유격 한정사를 사용한다.
I just went on writing in _my notebook_.
나는 노트에 계속 쓰기만 했다.
My parents don't trust me.
내 부모님께서는 나를 믿지 않는다.

> 주의 소유격 한정사는 다른 한정사와 같이 사용하지 않는다. 예를 들면, '나는 구두를 벗었다.'는 ~~I took off the my shoes.~~가 아닌 **I took off my shoes.**라고 한다.

2 'the' instead of possessive(소유격 대신 사용하는 the)

사물이 어떤 사람의 것임이 명확할 때, 소유격 한정사 대신 **the**를 사용할 수 있다. 특히 누군가가 다른 사람의 신체의 일부분에 어떤 행동을 가하다라고 할 때 **the**를 사용한다.

She patted him on _the head_. 그녀는 그의 머리를 쓰다듬었다.
He took his daughters by _the hand_ and led them away.
그는 딸들의 손을 잡고 데리고 갔다.

자신이 소유한 사물들 중의 하나를 가리킬 때, **the**를 사용하기도 한다. 예를 들면, '가서 차를 가지고 오겠다.'는 **I'll go and get my car.** 대신, **I'll go and get _the_ car.**라고 할 수 있다.
I went back to _the_ house. 나는 집으로 돌아갔다.
The noise from _the_ washing-machine is getting worse.
세탁기에서 나는 소음이 점점 심해지고 있다.

그러나 사람이 착용하고 있는 것을 가리킬 때는 위에서처럼 **the**를 사용하지 않는다. 예를 들면, '내 시계는 늦다.'는 ~~The watch is slow.~~가 아닌 **My watch is slow.**라고 한다. 또한 삼촌이나 여동생 등의 친척 관계를 가리킬 때에도 **the**를 소유의 뜻으로 사용하지 않는다. 그러나 어린이들을 가리킬 때는 **the children** 또는 **the kids**라고 흔히 말한다.

Prepositions

When *the children* had gone to bed I said, 'I'm going out for a while.'
아이들이 잠자리에 들어가자, 나는 "잠깐 외출을 해야겠어."라고 말했다.

🛈 어떤 것이 사물보다 사람에게 속해 있음을 나타낼 때, 소유격 한정사를 더 일반적으로 사용한다. 즉, 방의 문을 가리킬 때, its door보다 the door라고 말하는 것이 더 일반적이다.

Prepositions

1 with a following noun group(뒤따르는 명사구와 함께 사용하기)

전치사구는 일반적으로 (전치사 **at** · **in** · **on** · **with** 등 + 명사 · 명사구) 형식을 말하며, 이러한 명사나 명사구를 전치사의 목적어라고 한다.

전치사는 전치사의 목적어와 함께 사용하여 장소나 시간을 나타낸다.
She waited *at* the bus stop *for* twenty minutes. 그녀는 버스 정류장에서 20분 동안 기다렸다.
Tell me if you're coming *to* my party *on* Saturday. 토요일에 제 파티에 당신이 올 것인지 말해 주세요.
They arrived *at* Scunthorpe *in* the morning. 그들은 아침에 스컨소프에 도착했다.

○ Topic 표제어 **Places**와 **Time** 참조.

사물, 성질, 행동에 대해 더 많은 정보를 주는 구(**phrase**)를 이끌 때, 명사, 형용사, 동사 뒤에 전치사를 사용하기도 한다.

○ Grammar 표제어 **Nouns**, **Verbs** 참조.

2 without a following noun group(뒤따르는 명사구 없이 사용하기)

전치사 뒤에 명사구가 따르지 않는 경우가 몇 가지 있다. 이 경우, 전치사와 관련된 명사구는 문장에서 전치사보다 앞쪽에 위치한다. 명사구가 뒤따르지 않는 경우는 다음과 같다.

● 의문문과 간접의문문
What will you talk *about*? 당신은 무엇에 대해 말할 예정입니까?
She doesn't know *what* we were talking *about*. 그녀는 우리가 무엇을 얘기하고 있었는지 모른다.

○ Grammar 표제어 **Questions**와 **Reporting** 참조.

● 관계사절
This was the job *which* I'd been training *for*. 이것은 내가 훈련받아 온 직업이다.

○ Grammar 표제어 **Relative clauses** 참조.

● 수동태
Those findings have already been referred *to*. 그러한 조사 결과들은 벌써 알려져 있다.

○ Grammar 표제어 **The Passive** 참조.

● 보어와 **to**부정사 뒤
She's very difficult to get on *with*. 그녀는 사이좋게 지내기가 매우 어려운 여자이다.
The whole thing was just too awful to think *about*. 그 모든 것을 생각하기에는 너무나 끔찍했다.

3 complex prepositional object(복합전치사의 목적어)

전치사 뒤에 또 다른 전치사구나 **wh**-절을 사용할 수 있다.
I had taken his bag *from under the kitchen table*. 나는 부엌 식탁 아래에 있는 그의 백을 꺼냈다.
I walked across the room *to where she was sitting*. 나는 그 방을 가로질러 그녀가 앉은 곳으로 갔다.
We discussed the question *of who should be the new chairperson*.
우리는 누가 무역 위원회의 의장이 되어야 하는가의 문제에 대해 토의했었다.

4 prepositions and adverbs(전치사와 부사)

일부 전치사는 부사로도 사용된다. 이때 부사의 뜻은 전치사와 유사하다.

The Present

I looked *underneath the bed*, but the box had gone.
내가 침대 아래를 찾아보았으나, 그 상자는 사라지고 없었다.
Always put a sheet of paper *underneath*.
항상 종이 한 장을 밑에 깔아 주세요.
The door was *opposite the window*.
그 문은 창문 반대편에 있었다.
The kitchen was *opposite*, across a little landing.
그 부엌은 작은 층계참 건너, 반대편에 있었다.

전치사나 부사로 사용할 수 있는 서로 비슷한 뜻의 단어들은 다음과 같다.

aboard	about	above	across
after	against	along	alongside
before	behind	below	beneath
beside	beyond	by	down
in	in between	inside	near
off	on	on board	opposite
outside	over	past	round
since	through	throughout	under
underneath	up	within	

The Present

현재 존재하는 장기간의 상황, 현재 일어나고 있는 규칙적이거나 습관적인 행동, 일반적인 진리를 나타낼 때, 단순현재시제를 사용한다.

My dad *works* in Saudi Arabia.
내 아버지께서는 현재 사우디아라비아에서 일을 하고 계신다.
I *wake* up early and *eat* my breakfast in bed.
나는 일찍 일어나서, 침대에서 아침밥을 먹는다.
Water *boils* at 100 degrees centigrade.
물은 섭씨 100도에서 끓는다.

일시적인 것으로 여겨지는 일이나 현재 일어나고 있는 일을 나타낼 때, 현재진행시제를 사용한다.

I'm working in London at the moment.
나는 지금 현재 런던에서 일하고 있다.
Wait a moment. *I'm listening* to the news.
잠시 기다리세요. 저는 뉴스를 듣고 있어요.

> 주의 현재 일어나고 있는 일을 나타낼 때에도 현재진행시제로 사용하지 않는 동사가 상당수 있다.

🛈 미래의 일을 나타낼 때, 현재시제를 사용하는 경우가 있다.
○ Grammar 표제어 **Future time**, **The past** 참조.

The progressive or continuous form

1 The progressive or continuous form(진행 시제 형식)

진행시제는 (be동사 + 현재분사) 형식으로, 어떤 특정한 시점의 일시적인 상황에 대해 말할 때 사용한다.

○ Grammar 표제어 **Verb forms** 참조.

진행시제를 사용하는 동사를 때때로 역동동사(**dynamic verb**)라고 한다.

The industry *has been developing* rapidly.
그 산업은 급속도로 발전해 오고 있다.
He'*ll be working* abroad next week. 그는 다음 달 해외에서 일을 할 것이다.

The progressive or continuous form

2 stative verbs(상태동사)

일반적으로 진행시제를 사용하지 않는 동사들이 많이 있다. 이러한 종류의 동사를 흔히 상태동사(**stative verb**)라고 한다.

다음 동사들은 동사 자체가 가지는 일반적이거나 혹은 기본적인 뜻일 때는 진행시제를 사용할 수 없다.

admire	adore	appear	astonish
be	believe	belong to	concern
consist of	contain	deserve	desire
despise	detest	dislike	envy
exist	fit	forget	hate
have	hear	imagine	impress
include	interest	involve	keep
know	lack	last	like
look like	love	matter	mean
owe	own	please	possess
prefer	reach	realize	recognize
remember	resemble	satisfy	see
seem	sound	stop	suppose
surprise	survive	suspect	understand
want	wish		

Do you *like* football? 당신은 축구를 좋아합니까?
I *want* to come with you. 나는 당신과 같이 오고 싶다.
Where *do* you *keep* your keys? 당신의 열쇠를 어디에 보관합니까?
Then I *heard* a noise. 그러고 나서 나는 소음을 들었다.

회화에서는 이러한 일부 단어들을 사용하기도 하는데, 특히 지금 현재의 상황이 새롭거나 일시적이거나, 또는 현재 이 순간을 강조할 때 사용한다.

Rachel *is loving* one benefit of the job – the new clothes.
레이철이 직장에서 누리는 혜택 중 하나는 새로운 옷들을 제공받는 것이다.
I'*m liking* grapes these days too. 나는 요사이 포도 먹기를 좋아하고 있다.
I'*m wanting* the film to be deliberately old-fashioned.
나는 의도적으로 옛 방식으로 제작된 영화를 보기 원하고 있다.

그러나 위와 같은 표현은 되도록 하지 않는 것이 좋다.

정적 동사(**stative verbs**)이지만 현재 또는 과거 진행 시제에 사용하는 동사는 아래와 같다.

forget	imagine	like	remember
guess	lack	love	want

격식을 차리거나 차리지 않은 현재 또는 과거 진행 완료 형식에 사용할 수 있다.

I'*ve been wanting* to speak to you about this for some time.
이 일을 당신과 상의해 보려고 지금까지 원해 오고 있는 중이다.
John *has been keeping* birds for about three years now.
존은 지금까지 3년을 새들을 돌보아 주고 있는 중이다.
Then she heard it. The sound she *had been hearing* in her head for weeks.
그러고 나서 그녀는 그것을 들었는데, 그녀 머릿속에 수주 동안 맴돌던 그 소리를 들어오던 중이었다.

3 'be'

be동사는 일반적으로 진행시제에서 본동사로 사용하지 않는다. 그러나 어떤 사람이 특정한 시간 동안 지속된 태도나 행동을 묘사할 때, 진행시제에 **be**동사를 사용할 수 있다.

You'*re being* naughty. 당신은 지금 개구쟁이같이 굴고 있다.

Pronouns

4 'have'

have가 소유의 뜻일 경우, 진행시제에 사용할 수 없다. 누군가가 어떤 일을 하고 있다는 것을 나타낼 때에는 have를 진행시제에 사용할 수 있다.

We *were* just *having* a philosophical discussion. 우리는 그저 철학적인 토론을 하고 있었다.

- Usage 표제어 have 참조.

5 other verbs(그 밖의 동사)

일부 동사를 진행시제로 사용하지 않는 경우, 매우 특정한 뜻을 갖는다. 예를 들면, smell을 진행시제에 사용하면, 의도적으로 어떤 것의 냄새를 맡다라는 뜻이지 어떤 냄새가 나다라는 뜻이 아니다.

She *was smelling* her bunch of flowers. 그녀는 자신의 꽃다발의 냄새를 맡고 있었다.
The air *smelled* sweet. 공기가 상쾌했다.

다음 동사들은 괄호 안의 뜻으로 사용하는 경우, 진행시제로 사용할 수 없다.

depend (be related to) : 어떤 것에 관련되어 있다	feel (have an opinion) : 어떤 의견이 있다
measure (have length) : 길이가 ~이다	smell (of something) : 어떤 것의 냄새가 나다
taste (of something) : 어떤 것을 맛보다	think (have an opinion) : 어떤 의견이 있다
weigh (have weight) : 무게가 ~나가다	

Pronouns

1 pronouns(대명사)

대명사(pronoun)는 it, this, nobody 등과 같은 단어로, 앞에 말한 명사나 명사구를 대신하는 품사이다. 일부 대명사는 명사의 반복을 피하기 위해 사용한다. 예를 들면, '어머니께서 오늘 저녁에 나에게 전화를 하겠다고 말씀하셨다.'는 My mother said my mother would phone me this evening.이 아닌 My mother said *she* would phone me this evening.이라고 한다.

> 주의 명사를 포함한 명사구 대신에 대명사를 사용한다. 그러나 대명사를 명사구에 추가하여 사용하지 않는다. 예를 들면, My mother she wants to see you.가 아닌 My mother wants to see you.나 She wants to see you.라고 한다.

이 표제어에서는 인칭대명사, 소유대명사, 재귀대명사, 부정대명사에 대한 정보를 제공한다.

- 지시대명사에 대한 정보는 Usage 표제어 this - that 참조.
- 상호대명사에 대한 정보는 Usage 표제어 each other - one another 참조.
- 어떤 wh-어는 대명사로, Grammar 표제어 'Wh'-words 참조.

사람이나 사물의 양을 가리킬 때, 대명사로 many와 some 등의 단어를 사용할 수도 있다.

- Grammar 표제어 Quantity 참조.

one은 명사구를 대신하여 사용할 수 있지만, 명사구 내의 명사를 대신할 수는 없다.

- Usage 표제어 one 참조.

2 Personal pronouns(인칭대명사)

인칭대명사는 앞서 언급한 사람이나 사물, 말하는 사람이나 듣는 사람을 가리킬 때 사용한다. 인칭대명사는 주격 대명사와 목적격 대명사로 나누어진다.

주격 대명사는 동사의 주어로 사용하며 다음과 같다.

	단수형	복수형
1인칭(first person)	I	we
2인칭(second person)	you	

Pronouns

	단수형	복수형
3인칭(third person)	he she it	they

I do the washing; *he* does the cooking; *we* share the washing-up.
나는 빨래를 하고, 그는 요리를 한다. 그러나 우리는 설거지는 나눠서 한다.

My father is huge – *he* is almost two metres tall. 나의 아버지는 키가 2미터로 아주 크다.

목적격 대명사는 동사의 직접목적어나 간접목적어, 또는 전치사의 목적어로 사용한다. 목적격 대명사는 다음과 같다.

	단수형	복수형
1인칭(first person)	me	us
2인칭(second person)	you	
3인칭(third person)	him her it	them

The nurse washed *me* with cold water. 간호사는 나를 찬물로 씻겨 주었다.
I'm going to read *him* some of my poems. 나는 그에게 나의 시 중에서 몇 편을 낭송해 줄 예정이다.

🔹 주어와 동일한 사람이 간접목적어인 경우, 목적격 대명사가 아닌 재귀대명사를 사용한다.
He cooked *himself* an omelette. 그는 오믈렛을 요리해 먹었다.

🔹 현대 영어에서는 it's 뒤에 I가 아닌 me를 사용한다.
'Who is it?' – 'It's *me*.' "누구세요?" – "접니다."

◯ Usage 표제어 me 참조.

we와 us는 화자의 이야기에 듣는 상대를 포함하기도 하고, 포함하지 않기도 한다. 예를 들어, **We must meet more often.**이라고 하면 화자와 화자의 말을 듣고 있는 상대방이 서로 더 자주 만나야 한다는 의미이고, **We don't meet very often now.**라고 하면 화자와 다른 누군가가 요사이 자주 만나지 않는다는 의미이다.

일반인을 가리킬 때, you와 they를 사용할 수 있다.
If *you* want to be a doctor, *you* have to have good communication skills.
당신이 의사가 되고 싶으면 훌륭한 소통 능력을 가져야 한다.
They say she's very clever. 사람들은 그녀가 매우 영리하다고 말한다.

◯ Usage 표제어 one 참조.

사람을 가리키는 부정대명사를 다시 언급하는 경우, 때때로 **they**와 **them**을 사용한다.

◯ Usage 표제어 he – they 참조.

시간, 날짜, 날씨, 상황에 대한 일반적인 서술에서는 비인칭대명사 it을 사용한다.

◯ Usage 표제어 it 참조.

3 possessive pronouns(소유격 대명사)

소유격 대명사는 가리키는 사람이나 사물이 누구에게 속하거나 관련이 있는지를 보여 준다. 소유격 대명사는 다음과 같다.

	단수형	복수형
1인칭(first person)	mine	ours
2인칭(second person)	yours	
3인칭(third person)	his hers	theirs

Pronouns

Is that coffee *yours*, or *mine*? 저 커피는 당신 것입니까? 아니면 제 것입니까?
It was his fault, not *theirs*. 그것은 그의 잘못이지, 그들의 잘못이 아니었어요.
'What's your name?' – 'Frank.' – '*Mine*'s Laura.' "당신의 이름은 무엇입니까?" – "프랭크예요." – "저는 로라예요."

> 주의 its라는 소유격 대명사는 없다.

소유격 대명사는 때때로 형태가 매우 비슷한 소유한정사와 혼동하기 쉬우므로 주의한다.
- Grammar 표제어 Possessive determiners 참조.

소유격 대명사는 of 뒤에 사용할 수 있다.
He was an old friend *of mine*. 그는 나의 오랜 친구 중의 한 사람이었다.
- Usage 표제어 of 참조.

4 reflexive pronouns (재귀대명사)

어떤 행위의 영향을 받는 사람이나 사물이 그 행위를 하는 사람이나 사물과 같을 경우, 동사나 전치사의 목적어로 재귀대명사를 사용한다.

	단수형	복수형
1인칭 (first person)	myself	ourselves
2인칭 (second person)	yourself	youselves
3인칭 (third person)	himself herself itself	themselves

She stretched *herself* out on the sofa. 그녀는 소파 위에서 기지개를 폈다.
The men formed *themselves* into a line. 남자들은 스스로 한 줄로 섰다.
- 재귀대명사의 위와 같은 용법에 대한 더 자세한 정보는 Grammar 표제어 Verbs 참조.

명사나 대명사를 강조하기 위해 그 뒤에 재귀대명사를 사용하기도 한다.
I myself have never read the book. 나 자신은 그 책을 읽어 본 적이 없다.
The town itself was so small that it didn't have a bank. 마을 자체의 규모가 너무 작기 때문에 은행이 없었다.

주어를 강조하기 위해 재귀대명사를 문장의 끝에 사용하기도 한다.
I find it a bit odd *myself*. 나는 그것이 좀 이상하다고 생각한다.

다른 사람의 도움 없이 어떤 일을 했다는 것을 말할 때, 재귀대명사를 문장의 끝에 사용하기도 한다.
Did you make those *yourself*? 당신은 그것들을 직접 만들었습니까?

(by + 재귀대명사) 형식을 문장의 끝에 사용하면 다른 사람들의 도움 없이 어떤 일을 혼자서 했거나, 혼자 있었다는 것을 나타낸다.
Did you put those shelves up all *by yourself*? 당신은 그 선반들을 모두 혼자 조립했습니까?
He went off to sit *by himself*. 그는 혼자 앉아 있으려고 그곳에서 사라졌다.

5 indefinite pronouns (부정대명사)

부정대명사는 누구인지 또는 무엇인지를 정확하게 나타내지 않고 사람이나 사물을 가리킬 때 사용한다. 부정대명사는 다음과 같다.

anybody	anyone	anything	everybody
everyone	everything	nobody	no one
nothing	somebody		

Quantity

Everyone knows that. 모두가 그것을 알고 있다.
Jane said *nothing* for a moment. 제인은 잠시 아무 말도 하지 않았다.
Is *anybody* there? 거기 누구 있어요?

부정대명사가 주어이면, 단수동사를 사용한다.

Is anyone here? 여기 누구 있습니까?
Everything *was* ready. 모든 것이 준비되어 있었다.

그러나 사람을 가리키는 단수 부정대명사를 다시 언급할 때는 **they, them, themselves** 등과 같은 복수대명사를 종종 사용한다.

◐ Usage 표제어 he – she – they 참조.

〔부정대명사 + 형용사〕 형식을 사용할 수 있다.

Choose *someone quiet*. 조용한 사람을 선택하십시오.
There is *nothing extraordinary* about this. 이것에 대해 이상한 것은 아무것도 없다.

Quantity

1. numbers
2. indefinite determiners
3. with singular nouns
4. with plural countable and uncountable nouns
5. with plural countable nouns
6. with uncountable nouns
7. with all types of noun
8. words used in front of determiners
9. quantify words + 'of'
10. with specific or general noun phrases
11. with specific uncountable nouns
12. with specific plural noun phrases
13. with all singular noun phrases
14. with all uncount noun phrases
15. with all plural nounphrases
16. pronoun use
17. fractions
18. quantify words + 'of' used with abstract nouns
19. partitives
20. measurement nouns
21. containers
22. '-ful'
23. countable nouns

1 numbers(숫자)

사물의 수량을 숫자를 사용하여 나타낸다.

◐ Topic 표제어 Numbers and fractions와 Measurements 참조.

2 indefinite determiners(비한정한정사)

사물의 수량을 말할 때, **some, any, all, every, much** 등과 같은 일반한정사를 사용할 수 있다.

There is *some* chocolate cake over there. 저곳에 약간의 초콜릿 케이크가 있다.
He spoke *many* different languages. 그는 여러 다른 언어를 구사했다.
Most farmers are still using the old methods. 대부분의 농부들은 여전히 오래된 방법을 사용하고 있다.

3 with singular nouns(단수명사와 함께 사용하기)

다음 일반한정사는 단수 가산명사 앞에서만 사용한다.

| a | an | another | each |
| either | every | neither | |

Could I have *another cup* of coffee? 커피 한 잔 더 마셔도 될까요?

Quantity

I agree with *every word* Peter says. 나는 피터가 말하는 모든 말에 동의한다.

4 with plural countable and uncountable nouns(복수명사와 불가산명사와 함께 사용하기)

다음 일반한정사는 복수명사와 불가산명사에 사용한다.

all	enough	more	most

He has *more books* than I do. 그는 나보다 더 많은 책을 갖고 있다.
It had *enough room* to store all the information. 그것은 그 모든 정보를 저장할 수 있는 충분한 공간을 가지고 있었다.

5 with plural countable nouns(복수 가산명사와 함께 사용하기)

다음 일반한정사는 복수 가산명사와 함께 사용한다.

a few	few	fewer	fewest
many	other	several	

The town has *few monuments*. 그 도시에는 기념물이 거의 없다.
He wrote *many novels*. 그는 많은 소설을 썼다.

6 with uncountable nouns(불가산명사와 함께 사용하기)

much, little, a little은 불가산명사에만 사용할 수 있다.
Do you watch *much television*? 당신은 텔레비전을 많이 봅니까?
We've made *little progress*. 우리는 거의 진전이 없었다.

> 주의 긍정문에서 much를 사용하는 데는 제한이 있다.
> ○ Usage 표제어 much 참조.

일부 사람들은 less와 least를 불가산명사에만 사용하고, 복수명사와 함께 사용하면 안 된다고 생각한다.

○ Usage 표제어 less 참조.

7 with all types of noun(모든 종류의 명사와 함께 사용하기)

any, no, some은 모든 종류의 명사 앞에 사용한다.
Cars can be rented at almost *any US airport*. 미국의 대부분의 어느 공항에서도 자동차를 빌릴 수 없다.
He had *no money*. 그는 돈이 하나도 없었다.
They've had *some experience* of teaching. 그들은 약간의 가르치는 경험을 갖고 있다.

ℹ 긍정문에서는 일반적으로 any를 사용하지 않는다.

○ Usage 표제어 any 참조.

8 words used in front of determiners(한정사 앞에 사용하는 단어)

수량을 나타낼 때 사용하는 다음과 같은 일부 단어는 the, these, my 등과 같은 특정한정사 앞에 올 수 있다. 이러한 단어를 전치한정사라고 부르기도 한다.

all	both	double	half
twice			

All the boys started to laugh. 모든 소년들이 웃기 시작했다.
I invited *both the boys*. 나는 두 소년을 모두 초대했다.
She paid *double the sum* they asked for. 그녀는 그들이 요구하는 액수의 두 배를 지불했다.

(half + a · an) 형식을 사용할 수 있다.
I read for *half an hour*. 나는 반 시간 동안 읽었다.

what은 a나 an 앞에만 사용할 수 있는 전치한정사이다.
What a lovely day! 얼마나 아름다운 날인가!

Quantity

What an awful thing to do! 그것은 얼마나 끔찍한 일인가!

○ Usage 표제어 all, both와 half – half of 참조.

9 quantify words + 'of' (수량단어 + of 형식)

수량을 나타낼 때 (several·most·a number 등 + of + 명사구) 형식을 사용하기도 한다. 이러한 형태를 취하는 단어와 구를 수량형용사라고 한다.

I am sure **both of** you agree with me. 나는 너희 둘 다 내 생각에 동의하리라고 확신한다.
I make **a lot of** mistakes. 나는 실수를 많이 한다.
In Tunis there are **a number of** art galleries. 튀니스에는 많은 미술관이 있다.

동사의 주어로 수량형용사를 사용하는 경우, of 뒤의 명사구가 단수명사나 불가산명사이면 단수동사를 사용하고, of 뒤의 명사구가 복수명사이면 복수동사를 사용한다.

Some of the information *has* already been analysed. 그 정보의 일부는 이미 분석되었다.
Some of my best friends *are* policemen. 나의 가장 친한 친구들 중 몇 명은 경찰관이다.

10 with specific or general noun phrases (특정명사구 또는 일반명사구와 함께 사용하기)

수량형용사는 특정한 양, 그룹, 사물의 일부를 가리킬 때 자주 사용한다. of 뒤의 명사구는 the, these, my 등과 같은 특정한정사로 시작하거나, us, them, these 등과 같은 대명사로 구성되어 있다.

Nearly **all of the increase** has been caused by inflation. 증가된 것은 거의 모두가 인플레이션에 그 원인이 있다.
Very few of my classes were stimulating. 내 수업 중에 자극이 되는 것은 거의 없었다.
Several of them died. 그들 중 몇 명은 죽었다.

때때로 수량형용사는 특정 사물의 일부를 가리킬 때 사용한다. of 뒤의 명사구는 a, an, another 등과 같은 일반한정사와 단수 가산명사로 이루어진다.

It took him **the whole of an evening** to get her to agree.
그는 그녀가 그 일에 동의하게 만드는 데 꼬박 하루 저녁이 걸렸다.

수량형용사는 언급하고 있는 사물의 수나 양이 얼마인지를 나타낼 때 종종 사용한다. 이러한 경우에 of 뒤의 명사구는 한정사 없이 복수명사 혹은 불가산명사를 사용한다.

I would like to ask you **a couple of questions**. 나는 당신에게 두 가지 질문을 하고 싶습니다.
There's **a great deal of money** involved. 아주 많은 돈이 연관되어 있다.

11 with specific uncountable nouns (특정 불가산명사와 함께 사용하기)

다음 수량형용사는 특정 불가산명사구와 함께 사용한다.

all of	any of	enough of	less of
little of	more of	most of	much of
none of	part of	some of	a little of
the remainder of	the rest of	the whole of	

Most of my hair had to be cut off. 대부분의 내 머리카락을 잘라야 했다.
Ken and Tony did **much of the work**. 켄과 토니는 많은 일을 했다.

12 with specific plural noun phrases (특정 복수명사구와 함께 사용하기)

다음 수량형용사는 특정 복수명사구와 함께 사용한다.

all of	another of	any of	both of
certain of	each of	either of	enough of
few of	fewer of	many of	more of
most of	neither of	none of	one of
several of	some of	various of	a few of
a little of	a good many of	a great many of	the remainder of
the rest of			

GRAMMAR

Quantity

Start by looking through their papers for ***either of the two documents***.
그 두 개의 서류 중 하나로 그들의 증명서를 샅샅이 조사하세요.
Few of these organizations survive for long. 이러한 기관들 중에서 오랫동안 살아 남은 기관은 거의 없다.

13 with all singular noun phrases (모든 단수명사구와 함께 사용하기)

다음 수량형용사는 특정 단수명사구 혹은 일반 단수명사구와 함께 사용한다.

all of	any of	enough of	less of
little of	lots of	more of	most of
much of	none of	part of	plenty of
some of	traces of	an abundance of	an amount of
a bit of	a good deal of	a great deal of	a little bit of
a little of	a lot of	a quantity of	a trace of
the majority of	the remainder of	the rest of	the whole of

Part of the farm lay close to the river bank. 그 농장의 일부는 강둑과 가까운 곳에 있었다.
Much of the day was taken up with classes. 그날의 많은 시간을 수업으로 보냈다.
Meetings are quarterly and take up ***most of a day***. 회의는 연 4회 하며 하루 종일 한다.

14 with all uncountable noun phrases (모든 불가산명사구와 함께 사용하기)

다음 수량형용사는 특정 불가산명사구 혹은 일반 불가산명사구와 함께 사용한다.

heaps of	loads of	lots of	masses of
plenty of	quantities of	tons of	traces of
an abundance of	an amount of	a bit of	a little bit of
a good deal of	a great deal of	a lot of	the majority of
a quantity of	a trace of		

These creatures spend ***a great deal of their time*** on the ground. 이 동물들은 아주 많은 시간을 땅 위에서 보낸다.
A lot of the energy that is wasted in negotiations could be directed into industry.
협상에 허비되는 많은 에너지는 산업으로 돌려질 수 있을 것이다.
There had been ***plenty of action*** that day. 그날 많은 활동을 수행했다.
There was a ***good deal of smoke***. 많은 양의 연기가 났다.

15 with all plural noun phrases (모든 복수명사구와 함께 사용하기)

다음 수량형용사는 특정 복수명사구 혹은 일반 복수명사구와 함께 사용한다.

heaps of	loads of	lots of	masses of
numbers of	plenty of	quantities of	tons of
an abundance of	a couple of	a lot of	a majority of
a minority of	the majority of	a number of	a quantity of

I picked up ***a couple of the pamphlets***. 나는 두 장의 팸플릿을 집어 들었다.
A lot of them were middle-aged ladies. 그들 중 상당수가 중년 여성이었다.
They had ***loads of things to say to each other***. 그들은 서로에게 할 말이 많았다.

ℹ numbers of와 quantities of 앞에 large나 small과 같은 형용사가 매우 자주 사용된다.

The report contained ***large numbers of*** inaccuracies. 그 보고서는 부정확한 내용을 많이 포함하고 있었다.
Chemical batteries are used to store ***relatively small quantities of*** electricity.
화학 전지들은 상대적으로 적은 양의 전기를 저장하는 데 사용한다.

> **주의** heaps of, loads of, lots of, masses of, tons of는 회화에서만 사용한다. 이러한 수량형용사가 불가산명사나 단수명사구인 주어와 함께 쓰일 때, 수량형용사가 복수처럼 보여도 단수동사를 사용한다.
>
> ***Masses of evidence has*** been accumulated. 대량의 증거가 축적되어 왔다.
> ***Lots of it isn't*** relevant, of course. 물론, 그것의 많은 부분은 관련이 없다.

Quantity

16 pronoun use(대명사 용법)
지금까지 설명한 대부분의 수량 표시 단어와 표현들은, 가리키는 사람이나 사물이 분명하면 대명사로 사용할 수 있다.
Many are shareholders in companies. 많은 사람들이 회사들의 주주들이다.
A few crossed over the bridge. 몇 명은 그 다리를 건넜다.

그러나 **a, an, every, no, other**는 대명사로 사용하지 않는다.

17 fractions(분수)
a fifth와 **two-thirds** 등과 같은 분수는 **all of**와 **some of** 등의 수량형용사와 같이 **of**와 함께 사용할 수 있다.

○ Topic 표제어 Numbers and fractions 참조.

18 quantify words + 'of' used with abstract nouns
(추상명사와 함께 사용하는 수량단어 + of 형식)
다음 수량형용사는 오로지 또는 주로 성질이나 감정을 나타낼 때 사용한다.

an element of	a hint of	a measure of	a modicum of	a touch of

There was *an element of danger* in using the two runways together.
2개의 활주로를 함께 사용하는 데 위험 요소가 있었다.
Women have gained *a measure of independence*. 여자들은 어느 정도의 독립을 얻었다.
I must admit to *a tiny touch of envy* when I heard about his success.
내가 그의 성공 소식을 듣고 약간의 질투심을 느낀 것은 사실이다.

감정을 나타내는 경우에는 **a trace of**도 자주 쓰인다.
She spoke without *a trace of embarrassment* about the problems that she had.
그녀는 자신의 문제에 대해 당황하는 기색이 없이 말했다.

19 partitives(부분사(部分詞))
사물의 특정한 수량을 가리킬 때, (**piece · group + of** + 명사) 형식을 사용할 수 있다. 부분사는 모두 가산명사이며, 종종 집단의 형태나 성질을 나타낸다.

일부 부분사는 (**of** + 불가산명사) 형식과 함께 사용한다.
Who owns this *bit of land*? 누가 이 조그마한 땅을 소유하고 있습니까?
...*portions of mashed potato*. 으깬 감자의 일부분.

일부 부분사는 (**of** + 복수명사) 형식과 함께 사용한다.
...a huge *heap of stones*. 큰 돌더미.
It was evaluated by an independent *team of inspectors*.
독자적인 조사 팀에 의해 그것이 평가되었다.

○ 불가산명사와 함께 사용하는 부분사에 대한 더 많은 정보는 Topic 표제어 Pieces and amounts 참조.

(단수부분사 + **of** + 불가산명사) 형식이 주어이면, 단수동사를 사용한다.
A *piece of paper is* lifeless. 종이 한 장은 무생물이다.

(단수부분사 + **of** + 복수 가산명사) 형식이 주어이면 단수동사나 복수동사 모두 사용할 수 있으나, 복수동사를 더 흔히 사용한다.
The second *group of animals were* brought up in a stimulating environment.
두 번째 그룹의 동물들은 자극적인 환경에서 자랐다.
Each small *group of workers is* responsible for their own production targets.
각각의 소그룹의 노동자들은 자신들의 생산 목표에 대한 책임이 있다.

(복수부분사 + **of** + 단수명사 · 불가산명사) 형식이 주어이면, 복수동사를 사용한다.
Two *pieces of metal were* being rubbed together. 금속 두 조각이 서로 마찰을 일으키고 있었다.

Questions

20 measurement nouns(단위명사)

단위를 나타내는 명사는 종종 부분을 나타내는 부분사로 사용된다.

He owns only five hundred **_square metres of_** land. 그는 500㎡의 땅만 소유하고 있다.
I drink a **_pint of_** milk a day. 나는 하루에 우유 1파인트를 마신다.

○ Topic 표제어 Measurements 참조.

21 containers(용기)

용기 안의 내용물, 또는 용기와 그 내용물을 모두 가리킬 때, 용기의 이름을 부분사로 사용할 수 있다.

I drank a **_bottle of_** water. 나는 또 한 병의 물을 마셨다.
I went to buy a **_bag of_** chips. 나는 포테이토칩 한 봉지를 사러 갔다.

22 '-ful'

용기를 가리키는 부분사에 -ful을 붙이기도 한다.

He bought me a **_bagful of_** sweets. 그는 나에게 사탕 한 봉지를 사주었다.
Pour a **_bucketful of_** cold water on the ash. 그 잿더미에 차가운 물 한 동이를 부어 주세요.

-ful로 끝나는 명사의 복수형을 만들 때, **bucketfuls**처럼 단어의 끝에 -s를 붙인다. 그러나 일부 사람들은 **bucketsful**처럼 -ful 앞에 -s를 붙이기도 한다.

She ladled three **_spoonfuls of_** sugar into my tea. 그녀는 내 차(茶)에 설탕 세 스푼을 넣었다.
...two **_teaspoonsful of_** milk. 우유 두 스푼.

부분사를 만들 때, 신체의 일부분에 -ful을 붙이기도 한다. 이러한 부분사 중에 가장 일반적인 것은 **armful, fistful, handful, mouthful**이다.

Eleanor was holding an **_armful of_** roses. 엘리너는 장미를 한 아름 안고 있었다.
He took another **_mouthful of_** whisky. 그는 위스키를 또 한 모금 마셨다.

23 countable nouns(가산명사)

때때로 (부분사 + of) 형식 대신에, 불가산명사를 가산명사처럼 사용할 수 있다. 예를 들면, **two teas**는 **two cups of tea**와 같은 뜻이고, **two sugars**는 **two spoonfuls of sugar**라는 뜻이다.

I asked for two **_coffees_** with milk. 나는 밀크 커피 두 잔을 주문했다.

○ Grammar 표제어 Nouns 참조.

Questions

1 'yes/no'-questions	6 'wh'-questions
2 'be'	7 'wh'-word as subject
3 'have'	8 'wh'-word as object or adverb
4 negative 'yes/no'-questions	9 questions in reply
5 answers to 'yes/no'-questions	10 indirect ways of asking questions

의문문은 크게 **yes/no**의문문과 **wh**-의문문으로 나누어진다.

1 'yes/no'-questions(yes/no의문문)

yes/no의문문은 **yes**나 **no**로 대답할 수 있는 의문문이다.

'Are you ready?' - 'Yes.' "준비가 되었습니까?" - "예."
'Have you read this magazine?' - 'No.' "당신은 이 잡지를 읽었습니까?" - "아니요."

yes/no의문문은 주어와 동사구를 도치하여 만든다. 동사구가 본동사와 한 개 이상의 조동사로 구성된 경우, 문장

Questions

의 처음에 첫 번째 조동사가 오며, 나머지 동사구는 주어 뒤에 온다.
Will you have finished by lunchtime? 점심 시간까지 끝마칠 수 있습니까?
Has he been working? 그는 일을 해오는 중입니까?

단순시제(단순현재나 단순과거)를 사용할 때, (조동사 do · does · did + 주어 + 동사원형) 형식을 사용한다.
Do the British take sport seriously? 영국인들은 스포츠를 진지하게 받아들입니까?
Does David do this sort of thing often? 데이비드는 이러한 일을 자주 합니까?
Did you meet George in France? 당신은 조지를 프랑스에서 만났습니까?

2 'be'

그러나 본동사가 be동사일 때, (be동사 + 주어) 형식을 사용한다. 이때는 do동사를 사용하지 않는다.
Are you okay? 괜찮으세요?
Was it lonely without us? 우리가 없어서 외로웠나요?

3 'have'

have동사를 사용한 의문문으로 변환하는 경우, **Have you got…?**이나 **Do you have…?**와 같은 구문을 사용할 수 있다.

○ Usage 표제어 have got 참조.

본동사로 have를 사용하는 경우, **Have you…?**라고 하지 않는다.

> 주의 yes/no의문문으로 물어볼 경우, 일반적으로 평서문의 어순을 사용하지 않는다. 그러나 놀라움을 나타내거나 어떤 일이 사실임을 확인할 때는, 평서문의 어순을 사용할 수 있다.
> You've flown this machine before? 이 기계로 전에 비행을 해본 적이 있지요?
> You've got two thousand already? 당신은 벌써 2,000개나 가졌네요?

4 negative 'yes/no'-questions (부정 yes/no의문문)

대답이 **Yes**이거나 **Yes**여야만 한다고 생각할 때, 부정 yes/no의문문을 사용한다. 예를 들면, 당신이 지난 주말에 다프네를 보았다고 생각할 경우, **Didn't we see Daphne last weekend?**라고 한다. 마찬가지로 상대방이 펜을 가지고 있어야 한다고 생각할 경우, **Haven't you got a pen?**이라고 한다.

'Wasn't he French?' – 'Yes.' "그는 프랑스인이 아니었나요?" – "예, 프랑스인이었습니다."
'Didn't you say you'd done it?' – 'Yes.'
"당신은 그 일을 끝마쳤다고 말하지 않았습니까?" – "예, 그렇게 말했습니다."

5 answers to 'yes/no'-questions (yes/no의문문에 대한 대답)

yes/no의문문에서의 대답은 **Yes**나 **No**로만 하거나, 혹은 **Yes**나 **No**로 대답한 후에 (주어 + 조동사) 형식을 사용할 수 있다. 예를 들면, **Have you finished it?**(그 일을 마쳤습니까?)라는 질문에 **Yes, I have.** 또는 **No, I haven't.**라고 대답하며, 의문문에서 사용한 조동사를 쓴다. 그러나 본동사가 be동사이면 같은 be동사 형태를 사용한다.

'Did you enjoy the film?' – 'Yes I did.' "그 영화를 즐겁게 감상했어요?" – "예, 그렇습니다."
'Have you met him yet?' – 'No I haven't.'
"당신은 그를 만나 본 적이 있습니까?" – "아니요, 만난 적이 없어요."
'Were you late?' – 'Yes I was.' "당신은 늦었어요?" – "예, 늦었습니다."

6 'wh'-questions (wh-의문문)

wh-의문문은 어떤 행동과 관련이 있는 사람이나 사물이 무엇인지를 물어보거나, 행동의 상황에 대해서 물어볼 때 사용한다. wh-의문문은 wh-어로 시작하며, wh-어의 종류는 다음과 같다.

- 부사: how, when, where, why
- 대명사: who, whom, what, which, whose
- 한정사: what, which, whose

Questions

- whom은 주어가 아닌 동사나 전치사의 목적어로만 사용한다.
- Usage 표제어 who – whom 참조.

7 'wh'-word as subject(주어로 사용하는 wh-어)

wh-어가 의문문의 주어일 경우, wh-어는 문장의 처음에 오고 바로 뒤에 동사구가 온다. 이 경우 문장의 어순은 평서문과 같다.

What happened? 어떤 일이 있어났습니까?
Who could have done it? 누가 그것을 할 수 있었을까?

wh-어가 주어의 일부일 때도 의문문의 형태는 위의 경우와 비슷하다.
Which men had been ill? 어떤 남자들이 병에 걸렸었는가?

8 'wh'-word as object or adverb(목적어나 부사로 사용하는 wh-어)

wh-어가 동사나 전치사의 목적어이거나 부사일 때, wh-어는 문장의 처음에 온다. 이후의 문장은 yes/no의문문과 같은 〔wh-어 + 조동사 + 주어 + 동사원형〕형식이 된다. 단순시제일 경우, 조동사 do를 사용한다.

Which do you like best? 당신은 어떤 것을 가장 좋아합니까?
When would you be coming down? 당신은 언제 내려올 겁니까?

wh-어가 목적어의 일부일 경우에도 의문문의 형태는 위와 비슷하다.
Which graph are you going to use? 당신은 어떤 그래프를 사용하실 건가요?

전치사가 있는 경우, 전치사는 일반적으로 문장의 끝에 온다.
What are they looking *for*? 그들이 무엇을 찾고 있습니까?
Which country do you come *from*? 당신은 어느 나라 출신입니까?

그러나 at what time이나 in what way와 같은 구(phrase)에서는 전치사가 문장의 처음에 온다.
In what way are they different? 어떤 점에서 그들은 다릅니까?

〔전치사 + whom〕형식은 격식을 차린 말과 글에서만 사용할 수 있다.
With whom were you talking? 당신은 누구와 이야기하고 있었습니까?

9 questions in reply(반문에 사용하는 의문문)

상대방이 말한 내용을 반문할 때, 문장 전체가 아닌 wh-어만 사용할 수도 있다. 이것은 상대방이 반문하는 내용을 명확히 알고 있을 때만 사용할 수 있다.

'There's someone coming.' – '*Who*?' "누군가 여기로 오고 있어요." – "누가요?"
'Maria! We won't discuss that here.' – '*Why not*?'
"마리아! 우리는 그것을 여기서 토의하지 않을 거예요." – "왜요?"

10 indirect ways of asking questions(간접적으로 하는 질문)

누군가에게 정보를 요청할 때, Could you tell me...?나 Do you know...?와 같은 표현을 사용하는 것이 더 정중하다.

Could you tell me how far it is to the bank?
여기에서 은행까지 거리가 얼마나 되는지 말씀해 주시겠어요?
Do you know where Jane is? 제인이 어디에 있는지 아십니까?

- 의문문의 두 번째 부분은 간접의문문의 형식이다.
- Grammar 표제어 Reporting 참조.

사람들은 때때로 간접적으로 질문하기 위해 May I ask...?나 Might I ask...?와 같은 표현을 사용한다. 그러나 이와 같은 의문문은 상대방에게 적대적이거나 공격적으로 들릴 수 있으므로 사용하지 않는 것이 좋다.

May I ask what your name is? 당신의 이름이 무엇인지 물어봐도 될까요?
Might I inquire if you are the owner? 당신이 주인인지 물어도 될까요?

Question tags

Question tags

의문부가절(question tag)은 평서문을 yes/no의문문으로 전환하기 위해서 문장 끝에 붙이는 짧은 구이다. 의문부가절은 자신의 말에 상대방이 동의해 줄 것을 기대할 때 사용한다. 예를 들어, It's cold, *isn't it*?이라고 하면, 상대방이 Yes라고 대답해 줄 것을 기대하는 것이다. 마찬가지로 It isn't very warm, *is it*?이라고 하면, 상대방이 No라고 대답할 것을 기대하는 것이다.

평서문에 조동사나 be동사를 사용한 경우, 의문부가절은 평서문에서 사용한 조동사나 be동사 뒤에 인칭대명사를 쓴다. 이때 대명사는 평서문의 주어를 가리킨다.

You've never been to Spain, *have you*? 스페인에 가본 적이 없으시지요, 그렇지요?
David's school is quite nice, *isn't it*? 데이비드의 학교는 아주 멋있지요, 그렇지요?

평서문에 조동사나 be동사를 사용하지 않고 일반동사를 사용한 경우, 의문부가절에 do동사를 사용한다.

You *like* it here, *don't you*? 이곳이 마음에 들지요, 안 그래요?
He *won*, *didn't he*? 그가 이겼지요, 그렇지요?

🛈 일반적으로 긍정문에는 부정부가절을, 부정문에는 긍정부가절을 쓴다. 그러나 어떤 것을 맞게 추측했는지를 확인하거나, 흥미, 놀라움, 분노를 나타내는 경우에는 긍정문에 긍정부가절을 쓰기도 한다.

You've been to North America before, *have you*? 전에 북아메리카에 가본 적이 있지요, 맞지요?
Oh, *he wants* us to make films as well, *does he*? 오, 그는 우리가 영화로 만들기를 원해요, 그렇지요?

hardly, rarely, seldom 등과 같은 준부정어가 있는 평서문 뒤에 오는 부가절에는, 다른 부정문처럼 긍정부가절을 붙인다.

She's *hardly* the right person for the job, *is she*? 그녀는 그 일에 적임자가 아니에요, 그렇지요?
You *seldom* see that sort of thing these days, *do you*? 요즘에는 그런 종류의 것을 좀처럼 보지 못해요, 그렇지요?

자신에 대한 표현을 하면서 상대방이 자신과 같은 의견이나 감정을 가지고 있는지를 확인하는 경우, 진술한 말 뒤에 **you**를 사용한 의문부가절을 붙일 수 있다.

I think this is the best thing, *don't you*? 이것이 제일 나은 것이라고 생각해요, 당신은요?
I love tea, *don't you*? 나는 차가 좋아요, 당신은요?

➲ 의문부가절의 용법에 대한 예는 Topic 표제어 Agreeing and disagreeing; Invitations; Requests, orders, and instructions; Suggestions 참조.

Relative clauses

1. relative pronouns
2. defining relative clauses
3. referring to people
4. referring to things
5. not using a relative pronoun
6. non-defining relative clauses
7. referring to people
8. referring to things
9. referring to a situation
10. prepositions with relative pronouns
11. 'of whom' and 'of which'
12. 'whose' in relative clauses
13. 'when', 'where', and 'why'
14. referring to the future

관계사절(relative clause)은 주절에서 언급한 사람이나 사물에 대해 더 많은 정보를 제공하는 종속절을 말한다. 관계사절은 사람이나 사물을 가리키는 명사 바로 뒤에 위치한다.

The man *who came into the room* was short and thin. 방에 들어온 그 남자는 키가 작고 마른 사람이었다.
Opposite is St. Paul's Church, *where you can hear some lovely music*.
반대편에 성 폴 교회가 있는데, 그 교회에서 당신은 아름다운 음악을 들을 수 있다.

1 relative pronouns (관계대명사)

대부분의 관계사절은 관계대명사로 시작하며, 관계대명사는 다음과 같다.

Relative clauses

| that | which | who | whom |

관계대명사는 관계사절에서 주어나 목적어 역할을 한다.
...a girl *who wanted* to go to college. 대학에 진학하기를 원했던 소녀.
There was so much *that* she wanted to *ask*. 그녀는 묻고 싶은 것이 매우 많았다.

관계사절에는 한정적 용법의 관계사절과 계속적 용법의 관계사절이 있다.

2 defining relative clauses(한정적 용법의 관계사절)

한정적 용법의 관계사절은 언급되는 사람이나 사물을 확인하는 데 도움이 되는 정보를 제공한다. 예를 들면, **The woman who owned the shop was away.**(가게를 소유한 그 여성은 부재중이었다.)라는 문장에서 한정적 용법의 관계사절인 **who owned the shop**은 설명하려는 그 여자가 누구인지를 명확하게 나타낸다.

The man *who you met yesterday* was my brother.
당신이 어제 만났던 그 남자는 내 남동생이었다.
The car *which crashed into me* belonged to Paul. 나와 충돌한 차는 폴의 것이었다.

한정적 용법의 관계사절은 때때로 **identifying relative clauses**라고도 한다.

3 referring to people(사람 가리키기)

한정적 용법의 관계사절에서 사람이나 그룹을 가리킬 때, 한정절의 주어로 **who**나 **that**을 사용한다.
The man *who* employed me would transport anything anywhere.
나를 고용한 그 사람은 무엇이든 어느 곳으로든지 운송하려고 했다.
We met the people *who* live in the cottage. 우리는 그 오두막집에 살고 있는 사람들을 만났다.
He was the man *that* bought my house. 그가 내 집을 산 사람이었다.

한정적 용법의 관계사절에서 사람이나 그룹을 가리킬 때, 한정절의 목적어로 **who, that, whom**을 사용한다.
...someone *who* I haven't seen for a long time. 내가 오랫동안 보지 못한 어떤 사람.
...a woman *that* I dislike. 내가 싫어하는 한 여자.
...distant relatives *whom* he had never seen. 그가 전혀 만난 적이 없는 먼 친척들.

🛈 whom은 격식을 차린 표현에 사용한다.

◐ Usage 표제어 who – whom 참조.

4 referring to things(사물 가리키기)

사물이나 사물의 집단을 가리키는 경우, 한정적 용법의 관계사절의 주어나 목적어로 **which**나 **that**을 사용한다.
...pasta *which* came from Milan. 밀라노 원산지인 파스타.
There are a lot of things *that* are wrong. 틀린 것이 많다.
...shells *which* my sister has collected. 내 여동생이 수집한 조개껍질들.
The thing *that* I really liked about it was its size.
내가 그것에 대해 정말 좋아했던 것은 그것의 크기였다.

 미국 영어에서는 이러한 형식의 한정적 용법의 관계사절에 **that**을 더 자주 사용하지만, 나라에 따라 두 가지 형식이 모두 사용되고 있음을 발견할 수 있다.

5 not using a relative pronoun(관계대명사 생략하기)

한정적 용법의 관계사절의 관계대명사가 목적어일 경우, 관계대명사를 생략할 수 있다. 예를 들면, '내가 싫어하는 여자'는 **a woman that I dislike** 대신 **a woman I dislike**라고 한다.
The woman *you met yesterday* lives next door. 당신이 어제 만난 그 여자는 옆집에 살고 있다.
The car *I wanted to buy* was not for sale. 내가 사려고 한 자동차는 비매품이었다.

그러나 한정적 용법의 관계사절의 관계대명사가 주어인 경우, 관계대명사를 생략할 수 없다.
The man *who did this* was a criminal. 이 일을 했던 그 남자는 범죄자였다.

Relative clauses

> **주의** 관계대명사는 관계사절 속에서 주어 또는 목적어 역할을 하기 때문에, 또 다른 대명사를 주어 또는 목적어로서 그 문장에 추가하지 않는다. 예를 들면, '아주 많은 사람들이 부자가 되기를 원하고 있다.'는 There are a lot of people that they want to be rich.가 아닌 There are a lot of people that want to be rich.라고 한다. 마찬가지로, '이것은 내가 어제 샀던 책이다.'는 This is the book which I bought it yesterday.가 아닌 This is the book which I bought yesterday.라고 한다. This is the book I bought yesterday.와 같이 관계대명사를 생략해도 다른 대명사가 오지 않는다.

6 non-defining relative clauses(계속적 용법의 관계사절)

계속적 용법의 관계사절은 사람이나 사물을 확인하기 위해서가 아니라, 그 사람이나 사물에 대한 추가적인 정보를 제공할 때 사용한다. 예를 들면, **I'm writing to my mother, who's in hospital.**에서 **who's in hospital**은 어떤 어머니를 나타내는 것이 아니라, 어머니가 병원에 입원해 있다는 상황을 설명하는 계속적 용법의 관계사절이다.

He was waving to the girl, *who was running along the platform*.
그는 그 소녀에게 손을 흔들고 있었는데, 그 소녀는 플랫폼을 따라서 뛰고 있었다.
He walked down the main street of the town, *which ran parallel to the river*.
그는 도시의 중심가로 걸어갔는데, 그 길은 강과 나란히 뻗어 있었다.

> ℹ️ 계속적 용법의 관계사절은 주절과 콤마(,)로 분리해 주어야 한다.

7 referring to people(사람 가리키기)

계속적 용법의 관계사절이 사람이나 무리와 관련이 있는 경우, 주격 관계대명사로는 **who**, 목적격 관계대명사로는 **who**나 **whom**을 사용한다.

Heath Robinson, *who* died in 1944, was a graphic artist and cartoonist.
히스 로빈슨은 1944년에 죽었으며, 시각 미술가이자 만화가였다.
I was in the same group as Janice, *who* I like a lot.
나는 제니스와 같은 그룹에 속했는데, 나는 그녀를 매우 좋아한다.
She was engaged to a sailor, *whom* she had met at Dartmouth.
그녀는 한 선원과 약혼했는데, 그녀는 그를 다트머스에서 만났다.

8 referring to things(사물 가리키기)

계속적 용법의 관계사절이 사물이나 사물의 그룹과 관련이 있는 경우, 주격 관계대명사나 목적격 관계대명사로 **which**를 사용한다.

I am teaching at the local college, *which* is just over the road.
나는 지역 대학에서 가르치고 있는데, 그곳은 길 건너에 있다.
He had a lot of money, *which* he mainly spent on cars.
그는 많은 돈을 가졌었는데, 그 돈의 대부분을 차를 사는 데 소비했다.

> **주의** 계속적 용법의 관계사절은 that으로 시작할 수 없다. 예를 들면 '그녀는 재작년에 사서 타고 다니던 차를 다른 사람에게 팔았다.'는 She sold her car, that she had bought the year before.가 아닌 She sold her car, *which* she had bought the year before.라고 한다. 또한 계속적 용법의 관계사절에서는 관계대명사 없이 사용할 수 없다. 예를 들면, She sold her car, she had bought the year before.라고 하지 않는다.

9 referring to a situation(어떤 상황 가리키기)

which로 시작하는 계속적 용법의 관계사절은, 주절에서 설명하는 전체 상황을 나타낼 때 사용할 수 있다.

I never met Brendan again, *which* was a pity.
나는 브렌던을 다시 만나지 않았는데, 그것은 유감스러운 일이었다.
Small computers need only small amounts of power, *which* means that they will run on small batteries.
작은 컴퓨터는 아주 적은 양의 전기를 필요로 하는데, 이것은 작은 배터리로도 그것들이 작동할 수 있다는 것을 의미한다.

10 prepositions with relative pronouns(관계대명사와 함께 사용하는 전치사)

한정적 용법의 관계사절과 계속적 용법의 관계사절에서 관계대명사는 전치사의 목적어가 될 수 있다. 회화에서 전치사는 문장의 끝에 오며, 명사구가 뒤따르지 않는다.

Relative clauses

I wanted to do the job *which* I'd been trained *for*.
내가 훈련받았던 그 일을 하고 싶었다.
...the world *that* you are interacting *with*. 당신이 의사소통하는 그 세계.

한정적 용법의 관계사절에서는 관계대명사를 자주 생략한다.
...the pages she was looking *at*. 그녀가 보고 있었던 페이지들.
I'd be wary of anything Matt is involved *with*. 나는 매트가 관련된 어떤 것이든 경계할 것이다.

격식을 차린 영어에서는 whom이나 which 같은 관계대명사 앞에 전치사를 사용한다.
I have at last met John's tenant, *about whom* I have heard so much.
나는 존의 세입자를 드디어 만났는데, 그에 대해 많은 이야기를 들어왔다.
He was asking questions *to which* there were no answers.
그는 답이 없는 질문을 하고 있었다.

> **주의** 관계사절의 동사가 전치사로 끝나는 구동사일 경우, 관계사절의 처음에 전치사가 오지 않는다. 예를 들면, '내가 지금까지 참아내야 했던 모든 일들'은 all the things with which I have had to put up이 아닌 all the things I've had to put up with라고 한다.
> ...the delegates whom she had been *looking after*. 그녀가 배웅해야 했던 대표단들.
> Everyone I *came across* seemed to know about it. 내가 만난 사람 모두가 그 일에 대해 알고 있는 것처럼 보였다.

▣ 계속적 용법의 관계사절은 [전치사 + which + 명사] 형식으로 시작할 수 있다. in which case, by which time, at which point와 같은 표현에만 쓰인다.
It may be that your circumstances are different, *in which case* we can ensure that you have taken the right action.
당신이 처한 환경이 달라지는 경우에 우리는 당신이 올바른 행동을 할 수 있도록 도움을 줄 수 있다.
Leave the mixture to cool down for two hours, *by which time* the spices should have thoroughly flavoured the vinegar.
혼합된 재료들이 식을 수 있도록 두 시간 정도 놔둬라. 그때쯤이면 식초의 맛이 완전히 양념에 밸 것이다.

11 'of whom' and 'of which'

[some · many · most + of whom · of which] 형식으로 시작하는 계속적 용법의 관계사절은, 앞서 언급한 어떤 그룹 중의 일부에 대한 정보를 제공한다.
We were greeted by the teachers, *most of whom* were middle-aged.
학교 선생님들이 우리를 마중나왔는데, 그들 대부분은 중년이었다.
It is a language shared by several quite diverse cultures, *each of which* uses it differently.
그 언어는 여러 다양한 문화에서 사용하고 있지만, 각 문화마다 각각 다르게 사용하고 있다.

[숫자 + of whom · of which] 형식을 사용하거나, 더 격식을 차려 [of whom · of which + 숫자] 형식을 사용한다.
They act mostly on suggestions from present members (*four of whom* are women).
그들은 대체로 (그들 중 네 명이 여성인) 현재 멤버들의 제안대로 활동하고 있다.
Altogether 1,888 people were prosecuted, *of whom 1,628* were convicted.
모두 1,888명이 기소되었고, 그 중 1,628명이 유죄 판결을 받았다.

12 'whose' in relative clauses (관계사절에서의 whose)

[whose + 명사로 시작하는 한정적 용법의 관계사절, 계속적 용법의 관계사절] 형식은 어떤 것이 다른 사람, 사물, 그룹에 속하거나 관련되어 있음을 나타낼 때 사용한다.
...workers *whose bargaining power* is weak. 협상력이 부족한 노동자들.
According to Cook, *whose book* is published on Thursday, most disasters are avoidable.
이번 목요일에 출간되는 책의 저자 쿡에 의하면, 대부분의 재앙은 피할 수 있다고 한다.

일부 사람들은 어떤 것이 다른 사물에 속하거나 관련되어 있음을 나타낼 때, whose를 사용하는 것이 잘못되었다고 생각한다.

○ Usage 표제어 whose 참조.

Reporting

13 'when', 'where', and 'why'

〔특정한 명사 + 관계사 when, where, why로 시작하는 한정적 용법의 관계사절〕 형식을 사용한다. when은 시간을, where는 장소를, why는 이유를 나타낸다.

This is one of ***those occasions when*** I regret not being able to drive.
이것은 내가 차를 운전할 수 없는 것을 후회하게 하는 여러 상황들 중 하나이다.
That was ***the room where*** I did my homework.
저 방은 내가 숙제를 했던 방이었다.
There are ***several reasons why*** we can't do that.
우리가 저것을 할 수 없는 여러 가지 이유가 있다.

〔시간·장소 + when, where로 시작하는 계속적 용법의 관계사절〕 형식을 사용할 수 있다.

This happened in 1992, ***when*** I was still a baby.
이 일은 1992년에 일어났는데, 그때는 내가 갓난아기였을 때이다.
She has just come back from a holiday in Crete, ***where*** Alex and I went last year.
그녀는 크레타 섬에서 휴가를 보내고 막 돌아왔는데, 그곳은 알렉스와 내가 작년에 갔던 곳이다.

14 referring to the future(미래 가리키기)

한정적 용법의 관계사절에서 미래를 나타낼 때, 단순현재시제와 **will**을 사용한다.

○ Grammar 표제어 **Future time** 참조.

Reporting

1 direct speech	**14** with past reporting verb
2 reporting structures	**15** referring to the future
3 reporting verbs	**16** modals in reported clauses
4 reporting verbs with a negative	**17** with past reporting verb
5 reported clauses	**18** ability
6 'that'-clauses	**19** possibility
7 mentioning the hearer	**20** permission
8 use of the passive	**21** the future
9 'to'-infinitive clauses	**22** 'can', 'may', 'will'
10 '-ing' clauses	**23** obligation
11 reported questions	**24** prohibiting
12 tense of reporting verb	**25** using reporting verbs for politeness
13 tense of verb in reported clause	

1 direct speech(직접화법)

누군가가 말한 내용을 전달하는 방법 중 하나는 그 사람이 실제로 한 말을 반복하는 것이다. 이처럼 반복하는 경우, **say**와 같은 전달동사를 사용한다.

I said, 'Where are we?' "여기가 어디지요?"라고 내가 물었다.
'I don't know much about music,' Judy said. "나는 음악에 대해 잘 알지 못해."라고 주디가 말했다.

위와 같은 문장을 직접화법이나 인용구조라고 한다. 직접화법은 회화보다 소설에서 더 많이 사용한다.

○ 구두점을 찍는 방법에 대한 정보는 Topic 표제어 **Punctuation** 참조.

소설에서는 인용하는 말이 먼저 온 후, 〔전달동사 + 주어〕 형식을 자주 사용한다.

'I see,' ***said John***. "알았어요."라고 존이 말했다.

Reporting

> **주의** 그러나 주어가 대명사일 경우, (주어+전달동사) 형식을 사용해야 한다.
> 'Hi there!' *he said*. "안녕!" 하고 그가 말했다.

회화에서 일반적으로 사용하는 전달동사는 **say**이다. 그러나 요즘은 그다지 격식을 차리지 않는 상황에서 **go**나 **be like**를 사용하기도 한다.

...and he *went* 'What's the matter with you?' 그리고 그는 "당신에게 무슨 일이 있어요?"라고 물었다.
'I'*m like* 'What happened?' and he'*s like* 'I reversed into a lamp-post.'
내가 "무슨 일이 일어났어요?"라고 묻자, 그는 "차를 후진하다가 가로등 기둥을 들이받았어."라고 말했다.

소설에서 어떤 사람이 말한 내용의 성격에 따라 **ask, explain, suggest** 등과 같은 전달동사를 사용한다.

'What have you been up to?' he *asked*. "무엇을 하고 있었니?"라고 그가 물었다.
'It's a disease of the blood,' *explained* Kowalski. "그것은 혈액병이야."라고 코발스키가 설명해 주었다.
'Perhaps,' he *suggested*, 'it was just an impulse.' "아마 그건 단지 충동이었을 거야."라고 그가 말했다.

어떤 내용이 다른 내용과 관련되어 일어났다는 것을 나타낼 때, **add, begin, continue, reply**와 같은 전달동사를 사용할 수도 있다.

'I want it to be a surprise,' I *added*. "그 일이 놀랄 만한 일이기를 원해."라고 나는 말을 덧붙였다.
'Anyway,' she *continued*, 'it's quite out of the question.' "어쨌든 그것은 불가능해요."라고 그녀는 말을 이어 갔다.
She *replied*, 'My first thought was to protect him.'
"첫 번째로 떠오른 내 생각은 그를 보호하는 것이었어."라고 그녀가 대답했다.

소설에서 누군가가 어떤 방식으로 말을 하는지를 나타낼 때, **shout, wail, scream**과 같은 전달동사를 사용할 수 있다.

'Jump!' *shouted* the oldest woman. "뛰어!"라고 가장 나이 많은 여자가 외쳤다.
'Get out of there,' I *screamed*. "그곳에서 나와!"라고 나는 소리를 질렀다.

다음 동사는 직접화법 문장 구조에서 누군가가 어떤 일에 대해 말한 방법을 나타낸다.

babble	bellow	call	chant
chorus	cry	drawl	exclaim
growl	hiss	howl	lisp
mumble	murmur	mutter	purr
roar	scream	shout	shriek
sing	splutter	squeal	stammer
storm	thunder	wail	whine
whisper	yell		

어떤 사람이 말을 하는 동안의 얼굴 표정을 묘사할 때, **smile, grin, frown** 등과 같은 동사를 사용할 수 있다.

'I'm awfully sorry.' – 'Not at all,' I *smiled*. "너무 죄송합니다." – "괜찮아요."라고 나는 웃으며 말했다.
You're late,' he frowned. "너 지각했구나." 하고 그가 얼굴을 찡그리며 말했다.

2 reporting structures(전달구조)

회화에서 어떤 사람이 말한 내용을 다른 사람에게 전해 줄 때, 말한 내용을 직접 인용하기보다 전달구조를 사용하여 화자의 말로 바꿔서 전해 준다. 또한 사람들의 생각을 전할 때에도 전달구조를 사용한다.

She said it was quite an expensive one. 그녀는 그것이 꽤 비싸다고 말했다.
They thought that he should have been locked up. 그들은 그를 가두어 두었어야 했다고 생각했다.

전달구조는 주로 글에서 사용하며, 전달절과 피전달절로 나누어진다.

3 reporting verbs(전달동사)

전달동사를 포함하는 전달절은 일반적으로 문장의 처음에 온다.

I told him that nothing was going to happen to me. 나는 그에게 내게 어떤 일도 일어나지 않을 것이라고 말했다.
I asked what was going on. 나는 무슨 일이 일어나고 있는지 물었다.

Reporting

가장 광범위한 뜻과 용법을 가진 전달동사는 **say**이다. 단순히 다른 사람이 말한 내용을 전해 주고, 그 내용에 대해 암시하는 것이 아무것도 없을 때, **say**를 주로 사용한다.

He *said* that you knew his family. 그는 당신이 그의 가족을 알고 있다고 말했다.
They *said* the prison was surrounded by police. 그 감옥은 경찰에 의해 포위되어 있다고 그들은 말했다.

○ say 용법에 대한 더 많은 정보와, 다른 동사들과 say의 차이점에 대해서는 Usage 표제어 say 참조.

다른 사람이 말한 내용의 성격에 따라, **answer, explain, suggest** 등과 같은 전달동사를 사용할 수 있다.

She *explained* that a friend of her husband's had been arrested.
그녀는 남편의 친구 중 한 명이 체포되었다고 설명해 주었다.
I *suggested* that it was time to leave. 나는 떠날 시간이 되었음을 암시했다.

누군가가 말한 내용에 대해 자신의 개인적인 의견을 나타낼 때, **claim**이나 **admit**와 같은 전달동사를 사용한다. **claim**은 누군가가 어떤 사실을 말하지 않을 수도 있다는 뜻이고, **admit**는 누군가가 어떤 사실을 말하다는 뜻이다.

He *claims* he knows more about the business now. 그는 이제 그 일에 대해 더 많이 알고 있다고 주장한다.
She *admitted* she was very much in love with you once. 그녀는 당신과 한때 깊이 사랑에 빠진 적이 있다고 인정했다.

4 reporting verbs with a negative (부정어와 함께 사용하는 전달동사)

전달동사를 사용하여 부정적인 내용의 말을 전달할 때, 일반적으로 피전달절보다 전달절을 부정형으로 만든다. 예를 들면, '나는 메리가 집에 없다고 생각한다.'는 I think Mary is not at home.보다 I don't think Mary is at home.이라고 한다.

I *don't think* I will be able to afford it. 나는 내가 그것을 살 수 있는 여유가 있을 것이라고 생각하지 않는다.
I *don't believe* we can enforce a total ban. 나는 우리가 전면적인 금지를 시행할 수 있다고 생각하지 않는다.

다음 전달동사는 위와 같은 방법으로 부정어와 함께 자주 사용한다.

| believe | expect | feel | imagine |
| propose | suppose | think | |

5 reported clauses (피전달절)

전달구조의 두 번째 부분이 피전달절이다.

She said *that she had been to Belgium*. 그녀는 벨기에에 갔다 온 적이 있다고 말했다.
The man in the shop told me *how much it would cost*. 가게에 있던 남자가 나에게 그것의 가격이 얼마인지를 말했다.

피전달절에는 여러 형식이 있는데, 전달되는 내용이 진술, 명령, 제안, 질문인지에 따라 형식이 달라진다.

6 'that'-clauses (that절)

어떤 말이나 다른 사람의 생각을 전할 때, 접속사 **that**으로 시작하는 피전달절을 전달동사 뒤에 사용한다.

He said *that the police had directed him to the wrong room*. 그는 경찰이 엉뚱한 방으로 그를 안내했다고 말했다.
He thought *that Vita needed a holiday*. 그는 비타에게 휴가가 필요하다고 생각했다.

that절 앞에 사용하는 전달동사는 다음과 같다.

accept	admit	agree	allege
announce	answer	argue	assert
assume	believe	claim	comment
complain	concede	conclude	confess
decide	declare	deny	discover
emphasize	expect	explain	feel
guarantee	guess	hint	hope
imagine	imply	insist	joke
know	mention	notice	observe
point out	predict	promise	realize
recommend	remark	remember	reply
report	reveal	say	stress
suggest	swear	think	warn

Reporting

위와 같은 경우, **that**을 종종 생략하기도 한다.
They *said* I had to see a doctor first. 그들은 내가 의사의 진찰을 먼저 받아야만 한다고 말했다.
I *think* there's something wrong. 나는 무언가가 잘못됐다고 생각한다.

그러나 일부 전달동사가 **answer, argue, complain, explain, recommend, reply** 등일 경우, 동사 뒤에 **that**을 사용한다.
He *answered that* the price would be three pounds. 그는 가격이 3파운드일 거라고 대답했다.

that절에 조동사를 사용할 수 있는데, 특히 누군가가 다른 사람에게 어떤 일을 해야 한다고 제안할 때 사용한다.
He proposes that the Government *should* hold an enquiry. 그는 정부가 청문회를 해야 한다고 제안한다.

7 mentioning the hearer (듣는 사람 언급하기)

일부 전달동사 뒤에 듣는 사람을 직접목적어로 언급해야 한다. **tell**은 이러한 전달동사 중 가장 일반적인 동사이다.
He *told me* that he was a farmer. 그는 자신이 농부였다고 나에게 말했다.
I *informed her* that I could not come. 나는 갈 수 없다고 그녀에게 알렸다.

다음 동사 뒤에는 직접목적어로 듣는 사람을 언급해야 한다.

| assure | convince | inform | notify |
| persuade | reassure | remind | tell |

promise, teach, warn도 목적어로 듣는 사람을 언급할 수 있다.
I *promised* that I would try to phone her. 나는 그녀에게 전화할 거라고 약속했다.
I *reminded Myra* I'd be home at seven. 나는 마이라에게 7시에 집에 있을 거라는 사실을 상기시켜 주었다.

듣는 사람을 언급할 경우, (전달동사 + 전치사 to + 목적어) 형식도 가능하다.
I explained *to her* that I had to go home. 나는 그녀에게 내가 집에 가야 한다고 설명했다.
I mentioned *to Tom* that I was thinking of resigning. 나는 톰에게 은퇴하는 것을 고려 중이라고 말했다.

다음 동사는 듣는 사람을 언급할 때, 전치사 **to**가 필요하다.

admit	announce	boast	complain
confess	explain	hint	lie
mention	reply	report	reveal
suggest	swear	whisper	

8 use of the passive (수동태 용법)

tell이나 **inform** 같은 동사는 듣는 사람을 주어로 해서 수동태로 쓸 수 있다.
She was told that there were no tickets left. 그녀는 남은 표가 없다는 말을 들었다.

누구의 의견이나 말이 전달되고 있는지를 언급하고 싶지 않거나, 전달 내용이 일반적인 의견이라는 것을 암시할 때로, 다른 전달동사의 수동태도 때때로 사용한다. 이러한 수동태는 격식을 차린 용법으로, **that**절과 함께 **it**을 가주어로 사용하거나 **to**부정사와 함께 일반 주어를 사용할 수 있다.
It is now believed that foreign languages are most easily taught to young children.
이제 외국어는 어린아이들에게 가장 쉽게 가르칠 수 있는 것으로 여겨진다.
He is said to have died a natural death. 그의 사망 원인은 자연사였다고 한다.

9 'to'-infinitive clauses (to부정사절)

명령, 요청, 충고 등을 전할 때, (전달동사 **tell · ask · advise** 등 + 목적어 + **to**부정사절) 형식을 사용한다. 전달동사의 목적어에는 행동을 실행할 사람이 온다.
Johnson *told her to wake him up*. 존슨은 그녀에게 그를 깨우라고 말했다.
He *ordered me to fetch the books*. 그는 나에게 그 책들을 가져오라고 명령했다.
He *asked her to marry him*. 그는 그녀에게 청혼했다.

위와 같은 (전달동사 + 목적어 + **to**부정사절) 형식에 사용하는 전달동사는 다음과 같다.

Reporting

advise	ask	beg	challenge
command	dare	direct	encourage
forbid	implore	instruct	invite
nag	order	persuade	remind
request	tell	urge	warn

말하고, 생각하고, 발견하는 것을 가리키는 다음의 동사는 항상 또는 일반적으로 〔수동태 동사구 + to부정사절〕 형식을 사용한다.

allege	assume	believe	claim
consider	discover	estimate	feel
find	know	learn	provo
reckon	report	rumour	say
see	think	understand	

위와 같은 동사의 뒤에 오는 to부정사는 대개 to be나 to have 형태가 된다.
The house *was believed to be haunted*. 그 집은 귀신이 나온다고 믿어졌다.
Over a third of the population *was estimated to have no access to the health service*.
인구의 3분의 1 이상이 의료 서비스를 받지 못하고 있다고 추정되었다.

〔목적어가 없는 전달동사 + to부정사〕 형식은 말하는 사람이 곧 그 행동의 주체인 경우에 사용한다.

agree	ask	beg	consent
demand	guarantee	offer	promise
propose	refuse	swear	threaten
volunteer	vow		

They *offered to show me the way*. 그들은 나에게 길을 가르쳐 주겠다고 제안했다.
He *threatened to arrest me*. 그는 나를 체포하겠다고 위협했다.

🔹 화자 자신의 행동을 상대방에게 전달할 때, to부정사나 that절 중 하나를 사용할 수 있다.
I promised *to come back*. 나는 다시 돌아오겠다고 약속했다.
She promised *that she would not leave hospital until she was better*.
그녀는 자신의 병세가 나아질 때까지 병원을 떠나지 않겠다고 약속했다.

듣는 사람이 언급되는 경우에는 to부정사를 사용하지 않는다.
I promised *her* I would send her the money. 나는 그녀에게 그 돈을 보내겠다고 약속했다.
I swore *to him* that I would not tell anyone. 나는 그에게 아무에게도 말하지 않겠다고 맹세했다.

동사 claim, pretend는 뒤에 to부정사나 that절을 모두 사용할 수 있다. 예를 들면, '그는 자신이 천재라고 주장했다.'는 He claimed to be a genius.나 He claimed that he was a genius.라고 한다.
He claimed *to have witnessed the accident*. 그는 그 사고를 목격했다고 주장했다.
He pretended *that he had found the money in the cupboard*. 그는 그 돈을 그 찬장에서 찾은 척했다.

의도, 소망, 결정을 나타내는 동사 intend, want, decide 등은 to부정사절과 함께 사용한다.

10 '-ing' clauses (-ing절)

어떤 일에 대한 제안 사항을 전달할 때, 〔전달동사 suggest · advise · propose · recommend + -ing절〕 형식을 사용할 수 있다.
Barbara *suggested going to another coffee shop*. 바버라는 다른 커피 가게에 가자고 제안했다.
The committee *recommended abandoning the original plan*. 위원회는 원래 계획을 포기하라고 권했다.

🔹 주어 자신이 관련될 행위를 제안할 때만 propose doing을 사용한다.
Daisy *proposed moving to New York*. 데이지는 뉴욕으로 이사갈 것을 제안했다.

Reporting

11 reported questions(간접의문문)

질문을 전달할 때, 전달동사 **ask**를 사용한다. 이야기를 듣는 대상을 언급할 필요가 있는 경우, 직접목적어를 사용할 수 있다.

He *asked* if I had a message for Cartwright. 그는 내가 카트라이트에게 줄 메시지를 갖고 있는지를 물어보았다.
I *asked her* if she wanted them. 나는 그녀에게 그것들을 원하는지 물었다.

ask와 같은 뜻으로, 동사 **inquire**(미국식)와 **enquire**(영국식)를 간접의문문의 동사로 사용할 수 있다. 이 동사들은 격식을 차린 표현으로, 듣는 사람을 목적어로 언급할 수 없다.

yes/no의문문을 전달할 때, **if**절이나 **whether**절을 사용한다. 특히 **whether**는 선택의 가능성이 있을 때 사용한다.

She asked him *if his parents spoke French*. 그녀는 그에게 그의 부모가 프랑스어를 할 수 있는지를 물었다.
I was asked *whether I wanted to stay at a hotel or at his home*.
나는 호텔에 머물고 싶은지 아니면 그의 집에 머물고 싶은지를 질문받았다.

wh-의문문을 전달할 때는 **wh-**어로 시작하는 피전달절을 사용한다.
He asked *where I was going*. 그는 내가 어디로 가고 있는지를 물었다.
She enquired *why I was so late*. 그녀는 내가 왜 그렇게 늦었는지를 물었다.

> **주의** 간접의문문은 의문문이 아닌 평서문의 어순을 사용한다. '그녀는 내가 무엇을 하는 중이었는지 물었다.'는 ~~She asked me what had I been doing.~~이 아닌 She asked me what I had been doing.이라고 한다.
> 간접의문문에는 의문부호를 사용하지 않는다.

간접의문문에 사용하는 **wh-**어가 전치사의 목적어인 경우, 전치사는 문장의 끝에 오며 뒤에 명사가 오지 않는다.
She asked *what* they were looking *for*. 그녀는 그들이 무엇을 찾고 있는 중인지를 물어보았다.
He asked *what* we lived *on*. 그는 우리가 무엇으로 생계를 유지하는지를 물었다.

불확실한 일에 대한 말이나 생각을 가리키는 동사는 **wh-**어, **if, whether**로 시작하는 절 앞에 사용할 수 있다.
She doesn't *know* what we were talking about. 그녀는 우리가 무엇을 이야기하고 있었는지 모른다.
They couldn't *see* how they would manage without her. 그들은 어떻게 그녀 없이 해나갈 수 있을지 알 수 없었다.

〔**wh-**어・**whether + to**부정사절〕 형식은 누군가의 실행 여부가 불확실한 행동을 가리킬 때 사용할 수 있다.
I asked him *what to do*. 나는 그에게 무엇을 해야 할지를 물었다.
I've been wondering *whether to retire*. 나는 은퇴해야 할지 말아야 할지를 생각해 왔다.

12 tense of reporting verb(전달동사의 시제)

과거에 했던 말을 다른 사람에게 전달할 때, 전달동사의 과거시제를 사용한다.
She *said* you threw away her sweets. 그녀는 당신이 그녀의 사탕을 던져 버렸다고 말했다.
Brody *asked* what happened. 브로디는 무슨 일이 일어났는지 물어보았다.

그러나 어떤 일이 여전히 사실인 내용을 전달하는 경우, 전달동사의 현재시제를 사용할 수 있다.
She *says* she wants to see you this afternoon. 그녀는 오늘 오후에 당신을 만나기를 원한다고 말한다.
My doctor *says* it's nothing to worry about. 내 담당 의사는 그것은 전혀 걱정할 문제가 아니라고 말한다.

13 tense of verb in reported clause(피전달절에서의 동사 시제)

전달동사가 현재시제일 경우, 피전달절의 시제는 실제로 말할 때와 같은 시제를 사용한다. 예를 들면, 한 여자가 '그는 아직 도착하지 않았다.'라고 말할 경우, 이를 She says he hasn't arrived yet.이라고 전달할 수 있다.
He knows he*'s being watched*. 그는 자신이 감시당하고 있다는 것을 알고 있다.
He says he *has* never *seen* a live shark. 그는 살아 있는 상어를 본 적이 없다고 말한다.
He says he *was* very worried. 그는 매우 걱정을 했다고 말한다.

14 with past reporting verb(과거 전달동사와 함께 사용하기)

Reporting

전달동사가 과거시제일 경우, 일반적으로 피전달절의 동사를 말하는 시점과 어울리는 적절한 시제로 바꾼다. 피전달절에서 묘사한 사건이나 상황이 그 내용을 말한 시점에서 과거인 경우, 과거완료시제를 사용한다. 피전달절의 사건이나 상황이 그 내용을 말한 시점과 관련시킬 필요가 없을 때, 과거완료시제 대신 단순과거시제를 사용할 수도 있다.

Minnie said she *had given* it to Ben. 미니는 그것을 벤에게 주었다고 말했다.
A journalist said he *saw* the couple at the airport. 한 기자가 그 부부를 공항에서 만났었다고 말했다.

피전달절의 사건이나 상황이 최근에 일어났거나 현재 상황과 관련이 있는 경우, 현재완료시제를 사용할 수도 있다.

He said there *has been* a 56 per cent rise in bankruptcies in the past 12 months.
그는 지난 12개월 동안 파산이 56퍼센트 증가했다고 말했다.

더 이상 존재하지 않는 과거의 습관이나 상황을 전달할 때, **used to**를 사용할 수 있다.

He said he *used to go* canoeing on rivers and lakes. 그는 강과 호수에 카누를 타러 가곤 했다고 말했다.

피전달절에서 묘사하는 사건이나 상황이 언급된 순간에도 계속 일어나던 중인 경우, 단순과거시제나 과거진행시제를 사용한다.

Dad explained that he *had* no money. 아빠는 돈이 없다고 설명했다.
She added that she *was smoking* too much. 그녀는 자신이 담배를 너무 많이 피우고 있다고 덧붙였다.

🛈 피전달절의 상황이 말을 전해 주는 순간에도 계속 일어나더라도 과거시제를 사용한다. 예를 들면, '나는 18살이라고 말했다.'는 현재 18살일지라도 말한 시점이 과거이므로, I told him I was eighteen.이라고 말한다. 즉, 말하고 있는 과거 당시의 상황에 중점을 두는 것이다.

He said he *was* English. 그는 영국인이라고 말했다.
I said I *liked* sleeping on the ground. 나는 땅바닥에서 자는 것을 좋아한다고 말했다.

그러나 어떤 상황이 현재도 존재하고 있다는 것을 강조하거나 어떤 그룹의 사람들에게 자주 일어나는 상황을 설명할 경우, 피전달절의 시제를 때때로 현재시제로 사용한다.

I told him that I *don't go out* very often. 나는 그에게 내가 자주 외출하지 않는다고 말했다.
A social worker at the Society explained that some children *live* in three or four different foster homes in one year. 일부 아이들은 일 년에 서너 군데의 양부모 가정에서 산다고 협회의 한 사회 복지사가 설명했다.

15 referring to the future (미래 말하기)

사건이나 상황이 말하는 시점에 미래의 일이었거나 여전히 미래의 일인 경우, 조동사를 사용한다. 이에 대한 자세한 내용은 다음 항목에서 설명하는 '피전달절의 조동사(**modals in reported clauses**)'를 참고하기 바란다. 그러나 미래의 사건을 가리키는 간접의문문이나 이와 비슷한 wh-의문사절에서 그 사건이 말하려는 내용과 거의 동시에 일어날 때에는 현재시제를 사용한다.

I'll call you. If I say it's Hugh, you'll know *who it is*.
나는 당신에게 전화를 할 것이다. 만약 내가 휴라고 말하면, 당신은 그가 누구인지 알게 될 것이다.

어떤 내용을 말한 이후의 미래에 일어날 일인 경우, 간접의문문에 **will**을 사용한다.

I'll tell you *what I will do*. 당신에게 내가 무엇을 할 것인지 말해 주겠다.

16 modals in reported clauses (피전달절의 조동사)

전달절의 동사가 현재시제인 경우, 일반적으로 평서문에 사용하는 조동사를 쓴다.

Helen says I *can* share her flat. 헬렌은 내가 그녀의 아파트를 같이 사용할 수 있다고 말한다.
I think some of the sheep *may* die this year. 나는 양들 중 몇 마리가 올해 죽을지도 모른다고 생각한다.
I don't believe he *will* come. 나는 그가 오지 않을 거라고 믿는다.
I believe that I *could* live very comfortably here. 나는 여기에서 매우 편하게 살 수 있을 거라고 믿는다.

↻ 조동사와 그 용법에 대한 정보는 각각의 **Usage** 표제어 참조.

17 with past reporting verb (과거 전달동사와 함께 사용하기)

전달절의 동사가 과거시제이거나 **could, would**와 같은 조동사를 가지고 있을 경우, 피전달절에서는 **can, may, will**보다는 **could, might, would**를 일반적으로 사용한다. 이에 대한 용법은 다음의 내용을 참조하기 바란다.

Reporting

18 ability(능력)

어떤 일을 할 수 있는 능력에 대한 내용이나 질문을 전달할 때, **could**를 사용한다.

They believed that war *could* be avoided. 그들은 전쟁을 피할 수 있다고 믿었다.
Nell would not admit that she *could* not cope. 넬은 그녀가 대처할 수 없다는 것을 인정하지 않을 것이다.

19 possibility(가능성)

어떤 일이 일어날 가능성에 대한 내용을 전달할 때, **might**를 사용한다.

They told me it *might* flood here. 그들은 나에게 이곳이 범람할지도 모른다고 말했다.
He said you *might* need money. 그는 당신이 돈이 필요할지도 모른다고 말했다.

어떤 일이 일어날 가능성이 강하다는 것을 전달할 때, **must**를 사용한다.

I told her she *must* be mistaken. 나는 그녀에게 틀림없이 실수할 것이라고 말했다.

20 permission(허락)

어떤 일에 대해 허락하거나 허락할 것을 요청하는 말을 전할 때, **could**를 사용한다. **might**는 더 격식을 차린 영어에서 사용한다.

I told him he *couldn't* have it. 나는 그가 그것을 가질 수 없다고 말했다.
Madeleine asked if she *might* borrow a pen and some paper.
매들린은 펜과 종이 몇 장을 빌려 줄 수 있는지 물어보았다.

21 the future(미래)

어떤 일에 대한 예측, 약속, 기대, 미래에 대한 질문을 전달할 때, 보통 **would**를 사용한다.

She said they *would* all miss us. 그녀는 그들 모두가 우리를 그리워할 거라고 말했다.
He insisted that reforms *would* save the system, not destroy it.
그는 개혁은 제도를 보호하는 것이지 망치는 것이 아니라고 주장했다.

22 'can', 'may', 'will', and 'shall'

전달동사가 과거시제인 경우 그 상황이 아직도 존재하거나 미래에도 여전히 존재할 것임을 강조할 때, can, may, will, shall을 사용한다.

He claimed that childhood problems *may* cause psychological distress in later life.
그는 어린아이 시절의 문제들이 후에 심리적인 고통을 준다고 주장했다.
A spokesman said that the board *will* meet tomorrow. 대변인은 위원회가 내일 열릴 거라고 말했다.

23 obligation(의무)

과거에 했던 의무에 대한 말을 전달할 때, **must**를 사용할 수 있지만 **had to**가 더 일반적이다.

He said he really *had to* go back inside. 그는 정말로 그 안에 다시 들어가야 한다고 말했다.
Sita told him that he *must* be especially kind to the little girl.
시타는 그에게 특히 그 어린 소녀에게 친절해야 한다고 말했다.

전달하는 상황이 여전히 존재하거나 미래에 일어날 일인 경우, **have to, has to, must**를 사용한다.

He said the Government *must* come clean on the issue. 그는 정부가 그 문제에 대해 사실을 말해야 한다고 말했다.
A spokesman said that all bomb threats *have to* be taken seriously.
대변인은 모든 폭탄의 위협을 심각하게 받아들여야 한다고 말했다.

도덕적으로 옳은 내용이나 생각을 전달할 때, **ought to**나 **should**를 사용할 수 있다.

He knew he *ought to* help. 그는 도와야 한다는 것을 알고 있었다.
I felt I *should* consult my family. 나는 가족과 상의해야 한다는 것을 느꼈다.

24 prohibiting(금지)

어떤 일을 금지하는 내용을 전달할 때, 보통 **mustn't**를 사용한다.

He said they *mustn't* get us into trouble. 그는 그들이 우리를 곤란에 빠뜨려서는 안 된다고 말했다.

Sentence connectors

25 using reporting verbs for politeness(정중하게 말할 때 전달동사 사용하기)

정중하게 말할 때, 전달동사를 자주 사용한다. 예를 들면, 누군가의 말에 반박하거나 상대방이 달가워하지 않지도 모르는 말을 전할 때, think나 believe 등의 전달동사를 사용하여 무례하게 들리지 않도록 할 수 있다.

I think it's time we stopped. 나는 우리가 그만두어야 할 시점이라고 생각합니다.
I don't think that will be necessary. 나는 그것이 필요없을 것이라고 생각합니다.
I believe you ought to leave now. 나는 당신이 지금 떠나야 한다고 생각합니다.

Sentence connectors

1 position(위치)

문장 연결어(sentence connectors)란 한 절이나 문장을 다른 절 또는 다른 문장과 연결해 주는 역할을 하는 단어 또는 구이다. 문장의 첫 시작 또는 주어 뒤 또는 문장의 주어 뒤 첫 번째 조동사 뒤에 위치한다.

Many species have survived. The effect on wild flowers, *however*, has been enormous.
많은 생물의 종들이 지금까지 생존해 왔는데, 그러나 그 과정 중에서 야생화들이 엄청난 영향력을 끼쳐왔다.

He has seen it all before and *consequently* knows what will happen next.
그는 그 모든 과정을 전부터 보아 왔기 때문에 그 결과로 앞으로 전개될 일도 잘 알고 있다.

2 adding information(정보의 추가)

일부 문장 연결어는 특정한 요점 또는 정보를 추가 제공하기 위해 사용한다.

| also | at the same time | furthermore | on top of that |
| as well | besides | moreover | too |

Her first book was published in 1992, and it was followed by a series of novels. She *also* wrote a book on British cathedrals. 그녀의 첫 번째 책은 1992년에 출간되었고, 뒤따라 그녀의 소설 시리즈가 출간되었다. 그녀는 또한 영국의 성당들에 대한 책도 집필했었다.

It is difficult to find good quality materials. Smaller organizations, *moreover*, cannot afford them.
우리는 그곳에서 좋은 품질의 재료들을 구하기 힘들다. 더구나 작은 공장들은 이를 감당할 능력이 없다.

◐ Usage 표제어 also – too – as well 참조.

3 giving a parallel(병렬하기)

일부 문장연결어는 우리가 주장하는 요점과 똑 같은 다른 요점을 제시해주거나, 또는 두 개의 다른 케이스들에 똑같은 논점을 적용해 줄 때 사용한다.

| again | by the same token | equally | in the same way |
| likewise | similarly | | |

This is an immensely difficult subject. But, *by the same token*, it is a highly important one.
이 주제는 해결하기에 아주 어려운 것이지만, 그렇지만 그만큼 우리가 해결해야 할 아주 중요한 주제이다.

I still clearly remember the time and place where I first saw a shooting star. *Similarly*, I remember the first occasion when I saw a peacock spread its tail. 나는 별똥별을 처음 보았던 장소와 시간을 아직도 똑똑하게 기억하고 있는 것과 같이, 내가 처음으로 보았던 공작새가 꼬리를 활짝 펴고 있던 순간도 기억하고 있다.

4 contrasting(대조 또는 대비)

일부 문장 연결어는 우리가 특정한 일을 다른 특정한 일과 서로 대조 또는 대비하거나, 또는 특정한 대안을 제시하기 위해 사용한다.

all the same	alternatively	by contrast	conversely
even so	however	instead	nevertheless
nonetheless	on the contrary	on the other hand	rather
still	then again	though	

Sentence connectors

They were too good to allow us to score, but ***all the same*** they didn't play that well.
그 경기에서 그들은 우리에게 득점을 허용하지 않을 정도로 강했지만, 그러나 마찬가지로 그들 역시 그 경기를 잘 풀어가지는 못 했다.
I would not have been surprised if she had cried. ***Instead***, she sank back in her chair, helpless with laughter.
나는 그녀가 그곳에서 대성통곡을 하더라도 놀라지 않았을 것인데, 그녀는 나의 예상과 다르게 그녀의 머리를 그녀의 의자에 처박고 계속해 웃음을 터뜨렸다.
He always had good manners. He was very quiet, ***though***.
그는 아주 수줍은 성격이었지만, 그러나 항상 예의바르게 행동했다.

○ Usage 표제어 although – though 참조.

5 showing a result (결과 나타내기)

일부 문장 연결어는 우리가 바로 전에 언급했던 사실 때문에 지금 말하려는 상황이 존재하고 있다는 것을 보여주기 위해 사용한다.

| accordingly | as a result | consequently | hence |
| so | thereby | therefore | thus |

Sales are still lower than a year ago. ***Consequently*** stocks have grown.
회사 제품 판매량은 일 년 전에 비해 낮은데도, 결과적으로 주식의 가격은 상승했다.
This room is modern and simply furnished, and ***thus*** easy to clean.
이 방은 현대적이고 단순한 가구 배치이기 때문에, 그 결과 아주 쉽게 청소할 수 있다.

So는 항상 절의 시작에 사용해야 한다.

His father had been a Member of Parliament. ***So***, Sir Charles Smith's own life was dominated by public service.
그의 아버지는 그 당시 국회의원이었는데, 그래서인지 찰스 스미스 경의 일생은 공익과 공직 봉사로 점철되어 왔다.

6 showing sequence (이어짐 나타내기)

시간을 나타내는 부사 상당어를 사용해, 한 행동이 있은 후 다른 행동이 그 뒤에 일어났다는 것을 나타낼 때 사용한다.

afterwards	at last	at once	before long
eventually	ever since	finally	immediately
instantly	last	later	later on
next	presently	since	soon
soon after	subsequently	suddenly	then
within minutes	within the hour		

Philip and Jane had lunch together in the campus restaurant. ***Afterwards***, Jane went back to her office.
필립과 제인은 학교 구내 식당에서 점심식사를 같이 한 후, 그 후에 제인은 그녀의 사무실로 되돌아갔다.

○ Usage 표제어 after – afterwards – later, eventually – finally, last – lastly, soon 참조.

시간을 나타내는 부사 상당어는 어떤 특정한 행동이 일어났거나, 또는 그 행동이 있기 전에 어떤 다른 행동이 일어났음을 나타낼 때 사용한다.

| beforehand | earlier | first | in the meantime |
| meanwhile | previously | | |

Then he went out to the island to meet the directors. Arrangements had been made ***beforehand***, of course.
그리고 나서 그는 그 감독자들을 만나기 위해 그 섬으로 갔는데, 물론 그들을 만나기로 한 약속이 이미 주선되어 있었다.

○ Usage 표제어 first - firstly 참조.

부사 상당어 중 일부는 특정한 두 행동이 동시에 일어났다는 것을 나타내기 위해 사용한다.

| at the same time | meanwhile | simultaneously | throughout |

The Subjunctive

Ask the doctor to come as soon as possible. *Meanwhile*, give first-aid treatment.
의사에게 지금 바로 왕진을 요청하시고, 환자에게 응급 조치를 취하세요.

The Subjunctive

가정법은 영어에서 그렇게 일반적이지는 않으며, 격식을 차리거나 오래된 표현으로 여겨지는 문장 구조이다. 가정법 구조는 현재시제나 과거시제 또는 (should + 동사원형) 형식 대신 동사원형만을 사용하는 것도 포함한다.

1 'whether' and 'though'

whether조건절이나 though가 포함된 절에 현재시제 대신 가정법을 사용할 수 있다.

The change must be welcomed, if only because it will come *whether it be* welcomed or not.
그 변화가 환영을 받든 못 받든 간에 도래할 것이라는 단지 그 이유 때문이라면, 우리는 그 변화를 환영해야 한다.

The church absorbs these monuments, large *though they be*, in its own immense scope.
교회는 이 기념물들의 크기가 큼에도 불구하고, 그 자체가 가진 광대한 넓이로 인해 그것들을(기념물들을) 흡수한다.

2 'that'

제안이나 명령을 할 때, that절에 가정법을 사용할 수 있다.

Someone suggested *that they break* into small groups.
어떤 사람은 그들이 작은 그룹으로 나누어져야 한다고 제안했다.

It was his doctor who suggested *that he change* his job. 그의 직업을 바꿀 것을 제안한 사람은 바로 그의 주치의였다.

He ordered *that the books be burnt*. 그는 그 책들을 태워 버리라고 명령했다.

3 subjunctive use of 'were' (were 가정법)

글이나 회화에서 존재하지 않거나 일어날 것 같지 않은 상황을 가리킬 때, 조건절에 was 대신 were를 사용한다. 이러한 were의 용법 역시 가정법의 한 종류이다.

If I were you I'd see a doctor. 만약 내가 당신이라면 의사에게 진찰을 받을 것이다.

He would be persecuted *if he were* sent back. 그는 돌려보내지면 박해를 받을 것이다.

If I were asked to define my condition, I'd say 'bored'.
만약 내 상태를 정의하라고 한다면, 나는 "지겹다."라고 말할 것이다.

as though와 as if로 시작하는 절에서도 was 대신 were를 자주 사용한다.

You talk *as though he were* already condemned. 당신은 그가 이미 유죄 판결을 받은 것처럼 말한다.

Margaret looked at me *as if I were* crazy. 마거릿은 마치 내가 미친 사람인 것처럼 나를 바라보았다.

Subordinate clauses

- 1 position of adverbial clauses
- 2 concessive clauses
- 3 conditional clauses
- 4 manner clauses
- 5 place clauses
- 6 purpose clauses
- 7 reason clauses
- 8 result clauses
- 9 time clauses

종속절(subordinate clause)은 주절에 있는 정보에 추가하거나 완전하게 보완하는 절이다. 대부분의 종속절은 종속접속사 because, if, that 등으로 시작한다.

대부분의 종속절은 부가절로, 일어난 일의 상황에 대한 정보를 제공한다. 부가절의 다른 유형에 대한 자세한 설명은 다음과 같다.

- 다른 종류의 종속절에 대한 정보는 Grammar 표제어 Relative clauses와 Grammar 표제어 Reporting 참조.
- Grammar 표제어 '-ing' forms, Past participles 참조.

Subordinate clauses

1 position of adverbial clauses(부가절의 위치)

일반적으로 [주절 + 부가절] 형식을 사용한다.

Her father died **when she was young**. 그녀의 아버지는 그녀가 어렸을 때 돌아가셨다.
They were going by car **because it was more comfortable**.
자동차로 가는 것이 더 편했기 때문에 그들은 자동차로 가고 있었다.

그러나 부가절의 내용을 강조하고자 할 때, 대부분의 부가절은 주절 앞에 올 수 있다.

When the city is dark, we can move around easily. 도시가 어두워지면, 우리는 쉽게 돌아다닐 수 있다.
Although crocodiles are inactive for long periods, on occasion they can run very fast indeed.
악어는 오랜 기간 동안 활동하지 않음에도 불구하고, 때때로 매우 빨리 달릴 수 있다.

때때로 부가절은 다른 절의 중간에, 특히 관계절의 중간에 위치한다.

They made claims which, **when you analyse them**, are not supported by facts.
우리가 그들을 분석해 볼 때 그들이 그들 주장을 뒷받침할 만한 사실이 별로 없다고 주장하고 있다.

2 concessive clauses(양보절)

양보절은 주절과 대조되는 사실을 포함하고 있는 절로, 양보절을 이끄는 종속접속사는 다음과 같다.

| although | even though | though | whereas |
| while | whilst | | |

I used to read a lot **although I don't get much time for books now**.
나는 책을 읽을 시간이 지금은 별로 없지만 예전에는 많이 읽곤 했다.
While I did well in class, I was a poor performer at games. 나는 수업 시간에 공부는 잘했지만, 게임은 못했다.

 whilst는 격식을 차린 단어로, 미국 영어에서는 **while**만 사용한다.

- **words in front of 'though'**(though 앞에 사용하는 단어)

격식을 차린 영어에서, 강조를 위해 [보어 + 종속접속사 though] 형식을 사용할 수 있다. 예를 들면, '그는 병에 걸렸음에도 불구하고, 그 회의에 참석하겠다고 고집했다.'는 **Though he was ill, he insisted on coming to the meeting.** 대신 **Ill though he was, he insisted on coming to the meeting.**이라고 할 수 있다.

Astute businessman though he was, Philip was capable at times of extreme recklessness.
필립은 빈틈 없는 사업가였지만 때로는 엄청나게 무모한 행동을 할 수도 있는 인물이었다.
I had to accept the fact, **improbable though it was**.
그것이 있음직하지 않다고 하더라도 나는 그 사실을 받아들여야 했다.

종속접속사 앞에 사용한 보어가 형용사일 때, **though** 대신 **as**를 사용할 수 있다.

Stupid as it sounds, I was so in love with her that I believed her.
어리석게 들릴지 몰라도, 나는 그녀를 너무 사랑해서 그녀를 믿었다.

though 앞에 hard, bravely, valiantly 등과 같은 부사를 사용할 수도 있다.

We couldn't understand him, **hard though we tried**. 우리는 아무리 노력해도 그의 말을 이해할 수 없었다.

- **'much as'**

강한 감정이나 욕구를 나타낼 때, **although**나 **very much** 대신 **much as**를 사용할 수 있다. 예를 들면, '나는 베니스를 무척 좋아하지만, 그곳에서 살 수는 없었다.'는 **Although I like Venice very much, I couldn't live there.** 대신 **Much as I like Venice, I couldn't live there.**라고 할 수 있다.

Much as they admired her, they had no wish to marry her.
그들은 그녀를 무척 칭찬했음에도 불구하고, 그녀와 결혼할 의사는 전혀 없었다.

3 conditional clauses(조건절)

일어날 가능성이 있는 상황을 나타낼 때, 조건절을 사용한다. 주절에서 설명한 어떤 사건은 종속절에서 설명한 조건에 따라 변화한다. 조건절은 보통 **if**나 **unless**로 시작한다.

Subordinate clauses

○ Usage 표제어 **if**와 **unless** 참조.

조건절을 사용하는 경우, 주절에는 흔히 조동사를 사용한다. 존재하지 않는 상황을 나타낼 경우, 주절에 항상 조동사를 사용한다.

If you weren't here, she *would* get rid of me in no time. 만약 당신이 여기에 없다면 그녀는 즉시 나를 쫓아낼 것이다.
If anybody had asked me, I *could* have told them what happened.
만약 어떤 사람이 나에게 물어보았더라면, 나는 그에게 무슨 일이 있었는지 말해 줄 수 있었을 것이다.

- **inversion**(도치)

  if나 **unless**를 사용하는 대신 격식을 차린 말과 글에서 도치를 사용할 수 있다. 예를 들면, '만약 내가 거기에 있었다면 그들을 막았을 것이다.'는 **If I'd been there, I would have stopped them.** 대신 **Had I been there, I would have stopped them.**이라고 할 수 있다.

  Should ministers demand an enquiry, we would accept it.
  장관들이 청문회를 요구한다면, 우리는 이를 받아들일 것이다.

- **imperatives**(명령문)

  때때로 조건절 대신에 **and**나 **or**가 뒤따르는 명령문을 사용하기도 한다. 예를 들면, '조용히 하면 다치지 않을 거예요.'는 **If you keep quiet, you won't get hurt.** 대신 **Keep quiet and you won't get hurt.**라고 한다.

○ Topic 표제어 **Advising someone**과 **Warning someone** 참조.

- **less common conjunctions**(자주 사용하지 않는 접속사)

  주절의 상황이 일어나기 위한 필요조건을 나타낼 때, **provided, providing, as long as, only if**로 시작하는 조건절을 사용한다.

  Ordering is quick and easy *provided you have access to the internet*.
  인터넷에 접속하면 물건 주문을 아주 빠르고 쉽게 할 수 있다.
  As long as you can type fast you will earn quite a lot of money.
  아주 빠르게 타자를 칠 수 있다면, 당신은 많은 돈을 벌 수 있다.

  only if를 사용할 때, 주절의 주어와 동사를 도치한다.

  Only if these methods are followed correctly *will the results* be accurate.
  이러한 방법들을 정확하게 따라 한다면 그 결과는 정확할 것이다.

  다른 상황이 일어날 가능성이 있더라도 전혀 영향을 받지 않을 때, **even if**를 사용한다.

  Even if you've never studied English before, you can take this course.
  우리가 영어를 전에 배운 적이 없더라도, 우리는 이 코스에 등록해 공부할 수 있다.
  I would have married her *even if she had been poor*.
  나는 그녀가 빈털터리였을지라도, 그녀와 결혼했을 것이다.

  여러 가지 가능성 중 어떤 것에도 영향을 받지 않을 때, **whether...or**를 사용한다.
  Some children start with a huge appetite, *whether they're well or sick, calm or worried*.
  일부 어린이들은 그들이 건강하든지, 병이 들든지, 평온하든지, 걱정하든지 식욕을 잃지 않는다.

  반대되는 두 가지 가능성 중 어느 쪽에도 영향을 받지 않을 때, **whether or not**을 사용한다.
  A parent should talk over the child's problems with the teacher, *whether or not they are connected with school*.
  자녀의 문제가 학교와 관련된 것이든 그렇지 않은 간에 부모는 그 문제를 선생님과 상의해야 한다.
  He will have to pay the bill *whether he likes it or not*.
  그는 좋든 싫든 간에 그 청구 금액을 지불해야 할 것이다.

4 manner clauses(양태절)

양태절은 사람의 행동이나 일하는 방법을 나타낸다. 양태절을 이끄는 접속사는 다음과 같다.

| as | as if | as though | like | the way |

Subordinate clauses

I don't understand why he behaves *as he does*. 나는 그가 왜 그런 행동을 하는지 이해할 수 없다.
Is she often rude and cross *like she's been this last month*?
그녀는 지난달에 한 것처럼 종종 무례하고 짜증을 부립니까?
Joyce looked at her *the way a lot of girls did*.
조이스는 많은 여자 아이들이 했던 식으로 그녀를 바라보았다.

○ Usage 표제어 like – as – the way 참조.

어떤 일이 다른 일과 같은 방식으로 일어날 것 같다고 할 때, **as if**와 **as though**를 사용한다. 종속절의 시제는 과거시제를 사용한다.

Presidents can't dispose of companies *as if people didn't exist*.
사장은 직원들이 마치 존재하지 않는 것처럼, 회사를 자기 마음대로 처분할 수는 없다.
She treats him *as though he was her own son*. 그녀는 그를 마치 자신의 아들처럼 대한다.

as if, as though로 시작하는 절의 동사는 **was** 대신 가정법 형태인 **were**를 종종 사용한다.
He spoke *as though his father were already dead*. 그는 그의 아버지가 이미 죽은 것같이 말했다.

5 place clauses(장소절)

장소절은 사물의 위치나 장소를 나타내며, 보통 **where**로 시작한다.
He said he was happy *where he was*. 그는 자신이 있는 곳에서 행복하다고 말했다.
He left it *where it lay*. 그는 그것을 있는 자리에 그대로 두었다.

어떤 일이 일어나는 모든 장소에서 다른 일이 일어난다고 할 때, **wherever**를 사용한다.
Flowers grew *wherever there was enough light*. 꽃들은 햇빛이 충분히 비추는 곳이면 어디서나 자란다.
Wherever I looked, I found patterns. 내가 본 어디에서든 그 패턴들을 발견했다.

wherever 대신 **everywhere**를 사용할 수 있다.
Everywhere I went, people were angry or suspicious. 내가 간 곳마다 사람들이 화가 나 있거나, 수상쩍어 했다.

 격식을 차리지 않는 미국 영어에서는 **everywhere** 대신 **everyplace**도 사용한다.
Everyplace her body touched the seat, her skin began to itch.
그녀의 몸이 의자에 닿는 곳마다 그녀의 피부는 가렵기 시작했다.

6 purpose clauses(목적절)

목적절은 어떤 일을 하려는 의도를 나타낸다. 목적절로 **to**부정사절을 가장 많이 사용한다.
All information in this brochure has been checked as carefully as possible *to ensure that it is accurate*. 이 팸플릿에 있는 모든 정보는 정확성을 기하기 위해 가능한 한 조심스럽게 검토하였다.
Carol had brought the subject up simply *to annoy Sandra*.
캐롤은 단지 샌드라를 화나게 하기 위해 그 문제를 꺼냈다.

격식을 차린 말과 글에서 단순 **to**부정사절 대신 (**in order + to**부정사절) 형식을 자주 사용한다.
They bought more land *in order to extend the church*. 그들은 교회를 확장하기 위해 더 많은 땅을 구입했다.

(**so as + to**부정사절) 형식을 사용할 수도 있다.
We put up a screen *so as to let in the fresh air and keep out the flies*.
우리는 신선한 공기는 들어오게 하고 날벌레는 들어오지 못하도록 방충망을 설치했다.

> 주의 부정적인 목적을 나타낼 때, 단순 **to**부정사절과 함께 **not**을 사용할 수 없다. 예를 들면, **He slammed on his brakes to not hit it**.이라고 말할 수 없다. 대신 (**to avoid + -ing**)이나 (**in order · so as + not + to**부정사) 형식을 사용한다.
> He had to hang on *to avoid being washed overboard*.
> 그는 배에서 파도에 휩쓸려 떨어지지 않기 위해 매달려 있어야만 했다.
> I would have to give myself something to do *in order not to be bored*.
> 나는 지루하지 않도록 스스로 어떤 일을 해야 할 것이다.
> They went on foot, *so as not to be heard*. 그들은 소리를 내지 않기 위해 걸어서 갔다.

so, so that, in order that으로 시작하는 목적절도 있다.

Subordinate clauses

She said she wanted to be ready at six *so she could be out by eight*.
그녀는 8시까지는 외출할 수 있도록 6시까지 준비가 되기를 원한다고 말했다.
I have drawn a diagram *so that my explanation will be clearer*. 나는 설명을 더 명확하게 하기 위해 도표를 그렸다.
Many people have to learn English *in order that they can study a particular subject*.
많은 사람들이 특정한 과목을 공부하기 위해 영어를 공부해야 한다.

ℹ 위와 같은 목적절에는 일반적으로 조동사를 사용한다.

7 reason clauses(원인절)

원인절은 어떤 일이 일어나게 된 이유를 설명하고, 보통 because, since, as로 시작한다.
I couldn't feel angry *because I liked him too much*.
나는 그를 너무 좋아했기 때문에 그에게 분노를 느낄 수 없었다.
I didn't know that she had been married, *since she seldom talked about herself*.
그녀가 자신에 대해 거의 말하지 않아서 나는 그녀가 결혼했다는 것을 알지 못했다.

누군가가 어떤 일을 하려는 데 있어서 이유가 되는 미래의 가능한 상황을 나타내는 경우, in case나 just in case를 사용한다. 원인절에서는 단순현재시제를 사용한다.
I'll keep my phone switched on *just in case you need to contact me*.
당신이 나를 필요할 경우를 생각해 나의 전화기를 켜 놓을 것이다.

과거에 어떤 일을 했던 이유를 말하는 경우, 원인절에는 단순과거시제를 사용한다.
Sam took a coat with him *in case it rained*. 샘은 비람이 불 것에 대비해서 외투를 가져갔다.

8 result clauses(결과절)

결과절은 어떤 일이나 상황의 결과를 나타낸다. 결과절은 접속사 so that이나 so로 시작하며, 항상 (주절 + 결과절) 형식을 사용한다.
He persuaded Nichols to turn it into a film *so that he could play the lead*.
그는 니콜스가 그것을 영화로 만들도록 설득하여 주연 배우가 될 수 있었다.
The young do not have the money to save and the old are consuming their savings, *so it is mainly the middle-aged who are saving*.
젊은이들은 저축할 돈이 없고, 노인들은 저축한 돈을 소비하므로 저축을 하는 사람은 주로 중년층이다.

주절에서 so나 such를 사용하는 경우, that절을 결과절로 사용할 수도 있다. 이때 that은 생략할 수 있다.
They were *so* surprised *they didn't try to stop him*. 그들은 너무 놀라서 그를 저지하려 하지 않았다.
These birds have *such* small wings *that they cannot fly even if they try*.
이 새들은 날개가 너무 작아서 날려고 해도 날 수가 없다.

◯ Usage 표제어 so 참조.

9 time clauses(시간절)

시간절은 어떤 일이 일어난 시간을 나타낸다. 시간절을 이끄는 접속사는 다음과 같다.

after	as	as soon as	before
once	since	the minute	the moment
till	until	when	while
whilst			

We arrived *as they were leaving*. 그들이 떠나고 있었을 때 우리는 도착했다.
When the jar was full, he turned the water off. 그 병이 찼을 때 그는 물을 잠갔다.

◯ 위에 열거한 단어의 용법에 대한 더 많은 정보는 각 단어의 **Usage** 표제어 참조.

- **tenses in time clauses**(시간절의 시제)

과거나 현재를 나타낼 때, 시간절의 시제는 주절이나 단문의 시제와 같다. 그러나 시간절이 미래를 가리킬 때, 미래시제 will이 아닌 단순현재시제를 사용한다.

'That'-clauses

As soon as I *get* back, I'm going to call my lawyer. 나는 돌아가자마자, 변호사에게 전화할 것이다.
He wants to see you before he *dies*. 그는 죽기 전에 당신을 보고 싶어 한다.

시간절에서 설명하는 일이 주절에서 언급된 일보다 먼저 일어나게 될 경우, 시간절에는 will have가 아닌 현재완료시제를 사용한다.

We won't be getting married until we*'ve saved* enough money.
우리는 돈을 충분히 모을 때까지 결혼을 하지 않을 것이다.
Let me know as soon as you *have finished the report*. 당신이 그 보고서를 작성하는 즉시 저에게 알려 주세요.

위와 같은 일에 대한 내용이나 생각을 전달할 경우, 시간절에는 단순과거시제나 과거완료시제를 사용한다.

I knew he would come back as soon as I *was* gone.
내가 가자마자, 그가 돌아올 거라는 것을 나는 알고 있었다.
He cargued that violence would continue until political oppression *had ended*.
정치적인 억압이 종식될 때까지 폭동은 계속될 것이라고 그는 주장했다.

○ 시간절에서 since와 함께 사용하는 시제의 용법에 대한 정보는 Usage 표제어 since 참조.

- **omitting the subject**(주어의 생략)

주절과 시간절의 주어가 같은 경우, 시간절의 주어를 때때로 생략하고 분사를 동사로 사용한다. 이 용법은 특히 격식을 차린 영어에서 사용한다.

I read the book *before going to see the film*. 나는 영화를 보러 가기 전에 그 책을 읽었다.
The car was stolen *while parked in a London street*. 그 차는 런던 거리에 주차된 동안 도난당했다.

〔when · while · once · until · till + 명사구 · 형용사구 · 부가어〕 형식을 사용할 수 있다.

While in Venice, we went to the theatre every night.
우리가 베니스에 있을 때 매 저녁마다 극장에 갔다.
Steam or boil them *until just tender*. 그것들이 부드러워질 때까지 찌거나 삶으세요.

- **regular occurrences**(규칙적으로 일어난 일)

특정한 상황에서 항상 규칙적으로 일어나거나 일어났던 일을 묘사할 때, **when**절 혹은, 좀 더 강조하기 위해 **whenever, every time, each time**으로 시작하는 절을 사용한다.

When he talks about his work, he sounds so enthusiastic.
그가 그의 일에 대해 말할 때 아주 열성적으로 말했다.
Whenever she had a cold, she ate only fruit. 그녀는 감기에 걸렸을 때마다, 과일만 먹었다.
Every time I go to that class I panic. 나는 그 수업을 들으러 갈 때마다, 공포감을 느낀다.
He flinched *each time she spoke to him*. 그는 그녀가 그에게 말을 할 때마다 위축되었다.

'That'-clauses

that절은 that으로 시작하는 절로, 사실이나 견해를 나타낼 때 사용한다.

1 reporting(전달하기)

말한 내용을 전달할 때, that절을 흔히 사용한다.

She said *that she'd been married for about two months*.
그녀는 결혼한 지 약 두 달이 되었다고 말했다.
Sir Peter recently announced *that he is to retire at the end of the year*.
피터 경은 연말에 은퇴할 거라고 최근에 발표했다.

○ Grammar 표제어 Reporting 참조.

2 after adjectives(형용사 뒤에 사용하기)

〔형용사 + that절〕 형식은 사람의 감정이나 믿음이 어떤 사실과 관련되어 있는지를 나타낸다.
She was *sure that he meant it*. 그녀는 그가 진심으로 그 말을 했다고 확신했다.

'That'-clauses

He was *frightened that something terrible might be said*.
그는 뭔가 끔찍한 말을 들을까봐 두려워했다.

〔형용사 + **that**절〕 형식에 사용하는 형용사는 다음과 같다.

afraid	amazed	angry	annoyed
anxious	ashamed	astonished	astounded
aware	certain	concerned	confident
conscious	convinced	definite	determined
disappointed	disgusted	dismayed	doubtful
eager	envious	fearful	fortunate
frightened	furious	glad	grateful
happy	hopeful	horrified	insistent
jealous	keen	lucky	nervous
optimistic	pessimistic	pleased	positive
proud	puzzled	relieved	sad
satisfied	scared	shocked	sorry
sure	surprised	suspicious	terrified
thankful	unaware	uncertain	unconvinced
unhappy	unlucky	upset	worried

어떤 상황이나 사실을 나타낼 때, 〔**it is** + 형용사 + **that**절〕 형식을 사용한다.
It is *extraordinary that we should ever have met*. 우리가 만났어야 했다는 것은 이상하다.

○ Usage 표제어 **it** 참조.

3 after nouns(명사 뒤에 사용하기)

말이나 생각을 나타내는 **assumption**, **feeling**, **rumour** 등의 명사 뒤에는 **that**절을 사용한다.
Our strategy has been based on *the assumption that the killer is just one man*.
우리의 전략은 그 살인범이 오직 한 남자라는 가정에 기초했다.
I had *a feeling that no-one thought I was good enough*.
나는 내가 충분한 능력이 있다고 생각하는 사람이 아무도 없다는 느낌을 받았다.
There is no truth in *the rumour that he is resigning*.
그가 사임을 했다는 루머는 전혀 사실이 아니다.

〔명사 + **that**절〕 형식에 사용하는 명사는 다음과 같다.

accusation	admission	advice	agreement
allegation	announcement	argument	assertion
assumption	assurance	belief	charge
claim	comment	concept	conclusion
contention	conviction	criticism	decision
declaration	demand	denial	excuse
expectation	explanation	fear	feeling
generalization	guarantee	guess	hint
hope	hypothesis	idea	illusion
impression	information	insistence	judgement
knowledge	message	news	notion
observation	opinion	point	prediction
principle	promise	proposal	question
realization	recognition	remark	reminder
report	request	rule	rumour
saying	sense	statement	suggestion
superstition	theory	thought	threat
view	warning	wish	

Verb forms(formation of)

4 after 'be'(be동사 뒤에 사용하기)

that절은 be동사 뒤에 보어로 사용할 수 있다.
Our hope is *that this time all parties will co-operate*. 우리는 이번에는 모든 정당이 협력할 것을 희망한다.
The important thing is *that we love each other*. 중요한 것은 우리가 서로 사랑한다는 것이다.

5 omitting 'that'(that 생략하기)

경우에 따라, 특히 구어체 영어에서 때때로 that을 생략한다.
He knew *the attempt was hopeless*. 그는 그 시도가 희망이 없다는 것을 알았다.
She is sure *Harold doesn't mind*. 그녀는 해럴드가 상관하지 않을 거라고 확신한다.
I have the feeling *I've read this book already*. 나는 전에 그 책을 읽었던 것 같은 느낌이 들었다.

6 'the fact that'

매우 격식을 차린 영어에서는 that절을 문장의 주어로 사용한다.
That people can achieve goodness is evident through all of history.
인간이 선을 성취할 수 있다는 것은 모든 역사를 통해 명백하다.

그러나 본동사가 전달동사이거나 be동사인 경우, 가주어로 it을 사용하고 뒤에 that절이 온다.
It cannot be denied *that this view is justified*. 이러한 견해가 정당화된다는 것을 부인할 수는 없다

그 밖의 경우에는 [the fact + that절] 형식을 주어로 사용하는 것이 더 일반적이다.
The fact that he is always late should make you question how reliable he is.
그가 항상 지각을 하는 사실은 그의 신뢰성에 의문을 제기할 것이다.

위와 같은 [the fact + that절] 형식은 that절을 사용할 수 없는 전치사나 동사의 목적어로도 사용한다.
We expect acknowledgement of *the fact that we were treated badly*.
우리가 부당한 대우를 받았다는 사실의 인식을 우리는 기대하고 있다.
We overlooked *the fact that the children's emotional development had been affected*.
우리는 아이들의 정서 발달에 영향을 주었다는 사실을 간과했다.

Verb forms(formation of)

1 uses(용법)

시제(tense)는 대략적인 시점을 나타내는 동사와 동사구의 여러 형태를 말한다. 상황, 습관적인 행동, 완료된 행위를 가리킬 때 단순시제를 사용한다.
I *like* him very much. 나는 그를 매우 좋아한다.
He always *gives* both points of view. 그는 언제나 양쪽 견해를 제시한다.
He *walked* out of the kitchen. 그는 부엌에서 걸어나갔다.

특정 시점의 일시적인 상황을 가리킬 경우, 진행시제를 사용한다.
Inflation *is rising*. 인플레이션이 증가하고 있다.
We believed we *were fighting* for a good cause. 우리는 대의명분을 위해서 싸우고 있다고 믿었다.

진행시제로 사용하지 않는 동사들이 있다.
행동이나 상황이 현재나 과거의 어떤 순간과 관련 있을 경우, 완료시제를 사용한다.
Football *has become* international. 축구는 국제적인 종목이 되었다.
She did not know how long she *had been lying* there.
그녀는 자신이 그곳에 얼마 동안 누워 있었는지 알지 못했다.

어떤 행동에 영향을 받는 사람이나 사물이 문장의 주어일 때, 수동태를 사용한다. 수동태의 시제는 [be동사의 적절한 시제 + 과거분사] 형식을 사용한다.
The earth *is baked* by the sun into a hard, brittle layer.
지면은 햇볕에 바싹 말려져서 딱딱하고 부스러지기 쉬운 층이 된다.
They *had been taught* to be critical. 그들은 비판적이 되도록 배웠다.

- Grammar 표제어 The Passive 참조.
- 시제의 용법에 대한 더 많은 정보는 Grammar 표제어 Future time, The Past, The Present 참조.

Verb forms(formation of)

○ 종속절에서 사용한 시제가 예상한 시제가 아닐 경우, Grammar 표제어 Future time, Reporting, Subordinate clauses 참조.

2 present and past tenses(현재시제와 과거시제)

다음의 표는 현재시제와 과거시제를 만드는 방법을 보여 준다.

능동태 문장	수동태 문장(be+과거분사)
단순현재	
동사원형 I *want* a breath of air. 나는 공기를 마시고 싶다. **-s**형(3인칭 단수) Flora *laughs* again. 플로라는 다시 웃는다.	be동사의 단순현재형 + 과거분사 It *is boiled* before use. 사용하기 전에 그것을 끓인다.
현재진행	
be동사의 단순현재형 + -ing형 Things *are changing*. 상황이 변하고 있다.	be동사의 현재진행형 + 과거분사 My advice *is being ignored*. 내 충고는 무시되고 있다.
현재완료	
have의 단순현재형 + 과거분사 I *have seen* this before. 나는 이것을 전에 본 적이 있다.	be동사의 현재완료형 + 과거분사 You *have been warned*. 당신은 경고를 받았다.
현재완료진행	
be동사의 현재완료형 + -ing형 Howard *has been working* hard. 하워드는 열심히 일을 해오고 있다.	be동사의 현재완료진행형 + 과거분사 (잘 사용하지 않음)
단순과거	
과거형 I *resented* his attitude. 나는 그의 태도에 분개했다.	be동사의 단순과거형 + 과거분사 He *was murdered*. 그는 살해당했다.
과거진행	
be동사의 단순과거형 + -ing형 I *was sitting* on the rug. 나는 양탄자 위에 앉아 있었다.	be동사의 과거진행형 + 과거분사 We *were being watched*. 우리는 감시를 받는 중이었다.
과거완료	
had + 과거분사 Everyone *had liked* her. 모두가 그녀를 좋아했었다.	be동사의 과거완료형 + 과거분사 Raymond *had been rejected*. 레이먼드는 거부당했었다.
과거완료진행	
had been + -ing형 Miss Gulliver *had been lying*. 걸리버 양은 거짓말을 해오고 있었다.	be동사의 과거완료진행형 + 과거분사 (잘 사용하지 않음)

Verbs

3 future tenses(미래시제)

영어에는 미래를 나타내는 여러 가지 방법이 있다. 흔히 사용하는 방법은 조동사 **will**이나 **shall**을 사용하는 것이다.

○ Usage 표제어 shall – will 참조.

미래를 말할 때, **will**과 **shall**을 사용하는 동사구를 미래시제라고 한다.

다음의 표는 미래시제를 나타낸다.

능동태 문장	수동태 문장
단순미래	
will · shall + 동사원형 They **will arrive** tomorrow. 그들은 내일 도착할 것이다.	will be · shall be + 과거분사 More land **will be destroyed**. 더 많은 땅이 파괴될 것이다.
미래진행	
will be · shall be + -ing형 I **shall be leaving** soon. 나는 곧 떠날 것이다.	will be being · shall be being + 과거분사 (잘 사용하지 않음)
미래완료형	
will have · shall have + 과거분사 They **will have forgotten** you. 그들은 당신을 잊어버리게 될 것이다.	will have been · shall have been + 과거분사 By the end of the year, ten projects **will have been approved**. 올해 말까지 10개의 프로젝트가 승인될 것이다.
미래완료진행	
will have been · shall have been + -ing형 By March, **I will have been doing** this job for six years. 3월이면 나는 6년 동안 이 일을 하게 된다.	will have been being · shall have been being + -ing형 (아주 드물게 사용함)

Verbs

1. verb forms
2. uses of verb forms
3. intransitive verbs
4. transitive verbs
5. reflexive verbs
6. delexical verbs
7. transitive or intransitive
8. ergative verbs
9. reciprocal verbs
10. verbs with object or prepositional phrase
11. verbs with two objects(ditransitive verbs)
12. linking verbs
13. compound verbs
14. other verbs

동사(**verb**)는 주어의 동작이나 상태를 나타낸다. 이 표제어에서는 여러 동사의 형태를 설명한 후에 다른 동사의 유형들에 대해서도 설명한다.

1 **verb forms**(동사 형태)

규칙동사는 다음 형태를 취한다.

- 동사원형 : walk

- **-s형** : walks
- **-ing형 또는 현재분사** : walking
- **과거형** : walked

규칙동사의 경우, 과거형과 과거분사형의 형태가 같다. 그러나 다수의 불규칙동사는 과거형과 과거분사형의 형태가 다르다.

- **과거형** : stole
- **과거분사형** : stolen

○ Grammar 표제어 **Irregular verbs** 참조.
○ 흔히 쓰이는 불규칙동사 be, have, do의 형태는 Grammar 표제어 **Auxiliary verbs** 참조.

2 uses of verb forms(동사 형태의 용법)

동사원형은 단순현재시제, 명령문, 부정사, 그리고 조동사 뒤에 사용한다.
I *hate* him. 나는 그를 싫어한다.
Go away. 가버려.
He asked me to *send* it to him. 그는 나에게 그것을 그에게 보내 달라고 요청했다.
He asked if he could *take* a picture. 그는 사진을 찍어도 되는지 물었다.

단순현재시제의 3인칭 단수동사는 (동사원형 + **-s**) 형식을 사용한다.
She *likes* you. 그녀는 당신을 좋아한다.

-ing형이나 현재분사는 진행시제, **-ing**형용사, 동명사, 비정사절에 사용한다.
The attacks are *getting* worse. 공격은 점점 심해지고 있다.
...the *increasing* complexity of industrial societies. 증가하는 산업 사회의 복잡성.
She preferred *swimming* to tennis. 그녀는 테니스보다 수영을 더 좋아했다.
'So you're quite recovered now?' she said, *smiling* at me.
"그래서 당신은 이제 꽤 회복됐나요?"라고 그녀는 나에게 웃으면서 말했다.

○ Grammar 표제어 **'-ing' forms** 참조.

과거형은 단순과거시제와 규칙동사의 과거분사에 사용한다.
I *walked* down the garden with him. 나는 그와 함께 정원을 걸었다.
She had *walked* out without speaking. 그녀는 말없이 걸어 나갔다.

완료시제, 수동태, **-ed**로 끝나는 형용사, 일부 비정사절에 과거완료를 사용한다.
Two countries have *refused* to sign the document.
두 나라는 그 서류에 서명하기를 거부했다.
It was *stolen* weeks ago. 그것은 몇 주 전에 도난당했다.
He became quite *annoyed*. 그는 아주 화가 났다.
The cargo, *purchased* all over Europe, included ten thousand rifles.
유럽 전역에서 구입한 그 화물은 만 정의 소총을 포함하고 있었다.

○ Grammar 표제어 **Verb forms** 참조.

3 intransitive verbs(자동사)

자동사는 목적어를 취하지 않는 동사를 말한다. 따라서, 자동사는 주어가 행한 동작과 사건을 묘사한다.
Her whole body *ached*. 그녀는 온몸이 아팠다.
The gate *squeaked*. 그 문은 삐걱거렸다.

일부 자동사는 항상 또는 대개 그 뒤에 전치사를 사용한다.
I'm *relying on* Bill. 나는 빌에게 의존하고 있다.
The land *belongs to* a rich family. 그 땅은 부유한 가족이 소유하고 있다.

위와 같이 쓰이는 자동사는 다음과 같다.

Verbs

amount to	apologize for	aspire to	believe in
belong to	consist of	depend on	hint at
hope for	insist on	lead to	listen to
object to	pay for	qualify for	refer to
relate to	rely on	resort to	sympathize with
wait for			

특정 동사 뒤에 어떤 전치사를 사용해야 하는지에 대한 정보는 본 책의 각 표제어를 참조하기 바란다.

4 transitive verbs(타동사)

타동사는 목적어를 취하는 동사를 말한다. 타동사의 목적어는 동사 뒤의 명사나 명사구이다.
He *closed the door*. 그는 문을 닫았다.
Some of the women *noticed me*. 그 여자들 중 일부가 나를 알아보았다.

일부 타동사는 항상 또는 대체적으로 목적어 뒤에 특정 전치사를 사용한다.
The police *accused* him *of* murder. 경찰은 그를 살인 혐의로 기소했다.
He just *prevented* the bottle *from* toppling. 그는 그 병이 쓰러지지 않도록 했다.
The judge *based* her decision on constitutional rights.
그 판사는 헌법이 정하는 권리에 기반해 그 결정을 했다.

뒤에 전치사가 오는 타동사는 다음과 같다.

accuse of	attribute to	base on	dedicate to
deprive of	entitle to	mistake for	owe to
pelt with	prevent from	regard as	remind of
return to	rob of	subject to	swap for
trust with	view as		

They make me angry.(그들은 나를 화나게 한다.)와 같이 타동사를 특정한 의미로 사용할 때, 목적어 뒤에 보어를 사용한다.

○ Grammar 표제어 Complements 참조.

대부분의 타동사는 수동태에 사용할 수 있지만, **have, get, let**과 같은 일부 동사는 수동태에 거의 또는 전혀 사용하지 않는다.

○ Grammar 표제어 The Passive 참조.

5 reflexive verbs(재귀동사)

재귀동사는 목적어로 **myself, himself, themselves**와 같은 재귀대명사를 자주 사용하는 타동사이다. 다음 동사는 재귀동사로 자주 사용한다.

amuse	apply	blame	compose
cut	distance	dry	enjoy
excel	exert	express	help
hurt	introduce	kill	prepare
restrict	strain	teach	

Sam *amused himself* by throwing branches into the fire.
샘은 모닥불에 나뭇가지를 던지면서 즐겼다.
'Can I borrow a pencil?' – 'Yes, *help yourself*.'
"연필을 빌릴 수 있습니까?" – "예, 가져가세요."

동사 **busy, content, pride**는 재귀대명사와 함께 사용해야 한다.
He *had busied himself* in the laboratory. 그는 실험실에서 바쁘게 일했다.
He *prides himself* on his tidiness. 그는 자신의 깔끔함을 자랑스러워한다.

Verbs

> **주의** 자신에게 하는 행위에 대해 말할 때, 영어는 다른 언어에 비해 재귀대명사를 많이 사용하지 않는다. 어떤 행위를 자신이 스스로 한다는 것을 강조할 때만 재귀대명사를 사용한다.
> She *washed* very quickly and rushed downstairs. 그녀는 매우 빨리 씻고 아래층으로 급히 내려갔다.
> The children were encouraged to *dress themselves*. 스스로 그 옷을 입도록 어린이들을 독려했다.

6 delexical verbs(탈어동사)

다수의 일반적인 동사들은 단순히 어떤 행위가 일어난다고 할 때 그 행위를 가리키는 목적어와 함께 사용할 수 있는데, 이러한 동사를 탈어동사라고 한다. 탈어동사는 다음과 같다.

do	give	have	make
take			

탈어동사의 목적어인 명사는 때때로 복수형이 될 수도 있지만, 일반적으로는 단수 가산명사이다.
We *were having a joke*. 우리는 농담을 하고 있었다.
She *gave an amused laugh*. 그녀는 즐겁게 웃었다.
They *took regular walks* along the beach.
그들은 그 해변을 따라 규칙적으로 산책했다.

때로는 (탈어동사 + 불가산명사) 형식을 사용하기도 한다.
We *have made progress* in both science and art. 우리는 과학과 예술 모두에서 진보했다.
A nurse *is taking care* of him. 한 간호사가 그를 돌보고 있다.

○ 탈어동사와 함께 사용하는 명사에 대한 정보는 Usage 표제어 do, give, have – take, make 참조.

7 transitive or intransitive(자동사 또는 타동사)

어떤 의미일 때는 타동사로 쓰이고, 또 다른 의미일 때는 자동사로 쓰이는 동사들이 많이 있다.
She *runs a hotel*. 그녀는 호텔을 운영하고 있다.
The hare *runs* at enormous speed. 그 산토끼는 엄청난 속도로 달린다.

목적어를 알고 있거나, 이미 언급되었을 때에는 타동사를 자동사처럼 사용할 수 있다.
I don't own a car. I can't *drive*. 나는 자동차가 없어서 운전을 못한다.
Both dresses are beautiful. I can't *choose*.
두 드레스 모두 아름다워서 선택할 수가 없다.
Come and *eat*. 오셔서 음식을 드십시오.

ℹ 뒤에 거의 항상 직접목적어가 오는 동사라도, 일반적인 내용을 말할 때에는 경우에 따라 자동사처럼 사용할 수 있다.
Some people *build* while others *destroy*.
어떤 사람들은 건설하는 데 반해, 다른 사람들은 파괴를 한다.
She was anxious to *please*. 그녀는 호감을 사려고 몹시 애쓰고 있었다.

8 ergative verb(능동격 동사)

능동격 동사는 타동사로 사용하면 어떤 행위를 하는 사람에게 중점을 두고, 자동사로 사용하면 어떤 행위에 영향을 받는 사물에 중점을 두는 동사를 말한다.
When I *opened the door*, there was Laverne. 내가 그 문을 열자, 레이번이 있었다.
Suddenly *the door opened*. 갑자기 문이 열렸다.
The driver *stopped the car*. 그 운전자는 자동차를 세웠다.
The big car stopped. 큰 자동차가 멈추어 섰다.
He slammed the door with such force that *a window broke*.
그는 문을 너무 세게 닫아서, 창문 한 개가 깨졌다.
They threw stones and *broke the windows of buses*.
그들은 돌을 던져서 버스의 유리창을 깨뜨렸다.

능동격 동사는 주로 변화나 움직임을 나타낸다.

Verbs

age	alter	balance	begin
bend	bleach	break	bruise
burn	burst	change	close
continue	cool	crack	crash
crumble	darken	decrease	diminish
disperse	dissolve	double	drop
drown	dry	empty	end
fade	fill	finish	freeze
grow	heal	improve	increase
move	open	quicken	rest
ripen	rock	rot	shake
shatter	shrink	shut	slow
snap	spin	split	spoil
spread	stand	start	steady
stick	stop	stretch	swing
tear	thicken	turn	vary
widen	worsen		

I *shattered the glass*. 나는 그 유리잔을 산산조각 내버렸다.
Wine bottles had shattered all over the pavement.
포도주 병이 산산조각이 나서 보도 여기저기에 널려 있었다.

요리를 나타내는 단어는 일반적으로 능동격 동사이다.

bake	boil	brown	cook
freeze	marinate	melt	simmer
steam	thaw		

While the water *boiled*, I put the shopping away.
물이 끓는 사이에, 나는 장을 봐온 물건을 정리했다.
Residents have been advised to *boil their tap water* or drink bottled water.
주민들은 수돗물을 끓여 먹거나 생수를 마시라고 권고받았다.

탈것을 몰거나 조종하는 것을 나타내는 동사도 능동격 동사이다.

anchor	back	capsize	halt
reverse	sail	sink	start
stop	swerve		

The boys *reversed their car* and set off down the road.
그 소년들은 자동차를 후진하여 그 길을 내려가기 시작했다.
The jeep reversed at full speed. 그 지프는 전속력으로 후진했다.

다음 동사들은 1~2개의 명사와만 함께 사용하는 능동격 동사이다.

- catch (an article of clothing): 천조각이 걸리다
- fire (a gun, rifle, pistol): 총기, 소총, 권총을 발사하다
- play (music): 음악을 연주하다
- ring (a bell, the alarm): 종, 경보기를 울리다
- show (an emotion such as fear, anger): 두려움, 분노와 같은 감정을 나타내다
- sound (a horn, the alarm): 경적, 경보 소리를 울리다

She always *plays her music* too loudly. 그녀는 항상 음악을 크게 틀어 놓는다.
Music was playing in the background. 음악이 백그라운드에서 연주되고 있었다.

다음 능동격 동사를 자동사로 사용할 때, 일반적으로 뒤에 부가어를 사용한다.

clean	freeze	handle	mark
polish	sell	stain	wash

I like my new car. It **_handles beautifully._** 나는 나의 새 차를 좋아하는데, 그 차는 운전이 아주 쉽다.
Wool **_washes well_** if you treat it carefully. 모직 옷은 주의하여 다루면 세탁이 잘 된다.

9 reciprocal verbs(상호동사)

상호동사는 두 명 이상의 사람들이 공동으로 어떤 일이나 행위에 참여하고 있어서 서로가 같은 행위를 하거나, 또는 관계를 형성하거나 연관되어 있다는 것을 나타낸다. 상호동사는 두 가지 기본 형태를 가진다.

- 복수명사구로 이루어져 있는 복수형 주어와 함께 상호동사를 사용할 수 있다. 상호동사를 복수명사구로 이루어진 복수형 주어와 함께 사용하면, 관련된 사람, 무리(단체), 사물이 서로 의사소통하거나 영향을 주다라는 뜻이 된다. 예를 들면, two people can **quarrel**, can **have a chat**, can **meet**라고 할 수 있다.
  Their children **_are always arguing_**. 그들의 아이들은 항상 다투고 있다.
  He came out and we **_hugged_**. 그가 밖으로 나왔고 우리는 서로 껴안았다.
  Their eyes **_met_**. 그들의 눈이 서로 마주쳤다.

- 상호동사는 관련된 사람 중 한 명을 주어로 쓰고, 나머지 관련된 사람을 목적어나 (전치사 + 목적어) 또는 부가어로 표현할 수 있다. 즉, **She agreed with her sister.**(그녀는 여동생의 의견에 동의했다.), **I had a chat with him.**(나는 그와 수다를 떨었다.), **I met him at university.**(나는 그를 대학에서 만났다.)처럼 쓸 수 있다.
  He **_argued with his father_**. 그는 아버지와 다투었다.
  I **_hugged him_**. 나는 그를 껴안았다.
  His eyes **_met hers_**. 그는 그녀와 눈이 마주쳤다.

어떤 행위에 서로 똑같이 관여하고 있다는 것을 강조하기 위해서, 동사구 뒤에 **each other**나 **one another**를 사용할 수 있다.
We embraced **_each other_**. 우리는 서로 껴안았다.
It was the first time they had touched **_one another_**.
그들이 서로 접촉해 본 것은 그때가 처음이었다.

다음 상호동사 뒤에 **each other**나 **one another**를 사용할 수 있다.

cuddle	date	divorce	embrace
engage	fight	hug	kiss
marry	match	meet	touch

일부 상호동사는 (전치사 **with** + **each other** · **one another**) 형식을 필수적으로 사용한다.

You've got to be able to communicate **_with each other_**. 당신들은 서로 의사소통할 수 있어야 한다.
Third World countries are competing **_with one another_** for a restricted market.
제3세계 국가들은 제한된 시장을 차지하기 위해 서로 경쟁하고 있다.

다음 상호동사는 복수형 주어와 함께 사용하거나, 뒤에 **with**가 온다.

agree	alternate	argue	bicker
chat	clash	coincide	collaborate
collide	combine	communicate	compete
conflict	connect	consult	contend
contrast	converse	co-operate	correspond
dance	differ	disagree	draw
engage	fight	flirt	gossip
integrate	joke	mate	merge
mix	negotiate	quarrel	row
speak	struggle	talk	wrangle

Verbs

Her parents never *argued*.
그녀의 부모는 서로 다툰 적이 전혀 없었다.
He is always *arguing with his girlfriend*.
그는 여자 친구와 다투던 중이었다.
Owens and his boss are still *negotiating*.
오웬스와 사장은 아직도 협상을 하고 있다.
They are *negotiating with union leaders*.
그들은 노조 간부들과 협상 중에 있다.

또한 (compete · fight + against), (correspond · talk · relate + to), (part · separate + from) 형식을 사용할 수 있다.

ⓘ engage와 fight는 타동사로 사용하거나, 전치사와 함께 사용할 수 있다.

⑩ verbs with object or prepositional phrase (목적어 또는 전치사구와 함께 사용하는 동사)

극히 일부 동사는 뒤에 목적어나 전치사구 중에 어느 하나를 사용할 수 있다. 예를 들면, '그는 그녀의 소매를 세게 잡아당겼다.'는 He tugged her sleeve.나 He tugged at her sleeve. 중 어느 쪽으로 말해도 좋다. 이처럼 동사만 사용하는 것과 동사 뒤에 전치사를 사용하는 것과의 사이에는 의미상의 차이가 거의 없다.

Her arm *brushed my cheek*. 그녀의 팔이 내 뺨을 스쳤다.
Something *brushed against the back of my neck*.
무엇인가가 나의 목을 스치고 지나갔다.
We *climbed the mountain*. 우리는 그 산에 올랐다.
I *climbed up the tree*. 나는 그 나무에 올라갔다.

다음 동사는 뒤에 목적어 또는 전치사구와 함께 사용할 수 있다.

boo (at)	brush (against)	check (on)	distinguish (between)
enter (for)	fight (against)	fight (with)	gain (in)
gnaw (at)	hiss (at)	infiltrate (into)	jeer (at)
juggle (with)	mock (at)	mourn (for)	nibble (at)
play (against)	rule (over)	sip (at)	sniff (at)
tug (at)	twiddle (with)		

⑪ verbs with two objects (두 개의 목적어를 가지는 동사)

일부 동사는 목적어를 두 개, 즉 직접목적어와 간접목적어를 취할 수 있는데, 이러한 동사를 이중목적어를 취하는 동사라고 한다. 간접목적어는 어떤 행위로 이익을 얻거나 그 결과로 무언가를 받는 사람을 가리킨다. 간접목적어가 대명사, (the + 명사) 형식과 같이 짧은 명사구일 때는 주로 직접목적어 앞에 온다.

I gave *him* the money. 나는 그에게 돈을 주었다.
Shelia showed *the boy* her new bike.
쉘리아는 그 소년에게 자신의 새 자전거를 보여 주었다.
I taught *myself* French. 나는 프랑스어를 독학했다.

ⓘ (간접목적어 + 직접목적어) 형식에서는 일반적으로 간접목적어 앞에 전치사를 사용하지 않는다. 예를 들면, I gave to him the money.라고 하지 않는다.

(간접목적어 + 직접목적어) 형식 대신에 (직접목적어 + 전치사 + 간접목적어) 형식을 사용할 수 있다.

He handed his passport *to the policeman*.
그는 자신의 여권을 경찰관에게 넘겨주었다.

간접목적어가 길거나 그것을 강조할 때는, 일반적으로 위와 같은 (직접목적어 + 전치사 + 간접목적어) 형식을 사용한다.

I've given the key *to the woman who lives in the house next door to the garage*.
나는 차고 옆집에 살고 있는 여자에게 그 열쇠를 주었다.
I bought that *for you*.
나는 당신을 위해 저것을 샀다.

Verbs

직접목적어가 인칭대명사이고, 간접목적어가 인칭대명사가 아닐 때는 (직접목적어 + 전치사 + 간접목적어) 형식을 사용해야 한다. 예를 들면, **He bought his wife it**.이라고 하지 않는다.

He got a glass from the cupboard, filled it and gave *it to Atkinson*.
그는 찬장에서 유리잔을 하나 꺼내서, 가득 채운 후 애트킨슨에게 주었다.

Then Stephen bought *it for his wife*.
그때 스티븐이 자신의 부인에게 주려고 그것을 샀다.

간접목적어와 직접목적어가 둘 다 인칭대명사이면, 글에서는 (직접목적어 + 전치사 + 간접목적어) 형식을 사용해야 한다. 회화에서도 전치사를 자주 사용한다.

He gave *it to me*. 그는 그것을 나에게 주었다.
Save *it for me*. 나를 위해 그것을 남겨 놓으세요.

그러나 회화에서 전치사를 사용하지 않을 때도 있다. 때때로 직접목적어를 간접목적어 뒤에 사용하거나, 직접목적어가 간접목적어 앞에 오기도 한다. 예를 들면, '어머니기 나에게 그것을 사주었다.'는 **My mother bought me it.**이라고 하거나, 영국 영어에서는 **My mother bought it me.**라고 한다.

간접목적어 앞에 전치사 **to**가 오는 동사는 다음과 같다.

accord	advance	award	bequeath
bring	deal	deliver	donate
export	feed	forward	give
grant	hand	lease	leave
lend	loan	mail	offer
owe	pass	pay	post
present	quote	read	rent
repay	sell	send	serve
show	supply	teach	

He lent my apartment *to a friend* for the weekend.
그는 내 아파트를 주말 동안 어떤 친구에게 빌려 주었다.

We picked up shells and showed them *to each other*.
우리는 조개껍데기를 주워서 서로에게 보여 주었다.

tell의 간접목적어 앞에 때때로 **to**를 사용할 수 있다.

◆ Usage 표제어 **tell** 참조.

간접목적어 앞에 전치사 **for**가 오는 동사는 다음과 같다.

book	build	buy	cash
collect	cook	cut	design
fetch	find	fix	get
guarantee	keep	knit	make
mix	order	paint	pick
pour	prepare	reserve	save
secure	set	spare	win

They booked a place *for me*. 그들은 나를 위해 한 장소를 예약했다.
She painted a picture *for her father*. 그녀는 아버지를 위해 그림 한 점을 그렸다.

다음은 표현하고자 하는 의미에 따라 간접목적어 앞에 전치사 **to**나 **for**를 구분해서 써야 하는 동사이다.

| bring | leave | play | sing |
| take | write | | |

Mr Schell wrote a letter the other day *to the New York Times*.
셸 씨는 일전에 뉴욕 타임스에 편지를 보냈다.

Once, I wrote a play *for the children*.
나는 한때 아이들을 위한 각본을 썼다.

Verbs

이중목적어를 취하는 동사 중 일부는, 간접목적어를 **to**나 **for** 뒤에 사용하지 않고 거의 항상 직접목적어 앞에 사용한다.

allow	ask	begrudge	bet
cause	charge	cost	deny
draw	envy	forgive	grudge
promise	refuse		

The radio cost *me* three quid.
나는 그 라디오를 3파운드에 샀다.
The man had promised *him* a job.
그 사람이 그에게 일자리를 주겠다고 약속했다.

🔢 수동태 문장에서 간접목적어나 직접목적어 둘 중 어느 쪽이나 주어가 될 수 있다. 예를 들면, '그 책은 다음 주에 당신에게 보내질 것이다.'는 The books will be sent to you next week.나 You will be sent the books next week.라고 할 수 있다.

A seat had been booked for him on the 6 o'clock flight.
그를 위해 6시에 출발하는 비행기 좌석을 예약했다.
I was given two free tickets. 나는 두 장의 무료 입장권을 받았다.

위와 같이 이중목적어를 취하는 동사는 직접목적어만 사용해도 같은 뜻이 된다.
He left *a note*. 그는 메모를 남겼다.
She fetched *a jug* from the kitchen. 그녀는 부엌에서 한 물주전자를 가져왔다.

일부 동사는 혜택을 얻거나 어떤 것을 받는 사람을 가리키는 직접목적어와 함께 사용할 수 있다.

ask	envy	feed	forgive
pay	teach		

I *fed the baby* when she awoke. 나는 그 아기가 깨어나자, 젖을 먹였다.
I *forgive you*. 나는 당신을 용서한다.

12 linking verbs(연결동사)

연결동사는 목적어보다는 보어가 뒤따르는 동사이다. 보어는 주어에 관해 더 많은 정보를 주며, 형용사구나 명사구가 보어가 될 수 있다. 이러한 연결동사는 다음과 같다.

appear	be	become	come
comprise	constitute	equal	feel
form	get	go	grow
keep	look	measure	pass
prove	rank	remain	represent
seem	smell	sound	stay
taste	total	turn	weigh

I *am* proud of these people. 나는 이 사람들이 자랑스럽다.
She *was getting* too old to play tennis. 그녀는 테니스를 치기에는 너무 나이가 들어가고 있었다.

○ 어떤 종류의 보어에 어떤 연결동사를 사용하는지에 대한 정보는 Grammar 표제어 Complements 참조.

일부 연결동사는 바로 뒤에 형용사를 사용하기보다, (연결동사 + **to be** + 형용사) 형식을 자주 사용한다.

appear	come	get	grow
look	prove	seem	

Mary was breathing quietly and *seemed to be asleep*. 메리는 조용히 숨을 쉬고 있어서 잠을 자고 있는 듯했다.
The task *proved to be exacting and interesting*. 임무는 힘이 들었지만 재미있었던 것으로 증명되었다.

⓭ compound verbs(복합동사)

복합동사는 일반적으로 하이픈으로 연결된 두 단어로 이루어져 있다.

It may soon become economically attractive to *mass-produce* hepatitis vaccines.
간염 백신의 대량 생산이 머지않아 경제성이 있게 될지도 모른다.
Somebody *had short-changed* him. 누군가가 그에게 거스름돈을 덜 주었다.
Send it to the laundry. Don't *dry-clean* it. 그것을 세탁소에 보내세요. 드라이클리닝은 하지 마세요.

시제와 수를 나타낼 때는 복합동사의 두 번째 단어만 변한다.

dry-clean →	dry-cleans →	dry-cleaning →	dry-cleaned
force-feed →	force-feeds →	force-feeding →	force-fed

⓮ other verbs(그 밖의 동사)

- 피전달절을 이끄는 동사에 대한 정보는 Grammar 표제어 Reporting 참조.
- -ing형이나 부정사에 대한 정보는 Grammar 표제어 '-ing' forms, Infinitives, Phrasal verbs 참조.

'Wh'-words

wh-어는 how를 제외한 wh로 시작하는 부사, 대명사, 한정사를 가리킨다.

- 부사 : how, when, where, why
- 대명사 : who, whom, what, which, whose
- 한정사 : what, which, whose
- wh-어는 의문문에 사용한다.

Why are you smiling? 당신은 왜 웃고 있습니까?

- Grammar 표제어 Questions 참조.

간접의문문에도 wh-어를 사용한다.

He asked me *where* I was going. 그는 나에게 어디에 가고 있는지 물었다.

- Grammar 표제어 Reporting 참조.

how와 what을 제외하고, 관계사절을 시작할 때 wh-어를 사용할 수 있다.

...nurses *who* have trained for two years. 2년간 훈련을 받아온 간호사들.

의문문과 간접의문문에는 사용하지 않지만 관계사절을 시작할 때 that을 사용한다.

- Grammar 표제어 Relative clauses 참조.
- 각각의 wh-어에 대한 정보는 각 단어에 대한 Usage 표제어 참조.

Abbreviations

Abbreviations

약어(abbreviation)는 철자의 일부를 생략하거나 각 단어의 첫 번째 철자만 사용하여 만든 단어, 복합어, 구를 축약한 형태이다. 예를 들면, 25g에서 g는 gram의 약어이며, BBC는 British Broadcasting Corporation(영국 공영 방송)의 약어이다. 일부 약어는 완전한 형태보다 더 흔히 쓰이기도 한다.

특정 단어는 한 가지 이상의 축약법이 있지만 통용되는 축약법을 따라야 한다. 예를 들면, continued(계속된)의 약어는 cont. 또는 contd.로 사용할 수 있다.

일반적으로 대문자로 시작하는 단어는 약어도 대문자로 시작한다. 예를 들어, Captain은 이름 앞에 약어로 사용하면 축약형은 Capt가 된다.

약어에는 다음 다섯 가지의 기본 유형이 있다.

1 abbreviating one word(한 단어로 축약하기)

다음 세 가지 유형의 약어는 한 단어로 축약하는 데 사용한다.

- 첫 번째 유형은 단어의 첫 번째 철자 하나로 이루어진 것이다. 이런 약어는 읽을 때, 보통 완전한 단어로 발음한다.

    m = metre(미터)
    p. = page(페이지)
    F = Fahrenheit(화씨)
    N = North(북쪽)

- 두 번째 유형은 단어 앞부분의 철자 몇 개로 이루어진 것이다. 이런 약어는 읽을 때, 보통 완전한 단어로 발음한다.

    cont. = continued(계속된)
    usu. = usually(일반적으로)
    vol. = volume(부피)
    Brit. = British(영국인)
    Thurs. = Thursday(목요일)

- 세 번째 유형은 단어의 철자 중 일부를 생략하여 이루어진 것이다. 이런 약어는 읽을 때, 완전한 단어로 발음한다.

    asst. = assistant(조수)
    dept. = department(부서)
    km = kilometre(킬로미터)
    tbsp. = tablespoonful(큰 스푼 하나 가득의 분량)
    Sgt = sergeant(하사관)

🛈 다음 단어는 위와 같은 유형의 약어이지만 대문자로 된 축약형을 사용한다. headquarters(본부)는 HQ, television은 TV, tuberculosis(결핵)는 TB라고 한다. 이들 단어를 읽을 때는 각각의 철자를 하나씩 발음한다. 일부 계량 단위를 표기하는 경우에는 두 번째 단어를 대문자로 쓴다. 예를 들면, 전기 에너지의 단위인 kilowatt(s)의 약어는 kW로 표기한다.

2 abbreviating more than one word(한 단어 이상 축약하기)

네 번째 유형과 다섯 번째 유형의 약어는 복합명사나 구에 사용한다.

- 네 번째 유형의 약어는 각 단어의 첫 번째 철자로 이루어진 것이다. 이런 약어를 읽을 때는, 보통 각 철자를 따로 읽고 마지막 철자에 주강세를 준다.

    MP = Member of Parliament(영국 국회의원)
    CD = compact disc(콤팩트 디스크)
    USA = United States of America(미합중국)
    VIP = very important person(귀빈)
    rpm = revolutions per minute(분당 회전수)

위와 같은 유형의 약어는 첫 번째 철자의 발음에 따라 약어 앞에 a나 an을 사용한다. 예를 들면, a MP가 아닌 an MP인 것은 M의 발음이 모음인 [em]으로 시작하기 때문이다.

Addressing someone

■ 복합명사의 약어는 전체 단어가 대문자로 시작하지 않아도 일반적으로 대문자로 이루어져 있다. 그러나 구의 약어는 일반적으로 소문자로 이루어져 있다.

위와 같은 유형에서 일부 복합어는 한 단어의 두 번째 철자를 대문자로 쓰지 않기도 한다. 예를 들면, **Bachelor of Science**(과학 분야의 학사;이학사)는 **BSc**.라고 한다.

- 다섯 번째 유형의 약어는 각 단어의 첫 번째 철자를 사용하여 새로운 단어를 만드는 것이다. 이런 유형의 약어를 두문자어(머리글자, **acronym**)라고 하며, 철자를 하나하나 읽기보다 한 단어로 읽는다.
  OPEC [óupek] = Organization of Petroleum-Exporting Countries(석유 수출국 기구)
  SARS [saːrs] = severe acute respiratory syndrome(중증 급성 호흡기 증후군)
  TEFL [tefl] = teaching English as a foreign language(외국어로서의 영어 교수법)

대부분의 두문자어는 대문자로 이루어진다. 그러나 두문자어를 소문자로 쓸 때는 일반 단어로 취급한다. 예를 들면, **laser**(레이저 = light amplification by stimulated emission of radiation)가 있다.

3 full stops with abbreviations(약어와 함께 사용하는 마침표)

처음 세 가지 유형에서 약어의 끝이나 네 번째 유형의 약어 뒤에 마침표를 사용할 수 있다. 그러나 요즘에는 흔히 약어에 마침표를 쓰지 않는데, 특히 대문자 사이에서는 사용하지 않는 편이다.

b.   = **born**(태어난)
Apr. = **April**(4월)
St. = **Saint**(성: 聖) 또는 **Street**(도로)
D.J. = **disc jockey**(디스크 자키)

약어를 글로 쓸 때 단어의 끝에 마침표를 넣는 것은 영국 영어보다 미국 영어에서 더 일반적이다. 즉 **Mr., Mrs., Ms., Dr.**처럼 사람의 이름 앞에 쓰는 약어는 항상 마침표를 넣는다.

한 단어처럼 발음하는 약어를 글로 쓸 경우에는 일반적으로 마침표를 사용하지 않는다.
NATO[néitou] = North Atlantic Treaty Organization(북대서양 조약 기구)
AIDS [eidz] = acquired immune deficiency syndrome(후천성 면역 결핍증)

4 plurals of abbreviations(약어의 복수형)

약어를 복수형으로 만들 경우, 일반적으로 단수형 약어 뒤에 소문자 **s**를 붙인다.
hr   → hrs(시간)
MP   → MPs(영국 국회의원)
UFO → UFOs(미확인 비행 물체)

그러나 p(= page)의 복수형은 pp이며, St(= Saint, 성: 聖)의 복수형은 SS이다.

> **주의** 계량 단위를 나타내는 단어는 일반적으로 단수형과 복수형에 같은 약어를 사용하는데, **ml**는 단수형 **millilitre**, 복수형 **millilitres**의 약어로 쓰인다.

Addressing someone

TOPIC

1. position of vocatives
2. writing vocatives
3. addressing someone you do not know
4. addressing someone you know
5. addressing relatives
6. addressing a group of people
7. vocatives showing dislike
8. vocatives showing affection
9. other vocatives

상대방과 이야기할 때, 그 사람의 이름이나 직함을 부른다. 상대방에 대한 감정을 표할 때, **darling**이나 **idiot**과

Addressing someone

같은 단어를 때때로 사용하기도 한다. 이렇게 사람을 부를 때 사용하는 단어를 호격(**vocative**)이라고 한다.

 호격은 다른 언어에 비해 영어에서 잘 사용하지 않으며, 영국 영어보다 미국 영어에서 더 많이 사용한다.

1 position of vocatives(호격의 위치)

호격은 일반적으로 문장의 끝에 사용한다.
I told you he was okay, *Phil*. 그는 괜찮다고 내가 말했잖아, 필.
Where are you staying, *Mr Simpson*? 심슨 씨, 어디에 머물고 계십니까?

상대방의 주의를 끌고자 할 때는 호격을 문장의 앞에 사용한다.
John, how long have you been at the university? 존, 얼마 동안 대학에 다녔어요?
Dad, why have you got that suit on? 아빠, 왜 그 옷을 입고 계세요?

호격을 문장의 중간이나 절의 첫 단어군 뒤에도 쓸 수 있다. 이는 호격 뒤에 나오는 내용의 중요성을 강조하기 위함이다.
I regret to inform you, *Mrs West*, that your husband did not survive.
웨스트 부인, 이 사실을 알려 드리게 되어 유감입니다만 당신의 남편이 숨을 거두었습니다.
Don't you think, *John*, it would be wiser to wait? 존, 기다리는 게 더 현명하다고 생각하지 않습니까?

2 writing vocatives(호격을 글로 쓰기)

호격을 글로 쓸 때, 호격의 앞이나 뒤에 콤마를 사용하여 내용과 분리한다.
Don't leave me, *Jenny*. 제니, 나를 놔두고 가지 마세요.
John, do you think that there are dangers associated with this policy?
존, 당신은 이 정책과 연관된 위험 요소가 있다고 생각합니까?

3 addressing someone you do not know(모르는 사람 부르기)

영국 영어에서는 길거리나 가게 등에서 모르는 사람에게 어떤 것을 물어볼 때, 일반적으로 호격을 전혀 사용하지 않는다. 다른 사람의 주의를 끌 필요가 있을 때는 **Excuse me.**를 사용한다.

◯ Excuse me의 용법에 대한 더 많은 정보는 Topic 표제어 Apologizing 참조.

> 주의 현대 영국 영어에서 Mr, Mrs, Miss, Ms와 같은 호칭은 사람의 이름 앞에서만 사용한다. 모르는 사람을 부를 때는 호칭을 사용해서도 안 되며 gentleman이나 lady라고 불러서도 안 된다.

 영국 영어에서는 officer(경찰관)와 같이 직업을 나타내는 단어를 호격으로 사용하는 것을 오래된 표현으로 여기지만, 미국 영어에서는 이를 흔히 사용한다. doctor(의사)나 nurse(간호사)도 마찬가지다.
Is he all right, *doctor*? 의사 선생님, 그는 괜찮습니까?

일부 사람들은 모르는 사람을 you라고 부르는데, 이는 아주 무례한 표현이다.

4 addressing someone you know(아는 사람 부르기)

상대방의 성(姓)을 알고 있는 경우, [Mr · Mrs · Miss · Ms + 성(姓)] 형식을 호격으로 사용할 수 있다.
Thank you, *Ms Jones*. 존스 씨, 고맙습니다.
Goodbye, *Dr Kirk*. 커크 의사 선생님, 안녕히 계세요.

지위를 나타내는 직함은 사람의 성(姓) 없이도 사용할 수 있다.
I'm sure you have nothing to worry about, *Professor*.
교수님, 저는 교수님께서 걱정할 것이 아무것도 없다고 확신합니다.
Is that clear, *Sergeant*? 하사, 잘 알아들었는가?

때때로 Mr와 Madam을 President, Chairman, Chairwoman, Chairperson 등의 직함 앞에 쓰기도 한다.
No, *Mr President*. 아닙니다. 대통령 각하.

◯ 이름과 함께 사용하는 직함에 대한 정보는 Topic 표제어 Names and titles 참조.

Addressing someone

> 주의 일반적으로 상대방을 부를 때, 그 사람의 성과 이름을 모두 사용하지는 않는다.

잘 아는 사람을 부를 경우에는 이름만 부르기도 한다. 그러나 이 경우에는 상대방이 누구인지를 확실히 한 후에 사용하며, 일상 대화에서는 일반적으로 잘 사용하지 않는다.

What do you think, **John**? 존, 당신은 어떻게 생각하십니까?
Shut up, **Simon**! 시몬, 입 다물어!

Jenny, Mike와 같이 짧고 격식을 차릴 필요가 없는 사람의 이름을 때때로 호격으로 사용하기도 한다. 그러나 이는 상대방이 그렇게 불리는 것을 반대하지 않는 경우에 사용해야 한다.

5 addressing relatives(친척 부르기)

일반적으로 자신의 부모와 조부모를 부를 때는 그들과의 관계를 나타내는 명사를 사용한다.

Someone's got to do it, **mum**. 엄마, 누군가는 그것을 해야 해요.
Sorry, **Grandma**. 할머니, 죄송해요.

다음 목록은 자신의 부모와 조부모를 부를 때, 가장 흔히 사용하는 명사이다.

- mother(어머니)
  영국: **Mum, Mummy, Mother**
  미국: **Mom, Mommy**, 특히 어린아이들은 **Mama** 또는 **Momma**

- father(아버지)
  영국: **Dad, Daddy**
  미국: **Dad, Daddy**, 때때로 **Pop**

- grandmother(할머니)
  영국: **Gran, Grannie, Grandma, Nan, Nanna**
  미국: **Granny** 또는 **Grandma**

- grandfather(할아버지)
  영국: **Grandad, Grandpa**
  미국: **Grandad, Grandpa**

- **Aunt**와 **Uncle**도 호격으로 사용할 수 있다. 일반적으로 고모나 이모는 (**Aunt** + 이름), 삼촌은 (**Uncle** + 이름) 형식을 사용한다.
  This is Ginny, **Aunt Bernice**. 버니스 이모, 이 사람이 지니예요.
  Goodbye, **Uncle Harry**. 해리 삼촌, 안녕히 가세요.

> 주의 daughter, brother, cousin과 같이 그 밖의 가족 관계를 나타내는 명사는 호격으로 사용하지 않는다.

6 addressing a group of people(한 무리의 사람들 부르기)

모임에서 격식을 차리면서 한 무리의 사람들을 부를 경우, **ladies and gentlemen**(신사 숙녀 여러분)이라고 한다. 여자만 있는 경우에는 **ladies**, 남자만 있는 경우에는 **gentlemen**이라고 한다.

Good evening, **ladies and gentlemen**. 신사 숙녀 여러분, 안녕하십니까?

격식을 차리지 않고 한 무리의 사람들을 부를 경우, 호격이 전혀 필요하지 않더라도 **everyone**이나 **everybody**를 사용할 수 있다. 성(姓)의 구분 없이 격식을 차리지 않을 때는 **guys**라고 한다.

Hello, **everyone**, and thank you for coming along today.
여러분 안녕하세요. 오늘 여기에 참석해 주셔서 감사합니다.
Hi **guys**, how are you doing? 안녕하세요, 여러분, 어떻게 지내세요?

아이들이나 청소년들을 부를 때는 **kids**를 사용할 수 있다. 남자 아이들만 있으면 **boys**, 여자 아이들만 있으면 **girls**라고 한다.

Come and say 'How do you do?' to our guest, _kids_. 얘들아, 이리 와서 손님들께 "안녕하세요?"라고 인사해라.
Give Mr Hooper a chance, _boys_. 얘들아, 후퍼 씨에게 기회를 한번 줘봐.

children을 호격으로 사용하는 것은 격식을 차린 표현이다.

7 vocatives showing dislike(혐오감을 나타내는 호격)
호격에 혐오감, 경멸, 조바심을 나타낼 때, (you + 형용사 + 명사) 형식을 사용한다.
Shut your big mouth, _you stupid idiot_. 입 다물어, 이 바보 천치야.
Give it to me, _you silly girl_. 그것을 나에게 줘, 이 바보 같은 계집애야.

8 vocatives showing affection(애정을 나타내는 호격)
일반적으로 애정을 나타내는 단어를 호격으로 사용한다.
Goodbye, _darling_. 여보, 잘 가요.
Come on, _love_. 내 사랑, 어서 와.

> 주의 일부 사람들은 애정을 나타낼 때, 호격 앞에 **my**나 상대방의 이름을 사용하지만, 보통 이런 표현은 오래되거나 우스운 느낌을 준다.
> We've got to go, _my dear_. 여보, 우리는 지금 가야 해요.
> Oh _Harold darling_, why did he die? 아, 내 사랑 해럴드, 그가 왜 죽었지요?

9 'sir', 'madam', and 'ma'am'(그 밖의 호격)
가게나 공공장소에서 서비스를 제공하는 점원이나 종업원이 정중하게 손님을 부를 때는 남자 손님에게는 **sir**, 여자 손님에게는 **madam**이라고 한다.

 미국 영어에서는 약어인 **ma'am**을 사용한다.
Are you read to order, _sir_? 선생님, 주문하시겠습니까?
'Thank you very much.' – 'You're welcome, _madam_.' "대단히 감사합니다." – "천만에요, 부인."

모르는 사람을 포함하여, 격식을 차리지 않는 상황에서 다른 사람을 부를 때, **love, dear, mate** 등의 단어를 사용한다. 이들 호격은 종종 지역이나 사회적 그룹의 특징을 나타낸다.

 영국 영어에서는 일반적으로 **sir**나 **madam**을 사용해서는 안 된다. 일반적으로 이들 단어는 가게에서 일하는 종업원이 손님을 공손히 부를 때만 사용한다. 그러나 미국 영어를 쓰는 일부 사람들은 모르는 사람을 정중히 부를 때 남자에게는 **sir**, 여자에게는 **ma'am**을 사용한다.
What does your father do, _sir_? 선생님, 선생님 아버지의 직업은 무엇입니까?
Do you need assistance getting that to your car, _ma'am_? 여사님, 저것을 자동차까지 들어 드릴까요?

> 주의 이와 같은 호격은 특정 지역에서 온 원어민이 아닌 사람에게는 부적절하게 들리기 때문에 사용하지 않는 것이 좋다.

Advising someone

1 general advice(일반적인 충고)
상대방에게 충고를 하는 방법은 여러 가지가 있다.

회화에서나 친구에게 보내는 편지 등의 격식을 차리지 않은 글에서 **I would**나 **I'd**를 사용할 수 있다.
I _would_ try to talk to him about how you feel. 나는 그에게 너의 감정에 대해 말해 줄 것이다.
_I'd_ buy tins of one vegetable rather than mixtures.
나는 여러 종류가 섞인 것보다 한 가지 종류의 채소만 담긴 통조림을 살 것이다.

if I were you를 사용하여 위의 표현을 자주 강조한다.
If I were you, I'd just take the black one. 내가 당신이라면 검은 색깔의 것을 택하겠다.
I should let it go _if I were you_. 내가 당신이라면 그것을 내버려 둘 것이다.

Advising someone

You ought to...나 You should...를 사용할 수도 있다. 상대방을 너무 강압하는 것같이 들리지 않도록 이들 표현 앞에 자주 I think를 사용한다.

You should explain this to him at the outset. 당신은 처음부터 그에게 이것을 설명해야 한다.
I think maybe you ought to try a different approach.
나는 당신이 아마 다른 접근 방식을 시도해 봐야 한다고 생각한다.

행위나 선택의 과정에서 어떤 것이 가장 성공적인지를 나타내는 격식을 차리지 않는 표현으로 Your best bet is...나 ...is your best bet을 사용할 수 있다.

Well, *your best bet is* to book online. 글쎄, 가장 좋은 방법은 온라인으로 예약하는 것이다.
I think Boston's going to *be your best bet*. 나는 당신이 활동하기에 보스턴이 가장 적합한 곳일 거라고 생각한다.

2 firm advice(단호한 충고)

특히 권위 있는 지위에 있으며 단호하게 충고하고자 할 경우, You'd better...를 사용할 수 있다. 이는 상대방의 충고를 받아들여 그대로 행하면 유익할 것이라는 뜻으로도 쓰일 수 있다.

You'd better write it down. 당신은 그것을 적어 두는 게 좋다.
Perhaps *you'd better* listen to him. 아마 당신은 그가 하는 말을 듣는 게 좋다.
I think you'd better sit down. 내 생각에 당신이 앉는 게 좋을 것 같다.

잘 아는 사람에게 이야기하는 경우, 명령형을 사용할 수 있다.

Make sure you note that down. 그것을 반드시 적어 놓아라.
Take no notice of him, Mr Swallow. 스왈로 씨, 그에게 전혀 신경 쓰지 마세요.

〔명령문 + and + 절〕 형식은 상대방이 충고를 받아들이면 좋은 결과를 가져올 것이라는 뜻이다. 〔명령문 + or + 절〕 형식은 상대방이 충고를 받아들이지 않으면 좋지 않은 결과가 따라올 것이라는 뜻으로, 이러한 형식은 조건절과 뜻이 비슷하다.

Stay with me *and you'll be okay*. 나와 함께 있어라. 그러면 당신은 괜찮을 것이다.
Now hold onto the chain, *or you'll hurt yourself*. 지금 그 체인을 꽉 붙잡아라. 그렇지 않으면 당신은 다칠 것이다.

ℹ️ 〔명령문 + and · or + 절〕 형식은 상대방을 위협할 때에도 사용한다.

Just try – *and you'll have a real fight on your hands*.
그냥 그 일을 하기만 해봐라. 그러면 너는 실제로 싸우게 될 것이다.
Drop that gun! Drop it *or I'll kill you*! 총을 버려라. 그렇지 않으면 너를 죽이겠다.

◯ 전문가가 충고를 할 때도 명령형을 사용한다. 본 표제어 4 professional advice 참조.

3 serious advice(심각한 충고)

더 격식을 차리면서 심각하게 충고할 때, I advise you to...를 사용한다.

'What shall I do about it?' – '*I advise you to* consult a doctor, Mrs Smedley.'
"그 일을 어떻게 해야 할까요?" – "스메들리 부인, 의사의 진찰을 받아 보실 것을 권고합니다."
I *strongly advise you to* get professional help. 나는 당신이 그 일에 전문가의 도움을 얻어야 한다고 충고합니다.

아주 강하게 충고할 때, You must...를 사용한다.

You must tell the pupils what it is you want to do, so that they feel involved.
학생들이 관여한다는 느낌을 갖게 하기 위해 당신이 원하는 것을 명백하게 말해야 한다.
You must maintain control of the vehicle at all times. 당신은 항상 차량 관리를 지속적으로 해야 한다.

위와 같은 뜻으로 You've got to...나 You have to...를 사용할 수도 있다.

If somebody makes a mistake *you've got to* say so. 누군가가 잘못을 저지르면 그들의 잘못을 말해 주어야 한다.
You have to put all these things behind you. 당신 뒤에 이 모든 물건을 놔두어야 한다.

4 professional advice(전문적인 충고)

책, 기사, 방송에서는 주로 다른 충고 방식을 사용한다.

한 가지 일반적인 방법은 명령형을 사용하는 것이다.

Clean one room at a time. 한 번에 한 방씩 청소해.
If you don't have a blender, ***mash*** the fruit and pass it through a sieve.
믹서가 없으면 과일들을 으깨서 그것을 체로 걸러 내세요.

글과 방송에서 사용하는 충고 방법은 주로 **It's a good idea to...**를 사용한다.
It's a good idea to spread your savings between several building societies.
당신의 저축을 여러 주택 금융 공제 조합에 분산하는 게 좋다.
It's a good idea to get a local estate agent to come and value your house.
지역 부동산 중개인이 당신의 집에 들러서 평가하는 게 좋은 방법이다.

또 다른 충고의 표현으로 **My advice is...**나 **My advice would be...**를 사용하기도 한다. 특히 이런 표현은 다른 사람에게 충고할 만큼 지식을 갖춘 전문가나 숙련자가 사용한다.
My advice is to look at all the options before you buy.
내 충고는 당신이 구입을 하기 전에 모든 대안을 고려하라는 것이다.
My advice would always be: find out what the local people eat and go there.
내 충고는 항상 같은데, 지역 주민들이 먹는 것을 먹고 그곳에 가는 것이다.

충고를 할 때, **A word of advice...**로 시작하기도 한다.
A word of advice – start taking your children to the dentist as soon as they get teeth.
당신의 아이가 이가 나오면 바로 치과에 데려가기 시작하세요.

○ Topic 표제어 **Suggestions** 참조.
○ 어떤 일을 하지 말라고 충고하는 방법에 대한 정보는 Topic 표제어 **Warning someone** 참조.

Age

1. asking about age
2. exact age
3. approximate age
4. similar ages
5. age when something happens
6. indicating the age of a thing

1 asking about age(나이 물어보기)

〔How old + be동사...?〕 형식은 사람의 나이를 묻거나 사물이 얼마나 오래됐는지를 물어볼 때 사용한다.
'***How old are*** you?' – 'Thirteen.' "너는 몇 살이니?" – "13살입니다."
'***How old is*** he?' – 'About sixty-five.'
"그는 연세가 어떻게 되나요?" – "대략 65세입니다."
'***How old's*** your house?' – 'I think it was built about 1950.'
"당신이 사는 집은 얼마나 오래되었습니까?" – "제 생각에 1950년 경에 지어진 것 같습니다."

사람의 나이를 묻거나 사물이 얼마나 오래됐는지를 물어보는 방법은 여러 가지가 있다. 이에 대해 대답할 때, 나이를 정확하게 말하기도 하고 대략적으로 말하기도 한다.

2 exact age(정확한 나이)

어떤 사람의 나이를 말할 때, 〔be동사 + 숫자〕 형식을 사용한다.
I ***was nineteen***, and he ***was twenty-one***. 나는 19살이었고, 그는 21살이었다.
I'***m*** only ***63***. 나는 63세에 불과하다.

나이를 더 강조할 경우, 〔숫자 + years old〕 형식을 사용할 수 있다.
She ***is twenty-five years old***. 그녀는 25살이다.

〔숫자 + years of age〕 형식은 더 격식을 차린 표현으로, 일반적으로 글에서 많이 쓰인다.
He ***is 28 years of age***. 그는 28살이다.

Age

600

> 나이를 말할 때는 have를 사용하지 않는다. 예를 들면, '그는 13살이다.'는 He has thirteen years.가 아닌 He is thirteen. 이나 He is thirteen years old.라고 한다.

🇺🇸 사람의 나이를 정확하게 말할 때, [of · aged + 숫자] 형식을 사용할 수 있다. 미국 영어에서는 사람을 나타내는 명사 뒤에 [age + 숫자] 형식을 사용하기도 한다.

...a man *of thirty*. 30살의 남자.
...two little boys *aged nine and eleven*. 9살과 11살인 두 명의 어린 소년.
They have twin daughters, *age 18*. 그들에게는 18살짜리 쌍둥이 딸이 있다.

사람의 나이를 언급할 때, [복합형용사 + 명사] 형식도 사용할 수 있다. 예를 들면, '5살 난 소년'은 a five-year-old boy라고 한다. year와 같이 시기를 나타내는 명사는 그 뒤에 숫자가 와도 항상 단수형을 쓰며, 복합형용사에는 일반적으로 하이픈을 사용한다.

...a *twenty-two-year-old* student. 22살의 학생.
...a *five-month-old* baby. 5개월 된 갓난아기.

ten-year-old와 같이 복합명사를 사용하여 사람의 나이를 나타낼 수도 있다. 일반적으로 복합명사에는 하이픈을 사용한다.

All the *six-year-olds* are taught by one teacher. 교사 한 명이 6살 된 아이들을 모두 가르치고 있다.
...Melvin Kalkhoven, a tall, thin *thirty-five-year-old*. 키가 크고 마른 35살의 멜빈 칼크호번.

3 approximate age(대략적인 나이)

어떤 사람의 나이를 정확하게 모르거나 정확한 나이를 말하기를 원하지 않는 경우, [be동사 + about · almost · nearly · over · under + 숫자] 형식을 사용할 수 있다.

I think he's *about 60*. 내 생각에 그는 60살 정도인 것 같다.
He must be *nearly thirty*. 그는 거의 30살임에 틀림없다.
She was only *a little over forty years old*. 그녀는 단지 40살이 조금 넘었다.
There weren't enough people who were *under 25*. 25세 이하의 사람들은 많지 않았다.

[숫자 + 접미사 -ish] 형식을 사용하여 대략적인 나이를 나타낼 수도 있다.

The nurse was *fiftyish*. 그 간호사는 50대였다.

[숫자 + above · below + the age of] 형식을 사용할 수도 있는데, 이는 더욱 격식을 차린 표현이다.

55 percent of them were *below the age of twenty-one*. 그들 중 55퍼센트는 21세 이하였다.

He's in his twenties.나 She's in her twenties.라고 하면 어떤 사람의 나이가 20세에서 29세 사이, 즉 '그는(그녀는) 20대이다.'라는 뜻이다. 30대는 thirties, 40대는 forties 등과 같이 사용할 수 있다. 13세에서 19세 사이의 십대는 in one's teens라고 한다.

ℹ️ 이와 같은 문장 구조에서 [in + 소유격 한정사 + 연령대] 형식을 사용한다.

He was *in his sixties*. 그는 60대였다.
...when I was *in my teens*. 나의 십대 시절에.

대략적인 나이를 나타내는 또 다른 방법으로 [단위가 0으로 끝나는 숫자(10, 20...) + something] 형식을 사용한다.

A table of *thirty-something* guys. 30대 남자들이 있는 탁자 하나.
She was *twenty-something*. 그녀는 20대였다.

특정 10년 단위로 나이(십대의 경우, 8년 단위)를 나타낼 때 초반, 중반, 후반에 *early, mid-, middle, late*를 사용할 수 있다.

Jane is only *in her early forties*. 제인은 40대 초반이다.
She was *in her mid-twenties*. 그녀는 20대 중반이었다.
He was then *in his late seventies*. 그는 그때 70대 후반이었다.

사람의 대략적인 나이를 나타낼 때, 위와 같은 구조 앞에 man, woman 등의 명사를 사용할 수 있다.

Age

They provide help for *ladies over 65*. 65세 이상의 여성 분들에게 도움을 준다.
She had four *children under the age of five*. 그녀는 5살 이하의 자녀가 네 명 있었다.
...*a woman in her early thirties*. 30대 초반의 여성.

그러나 영국 영어에는 명사 바로 뒤에 **about, almost, nearly**를 사용할 수 없다. 예를 들면, '그는 60대 남자이다.'는 ~~He is a man about 60.~~가 아닌 He is a man *of* about 60.라고 한다.

 영국 영어에서 한 무리의 사람들의 나이가 특정한 나이보다 더 많거나 적은 경우, (**over** · **under** + 숫자의 복수형) 형식으로 이루어진 복합명사를 사용한다. 미국 영어에서는 이 어법이 알려져 있기는 하지만 사용하지는 않는다.

The *over-sixties* do not want to be turned out of their homes.
60세 이상의 사람들은 외출하는 것을 원하지 않는다.
Schooling for the *under-fives* should be expanded. 5세 이하의 아이들을 대상으로 한 학교 교육이 확대되어야 한다.

4 similar ages(비슷한 나이)

(be동사 + **my age** · **his own age** · **her parents' age** 등) 형식은 어떤 사람의 나이가 다른 사람과 비슷하다고 할 때 사용할 수 있다.

I wasn't allowed to do that when I *was her age*. 내가 그녀의 나이였을 때, 그것을 하는 게 허락되지 않았다.
He guessed the policeman *was about his own age*. 그는 그 경찰관이 자신과 비슷한 연배라고 어림짐작했다.

언급하는 사람의 나이를 나타낼 때, (사람을 지칭하는 명사 + (**of**) + **my age** · **his own age** · **her parents' age** 등) 형식을 사용할 수 있다.

I know a bit more literature than *most girls my age*.
나는 대부분의 내 또래 여자 아이들보다 문학에 대해 조금 더 알고 있다.
It's easy to make friends because you're with *people of your own age*.
당신은 같은 연배의 사람들과 함께 지내기 때문에 친구를 사귀기 쉽다.

5 age when something happens(어떤 일이 일어나는 나이)

어떤 사람이 몇 살에 무슨 일이 있었는지를 나타내는 표현에는 여러 가지가 있다.

when절을 사용할 수 있다.
I left school *when I was thirteen*. 나는 13살에 학교를 그만두었다.
Even *when I was a child* I was frightened of her. 나는 어린아이였을 때에도 그녀를 두려워했다.

(**at the age** + **of** · **at** + 숫자) 형식을 사용할 수 있다.
She had finished college *at the age of 20*. 그녀는 20살에 대학을 마쳤다.
All they want to do is leave school *at sixteen* and get a job.
그들 모두가 원하는 것은 학교를 16살에 마치고 직장을 얻는 것이다.

글로 쓸 때는 주로 (**aged** + 숫자) 형식을 쓰기도 하는데, 특히 죽은 사람의 나이를 나타낼 때도 사용한다.
Her husband died three days ago, *aged only forty-five*.
그녀의 남편은 3년 전에 죽었는데, 그때 그의 나이는 45세에 불과했다.

어떤 사람이 젊었을 때 어떤 일을 했다고 할 때, **a child**나 **a young man** 등의 명사구를 사용한다. 이런 용법은 주로 글에서 사용한다.
She suffered from bronchitis *as a child*. 그녀는 어렸을 적에 기관지염을 앓았다.
As teenagers we used to stroll round London during lunchtime.
우리는 십대였을 때, 점심 시간 동안 런던을 거닐곤 했다.

특정 나이가 되기 전에 어떤 일을 한다고 할 때, **before the age of four**나 **by the age of four**와 같은 표현을 사용한다.
He maintained that children are not ready to read *before the age of six*.
그는 어린이들은 6세 이전에는 글을 읽을 준비가 되어 있지 않다고 주장했다.
It set out the things he wanted to achieve *by the age of 31*.
그는 31세가 되었을 때, 이루고 싶었던 일들을 하기 시작했다.

Agreeing and disagreeing

특정한 나이에 도달한 후에 어떤 일이 일어난다고 할 때, **after the age of four**와 같은 표현을 사용한다.

After the age of five, your child will be at school full time.
당신의 자녀는 5세 이후에 학교에서 전일제 학생이 될 것이다.

6 indicating the age of a thing(사물의 연수 나타내기)

사물의 연수가 얼마나 되는지를 나타낼 때, (**be동사 + 숫자 + years old**) 형식을 사용한다.

Most of the coral *is* some 2 *million years old*. 대부분의 산호초는 약 200만 년 정도 되었다.
The house *was about thirty years old*. 그 집은 지은 지 약 30년이 되었다.

ℹ️ 사람의 나이를 언급할 때처럼 단순히 (be동사+숫자) 형식을 사용할 수 없다. 예를 들면, The house was about thirty.라고 하지 않는다.

어떤 것의 연수를 나타내는 일반적인 방법은 (복합형용사 + 명사) 형식을 사용하는 것이다. 예를 들면, '지은 지 30년 된 집'은 **thirty-year-old** house라고 한다. 사람의 나이를 나타내는 복합형용사와 함께 명사 **year**는 항상 단수형으로 사용하며, 그 뒤에 오는 형용사는 일반적으로 하이픈으로 연결한다.

…a *ten-year-old* car. 10년 된 자동차 한 대.
…a violation of a *six-year-old* agreement. 6년 된 협정 위반.

아주 큰 숫자를 나타낼 때, (사물을 가리키는 명사 + 큰 숫자 + **years old**) 형식을 사용할 수도 있다.

They found rocks *200 million years old*. 그들은 2억 년 된 바위들을 발견했다.

어떤 것이 존재했거나 만들어졌던 역사상의 기간을 나타내는 형용사를 사용하여 그것의 대략적인 시대를 나타낼 수 있다.

…a splendid *Victorian* building. 빅토리아 시대의 웅장한 건물.
…a *medieval* castle. 중세의 성(城).

어떤 것이 존재했거나 만들어졌던 세기를 가리킬 때, (서수 + **century**) 형식의 수식어를 사용한다.

…a *sixth-century* church. 6세기에 건설된 교회.
…life in *fifth-century* Athens. 5세기의 아테네 생활.

Agreeing and disagreeing

1 asking for agreement
2 expressing agreement
3 strong agreement
4 partial agreement
5 expressing ignorance or uncertainty
6 expressing disagreement
7 strong disagreement

1 asking for agreement(동의 구하기)

어떤 사람이나 사물에 대한 의견에 상대방도 동의하는지를 물어볼 때, 의문부가절을 사용할 수 있다. 일반적으로 이 표현은 상대방이 자신의 의견에 동의할 것이라고 기대할 때 사용한다.

That's an extremely interesting point, *isn't it*? 그것은 매우 흥미로운 점이지요, 그렇지 않나요?
It was really good, *wasn't it*, Andy? 앤디, 그것은 정말 좋았어요. 그렇지 않았어요?

ℹ️ 때때로 위와 같이 의문부가절을 사용하는 경우 하던 말을 계속하는데, 그 이유는 상대방의 대답이 필요하지 않기 때문이다. 또한 어떤 것이 사실이라는 것에 상대방도 동의하는지를 물어볼 때에도 의문부가절을 사용할 수 있다.

Property in France is quite expensive, *isn't it*? 프랑스의 부동산 가격은 아주 비쌉니다. 그렇지 않습니까?
You don't have a television, *do you*? 당신은 텔레비전이 없지요, 그렇지요?

yes/no부정의문문을 사용하거나 서술문을 의문문처럼 말하여 상대방의 동의를 구할 수도 있다.

Wasn't it marvellous? 그것은 놀랍지 않았나요?
So there's no way you could go back to work? 그래서 당신은 복직할 수 있는 방법이 전혀 없다는 것이지요?
He's got a scholarship? 그가 장학금을 받았지요?

Agreeing and disagreeing

어떤 것이 좋은지 싫은지를 말하거나 생각할 때, 문장 뒤에 부가절인 **don't you?**를 사용할 수 있다. 이때 대명사 **you**에 강세가 있다.

I adore it, **_don't you_**? 저는 그것을 아주 좋아해요. 그렇지 않습니까?
I think this is one of the best things, **_don't you_**? 제 생각에 이것이 가장 좋은 것 중 하나인 것 같습니다. 그렇지 않습니까?

격식을 차린 상황에서 상대방의 동의를 구할 때, **Don't you agree...?**와 **Would you agree...?** 등을 때때로 사용하기도 한다.

Don't you agree with me that it is rather an impossible thing to do after all this time?
오랜만에 그 일을 하는 게 상당히 불가능한 일이라는 제 생각에 당신도 동의합니까?
Would you agree with that analysis? 당신은 그 분석에 동의합니까?

2 expressing agreement (동의 표현하기)

어떤 것에 동의할 때 사용하는 가장 간단한 표현은 **Yes.**로, 특히 격식을 차린 토론에서 더 자주 쓴다.
'That was probably the border.' – '**_Yes_**.' "저것이 아마 그 경계선이었을 겁니다." – "예."
'It's quite a nice school, isn't it?' – '**_Yes_**, it's well decorated and there's a nice atmosphere there.'
"아주 좋은 학교이지요. 그렇지 않나요?" – "예, 외관이 잘 꾸며져 있고 분위기가 좋습니다."

Yes.로 답한 후 **I do**나 **it is**와 같은 적절한 부가절을 붙이는데, 그 뒤에는 의문부가절이 자주 뒤따른다.
'That's fantastic!' – 'Yes, **_it is, isn't it_**?' "환상적이네요." – "예, 그래요. 정말 그렇지 않아요?"
'I was really rude to you at that party.' – 'Yes, **_you were_**. But I deserved it.'
"그 파티에서 제가 당신에게 아주 무례했어요." – "예, 그랬어요. 하지만 그럴 만했어요."

상대방의 대답을 기대하지 않을 때는 **Yes.**로 답한 후 바로 의문부가절을 붙이거나, **Yes.**를 생략하고 의문부가절만 사용할 수도 있다.
'He's a completely changed man.' – 'Yes, **_isn't he_**?' "그는 완전히 변했어요." – "네, 그렇지요?"
'What a lovely evening!' – '**_Isn't it_**?' "아주 아름다운 밤이군요!" – "그렇지요?"

> **주의** 상대방의 부정적인 의견에 동의를 나타낼 때는 **Yes.**가 아닌 **No.**를 사용한다.
> 'I don't think it's as good now.' – '**_No_**, it isn't really.'
> "내 생각에 그것이 현재 좋지 않다고 생각해요." – "네, 정말 좋지 않아요."
> 'That's not very healthy, is it?' – '**_No_**.' "저것은 건강 상태가 아주 좋지 않습니다, 그렇지요?" – "네, 아주 좋지 않아요."

상대방의 의견이 사실이라고 동의할 때 **That's right., That's true., True.** 등의 표현을 사용할 수도 있다. 상대방이 말한 내용이 좋은 지적일 경우, **That's true.**나 **True.**라고 한다.
'Most teenagers are perfectly all right.' – '**_That's right_**, yes.'
"대부분의 십대들은 아주 잘 지냅니다." – "네, 맞아요."
'You don't have to be poor to be lonely.' – '**_That's true_**.'
"당신은 가난하다고 해서 외로워할 필요가 없습니다." – "맞습니다."
'They're a long way away.' – '**_True_**.' "그들은 멀리 떨어져 있어요." – "그렇네요."

토론에서 상대방의 의견을 수용할 경우, 때때로 **Sure.**를 사용한다.
'You can earn some money as well.' – '**_Sure, sure_**, you can make quite a bit.'
"당신은 돈도 좀 벌 수 있어요." – "그래요, 맞아요. 당신은 상당한 돈을 벌 수 있어요."

상대방의 의견에 동의할 경우 **I agree.**를 사용하는데, 이는 상당히 격식을 차린 표현이다.
'It's a catastrophe.' – '**_I agree_**.' "그것은 대재앙입니다." – "동의합니다."

자신이 좋아하거나 생각하는 내용을 다른 사람이 말했을 때, 자신도 같은 생각이나 의견을 갖고 있다는 뜻으로 **So do I.**나 **I do too.**를 사용한다.
'I find that amazing.' – '**_So do I_**.' "그것이 놀라운 일이라는 것을 알고 있어요." – "저 역시 그래요."
'I like basketball.' – '**_Yes, I do too_**.' "저는 농구를 좋아해요." – "예, 저도요."

상대방의 부정적인 의견에 동의할 때, **Nor do I., Neither do I., I don't either.**를 사용한다.
'I don't like him.' – '**_Nor do I_**.' "저는 그를 좋아하지 않아요." – "저도 그래요."

Agreeing and disagreeing

'Oh, I don't mind where I go as long as it's a break.' – 'No, *I don't either*.'
"아, 휴가를 갈 수 있다면 어디를 가든지 저는 상관없어요." – "네, 저도 그래요."

3 strong agreement(강력한 동의)

상대방의 의견에 강력하게 동의할 때, 다음과 같은 표현을 사용한다. 이들 대부분이 다소 격식을 차린 표현처럼 들리며, **Absolutely.**와 **Exactly.**는 덜 격식을 차린 표현이다.

'I thought Barry's performance was the best.' – '*Absolutely*. I thought she was wonderful.'
"제 생각에 배리의 공연은 최고였던 것 같아요." – "물론이죠. 그녀가 대단하다고 생각했어요."
'It's good exercise and it's good fun.' – '*Exactly*.' "그것은 좋은 연습이고 아주 재미있어요." – "정말 그래요."
'They earn far too much money.' – 'Yes, *I couldn't agree more*.'
"그들은 엄청나게 많은 돈을 벌어요." – "맞아요. 그 의견에 전적으로 동의해요."
'We reckon that this is what he would have wanted us to do.' – '*I think you're absolutely right*.'
"이것이 바로 그가 우리들이 하기를 원했던 일이라고 생각해요." – "당신의 의견에 전적으로 동의해요."

🇬🇧 영국 영어에서는 **quite**를 사용하지만, 미국 영어에서는 **quite**를 사용하지 않는다.

'I must do something, though.' – 'Yes, *I quite agree*.' "하지만 전 무언가를 해야 해요." – "네, 전적으로 동의해요."
'The public showed that by the way it voted.' – '*That's quite true*.'
"국민들은 그것을 투표를 통해 보여 주었어요." – "정말 맞는 말입니다."

4 partial agreement(부분적인 동의)

상대방의 의견에 완전히 동의하지 않거나 마지못해 동의하는 경우, **I suppose so.**라고 한다.

'I must get a job.' – 'Yes, *I suppose so*.' "저는 직업을 가져야 해요." – "네, 그런 것 같네요."
'We need to tell Simon.' – '*I suppose so*.' "우리는 사이먼에게 말할 필요가 있어요." – "그럴 것 같군요."

부정문에 대답하는 경우, **I suppose not.**이라고 한다.

'Some of these places haven't changed a bit.' – '*I suppose not*.'
"이곳들 중 일부는 조금도 변하지 않았군요." – "아닌 것 같은데요."

5 showing that you do not know something(우리가 모르는 것 나타내기)

상대방이 말한 내용에 동의하거나 동의하지 않을 만큼 그 내용을 잘 알지 못하는 경우, **I don't know.**라고 한다.

'He was the first Australian Prime Minister, wasn't he?' – 'Perhaps. *I don't know*.'
"그가 최초의 호주 국무총리였지요, 그렇지요?" – "아마도요. 잘 모르겠어요."

특정한 사실에 확신이 없을 경우, **I'm not sure.**라고 한다.

'He was world champion one year, wasn't he?' – '*I'm not sure*.'
"그는 일 년 동안 세계 챔피언을 했지요, 그렇지요?" – "잘 모르겠네요."

6 expressing disagreement(반대 의사 표현하기)

상대방의 의견에 한 마디로 완전하게 동의하지 않는다고 말하기보다 일반적으로 상반되는 의견을 완화시켜 말하여 정중하게 반대 의사를 표현한다. **I don't think so.**와 **Not really.**가 가장 흔히 사용하는 표현이다.

'You'll change your mind one day.' – '*Well, I don't think so*. But I won't argue with you.'
"언젠가 당신은 마음을 바꾸게 될 거예요." – "글쎄, 전 그렇게 생각하지 않지만 당신과 논쟁하지는 않을 거예요."
'It was a lot of money in those days.' – '*Well, not really*.'
"그 당시에는 엄청난 돈이었어요." – "글쎄요. 그렇지만은 않은 것 같은데요."

다음과 같은 표현도 사용한다.

'You'll need bolts,' he said. – '*Actually, no*.' I said.
"당신은 나사가 필요할 겁니다."라고 그가 말했다. – "실은 필요 없어요."라고 내가 말했다.
'I know he loves you.' – '*I don't know about that*.'
"저는 그가 당신을 사랑하고 있다는 것을 알아요." – "저는 모르겠는데요."
'It's all over now, anyway.' – '*No, I'm afraid I can't agree with you there*.'
"하여간 이제 모든 것이 끝났어요." – "아뇨, 유감이지만, 그 점에 동의할 수 없을 것 같은데요."

Yes.나 **I see what you mean...**을 사용하여 상대방의 의견에 부분적으로 동의한 다음, 그 뒤에 **but**을 사용하

Apologizing

여 반대하는 부분을 이어서 언급한다.

'It's a very clever film.' – '**Yes, perhaps, but** I didn't like it.'
"아주 재치 있는 영화이다." – "아마 당신 말이 맞을 지도 모르지만. 저는 그 영화가 좋지 않았어요."
'They ruined the whole thing.' – '**I see what you mean, but** they didn't know.'
"그들이 그 일을 전부 망쳤어요." – "저는 당신의 뜻은 알지만 그들은 몰랐습니다."

7 strong disagreement(강력한 반대)

다음 예문은 상대방의 의견에 강력하게 반대할 때 사용한다. 상대방의 감정이 상하지 않도록 하려면, 다음 표현을 상황에 따라 신중히 사용해야 한다.

'That's very funny.' – '**No it isn't**.'   "그것은 아주 재미있어요." – "아닌데."
'You were the one who wanted to buy it.' – 'I'm sorry, dear, but **you're wrong**.'
"당신이 그것을 사고 싶어 했던 그 사람이었지요." – "미안하지만 여보, 당신이 틀렸어요."

더 격식을 차린 표현은 다음과 같다.

'University education does divide families in a way.' – '**I can't go along with that**.'
"대학 교육은 어떤 면에서 가족을 해체합니다." – "저는 그 말에 동의할 수 없어요."
'There would be less of the guilt which characterized societies of earlier generations.' – 'Well, I think **I would take issue with that**.'
"이전 세대의 사회를 특징지었던 범죄가 더 줄어들 것이다." – "음, 저는 그것에 동의하지 않습니다."

격식을 차린 상황에서 공손하게 반대 의사를 나타낼 때는 **With respect...**를 사용할 수 있다.

'We ought to be asking the teachers some tough questions.' – '**With respect**, Mr Graveson, you should be asking pupils some questions as well, shouldn't you?'
"우리는 교사에게 어려운 질문을 해야 합니다." – "그라베슨 씨, 그 말은 맞습니다만, 당신은 학생들에게도 어려운 질문을 해야 한다고 생각하는데 그렇습니까?"

화가 나서 상대방의 의견에 아주 강력하고 무례하게 반대 의사를 나타낼 때, 다음과 같은 단어와 표현을 사용할 수 있다.

'He's absolutely right.' – 'Oh, **come off it**! He doesn't know what he's talking about.'
"그는 확실히 괜찮아요." – "아, 그만해요. 그는 자신이 무슨 말을 하는지도 몰라요."
'They'll be killed.' – '**Nonsense**.'   "그들은 살해될 거예요." – "터무니없는 소리야."
'He wants it, and I suppose he has a right to it.' – '**Rubbish**.'
"그가 그것을 원하고 있으니 그럴 권리가 있다고 생각해요." – "말도 안 돼."
'He said you plotted to get him removed.' – '**That's ridiculous**!'
"그가 말하길 당신이 그를 내쫓았다고 하더군요." – "터무니없는 소리예요."
'He's very good at his job, isn't he?' – '**You must be joking**! He's absolutely useless!'
"그는 직장에서 아주 잘하지요, 그렇지요?" – "설마, 농담이겠지요? 그는 정말 쓸모가 없어요."

잘 알고 있는 사람에게 격식을 차리지 않고 마음 편히 말할 때, 위와 같은 표현을 사용할 수 있다.

 미국 영어에서는 위와 같은 뜻으로 **rubbish**를 사용하지 않는다.

Apologizing

1. saying sorry
2. interrupting, approaching, or leaving someone
3. doing something embarrassing
4. saying something wrong
5. formal apologies
6. apologies on notices
7. accepting an apology

1 saying sorry(미안하다고 말하기)

상대방에게 사과를 하거나, 상대방이 자신에게 사과할 때 사용하는 방법은 여러 가지가 있다.

상대방을 화나거나 불편하게 했을 때, 가장 흔히 쓰는 표현은 **Sorry.**나 **I am sorry.**이다. 사과를 하는 정도에 따

Apologizing

라 sorry 앞에 **very, so, terribly, extremely** 등의 부사를 사용한다.
'Stop that, please. You're giving me a headache.' – '*Sorry*.'
"제발 그만해요. 당신은 나를 골치 아프게 하고 있잖아요." – "미안해요."
Sorry I'm late. 늦어서 죄송합니다.
I'm sorry about this morning. 오늘 아침에 있었던 일에 대해 죄송합니다.
I'm sorry if I've upset you by asking all this. 이 모든 것을 물어봐서 난처하게 했다면 죄송합니다.
I'm very sorry, but these are vital. 정말 죄송하지만, 이것들은 중대한 것입니다.
I'm so sorry to keep on coughing. 계속 기침을 해서 정말 죄송합니다.
I'm terribly sorry – we shouldn't have left. 정말 죄송합니다. 우리가 떠나지 말았어야 했는데.

실수로 발을 밟는 것과 같이 의도하지 않은 실수에 대해 사과할 때는 **Sorry**. 대신 **I beg your pardon**.이나 **I do beg your pardon**.이라고 한다. 그러나 이는 다소 오래된 표현이다.
She bumped into someone behind her. '*I beg your pardon*,' she said.
그녀는 뒷사람과 부딪치자 "죄송합니다."라고 말했다.

 미국 영어에서는 위와 같은 상황에서 보통 **Excuse me**.라고 한다.

2 interrupting, approaching, or leaving someone
(상대방을 방해하거나 접근하거나 떠남)

상대방이 하는 일을 방해하거나 끼어들 때, 또는 지나가다가 사람과 부딪쳤을 때에, 공손하게 사과하는 표현으로 **Excuse me.**를 사용한다. 또한 모르는 사람에게 말을 걸 때도 **Excuse me.**를 사용한다.
Excuse me for disturbing you at home. 집에 있는 당신을 방해해서 죄송합니다.
Excuse me butting in. 끼어들어서 죄송해요.
Excuse me, but is there a fairly cheap restaurant near here?
실례지만, 이 근처에 가격이 아주 저렴한 식당이 있습니까?
Excuse me, do you mind if I move your bag slightly? 실례지만, 당신의 가방을 조금 옮겨도 되겠습니까?

 미국 영어를 쓰는 일부 사람들은 **Pardon me**.라는 표현을 사용한다.
Pardon me, Tom, I wonder if you'd do me a favour? 죄송하지만 탐, 제 부탁 좀 들어주시겠습니까?

어떤 사람이 하고 있는 일을 방해하거나 끼어들 경우, **I'm sorry to disturb you...**나 **I'm sorry to interrupt...**를 사용할 수도 있다.
I'm sorry to disturb you again but we need some more details.
다시 신경을 쓰게 해서 죄송하지만, 우리는 좀 더 자세한 내용이 필요합니다.
Sorry to interrupt, but I've some forms to fill in. 방해해서 죄송합니다만, 제가 기입할 서류가 있어서요.

어떤 일을 하기 위해 잠시 자리를 떠날 경우에도 **Excuse me.**를 사용한다.
Excuse me. I have to make a telephone call. 실례지만, 제가 전화를 해야 해서요.
Will you excuse me a second? 잠깐 실례해도 될까요?

3 doing something embarrassing (난처한 일 하기)

트림, 딸꾹질, 재채기와 같이 조금 난처하거나 무례한 일을 했을 때, 사과의 표현으로 **Excuse me.**나 **I beg your pardon.**을 사용할 수 있다.

4 saying something wrong (잘못된 것 말하기)

실수를 하거나 틀린 말을 한 것에 대해 사과할 때, **I beg your pardon.**이나 **Sorry.**를 사용할 수도 있다.
It is treated in a sentence as a noun – *I beg your pardon* – as an adjective.
그것은 문장에서 명사로 취급하는데, 아니 죄송합니다, 명사가 아니라 형용사입니다.
It's in the southeast, *sorry*, southwest corner of the USA.
그곳은 미국의 동남쪽, 아니 죄송합니다, 서남쪽에 있습니다.

5 formal apologies (공식적인 사과)

어떤 일에 대해 공식적으로 분명하게 사과할 때, **I apologize...**를 사용한다.

I apologize for my late arrival. 늦게 도착한 것을 사과드립니다.
How silly of me. *I do apologize*. 제가 어리석었어요. 진심으로 사과드려요.
I really must apologize for bothering you with this. 이 일로 당신을 귀찮게 한 것을 진심으로 사과합니다.

특히 글로 쓸 때는 **Please accept my apologies.**를 사용한다.
Please accept my apologies for this unfortunate incident. 이 불행한 사건에 대한 제 사과를 받아주세요.

직설적인 말을 피하고 무례하거나 어리석게 들릴 수 있는 말을 완곡한 표현으로 공손하게 사과하는 경우, **forgive**를 사용하여 Forgive me.나 Forgive my ignorance.와 같이 말할 수 있다.
Look, *forgive me*, but I thought we were going to talk about my book.
저, 죄송하지만, 저는 우리가 제 책에 대해 이야기할 거라고 생각했어요.
Forgive my ignorance, but who is Jennifer Lopez? 제 무지를 용서해 주세요. 그런데 제니퍼 로페즈가 누구입니까?

6 apologies on notices (공고문에서의 사과)

공고문과 공공 성명에서 사과할 때, **regret**을 주로 사용한다.
London Transport *regrets* any inconvenience caused by these repairs.
런던 교통 당국은 이 보수 공사로 인해 불편을 끼쳐 드려 사과드립니다.
The notice said: 'Dr. Beamish has a cold and *regrets* he cannot meet his classes today.'
그 공고문에는 "비미슈 박사가 감기 때문에 오늘 결강하게 되어 사과드립니다."라고 쓰여 있었다.

7 accepting an apology (사과 받아들이기)

상대방의 사과를 받아들일 때 사용하는 짧은 표현으로는 **That's okay., That's all right., Forget it., Don't worry about it., It doesn't matter.** 등이 있다.
'I'm sorry about this, sir.' – '*That's all right*. Don't let it happen again.'
"선생님, 이 일로 인해 죄송합니다." – "괜찮아요. 이런 일이 다시 일어나지 않도록 하세요."
'I apologize for my outburst just now.' – '*Forget it*.' "제가 방금 흥분한 것에 사과드려요." – "괜찮아요."
She spilt his drink and said 'I'm sorry.' – '*Don't worry about it*,' he said, 'no harm done.'
그녀는 그의 술을 흘려서 "죄송해요."라고 말했다. – 그가 "상관없어요. 전 괜찮아요."라고 말했다.
'I'm sorry to ring at this late hour.' – 'I'm still up. *It doesn't matter*.'
"이렇게 늦은 시간에 전화해서 죄송합니다." – "아직 안 자고 있어요. 괜찮아요."

> **주의** 사과할 때 쓰는 일부 단어와 표현은 상대방이 한 말을 반복해 달라고 요청할 때도 사용한다.
> ● Topic 표제어 Asking for repetition 참조.

Asking for repetition

상대방이 한 말을 정확하게 듣지 못했거나 이해하지 못했을 때, 한 말을 반복해 달라고 부탁하는 표현을 사용한다. 이는 상대방의 말에 놀라거나 무례하다고 느낄 때도 사용할 수 있다.

1 asking informally (격식을 차리지 않고 부탁하기)

격식을 차리지 않은 상황에서 상대방이 한 말을 반복해 달라고 부탁할 때, 보통 **Sorry?, I'm sorry?, Pardon?**과 같이 자주 쓰는 짧은 표현을 사용한다.
'Have you seen my book anywhere?' – '*Sorry?*' – 'Seen my book?'
"당신은 나의 책을 본 적이 있으세요?" – "뭐라고 하셨어요?" – "내 책을 봤냐고요."
'Well, what about it?' – '*I'm sorry?*' – 'What about it?'
"자, 그것이 무엇이지요?" – "뭐라고 하셨어요?" – "그것이 무엇이냐고요."
'How old is she?' – '*Pardon?*' – 'I said how old is she?'
"그녀는 몇 살이지요?" – "뭐라고 했지요?" – "그녀가 몇 살이냐고 물었어요."

🇺🇸 미국 영어에서는 위와 같은 방식으로 **Excuse me?**를 사용하기도 한다. 일부 사람들은 **Pardon me?**라고 한다.
'You do see him once in a while, don't you?' – '*Excuse me?*' – 'I thought you saw him sometimes.'
"당신은 이따금 그를 만나지요, 그렇지요?" – "뭐라고요?" – "당신이 그를 가끔 만나는 것 같다고요."

Capital letters

일부 사람들은 상대방이 반복해서 무언가를 물어볼 때, **What?, You what?, Eh?**를 사용한다. 그러나 이는 정중하지 못한 표현이다.

'Do you want another coffee?' – '*What?*' – 'Do you want another coffee?'
"커피 한 잔 더 드시겠어요?" – "뭐라고요?" – "커피 한 잔 더 마시겠냐고요."

wh-어를 사용하여 상대방이 말한 내용 중의 일부를 확인할 수 있다.
'Can I speak to Nikki, please?' – '*Who?*' – 'Nikki.' "니키와 통화할 수 있을까요?" – "누구라고요?" – "니키요."
'We've got a special offer in April for Majorca.' – 'For *where?*' – 'Majorca.'
"우리는 특별 할인상품으로 4월에 마요르카로 여행 가요." – "어디를 간다고요?" – "마요르카요."
'I don't like the tinkling.' – 'The *what?*' – 'The tinkling.'
"저는 짤랑짤랑거리는 소리를 안 좋아해요." – "짤... 뭐라고요?" – "짤랑짤랑하는 소리요."

상대방이 말한 내용을 들었으나 무엇인지 확실하지 않거나 놀랐다는 뜻을 나타낼 경우, 그 말의 전체나 일부를 반복하여 의문문처럼 말할 수 있다.
'I just told her that rain's good for her complexion.' – '*Rain?*'
"저는 그녀에게 비는 얼굴 피부에 좋다고 했어요." – "비라고요?"
'I have a message for you.' – '*A message?*' "전해드릴 메시지가 있는데요" – "메시지라고요?"

조금 전에 한 말을 잊어버려서 그 말을 반복해 달라고 요청할 때, 의문문 끝에 **again**을 붙인다.
What's her name *again?* 그녀의 이름을 다시 한 번 말해 주시겠어요?
Where are we going *again?* 우리가 가고 있는 곳이 어디인지 다시 한 번 말해 주시겠어요?

2 asking more formally(더 격식을 차려서 묻기)

잘 모르는 사람과 이야기하는 경우, 예를 들면, 전화 통화에서 '죄송하지만, 다시 한 번 말씀해 주시겠어요?'라고 좀 더 길게 말할 때는 **Sorry, what did you say?, I'm sorry, I didn't quite catch that., I'm sorry, I didn't hear what you said., I'm sorry, would you mind repeating that again?, Would you repeat that, please?** 등과 같이 말한다.

'What about tomorrow at three?' – '*Sorry, what did you say?*' – 'I said, What about meeting tomorrow at three?'
"내일 3시 어때요?" – "죄송하지만, 뭐라고 하셨어요?" – "내일 3시에 회의하는 게 어떠냐고 했어요."
Would you repeat that, *I didn't quite catch it*. 잘 알아듣지 못했는데, 다시 말씀해 주시겠어요?

Beg your pardon?과 **I beg your pardon?**을 때때로 사용하기도 하지만, 이는 상당히 격식을 차린 오래된 표현이다.

'Did he listen to you?' – '*Beg your pardon?*' – 'Did he listen to you?'
"그가 당신 말을 듣던가요?" – "뭐라고 하셨어요?" – "그가 당신 말을 들었냐고요."
'Did they have a dog?' – '*I beg your pardon?*' – 'I said did they have a dog?'
"그들에게 개가 있었나요?" – "뭐라고 말씀하셨어요?" – "그들에게 개가 있냐고 물었어요."

▸ I beg your pardon.(Beg your pardon.이 아님)은 상대방의 말에 놀라거나 불쾌할 때도 사용한다. 이때 강세는 beg에 있다.
'What on earth are you wearing?' – '*I beg your pardon?*' "도대체 뭘 입고 있는 거야?" – "뭐라고요?"

 미국 영어에서는 위와 같은 뜻으로 **Excuse me?**를 사용하기도 한다. 그러나 이때는 뜻을 명확히 하기 위해 **excuse**의 두 번째 음절에 강세를 주어 발음하는 게 중요하다.

Capital letters

1 obligatory capital letter(의무적인 대문자)

문장이나 일부 직접화법에서 첫 번째 단어에 대문자를 사용해야 한다.

○ Topic 표제어 **Punctuation** 참조.

다음과 같은 단어와 단어군도 대문자로 시작해야 한다.

- 사람, 단체, 책, 영화의 제목(**of, the, and** 등의 짧고 일반적인 단어는 제외)

Capital letters

...*Miss Helen Perkins*, head of management development at *Price Waterhouse*.
프라이스 워터하우스 경영 개발 담당자인 헬렌 퍼킨스 양.

Troilus and *Coriolanus* are the greatest political plays that *Shakespeare* wrote.
트로일루스와 코리올라누스는 셰익스피어가 쓴 가장 위대한 정치적인 내용의 연극이다.

🛈 책, 영화, 연극 제목의 시작에 짧고 일반적인 단어가 올 때에도 대문자로 쓴다.
...his new book, '*A* Future for Socialism.' 그의 새 책《A Future for Socialism》.'

- 장소명
  Dempster was born in *India* in 1941. 뎀프스터는 1941년에 인도에서 태어났다.
  The strongest wind was recorded at *Berry Head, Brixham, Devon*.
  가장 강했던 돌풍은 데본 주 브릭스햄의 베리 헤드에서 일어난 것으로 기록되었다.

- 요일, 달, 축제의 이름
  The trial continues on *Monday*. 그 재판은 월요일에 계속된다.
  It was mid-*December* and she was going home for *Christmas*.
  그때가 12월 중순이어서 그녀는 크리스마스 동안 집에 갈 계획이었다.

- 특정한 국적의 사람들
  The *Germans* and the *French* move more of their freight by rail or water than the *British*.
  독일과 프랑스 사람들은 영국 사람들보다 철도나 수로로 화물을 더 많이 실어 나른다.
  I had to interview two authors – one an *American*, one an *Indian*.
  나는 두 명의 저자와 인터뷰를 해야 했는데, 한 사람은 미국인이고 다른 한 사람은 인도인이었다.

- 미술가, 음악가, 문학가의 작품
  In those days you could buy a *Picasso* for £300.
  그 당시에는 피카소가 그린 그림 한 점을 300파운드에 살 수 있었다.
  I listened to *Mozart*. 나는 모차르트 곡을 들었다.

- 특정한 회사에서 만든 제품
  I bought a second-hand *Volkswagen*. 나는 폴크스바겐 중고 자동차를 샀다.
  ...stick it back together with *Sellotape*. 셀로테이프로 다시 붙이기.

- 사람 이름 앞에 사용하는 직함
  There has been no statement so far from *President* Bush. 부시 대통령은 아직까지 아무 성명도 발표하지 않았다.
  The tower was built by *King* Henry II in the 12th century. 그 탑은 12세기에 헨리 2세 왕에 의해 세워졌다.

- 국적이나 장소를 나타내는 형용사
  ...a *French* poet. 프랑스 시인.
  ...the *Californian* earthquake. 캘리포니아에서 일어난 지진.

- 특정한 사람과 관련되거나 닮은 것을 나타내는 형용사
  ...his favourite *Shakespearean* sonnet. 그가 좋아하는 셰익스피어 소네트.
  ...in *Victorian* times. 빅토리아 시대.

2 'I'

인칭대명사 I는 항상 대문자로 쓴다.
I thought *I* was alone. 나는 혼자라고 생각했다.

> 주의 me, my, mine, myself는 문장의 맨 앞에 오지 않는 한 대문자로 쓰지 않는다.

3 optional capital letter(선택적인 대문자)

단어의 첫 번째 철자를 소문자나 대문자로 쓸 수 있는 단어는 다음과 같다.

- **North**, **South** 등의 방향을 가리키는 단어
  We shall be safe in the *north*. 우리는 북쪽에 있으면 안전할 것이다.

Complimenting and congratulating someone

The home-ownership rate in the **South East** of England is higher than in the **North**. 영국 동남부 지역의 주택 보유율이 북부 지역보다 더 높다.

- 10년간을 가리키는 단어

It was very popular in the **seventies**. 그것은 70년대에 아주 유행했었다.
Most of it was done in the **Seventies**. 그것의 대부분은 70년대에 이루어졌다.

- 계절의 이름

I planted it last **autumn**. 나는 그것을 지난 가을에 심었다.
In the **Autumn** of 1948 Caroline returned to the United States. 캐롤라인은 1948년 가을에 미국으로 돌아갔다.

 미국 영어에서는 계절의 이름이 어떤 제목의 일부가 아닌 이상 소문자를 사용한다.

Construction is expected to begin next **spring**. 건설 공사가 내년 봄에 시작하기로 예정되어 있다.
...Rachel Carson's book 'Silent **Spring**'. 레이첼 카슨의 책 《Silent Spring》.

- 특별한 사람의 직함

...the great **prime ministers** of the past. 역사상 가장 위대한 수상들.
...one of the greatest **Prime Ministers** who ever held office. 지금껏 집권해 온 가장 뛰어난 수상들 중 한 명.
...portraits of the **president**. 대통령의 초상화들.
...the brother of the **President**. 대통령의 남동생.

Complimenting and congratulating someone

1. clothes and appearance
2. meals
3. skills
4. achievements
5. accepting compliments and congratulations

1 clothes and appearance (옷과 겉모습)

서로 잘 알고 있는 사이이거나 격식을 차리지 않는 자리에서 누군가와 이야기를 할 경우, 상대방의 옷차림이나 겉모습을 **That's a nice coat., What a lovely dress., I like your jacket.**과 같은 표현을 사용하여 칭찬할 수 있다.

That's a nice dress. 멋있는 옷이군요.
What a pretty dress. 정말 예쁜 드레스군요.
I like your haircut. 당신 헤어스타일이 마음에 들어요.
I love your shoes. Are they new? 당신 신발이 정말 마음에 드네요. 새로 샀어요?

You look nice., You're looking very smart today.와 같은 표현을 사용하기도 한다. 이를 더욱 강조할 때는 **great**나 **terrific** 등의 형용사를 사용할 수 있다.

You're looking very glamorous. 당신은 정말 매혹적이군요.
You look terrific. 당신 너무 멋있어요.

어떤 사람이 입은 옷이 어울린다고 하면서 그 모습을 칭찬할 수도 있다.

I love you in that dress, it really suits you. 그 옷을 입은 당신은 정말 멋있어요. 정말 잘 어울려요.

2 meals (식사)

식사 중에는 **This is delicious.**, 식사 후에는 **That was delicious.**와 같은 말을 하면서 식사에 대해 칭찬한다.

This is delicious, Ginny. 지니, 이거 맛있어요.
He took a bite of meat, chewed it, savoured it, and said, 'Fantastic!'
그는 고기 한 점을 입에 넣고 씹으면서 맛을 음미하더니 "환상적이야"라고 말했다.
Mm, that was lovely. 음, 아주 맛있었어요.

Complimenting and congratulating someone

3 skills(기술)
누군가가 어떤 일을 능숙하게 처리한 것을 칭찬하거나 감탄할 때 사용한다.
What a marvellous memory you've got! 당신은 기억력이 정말 대단하군요!
Oh, that's true. Yes, what a good answer! 아, 맞아요. 예, 정말 좋은 대답이네요!
'Look – there's a boat.' – 'Oh yes – well spotted!' "보세요. 저기 보트 한 척이 있어요." – "오, 그래. 정말 잘 찾았구나!"

교사의 질문에 옳은 대답을 한 학생을 칭찬하는 경우, **Good.**이라고 한다.
'What sort of soil do they prefer?' – 'Acid soil.' – '*Good*.'
"그것들은 어떤 종류의 토양을 선호하니?" – "산성 토양이요." – "잘했어요."

4 achievements(성취)
무언가를 성취한 사람을 축하해 줄 때, **Congratulations.**라고 한다.
Well, *congratulations*, Ginny. You've done it. 자, 지니, 축하해요. 당신이 그것을 해냈군요.
Congratulations to all three winners. 우승한 세 사람 모두에게 축하드립니다.

▣ 좋은 일이 생긴 사람을 축하해 줄 때도 Congratulations.라고 한다.
'*Congratulations*,' the doctor said. 'You have a son.' "축하합니다. 아들입니다."라고 의사가 말했다.

◯ 좋은 소식에 반응하는 다른 방법은 Topic 표제어 Reactions의 expressing pleasure 참조.

더 격식을 차려서 축하하는 방법에는 여러 가지가 있다.
I must congratulate you on your new job. 새로운 직업을 얻게 된 것을 축하드립니다.
Let me offer you my congratulations on your success. 성공한 것에 대해 축하드립니다.
Let me be the first to congratulate you on a wise decision, Mr Dorf.
도르프 씨, 당신의 현명한 결정에 제가 제일 먼저 축하드릴게요.
May I congratulate you again on your excellent performance.
다시 한 번 당신의 뛰어난 공연에 대해 축하드립니다.

격식을 차리지 않고 축하할 때, **Well done.**이라고 한다.
'You did very well today. *Well done*.' "오늘 아주 잘했어요. 훌륭했어요."

5 accepting compliments and congratulations(칭찬과 축하 받아들이기)
상대방의 칭찬을 받아들이는 표현은 여러 가지가 있다.
Oh, thanks! 아, 감사합니다.
It's very nice of you to say so. 그렇게 말씀을 해주셔서 정말 감사합니다.
I'm glad you think so. 당신이 그렇게 생각해 주시니 기쁩니다.

물건을 산 지 얼마나 됐으며 어디에서 혹은 어떻게 구입했는지 등을 덧붙여서 대답하기도 한다.
'That's a nice blouse.' – 'Haven't you seen this before? *I've had it for years*.'
"멋진 블라우스군요." – "전에 이 옷을 보지 못했어요? 오랫동안 입은 것이에요."
'That's a nice piece of jewellery.' – 'Yeah, *my husband bought it for me*.'
"근사한 보석이군요." – "예, 남편이 사줬어요."

자신이 갖고 있는 기술을 상대방이 칭찬할 때, 자신이 한 일이 몹시 어렵거나 기술을 요하지 않는 일이라고 겸손하게 답하는 표현은 다음과 같다.
Oh, *there's nothing to it*. 아, 그건 별거 아닌데요.
'Terrific job.' – 'Well, *I don't know about that*.'
"아주 잘했어요." – "음, 그런 것인지 모르겠네요."

상대방의 축하에 대해 대답할 때는 보통 **Thanks.**나 **Thank you.**라고 한다.
'Congratulations on publication.' – '*Thanks* very much.'
"출간을 축하해요." – "정말 고마워요."
'Congratulations to both of you.' – '*Thank you*.'
"두 분 모두에게 축하드려요." – "고마워요."

Criticizing someone

Criticizing someone

1 mild criticism(가벼운 질책)

상대방을 잘 알지 못하는 한 일반적으로는 강하게 질책하지 않는다.

어떤 사람이 잘못된 행동을 한 것을 나무랄 때, **That's not very good.**이나 **I think that's not quite right.** 과 같은 표현을 사용할 수 있다.

What answer have you got? Oh dear. Thirty-three. *That's not very good*.
어떤 답이 나왔어요? 오, 이런 33이라. 맞지 않는 답이네요.
I think your answer's wrong. 내 생각에는 네 답이 틀린 것 같아.

교사가 학생의 성적을 나무랄 때, **You can do better than this.**라고 한다.

2 stronger criticism(더 강한 질책)

상대방이 저지른 잘못이나 바보 같은 짓을 질책할 때, **Why did you…?**나 **Why didn't you…?**로 시작하는 질문을 할 수 있다. 이런 질문은 큰 분노, 고통, 격앙된 감정을 표현할 때 사용할 수 있다.

Why did you lie to me? 당신은 왜 제게 거짓말을 했어요?
Why did you do it? 당신은 왜 그런 짓을 했나요?
Why didn't you tell me? 당신은 왜 제게 말하지 않았나요?

상대방을 더 직접적으로 질책할 때는 **You shouldn't have…**나 **You should have…**를 사용한다.
You shouldn't have given him money. 당신은 그에게 돈을 주지 말았어야 했다.
You should have asked me. 당신은 내게 물어봤어야 했다.

일부 사람들은 누군가가 부주의하게 행동했다는 것을 아주 강하게 느낄 경우, **How could you…?**를 사용한다.
How could you? You knew I didn't want anyone to know!
당신이 어떻게 그럴 수가 있죠? 당신은 내가 아무에게도 알려주기를 원하지 않는다는 것을 알고 있었잖아요.
How could you be so stupid? 당신은 어떻게 그렇게 어리석을 수가 있죠?

Days and dates

1 days	9 decades and centuries
2 special days	10 part of a decade or century
3 months	11 using prepositions
4 saying years	12 using other adverbials
5 'AD' and 'BC'	13 indefinite dates
6 writing dates	14 modifying nouns
7 saying dates	15 regular events
8 seasons	

○ 어떤 것이 일어나는 날의 시간이나 그 일부를 나타내는 방법에 대한 정보는 Topic 표제어 Time 참조.

1 days(요일)

다음은 요일을 나타내는 단어이다.

Monday(월요일)	Tuesday(화요일)	Wednesday(수요일)	Thursday(목요일)
Friday(금요일)	Saturday(토요일)	Sunday(일요일)	

요일의 첫 번째 철자는 항상 대문자로 쓰며, 일반적으로 요일 앞에는 한정사를 사용하지 않는다.
I'll see you on *Monday*. 나는 당신을 월요일에 만날 것이다.

Days and dates

그러나 특정 상황과 함께 요일을 일반적으로 가리키는 경우, 그 요일 앞에 한정사 **a**가 온다.
We usually put out important social media posts on ***a Tuesday***.
우리는 화요일에 중요한 정보를 SNS에 게재한다.

특정한 주 중의 어떤 요일에 일어났거나 일어날 예정인 일, 특히 그 주의 다른 요일과 비교할 때 그 요일 앞에 **the**가 온다.
He died on ***the Friday*** and was buried on ***the Sunday***. 그는 그 주 금요일에 죽었고 일요일에 매장되었다.
We're here for the weekend so we'll come and see you on ***the Sunday***.
우리는 주말에 여기 오기 때문에 그 주 일요일에 당신을 만나러 갈 것이다.

○ 본 표제어 **15** regular events 참조.

토요일과 일요일은 흔히 **the weekend**(주말)라고 하며, 다른 요일은 **weekdays**(평일)라고 한다.
I went down and fetched her back at ***the weekend***. 나는 주말에 내려가서 그녀를 다시 데려왔다.
The Tower is open 9.30 to 6.00 on ***weekdays***. 런던탑은 평일에 9시 30분에서 6시까지 개장합니다.
They are open ***weekdays*** and Saturday mornings. 그들은 주 중과 토요일 오전에 문을 엽니다.

during the week는 토요일이나 일요일이 아닌 주 중이라는 뜻이다.
I never have time for breakfast ***during the week***. 나는 주중에는 아침밥을 먹을 시간이 없다.

2 special days(특별한 날들)

연중 특별한 날은 다음과 같다.

New Year's Day(새해): 1월 1일
Valentine's Day(밸런타인데이): 2월 14일
April Fool's Day(만우절): 4월 1일
Good Friday(성(聖)금요일): 날짜가 일정하지 않음
Easter Sunday(부활절 주일): 날짜가 일정하지 않음
Easter Monday(부활절 다음날): 날짜가 일정하지 않음(미국에서는 사용하지 않음)
May Day(노동절): 5월 1일
Hallowe'en(핼러윈): 10월 31일
Guy Fawkes Night(가이 포크스절): 11월 5일(화약 음모 사건의 주범인 **Guy Fawkes**를 체포하여 기념한 날)
Christmas Eve(성탄 전야): 12월 24일
Christmas Day(성탄절): 12월 25일
Boxing Day(크리스마스 선물의 날): 12월 26일(미국에서는 사용하지 않음)
New Year's Eve(한 해의 마지막 날): 12월 31일

3 months(달)

다음은 달을 나타내는 단어이다.

January(1월)	February(2월)	March(3월)	April(4월)
May(5월)	June(6월)	July(7월)	August(8월)
September(9월)	October(10월)	November(11월)	December(12월)

달의 첫 번째 철자는 항상 대문자로 쓰며, 일반적으로 한정사를 사용하지 않는다.
I wanted to leave in ***September***. 나는 9월에 떠나기를 원했다.

날짜에서 달을 나타낼 때 1월은 1로, 2월은 2 등과 같이 숫자로 표기할 수 있다. 또한 **early, mid, late**를 사용하여 그 달의 일부를 명확히 표현할 수 있다.

ℹ️ 이와 같은 경우에는 middle이 아닌 the middle of를 사용한다.
I'm coming to California in ***late September*** or ***early October***.
나는 캘리포니아에 9월 하순이나 10월 초순에 방문할 것이다.
We must have five copies by ***mid February***. 우리는 2월 중순까지 5권을 가져야 한다.

Days and dates

By *the middle of June* the Campaign already had more than 1000 members.
그 캠페인은 6월 중순에 멤버 1,000명 이상을 이미 확보했다.

4 saying years(연도 말하기)

연도는 보통 두 부분으로 나누어 읽는다. 예를 들면, **1970**은 **nineteen seventy**라고 하며, **1820**은 **eighteen twenty**라고 읽는다.

연도의 마지막 두 부분이 '00'으로 끝나는 경우에는 **hundred**로 읽는다. 예를 들면, 1900은 **nineteen hundred**라고 읽는다.

ℹ️ 2000은 the year 2000이라고 쓰고, 말할 때는 the year two thousand라고 한다.

01에서 09로 끝나는 연도를 읽는 방법에는 두 가지가 있다. 예를 들면, 1901년은 **nineteen oh one**이나 **nineteen hundred and one**이라고 한다. 그러나 2000년 뒤의 연도부터는 보통 **two thousand and one**(2001년), **two thousand and two**(2002년), **twenty ten**(2010년), **twenty eleven**(2011년)으로 읽는다.

5 'AD' and 'BC'

좀 더 자세하게 초기 역사에 관한 이야기를 할 때 예수의 탄생 시기 이후의 특정한 연도에 일어난 일을 나타내는 경우, 그 연도의 앞이나 뒤에 **AD**를 붙인다. **AD**는 라틴어 **anno Domini**의 약어로, **in the year of our Lord**(그리스도의 해: 서기, 기원후)라는 뜻이다.

...the eruption of Vesuvius in *AD 79*. 서기 79년에 일어난 베수비오 화산의 폭발.

일부 사람들, 특히 기독교 신자가 아닌 사람들은 약어 **AD**와 **BC** 보다 **CE**(**Common Era**: 기원후)와 **BCE**(**before the Common Era**: 기원전)를 선호한다. **CE**와 **AD**와, **BCE**는 **BC**와 같은 뜻이다.

6 writing dates(날짜를 글로 쓰기)

날짜를 월일로 표기할 때, 숫자를 사용한다. 날짜를 쓰는 방법은 다음과 같이 다양하다.

4월 20일: 20 **April**   20th **April**   **April** 20   **April** 20th   the twentieth of **April**

날짜, 달, 연도를 함께 표기할 때, 연도는 마지막에 온다.
I was born on *December 15th, 1933*. 나는 1933년 12월 15일에 태어났다.

날짜 전체를 숫자로 표기할 수 있다.

2003년 4월 20일: 20/4/03   20.4.03

 미국 영어에서는 날짜를 숫자로 표기할 때 (월 + 일 + 연도) 순서로 쓰므로, 위의 날짜는 4/20/03이나 4.20.03로 표기한다.

위와 같이 날짜를 표기하는 방식은 편지의 상단과 문서 양식에 자주 사용한다. 그러나 항상 날짜 전체를 숫자로 표기하지는 않는다.

7 saying dates(날짜 말하기)

날짜를 숫자로 표기할 때는 기수로 쓰지만, 읽을 때는 서수를 사용한다. 그리고 영국 영어에서는 숫자 앞에 **the**를 사용한다. 예를 들면, **April 20**를 **April the twentieth**라고 읽는다.

 미국 영어에서는 보통 **April twentieth**라고 한다. 달이 숫자 뒤에 올 때, 달 앞에 **of**를 사용한다. 예를 들면, **20 April**은 **the twentieth of April**이라고 읽는다. 지칭하고 있는 달이 명확할 때, 그 달의 명칭은 생략 가능하다.

So Monday will be *the seventeenth*. 그래서 (그 달의) 월요일은 17일일 것이다.
Valentine's Day is on *the fourteenth*. 밸런타인데이는 (2월) 14일이다.

오늘이 며칠인지 말할 때, **It's…**를 사용한다.
'What's the date?' – '*It's* the twelfth.' "오늘이 며칠이지요?" – "12일입니다."

Days and dates

8 seasons(계절)

다음은 사계절을 나타내는 단어이다.

| spring(봄) | summer(여름) | autumn(가을) | winter(겨울) |

영국 영어에서는 계절을 때때로 대문자로 쓰기도 하지만, 소문자로 쓰는 것이 더 일반적이다.

I was supposed to go last *summer*. 나는 지난 여름에 가기로 되어 있었다.
I think it's nice to get away in the *autumn*. 내 생각에 가을에 휴가를 가는 게 좋을 것 같다.

🇺🇸 미국 영어에서는 보통 autumn 대신 fall을 사용한다.

They usually give a party in the *fall* and in the spring. 그들은 보통 가을과 봄에 파티를 연다.

springtime, summertime, wintertime은 일반적으로 그 해외 특정한 시기를 니다낼 때도 사용한다.

ℹ autumntime이라는 단어는 없다.

◯ 위의 단어의 사용에 대한 정보는 Usage 표제어 spring, summer, autumn, winter 참조.

9 decades and centuries(10년간과 세기)

a decade는 '10년간'이라는 뜻이고, **a century**는 1세기, 즉 '100년'이라는 뜻이다. **decade**는 보통 끝자리가 0인 해에 시작하여 9인 해로 끝나는 기간이다. 예를 들면, 1960년에서 1969년까지 10년간의 기간을 **the 1960s**(1960년대)라고 한다.

In *the 1950s*, the first non-stick pan was produced. 1950년대에 바닥에 달라붙지 않는 팬이 처음 생산되었다.
He wrote most of his poetry in *the 1840s*. 그는 그의 시 대부분을 1840년대에 썼다.

20세기 내에서 10년간의 기간을 가리킬 경우에는 **century**를 사용하지 않아도 된다. 예를 들면, 1920년대는 **the 20s, the twenties, the Twenties**라고 한다.

...the depression of *the twenties and thirties*. 20~30년대의 불경기.
Most of it was done in *the Seventies*. 그것의 대부분은 70년대에 이루어졌다.

> **주의** century(세기)의 첫 번째나 두 번째의 decade는 이와 같은 방법으로 사용할 수 없다. 대신 1800년대 초는 **the early 1800s**나 **the early nineteenth century**라고 한다. 일부 사람들은 21세기 초의 첫 번째 decade를 **the noughties**라고 한다.

century는 끝자리가 00인 연도부터 99인 연도까지 100년간의 기간이라고 생각하는 사람이 많으며, 예수의 탄생기부터 계산하여 서수로 나타낸다. 예를 들면, 1400~1499년은 **the fifteenth century**(15세기)이며, 현재의 2000~2099년은 **the twenty-first century**(21세기)로 나타낸다. 그리고 century는 **the 21st century**와 같이 앞에 숫자를 사용할 수도 있다.

This style of architecture was very popular in *the eighteenth century*.
이런 스타일의 건축은 18세기에 아주 유행했었다.
That practice continued right through *the 19th century*. 그 관행은 19세기 내내 계속되었다.

ℹ 일부 사람들은 century의 시작을 끝자리가 01인 연도로 생각한다. 예를 들면, 2001년부터 2100년까지를 the twenty-first century(21세기)라고 한다. 예수의 탄생을 전후로 한 세기를 BC(기원전), AD(기원후), BCE(기원전), CE(기원후)로 표현하기도 한다.

The great age of Greek sport was the fifth century *BC*. 고대 그리스 스포츠가 활발했을 때는 기원전 5세기였다.

세기(century)를 표현할 때, 그 세기의 시작 연도의 복수형을 사용한다. 예를 들면, 18세기는 **the 1700s**나 **the seventeen hundreds**라고 한다.

The building goes back to *the 1600s*. 그 건물은 17세기로 거슬러 올라간다.
...furniture in the heavy style of *the early eighteen hundreds*. 19세기 초반의 중후한 스타일의 가구.

10 part of a decade or century(10년간이나 세기의 일부)

10년간이나 세기의 일부를 명확히 할 때, **early, mid, late**를 사용할 수 있다. 이 경우에는 middle이 아닌 **the middle of**를 사용한다.

Days and dates

His most important writing was done in *the late 1920s* and *early 1930s*.
그가 쓴 가장 중요한 글은 1920년대 말과 1930년대 초에 완성되었다.
...the wars of *the late nineteenth century*. 19세기 말의 전쟁들.
In *the mid 1970s* forecasting techniques became more sophisticated.
1970년대 중반의 예측 기술은 더 정밀해졌다.
The next major upset came in *the middle of the nineteenth century*.
그 다음의 주요 혼란은 19세기 중엽에 일어났다.

11 using prepositions(전치사 사용하기)

어떤 사건에 대한 요일, 날짜, 달, 연도를 언급할 때, 특정한 전치사를 사용한다.

- **at**
  religious festivals(종교적인 축제일): at Christmas, at Easter
  short periods(짧은 기간): at the weekend, at the beginning of March

 미국 영어에서는 at the weekend가 아닌 on the weekend를 사용한다.

- **in**
  months(달): in July, in December
  seasons(계절): in autumn, in the spring
  long periods(긴 기간): in wartime, in the holidays
  years(연도): in 1985, in the year 2000
  decades(10년간): in the thirties
  centuries(세기): in the nineteenth century

- **on**
  days(요일): on Monday, on weekdays, on Christmas Day, on the weekend

  영국 영어에서는 on the weekend가 아닌 at the weekend라고 한다.
  dates(날짜): on the twentieth of July, on June 21st, on the twelfth

 미국 영어에서는 때때로 요일과 날짜에 **on**을 생략하기도 한다.
Can you come *Tuesday*? 당신은 화요일에 올 수 있습니까?

어떤 일이 특정 기간 중이나 그 기간 내내 일어난 것을 나타낼 경우, **during**이나 **over**를 사용할 수 있다.
There were 1.4 million enquiries *during* 1988 and 1989 alone. 1988년과 1989년에만 140만 건의 문의가 있었다.
More than 1,800 government soldiers were killed in fighting *over* Christmas.
크리스마스 동안에 정부군 1,800명 이상이 전사했다.

12 using other adverbial phrases(다른 부사구 이용하기)

부사 today, tomorrow, yesterday를 사용하여 어떤 일이 일어나는 시기를 나타낸다.
One of my children emailed me *today*. 자식들 중 한 명이 오늘 나에게 이메일을 보냈다.

last, this, next 등의 단어와 week, year, month 등의 단어를 결합한 명사구를 사용할 수도 있다. 시간을 나타내는 이러한 표현과 전치사를 함께 사용하지 않는다.
They're coming *next week*. 그들은 다음 주에 올 예정이다.

○ 이와 같은 표현에 대한 자세한 정보는 Usage 표제어 last – lastly, this – these, next 참조.

the week before last는 지지난 주라는 뜻이다.
Eileen went to visit friends made on a camping trip *the year before last* in Spain.
아일린은 재작년에 스페인에서 캠핑 여행 중에 사귄 친구를 방문하러 갔다.
I saw her *the Tuesday before last*. 나는 그녀를 지지난 주 화요일에 만났다.

a week ago last Tuesday는 지지난 주 화요일이라는 뜻이다.

Days and dates

the week after next는 다다음 주라는 뜻이다.
I was appointed ***a week ago*** last Friday. 나는 지지난 주 금요일에 임명되었다.
He wants us to go ***the week after next***. 그는 우리가 다다음 주에 가기를 원한다.

영국 영어에서 어떤 일이 이번 목요일로부터 정확히 일주일 뒤의 목요일에 일어나는 경우, **Thursday week**을 사용한다.
'When is it to open?' – '***Monday week***.' "그것은 언제 개장하나요?" – "다음 주 월요일에요."

 미국 영어에서는 이와 같은 형식을 사용하지 않고, **a week from Thursday**라고 해야 한다.
I'm leaving ***a week from Wednesday***. 나는 다음 주 수요일에 떠날 것이다.

어떤 일이 이번 목요일로부터 정확히 3주 후의 목요일에 일어나는 경우, **three weeks on Thursday**를 사용한다.
England's first game takes place ***five weeks on Sunday***. 영국의 첫 경기는 5주 후의 일요일에 열린다.

13 indefinite dates(정해지지 않은 날짜)

○ 정해지지 않은 날짜를 나타내는 방법에 대한 정보는 Topic 표제어 Time 참조.

14 modifying nouns(명사 수식하기)

특정한 날이나 기간에 일어났거나 일어날 일을 가리킬 때, 특정한 날이나 기간을 가리키는 명사구 뒤에 **-'s**를 붙인다.
How many of you were at ***Tuesday's*** lecture? (가) 화요일 강의에 당신들 중 몇 명이나 참석했어요?
...***yesterday's*** triumphs. 어제의 승리들.
...***next week's*** game. 다음 주 경기.
...one of ***this century's*** most controversial leaders. 이번 세기 동안에 가장 논쟁을 일으키는 지도자들 중 한 명.

연중 특정한 날이나 기간의 이름을 수식어로 사용할 수 있다.
Some of the people in the ***Tuesday*** class had already done a ten or twelve hour day. 화요일 수업을 듣는 사람들 중 일부는 그때까지 이미 하루에 10시간이나 12시간 수업을 받았다.
I have ***summer*** clothes and ***winter*** clothes. 나는 여름 옷과 겨울 옷을 갖고 있다.
Lee spent the ***Christmas*** holidays at home. 리는 집에서 크리스마스 휴가를 보냈다.

사계절 중의 어느 날을 가리키는 경우, 명사수식어로 계절명을 사용한다. **summer**와 **winter** 뒤에 **'s**를 붙일 수도 있다.
...a clear ***spring*** morning. 어느 맑은 봄날 아침.
...wet ***winter*** days. 비가 오는 겨울날들.
...a ***summer's*** day. 어느 여름날.

15 regular events(규칙적인 일)

어떤 일이 규칙적으로 일어날 때, **every**를 사용하여 **every day, every week**와 같은 표현을 사용할 수 있다.
I call my parents ***every Sunday***. 나는 나의 부모를 일요일마다 방문한다.
Every weekend we went camping. 우리는 주말마다 캠핑을 간다.

daily, monthly 등의 부사를 사용할 수도 있으나, 이는 더 격식을 차린 표현으로 잘 사용하지는 않는다.
It was suggested that we give each child an allowance ***yearly*** or ***monthly*** to cover all he or she spends. 우리는 각각의 어린이에게 매년 혹은 매달 소비하는 모든 것을 보상하기 위해 보조금을 지급하는 것에 대한 제안이 있었다.

어떤 일이 그 주의 특정한 요일에 규칙적으로 일어날 경우, (every + 요일의 복수형) 대신 (on + 요일의 복수형) 형식을 사용할 수 있다. 이는 어떤 일이 정기적으로 일어난다는 것을 강조하기보다 단순히 그 일이 언제 일어나는지를 나타낸다.
He went there ***on Mondays and Fridays***. 그는 매주 월요일과 금요일마다 그곳에 갔다.

 미국 영어에서는 이러한 뜻으로 사용하는 경우, **on**을 자주 생략한다.
My father came out to the farm ***Saturdays*** to help his father. 우리 아버지는 토요일마다 할아버지를 도와드리기 위해 농장에 갔다.

Emailing

어떤 일이 이틀이나 2주 간격 등으로 일어날 경우, **every other day, every other week** 등과 같이 표현한다.
We wrote *every other day*. 우리는 이틀에 한 번 글을 썼다.

자주 사용하지는 않지만 간격을 나타내는 방법으로 **on alternate days, in alternate weeks** 등과 같이 표현한다.
Just do some exercises *on alternate days* at first. 처음에는 격일로 운동을 하세요.

간격을 나타낼 때, **every two weeks, every three years** 등과 같이 표현하기도 한다.
The World Cup is held *every four years*. 월드컵은 매 4년마다 개최된다.
Take two tablets *every six hours*. 매 6시간마다 두 개의 알약을 드세요.

어떤 일이 정기적으로 일어날 때도 **once a week, once every six months, twice a year**를 사용할 수 있다.
The group met *once a week*. 그 단체는 일주일에 한 번 모였다.
...in areas where it only rains *once every five or ten years*. 5년이나 10년마다 한 번만 비가 오는 지역들.
I try to eat only *three times a day*. 나는 하루에 세 끼만 식사하려고 한다.

Emailing

이메일은 자주 격식을 차리지 않거나 또는 중립적인 어조의 표현을 주로 사용하지만, 우리가 알지 못하는 사람과의 이메일 교환은 특정한 방식에 따른 예의를 지켜주는 것이 좋다.

특히 우리가 알지 못하는 사람과 처음 이메일을 교환할 때는 이메일에 사용하는 언어는 될 수 있으면 격식을 차린 표현을 사용하는 것이 좋고, 우리와 연관 관계를 갖고 있는 사람이라도, 상대를 존중하는 의미에서 격식을 차린 표현을 사용하는 것이 좋다.

- 상대가 우리보다 나이가 많거나
- 회사 또는 직장에서 (우리보다) 상사인 사람들
- 나이가 많은 어른 또는 정부 관리 또는 회사의 상사를 공경하는 문화 속에 사는 국가나 사회에 사는 사람들
  에게 이메일을 보내는 경우 격식을 차린 표현을 사용하는 것이 좋다.

하여간 일단 그들과 친밀한 인간관계가 이루어지면, 그 관계에 합당한 형식의 표현을 사용할 수 있는데, 특히 상대방이 우리에게 보내온 이메일 답장에서 그들이 사용한 표현들을 감안해 그에 상응하는 합당한 표현으로 답장을 해주는 것이 좋다. 우리의 직장 동료 또는 잘 아는 사람들에게 이메일을 보낼 때 격식을 차리지 않은 표현을 자주 사용하는데, 이러한 경우에도 될 수 있으면 예의 바른 표현을 하는 것이 좋다.

1 key point

이메일은 무엇보다도 자신이 원하는 특정 사안에 대한 자신의 주장과 요점을 (상대에게) 명확하게 하면서, 이를 축약하고, 예의 바른 표현을 사용해 작성하는 것이 아주 중요한데, 아래에 제시하는 방법을 사용해 보기 바란다.

- 업무에 바쁜 사람들은 여러 사람들과 아주 많은 이메일을 서로 주고받기 때문에 그들에게 긴 내용의 편지를 보내지 말고, 우리의 강조하는 요점을 빠르고 명확하게 축약해 설명하는 내용의 이메일을 보내야 한다.

- 이메일의 첫 문장은 이메일의 주제(the topic of the email)이므로 내가 원하는 내용을 상대가 쉽게 이해하도록 짧고 명확하게 기술해 주어야 한다.

- 각 문단은 아주 짧게 해 상대가 그것을 쉽게 이해하게 하고, 각 문단과 문단 사이에 스페이스를 주는 것이 좋다.

- 만약 이메일의 내용이 길면, 우리가 주장하는 요점들에 대해 숫자로 번호를 매기거나, 특정한 표시를 해 상대의 주목을 끌거나, 소제목을 붙이는 것이 좋은데, 편지를 읽는 사람이 우리가 주장하는 특정 요점에 대해 파악하고 이에 대한 응답을 쉽게 할 수 있게 해주기 때문이다.

- 이메일을 빨리 그리고 부주의하게 작성하면 실수를 저지를 수 있으므로, 조심스럽게 꼼꼼하게 작성해야 하고 이를 상대에게 보내기 전 한 번 더 체크한 후 보내는 것이 좋다.

- 이메일에는 축약(I'm, he's, we'd, etc)과 기호 등을 사용할 수 있다.

Emailing

2 the subject line(주제 라인)

이메일의 주제 라인은 우리의 이메일 주제(topic)를 명확히 해주는데, 예로서 우리가 특정 회사 제품에 대한 정보를 얻기 위해 이메일을 그 회사로 보내는 경우, 주제 라인에 그 제품 이름을 명기하고, 그 제품에 대한 우리가 필요한 정보가 무엇인지 분명하게 요구하는 것이 좋다.

Subject: Balance Bike(ref: N765) information required.
주제: 밸런스 자전거(제품번호: N765)에 대한 정보 요청의 건.

Subject: Meeting Room changed to 300.
주제: 회의실이 300호로 변경된 건.

Subject: Lunch(Fri 9 Oct) cancelled.
주제: 10월 9일 점심 약속 취소의 건.

Subject: Feb sales figures.
주제: 2월 제품 판매량 건.

Subject: Reminder: conference agenda due.
주제: 주의: 회의 안건 제출 통보.

3 salutations(=words or phrases for saying hello)

이메일에서 상대에게 인사하는 단어들 또는 구절들로, 이메일도 격식을 차린 일반 편지와 같은 인사법을 사용해야 한다.

아주 격식을 차린 편지는 **Dear Mr Sanchez** 또는 **Dear Ms Smith** 등 같이 성에 **Mr, Mrs, Ms, Dr, etc**로 사용하고, 이름에는 이러한 호칭을 사용할 수 없다.

Dear Mr Smith

Dear Mrs Johnson

Dear Miss Lee

Dear Dr Armstrong

격식을 차리지 않은 표현으로 상대에 대한 친근감을 나타내기 위해 상대의 이름만 호칭으로 사용할 수 있는데, 오랜 기간 동안 이메일을 주고받는 거래처 사람들, 회사 동료들, 친구들에게는 아래와 같은 표현이 사용 가능하다.

Hello James

Hi Peter

Hello

Hi

4 ending an email(이메일 마무리)

이메일 편지의 주 부분(main part)과 마무리 부분(sign-off, 편지를 인사로 마무리하는 부분)은 물론 우리가 상대에게 이메일을 보내는 목적에 따라 달라지지만 여기에 사용하는 짧은 문장들은 아래와 같다.

I hope to hear from you soon. 당신으로부터 빠른 회신을 기대합니다.

I look forward to hearing from you. 나는 당신으로부터 회신받기를 기대합니다.

Thanks again for this. 이 일을 해주신 것에 대해 감사합니다.

Many thanks in advance. 이 일에 대해 미리 감사함을 표현합니다.

Thank you for taking the time to answer my questions.
나의 질문들에 대해 대답할 시간을 나에게 할애해 주셔서 감사합니다.

I hope this helps. 이에 대한 것들이 당신에게 도움이 되길 빕니다.

Please get in touch if you have any queries. 만약 이에 대한 어떤 의문이라도 있으면 바로 저에게 연락해 주시기 바랍니다.

Let me know what you want. 당신이 이 일에 대해 원하는 것이 무엇인지 알려주기 바랍니다.

이메일에서 인사로 마무리하는 데 자주 사용하는 표현들은 아래와 같다.

Many thanks.

Thank you.

Greetings and goodbyes

620

Thanks again.
Thanks.
Best
Regards
Kind regards
Warm regards
Best wishes
With best wishes

5 attachments(첨부 서류들)

첨부 서류는 이메일에 동봉하는 파일(file)로, 이러한 파일을 이메일에 첨부해 보낼 때 아래의 표현을 사용한다.

Please find attachment … 첨부하는 서류를 읽으시기 …
I am attaching … or I attach … 나는 서류를 첨부해 …
I'm sending you a copy of … 복사한 서류를 당신에게 보내니 …

6 dealing with technical problems(기술적 문제에 대처하기)

때때로 상대에게 보낸 이메일과 첨부 서류가 상대에게 도착하지 않은 경우가 있는데, 상대가 이를 받았는지 아니면 받지 못한 것인지를 확인하는 것과 그 이메일을 다시 송부해 달라는 표현은 아래와 같다.

Did you get my last email, sent on … 제가 모월 모일에 보낸 나의 마지막 이메일을 받아보셨는지요?
I'm afraid I can't open the attachment. 죄송한데요, 보내주신 첨부 파일을 열어볼 수 없습니다.
The attachment doesn't seem to have come through. Could you possibly re-send it?
당신이 보내 주신 첨부 서류가 아직 도착하지 않았는데, 그것을 재전송해 주시면 고맙겠습니다.

Greetings and goodbyes

1 greetings	4 replying to a greeting
2 informal greetings	5 greetings on special days
3 formal greetings	6 goodbyes

이 표제어에서는 사람을 만났을 때와 헤어질 때 하는 인사 방법을 다룬다.

○ 어떤 사람을 처음 만날 때 하는 말에 대한 정보는 Topic 표제어 Introducing yourself and other people 참조.
○ 전화 통화의 시작과 마침에 대한 정보는 Topic 표제어 Talking on the phone 참조.

1 greetings(인사)

누군가와 인사하는 일상적인 방법은 **Hello.**라고 말하는 것이다. **How are you?** 혹은 다른 말을 이어서 질문할 수 있다.

Hello there, Richard, how are you today? 안녕하세요, 리차드. 오늘 기분이 어떻습니까?
Hello, Lucy. Had a good day? 안녕, 루시. 좋은 하루 보냈어요?

ⓘ How do you do?는 서로 처음 만나는 사람들이 하는 인사말로만 사용한다.

○ Topic 표제어 Introducing yourself and other people 참조.

2 informal greetings(격식을 차리지 않는 인사)

더 격식을 차리지 않는 인사로 **Hi.**나 **Hiya.**를 사용한다. 미국 영어에서는 때때로 이런 용법에 **Hey.**를 사용하기도 한다.

'*Hi*,' said Brody. 'Come in.' 브로디가 "안녕, 들어와."라고 말했다.
'*Hey*! How are you?' "어이, 잘 지냈어?"

TOPIC

Greetings and goodbyes

생각하지도 않은 장소에서 아는 사람을 만난 경우, **Fancy seeing you here.**를 사용한다.
'Well I never, Mr Delfont! *Fancy seeing you here*!' 델폰트 씨, 이곳에서 만나다니 정말 반갑습니다.

3 formal greetings(격식을 차린 인사)

어떤 사람이 격식을 차린 인사를 할 때, 인사법은 그날의 시간에 따라 달라진다. 12시경까지는 **Good morning.**, 오후 12시부터 약 6시까지 혹은 겨울에는 날이 어두울 때까지를 **Good afternoon.**, 6시 이후나 어둠이 깔리면 **Good evening.**이라고 한다.

Good morning, everyone. 안녕하세요, 여러분.
Good evening. I'd like a table for four, please. 안녕하세요. 네 명의 자리를 예약하고 싶습니다.

이런 인사는 격식을 차린 전화 통화나 텔레비전 프로그램 혹은 행사에서 사람을 소개할 때 자주 쓰인다.
'*Good afternoon*. William Foux and Company.' – '*Good afternoon*. Could I speak to Mr Duff, please?'
"안녕하세요. 윌리엄 푸 회사입니다." – "안녕하세요. 더프 씨와 통화할 수 있을까요?"
Good evening. I am Brian Smith and this is the second of a series of programmes about the University of Sussex.
안녕하세요. 저는 브라이언 스미스이고 이번 시간은 수섹스 대학교에 대한 프로그램들 중 두 번째 시간입니다.

격식을 덜 차려서 인사할 때, **Good**을 생략할 수도 있다.
Morning, Alan. 안녕, 앨런.
Afternoon, Jimmy. 안녕 지미.

주의 **Goodnight**은 저녁에 어떤 사람과 헤어지거나 잠자리에 들 때의 인사로만 사용하고, 만났을 때의 인사로는 사용하지 않는다.

Good day.는 호주 영어에서는 일반적이지만, 영국 영어와 미국 영어에서는 오래되고 다소 격식을 차린 표현이다.

 바로 전에 도착한 사람을 환영할 때, **Welcome.**을 사용할 수 있다. 영국 영어에서는 상당히 격식을 차린 표현이지만, 미국 영어에서는 일반적으로 쓰인다.
Welcome to Peking. 베이징에 오신 것을 환영합니다.
Welcome home, Marsha. 마샤, 집에 돌아온 것을 환영한다.
Welcome back. 돌아온 것을 환영합니다.

4 replying to a greeting(인사에 대한 대답)

상대방의 인사에 대한 일상적인 대답으로 상대방의 인사와 같은 단어나 표현을 사용한다.
'Hello, Sydney.' – '*Hello*, Yakov! It's good to see you.' "안녕, 시드니." – "안녕. 야콥! 만나서 반가워."
'Good afternoon, Superintendent. Please sit down.' – '*Good afternoon*, sir.'
"안녕하세요. 감독관님. 앉으세요." – "안녕하세요. 선생님."

상대방이 인사를 하며 무언가를 물어볼 때, 다음과 같이 답할 수 있다.
'Hello, Barbara, did you have a good shopping trip?' – '*Yes, thanks*.'
"안녕, 바버러. 즐겁게 쇼핑했어요?" – "예. 고마워요."
'Hello. May I help you?' – '*Yes, I'd like a table, please*.'
"안녕하세요. 무엇을 도와드릴까요?" – "예. 자리 좀 마련해 주세요."

ℹ 상대방이 How are you?라고 인사할 때, 자신이 그 사람과 친한 사이이고 자신의 일상과 건강에 대해 자세히 알고 싶어할 것임을 알고 있는 경우 외에는 Fine, thanks.와 같이 간단하게 대답한다. 뒤에 How are you?나 And you?를 붙이면 공손한 표현이다.
'Hello John. How are you?' – 'All right. And you?' – 'Yeah, fine.'
"안녕, 존. 잘 지내?" – "잘 지내. 너는?" – "응, 잘 지내."
'How are you?' – 'Good. You?' – 'So-so.' "잘 지내?" – "좋아. 너는?" – "그저 그래."

5 greetings on special days(특별한 날에 사용하는 인사말)

성탄절, 부활절, 생일 등의 특별한 경우에 어떤 사람에게 소망을 빌어주는 특정한 표현이 있다.

Greetings and goodbyes

성탄절에는 **Happy Christmas.** 또는 **Merry Chistmas.**라고 한다. 새해에는 **Happy New Year.**라고 하며, 부활절에는 **Happy Easter.**라고 한다. 상대방의 인사에 답할 때는 그 인사를 반복하거나 **And a happy Christmas to you too.** 또는 **And you!**와 같은 표현으로 대답한다. 생일을 축하할 때는 **Happy Birthday.** 또는 **Many happy returns.**라고 하며, 이에 대한 대답은 **Thank you.**라고 한다.

6 Goodbyes(작별 인사)

헤어질 때의 인사는 **Goodbye.**이다.
'*Goodbye*, Doctor. Thank you for your help,' Miss Saunders said.
"의사 선생님, 도움을 주셔서 아주 감사합니다."라고 손더스 양이 말했다.
See you about seven. *Bye*. 7시쯤에 만나요. 안녕.

저녁에는 **Goodnight.**이라고 하거나 더 격식을 차리지 않는 경우에는 **Night.**이라고 한다.
'Well, I must be off.' – '*Goodnight*, Moses dear.' "자, 저는 가야겠습니다." – "안녕히 가세요, 모세 님."
'*Night*, Jim.' – '*Night*, Rita.' "안녕, 짐." – "잘 가요, 리타."

가족끼리 잠자리에 들기 전에도 **Goodnight.**이라고 한다.

> **주의** 현대 영어에서는 작별 인사에 **Good morning., Good afternoon., Good evening.**을 사용하지 않는다.

Bye-bye.는 훨씬 더 격식을 차리지 않는 표현으로, 가까운 친척, 친구, 어린이에게 사용한다.
Bye-bye, dear; see you tomorrow. 잘 가라, 얘야. 내일 보자.

곧 다시 상대방을 만나길 기대할 경우, **See you., See you later., See you soon., See you around., I'll be seeing you.**와 같이 말한다.
See you later maybe. 나중에 봐요.
Must go in now. *See you tomorrow*. 지금 가야 해요. 내일 봐요.
See you in the morning, Pedro. 페드로, 내일 아침에 봐요.

일부 사람들은 **So long.**이라고 한다.
'Well. *So long*.' He turned and walked back to the car.
"그래, 안녕." 그는 돌아서서 자신의 자동차로 걸어갔다.

친구나 친척에게 작별 인사를 할 때, **Take care., Take care of yourself., Look after yourself.**라고 한다.
'*Take care*.' – 'Bye-bye.' "몸조심해요." – "잘 가요."
'*Look after yourself*, Ginny dear.' – 'You, too, Mother.'
"내 딸 지니야. 몸조심해." – "어머니도 몸조심하세요."

 미국 영어를 쓰는 많은 사람들은 잘 알지 못하는 사람과 헤어질 때, **Have a nice day.**라고 한다. 예를 들면, 가게나 식당에서 종업원이 손님에게 사용한다.
'*Have a nice day*.' – 'Thank you.'
"즐거운 하루 보내세요." – "고마워요."
Hope you have a good evening.' – 'Thanks!'
"좋은 저녁 시간 가지세요." – "고마워요."

영국 영어에서는 **Cheers.** 또는 **Cheerio.**를 사용한다.
See you at six, then. *Cheers*! 그러면 6시에 봅시다. 안녕.
I'll tell him you called. *Cheerio*. 내가 그에게 네가 전화했다고 말할게. 잘 지내!

잘 모르는 사람과 작별 인사를 할 때 좀 더 격식을 차린 표현을 사용한다. **I look forward to seeing you again soon.**이나 **It was nice meeting you.**와 같은 표현이 있다.
I look forward to seeing you in Washington. Goodbye.
워싱턴에서 만나 뵙기를 기대합니다. 안녕히 가십시오.
It was nice meeting you, Dimitri. Hope you have a good trip back.
만나서 반가웠습니다, 디미트리. 편안히 여행하시고 돌아가시기를 바랍니다.

Intentions

Intentions

1. general intentions
2. vague intentions
3. firm intentions
4. expressing intentions formally
5. involuntary actions

1 general intentions(일반적인 의도)

특히 어떤 일을 곧바로 실행하려는 의도를 나타낼 때, **I'm going to...**를 사용할 수 있다.

I'm going to call my father. 나는 아버지에게 전화할 것이다.
I'm going to have a bath. 나는 목욕을 할 것이다.

I think I'll...을 사용할 수도 있다.
I think I'll finish this later. 나는 이 일을 후에 마칠 것이다.
I think I'll go to sleep now. 나는 지금 잠을 자러 가려고 한다.

자신의 의도가 이미 확정된 계획이거나 그 일을 하는 데 필요한 준비가 이미 된 상태라고 간주할 때, 현재진행시제를 사용할 수 있다.

I'm taking it back to the library soon. 나는 그것을 도서관에 곧 반납할 것이다.
I'm going away. 나는 떠날 것이다.

미래진행시제를 때때로 사용하기도 한다.
I'll be waiting outside. 나는 밖에서 기다릴 것이다.

I have decided to...를 사용하여 의도를 표현할 수도 있다.
I've decided to clear this place out. 나는 이곳을 청소하기로 결심했다.
I've decided to go away this weekend. 나는 이번 주말에 놀러 가기로 결정했다.

부정적인 의도를 표현할 때, **I'm not going to...**나 **I've decided not to...**를 사용한다.
I'm not going to make it easy for them. 나는 그들이 그것을 쉽게 하도록 허락하지 않을 것이다.
I've decided not to take it. 나는 그것을 받아들이지 않기로 결심했다.

2 vague intentions(모호한 의도)

자신의 의지가 확고하지 않은 경우, **I'm thinking of...**를 사용할 수 있다.
I'm thinking of going to the theatre next week. 나는 다음 주에 극장에 가려고 생각 중이다.
I'm thinking of writing a play. 나는 연극 대본을 쓰려고 생각 중이다.
I'm thinking of giving it up altogether. 나는 그 일 전부를 포기하는 것을 고려 중이다.

I might...나 **I may...**를 사용하기도 한다.
I might stay a day or two. 나는 하루나 이틀 정도 머물려고 한다.
I may come back to Britain, I'm not sure. 나는 영국으로 돌아갈지 확실하지 않다.

I thought I might...은 상대방이 자신의 의도를 듣고 놀랄 것 같거나 자신의 말을 용납할지에 대한 확신이 없는 경우에 사용한다.
I thought I might buy a house next year. 나는 내년에 집을 구입할 생각을 하고 있었다.
I thought I might invite him over to dinner one evening. 나는 어느 날 저녁 식사에 그를 초대할 생각이었다.

모호한 부정적인 의도를 나타낼 때, **I might not...**을 사용한다.
I might not go. 나는 가지 않을지도 모른다.

3 firm intentions(확고한 의도)

특히 일정을 짜거나 어떤 사람을 안심시키는 경우, 확고한 의도를 나타내기 위해 **I'll...**을 사용한다.

Introducing yourself and other people

I'll do it this afternoon and call you back. 나는 이것을 오늘 오후에 하고 당신에게 전화할 것이다.
I'll explain its function in a minute. 나는 그것의 기능을 곧 설명해 줄 것이다.

확고하게 부정적인 의도를 나타낼 때, **I won't...**를 사용한다.
I *won't* go. 나는 가지 않을 것이다.
I *won't* let my family suffer. 나는 가족을 고생시키지 않을 것이다.

4 expressing intentions formally(격식을 차려 의도 나타내기)

더 격식을 차려 의도를 나타내는 방법으로 **I intend to...**를 사용한다.
I intend to carry on with it. 나는 그것을 계속하고자 한다.
I intend to go into this in rather more detail this term. 나는 이것을 좀 더 자세히 이 조건으로 살펴보고자 한다.

I intend 뒤에 -ing형이 오기도 한다.
What do you *intend doing* after this? 이 일을 한 후에 무엇을 하려 합니까?

I have every intention of...는 때때로 강한 의도를 강조할 때에 사용하기도 한다.
I have every intention of buying it. 나는 그것을 사는 데 몰두했다.

훨씬 더 격식을 차린 표현으로 **My intention is to...**와 **It is my intention to...**가 있다.
My intention is to summarize previous research in this area.
나의 의도는 전의 이 분야의 연구물을 요약하는 것이다.
It is still my intention to resign if they choosel to print the story.
그들이 의도적으로 그 이야기를 발간한다면 나는 여전히 사임할 의사가 있다.

I don't intend to...는 격식을 차려서 자신의 부정적인 의도를 나타낸다.
I don't intend to investigate that at this time. 나는 이번에 그것을 조사할 의도가 없다.
I don't intend to stay too long. 나는 그곳에 오래 머물지 않을 것이다.

I have no intention of...를 사용하여 의도를 강조하기도 한다.
I have no intention of retiring. 나는 은퇴할 의도가 전혀 없다.
I've no intention of marrying again. 나는 다시 결혼할 의도가 전혀 없다.

5 involuntary actions(비자발적인 행동)

비자발적인 미래의 행동을 나타낼 때, **be going to, might, may, will**을 사용하기도 한다.
If you keep interrupting *I'm going to* make a mistake.
당신이 계속해서 관여한다면 나는 실수할 것이다.
I might not to able to find it. 나는 그것을 발견할 수 없을지도 모른다.
I may have to stay there awhile. 나는 그곳에 잠깐 머물러야 할지도 모른다.
If I don't have lunch, *I'll* faint. 점심을 먹지 못한다면 나는 기절할 것이다.

Introducing yourself and other people

> 1 introducing yourself
> 2 introducing other people
> 3 more formal introductions
> 4 more casual introductions
> 5 responding to an introduction

1 introducing yourself(자기소개하기)

어떤 사람을 처음 만나서 자신이 누구인지 상대방이 아직 모르는 경우, 자신을 소개할 수 있다. 이 경우 상대방에게 **Hello.**라고 하거나 먼저 말을 거는 게 좋다.
'I'm Helmut,' said the boy. 'I'm Edmond Dorf,' I said.
"나는 헬무트야."라고 그 소년이 말했고 "나는 에드먼드 도르프야."라고 내가 말했다.

Introducing yourself and other people

I had better introduce myself. I am Doctor Marc Rodin. 제가 직접 소개하는 게 좋겠군요. 저는 마크 로딘 의사입니다.
You must be the Kirks. My name's Macintosh. 당신들이 커크 형제이지요? 제 이름은 매킨토시입니다.

격식을 차린 상황에서 자신을 소개할 경우, 때때로 **How do you do?**라고 한다.
'I'm Nigel Jessop. How do you do?' "저는 나이젤 제솝입니다. 안녕하십니까?"

2 introducing other people (다른 사람들 소개하기)

이전에 서로 만난 적이 없던 사람들을 소개할 때, **This is...**를 사용한다. 소개해 주는 사람은 소개받는 사람들이 이미 서로 대화를 나눈 적이 없는 경우 각각 한 사람씩 소개한다.
'This is Bernadette, Mr Zapp,' said O'Shea. "잽 씨, 이분은 버나데트입니다."라고 오셔가 말했다.

얼마나 격식을 차리는 상황인지에 따라 각각 사람의 이름에 적절한 형태를 사용한다.

○ Topic 표제어 **Names and titles** 참조.

ⓘ 예를 들면, These are my children. (이들은 내 자식들이다.)이나 These are my parents. (이분들은 우리 부모님 이시다.)라고 할 수도 있으나 these는 거의 사용하지 않는다. 한 쌍의 부부나 연인을 소개할 때, this를 반복하는 대신 this를 한 번 사용할 수 있다.
This is Mr Dixon and Miss Peel. 이분은 딕슨 씨이고, 이분은 필 양입니다.

소개하는 사람의 이름을 말할 때, 자신이 소개하려는 사람을 손으로 가리킬 수 있다.

3 more formal introductions (더 격식을 차린 소개)

더 격식을 차릴 필요가 있을 경우, 먼저 **May I introduce my brother?**, **Let me introduce you to my brother.**, **I'd like to introduce my brother.**와 같이 말한다.
By the way, may I introduce my wife? Karin – Mrs Stannard, an old friend.
하여간 제 아내를 소개해도 될까요? 카린입니다. – 이분은 제 오랜 친구인 스태나드 부인입니다.
Bill, I'd like to introduce Charlie Citrine. 빌, 찰리 시트린을 소개해 줄게요.

I'd like you to meet...을 사용할 수도 있다.
Officer O'Malley, I'd like you to meet Ted Peachum. 오말리 경관, 테드 피첨을 소개할게요.

4 more casual introductions (더 격식을 차리지 않는 소개)

어떤 사람을 더 격식을 차리지 않으면서 소개할 때, **You haven't met John Smith, have you?**, **You don't know John, do you?**, **I don't think you know John, do you?**와 같이 말한다.
'I don't think you know Daintry.' – 'No. I don't think we've met. Pleased to meet you.'
"당신은 데인트리를 모르는 것 같은데요." – "네, 만나 뵌 적이 없어요. 만나 뵙게 되어 반갑습니다."

소개할 필요가 있을지 확신이 없는 경우, **Have you met...?**이나 **Do you two know each other?**라고 한다.
'Do you know my husband, Ken?' – 'Hello. I don't think I do.'
"당신은 제 남편 켄을 아세요?" – "안녕하세요. 만나 뵌 적이 없는 것 같은데요."

두 사람이 전에 서로 만난 적이 있다고 아주 확신하는 경우, **You know John, don't you?**나 **You've met John, haven't you?**와 같이 말한다.
Hello, come in. You've met Paul. 안녕하세요. 들어오세요. 당신은 폴을 만난 적이 있어요?

5 responding to an introduction (소개에 대답하기)

소개를 받은 두 사람은 **Hello.**라고 인사하며, 격식을 차리지 않는 경우에는 **Hi.**로 인사한다. 격식을 차린 상황에서는 **How do you do?**라고 한다.
'Francis, this is Father Sebastian.' – 'Hello, Francis,' Father Sebastian said, offering his hand.
"프란시스, 이분이 세바스티안 신부님이세요." – "안녕하세요. 프란시스."라고 세바스티안 신부님이 그에게 악수를 청하면서 말했다.
How do you do? Elizabeth has spoken such a lot about you.
안녕하십니까? 엘리자베스가 당신 이야기를 많이 했어요.

때때로 **Pleased to meet you.**나 **Nice to meet you.**를 사용하기도 한다.

Invitations

Pleased to meet you, Doctor Floyd. 플로이드 박사님, 만나 뵙게 되어 반갑습니다.
It's so nice to meet you, Edna. Ginny's told us so much about you.
에드나, 만나 뵙게 되어서 정말 반갑습니다. 지니가 우리에게 당신 이야기를 아주 많이 했어요.

Invitations

1. polite invitations
2. informal invitations
3. persuasive invitations
4. very emphatic invitations
5. casual invitations
6. indirect invitations
7. inviting someone to ask you for something
8. responding to an invitation

누군가에게 어떤 일을 시키거나 어떤 장소에 오도록 제안하는 방법은 여러 가지가 있다.

1 polite invitations (정중한 제안)

Would you like to...? 는 누군가에게 어떤 일을 하도록 제안하는 일반적이고 정중한 방법이다.
Would you like to come up here on Sunday? 일요일에 여기에 올래요?
Would you like to look at it, Ian? 이안, 그것을 볼래요?

정중하게 제안하는 또 다른 방식은 명령문과 함께 **please**를 사용하는 것이다. 이 제안 형식은 어떤 상황을 주도해야 할 입장에 있는 사람들이 주로 사용한다.
Please help yourselves to another drink. 자, 술 한 잔 더 가져다 드십시오.
Sit down, *please*. 앉으세요.

2 informal invitations (격식을 차리지 않는 제안)

격식을 차리지 않는 상황에서 **please**를 사용하지 않은 명령문으로 제안할 수 있다. 그러나 그것이 명령이라기보다 명백하게 제안임을 나타내는 어투로만 사용해야 한다.
Come and have a drink, Max. 맥스, 와서 술 한잔해라.
Sit down, sit down. I'll order tea. 앉아라 앉아. 내가 차를 주문할게.
Stay as long as you like. 네가 원하는 대로 머물러.

3 persuasive invitations (설득력 있는 제안)

제안을 좀 더 설득력 있게 하거나 확고하게 표현하려면 (**do** + 명령문) 형식을 사용한다. 특히 이는 상대방이 제안받은 것에 대해 머뭇거리는 것처럼 보일 때 사용한다.
Do sit down. 제발 앉으세요.
What you said just now about Seaford sounds most intriguing. *Do* tell me more.
방금 당신이 말한 시포드에 대한 이야기가 흥미롭네요. 좀 더 자세히 말해 주세요.

설득력 있게 제안하는 경우, **Wouldn't you like to...?**를 사용하기도 한다.
Wouldn't you like to come with me? 저와 함께 가는 게 좋을 것 같은데요?

매우 정중하고 설득력 있게 제안하는 경우, **Won't you...?**를 사용할 수 있다.
Won't you take off your coat? 코트를 벗으시지 않겠어요?
Won't you sit down, Mary, and have a bite to eat? 메리, 자리에 앉아서 뭐 좀 먹어야지?

4 very emphatic invitations (매우 강한 어조의 제안)

지금 당장의 일이라기보다 미래의 일에 대해 제안할 때, **You must..., You have to..., You've got to...**를 사용한다.
You must come and stay. 당신은 여기에 와서 머물러야 한다.
You *have to* come down to the office and see all the technology we have.
당신은 우리 사무실로 내려와서 우리가 보유하고 있는 모든 기술을 살펴봐야 한다.

Invitations

5 casual invitations(격식을 차리지 않은 제안)

You can...이나 You could...에 if you like를 붙여서 격식을 차리지 않고 강요하지 않으면서 제안할 수 있다.
Well, when I get my flat, *you can* come and stay with me. 제가 아파트를 얻게 되면 와서 함께 머물러도 돼요.
You can tell me about your project, *if you like*. 당신이 원한다면 당신 프로젝트에 대해 제게 말해도 됩니다.

You're welcome to...는 격식을 차리지 않고 제안하는 다른 방식으로, 더 친근감이 있는 표현이다.
You're welcome to live with us for as long as you like. 당신이 원하는 기간만큼 우리와 함께 살아도 좋아요.
The cottage is about fifty miles away. But *you're very welcome to* use it.
그 별장은 여기서 약 50마일 정도 떨어져 있지만, 당신이 원하면 사용해도 좋아요.

격식을 차리지 않은 듯이 제안하는 또 다른 방식으로 I was wondering if...가 있다.
I was wondering if you'd care to come over next weekend. 다음 주말에 당신이 올 수 있는지 궁금합니다.
I was wondering if you're free for lunch. 당신과 점심 식사를 같이 할 수 있는지 궁금합니다.

6 indirect invitations(간접적인 제안)

간접적으로 제안을 할 수 있다. 예를 들면, I hope you'll...이라고 하면서 누군가가 미래에 어떤 일을 할 것을 제안할 수 있다. 특히 상대방이 제안을 받아들일지 확신이 없을 때, 이 표현을 사용한다.
I hope you'll be able to stay the night. We'll gladly put you up.
나는 당신이 저녁에 (우리 집에) 머물 수 있다면 우리는 아주 기쁘게 받아들이겠어요.
I hope, Kathy, *you'll* come and see me again. 캐시, 제는 당신이 나시 여기에 와서 만나기를 바랍니다.

How would you like to...?나 Why don't you...?를 사용하여 간접적으로 제안할 수도 있다.
How would you like to come and work for me? 당신이 와서 저와 같이 일을 하는 게 어떻습니까?
Why don't you come to the States with us in November? 11월에 우리와 함께 미국에 가는 게 어떻습니까?

[How about + -ing · 명사] 형식으로 시작하는 의문문을 사용할 수도 있다.
Now, *how about* coming to stay with me, at my house? 지금 우리 집에 와서 저와 함께 머무는 게 어떻습니까?
How about some lunch? 저와 함께 간단한 점심을 하시겠어요?

[You'll + 부가절 won't you?] 형식을 사용할 수도 있다. 이는 상대방이 자신의 제안을 받아들일 것이라는 기대를 함축한다.
You'll bring Angela up for the wedding, *won't you*? 당신은 결혼식에 앤젤라를 데려올 것이지요, 그렇지요?

7 inviting someone to ask you for something
(상대방에게 어떤 것을 자신에게 하도록 제안하기)

상대방에게 자신이 어떤 일을 하도록 요청하라고 제안할 때, Don't hesitate to...를 사용할 수 있다. 이 제안 형식은 정중하고 단호하며 보통 서로 잘 모르는 사람들 사이에서 쓰인다. 이는 격식을 차릴 때나 상업 통신문에 주로 쓰인다.
Should you have any further problems, please *do not hesitate to telephone*.
당신에게 문제가 더 발생하면, 지체 말고 전화해 주세요.
When you want more, *don't hesitate to ask me*. 당신이 더 많이 원하신다면, 제게 요청하여 주시기 바랍니다.

8 responding to an invitations(제안에 응하기)

상대방의 제안을 받아들일 때 Thank you.라고 하고 격식을 차리지 않는 경우엔 Thanks.라고 한다. Yes, I'd love to.나 I'd like that very much.와 같은 표현도 사용할 수 있다.
'You could come and stay with us for a few days?' – '*Yes, I'd love to*.'
"저의 집에 오셔서 며칠간 머물러 주시겠어요?" – "예, 그럴게요."
'Won't you join me and the girls for lunch, Mr Jordache?' – '*Thanks*, Larsen. *I'd like that very much*.'
"조다쉬 씨, 저와 여자 아이들과 점심 식사 같이 할래요?" – "고마워요, 라르센. 정말 그러고 싶어요."

상대방의 초대를 거절할 때는 한 마디로 잘라 거절하기보다, I'm sorry I can't..., I'm afraid I'm busy then..., I'd like to but...을 사용할 수 있다.

TOPIC

Language Change and Society

'I was wondering if you'd like to come round on Sunday.' – '*I'm afraid I'm busy* that day.'
"당신이 우리 집에 일요일에 방문해 주시면 좋겠는데요." – "유감스럽지만, 제가 그날 바빠서요."
'Would you like to stay for dinner?' – '*I'd like to, but* I can't.'
"기다렸다가 저녁 식사할래요?" – "그러고 싶지만 그럴 수 없네요."

상대방의 제안을 거절할 때, **No, thanks., Thanks, but..., I'm all right thanks.**라고 할 수도 있다.

'How about dinner?' – 'Thanks, but I've eaten already.' "우리와 같이 식사할까요?" – "고맙지만, 먹었습니다."
'Would you like to lie down?' – '*No, I'm all right*.' "누우실래요?" – "아니요, 괜찮아요."

Language Change and Society

이 섹션은 Collins Cobuild Corpus에서 사회와 문화의 관점에서 다양한 변화에 따른 영어 언어의 변화 과정과 경향을 조사한 결과를 요약한 것이다.

이러한 영어 언어의 변화에 대한 조사는 항상 업데이트되고 있는 '**Collins Cobuild Corpus**'를 중심으로 해, 새로이 창조된 언어들과 그 사용법에 대한 설명뿐만 아니라, 현대 우리 사회에 전반에 걸쳐 두드러지게 일어나는 현상들에 대한 변화와 사고방식의 변화를 감지할 수 있게 해줄 것이다.

New words: innovation and creativity

새로운 단어들은 항상 만들어지는데, 대부분의 새로운 단어들은 주로 젊은 세대의 언어로부터 기원해 창조되어지고 있다. 그러나 새로운 단어들 중 일부는 그것이 생겨난 경위 또는 과정을 전혀 알 수 없는 것도 있고, 또 특정한 사람들 그룹이 특정한 단어를 자주 사용하면서 그 의미를 조금씩 변화시킨 것이 일반인들에게 사용되어지기도 한다.

가장 흔히 새로운 단어가 만들어지는 방법은 특정한 단어에 접두사 또는 접미사를 사용하거나, 단어들을 서로 결합해 사용하거나, 단어들에 대해 새로운 의미를 부여해 사용하거나, 우리가 하는 말에 새로운 기능 또는 의미를 주는 방법 등을 사용해 만들어지기도 한다. 우리의 조사에서 가장 흔하게 나타난 새로운 단어 창조 방법은 아래와 같다.

Prefixes(접두사)

지난 5년에 걸쳐 가장 많이 사용한 접두사로 **crowd-**와 **up-** / **down-**가 있다.

1 crowd-

접두사 crowd 사용해 많은 신조어가 탄생했는데, 예로서 **crowdfunding**과 **crowdsourcing**이다. 이외에도 **crowdbased, crowdlending, crowdwritten, crowdworking** 그리고 **crowdsharing** 등이 있다

He now want to raise $300,000 for new premises through *crowdfunding*.
그는 지금 크라우드 펀딩을 통해 30만 달러를 모금하기를 원하고 있다.
The company turned to its online community to *crowdsource* ideas.
그 회사는 회사 자체에서 운영하는 온라인 공동체를 아이디어 크라우드 소스로 변경했다.

2 up-/down-

upvote/downvote는 명사 또는 동사로 사용해, 온라인에 올린 글의 호불호의 아이콘을 클릭하는 행위를 지칭한다.

That alone deserves an *upvote*. 그것 단독으로도 찬성 클릭을 받을 자격이 있다.
If I could u*pvote* this twice I would. 만약 이 건에 대해 두 번 찬성 클릭을 할 수 있다면 나는 그렇게 할 것이다.
Sad that you're being *downvoted*, they all missed your point.
당신이 반대 클릭을 받는 것이 슬픈데, 그들이 당신 주장하는 요점을 이해하지 못하기 때문이다.

upthread는 부사로 '그 이야기가 온라인에 전에 올라 있었다(= further up the thread)'이다.

This is answer further *upthread*. 이 대답은 온라인에 전에 이미 올라와 있었던 것이다.
A pharmacist commented *upthread* to say occasional use would be ok.
한 약사가 전에 온라인에 기술하기를 가끔 그것을 사용하는 것도 괜찮다고 했었다.

Language Change and Society

downthread는 부사로 '그 이야기가 온라인 토론의 후에 올라 왔었다(= further down the thread)'이다.
I answered a similar question *downthread*, if that helps.
만약 그것이 도움이 된다면 후에 나오는 비슷한 질문에 대답을 할 것이다.
That 'source' was already debunked *downthread*. 그 소스는 이미 온라인 후기에 폭로되어 있었다.

uptick은 명사로 '그 이야기가 점점 증가한다(= increase)'이다
A brief *uptick* in suicides after the last recession has been reversed.
지난 경기 침체 기간 지난 후 단기간의 자살율의 증가는 역전되고 있다.
There was a massive *uptick* in students who chose to live at home.
집에서 거주하면서 통학하기를 선택하는 학생들의 숫자가 아주 큰 증가 추세를 보여 주었다.

Suffixed(접미어)

요사이 접미어로 -less, -free를 많이 사용하는데, -less는 형용사로 기술과 연관된 일에 자주 사용하고, -free는 형용사로 환경과 식품에서 특정한 성분을 제거하는 것과 연관해 주로 사용한다.

1 -less

- **wireless**
  I hate *wireless* headphones. I already have to charge my phone!
  나는 무선 헤드폰을 싫어하는데, 나는 이전에 나의 전화기를 충전해야만 했다.

- **contactless**
  Contactless bank card payments have revolutionized public transport in London.
  사람과 대면 없이 지불하는 뱅크카드 사용은 런던의 공공 교통 사업 시스템에 혁신을 가져왔다.

- **driverless**
  Many expert believe that *driverless* cars will be both safer and cheaper.
  대부분의 교통 전문가들은 운전자 없이 운행하는 자동차들이 안전하고 유지비가 저렴할 것이고 믿고 있다.

- **cashless**
  How would a *cashless* society cope with even brief interruption of the power grid?
  지폐를 사용하지 않는 사회에서 갑작스런 전력 공급의 중단 사태를 어떻게 처리해 나갈 수 있을 것인가?

- **paperless**
  Customers are being encouraged to sign up for online banking and *paperless* statements.
  고객들에게 온라인 뱅킹에 가입해 종이를 사용하지 않는 명세표를 받는 것이 장려되고 있는 중이다.

2 -free

- **traffic-free**
  This three-miles, *traffic-free* route ends with incredible views across the hills.
  이 3마일에 달하는 차량 통행 금지 길의 끝에 산들을 가로지르는 뛰어난 풍광이 있다.

- **GMO-free**
  GMOs require less input than *GMO-free* crops by increasing yields while reducing the use of pesticides.
  유전공학에 의해 유전자 변형된 식물들은 유전자 변형을 하지 않은 작물들보다, 살충제 사용을 줄이더라도 생산량 증가로 인해 더 적은 인풋을 필요로 한다.

- **carbon-free**
  Clean, *carbon-free* energy is fast becoming cost competitive with dirty energy.
  청결하고, 무 탄소 발생 에너지가 청정하지 않은 에너지와 그 가격 측면에서 빠르게 경쟁 국면에 들어가고 있다.

- **meat-free**
  I've recently switched to a *meat-free* diet.
  나는 최근에 나의 식단을 고기를 제외한 식단으로 바꾸었다.

- **lactose-free**
  Lactose-free milk tastes exactly the same as regular milk.
  유당이 없는 밀크와 일반 우유는 그 맛이 똑같다.

Language Change and Society

Verbing(동사화하기)

특정 브랜드의 이름은 이를 동사화(verbing)하는 데 가장 풍부한 소스를 제공해 주며, 이러한 추세는 웹사이트에서 많은 사람들 간의 교류로 인해 폭발적인 증가세를 보이면서 다양한 형식으로 사용한다. 그중 일부는 이들의 머릿글자를 따 대문자 활자 형식으로, 일부는 이들의 머릿글자를 소문자 활자 형식 등으로 사용한다.
일반적으로 더 많은 동사가 이러한 언어에 통합되어질수록 머릿글자를 소문자로 사용하게 될 것이라 생각한다.

- **Google**
  Why are you asking this here when you can just *google* the answer?
  이것은 구글에서 쉽게 찾아볼 수 있는데, 왜 이것을 여기에서 나에게 물어보는가?

- **Facetime/ WhatsApp/ Snapchat/ Instagram**
  Why don't you call or *facetime* him, if he's upset?
  만약 그가 화가 났다면, 당신이 그에게 전화 또는 페이스타임으로 대화하지 않는가?
  I *WhatsApp* my husband to say I'd be late. 나는 왓츠앱으로 나의 남편에게 내가 늦을 거라고 메시지를 보냈다.
  Jen *snapchatted* the whole thing. 젠이 그 모든 것을 스냅챗으로 보냈다.
  I *instagrammed* a picture of myself reading a book about feminism.
  나는 여성주의에 대한 책을 읽는 나의 모습을 인스타그램에 올렸다.

- **Skype**
  We used to *skype* each other before and after school each day.
  우리는 날마다 학교를 마치기 전후에 스카이프로 대화를 한다.
  I try to *skype* my boyfriend and friends at least once a week.
  나는 일주일에 최소 한 번 이상 남자친구와 다른 친구들과 대화를 시도한다.

- **Airbnb**

1 to stay in an Airbnb(Airbnb에 숙박하기)
I was in France in March, *airbnb* in a small town just outside of Paris.
나는 프랑스에 지난 3월에 가 있었는데, 파리 외곽의 작은 소도시에 숙박했었다.

2 to rent out a flat/ room via Airbnb(Airbnb로 아파트 또는 방 빌리기)
... a couple who are *Airbnb* their spare room. 자신들의 여분의 방을 Airbnb를 통해 세주는 부부.
We ended up *airbnbing* the available room to at least make some money for rent.
우리는 세를 놓아 조그만 돈을 벌 수 있는 방을 에어비앤비를 통해 세를 놓았다.

- **Netfix**
  Now we usually *netfix* it or chill at home with some good food.
  우리는 요즘 주로 넷플릭스를 보거나 집에서 맛있는 음식을 먹으며 휴식을 취한다.

- **Instagrammable**
  ...three thirtysomething friends whose lives aren't quite the picture of *instagrammable* bliss they had hoped for.
  삼십여 명의 친구들의 삶은 그들이 꿈꾸어 오던 인스타그램에 게재할 정도의 아름답고 행복한 삶이 아니다.
  Holiday habits are changing: they want healthy holidays in *instagrammable* locations.
  사람들의 휴가지 선택 습관에 변화가 생겨나고 있는데, 대부분은 인스타그램에서 추천하는 휴양지에서 건강한 휴가를 즐기기를 원하고 있다.

Adjectives used as nouns(형용사를 명사로 사용하기)

광고에서 형용사를 명사로 사용하는 경향이 점점 두드러지고 있다.

Spread the *happy*.(Nutella®)
누텔라를 식품에 발라 드시고 행복을 누리세요.
Committed to *great* since '78.(Ben & Jerry®)
78년도에 창업한 벤 앤드 제리 상품을 기대하세요.
Find your *fabulous*. 당신의 멋진 모습을 발견하세요.

'Because' used as a preposition(because를 전치사로 사용하기)

because를 한정사가 없는 명사 앞에 사용하는 것, 이외에도 because + 형용사 또는 because + verb + -ing 형식을 사용한다.

Language Change and Society

Why bother discussing this? ***Because language***. 왜 이것을 토론하면서 시간을 허비하지요? 이는 언어 때문이에요.
Not bothering with this. ***Because lazy***. 이 문제로 고민하지 맙시다. 게으름 때문이에요.
Not going out tonight. ***Because working***. 오늘 저녁 나가지 않겠어요. 일을 해야 하기 때문이지요.

The language of identity and gender

최근 조사에 의하면 사람의 정체와 성(gender)에 대한 주요한 변화를 감지할 수 있는데 이는 우리가 이러한 이슈들은 우리의 삶에서 그것의 중요함을 반영하거나, 우리가 갖고 있는 편견에 대한 어떤 정도까지 용인함을 허용할 것인가에 그 관심을 두고 있기 때문이다.

1 identify as

특정인을 어떤 특정한 타입의 사람인가를 밝힐 때 사용한다.
identify as a woman/ man/ male/ female/ transgender/ trans
특정인을 여성, 남성, 남자, 여자, 성전환자, 트랜스로 규정하다
identify as lesbian / bi / bisexual
특정인을 동성애자, 바이, 양성애자로 규정하다
identify as a feminist / republican / democrat / liberal / conservative
특정인을 여성주의자, 공화당원, 민주당원, 자유주의자, 보수주의자로 규정하다
identify as an atheist / Christian / Muslim
특정인을 무신론자, 기독교신자, 무슬림신자로 규정하다.
Teenagers who do not ***identify as*** male or female will be able to opt out.
틴에이저들 중 자신을 남성 또는 여성으로 규정하고 싶지 않은 사람들은 선택적 이탈을 할 수 있을 것이다.
Sam began ***identifying as*** woman four years ago.
샘은 4년 전 그의 정체성을 여자로 규정하기 시작했다.

someone self-identifies as belonging to a particular category는 '특정인이 자신을 특정 부류에 속해 있다고 스스로 규정하다'이다.
He grew up in a Russian-speaking family and ***self-identifies as*** Russian.
그는 러시아어를 상용하는 가정에서 자랐고, 그래서 자신을 러시아인으로 규정하고 있다.

2 gender(성별, 성, 젠더, 남녀)

성별을 바꾸거나 또는 성별을 정하지 않는 것에 대한 여러 가지 표현 방법이 있다.
binary / cis / trans / non-binary ***gender***
양성, cis, 트랜스, 비 양성
preferred / assigned ***gender***
선택하거나 또는 부여된 성
gender neutral / fluid
성 중립적 또는 다양한 성 정체성
gender identity / dysmorphia / reassignment
성의 정체성, 성 형태의 이상, 성 형태의 재 전환
Our ***gender-neutral*** toilets are available for everyone to use.
우리의 성 중립 화장실은 모든 사람 누구나 이용할 수 있다.
Gender dysphoria involves a conflict between a person's ***assigned gender*** and the gender with which they identify. 성별 구분에 대한 위화감은 이미 정해진 성별과 그들이 규정하고 싶은 성별 사이에서 생겨나는 괴리감의 갈등이 내재되어 있다.

전통적으로 사용하는 남성과 여성의 역할에 대해 함께 연동해 사용하는 단어들**(collocations)**은 아래와 같다.
gender inequality / imbalance / divide / equality / stereotype / roles
성 불평등, 불균형, 분할, 평등, 고정관념, 역할들
He is understood to be awaiting ***gender reassignment*** surgery.
그는 지금 성 전환 수술을 기다리고 있는 중으로 알려져 있다.
They aren't creating new ***gender identities***; they are merely giving language to ones that have always existed.
그들은 새로운 성의 정체성을 창조하지는 않지만, 그들은 지금 사용하고 존재하는 언어들에서 찾아 사용할 것이다.

Language Change and Society

Video games are a *gender-neutral* past time. 비디오 게임은 양성 모두 즐기는 오락이다.
They're both very *gender-fluid* and can present as masculine or feminine at will.
그들 둘 다 다양한 성 정체성을 가져 그들의 의지에 따라 남성 또는 여성을 나타낼 수 있다.

③ 'non-binary'

자신이 속한 성별을 남성 또는 여성이 아닌 중성으로 생각하는 부류이다.

Trans and *non-binary* people may be disadvantaged by any requirement for voters to show photo ID.
성 전환자와 양성 한쪽에 해당되지 않은 사람들은 투표자들이 투표 시 제시하는 증명서 사진의 조건들에 의해 차별을 받을 수 있을 것으로 염려된다.

Last year the company allowed employees to tick a *non-binary* option for gender on staff surveys.
작년에 그 회사는 직원들에 대한 조사를 하면서 성별란에 남성 또는 여성이 아닌 남녀 성을 구분하지 않는 항목을 신설했다.

④ transgender and trans

위 두 단어 사용이 아주 증가하는 추세이다.
I have a friend who is transgender and she gets asked this a lot.
나는 성 전환한 친구가 있는데, 그녀는 이에 대해 아주 많은 질문을 나에게 했다.
Are you suggesting that being trans is a choice?
당신 생각에 성 전환은 우리의 선택할 수 있는 일이라고 말하는 것입니까?

⑤ 'LGBT'

LGBT는 lesbian, gay, bisexual, trans의 첫 문자만을 합성한 단어로, LGBTQ는 queer(동성애의), LGBTI는 intersex(중간성의), LGBTQIA는 asexual(성별이 없는)이다.

⑥ pronouns

대명사 they, them, their를 non-binary or gender-fluid를 대신해 사용할 수 있다.
Jo lives in London. *They* work in marketing. 조는 런던에 살고 있는데, 중성인 그는 마케팅 부서에서 일하고 있다.
Alex has just arrived. *They*'ve brought *their* dog!
알렉스가 방금 전에 도착했는데, 중성인 그가 그의 개를 여기로 데려왔다.

대명사 xe와 ze는 gender neutral 대명사로 사용한다.
I'm not giving the options of 'xe/xir/zir etc' on a driver's license.
나는 운전면허증에 운전 면허자의 성별에 양성에 대한 옵션을 두는 것을 좋아하지 않는다.
I've heard people mention *xe/xir* before but I've never actually heard of someone wanting people to use it to refer to them.
나는 사람들이 xe/xir을 언급하는 것을 들어본 적은 있지만, 실제로 누군가가 자신을 지칭할 때 이 표현을 사용하기를 원한다는 것을 들어본 적은 없다.
Xe is a really good artist. 양성을 가진 그는 아주 훌륭한 예술인이다.
Just because *xe* looks like a woman doesn't mean xe is one. xe가 여성처럼 생겼다고 해서 xe가 여성인 것은 아니다.

Language of mental health and disability

정신질환에 대한 사회의 관심이 크게 증대하고 있는데, 지금 사용하고 있는 정신질환과 장애는 우리가 사는 사회에서 그것을 어떻게 규정하는가에 따라 그들을 대하는 우리의 태도가 달라지게 마련이다. Mental Health Media Charter(정신 건강 미디어 헌장)에서 규정한 지침에 따라 아래와 같은 정보를 제공한다.

① suicide

'정신 건강 미디어 헌장'의 제의는 commit suicide란 표현은 범죄와 연관된 것 같은 인상을 주고 있다 생각해 이를 die by suicide, attempt suicide, take / end one's own life로 사용하기를 권장하고 있는데, end one's own life가 'suicide'보다 'assisted dying'이라는 뜻으로 자주 사용되고 있는 추세이다.

My brother *died by suicide* 10 years ago. 나의 남동생은 10년 전에 자살로 생을 마감했다.
Six days later she *took her own life*. 그로부터 6일 후, 그녀는 그녀의 생을 스스로 마감했다.

Language Change and Society

2 experiencing anorexia, schizophrenia(신경성 식욕 부진 증상, 정신분열 증상 경험)

'정신 건강 미디어 현장'은 '거식증 환자', '정신분열증 환자' 등의 용어보다 '거식증, 정신분열증 등을 경험하는 사람들'이라는 문구 사용을 선호한다.

I work with people *experiencing anorexia* and *bulimarexia*.
나는 병적인 거식증과 병적인 기아와 식욕 부진을 되풀이하는 정신질환자들을 위해 일한다.

...sites offering support to people *experiencing schizophrenia*.
정신분열 증상을 앓고 있는 사람들에게 도움을 주는 사이트들.

3 trigger(동사로 '특정한 일을 유발하는 계기가 되다')

동사 **trigger**는 과거에는 **something triggers a political crisis, or something triggers an alarm** 으로 '특정한 일이 특정한 정치적인 위기를 일으키거나 또는 특정한 일이 특정한 경고를 야기하다'에 사용하였으나, 지금은 우리의 육체적 병(physical illness)에도 사용하는데, 특정인이 심장마비 또는 천식 발작을 일으켰다는 **something triggers a heart attack or something triggers an asthma attack**을 사용한다.

〔**trigger** + 사람〕형식은 사람이 겪는 정신적 혼란(sense of upset)을 표현할 수 있다.

This thread might *trigger* people with suicidal tendencies.
이러한 online 이야기는 자살하려는 성향을 가진 사람들을 부추길 수 있을 것이다.

An untrained person could easily *trigger* someone if they don't ask the questions in the right way.
훈련을 받지 않은 사람은 만약 그들이 옳은 방법으로 질문을 받지 않는다면 다른 사람을 쉽게 자극하게 될 것이다.

trigger와 **trigger warning**은 격식을 차리지 않은 표현으로, 어떤 코멘트가 사람들을 화나게 하거나 또는 기분 나쁘게 하는가를 나타내기도 한다.

Now everyone needs a *trigger warning* because they can't handle life.
지금 모든 사람에게 경고가 필요한데, 왜냐면 그들은 인생사를 제대로 핸들링할 수 없기 때문이다.

He was *triggering* people long before he joined UKIP.
그는 UKIP에 가입하기 전 오랜 기간 동안 사람들을 촉발하는 행동을 했었다.

4 mental health vs mental ill health(정신건강 대 정신질환)

mental health는 과거에 비해 이 용어를 자주 사용하는데, 일부 사람들은 **mental health**(정신건강)와 **mental ill health**(정신질환)으로 구분해 사용한다.

One in five Australians experience *mental ill health* in any year.
호주인들 중 다섯 명 중 한 명은 해마다 정신질환을 경험하고 있다.

In general, women are more likely than men to seek professional help for *mental ill health*.
일반적으로 여성들이 남성보다 정신질환에 대한 전문가들의 도움을 더 많이 요청하고 있다.

5 neurotypical(신경전형인)

신경 다양성의 관점에서 자폐 장애를 가진 사람들이 비자폐인을 부를 때 내지는 신경질환이 없는 사람을 부르는 말이다. 이 형용사 단어는 **autism**(사람과 소통하고 인간관계를 맺는 데 어려움을 겪는 정신 상태 즉, 자폐증)에 걸린 사람은 비정상이고, 자폐증에 걸리지 않은 사람은 정상이란 개념을 깨주는 것이다.

Too many studies concerning autism and empathy are designed by *neurotypical* researchers.
자폐증과 감정 이입에 연관된 아주 많은 연구가 뇌기능 연구원들에 의해 디자인되어 연구되고 있다.

We can achieve anything a *neurotypical* person can. We just have a different path getting there.
우리는 신경전형인의 뇌 구조를 가진 사람이 할 수 있는 일은 어떤 것이든 할 수 있는데, 우리는 그곳에 다다르는 길이 다를 뿐이다.

6 on the spectrum(자폐증에 의해 영향을 받는)

자폐증에 대한 편견을 없애기 위해 사용하는 'on the autistic spectrum'의 준말로 대화에서 자주 사용한다.

My sister is *on the spectrum*. 나의 여동생은 자폐증을 앓고 있다.

Most people *on the spectrum* have incredible focus and imagination.
자폐증을 앓고 있는 대부분의 사람들은 우리가 믿을 수 없는 상상력과 집중력을 갖고 있다.

7 disabled and disability(불구와 장애)

장애인을 대할 때 그들이 가진 장애 또는 불구가 아닌 사람에 중점을 두기 위해 **a disabled person**(불구자)가 아닌 **a person with a disability**(장애를 가진 사람)를 사용하는데, **disability**는 육체적 정신적 발달과 감정

Language Change and Society

과 행동 모두 적용해 사용한다.
Fewer than half of *people with a disability* are in work.
장애를 가진 사람들 중 반보다 더 적은 사람들이 직장에서 일을 하고 있다.
He isn't a 'disabled guy', he's a '*guy with a disability*'. He's a man before he's disabled.
그는 불구자가 아닌 장애를 가진 사람으로 그가 불구가 되기 전에는 정상적인 남자였다.

8 hard of hearing and deaf (청각에 장애를 가진 사람)

청각에 장애가 있는 사람을 **deaf or hard hearing**이라 하는데, 두 용어 중 어느 것을 사용하더라도 그 사람의 장애 정도에 따라 또는 청각 장애인자들로부터 그들을 인정하는 수준에 의해 정해진다.
I'm *hard of hearing* and rely on subtitles to watch movies.
나는 청각에 장애가 있어 영화를 볼 때 자막에 의존하고 있다.
She has been profoundly *deaf* since he wad 14.
그녀는 14세 때부터 극심한 청각 장애를 가져왔다.

9 low vision, partially sighted and blind

low vision은 낮은 시각 수준의 장애이고, **partially sighted**는 교육적 측면에서 추가적인 서비스를 받아야 할 사람이고, **blind**는 시각을 완전히 상실한 사람 즉, 맹인이다.
The site has an accessibility feature to support individuals who *have low vision*.
그 사이트는 낮은 수준의 시각 장애인들을 지원하는 여러 프로그램에 접근할 수 있다.
Blind and *partially sighted* students will be able to sit the exam.
맹인과 일부 시각을 상실한 학생들은 그 시험을 치를 자격을 갖게 될 것이다.

10 para-athletics

접두사 para는 장애인 스포츠에 para-athlete, para-athletics, para-sport 등으로 사용한다.
...the World *Para-Athletics* Championships. 세계 장애인 챔피언십 대회.
There was considerable success for Australian athletics in the *para-swimming*.
장애인 수영 대회에서 호주 장애 스포츠인의 활약이 눈부셨다.

Language of social media

현재 영어 사용에 대한 조사에서 나온 한 가지 발견은 구어와 문어가 수렴하는 경향이다. 한때 우리는 구어와 문어의 차이점을 자신 있게 논의할 수 있었지만, 지금은 사람들이 말하는 것과 같은 방식으로 글을 쓰는 경향이 있어 일반적으로 훨씬 더 비공식적인 서면 의사소통이 이루어진다는 것을 알게 되었다. 더욱 흥미로운 것은 구어에 특정 비공식적인 서면 용법이 도입된 것이다(예: 구어 대화에서 **LOL** 및 **YOLO**와 같은 약어 사용).

이 섹션은 두 부분으로 구성되었다. 첫 번째 부분에서는 소셜 미디어에 관해 이야기할 때 언어를 어떻게 사용하는지 살펴보고, 두 번째 부분에서는 소셜 미디어 커뮤니케이션에서 영어가 어떻게 사용되는지에 대한 정보와 지침을 제공한다.

Talking about social media

social media는 사회매체 또는 **SNS**라고 하며, 컴퓨터 또는 휴대폰을 사용해 의사소통을 가능하게 하는 컴퓨터 프로그램과 웹사이트를 지칭하고, 소셜 미디어가 주어이면 단수형 또는 복수형 동사가 사용 가능하다.

1 social (소셜 미디어)

social은 social media란 뜻으로 사용한다.
You can email or send a message on *social* and we'll respond as soon as we can.
우리는 소셜 미디어를 통해 메시지를 보내거나 이메일을 보내고, 우리는 그 내용을 읽고 곧 바로 그에 대한 반응을 나타낼 수 있다.
I love everything you publish on *social*. 당신의 소셜 미디어 계정에 게재한 모든 것을 아주 좋아한다.

socials는 social media accounts(소셜 미디어 계정)의 준말이다.
I removed her as a friend from my *socials* and contact list.
나는 그녀의 이름을 나의 소셜 미디어 계정과 친구 리스트에서 삭제했다.

Language Change and Society

Keep an eye on our *socials* for more info.
우리의 소셜 미디어 계정에서 그것에 대한 더 많은 정보를 찾아보세요.

2 bio(= short form of biography) and profile

your bio는 자신에 대해 다른 사람들이 관심을 갖고 알고 싶어 하는 신상정보 직업 등 기타 정보 등으로, 이러한 정보를 사진과 함께 인스타그램 또는 데이팅 사이트 등에 올릴 수 있다.

I've tried different *bios* and different pictures as my main one.
나는 다양한 자기 소개서와 다양한 사진을 나의 메인으로 시도해 보았다.

Your *bio* is short and funny - perfect. 당신의 신상 정보 바이오는 짧으면서 재미가 있는 완전한 것이다.

He has since joined Bumble, stating in his *bio* that he's 'getting divorced'.
그는 'Bumble'이라는 소셜 미디어에 참여하고, 그곳에 이혼 과정 중이라고 기술해 놓았다.

your profile은 우리의 **social network**에 우리의 일생과 성격에 관한 짧은 글 또는 프로그램을 올려 사람들이 볼 수 있게 한 정보로 대개 **bio**와 같이 사용하나, **profile**은 사진들에 대한 설명들을 포함하고 있다.

I'm going to delete my Tinder *profile*, work out, eat better and try again in six months.
나는 지금 'Tinder'에 게재 중인 나의 프로파일을 삭제하고, 잘 먹고 잘 지내면서 6개월 이내에 다시 시도해 볼 것이다.

He looked nothing like the person in his *profile* picture.
그는 그의 실제 모습과 전혀 닮지 않은 사진을 그의 프로파일에 게재했다.

a Facebook / Tinder / online / dating *profile*
페이스북 / 틴더 / 온라인 / 데이팅에 게재한 프로파일

a *profile* picture / pic / photo / page
프로파일 그림 / 사진 / 페이지

3 swipe right, swipe left, swipe up, swipe down

동사 **swipe**는 **touch screen**의 아이콘에 우리의 손가락을 대 그것을 움직이게 하는 것을 지칭하는 동사로 특히 **dating apps**에서 특별한 뜻을 갖는데, 우리가 특정인을 좋아하면, **swipe right**, 특정인을 싫어하면 **swipe left**로 표현하고, 사람들 중 일부는 이를 사람 또는 물건에 대한 선호를 비유적 또는 은유적으로 사용한다.

You can adjust the brightness by *swiping left* or right across the status bar.
우리는 그것의 밝기 조명상태를 나타내는 막대 바를 올리거나 내려 조정할 수 있다.

I often have to *swipe up* a few times to get it to open.
나는 자주 그것을 열기 위해 여러 번 터치해 주어야 한다.

Double *tap and swipe* to zoom images.
두 번 가볍게 (아이콘을) 두드리고 살짝 밀어서 줌 이미지를 만드세요.

We met after *swiping right* on each other in June last year.
우리 작년 6월 둘은 서로를 좋아하는 버튼을 누른 후에 만나 교제를 했다.

Should I *swipe right* or nah? 그것을 내가 인정할까요, 아니면 부정할까요?

I could imagine her *swiping left* on me if I'd talked about it in my bio.
만약 나의 바이오에 내가 그것을 이야기 했다면 그녀가 나를 싫어했을 것으로 상상하고 있다.

4 thread, upthread and downthread

A **thread**는 소셜 미디어에 실린 특정인의 특정한 주제에 대한 여러 사람들의 글과 코멘트들(**posts or comments**), 또는 특정인에 의해 연결된 메시지의 시리즈를 지칭한다.

upthread(= further up this thread)란, 온라인 소셜 미디어에 게재했던 특정 글에 대한 코멘트로 예로서 (see Innovation and creativity 혁신과 창의력 편 OO쪽) 등 같이 사용한다.

downthread(= further down the thread)는 온라인상의 토론의 나중에 나올 메시지와 연관되거나 또는 그에 속하는(in or relating to a later message in an online discussion)이란 뜻이다.

5 curate ['kjʊərət]

people curate information, objects, music or images는 '사람들이 특정한 정보, 물체들, 음악들, 또는 이미지들을 **online** 또는 소셜 미디어에 게재를 위해 그것들을 선정하다'이다.

you curate a playlist, a selection, a collection, a list, or some content는 '우리가 방송 예정 녹음 리스트, 선정 물품, 수집품, 리스트, 또는 구체적인 내용 등을 선정해 게재하다'이다.

Language Change and Society

A *curated selection* for Christmas - from gifts for her, to ideas for dressing home.
크리스마스에 그녀에게 줄 선물에서부터 집 장식 아이디어들까지에 대한 선정 작업.
I curated an 80s music *playlist* with lots of Queen, David Bowie and the Cure.
나는 퀸, 데이비드 보위, 더 큐어 등과 같은 80년대 가수들을 선정했다.

그리고 carefully or thoughtfully curated, 그리고 heavily or highly curated란 표현은 잘못된 정보를 제공하거나, 그 글들이 검열된 인상을 주는 부정적인 뜻에 사용한다.
...a nation where your internet and media are both *heavily curated* and censored.
인터넷과 소셜 미디어가 심각하게 왜곡되고 검열되는 국가.
...a glimpse at the reality of the *highly curated* lives that appear on social media.
소셜 미디어에 공개되는 엄격하게 큐레이팅된 삶의 현실 엿보기.

6 like, share, follow, view, subscribe as nouns

They know it'll get more *clicks* and *shares* that way.
그들은 그것이 더 많은 클릭수와 공감을 독자들로부터 받을 것을 알고 있다.
Please support me with your *likes* and *subscribe*. 자 저의 글을 공감에 클릭하고, 구독을 해주세요.
We hit 300 *follows* last night. 어제 저녁 300명의 팔로우를 찍었다.

7 friend, unfriend, message, PM/DM as verbs

We should all *friends* each other so it looks more legit.
우리 모두가 서로 친구가 되어 그것을 더 합법적으로 보이게 하자.
Kick her out, *unfriend* her on everything. I'd block her, personally.
그녀를 쫓아내고 모든 것에 그녀를 제외시키자. 나는 그녀를 개인적으로 차단했다.
...checking their maps and *messaging* friends to find the best route over the border.
그들이 소유한 지도들을 체크하고 이를 친구들에게 알려 어떤 길이 그 국경선으로 가는 가장 좋은 길인지 알아내기.
We *messaged* for a few weeks, then we met.
우리는 몇 주 동안 연락만 하다가 그러고 나서 서로 만났다.
If you want any tips, feel free *PM* me!
만약 당신이 그 일에 대해 실마리를 얻기 원하면 나에게 연락하세요.
If you find it can you *DM* me?
만약 그것을 발견하면 나에게 다이렉트 메시지를 보내주시겠어요?

Language use in social media communications

social media에서 사용하는 새로운 언어는 아래의 세 가지로 구분할 수 있다.
- 타이핑의 빠른 스피드를 목적으로 축약 또는 문자의 initial만 사용한다.
- 감정, 유머 등을 상대에게 전하기 위한 실질적인 사용법이다.
- 특히 특정한 청소년기의 사춘기 그룹의 젊은이들이 그들만의 (단어 문자의) 축약과 슬랭을 사용해 성인들과의 의 사소통 없이 자신들만의 영역을 유지한다.

1 initialism

아래에 가장 많이 사용하는 축약과 문자 **initials**은 아래와 같다.

LOL(laughing out loud)	BTW(by the way)
OMG(Oh my god)	TBH(to be honest)
OP(original poster)	IMHO(in my humble opinion)
WTF(what the fuck **아주 무례한 표현)	IMO(in my opinion)
IKR(I know right)	LMAO(laughing in my ass/ arse off *무례한 표현)
IRL(in real life)	Gf(girlfriend)
FYI(for your information)	Bf(boyfriend)
TL;DR(too long; didn't read)	FOMO(fear of missing out)
IDK(I don't know)	Bff(best friends forever)

OMG We have our own entrance and our own keys! 아이 좋아, 우리는 우리만 사용할 출입구와 열쇠를 가졌어!

Language Change and Society

And, just *FYI*, she was nearly 20 years older than he was.
그리고 당신에게 알려 주겠는데, 그녀는 그보다 거의 20세 이상의 연상이었다.
'*Lol*, he's becoming famous,' Peter said.
"그는 아주 유명해졌어요. 크게 기뻐할 일이지요." 하고 피터가 말했다.
He game me a *WTF* look. 그는 나에게 아주 무례한 눈초리로 쳐다보았다.
One of them doesn't even work full-time, *BTW*. 하여간 그들 중 한 명은 정규직으로 일을 해본 적도 없어요.
I'm still at that age when I get *FOMO*. 나는 없어질까 하는 두려움을 느끼는 그러한 나이 때에 아직 머물고 있다.
It's hard when your *BFF* lives in England and you live in Canada.
당신의 영원한 친구가 영국에 살고 당신은 캐나다에 살아 서로 간의 친밀한 교류가 어렵다.
위 단어들 중 잘 알려지고 발음하기 쉬운 것은 강연 등에서 많이 사용한다.
I can't even remember but at the time I was just like *lol*.
너는 그 일을 전혀 기억하지 못하는데, 그러나 그 당시 내가 크게 웃었다는 것은 기억한다.
He's kind of a friend in a way and er you can have *lolz* with him.
그는 어떻게 보면 나의 친구인데, 어 하여간 그와 크게 웃는 일들을 가질 수 있다.
I wanna get people a *lolzy* Christmas present.
나는 사람들이 크리스마스 선물에 대해 크게 웃는 일이 있기를 원한다.
'A few years ago he did forty-seven marathons in fifty-one days.' - '*OMG*.'
"몇 년 전 그는 51일 만에 47번째 마라톤을 완주했어요." – "놀랄 만한 일이네요."
She's still got a bit of *FOMO* going on. 그녀는 아직도 사라지는 것에 대한 공포감을 갖고 있다.
Just *FYI* that's not how you spell her name. 당신에게 알려드리는데, 그녀는 그녀 이름을 그 표 드립니다.
I'm not *BFF* with her; it's just that she wanted to meet because her daughter is in Paris as well.
나는 그녀의 아주 친밀한 친구는 아니고, 그녀의 딸이 파리에 살고 있어 그녀가 나를 거기서 만나자고 해서 겸사겸사 해서 만나 보려 하는 것이에요.

2 written forms of spoken sounds

haha - laughter 웃음
oh - understanding or accepting an answer 대답을 이해하거나 또는 받아들이다
ah - understanding or expressing an emotion 상대의 감정을 이해하거나 또는 우리의 감정을 표현하다
eh? - not understanding or, as a question tag, asking for agreement
이해하지 못하거나 부가 질문 부호 또는 상대의 동의를 구하다
ugh - disgusted or annoyed 기분이 상하거나 또는 화가 나다
meh - indifferent 무관심함 냉담함
yeah/ yep/ ya/ yea/ yup/ yaaaassss = yes 예
nah/ nope = no 아니오

3 hashtags

hashtags는 hash symbol #에 뒤따르는 문자 또는 단어들로 social media에서 여러 기능을 한다.

- 주제들을 분류해 쉽게 찾을 수 있게 한다.
  #ELTchat, #BBCQT, #IATEFL2018, #DrWho

- 게시물에 대한 평가 또는 코멘트할 때
  #justkidding

- 특정한 사람의 게시물에 대해 코멘트할 때
  #fakennews, #YOLO, #sorrynotsorry

- 독자들이 게재한 글에 설명 첨부하기
  #armwriting #walkingthedog

- 감정을 전하거나 나타내기
  #sigh, #ouch, #tootired, #stoked, #excited

- 유머 또는 생생한 코멘트 전하기
  #firstworldproblems

- 유행하는 문화에 대해 참고 만들기
  #GoAheadMakeMyDay, #feelingepic

Letter writing

Letter writing

1. formal letters
2. address and date
3. beginning a formal letter
4. ending a formal letter
5. informal letters
6. address and date
7. beginning an informal letter
8. ending an informal letter
9. addressing an envelope

편지를 쓸 때 사용하는 말과 편지의 구성은 편지가 얼마나 격식을 차리는지에 따라 달라진다.

1 formal letters (격식을 차린 편지)

상용(商用) 편지나 입사 지원서 등의 격식을 차린 편지를 쓰는 경우, 다음 예와 같이 쓴다.

>
> 80 Green Road
> Moseley
> Birmingham
> B 13 9PL
>
> 29/4/04
>
> Fiona McPherson
> Head of Engineering
> Cratex Ltd.
> 21 Fireside Road
> Birmingham
> B15 2RX
>
> Dear Fiona
>
> I wish to inform you of my decision to resign from my position as Project Manager at Cratex Ltd as of 29 July, 2019.
> This has been a difficult decision, and I would like to express my gratitude for everything that I have learnt during my time here.
> I will, of course, be available to help with any support the Engineering department might require over the next three months.
> I wish the company every success in the future.
>
> Yours sincerely
> *James Laker*
>
> James Laker
>
> cc: Scott Lumley, Human Resources Manage

2 address and date (주소와 날짜)

보내는 사람의 주소는 오른쪽 상단 가장자리에 쓴다. 가장자리에 온다. 각각의 줄의 끝에는 쉼표를, 마지막 줄의 끝에는 마침표를 넣는데, 이는 필수적이지는 않다. 보내는 사람의 이름을 주소 위에 쓰지 않는다.

날짜는 주소 아래에 기입한다. 윗부분에 회사명·주소 등이 인쇄된 편지지인 경우에는 편지를 받는 사람의 주소 위나 오른쪽에 날짜를 쓴다. 날짜를 다른 방법으로 표기할 수도 있다. 예를 들면, '2004년 4월 29일'은 **29.4.04, 29/4/04, 29 April 2004, April 29th, 2004**로 쓴다.

 미국 영어에서는 월/일/연도의 순서로 표기한다. 예를 들면, **4/29/04**라고 쓴다.

Letter writing

편지를 받는 사람의 이름이나 직책과 주소는 편지지의 왼쪽에 쓰며, 보통 이는 날짜의 아랫줄에서 시작한다.

3 beginning a formal letter(격식을 차린 편지 시작하기)

격식을 차린 편지는 받는 사람의 호칭과 성(姓)으로 시작한다. 예를 들면, **Dear Mr Jenkins, Dear Mrs Carstairs, Dear Miss Stephenson**이라고 한다.

○ 호칭에 대한 정보는 Topic 표제어 **Names and titles** 참조.

편지를 받는 여성이 기혼인지 미혼인지를 모르는 경우, 호칭으로 **Ms**를 사용할 수 있다. 일부 젊은 여성들, 특히 결혼했지만 자신의 성(姓)을 바꾸지 않았을 때는 **Mrs**와 **Miss**보다 **Ms**를 선호한다. 그러나 일부 나이 든 여성들은 이 호칭을 좋아하지 않는다.

격식을 덜 차린 편지에서는 때때로 **Dear Fiona Smart**와 같이 **Dear** 뒤에 이름과 성(姓)을 쓴다.

아주 격식을 차린 편지를 쓰거나 받는 사람의 이름을 모를 경우, **Dear Sir** 또는 **Dear Madam**을 사용한다. 받는 사람의 성(姓)을 확실히 알지 못할 때, **Dear Sir** 또는 **Dear Madam**를 쓰는 게 가장 안전하다.

회사에 편지를 보낼 때 영국 영어에서는 **Dear Sirs**를 미국 영어에서는 **Gentlemen**을 사용한다. 미국 영어에서는 회사에 편지를 보낼 경우에도 보내는 사람이나 이름을 모를 때 **Dear AT&T**라고 할 수 있다.

 격식을 차린 미국 영어에서는 **Dear...** 뒤에 콜론을 쓰는데, 예를 들면, **Dear Mr. Jones:**와 같이 사용한다. 영국 영어에서는 콤마를 사용하거나 구두점을 사용하지 않기도 한다.

4 ending a formal letter(격식을 차린 편지의 마무리)

호칭과 성(姓)을 사용하여(예를 들면, **Dear Mrs Carstairs**) 편지글을 시작할 경우, **Yours sincerely**로 끝을 맺는다. 좀 덜 격식을 차려서 쓰고자 할 경우에는 **Yours**로 끝을 맺는다. 편지가 **Dear Sir, Dear Madam, Dear Sirs**로 시작하는 경우, **Yours faithfully**로 끝을 맺는다.

 미국 영어에서 편지를 마무리하는 일반적인 방법은 **Sincerely yours**라고 쓰는 것이다. 좀 더 격식을 차리는 경우, **Very truly yours**라고 쓴다. 서명은 글을 마무리하는 표현 밑에 쓴다. 서명 밑에는 편지를 쓰는 사람의 이름을 적는데, 대문자로 쓸 수 있다. 상용(商用) 편지를 쓸 경우, 직위를 넣기도 한다.

5 informal letters(격식을 차리지 않는 편지)

친구나 친척에게 편지를 쓸 경우, 다음 예문처럼 격식을 차리지 않는 말을 사용한다.

> 63 Pottery
> Row Birmingham
> B13 8AS
> 18/4/19
>
> Dear Grandma
> I'm writing to thank you for the money you sent me for my birthday. It was so generous of you! I'm going to put it towards some new trainers that I've got my eye on.
> I had an amazing birthday. Mum took me and some friends to the new climbing wall in Birmingham. Then we went for a meal in town. We had Mexican food, which was quite spicy, but I loved it!
> How are you? I hope you're feeling better now. The weather is warming up, which is good.
> I can't wait to see you in May. I'll bring my new trainers to show you. Thank you again for the money.
> Lots of love
> *Amy*

6 address and date(주소와 날짜)

편지지의 오른쪽 상단 모퉁이에는 주소와 날짜를 적거나 날짜만 적는다. 편지를 받는 사람의 주소는 편지지의 상단에 쓰지 않는다.

7 beginning an informal letter(격식을 차리지 않는 편지 시작하기)

격식을 차리지 않는 편지는 **Dear Louise**와 같이 보통 **Dear**와 사람의 이름으로 시작하고, 친척은 자신과의 관계에 따른 호칭을 사용하는데, **Dear Mum, Dear Grandpa, Dear Grandma**라고 한다. 편지를 쓰는 친구

Meals

또는 친척을 좋아하는 경우, **My dearest Sara**나 **Darling Alison**과 같이 편지를 시작할 수 있다.

8 ending an informal letter(격식을 차리지 않는 편지 마무리하기)

격식을 차리지 않는 편지를 마무리하는 방법은 다양하다. 친한 친구나 친척에게 쓸 경우, **Love** 또는 **Lots of love**로 끝맺을 수 있다. 잘 모르는 사람에게는 **Yours, Best wishes, All the best**를 사용하는데, 일반적으로 남자가 여자보다 좀 더 격식을 차린 표현을 사용하려는 경향이 있다.

9 addressing an envelope(편지 봉투에 주소 쓰기)

편지 봉투에 보내는 사람의 이름과 주소를 쓰는 방법에 대한 예문은 아래와 같다. 영국 영어에서 일부 사람들은 각 줄의 끝마다 콤마를 넣고, 지역이나 나라 뒤에 마침표를 찍는다.

> Miss S. Wilkins
> 13 Magpie Close
> Guildford
> Surrey
> GL4 2PX

편지 봉투에는 일반적으로 편지를 받는 사람의 호칭, 머리글자, 성(姓)을 쓴다.

편지를 받는 사람의 호칭, 이름, 성(姓)을 쓰는데, 예를 들면 **Miss Sarah Wilkins**와 같이 쓴다. 격식을 차리지 않는 편지일 때는 받는 사람의 이름과 성(姓) 또는 머리글자와 성(姓)을 사용한다. 예를 들면, **Sarah Wilkins**나 **S Wilkins**라고 쓴다.

다른 사람의 집 또는 특정한 장소에 일시적으로 머물고 있는 사람에게 편지를 보낼 경우, 그 사람의 이름을 먼저 쓴 후, 그 아랫줄에는 아래의 예문처럼 다른 사람 또는 장소 앞에 **c/o**를 쓰는데, 이는 **care of**의 의미이다.

> Mr JL Martin
> *c/o* Mrs P Roberts
> 28 Fish Street
> Cambridge
> CB2 8AS

 영국에서는 어떤 곳으로 편지를 보낼 때, **postcode**(주소 끝의 글자와 숫자의 조합)를 다른 줄에 표기해야 한다. 미국에서는 우편 번호를 **zip code**라고 하며, 줄을 바꿔서 표기하지 않아도 된다.

Meals

1 'breakfast'	6 'for' and 'to'
2 'dinner', 'lunch', 'luncheon'	7 'have'
3 'tea' and 'supper'	8 'make'
4 more formal terms	9 'a' with meals
5 'at' and 'over'	10 meal times

식사를 가리키는 단어의 뜻과 용법에 대한 설명은 다음과 같다. 일부 단어는 다양한 사람들에게 다른 식사 명칭으로 쓰인다.

1 'breakfast'(아침 식사)

breakfast는 하루의 첫 식사로, 아침에 일어나서 먹는 식사를 말한다.

I always have cereal for *breakfast*. 나는 매일 시리얼로 아침 식사를 한다.

2 'dinner', 'lunch', 'luncheon'

대부분의 사람들은 **dinner**를 저녁에 먹는 주된 식사로 사용하지만, 일부 지역에서는 점심을 **dinner**라고 하기도 한다. 이 경우 출신 지역에 따라 저녁 식사를 **tea**나 **supper**라고도 한다. 저녁 식사를 **dinner**라고 하는 사람들은 보통 점심을 **lunch**라고 한다. **luncheon**은 **lunch**보다 격식을 차린 표현이며 다소 오래된 단어이다.

We went out for *dinner* on Tuesday night. 우리는 화요일 저녁을 먹으려고 외출했었다.
Workers started at 9am and finished at 5pm with an hour for *lunch*.
노동자들은 점심 시간 한 시간을 포함해서 오전 9시에 일을 시작하여 오후 5시에 끝냈다.

3 'tea' and 'supper'

tea는 주로 영국의 중산층 이상의 사람들이 오후에 먹는 가벼운 식사로, 일반적으로 샌드위치, 케이크를 차와 함께 먹는다. **afternoon tea**는 호텔과 식당에서 자주 쓰이는 표현이다.

I invited him for *tea* that afternoon. 나는 그날 오후 가벼운 식사에 그를 초대했다.
Traditional *afternoon tea* is served. 전통적인 가벼운 식사가 제공된다.

영국의 일반 근로자 가정에서 이른 저녁에 먹는 주된 식사도 **tea**라고 한다. 이는 영국 북부, 호주, 뉴질랜드에서 더 흔히 사용되기도 한다. 영국에서는 **high tea**라고도 하지만, 현재 이는 다소 오래된 표현이다.

Katie had some friends round for *tea* after school. 케이티는 방과 후에 친구들과 가벼운 식사를 했다.

 미국 영어에서는 식사를 나타낼 때, **tea**를 사용하지 않는다.

일부 사람들은 이른 저녁에 먹는 많은 양의 주된 식사를 **supper**라고 한다. 다른 사람들은 식사를 하거나 잠을 자기 전에 간단하게 먹는 음식을 **supper**라고 하기도 한다.

We had eaten a light *supper* at six. 우리는 6시에 가벼운 저녁 식사를 했다.
I had some toast for *supper*, then went to bed. 나는 토스트로 저녁을 먹고 나서 잠을 잤다.

4 more formal terms (더 격식을 차린 용어)

점심 식사를 **midday meal**이라고 하며, 마찬가지로 저녁 식사는 **evening meal**이라고 한다. 그러나 일반적으로 회화에서는 이런 용어는 가정에서 먹는 식사를 가리킬 때 사용하지 않으며, 학교나 기숙사에서 제공하는 음식에만 사용한다.

5 'at' and 'over'

식사를 하는 중에 무언가를 한다고 할 때, 전치사 **at**을 사용한다.

He had told her *at* lunch that he couldn't take her to the game tomorrow.
그는 점심 식사 때 그녀에게 내일 그 경기에 데려갈 수 없을지도 모른다고 말했다.
Isaac sat next to me *at* dinner. 아이작은 저녁 식사 때 내 옆에 앉았다.

어떤 일에 대해 얼마 동안 이야기를 할 경우, 특히 식사를 하면서 토론을 할 때는 보통 **over**를 사용한다.

It's often easier to discuss difficult ideas *over* lunch. 점심 식사 동안에 어려운 아이디어를 토의하는 게 종종 더 쉽다.
He said that he wanted to reread it *over* lunch. 그는 그것을 점심 식사 중에 다시 읽고 싶다고 말했다.

6 'for' and 'to'

식사가 어떤 음식으로 이루어져 있는지를 나타낼 경우, 아침, 점심 등으로 먹은 음식을 말할 때, 전치사 **for**를 사용한다.

They had hard-boiled eggs *for* breakfast. 그들은 아침 식사로 완숙의 삶은 달걀을 먹었다.
What's *for* dinner? 저녁은 무엇인가요?

누군가를 자신의 집으로 초대하여 함께 식사를 할 때, **for**나 **to**를 사용한다.

Why don't you join me and the girls *for* lunch, Mr Jordache?
조다쉬 씨, 저와 여자 아이들과 같이 점심 식사를 하시겠어요?
Stanley invited him *to* lunch once. 스탠리는 그를 점심 식사에 한 차례 초대한 적이 있었다.

Measurements

7 have

식사를 하다는 흔히 **have**를 사용하여, **have (one's) breakfast**라고 한다.
When we've *had breakfast*, you can phone for a taxi. 우리가 아침 식사를 마치면 당신은 택시를 불러주면 된다.
That Tuesday, Lo *had her dinner* in her room. 루는 그날 화요일에 자신의 방에서 저녁을 먹었다.

> have a breakfast 또는 have the breakfast라고 하지 않는다.

8 'make'

식사를 준비하다는 make breakfast, make the breakfast, make one's breakfast라고 한다.
I'll go and *make dinner*. 나는 가서 저녁 식사를 준비할 것이다.
He *makes the breakfast* every morning. 그는 매일 아침에 식사를 준비한다.
She *had been making her lunch* when he arrived. 그녀는 그가 도착했을 때, 점심을 준비하고 있었다.

> make a breakfast라고 하지 않는다.

9 'a' with meals (식사에 사용하는 a)

식사를 가리키는 단어는 가산명사나 불가산명사로 사용할 수 있지만, 일반적으로는 부정관사 **a**와 함께 쓰이지 않는다. 예를 들면, '나는 데보라와 점심을 먹었다.'나 '나는 일찍 저녁 식사를 했다.'는 I had a lunch with Deborah.나 I had a dinner early.가 아닌 I had *lunch* with Deborah.나 I had *dinner* early.라고 한다. 그러나 그 식사가 어떤 식사인지를 묘사할 경우, **a**를 사용할 수 있다.
They had *a quiet dinner* together. 그들은 함께 소리를 내지 않고 저녁 식사를 했다.
He was a big man and needed *a big breakfast*. 그는 몸집이 커서 아침을 많이 먹어야 했다.

10 meal times (식사 시간)

특정한 식사를 하는 시간을 나타낼 때, (식사를 나타내는 단어 + **time**) 형식의 복합명사를 사용할 수 있다. 복합명사는 하이픈을 사용하거나 두 단어로 분리하여 쓸 수 있다.
I shall be back by *dinner-time*. 나는 저녁 식사때까지 돌아올 것이다.
It was almost *lunch time*. 점심 시간이 거의 다 되었다.

 미국 영어에서는 **dinnertime, lunchtime, suppertime, teatime**과 같은 표현을 더 선호한다. **breakfast time**은 절대 한 단어로 붙여 쓰지 않는다.
He had a lot to do before *lunchtime*. 그는 점심 시간 전에 해야 할 상당량의 일이 있었다.

Measurements

1 metric and imperial measurements	9 weight
2 size	10 temperature
3 size of circular objects and areas	11 speed, rates, and ratios
4 size by dimensions	12 measurements used before and after nouns
5 area	
6 volume	13 size of something abstract
7 distance	14 measurement nouns before 'of'
8 distance and position	

사물의 크기, 면적, 부피, 무게, 거리, 속도, 온도를 나타낼 때, (숫자 · 일반 한정사 + 계량명사) 형식을 사용한다.
...blocks of stone weighing up to a hundred *tons*. 무게가 100톤까지 나가는 돌덩어리들.
They may travel as far as 70 *kilometres* in their search for fruit.
그들은 과일을 구하러 70킬로까지 이동할지도 모른다.
Reduce the temperature by a few *degrees*. 온도를 몇 도 가량 낮추세요.

Measurements

1 metric and imperial measurements(미터와 임페리얼 측정)

영국에서는 두 가지 도량형 제도를 사용하는데, 미터 제도와 임페리얼 제도(영국 법정 표준제)이다. 미터 제도는 현재 대부분의 측정 목적에 흔히 쓰이고 있다. 임페리얼 제도는 아직도 사람의 키, 몸무게, 술집에서의 술, 도로 표지판의 거리와 크리켓, 축구와 경마 등의 운동에 사용한다.

미터 제도와 임페리얼 제도는 다음 표에서 설명한 것처럼 각각 특유의 계량명사를 갖고 있다. 괄호 안은 각 제도에 관련된 명사의 약어이다.

	metric units(미터 단위)		imperial units(임페리얼 단위)	
size(크기) / distance(거리)	millimetre centimetre metre kilometre	(mm) (cm) (m) (km)	inch foot yard mile	(in 또는 ") (ft 또는 ') (yd) (m)
area(면적)	hectare	(ha)	acre	(a)
volume(부피)	millilitre centilitre litre	(ml) (cl) (l)	fluid ounce pint quart gallon	(fl oz) (pt) (q) (gal)
weight(무게)	milligram gram kilogram tonne	(mg) (g) (kg) (t)	ounce pound stone hundredweight ton	(oz) (lb) (st) (cwt) (t)

미터 단위는 소수점 이하의 숫자를 사용할 수 있다. 예를 들면, 길이 1.68미터는 **1.68 metres long**이라고 하고, 무게 4.8킬로그램은 **4.8 kilograms**라고 한다. 임페리얼 단위에서는 소수점 대신 분수를 자주 사용하는데, 6 3/4 인치는 **six and three-quarter inches**라고 하며, 밀 1 1/2톤은 **one and a half tons of wheat**라고 한다. 때때로 **kilogram** 대신 **kilo**를, **tonne** 대신 **metric ton**을 사용하기도 한다.

 미국 영어에서는 미터 제도를 군대, 의료, 과학적인 목적을 제외하고는 잘 쓰지 않는다. 철자는 **metre**와 **litre** 대신 **meter**와 **liter**를 쓴다. **stone**과 **hundredweight**와 같은 용어는 거의 쓰지 않는다. 미국에서 사용하는 **pints, quarts, gallons**는 영국 것보다 조금 더 양이 적다.

2 size(크기)

어떤 것의 크기를 나타낼 때, 보통 (be동사 + 숫자 + 계량명사 + 형용사) 형식을 사용한다.

The water was *fifteen feet deep*. 물속의 깊이는 15피트였다.
One of the layers is *six metres thick*. 그 막 중 한 겹의 두께는 6미터이다.

복수형 **feet**뿐만 아니라 단수형 **foot**도 숫자와 함께 쓸 수 있다.

The spears were about *six foot long*. 그 작살의 길이는 약 6피트였다.

feet과 **inches**를 사용하여 크기를 나타낼 경우, **inches**는 사용할 필요가 없다. 예를 들면, 2피트 6인치는 **two feet six**나 **two foot six inches**가 아닌 **two foot six long**이라고 한다.

He's Italian, and immensely tall, *six feet six inches*.
그는 6피트 6인치에 달하는 굉장한 키의 이탈리아인이다.
I'm *five foot three*. 나는 키가 5피트 3인치이다.

다음 형용사는 크기를 나타내는 계량명사 뒤에 쓸 수 있다.

deep	high	long	tall
thick	wide		

Measurements

- narrow, shallow, low, thin 등의 형용사를 사용하지 않는다. 사람의 키를 언급할 때, 형용사 tall을 사용하거나 생략 가능하다.

  She was *six feet tall*. 그녀는 키가 6피트였다.
  He was *six foot six*. 그는 키가 6피트 6인치였다.

- 형용사 high는 사람의 키에는 사용하지 않으며, 갓난아이의 키는 tall이 아닌 long을 사용한다.

  어떤 것의 폭의 길이를 나타낼 때는 wide 대신 across를 사용할 수 있다.
  The squid was 21 metres long with eyes *40 centimetres across*.
  그 오징어는 두 눈 사이의 길이가 40센티미터이며 길이가 21미터였다.

  크기를 나타낼 때 형용사를 사용하는 대신 계량명사 뒤에 다음과 같은 전치사구를 사용할 수 있다.

in depth	in height	in length	in thickness	in width

  They are thirty centimetres *in length*. 그것들의 길이는 30센티미터이다.
  He was five feet seven inches *in height*. 그는 키가 5피트 7인치였다.

  어떤 것의 크기를 물어볼 때, (how + 형용사) 형식을 사용한다. 이때 덜 구체적인 형용사 big을 사용할 수도 있다.
  How tall is he? 그는 키가 얼마나 됩니까?
  How big is it going to be? 그것의 크기는 얼마나 되겠습니까?

3 size of circular objects and areas(원형 물체와 면적의 크기)

원형 물체나 면적의 크기를 나타낼 때, 원의 둘레는 in circumference, 직경은 in diameter를 사용할 수 있다. 특정한 길이의 반지름을 나타낼 때도 radius를 사용하지만, in radius라고 하지는 않는다.

Some of its artificial lakes are *ten or twenty kilometres in circumference*.
그곳의 일부 인공 호수는 둘레가 10~20킬로미터이다.
They are about *nine inches in diameter*. 그것들의 지름은 약 9인치이다.
It had *a radius of fifteen kilometres*. 그것의 반지름은 15킬로미터였다.

4 size by dimensions(면적의 크기)

어떤 것의 크기나 면적의 크기를 완전하게 나타낼 때, 가로와 너비 또는 가로, 너비, 깊이를 측정하여 사물의 용적을 나타낸다. 어떤 물체나 면적의 크기를 측정할 때 and, by, 곱하기 표시인 x(by로 발음함)를 사용하여 숫자를 분리한다. 동사는 be동사나 measure를 사용한다. long과 wide와 같은 형용사를 사용하거나 생략할 수도 있다.

Each frame *was four metres tall and sixty-six centimetres wide*.
각각의 액자는 높이 4미터에 폭 66센티미터였다.
The island *measures* about *25 miles by 12 miles*.
그 섬은 대략 폭이 25마일에 길이가 12마일이다.
The box *measures* approximately *26 inches wide x 25 inches deep x 16 inches high*.
그 상자는 대략 폭이 26인치에 깊이는 25인치이며 높이는 16인치이다.

5 area(면적)

길이의 단위 앞에 제곱을 사용하여 주로 면적을 나타낸다. 예를 들면, a square metre는 길이가 1미터인 것을 제곱한 면적이 1제곱미터임을 나타낸다.

He had cleared away about *three square inches*. 그것들은 300제곱 인치의 면적을 청소했다.
They are said to be as little as *300 sq cm*. 그것들은 면적이 300제곱 센티미터 정도라고 알려져 있다.

정사각형의 사물이나 면적을 나타낼 때는 각각의 면의 길이 뒤에 square를 붙인다.

Each family has only one room *eight or ten feet square*.
각각의 가족은 가로세로 길이가 8x8피트나 10x10피트인 방을 하나씩 갖고 있다.
...an area that is *25 km square*. 가로세로의 길이가 25x25킬로미터인 지역.

주의 square의 두 가지 용법을 혼동해서는 안 된다. a room five metres square는 방의 넓이가 25제곱미터라는 뜻이다.

Measurements

넓은 땅의 면적을 나타낼 때는 **hectare**와 **acre**를 자주 사용한다.
In 1975 there were ***1,240 million hectares*** under cultivation. 1975년에 12억 4천만 헥타르가 경작되었다.
His land covers ***twenty acres***. 그가 가진 땅은 20에이커에 달한다.

6 volume(부피)

부피는 어떤 물체가 차지하거나 포함하는 공간의 양이다. 일반적으로 부피는 길이의 단위 앞에 **cubic**을 사용하여 표기한다. 예를 들면, 10입방 센티미터는 10 **cubic centimetres**이며, 200세제곱 피트는 200 **cubic feet**이라고 한다.
Its brain was close to ***500 cubic centimetres(49 cubic inches)***.
그것의 뇌의 부피는 500입방 센티미터(= 49입방 인치)에 가까웠다.

액체와 가스의 부피를 나타낼 때, **litre**, **gallon** 등의 단위를 사용한다.
Wine production is expected to reach ***4.1 billion gallons*** this year.
포도주 생산량은 올해 41억 갤런에 달할 것으로 예상된다.
The amount of air being expelled is about ***1,000 to 1,500 mls***.
빠져나가는 공기의 양은 약 1,000에서 1,500밀리리터이다.

7 distance(거리)

어떤 것에서 다른 것까지의 거리를 나타낼 때, (숫자 + 계량명사 + from · away from · away) 형식을 사용할 수 있다.
The hotel is ***60 yds from the beach***. 그 호텔은 해안에서 60야드 떨어진 곳에 있다.
These offices were approximately ***nine kilometres away from the centre***.
이러한 사무실들은 중앙에서 약 9킬로미터 정도 떨어진 곳에 있었다.
She sat down about ***a hundred metres away***. 그녀는 약 100미터 정도 떨어진 곳에 앉았다.

어떤 곳으로 이동하는 데 걸리는 시간도 거리를 나타낼 때 사용할 수 있다.
It is ***half an hour from the Pinewood Studios*** and ***forty-five minutes from London***.
그곳은 파인우드 스튜디오스에서 30분 거리, 런던에서는 45분 거리에 있다.
They lived only ***two or three days away from Juffure***. 그들은 2~3일만 주푸레에서 떨어져 살았다.

이동 거리는 이동 수단을 사용하여 더 정확히 나타낼 수 있다.
It is less than ***an hour's drive from here***. 그곳은 여기에서 자동차로 한 시간이 덜 걸리는 지점에 있다.
It's about ***five minutes' walk from the bus stop***. 그곳은 버스 정류장에서 걸어서 약 5분 거리에 있다.

어떤 곳까지의 거리를 물어볼 때 **how far**와 **from**을 함께 사용하거나, **how far**와 **it**(비인칭주어) **to**를 함께 사용한다.
How far is Chester ***from here***? 여기에서 체스터까지 거리가 얼마나 됩니까?
How far is it to Charles City? 찰스 시티까지 가는 거리가 얼마나 됩니까?

- 거리를 나타낼 때는 far를 사용하지 않는다.
- Usage 표제어 **far** 참조.

8 distance and position(거리와 위치)

어떤 것의 거리와 위치를 다른 장소나 목적물과 관련하여 나타낼 때, 그 거리는 다음과 같은 전치사 앞에 사용할 수 있다.

above	across	along	behind
below	beneath	beyond	down
inside	into	off	out of
outside	over	past	under
underneath	up		

He guessed that he was about ***ten miles above the surface***.
그는 자신이 지상에서 약 10마일 정도 위에 있다고 추측했다.

Measurements

Maurice was only *a few yards behind him*. 모리스는 그의 뒤에서 불과 몇 야드 떨어져 있었다.

위의 전치사 중 **across, into, over, past** 등을 제외한 나머지 전치사는 거리를 나타내는 단어 뒤에서 부사로 쓸 수 있다. **apart, in, inland, offshore, on, out**과 같은 부사도 사용할 수 있다.

These two fossils had been lying about *50 feet apart* in the sand.
이러한 두 개의 화석은 모래 속으로 약 50피트 정도 깊이로 매장되어 있었다.

We were now *forty miles inland*. 우리는 이제 내륙의 40마일 지점에 있었다.

A few metres further on were other unmistakable traces of disaster.
몇 미터를 더 가니 다른 재앙의 명백한 흔적들이 있었다.

거리는 **north of, to the east of, to the left**와 같은 구 앞에 쓸 수 있다.

He was *some miles north of Perth*. 그는 퍼스에서 북쪽으로 몇 마일 지점에 있었다.

It had exploded *100 yards to their right*. 그것은 그들의 오른쪽에서 100야드 떨어진 곳에서 폭발했다.

9 weight (무게)

사물이나 동물의 무게를 나타낼 경우, 동사 **weigh**를 사용한다.

The statue *weighs* fifty or more kilos. 그 조각상은 무게가 50킬로그램 이상 나간다.
The calf *weighs* 50 lbs. 그 송아지의 무게는 50파운드이다.

사람의 몸무게를 나타낼 때, 동사 **weigh**나 **be**를 사용할 수 있다. 영국 영어에서는 일반적으로 단수형으로 **stone**을 사용한다.

He *weighs* about nine and a half *stone*. 그는 몸무게가 9.5스톤 정도 나간다.
You*'re* about ten and a half *stone*. 당신은 몸무게가 대략 10.5스톤 나간다.

stone와 **pound**를 사용하여 무게를 나타낼 경우, **pound**는 생략 가능하다. 예를 들면, 12스톤 4파운드는 **twelve stone four**라고 한다.

 보통 ~~twelve stones four~~ 또는 ~~twelve stone four pounds~~라고 하지 않는다. ~~two pounds heavy~~가 아닌 **two pounds in weight**라고 한다.

I put on nearly a stone *in weight*. 나는 몸무게가 거의 1스톤이나 불었다.

 미국 영어에서 모든 무게는 보통 **pound**나 **ton**으로 표현한다. **stone**과 **hundredweight**는 거의 쓰이지 않는다.

Philip Swallow weighs about *140 pounds*. 필립 스왈로의 몸무게는 약 140파운드이다.

미국 영어에서는 사람의 몸무게를 말할 때, **hundred**나 **pound**를 자주 생략한다.

I bet he weighs *one seventy*, at least. 나는 그의 몸무게가 적어도 170파운드는 나간다고 확신한다.

사람이나 사물의 무게를 물어볼 때, **How much...weigh?**을 사용할 수 있다.

How much does the whole thing *weigh*? 물건 전체의 무게가 얼마나 됩니까?

How heavy...?를 사용할 수도 있다.

How heavy are they? 그들의 몸무게는 얼마나 됩니까?

10 temperature (온도)

온도는 섭씨(centigrade, 자주 °C로 표기함)나 화씨(Fahrenheit, 자주 °F로 표기함)로 사용한다. 일상적으로 말할 때는 미터 용어인 **centigrade**(섭씨)를 사용하는 반면, 과학적인 용어인 **Celsius**는 같은 비율의 척도를 나타내는 데 쓰인다.

The temperature was still *23 degrees centigrade*. 온도는 여전히 섭씨 23도였다.
...about *30 degrees Celsius.* 섭씨 약 30도.
It was *9°C*, and felt much colder. 섭씨 9도여서 훨씬 더 추웠다.

도수의 눈금을 알고 있는 경우, **degrees**로 온도를 나타낼 수 있다.

It's *72 degrees* down here and we've had a dry week. 이곳은 72도로 우리는 습하지 않은 한 주일을 보냈다.

 미국에서는 추운 날씨의 온도를 자주 **degrees below freezing**이나 **degrees below zero**라고 표현한다. 영국에서 **below zero**는 일반적으로 섭씨 0도 이하를, 미국에서는 화씨 0도 이하를 뜻하며 이 온도가 훨씬 더

...when the temperature is *fifteen degrees below freezing*. 온도가 영하 15도일 때.
It's amazingly cold: must be *twenty degrees below zero*. 너무나 추운 걸 보니 영하 20도임에 틀림없다.

11 speed, rates, and ratios(속도, 비율, 요율)

속도는 특정한 시간 단위에서 물체가 움직인 거리로, (kilometre · mile 등 + per · a · an + 시간 단위를 나타내는 명사) 형식을 사용한다.

Wind speeds at the airport were *160 kilometres per hour*. 비행장의 풍속은 시간당 160킬로미터였다.
He was driving at *10 miles an hour* when the accident happened.
그 사고가 일어났을 때 그는 시간당 10마일로 운전했었다.

속도, 비율, 압력을 글로 쓸 때, 계량 단위로 약어 사이에 per 대신 기호 '/'를 사용할 수 있다.
...a velocity of *160 km/sec*. 초당 160킬로미터의 속도.

다른 비율과 요율을 나타낼 경우에도 per, a, an을 사용한다.
...a heart rate of *70 beats per minute*. 분당 70회의 심장 박동 수.
He earns *thirty dollars an hour*. 그는 시간당 30달러의 돈을 번다.

시간의 길이나 계량 단위가 아닌 명사 앞에도 per를 사용한다.
There are 18,100 people *per doctor* in the summer months.
여름철에 그곳은 의사 한 명당 18,100명을 돌보고 있다.
I think we have more paper *per employee* in this department than in any other.
내 생각에 이 부서는 다른 부서보다 직원 한 명당 더 많은 서류 작업을 하는 것 같다.

i per person이나 a person 대신 per head나 a head를 자주 사용한다.
The average cereal consumption *per head* per year in the U.S.A. is 900 kg.
미국에서 연평균 1인당 곡물 소비량은 900킬로그램이다.

비율과 요율을 나타내는 경우에도 to the를 사용할 수 있다.
The exchange rate would soon be *$2 to the pound*.
환율은 곧 1파운드당 2달러가 될 것이다.
Those German Fords got *forty-three miles to the gallon*.
그 독일산 포드 자동차들은 1갤런당 43마일을 달렸다.

12 measurements used before and after nouns(명사 앞 또는 뒤에 사용하는 계량 단위)

(크기, 면적, 부피, 거리, 무게를 나타내는 수식어 + 명사) 형식을 사용할 수 있다.
...a *5 foot 9 inch* bed. 5피트 9인치의 침대.
15 cm x 10 cm posts would be ideal. 15x10센티미터의 우편이 이상적인 크기이다.
...a *2-litre* engine. 2리터 용량의 엔진.

i long, high와 같은 형용사를 쓸 수도 있다.

단순히 (숫자 + 계량명사) 형식을 사용할 경우, 자주 하이픈을 쓴다.
...a *five-pound* bag of lentils. 5파운드의 렌즈콩이 담긴 자루.
We finished our *500-mile* journey at 4.30 p.m. on the 25th September.
우리는 9월 25일 오후 4시 30분에 500마일의 여행을 마쳤다.

> **주의** 계량명사는 앞에 숫자가 오더라도 복수형이 아닌 단수형을 사용한다. 예를 들면, **a ten-miles walk**가 아닌 **a ten-mile walk**라고 한다. 그러나 측정 단위가 실제 운동 경기 종목의 이름인 경우에는 복수형을 사용한다. 예를 들면, **the 100 metres record**라고 하며, 100미터 경기 기록이라는 뜻이다.
> He won winning the 100 *metres* breaststroke. 그는 100미터 평영에서 우승했다.

척도를 표현할 때, 보통 (명사 + 형용사 · in을 사용한 구) 형식을 사용할 수 있다.
There were seven main bedrooms and a living room *fifty feet long*.
7개의 주 침실과 길이가 50피트인 거실이 있었다.

Money

...a giant planet over **30,000 miles in diameter**. 지름이 30,000마일이 넘는 대규모 위성.

어떤 것의 넓이나 무게를 나타낼 때, **covering, measuring, weighing**과 같이 **-ing**형을 사용할 수도 있다.

...a large park **covering 40,000 square feet**. 4만 평방 피트에 달하는 넓은 공원.
...a square area **measuring 900 metres on each side**. 가로세로가 각각 900미터인 광장 지역.
...an iron bar **weighing fifteen pounds**. 15파운드 무게의 철봉.

of로 시작하는 구를 사용하여 어떤 것의 넓이나 부피를 나타낼 수도 있다.

...industrial units **of less than 15,000 sq ft**. 1만 5천 평방 피트보다 조금 작은 산업 단지들.
...vessels **of 100 litres**. 100리터를 담을 수 있는 용기(容器)들.

13 size of something abstract (추상적인 것의 크기)

면적, 속도, 증가 등의 추상적인 것이 얼마나 큰지를 나타낼 경우, **of**를 사용한다.

There were fires burning over a total area **of about 600 square miles**.
모두 합해 약 600평방 마일 이상의 지역에 화재가 났다.
...speeds **of nearly 100 mph**. 시간당 거의 100마일의 속도.
...an increase **of 10 per cent**. 10퍼센트의 증가.
...an average annual temperature **of 15℃**. 연평균 기온이 15℃.

백분율이나 봉급을 말하는 경우에도 수식어를 자주 사용할 수 있다.

...a **71 per cent** increase in earnings. 수입의 71퍼센트 증가.
...his **£65,000-a-year** salary. 6만 5천 유로인 그의 연봉.

14 measurement nouns before 'of' (of 앞에 오는 계량명사)

특정한 길이, 면적, 부피, 무게가 있는 것의 양을 가리킬 때, 자주 (계량명사 + **of**) 형식을 사용한다.

...20 **metres of** nylon. 20미터 길이의 나일론.

◯ 그 밖의 양을 가리키는 방법에 대한 정보는 **Grammar** 표제어 **Quantity**와 **Topic** 표제어 **Pieces and amounts** 참조.

Money

1 writing amounts of money	5 expressing a rate
2 saying amounts of money	6 expressing quantity by cost
3 asking and stating the cost of something	7 American currency
	8 other currencies
4 notes and coins	

영국의 화폐 단위는 **pound**와 **pence**를 사용하며, **100 pence**가 **1 pound**이다.

1 writing amounts of money (돈의 액수를 글로 쓰기)

돈의 액수를 숫자로 쓸 때, 파운드 부호인 **£**는 숫자 앞에 온다. 예를 들면, **two hundred pounds**(200파운드)는 £200로 표기한다. **million**은 때때로 축약하여 **m**으로, **billion**은 **bn**으로 쓰기도 한다. **k**와 **K**는 때때로 연봉을 언급할 때 **thousand** 대신 약어로 사용하기도 한다.

About **£20m** was invested in the effort. 그 노력에 약 2천만 파운드가 투자되었다.
...generating revenues of **£6bn**. 발생한 60억 파운드의 수입.
...Market Manager, **£30k**+bonus+car. 시장 담당 부장은 연봉 3만 파운드+상여금+자동차.

돈의 액수가 펜스로만 이루어진 경우, 숫자 뒤에 철자 **p**가 온다. 예를 들면, **fifty pence**(50펜스)는 50p로 쓴다.

돈의 액수가 파운드와 펜스로 이루어진 경우, 파운드의 부호를 쓴다. 그리고 마침표로 **pound**와 **pence**를 분리하며, **pence** 뒤에는 **p**를 쓰지 않는다. 예를 들면, **two pounds fifty pence**(2파운드 50펜스)는 £2.50로 쓴다.

Money

2 saying amounts of money(돈의 액수 말하기)

pence로만 이루어진 돈의 액수를 읽을 때, 숫자 뒤에 pence나 p(pea처럼 발음함)를 사용한다. pounds와 pence로 이루어진 돈의 액수를 읽을 때는 보통 pence를 사용하지 않는다. 예를 들면, **two pounds fifty**라고 읽는다.

> **주의** 회화에서는 때때로 2파운드 이상일 때는 pounds가 아닌 pound를 사용하기도 한다. 예를 들면, I get ten *pound* a week. 이라고 하지만 많은 사람들이 이를 틀린 것으로 여기므로 pounds를 사용해야 한다.

돈의 액수가 명확한 경우, 자주 **pound**와 **pence**를 생략한다.
At the moment they're paying £6 for their meal, and it costs us *eight*.
지금 그들은 식사비로 6파운드를 내는데 우리는 8파운드를 지불한다.
'I've come to pay an account.' – 'All right then, fine, that's *four seventy-eight sixty* then, please.'
"계산하러 왔어요." – "알겠어요. 좋아요. 자, 478파운드 60펜스입니다."

매우 격식을 차리지 않는 화법에서는 **pound**나 **pounds** 대신에 자주 **quid**를 사용한다.
'How much did you have to pay?' – 'Eight *quid*.' "당신은 얼마나 지불해야 했습니까?" – "8파운드요."

3 asking and stating the cost of something(어떤 것의 가격을 묻고 말하기)

어떤 것의 가격을 묻거나 말하는 경우, **be**동사를 사용한다. 가격을 물어볼 때는 **How much...?**로 시작하는 의문문을 사용한다.
How much *is* that? 저것은 얼마입니까?
The cheapest *is* about eight pounds. 가장 저렴한 것이 대략 8파운드입니다.

동사 **cost**를 사용할 수도 있는데, 이는 좀 더 격식을 차린 단어이다.
How much will it *cost*? 그것은 얼마나 할까요?
They *cost* several hundred pounds. 그것은 수백 파운드가 나간다.

어떤 물건을 산 사람을 언급할 경우, (**cost** + 대명사·명사구) 형식을 사용한다.
It would cost *me* around six hundred. 나는 그것을 사는 데 600파운드를 지불하게 될 수도 있다.

4 notes and coins(지폐와 동전)

지폐를 가리킬 때, **note**를 사용한다. 영국 화폐에서 지폐에는 5, 10, 20, 50 **pounds**가 있다.
You didn't have a five-pound *note*, did you? 5파운드짜리 지폐가 없었지요. 그렇지요?
Several paid on the spot in *notes*. 여러 명이 그 자리에서 지폐로 지불했다.

> ⓘ a five-pounds note라고 하지 않는다.

coin은 동전을 가리킬 때 사용한다. 영국 화폐에는 1, 2, 5, 10, 20, 50 **pence**와 1 **pound**(1파운드)와 2 **pounds**(2파운드)짜리 동전이 있다.
You should make sure that you have a ready supply of *coins* for making phone calls.
당신은 언제라도 전화를 걸 수 있는 충분한 동전을 확실히 준비해야 한다.

특정한 액수의 가치가 있는 동전을 가리킬 경우, 보통 **piece**를 사용한다.
That fifty pence *piece* has been there all day. 저 50펜스짜리 동전 한 닢은 온종일 저곳에 있었다.
The machine wouldn't take 10p *pieces*. 10펜스짜리 동전은 그 기계에 투입하지 못한다.

자신이 가지고 있는 동전을 **change**라고 한다.
He rattled the loose *change* in his pocket. 그는 호주머니 속의 잔돈을 짤랑짤랑 흔들었다.

5 expressing a rate(비율 표현하기)

사용하거나 받은 돈의 비율을 표현할 경우, 돈의 액수 뒤에 **a**나 **per**를 사용하는데 **per**는 더 격식을 차린 단어이다.
He gets £350 *a week*. 그는 일주일에 350파운드를 받는다.

Names and titles

Farmers spend more than half a billion pounds *per year* on pesticides.
농부들은 살충제에 한 해 5억 파운드 이상을 소비한다.

per year 대신 **per annum**을 때때로 사용하기도 한다.

...staff earning less than £11,500 *per annum*. 매년 1만 1천 5백 파운드 이하를 버는 직원들.

6 expressing quantity by cost (가격으로 액수 표현하기)

어떤 것의 가격을 사용하여 액수를 나타낼 때, **worth of**를 사용한다.

He owns some *20 million pounds worth of property* in Mayfair.
그는 메이페어에서 약 2천만 파운드에 달하는 부동산을 소유하고 있다.

7 American currency (미국의 화폐)

미국의 화폐 단위는 **dollar**와 **cent**를 사용하며, 100 **cents**가 1 **dollar**이다. 미국인들은 지폐를 **bill**이라고 하며 1, 2, 5, 10, 20, 50, 100 **dollars**의 지폐가 있다. 100달러보다 고액의 지폐는 은행 간에서만 거래된다.

Ellen put a five-dollar *bill* and three ones on the counter.
엘렌은 5달러짜리 지폐 한 장과 1달러짜리 지폐 3장을 계산대에 올려놓았다.

동전은 1, 2, 5, 10, 25, 50 **cents**가 있다. 흔히 **penny**(1 cent), **nickle**(5 cents), **dime**(10 cents), **quarter**(25 cents), **half-dollar**(50 cents)라는 특정 단어로 지칭한다.

I had just that – a dollar bill, a *quarter*, two *dimes* and a *nickel*, and three *pennies*.
나는 1달러 지폐 한 장, 25센트 동전 한 개, 10센트 동전 두 개, 5센트 동전 한 개, 1센트 동전 세 개만 있었다.

상당히 격식을 차리지 않는 화법에서는 **dollar** 대신 **buck**을 자주 사용한다.

I got 500 *bucks* for it. 나는 그것을 500달러에 샀다.

돈의 액수를 글로 쓸 때 **dollar**는 부호 $로, **cents**는 ¢로 표기한다. 예를 들면, **two hundred dollars**(200달러)는 $200, **fifty cents**(50센트)는 50¢, **two dollars fifty cents**(2달러 50센트)는 $2.50라고 쓴다.

ℹ️ dollar와 cent로 된 돈의 액수를 읽을 때, 보통 cent는 생략한다. 예를 들면, two dollars fifty나 간단히 two fifty라고 한다.

8 other currencies (다른 나라 화폐)

많은 나라가 같은 화폐 단위를 사용한다. 어떤 나라의 화폐를 가리킬 때, 국적을 나타내는 형용사를 사용한다.

...a contract worth 200 million *Canadian dollars*. 20억 캐나다 달러의 가치가 있는 계약서.
It cost me about thirteen hundred *Swiss francs*. 나는 그것을 1,300 스위스 프랑에 샀다.

ℹ️ 어떤 나라들 간에 공통적인 화폐 단위를 쓰기도 하지만, 다른 화폐 단위를 갖기도 한다. 예를 들면, 영국은 pound와 pence를 쓰지만, 이집트는 pounds와 piastres를 쓴다.

환율을 나타낼 때는 (한 나라의 화폐 단위 + **to the** + 다른 나라의 화폐 단위) 형식을 사용한다.

The rate of exchange while I was there was 1.40 euros *to the* pound.
내가 그곳에 있을 때, 환율은 1파운드에 1유로 40센트였다.

Names and titles

1 kinds of names	8 referring to a family
2 short forms	9 using a determiner with names
3 nicknames	10 titles
4 spelling	11 titles of relatives
5 initials	12 titles before 'of'
6 referring to someone	13 plurals of titles
7 referring to relatives	14 very formal titles

TOPIC

Names and titles

이 표제어에서는 이름과 직함에 대한 기본적인 정보를 주며 어떤 사람에 대해 말하거나 글로 쓸 때 사용하는 방법에 대해 설명한다. 다른 사람에게 말을 하거나 글을 쓸 때도 그 사람의 이름이나 직함을 사용한다.

○ 어떤 사람과 이야기할 경우, 이름과 호칭의 사용에 대한 정보는 Topic 표제어 Addressing someone, Letter writing 참조.

1 kinds of names(이름의 종류)

영어권 나라의 사람들은 **first name**(이름, **given name**이라고도 함)은 부모가 지은 것이며, **surname**(성:姓 **family name**, **last name**이라고도 함)은 부모 두 명 모두나 한 명의 성(姓)을 갖고 있다.

대부분의 사람들은 **middle name**(중간 이름)이 있는데, 이 역시 부모가 지어준 이름이다. 중간 이름은 일반적으로 완전하게 사용하지는 않지만 머리글자(첫 번째 철자)는 특히 미국에서 사용하기도 한다.

...the assassination of John F. Kennedy. 존 에프 케네디의 암살.

○ Usage 표제어 Christian name – first name – forename – given name 참조.

기독교인이 자식에게 지어주는 세례명은 **Christian name**이라고 한다. 공식적인 서류에는 **first name**이나 **forename**을 사용한다. 과거에는 결혼한 여성은 항상 남편의 성(姓)을 따랐으나, 현재는 결혼 후에도 자신의 성(姓)을 계속 사용하기도 한다.

2 short forms(축약형)

특히 회화에서 상대방의 이름은 격식을 차리지 않고 보통 더 축약하여 사용한다. 예를 들면, 이름이 **James**이면 **Jim**이나 **Jimmy**로 줄여서 부른다.

3 nicknames(별명)

때때로 친구의 이름을 지어내기도 하는데, 예를 들면, **Lofty**(키가 큼을 의미함) 등이 있다. 이러한 별명을 **nickname**이라고 한다.

4 spelling(철자)

사람 이름은 대문자로 시작한다.
...John Bacon. 존 베이컨.
...Jenny. 제니.
...Dr Smith. 스미스 의사.

Mac, Mc, O'로 시작하는 이름은 다음에 오는 단어의 첫 번째 철자를 자주 대문자로 쓴다.
Eliott is the first athlete to be coached by **McDonald**.
엘리엇은 맥도날드에게 훈련을 받은 첫 번째 육상 선수이다.
...the author of the article, Mr Manus **O'Riordan**. 그 논문의 저자인 매너스 오리오단 씨.

영국에서 일부 사람들은 성(姓)이 두 단어일 때, 하이픈으로 연결하거나 각각 분리하여 쓴다.
...John **Heath-Stubbs**. 존 히스 스터브즈.
...Ralph **Vaughan Williams**. 랠프 본 윌리암스.

5 initials(머리글자)

머리글자는 이름, 중간 이름, 성 또는 이름과 중간 이름을 시작하는 대문자들을 말한다. 예를 들면, 어떤 사람의 성명이 **Elizabeth Margaret White**일 경우, 머리글자는 **EMW**라고 하거나 성(姓)이 **White**이면 머리글자는 **EM**이다. 때때로 각 머리글자 뒤에 점을 넣어서 **E.M.W.**라고 하기도 한다.

6 referring to someone(어떤 사람 가리키기)

아는 사람에 대해 말할 경우, 그 사람의 이름을 사용한다.
John and I have discussed the situation. 존과 나는 그 상황에 대해 의의했다.
Have you seen **Sarah**? 당신은 사라를 봤습니까?

가리키는 사람을 명확하게 말할 필요가 있거나 그 사람을 잘 알지 못할 경우, 일반적으로 이름과 성(姓)을 모두 사

Names and titles

용한다.
If *Matthew Davis* is unsatisfactory, I shall try *Sam Billings*.
매튜 데이비스가 마음에 차지 않는다면, 나는 샘 빌링스를 시험해 볼 것이다.

잘 알지 못하거나 예의를 갖춰 말할 경우, 칭호와 성(姓)을 사용한다. 때때로 더 정중한 표현으로 쓰이기보다는 나이가 훨씬 더 많은 사람을 가리킬 때 사용한다.

Mr Nichols can see you now.
니콜스 씨는 지금 당신을 만날 수 있다.
We'd better not let *Mrs Townsend* know.
우리는 타운센드 부인에게 알려주지 않는 게 좋을 것 같다.

칭호에 대한 정보는 이후에 **title** 표제어에서 나온다.

회화에서는 일반적으로 사람의 칭호와 성명을 사용하지 않지만, 방송이나 격식을 차린 글에서는 때때로 칭호와 성명을 함께 사용하기도 한다.

The machine was developed by *Professor Jonathan Allen* at the Massachusetts Institute of Technology.
이 기계는 MIT공대의 조나단 앨런 교수가 개발했다.

일반적으로 글에서는 머리글자와 성(姓)만 쓰는데, 회화에서는 사용하지 않는다. 그러나 잘 알려진 사람들은(특히 작가) 이름보다는 머리글자를 사용한다. 예를 들면, **T.S. Eliott**과 **J.G. Ballard**가 있다.

유명한 작가, 작곡가, 화가, 예술가는 성(姓)만 사용한다.
...the works of *Shakespeare*. 셰익스피어의 작품들.

다른 유명인도 때때로 위와 같은 방법으로 쓰기도 한다. 여성보다 남성을 지칭할 때 성(姓)을 자주 사용한다.

7 referring to relatives (친척 가리키기)

부모와 조부모를 지칭하는 명사 **father, mum, grandpa, granny** 등은 이름처럼 사용되기도 한다.
Mum will be pleased. 어머니가 즐거워하실 것이다.
You can stay with *Grandma* and *Grandpa*.
당신은 할머니와 할아버지와 함께 머물 수 있다.

8 referring to a family (한 가족 가리키기)

한 가족이나 결혼한 부부를 가리킬 때, **the**와 성(姓)의 복수형을 사용한다.
...some friends of hers called *the Hochstadts*. 호치스타트 가족이라고 불리는 그녀의 일부 친구들.

9 using a determiner with names (이름과 함께 한정사 사용하기)

이름은 일반적으로 한정사 없이 사용된다. 그러나 격식을 차리거나 사업적인 상황에서는 알지 못하거나 전에 들어보지 못한 사람의 이름 앞에 **a**를 사용할 수 있다.
You don't know *a Mrs Button-Cox*, do you?
당신은 버튼 콕스라는 분을 모르시죠, 아닌가요?

실제로 유명한 사람인지 확인하거나 단순히 놀라움을 나타낼 때 the [ðiː]를 사용하여 강조한다.
You actually met *the George Harrison*?
당신이 실제로 (그 유명한 배우) 조지 해리슨을 만났다고요?

10 titles (칭호)

칭호는 어떤 사람이 갖는 사회적인 위치나 직업을 나타낸다.

가장 일반적으로 **Mr**는 남자를, **Mrs**는 기혼 여성에, **Miss**는 미혼 여성에 사용한다. **Ms**는 [məz] 또는 [miz]로 발음하며, 기혼과 미혼의 여성 모두에게 쓸 수 있다. 많은 여성은 **Mrs**나 **Miss**보다 **Ms**를 선호하는데, 특히 결혼은 했지만 성(姓)을 변경하지 않았을 경우에 사용한다. 그러나 일부 여성, 특히 나이 든 여성은 이 칭호를 좋아하지 않는다. 다음 칭호는 성(姓) 또는 이름과 성(姓) 앞에 쓰인다.

Names and titles

Ambassador	Archbishop	Archdeacon	Baron
Baroness	Bishop	Canon	Cardinal
Constable	Councillor	Doctor	Father
Governor	Inspector	Judge	Justice
Nurse	Police Constable	President	Professor
Rabbi	Superintendent	Viscount	Viscountess

I was interviewed by *Inspector Flint*. 나는 플린트 형사에게 신문을 당했었다.
...representatives of *President Anatolijs Gorbunovs* of Latvia.
라트비아의 아나톨리스 골번노프 대통령의 대표단.

Captain, Sergeant와 같이 군대에서의 계급을 나타내는 칭호는 성(姓) 또는 이름과 성 앞에도 사용한다.

General Haven-Hurst wanted to know what you planned to do.
헤이번 허스트 대장은 당신이 무엇을 계획했는지 알고 싶어 했다.
...his nephew and heir, *Colonel Richard Airey*. 그의 조카이자 상속인인 리차드 에어리 대령.

11 titles of relatives (친척의 칭호)

친척은 Uncle, Aunt, Auntie, Great Uncle, Great Aunt로 지칭하는데, 일반적으로 현대 영어에서는 이름 앞에만 쓴다. 조부모 두 분 모두 살아 계실 경우, **grandmother, grandfather** 뒤에 이름을 사용하여 구분한다.

...*Aunt Jane*. 제인 고모.
She's named after my *granny Kathryn*.
그녀는 우리 할머니 이름인 캐스린의 이름을 따서 지었다.

Father는 신부를, **Brother**는 수사를, **Mother**와 **Sister**는 수녀를 나타내는 칭호이지만, 친척의 이름 앞에는 이런 칭호를 사용하지 않는다.

Mother Teresa spent her life caring for the poor.
테레사 수녀는 평생 동안 빈민들을 도우면서 살았다.
Sister Joseann is from a large Catholic family.
조센 신부는 가톨릭 대가족에서 태어났다.

12 titles before 'of' (of 앞의 칭호)

때때로 **of** 앞에 칭호가 오면 장소, 기관이나 칭호에 맞는 권위가 있는 기관의 일부를 나타낸다.

...the President of the United States. 미국의 대통령.
...the Prince of Wales. 웨일스의 왕자.
...the Bishop of Birmingham. 버밍엄의 주교.

다음 칭호는 (**the** + 칭호 + **of** + 이름) 형식을 사용한다.

Archbishop	Bishop	Chief Constable	Countess
Dean	Duchess	Duke	Earl
Emperor	Empress	Governor	King
Marchioness	Marquis	Mayor	Mayoress
President	Prime Minister	Prince	Princess
Queen			

13 very formal titles (매우 격식을 차린 칭호)

왕, 여왕, 대사, 판사 등의 중요한 인물을 공식적으로 지칭할 때, 명사 앞에 소유한정사를 쓴 칭호를 사용한다. 여왕을 지칭할 경우, **Her Majesty the Queen**이나 **Her Majesty**라고 부른다. 소유한정사는 일반적으로 대문자로 표기한다.

Her Majesty must do an enormous amount of travelling each year.
여왕 폐하는 해마다 많은 여행을 다녀야 한다.
His Excellency is occupied. 각하는 집무 중이다.

Nationality words

Nationality words

1. basic forms
2. referring to a person
3. referring to the people
4. country as modifier
5. combining nationality adjectives
6. language
7. cities, regions, and states

1 basic forms (기본형)

특정한 나라의 국민이나 사물을 나타낼 때, 다음 세 가지 형태의 단어 중 하나를 사용한다.

- 어떤 나라를 나타내는 형용사: 예 **French wine**의 French.
- 어떤 나라의 출신인 사람을 가리키는 명사: 예 **Frenchman**.
- 어떤 나라의 모든 국민을 가리키는 the가 앞에 오는 명사: 예 **the French**.

특정한 나라의 출신인 사람을 나타내는 단어는 주로 형용사와 같은 형태이며, 그 나라의 모든 국민을 나타낼 때는 그 단어의 복수형을 사용한다. 그 예는 다음과 같다.

country (국가)	adjective (형용사)	person (개인)	people (국민)
America	American	an American	the Americans
Australia	Australian	an Australian	the Australians
Belgium	Belgian	a Belgian	the Belgians
Canada	Canadian	a Canadian	the Canadians
Chile	Chilean	a Chilean	the Chileans
Germany	German	a German	the Germans
Greece	Greek	a Greek	the Greeks
India	Indian	an Indian	the Indians
Italy	Italian	an Italian	the Italians
Mexico	Mexican	a Mexican	the Mexicans
Norway	Norwegian	a Norwegian	the Norwegians
Pakistan	Pakistani	a Pakistani	the Pakistanis

-an으로 끝나는 국적을 나타내는 모든 형용사는 위와 같은 형태를 따른다. **-ese**로 끝나는 국적을 나타내는 모든 형용사는 위와 같은 형태를 따르지만, 단어의 복수형은 단수형과 같다.

country	adjective	person	people
China	Chinese	a Chinese	the Chinese
Portugal	Portuguese	a Portuguese	the Portuguese
Vietnam	Vietnamese	a Vietnamese	the Vietnamese

일반적으로 국민 한 명을 가리킬 때 단어가 **-ese**로 끝나는 경우, 위와 같은 형식을 잘 사용하지 않는다. 예를 들면, '포르투갈 사람 한 명'은 **a Portuguese** 대신 주로 **a Portuguese man**이나 **a Portuguese woman**이라고 한다.

- Swiss도 위와 같은 형태를 따른다.

한 국가의 모든 국민을 나타낼 때, 국민 한 명을 가리키는 단어의 복수형으로 표기하는 단어군이 있다. 하지만 형용사의 형태는 달라지기도 한다. 그 예는 다음과 같다.

Nationality words

country	adjective	person	people
Czech Republic	Czech	a Czech	the Czechs
Denmark	Danish	a Dane	the Danes
Finland	Finnish	a Finn	the Finns
Iceland	Icelandic	an Icelander	the Icelanders
New Zealand	New Zealand	a New Zealander	the New Zealanders
Poland	Polish	a Pole	the Poles
Slovakia	Slovak	a Slovak	the Slovaks
Sweden	Swedish	a Swede	the Swedes
Turkey	Turkish	a Turk	the Turks

국적을 나타내는 다른 단어군은 그 나라 출신인 사람을 가르키는 특정한 단어가 있지만, 사람을 가리키는 형용사와는 동일하지 않다. 그 예는 다음과 같다.

country	adjective	person	people
Britain	British	a Briton	the British
England	English	an Englishman / an Englishwoman	the English
France	French	a Frenchman / a Frenchwoman	the French

country	adjective	person	people
Holland	Dutch	a Dutchman / a Dutchwoman	the Dutch
Ireland	Irish	an Irishman / an Irishwoman	the Irish
Spain	Spanish	a Spaniard	the Spanish
Wales	Welsh	a Welshman / a Welshwoman	the Welsh

 Briton은 글에서만 사용하고, 영국 영어에서는 잘 쓰지 않는다. 그러나 미국 영어에서는 영국 출신의 사람을 나타내는 표준 용어이다.

Scotland와 관련된 형용사는 일반적으로 **Scottish**를 쓰는데, 이는 오래된 표현이다. 스코틀랜드 출신의 사람은 **a Scot, a Scotsman, a Scotswoman**이며, 스코틀랜드의 모든 국민은 보통 **the Scots**라고 한다.

2 referring to a person (한 사람 가리키기)

특정한 나라의 출신인 사람을 가리킬 때 국적을 나타내는 명사를 사용하는 대신 **man, gentleman, woman, lady** 등의 명사를, 국적을 나타내는 형용사 뒤에 사용할 수 있다.

...an Indian gentleman. 인도인 신사.
...a French lady. 프랑스인 숙녀.

be동사 뒤에는 일반적으로 국적을 나타내는 명사보다 형용사를 사용한다. 예를 들면, **He's a Pole.**보다는 **He's Polish.**라고 한다.

Spike is **American**. You can tell from the accent. 스파이크는 미국인이다. 악센트에서 알 수 있다.

3 referring to the people (국민 가리키기)

국가와 관련된 일을 가리킬 경우, **-s**로 끝나지 않는 국적의 단어이더라도 복수동사를 사용한다.

The British **are** worried about the prospect of cheap imports. 영국은 저가 수입품의 전망에 대해 우려한다.

특정한 나라의 국민들을 가리킬 경우, (복수명사 + **-s**) 형식을 사용할 수 있다.

Nationality words

There is no way in which *Italians*, for example, can be prevented from entering Germany or France to seek jobs.
예를 들면, 이탈리아인들이 직장을 구하기 위해 독일이나 프랑스에 입국하는 것을 막을 수 있는 방법이 전혀 없다는 것이다.

특정한 나라의 일부 사람들을 가리킬 때, (한정사·숫자·형용사 + 복수명사) 형식을 사용할 수 있다.

Many Americans assume that the British are stiff and formal.
많은 미국인들은 영국인들이 딱딱하고 격식을 차리는 사람들이라고 생각한다.

There were *four Germans* with Dougal. 더갈과 함께 독일인 네 명이 있었다.

> **주의** 위와 같이 **-s**로 끝나지 않는 국적을 나타내는 단어는 사용할 수 없다. 예를 들면, **many French, four French, young French**라고 할 수 없다.

국가명을 그 나라의 국민들이나 그 나라를 공식적으로 대표하는 사람들을 가리킬 때에도 사용할 수 있다. 이와 같은 명사에는 단수동사를 사용한다.

...the fact that *Britain has* been excluded from these talks. 영국 대표단이 이들 협상에서 제외된 사실.

4 country as modifier(수식어로 사용하는 국가)

사람이나 사물이 소속되어 있는 국가를 가리키는 형용사가 전혀 없을 경우, 국가명을 명사수식어로 사용할 수 있다.

...the *New Zealand* government. 뉴질랜드 정부.

5 combining nationality adjectives(국적을 나타내는 형용사 결합시키기)

두 나라 간에 관련된 일을 가리킬 때, 나라를 나타내는 형용사 사이에 하이픈을 사용할 수 있다.

He has dual German-American citizenship. 그는 독일과 미국의 복수 국적을 갖고 있다.
...the *Italian-Swiss* border. 이탈리아와 스위스 간의 국경.

하이픈 앞에 위의 단어 조합만을 사용하는 특정한 형용사가 일부 있다.

- Anglo- (England or Britain)
- Euro- (Europe)
- Franco- (France)
- Indo- (India)
- Italo- (Italy)
- Russo- (Russia)
- Sino- (China)

...*Anglo-American* trade relations. 영미 무역 관계.

6 language(언어)

국적을 나타내는 많은 형용사는 특정한 국가에서 사용되거나 특정한 국가에 기원을 둔 언어를 가리킬 때 쓸 수 있다.

She speaks *French* so well. 그녀는 프랑스어를 아주 잘 구사한다.
There's something written here in *Greek*. 여기에 그리스어로 쓰여진 것이 있다.

7 cities, regions, and states(도시, 지역, 주)

특정한 도시, 지역, 주에서 온 사람을 가리킬 때 사용하는 명사가 많이 있다.

...a 23-year-old *New Yorker*. 뉴욕에 거주하는 23세의 사람.
Perhaps *Londoners* have simply got used to it. 아마도 런던 사람들은 단순히 그것에 익숙해진 것 같았다.
Their children are now like other *Californians*.
그들의 자식들은 현재 캘리포니아 사람들과 구별할 수 없다.

마찬가지로, 사람이나 사물이 특정한 도시나 지역에서 왔거나 존재한다는 것을 나타내는 형용사가 많이 있다.

...a *Glaswegian* accent. 글래스고 사람들의 악센트.
...a *Californian* beach. 캘리포니아 해변.

Numbers and fractions

Numbers and fractions

1. numbers
2. expressing numbers
3. position
4. agreement
5. numbers as pronouns
6. numbers in compound adjectives
7. 'one'
8. 'zero'
9. Roman numerals
10. ordinal numbers
11. written forms
12. ordinals as modifiers
13. ordinals as pronouns
14. fractions
15. agreement of fractions
16. fractions as pronouns
17. decimals
18. percentages
19. approximate numbers
20. minimum numbers
21. maximum numbers
22. showing a range of numbers

0	zero, nought, nothing, oh	26	twenty-six
1	one	27	twenty-seven
2	two	28	twenty-eight
3	three	29	twenty-nine
4	four	30	thirty
5	five	40	forty
6	six	50	fifty
7	seven	60	sixty
8	eight	70	seventy
9	nine	80	eighty
10	ten	90	ninety
11	eleven	100	a hundred
12	twelve	101	a hundred and one
13	thirteen	110	a hundred and ten
14	fourteen	120	a hundred and twenty
15	fifteen	200	two hundred
16	sixteen	1000	a thousand
17	seventeen	1001	a thousand and one
18	eighteen	1010	a thousand and ten
19	nineteen	2000	two thousand
20	twenty	10,000	ten thousand
21	twenty-one	100,000	a hundred thousand
22	twenty-two	1,000,000	a million
23	twenty-three	2,000,000	two million
24	twenty-four	1,000,000,000	a billion
25	twenty-five		

1 numbers(숫자)

다음 표는 숫자명을 나타낸다. 이런 숫자는 때때로 **cardinal numbers**(기수)라고도 한다. 다음 표의 숫자에서 다른 모든 숫자가 이루어지는 방법을 알 수 있다.

과거에 영국 영어에서는 **a million million**(1조)의 뜻으로 **billion**(10억)을 사용했다. 그러나 요즘은 **billion**을 미국 영어를 쓰는 사람들처럼 일반적으로 **a thousand million**(10억)의 뜻으로 사용한다.

Numbers and fractions

> **주의** hundred, thousand, million, billion을 사용할 때, 그 앞에 1보다 더 큰 수를 사용하더라도 단수형을 유지한다.
> ...*six hundred* miles. 600마일.
> Most of the coral is some *2 million* years old. 대부분의 산호초는 약 2백만 년 산이다.
>
> 정확한 숫자를 가리킬 때는 위와 같은 단어 뒤에 *of*를 사용하지 않는다. 예를 들면, '500명'은 five hundred of people이 아닌 five *hundred* people이라고 한다.

dozen도 숫자 단위로 사용하며, 12개의 것을 가리킬 때 쓰인다.

O Usage 표제어 **dozen** 참조.

2 expressing numbers(숫자 표현하기)

일반적으로 100 이상의 수는 글로 쓸 때 숫자로 쓴다. 그러나 숫자보다는 단어를 읽거나 쓰고자 할 경우, 마지막 2개의 숫자 앞에 **and**를 쓴다. 예를 들면, 203은 **two hundred and three**이며 2840은 **two thousand, eight hundred and forty**라고 읽거나 쓴다.

Four hundred and eighteen men were killed and *a hundred and seventeen* wounded.
418명이 사망하고 117명이 부상당했다.

 미국 영어에서는 보통 **and**를 생략한다.
...*one hundred fifty* dollars. 150달러.

1,000에서 1,000,000 사이의 숫자를 읽거나 글로 쓰는 방법은 여러 가지가 있다. 예를 들면, 숫자 1,872가 어떤 것의 양을 나타낼 때는 **one thousand, eight hundred and seventy-two**라고 읽거나 쓴다.

00으로 끝나는 4자리의 숫자는 **hundred**로도 읽거나 쓸 수 있다. 예를 들면, 1,800은 **eighteen hundred**라고 읽거나 쓸 수 있다.

숫자 1872가 무언가를 확인하는 데 사용될 경우, **one eight seven two**라고 읽는다. 전화번호의 경우에는 항상 이처럼 숫자를 각각 하나씩 읽는다.

 영국 영어에서는 전화번호에서 같은 숫자가 두 번 반복될 경우, **double**을 사용한다. 예를 들면, 1882는 **one double eight two**라고 읽는다. 미국 영어에서는 숫자를 반복하여 **one eight eight two**라고 읽는 것이 더 일반적이다.

1872년은 보통 **eighteen seventy-two**라고 읽는다.

O Topic 표제어 **Days and dates** 참조.

9,999 이상의 숫자를 쓸 때, 15,000이나 1,982,000과 같이 숫자를 세 자리마다 분리하여 일반적으로 끝에서 4번째, 7번째 뒤에 콤마를 넣는다. 1,000에서 9,999 사이의 숫자는 1,526과 같이 때때로 첫 숫자 뒤에 콤마를 넣기도 한다.

3 position(위치)

명사 앞에 한정사와 숫자를 사용할 경우, (한정사 + 숫자) 형식을 사용한다.
...*the three* young men. 그 세 명의 젊은 남자들.
All three candidates are coming to Blackpool later this week.
세 명의 후보자 모두 이번 주 늦게 블랙풀에 올 것이다.

명사 앞에 숫자와 형용사를 사용할 경우, 일반적으로 (숫자 + 형용사 + 명사) 형식을 사용한다.
...*two small* children. 두 명의 작은 어린이.
...*fifteen hundred local* residents. 지역 주민 1,500명.
...*three adventurous young* girls. 세 명의 탐험적인 여성들.

그러나 **following**, **only** 등의 일부 형용사는 숫자 뒤에 온다.

O Grammar 표제어 **Adjectives** 참조.

Numbers and fractions

4 agreement(일치)

명사 앞에 숫자 1을 제외한 다른 숫자를 사용할 때, 복수명사와 복수동사를 사용한다.

...a hundred *years*. 백년.
Seven *guerrillas were* wounded. 유격대원 7명이 부상당했다.
There *were* ten *people* there, all men. 그곳에는 10명이 있었는데 모두 남자였다.

그러나 돈의 액수, 기간, 거리, 속도, 무게를 나타낼 경우, 일반적으로 단수동사를 사용한다.

Three hundred pounds *is* a lot of money. 300파운드는 많은 돈이다.
Ten years *is* a long time. 10년은 긴 시간이다.
90 miles an hour *is* much too fast. 시속 90마일은 지나치게 빠르다.

5 numbers as pronouns(대명사로 사용하는 숫자)

지칭하려는 사물의 종류가 명확할 때, 명사를 동반하지 않고 숫자를 사용할 수 있다. 이때 숫자만 쓰거나 한정사와 함께 쓸 수도 있다.

They bought eight companies and sold off *five*. 그들은 8개의 회사를 매입하고 5개를 매각했다.
These two are quite different. 이 둘은 상당히 다르다.

어떤 것에 속해 있는 사람이나 사물의 숫자를 나타낼 때, *of*를 사용한다.

I saw *four of these programmes*. 나는 이러한 프로그램 중 네 개를 보았다.
All four of us wanted to leave. 우리 네 명 모두는 그곳을 떠나고 싶어했다.

6 numbers in compound adjectives(복합형용사에 사용하는 숫자)

숫자를 복합형용사의 일부로 사용할 경우, 보통 그 사이에 하이픈을 넣는다.

He took out a *five-dollar* bill. 그는 5달러짜리 지폐를 꺼냈다.
I wrote a *five-hundred-word* essay. 나는 500자의 에세이를 썼다.

ℹ️ 복합형용사에 2 이상의 숫자를 사용해도 명사는 단수형이며, 위와 같은 복합형용사는 보어로 사용할 수 없다. 예를 들면, '내가 쓴 에세이는 500자 길이다.'는 My essay is five-hundred-word.가 아닌 My essay is five hundred words long.이라고 한다.

7 'one'

*one*은 단 한 개의 사물이 있다는 것을 강조하거나 정확한 것을 나타낼 때 명사 앞에 사용한다. 특정한 단체의 구성원을 가리킬 때도 사용하며, 단수명사 앞에 쓰면 뒤에 단수동사를 사용한다.

There was only *one* gate into the palace. 그 궁으로 들어가는 문은 단 하나뿐이었다.
One member declared that he would never vote for such a proposal.
멤버 중 한 명인 그는 그러한 투표를 절대로 하지 않겠다고 선언했다.

강조하거나 정확하게 할 필요가 없는 경우, **one** 대신 **a**를 사용한다.

A car came slowly up the road. 자동차가 길을 따라 천천히 다가왔다.

8 'zero'

숫자 0은 일반적으로 어떤 사물의 숫자가 하나도 없다는 것을 나타낼 때에는 사용하지 않는다. 이때는 대신 한정사 **no**나 대명사 **none**을 쓰거나 부정문에서는 **any**를 사용한다.

She had *no* children. 그녀에게는 자식이 한 명도 없었다.
Sixteen people were injured but luckily *none* were killed. 16명이 부상당했으나 다행히 죽은 사람은 아무도 없었다.
There *weren't any* seats. 자리가 하나도 없었다.

◯ Usage 표제어 **no**와 **none** 참조.

숫자 0을 표현하는 방법으로는 여러 가지가 있다.

• **zero**는 온도, 세금, 이자율 등과 같이 숫자를 나타낼 때 사용한다.

It was fourteen below *zero* when they woke up. 그들이 잠에서 깨어났을 때, 영하 14도였다.

Numbers and fractions

...*zero* tax liability. 납세가 없는 의무.
They lent capital to their customers at low or *zero* rates of interest.
그들은 고객들에게 빌려주는 낮거나 이자가 없는 자금을 대출했다.

- **nought**는 영국 영어에서 수치를 표현할 때 사용한다. 예를 들면, 0.89는 **nought point eight nine**으로 읽는다.

 미국 영어에서는 위와 같은 숫자에 **zero**를 사용한다.

x equals *nought*. x는 0과 같다.
...linguistic development between the ages of *nought* and one. 0세와 1세 사이의 언어 발달.
...babies from ages *zero* to five years. 0세에서 5세까지의 어린아이들.

- **nothing**은 격식을 차리지 않은 표현이며 계산할 때 사용한다.

Subtract *nothing* from that and you get a line on the graph like that.
그것에서 아무것도 제하지 않으면 당신은 그와 같은 라인을 그래프에서 얻을 수 있다.
'What's the difference between this voltage and that voltage?' – '*Nothing*.'
"이 볼티지와 저 볼티지는 어떤 차이가 있습니까?" – "전혀 없습니다."

- 여러 개의 숫자를 읽을 때, 숫자 0은 **oh**나 알파벳 **O**로 읽기도 한다. 예를 들면, 전화번호가 021 4620인 경우 **oh two one, four six two oh**로 읽는다. 소수점 이하의 **.089**는 **point oh eight nine**으로 읽는다.

- **nil**은 스포츠 점수와 격식을 차리지 않는 말과 글에서 사용한다.

 미국 영어에서는 일반적으로 **nil**을 쓰지 않는다. 스포츠 점수에서는 **nothing**을, 그 밖에는 **zero**를 사용한다.
Leeds United won *four-nil*. 리즈 유나이티드가 4대 0으로 승리했다.
Harvard won thirty-six to *nothing*. 하버드는 36 대 0으로 이겼다.

9 Roman numerals (로마 숫자)

일부 경우에서는 숫자를 로마 숫자로 쓰는데, 사실 로마 숫자는 알파벳으로 이루어져 있다.

I	=	1
V	=	5
X	=	10
L	=	50
C	=	100
D	=	500
M	=	1000

위의 문자는 모든 로마 숫자를 표현하기 위한 조합으로 쓰인다. 작은 숫자가 큰 숫자 앞에 올 경우, 더 큰 숫자에서 빼기를 한다. 더 큰 숫자가 그 앞에 올 경우, 더 큰 숫자를 더한다. 예를 들면, **IV**는 4이며 **VI**는 6이다.

같은 이름을 가진 왕이나 여왕이 있을 경우, 이름 뒤에 로마 숫자를 쓴다.
...Queen Elizabeth II. 엘리자베스 여왕 2세.

Queen Elizabeth the Second라고 읽는다.

책, 연극, 다른 글의 장과 절에 숫자를 매길 때 로마 숫자를 흔히 쓴다.
Chapter IV: Summary and Conclusion. 단원 4: 요약 및 결론.
We read **Act I** of Macbeth. 우리는 맥베스 연극 1막을 읽었다.

로마 숫자는 때때로 공식적인 날짜를 표현할 때 사용되기도 하는데, 영화와 텔레비전 프로그램의 엔딩 부분에서 자주 쓰인다. 예를 들면, 1992년은 **MCMXCII**로 쓸 수 있다.

10 ordinal numbers (서수)

어떤 것이 연달아 일어나는 것을 나타내어 확인하거나 묘사할 때 서수를 사용한다.
Quietly they took their seats in the *first* three rows. 그들은 조용히 첫 번째 세 줄에 앉았다.
Flora's flat is on the *fourth* floor of this five-storey block. 플로라의 아파트는 이 5층 건물의 4층에 있다.

Numbers and fractions

다음 표는 서수이다.

1st	first	25th	twenty-fifth
2nd	second	26th	twenty-sixth
3rd	third	27th	twenty-seventh
4th	fourth	28th	twenty-eighth
5th	fifth	29th	twenty-ninth
6th	sixth	30th	thirtieth
7th	seventh	40th	fortieth
8th	eighth	41st	forty-first
9th	ninth	50th	fiftieth
10th	tenth	51st	fifty-first
11th	eleventh	60th	sixtieth
12th	twelfth	61st	sixty-first
13th	thirteenth	70th	seventieth
14th	fourteenth	71st	seventy-first
15th	fifteenth	80th	eightieth
16th	sixteenth	81st	eighty-first
17th	seventeenth	90th	ninetieth
18th	eighteenth	91st	ninety-first
19th	nineteenth	100th	hundredth
20th	twentieth	101st	hundred and first
21st	twenty-first	200th	two hundredth
22nd	twenty-second	1000th	thousandth
23rd	twenty-third	1,000,000th	millionth
24th	twenty-fourth	1,000,000,000th	billionth

11 written forms(글로 쓴 형식)

특히 날짜에서 위의 표와 같이 약어를 쓸 수 있다.

He lost his job on January **_7th_**. 그는 1월 7일에 실직했다.
Write to HPT, **_2nd floor_**, 59 Picadilly, Manchester. 맨체스터 피카딜리 59번지 2층에 있는 HPT로 편지를 보내세요.

12 ordinals as modifiers(수식어로 사용하는 서수)

〔한정사 + 서수 + 명사〕 형식을 사용하며, 일반적으로 be동사와 같은 연결동사 뒤에 보어로 사용하지 않는다.

He took the lift to the **_sixteenth_** floor. 그는 엘리베이터를 타고 16층으로 올라갔다.
...on her **_twenty-first_** birthday. 그녀의 21번째 생일에.

경주나 시합의 결과를 언급할 경우, 〔동사 come · finish 등 + 서수〕 형식을 사용한다.

I **_came second_** in the poetry competition. 나는 시 경연 대회에서 2등을 했다.
He **_was third_** in the 100m and 200m. 그는 100미터와 200미터 경기에서 각각 3등을 했다.

서수는 기수 앞에 오는 작은 형용사구에 포함된다.

The **_first two_** years have been very successful. 처음 2년은 매우 성공적이었다.

13 ordinals as pronouns(대명사로 사용하는 서수)

가리키려는 사물의 종류가 확실한 경우, 명사를 동반하지 않고 서수를 대명사로 사용할 수 있다. 이 경우 반드시 한정사와 함께 사용해야 한다.

A second pheasant flew up. Then **_a third_** and **_a fourth_**. 두 번째 꿩이 날아간 후에 세 번째와 네 번째 꿩이 날아갔다.
There are two questions to be answered. **_The first_** is 'Who should do what?' **_The second_** is 'To whom should he be accountable?'
우리는 대답해야 할 질문이 두 개가 있다. 첫 번째는 "누가 무엇을 해야 하는가?" 두 번째는 "그가 누구를 위해 책임을 져야 하는가?"이다.

〔**the** + 서수 + **of**〕 형식은 사람이나 사물이 속해 있는 집단을 나타낼 때 사용한다.

Numbers and fractions

This is **_the third of a series of programmes from the University of Sussex_**.
이것은 서섹스 대학에서 제공하는 연속 강의 프로그램 중 세 번째이다.
Tony was **_the second of four sons_**. 토니는 4남 중 둘째였다.

14 **fractions**(분수)

어떤 것의 일부분을 전체와 비교할 때, [of + 명사군] 형식에 따라서 **a third**(1/3)나 **two fifths**(2/5) 등과 같은 분수를 사용한다. 대부분의 분수는 서수를 기본으로 하는데, **a half**(1/2)와 **a quarter**(1/4)는 예외이다.

분수는 숫자로 표기할 수 있다. 예를 들면, **a half**는 1/2, **a quarter**는 1/4, **three-quarters**는 3/4, **two thirds**는 2/3이다.

어떤 것의 일부분을 가리킬 때, 보통 **a**를 사용한다. 격식을 차린 말이나 글이나 합계를 강조할 때는 **one**만을 사용한다.
This state produces _**a third**_ of the nation's oil. 이 주에서는 그 나라 석유의 3분의 1을 생산한다.
..._**one quarter**_ of the total population. 전체 인구의 4분의 1.

분수의 복수형은 자주 하이픈으로 표기한다.
More than _**two-thirds**_ of the globe's surface is water. 지구 표면의 3분의 2 이상이 물로 덮여 있다.
He was not due at the office for another _**three-quarters**_ of an hour.
그는 45분 더 사무실 자리를 비웠다.

[the + 형용사 + 분수] 형식을 사용한다.
..._**the southern half**_ of England. 영국 남부의 절반 지역.
..._**the first two-thirds**_ of the this century. 이번 세기의 첫 3분의 2의 기간.

a half와 **a quarter**를 전체 숫자와 결합하여 사용할 경우, [a half · a quater + 복수명사] 형식을 사용한다.
..._**one and a half acres**_ of land. 땅의 1.5에이커.
..._**five and a quarter days**_. 하루의 5와 4분의 1의 날들.

그러나 숫자 1 대신 **a**나 **an**을 사용할 경우, 뒤에 오는 명사는 단수형이며 분수 앞에 온다.
..._**an acre and a half**_ of woodland. 1.5에이커의 임야.
..._**a mile and a quarter**_ of motorway. 1.25마일의 고속도로.

15 **agreement of fractions**(분수의 일치)

단 하나의 사물의 일부분을 나타낼 경우, 단수동사를 사용한다.
Half of our work _is_ to design programmes. 우리가 하는 일의 절반은 프로그램을 디자인하는 것이다.
Two fifths of the forest _was_ removed. 산림의 5분의 2가 벌채되었다.

하지만 여러 사물의 일부분일 경우, 복수동사를 사용한다.
Two fifths of the houses _have_ more than six people per room.
거주지의 5분의 2는 한 방당 6명이 거주하고 있다.
A quarter of the students _were_ seen individually. 학생의 4분의 1은 개별적으로 만났다.

16 **fractions as pronouns**(대명사로 사용하는 분수)

가리키려는 사람이나 사물을 확실히 할 때, **of**와 명사군을 생략한 분수를 사용할 수 있다.
Most were women and about _half_ were young with small children.
대부분이 여성이었는데, 절반은 어린아이들이 딸린 젊은 여성이었다.
One fifth are appointed by the Regional Health Authority. 지역 보건 당국의 5분의 1이 임명된다.

17 **decimals**(소수)

소수는 분수를 표현하는 하나의 방법이다. 예를 들면, 0.5는 1/2이고, 1.4는 1 2/5와 같다.
...an increase of **16.4** per cent. 16.4퍼센트의 증가.
The library contains over **1.3** million books. 이 도서관의 장서는 1,300만권이 넘는다.

점을 **point**라고 한다. 예를 들면, 1.4는 **one point four**라고 읽는다.

Numbers and fractions

> 주의 영어에서는 소수에 콤마를 사용하지 않는다.

밀접하게 관련된 많은 조항, 표, 삽화를 가리킬 경우, 소수처럼 보이는 숫자를 사용한다.
...see section **3.3**. 3.3 섹션 참조.
The normal engineering drawing is quite unsuitable (figure **3.4**).
표준 공학용 도면은 결코 적합하지 않다(그림 3.4).

18 percentages(백분율)

분수는 자주 백분율로 표시하는데, 이와 같은 형태의 분수를 **percentage**라고 한다. 예를 들면, 3/100을 백분율로 나타내면 **three per cent**라고 하며, 흔히 3%라고 쓴다.

About **20 per cent** of student accountants are women. 회계학을 배우는 학생의 20퍼센트 정도가 여성이다.
...interest at **10%** per annum. 연간 10%의 이자.

 미국 영어에서는 **per cent**를 한 단어인 **percent**로 표기한다.
In 1980, only **29 per cent** of Americans were Republicans. 1980년에는 미국인의 29퍼센트만이 공화당원이었다.

19 approximate numbers(대략적인 숫자)

대략적인 큰 숫자를 가리킬 때, 〔several · a few · a couple of + dozen · hundred · thousand · million · billion〕 형식을 사용한다.

...**several hundred** people. 수백 명의 사람들.
A few thousand cars were sold on the first day. 첫날 수백 대의 차가 팔렸다.

훨씬 더 부정확하고 큰 숫자라는 것을 강조할 때, 〔dozens · hundreds · thousands · millions · billions + of〕 형식을 사용한다.

That's going to take **hundreds of** years. 그것은 수백 년이 걸릴 것이다.
We travelled **thousands of** miles across Europe. 우리는 유럽 대륙을 가로질러 수천 마일을 이동했다.

과장하여 말할 때는 흔히 복수형을 사용한다.
I was meeting **thousands of** people. 나는 수천 명의 사람들을 만나고 있었다.
Do you have to fill in **hundreds of** forms before you go? 당신은 가기 전에 수백 개의 서류를 작성해야 하나요?

다음 표현은 대략적인 숫자를 나타내며 실제 숫자는 더 크거나 작을 수도 있다.

about	approximately	around	odd
or so	or thereabouts	roughly	some
something like			

〔about · approximately · around · roughly · some · something like + 숫자〕 형식을 사용한다.
About 85 students were there. 약 85명의 학생이 있었다.
It costs **roughly $10,000** a year to educate an undergraduate.
대학생 한 명에게 들어가는 교육비가 1년에 대략 1만 달러가 된다.
I found out where this man lived, and drove **some four** miles inland to see him.
나는 이 남자가 사는 곳을 알아내서 그를 만나기 위해 4마일 정도 내륙으로 차를 몰고 갔다.

ⓘ 위와 같은 some의 사용은 아주 격식을 차린 것이다.

〔숫자 · 숫자를 동반하는 명사 + odd · or so · or thereabouts〕 형식을 사용한다.
...**a hundred odd** acres. 대략 1백 에이커.
The car should be here in **ten minutes or so**. 그 자동차는 10분 내외로 이곳에 도착해야 한다.
Get the temperature to **30℃ or thereabouts**. 온도는 섭씨 30도 내외를 유지하라.

20 minimum numbers(최소한의 숫자)

어떤 숫자가 최소한의 숫자여서 실질적으로는 더 클 수도 있다고 할 때 사용하는 표현은 다음과 같다.

Numbers and fractions

664

| a minimum of | at least | from | minimum |
| more than | or more | over | plus |

〔a minimum of · from · more than · over + 숫자〕 형식을 사용한다.
He needed *a minimum of 26* Democratic votes. 그는 최소한 민주당원의 26표가 필요했다.
...a 3 course dinner *from £15*. 15파운드부터인 3코스로 된 만찬.
...a school with *more than 1300* pupils. 1,300명 이상의 학생이 있는 학교.
The British have been on the island for *over a thousand* years. 영국인들은 천 년 동안 그 섬에서 거주해 왔다.

〔숫자를 동반하는 명사 + or more · plus · minimum〕 형식을 사용한다.
...a choice of *three or more* possibilities. 세 번 이상의 가능성이 있는 선택.
This is the worst disaster I can remember in my *25 years plus* as a police officer.
이 사고는 25년 이상의 경찰관 생활을 통해 내가 기억할 수 있는 최악의 참사이다.
They should be getting *£180 a week minimum*. 그들은 한 주에 최소한 180파운드는 받아야 한다.

구직 광고에서처럼 때때로 plus의 부호인 '+'로 표기하기도 한다.
2+ years' experience of market research required. 2년 이상의 시장 조사 경력 필수.

*at least*는 일반적으로 숫자 앞에 온다.
She had *at least a dozen* biscuits. 그녀는 비스킷을 12개 이상 먹었다.
It was a drop of *at least two hundred* feet. 그것은 적어도 200피트 이상 떨어졌다.

그러나 위와 같은 표현은 때때로 숫자나 명사 뒤에 오기도 하며, 더 강조할 때는 명사 뒤에 사용한다.
I must have slept *twelve hours at least*. 나는 적어도 12시간은 잤음이 틀림없다.
He was fifty-five *at least*. 그는 적어도 55세였다.

21 maximum numbers(최대한의 숫자)

어떤 숫자가 최대한의 숫자여서 실질적으로는 더 적을 수도 있다고 할 때 사용하는 표현은 다음과 같다.

almost	a maximum of	at most	at the maximum
at the most	fewer than	less than	maximum
nearly	no more than	or less	or under
under	up to		

〔almost · a maximum of · fewer than · less than · nearly · no more than · under · up to + 숫자〕
형식을 사용한다.
The company now supplies *almost 100* of Paris's restaurants.
그 회사는 파리에 있는 거의 100개에 달하는 식당에 공급을 한다.
We managed to finish the entire job in *under three* months. 우리는 모든 작업을 3개월 내에 마치는 데 성공했다.

〔숫자 · 숫자를 동반하는 명사 + at the maximum · at most · at the most · maximum · less · under〕 형
식을 사용한다.
They might have IQs of 40, or *50 at the maximum*. 그들은 아마 아이큐가 40이나 많아야 50 정도일 것이다.
The area would yield only *200 pounds of rice or less*. 그 땅은 200파운드 또는 그 이하의 쌀만 생산할 것이다.

22 showing a range of numbers(숫자의 범위 나타내기)

숫자의 범위를 나타낼 때는 between과 and, from과 to, 혹은 to만을 사용한다.
Most of the farms are *between four and five hundred* years old.
대부분의 농장은 4백 년 내지 5백 년 전 사이에 지어졌다.
Each ward accommodates *from ten to twenty* patients. 각 병동은 10명에서 20명의 환자를 수용하고 있다.
Many owned *two to five* acres of land. 많은 사람들이 2에서 5에이커의 땅을 소유했다.

〔anything between · anything from〕 형식은 범위의 크기를 강조할 때 사용한다.

An average rate of ***anything between 25 and 60*** per cent is usual. 평균률이 25~60퍼센트 사이가 보통이다.
It is a job that takes ***anything from two to five*** weeks. 그 일은 2주에서 5주 사이가 걸린다.

범위를 나타내는 두 개의 숫자 사이에 하이픈을 사용하며, 이를 to로 읽는다.

Allow to cool for ***10–15*** minutes. 10에서 15분간 식게 놔 두세요.
These figures were collected in ***1995–9***. 이 숫자들은 1995년에서 1999년까지 수집된 것이다.
...the Tate Gallery (open ***10 a.m.–6 p.m.***, Sundays, ***2–6***).
테이트 갤러리(오전 10시에서 오후 6시까지, 매주 일요일은 2시에서 6시까지 개장).

어떤 범위나 연속되는 일의 전개 과정에서 두 개의 숫자를 언급할 경우, 부호 '/'를 사용할 수 있다. 이는 **stroke**(주로 영국), **slash**, **to**로 읽는다.

Earnings increased in ***2005/6***. 수입이 2005년과 2006년에 증가했다.
Write for details to ***41/42*** Berners Street, London.
자세한 것은 런던 버너스 스트리트 41~42번지로 편지로 문의하세요.

Offers

1. offering something to someone
2. other ways of offering something
3. offering to help or do something
4. confident offers
5. less confident or firm offers
6. offers to a customer
7. replying to an offer

1 offering something to someone (누군가에게 어떤 것을 제공하기)

누군가에게 어떤 것을 제공하는 여러 가지 방법은 다음과 같다.

상대방에게 정중하게 어떤 것을 제공할 때, **Would you like...?**를 사용한다.
Would you like another biscuit? 비스킷을 더 드시겠습니까?
I was just making myself some tea. ***Would you like*** some? 저는 홍차를 만들고 있었는데 좀 드시겠어요?

잘 알고 있는 사람에게 말할 경우, 덜 정중하게 **Do you want...?**를 사용할 수 있다.
Do you want a biscuit? 비스킷을 먹을래요?
Do you want a coffee? 커피 한잔 마실래요?

잘 아는 사람에게 설득조로 권할 때, **have**로 시작하는 명령형을 사용할 수 있다.
Have some more tea. 차를 좀 더 드세요.
Have a chocolate biscuit. 초콜릿 비스킷 좀 드세요.

명사나 명사구를 사용할 수도 있는데, 이는 의문문처럼 들린다.
'***Tea?***' – 'Yes, thanks.' "차 한잔 하시겠어요?" – "예, 고마워요."
'***Ginger biscuit?***' "생강으로 만든 비스킷을 드시겠어요?"

2 other ways of offering something (어떤 것을 제공하는 다른 방법)

상대방에게 주려는 것이 바로 그 자리에 없는 경우, **Can I get you something?**이나 **Let me get you something to eat.**과 같이 말한다.
Can I get you anything? 무엇 좀 가져다 드릴까요?
Sit down and ***let me get you*** a cup of tea or a drink or something.
앉으세요. 홍차나 술 한잔 아니면 다른 마실 것을 가져다 드릴게요.

상대방에게 필요한 것을 스스로 가져다가 사용하라고 할 경우, **Help yourself.**라고 한다.
Help yourself to sugar. 설탕을 넣어 드세요.
'Do you think I could have a drink?' – 'Of course. You know where everything is. ***Help yourself.***'
"술 한잔 마셔도 돼요?" – "물론이지요. 어디에 무엇이 있는지를 모두 아시니 마음껏 드세요."

Offers

격식을 차리지 않으면서 강요하지 않고 상대방에게 어떤 것을 제공할 때, **You can have...**나 **You can borrow...**를 사용한다.

You can borrow my pen if you like. 당신이 원하면 제 볼펜을 빌려 줄 수 있어요.

🛈 영국 영어에서는 격식을 차리지 않고 어떤 것을 제공할 때, Fancy some coffee?(커피 한 잔 드시겠어요?)나 Fancy a biscuit?(비스킷 하나 드시겠어요?)이라고 한다.

3 offering to help or do something(어떤 일을 도와주거나 하겠다고 제의하기)

Shall I...?는 상대방에게 어떤 일을 도와주거나 하겠다고 제의하는 표현으로, 바로 지금 일어나고 있는 일이나 미래의 일에 사용한다.

Shall I fetch another doctor? 제가 다른 의사를 모셔 올까요?
'What's the name?' – 'Khulaifi. *Shall I* spell that for you?'
"그것은 이름이 무엇이지요?" – "쿨라이피. 제가 스펠링을 불러 줄까요?"

4 confident offers(자신 있는 제공)

Let me...는 상대방이 현재 무엇을 하기를 원하는지 매우 확신하는 경우에 사용한다.

Let me buy you a coffee. 제가 커피를 사 드리겠습니다.
Let me help. 제가 도와드리겠습니다.

I'll...은 확고하면서도 친절하게 상대방에게 무언가를 제공할 경우에 사용한다.

Leave everything, *I'll* clean up. 모든 것을 그대로 두세요. 제가 청소할 것입니다.
Come on out with me. *I'll* buy you dinner. 저와 함께 나갑시다. 제가 저녁을 사죠.

5 less confident or firm offer(덜 확신하거나 덜 확고한 제공)

상대방이 어떤 일을 하기를 원하는지 아닌지 확신이 없을 때는 **Do you want me to...?**나 **Should I...?**라고 한다. 더 정중하게 **Would you like me to...?**라고 할 수도 있으나, 이는 자신이 제공하는 것을 다소 꺼리는 듯한 인상을 줄 수 있다.

Do you want me to check his records? 제가 그의 기록들을 확인하기를 바랍니까?
Should I go in? 제가 안으로 들어가야 하나요?
Would you like me to drive you to the station? 제가 역까지 당신을 태워다 드려도 됩니까?

Do you want...?, Do you need...?라고 하거나 더 정중하게 **Would you like...?**라고도 하며, 행위를 나타내는 명사가 뒤에 온다. 상대방에게 직접적으로 어떤 것을 제공하지는 않더라도 그러한 의사가 있다는 것을 의미한다.

Do you want a lift? 제가 태워다 드릴까요?
Are you all right, Alan? *Need* any help? 앨런, 괜찮아요? 도와줄까요?

Can I...?는 알게 된 지 얼마 되지 않았거나 얼마 전에 만난 사람에게 무언가를 제공할 때 사용한다.

Can I give you a lift anywhere? 가시는 곳까지 차를 태워 드릴까요?

I'll...이나 **I can...** 뒤에 *if you want*나 *if you like*를 붙여서, 자신이 어떤 것을 원하는지 확신이 없을 때 상대방에게 무언가를 제공하는 표현으로 사용한다.

I'll drive it back *if you want*. 당신이 원한다면 제가 차로 그것을 돌려 보내드리겠어요.
I can show it to you now *if you like*.
당신이 원한다면 제가 그것을 지금 보여드릴 수 있습니다.

6 offers to a customer(고객에게 제의)

가게나 회사에서 직원이 정중하게 고객의 전화를 받거나 직접 무언가를 제의할 때, **Can I...**나 **May I...**를 사용한다.

Flight information, *can I* help you? 비행시간 정보입니다. 무엇을 도와드릴까요?
Morgan Brown, Janine speaking, how *may I* help you?
모건 브라운사의 재닌입니다. 무엇을 도와드릴까요?

Opinions

7 replying to an offer(제의에 대한 대답)

제의를 받아들일 때 일반적으로 **Yes, please.**나 **Thank you.**라고 한다. 격식을 차리지 않을 때는 **Thanks.**라고도 한다.

'Shall I read to you?' – '***Yes, please.***'
"제가 읽어 줄까요?" – "예. 그렇게 해주세요."
'Have a cup of coffee.' – '***Thank you very much.***'
"커피 한잔 하세요." – "정말 고마워요."
'You can take the jeep.' – '***Thanks.***'
"지프차를 가져가 사용하세요." – "고마워요."

상대방의 제안에 매우 감사를 표할 때, 특히 기대하지 않았던 호의를 받을 때 **Oh, thank you, that would be great., That would be lovely.**라고 하거나, 더 격식을 차려서 **That's very kind of you.**라고도 한다.

'Shall I run you a bath?' – 'Oh, yes, please! ***That would be lovely.***'
"목욕 준비를 해드릴까요?" – "아, 예, 그렇게 해주세요. 그거 정말 좋겠는데요."
'I'll have a word with him and see if he can help.' – '***That's very kind of you.***'
"제가 그와 이야기해서 도울 수 있는지 알아보겠어요." – "감사합니다."

상대방의 제의를 거절할 때는 일반적으로 **No, thank you.**라고 하거나, 격식을 차리지 많을 때는 **No, thanks.**라고 한다.

'Would you like some coffee?' – '***No, thank you.***'
"커피를 드시겠어요?" – "아니요. 괜찮습니다."
'Do you want a biscuit?' – '***No, thanks.***'
"비스킷을 더 드시겠어요?" – "아니요."

No, I'm fine, thank you., I'm all right, thanks., No, it's all right.과 같은 표현을 사용할 수도 있다.

'Is the sun bothering you? Shall I draw the curtain?' – '***No, no, I'm fine, thank you.***'
"햇빛이 신경 쓰이세요? 커튼을 칠까요?" – "아, 아닙니다. 고맙지만, 전 괜찮아요."
'Do you want a lift?' – '***No, it's all right, thanks***, I don't mind walking.'
"태워다 드릴까요?" – "아니요, 괜찮아요. 고맙지만 걸어가도 돼요."

ℹ️ 상대방의 제공을 거절할 때 ~~Thank you.~~라고만 하지 않는다.

Opinions

1	showing type of opinion	7	showing honesty
2	being cautious	8	showing form of statement
3	showing degree of certainty	9	explicitly labelling a thought
4	showing that something is obvious	10	explicitly labelling a statement
5	emphasizing truth	11	drawing attention to what you are about to say
6	showing personal opinion		

말하는 태도를 나타내는 표현을 자주 사용한다. 의견이 사실과 얼마나 부합되는지에 대한 확신을 나타낼 때 조동사를 사용할 수 있다.

🔵 Usage 표제어 **can – could – be able to, might – may, must, shall – will, should** 참조.

말하는 태도를 나타낼 때 사용하는 부사가 많이 있다. 때때로 이를 **sentence adverbs**(문장부사)라고도 하며, 이에 대한 설명은 다음과 같다. 대부분의 문장부사는 일반적으로 절의 앞이나 마지막 또는 절 안에 온다.

1 showing type of opinion(의견의 종류를 나타내기)

말하는 내용이 사실이거나 사건에 대한 의견을 나타낼 때 사용하는 문장부사가 많이 있다. 그 사실이나 사건이 자신이 생각할 때 놀라운 것, 좋은 것, 나쁜 것인지를 나타내는 부사는 다음과 같다.

Opinions

absurdly	astonishingly	characteristically	coincidentally
conveniently	curiously	fortunately	happily
incredibly	interestingly	ironically	luckily
mercifully	miraculously	mysteriously	naturally
oddly	of course	paradoxically	predictably
remarkably	sadly	significantly	strangely
surprisingly	typically	unbelievably	understandably
unexpectedly	unfortunately	unhappily	

Luckily, I had seen the play before so I knew what it was about.
다행히도 나는 그 연극을 전에 보아서 무슨 내용인지 알고 있었다.
It is **fortunately** not a bad bump, and Henry is only slightly hurt.
다행히도 심한 충돌 사고가 아니어서 헨리는 경미한 부상만 입었다.

〔부사 + **enough**〕 형식에 자주 사용하는 부사는 다음과 같다.

curiously	funnily	interestingly	oddly
strangely			

Funnily enough, lots of people seem to love bingo. 재미있게도 많은 사람들이 빙고를 좋아하는 듯하다.
Interestingly enough, this proportion has not increased. 흥미롭게도 이 부분은 증가하지 않았다.

어떤 사람의 행위에 대한 의견을 나타내는 부사는 다음과 같다.

bravely	carelessly	cleverly	correctly
foolishly	generously	kindly	rightly
wisely	wrongly		

She **very kindly** arranged a beautiful lunch. 그녀는 아주 친절하게도 맛있는 점심을 차려 주었다.
Paul Gayner is **rightly** famed for his menu for vegetarians.
폴 가이너는 채식주의자를 위한 식단으로 정말 유명하다.
Foolishly, we had said we would do the decorating. 어리석게도 우리는 실내 장식을 하겠다고 말했다.

ℹ️ 위와 같은 부사는 전형적으로 주어나 첫 번째 조동사 뒤에 온다. 강조할 때는 부사의 위치가 달라지기도 한다.

2 being cautious (조심하기)

일반적이고 기본적이며 대략적인 내용을 나타낼 때, 다음 부사와 부가어를 사용할 수 있다.

all in all	all things	considered	altogether
as a rule	at a rough estimate	basically	broadly
by and large	essentially	for the most part	fundamentally
generally	in essence	in general	on average
on balance	on the whole	overall	ultimately

Basically, the more craters a surface has, the older it is.
기본적으로 표면에 흠집 자국이 많을수록 더 오래된 것이다.
I think **on the whole** we don't do too badly.
내 생각에 전체적으로 보면 우리가 아주 형편없게 하지는 않는 것 같다.

broadly speaking, generally speaking, roughly speaking을 사용할 수도 있다.
We are all, **broadly speaking**, in favour of the idea. 대체적으로 우리는 그 아이디어에 대해 찬성하고 있다.
Roughly speaking, the problem appears to be confined to people who signed up on the first day.
대략적으로 말하면 그 문제는 사인을 한 사람들에만 한정된 것으로 보인다.

말하는 내용이 완전히 사실이 아니거나 어떤 면에서만 사실이라는 뜻을 나타낼 때, 다음 부사나 부가어를 사용할 수 있다.

Opinions

almost	in a manner of speaking	in a way
in effect	more or less	practically
so to speak	to all intents and purposes	to some extent
up to a point	virtually	

It was **_almost_** a relief when the race was over. 그 경기가 끝나자 거의 안심이 되었다.
In a way I liked her better than Mark. 어떻게 보면 나는 마크보다 그녀를 더 좋아했다.
Rats eat **_practically_** anything. 쥐는 사실상 아무것이나 먹는다.

🛈 almost, practically, virtually는 all, any, every와 같은 단어로 시작하는 주어와 관련이 있는 경우를 제외하고는 절의 앞에 사용하지 않는다.
Practically all schools make pupils take examinations. 사실상 모든 학교는 학생들에게 시험을 치르게 한다.

3 showing degree of certainty(확실성의 정도 나타내기)

말하는 내용이 얼마나 확실하거나 명확한지를 나타낼 때 다음 부사나 부가어를 사용할 수 있다. 가장 약한 확신에서 가장 강한 확신의 순서로 배열하였다.

- conceivably
- possibly
- perhaps, maybe
- hopefully
- probably
- presumably
- almost certainly
- no doubt, doubtless, undoubtedly
- definitely, surely

She is **_probably_** right. 아마 그녀가 맞을 것이다.
Perhaps they looked in the wrong place. 아마도 그들은 엉뚱한 곳을 봤던 것 같다.
He knew that if he didn't study, he would **_surely_** fail.
그는 공부하지 않으면 시험에 실패할 것이란 것을 알고 있었다.

maybe는 일반적으로 문장의 앞에 사용한다.
Maybe you ought to try a different approach. 당신은 아마 다른 접근을 시도해야 할 것이다.

definitely는 거의 문장의 앞에 사용하지 않는다.
I'm **_definitely_** going to get in touch with these people. 나는 틀림없이 이 사람들과 연락을 할 것이다.

어떤 것에 대해 개인적인 지식이 없거나 그 일에 책임을 지지 않는다라는 뜻을 함축하고 있는 표현으로 **it seems that**이나 **it appears that**을 사용한다.
I'm so sorry. **_It seems that_** we're fully booked tonight. 죄송하지만 저희는 오늘 저녁 예약이 모두 찬 것 같습니다.
It appears that he followed my advice. 그는 내 충고에 따랐던 것 같다.

부사 **apparently**를 사용할 수도 있다.
Apparently they had a row. 틀림없이 그들은 다투었다.

4 showing that something is obvious(어떤 것의 명백함 나타내기)

자신의 말이 명백하게 옳다는 뜻을 나타낼 때, 다음 부사와 부가어를 사용할 수 있다.

clearly	naturally	obviously	of course
plainly			

Obviously I can't do the whole lot myself. 명백하게도 나는 그 모든 일을 전부 혼자 할 수 없다.
Price, **_of course_**, is a critical factor. 물론 가격이 중요한 요소이다.

Opinions

5 emphasizing truth(사실 강조하기)

말하는 내용의 진실을 강조할 때 다음 부사와 부가어를 사용한다.

actually	believe me	certainly	honestly
indeed	really	truly	

I was so bored I *actually* fell asleep. 나는 그 일이 너무 지겨워, 실제적으로 잠을 잤다.
Believe me, I didn't want this to happen. 제 말을 믿어요, 나는 이런 일이 일어나지 않기를 원했어요.
I don't mind, *honestly*. 솔직히 나는 상관하지 않는다.
I *really* am sorry. 정말 죄송합니다.

i 형용사나 부사 앞에 very를 쓸 때만 indeed를 문장의 끝에 사용한다.
I think she is a *very stupid person indeed*. 내 생각에 그녀는 참으로 멍청한 것 같다.

내용의 정확성을 강조할 때, **exactly, just, precisely**를 사용할 수 있다.
They'd always treated her *exactly* as if she were their own daughter.
그들은 항상 그녀를 꼭 친딸처럼 대해 주었다.
I know *just* how you feel. 나는 당신 감정을 정말 알고 있다.
It is *precisely* his originality that makes his work unpopular.
그것은 정확하게 그의 독창성 때문에 그의 작품이 인기가 없다.

6 showing personal opinion(개인적인 의견 나타내기)

의견을 표현하고 있다는 것을 강조할 때, 다음 부사와 부가어를 사용할 수 있다.

as far as I'm concerned	for my money(격식을 차리지 않는 표현)	in my opinion
in my view	personally	to my mind

The city itself is brilliant. *For my money*, it's better than Manchester.
그 도시 자체가 멋있다. 내 견해로는 맨체스터보다 더 나은 것 같다.
In my opinion it was probably a mistake. 내 생각에 그것은 아마 실수였던 것 같다.
There hasn't, *in my view*, been enough research done on mob violence.
내 견해로 집단 폭행에 대한 조사가 충분히 이루어지지 않았다고 생각한다.
Personally, I don't think we should hire him. 개인적으로 우리는 그를 고용해서는 안 된다고 생각한다.
She succeeded, *to my mind*, in living up to her legend. 내 생각에 그녀는 명성에 걸맞은 인생을 사는 데 성공했다.
As far as I'm concerned, it would be a moral duty. 내가 아는 한 그것은 도덕적인 의무일 것이다.

7 showing honesty(정직함 나타내기)

frankly나 **in all honesty**를 사용하여 정직하게 말하고 있다는 것을 나타낸다.
Frankly, the more I hear about him, the less I like him. 솔직하게 말하면 내가 그에 대해 들을수록 그가 더 싫어진다.
In all honesty, I would prefer to stay at home. 솔직히 말해 나는 집에 머무는 것을 선호한다

또 다른 방법으로 (**to be + frank · honest · truthful**) 형식을 사용한다.
I don't really know, *to be honest*. 솔직히 말해서 나는 정말로 모른다.
To be perfectly honest, he was a tiny bit frightened of them.
정말 솔직히 말하면 그는 아주 조금 그들을 두려워했다.
'How do you rate him as a photographer?' – 'Not particularly highly, *to be frank*.'
"당신은 그를 사진작가로서 어떻게 평가하십니까?" – "솔직히 말해서 아주 뛰어나지는 않아요."

위와 같은 부가어는 다소 무례하거나 논쟁의 여지가 있는 일종의 경고나 사과의 뜻으로 자주 사용한다.

8 showing form of statement(진술의 형식 나타내기)

(**to put it + 부사**) 형식은 자신이 특정하게 말하고 있다는 사실로 상대방의 주의를 끌 때 사용할 수 있다.
To put it crudely, all unions have got the responsibility of looking after their members.
노골적으로 말하면 모든 노동조합은 노조원을 돌볼 책임이 있다.

Opinions

Other social classes, *to put it simply*, are either not there or are only in process of formation.
간단히 말해서 다른 사회 계층은 존재하지 않거나 형성 과정에만 있다.

좀 더 부드럽게 말할 때는 **to put it mildly**나 **to say the least**를 사용할 수 있다.

Most students have, *to put it mildly*, concerns about the plans.
조심스럽게 말해서 대부분의 학생들은 그 계획에 대해 우려를 하고 있다.

The history of these decisions is, *to say the least* disquieting.
줄잡아 말해도 이러한 결정의 변천은 불안하게 하고 있다.

9 explicitly labelling a thought (생각을 명백하게 분류하기)

〔I + 의견·믿음을 나타내는 동사〕 형식은 자신의 의견이 얼마나 강한지를 나타낼 때 사용할 수 있다. **I think…**나 **I reckon…**은 말하려는 내용을 부드럽게 하거나 덜 명확하게 효과를 줄 때 자주 사용한다. **I suppose…**는 말하고 있는 내용에 확신이 살 서지 않는다는 뜻을 함축할 때 자주 쓰이며, 다음 동사를 사용한다.

agree	assume	believe	fancy
guess	hope	imagine	presume
realize	reckon	suppose	think
trust	understand		

This'll be a big day for you, *I imagine*. 내가 상상하건대 이 일은 당신에게 좋은 기회가 될 것이다.
He was, *I think*, in his early sixties when I first encountered him.
그를 처음 만났을 때, 내가 보기에 그는 60대 초반이었던 것 같다.
I reckon you're right. 내가 보기에 당신 말이 맞는 것 같다.
I suppose she might have done it, but I don't really see why.
내가 보기에 그녀는 그 일을 실행했는데, 나는 그 이유를 정말 모르겠다.

〔I'm + 형용사〕 형식은 위와 비슷한 방식으로 사용할 수 있다.

| certain | convinced | positive | sure |

I'm sure he'll win. 나는 그가 이길 것이라고 확신한다.
I'm convinced that it is a viable way of teaching. 나는 그것이 가르치는 데 실용적인 방법이라고 확신한다.
I'm quite certain they would have made a search and found him.
나는 그들이 수색하여 그를 찾았을 것이라고 아주 확신한다.

10 explicitly labelling a statement (진술을 명백하게 분류하기)

자신이 말하고 있는 내용의 종류가 무엇인지 나타낼 때, 〔I + 동사〕 형식을 사용한다.

acknowledge	admit	assure	claim
concede	confess	contend	demand
deny	guarantee	maintain	pledge
predict	promise	propose	submit
suggest	swear	tell	vow
warn			

I admit there are problems around the management of the school.
그 학교를 운영하는 데 문제점들이 있다는 것을 나는 인정한다.
It was all in order, *I assure you*. 내가 보장하건대 그것은 모두 순서대로 있었다.
I guarantee you'll like my work. 나는 당신이 내 작품을 마음에 들어할 것이라고 확신한다.

ℹ️ I deny보다 I can't deny와 I don't deny를 훨씬 더 자주 사용한다.
I can't deny that you're upsetting me. 당신이 나를 화나게 하고 있다는 것을 부인할 수 없다.

say는 상대방이 하는 말에 대해 신중하게 고려하고 있거나 개인적인 의견만을 말하고 있다는 것을 나타낼 때 조동사와 함께 사용한다.
I must say I have a good deal of sympathy with Dr Pyke. 나는 정말로 파이크 박사에게 깊은 동정심을 갖고 있다.

Permission

All I can say is that it's extraordinary how similar they are.
내가 할 수 있는 말이라고는 그들이 얼마나 비슷한지 놀랍다는 것이다.
What I'm really saying is, I'm delighted they've got it.
내가 정말로 말하려는 것은 그들이 그것을 갖게 되어 기쁘다는 것이다.
I would even go so far as to say that we are on the brink of a revolution.
극단적으로 말해서 우리는 혁명이 일어나기 직전의 상황에 있다는 것이다.

요점이나 질문을 명백하게 이끄는 여러 가지 동사와 함께 **Let me..., May I..., I would like...**를 사용한다.
Let me give you an example. 제가 예를 하나 들겠습니다.
May I make one other point. 제가 다른 점을 말해도 될까요?
I would like to ask you one question. 당신에게 질문 하나를 하겠습니다.

11 drawing attention to what you are about to say (하려는 말에 주의 끌기)

〔**the** + (형용사) + 명사 + **is**〕형식은 주의를 끄는 방식으로 상대방에게 하려는 말이 무엇인지를 분류하여 그것이 중요하다는 것을 나타낸다. 이 구조에서 가장 일반적으로 사용하는 명사는 다음과 같다.

answer	conclusion	fact	point
problem	question	rule	solution
thing	tragedy	trouble	truth

The fact is they were probably right. 사실은 그들이 옳았을지도 모른다는 것이다.
The point is, why should we let these people do this to us?
요점은 우리는 왜 그 사람들이 우리에게 이것을 하도록 내버려 두어야 하는 것인가이다.
The only trouble is it's rather noisy. 단 한 가지 문제점은 다소 시끄럽다는 것이다.
Well, you see, *the thing is* she's gone away. 자, 당신이 보다시피 문제는 그녀가 가버렸다는 것이다.
The crazy thing is, most of us were here with him on that day.
그 터무니없는 일은 우리들 대부분은 그날 그와 함께 여기에 있었다는 것이다.

ℹ 위와 같은 형식에서 다음에 따라오는 절이 의문문이 아닐 경우, **that**은 **is** 뒤에 사용할 수 있다.
The important thing is *that* she's eating normally. 가장 중요한 것은 그녀가 정상적으로 식사를 하고 있다는 것이다.
The problem is *that* the demand for health care is unlimited. 건강 관리에 대한 수요는 끝이 없다는 것이 문제이다.

what절을 주어로 사용할 수도 있다.
What's particularly impressive, though, is that they use electronics so well.
그럼에도 불구하고 특히 인상적인 것은 그들이 전자제품을 매우 잘 활용한다는 것이다.
But *what's happening* is that each year our old machinery becomes less adequate.
그러나 현 실정은 매년 우리의 오래된 기계류가 점점 덜 어울린다는 것이다.

Permission

상대방에게 허락을 요청하거나, 허락하거나 거절하는 방법은 여러 가지가 있다.

1 asking permission (허락 요청하기)

상대방에게 어떤 일을 하도록 허락해 달라고 할 경우, **Can I...?**나 **Could I...?**를 사용할 수 있다. 한 그룹을 대신할 때는 **I**가 아닌 **we**를 사용하며, **Could I...?**가 더 정중한 표현이다.
Can I light the fire? I'm cold. 불을 지펴도 되나요? 추워서요.
Could we put this fire on? 우리가 불을 지필 수 있을까요?
Could I stay at your place for a bit, Rob? 로브, 당신 집에 잠깐 있어도 되나요?

상대방에게 더 정중하게 요청할 때, **please**를 붙일 수 있다.
David, can I look at your notes, *please*? 데이비드, 네 노트를 봐도 될까?
Good afternoon. Could I speak to Mr Duff, *please*. 안녕하세요. 더프 씨와 통화하고 싶은데요?
Could you ask for them to be taken out, *please*. 당신이 그들에게 산책을 가라고 부탁을 해주시겠어요?

Could I...?나 **May I...?** 뒤에 **perhaps**나 **possibly**를 붙여서 아주 정중하게 요청할 수도 있다.

Permission

Could I perhaps bring a friend with me? 제 친구를 데려와도 되겠습니까?
May I possibly have a word with you? 당신과 이야기할 수 있을까요?

can이나 could 대신 can't나 couldn't를 사용하여 더 강하게 허락을 요청할 수 있다. 이는 자신의 요청을 허락해 주지 않을지도 모른다고 생각할 경우에 사용한다.

Can't I come? 제가 가면 안 되겠습니까?
Couldn't we stay here? 우리가 여기에 머물면 안 됩니까?

2 indirect ways(간접적인 방법)

어떤 일을 하도록 허락을 요청하는 더 간접적인 다른 방법이 있다. **Would it be all right if I...?** 등의 표현을 사용하며, 더 격식을 차리는 표현으로는 **Is it okay if I...?**를 사용할 수 있다.

Would it be all right if I used your phone? 당신의 전화기를 사용해도 되겠습니까?
Is it all right If I go to the bathroom? 화장실을 사용해도 되겠습니까?
Is it okay if I go home now? 지금 집에 가도 되겠습니까?

아주 격식을 차리지 않은 상황에서 이러한 표현은 자주 축약되어 형용사로 시작하는 표현이 된다. 이는 상대방이 허락을 해줄 것이라고 가정할 때 사용하면, 더 격식을 차리지 않은 표현으로 들린다.

Okay if I turn the volume up a bit? 소리를 좀 더 크게 해도 되겠습니까?

〔**Would it be all right + to**부정사...?〕 형식은 위의 형식보다 훨씬 더 간접적으로 요청할 때 사용한다.

Would it be all right to take this? 이것을 가져가도 되겠습니까?

좀 더 정중한 표현으로 **Do you mind if I...?**나 **Would you mind if I...?**를 사용하기도 한다.

Do you mind if we discuss this later? 우리가 이 일을 후에 토의해도 될까요?
Would you mind if I just ask you some routine questions?
제가 당신에게 일상적인 몇 가지 질문을 좀 해도 될까요?

매우 격식을 차리지 않은 상황에서는 위와 같은 표현을 생략한다.

Mind if I bring my bike in? 제 자전거를 가져와도 되겠습니까?

I was wondering if I could...나 **I would if I could...**를 사용할 수도 있다.

I was wondering if I could go home now. 지금 집으로 가도 될까요?
I wonder if I could have a few words with you. 당신과 이야기 좀 할 수 있을까요?

ℹ️ 격식을 차린 상황에서〔자신의 의도 + if I may〕 형식을 사용한다. 이 형식은 허락을 요청할 필요는 없지만 정중하게 행동하고 있다는 것을 보여주기 위해 사용한다.

I'll take a seat *if I may*. 제가 자리에 앉아도 되겠습니까?

3 giving someone permission(어떤 사람에게 허락해 주기)

상대방이 요청한 일을 허락할 때 사용하는 단어와 표현이 많이 있다.

격식을 차리지 않은 상황에서는 **OK.**나 **All right.**이라고 한다.

'Could I have a word with him?' – '*OK*.'
"그와 잠시 이야기를 해도 될까요?" – "좋아요."
'I'll be back in a couple of minutes, okay?' – '*All right*.'
"곧 돌아올 거예요. 알겠죠?" – "좋아요."

 미국 영어에서는 특히 **Sure.**는 의미를 좀 더 강조할 때 사용한다.

'Can I go with you?' – '*Sure*.' "당신과 같이 갈 수 있어요?" – "물론이죠."

더 격식을 차리고 강조할 때, **Of course., Yes, do., By all means.**를 사용한다.

'Could I make a telephone call?' – '*Of course*.' "전화를 걸어도 됩니까?" – "물론이지요."
'Do you mind if I look in your cupboard for extra blankets? There are some hot water bottles somewhere.' – '*Yes, do*.'
"여분의 담요들이 있나 여기 장롱을 들여다 보아도 됩니까?" – "예, 그렇게 하세요."

Pieces and amounts

'May I come too?' – '***By all means***.' "저도 가도 되겠어요?" – "물론이지요."

I don't see why not.은 상대방의 요청을 허락해 줄 마음이 아주 확실하지 않거나 주저할 때 사용한다.

'Can I take it with me this afternoon?' – '***I don't see why not***.'
"오늘 오후에 이것을 가져가도 됩니까?" – "안 될 이유는 없지요."

You can...을 사용하여 상대방이 요청하지 않은 일을 허락해 줄 수 있다. 더 격식을 차려서 **You may...**를 사용하기도 한다.

You can go off duty now. 오늘은 이만 일을 마치세요.
You may request a late check-out time if you are a club member.
당신이 클럽 회원이면 체크아웃 시간을 규정보다 늦출 수 있어요.

4 refusing permission (요청을 거절하기)

상대방의 요청을 거절하는 가장 일반적인 방법으로 **Sorry., I'm sorry., I'm afraid not.** 등의 표현을 사용하고, 거절하게 된 이유도 함께 설명한다.

'I was wondering if I could borrow a book for the evening.' – '***Sorry***, I haven't got any with me.'
"오늘 저녁에 책 한 권 빌려 볼 수 있을까요?" – "죄송하지만, 제게는 책이 하나도 없어요."
'Could I see him – just for a few minutes?' – 'No, ***I'm sorry, you can't***. He's very ill.'
"그를 잠깐만이라도 볼 수 있을까요?" – "아뇨, 죄송하지만 그럴 수 없어요. 그는 몹시 아프거든요."
'I wonder if I might see him.' – '***I'm afraid not***, sir. Mr Wilt is in a meeting all afternoon.'
"그를 볼 수 있을까요?" – "죄송하지만 선생님, 윌트 씨는 오후 내내 회의 중에 있습니다."

상대방을 아주 잘 아는 경우에는 단순히 **No.**라고 하거나 **No, you can't.**라고 말할 수 있지만, 이는 정중하지 못한 표현이다. 격식을 차리지 않은 상황에서 허락을 거절할 때, **No way.**와 **No chance.** 등은 훨씬 더 정중하지 않으며, 거절하는 뜻을 더욱 강조하는 표현이기도 하다. **I'd rather you didn't.**는 누군가가 어떤 일을 하지 않기를 진심으로 바라다라는 뜻으로, 사실상 그 일을 할 수밖에 없을 때 사용한다.

'May I go on?' – '***I'd rather you didn't***.'
"계속해도 됩니까?" – "그러지 않는 게 좋을 것 같아요."

영국 영어에서 상대방이 허락해 주기를 요청하지 않은 일을 거절할 때는 **You can't...**나 **You mustn't...**를 사용한다.

You can't go. 당신은 갈 수 없다.
You mustn't open it until you get home. 그것을 집에 도착하기 전에 열지 마세요.

 미국 영어에서는 보통 **You mustn't...**가 아닌 **Don't...**를 사용한다.

Don't eat all the cookies. 쿠키를 다 먹지 마세요.

〔**You're not + -ing**〕 형식은 격식을 차리지 않으면서 거절을 강조할 때도 사용할 수 있다.

You're not putting that thing on my car. 당신은 제 차에 저것을 올려놓지 못한다.

Pieces and amounts

- 1 substances
- 2 liquids
- 3 food
- 4 typical pieces and amounts
- 5 measurements and containers

어떤 것의 낱개나 특정 양을 나타낼 때, 〔**of + 불가산명사**〕 형식을 사용하는 단어가 많이 있다. 가장 흔히 사용하는 단어는 다음과 같다.

1 substances (물질)

여러 종류의 물질의 낱개나 양을 나타내는 단어는 다음과 같다.

Pieces and amounts

atom	ball	bit	block
chunk	crumb	dab	dash
dollop	flake	fragment	heap
hunk	lump	mass	molecule
mound	mountain	patch	particle
piece	pile	pinch	ring
roll	scrap	sheet	shred
slab	slice	sliver	speck
splinter	stick	strip	trace
tuft	wad	wedge	wodge

She threw another *bit* of wood into the fire. 그녀는 그 불에 나무 한 조각을 던져 넣었다.
The soup was delicious, with *lumps* of chicken, and *chunks* of potato and cabbage.
그 수프는 베이컨, 감자, 양배추 덩어리가 들어가 맛이 좋았다.

2 liquids(액체)

액체의 양을 나타내는 단어는 다음과 같다.

dash	dribble	drop	globule
jet	pool	puddle	splash
spot	trickle		

Rub a *drop* of vinegar into the spot where you were stung.
벌에 쏘인 곳에 식초 한 방울을 떨어뜨려서 문지르세요.
One fireman was kneeling down in a great *pool* of oil. 한 소방관이 기름 범벅이 된 곳에 무릎을 꿇고 있었다.

3 food(음식)

특정한 종류의 음식의 양을 나타낼 경우, **helping, portion, serving**을 사용한다.

He had two *helpings* of ice-cream. 그는 아이스크림 두 덩어리를 먹었다.
I chose a hefty *portion* of local salmon. 나는 지역에서 잡힌 연어의 커다란 덩어리를 골랐다.

4 typical pieces and amounts(대표적으로 쓰는 낱개와 양)

다음 표는 특정한 종류의 낱개와 양을 가리킬 때 쓰는 대표적인 단어이다. 한 단어 이상이 쓰일 경우에는 그 뜻은 매우 달라진다. 그 차이점을 잘 모를 경우, **Cobuild** 사전을 참조한다.

bread	a loaf / slice of bread
butter	a knob(英) / pat(美) of butter
cake	a slice / piece of cake
chocolate	a bar / piece / square of chocolate
cloth	a bolt / length / piece of cloth
coal	a lump of coal
corn	an ear / sheaf of corn
dust	a speck / particle / cloud of dust
fog	a wisp / bank / patch of fog
glass	a sliver / splinter / pane of glass
grass	a blade of grass
hair	a lock / strand / wisp / tuft / mop / shock of hair
hay	a bale of hay
land	a piece / area of land
light	a ray / beam / shaft of light
medicine	a dose of medicine
money	a sum of money
paper	a piece / sheet / scrap of paper

Places

rice	a grain of rice
rope	a coil / length / piece of rope
salt	a grain / pinch of salt
sand	a grain of sand
smoke	a cloud / blanket / column / puff / wisp of smoke
snow	a flake / blanket of snow
soap	a bar / cake of soap
stone	a slab / block of stone
string	a ball / piece / length of string
sugar	a grain / lump of sugar
sweat	a bead / drop / trickle of sweat
thread	a reel / strand of thread
wheat	a grain / sheaf of wheat
wire	a strand / piece / length of wire
wool	a ball of wool

5 measurements and containers(단위와 용기)

pound, metre 등의 계량명사 또는 병, 상자 등의 용기(容器)를 나타내는 명사를 사용하여 어떤 것의 양을 나타내기도 한다.

○ Topic 표제어 Measurements와 Grammar 표제어 Quantity의 containers 참조.

Places

1. asking about someone's home
2. place names
3. modifier use
4. adverbials
5. prepositions: position
6. prepositions: destination and direction
7. used after nouns
8. prepositions with parts and areas
9. adverbs: position
10. adverbs: direction or destination
11. used after nouns
12. modifier use
13. indefinite place adverbs

1 asking about someone's home(상대방의 집 물어보기)

상대방의 집이 어디 있는지 물어볼 경우, **Where do you live?**나 **Whereabouts do you live?**라고 한다.

'***Where do you live?***' – 'I have a little studio flat, in Chiswick.'
"당신은 어디에 삽니까?" – "치스윅에 있는 작은 원룸 아파트에 삽니다."

'I actually live near Chester.' – '***Whereabouts?***'
"저는 실제로 체스터 근처에 삽니다." – "그곳이 어디쯤이요?"

어린 시절에 지낸 곳을 물어볼 경우, **What part of the country are you from?**이라고 한다. **Where do you come from?**이나 **Where are you from?**이라고도 할 수 있는데, 특히 상대방이 다른 나라에서 어린 시절을 보낸 경우에 사용한다.

'***Where do you come from?***' – 'India.'
"당신은 어디 출신입니까?" – "인도입니다."

2 place names(지명)

Italy, Amsterdam 등의 지명은 고유명사이며, 대문자로 시작하고, 앞에는 관사를 사용하지 않는다.

다음은 지역을 나타내는 여러 가지 방법을 설명하고 있다. *표시는 잘 사용하지 않는 표현을 뜻한다.

Places

Continents(대륙)	고유명사	Africa Asia
Areas and regions(지역)	the + 고유명사	the Arctic the Midlands
	형용사 + 고유명사	Eastern Europe North London
	the + North, South, East, West	the East the South of France
Oceans, seas, deserts (대양, 바다, 사막)	the + 수식어 + Ocean, Sea, Desert	the Indian Ocean the Gobi Desert
	the + 고유명사	the Pacific the Sahara
Countries(국가)	고유명사	France Italy
	* the + 국가명	the United States the United Kingdom the Netherlands
Counties and states (주: 州)	고유명사	Surrey California
	* 고유명사 + County (美)	Butler County
Islands(섬) **Groups of islands**(군도)	고유명사 고유명사 + Island	Malta Easter Island
	the Isle of + 고유명사 the + 수식어 + Islands	the Isle of Wight the Channel Islands the Scilly Isles
	the + 복수 고유명사	the Bahamas
Mountains(산) **Mountain ranges**(산맥)	Mount + 고유명사 고유명사	Mount Everest Everest
	* the + 고유명사 the + 복수 고유명사 the + 수식어 + Mountains	the Matterhorn the Andes the Rocky Mountains
Rivers(강)	the + River + 고유명사 the + 고유명사	the River Thames the Thames
	* the + 고유명사 + River (영국에서는 사용하지 않음)	the Colorado River
Lakes(호수)	Lake + 고유명사	Lake Michigan
Capes(곶)	Cape + 고유명사	Cape Horn
	* the + Cape + 고유명사	the Cape of Good Hope

Places

Other natural places (다른 자연적인 장소)	the + 수식어 + 장소명사	the Grand Canyon the Bering Strait
	수식어 + 장소명사	Sherwood Forest Beachy Head
	the + 장소명사 + of + 고유명사	the Gulf of Mexico the Bay of Biscay
Towns (도시)	고유명사	London
Buildings and structures (건물과 구조물)	고유명사 + 장소명사	Durham Cathedral London Zoo
	the + 수식어 + 장소명사	the Severn Bridge the Tate Gallery
	the + 장소명사 + of + 고유명사 / 명사	the Church of St. Mary the Museum of Modern Art
Cinemas, theatres, pubs, hotels (영화관, 극장, 술집, 호텔)	the + 고유명사	the Odeon the Bull
Railway stations (기차역)	고유명사	Paddington
	고유명사 + station	Paddington Station
Streets (거리)	수식어 + Road, Street, Drive 등	Downing Street
	* the + 고유명사	the Strand
	* the + 수식어 + Street / Road	the High Street

대부분의 지명에는 단수동사를 사용한다. **the United States, the Netherlands**와 같이 지명이 복수명사처럼 보이는 경우에도 단수동사를 사용한다.

Canada still *has* large natural forests.
캐나다는 여전히 넓은 자연림을 갖고 있다.

Milan *is* the most interesting city in the world.
밀란은 세계에서 가장 흥미로운 도시이다.

...when the United States *was* still young. 미국이 번영하고 있었을 때.

그러나 제도(諸島)나 산의 이름에는 일반적으로 복수동사를 사용한다.

...one of the tiny Comoro Islands that *lie* in the Indian Ocean midway between Madagascar and Tanzania.
마다가스카르와 탄자니아 중간의 인도양에 위치한 작은 코모로 제도(諸島) 중 하나의 섬.

The Andes *split* the country down the middle.
안데스 산맥은 그 나라의 한가운데를 종단한다.

국가나 수도의 이름은 그 국가의 정부를 가리킬 때 자주 사용한다.

Britain and *France* jointly suggested a plan.
영국과 프랑스는 공동으로 계획을 제안했다.

Washington had put a great deal of pressure on *Tokyo*.
미국은 일본에 대단한 압력을 행사했다.

어떤 곳에 살고 있는 사람들을 가리킬 때, 지명을 때때로 사용하기도 한다. 한 무리의 사람들을 가리킬지라도 단수 동사를 사용한다.

Europe *was* sick of war. 유럽 사람들은 전쟁에 질렸다.

Poland *needs* additional imports. 폴란드는 추가 수입품들이 필요하다.

○ 그 밖에 국가의 국민을 가리키는 방법은 **Topic** 표제어 **Nationality words** 참조.

Places

전투나 재난과 같이 어떤 장소에서 일어난 유명한 사건을 가리킬 때에도 지명을 사용할 수 있다.
After *Waterloo*, trade and industry surged again. 워털루 전투 후에 무역과 산업이 다시 급증했다.
...the effect of *Chernobyl* on British agriculture. 영국 농업에 체르노빌 사건이 끼친 영향.

3 modifier use(수식어로 사용)

어떤 것이 특정한 곳에 있거나 특정한 지역에서 만들어지거나 그 지역의 특징을 나타낼 때, 지명을 수식어로 사용할 수 있다.
...a *London* hotel. 런던의 한 호텔.
She has a *Midlands* accent.
그녀는 잉글랜드 중부 지방의 억양을 지니고 있다.

4 adverbials(부가어)

장소를 나타낼 때, 전치사구와 부사와 같은 많은 부가어를 사용한다.
- 이러한 부사와 부가어의 문장에서의 위치에 대한 정보는 Grammar 표제어 adverbs and adverbials 참조.

5 prepositions: position(전치사: 위치)

위치를 나타내는 주요 전치사는 **at, in, on**이 있다.
Sometimes we went to concerts *at* the Albert Hall.
우리는 이따금씩 앨버트 홀에서 열리는 콘서트에 갔다.
I am back *in* Rome. 나는 로마에서 돌아왔다.
We sat *on* the floor. 우리는 그곳 마루에 앉았다.
- 더 많은 정보는 Usage 표제어 **at, in, on** 참조.
- **by**와 **near** 간의 용법 차이는 Usage 표제어 **by and near** 참조.

위치를 나타내는 전치사는 다음과 같다.

aboard	about	above	across
against	ahead of	all over	along
alongside	amidst(美 amid)	among	around
astride	at	away from	before
behind	below	beneath	beside
between	beyond	by	close by
close to	down	in	in between
in front of	inside	near	near to
next to	off	on	on top of
opposite	out of	outside	over
past	through	throughout	under
underneath	up	upon	with
within			

6 prepositions: destination and direction(전치사: 목적지와 방향)

목적지를 나타내는 주요 전치사로 **to**가 있다.
I went *to* the door. 나는 문으로 갔다.
She went *to* Australia in 1970. 그녀는 1970년에 호주로 갔다.

> 일반적으로 목적지를 나타낼 때는 at을 사용하지 않는다. 누군가가 바라보고 있는 쪽이나 어떤 물체를 움직이게 하는 방향을 나타낼 때, at을 사용한다.

They were staring *at* a garage roof.
그들은 차고의 지붕쪽을 쳐다보고 있었다.
Supporters threw petals *at* his car. 지지자들은 그의 자동차를 향해 꽃잎을 던졌다.
- Usage 표제어 **into**와 **onto** 참조. 차량 탑승 시에 사용하는 방법에 대한 정보는 Usage 표제어 **go into** 참조.

Places

방향을 나타내는 전치사는 다음과 같다.

aboard	about	across	ahead of
all over	along	alongside	around
at	away from	behind	below
beneath	beside	between	beyond
by	down	from	in
in between	in front of	inside	into
near	near to	off	on
onto	out of	outside	over
past	round(美 around)	through	to
towards(美 toward)	under	underneath	up

위와 같이 장소와 방향을 모두 나타낼 때 사용할 수 있는 전치사가 많이 있다.

The bank is just *across* the High Street. 그 은행은 바로 하이 스트리트 건너편에 있다.
I walked *across* the room. 나는 방을 가로질러 갔다.
We live in the house *over* the road. 우리는 길 건너에 있는 집에 살고 있다.
I stole his keys and escaped *over* the wall. 나는 그의 열쇠를 훔쳐 벽을 넘어 탈출했다.

7 used after nouns (명사 뒤에 사용하기)

(명사 + 전치사구) 형식은 명사가 지칭하는 사물이나 사람의 위치를 나타낼 때 한정어로 사용한다.

The table *in the kitchen* had a tablecloth over it. 부엌에 있는 테이블에 테이블보가 덮여 있었다.
The driver *behind me* began shouting. 내 뒤의 운전자가 소리를 지르기 시작했다.

8 prepositions with parts and areas (부분과 지역에 사용하는 전치사)

어떤 사물이 다른 사물의 어느 부분과 가장 가까이에 있는지 또는 그 사물이 어느 지역에 있는지를 명확하게 나타낼 경우, 전치사 at, by, in, near, on을 사용할 수 있다. 일반적으로 방향을 나타내는 전치사 to와 towards(미국 영어에서는 toward는 좀 더 대략적인 위치를 나타낼 때 쓰인다.

at, near, towards와 함께 사용하는 명사는 다음과 같다.

back	base	bottom	centre
edge	end	foot	front
rear	side	top	

She waited *at the bottom* of the stairs. 그녀는 그 계단 아래에서 기다렸다.
The old building of University College is *near the top* of the street.
런던 대학의 오래된 건물은 거리의 거의 끝에 있다.
He was sitting *towards the rear*. 그는 뒤쪽을 향해 앉아 있었다.

near, side는 **to**와 함께 사용할 수 있다.

Some troops were moved *to the near*. 일부 군인들은 후방으로 이동되었다.
There was one sprinkler in front of the statue and one *to the side* of it.
그 동상 앞에 스프링클러가 한 개 있었고 옆에 또 다른 한 개가 있었다.

left, right에는 **on**이나 **to**를, **middle**에는 **in**을 사용한다. **edge**에는 **at** 대신 **on**을 사용할 수 있다.

The church is *on the left* and the town hall and police station are *on the right*.
왼편에는 교회가 있고 오른편으로는 마을 회관과 경찰서가 있다.
To the left were the kitchens and staff quarters. 왼편에는 부엌과 직원 숙소가 있었다.
My mother stood *in the middle* of the road, watching.
우리 어머니가 길 한가운데에 서서 보고 있었다.
He lives *on the edge* of Sefton Park. 그는 세프턴 공원가에 살고 있다.

to, in과 함께 사용하는 명사는 다음과 같다.

Places

east	north
north-east(美 northeast)	north-west(美 northwest)
south	south-east(美 southeast)
south-west(美 southwest)	west

To the south-west lay the city. 그 도시는 그곳 남서쪽에 있다.
The National Liberation Front forces were still active ***in the north***.
민족 해방 전선 부대가 북쪽에서 여전히 활동하고 있었다.

at, by를 사용하는 명사는 다음과 같다.

bedside	dockside	fireside	graveside
kerbside(美 curbside)	lakeside	poolside	quayside
ringside	riverside	roadside	seaside
waterside			

She stood crying ***at the graveside***. 그녀는 그 묘지에서 울면서 서 있었다.
We found him sitting ***by the fireside***. 우리는 그가 난롯가에 앉아 있는 것을 발견했다.

🛈 위에서 설명한 세 가지 목록의 명사는 일반적으로 앞에 the를 사용한다.

I ran up the stairs. Wendy was standing ***at the top***.
나는 위층으로 뛰어올라 갔다. 웬디는 꼭대기에 서 있었다.
To the north are the main gardens. 북쪽에 중정(中庭)이 있다.

그러나 첫 번째 목록의 명사(**back, base** 등)와 **left, right, beside**는 명사 앞에 소유한정사를 사용할 수도 있다.

We reached another cliff face, with trees and bushes growing ***at its base***.
우리는 나무와 관목이 자라고 있는 또 다른 절벽에 이르렀다.
There was a gate ***on our left*** leading into a field. 우리의 왼편에는 들로 나가는 문이 있었다.
I was ***at his bedside*** when he died. 나는 마지막 순간까지 그의 머리맡을 지켰다.

🛈 in front of와 on top of는 한정사가 없는 고정된 구이며 복합전치사이다.

She stood ***in front of*** the mirror. 그녀는 거울 앞에 서 있었다.
I fell ***on top of*** him. 나는 그의 위로 넘어졌다.

9 adverbs: position (부사: 위치)

위치를 나타내는 부사가 많이 있다. 대부분의 부사는 이미 언급된 장소, 물체, 사람의 가까이에 무언가가 있다는 것을 나타낸다.

Seagulls were circling ***overhead***. 갈매기들이 머리 위를 선회하고 있었다.
Nearby, there is another restaurant. 근처에 또 하나의 식당이 있었다.
This information is summarized ***below***. 이 정보는 아래에 요약되어 있다.

주요 위치부사는 다음과 같다.

aboard	about	above	abroad
ahead	aloft	alongside	ashore
away	behind	below	beneath
beside	beyond	close by	close to
down	downstairs	downstream	downwind
here	in	in between	indoors
inland	inside	near	nearby
next door	off	offshore	opposite
out of doors	outdoors	outside	over
overhead	overseas	round(美 around)	there
throughout	underfoot	underground	underneath
underwater	up	upstairs	upstream
upwind			

Places

어떤 것이 존재하고 있는 지역의 범위를 나타내는 위치부사는 다음과 같다.

globally	internationally	locally	regionally
nationally	universally	widely	worldwide

Everything we used was bought **_locally_**. 우리가 사용한 모든 것은 이 지역에서 구입한 것이다.
Western culture was not **_universally_** accepted. 서양 문화를 보편적으로 받아들이지는 않았다.

어떤 것의 위치를 나타낼 때, **world wide**를 제외한 위의 부사는 대부분의 다른 위치부사와 달리 **be**동사 뒤에 사용할 수 없다.

거리와 위치를 모두 나타내는 부사 **deep, far, high, low**는, 보통 뒤에 위치를 나타내는 다른 부사나 구가 따르거나 어떤 다른 방식으로든 수식되거나 한정된다.
Many of the eggs remain buried **_deep among the sand grains_**. 많은 알이 모래더미 속 깊이 묻혀 있다.
One plane, flying **_very low_**, swept back and forth. 비행기 한 대가 아주 낮게 날며 여기저기를 수색했다.

deep down, far away, high up, low down은 본래의 뜻을 갖고 있는 부사 대신에 자주 쓰인다.
The window was **_high up_**, miles above the rocks. 창문은 바위로부터 멀리 떨어진 높은 곳에 있었다.
Sita scraped a shallow cavity **_low down_** in the wall. 시타는 벽 아래쪽의 얕은 구멍을 긁어냈다.

10 adverbs: direction or destination(부사: 방향이나 목적지)

방향이나 목적지를 나타내는 부사도 많이 있다.
They went **_downstairs_** hand in hand. 그들은 손을 잡고 아래층으로 내려갔다.
Go **_north_** from Leicester Square up Wardour Street. 레스터 스퀘어에서 워더 스트리트까지 북쪽으로 가세요.
She walked **_away_**. 그녀는 걸어가 버렸다.

방향이나 목적지를 나타내는 주요 부사는 다음과 같다.

aboard	abroad	ahead	along
anti-clockwise(美 counterclockwise)		around	ashore
back	backwards	clockwise	close
down	downstairs	downtown	downwards
east	eastwards	forwards	heavenward
here	home	homeward	in
indoors	inland	inside	inwards
aboard	abroad	ahead	along
anti-clockwise(美 counterclockwise)		around	ashore
back	backwards	clockwise	close
down	downstairs	downtown	downwards
east	eastwards	forwards	heavenward
here	home	homeward	in
indoors	inland	inside	inwards
left	near	nextdoor	north
northwards	on	onward	out of doors
outdoors	outside	overseas	right
round(美 around)	sideways	skyward	south
southwards	there	underground	up
upstairs	uptown	upwards	west
westwards			

 미국 영어에서는 통상적으로 **-ward**로 끝나는 부사를 사용하는 반면에, 영국 영어에서는 **-wards**로 끝나는 부사를 사용한다.
You move **_forward_** and **_backward_** by leaning slightly in those directions.
그쪽 방향으로 약간 몸을 기울여 앞뒤로 움직이세요.

We were drifting *backwards* and *forwards*. 우리는 앞뒤로 표류하고 있었다.

11 used after nouns(명사 뒤에 사용하기)
장소부사는 한정사로 명사 뒤에 사용할 수 있다.
The a small stream runs through the sand to the ocean *beyond*.
작은 개울이 모래사장을 지나 그 너머 바다로 흘러간다.
My suitcase had become damaged on the journey *home*. 내 여행 가방은 집으로 돌아오는 도중에 망가졌다.

12 modifier use(수식어 용법)
일부 장소부사는 수식어로 명사 앞에 사용할 수 있다.
Gradually the *underground* caverns fill up with deposits. 지하 땅굴은 점점 퇴적물로 채워지고 있다.
There will be some variations in your heart rate as you encounter *uphill* stretches or increase your pace on *downhill* sections.
높은 곳을 올라가거나 낮은 곳을 걷는 속도를 높여서 내려갈 때 심장 박동 수에 약간 차이가 날 것이다.

수식어로 사용할 수 있는 장소부사는 다음과 같다.

anti-clockwise(美 counterclockwise)		backward	clockwise
downhill	downstairs	eastward	inland
inside	nearby	northward	outside
overhead	overseas	southward	underground
underwater	uphill	upstairs	westward

13 indefinite place adverbs(부정장소부사)
장소와 방향을 나타내는 부정부사는 **anywhere, everywhere, nowhere, somewhere** 이렇게 네 개가 있다.

 격식을 차리지 않는 미국 영어에서는 **no place, every place**뿐만 아니라 **someplace, anyplace**를 사용하기도 한다.

No-one can find Howard or Barbara *anywhere*. 아무도 하워드나 바버라를 어디에서도 찾을 수 없다.
There were bicycles *everywhere*. 모든 곳에 자전거가 있었다.
I thought I'd seen you *somewhere*. 내 생각에 당신을 어디선가 본 적이 있는 것 같았다.
I suggested they stay *someplace* else. 나는 그들에게 다른 곳에 머물 것을 제안했다.

◎ anywhere와 somewhere의 사용에 대한 정보는 Usage 표제어 somewhere 참조.

nowhere는 문장을 부정적인 뜻으로 만든다.
I was to go *nowhere* without an escort. 나는 경호원 없이는 어디에도 가지 않았다.

글에서 nowhere를 강조할 때는 nowhere가 문장의 처음에 와서 [nowhere + 조동사·be동사 + 주어] 형식을 사용한다.
Nowhere have I seen any serious mention of this. 나는 이에 대해 진지하게 언급한 것을 어디에서도 본 적이 없다.
Nowhere are they overwhelmingly numerous. 그들이 압도적으로 많은 곳은 어디에도 없다.

ℹ️ 어떤 장소에서 하고 싶은 일을 나타낼 때, anywhere, somewhere, nowhere 뒤에 to부정사절이 온다.
I couldn't find *anywhere to put it*. 나는 그것을 놔둘 곳을 찾을 수가 없었다.
We mentioned that we were looking for *somewhere to live*. 우리는 살 곳을 찾고 있었다고 말했다.
There was *nowhere for us to go*. 우리가 갈 곳은 아무 데도 없었다.

불분명한 장소부사 뒤에 관계사절이 올 수 있다. 일반적으로는 관계대명사를 사용하지 않는다.
I could go *anywhere I wanted*. 나는 내가 원하는 곳 어디든지 갈 수 있었다.
Everywhere I went, people were angry or suspicious. 내가 가는 곳마다 사람들이 화가 나 있거나 의심에 차 있었다.

다른 장소나 추가로 장소를 나타낼 때, 불분명한 장소부사 뒤에 **else**를 사용할 수 있다.

Punctuation

We could hold the meeting *somewhere else*. 우리는 어딘가 다른 곳에서 회의를 열 수 있을 것이다.
More people die in bed than *anywhere else*. 더 많은 사람들이 다른 장소보다 침대에서 사망한다.

somewhere else나 **in other places** 대신 **elsewhere**를 사용할 수 있다.
It was obvious that he would rather be *elsewhere*. 그가 다른 곳에 있기를 원한다는 것은 명백했다.
Elsewhere in the tropics, rainfall is variable. 열대 지방의 다른 어떤 곳은 강우량이 다양하게 변한다.

Punctuation

- 1 full stop
- 2 question mark
- 3 exclamation mark
- 4 comma
- 5 optional comma
- 6 no comma
- 7 semi-colon
- 8 colon
- 9 dash
- 10 brackets
- 11 square brackets
- 12 apostrophe
- 13 hyphen
- 14 slash or stroke
- 15 direct speech
- 16 titles and quoted phrases
- 17 italics
- 18 other uses of punctuation

이 표제어의 첫 번째 항목은 일반 문장의 구두법을 다룬다.

○ 직접화법의 구두점을 찍는 방법, 그리고 호칭과 그 밖의 단어를 언급하는 방법에 대한 정보는 본 표제어 15 **direct speech**와 16 **titles and quoted phrases** 참조.

1 full stop(마침표 .)

문장은 대문자로 시작하며, 의문문이나 감탄문을 제외하고는 마침표로 끝난다.
It's not your fault. 그것은 당신 잘못이 아니다.
Cook the rice in salted water until just tender. 소금물에 쌀을 넣고 부드러워질 정도까지만 삶으세요.

 미국 영어에서는 마침표를 **period**라고 한다.

2 question mark(물음표 ?)

의문문에는 문장 끝에 물음표를 사용한다.
Why did you do that? 당신은 왜 그랬나요?
Does any of this matter? 이것 중 어떤 것이라도 문제가 있나요?
He's certain to be elected, isn't he? 그는 틀림없이 선출될 거예요, 그렇지 않나요?

🗈 문장이 일반적인 의문문의 어순을 따르지 않을지라도 의문문의 끝에 물음표를 사용한다.
You know he doesn't live here any longer? 당신은 그가 더 이상 이곳에 살지 않는 것을 알고 있죠?

실제로 어떤 것을 요청하는 경우, 의문문 형식의 문장의 끝에 때때로 물음표를 사용하지 않기도 한다.
Would you please call my office and ask them to collect the car.
내 사무실로 전화해서 그들에게 차를 수거하라고 요청해 주세요.

> 주의 전달문이나 간접의문문 뒤에는 물음표가 아닌 마침표를 사용한다.
> He asked me where I was going. 그는 나에게 어디로 가고 있냐고 물었다.
> I wonder what's happened. 나는 무슨 일이 일어났는지 궁금하다.

3 exclamation mark(느낌표 !)

감탄문은 어떤 일에 강한 감정을 느낄 때 사용하며, 문장의 끝에 느낌표를 넣는다. 격식을 차리지 않는 글에서도 흥분, 놀람, 강한 흥미를 나타내는 문장의 끝에 느낌표를 사용한다.

Punctuation

How awful! 끔찍하구나!
That's fantastic news! 그것이 아주 최고의 뉴스예요!
We actually heard her talking to them! 우리는 그녀가 그들에게 말하는 것을 실제로 들었어요!

 미국 영어에서는 느낌표를 **exclamation point**라고 한다.

4 comma (콤마,)

콤마는 다음 경우에 사용해야 한다.

- 호격의 앞이나 뒤에 사용한다.
  Jenny, I'm sorry. 제니, 미안해요.
  Thank you, Adam. 애덤, 고마워요.
  Look, Jenny, can we just forget it? 이봐, 제니, 우리가 단순히 그것을 잊을 수 있을까?

- 열거된 항목 사이에 **and**나 **or**로 구분되어 있지 않은 경우에 콤마를 사용한다.
  We ate fish, steaks and fruit. 우리는 생선, 스테이크, 과일을 먹었다.
  The men hunted and fished, kept cattle and sheep, made weapons and occasionally fought.
  남자들은 사냥을 하고, 물고기를 잡고, 가축과 양을 사육하며, 무기를 만들고, 서로 싸우기도 했다.
  ...educational courses in accountancy, science, maths or engineering.
  회계학, 과학, 수학, 공학의 교육 과정.

- **and** 없이 명사 앞에 3개 이상의 형용사를 나열할 때, 형용사 사이에 콤마를 사용한다.
  ...in a cool, light, feminine voice. 냉정하고, 가볍고, 여성스러운 목소리로.
  Eventually the galleries tapered to a long, narrow, twisting corridor.
  결국 그 갤러리는 길고 좁고 구불구불한 복도로 점점 좁아졌다.

- 이름이나 명사구 뒤에 콤마를 사용하여 어떤 사람을 묘사를 하거나 추가 정보를 준다.
  ...Carlos Barral, the Spanish publisher and writer. 스페인의 출판업자이며 저자인 카를로스 배럴.
  ...a broad-backed man, baldish, in a fawn coat and brown trousers.
  대머리에 옅은 황갈색 코트와 갈색 바지를 입은, 등이 넓은 남자.

- 어떤 지명과 그 지역이 속해 있는 군(郡), 주(州), 국가 사이에 콤마를 사용한다. 군, 주, 국가가 문장의 끝에 오는 경우를 제외하고는 일반적으로 그 뒤에 콤마를 사용한다.
  She was born in Richmond, Surrey, in 1913. 그녀는 1913년에 서리 주의 리치먼드에서 태어났다.
  There he met a young woman from Cincinnati, Ohio.
  그는 그곳에서 오하이오의 신시내티에서 온 젊은 여자를 만났다.

- 문장의 주요한 부분에서 분리된 형용사의 앞이나 뒤, 혹은 분리된 분사 뒤에 콤마를 사용한다.
  She nodded, speechless. 그녀는 말없이 고개를 끄덕였다.
  I left them abruptly, unwilling to let them have anything to do with my project.
  그들이 내 계획과 관련되게 하고 싶지 않아서 나는 그들을 갑자기 떠났다.
  Shaking, I crept downstairs. 나는 몸을 떨면서 아래층으로 살금살금 내려갔다.

- 사람이나 사물을 명확히 서술하지 않는 관계사절 앞에 콤마를 사용한다.
  She wasn't like David, who complained about everything. 그녀는 모든 일에 불평만 하는 데이비드와 같지 않았다.
  The only decent room is the living room, which is rather small.
  유일하게 괜찮은 방은 다소 작은 크기의 거실뿐이었다.
  He told us he was sleeping in the wood, which seemed to me a good idea.
  그는 우리에게 숲 속에서 자고 있다고 했는데, 나에게는 좋은 생각인 것 같았다.

- 의문부가절 앞에 콤마를 사용한다.
  That's what you want, isn't it? 그것이 당신이 원하는 것이지요, 그렇지 않나요?
  You've noticed, haven't you? 당신은 알고 있었죠, 그렇지 않나요?

5 optional comma (선택의 콤마)

강조나 정확성을 위해 콤마를 사용한다.

Punctuation

- 명사 앞에 오는 성질을 나타내는 형용사 두 개 중 첫 번째 형용사 뒤에 콤마를 사용한다.
  We had long, involved discussions. 우리는 길고, 복잡한 토론을 했다.
  ...a tall, slim girl with long, straight hair. 길고 곱슬거리지 않은 머리카락을 가진 키가 크고, 날씬한 소녀.

- *i* young, old, little 앞에는 일반적으로 콤마를 사용하지 않는다.
  ...a huge, silent young man. 몸집이 크고, 조용한 젊은 남자.
  ...a sentimental old lady. 감상적인 노부인.
  ...a charming little town. 매력적인 작은 도시.

- 문장의 주요한 부분에 어떤 내용을 첨가하는 단어 혹은 단어군의 앞이나 뒤에 콤마를 사용한다. 문장의 끝에 콤마가 없는 한 단어나 단어군은 그 앞뒤에 콤마를 사용해야 한다.
  In 1980, he founded a large furniture company. 1980년 그는 아주 큰 가구 회사를 창설했다.
  There are links between my work and William Turnbull's, for instance.
  예를 들면, 내 작품과 윌리엄 턴불의 작품 간에는 상관 관계가 있다.
  They were, in many ways, very similar in character and outlook.
  그들은 많은 점에서 성격과 외모가 매우 비슷했다.
  The ink, surprisingly, washed out easily. 놀랍게도 잉크는 쉽게 지워졌다.

- *i* 긴 단어군은 일반적으로 콤마를 사용하여 구분한다.
  He is, with the possible exception of Robert de Niro, the greatest screen actor in the world.
  그는 아마 로버트 드 니로를 제외하고 세계에서 가장 훌륭한 영화배우이다.

- 부사나 부가어의 뜻을 정확하게 전달할 경우, 부사와 부가어의 앞이나 뒤에 콤마를 사용한다.
  'No,' she said, surprisingly. 놀랍게도 그녀는 "아니요."라고 말했다.
  Mothers, particularly, don't like it. 특히 어머니들이 그것을 좋아하지 않는다.

- 목록을 제시하거나 절을 붙일 때, **and, or, but, yet** 앞에 콤마를 사용한다.
  ...a dress-designer, some musicians, and half a dozen artists.
  의상 디자이너 한 명과 음악가 몇 명과 여섯 명의 예술가.
  ...if you suffer from fear, stress, or anxiety. 만약 당신이 두려움, 스트레스, 불안감에 시달린다면.
  I tried to help, but neither of them could agree. 나는 돕고 싶었으나, 그러나 어느 쪽도 나의 생각에 동의하지 않았다.
  Her remarks shocked audiences, yet also improved her reputation.
  그녀의 말은 청중들에게 쇼크를 주었지만, 용기를 가진 여성으로 명성을 드높였다.

- 종속절 뒤에 콤마를 사용한다.
  When the fish is cooked, strain off the liquid and add this to the flour and margarine.
  생선이 요리되면 물을 빼고 밀가루와 마가린에 이것을 넣으세요.
  Even if he survives, he may be permanently in pain. 그가 살아날지라도, 그는 평생을 고통 속에 살아야 할지 모른다.

- 짧은 종속절 뒤의 콤마를 생략하는 사람들이 많은데, 일반적으로 콤마를 사용하는 것이 바람직하다.

- *i* 추가, 대조, 예의 표현이 아니라면, 일반적으로 종속절 앞에 콤마를 사용하지 않는다.
  Don't be afraid of asking for simple practical help when it is needed.
  필요하면 간단하고 실질적인 도움을 요청하는 것을 두려워하지 마세요.
  Switch that thing off if it annoys you. 그것이 당신을 성가시게 하면 끄세요.
  The poor man was no threat to her any longer, if he ever really had been.
  그가 이제까지 실제로 그랬더라도 그 불쌍한 사람은 더 이상 그녀에게 위협적인 존재가 되지 못했다.
  He was discharged from hospital, although he was homeless and had nowhere to go.
  그는 집이 없어서 갈 곳이 없는데도 불구하고 병원에서 퇴원했다.

- 절 앞에 콤마를 사용할 경우에는 문장의 끝에 오는 경우를 제외하고, 절의 끝에도 콤마를 사용해야 한다.
  This is obviously one further incentive, if an incentive is needed, for anybody who needs to take slimming a little more seriously.
  유인책이 필요하다면 식이 요법을 좀 더 심각하게 받아들일 필요가 있는 누구에게나, 이것은 분명히 하나의 추가적인 유인책이 될 것이다.

- 문장의 주요한 부분과 분리된 분사 앞에 콤마를 사용한다.
  Maurice followed, laughing. 모리스는 웃으면서 따라왔다.

Punctuation

Marcus stood up, muttering incoherently. 마커스는 두서없이 중얼거리며 일어섰다.

- 사람의 이름 앞에 오는 명사 뒤에 콤마를 사용한다.
  ...that marvellous singer, Jessye Norman. 제시 노먼이라는 굉장한 가수.
  She had married the gifted composer and writer, Paul Bowles.
  그녀는 재능있는 작곡가이자 작가인 폴 볼스와 결혼했다.

6 no comma (콤마를 사용하지 않는 경우)

다음 경우에는 콤마를 사용하지 않는다.

- 두 개의 명사, 형용사, 동사가 **and, or, but, yet**으로 연결된 경우에는 콤마를 사용하지 않는다.
  Eventually they had a lunch of *fruit and cheese*. 결국 그들은 점심으로 과일과 치즈를 먹었다.
  ...when they are *tired or unhappy*. 그들이 피곤하거나 불행할 때.

- 성질형용사와 분류형용사의 사이나, 분류형용사 사이에는 콤마를 사용하지 않는다.
  ...a *large Victorian* building. 거대한 빅토리아 시대의 건물.
  ...a *medieval French* poet. 중세 프랑스 시인.

- 절의 주어가 긴 명사구이더라도 주어 뒤에 콤마를 사용하지 않는다.
  Even this part of the Government's plan for a better National Health Service has its risks and potential complications.
  더 나은 국민 건강 보험 제도를 위한 정부 계획의 부분조차도 위험과 잠재적인 문제점이 있다.
  Indeed, *the amount of support for the proposal* surprised ministers.
  그 프로포잘에 대한 지지도의 대단함에 장관들이 놀랐다.

- **that**절이나 간접의문문 앞에 콤마를 사용하지 않는다.
  He complained *that the office was too far away*. 그는 그 사무실이 너무 먼 곳에 있다고 불평했다.
  Georgina said *she was going to bed*. 조지나는 잠을 자려 했다고 말했다.
  She asked *why he was so silent all the time*. 그녀는 그가 왜 항상 그렇게 침묵을 지키는지를 물었다.

- 사람이나 사물을 구체화하는 관계사절 앞에 콤마를 사용하지 않는다.
  I seem to be the only one *who can get close enough to him*.
  나는 그에게 충분히 가까이 접근할 수 있는 유일한 사람인 것 같다.
  Happiness is all *that matters*. 가장 중요한 것은 행복이다.
  The country can now begin to develop a foreign policy *which serves national interests*.
  그 나라는 이제 국익에 부합하는 외교 정책을 개발하는 작업을 시작할 수 있다.

7 semi-colon (세미콜론 ;)

세미콜론은 다음과 같은 경우에 사용한다.

- 격식을 차린 글에서 서로 밀접하게 관련되어 있고 분리된 문장으로 쓰일 수 있거나, **and, or, but, yet**으로 연결된 절에 세미콜론을 사용한다.
  I can see no remedy for this; one can't order him to do it.
  나는 이것에 대해 별다른 도리가 없다고 본다. 그에게 그것을 하라고 명령할 수 없다.
  He knew everything about me; I knew nothing about his recent life.
  그는 나에 대해 모든 것을 알고 있었으나 나는 그의 최근 생활을 전혀 몰랐다.
  He cannot easily bring interest rates down; yet a failure to do so would almost certainly push the economy into recession.
  그는 이자율을 낮출 수가 없으나, 만약, 그렇게 해서 실패한다면 거의 틀림없이 경기 침체에 빠지게 될 것이다.

- 열거된 항목 사이, 특히 그 항목이 구나 절인 경우 혹은 절 안에 구두점을 포함하고 있는 경우에 세미콜론을 사용한다.
  He wrote about his life: his wife, Louise; their three children; the changes that he saw in the world around him.
  그는 그의 인생: 그의 부인 루시; 그들의 세 자식들; 그의 주위 세계에서 본 변화들에 대해 썼다.

Punctuation

8 colon(콜론 :)

콜론은 다음과 같은 경우에 사용한다.

- 목록이나 설명 앞에 콜론을 사용한다.

    The clothes are all made of natural materials: cotton, silk, wool and leather.
    그 옷들은 면, 비단, 양모, 가죽과 같은 천연 재료를 사용해 만들어졌다.
    Nevertheless, the main problem remained: what should be done with the two boys?
    그럼에도 불구하고, 두 명의 소년을 어떻게 처리해야 할 것인지에 대한 주된 문제가 남아 있었다.

- 주로 더 격식을 차린 글에서, 서로 관련된 두 개의 주절 사이에 콜론을 사용한다.

    Be patient: this particular cruise has not yet been advertised.
    참고 기다려 보세요. 이 특별한 크루즈 여행에 대해 아직 광고를 하지 않았어요.

- 제목을 소개하는 내용 뒤에 콜론을 사용한다.

    Cooking time: About 5 minutes. 요리 시간: 약 5분.

- 책의 부제 앞에 콜론을 사용한다.

    ...a volume entitled Farming and Wildlife: A Study in Compromise.
    '농업과 야생 생물'이란 표제에 '상생에 대한 연구'라는 부제가 붙은 책.

- 인용문 앞에 때때로 콜론을 사용하기도 한다.

9 dash(대시 –)

대시는 다음과 같은 경우에 사용한다.

- 목록이나 설명 앞에 대시를 사용한다.

    They need simple things – building materials, clothing, household goods, and agricultural implements. 그들은 건축 재료, 옷, 가재도구, 농기구 등과 같은 간단한 것들이 필요하다.
    ...another of Man's most basic motives – commercialism. 또 다른 사람의 가장 기본적인 동기인 상업주의.

- 주절에 내용을 첨가하거나 생략할 수 있는 단어군 또는 절의 앞뒤에 대시를 사용한다.

    Many species will take a wide variety of food – insects, eggs, nestlings and fruit – but others will only take the leaves of particular trees. 많은 종(種)들이 곤충, 알, 새끼 새, 과일과 같은 광범위하고 다양한 먹이를 섭취하게 되지만, 다른 종들은 특정한 나무의 잎사귀만 먹게 될 것이다.

- 부가어, 절, 다른 단어군 앞에 대시를 사용하여 내용을 강조한다.

    I think Ruth was right – in theory and practice. 나는 이론과 실제에서 루스의 주장이 옳았다고 생각한다.
    Let Tess help her – if she wants help. 그녀가 도움을 원한다면 테스가 그녀를 돕게 해라.
    My family didn't even know about it – I didn't want anyone to know.
    우리 가족조차도 그것에 대해 몰랐다. 나는 아무도 그 사실을 알기를 원하지 않았다.

- 특정한 것의 범위 표현에 사용한다.

○ Grammar 표제어 Adverbs and adverbials 참조.

- 두 개의 명사 또는 형용사 사이에 사용한다.

    ...German–French relations. 독일과 프랑스 관계.
    ...the United States–Canada free trade pact 미국–캐나다 자유 무역 조약
    ...a mathematician–philosopher 수학자이며 철학자인 사람

- 기차 또는 비행기 등 두 장소를 연결하는 데 사용한다.

    ...the Anguilla–St Kitts flight. 앵귈라와 세인트키츠 간을 항해하는 항공편.
    ...the New York–Montreal train. 뉴욕과 몬트리올 간을 운행하는 기차.

10 brackets(괄호 ( ))

괄호는 parentheses라고도 한다. 주절에 어떤 내용을 붙이거나 설명하거나 생략할 수 있는 단어, 단어군, 절의 앞뒤에 사용한다.

Punctuation

This is a process which Hayek (a writer who came to rather different conclusions) also observed.
이 과정은 하이에크(다소 다른 결론을 낸 작가)도 관찰한 것이다.
A goat should give from three to six pints (1.7 to 3.4 litres) of milk a day.
염소는 하루에 3에서 6파인트(1.7에서 3.4리터)의 젖을 생산해야 한다.
This is more economical than providing heat and power separately (see section 3.2 below).
이것은 열과 동력을 따로 제공하는 것보다 더 경제적이다(아래 항목 3.2 참조).

🔢 마침표, 물음표, 느낌표, 콤마가 괄호 안의 내용에만 해당되지 않는 한 이들 구두점은 두 번째 괄호 밖에 사용한다.

I ordered two coffees and ice cream (for her). 나는 커피 두 잔과 (그녀를 위해) 아이스크림을 주문했다.
We had sandwiches (pastrami on rye and so on), salami, coleslaw, fried chicken, and potato salad.
우리는 (호밀 빵에 양념을 많이 한 훈제 쇠고기 등을 넣은) 샌드위치, 살라미 소시지, 양배추 샐러드, 닭튀김, 감자 샐러드를 먹었다.
In the face of unbelievable odds (the least being a full-time job!) Gladys took the six-hour exam – and passed.
(최소 풀타임으로 일해야 하는) 믿을 수 없는 어려움에도 불구하고, 글래디스는 6시간 동안 시험을 치러서 합격했다.

11 square brackets(꺾쇠괄호 [ ])

일반적으로 책과 논문에서 원래 쓰이지는 않았지만 인용문을 더 명확하게 하거나 의견을 전달하는 단어를 보충할 때 꺾쇠괄호를 사용한다.

Mr Runcie concluded: 'The novel is at its strongest when describing the dignity of Cambridge [a slave] and the education of Emily [the daughter of an absentee landlord].'
런시 씨는 "그 소설은 캠브리지[노예]의 품위와 에밀리[부재지주의 딸]의 교육을 묘사할 때 그 문체가 가장 힘이 있다."고 결론을 지었다.

12 apostrophe(아포스트로피 ')

아포스트로피는 다음과 같은 경우에 사용한다.

- 소유 등의 관계를 나타낼 때, 명사나 대명사에 붙인 s 앞이나 s로 끝나는 복수명사 뒤에 아포스트로피를 사용한다.
  ...my *friend's* house. 내 친구의 집.
  ...*someone's* house. 누군가의 집.
  ...*friends'* houses. 친구들의 집.

⭕ Usage 표제어 's 참조.

- be동사, have, 조동사의 축약형 앞과 not이 포함된 축약형에서 n과 t 사이에 아포스트로피를 사용한다.
  I'm terribly sorry. 정말 죄송합니다.
  I *can't* see a thing. 하나도 보이지 않는다.

⭕ Grammar 표제어 Contractions 참조.

- 알파벳의 복수형과 때때로 숫자 뒤에 's(아포스트로피 에스)를 사용하기도 한다.
  Rod asked me what grades I got. I said airily, 'All *A's*, of course.'
  로드는 내게 성적을 어떻게 받았냐고 물었다. 나는 "물론, 모든 과목에서 A를 받았지요."라고 뻐기며 말했다.
  There is a time in people's lives, usually in their *40's* and *50's*, when they find themselves benefiting from their investments.
  사람들은 살면서 보통 40대나 50대에 금전상의 투자로 인해 이익을 얻는 시기가 있다.

- 연도나 10년 단위의 두 자리 숫자 앞에 아포스트로피를 사용한다.
  ...souvenirs from the *'68* campaign. 1968년도 캠페인의 기념품.
  He worked there throughout the *'60s* and the early *'70s*.
  그는 그곳에서 60년대와 70년대 초까지 일을 했다.

아포스트로피는 때때로 단어가 생략되어 있음을 나타내기도 한다. 현대 영어에서는 단어를 자주 생략한다. 예를 들면, o'clock은 of the clock의 준말이지만 결코 완전한 형태인 of the clock으로는 쓰지 않는다.
She left here at eight *o'clock* this morning. 그녀는 오늘 아침 8시에 이곳을 떠났다.

생략된 단어 앞에는 아포스트로피를 사용하지 않는다. 예를 들면, 요즘은 일반적으로 **'phone**이 아닌 **phone**으로 쓴다.

Punctuation

> 주의 apples나 cars와 같은 복수명사는 s 앞에 아포스트로피를 사용하지 않는다. 소유대명사 yours, hers, ours, theirs나 소유한정사 its도 s 앞에 아포스트로피를 사용하지 않는다.

13 hyphen(하이픈 -)

○ 복합어에서 하이픈의 용법에 대한 정보는 Topic 표제어 Spelling 참조.

14 slash or stroke(슬래시 또는 스트로크 /)

슬래시(slash, stroke, oblique)는 다음과 같은 방법으로 사용한다.

- 둘 중 선택할 수 있는 두 단어나 숫자 사이에 슬래시를 사용한다.
  Write here, *and/or* on a card near your telephone, the number of the nearest hospital with a casualty ward.
  응급실을 갖춘 가장 가까운 병원의 전화번호를 여기에, 그리고/또는 당신의 전화기 가까이에 있는 카드에 써 놓으세요.
  ...the London Hotels information Service (telephone 629 5414*/6*).
  런던의 호텔에 대한 전화 정보 서비스는 629 5414번/6번.

- 실제로는 두 개의 기능을 하는 하나의 사물을 설명할 경우, 즉 a washer/drier(세탁과 건조를 겸한 기계), a clock/radio(시계와 라디오 기능을 동시에 하는 기계)와 같이 두 단어 사이에 슬래시를 사용한다.
  Each apartment includes a sizeable *lounge/diner* with colour TV.
  각각의 아파트는 컬러 텔레비전을 갖춘 상당한 크기의 휴게실 겸 식당 공간을 포함하고 있다.

- 범위와 비율에 사용한다.
  He was driving at 100 km/h. 그는 시속 100km로 운전하고 있었다.
  ...the 2010/11 academic year. 2010/11 학기.

- 웹사이트 주소
  ...http://www.harpercollins.com 하퍼콜린스 닷컴

15 direct speech(직접화법 ' ' 혹은 " ")

quotation marks나 quotes라고도 하는 인용 부호는 직접화법의 처음과 끝에 사용하며, 첫 철자는 대문자로 시작한다.
'Thank you,' I said. 나는 "고맙습니다."라고 말했다.
"What happened?" "무슨 일이 일어났어요?"

 영국 작가들은 작은따옴표(' ')와 큰따옴표(" ")를 둘 다 사용하지만, 미국 작가들은 큰따옴표를 사용하는 경향이 있다.

직접화법의 문장 뒤에 he said 등을 사용할 경우, 인용 부호 앞에는 마침표가 아닌 콤마를 사용한다. 하지만 직접화법이 의문문이나 감탄문일 경우에는 물음표나 느낌표를 사용한다.
'We have to go home,' she told him. 그녀는 "우리는 집에 가야 해."라고 그에게 말했다.
'What are you doing?' Sarah asked. "당신은 무엇을 하고 있습니까?"라고 사라가 물었다.
'Of course it's awful!' shouted Clarissa. "물론, 끔찍해요."라고 클라리사가 소리쳤다.

동일한 사람이 다른 직접화법 문장의 일부를 말할 경우, 두 번째 직접화법 문장도 대문자로 시작하며 인용 부호를 넣는다.
'Yes, yes,' he replied. 'He'll be all right.' "예, 예, 그는 괜찮을 것입니다."라고 그가 대답을 했다.

직접화법 문장 안에 he said 등을 사용할 경우, (첫 번째 문장 + 콤마 + he said + 콤마 + 두 번째 문장) 형식을 사용한다. 두 번째 문장은 내용이 계속 이어지므로 한 문장이 아닌 이상 문장의 시작에 대문자를 사용하지 않는다.
'Frankly darling,' he murmured, 'it's none of your business.'
"여보, 솔직히 그것은 당신이 관여할 일이 아니에요."라고 그가 우물거렸다.
'Margaret,' I said to her, 'I'm so glad you came.' "마거릿, 당신이 와서 매우 기뻐요."라고 나는 그녀에게 말했다.

직접화법 문장이 he said 등으로 시작할 경우, 그 뒤에 콤마를 넣고 인용 부호 안에는 마침표, 물음표, 느낌표를

사용한다.
She added, 'But it's totally up to you.' 그녀는 "그러나 그것은 완전히 당신에게 달려 있어요."라고 덧붙였다.
He smiled and asked, 'Are you her grandson?' "당신이 그녀의 손자입니까?"라고 그는 웃으면서 물었다.

뒤에 오는 내용이 중요하다는 것을 나타낼 때, 직접화법 앞에 때때로 콜론을 사용하기도 한다.
I said: 'Perhaps your father was right.' "아마 너희 아버지 말씀이 옳았을 거야."라고 나는 말했다.

말을 하고 있는 사람이 주저하거나 상대방이 대화에 끼어들 경우, 대시를 사용한다.
'Why don't I –' He paused a moment, thinking. "나라고 왜 ……." 하며 그는 생각하면서 잠깐 말을 멈추었다.
'It's just that – circumstances are not quite right for you to come up just now.'
"그것은 바로 당장 당신이 오기에는 상황이 아주 적절하지 않다는 것이지."
'Oliver, will you stop babbling and –' 'Jennifer,' I interrupted, 'the man is a guest!'
"올리버, 그만 재잘거려요. 그리고……." "제니퍼, 그분이 손님이야."라고 내가 끼어들었다.

말하는 것을 주저하거나 잠시 말을 멈추는 것을 나타낼 때, 점 세 개를 사용한다.
'I think they may come soon. I...' He hesitated, reluctant to add to her trouble.
"그들이 곧 올 것 같아. 나는……." 그는 그녀의 걱정거리가 더해질 것을 꺼리면서 말하기를 주저했다.
'Mother was going to join us but she left it too late...'
"어머니는 우리와 합류하기로 했으나 너무 늦게 출발을 하셔서 ……."

어떤 사람이 생각하는 것을 나타낼 때는 인용 부호 대신 콤마 앞이나 뒤에 직접 인용한다.
My goodness, I thought, Tony was right. 맙소사, 나는 토니의 말이 옳았다고 생각했다.
I thought, what an extraordinary childhood. 나는 특이한 어린 시절이라고 생각했다.

대화를 글로 쓸 경우에는, 소설에서처럼 직접화법의 각각의 문장은 줄을 바꿔서 시작한다.

> 주의 직접화법은 문장이 한 줄 이상으로 길어져서 다음 줄로 넘어가더라도, 새로 시작하는 줄에 새로운 인용 부호를 사용하지 않는다. 한 단락 이상의 직접화법이 있는 경우, 각 단락의 시작에 인용 부호를 사용하지만 마지막 단락을 제외하고는 어떤 단락도 끝에 인용 부호를 사용하지 않는다.

16 titles and quoted phrases (제목과 인용구)

특히 격식을 차리지 않는 글에서는 인용 부호를 자주 사용하지 않지만 책, 연극, 영화 등의 제목을 언급할 경우에는 인용 부호를 사용한다. 책과 논문의 제목은 자주 인용 부호 없이 쓰거나 이탤릭체(**sloping letters**)를 사용하며, 특히 신문 제목에는 인용 부호를 사용하지 않는다.
...Robin Cook's novel 'Coma'. 로빈 쿡의 소설 《Coma》.
...Follett's most recent novel, Hornet Flight. 폴레트의 가장 최근 소설, 《Hornet Fligh》.

다른 사람이 말한 하나 또는 여러 개의 단어를 언급할 때, 인용 부호를 사용한다.
The manager later described the incidents as 'unfortunate'.
그 매니저는 나중에 그 사건을 '불행한 일'이라고 기술했다.
He has always claimed that the programme 'sets the agenda for the day.'
그는 '그날의 의제를 정하다'라는 프로그램을 항상 요구해 왔다.

영국 영어에서는 일반적으로 인용 부호 안에 구두점을 사용하지 않는다.
Mr Wilson described the price as 'fair'. 윌슨 씨는 그 가격이 '알맞다'고 말했다.
What do you mean by 'boyfriend'? '남자 친구'란 무엇을 의미합니까?

그러나 문장 전체를 인용하는 경우에는 자주 인용 부호의 뒤보다는 앞에 마침표를 찍는다.
You have a saying, 'Four more months and then the harvest.'
우리 속담에 '넉 달이 지나면 추수한다.'라는 말이 있다.

인용문에 콤마를 사용할 때, 인용 부호 뒤에 콤마가 온다.
The old saying, 'A teacher can learn from a student', happens to be literally true.
속담에 의하면 '교사는 학생에게서 배울 점이 있다'고 하는데 그 말 그대로 그런 일이 일어나기도 한다.

 미국 영어에서는 마침표나 콤마를 인용 부호 앞에 넣는다.

Reactions

There was a time when people were divided roughly into children, "young persons," and adults.
사람들을 대략 어린이, '젊은이,' 어른으로 구분했던 때가 있었다.

누군가가 인용한 구절을 다시 인용할 경우에는 두 개의 인용 부호를 사용한다. 작은따옴표로 시작한 경우, 작은따옴표 안에 큰따옴표가 와서 'A "X" A'의 형식을 사용한다. 큰따옴표로 시작한 경우, 작은따옴표를 큰따옴표 안에 사용하여 "A 'X' A" 형식을 사용하기도 한다.

'What do they mean,' she demanded, 'by a "population problem"?'
"'인구 문제'란 무엇을 의미하나요?"라고 그녀가 물었다.

"One of the reasons we wanted to make the programme," Raspiengeas explains, "is that the word 'hostage' had been used so often that it had lost any sense or meaning."
"우리가 그 프로그램을 만들고자 했던 이유 중 하나는 '인질'이라는 말을 너무 자주 사용하여 그것의 중요성과 의미를 잃어 버렸다는 것이다." 라고 라스피앙가아가 설명한다.

ℹ️ 때때로 적절하지 않다고 생각하는 단어나 표현에 인용 부호를 사용하기도 한다.

He was badly injured after a 'friend' had jokingly poured petrol over him and set fire to it.
그는 어떤 '친구'가 장난삼아 그의 가슴에 휘발유를 뿌리고 불을 붙여 큰 부상을 입었다.

평론과 같은 내용 중 일부를 인용할 때 말줄임표를 사용한다.

'A creation of singular beauty…magnificent.' Washington Post.
"보기 드물게 아름다운 창조물…… 아주 훌륭한." 워싱턴 포스트지의 기사 제목.

17 italics(이탤릭체)

이탤릭체(sloping letters)는 책과 논문에서 제목, 외국어를 언급하거나 다른 단어를 강조하거나 두드러지게 하기 위해 사용한다. 필기를 할 경우에는 이런 식으로 이탤릭체를 쓰지는 않는다. 제목에 인용 부호를 사용하거나 특별한 구두법을 전혀 사용하지 않기도 하며, 외국어를 언급할 때는 인용 부호를 사용한다. 격식을 차리지 않은 글에서는 이를 강조하기 위해 밑줄을 긋기도 한다.

18 other uses of punctuation(구두법의 다른 용법)

⭕ 약어, 날짜, 숫자, 단위, 시간을 글로 쓸 때 구두점의 용법은 Topic 표제어 Abbreviations, Days and dates, Numbers and fractions, Measurements, Time 참조.

Reactions

1 exclamations	6 expressing pleasure
2 'how'	7 expressing relief
3 'what'	8 expressing annoyance
4 exclamations in question form	9 expressing disappointment or distress
5 expressing surprise or interest	10 expressing sympathy

어떤 이야기를 듣거나 봤을 때의 반응을 나타내는 방법은 여러 가지가 있다.

1 exclamations(감탄)

어떤 것에 대한 반응을 표현할 때 감탄을 자주 사용한다. 감탄문은 단어나 단어군, 절로 이루어져 있다.
Wonderful! 훌륭해요!
Oh dear! 아이구, 맙소사!
That's awful! 세상에!

화법에서는 감탄문을 강조하여 말한다. 감탄문을 글로 쓸 때는 일반적으로 문장 끝에 느낌표를 넣는다.

2 'how'

감탄문을 시작할 때, how와 what을 때때로 사용하기도 한다. 일반적으로 [How+형용사+!] 형식을 사용하며,

형용사 뒤에는 다른 품사를 사용하지 않는다.

'They've got free hotels run by the state specially for tourists.' – '*How marvellous!*'
"그들은 특히 관광객을 위해 주(州)에서 운영하는 무료 호텔을 소유하고 있어요." – "정말 놀랍네요!"

'He's been late every day this week.' – '*How strange!*'
"그는 이번 주 날마다 늦습니다." – "정말 이상하네요!"

3 'what'

What을 명사군 앞에 사용하여 감탄을 나타낸다.

'I wish I'd gone.' – '*What a shame!*' "나는 떠났으면 하는 바람이었어요." – "그거 유감이군요!"
'...and then she died in poverty.' – 'Oh dear, *what a tragic story*.'
"그 후 그녀는 가난하게 살다가 생을 마감하고……." – "저런, 정말 비극적인 이야기네요."

What a marvellous idea! 정말 대단한 아이디어군요!
What rubbish! 허튼소리 그만해!
What a laugh! 정말 웃기는 이야기구먼!

> 주의 단수 가산명사일 경우, what 뒤에 a나 an을 사용해야 한다. 예를 들면, '정말 특별한 경험이었어요!'는 What extra-ordinary experience!가 아닌 *What an* extraordinary experience!라고 한다.

〔what + 명사군 + to부정사(to say · to do 등)〕형식을 사용한다.

'If music dies, we'll die.' – 'What an awful thing *to say*!'
"만약 음악이 없어진다면 우리도 없어질 것이에요." – "말이 너무 지나치시네요!"
What a terrible thing *to do*! 진짜 그 일은 하기에 너무 참혹해요!

4 exclamations in question form (의문문 형식의 감탄문)

Isn't that...으로 시작하는 의문문 형식의 감탄문을 사용하여 반응을 보일 수 있다.

'Students seem much more confident here than they are over there.' – '*Isn't that interesting*.'
"이곳 학생들의 자신감이 더 높아 보입니다." – "정말 흥미롭군요."
'It's one they don't make any more.' – 'Oh, *isn't that sad!*'
"그것은 그들이 더 이상 만들지 않는 것입니다." – "오, 정말 안타깝네요!"
'She's invited me to Paris for the weekend.' – 'Oh, *isn't that nice!*'
"그녀가 나를 주말에 파리로 초대했어요." – "오, 아주 잘됐네요."

일부 감탄문은 긍정의문문과 동일한 형식을 가지고 있다.

Alan! *Am I glad to see you!* 앨런! 만나서 정말 반갑다!
Well, *would you believe it*. They got their motor fixed. 믿을 수 있겠어요? 그들이 차를 고쳤다네요.
'How much?' – 'A hundred million.' – '*Are you crazy?*' "얼마입니까?" – "1억이요." – "정신이 나갔군요!"

5 expressing surprise or interest (놀람이나 관심 표현하기)

Really?, What?, Good heavens., Good grief. 등의 자주 쓰는 짧은 표현을 사용하여 놀람이나 관심을 나타낼 수 있다.

'It only takes 35 minutes from my house.' – '*Really?* To Oxford Street?'
"그곳은 우리 집에서 35분밖에 걸리지 않아요." – "정말로요? 옥스퍼드 스트리트까지요?"
'He's gone to borrow a gun.' – '*What?*' "그는 총을 빌리러 갔어요." – "뭐라고요?"

Good God.과 My God.도 놀람이나 관심을 나타낼 때 사용한다.

My God, what are you doing here? 맙소사! 당신은 여기서 무슨 짓을 하고 있어요?

상대방이 한 말에 놀람이나 관심을 나타낼 때, 의문부가절 형식의 짧은 의문문을 사용할 수도 있다.

'He gets free meals.' – '*Does he?*' "그는 무료로 식사를 해요." – "그래요?"
'They're starting up a new arts centre there.' – '*Are they?*'
"그들은 그곳에 새 아트 센터를 짓기 시작했어요." – "그래요?"
'I refused to do it.' – '*Did you?* Good for you.'
"나는 그 일 하기를 거절했어요." – "그랬어요? 잘됐네요."

Reactions

694

상대방이 방금 한 말이 사실이라고 믿고 있음에도 불구하고 매우 놀랐다는 뜻으로, 그 말을 부인하는 짧은 진술을 사용할 수 있다.

'I just left him there and went home.' – '***You didn't!***'
"저는 그를 거기에 놔두고 그냥 집에 갔어요." – "그랬을 리가 없어요!"

상대방이 방금 한 말 중 일부를 되풀이하거나 그 말을 이해했는지 확인함으로써 놀랐거나 화가 난 것을 표현한다.
'Could you please come to Ira's right now and help me out?' – '***Now? Tonight?***'
"지금 바로 제가 여기에서 나가 아이라의 집으로 갈 수 있도록 해줄 수 있어요?" – "지금이요? 이 밤에요?"
'We haven't found your husband.' – '***You haven't?***' "우리는 당신 남편을 찾지 못했어요." – "찾지 못했다고요?"

상대방이 한 말에 놀람이나 관심을 나타낼 때, [That's · How + 형용사 **strange · interesting** 등] 형식을 사용할 수도 있다.
'Is this cup from Roman times?' – 'We think so.' – 'Well, ***that's interesting***.'
"이 컵은 로마 시대의 것입니까?" – "우리는 그렇게 생각해요." – "음, 재미있군요."
'He said he hated the place.' – '***How strange!*** I wonder why.'
"그는 그곳을 싫어한다고 했어요." – "이상하군요! 그 이유가 궁금하네요."

어떤 것에 대한 반응을 표현할 때, **Strange., Odd., Funny., Extraordinary., Interesting.** 등의 표현을 사용한다.
'They invented the whole story?' – 'That's right.' – '***Extraordinary***.'
"그들은 그 이야기를 조작했어요?" – "맞아요." – "놀라운 일이군요."
'They both say they saw it.' – 'Mmm. ***Interesting***.' "그들 둘 다 그것을 보았다고 하네요." – "음. 흥미 있는 일이군요."

놀랐을 때, **What a surprise!**라고 하기도 한다.
Tim! Why, ***what a surprise!*** 아이고, 팀, 놀랐잖아!
'Flick? How are you?' – 'Oh, Alan! ***What a surprise to hear your voice***! Where are you?'
"플릭? 잘 지내요?" – "아, 앨런! 당신 목소리를 들으니 놀랍네요! 어디 있어요?"

격식을 차리지 않는 상황에서 상대방의 말이 너무 놀랍다는 표현으로 **No! You're joking!**이나 **I don't believe it!** 등을 사용할 수 있다. **You're kidding.**은 **You're joking.**보다 격식을 차리지 않은 표현이다.
'Ginny's got a new boyfriend!' – 'You mean the guy who works in accounts? ***You're joking!***'
"지니에게 새로운 남자친구가 생겼어요!" – "지금 회계사로 일하는 그 사람이에요? 그럴 리가요!"
You've never seen Star Wars? ***I don't believe it!*** 당신은 스타워즈라는 영화를 본 적이 없다고요? 정말 믿을 수 없군요!
'Laura and Richard are back together.' – '***You're kidding!***'
"로라와 리차드가 재결합했대요." – "그럴 리가요!"

매우 격식을 차리지 않는 영어에서 놀람을 표현할 때, 일부 사람들은 **Bloody Hell!**과 같은 표현을 사용한다. 그러나 이 표현은 상대방의 감정을 상하게 할 수 있으므로 사용하지 말아야 한다.

일부 사람들은 놀람을 표현할 때, [**Fancy + -ing**] 형식을 문장의 처음에 사용한다.
Fancy seeing you here! 여기서 만나다니 놀랍네요!
Fancy choosing that! 그것을 고르다니 놀라워요!

6 expressing pleasure (즐거움을 표현하기)

어떤 상황에 즐거워하거나 상대방이 한 말을 듣고 즐거움을 표현할 때, **That's great.**나 **That's wonderful.**이라고 하거나, 형용사만 사용한다.
'I've arranged the flights.' – 'Oh, ***that's great***.' "비행기 시간을 조정했어요." – "오, 잘됐네요!"
'We can give you an idea of what the prices are.' – '***Great***.'
"우리는 당신에게 가격을 알려 줄 수 있어요." – "아주 좋아요."

위와 같은 뜻으로 **How marvellous.**나 **How wonderful.**이라고 할 수도 있다.
'I've just spent six months in Italy.' – '***How lovely!***' "저는 이탈리아에서 6개월을 보냈어요." – "근사한 일이네요."
Oh, Robert, ***how wonderful to see you***. 오, 로버트, 당신을 만나게 되어 정말 반갑네요.

그러나 ~~How great~~.라고 하지는 않는다.

Reactions

격식을 차리는 상황에서 상대방의 말에 대답할 때, **I'm glad to hear it.**, **I'm pleased to hear it.**, **I'm delighted to hear it.**을 사용한다.

'He took me home, so I was well looked after.' – '*I'm glad to hear it*.'
"그는 저를 집까지 데려다주고 보살펴 주었어요." – "그 소리를 들으니 아주 반갑네요."

어떤 일이 사실이 아닐 경우 화를 낼 수도 있다는 것을 재미있게 나타낼 때, 위의 표현을 자주 사용한다.

'I have a great deal of respect for you.' – '*I'm delighted to hear it*.'
"저는 당신을 아주 존경하고 있어요." – "그 말을 들으니 매우 기쁘네요."

어떤 일에 대해 기쁘다고 표현할 때도 **That is good news.**나 **That's wonderful news.**라고 말한다.

'My contract's been extended for a year.' – '*That is good news*.'
"제 계약이 1년 더 연장되었어요." – "좋은 소식이네요."

7 expressing relief(안도감 표현하기)

안도감을 표현할 때, **Oh good.**이나 **That's all right then.**이라고 한다.

'I think he will understand.' – '*Oh good*.' "그는 이해할 거라고 생각해요." – "아, 잘됐군요."
'They're all right?' – 'They're perfect.' – '*Good, that's all right then*.'
"그들은 괜찮나요?" – "그들은 아무 이상 없어요." – "그렇다니 안심이 됩니다."

That's a relief.나 **What a relief!**라고도 한다.

'He didn't seem to notice much.' – 'Well, *that's a relief*, I must say.'
"그는 제대로 알아차리지 못한 것 같았어요." – "정말 다행이라고 말해야겠군요."
'It's nothing like as bad as that.' – '*What a relief!*'
"그렇게 나쁘지는 않은 것 같아요." – "정말 다행이군요."

매우 안심했을 때, **Thank God.**, **Thank goodness.**, **Thank God for that.**, **Thank heavens for that.**이라고 말한다.

'He's arrived safely in Moscow.' – '*Thank goodness*.' "그는 모스크바에 안전하게 도착했어요." – "다행이군요."
Thank God you're safe! 당신이 무사하다니 정말 안심이 됩니다.

격식을 차리는 상황에서는 **I'm relieved to hear it.**과 같이 말해야 한다.

'Is that the truth?' – 'Yes.' – '*I am relieved to hear it!*'
"그것이 사실입니까?" – "예." – "그 말을 들으니 정말 안심이 되네요."
'I would never tell anyone what happened.' – '*I am relieved to hear you say that*.'
"나는 아무에게도 그 말을 하지 않았어요." – "그렇게 말씀해 주시니 안심이 됩니다."

 때때로 안도감을 표현할 때, 말보다 소리를 더 많이 사용하기도 한다. 이를 글로 쓸 때 일반적으로 영국에서는 **phew**를, 미국에서는 **whew**를 사용한다.

Phew, I'm glad that's sorted out. 휴, 그것이 해결되어 안심이 되네요.
Whew, what a relief! 휴, 살 것 같네!

8 expressing annoyance(짜증 표현하기)

짜증이 날 때, **Oh no.**나 **Bother.**라고 하는데, **Bother.**는 조금 오래된 표현이다.

'We're going to be late.' – '*Oh no!*'
"우리가 늦을 거예요." – "아, 이런!"
Bother. I forgot to eat my sandwiches before I came here. 제기랄, 여기 오기 전에 샌드위치 먹는 것을 잊어버렸잖아!

짜증을 낼 때 욕을 하기도 한다. **blast, damn, hell**은 가벼운 욕이지만, 잘 모르는 사람들과 함께 있을 때는 이러한 단어도 사용해서는 안 된다. **fuck, shit**과 같은 단어는 더 심한 욕이며, 상대방의 기분을 상하게 하므로 사용하지 않도록 한다.

Damn. It's nearly ten. I have to get down to the hospital. 제기랄, 10시가 다 되었네. 병원에 가봐야 해.
'It's broken.' – '*Oh, hell*!' "고장이 났어요." – "오, 맙소사."

 영국 영어에서의 **sugar, flipping** 등과 미국 영어에서의 **darn, dang, shoot** 등의 단어는 욕을 하면 듣는 사람이 불쾌하게 생각할지도 모르는 상황에서 욕 대신에 쓰는 단어이다.

Reactions

I can't *flipping* believe it. 지긋지긋해, 나는 그것을 믿을 수가 없어.
Oh *shoot*, I don't have a can opener. 아, 젠장, 깡통 따개가 없잖아.

짜증을 표현할 때, **What a pain.**이나 **That's a pain.**이라고 하기도 한다.
He'd just gone. *What a pain*! 그가 방금 가버렸구나. 정말 성가셔!

> 비꼬아서 짜증을 표현할 때, 자주 Great.나 Oh, that's marvellous.라고 한다. 보통 이런 말은 기쁠 때가 아니라 화가 났을 때 사용한다.

'I phoned up about it and they said it's a mistake.' – '*Great*.'
"제가 그것에 대해 전화를 하니까 그들은 착오라고 했어요." – "대단하군."

9 expressing disappointment or distress (실망이나 슬픔 표현하기)

어떤 일에 대해 실망하거나 당황했을 때, **Oh dear.**라고 한다.
'We haven't got any results for you yet.' – '*Oh dear*.'
"아직 당신에게 전해 줄 결과는 하나도 나오지 않았어요." – "맙소사."
Oh dear, I wonder what's happened. 맙소사, 무슨 일이 일어났는지 궁금해.

That's a pity., That's a shame., What a pity., What a shame.이라고 하기도 한다.
'They're going to demolish it.' – '*That's a shame*. It's a nice place.'
"그들이 그곳을 철거하려고 해요." – "안타깝네요. 좋은 곳인데."
'Perhaps we might meet tomorrow?' – 'I have to leave Copenhagen tomorrow, I'm afraid. *What a pity!*'
"우리 내일 만나는 건 어떻습니까?" – "저는 내일 코펜하겐을 떠나요. 유감이에요."

Pity.라고만 하기도 한다.
'Do you play the violin by any chance?' – 'No.' – '*Pity*. We could have tried some duets.'
"혹시 바이올린을 연주할 줄 아십니까?" – "아니요." – "안타깝네요. 우리 둘이 이중주를 할 수 있었을 텐데요."

That's too bad.라고 하기도 한다.
'We don't play that kind of music any more.' – '*That's too bad*. David said you were terrific.'
"우리는 더 이상 그런 종류의 음악을 연주하지 않아요." – "그거 안됐군요. 데이비드가 당신 연주가 훌륭하다고 했는데."

큰 실망이나 슬픔을 표현할 때, **Oh no!**라고 한다.
'Johnnie Frampton has had a nasty accident.' – '*Oh no!* What happened?'
"조니 프램프턴은 큰 사고를 당했어요." – "세상에 그런 일이! 무슨 일이 있던 거예요?"

10 expressing sympathy (동정 표현하기)

상대방에게 불행한 일이 생겼을 때, 동정을 표하는 말로 **Oh dear.**라고 한다.
'First of all, it was pouring with rain.' – '*Oh dear*.' "무엇보다 비가 몹시 쏟아지고 있었어요." – "오, 저런."

How awful.이나 **How annoying.**이라고 하기도 한다.
'He's ill.' – '*How awful*. So you aren't coming home?'
"그는 몸이 아파요." – "정말 안됐군요. 그래서 당신은 집에 가지 않을 거예요?"
'We never did find the rest of it.' – 'Oh, *how annoying*!'
"우리는 그것의 나머지를 전혀 발견하지 못했어요." – "오, 정말 끔찍하네요."

What a pity.나 **What a shame.**이라고 하기도 한다.
'It took four hours, there and back.' – 'Oh, *what a shame*.'
"그곳을 왕복하는 데 4시간이 걸렸어요." – "아, 정말 힘이 들었겠어요."

격식을 차려서 상대방에게 동정을 표할 때, **I'm sorry to hear that.**이라고 한다.
'I was ill on Monday.' – 'Oh, *I'm sorry to hear that*.' "저는 월요일에 병이 났어요." – "아, 그 말을 들으니 안됐군요."

아주 슬픈 일을 당하거나 가족 중 누군가가 사망했을 때, 깊은 동정심을 나타내기 위해 **I'm so sorry.**라고 하거나, 더 격식을 차려서 **That's terrible.**이라고 한다.
'You remember Gracie, my sister? She died last autumn.' – 'Oh, *I'm so sorry*.'
"제 여동생 그레이스 기억하지요? 그레이스가 지난 가을에 죽었어요." – "정말 유감이네요."

Replies

'My wife's just been sacked.' – '*That's terrible*.' "제 아내가 해고되었어요." – "정말 안됐군요."

Bad luck.이나 **Hard luck.**은 어떤 일을 실패한 원인이 그 사람의 잘못이 아니라는 뜻을 함축하고 있다. 실패한 일을 다시 시도하면 성공할 거라고 할 경우, **Better luck next time.**이라고 한다.

'I failed my driving test again.' – 'Oh, then *bad luck*.'
"나는 운전 시험에서 다시 불합격했어요." – "아, 운이 나빴던 거죠."

Well, there we are, we lost this time, but *better luck next time*.
자, 그렇게 됐어요. 우리가 이번에는 졌지만 다음에는 행운이 있을 거예요.

Replies

이번 표제어에서는 **yes/no**의문문과 정보를 요청하는 **wh**-어에 대답하는 방법을 설명한다.

◎ 그 밖의 대답하는 방법은 Topic 표제어 Agreeing and disagreeing; Apologizing; Complimenting and congratulating someone; Greetings and goodbyes; Invitations; Offers; Requests, orders, and instructions; Suggestions; Thanking someone 참조.

1 replying to 'yes/no'-questions (yes/no의문문에 대답하기)

yes/no긍정의문문에 대답할 때, 그 상황이 존재하면 **Yes.**, 그 상황이 존재하지 않는 경우에는 **No.**를 사용한다.

'Did you enjoy it?' – '*Yes*, it was very good.' "그것이 즐거웠나요?" – "예, 아주 좋았습니다."
'Have you decided what you do?' – 'Not yet, *no*.' "무엇을 할지 결정했어요?" – "아니요, 아직 정하지 않았어요."

I have나 **it isn't** 등의 적합한 부가절을 붙일 수 있으며, 때때로 부가절이 먼저 오기도 한다.

'Are they very complicated?' – '*Yes, they are*. They have quite a number of elements.'
"그것들은 매우 복잡한가요?" – "예, 그렇습니다. 그것들은 상당히 많은 요소로 이루어져 있어요."
'Did you have a look at the shop when you were there?' – '*I didn't, no*.'
"당신이 거기에 있을 때 그 가게를 보았습니까?" – "아니요, 그러지 않았어요."

 특히 아일랜드 사람들과 일부 미국 사람들은 대답할 때, **Yes.**나 **No.**를 사용하지 않고 부가의문문으로만 대답한다.

'You do believe me?' – '*I do*.' "당신은 제 말을 믿지요?" – "믿습니다."

일부 사람들은 격식을 차리지 않고 말할 때, **Yes.** 대신 **yeah** [jeə]를 사용한다.

'Have you got one?' – '*Yeah*.' "한 개 갖고 있어요?" – "예."

Yes. 대신 **Mm.**을 사용하기도 한다.

'Is it very expensive?' – '*Mm*, it's quite pricey.' "아주 비싼 것이지요?" – "음, 꽤 비쌉니다."

때때로 정도부사로 대답할 수 있다.

'Did she like it?' – 'Oh, *very much*, said it was great.'
"그녀가 그것을 마음에 들어했나요?" – "오, 아주 많이요. 말하길 아주 훌륭하다고 했어요."
'Has he talked to you?' – '*A little*. *Not much*.' "그가 당신에게 말을 했어요?" – "조금이요. 많이 하지는 않았어요."

No.가 대답으로 그다지 정확하지 않다고 느낄 경우, **not really**나 **not exactly**를 사용할 수 있다.

'Right, is that any clearer now?' – '*Not really*, no.' "맞아요, 이제 알아듣겠어요?" – "아니요, 그렇지는 않아요."
'Have you thought at all about what you might do?' – 'No, *not really*.'
"어떤 것을 할지 조금이라도 생각해 본 적이 있나요?" – "아니요, 그렇지는 않아요."
'Has Davis suggested that?' – '*Not exactly*, but I think he'd be glad to get away.'
"데이비스가 그것을 제안했어요?" – "반드시 그런 것은 아니지만, 그는 떠날 수 있다면, 기뻐할 것 같아요."

단순히 **Yes.**나 **No.**의 대답이 아닌 자세한 정보를 원하는 질문에 대답할 때는, 자주 **well** 뒤에 **Yes.**나 **No.** 없이 바로 정보를 주기도 한다.

'Do you have any plans yourself for any more research in this area?' – '*Well*, I hope to look more at mixed ability teaching.'
"이 분야에 대해 당신 자신이 더 많은 연구를 할 계획이 있습니까?" – "예, 저는 능력 혼성 지도를 더 연구하고 싶습니다."

Replies

2 replying to negative 'yes/no'-questions(yes/no부정의문문에 대답하기)

yes/no부정의문문은 상대방의 대답이 yes여야 하거나 그렇게 대답해 줄 거라고 생각할 때 사용한다.

긍정의문문으로 대답하는 것처럼 그 상황이 존재하면 **Yes.**로, 상황이 존재하지 않으면 **No.**로 대답한다. 예를 들면, **Hasn't James phoned?**(제임스가 전화하지 않았나요?)라고 물을 때, 제임스가 전화하지 않았으면 **No**, 전화를 했으면 **Yes**로 대답한다.

'Haven't they just had a conference or something?' – '*Yes.*'
"그들이 방금 회의 같은 것을 하지 않았나요?" – "아니요 (회의를 했습니다)."
'Didn't you like it, then?' – '*Not much.*' "그러면 당신은 그것을 좋아하지 않았어요?" – "별로요 (좋아하지 않아요)."

부정적인 내용의 질문에 대답할 때, 그 내용이 사실일 경우 **No.**라고 대답한다.
'So you've never been guilty of physical violence?' – '*No.*'
"그래서 당신은 폭력을 휘두른 전과가 전혀 없다는 말입니까?" – "네 (없습니다)."
'You didn't mind me coming in?' – '*No*, don't be daft.'
"제가 들어가서 신경 쓰이지 않으셨어요?" – "그럼요. 바보 같은 소리 하지 마세요."

긍정적인 내용의 질문에 대답할 때, 그 내용이 사실일 경우 **Yes.**라고 대답한다.
'He liked it?' – '*Yes*, he did.' "그가 그것을 좋아했어요?" – "예, 좋아했어요."
'You've heard me speak of Angela?' – '*Oh, yes.*' "당신은 제가 앤젤라에 대해 말하는 것을 들었지요?" – "예, 들었어요."

3 replying when uncertain(불확실할 때 대답하기)

yes/no의문문에 대한 대답을 알 수 없을 때, **I don't know.**나 **I'm not sure.**라고 한다.
'Did they print the list?' – '*I don't know.*' "그들은 목록을 인쇄했습니까?" – "모르겠어요."
'Is there any chance of you getting away this summer?' – '*I'm not sure.*'
"올 여름에 휴가를 갈 가능성이 있습니까?" – "확실하지 않습니다."

어떤 상황이 아마 존재할 것 같다고 생각할 경우, **I think so.**라고 한다.
'Do you understand?' – '*I think so.*' "아시겠습니까?" – "그런 것 같습니다."

 미국인들은 흔히 **I guess so.**를 사용한다.
'Can we go inside?' – '*I guess so.*' "우리가 들어갈 수 있을까요?" – "그래도 될 것 같은데요."

어떤 상황이 존재할 거라고 추측할 때 사용하는 표현은 **I should think so., I would think so., I expect so., I imagine so.**이다.
'Will Sarah be going?' – '*I would think so*, yes.' "사라도 갈 건가요?" – "예, 그럴 것 같아요."
'Did you say anything when I first came up to you?' – 'Well, *I expect so*, but how on earth can I remember now?'
"제가 당신에게 처음 말을 걸었을 때 당신이 무슨 말인가를 했었나요?" – "아마 그랬겠지만 도대체 제가 어떻게 기억할 수가 있겠어요?"

어떤 상황에 대해 별로 마음이 내키지 않거나 즐겁지 않다고 할 경우, **I suppose so.**라고 한다.
'Are you on speaking terms with them now?' – '*I suppose so.*'
"당신은 그들과 만나면 인사나 하는 그런 정도의 사이입니까?" – "그런 것 같아요."

어떤 상황이 존재하지 않을 것 같다고 생각할 때, **I don't think so.**라고 한다.
'Did you ever meet Mr Innes?' – 'No, *I don't think so.*'
"당신은 이니스 씨를 만난 적이 있어요?" – "아니요, 만난 적이 없는 것 같아요."

무언가를 추측할 때, **I shouldn't think so., I wouldn't think so., I don't expect so.**라고도 말한다.
'Would Nick mind, do you think?' – 'No, *I shouldn't think so.*'
"닉이 당신을 꺼려할 거라고 생각해요?" – "아니요, 그렇지 않을 것 같아요."
'Is my skull fractured?' – '*I shouldn't think so.*'
"제 두개골이 골절되었나요?" – "그렇지 않은 것 같아요."

4 replying to either/or-questions

or가 포함된 질문의 대답을 명확하게 하려면 특정 상황을 나타내는 단어 또는 단어 그룹을 포함시켜 주어야 한다.

Requests, orders, and instructions

'Do you want to pay by cash or card?' – '*Cash*.'
"현금 또는 카드 중 어느 것으로 지불하시겠어요?" – "현금입니다."
'Are they undergraduate courses or postgraduate courses?' – '*Mainly postgraduate*.'
"그것들은 대학 또는 대학원 코스 중 어느 것입니까?" – "주로 대학원 코스입니다."
'Are cultured pearls synthetic or are they real pearls?' – '*They are real pearls*, but a tiny piece of mother-of-pearl has been inserted in each oyster.'
"그들은 인공으로 양식된 진주입니까, 아니면 자연산 진주입니까?" – "그들은 진짜 진주로, 그러나 각각의 굴에 아주 조그만 자개 조각을 이식해 만들어진 것입니다."

5 replying to 'wh'-questions (wh-의문에 대답하기)

wh-의문문에 대답할 때, 일반적으로 문장 전체보다는 한 단어나 단어군을 사용한다.

'How old are you?' – '*Thirteen*.' "몇 살이니?" – "13살이에요."
'How do you feel?' – '*Strange*.' "기분이 어때서요?" – "이상해요."
'Where are we going?' – '*Up the coast*.' "우리는 어디로 가고 있는 중입니까?" – "해변이요."
'Why did you run away?' – '*Because Michael lied to me*.'
"당신은 왜 도망을 갔어요?" – "마이클이 제게 거짓말을 했거든요."

그러나 어떤 것에 대한 이유를 설명할 때, 때때로 문장 전체를 사용하기도 한다.
'Why did you argue with your wife?' – '*She disapproved of what I'm doing*.'
"당신은 부인과 왜 말다툼을 했습니까?" – "그녀가 제가 하는 일을 반대했거든요."

어떤 대답을 할지 모르는 경우, **I don't know.**나 **I'm not sure.**라고 한다.
'What shall we do?' – '*I don't know*.' "우리 무엇을 할까요?" – "글쎄요."
'How old were you then?' – '*I'm not sure*.' "당신은 그때 몇 살이었어요?" – "잘 모르겠어요."

Requests, orders, and instructions

- **1** asking for something
- **2** asking as a customer
- **3** asking someone to do something
- **4** orders and instructions
- **5** emphatic orders
- **6** signs and notices
- **7** instructions on how to do something
- **8** replying to a request or order

누군가에게 어떤 것을 부탁하거나, 무언가를 하도록 부탁할 때 요청(**request**)을 한다. 즉 윗사람이 아랫사람에게, 또는 잘 알고 있는 사람에게 요청을 할 때는 명령(**order**)이나 지시(**instruction**)를 한다. 지시는 특정한 상황에서 어떤 일을 하는 방법이나 해야 하는 것을 말한다.

○ 허가를 요청하는 방법에 대한 정보는 Topic 표제어 **Permission** 참조.

요청이나 명령에 대답하는 방법은 이 표제어의 마지막에 설명한다.

1 asking for something (어떤 것을 요청하기)

상대방에게 어떤 것을 요청하는 가장 간단한 방법은 **Can I have...?**를 사용하는 것이다. 여러 사람을 대신해서 말할 때는 **I** 대신 **we**를 사용하며, 더 정중하게 요청할 때는 **please**를 붙일 수 있다.

Can I have some tomatoes? 토마토 몇 개 주시겠어요?
Can we have something to wipe our hands on, *please*? 손 닦을 것 좀 주시겠어요?

더 정중하게 요청할 때는 **could**를 사용한다.
Could I have another cup of coffee? 커피 한 잔 더 마셔도 되겠습니까?

매우 공손하고 격식을 차려 요청할 때는 **may**를 사용하는데, **might**는 오래된 표현처럼 들린다.
May we have something to eat? 우리에게 먹을 것 좀 주시겠습니까?

자신의 요청을 들어주지 않을 것 같은 상황에서 그 요청을 들어주도록 설득할 때, **can**이나 **could** 대신 **can't**나

Requests, orders, and instructions

couldn't를 사용한다.
Can't we have some music? 음악 좀 틀어 주실래요?

격식을 차리지 않고 간접적으로 요청할 때, **Have you got...?** 또는 **You haven't got...**에 부가의문문을 사용할 수 있다.

Have you got a piece of paper or something I could write it on?
받아 적을 수 있는 종이 같은 것을 가지고 있습니까?

You haven't got a spare pen, ***have you***? 당신은 여분의 펜이 있습니까?

상대방이 얻지 못할지도 모른다고 생각하는 것을 간접적으로 요청할 때, **Any chance of...?**를 사용한다. 이는 격식을 차리지 않는 편한 상황에 사용한다.

Any chance of a bit more cash in the New Year? 새해에는 현금을 조금 더 줄 수 있을까요?

2 asking as a customer (고객으로서 요청하기)

가게, 술집, 카페, 호텔에서 손님이 종업원에게 어떤 것을 요청할 경우, 단순하게 (명사구 + **please**) 형식을 사용할 수 있다.

A packet of crisps, please. 포테이토칩 한 봉지 주세요.
Two black coffees, please. 블랙커피 두 잔 주세요.

I'd like...를 사용하기도 한다.

As I'm here, doctor, ***I'd like*** a prescription for some aspirins.
의사 선생님, 제가 여기에 왔는데요, 아스피린을 약간 처방해 주셨으면 합니다.

I'd like a room, please. For one night. 방 하나 주세요. 하룻밤이요.

 특정한 것을 사용할 수 있는지 없는지를 확신하지 못할 경우, **Have you got...?**을 사용한다. 미국 영어에서는 이와 같은 뜻으로 **Do you have...?**를 사용한다.

Have you got any brochures on Holland? 네덜란드에 대한 팸플릿이 있습니까?
Do you have any information on that? 그것에 관한 어떤 정보라도 있습니까?

식당이나 술집에서 음식이나 음료를 주문할 때, **I'll have...**를 사용한다. 다른 사람의 집에 초대받았을 때, 상대방이 음식이나 음료를 권하는 말에 대한 대답으로도 **I'll have...**나 **I'd like...**를 사용할 수 있다.

The waitress brought their drinks and said, 'Ready to order?' 'Yes,' said Ellen. '***I'll have*** the shrimp cocktail and the chicken.'
여종업원이 마실 것을 가져와서 "주문하시겠어요?"라고 묻자 앨런은 "예, 칵테일 새우와 닭 요리로 할게요."라고 말했다.

I'd like some tea. 저는 차를 마시겠어요.

3 asking someone to do something (누군가에게 어떤 일을 하도록 요청하기)

누군가에게 어떤 일을 해달라고 정중하게 요청할 때, **Could you...?**나 **Would you...?**를 사용한다. 더 정중하게 요청할 때는 **please**를 붙일 수 있다.

Could you just switch the projector on behind you? 당신 뒤에 있는 영사기의 스위치를 켜주시겠어요?
Could you tell me, ***please***, what time the flight arrives? 비행기 도착 시간을 말씀해 주시겠어요?
Would you tell her that Adrian phoned? 그녀에게 에이드리언이 전화를 했다고 전해 주시겠어요?
Would you take the call for him, ***please***? 그를 대신해서 전화를 받아 주시겠어요?

Could you 뒤에 **perhaps**나 **possibly**를 붙여서 훨씬 더 정중하게 요청할 수 있다.

Morris, ***could you possibly*** take me to the railroad station on your way to work this morning?
모리스, 오늘 아침에 출근하면서 저를 기차역에 데려다 줄 수 있어요?

더 정중하게 부탁을 할 때, **Do you think you could...?**나 **I wonder if you could...?**를 사용한다.

Do you think you could help me? 저를 도와주실 수 있습니까?
I wonder if you could look after my cat for me while I'm away?
대단히 죄송하지만 제가 없는 동안에 우리 집 고양이를 돌봐주실 수 있습니까?

(**Would you mind + -ing...?**) 형식을 사용할 수도 있다.

Requests, orders, and instructions

Would you mind fetching another chair? 다른 의자를 여기로 가져다주시겠어요?
Would you mind waiting a moment? 조금만 기다려 주실 수 있습니까?

격식을 차린 편지와 화법에서는 I would be grateful if..., I would appreciate it if..., Would you kindly... 등의 매우 정중한 표현을 사용한다.
I would be grateful if you could let me know. 그 일을 제게 알려 주시면 감사하겠습니다.
I would appreciate it if you could deal with this issue promptly.
당신이 이 이슈를 빠르게 대처해 주시면 대단히 고맙겠습니다.
Would you kindly call to see us next Tuesday at eleven o'clock?
다음 주 화요일 11시에 우리를 방문해 주시겠습니까?

ℹ️ 상대방에게 간접적으로 요청할 때, 때때로 매우 격식을 차린 표현을 사용한다.

격식을 차리지 않는 상황에서는 Can you...?나 Will you...?를 사용한다.
Can you give us a hand? 우리를 도와주실 수 있나요?
Can you make me a copy of that? 그것의 복사본을 만들어 주실 수 있나요?
Will you post this for me on your way to work? 이것을 당신이 직장에 가는 도중에 부쳐줄래요?
Will you turn on the light, please, Henry? 헨리, 불을 켜줄래요?

상대방이 부탁을 들어줄 것 같지 않을 때, You wouldn't...would you?나 You couldn't...could you?를 사용한다. 어떤 일을 하는 것이 어렵거나 많은 일이 있어서 상대방에게 요청할 경우, 이러한 구조를 사용하기도 한다.
You wouldn't sell it to me, *would you*? 당신이 그것을 제게 팔지 않을 것 같지만, 그래도 파실래요?
You couldn't give me a lift, *could you*? 저를 태워 주시기 힘들겠지만, 그래도 태워 주실래요?

I suppose you couldn't...나 I don't suppose you would...를 사용할 수도 있다.
I suppose you couldn't just stay an hour or two longer? 한두 시간 더 머물 수가 없을 것 같은데요?
I don't suppose you'd be prepared to stay in Edinburgh?
당신은 에든버러에 머물 준비가 되어 있지 않은 것 같은데요?

어떤 일을 부탁할 때, Would you do me a favour?나 I wonder if you could do me a favour.와 같은 표현을 때때로 사용하기도 한다.
'Oh, Bill, *I wonder if you could do me a favour*.' – 'Depends what it is.' – 'Could you ring me at this number about eleven on Sunday morning.'
"빌, 한 가지 부탁이 있는데 들어줄래요?" – "무엇인지에 따라서지요." – "일요일 오전 11시쯤에 이 전화번호로 제게 전화를 해주겠어요?"
'*Do me a favour*, Grace. Don't say anything about this to Sally.' – 'All right.'
"그레이스, 부탁 하나 들어주세요. 이 일에 대해 샐리에게 아무 말도 하지 마세요." – "알았어요."

4 orders and instructions (명령과 지시)

어떤 사람이 다른 사람보다 권위가 있을 때에도 명령보다는 부탁의 표현을 더 자주 사용한다. 이것이 더 정중한 표현이기 때문이다. 더 직접적으로 명령을 하는 방법은 다음에서 설명하고 있다.

격식을 차리지 않는 상황에서 명령문을 사용할 수 있다. 이는 직접적이고 강력한 명령 방법이다.
Pass the salt. 소금을 건네주세요.
Let me see it. 제가 그것을 보게 해주세요.
Don't touch that. 그것에 손대지 마세요.
Hurry up! 서두르세요!
Look out! There's a car coming. 조심하세요. 차가 오고 있어요.

ℹ️ 위와 같은 명령문을 사용하는 것은 아주 정중하지 않으며, 잘 아는 사람들과 말하거나 위험, 긴급 상황에 있는 경우에만 사용한다.

그러나 어떤 일을 하기 위해 누군가를 초대할 경우 명령문을 자주 사용하며, **Come in.**(들어오세요.)이나 **Take a seat.**(자리에 앉으세요.)과 같은 구를 사용한다.

○ Topic 표제어 **Invitations** 참조.

더 정중하게 명령할 때, **please**를 사용할 수 있다.

Requests, orders, and instructions

Go and get the file, ***please***. 가서 그 서류를 가져오세요.
Wear rubber gloves, ***please***. 고무장갑을 착용하세요.

의문부가절 will you?는 강압적이지 않고 부탁을 하는 것처럼 명령할 때 사용할 수 있다.
Come into the kitchen, ***will you***? 부엌으로 오세요, 그래 주시겠어요?
Don't mention them, ***will you***? 그들에 대해 말하지 마세요, 그래 주시겠어요?

ℹ 화가 나서 더 강압적으로 명령할 때, will you?를 사용한다.

◎ 본 표제어 ⑤ emphatic orders 참조.

부정적인 명령이 아니라면 부탁을 하는 것처럼 부가절 won't you?를 사용할 수도 있다.
See that she gets safely back, ***won't you***? 그녀가 무사히 돌아오도록 신경을 써주세요, 그래 주시겠어요?

특히 자신이 다른 사람보다 권위가 있을 경우 간접적이고 정중하게 어떤 일을 하도록 요청할 때, **I would like you to...**나 **I'd like you to...**를 사용한다.
John, ***I would like you to*** get us the files. 존, 그 서류를 우리에게 가져다 주세요.
I'd like you to read this. 이것을 읽어 보시기 바랍니다.
I shall be away tomorrow, so ***I'd like you to*** chair the weekly meeting.
나는 내일 나오지 않으니 당신이 주례 회의의 의장을 맡아 진행해 주세요.

⑤ emphatic orders(강조적인 명령)

[do + 명령문] 형식은 상대방에게 어떤 일을 하면 좋은 결과가 있을 거라고 말하거나, 친근감을 나타내면서 강조할 때 사용한다.
Do be careful. 조심해라.
Do remember to tell William about the change of plan. 윌리엄에게 계획 변경에 대해 말하는 것을 명심해라.

행위의 중요성과 필요성을 강조할 때, You must...를 사용한다.
You must come at once. 즉시 와야 합니다.
You mustn't tell anyone. 누구에게도 말해서는 안 됩니다.

 You have to...나 You can't...를 사용할 수도 있으며, 미국 영어에서 이들 형식을 선호한다.
You have to come and register now. 당신은 지금 오셔서 등록을 해야 합니다.
You can't tell anyone about this place. 이 장소에 대해 당신은 누구에게도 말해서는 안 됩니다.

[you + 명령문] 형식은 강조할 때에도 사용한다. 그러나 이는 아주 격식을 차리지 않는 표현으로, 때때로 말하는 사람의 조급함을 나타내기도 한다.
You take it. 그것을 가져가세요.
You sit there. 저기에 앉아라.

자신이 상대방보다 권위가 있거나 화가 나거나 조바심이 날 때 또는 강압적이고 직접적으로 명령할 경우, **Will you...?**를 사용한다.
Will you clean the board for me, please, Maria? 마리아, 나 대신 이 칠판을 지워 주겠어요?
Will you stop yelling! 소리 지르는 것을 멈춰라!

화가 났을 때, 명령문에 부가절 will you?를 붙이기도 한다.
Just listen to me a minute, ***will you***? 내 말을 잠깐만 들어 봐요!

몹시 화가 났을 때 Can't you...?를 사용하면 아주 무례한 표현이다.
Really, ***can't you*** show a bit more consideration? 정말로 조금만 더 심사숙고해 줄 수 없어요?
Look, ***can't you*** shut up about it? 이봐요, 그 일에 대해 입 좀 다물어 줄 수 없어요?

명령문 뒤에 의문부가절 can't you?를 붙여서 무례하고 화가 나 있음을 보여 주기도 한다.
Do it quietly, ***can't you***? 조용히 그 일을 하세요, 그렇게 할거죠?

You will...을 사용한 명령문에서 will에 강세를 주면, 명령을 수행하는 사람은 다른 대안 없이 그 명령을 실행해야 한다는 것을 강조한다. 이 표현은 매우 강력한 명령형이며, 확실한 권위를 가진 사람들만이 사용한다.

You will go and get one of your parents immediately. 당장 가서 부모 중 한 분을 모시고 와야 한다.
You will give me those now. 그것들을 지금 내게 주어야 한다.

6 signs and notices(표시판과 게시판)

표시판과 게시판에서 부정적인 명령을 나타낼 때, 때때로 [no + -ing] 형식을 사용한다.

No Smoking. 금연.

긍정적인 명령에는 때때로 **must be**를 사용하기도 한다.

Children ***must be*** accompanied by an adult at all times.
어린이들은 항상 보호자와 동반해야 합니다.

7 instructions on how to do something(어떤 일을 하는 방법에 대한 지시)

어떤 일을 하는 방법에 대해 지시할 때 명령문을 사용하는데, 이는 무례한 표현이 아니다.

Turn right off Broadway into Caxton Street.
브로드웨이에서 오른쪽으로 돌아 캑스턴 스트리트로 가세요.
Fry the chopped onion and pepper in the oil.
잘게 썬 양파와 고추를 기름에 볶으세요.

명령문은 특히 제품의 사용 설명서에 흔히 쓰인다. 사용 설명서에서 가리키는 대상이 분명한 경우, 일반적으로 목적어가 필요한 동사라도 목적어를 자주 생략한다. 예를 들면, '이 음식을 건조한 곳에 저장하세요.'는 Store this food in a dry place.보다 **Store in a dry place.**라고 음식 포장지에 쓰여 있을 것이다. 마찬가지로 한정사도 종종 생략된다. '사과의 껍질을 벗기고 씨를 빼세요.'는 Peel and core the apples.보다 **Peel and core apples.**라고 요리책에 쓰여 있을 것이다. 어떤 것을 가지고 해야 함을 나타낼 때, **must be**를 사용한다. **should be**도 이와 비슷한 뜻으로 쓰이지만 보다 약한 표현이다.

Mussels ***must be*** bought fresh and cooked on the same day.
홍합은 신선한 것을 사서 그날 요리를 해야 합니다.
No cake ***should be*** stored before it is quite cold.
완전히 식기 전에 케이크를 저장하지 않는 것이 좋습니다.

○ Topic 표제어 Advising someone 참조.

대화나 격식을 차리지 않은 글에서 무언가를 지시할 때, [you + 단순현재시제] 형식을 사용할 수도 있다.

First ***you take*** a few raisins and soak them overnight in water.
먼저 건포도를 꺼내 물속에 넣고 하룻밤 불리세요.
Note that in sentences like these ***you use*** an infinitive without 'to' after 'would rather'.
이러한 문장에서 would rather 뒤에 원형부정사를 사용한다는 것에 주의하세요.

8 replying to a request or order(요청이나 명령에 대답하기)

격식을 차리지 않고 상대방의 요청에 동의할 때, **OK, All right.**나 **Sure.**라고 말한다.

'Do them as fast as you can.' – 'Yes, ***OK***.'
"당신이 할 수 있는 한 그것들을 빨리 하세요." – "예, 그렇게 하겠어요."
'Don't do that.' – '***All right***, I won't.' "그것을 하지 마세요." – "좋아요. 하지 않을게요."
'Could you give me a lift?' – '***Sure***.' "저를 태워 주시겠어요?" – "그러지요."

좀 더 정중한 표현에는 **Certainly.**를 사용한다.

'Could you make out my bill, please?' – '***Certainly***, sir.'
"계산서를 주시겠어요?" – "예, 그렇게 하겠습니다."

상대방의 요청을 거절할 때는 **I'm sorry., I'm afraid I can't.**라고 하거나 뒤에 거절하는 이유를 함께 말한다.

'Put it on the bill.' – '***I'm afraid I can't do that***.'
"청구서에 그것을 포함하세요." – "유감이지만, 그렇게 할 수 없어요."
'Could you phone me back later?' – '***I'm sorry, I'm going out in five minutes***.'
"나중에 제게 다시 전화를 해주겠어요?" – "안 돼요. 5분 후에 나갈 거거든요."

🛈 No.라고만 말하면 정중한 표현이 아니다.

Spelling

Spelling

1. short vowel or long vowel
2. doubling final consonants
3. omitting final 'e'
4. changing final 'y' to 'i'
5. 'ie' or 'ei'
6. '-ically'
7. '-ful'
8. '-ible'
9. '-able'
10. '-ent' and '-ant'
11. silent consonants
12. difficult words
13. doubling consonants
14. '-our' and '-or'
15. '-oul' and '-ol'
16. '-re' and '-er'
17. 'ae' or 'oe' and 'e'
18. '-ise' and '-ize'
19. small groups
20. individual words
21. two words or one word
22. hyphens: compound nouns
23. compound adjectives
24. compound verbs
25. phrasal verbs
26. numbers
27. other points

일부 철자법은 이 책의 다른 표제어에서 더 자세히 설명하고 있다.

○ Topic 표제어 Abbreviations; Capital letters; Names and titles와 Grammar 표제어 Comparative and superlative adjectives; Contractions; Irregular verbs; Plural forms of nouns, Verbs 참조.

1 short vowel or long vowel(단모음이나 장모음)

한 음절의 단어가 단모음일 때는 일반적으로 단어 끝에 e를 사용하지 않는다. 이 철자법의 가장 대표적인 예외에 해당하는 단어는 have와 give이다. 한 철자를 길게 발음하는 장모음인 경우, 일반적으로 단어 끝에 e를 사용한다. 예를 들면, [fæt]은 fat으로, [feit]는 fate로, [bit]은 bit으로, [bait]는 bite로, [rɑ(ː)d | rɔd]는 rod로, [roud]는 rode로 쓴다.

2 doubling final consonants(마지막에 자음 하나 더 붙이기)

한 음절 단어가 (단모음 + 자음)으로 끝날 경우, 마지막 자음을 한 번 더 쓰고 모음으로 시작하는 접미사를 붙인다.

run — runner
set — setting
stop — stopped
wet — wettest

두 음절 이상의 단어에서 강세가 보통 마지막 음절에 있으면, 마지막 자음만 한 번 더 쓴다.

admit — admitted
begin — beginner
refer — referring
motor — motoring
open — opener
suffer — suffered

그러나 영국 영어에서는 마지막 음절에 강세가 없더라도 travel, quarrel과 같이 l로 끝나는 동사는 l을 한 번 더 쓴다.

travel — travelling
quarrel — quarrelling

 영국 영어와 때때로 미국 영어에서도 다음 동사는 마지막 음절에 강세가 없더라도 마지막 자음을 한 번 더 쓴다.

Spelling

| hiccup | kidnap | program | worship |

ℹ handicap의 마지막 자음인 p도 한 번 더 사용한다.

3 omitting final 'e' (마지막 모음 e를 생략하기)

단어 끝의 e가 묵음인 경우, e를 생략하고 모음으로 시작하는 접미사를 붙인다.

bake — baked
blame — blaming
fame — famous
late — later
nice — nicest
secure — security

그러나 courage나 notice와 같은 단어의 끝에 있는 e는 생략하지 않고 courageous[kəréidʒəs]와 noticeable[nóutəsəbl | -tis-]과 같은 단어를 사용한다. 그 이유는 e 앞의 g를 [dʒ]로 발음하고 e 앞의 c를 [s]로 발음하기 때문이다. analogous[ənǽləgəs]와 practicable[prǽktikəbl]을 비교하기 바란다. 때때로 자음으로 시작하는 접미사 앞에서 묵음인 e를 생략하기도 한다. 예를 들면, awe는 awful로, true는 truely로 변형된다. 그러나 항상 e를 생략하는 것은 아니어서 use는 useful로, sure는 surely로 사용한다.

4 changing final 'y' to 'i' (단어 끝의 자음 y를 i로 바꾸기)

단어 끝이 (자음 + y)인 경우, 일반적으로 y를 i로 바꾸고 접미사를 붙인다.

carry — carries
early — earlier
lovely — loveliest
try — tried

그러나 단어 끝에 -ing를 붙일 때는 y를 i로 변형하지 않는다.

carry — carrying
try — trying

일반적으로 dry, shy와 같은 한 음절로 된 형용사의 마지막 y는 변형하지 않는다.

dry — dryness
shy — shyly

5 'ie' or 'ei'

[i:]로 발음되며 철자가 ie인 단어는 다음과 같다.

achieve	belief	believe	brief
chief	field	grief	grieve
niece	piece	priest	relief
relieve	reprieve	retrieve	shield
siege	thief	wield	yield

ℹ mischief와 sieve의 ie는 [i]로 발음된다.

[s]로 발음되는 c 다음에는 일반적으로 철자 ei를 사용한다.

| ceiling | conceit | conceive | deceit |
| deceive | perceive | receipt | receive |

Spelling

일부 단어에서는 c 뒤에 ie가 와도 ie는 [iː]로 발음되지 않는데, **efficient**는 [ifíʃənt], **science**는 [sáiəns], **financier**는 [fìnənsíər, fài- | fɑinǽnsiə, fi-]로 발음한다.

철자 ei로 된 단어는 [ei]로 발음된다.

beige	deign	eight	feign
freight	neighbour	reign	rein
sleigh	veil	vein	weigh
weight			

either와 **neither**의 ei는 [ái]나 [íː]로 발음될 수 있다. **height**[hait], **foreign**[fɔ́(ː)rən, -in], **sovereign** [sá(ː)vrən | sɔ́vrin]에서 ei의 발음도 주의해야 한다.

6 -ically

형용사가 -ic로 끝나는 경우, -ally를 붙여서 부사로 사용한다. 예를 들면, **artistic**은 **artistically**, **automatic**은 **automatically**, **democratic**은 **democratically**, **specific**은 **specifically**, **sympathetic**은 **sympathetically**가 된다. -ally를 자주 -ly처럼 발음하더라도 -ly를 붙이지 않는다. 그러나 **publicly**는 예외이다.

7 '-ful'

명사에 -ful을 붙여서 형용사를 만들기도 한다. 예를 들면, **careful, harmful, useful, wonderful**이 있으며, 이들 단어에는 -full을 붙이지 않는다.

8 '-ible'

-ible로 끝나는 형용사가 많이 있는데, -ible을 붙여서 만든 새로운 단어가 아닌 고정된 단어이다. -ible로 끝나는 가장 많이 쓰이는 형용사는 다음과 같다.

accessible	admissible	audible	collapsible
combustible	compatible	comprehensible	contemptible
convertible	credible	crucible	defensible
digestible	discernible	edible	eligible
fallible	feasible	flexible	forcible
gullible	horrible	inadmissible	incorrigible
incorruptible	indelible	indestructible	indivisible
inexhaustible	inexpressible	intelligible	invincible
irascible	irrepressible	irresistible	legible
negligible	ostensible	perceptible	permissible
plausible	possible	reducible	reprehensible
responsible	reversible	sensible	susceptible
tangible	terrible	visible	

위의 단어 목록은 긍정형이 자주 쓰이지 않는 단어의 경우, 부정형의 형태로만 제시해 놓은 것이다. 긍정형에 부정의 접두사를 붙이는 형용사가 많이 있다. 예를 들면, **illegible, impossible, invisible, irresponsible, unintelligible**이 있다.

9 -able

-able로 끝나는 형용사는 형태가 고정되어 있지 않고, 경우에 따라 -able을 붙여서 새로운 단어를 만든 것이다. 가장 많이 쓰이는 형용사는 다음과 같다.

Spelling

acceptable	available	capable	comfortable
comparable	considerable	desirable	fashionable
formidable	inevitable	invaluable	liable
miserable	probable	profitable	reasonable
reliable	remarkable	respectable	suitable
valuable			

예를 들면, **incapable, uncomfortable**과 같이 위의 목록에서 대부분의 긍정형에 부정의 접두사를 붙일 수 있다.

10 '-ent' and '-ant'

일반적으로 발음만 듣고서는 단어가 **-ent**로 끝나는지 **-ant**로 끝나는지 알 수가 없다. 다음은 **-ent**로 끝나는 형용사 중에 가장 많이 쓰이는 형용사이다.

absent	confident	consistent	convenient
current	decent	different	efficient
evident	frequent	independent	innocent
intelligent	magnificent	patient	permanent
present	prominent	silent	sufficient
urgent	violent		

-ant로 끝나는 형용사 중에 가장 많이 쓰이는 형용사는 다음과 같다.

abundant	arrogant	brilliant	buoyant
defiant	distant	dominant	elegant
expectant	extravagant	exuberant	fragrant
hesitant	ignorant	important	intolerant
militant	poignant	predominant	pregnant
radiant	redundant	relevant	reluctant
resistant	resonant	self-reliant	significant
tolerant	vacant	vigilant	

-ent로 끝나는 명사 중에 가장 많이 쓰이는 명사는 다음과 같다.

accident	achievement	agent	agreement
apartment	argument	department	development
element	employment	environment	equipment
establishment	excitement	government	investment
management	moment	movement	parent
parliament	present	president	punishment
statement	student	treatment	unemployment

assessment, improvement 등과 같이 행동과 과정을 가리키는 명사는 **-mant**가 아닌 **-ment**로 끝난다.

-ant로 끝나는 명사 중에 가장 많이 쓰이는 명사는 다음과 같다.

accountant	applicant	attendant	commandant
confidant	consultant	defendant	descendant
giant	immigrant	infant	informant
instant	lieutenant	merchant	migrant
occupant	pageant	participant	peasant
pheasant	protestant	sergeant	servant
tenant	tyrant		

Spelling

이러한 단어는 주로 사람을 지칭할 때 사용한다.

-ent로 끝나는 형용사는 **-ence**나 **-ency**로 끝나는 명사와 연관이 있다. **-ence**나 **-ency**로 끝나는 명사 중에 흔히 쓰이는 명사는 다음과 같다.

agency	audience	coincidence	conference
conscience	consequence	constituency	currency
deterrence	emergency	essence	existence
experience	incidence	influence	licence
preference	presidency	reference	residence
science	sentence	sequence	subsistence
tendency			

-ant로 끝나는 형용사는 **-ance**나 **-ancy**로 끝나는 명사와 연관이 있다. **-ance**나 **-ancy**로 끝나는 명사 중에 흔히 쓰이는 명사는 다음과 같다.

acceptance	acquaintance	alliance	allowance
appearance	assistance	assurance	balance
disturbance	entrance		guidance
infancy	inheritance	instance	insurance
maintenance	nuisance	performance	resemblance
substance	tenancy		

11 silent consonants (묵음)

자음이 묵음인 단어가 많이 있다. 묵음에 대한 주요 규칙은 다음과 같다.

b가 묵음 (b가 한 음절에서 t 앞에 오는 경우)	debt	[det]
	doubt	[daut]
	subtle	[sʌ́tl]
b가 묵음 (음절의 마지막에서 m 뒤에 b가 오는 경우)	bomb	[bɑ(:)m ǀ bɔm]
	climb	[klaim]
	lamb	[læm]
d가 묵음	sandwich	[sǽndwitʃ ǀ -widʒ, ǀ -witʃ]
g가 묵음 (g가 음절의 처음이나 마지막에서 m 혹은 n 앞에 오는 경우)	foreign	[fɔ́(:)rən, -in]
	gnat	[næt]
	phlegm	[flem]
	sign	[sain]
h가 묵음 (h가 단어의 처음에 오는 경우)*	heir	[eər]
	honest	[ɑ́(:)nəst ǀ ɔ́nist]
	honour	[ɑ́(:)nər ǀ ɔ́nə]
	hour	[áuər]
h가 묵음 (h가 단어의 마지막에 있는 모음 뒤에 오는 경우)	hurrah	[hərɑ́:]
	oh	[ou]

Spelling

h가 묵음 (h가 모음과 모음 사이에 오는 경우)	annihilate	[ənáiəlèit]
	vehicle	[víːəkl, -hi- | víːhi-]
h가 묵음 (r 뒤에 h가 오는 경우)	rhythm	[ríðm]
	rhubarb	[rúːbɑːrb]
k가 묵음 (k가 단어 처음에 있고 뒤에 n이 오는 경우)	knee	[niː]
	know	[nou]
l이 묵음 (l이 a와 f/k/m 사이에 오는 경우)	half	[hæf | hɑːf]
	talk	[tɔːk]
	palm	[pɑːm]
l이 묵음 (l이 ou와 d 사이에 오는 경우)	should	[ʃəd, ʃud]
	would	[wəd, wud]
n이 묵음 (단어의 마지막 철자가 n이고 앞에 m이 오는 경우)	column	[ká(ː)ləm | kɔ́l-]
	hymn	[him]
p가 묵음 (p가 그리스어에 어원을 둔 단어의 처음에 오고 뒤에 n/s/t가 오는 경우)	pneumatic	[njumǽtik]
	psychology	[saiká(ː)lədʒi | -kɔ́l-]
	pterodactyl	[tèrədǽktil]
r이 묵음 (영국 표준 영어에서 r 뒤에 자음이나 묵음 e가 오는 경우, 혹은 r이 단어의 마지막에 오는 경우)**	farm	[fɑːrm]
	more	[mɔːr]
	stir	[stəːr]
s가 묵음	island	[áilənd]
s가 묵음 (프랑스어에 어원을 둔 많은 단어에 쓰인 s가 묵음인 경우)	debris	[dəbríː | débriː]
	viscount	[váikàunt]
t가 묵음	listen	[lísən]
	thistle	[θísl]
t가 묵음 (프랑스어에 어원을 둔 단어의 마지막에 t가 오는 경우)	buffet	[bəféi, bu-, | búfei, bʌ́fei]
	chalet	[ʃæléi | ʃǽlei]
w가 묵음 (단어의 처음에는 w가, 그 뒤에는 r이 오는 경우)	wreck	[rek]
	write	[rait]
w가 묵음	answer	[ǽnsər | ɑ́ːn-]
	sword	[sɔːrd]
	two	[tuː]

*iron은 [áiərn]으로 발음한다.

12 difficult words(철자가 어려운 단어)

철자가 어렵게 느껴지는 단어는 다음과 같다.

Spelling

accommodation	acknowledge	across	address
allege	argument	awkward	beautiful
bureau	bureaucracy	calendar	cemetery
committee	conscience	embarrass	exceed
February	fluorescent	foreign	gauge
government	harass	inoculate	instalment(美 installment)
language	library	manoeuvre(美 maneuver)	
mathematics	medicine	necessary	occasion
occurred	parallel	parliament	precede
privilege	proceed	professor	pronunciation
psychiatrist	pursue	recommend	reference
referred	science	secretary	separate
skilful(美 skillful)	succeed	supersede	surprise
suspicious	threshold	tomorrow	vegetable
vehicle	Wednesday	withhold	

13 doubling consonants (자음을 한 번 더 사용하기)

 미국 영어에서 마지막 음절이 강세를 받지 않는 경우, 두 음절의 단어에 접미사를 붙일 때 자음을 한 번 더 쓰지 않는다. 예를 들면, 미국 영어에서는 **traveling**과 **marvelous**와 같은 철자를 쓰는 반면에, 영국 영어에서는 **travelling**과 **marvellous**를 사용한다.

마지막 음절에 강세가 있는 경우, 영국 영어와 미국 영어 둘 다 마지막 자음을 한 번 더 쓴다. 예를 들면, 영국 영어와 미국 영어 모두 **admitting**과 **admitted**를 사용한다. 일부 동사는 기본형과 복수형에 단자음을 쓰지만, 미국 영어에서는 마지막 자음을 한 번 더 쓴다. 예를 들면, 영국 영어에서는 **appal**과 **appals**를, 미국 영어에서는 **appall**과 **appalls**를 사용한다. 영국 영어와 미국 영어 모두 **appalling**과 **appalled**를 사용한다.

appal	distil	enrol	enthral
fulfil	instal	instil	

 영국에서는 skilful과 wilful을, 미국에서는 skillful과 willful을 사용하기도 한다.

🇬🇧 영국 영어에서는 자음을 한 번 더 쓰고 미국 영어에서는 단자음을 사용하는 단어는 다음과 같다.

carburettor	—	carburetor
chilli	—	chili
jeweller	—	jeweler
jewellery	—	jewelry
programme	—	program
tranquillize	—	tranquilize
woollen	—	woolen

14 '-our' and '-or'

 라틴어에 어원을 둔 대부분의 단어와 추상명사를 영국 영어에서는 단어의 끝에 **-our**를 쓰지만, 미국 영어에서는 **-or**를 사용한다. 그 예는 다음과 같다.

armour	—	armor
behaviour	—	behavior
colour	—	color
demeanour	—	demeanor
favour	—	favor
flavour	—	flavor
honour	—	honor
humour	—	humor

Spelling

neighbour	—	neighbor
odour	—	odor
tumour	—	tumor
vapour	—	vapor

15 '-oul' and '-ol'

 일부 단어는 같은 단어라도 영국 영어에서는 **-oul**로, 미국 영어에서는 **-ol**로 표기한다. 그 예는 다음과 같다.

mould	—	mold
moult	—	molt
smoulder	—	smolder

16 '-re' and '-er'

프랑스어에 어원을 둔 대부분의 단어의 경우, 영국 영어에서는 단어 끝에 **-re**를, 미국 영어에서는 **-er**을 붙인다. 그 예는 다음과 같다.

calibre	—	caliber
centre	—	center
fibre	—	fiber
meagre	—	meager
reconnoitre	—	reconnoiter
sombre	—	somber
spectre	—	specter
theatre	—	theater

17 'ae' or 'oe' and 'e'

 그리스어나 라틴어에 어원을 둔 단어는 대부분의 영국 영어에서는 **-ae**나 **-oe**로 표기하지만, 미국 영어에서는 **-e**로 표기한다. 그러나 영국 영어에서도 때때로 미국식 철자를 사용하기도 한다.

aesthetic	—	esthetic
amoeba	—	ameba
diarrhoea	—	diarrhea
gynaecology	—	gynecology
mediaeval	—	medieval

i 미국 영어에서 manoeuvre는 maneuver로 표기한다.

18 '-ise' and '-ize'

 -ise나 -ize로 끝나는 동사가 많이 있다. 예를 들면, **authorise**와 **authorize**는 의미가 같아서 철자를 선택해서 쓸 수 있는 동사이다. -ise로 끝나는 단어는 미국 영어보다 영국 영어에서 더 일반적으로 쓰이지만, 영국 영어에서도 -ize로 끝나는 단어의 사용이 점점 증가하고 있다. 이 책에서는 -ize로 끝나는 단어를 사용한다.

i 다음 단어는 미국 영어와 영국 영어에서 모두 -ise로만 사용할 수 있는 단어이다.

advertise	advise	arise	chastise
circumcise	compromise	despise	devise
excise	exercise	improvise	promise
revise	supervise	surmise	surprise
televise			

19 small groups (소그룹의 단어)

뜻은 같지만 영국과 미국에서 철자를 다르게 사용하는 단어는 다음과 같다. 먼저 나온 단어가 영국 영어의 철자이다.

analyse	—	analyze

Spelling

breathalyse	—	breathalyze
catalyse	—	catalyze
paralyse	—	paralyze
analogue	—	analog
catalogue	—	catalog
dialogue	—	dialog
defence	—	defense
offence	—	offense
pretence	—	pretense

나무판자나 철판을 단단하게 고정시키는 도구인 **vice**를, 미국 영어에서는 **vise**로 표기한다.

O Usage 표제어 practice – practise 참조.

20 individual words(개개의 단어)

 영국 영어와 미국 영어에서 철자의 일부가 다른 단어가 있다. 먼저 나온 단어가 영국 영어의 철자이다.

axe	—	ax		chequer	—	checker
dependence	—	dependance		distension	—	distention
gelatine	—	gelatin		glycerine	—	glycerin
grey	—	gray		nought	—	naught
plough	—	plow		pyjamas	—	pajamas
sceptic	—	skeptic		tyre	—	tire

O Usage 표제어 assure – ensure – insure, disc – disk, story – storey 참조.

다음 단어는 발음이 약간 다르게 변하기도 한다.

aluminium [ӕləmíniəm]	—	aluminum [əlúːminəm]
furore [fjuərɔ́ːri] (美)	—	furor [fjúərɔː] (英)
speciality [spèʃiǽləti]	—	specialty [spéʃəlti]

21 two words or one word(두 단어나 한 단어)

 영국 영어에서는 일부 표현을 보통 두 단어로 쓰지만, 미국 영어에서는 한 단어로 쓸 수 있다.

any more	—	anymore
de luxe	—	deluxe
per cent	—	percent

22 hyphens: compound nouns(하이픈: 복합명사)

 복합명사는 흔히 두 단어로 사용하거나 단어 사이에 하이픈을 넣어 사용할 수 있다. 영국 영어와 미국 영어 간에는 차이점이 많이 있는데, 확실히 알고 싶을 경우 **Cobuild** 사전을 참조하길 바란다. 일반적으로 미국 영어에는 영국 영어보다 하이픈으로 연결된 복합명사가 더 적다. 미국 영어에서는 복합명사를 한 단어로 표기하거나 하이픈 없이 두 단어로 표기하는 경우가 많다.

Join us on Thursday evening for a Mama Mia *sing-along*.
화요일 저녁 맘마미아 노래 부르기 집회에 참가하세요.

We used to get together round the piano for a *singalong*.
우리는 피아노 옆에 같이 서서 노래 부르기를 하곤 했었다.

🔳 친척을 지칭하는 단어 사이에는 항상 하이픈을 사용해야 한다. 예를 들면, 증조모와 시어머니는 great-grandmother와 mother-in-law로 표기한다. T-shirt, U-turn, X-ray와 같이 단어의 앞부분이 한 철자로 되어 있는 경우에는 일반적으로 하이픈을 사용한다. 복합명사가 또 다른 명사를 수식할 때는 하이픈을 사용하는데, 이는 의미를 분명하게 하기 위한 것이다. 예를 들면, '6학년'은 six form이지만 '6학년 학급'은 하이픈을 사용하여 six-form class라고 한다.

The *stained glass* above the door cast beautiful colours upon the floor.
문 위에 있는 스테인드글라스는 마루에 아름다운 색깔을 드리웠다.

...a *stained-glass window*. 스테인드글라스가 있는 창문.
I did a lot of drawing in my *spare time*. 나는 여가 시간에 많은 그림을 그렸다.
I teach cookery as a *spare-time occupation* for their particular social group.
나는 특정 사회 집단을 대상으로 여가 활동으로 음식 조리법을 가르치고 있다.

23 compound adjectives(복합형용사)

복합형용사는 일반적으로 하이픈을 사용하거나 한 단어로 붙여서 쓸 수도 있다.
...any *anti-social* behaviour such as continuous lateness. 상습적인 지각과 같은 어느 반사회적인 행동.
...the activities of *antisocial* groups. 반사회적 단체의 활동들.

일부 복합형용사는 일반적으로 명사 앞에서는 하이픈으로 연결해서 사용하고, **be**동사 뒤에서는 두 단어로 쓴다.
He was wearing a *brand-new* uniform. 그는 새 유니폼을 입고 있었다.
His uniform was *brand new*. 그의 유니폼은 새것이었다.

대문자로 시작하는 단어의 앞에 있는 접두사는 뒤에 항상 하이픈을 사용한다.
...a wave of *anti-British* feeling. 반영 감정의 고조.
...from the steps of the *neo-Byzantine* cathedral. 신 비잔틴 식 대성당의 층계에서부터.

두 가지 색의 사물을 나타낼 때, 두 형용사 사이에 **and**를 사용한다. 이때 하이픈을 사용하거나 사용하지 않을 수도 있다.
...an ugly *black and white* swimming suit. 보기 흉한 검은색과 하얀색으로 된 수영복.
...a *black-and-white* calf. 흑백 얼룩의 송아지.

각각 두 가지 색으로 이루어진 사물의 그룹을 나타낼 경우, 하이픈을 사용하는 것이 가장 좋다.
...fifteen *black-and-white* police cars. 검은색과 하얀색이 칠해져 있는 열다섯 대의 경찰차.

그러나 각각의 사물이 하나의 색깔인 경우, 하이픈을 사용할 수 없다.
...*black and white* dots. 하얀 점들과 검은 점들.

24 compound verbs(복합동사)

복합동사의 경우, 일반적으로 하이픈을 사용하거나 한 단어로 쓴다.
Some students expect to be *spoonfed* by their tutors. 일부 학생들은 튜터에 의해 과보호되고 있다.
His parents *spoonfed* him with unlimited funds and his own apartment.
그의 부모는 그에게 아파트를 사 주고, 돈을 마구 쓰게 주어 과보호하고 있다.

25 phrasal verbs(구동사)

구동사는 하이픈 없이 두세 단어로 쓴다.
She *turned off* the radio. 그녀는 라디오를 껐다.
They *broke out of* prison on Thursday night. 그들은 목요일 밤에 탈옥했다.

그러나 구동사와 관련된 명사와 형용사에서 첫 번째 단어가 -ing, -er, -ed, -en으로 끝나는 경우, 단어 사이에 하이픈을 사용한다.
Finally, he monitors the *working-out* of the plan. 마지막으로 그는 그 계획이 제대로 시행되는지 감시한다.
One of the boys had stopped a *passer-by* and asked him to phone an ambulance.
소년들 중 한 명이 행인을 불러 세워서 전화로 구급차를 불러달라고 요청했다.
Gold was occasionally found in the *dried-up* banks and beds of the rivers.
말라 버린 강둑과 강바닥에서 가끔 금이 발견되기도 한다.
He fixed *broken-down* second-hand cars. 그는 고장 난 중고차들을 고쳤다.

구동사와 관련된 다른 명사와 형용사는 하이픈을 사용하거나 한 단어로 쓴다. 혹은 두 가지 모두 사용할 수도 있다. 예를 들면, **break-in**은 항상 하이픈을 사용하고 **breakthrough**는 항상 한 단어로 쓰며, **takeover**는 하이픈을 사용하여 **take-over**로도 쓸 수 있다.

 미국 영어에서는 영국 영어에서보다 하이픈이 없는 형태가 더 일반적으로 쓰인다.

Structuring your ideas

Abbey National had fought off a *takeover* bid from Lloyds TSB.
아베이 내셔널 회사는 로이드 TSB로부터의 공개 매입에 반대하는 투쟁을 했다.
They failed to reach a *takeover* deal. 그들은 회사 매입 입찰에 실패했다

26 **numbers**(숫자)

twenty-four(24)나 **eighty-seven**(87)처럼 20에서 100 사이의 숫자에 일반적으로 하이픈을 사용한다. 분수도 **one-third**(1/3)와 **two-fifths**(2/5)와 같이 자주 하이픈을 사용한다. 그러나 **one** 대신 **a**를 사용하는 경우, 하이픈을 사용하지 않으며 **a third**라고 쓴다.

Some headaches can last *twenty-four* hours or more. 일부 두통은 24시간 이상 지속될 수 있다.
Two-fifths of the world economy is now in recession. 세계 경제의 5분의 2가 현재 경기 침체 상태에 있다.
A third of the cost went into technology and services. 그 비용의 3분의 1은 기술과 서비스 활동에 들어갔다.

27 **other points**(그 밖의 요점)

영국 영어에서는 한 단어가 두 부분으로 명확히 나누어지고 두 번째 부분의 첫 철자와 첫 번째 부분의 마지막 철자가 같을 때, 특히 그것이 모음일 경우 하이픈을 사용한다. 예를 들면, **preeminent**는 **pre-eminent**로, **cooperate**는 **co-operate**로 표기하는 것이 가장 좋다. 미국 영어에서는 일반적으로 하이픈을 생략한다.

He agreed to *co-operate* with the police investigation. 그는 경찰 조사에 협조할 것을 동의했다.
Both companies said they would *cooperate* with the government. 두 회사 모두 정부에 협조할 거라고 말했다.

and로 연결된 한 쌍의 단어에서 **and** 앞뒤에 있는 두 번째 단어가 서로 같을 경우에 하이픈으로 연결한다. 이때 **and** 앞의 같은 단어는 생략하고 앞의 단어만 사용하기도 한다. 그러나 각 단어를 완전히 쓰는 것이 더 명확하다.

Their careers bridged the *pre- and post-war* eras. 그들의 경력들이 전쟁 전후 시기의 다리 역할을 했다.
...*long- and short-term* economic planning. 장단기 경제 계획.

접두사 **anti-, non-, semi-**가 붙는 복합명사를 영국 영어에서는 일반적으로 하이픈으로 표기하지만, 미국 영어에서는 하이픈을 사용하지 않는다. **-like**를 붙이는 형용사는 단어의 첫 번째 부분이 고유명사이거나 다소 길지 않은 한 미국 영어에서는 하이픈 없이 표기한다.

anti-nuclear — antinuclear
non-aggression — nonaggression
semi-literate — semiliterate
cloud-like — cloudlike

특정 복합어를 쓰는 일반적인 방법에 대한 정보는 **Cobuild** 사전을 참조한다.

○ 단어가 한 줄의 끝에 와서 그 단어를 분리할 경우에 쓰는 하이픈의 용법은 Topic 표제어 Punctuation 참조.

Structuring your ideas

문법 용어 **discourse marker**란 '담화 표지(談話標識)'로 번역하는데, 주로 구어체 대화에서, '문장 내용에 직접적인 영향을 미치지는 않지만, 문장의 전체적인 분위기 또는 대화의 최종 목적을 달성하기 위해 문장 간의 응집성을 높이기 위하여 사용하는 단어 또는 구'이다.

담화 표지를 통해 말하는 사람의 태도, 상태, 의도, 또는 감정을 나타내기도 하고, 대화 주제의 전환, 또는 상대방의 말에 대한 반응, 또는 특정한 문장의 앞 또는 뒤 문장과의 연관관계를 나타내기도 한다.

1 **focusing on the speaker's attitude**(말하는 사람의 태도에 초점 두기)

말하는 사람이 자신이 하는 말에 대한 태도와 그 말을 누구에게 하고 있는지에 대한 초점을 두는 담화 표지 방법은 아래와 같다.

• **indicating your opinion**(우리의 의견 나타내기)

우리가 하는 말에 대한 우리의 반응, 또는 우리의 의견, 우리가 말하는 사실 또는 사건에 대한 내용을 표현할 때, 한 문장 내에 우리가 전하려는 모든 메시지가 포함되어 있는 평가부사상당어(**commenting adverbials**)를 사용한다.

Structuring your ideas

Surprisingly, I found myself enjoying the play.
놀랍게도, 나는 내 자신이 그 연극을 즐기고 있다는 것을 알게 되었다.

Luckily, I had seen the play before so I knew what it was about.
운 좋게도, 나는 전에 그 연극을 관람했기 때문에 그래서 그것이 무엇인지를 알고 있었다.

It was, *fortunately*, not a bad accident, and Peter is slightly hurt.
다행스럽게도 그 사고로 피터가 조금 다쳤기에 그렇게 나쁜 사고는 아니었다.

Interestingly, the solution adopted in these two countries was the same.
흥미롭게도 이 두 나라들이 채택한 그 일에 대한 해결책은 똑 같았다.

위와 같은 방법으로 사용하는 평가부사상당어는 아래와 같다.

absurdly	admittedly	alas	anyway
astonishingly	at least	characteristically	coincidently
conveniently	curiously	fortunately	happily
incredibly	interestingly	ironically	luckily
mercifully	miraculously	mysteriously	naturally
oddly	of course	paradoxically	please
predictably	remarkably	sadly	significantly
strangely	surprisingly	true	typically
unbelievably	understandably	unexpectedly	unfortunately
unhappily	unnecessarily		

at least와 **anyway**는 '특정한 사실이 우리가 원하는 수준에 미치지 못함에도 불구하고, 우리가 그 특정한 사실에 대해 만족하다'란 뜻에 사용한다.

At least we're agreed on something. 최소 그래도 우리는 약간은 서로 동의했다.

I like a challenge *anyway*, so that's not problem.
나는 도전을 좋아하는데, 하여간 그것은 그 일을 추진하는 데 문제가 되지 않을 것이다.

우리가 말하는 것에 대한 우리의 의견은 평가부사상당어(commenting adverbials) + enough 형식에 사용하는데, 이러한 형식에 사용하는 부사상당어는 아래와 같다.

curiously	funnily	interestingly	oddly
strangely			

Oddly enough, she'd never been abroad. 이상하게도 그녀는 지금까지도 해외에 나가본 적이 전혀 없었다.

Funnily enough, I was there last week. 우습게 들릴지도 모르지만, 나는 그곳에 지난주에 있었다.

- **distancing**(거리 두기)

우리가 한 말의 진실성에 대해 (우리가) 완전하게 인정하지 않고 있다는 것을 나타내는 평가부사상당어가 여러 가지 있다.

Rats eat *practically* anything. 쥐들은 실질적으로 아무 것이나 잘 먹는다.

It was *almost* a relief when the holiday was over. 그 휴가철이 무사히 지나가자 그곳은 거의 안도의 상태가 되었다.

They are *in effect*, prisoners in their own homes. 그들은 사실상 그들의 집에 죄수로 연금되어 있는 상태이다.

In a way I liked her better than Mark. 나는 어떤 면에서 그녀를 마크보다 더 좋아했다.

위와 같은 방법에 사용하는 부사상당어는 아래와 같다.

almost	in a manner of speaking	in a way
in effect	more or less	practically
so to speak	to all interests and purposes	to some extent
up to a point	virtually	

almost, practically, virtually는 문장의 시작에 사용하지 않는다.

Structuring your ideas

- **indicating a quality shown by the performer of an action**(특정한 행동을 하는 사람이 나타내는 성질 나타내기)

  부사상당어 중 일부는 특정인이 특정한 행동을 할 때 그가 보여주는 특정한 성질을 나타내는데, 이들은 사람들의 행동을 묘사하는 형용사로부터 기원한 것으로, 이들은 주어 바로 뒤 또는 동사 앞에 위치한다.

  The League of Friends *generously* provided about five thousand pounds.
  친구들 연대 리그 단체에서 고맙게도 5000파운드를 (우리에게) 제공해주셨습니다.
  The doctor has *wisely* sent her straight to hospital.
  그 의사는 현명하게도 그녀를 곧바로 병원으로 보내 입원하게 했다.
  She *very kindly* arranged a delicious lunch.   그녀는 아주 친절하게도 그 당시 아주 맛있는 점심을 준비해주었다.
  Foolishly, we said we would do the decorating. 바보같이, 우리는 그 장식을 우리가 하겠다고 말했다.

  위와 같은 용법에 사용하는 부사상당어는 아래와 같다.

bravely	carelessly	cleverly	correctly
foolishly	generously	helpful	kindly
rightly	wisely	wrongly	

- **mentioning your justification for a statement**(우리 진술에 대한 정당성 언급하기)

  우리가 직접 보거나, 듣거나, 또는 읽은 것을 바탕으로 한 진술인 경우, 평가부사상당어를 사용할 수 있는데, '이것은 명백하게도 손으로 제작되어진 것이다.'는 It is obviously made by hand.이다.
  His friend was *obviously* impressed.   그의 친구는 틀림없이 그 일에 감동한 상태였다.
  Helen *evidently* knew nothing about their efforts.
  헬렌은 의심의 여지없이 그들의 그 일에 대한 노력들에 대해 전혀 몰랐다.
  Apparently they had a row.   분명하게도 그들은 그 당시 다투었음에 틀림없다.

  위와 같은 뜻에 사용하는 부사상당어는 아래와 같다.

  | apparently | clearly | evidently | manifestly |
  | obviously | plainly | unmistakably | visibly |

- **showing that you assume your hearer agrees**(우리말을 듣는 사람이 우리말에 동의함 나타내기)

  우리가 상대를 설득해 특정한 일을 하게 하거나, 또는 우리의 의견에 동의하게 할 때, 평가부사상당어를 사용하는데, 이는 우리가 말하는 특정한 사실이 명백하다는 것을 상대에게 보여 주기 위해서이다.
  Obviously I can't do the whole lot myself.   분명하게도 나는 그 모든 일을 나 혼자서 수행할 수 없다.
  Price, *of course*, is an important factor.   물론 그것의 가격이 그 일을 진행하는 데 중요한 요인 중의 하나이다.

  위와 같은 형식으로 사용하는 부사상당어는 아래와 같다.

  | clearly | naturally | obviously | of course |
  | plainly | | | |

- **indicating reality or possibility**(현실성 또는 가능성 나타내기)

  일부 부사상당어를 사용해, 특정한 상황이 실제적으로 존재하는지, 그것이 존재하는 것같이 보이는지, 또는 존재할 예정인지를 나타낼 때 사용한다.
  She seems confident, but *actually* she is quite shy.
  그녀는 실제적으로 아주 수줍은 성격이지만, 그녀는 항상 자신감에 차 있는 것 같아 보인다.
  They could, *conceivably*, be right.
  생각해 보건데 이 일에 대해 그들이 옳을 가능성이 있다.
  Extra cash is *probably* the best present.
  추가로 그들에게 현금을 지급하는 것이 아마도 그들에게 최상의 선물이 될 것이다.

  위와 같은 뜻에 사용하는 부사상당어는 아래와 같다.

Structuring your ideas

actually	certainly	conceivably	definitely
doubtless	hopefully	in fact, in practice	in reality
in theory	maybe	no doubt	officially
perhaps	possibly	presumably	really
unofficially			
allegedly	apparently	ostensibly	potentially
seemingly	supposedly	theoretically	undoubtedly

위 표에서 두 번째 그룹의 부사상당어는 대개 형용사 앞에 위치해 사용한다.
We drove along *apparently* empty streets. 우리는 그 당시 교통량이 전혀 없는 거리들을 따라 차를 몰아갔다.
It would still be *theoretically possible* to pass on the disease.
아직까지도 그 병의 전염 가능성이 이론적으로 가능성이 있다고 여겨지고 있다.

- **indicating your attitude**(우리의 태도 나타내기)

우리가 말하는 것에 대한 우리의 견해 또는 태도를 확실히 나타내기 원하는 경우, 아래의 평가부사상당어를 사용해 표현한다.

Frankly, the more I hear about him, the less I like him.
솔직하게 말해, 내가 그에 대한 이야기를 들으면 들을수록 그를 덜 좋아하게 된다.
In my opinion it was probably a mistake. 나의 견해로는 그것은 아마도 특정인의 실수였을 것 같다.

이러한 뜻에 사용하는 부사상당어는 아래와 같다.

as far as I'm concerned	concerned	frankly	honestly
in all honesty	in fairness	in my opinion	in my view
in retrospect	on reflection	personally	seriously
to my mind			

- **using infinitive clauses**(부정사절 사용하기)

우리가 특정한 서술문의 형식을 나타낼 때, to be + 형용사 형식, 또는 to put it + 부사 형식을 사용한다.
I don't really know, *to be honest*. 정직하게 말해서 나는 그 일에 대해 전혀 알지 못하고 있다.
To put it bluntly, someone is lying. 그것에 대해 솔직하게 말하면, 특정인이 지금 거짓말을 하고 있다.

2 connecting sentences(문장들의 연결)

한 문장과 다른 문장을 사이의 연관관계를 나타낼 때 문장연결어(**sentence connectors**)를 사용한다.

- **indicating an addition**(추가하는 문장 나타내기)

우리가 말을 하거나 또는 글을 쓰는 과정에서 아래의 부사상당어를 사용해 연관된 코멘트를 제시하거나, 또는 추가정보를 제공할 수 있는데, 이러한 형식에 사용하는 부사상당어는 아래와 같다.

also	as well	at the same time	besides
furthermore	moreover	on the top of that	too

I cannot apologize for his comments. *Besides*, I agree with them.
나는 그의 코멘트들에 아무런 잘못이 없다고 보며, 게다가 나는 그 코멘트들에 동의한다.
Moreover, new oil reserves continue to be discovered.
더욱이 그곳에 새로운 유전들이 계속해 발견되고 있다.
His first book was published in 1932, and it was followed by a series of novels. He *also* wrote a book on British poetry.
그의 첫 번째 책은 1932년에 출간되어졌고, 바로 뒤따라 그의 소설 시리즈가 출간되었다. 그는 또한 영국의 시에 대한 책을 발간했었다.

- **indicating a similar point**(비슷한 관점 나타내기)

아래의 부사상당어를 사용해 우리가 똑같은 요점을 동시에 예시한다는 사실을 추가할 때 사용한다.

Structuring your ideas

| again | by the same token | equally | in the same way |
| likewise | similarly | | |

Every baby's face is different from every other's. ***In the same way***, every baby's pattern of development is different.
어린아이들의 얼굴들은 아이들마다 다른 것과 마찬가지로 모든 아이들의 성장과 발전 패턴은 아이들마다 다르다.

Never feed your rabbit row potatoes that have gone green. ***Similarly***, never feed it rhubarb leaves.
키우는 토끼에게 푸른색으로 변한 생감자를 절대 먹이지 마세요. 같은 이유로 대황 잎도 먹이지 마세요.

- **contrasts and alternatives**(대비 또는 대안)

우리가 앞에서 이미 설명했던 내용과 그에 대비되는 문장을 추가하거나, 또는 특정한 시각에서 본 요점을 추가하려면, 아래의 부사상당어를 사용한다.

all the same	alternatively	by contrast	conversely
even so	however	instead	nevertheless
nonetheless	on the contrary	on the other hand	rather
still	then again	though	yet

I had forgotten that there was a rainy season in the winter months. It was ***however***, a fine, soft rain and the air was warm.
그곳에 겨울철에 비가 오는 시즌이 있다는 것을 나는 잊고 있었는데, 하여간 그 비는 가느다란 이슬비로 그곳의 공기는 아주 따뜻했다.

The aim is to punish the criminal. ***Nevertheless***, imprisonment is not always the answer.
우리의 목적은 범죄인들을 처벌하는 것이지만, 그러함에도 불구하고 감옥에 그들을 수감하는 것만이 항상 옳은 해결책은 아닌 것 같다.

Her children are very tiring. She never loses her temper with them, ***though***.
그녀의 아이들은 그녀를 짜증나게 하는데도 불구하고, 그녀는 전혀 평정심을 잃지 않고 있다.

- **causes**(원인들)

우리가 말한 특정한 사실이 존재하는 것은 전에 그것에 대한 특정한 사실 또는 사실들이 존재했었기 때문이란 뜻을 나타내려면 아래와 같은 부사상당어를 사용한다.

| accordingly | as a result | consequently | hence |
| so | thereby | therefore | thus |

It doesn't give any detailed information. ***Therefore*** it isn't necessary.
그것은 그 일에 대해 어떠한 자세한 정보를 제공하고 있지 않는데, 그러므로 그것은 그 일에 필요하지 않은 것이다.

We want a diverse press and we haven't got it. ***As a result*** a lot of options are closed to us.
우리는 다양한 기능을 수행하는 압착기를 원하는데, 그것을 갖지 못해, 그 결과로 우리에게 주어진 다양한 옵션들로부터 차단되어 있다.

- **putting points in order**(요점들 정리하기)

격식을 차린 글 또는 강연에서 글로 쓰거나, 또는 말로 하는 것의 단계가 어떤 레벨에 도달했는지를 나타내기 위해 아래의 부사상당어를 사용한다.

first	firstly	second	secondly
third	thirdly	finally	in conclusion
lastly	then	to sum up	

What are the advantages of geothermal energy? ***Firstly***, there's no fuel required, the energy already exists. ***Secondly***, there's plenty of it.
지열 에너지의 이점들은 무엇인가? 첫 번째로 그 에너지가 이미 존재해 있어 이를 작동해 생산할 연료가 전혀 필요 없고, 두 번째로 그 에너지가 지금 풍부하게 존재하고 있다는 것이다.

Finally I want to say something about the heat pump.
마지막으로 제가 열펌프 기구에 대해 설명해드리겠습니다.

* **linking parts of a conversation together**(대화 일부들 서로 연결하기)

우리가 대화 중에 대화 주제의 갑작스런 변경을 피하기 위해, 또는 그 대화에 대한 새로운 측면에 대해 말하기 시작

Suggestions

할 때 아래와 같은 특정한 그룹의 문장연결어를 사용한다.

actually	anyhow	anyway	by the way
incidentally	look	now	now then
well	well now	well then	you know

문장 연결어를 사용해 대화에서 주제를 변경하는 방법에 대한 예시이다.

Actually, Peter, before I forget, she asked me to tell you about my new job.
피터, 사실은 말이야, 내가 잊어버리기 전에 너에게 말할 것이 있는데, 그녀가 나에게 나의 새로운 직장에 대해 너에게 말을 해주었느냐고 물어봤었어요.

Well, we've got a very big task ahead of us. 자, 우리 앞에 아주 큰 임무가 주어져 있어요.

아래에 문장연결어는 똑같은 두 주제에 대한 다른 관점를 말하기 시작할 때 사용한다.

What do you sell there, *anyway*? 하여튼 간에 그곳에서 무엇을 팔고 있지요?
This approach, *incidentally*, also has the advantage of being cheap.
이러한 접근 방법은 부수적으로 물건값을 싸게 해주는 이점을 가지고 있다.

일부 문장연결어는 문장의 시작에 사용해 우리가 이미 말했던 사실과 합치되는 다른 사실을 소개하거나, 또는 잘못 말한 특정한 사실을 정정할 때 사용하는데, 그들은 문장의 마지막에도 위치하거나, 또는 특정한 사실을 강조하기 위해 특정 단어 앞 또는 뒤에 사용한다.

actually	as a matter of fact	as it happens	I mean
indeed	in fact		

똑같은 주제에 대한 정보 추가에, **actually**를 사용하는데, 그 전 문장의 문단에서 말한 주제를 변경할 때 사용한다.

Actually, I do know why he wrote that letter. 정말로 나는 그가 그 편지를 쓴 이유를 알지 못하고 있다.
I'm sure you are right, *In fact*, I know you are.
나는 그 일에 당신이 옳다는 것을 확신하며, 실제로 당신이 옳은 것도 알고 있다.

Suggestions

1. neutral suggestions
2. firm suggestions
3. less firm suggestions
4. more formal suggestions
5. suggesting doing something together
6. less firm suggestions
7. very firm suggestions
8. suggestions about what would be best
9. replying to a suggestion

1 neutral suggestions(중립적인 제안)

상대방에게 행동 방침을 제안하는 방법이 여러 가지가 있다.

You could...를 사용하여 상대방에게 제안할 수 있다.

You could call her and ask. 당신이 그녀에게 전화해서 물어보세요.
'Well, what shall we do?' – '*You could* try Café Andaluz.'
"자, 우리는 무엇을 해야 하나요?" – "카페 안달루스를 시도해 볼 수도 있어요."

How about...?이나 What about...? 뒤에 -ing형을 사용할 수도 있다.

How about taking him outside to have a game? 그를 데리고 나가서 게임을 하는 것에 대해 어떻습니까?
What about becoming an actor? 배우가 되는 것이 어떻습니까?

🛈 상대방에게 술을 마시거나 식사를 하거나 식사 준비를 하는 등의 제안을 할 때, How about...?이나 What about...? 에 명사구를 사용하기도 한다.

Suggestions

How about a pizza? 피자를 먹는 것이 어떻습니까?
What about a drink? 술 한잔 할까요?
'I'll explain when I see you.' – 'When will that be?' – '*How about* late tonight?'
"당신을 만나서 설명하겠어요." – "언제쯤이요?" – "오늘 밤 늦게는 어때요?"

행동 방침을 제안하는 더 간접적인 방법은 Have you thought of... 뒤에 -ing형을 사용하는 것이다.

Have you thought of asking what's wrong with Henry?
헨리에게 무슨 문제가 있는지 물어보는 것에 대해 생각해 보았나요?

2 firm suggestions(확고한 제안)

좀 더 확고하게 제안할 때, Couldn't you...?, Can't you...?, Why not...?을 사용한다.

Couldn't you get a job in one of the smaller colleges around here?
이 근방의 좀 더 작은 대학 중 한 곳에 일자리를 얻을 수는 없나요?
Can't you just tell him? 그냥 그에게 말할 수 없나요?
Why not write to her? 그녀에게 편지를 써보지 그래요?

〔Try + -ing · 명사구〕형식을 사용할 수도 있다.
Try advertising in the local papers. 지역 신문에 광고해 보세요.
Try a little vinegar. 식초를 조금 사용해 보세요.

I suggest you...는 매우 확고하게 제안할 때 사용한다.
I suggest you leave this to me. 이것을 내게 맡겨 주기를 제안합니다.

상대방에게 어떤 일을 설득하면서 부드럽게 제안할 때, Why don't you...?를 사용한다.
Why don't you think about it and decide later? 그것에 대해 생각해 보고난 후에 결정하는 것이 어떻습니까?
Why don't you go to bed? 잠을 자는 것이 어때요?

○ 사람이 취해야 하는 행동 방침을 확고하게 말하는 다른 방법은 Topic 표제어 Advising someone 참조.

3 less firm suggestions(덜 확고한 제안)

상대방에게 강하게 제안하는 것은 아니지만 그보다 더 좋은 제안이 없을 것 같다고 할 때, You might as well...이나 You may as well...을 사용할 수 있다.

You might as well drive back by yourself. 당신 혼자서 차를 타고 돌아가는 것이 좋겠어요.
You may as well go home and come back in the morning. 집에 갔다가 아침에 돌아오는 것이 좋을 것 같아요.

4 more formal suggestions(격식을 차린 제안)

글을 쓰거나 방송을 하는 사람들은 You might like to...나 It might be a good idea to...와 같은 표현을 사용하여 제안한다.

Alternatively, *you might like to* consider discussing your retirement plans with your bank manager.
대안으로 은행 지점장과 당신의 은퇴 계획에 대해 의논하는 것을 고려해 보세요.
You might consider moving to a smaller house. 더 작은 집으로 이사하는 것을 고려해 보세요.
You might want to have a separate heading for each point. 각 쟁점마다 다른 제목을 시도해 보세요.
It might be a good idea to rest on alternate days between running.
달리기를 하루 걸러 쉬면서 하는 것이 좋은 방법이 될 것 같다.

5 suggesting doing something together(어떤 일을 함께 하자는 제안)

상대방에게 어떤 일을 함께 하자고 제안하는 방법에는 여러 가지가 있다.

상대방이 제안에 동의할 거라고 확신하는 경우, Let's...를 사용한다.
Come on, *let's go*. 자, 갑시다.
Come on now. *Let's* be practical. How can we help?
자, 실질적인 이야기를 해봅시다. 우리가 무엇을 도와야 하나요?
Let's meet at my office at noon, *shall we*? 12시에 제 사무실에서 만납시다. 괜찮지요?
Let's discuss this later, *shall we*? 이것을 후에 토의합시다. 그래 주시겠어요?

Suggestions

상대방에게 부정적인 제안을 할 때, **Let's not...**을 사용한다.
Let's not talk here. 여기서 말을 하지 말자.
We have twenty-four hours. *Let's not* panic. 우리에게는 24시간이 있습니다. 당황하지 맙시다.
Let's not go jumping to conclusions. 성급하게 결론을 내리지 맙시다.

 미국 영어에서는 때때로 격식을 차리지 않은 화법에서 **Let's not...** 대신 **Let's don't...**를 사용한다.
Let's don't talk about it. 그 일에 대해 말하지 맙시다.

확고하게 제안하는 또 다른 방법은 **We'll...**을 사용하는 것이다.
We'll talk later, Percival. 퍼시벌, 우리 나중에 이야기합시다.
'What do you want to do with Ben's boat?' – '*We'll* leave it here till tomorrow.'
"당신은 벤의 보트를 어떻게 하기를 원하나요?" – "우리는 내일까지 여기에 그대로 둘 것입니다."

강제적으로 제안하기보다는 좀 더 설득하는 느낌을 주기 위해 부가절 **shall we?**를 사용하기도 한다.
We'll leave this and sort it out later, *shall we*? 우리는 이것을 남겨 두었다 후에 정리하는 게 어때요?
All right, we'll change things around a bit now, *shall we*? 좋아요. 이제 주변 상황을 좀 바꾸는 게 어때요?

확고하게 제안하는 또 다른 방식으로 **I suggest we...**가 있다.
I suggest we discuss this elsewhere. 나는 이것을 다른 곳에서 토의할 것을 제안한다.
I suggest we go to the hospital in St Johnsbury right away.
나는 지금 바로 섯 존스베리에 있는 병원으로 갈 것을 제안한다.

Shall we...?를 사용하면 어조에 따라 제안이 확고하게 들릴 수도 있고 덜한 것처럼 들릴 수도 있다.
Shall we go and see a film? 영화를 보러 갈까요?
Shall we make a start? 시작해 볼까요?
Shall we sit down? 앉을까요?

6 less firm suggestions (덜 확고한 제안)

너무 강제적이지 않은 제안을 할 때, **We could...**를 사용한다. 어떤 일을 해야 할지 문제가 이미 제기되었을 때, 이 제안 형식을 사용한다.
I did ask you to have dinner with me. *We could* discuss it then.
저는 당신에게 저녁 식사를 함께 하자고 요청했습니다. 그때 그것을 이야기하는 것이 어떻습니까?
'I'm tired.' – 'Too tired for a walk, even? *We could* go to see a movie instead.'
"저는 피곤해요." – "걷는 것조차도 그렇게 피곤한가요? 그러면 대신 영화를 보러 가는 것은 어때요?"

간접적으로 강제적이지 않은 제안을 할 경우, **I thought we...**나 **I wonder if we...** 뒤에 조동사를 사용하기도 한다.
I thought we might have some lunch. 우리 점심 식사를 하는 것이 어떻습니까?
In the meantime, *I wonder if we can* just turn our attention to something you mentioned a little earlier.
그 사이에 우리의 화제를 당신이 조금 전에 언급한 내용으로 주의를 바꿔 보는 것이 어떻습니까?
I wonder whether we could have a little talk, after the meeting. 회의가 끝난 후 이야기를 좀 하는 게 어때요?

열정적으로 제안을 하는 것은 아니지만 그보다 나은 행동 방침이 없다고 생각할 때, **We might as well...**을 사용한다.
We might as well go in. 우리가 들어가 보는 것이 좋겠어요.
We might as well go home. 우리는 집에 가는 것이 좋겠어요.

7 very firm suggestions (아주 확고한 제안)

 아주 중요하다고 생각하는 일을 상대방에게 매우 확고하고 강력하게 제안할 때, **We must...**를 사용한다. 미국 영어에서는 **We've got to...**나 **We have to...**를 더 일반적으로 사용한다.
We must be careful. 우리는 조심해야 한다.
We've got to go, now! 우리는 지금 가야 한다.
We *have* to hurry. 우리는 서둘러야 한다.

Suggestions

8 suggestions about what would be best(가장 적절한 것에 대한 제안)

사리에 맞다고 생각하는 일을 하라고 상대방에게 제안할 때, **We ought to...**나 **We'd better...**를 사용한다. 이 때 문장 앞에 **I think...**나 **I suppose...**를 자주 사용하거나, 부가절 **oughtn't we?**나 **hadn't we?**를 붙여서 제안을 부드럽게 한다.

We ought to tell Dad. 우리는 아버지에게 이 사실을 말해야 한다.
Come on, *we'd better* try and find somebody. 자, 우리는 다른 사람을 찾아보는 게 좋겠다.
I think we'd better leave. 내 생각에 우리가 떠나는 것이 좋을 것 같다.
I suppose we'd better finish this later. 이것은 후에 마치는 것이 좋을 것 같다.
We ought to order, *oughtn't we*? 주문을 해야지요. 그렇지 않습니까?
We'd better get going, *hadn't we*? 우리는 출발하는 게 낫겠지요. 그렇지 않습니까?

I think we should...를 사용하기도 한다.

I think we should go back. 내 생각에 우리는 돌아가는 게 좋을 것 같다.
I think we should change the subject. 우리는 그 주제를 변경하는 게 좋겠다.

 이의 없이 제안이 받아들여질 것이라고 확신하지 않는 경우, **Shouldn't we...?**나 **Oughtn't we to...?**를 사용한다. 미국 영어에서는 〔Oughtn't we + 원형부정사〕 형식을 사용한다.

Shouldn't we have supper first? 저녁을 먼저 먹어야 하지 않나요?
Shouldn't we be on our way? 우리 방식대로 해야 하지 않나요?
Oughtn't we to phone for the police? 경찰에 전화를 해야 하지 않을까요?

Don't you think we should...?나 **Don't you think we'd better...?**를 사용할 수도 있다.

Don't you think we'd better wait and see what he says?
그가 무엇이라 말하는지를 기다려 보는 것이 좋다고 생각하지 않으세요?

9 replying to a suggestion(제안에 대답하기)

상대방의 제안에 동의할 때 일반적으로 사용하는 표현으로 **All right., OK., Good idea., That's a good idea.**가 있다.

'Let's not do that. Let's play cards instead.' – '*That's all right with me*.'
"그것 대신에 카드놀이를 합시다." – "저는 괜찮아요."
'Try up there.' – '*OK*.' "거기에서 해보세요." – "알았어요."
'Let's sit down for a while.' – '*Good idea*.' "잠깐 앉읍시다." – "좋아요."

You could...로 시작하는 제안에 **Yes, I could...**로 대답할 수 있다.

'You could get a job over there.' – '*Oh yes, I could do that, couldn't I*?'
"당신은 그곳에서 일을 하는 것이 좋을 것 같아요." – "예, 그럴 수 있겠지요, 안 그래요?"

더 격식을 차리지 않고 제안하는 방법에 **Why not?**이 있다.

'Shall we take a walk?' – '*Why not*?' "산책할까요?" – "그렇게 하죠."

어떤 일을 같이 하자는 상대방의 제안을 받아들일 때, **Fine.**이나 **That's fine by me.**라고 말한다. 제안에 아주 열성적으로 찬성할 때는 **Great.**라고 한다.

'What about Tuesday?' – '*Fine*.' "화요일은 어떻습니까?" – "좋아요."

제안에 동의하지 않을 때, **I don't think that's a good idea., No, I can't., No, I couldn't.**라고 말할 수 있다.

'You could ask her.' – '*I don't think that's a very good idea*.'
"그녀에게 물어보세요." – "그건 그다지 좋은 생각이 아닌 것 같아요."
'Well, can you not make them yourselves?' – '*We can't, no*.'
"그것들을 당신들이 직접 만들 수 없어요?" – "네, 우리는 만들 수 없어요."

상대방의 제안을 받아들이지 않는 이유를 말할 수도 있다.

'Why not do it here and save money?' – '*I like a bit of privacy*.'
"여기서 전화하고 돈을 아끼지 그래요?" – "사적인 전화를 하고 싶어서요."

Talking on the phone

이 표제어의 예문 중 **A**는 전화를 받는 사람이고, **B**는 전화를 거는 사람이다.

1 answering the phone(전화 받기)

누군가가 전화할 때, 전화를 받는 방법에는 여러 가지가 있다. 대부분의 사람들은 전화를 받을 때 **Hello.**라고 한다.

A: *Hello*. 여보세요.
B: Hello. It' me. 안녕하세요. 접니다.

직장에서 전화를 받을 때, 직장이나 부서의 이름 또는 자신의 이름을 말하기도 한다. **Hello.** 대신 **Good morning.**이나 **Good afternoon.**이라고 할 수 있다.

A: *Parkfield Medical Contro*. 피그필드 메디컬 센터입니다.
B: Hello. I'd like to make an appointment to see one of the doctors this morning please.
여보세요. 오늘 오전에 진료를 예약하려고요.

A: Hello. *Tony Parsons speaking*. 여보세요. 토니 파슨스입니다.
B: Oh, hello. It's Tom Roberts here. 아, 안녕하세요. 저는 톰 로버츠입니다.

A: *Good morning*. 여보세요.
B: Good morning. Who am I speaking to? 안녕하세요? 전화 받는 분은 누구세요?
A: Er, my name is Alan Fentiman. 어, 제 이름은 앨런 펜티먼입니다.

일부 사람들이, 특히 어떤 기관에서 걸려온 전화를 받을 때 **Yes?**라고 하는 경우가 있다. 이는 통명스럽고 무례하게 들릴 수도 있다.

상대방이 **Hello.**라고 전화를 받았을 때 상대방의 목소리를 아는 경우, **Hello.**라고 한 다음에 상대방의 이름을 말할 수 있다.

A: Hello. 여보세요.
B: Hello, Jim. 안녕하세요. 짐.
A: *Hello, Alex*, how are you? 안녕하세요. 알렉스, 어떻게 지내요?

상대방의 목소리를 인식하지 못했을 경우, 누구인지 물어볼 수 있다. 집에서 전화를 받을 때, '전화하신 분은 누구세요?'는 **Sorry, who is it?**이나 **Who is this?**라고 한다. 일부 사람들은 **Who's that?**이라고 하는데, 이는 무례하게 들릴 수 있다.

A: Hello. 여보세요.
B: Hello. 안녕하세요.
A: *Sorry, who is it*? 죄송하지만, 누구세요?
B: It's me, Terry. 나야, 테리.

전화를 건 사람이 누구인지 안다고 생각할 때, 예를 들어 '제임스입니까?'는 **Is that James?**나 **That's James, isn't it?**이라고 한다.

A: Hello. 여보세요.
B: Hello. Can I speak to John? 안녕하세요. 존하고 통화하고 싶은데요?
A: I'm afraid he's just gone out. *Is that Sarah*? 죄송하지만, 그는 방금 외출했어요. 사라인가요?
B: Yes. 맞아요.

직장에서 전화를 건 사람이 다른 사람과 통화를 하고 싶다고 할 경우, '전화하신 분은 누구십니까?'라고 묻는 표현은 **Who's calling?**이나 **Who's speaking?**이다.

B: Hello, could I speak to Mrs George, please? 여보세요. 조지 부인과 통화하고 싶습니다.
A: *Who's calling*? 누구세요?
B: The name is Pearce. 제 이름은 피어스입니다.
A: Hold on a minute, please. 잠시 기다려 주세요.

전화한 사람이 잘못 건 경우, '전화를 잘못 걸었습니다.'라는 표현은 **I think you've got the wrong number.** 나 **Sorry, wrong number.**이다.

Talking on the phone

A: Hello. 여보세요.
B: Mrs Clough? 클로프 부인이세요?
A: *No, you've got the wrong number*. 아닌데요. 전화 잘못 거셨습니다.
B: I'm sorry. 죄송합니다.

2 calling someone(어떤 사람에게 전화하기)

친구나 친척에게 전화를 해서 상대방이 전화를 받았을 때, **Hello.**라고만 말할 수 있다. 이때 상대방의 이름을 함께 말할 수도 있다.

A: Hello. 여보세요.
B: *Hello!* I just thought I'd better ring to let you know what time I'll be arriving.
안녕하세요! 제가 몇 시에 도착할 지 알려 주는 것이 나을 것 같은데요.

A: Hello. 여보세요.
B: *Hello, Alan*. 안녕. 앨런.
A: Hello, Mark, how are you? 안녕, 마크, 어떻게 지내?
B: Well, not so good. 음, 별로 좋지 않아.

🛈 친구와 친척 간에는 Hello라고 말한 후, 보통 서로의 안부를 묻는다. 자신이 누구인지 알릴 필요가 있을 경우, It's...나 This is... 뒤에 이름을 말한다.

A: Hello. 여보세요.
B: Hello. *It's Jenny*. 안녕하세요. 제니예요.

A: Hello. 여보세요.
B: Hello, Alan. *This is Eila*. 안녕하세요, 앨런. 저 에일라예요.

It's...here.를 사용하기도 한다.

A: Hello. 여보세요.
B: *It's Maggie Turner here*. 매기 터너예요.

일반적인 정보를 묻기 위해 전화를 할 때는 자신의 이름을 밝히지 않기도 한다.

A: Citizen's Advice Bureau. 시민 상담소입니다.
B: Hello. I'd like some advice about a dispute with my neighbours.
안녕하세요. 제 이웃과의 분쟁에 대한 조언을 듣고 싶습니다.

전화를 받은 상대방이 누구인지 확신하지 못하는 경우, Who am I speaking to?라고 하거나, 격식을 차리지 않을 때는 Who's that?이라고 한다.

A: Hello. 여보세요.
B: Hello. *Who am I speaking to, please*? 안녕하세요. 전화받는 분은 누구신지요?

A: Yes? 여보세요.
B: I want to speak to Mr Taylor. 테일러 씨와 통화하고 싶은데요.
A: I'm afraid Mr Taylor's not in the office right now. 죄송하지만, 테일러 씨는 지금 사무실에 없습니다.
B: *Who's that?* 누구세요?

전화를 받는 사람, 기관, 전화번호가 맞는지 확인하기 위해 Is that...?이라고 하거나, 의문문처럼 이름이나 전화번호만을 말하기도 한다.

A: Hello. 여보세요.
B: *Is that Mrs Thompson?* 톰슨 씨입니까?
A: Er, yes it is. 어, 예, 맞습니다.
B: This is Kaj Mintti from Finland. 저는 핀란드의 카이 민티입니다.

🇺🇸 미국 영어에서는 일반적으로 Is that...? 대신 Is this...?를 사용한다.

A: Hello. 여보세요.
B: Hello. *Is this the Casa Bianca restaurant?* I want to speak with Anna. Annadi Peterson.
안녕하세요. 카사 비앙카 식당입니까? 안나와 통화하고 싶습니다. 안나디 피터슨이요.

Thanking someone

3 asking to speak to someone(어떤 사람에게 통화하기를 부탁하기)

전화를 받은 사람이 자신이 통화를 하고자 하는 사람이 아닐 때, Can I speak to Paul, please?나 Is Paul there?과 같이 말한다.

A: Hello. 여보세요.
B: *Can I speak to Sue, please?* 수와 통화할 수 있을까요?
A: Hang on – I'm sorry, but she's not in at the moment. 잠시만요. 죄송하지만, 그녀는 지금 자리에 없네요.
B: Can I leave a message? 메시지를 남겨도 되겠습니까?
A: Yes. 그러세요.
B: Would you tell her that Adrian phoned? 그녀에게 에이드리언이 전화했다고 전해 주시겠어요?

업무상 전화할 경우, Could I speak to Mr Green, please?와 같이 묻거나, 통화하고자 하는 사람의 이름이나 담당 부서를 밀하고 그 뒤에 **please**를 붙이기도 한다.

A: William Foux and Company. 윌리엄 폭스 회사입니다.
B: Er, good afternoon. **Could I speak to Mr Duff, please?** 저, 안녕하세요. 더프 씨와 통화할 수 있을까요?
A: Oh I'm sorry, he's on another line at the moment. Can you hold? 죄송합니다만, 그는 지금 통화 중이에요. 기다리시겠어요?
B: No, it's all right. I'll call back. 아니요, 괜찮습니다. 나중에 전화하지요.

A: British Gas. 영국 가스 회사입니다.
B: *Customer services, please*. 고객 상담실 부탁합니다.
A: I'll put you through. 연결해 드리겠습니다.

자신이 통화하고자 하는 사람이 바로 전화를 받은 경우, 때때로 Speaking.이라고 하기도 한다.

A: Personnel. 인사과입니다.
B: Could I speak to Mr Willson, please. 윌슨 씨와 통화하고 싶은데요.
A: *Speaking*. 접니다.
B: Oh, right. I wanted to ask you a question about sick pay.
아, 그렇군요. 질병 수당에 대해 문의를 하고 싶습니다.

4 ending a phone call(전화 통화 끝내기)

전화를 끊을 때 Goodbye.라고 하거나, 격식을 차리지 않고 Bye.라고도 한다.

A: I'm afraid I can't talk to you now. 죄송하지만, 지금 통화를 할 수 없습니다.
B: OK, I'll phone back after lunch. 좋아요. 점심 식사 후에 다시 전화하겠습니다.
A: OK. *Goodbye*. 알겠습니다. 안녕히 계십시오.
B: *Goodbye*. 안녕히 계세요.

A: I'll just check. Yes, it's here. 확인해 볼게요. 예, 여기 있어요.
B: Oh, OK. Thanks. *Bye*. 아, 그래요. 고마워요. 안녕히 계세요.

Speak to you soon.이나 Thanks for ringing.이라고 한다.

A: Speak to you soon. *Bye*. 곧 다시 전화할게. 안녕.
B: *Bye*. 안녕.

Thanking someone

- 1 basic ways of thanking
- 2 emphatic ways of thanking
- 3 more formal ways of thanking
- 4 thanking someone for an offer
- 5 thanking someone for a present
- 6 thanking someone for an enquiry
- 7 thanking someone in a letter
- 8 replying to thanks

TOPIC

Thanking someone

1 basic ways of thanking (감사하는 기본적인 방법)

방금 전에 누군가가 자신을 위해 어떤 일을 했거나 무언가를 준 것에 대해 감사를 표할 때, **Thank you.**나 더 격식을 차리지 않고 **Thanks.**라고 한다.

'I'll take it over there.' – '***Thank you***.' "그것을 저기에 갖다 놓을게요." – "고마워요."
'Don't worry, Caroline. I've given you a marvellous reference.' – '***Thank you***, Mr Dillon.'
"걱정하지 마세요, 캐롤라인. 당신을 아주 좋게 평가한 서류를 주겠어요." – "딜런 씨, 고맙습니다."
'There's your receipt.' – '***Thanks***.' "영수증 여기 있습니다." – "고마워요."
'Would you tell her that Adrian phoned and that I'll call back at eight?' – 'OK.' – '***Thanks***.'
"그녀에게 에이드리언이 전화했는데, 8시에 전화할 거라고 전해 주시겠어요?" – "알겠어요." – "고맙습니다."

특히 영국 영어와 호주 영어를 쓰는 일부 사람들은 격식을 차리지 않고 상대방에게 고마워할 때 **Cheers.**라고 한다.

◐ Usage 표제어 cheers – cheerio 참조.

영국 영어를 쓰는 일부 사람들은 **Ta**[tɑː]라고도 한다.

'You're pretty good at this.' – '***Cheers***, mate.' "너는 이 일에 꽤 능숙하구나." – "고마워, 친구."
'This is all the material you need.' – '***Ta***.' "이것이 당신이 필요로 하는 모든 재료입니다." – "고마워요."

상대방에게 감사하는 이유를 말할 때, **Thank you for...**나 **Thanks for...**를 사용한다.

Thank you for a delicious lunch. 맛있는 점심을 대접해 주셔서 감사합니다.
Well, then, good-night, and ***thanks for*** the lift. 자, 그러면 안녕히 가세요, 그리고 태워 주셔서 감사해요.
Thanks for helping out. 도와 주셔서 감사합니다.

2 emphatic ways of thanking (감사함을 강조하는 방법)

상대방에게 감사함을 강조할 때, 자주 **very much**나 **very much indeed**를 붙인다.

'Here you are.' – '***Thank you very much***.' "여기 있어요." – "정말 고마워요."
'I'll call you tomorrow morning.' – 'OK. ***Thanks very much indeed***.'
"내일 아침에 전화할게요." – "좋아요. 정말 감사합니다."

☒ ~~Thank you a lot.~~이나 ~~Thanks lots.~~가 아닌 Thanks a lot.이라고 한다.

'All right, then?' – 'Yes, ***thanks a lot***.' "그럼 된 거죠?" – "예, 정말 고마워요."

상대방에게 매우 감사하다고 할 때, **That's very kind of you.**나 **That's very good of you.**라고 말한다.

'Any night when you feel a need to talk, you will find me here.' – '***That's very kind of you***.'
"당신이 누구랑 얘기하고 싶을 때 밤이라도 이곳에서 저를 찾으세요." – "정말 친절하시네요."
'Would you give this to her?' – 'Sure.' – '***That's very good of you***, Rudolph.'
"이것을 그녀에게 전해 줄래요?" – "물론이죠." – "정말 친절하시네요, 루돌프."

That's wonderful.이나 **Great.**이라고도 한다.

'I'll see if she can be with you on Monday.' – '***That's wonderful!***'
"그녀가 월요일에 당신과 함께 있을 수 있는지를 알아볼게요." – "아주 감사합니다."
'Do them as fast as you can.' – 'Yes. OK.' – '***Great***.'
"가능한 한 빨리 그것들을 하세요." – "예, 알겠어요." – "고마워요."

훨씬 더 깊이 감사를 표하는 방법은 다음과 같다.

'All right, Sandra?' – '***Thank you so much***, James; ***you've been amazing. I just can't thank you enough***.'
"샌드라, 괜찮지요?" – "제임스 씨, 정말 감사합니다. 너무 잘해 주셨고요. 어떤 감사의 말도 충분하지 않네요."
'She's safe.' – '***I don't know how to thank you***.' "그녀는 무사합니다." – "어떻게 감사를 해야 할지 모르겠군요."
I can't tell you how grateful I am to you for everything.
모든 일을 돌봐주어서 얼마나 고마운지 말로 표현할 수가 없네요.

3 more formal ways of thanking (더 격식을 차려 감사하는 방법)

방금 전에 상대방이 해준 일이나 무언가를 준 것에 대해 감사를 표할 때, 더 격식을 차려서 **I wanted to thank you for...**나 **I'd like to thank you for...**라고도 한다.

Thanking someone

I wanted to thank you for the beautiful necklace. 아름다운 목걸이를 주셔서 감사합니다.
I want to thank you all for coming. 모두들 와주셔서 감사합니다.
We learned what you did for Ari and *I want to tell you how grateful I am*.
우리는 당신이 아리에게 해준 일을 알고 있는데, 저는 당신에게 얼마나 고마운지 모르겠습니다.
I'd like to thank you for your patience and your hard work. 당신의 인내심과 성실함에 대해 감사를 드립니다.

더 격식을 차려서 *I'm very grateful to you*.나 *I really appreciate it*.이라고 감사를 표할 수도 있다.
I'm grateful for the information you've given me. 당신이 정보를 주셔서 대단히 감사합니다.
Thank you for coming to hear me play. *I do appreciate it*.
제 공연에 와주셔서 대단히 감사합니다. 진심으로 감사드립니다.

4 thanking someone for an offer (제안해 준 사람에게 감사하기)

제안을 받아들일 때, *Thank you*.나 *Thanks*.라고 말한다.
'Have a cake.' – '*Thank you*.' "케이크 드세요." – "고맙습니다."
제안을 거절할 경우, *No, thank you*.나 *No, thanks*.라고 한다.
'There's one biscuit left. Do you want it?' – '*No, thanks*.'
"비스킷이 하나 남았어요. 드시겠어요?" – "아니요, 괜찮습니다."

i 어떤 것을 거절할 때, 단순히 Thank you.라고만 하지 않는다.

◉ Topic 표제어 Offers 참조.

5 thanking someone for a present (선물을 준 사람에게 감사하기)

선물을 받았을 때, *Thank you*.나 *It's lovely*.라고 말한다.
'Here's a little gift for your birthday.' – 'Oh, *thank you*! *It's lovely*.'
"여기 조그만 선물이 있어요." – "고마워요, 아주 좋아 보여요."

매우 정중하게 감사를 표할 때, *You shouldn't have*.라고 하기도 한다.
'Here. This is for you.' – 'Joyce, *you shouldn't have*.'
"여기. 이건 너한테 주는 거야." – "조이스, 이러지 않아도 되는데 고마워."

6 thanking someone for an enquiry (안부를 묻는 사람에게 감사하기)

상대방이 자신과 가족의 안부를 묻거나 주말이나 휴가를 어떻게 보냈는지 물어볼 경우, 그 대답으로 *Thank you*.나 *Thanks*.라고도 말한다.
'How are you?' – 'Fine, *thank you*.' "잘 지내십니까?" – "잘 지내요. 감사합니다."
'Did you have a nice weekend?' – 'Lovely, *thank you*.' "주말 잘 지냈습니까?" – "아주 잘 지냈어요. 고마워요."

7 thanking someone in a letter (편지로 어떤 사람에게 감사하기)

편지나 이메일로 상대방에게 감사함을 표할 때, 가장 일반적으로 *Thank you for...*를 사용한다. 격식을 차린 사업상의 편지나 이메일에서는 *I am grateful for...*라고 쓴다.
Dear Madam, *Thank you for* your letter replying to our advertisement for an assistant cashier.
친애하는 부인, 보조 출납원 모집 광고에 응해 주신 편지에 감사를 드립니다.
I am grateful for your prompt reply to my request. 제 요청에 빠른 회답을 해주셔서 감사합니다.

친구에게 보내는 편지나 이메일에는 *Thanks for...*라고 쓴다.
Thanks for writing. 편지를 보내 줘서 고마워.

8 replying to thanks (감사에 대답하기)

 영국에서는 작은 친절을 베푼 사람에게 감사를 표할 때, 감사받는 사람은 보통 아무 말도 하지 않는다. 그러나 미국 사람, 특히 가게에서 일하는 직원의 경우에는 자주 *You're welcome*.이나 *No problem*.이라고 말한다. 상대방이 자신을 도와주거나 부탁을 들어준 일에 대하여 감사를 하는 경우, *That's all right*., *Don't mention it*., *That's OK*.라고 대답한다.

Time

'Thank you, Charles.' – '***That's all right***, David.' "찰스, 고마워요." – "데이비드, 괜찮아요."
'Thanks. This is really kind of you.' – '***Don't mention it***.' "고마워요. 정말 친절하시네요." – "천만에요."
'Thanks. I really appreciate it.' – '***That's okay***.' "고마워요. 그 일에 정말 감사해요." – "괜찮아요."
'Oh great, thanks!' – '***No worries***.' "아이 좋아요, 고마워요." – "천만에요."

정중하고 친절하게 말할 때는 **It's a pleasure., My pleasure., Pleasure.**라고 한다.
'Thank you very much for talking to us about your research.' – '***It's a pleasure***.'
"당신의 연구에 대해 우리에게 설명해 주셔서 고맙습니다." – "천만에요."
'Thank you for the walk and the conversation.' – '***Pleasure***.'
"같이 걸으면서 대화해 주셔서 감사합니다." – "천만에요."
'Thanks for sorting it out.' – '***My pleasure***.' "그것을 정리해 주셔서 감사합니다." – "천만에요."

더 격식을 차리지 않는 표현으로 **Any time.**이 있다.
'You've been very helpful.' – 'No problem. ***Any time***.'
"많은 도움이 되었어요." – "별 말씀을요. 언제라도 좋아요."

상대방에게 강조하여 감사를 표할 때, 다음과 같이 대답할 수 있다.
'He's immensely grateful for what you did for him.' – '***It was no trouble***.'
"그는 당신이 해준 것에 대해 매우 감사하고 있어요." – "별일 아니었어요."
'Thanks, Johnny. Thanks for your trouble.' – '***It was nothing***.'
"고마워요, 조니. 애써 주셔서 감사해요." – "별것 아니었어요."
'I'm enormously grateful to you for telling me.' – '***Not at all***.'
"말해 줘서 너무 고마워요." – "천만에요."

Time

1. clock times
2. prepositions showing time
3. approximate times
4. periods of the day
5. adverbs showing time
6. times as modifiers
7. time adverbials after nouns

- 날짜와 더 긴 기간을 나타내는 것에 대한 정보는 **Topic** 표제어 **Days and dates** 참조.
- 시간절에 대한 정보는 **Grammar** 표제어 **Subordinate clauses** 참조.

1 clock times (시간)

현재 시간을 물어볼 때, **What time is it?**이나 **What's the time?**이라고 한다.
'*What time is it?*' – 'Three minutes past five.' "몇 시예요?" – "5시 3분입니다."
'*What's the time* now?' – 'Twenty past.' "몇 시예요?" – "20분입니다."

어떤 일이 일어난 시간을 물어볼 때, 보통 **when**을 사용한다.
'*When* did you come?' – 'Just after lunch.' "당신은 언제 오셨습니까?" – "점심 시간 바로 후에요."

What time...?을 사용할 수도 있다.
'*What time* did you get back to London?' – 'Ten o'clock.'
"당신은 런던에 몇 시에 돌아왔습니까?" – "10시요."
'*What time* do they shut?' – 'Half past five.'
"그들은 몇 시에 문을 닫습니까?" – "5시 반입니다."

상대방에게 현재 시간을 말해 줄 때, **It's...**를 사용한다.
It's ten to eleven now. 지금은 11시 10분 전입니다.

다음 표는 시간을 나타내는 여러 가지 방법을 보여 준다.

Time

(clock)	four o'clock four 4.00	four in the morning 4 a.m. four in the afternoon 4 p.m.	04:00 16:00
(clock)	nine o'clock nine 9.00	nine in the morning 9 a.m. nine in the evening nine at night 9 p.m.	09:00 21:00
(clock)	twelve o'clock twelve 12.00	twelve in the morning 12 a.m. midday(英) noon twelve at night 12 p.m. midnight	12:00 00:00
(clock)	a quarter past twelve quarter past twelve twelve fifteen 12.15		12:15 00:15
(clock)	twenty-five past two twenty-five minutes past two two twenty five 2.25		02:25 14:25
(clock)	half past eleven half eleven(英) eleven-thirty 11.30		11:30 23:30
(clock)	a quarter to one quarter to one twelve forty-five 12.45		12:45 00:45
(clock)	ten to eight ten minutes to eight seven-fifty 7.50		07:50 19:50

Time 730

- 다음 사항을 주의한다.
  - 일부 디지털 시계와 시간표에는 24시간제를 사용한다. 예를 들어, 오후 5시를 17.00으로 표현한다.

- 🇺🇸 미국에서는 24시간제가 그다지 흔한 것은 아니며, 12시간제로 나누어서 오전을 **a.m.**, 오후를 **p.m.**으로 구분하여 사용한다. **o'clock**은 시간과 시간 사이가 아닌 정시를 나타낼 때만 사용할 수 있다. 예를 들면, '5시'는 ~~ten past five o'clock~~이나 ~~a quarter past five o'clock~~이 아닌 **five o'clock**이라고 한다.

  Come round at *five o'clock*. 5시에 오세요.
  I must leave by *eight o'clock*. 나는 8시까지 떠나야 한다.

- o'clock을 사용하는 경우, 일반적으로 아라비아 숫자(예를 들면, 5)가 아닌 단어(five)로 숫자를 나타낸다.

  정확한 시간을 가리키는 경우, **o'clock**을 쓸 필요 없이 자주 숫자만을 사용한다.
  I used to get up every morning at *six*. 나는 아침마다 6시에 일어나곤 했다.

- 시간을 나타낼 때, **past**와 **to**를 사용할 수 있다. 특정한 시간 후 30분 이내의 시간을 가리킬 경우, **past**와 함께 숫자를 사용한다. 특정한 시간 전 30분 이내의 시간을 나타낼 경우에는 **to**를 사용한다.

  It's *twenty past seven*. 7시 20분입니다.
  He returned to the house at *half past four*. 그는 4시 30분에 집으로 돌아왔다.
  He got to the station at *five to eleven*. 그는 11시 5분에 역에 도착했다.

- 일반적으로 이러한 표현에 minutes를 사용하지 않는다.

- 🇺🇸 미국 영어에서는 자주 **past** 대신 **after**를, **to** 대신 **of**를 사용한다.

  It was *twenty after eight*. 8시 20분이었다.
  At *a quarter of eight*, he called Mrs. Curry. 그는 8시 15분 전에 커리 부인에게 전화했다.

- 보통 5분 간격으로 시간을 말하거나 정확한 시간을 나타낼 때, **minutes**만 사용한다.

  It was twenty-four *minutes* past ten. 10시 24분이었다.
  We left Grosvenor Crescent at five *minutes* to ten. 우리는 10시 5분 전에 그로스베너 크레센트를 떠났다.

- 상대방이 시각을 아는 경우, **past**나 **to** 뒤에 **hour**를 생략한다.

  'What time is it?' – 'It's *eighteen minutes past*.' "지금 몇 시야?" – "18분이야."
  It's *quarter past*. 15분이다.
  'What time's break?' – '*Twenty-five to*.' "쉬는 시간이 몇 시예요?" – "25분 전이요."

- 시와 분을 차례로 말하면서 시간을 표현하기도 한다. 예를 들면, 7.35는 **seven thirty-five**라고 한다.

- ℹ 분의 숫자가 10 이하일 경우, 많은 사람들은 분의 숫자 앞의 0을 oh라고 읽는다. 예를 들면, 7.05를 seven oh five나 seven five라고 읽는다.

- 🇺🇸 위와 같이 시간을 쓰는 경우, 시각 뒤에 마침표를 넣는다. 일부 사람, 특히 미국 사람들은 마침표 대신 콜론을 사용한다.

  At *6.30* each morning, the partners meet to review the situation.
  매일 아침 6시 30분에 그 동업자들은 상황을 재검토하기 위해 만난다.
  The door closes at *11: 15*. 그곳은 항상 11시 15분에 문을 닫는다.

- 필요 시에 전치사구를 붙여서 어떤 일이 일어난 시간을 명확하게 밝힐 수 있다. **in the morning, in the afternoon, in the evening**이라고 하며, ~~in the night~~이 아닌 **at night**이라고 한다.

  It was about four o'clock *in the afternoon*. 오후 4시쯤이었다.
  They worked from seven *in the morning* until five *at night*. 그들은 아침 7시부터 저녁 5시까지 일을 했다.

- ◎ Usage 표제어 afternoon, evening, morning, night의 exact times 참조.

- 자정부터 정오까지의 시간을 나타내는 **a.m.**이나 정오부터 자정까지의 시간을 나타내는 **p.m.**을 붙일 수도 있다. 영국 영어의 회화에서는 일반적으로 이러한 약어를 사용하지 않는다.

  The doors will be opened at *10 a.m.* 문은 오전 10시에 열릴 것이다.
  We will be arriving back in London at *10.30 p.m.* 우리는 오후 10시 30분에 런던에 돌아올 것이다.

Time

> 주의 **a.m.**이나 **p.m.**을 o'clock과 함께 사용하지 않는다.

2 prepositions showing time (시간을 나타내는 전치사)

어떤 일이 일어난 시간을 나타낼 때, 가장 일반적으로 전치사 **at**을 사용한다.

The taxi arrived *at 7.30*. 택시는 7시 30분에 도착했다.
They'd arranged to leave *at four o'clock*. 그들은 4시에 떠날 준비를 했다.
I'll be back *at four*. 나는 4시에 돌아올 것이다.

그밖에 어떤 일이 일어나는 경우를 나타낼 때 사용하는 전치사는 다음과 같다.

- 어떤 일이 특정한 시간이 지난 후에 일어나다라는 뜻에 **after**를 사용한다.
  It's a very quiet place with little to do *after ten at night*.
  그곳은 밤 10시 이후에는 거의 할 일이 없는 아주 조용한 곳이다.

- 어떤 일이 특정한 시간 전에 일어나다라는 뜻에 **before**를 사용한다.
  I was woken *before six* by the rain hammering against my bedroom window.
  나는 침실 창문을 세차게 두드리는 빗소리에 6시 전에 깼다.

- 어떤 일이 특정한 시간이나 그 시간 전까지 일어나다라는 뜻에 **by**를 사용한다.
  I have to get back to town *by four o'clock*. 나는 4시까지 시내로 돌아가야 한다.

- 어떤 일이 특정한 시간이 되어서야 멈추다라는 뜻에 **until**을 사용한다. 회화에서는 흔히 **until** 대신 **till**을 사용한다.
  I work *until three*. 나는 3시까지 일한다.
  I didn't get home *till five*. 나는 5시까지 집에 도착하지 못했다.

- 어떤 일이 과거의 특정한 시간에 시작되어 지금까지 계속되어 오고 있다는 뜻에 **since**를 사용한다.
  He had been up *since 4 a.m*. 그는 새벽 4시부터 깨어 있었다.

○ 이러한 단어의 다른 용법에 대한 정보는 **Usage** 표제어 각 단어 참조.

3 approximate times (대략적인 시간)

대략적인 시간을 나타낼 때, 그 시간 앞에 **about**이나 **around**를 사용한다.

We were woken up at *about* four o'clock in the morning. 우리는 새벽 4시경에 잠에서 깼다.
The device, which exploded at *around* midnight on Wednesday, severely damaged the fourth-floor bar.
수요일 자정을 전후해서 폭발한 장치는 4층에 있는 술집에 심각한 피해를 입혔다.

at은 때때로 생략되기도 한다.
He left *about ten o'clock*. 그는 10시경에 떠났다.

회화에서는 때때로 숫자를 단어로 사용하여 **-ish**를 붙여서 대략적인 시간을 나타내기도 한다.
Shall I call you about *nine-ish*? 9시경에 전화를 할까요?

just after나 **just before**는 어떤 일이 특정한 시간 전후에 바로 일어남을 뜻한다. **shortly after**나 **shortly before**를 사용할 수도 있다.

We drove into Jerusalem *just after* nine o'clock. 우리는 9시가 되자마자 예루살렘으로 차를 몰고 갔다.
He came home *just before* six o'clock and lay down for a nap.
그는 6시가 되기 직전에 집에 와서 낮잠을 자려고 누웠다.
Shortly after nine, her husband appeared. 9시 직후에 그녀의 남편이 나타났다.

시간이 언제인지 혹은 언제였는지를 나타낼 때 영국 영어에서는 **just gone**, 미국 영어에서는 **just after**를 사용할 수도 있다.

It was *just gone* half past twelve. 12시 30분이 막 지났다.
It was *just after* 9pm on a cold October night. 10월의 어느 추운 밤 9시 직후였다.

Time

4 periods of the day(하루 중의 기간)

하루 중의 기간은 다음과 같이 나누어진다.

| morning | afternoon | evening | night |

하루 중의 기간을 가리키는 단어에 전치사 **in**이나 **on**을 사용할 수 있다. 부가어를 만드는 위의 단어 앞에 **last**, **next**, **this**, **tomorrow**, **yesterday**를 사용할 수도 있다.

I'll ring the agent *in the morning*. 나는 아침에 중개인에게 전화할 것이다.
On Saturday morning all flights were cancelled to and from Glasgow.
토요일 아침에 글래스고의 모든 비행이 취소되었다.
I spoke to him *this morning*. 나는 오늘 아침에 그에게 말했다.
He is going to fly to Amiens *tomorrow morning*.
그는 내일 아침 비행기를 타고 아미앵으로 갈 예정이다.

○ 위의 단어를 사용하는 방법과 단어와 함께 사용하는 전치사에 대한 자세한 정보는 **Usage** 표제어 각 단어 참조. **last – lastly**, **next**, **this – that** 참조.

해가 뜨고 지는 짧은 기간을 가리키는 단어는 다음과 같다.

| dawn | daybreak | dusk | first light |
| nightfall | sunrise | sunset | twilight |

위의 단어 앞에는 전시사 **at**을 사용한다.
At dawn we landed in Tunisia. 우리는 새벽에 튀니지에 착륙했다.
Draw the curtains *at sunset*. 해질 무렵에 커튼을 치세요.

5 adverbs showing time(시간부사)

다음 두 목록에 있는 부사와 부가어는 어떤 일이 과거에 일어났다는 것을 나타낸다. 이들 부가어는 동사구에서 첫 번째 조동사 뒤에 온다.

다음 부가어는 과거시제와 현재완료시제를 함께 사용할 수 있다.

| in the past | just | lately | previously |
| recently | | | |

It wasn't very successful *in the past*.
그것은 과거에 성공적이지 못했다.
Her husband had *recently* died in an accident.
그녀의 남편은 최근에 사고로 죽었다.

다음은 시간을 나타내는 부가어로, 일반적으로 과거시제에 사용하고 현재완료시제에는 쓸 수 없다.

| at one time | earlier | earlier on | formerly |
| once | originally | sometime | then |

The cardboard folder had been blue *originally* but now the colour had faded to a light grey.
그 보드지 서류철은 원래 파란색이었으나 지금은 옅은 회색으로 바랬다.
The world was different *then*. 그때에는 세상이 달랐다.

단순히 과거에 어떤 상황이 존재했다는 것을 나타낼 경우에는 현재완료시제와 **before**를 사용하지 않는다. 그러나 어떤 일이 처음이 아닌 전에도 일어났다는 뜻을 나타낼 때는 현재완료시제와 **before**를 사용한다.

I'm sure I've read that *before*.
나는 그것을 전에 읽은 적이 있다고 확신한다.

 미국 영어와 영국 영어에서는 **already**를 사용할 때의 시제가 서로 다르다.

○ **Usage** 표제어 **already** 참조.

미래를 가리키는 경우에 다음 부가어를 사용한다.

Time

afterwards	at once	before long	eventually
immediately	in a minute	in a moment	in future
in the future	later	later on	one day
one of these days	shortly	some day	sometime
soon	sooner or later	within minutes	within the hour

We'll be free _soon_. 우리는 곧 석방될 것이다.
I'll remember _in a minute_. 나는 곧 기억할 것이다.
In future when you visit us you must let us know in advance.
장차 당신이 우리를 방문하려면 저희들에게 미리 알려 주셔야 합니다.

위와 같은 부가어는 일반적으로 문장의 앞이나 뒤에 온다.

 미국 영어에서 미래를 가리키는 경우 **momentarily**를 사용하지만, 영국 영어에서는 이를 쓰지 않는다.

현재를 과거나 미래와 대조하거나 현재의 일시적인 상황을 나타낼 때, 다음 부가어를 사용한다.

at the moment	at present	currently	just now
now	nowadays	presently	right now
these days			

Biology is their great passion _at the moment_.
생물학은 현재 그들이 아주 열중하고 있는 분야이다.
Well, we must be going _now_. 자, 이제 우리는 떠나야 한다.

위의 부가어는 일반적으로 문장의 앞이나 뒤에 온다.

ⓘ 말하고 있는 현재뿐만 아니라 역사 속에서의 오늘날을 가리킬 때 역시, 주로 신문과 방송에서 today를 사용한다.
   ...the kind of open society which most of us in the Western world enjoy _today_.
   오늘날 서방 세계에서 우리들 대부분이 즐기는 일종의 개방 사회.

○ Usage 표제어 now 참조.

ⓘ 과거뿐만 아니라 현재의 상황을 가리키는 경우에도 already를 사용한다.
   I'm _already_ late. 나는 이미 늦었다.

○ Usage 표제어 already 참조.

6 times as modifiers (수식어로 사용하는 시간)

시간과 하루 중의 기간을 수식어로 사용할 수 있다.
Every morning he would set off right after the _eight o'clock_ news.
그는 매일 아침 8시 뉴스를 들은 후에 바로 출발하곤 했다.
He was usually able to catch the _six thirty-five_ train from Euston.
그는 보통 유스턴에서 오는 6시 35분 기차를 탈 수 있었다.
But now the sun was already dispersing the _morning_ mists.
그러나 아침 안개는 이미 태양에 의해 흩어져 버렸다.

ⓘ 특정한 장소를 출발하는 시간을 가리킬 때, 기차나 버스 시간으로 표현할 수 있다. 예를 들면, the six-eighteen은 6시 18분에 출발하는 기차를 뜻한다.
   He knew Alan Thomas caught _the seven-thirty-two_ most days.
   그는 앨런 토머스가 보통 7시 32분 기차를 타는 것을 알고 있었다.

특정한 날을 나타낼 경우, 하루 중의 기간을 나타내는 소유격 형식은 수식어로 사용할 수도 있다.
It was Jim Griffiths, who knew nothing of _the morning's_ happenings.
그날 아침에 일어난 일을 전혀 몰랐던 사람은 짐 그리피스였다.

ⓘ 어떤 행동이 얼마나 오래 지속되는지를 나타낼 경우에도 위의 형식을 사용한다.
   He still had _an afternoon's_ work to get done. 그는 여전히 해야 할 오후의 일이 있었다.

Transport

7 time adverbials after nouns(명사 뒤의 시간 부가어)

사건이나 기간을 구체적으로 나타낼 때, 시간부가어를 한정어로 사용할 수 있다.

I'm afraid the meeting *this afternoon* tired me badly.
나는 오늘 오후의 회의가 매우 골치 아픈 것이어서 유감스럽다.

No admissions are permitted in the hour *before closing time*.
폐점 한 시간 전부터는 입장이 허용되지 않습니다.

Transport

1 prepositions(전치사)

교통수단을 이용하는 것을 나타낼 때, 대부분의 교통수단에 전치사 **by**를 사용할 수 있다.

Most visitors to these parts choose to travel *by bicycle*.
이곳에 오는 대부분의 방문객은 자전거로 여행하는 것을 택한다.

I never go *by car*. 나는 절대 자동차를 타고 가지 않는다.

It is cheaper to travel to London *by coach*.
런던을 여행할 때 장거리 버스를 이용하면 비용이 덜 든다.

> **주의** by 뒤에는 한정사를 사용하지 않는다. 예를 들면, I never go by a car.가 아닌 I never go *by car*.라고 한다. 차량에 대해 상세히 설명하는 경우에는 by를 사용할 수 없다. 예를 들면, '나는 톰의 차를 타고 왔다.'는 I came by Tom's car.가 아닌 I came *in* Tom's car.라고 한다.

어떤 곳을 걸어서 가는 것을 강조할 경우, **on foot**을 사용한다. 영국 영어에서는 일반적으로 **by foot**이라고 하지 않는다.

They'd have to go *on foot*. 그들은 걸어서 가야만 할 것이다.

승용차, 택시, 구급차, 대형 트럭, 작은 배, 작은 비행기로 이동하는 경우에 **in**을 사용할 수도 있다. 마찬가지로 이들 차량을 탈 때는 **in**이나 **into**를, 내릴 때는 **out of**를 사용할 수 있다.

I always go back *in a taxi*. 나는 항상 택시를 타고 돌아간다.

She and Oliver were put *into a lorry*.
그녀와 올리버는 화물 자동차에 태워졌다.

I saw that he was already *out of the car*.
나는 그가 이미 자동차에서 내린 것을 보았다.

그러나 버스, 장거리용 버스, 비행기, 기차, 큰 배 등의 교통수단은 보통 **on, onto, off**를 사용한다.

...your trip *on planes, ships and cross-channel ferries*.
비행기, 선박, 해협을 횡단하는 페리를 이용한 당신의 여행.

He got *onto the bus* and we waved until it drove out of sight.
그는 버스에 탔고 우리는 시야에서 벗어날 때까지 손을 흔들었다.

Sheila looked very pretty as she stepped *off the train*.
쉴라가 기차에서 내리는 모습이 너무 아름답게 보였다.

특히 비행기와 큰 배와 같은 교통수단을 타는 것을 나타낼 때, **aboard**나 **on board**를 사용하기도 한다.

He fled the country *aboard a US Air Force plane*.
그는 미국 공군 비행기를 타고 해외로 갔다.

He hauled the fish *on board his boat*.
그의 보트 위로 물고기들을 끌어 올렸다.

2 verbs(동사)

차량에 타거나 내리는 것을 나타낼 때, 일반적으로 (**get** + 전치사) 형식을 사용한다.

Then I stood up to *get off* the bus. 그러고 나서 나는 버스에서 내리려고 일어섰다.

They *got on* the wrong train. 그들은 기차를 잘못 탔다.

격식을 차린 영어에서는 동사 **board, embark, disembark**를 사용한다.

Warning someone

버스, 기차, 큰 비행기, 큰 배에 탈 때는 **board**를 사용한다.
He was the first to *board* the plane. 그는 첫 번째로 그 비행기에 탑승했다.

배를 탈 때는 **embark**을, 내릴 때는 **disembark**을 사용할 수도 있다.
Even before they *embarked* at Southampton she was bored.
그들이 사우샘프턴에서 배를 타기도 전에 그녀는 지루해했다.
They *disembarked from* the QE2 after their trip.
그들이 여행을 끝낸 후 퀸엘리자베스 2세 호에서 하선했다.

대중교통으로 이동하는 것을 나타낼 경우, **go by** 대신 **take**를 사용할 수 있다. 예를 들면, '당신은 버스를 탈 것이다.'는 You will 'go by' bus. 대신 You will *take* a bus.라고 한다.
We then *took a boat* downriver. 우리는 그러고 나서 강 하류에서 보트를 탔다.
'I could *take a taxi*,' I said. "택시로 갈 수 있어요."라고 나는 말했다.

Warning someone

- **1** warnings
- **2** strong warnings
- **3** explicit warnings
- **4** warnings in writing and broadcasting
- **5** warnings on products and notices
- **6** immediate warnings

1 warnings(경고)

상대방에게 어떤 일을 하지 말라고 경고하는 방법에는 여러 가지가 있다.

회화에서 상대방에게 경고할 때, **I wouldn't...if I were you.**를 사용한다.
I wouldn't drink that *if I were you*. 내가 당신이라면 그것을 마시지 않을 텐데.

좀 더 약하게 경고할 때는 **I don't think you should...**나 **I don't think you ought to...**를 사용한다.
I don't think you should try to make a decision when you are so tired.
나는 당신이 너무 피곤할 때 결정을 내리려고 해서는 안 된다고 생각한다.
I don't think you ought to turn me down quite so quickly, before you know a bit more about it.
당신이 그 일에 대해 좀 더 알기도 전에 너무 빨리 나를 거절해서는 안 된다고 생각한다.

상대방에게 어떤 일을 하면 앞으로 일어나게 될 일을 말하여, 그 일을 하지 않도록 간접적으로 경고할 수도 있다.
You'll fall down and hurt yourself *if you*'re not careful.
만약 당신이 조심하지 않는다면 넘어져서 다칠지도 모른다.

상대방에게 우연히 또는 부주의해서 불행한 일이 일어나지 않도록 경고할 때, **Be careful not to...**나 **Take care not to...**를 사용한다.
Be careful not to keep the flame in one place too long, or the metal will be distorted.
한 곳에서 너무 오래 불꽃을 피우지 않도록 조심해라. 그렇지 않으면 그 금속이 휘어져 버릴 것이다.
Well, *take care not to* get arrested.
자, 체포당하지 않도록 조심합시다.

2 strong warnings(강력한 경고)

강력하게 경고할 때, **don't**를 사용한다.
Don't put more things in the washing machine in one go.
세탁기가 세탁할 수 있는 적정량보다 더 많은 양의 세탁물을 넣지 마라.
Don't open the door for anyone. 아무에게도 문을 열어주지 마라.

whatever you do와 함께 **don't**를 사용하여 경고하는 내용을 강조할 수 있다.
Whatever you do don't let the dog out of here.
무엇을 하든 간에 그 개를 여기서 나가게 하지 마라.

Warning someone

Don't get in touch with your wife, *whatever you do*.
무슨 일이 있어도 당신은 부인과 연락하지 마세요.

상대방에게 자신이 경고한 내용을 따르지 않을 경우에 일어나게 될 결과를 나타낼 때, (or + 절) 형식을 사용한다.
Don't say another word *or I'll leave*. 더 이상 말을 하면, 내가 이곳을 떠나겠어요.

3 explicit warnings(명백한 경고)

특히 누군가가 겪게 될 일에 대해 준비하라고 경고할 때, 때때로 **I warn you.**나 **I'm warning you.**라고 하기도 한다.

I warn you it's going to be expensive. 내가 경고하건대 돈이 많이 들 것이다.
I must warn you that I have advised my client not to say anther word.
나는 고객에게 다른 말을 하지 말라고 충고해 왔다는 사실을 당신에게 경고해야겠다.
It'll be very hot, *I'm warning you*. 경고하건대 그것은 매우 뜨거울 것이다.
I'm warning you, if you do that again there'll be trouble.
경고하건대, 네가 그것을 다시 한다면 문제가 될 것이다.

4 more formal warnings(좀 더 격식을 차린 표현)

글과 방송에서 경고를 할 때, (**never** + 명령문) 형식을 사용한다.

Never put antique china into a dishwasher. 골동품 도자기를 식기 세척기에 넣지 마세요.
Even if you are desperate, *never* let it show. 당신이 간절히 원할지라도, 절대 그것을 티내지 마세요.

어떤 일을 하지 않도록 경고하거나, 위험하거나 불만스러울지도 모를 일을 경고할 때, **beware of**를 사용한다.

Beware of becoming too complacent. 지나치게 자기 만족하지 않도록 조심하라.
I would beware of companies which depend on one product.
한 제품에 의존하는 회사들을 경계할 것이다.

경고를 할 때, **A word of warning**을 사용하기도 한다. 책과 기사에서는 **Warning**과 **Caution**을 사용한다.

A word of warning: Don't have your appliances connected by anyone who is not a specialist.
경고문: 전문가가 아닌 사람이 가전제품을 연결하지 않도록 하세요.
Warning! Keep all these liquids away from children.
경고! 이 모든 액체들을 아이들의 손이 닿지 않는 곳에 보관하시오.
Caution. Keep the shoulders well down when doing this excercise.
주의. 이 운동을 할 때 어깨를 아주 낮춰 주세요.

5 warnings on products and notices(제품과 게시문에서의 경고)

제품과 게시문에서도 **Warning**과 **Caution**을 쓰며, 게시문에는 **Danger**와 **Beware of...**를 사용한다.

Warning: Smoking can seriously damage your health. 경고: 담배는 당신의 건강에 심각한 해를 끼칠 수 있습니다.
CAUTION: This helmet provides limited protection. 주의: 이 헬멧은 완전한 보호 장비가 아닙니다.
DANGER – RIVER. 위험 – 강.
Beware of Falling Tiles. 떨어지는 타일을 조심하세요.

6 immediate warnings(즉각적인 경고)

상대방이 막 무언가를 하려고 하는 것에 대해 경고할 때 **Careful.**이나 **Be careful.**이라고 하거나, 격식을 차리지 않고 **Watch it.**이라고 한다.

Careful! You'll break it. 조심하세요. 그것을 깨트리겠어요.
He sat down on the bridge and dangled his legs. '*Be careful*, Tim.'
그가 다리에 앉아서 발을 흔들고 있었다. "조심해라, 팀."
Watch it! There's a rotten floorboard somewhere just here.
조심하세요! 바로 여기 어딘가에 썩은 마루 판자가 있어요.

영국 영어에서는 누군가가 부딪치거나, 어딘가로 빠지거나, 무언가를 손상시킬 수 있는 것을 가리키는 명사 앞이나, 누군가 조심해야 할 것을 가리키는 문장 앞에 **Mind**를 사용하여 경고할 수 있다.

Mind the step. 계단을 조심하세요.

Warning someone

Mind you don't slip. 미끄러지지 않도록 조심하세요.

Watch는 **Mind**와 비슷한 뜻으로 사용하기도 한다.

Watch where you're putting your feet. 당신이 지금 걷고 있는 곳을 조심하세요.

 그 밖에 경고를 하는 표현으로 **Look out.**과 **Watch out.**이 있다. **Look out.**은 위험하고 긴급한 상황에서만 사용한다. **Watch out.**은 긴급한 상황 혹은 어떤 일이 일어나거나 일어나게 될지도 모르는 상황에서 쓰거나, 영국 영어에서 사용하는 **Mind...**와 같은 뜻으로 미국 영어에서 쓰인다.

Look out. There's someone coming. 조심하세요. 누군가 오고 있어요.

Watch out for that tree! 저 나무를 조심하세요!

'I think I'll just go for a little walk.' – '*Watch out* – it's a very large city to take a little walk in.'
"저는 잠시 산책하려고요." – "조심하세요. 잠깐 산책하기에는 매우 큰 도시입니다."

Glossary of grammatical term

abstract noun(추상명사)
물리적이거나 유형적인 것이라기보다 성질, 아이디어, 경험을 묘사할 때 사용하는 명사이다. concrete noun(구상명사)과 비교.
- **ex** joy, size, language
- Grammar 표제어 Nouns 참조.

active voice(능동태)
주어인 사람이나 사물이 어떤 행위를 하거나 그 행위에 책임이 있는 gives, took, has made와 같은 동사(구) 형태이다. passive voice(수동태)와 비교.
- **ex** The storm *destroyed* the dozens of trees.

adjectival clause(형용사절)
relative clause의 다른 명칭이다.

adjective(형용사)
사람이나 사물의 모습, 색깔, 크기, 성질 등과 같은 것에 대해 보충해서 말할 때 사용하는 단어이다.
- **ex** a *pretty blue* dress
- Grammar 표제어 Adjectives 참조.

adverb(부사)
어떤 일이 언제, 어떻게, 어디에서, 어떤 상황에서 일어나는지에 대해 더 많은 정보를 줄 때 사용하는 단어이다.
- **ex** quickly, now
- Grammar 표제어 Adverbs and adverbials 참조.

- **adverbs of degree**(정도부사)
 감정이나 성질의 양 또는 정도를 나타내는 부사.
 - **ex** I enjoyed it *enormously*.
   She felt *extremely* tired.
- **adverbs of duration**(기간부사)
 어떤 일이 얼마 동안 지속되는지 나타내는 부사.
 - **ex** He smiled *briefly*.
- **adverbs of frequency**(빈도부사)
 어떤 일이 얼마나 자주 일어나는지 나타내는 부사.
 - **ex** I *sometimes* regret it.
- **adverbs of manner**(양태·방법부사)
 어떤 일이 일어나거나 행해진 방법을 나타내는 부사.
 - **ex** She watched him *carefully*.
- **adverbs of place**(장소부사)
 어떤 것의 위치나 방향에 대해 더 많은 정보를 주는 부사.
 - **ex** Come *here*.
- **adverbs of time**(시간부사)
 어떤 일이 일어나는 시간에 대해 더 많은 정보를 주는 부사.
 - **ex** I saw her *yesterday*.
- **adverbial**(부사 부가어)
 시간, 장소, 방법 등에 대한 더 많은 정보를 주기 위해 절에 추가하는 단어 또는 단어 그룹으로, adjunct(부가어)라고도 한다.
 - **ex** nervously, near the city

- Grammar 표제어 Adverbs and adverbials 참조.

adverbial clause(부사 부가어절)
주절에서 말하는 사건에 대해 더 많은 정보를 제공해 주는 종속절이다.

adverb phrase(부사구)
두 개의 부사를 함께 사용한 구이다.
- **ex** She spoke *very quietly*.

affirmative(긍정문)
positive의 다른 명칭이다.

affix(접사)
다른 단어를 만들기 위해 단어의 앞이나 뒤에 추가하는 한 개의 철자나 철자군이다.
- **ex** *anti*-communist, harm*less*

agent(행위자)
어떤 행위를 하는 사람을 말한다.

agreement(일치)
인칭과 수에 따라 관련된 단어의 형태를 일치시키는 것을 말한다. concord라고도 한다.
- **ex** I look / She looks...
   This book is mine / These books are mine...
   one bell / three bells

apostrophe s(아포스트로피에스, 's)
소유를 나타내기 위해 명사의 끝에 붙는 어미를 말한다.
- **ex** Harriet's daughter
   the professor's husband
   the Managing Director's secretary
- Usage 표제어 's 참조.

article(관사)
definite article(정관사)과 indefinite article(부정관사) 참조.

aspect(상: 相)
여전히 진행 중인 행위인지, 반복되는 행위인지, 또는 끝난 행위인지에 따라 다른 쓰임을 보여 주는 동사의 형태를 가리킨다.

attributive(한정형용사)
일반적으로 형용사가 명사 앞에서 한정적으로 명사를 수식하는 형용사를 말한다. predicative(서술형용사)와 비교.
- **ex** classical, outdoor, woollen

auxiliary(조동사)
본동사와 함께 사용하여 시제, 부정문, 의문문 등을 이루는 be, have, do 등의 동사를 말한다. auxiliary verb라고도 하며, modal(서법조동사)도 조동사에 속한다.

○ Grammar 표제어 Auxiliary verbs와 Modals 참조.

bare infinitive(원형부정사)
to가 없는 부정사이다.
ex Let me *think*.

base form(동사원형)
인칭이나 시제에 따라 변형된 동사의 형태가 아닌 원래 형태를 말하는 것이다. 동사의 끝에 철자를 추가하지 않으며, 과거를 나타내는 형태도 아니다. 사전에 나와 있는 표제어 형태라고 이해하면 된다.
ex walk, go, have, be

broad negative adverb(준부정부사)
거의 부정적인 의미로 사용하는 **barely, seldom**과 같은 부사를 가리킨다.
ex I *barely* knew her.
○ Grammar 표제어 Broad negatives 참조.

cardinal number(기수)
셈을 하는 데 사용하는 숫자이다.
ex one, seven, nineteen
○ Topic 표제어 Numbers and fractions 참조.

case(격)
주격인지 목적격인지 또는 소유격인지를 나타내기 위해 사용하는 명사나 대명사의 다양한 형태를 말한다.
ex I / me
who / whom
Mary / Mary's

classifying adjective(분류형용사)
특정한 형태의 사물을 표현할 때 사용하는 형용사로, 비교급이나 최상급이 없다.
qualitative adjective(성질형용사)와 비교.
ex Indian, wooden, mental
○ Grammar 표제어 Adjectives 참조.

clause(절)
동사를 포함한 단어군을 말한다. **main clause**(주절)와 **subordinate clause**(종속절) 참조.
○ Grammar 표제어 Clauses 참조.

clause of manner(양태절)
보통 **as, like** 등과 같은 단어로 시작하여, 어떤 일이 이루어지는 방법을 묘사하는 종속절이다.
ex She talks *like her mother used to*.

collective noun(집합명사)
한 무리의 사람이나 사물을 가리키는 명사이다.
ex committee, team, family
○ Grammar 표제어 Nouns 참조.

colour adjective(색깔을 나타내는 형용사)
어떤 것의 색깔이 무엇인지 가리키는 형용사이다.
ex red, blue, scarlet
○ Grammar 표제어 Adjectives 참조.

common noun(보통명사)
사람, 사물, 물질을 가리킬 때 사용하는 명사이다.
proper noun(고유명사)과 비교.
ex sailor, computer, glass

comparative(비교급)
형용사나 부사의 끝에 **-er**을 붙이거나, 앞에 **more**를 사용하여 비교급을 나타낸다.
ex friendlier, more important, more carefully
○ Grammar 표제어 Comparative and superlative adjectives와 Comparative and superlative adverbs 참조.

complement(보어)
be동사와 같은 연결동사 뒤에 위치하여, 절의 주어나 목적어에 대한 더 많은 정보를 주는 명사(구)나 형용사이다.
object complement 참조.
ex She is *a teacher*.
She is *tired*.
○ Grammar 표제어 Complements 참조.

complex sentence(복문)
주절과 종속절로 구성된 문장이다.
ex She wasn't thinking very quickly because she was tired.
○ Grammar 표제어 Clauses 참조.

compound(복합어)
하나의 기능을 하는 두 개 이상의 단어 조합을 말한다. 예를 들면, **self-centered**와 **free-and-easy**는 복합형용사이고, **bus stop**과 **state of affairs**는 복합명사이며, **dry-clean, roller-skate**는 복합동사이다.

compound sentence(중문)
등위접속사로 연결되는 두 개 이상의 주절로 이루어진 문장이다.
ex They picked her up and took her into the house.
○ Grammar 표제어 Clauses 참조.

concessive clause(양보절)
보통 **although, though, while**로 시작하는 종속절로, 주절과 대조된다.
ex *Although I like her*, I find her hard to talk to.
○ Grammar 표제어 Subordinate clauses 참조.

concord(일치)
agreement의 다른 명칭이다.

concrete noun(구상명사)
만지거나 볼 수 있는 것을 가리키는 명사이다.
abstract noun(추상명사)과 비교.
ex table, dress, flower
○ Grammar 표제어 Nouns 참조.

conditional clause(조건절)
보통 **if**나 **unless**로 시작하는 종속절이며, 주절에서 묘사하는 사건은 종속절에서 묘사하는 조건에 의존한다.
ex *If it rains*, we'll go to the cinema.

They would be rich *if they had taken my advice*.
- Grammar 표제어 Subordinate clauses 참조.

conjunction(접속사)

두 개의 절, 구, 단어를 함께 연결시키는 단어로, 접속사에는 두 가지가 있다. **coordinating conjunctions**(등위접속사)는 문법적으로 동일한 문장의 여러 부분들을 연결하며, **and, but, or** 등이 이에 해당한다. **subordinating conjunctions**(종속접속사)는 종속절을 이끌며 **although, because, when** 등이 이에 속한다.
- Grammar 표제어 Subordinate clauses 참조.

continuous tense(진행시제)

〔be동사+현재분사〕 형식으로, **progressive tense**라고도 한다.
- **ex** She *was laughing*.
  They *had been playing* badminton.

contraction(축약)

조동사와 not 또는 주어와 조동사가 함께 결합하여 축약된 형태로, 한 단어의 기능을 한다.
- **ex** aren't, she's
- Grammar 표제어 Contractions 참조.

contrast clause(양보절)

concessive clause의 다른 명칭이다.

coordinating conjunction(등위접속사)

conjunction 참조.

coordination(대등관계)

같은 문법적인 형태의 단어나 단어군의 연결, 또는 중요도가 같은 절의 연결 등을 말한다.
- Grammar 표제어 Conjunctions 참조.

copula(계사: 繫辭)

보어와 함께 사용하는 be동사를 말한다. 본서에서 **link verb**(연결동사)라는 용어는 be동사와 비슷한 방식으로 보어와 함께 쓰는 동사 **seem, look, become** 등을 가리킨다.

countable noun(가산명사)

단수형과 복수형이 있는 명사로, **countable noun**이라고도 한다.
- **ex** a dog / dogs, a lemon / lemons, foot / feet
- Grammar 표제어 Nouns 참조.

defining relative clause(한정적 용법의 관계사절)

말하고 있는 사람이 누구인지 사물이 무엇인지 밝혀 주는 관계사절이다. **non-defining relative clause**(계속적 용법의 관계사절)와 비교.
- **ex** I wrote down everything *that she said*.
- Grammar 표제어 Relative clauses 참조.

definite article(정관사)

한정사 **the**를 가리킨다.

delexical verb(탈어동사)

동사 자체로는 뜻이 거의 없지만, 행동을 묘사하기 위해서는 목적어를 사용해야 하는 동사이다. **give, have, take**가 일반적인 탈어동사에 속한다.
- **ex** She *gave a small cry*.
  I've *had a bath*.
- Grammar 표제어 Verbs 참조.

demonstrative(지시사)

this, that, these, those와 같은 단어이며, 주로 한정사로 사용한다.
- **ex** ...*this* woman.
  ...*that* tree.
대명사로도 종종 사용한다.
- **ex** *That* looks interesting.
  This is fun.
- Usage 표제어 that – those와 this – these 참조.

dependent clause(종속절)

subordinate clause의 다른 명칭이다.

determiner(한정사)

명사(구) 앞에 사용하며, **the, a, some, my** 등이 있다.
- Grammar 표제어 Determiners 참조.

direct object(직접목적어)

능동사와 함께 쓰인 절에서 어떤 행동에 직접적으로 영향을 받은 사람이나 사물을 나타내는 명사(구)를 말한다. **indirect object**(간접목적어)와 비교.
- **ex** She wrote *her name*.
  I shut *the windows*.
- Grammar 표제어 Objects 참조.

direct speech(직접화법)

일반적으로 시제, 인칭 등을 바꾸지 않고, 상대방이 실제로 한 말을 전달하는 화법이다.
- Grammar 표제어 Reporting 참조.

ditransitive verb(이중 목적어를 취하는 동사)

간접목적어와 직접목적어를 모두 취할 수 있는 동사를 말한다. **give, take, sell** 등이 있다.
- **ex** She *gave me a kiss*.
- Grammar 표제어 Verbs 참조.

dynamic verb(동작동사)

진행시제에서 사용할 수 있는 **run, fight, sing**과 같은 동사이다. **stative verb**(상태동사)와 비교.

ellipsis(생략)

문맥 속에서 빠져도 의미가 분명할 때 단어를 생략할 수 있다.
- Grammar 표제어 Ellipsis 참조.

emphasizing adjective(강조형용사)

어떤 것에 대해 얼마나 강하게 느끼는지 강조하는 형용사로, **complete, utter, total** 등이 있다.
- **ex** I feel a *complete* fool.
- Grammar 표제어 Adjectives 참조.

emphasizing adverb(강조부사)

동사나 형용사를 강조하기 위해 추가하는 부사이다.
- **ex** I *simply* can't do it.
  I was *absolutely* amazed.
- ◯ Grammar 표제어 Adverbs and adverbials 참조.

ergative verb(능동격 동사)
행위자의 행동에 중점을 둘 때는 타동사로, 어떤 행동에 영향을 받은 것에 중점을 둘 때는 자동사로 사용하는 동사이다.
- **ex** He had boiled a kettle.
  The kettle had boiled.
- ◯ Grammar 표제어 Verbs 참조.

exclamation(감탄사)
놀라움, 화남 등을 표현하기 위해 갑자기 그리고 크게 말할 때 사용하는 소리, 단어, 문장을 말한다.
- **ex** Oh God!
- ◯ Topic 표제어 Reactions 참조.

finite(정동사(구))
인칭, 시제, 방법을 나타내는 동사(구)로, 정동사절은 정동사구를 포함한다. **non-finite**(비정동사구)와 비교.
- **ex** He *loves* gardening.
  You *can borrow* that pen if you want to.

first person(1인칭)
person 참조.

focusing adverb(초점부사)
가장 많이 연관되었거나, 유일하게 연관된 것을 나타낼 때 사용하는 부사이다.
- **ex** only, mainly, especially

gerund(동명사)
동사원형에 **-ing**형을 붙여 명사로 사용하는 것을 말한다.
- ◯ Grammar 표제어 '-ing' forms 참조.

gradable(등급을 나타낼 수 있는 형용사)
어떤 성질의 양이 많고 적음을 나타낼 때 **very**와 같이 사용하거나, 비교급이나 최상급의 형태로 사용할 수 있는 형용사이다. **big, good** 등과 같은 성질형용사가 등급을 나타낼 수 있는 형용사이다.
- **ex** very boring, less helpful, the best

idiom(숙어)
두 개 이상의 단어로 이루어져 특별한 의미를 갖는 단어군으로, 각각의 별개 단어로는 의미를 알 수 없다.
- **ex** to kick the bucket, a new broom

if-clause(if절)
조건절이나 **if**로 시작하는 간접의문문이다.

imperative(명령문)
주어 없이 동사원형으로 문장을 시작하며, 특히 상대방에게 명령을 내리거나 지시하거나 지휘할 때, 또는 남에게 무언가를 제안할 때 사용한다.
- **ex** *Come* here.
  Take two tablets every four hours.

Enjoy yourself.
- ◯ Grammar 표제어 Imperatives 참조.

impersonal 'it'(비인칭주어 it)
시간, 거리, 날씨 등의 사실을 소개하거나 언급하거나, 또는 강조구문에서 사용되는 주어를 가리킨다.
- **ex** *It*'s raining.
  It was you who asked.
- ◯ Usage 표제어 it 참조.

indefinite article(부정관사)
한정사 **a**와 **an**을 말한다.

indefinite place adverb(부정장소부사)
일반적이거나 모호한 방식으로 장소나 목적지를 나타낼 때 사용하는 **anywhere, somewhere**와 같은 부사를 말한다.
- ◯ Topic 표제어 Places 참조.

indefinite pronoun(부정대명사)
일반적이거나 모호한 방식으로 사람이나 사물을 언급할 때 사용하는 **someone, anything**과 같은 대명사를 말한다.
- ◯ Grammar 표제어 Pronouns 참조.

indirect object(간접목적어)
타동사와 함께 사용하는 제2의 목적어이다. 어떤 행동에서 사람이나 사물이 이익을 얻거나 그 행위의 결과로 무언가를 받는 것을 나타낸다.
- **ex** She gave *me* a rose.
- ◯ Grammar 표제어 Verbs 참조.

indirect question(간접의문문)
reported question의 다른 명칭이다.

indirect speech(간접화법)
reported speech의 다른 명칭이다.

infinitive(부정사)
동사원형으로, 앞에 **to**를 자주 사용한다.
- **ex** (to) take, (to) see, (to) bring
- ◯ Grammar 표제어 Infinitives 참조.

inflection(어형변화)
시제, 수, 격, 등급 등의 차이를 보여 주기 위해 동사, 명사, 대명사, 형용사 등의 형태를 변화시킨 것을 말한다.
- **ex** come / came, cat / cats, small / smaller / smallest

'-ing' adjective(-ing형용사)
동사의 **-ing**형과 같은 형태를 가진 형용사이다.
- **ex** a *smiling* face

'-ing' clause(-ing절)
-ing형으로 시작하는 절이다.
- **ex** *Realising that something was wrong*, I stopped.
- ◯ Grammar 표제어 '-ing' forms 참조.

'-ing' form(-ing형)
동사의 진행시제를 만들 때 사용하는 **-ing**형으로 끝나는 동사 형태이다. present participle이라고도 한다.
○ Grammar 표제어 '-ing' forms 참조.

-ing noun(동명사)
동사의 -ing형과 같은 형태를 가진 명사이다.
ex swimming, laughing
○ Grammar 표제어 '-ing' forms 참조.

intensifier(강의어: 強意語)
형용사의 의미를 강조하는 수식어이다.
ex very, exceptionally

interjection(감탄사)
exclamation의 다른 명칭이다.

interrogative adverb(의문부사)
how, when, where, why 등과 같은 부사를 가리키며 질문을 할 때 사용한다.
ex *How* do you know that?
○ Grammar 표제어 Questions와 Reporting 참조.

interrogative pronoun(의문대명사)
who, whose, whom, what, which 등과 같이 질문할 때 사용하는 대명사를 말한다.
ex *Who* did you talk to?
○ Grammar 표제어 Questions와 Reporting 참조.

intransitive verb(자동사)
목적어를 취하지 않는 동사를 가리키며, 주어가 행한 동작이나 사건을 묘사한다.
ex She arrived.
I was yawning.
○ Grammar 표제어 Verbs 참조.

inversion(도치)
문장에서 단어의 순서를 바꾸는 것으로, 특히 주어와 동사의 순서를 바꾸는 것을 말한다.
○ Grammar 표제어 Inversion 참조.

irregular(불규칙)
어형변화의 규칙을 따르지 않는 형태를 말한다. 불규칙동사 (**irregular verb**)는 규칙동사처럼 단어의 끝이 -ed로 끝나지 않는 과거나 과거분사형을 말한다. Comparative and superlative adverbs, Irregular verbs, Plural forms of nouns 참조.
○ Grammar 표제어 Comparative and superlative adjectives 참조.

linking verb(연결동사)
주어와 보어를 연결하는 동사로, 때때로 **copulas**라고도 한다.
ex be, become, seem, appear
○ Grammar 표제어 Complements와 Verbs 참조.

main clause(주절)
독립되거나 다른 절에 종속되어 있지 않은 절이다.
○ Grammar 표제어 Clauses 참조.

main verb(본동사)
조동사가 아닌 모든 동사로, **lexical verb**라고도 한다.

manner clause(양태절)
방법을 묘사할 때 사용하는 종속절로, 보통 **as, like, the way** 등으로 시작한다.
ex She talks *like her mother used to*.
○ Grammar 표제어 Subordinate clauses 참조.

mass noun(물질명사)
일반적으로 불가산명사이지만, 어떤 것의 특정 분량이나 종류를 말할 때는 가산명사로 사용하는 명사이다. 일부 사람들은 불가산명사를 물질명사라고 한다.
ex two *sugars*, cough *medicines*
○ Grammar 표제어 Nouns 참조.

measurement noun(단위명사)
단위를 나타내는 명사이다.
ex metre, pound
○ Topic 표제어 Measurements 참조.

modal(서법조동사)
가능성, 의무, 예측, 추론 등과 같은 특정한 태도를 표현하기 위해 다른 동사의 원형과 함께 사용하는 조동사의 일종이다. **modal auxiliary, modal verb**라고도 한다.
ex can, could, may, might
○ Grammar 표제어 Modals 참조.

modifier(수식어)
명사 앞에서 사람이나 사물을 묘사하는 한 단어나 구를 말한다.
ex a *beautiful sunny* day, a *psychology* conference
○ Grammar 표제어 Modifiers 참조.

negative(부정문)
not, never, no one과 같은 단어를 사용하여, 어떤 것이 없거나 반대되는 사실을 나타내는 부정적인 문장이다. **positive**(긍정문)와 비교.
ex She did *not* reply.
I'll *never* forget.
○ Usage 표제어 not, no, none, no one, nothing, nowhere, never 참조.

negative word(부정어)
문장을 부정적으로 만드는 **never, no one, not**과 같은 단어를 말한다.

nominal relative clause(명사관계사절)
명사구의 기능을 하는 **wh-**어로 시작하는 절이다.
ex I wrote down *what she said*.

non-defining relative clause
(계속적 용법의 관계사절)
사람이나 사물에 대해 더 많은 정보를 주는 관계절이지만, 그 사람이 누구인지, 사물이 무엇인지 이미 알고 있기 때문에 확인할 필요는 없다. **defining relative clause**(한정적 용법의 관계사절)와 비교.

ex That's Mary, *who was at university with me*.
◯ Grammar 표제어 Relative clauses 참조.

non-finite(비정동사(구))
비정동사(구)는 부정사, 분사로 시작하는 동사구로, 문장의 유일한 동사구가 될 수 없다. 비정동사절은 비정동사구가 포함된 절이다.
◯ Grammar 표제어 '-ing' forms, Past participles 참조.

noun(명사)
사람과 사물을 지칭하거나, 감정과 생각 같은 추상적인 개념을 가리키는 단어이다.
ex woman, Harry, guilt
◯ Grammar 표제어 Nouns 참조.

noun clause(명사절)
nominal relative clause의 다른 명칭이다.

noun group(명사군)
주어, 보어, 절의 목적어, 전치사의 목적어 역할을 하는 단어군으로, nominal group이나 noun phrase라고도 한다.

noun phrase(명사구)
noun group의 다른 명칭이다.

noun modifier(명사수식어)
마치 형용사처럼 다른 명사 앞에 오는 명사이다.
ex a *car* door, a *steel* works

number(수)
단수형과 복수형의 차이를 보여 준다. cardinal number(기수)와 ordinal number(서수) 참조.
ex flower / flowers
that / those

object(목적어)
주어의 동작을 받는 명사(구)로, 동사 뒤 또는 목적어 뒤에 온다. direct object(간접목적어)와 indirect object(직접목적어) 참조.
◯ Grammar 표제어 Objects 참조.

object complement(목적격 보어)
목적어에 대한 더 많은 정보를 주는 형용사나 명사구를 말한다.
ex It made me *tired*.
They consider him *an embarrassment*.
◯ Grammar 표제어 Complements 참조.

object pronoun(목적격 대명사)
동사나 전치사의 목적어로 사용하는 인칭대명사로, me, us, you, him, her, it, them이 있다.
◯ Grammar 표제어 Pronouns 참조.

ordinal number(서수)
어떤 것의 순서나 차례를 나타낼 때 사용하는 수이다.
ex first, fifth, tenth, hundredth
◯ Topics 표제어 Numbers and fractions 참조.

participle(분사)
다양한 시제를 만들 때 사용하는 동사의 형태이다. past participle(과거분사)과 '-ing' form 참조.

particle(불변화사)
구동사를 만들기 위해 동사와 결합하는 부사나 전치사이다.
ex out, on

partitive(부분사)
특정한 것의 양에 대한 정보를 주기 위해 of 앞에 사용하는 단어이다.
ex pint, loaf, portion
◯ Grammar 표제어 Quantity 참조.

passive voice(수동태)
주어인 사람이나 사물이 행위에 영향을 받을 때 사용하며 was given, were taken, had been made와 같은 동사의 형태가 있다. active voice(능동태)와 비교.
ex Dozens of trees *were destroyed*.
◯ Grammar 표제어 The Passive 참조.

past participle(과거분사)
완료시제와 수동형, 일부 형용사에 사용하는 disappointed, broken, watched 등과 같은 동사의 형태이다. 특히 형용사로 사용할 때, -ed형용사라고도 한다.
◯ Grammar 표제어 Past participles 참조.

performer(수행자)
행동을 실행하는 사람으로 agent라고 부르기도 한다.

person(인칭)
화제와 연관되어 있는 세 부류의 사람들을 언급하는 용어이다. 글을 쓰고 있는 사람이나 말을 하고 있는 사람을 가리키는 1인칭, 말을 듣는 상대를 가리키는 2인칭, 대화에서 언급하는 대상을 가리키는 3인칭이 있다.

personal pronoun(인칭대명사)
앞서 언급한 사람이나 사물을 다시 가리킬 때 사용하며, I, you, me, they와 같은 단어를 말한다.
◯ Grammar 표제어 Pronouns 참조.

phase(동기화: 同期化)
밀접하게 연결된 두 과정이나 사건을 말하기 위해 한 문장에서 두 개의 동사를 사용하는 구조이다.
ex She *helped to clean* the house.
They *remember buying* the tickets.
◯ Grammar 표제어 Infinitives, '-ing' forms 참조.

phrasal verb(구동사)
[동사 + 부사 · 전치사] 또는 [동사 + 부사 + 전치사] 형식으로 서로 조합하여 하나의 뜻을 나타내는 동사구이다.
ex back down, hand over, look forward to
◯ Grammar 표제어 Phrasal verbs 참조.

phrase(구)
완전한 절이 아닌 단어군으로, idiom의 다른 명칭이다.

place clause(장소절)
사물의 위치를 말할 때 사용하는 종속절이다.
- **ex** I left it *where it fell*.
- ○ Grammar 표제어 Subordinate clauses 참조.

plural(복수형)
둘 이상의 사람 또는 사물을 말하거나 가리킬 때 사용하는 가산명사나 동사의 형태이다. **singular**(단수형)와 비교.
- **ex** *Puppies chew* everything.
  The *women were* outside.

plural noun(복수명사)
복수형으로만 사용하는 명사.
- **ex** trousers, scissors, vermin
- ○ Grammar 표제어 Nouns 참조.

positive(긍정문)
부정어를 포함하지 않는 긍정적인 문장이다.
negative(부정문)와 비교.

possessive(소유격)
소유격 한정사나 (명사+'s)는 사람이나 사물이 소속되거나 연관되어 있음을 나타낸다.
- **ex** *your* bicycle, *Jerry's* house
- ○ Usage 표제어 's 참조.

possessive determiner(소유격 한정사)
my, your, his, her, its, our, their 등과 같은 단어로, 어떤 것이 소속되거나 연관되어 있음을 나타낸다. 때때로 소유격 형용사라고도 한다.
- ○ Grammar 표제어 Possessive determiners 참조.

possessive pronoun(소유격 대명사)
mine, yours, hers, his, ours, theirs와 같은 단어를 말한다.
- ○ Grammar 표제어 Pronouns 참조.

postdeterminer(후치한정사)
언급한 내용을 분명하고 명확하게 하기 위해 한정사 뒤와 다른 형용사 앞에 사용하는 형용사(구)이다.
- **ex** The *following* brief description.
- ○ Grammar 표제어 Adjectives 참조.

predeterminer(전치한정사)
한정사 앞에 오는 단어이지만, 명사구의 일부분이다.
- **ex** *all* the boys, *double* the trouble, *such* a mess

predicate(술부)
문장의 주어에 대해 설명하는 부분이다.

predicative(서술형용사)
be동사와 같은 연결동사 뒤에 오는 형용사를 가리킨다. 서술형용사가 연결동사 뒤에 사용될 때, 주어나 목적어를 보충하는 서술 용법으로 쓰였다고 한다.
attributive(한정형용사)와 비교.
- **ex** alive, asleep, sure

prefix(접두사)
신조어를 만들기 위해 단어 앞에 추가되는 철자나 철자군을 말한다. **affix**(접두사)와 **suffix**(접미사) 비교.
- **ex** *semi*-circular

premodifier(전치수식어)
modifier의 다른 명칭이다.

preposition(전치사)
바로 뒤에 항상 명사(구)나 -ing형이 뒤따르는 단어이다.
- **ex** by, with, from
- ○ Grammar 표제어 Prepositions 참조.

prepositional phrase(전치사구)
전치사와 전치사의 목적어로 이루어진 구조이다.
- **ex** on the table, by the sea

prepositional verb(전치사적 동사)
항상 또는 일반적으로 전치사가 뒤따르는 동사이다.
- ○ Grammar 표제어 Phrasal verbs와 Verbs 참조.

present participle(현재분사)
-ing형의 다른 명칭이다.

pronoun(대명사)
명사를 대신하여 사용하는 품사로, 사람이나 사물의 이름을 직접적으로 말할 필요가 없거나 말하고 싶지 않을 때 사용한다.
- **ex** it, you, none
- ○ Grammar 표제어 Pronouns 참조.

proper noun(고유명사)
특정한 사람, 장소, 기관을 가리키는 명사이다.
common noun(보통명사)과 비교.
- **ex** Nigel, Edinburgh, Christmas
- ○ Grammar 표제어 Nouns 참조.

purpose clause(목적절)
행위의 목적을 나타내는 종속절로, 일반적으로 in order to, to, so that, so 등으로 시작한다.
- **ex** I came here *in order to ask you out to dinner*.
- ○ Grammar 표제어 Subordinate clauses 참조.

qualifier(수식어)
명사나 대명사 뒤에 위치하여 사람이나 사물을 묘사하는 단어나 단어군을 말한다.
- **ex** a book *with a blue cover*
  the shop *on the corner*

qualitative adjective(성질형용사)
성질을 나타내며 등급을 매길 수 있는 형용사이다.
classifying adjective(분류형용사)와 비교.
- **ex** funny, intelligent, small
- ○ Grammar 표제어 Adjectives 참조.

quantifier(수량형용사)
정확한 양이 아닌 대략적인 양을 가리킬 때, **of**로 끝나는 구를 말한다.

ex some of, a lot of, a little bit of
➡ Grammar 표제어 Quantity 참조.

question (의문문)
전형적으로 주어 앞에 동사가 와서 상대방에게 무언가를 물어볼 때 사용하는 문장 구조로, **interrogative**라고도 한다.
ex Have you lost something?
When did she leave?
➡ Grammar 표제어 Questions 참조.

question tag (의문부가절)
소통사 뒤에 대명사가 오는 구조로, **tag question**(부가의문문)의 끝에 사용한다.
ex She's quiet, *isn't she?*

quote (인용문)
인용구조의 일부로, 말한 내용을 그대로 전할 때 사용하는 문장이다.
ex I said *'Why not come along too?'*

quote structure (인용구조)
전달문과 인용문이 포함된 구조이다.
report structure(전달구조)과 비교.
ex She said 'I'll be late.'
➡ Grammar 표제어 Reporting 참조.

reason clause (원인절)
어떤 일에 대한 원인을 나타내는 종속절로, 보통 **because, since, as** 등으로 시작한다.
ex *Since you're here,* we'll start.
➡ Grammar 표제어 Subordinate clauses 참조.

reciprocal pronoun (상호대명사)
두 사람이 어떤 것에 대해 같은 것을 느끼거나, 같은 일을 한다는 것을 나타내는 대명사로, **each other**와 **one another** 등이 있다.
ex They loved *each other*.

reciprocal verb (상호동사)
두 명 이상의 사람들이 서로 같은 행위를 하거나, 관계를 형성하거나 연관되어 있다는 것을 나타낸다.
ex They *met* in the street.

reflexive pronoun (재귀대명사)
주어의 동작을 받는 목적어가 주어와 동일한 대명사로, **myself**와 **themselves** 등과 같이 **-self**로 끝나는 대명사를 말한다.
➡ Grammar 표제어 Pronouns 참조.

reflexive verb (재귀동사)
전형적으로 재귀대명사와 함께 사용하는 동사를 말한다.
ex Can you *amuse yourself* until dinner?
➡ Grammar 표제어 Verbs 참조.

relative clause (관계사절)
주절에서 언급한 사람이나 사물에 대해 더 많은 정보를 주는 종속절이다. **defining relative clause, non-defining relative clause** 참조.

➡ Grammar 표제어 Relative clauses 참조.

relative pronoun (관계대명사)
관계사절을 이끌 때 사용하는 **who**나 **which** 등과 같은 wh-어를 말한다.
ex the girl *who* was carrying the bag

reported clause (피전달절)
상대방이 말한 내용을 묘사하는 전달구조의 일부이다.
ex She said *that I couldn't see her*.

reported question (간접의문문)
화자가 사용한 그대로의 말이라기보다 전달구조를 사용하여 전하는 의문문으로, **indirect question**이라고도 한다.
➡ Grammar 표제어 Reporting 참조.

reported speech (간접화법)
화자가 사용한 그대로의 말이라기보다 전달구조를 사용하여 전달하는 화법으로, **indirect speech**라고도 한다.

reporting clause (전달절)
전달동사를 포함하고 말을 전달할 때 사용하는 절이다.
ex They *asked* if I could come.

reporting verb (전달동사)
사람들이 말하거나 생각한 것을 묘사할 때, 인용문이나 전달문과 함께 사용하는 동사이다.
ex suggest, say, wonder

report structure (전달구조)
전해 줄 말을 그대로의 단어로 반복하기보다는 전달절과 피전달절을 사용하면서 상대방이 한 말을 전하는 문장 구조이다. **quote structure**(인용구조)과 비교.
ex She told me she'd be late.
➡ Grammar 표제어 Reporting 참조.

result clause (결과절)
어떤 일의 결과를 나타내는 절로, **so, so that, such that** 등으로 시작한다.
ex The house was severely damaged, *so that it is now uninhabitable*.
➡ Usage 표제어 so와 such 참조.

second person (2인칭)
person 참조.

semi-modal (준조동사)
조동사와 같은 역할을 하는 **dare, need, used to** 등의 동사를 말한다.

sentence (문장)
평서문, 의문문, 명령문, 감탄문을 나타내는 단어군으로, 문장은 일반적으로 주어와 동사로 구성된다. 절이 하나인 단문과 두 개 이상의 절이 있는 복문이 있다. 글에서 문장은 대문자로 시작하며, 마침표, 의문부호, 감탄부호 등으로 마친다.

➡ Grammar 표제어 Sentences connectors 참조.

sentence adverbial(문장부가어)
문장의 일부가 아닌 문장 전체에 영향을 미치는 부사나 부사적인 표현을 말한다.
- **ex** *Fortunately*, he wasn't seriously injured.
- ◐ Topics 표제어 Opinions 참조.

sentence connector(문장 연결어)
새로운 코멘트를 소개하거나 또는 우리가 말한 내용을 강화할 때 사용하는데, **moreover**, **besides** 등이 있다.

's' form(-s형식)
동사원형에 **s**를 붙인 형태로, 단순현재시제에서 사용한다.
- **ex** She *likes* reading.

singular(단수형)
한 사람이나 하나의 사물을 가리키거나 말할 때 사용하는 가산명사나 동사의 형태를 말한다.
plural(복수형)과 비교.
- **ex** A growing *puppy* needs milk.
  That *woman is* my *mother*.

singular noun(단수명사)
전형적으로 단수형으로 사용하는 명사이다.
- **ex** sun, business
- ◐ Grammar 표제어 Nouns 참조.

stative verb(상태동사)
상태를 묘사할 때 사용하는 동사로, 일반적으로 진행시제에 사용하지 않는다.
dynamic verb(동작동사)와 비교.
- **ex** be, own, know

subject(주어)
문장에서 행동의 주체가 되는 사람이나 사물을 나타내는 명사(구)이다. 평서문에서는 주어가 동사 앞에 온다.
- **ex** *We* were going shopping.
  He was murdered.

subject pronoun(주격대명사)
문장의 주어로 사용하는 인칭대명사로, **I, we, you, he, she, it, they**가 있다.
- ◐ Grammar 표제어 Pronouns 참조.

subjunctive(가정법)
기원, 희망, 의심과 같은 태도를 표현할 때 사용하는 동사의 형태이다. 영어에서는 일반적으로 가정법을 사용하지 않고, **If I were you...**와 같은 조건절을 주로 사용한다.
- ◐ Grammar 표제어 The Subjunctive 참조.

subordinate clause(종속절)
종속접속사인 **because, while** 등으로 시작하는 절로, 주절과 함께 사용해야 한다.
- ◐ Grammar 표제어 Subordinate clauses 참조.

suffix(접미사)
다른 단어, 시제, 격, 품사를 만들기 위해 단어의 끝에 붙이는 철자나 철자군을 말한다.
affix(접사)와 **prefix**(접두사) 비교.

- **ex** slowly, child*ish*

superlative(최상급)
형용사나 부사의 끝에 -est를 붙이거나 형용사나 부사 앞에 **most**를 추가하여 만든다.
- **ex** thinnest, quickest, most wisely
- ◐ Grammar 표제어 Comparative and superlative adjective와 Comparative and superlative adverbs 참조.

tag question(부가의문문)
의문부가절(조동사와 대명사)을 추가한 평서문을 말한다.
- **ex** She's quite, isn't she?

tense(시제)
과거, 현재, 미래를 나타내는 동사구의 형태를 말한다.
- ◐ Grammar 표제어 Future time, The Past, The Present 참조.

- **future**(미래시제)
  미래의 일을 가리키며 (**will · shall** + 동사원형) 형식이다.
  - **ex** She *will come* tomorrow morning.

- **future continuous**(미래진행시제)
  미래의 일을 가리키며 (**will · shall** + be동사 + 현재분사) 형식이다.
  - **ex** She *will be going* soon.

- **future perfect**(미래완료시제)
  미래의 일을 가리키며 (**will · shall** + **have** + 과거분사) 형식이다.
  - **ex** I *will have finished* by tomorrow.

- **future perfect continuous**(미래완료 진행시제)
  미래의 일을 가리키며 (**will · shall** + **have been** + 현재분사) 형식이다.
  - **ex** I *will have been walking* for three hours by then.

- **simple past**(단순과거시제)
  과거의 일이나 상황을 가리키며 과거 형태이다.
  - **ex** They *waited*.

- **past continuous**(과거진행시제)
  과거의 일을 가리키며 (**was · were** + 현재분사) 형식이다.
  - **ex** They *were worrying* about it yesterday.

- **past perfect**(과거완료시제)
  과거의 일을 가리키며 (**had** + 과거분사) 형식이다.
  pluperfect라고도 한다.
  - **ex** She *had finished*.

- **past perfect continuous**(과거완료 진행시제)
  과거의 일을 가리키며 (**had been** + 현재분사) 형식이다.
  - **ex** He *had been waiting* for hours.

- **simple present**(단순현재시제)
  현재의 일이나 상황을 가리키며, 동사는 원형과 **s**로 끝나는 형태가 있다.
  - **ex** I *like* bananas.
    My sister *hates* them.

- **present continuous**(현재진행시제)
  현재의 일을 가리키며 (**am · are · is** + 현재분사) 형식이다.
  - **ex** I am eating lunch at home now.
    Things *are improving*.

- **present perfect**(현재완료시제)
  현재에 영향을 주는 과거의 일을 가리키며 (**have · has** + 과거분사) 형식이다.
- **ex** She *has loved* him for ten years.
- **present perfect continuous** (현재완료 진행시제)
현재에도 계속되는 과거의 상황을 가리키며 (**have been** · **has been** + 현재분사) 형식이다.
- **ex** We *have been sitting* here for hours.

'that'-clause (that절)
상대방이 말한 내용을 전해줄 때 주로 that으로 시작하는 절을 사용한다. that을 전달동사 뒤에 사용할 때 생략 가능하다.
- **ex** She said *that she'd wash up for me*.
- ○ Grammar 표제어 'That'-clauses 참조.

third person (3인칭)
person 참조.

time clause (시간절)
어떤 사건이 일어난 시간을 나타내는 종속절이다.
- **ex** I'll phone you *when I get back*.
- ○ Grammar 표제어 Subordinate clauses 참조.

title (호칭)
사람의 직책이나 직위를 나타내는 이름 앞에 사용하는 단어이다.
- **ex** Mrs, Lord, Queen
- ○ Topic 표제어 Names and titles 참조.

'to'-infinitive (to부정사)
앞에 to가 오는 동사원형이다.
- **ex** to go, to have, to jump

transitive verb (타동사)
목적어를 취하는 동사를 가리킨다.
- **ex** She's *wasting* her money.

uncountable noun (불가산명사)
개개의 물건이라기보다 일반적인 사물의 종류를 가리키는 명사로, 단수형만 있다.
- **ex** money, furniture, intelligence
- ○ Grammar 표제어 Nouns 참조.

verb (동사)
주어의 동작이나 상태를 나타내는 단어이다.
- **ex** sing, spill, die
- ○ Grammar 표제어 Verbs 참조.

verb phrase (동사구)
주어의 동작이나 상태를 나타내는 단어군이다. 보통 한 개 이상의 조동사와 본동사로 되어 있다.
- **ex** I'll *show* them.
  She's *been* sick.

vocative (호격)
사람의 이름처럼 상대방을 부를 때 사용하는 단어이다.
- **ex** darling, madam
- ○ Topic 표제어 Addressing someone 참조.

'wh'-clause (wh-절)
wh-어로 시작하는 절이다.
- ○ Grammar 표제어 Reporting 참조.

'whether'-clause (whether절)
보통 yes/no의문문을 전달하는 데 사용하는 whether로 시작하는 절이다.
- **ex** I asked her *whether she'd seen him*.
- ○ Grammar 표제어 Reporting 참조.

'wh'-question (wh-의문문)
yes/no의문문보다 특정한 사람, 장소, 사물, 양 등에 대한 언급을 대답으로 기대하는 의문문이다. 'yes/no'-question(yes/no의문문)과 비교.
- ○ Grammar 표제어 Questions 참조.

'wh'-word (wh-어)
what, when, who와 같이 wh-의문문에 사용하는 wh-로 시작하는 단어군이다. how도 다른 wh-어처럼 사용하므로 wh-어라고도 한다.
- ○ Grammar 표제어 'wh'-words 참조.

'yes/no'-question (yes/no의문문)
yes나 no로 간단하게 대답할 수 있는 의문문이다. 'wh'-question(wh-의문문)과 비교.
- **ex** Would you like some more tea?
- ○ Grammar 표제어 Questions 참조.

Index

A

a		21
Abbreviations		593
ability		22
a bit		22
able		22
about		23, 55
above		23
absent		24
accept		24, 25
acceptable		25
accommodation		25
accompany		25
accord		26
according to		26
accuse		27
accustomed to		27
actual		27
actually		28
Addressing someone		594
Adjectives		479
Adverbs and adverbials		485
advertisement		47
advice		28
advise		28
Advising someone		597
affect		29
afford		29
a few		188
afloat		30
afraid		30
after		30
after all		31
afternoon		32
afterwards		30, 33
Age		599
aged		33
ago		33
agree		33
Agreeing and disagreeing		602
aim		34
alight		34
alike		34
a little		254
alive		35
all		35
allow		36
all right		37
almost		37
alone		38
along		38
a lot		38
aloud		39
already		39
alright		39
also		39
alternate		41
alternately		41
alternative		41, 44
alternatively		41
although		41
altogether		42
always		42
a.m.		43
among		43
amount		44
an		44
and		44
angry		46
anniversary		47
announcement		47
annoyed		286
another		47
answer		48
anxious		48, 286
any		49
anybody		50
any more		50
anyone		50
anyplace		51
anything		51
any time		51
anyway		52
anywhere		52
apart		52
apartment		192
apologize		53
Apologizing		605
appeal		53
appear		53
apply		54
appreciate		54
approach		54
approve		54
argument		149
arise		55
around		55
arrange		265
arrival		56
arrive		56
as		57, 253
as...as		58
ashamed		59
as if		59
ask		60
Asking for repetition		607
asleep		61, 377
as long as		61
assignment		61
assist		62
as soon as		62
assure		62
as though		63
as usual		63
as well		39, 63
as well as		63
at		64
at first		65
athletic		65
athletics		65
at last		65
attempt		65, 428
attention		65
aural		66
autumn		66
Auxiliary verbs		494
avoid		66
await		66
awake		67
away		67

B

back		68
backwards		69
back yard		69
bad		69
badly		69
bag		70
baggage		70, 260
bake		70
bank		70
banknote		71
bar		71, 339
bare		71, 76
barely		71
base		71
bass		71
bath		72
bathe		72
be		73
be able to		75, 99
beach		70
bear		75, 76
beat		76, 462
because		76
become		77
before		78
begin		79, 394
behaviour		79
behind		79
believe		79

belong	80	
below	81, 431	
beneath	81, 431	
be present	62	
beside	81	
besides	81	
be sorry	347	
best	81	
better	81	
between	82	
beware	83	
big	83	
bill	84, 296	
billfold	84	
billion	84	
birthday	47	
bit	84	
bite	85, 397	
blame	85	
blind	86	
blow up	86, 181	
board	86	
boat	87	
bonnet	87	
bookshop	251	
boot	87	
border	87	
bore	88	
born	88	
borrow	89	
both	89	
bottom	90	
boundary	87, 91	
brackets	91	
brand	91	
breakfast	91	
breath	91	
breathe	91	
briefly	92, 373	
bring up	92	
Britain	93	
British	93	
Briton	93	
Broad negatives	495	
broad	93, 461	
broken	93	
bum	93	
burglar	94, 416	
burglarize	94	
burgle	94	
burst	94	
bus	94	
business	94	
but	95	
butt	95	
buttocks	95	
buy	95	
by	96	
by far	97	

C

café	98
call	98
called	99
camp bed	99, 132
can	99
cancel	102, 141
candy	102, 405
cannot	102
capability	22, 102
capable	22
capacity	22, 102
Capital letters	608
car	102, 103
care	102
carefree	103
careful	103
careless	103
car park	312, 321
carriage	103
carry	104
case	104
cast	105
casualty	105, 439
cause	105
certain	106
certainly	107, 403
chair	107
chairman	107
chairperson	107
chairwoman	107
chance	108, 300
charge	27, 109
cheap	109
cheaply	109
check	84, 109
checkroom	109, 114
cheerful	109, 204
cheers	109
chef	110
chemist	110
chemist's	110
chief	110, 111
childish	111
childlike	111
chips	111
choose	111
Christian name	112
church	112
cinema	112
class	113
classic	113
classical	113
Clauses	496
client	114, 137
cloakroom	114
close	114, 283
closed	114
closet	115, 136

cloth	115
clothes	115
clothing	115
coach	94, 115
coast	75, 115
coffee	98, 115
cold	115
collaborate	116
college	116
colour	116
come	117
come from	118
come with	118
come true	428
comic	118
comical	118
comment	118, 119
commentary	118
common	119
Comparative and superlative adjectives	497
Comparative and superlative adverbs	501
compare	119
complain	120
complement	120
Complements	502
complete	121
compliment	120, 122
Complimenting and congratulating someone	610
composed	122
comprehension	122
comprehensive	122
comprise	122
concentrate	123
concerned	123
concert	124
concerto	124
confidant	124
confident	124
conform	124
Conjunctions	504
conscience	125
conscientious	125
conscious	125
consciousness	125
consider	125
consist of	126
constant	126
constantly	126
constitute	126
consult	126
content	127
continent	127
continual	126, 128
continuous	126, 128
Contractions	505
contrary	128
control	128
convince	129

convinced	129	disabled	148	endure	166
cook	130, 131	disagree	148	enjoy	166
cooker	131	disappear	148	enough	166
cooperate	116, 131	disc	149	ensure	62, 168
corn	131	discover	149	entirely	168
corner	132	discuss	149	equally	168
cost	132, 333	discussion	149	equipment	168
cot	132	disease	150, 229	error	169
could	99, 132	disk	149, 150	especially	169
council	132	dislike	150	even	169
counsel	132	dispose	150	evening	170
country	133	distance	150	eventually	171
couple	133, 319	distinction	145, 150	ever	172
course	133	disturb	150	every	173
crib	132, 133	disturbed	150	everybody	174
crime	133	do	151	everyday	174
crisps	134	doubt	152	every day	174
criterion	134	downwards	153	everyone	174
critic	134	dozen	153	exam	174
critical	134	dream	153	examination	174
Criticizing someone	612	dress	154	example	175
cry	134	drink	155	except	25, 175
cup	135	drugstore	110, 155	excited	176
cupboard	136	during	155	exciting	176
curb	136	duty	156, 296	excursion	177, 240
curiosity	136			excuse	177
custom	137, 211			exhausted	178
customer	137			exhausting	178
		E		exhaustive	178
		each	157	exist	178
D		each other	158	expect	179
		earn	201	expensive	180
dare	138	easily	158	experience	180
data	138	east	158	experiment	180
day	139	eastwards	159	explain	180
Days and dates	612	economic	159	explode	181
dead	140	economical	159		
deal	141	economics	159		
defeat	462	economies	161		
definitely	141, 403	economy	161	**F**	
delay	141	educate	92, 161		
demand	142	effect	29, 353	fabric	182
deny	142	effective	161	fact	182
depend	143	efficient	161	factory	265
describe	143	effort	161	fair	182
desert	144	either	161	fairly	182
despite	144, 235	either…or	162	fall	183
dessert	144	elderly	163	familiar	184
destroy	144	electric	163	far	184
detail	145	electrical	163	fault	85, 185
details	145	electronic	163	favourite	185
Determiners	508	elevator	163, 251	feel	186
die	145	Ellipsis	509	female	187
difference	145	else	163	feminine	187
different	146	Emailing	618	fetch	187
difficulty	146	embarrassed	59, 164	few	188
dinner	147	emigration	164	fewer	188
direct	147	employ	165	film	188
directly	147	enable	36, 165	finally	171, 188
disability	148	end	165	find	189

fine	190	go on	207	hyphen	227
finely	190	gotten	207		
finish	191	go with	208	**I**	
first	191	grade	113, 208		
first floor	192, 208	great	83, 208	I	228
first name	112, 192	greatly	208	if	228
firstly	191	greet	361	ill	229
fit	192	Greetings and goodbyes	620	illness	229
flat	192	grill	208	imagine	230
floor	193, 397	ground floor	208	immediately	230
foot	193	ground	193	immigrant	231
football	194	grow	208	immigration	164, 231
for	194	grow to	203	Imperatives	513
forename	112, 195	guess	209	important	231
forget	195	gymnasium	210	in	231
form	113, 195			in case	232
former	247			indicate	232
fortnight	196	**H**		indoor	233
forward	196			indoors	233
forwards	196	habit	211	industrial	233
free	196	hair	211	industrious	233
freely	196	half	211	Infinitives	514
friend	196	half of	211	information	233
friendly	197	hand	212	in front of	234
fries	197	happen	212	'-ing' forms	516
frighten	197	happy	204, 260	injured	234
frightened	30, 197	hard	213	inside	234
from	198	hardly	213	insist	234
front	198	have	214, 216	in spite of	235
frontier	87, 199	have got	216	instead	235
fruit	199	have got to	218	instead of	235
fun	199	have to	218	insure	62, 236
funny	118, 199	he	218	intention	270
furniture	200	headache	219	Intentions	623
further	200	headline	219, 422	interested	236
Future time	511	heap	219	interesting	236
		hear	219	into	237
G		help	220	Introducing yourself and other people	624
		her	220	Inversion	520
gain	201	here	221	Invitations	626
garbage	201	high	221	invite	237, 302
gas	201	high school	221	involved	237
generally	201	him	221	Irregular verbs	522
get	202	hire	222	irritated	238, 286
get into	206	holiday	222	it	238
get off	207	home	223	its	239
get on	206	homework	223	it's	239
get out	207	hood	87, 224		
get rid of	150	hope	224		
get to	203	hospital	224	**J**	
get up	203	house	225		
give	203, 302	housework	61, 223, 225	jam	240, 266
given name	112, 204	how	225	jelly	266
glad	204	however	226	job	240, 330
glass	135	how much	226	joke	240
glasses	204	hundred	227	journal	240
go	204	hurt	227	journey	241
go into	206			just	241
good	206				

just now	241	luggage	260	move	278, 351
		lunch	147, 260	movie	278
				much	278
K ・・・				mug	135
				must	280
keep	242	**M ・・・**			
kerb	136, 242	machinery	261	**N ・・・**	
kind	242	mad	261		
kind of	388	made from	261	named	99, 282
know	243	made of	261	Names and titles	650
		made out of	261	nation	282
		magazine	262	nationality	282
L ・・・		mail	262, 331	Nationality words	654
		mainly	201	naturally	403
lack	245	majority	262	nature	282
lady	245, 465	make	91, 263	near	283
lamb	372	make up	264	nearly	37, 283
landscape	245, 365	male	264	necessary	284
lane	398	man	264	need	284
Language Change and Society	628	manage	265	neither	285
large	83, 245	mankind	265	neither...nor	286
last	245	manufacture	265	nervous	286
lastly	245	many	265	never	287
late	247	marmalade	266	news	233, 288
lately	247	marriage	266	next	288
later	30, 247	married	267	night	290
latter	247	marry	267	no	291
lay	248	masculine	264, 267	nobody	291
lead	249	match	267	noise	291, 389
learn	248	math	267	none	292
lend	89, 249	mathematics	267	no one	292
less	249	maths	267	nor	293
let	36, 222, 250	matter	268	north	293
let's	251	may	268, 271	northern	293
let us	251	me	269	northwards	294
Letter writing	638	Meals	640	not	294
lettuce	251, 360	mean	269	note	296
library	251	meaning	270	nothing	296
lie	248, 251	Measurements	642	not like	150
lift	251	media	270	not only	297
like	252, 253	meet	271	Nouns	527
likely	253	memory	271, 390	now	297
listen to	254	mention	119, 271	nowhere	298
little	254, 379	metro	400	number	298
live	255	might	271	Numbers and fractions	657
lonely	38	migrate	273		
long	255	migrant	273	**O ・・・**	
look	256	migration	164, 273		
look after	257	million	273	object	299
look at	367	mind	273	Objects	533
look for	257	mistake	273	obligation	299
look forward to	257	Modals	524	obtain	300
loose	258	Modifiers	526	occasion	300
lorry	258	moment	274	occur	301
lose	258	money	274	of	301
lot	258	Money	648	offer	301
loudly	39, 259	more	275	Offers	665
love	259	morning	276		
lucky	260	mosque	112		
		most	277		

752

often	303	pile	219, 326	**R**	
old	304	place	326	raise	92, 343, 355
on	305	Places	676	rather	343
once	306	play	327	reach	56, 344
one	306, 307	Plural forms of nouns	538	Reactions	692
one another	158, 308	point	327	read	344
only	308	point of view	328	ready	344
onto	310	police	329	realize	345, 431
open	310	policy	329	really	345
opinion	270, 311, 328	political	329	reason	345
Opinions	667	politics	329	receipt	346
opportunity	300, 330	position	330	receive	346
opposite	311	Possessive determiners	542	recipe	346
or	312	possibility	330	recognize	346
oral	66, 313	possible	330	recommend	347
ordinary	314	possibly	330	recover	347
or else	314	post	330, 331	regret	347
other	314	postpone	141, 332	relation	348
ought to	314, 374	power	332	relationship	348
out	315	practice	332	relative	348
outdoor	315	practise	332	Relative clauses	557
outdoors	315	prefer	333	relax	349
outside	315	Prepositions	543	relief	349
over	23, 316	present	333	relieve	349
overseas	317	previous	333	remain	349
own	317	price	333, 334	remark	119, 350
		principal	334	remember	350
		principle	334	remind	350
P		prison	335	remove	351
		prize	334, 335	rent	222, 351
package	319, 320	probably	335	Replies	697
packet	319, 320	problem	336	Reporting	561
pair	319	produce	336	request	351
pants	320	professor	337	Requests, orders, and instructions	699
paper	320	program	337		
parcel	320	programme	337	require	352
pardon	321	progress	337	research	352
parking	321	Pronouns	546	responsible	352
part	321	proper	338	result	353
party	322	protest	338	return	353
pass	322, 392	prove	339	ride	354
past	323	provide	339	ring	354
Past participles	536	pub	339	rise	55, 355
pay	323	public house	340	risk	356
people	324	Punctuation	684	road	398
per cent	324	pupil	340	rob	356
percentage	324	purse	340	robber	356, 416
Permission	672	put off	141, 340	role	356
permission	325	put up with	340	roll	356
permit	36, 325			rotary	357
person	324, 325			round	55, 357
persuade	129, 325	**Q**		roundabout	357
petrol	201, 325			rubbish	357
pharmacist	110, 325	quality	341	ruin	144
pharmacy	110, 325	Quantity	549		
phone	325	Question tags	557		
Phrasal modals	537	Questions	554	**S**	
Phrasal verbs	537	quiet	341		
Pieces and amounts	674	quite	341	's	358
pick	326				

safe	359	somebody	385	sweetcorn	405	
salad	360	someone	385	sweets	405	
salary	360	someplace	385	synagogue	112	
sale	361	something	385			
salute	361	sometime	386	**T**		
same	361	sometimes	386			
savings	362	somewhat	386	take	104, 216, 406	
say	362, 391	somewhere	386	take place	406	
scarce	364	soon	387	talk	391, 407	
scarcely	364	sorry	388	Talking on the phone	723	
scene	365	sort	388	tall	221, 407	
scenery	365	sort of	388	tea	407	
school	366	sound	389	teach	408	
scissors	366	south	390	teacher	337	
search	366	southward	390	tell	391, 408	
seat	70	southwards	390	temperature	409	
secure	359	souvenir	390	terrible	409	
see	367	speak	391	terribly	409	
seem	368	specially	169	test	339, 410	
seldom	369	speed	392	than	410	
select	370	Spelling	704	thank	411	
send	370	spite	393	Thanking someone	725	
sensible	370	spoil	144, 393	that	412, 418	
sensitive	370	spring	393	'That'-clauses	576	
sent	370	stack	219, 393	the	413	
Sentence connectors	569	staff	393	their	414	
shade	370	stand	393	them	415	
shadow	370	start	394	The Passive	533	
shall	370	stationary	395	The Past	535	
shave	372	statistical	395	The Present	544	
she	218	statistics	395	The progressive or continuous form	544	
sheep	372	stay	349, 395	there	415	
ship	87, 372	steal	356, 395	these	416, 419	
shop	262, 372	still	396	The Subjunctive	571	
shore	75, 373	sting	397	the way	253	
short	373	stop	397	they	218, 307, 416	
shorts	320	store	372, 397	thief	416	
shortly	373	storey	397	think	417	
shorts	373	strange	398	this	418, 419	
should	374	stranger	398	those	412, 420	
shout	374	street	398	though	41, 420	
show	305	strength	332	thousand	420	
shut	114, 375	strongly	399	till	420, 432	
sick	229, 375	Structuring your ideas	714	time	420	
sight	365, 376	student	399	Time	728	
similar	361, 376	Subordinate clauses	571	title	422	
since	376	subway	400	to	422	
sit	377	such	400	today	424	
size	377	suggest	401	toilet	424	
skilful	377	Suggestions	719	tolerate	424	
skilled	374	suit	192	too	39, 382, 424	
sleep	377	suitcase	401	toward	426	
small	379	summer	401	towards	426	
smell	380	supper	402	traffic	426	
so	380, 382	support	402	traffic circle	426	
soccer	383	suppose	402	transport	426	
sociable	383	sure	106, 403	Transport	734	
social	383	surely	403	transportation	426	
society	383	surgery	404			
some	383	surprise	404			

travel	427				whose	460
trip	240, 427	**W**			'Wh'-words	589
trouble	427	wages	360, 441		why	461
trousers	428	waistcoat	441		wide	461
truck	258	wait	441		widow	462
true	428	wake	441		widower	462
trunk	87, 428	waken	441		will	370, 462
try	428	wallet	441		win	462
type	429	want	441		wind	463
		-ward	443		winter	463
		wardrobe	136, 444		wish	464
U		-wards	443		with	465
		Warning someone	735		woman	465
under	431	wash	444		wonder	466
underground	400	washroom	444		wood	467
understand	431	watch	367		work	467
understanding	122, 432	way	444		worse	467
university	366, 432	we	307, 445		worst	468
unless	432	wear	445		worth	468
until	432	weather	446		would	468
unusual	398	wedding	266, 446		write	470
up	434	week	446			
us	434	weekday	447			
use	165	weekend	447		**Y**	
used to	434	weep	134, 448			
usual	435	welcome	448		yard	471
usually	435	well	206, 448		year	471
		were	449		yes	471
		west	450		yesterday	472
V		westward	450		yet	472
		westwards	450		you	307, 473
vacation	222, 437	what	451		your	473
Verb forms(formation of)	578	whatever	452		you're	473
Verbs	580	when	453		yourself	474
very	382, 437	whenever	454		yourselves	474
very much	438	where	454			
vest	438	wherever	455			
victim	439	whether	446, 456		**Z**	
view	328, 365	which	457			
visit	439	while	458		z	475
voyage	240, 440	who	458		zero	475
		whoever	459			
		whole	459			
		whom	458, 460